中国共产党历史系列辞典

国家出版基金项目
NATIONAL PUBLICATION FOUNDATION

中国中共党史学会 编　　欧阳淞 总主编

中國共產党歷史
重要文献辞典

黄小同 主编

中共党史出版社
党建读物出版社

图书在版编目（CIP）数据

中国共产党历史重要文献辞典 / 黄小同主编 . -- 北京 : 中共党史出版社 : 党建读物出版社 , 2019.8
（2023.2 重印）
（中国共产党历史系列辞典 / 欧阳淞总主编）
ISBN 978-7-5098-4695-7

Ⅰ . ①中… Ⅱ . ①黄… Ⅲ . ①中国共产党—文献—词典 Ⅳ . ① D23-61

中国版本图书馆 CIP 数据核字 (2018) 第 140093 号

出版发行：中共党史出版社　党建读物出版社
协调编辑：姚建萍　朱玲
责任编辑：朱玲　李文雅　赵梦姝
责任校对：张学民
责任印制：段文超
社　　址：北京市海淀区芙蓉里南街 6 号院 1 号楼
邮　　编：100080
网　　址：www.dscbs.com
经　　销：新华书店
印　　刷：北京盛通印刷股份有限公司
开　　本：185mm × 260mm　1/16
字　　数：940 千字
印　　张：50.5
印　　数：11001—14000 册
版　　次：2019 年 8 月第 1 版
印　　次：2023 年 2 月第 4 次印刷

ISBN 978-7-5098-4695-7
定　　价：200.00 元（精装）

此书如有印制质量问题，请与中共党史出版社出版部联系
电话：010-82517197

《中国共产党历史系列辞典》
总编委会

总 主 编：欧阳淞

常务副总主编：龙新民

副总主编：（按姓氏笔画为序）

冯　俊　李忠杰　谷安林　张启华　张树军　高永中

章百家　黄小同

编　　委：（按姓氏笔画为序）

于　建　王英利　毛乃国　龙新民　冯　俊　朱昌裕

庄　超　许晓敏　杨玉堂　杨建伟　李　颖　李忠杰

谷安林　邹大挺　汪晓军　张　琦　张启华　张树军

陈　晋　陈志楣　欧阳淞　金延锋　庞　松　郑　谦

赵胜军　胡水华　俞银先　徐建刚　高永中　章百家

黄小同　黄如军　彭咏梅

《中国共产党历史系列辞典》

顾问

（按姓氏笔画为序）

王健英　王梦奎　石仲泉　孙　英　沙健孙　金冲及

《中国共产党历史重要文献辞典》

编委会

《中国共产党历史系列辞典》

编写说明

在庆祝中国共产党成立95周年大会上，习近平总书记深刻指出："中国产生了共产党，这是开天辟地的大事变。这一开天辟地的大事变，深刻改变了近代以后中华民族发展的方向和进程，深刻改变了中国人民和中华民族的前途和命运，深刻改变了世界发展的趋势和格局。"这三个"深刻改变"追本溯源而又高瞻远瞩地勾勒出了中国共产党恢弘壮丽的历史。中国共产党的历史是党和人民宝贵的精神财富，是建设伟大工程、进行伟大斗争、推进伟大事业、实现伟大梦想的重要力量源泉。党的十八大以来，习近平总书记对党的历史作出了一系列重要论述，对党史工作提出了一系列重要要求。习近平总书记指出："历史是最好的教科书。""学习党史、国史，是坚持和发展中国特色社会主义、把党和国家各项事业继续推向前进的必修课。"要求党史部门要把深化党史研究作为第一位的任务抓好，更好地发挥以史鉴今、资政育人的重要作用，为党史工作进一步指明了方向。

作为国家出版基金资助项目，《中国共产党历史系列辞典》（以下简称《党史系列辞典》）是党史研究的一项重大基础工程。编写工作自2011年启动以来，得到中央领导同志的高度重视和亲切关怀，这是《党史系列辞典》能够顺利问世的强大动力和重要条件。

《党史系列辞典》的编写工作坚持以马克思列宁主义、毛泽东思想、邓小平理论、"三个代表"重要思想、科学发展观、习近平新时代中国特色社会主义思想为指导，以中共中央《关于若干历史问题的决议》《关于建国以来党的若干历史问题的决议》和十一届三中全会以来党中央关于历史问题的重要结论为基本遵循，以中共中央党史研究室编写出版的《中国共产党历史》第一卷、第二卷，《中国共产党的七十年》《中国共产党的九十年》等党史基本著作为重要依据。注意吸收其他同类辞书之所长，始终把握党性原则和科学精神的统一，力求实事求是、全面准确反映党的历史的主题和主线、主流和本质，为全党全社会开展党史学习和宣传教育提供服务。

《党史系列辞典》按专题分类编写，特色鲜明、全面系统，适合党员干部和党史教学、研究人员以及广大党史爱好者使用。《党史系列辞典》共分五卷:《中国共产党历史重要事件辞典》《中国共产党历史重要会议辞典》《中国共产党历史组织机构辞典》《中国共产党历史重要文献辞典》《中国共产党历史重要人物辞典》。各卷收录的内容，时间起止大体从1919年五四运动到2016年7月1日建党95周年，分别反映中国共产党历史上的重要事件、重要会议、组织机构、重要文献、重要人物及其他相关内容，共收入一万余个辞条，近500万字。这是我国第一部按专题编写的大型党史知识工具书，也是收录辞条距今最近的一部大型党史系列辞典。

《党史系列辞典》的编写、出版工作，是在原中共中央党史研究室室务会和中共中央党史和文献研究院院务会的指导和支持下完成的，具体由中国中共党史学会牵头，中国中共党史人物研究会协助，总编委会负责宏观谋划、体例设计、把关示范和组织协调，五个分卷编委会分别承担编写把关任务。《党史系列辞典》的编写汇集了全国党史学界诸多专家学者的辛劳和智慧，中国中共党史学会、中国中共党史人物研究会、各省区市委党史研究室、有关军事院校、地方高等学校及科研机构的部分党史研究人员参加了编写、审稿等工作。党史学界的六位资深专家担任《党史系列辞典》的顾问，在编写工作中发挥了重要作用。在此，谨向有关部门、单位，向有关方面的领导和专家学者表示诚挚的谢意!

在编写《党史系列辞典》过程中，我们参考了国内已经出版的部分党史著作和有关辞书，借鉴了党史学界关于党史研究的最新成果。中共党史出版社、党建读物出版社为《党史系列辞典》的出版付出了辛勤劳动。在此，谨向有关部门、相关教学科研机构及出版单位和个人表示衷心的感谢！

《党史系列辞典》从策划到出版，历时六年，虽经艰辛努力，但限于编写人员的水平，加上《党史系列辞典》收录内容的广泛性，还会存在许多不足和疏漏。我们热忱欢迎广大读者提出宝贵意见。

最后我们特别需要强调的是，在《党史系列辞典》进入审定、出版程序期间，适逢中国共产党第十九次全国代表大会胜利召开。党的十九大是在全面建成小康社会决胜阶段、中国特色社会主义进入新时代的关键时期召开的一次十分重要的大会。大会高举中国特色社会主义伟大旗帜，以马克思列宁主义、毛泽东思想、邓小平理论、“三个代表”重要思想、科学发展观、习近平新时代中国特色社会主义思想为指导，分析了国际国内形势发展变化，回顾和总结了过去五年的工作和历史性变革，作出了中国特色社会主义进入了新时代、我国社会主要矛盾已经转化为人民日益增长的美好生活需要和不平衡不充分的发展之间的矛盾等重大政治论断，深刻阐述了新时代中国共产党的历史使命，确立了习近平新时代中国特色社会主义思想的历史地位，提出了新时代坚持和发展中国特色社会主义的基本方略，确定了决胜全面建成小康社会、开启全面建设社会主义现代化国家新征程的目标，对新时代推进中国特色社会主义伟大事业和党的建设新的伟大工程作出了全面部署。深入学习贯彻习近平新时代中国特色社会主义思想，对于凝聚全党全国各族人民的思想共识和智慧力量，决胜全面建成小康社会，夺取新时代中国特色社会主义伟大胜利，实现中华民族伟大复兴的中国梦，具有重大现实意义和深远历史意义。本《党史系列辞典》所收辞条内容按照中央领导同志2015年12月批复的要求，截止到中国共产党建党95周年。自此之后至党的十九大召开，以及十九大后以习近平同志为核心的党中央团结带领全党和全国各族人民迈入中国特色社会主义新征程的内容十分重要，但因书稿已经有关方面审定，这次暂未能编入《党史系列辞典》。今后几年，总编委会将以习近平新时代中国特色社会主义思想为指导，紧紧围绕建党100周年这个重要时间节点，组织人员续编相关内容，争取以修订后的《中国共产党历史系列辞典》向中国共产党100周年华诞献礼！

《中国共产党历史系列辞典》总编委会

2018年5月

《中国共产党历史重要文献辞典》凡例

一、《中国共产党历史重要文献辞典》按照《中国共产党历史系列辞典》总体要求编写，是一部集中反映中国共产党重要文献的辞典。

二、本辞典共收入1826个辞条。所收辞条范围为1919年五四运动前后至2016年7月1日中国共产党成立95周年。按照新民主主义革命时期、社会主义革命和建设时期、改革开放和社会主义现代化建设新时期三个历史时期编排。每个时期的辞条原则上按时间顺序排列，同一天形成的文献，按中共中央、政府、军队、社会团体、个人顺序排列。

三、本辞典收入的文献，以中国共产党中央一级文件为主，也收有少量其他系统的重要文件。凡个人撰写、以组织名义发表的，一律按组织文件收入。所有的文献均已公开发表过，且主要选自由中央档案馆、中央文献研究室编纂，由人民出版社、中央文献出版社等出版的党的重要文献集。

四、本辞典辞条内容包括文献作者、出处和基本内容等，基本内容以概括文献原文为主，一般不作评价，个别重要文献如需评价的，均采用中央有关文件的相关表述。

五、为便于读者查询使用，本辞典附有汉语拼音音序索引和笔画索引。

六、关于数字、标点符号和其他编写规范的使用，参照最新修订和实施的《出版物上数字用法》《标点符号用法》和《作者编辑常用标准及规范》。

《中国共产党历史重要文献辞典》编委会

2017年7月

目录

第一部分　新民主主义革命时期

第二部分　社会主义革命和建设时期

第三部分　改革开放和社会主义现代化建设新时期

第一部分　新民主主义革命时期

【布尔什维主义的胜利】（1918年12月）　李大钊1918年12月撰写。原载1918年11月15日《新青年》第五卷第五号（实际是1919年1月出刊）。1984年收入人民出版社出版的《李大钊文集》（上），书中收录题目为《Bolshevism的胜利》。该文章指出第一次世界大战终结的真正原因，是德国的社会主义战胜了德国的军国主义，是民主主义把帝制打倒。文章热情歌颂了十月革命，热烈欢呼社会主义的胜利。同时指出十月革命的胜利，就是布尔什维主义的胜利。文章认为，世界的历史进入了社会主义革命的新时代，“试看将来的环球，必是赤旗的世界”。中国人民应该沿着十月革命的道路前进，只有这样，才能战胜封建军阀和帝国主义列强，使黑暗的中国重见光明。这篇文章是中国最早用马克思主义观点介绍十月革命的著名论文之一。

【我的马克思主义观】（1919年）　李大钊1919年撰写。原载1919年5月、11月出版的《新青年》第六卷第五、六号（第五号实际是1919年9月出刊）。1984年收入人民出版社出版的《李大钊文集》（下）。该文章对马克思主义的政治经济学、科学社会主义和唯物史观的基本观点，分别作了阐述。指出马克思和恩格斯合著《共产党宣言》，檄告举世的劳工阶级联合起来，推倒资本主义。而社会主义的实现，“离开人民本身，是万万作不到的，这是马克思主义一个绝大的功绩”。文章还介绍了马克思主义的阶级斗争学说，阐明了阶级斗争学说和马克思主义三个组成部分的关系。该文章是中国第一篇比较系统介绍马克思主义的著名论文。

【“觉悟”的宣言】（1919年12月29日）　周恩来1919年12月29日撰写。发表于天津觉悟社1920年1月20日出版的刊物《觉悟》第一期。1993年收入南开大学出版社出版的《周恩来早期文集》（上卷）。该《宣言》是天津觉悟社的纲领性文章，也是经全体社员集体讨论通过的。文章阐发了成立天津觉悟社的初衷，指出“我们中国自从去岁受欧战媾和的影响，一般稍具普通常识的人，也随着生了一种很深刻的‘觉悟’：凡是不合于现代进化的军国主义、资产阶级、党阀、官僚、男女不平等界限、顽固思想、旧道德、旧伦常……全认他为应该铲除应该改革的”。文章对要出版刊物表达了决心。文章进一步指出了觉悟社的目标是：本“革心”“革新”的精神，求“自觉”“自决”。明确了发扬宗旨的四种方法。文章最后进一步表达了努力奋斗的决心。

【觉悟】（1919年12月） 周恩来1919年12月撰写。发表于天津觉悟社1920年1月20日出版的刊物《觉悟》第一期。1993年收入南开大学出版社出版的《周恩来早期文集》（上卷）。该文章是天津觉悟社的纲领性文章，经全体社员讨论通过。文章就什么是“觉悟”、为什么“觉悟”、怎样“觉悟”、“觉悟”的影响进行了阐述。文章指出“人在世界上同一切生物最大的区别，就是人能够‘觉悟’，一切生物不能够‘觉悟’”，指出“人生最大的要素是灵性”，而灵性中的理性和群性会产生冲动，“这种冲动的作用，全由于‘觉悟’中生出来的”。认为“从‘觉悟’中生出来的效果，必定是不满意现状，去另辟一条新道”。

【劳动者底觉悟】（1920年5月1日） 陈独秀1920年5月1日出席上海码头工人发起的船务栈房工界联合会时发表的演说。原载1920年5月1日《新青年》第七卷第六号。2010年收入上海人民出版社出版的《陈独秀著作选编》第二卷。该文章高度评价了工人阶级在社会中的重要地位，称赞社会上各项人只有做工的是台柱子，世界上只有做工的人最有用，最贵重。希望工人群众迅速觉悟起来，认识到自己的伟大力量和历史使命。文章指出劳动运动可分两步走，第一步要求改善待遇，是劳动者对于国家资本家，要求待遇改良；第二步要求管理权，是要求做工的人自身站在国家资本家地位，自己起来管理政治、军事、产业。文章认为中国劳动者的觉悟目前处于第一步，但要启发工人第二步的觉悟。

【蔡林彬给毛泽东】（1920年8月13日） 蔡林彬（即蔡和森）1920年8月13日于法国写给毛泽东的信。发表于《新民学会会员通信集》第三集。1980年收入人民出版社出版的《蔡和森文集》。该信就自己在法国的思想和工作向毛泽东作了比较详细的介绍，并从四个方面讨论了社会主义思想：一、世界革命运动之大势。二、无产阶级革命运动之四种利器。三、世界革命之联络与方法。四、俄罗斯革命后之详情。信中提出了阶级战争——无产阶级专政的主张。认为社会主义的重要使命在打破资本经济制度，方法就是无产阶级专政，以政权来改建社会经济制度。认为没有政权，就不能保护革命。信中提出了要先组织共产党的思想，并提出要先对共产党的原理和方略进行研究。

【蔡林彬给毛泽东】（1920年9月16日） 蔡林彬（即蔡和森）1920年9月16日于法国写给毛泽东的信。发表于《新民学会会员通信集》第三集。1980年收入人民出版社出版的《蔡和森文集》。该信指出，“现在世界显然为两个敌对的阶级世界”。并指出“阶级战争的结果，必为阶级专政，不专政则不能改造社会、保护革命”。信中介绍了俄国、美国、英国、法国、德国以及西班牙、比利时、意大利、匈牙利、捷克斯洛伐克、保加利亚、罗马尼亚、印度、土耳其等国共产党成立的基本情况，认为中国非组织与俄国一样的共产党不可。该信介绍了俄国的情况，并肯定地表示“我不信这种倾向会错的”。

【毛泽东给萧旭东蔡林彬并在法诸会友】（1920年12月1日）　毛泽东1920年12月1日写给留法的蔡和森等人的回信。发表于《新民学会会员通信集》第三集。1980年收入人民出版社出版的《蔡和森文集》。该信指出成立学会的必要。随后谈了六个问题：一、学会方针问题。二、方法问题。三、态度问题。四、求学问题。五、会务进行问题。六、同志联络问题。该信完全赞成以“改造中国与世界”为学会的方针。认为来信中对于中国将来的改造，完全适用社会主义的原理与方法。对于先要组织共产党，因为他是革命运动的发动者、宣传者、先锋队、作战部等主张，表示深切的赞同。认为学会的态度应该是潜在和不倚赖旧势力。会员的态度应该是互助互勉、诚恳、光明、向上。在求学问题上赞同共同研究及分门研究。对于学会会务问题和同志联络等问题也提出了自己的看法。并希望大家对自己的意见加以批评。

【随感录】（1920年12月1日）　陈独秀1920年12月1日撰写。发表于《新青年》第八卷第四号。2010年收入上海人民出版社出版的《陈独秀著作选编》第二卷。文章写了九个问题：劳工神圣与罢工、主义与努力、革命与作乱、民主党与共产党、提高与普及、无意识的举动、华工、四论上海社会、虚无的个人主义及任自然主义。文章针对当时社会种种模糊、错误认识进行批驳。指出，“我们提倡罢工或减少工作时间，正因为现时生产制度下的奴隶事业玷辱了‘劳工神圣’这四个字”。指出，“改造社会和行船一样，定方向与努力二者缺一不可”。指出，“革命是神圣事业，是不应该许社会上恶劣分子冒牌的呀”。还指出，“我们现在的至急需要，是在建立一个比较最适于救济现社会弊病的主义来努力改造社会；虚无主义及任自然主义，都是叫我们空想、颓唐、紊乱、堕落、反古”。

【毛泽东给蔡和森】（1921年1月21日）　毛泽东1921年1月21日写给蔡和森的回信。发表于《新民学会会员通信集》第三集。1980年收入人民出版社出版的《蔡和森文集》。信中指出“唯物史观是吾党哲学的根据”，完全同意蔡和森1920年9月信中关于成立共产党的看法，表示“我没有一个字不赞成”。并指出“党一层陈仲甫先生等已在进行组织”。

【中国共产党第一个纲领】（1921年7月）　中国共产党第一次全国代表大会1921年7月通过。2011年收入中央文献出版社出版的《建党以来重要文献选编》第一册。《纲领》共十五条。一、明确党的名称为“中国共产党”。二、党的纲领是：革命军队必须与无产阶级一起推翻资本家阶级的政权，必须支援工人阶级，直到社会的阶级区分消除为止；承认无产阶级专政，直到阶级斗争结束，即直到消灭社会的阶级区分；消灭资本家私有制，没收机器、土地、厂房和半成品等生产资料，归社会共有；联合第三国际。三、承认苏维埃管理制度和党的根本政治目的是实行社会革命。四、五对党员的接收作出规定。六、在党处于秘密状态时，党的重要主张和党员身份应保守秘密。七、八、九对党的地方组织的建立和成员组成作出规定。十、十二是有关地方党员和地方党组织活动的监督问题。十三、关于执行委员会成立问题。十四、党员不经特许，不得担任政府官员或国会议员。十五、本纲领须经全国代表大会2/3代表同意，才能修改。文献原件第十一条遗漏。

【中国共产党第一个决议】（1921年7月） 中国共产党第一次全国代表大会1921年7月通过。2011年收入中央文献出版社出版的《建党以来重要文献选编》第一册。此《决议》至今未发现中文原稿，目前所见到的是俄、英两种文字的中译本。该《决议》共六部分：一、工人组织；二、宣传；三、工人学校；四、工会组织的研究机构；五、对现有政党的态度；六、党与第三国际的联系。《决议》明确党的基本任务是成立产业工会，党应在工会里灌输阶级斗争的精神。强调不论中央或地方的任何出版物，均不得登载任何违背党的原则、政策及决议的文章。要求各种产业部门都应建立工人学校，提高工人的觉悟，还应成立工会，教育工人，使他们在实践中实现共产党的思想。指出在反对军阀和官僚的斗争中，在要求言论、出版及集会的自由中，应始终站在完全独立的立场上，只维护无产阶级的利益，不同其他党派建立任何关系。进一步明确了向第三国际报告工作的关系。

【中国共产党第一次代表大会】（1921年） 本文译自中共驻共产国际代表团档案的俄文稿。原文没有署名，也没有标明时间。根据内容判断，作者为参加中共一大的代表，成文时间当在1921年下半年。2011年收入中央文献出版社出版的《建党以来重要文献选编》第一册。文章介绍了中共一大召开前中国早期共产主义组织的情况，以及第一次代表大会出席代表的情况，特别是比较详细地介绍了会议召开过程中讨论的内容和闭幕时的情况。文章认为，我们应该集中自己的革命力量，扩大自己的革命活动，即使无产阶级现在不能取得政权，我们也应该联合其他阶级打倒共同的敌人，加强自己，使我们能够领导以后的斗争。文章指出，会议还决定集中我们的全部精力组织工厂工人，要以共产主义精神教育他们。

【中国劳动组合书记部宣言】（1921年8月） 中国劳动组合书记部1921年8月发出。2011年收入中央文献出版社出版的《建党以来重要文献选编》第一册。《宣言》指出，中国的半殖民地半封建社会制度，给中国工人阶级带来了深重的灾难。认为只有“把一个产业底下的劳动者，不分地域，不分男女老少，都组织起来，做成一个产业组合”，“才能用他们的组织力，做奋斗事业，谋改良他们的地位呢”。《宣言》规定了中国劳动组合书记部的性质和任务，指出它是一个要把各个劳动组合都联合起来的总机关，它的事业是要发展劳动组合，向劳动者宣传组合之必要，要联合或改组已成的劳动团体，使劳动者有阶级的觉悟，并要建立中国工人与外国工人的密切关系。

【中国共产党中央局通告】（1921年11月）　中国共产党中央局书记陈独秀于1921年11月署名发出。2011年收入中央文献出版社出版的《建党以来重要文献选编》第一册。《通告》共三条：一、对上海、北京、广州、武汉、长沙党的组织工作、全国社会主义青年团和中央局宣传部的工作等提出具体要求。二、要求全力组织全国铁道工会，上海、北京等12个城市要尽力于此。三、要求各区党组织要切实注意青年和妇女运动。

【中国共产党对于时局的主张】（1922年6月15日）　中共中央1922年6月15日发出。2011年收入中央文献出版社出版的《建党以来重要文献选编》第一册。该《主张》共十部分。一、分析指出中国几千年封建政治统治下人民所缺乏的政治上的感觉力和组织力，随着戊戌变法运动、君主立宪运动、辛亥革命运动的发生，正在渐次发展；认为辛亥革命在中国政治史上开了一个新纪元。二、分析了辛亥革命的意义和没能成功的原因。三、四、五、六、七、八、九各部分进一步分析揭露了辛亥革命后中国各派政党的情况和军阀的丑恶嘴脸；指出国民党虽有革命性，但要改变动摇不定的政策；严厉批驳了"武力统一""联省自治""好人政府""废督裁兵"等错误主张。十、指出中国共产党是无产阶级的先锋军，是为无产阶级奋斗和为无产阶级革命的党；指出无产阶级在目前最切要的工作是联络民主派共同对付封建式的军阀革命，以达到军阀覆灭能够建设民主政治；同时决定邀请国民党等革命民主派及革命的社会主义各团体开一个联席会议，共同建立一个民主主义的联合战线，向封建式的军阀继续战争。

【中国共产党第二次全国代表大会宣言】（1922年7月）　中国共产党第二次全国代表大会1922年7月通过。原载1926年《中国共产党五年来之政治主张》。2011年收入中央文献出版社出版的《建党以来重要文献选编》第一册。《宣言》共三部分：一、国际帝国主义宰制下之中国；二、中国政治经济现状与受压迫的劳苦群众；三、中国共产党的任务及其目前的奋斗。《宣言》分析了世界帝国主义国家的情况和对中国的侵略，指出中国劳苦群众要从帝国主义的压迫中把自己解放出来，只有走与世界无产阶级革命运动联合，打倒国际资本帝国主义的道路。《宣言》还分析了中国的政治经济现状，指出中国大量的贫苦农民能和工人握手革命，可以保证中国革命的成功；工人阶级将会变成推倒在中国的世界资本帝国主义的革命领袖军。指出加给中国人民（无论是资产阶级、工人或农民）最大的痛苦的是资本帝国主义和军阀官僚的封建势力，因此反对那两种势力的民主主义的革命运动是极有意义的，只有无产阶级的革命势力和民主主义的革命势力合同动作，才能使真正民主主义革命格外迅速成功。进一步指出中国共产党的目的是：组织无产阶级，用阶级斗争的手段，建立劳农专政的政治，铲除私有财产制度，渐次达到一个共产主义的社会。党为工人和贫农的利益在联合战线里的奋斗目标是：消除内乱，打倒军阀，建设国内和平；推翻国际帝国主义的压迫，达到中华民族完全独立；统一中国为真正的民主共和国；等等。

【关于“民主的联合战线”的议决案】（1922年7月） 中国共产党第二次全国代表大会1922年7月制定。2011年收入中央文献出版社出版的《建党以来重要文献选编》第一册。《议决案》指出，人类经济及政治的进化，自然造成阶级的战争。无产阶级对于资产阶级的战争也是不能免的。而且无产阶级对资产阶级的战争还未胜利，而民主对封建的战争也未终了。所以，无产阶级也要加入民主革命运动。但是加入民主革命，不是投降于代表资产阶级的民主派，因为“民主派不是代表无产阶级为无产阶级利益而奋斗的政党”，认为“应该集合在无产阶级的政党——共产党旗帜之下，独立做自己阶级的运动”。《议决案》指出，我们共产党不是空谈主义者，“乃是时时刻刻要站起来努力工作的党”，进一步分析了现阶段的民主革命运动，对于资产阶级和无产阶级都是有利益的，共产党应该出来“联合全国革新党派，组织民主的联合战线”，以扫清封建军阀，推翻帝国主义的压迫，建设真正民主政治的独立国家。指出今后更应该扩大“民主联合战线的主张”，并提出了三项具体计划。

【关于共产党的组织章程决议案】（1922年7月） 中国共产党第二次全国代表大会1922年7月制定。2011年收入中央文献出版社出版的《建党以来重要文献选编》第一册。《决议案》指出，共产党是为无产阶级做革命运动的急先锋。而“既然是为无产群众奋斗的政党，我们便要‘到群众中去’要组成一个大的‘群众党’”。《决议案》提出了两大要求，即“党的一切运动都必须深入到广大的群众里面去”，“党的内部必须有适应于革命的组织与训练”。为了加强组织与训练，提出了七项原则，即：各级组织要有严密系统集权精神和铁的纪律；党员要在行动上受党中军队式的训练；言论与行动上都是共产主义者；必须能够牺牲个人的感情意见及利益关系以拥护党的一致；必须牢记始终为共产党活动；无论何时何地个人的言论都是符合党的言论，活动必须是党的活动；施行集权与训练时，应以共产革命在事实上所需要的观念施行之。最后指出，中国共产党不是少数人空想的革命团体，我们的组织与训练必须是很严密的集权的有纪律的，我们的活动必须是不离开群众的。

【中国共产党章程】（1922年7月） 中国共产党第二次全国代表大会1922年7月通过。2011年收入中央文献出版社出版的《建党以来重要文献选编》第一册。《章程》分六章：第一章，党员；第二章，组织；第三章，会议；第四章，纪律；第五章，经费；第六章，附则。共二十九条。《章程》规定了“凡承认本党宣言及章程并愿忠实为本党服务者”及

"凡经中央执行委员会直接承认者，或已经加入第三国际所承认之各国共产党者"，均得为本党党员，并对入党的程序作了规定。对中央及地方各级党组织的产生、相互关系、领导的任职以及各级党的会议的召开，作了明确规定，还进一步明确了全党服从中央、下级服从上级、少数绝对服从多数等党的组织纪律。《章程》规定党的经费由党费、党内派捐、党外协助三部分组成，并规定了党员交纳党费的标准。这是中国共产党成立后的第一个党章。

【中国共产党为吴佩孚惨杀京汉路工告工人阶级与国民书】（1923年2月27日）　中共中央1923年2月27日发出。原载1923年2月27日《向导》第二十期。2011年收入中央文献出版社出版的《建党以来重要文献选编》第一册。该《告工人阶级与国民书》明确指出，2月7日长辛店和汉口的大惨杀，是吴佩孚在"保护劳工"的假面具下，残酷屠杀工人的血腥罪行。指出唯有中国共产党是真正保护劳工、为劳工阶级利益而奋斗的党，此外一切标榜保护劳工的党派和势力，都不过是为他们自身的利益或他们阶级的利益而施行的一种政策，进一步揭露了吴佩孚反动军阀的真实嘴脸。该《告工人阶级与国民书》最后呼吁"不自由毋宁死"，号召"全国不自由的人民"和工人阶级结合起来，打倒一切压迫工人的军阀。

【中国共产党第三次全国代表大会宣言】（1923年6月）　中国共产党第三次全国代表大会1923年6月制定。2011年收入中央文献出版社出版的《建党以来重要文献选编》第一册。《宣言》指出中国人民受外国及军阀两层暴力的压迫，国家生命和人民自由都危险到了极点。中国国民党应该是国民革命之中心势力，希望社会上革命分子都集中到中国国民党，使国民革命运动得以加速实现。同时希望中国国民党断然抛弃依赖列强及专门军事两个旧观念，十分注意对于民众的政治宣传。强调中国共产党鉴于国际及中国之经济政治的状况，鉴于中国社会各阶级（工人农民工商业家）之苦痛及要求，都急需一个国民革命；同时拥护工人农民的自身利益，是我们特殊的责任；引导工人农民参加国民革命，更是我们的中心工作。

【中国共产党党纲草案】（1923年6月）　中国共产党第三次全国代表大会1923年6月制定。2011年收入中央文献出版社出版的《建党以来重要文献选编》第一册。《党纲草案》共九个部分。一、帝国主义与中国旧经济；二、中国之资产阶级的发展及其性质；三、现代中国的政治现象；四、欧战后中国社会中各种争斗的形势；五、中国之国民革命及无产阶级和农民在此革命中所占的地位；六、中国无产阶级的责任；七、中国无产阶级之争斗及其最终目的；八、中国无产阶级争斗之方式；九、共产党之任务。《党纲草案》分析指出，在这种资产阶级性质的革命中，资产阶级大部分依赖帝国主义的列强或军阀，极易妥协，无产阶级却是一种现实的最彻底的有力部分。指出中国无产阶级在国民革命中的责任，是全力参加、促进国民革命，并唤醒农民，与之联合而督促资产阶级，以引导资产阶级革命到底。以革命的方法，建立真正平民的民权，取得一切政治上的自由及完全的真正的民族独立。

【关于国民运动及国民党问题的议决案】（1923年6月） 中国共产党第三次全国代表大会1923年6月通过。2011年收入中央文献出版社出版的《建党以来重要文献选编》第一册。《议决案》共八条。一、只有实现国民革命加帝国主义者以有力的打击，是他在世界的革命之工作中所应尽的职务。二、半殖民地中国，应该以国民革命运动为中心工作，以解除内外压迫。三、中国现有的党，只有国民党比较是一个国民革命的党。四、中国劳动阶级还在极幼稚时代，工人运动尚未能强大起来成为一个独立的社会势力。五、中共与国民党合作，共产党员加入国民党，是必要的。六、我们加入国民党，但仍旧保存我们的组织，还要扩大我们的组织，谨严我们的纪律，以立强大的群众共产党之基础。七、提出我们在国民党中需要注意的事情。八、要努力扩大国民党的组织于全中国，同时，要努力促成全国总工会之独立的组织。同时，要有阶级觉悟的革命分子，尽量加入我们自己的组织；要在群众中普遍宣传“国民运动中拥护劳动阶级利益的必要”。该《议决案》低估了工人阶级的力量，低估了共产党的作用，没有提出工人阶级应当努力争取对民主革命的领导权。

【中国共产党中央执行委员会组织法】（1923年6月） 中国共产党第三次全国代表大会1923年6月通过。2011年收入中央文献出版社出版的《建党以来重要文献选编》第一册。《组织法》对中共中央执行委员会的产生、人员组成作出具体规定，同时对中央局的产生、日后的工作，以及成员的职责提出了意见。指出在中央局和中央执行委员会内部，实行一切决定以多数取决的原则。这是中国共产党历史上第一个关于党中央组织机构、职权分工、工作制度的法规性文件。

【中国共产党第一次修正章程】（1923年6月） 中国共产党第三次全国代表大会1923年6月通过。2011年收入中央文献出版社出版的《建党以来重要文献选编》第一册。《章程》共六章。一、党员；二、组织；三、会议；四、纪律；五、经费；六、附则。《章程》对党员和党的组织提出了基本要求，对加入党组织的程序作出了具体规定。明确指出，对已加入第三国际所承认的各国的共产党者，经中共中央审查后，才能转为正式党员。对纪律的规定指出，凡有关系全国之重大政治问题发生，中央执行委员会未发表意见时，区或地方执行委员会，均不得单独发表意见，区或地方执行委员会所发表的一切言论倘与党纲宣言章程及中央执行委员会的议决案及所定政策有抵触时，得令其改组之。《章程》对党的基层组织建设也提出了具体的意见。

【中共中央局、青年团中央局对于国民党全国大会的意见】（1924年1月） 中共中央局和青年团中央局1924年1月发出。2011年收入中央文献出版社出版的《建党以来重要文献选编》第二册。《意见》首先指出“现在及最近的将来，我们确实有在国民党内竭诚的和国民党合作之必要”，随后分析指出了国民党初次全国大会代表分子非常复杂，不要有过高的希望。在合作方面指出了最低限度的五点主张，即对于党纲草案，表示大致赞同，对其中民族主义方面提出看法；对于章程草案，大致赞同，对实际的地方组织，提出看法；对于政纲议案，表示同意国际代表的意见；对于中央执行委员会选举案，同意选谭平山；对于宣传事业，提出应兼及关于人民利害的实际问题。对出席大会的同志提出要求。后附《国民党之政纲（节选）》。

【同志们在国民党工作及态度决议案】（1924年2月）　中国共产党第三届中央执行委员会第二次全体会议1924年2月制定。2011年收入中央文献出版社出版的《建党以来重要文献选编》第二册。《决议案》共八项，首先分析指出了与国民党合作的必要性，以及共产党员加入国民党后的任务，同时指出了国民党本身存在的问题，要求尽量避免不必要的冲突；指出对国民党大会的结果也不可过于乐观。《决议案》对在国民党内工作的同志和今后中共的工作也分别提出了具体要求。指出凡关于国民革命的，均应用国民党名义，归为国民党的工作。但对于我们所认为必要事项，而国民党不愿用其名义活动的，仍作为本党独立的活动。介绍新分子加入本党时，须十分慎重选择。

【共产党在国民党内的工作问题议决案】（1924年5月）　中共中央执行委员会扩大会议1924年5月制定。原载1924年5月20日的《中国共产党党报》第三号。2011年收入中央文献出版社出版的《建党以来重要文献选编》第二册。《议决案》首先分析指出了国民党一大后出现的左右两派问题，指出中共“应当用种种方法于思想上和组织上巩固左翼”，并提出了六项指导工作方针，即：积极宣传反对帝国主义及军阀，要求民权的原则，不能先求国民党数量的扩大；产业工人要支持国民党左翼，反对国民党右派思想在工人里的影响，要求国民党支持工会反对外国的及本国的资本家苛待工人；使国民党的宣传政策注重反对帝国主义；使国民党特别注意军队里的宣传；使国民党注意去调查研究帝国主义报纸上关于国民党势力与北部及中部所谓“土匪”相结合等问题；为使国民革命运动深入，要求国民党实行废除额外苛税并禁止大地主对于贫苦佃农之过分的剥削，武装沿线的农民等。

【在共产国际第五次代表大会上的报告】（1924年7月1日）　李大钊1924年7月1日在共产国际第五次代表大会第二十二次会议上作的书面发言。2011年收入中央文献出版社出版的《建党以来重要文献选编》第二册。《报告》主要介绍了外国帝国主义在中国的活动，以及中国国民运动和国共合作的情况，并对共产国际五大提出希望。《报告》指出了中国人民既遭受国际帝国主义者的压迫，又遭受中国军阀的压迫的社会现实。介绍了外国帝国主义在中国嚣张活动的九个事件，即：张家口的卡门事件、汉口纺织工人事件、法国金法郎事件、旅顺口和大连、临城事件、棉花出口、烟草消费税、广州的关税、列强的海上联合舰队。认为帝国主义者始终力图利用微不足道的小事为借口来扩大其势力及特权。指出在帝国主义无耻行径不断增加的同时，以工人和青年知识分子为首的国民运动也在不断发展。认为国民党在中国共产党的影响下，也在开始接触群众和号召打倒本国军阀和外国帝国主义者。《报告》还介绍了国民党一大的召开和国共合作的情况。进一步阐述了共产党在国民党内开展工作的目的、作用和意义。希望共产国际五大应该特别关注中国问题，给予中国共产党工作指示。

【中央通告第十五号——对国民党右派的斗争】（1924年7月21日） 中共中央1924年7月21日发出，陈独秀、毛泽东署名。2011年收入中央文献出版社出版的《建党以来重要文献选编》第二册。《通告》指出，国民党大部分党员对我们或明或暗的攻击排挤日甚一日，以和缓列强及军阀对于国民党的压迫。国民党右派的重要错误是不愿反对帝国主义的列强和排斥共产派等。而共产党应在国民党各级党部开会时提出左右派政见不同之讨论。指出今后凡非表示左倾的分子，不应介绍他入国民党。中共要努力获得或维持指挥工人农民学生市民各团体的实权，以巩固我们在国民党左翼之力量，尽力排除右派势力侵入这些团体。要求各地组织“国民对外协会”，加入分子当以不满意国民党右派主张为重要标准。

【中央通告第二十一号——加强党务工作，对孙中山参加北方和会的态度】（1924年11月1日） 中共中央1924年11月1日发出，陈独秀、毛泽东署名。2011年收入中央文献出版社出版的《建党以来重要文献选编》第二册。《通告》首先指出党的工作内部组织存在的问题，随后对如何加强党务工作提出六条具体要求，即：组织会议不得间断；开会要讨论具体政治问题；领导要规划工作；每次接到上级文件要及时开会，并尽力执行；至少一周向中央汇报一次工作；报告不宜过于简略，要有条理，内容要全。不根本反对孙中山参加北方和会。

【对于民族革命运动之议决案】（1925年1月） 中国共产党第四次全国代表大会1925年1月通过。原文载1925年2月印行的《中国共产党第四次大会议决案及宣言》。2011年收入中央文献出版社出版的《建党以来重要文献选编》第二册。《议决案》共五部分。一、民族革命与世界革命之关系；二、无产阶级在民族革命运动中之目的及特性——世界性与阶级性；三、中国各社会阶级在民族运动中的趋向——无产阶级之领导地位；四、中国共产党对于民族革命运动政策之经过及其“左”倾右倾之错误；五、我们与国民党及其他党派之关系。《议决案》指出，中国的民族革命运动，必须有最革命的无产阶级有力的参加，并且取得领导的地位，才能够得到胜利。指出无产阶级也要能够抓住被压迫的各社会阶级的大量向帝国主义及其工具（国内军阀及地主买办阶级）作战，才免得处在孤立地位。无产阶级的政党应该指导无产阶级参加民族运动，不是附属资产阶级而参加，乃以自己阶级独立的地位与目的参加。要求全党要时刻警惕右倾危险。另一方面也要提防“左”倾的错误，如反对无产阶级参加民族运动。

【中国共产党第二次修正章程】（1925年1月）　中国共产党第四次全国代表大会1925年1月通过。原文载1925年2月印行的《中国共产党第四次大会议决案及宣言》。2011年收入中央文献出版社出版的《建党以来重要文献选编》第二册。《章程》共六章。一、党员；二、组织；三、会议；四、纪律；五、经费；六、附则。《章程》对党的基层组织建设提出了具体要求，规定凡有党员三人以上均得成立一支部，每支部公推书记一人或推三人组织干事会，隶属地方执行委员会，不满三人之处，设一通信员，属于附近之地方或直接属于中央。《章程》在党的历史上第一次将党的支部规定为党的基层单位，并规定了支部成员的任期时间；规定从四大开始对中央委员会委员长的职务，改称为“总书记”；地方各级党的执行委员会的委员长职务，改称为“书记”。

【中国共产党第四次全国大会宣言】（1925年1月22日）　中国共产党第四次全国代表大会1925年1月22日通过。原文载1925年2月印行的《中国共产党第四次大会议决案及宣言》。2011年收入中央文献出版社出版的《建党以来重要文献选编》第二册。《宣言》揭露了直系与反直系军阀混战的本质。指出无论直系或反直系军阀的背后，都站立着列强的阴谋，他们为着要干涉中国内政，不断地援助军阀战争以与中国人民为敌，其目的都是要加紧中国的内乱，都是要利用军阀以达到他们帝国主义的侵略政策。《宣言》号召全国工农劳动群众起来对抗帝国主义，支持国民会议，反对段祺瑞的善后会议。

【中国共产党为孙中山之死告中国民众】（1925年3月15日）　中国共产党中央执行委员会1925年3月15日发出。原载1925年3月21日出版的《向导》第一〇七期。2011年收入中央文献出版社出版的《建党以来重要文献选编》第二册。《告中国民众》首先指出孙中山先生的去世是中国民族自由运动的一大损失，但这个运动是决不会随中山先生之死而停止的，并分析了为什么中国民族运动不会因孙中山先生的死而停止。同时指出，中国的民族自由运动是和全世界被压迫的阶级和被压迫的民族自由运动互相联结的。而中国共产党对于孙中山先生及国民党所领导的中国民族自由运动，始终表示同情并给予支持。最后，要求全国民众要加倍努力地反抗帝国主义和军阀。

【中央通告第三十三号——发动反对日本帝国主义的大运动】（1925年5月19日）　中共中央1925年5月19日发出。2011年收入中央文献出版社出版的《建党以来重要文献选编》第二册。《通告》要求各地应立即邀当地C.Y.组织开一联席会议，下全体动员令，组织游行演讲队，陈述日本最近压迫中国人的事实，向日本帝国主义者加以总攻击，不必以上海纱厂工人事件为限。要求各地各公团开联席会议发表宣言，指斥日本人历来压迫中国人之罪恶，并可电请政府向日本交涉，取消其在中国开设工厂之权利。

【工农联合的决议案】（1925年5月） 第二次全国劳动大会1925年5月制定。2011年收入中央文献出版社出版的《建党以来重要文献选编》第二册。《决议案》指出，中国工人阶级要想推翻现存制度，必须结合反对现存制度的一切革命势力，因此应该努力寻找同盟者。这种同盟者的第一个，就是农民。无产阶级倘若不联合农民，革命便难成功。工人阶级要想得到解放，必须联合农民共同奋斗。农民要想得到自身的解放，也只有与工人联络，才有可能。要求工人在其回乡时，或在其工作附近的农村，应向农民宣传并帮助他们组织农民协会。工会农会之间，得互派代表；工会应设法提携农会进行，并助其发展经济的组织，如合作社等。农民如发生经济上或政治上的争斗，工会应领导工人为实力的援助。

【中国第二次全国劳动大会宣言】（1925年5月） 第二次全国劳动大会1925年5月制定。2011年收入中央文献出版社出版的《建党以来重要文献选编》第二册。《宣言》指出，中国工人阶级受苦受难的根源是国际帝国主义及其一切走狗。全国工人必须用自己的组织力量，解除自身的痛苦，获得自身的利益。中国劳苦群众的解放，一是要由进步的无产阶级领导广大的农民群众，二是要与世界的无产阶级联盟，共同奋斗，才能获得最后胜利。

【中国共产党为反抗帝国主义野蛮残暴的大屠杀告全国民众】（1925年6月5日） 中国共产党中央执行委员会1925年6月5日发出。原载1925年6月6日《向导》第一一七期。2011年收入中央文献出版社出版的《建党以来重要文献选编》第二册。1925年5月30日上海工人和学生为抗议日本资本家枪杀工人顾正红，声援纱厂工人，举行反帝示威游行，遭到外国帝国主义巡捕的开枪镇压，打死工人、学生等13人，伤数十人。以后几天，又连续发生英、日等国军警枪杀中国民众的事件。该《告全国民众》针对上述事件指出，帝国主义对上海工人的屠杀不是偶然的，认为只要帝国主义存在一天，“被压迫民族和被压迫阶级每日都有被屠杀的可能”。同时指出，这次上海的大流血，是中国民族自觉地反抗帝国主义的第一页。《告全国民众》分析指出了帝国主义在上海事件中的相互勾结，分析了上海事件的起因和结局。向全国民众提出了四点注意事项，即：斗争要持续依靠全国民众自身的力量；中国人民与帝国主义之间没有调和余地；上海上流社会和报界的妥协倾向必须停止；谨防帝国主义的离间破坏政策。再次表达了中国共产党与全国民众团结奋斗的决心，使各阶级群众深信共产党不仅为工人阶级的利益而奋斗，并且为全中国被压迫民族而奋斗。号召全国工人、农民、一切被压迫的群众起来，打倒野蛮残暴的帝国主义。

【中国现时的政局与共产党的职任议决案】（1925年10月） 中国共产党中央

执行委员会扩大会议1925年10月制定。原载1925年10月印行的《中国共产党扩大执行委员会决议案》。2011年收入中央文献出版社出版的《建党以来重要文献选编》第二册。《议决案》共七部分，即："五卅"以来的国民革命运动；工人阶级与国民革命运动；农民与国民革命运动；军阀与革命的民众政权奋斗；帝国主义者之间的冲突和国民革命运动；中国的革命运动与世界无产阶级；中国共产党之职任。《议决案》分析指出了"五卅"以来全国国民革命运动的发展形势和特点。指出了工人阶级在民族解放运动的革命运动中的领袖地位，中国共产党要和农民结合巩固的同盟。同时认为"国内革命运动愈发展，工人阶级、农民、城市小资产阶级的组织愈巩固，那么，国内军阀之分化愈速，国民军与奉系军阀之间的冲突成熟得也愈快"。《议决案》还分析了帝国主义国家之间的矛盾，认为"中国民众的斗争开辟了反帝国主义的新战线，同时亦就增加了世界无产阶级及东方被压迫民族的革命力量"。提出了中国共产党应当提出政纲、组织工人工会、使群众多多参加政治运动的同时扩大工人重要的经济奋斗、扩大工人自卫军、找一个好的方式与国民党继续合作、引导广大的学生群众参加革命运动六项职任。

【中国共产党与中国国民党关系议决案】（1925年10月）　中共中央执行委员会扩大会议1925年10月制定，原载1925年10月印行的《中国共产党扩大执行委员会决议案》。2011年收入中央文献出版社出版的《建党以来重要文献选编》第二册。《议决案》共六部分，首先指出，中国国民党自改组后，党内阶级分化，而一部分小资产阶级分子在国民党内，假借"真正三民主义"的招牌反对国民党的左派及共产党。指明共产党对国民党的政策是：反对右派而与左派结合密切的联盟。认为我们的同志中把国民党的领袖们都列到中派在理论上和策略上是不适当的，此时的国民党只有左右两派；国民党左派是支持工农运动的革命派，国民党右派是排斥共产党的妥协派。《议决案》最后对国民党左右派及反动派的政治主张列表予以说明。

【中国社会各阶级的分析】（1925年12月1日）　毛泽东为反对当时中国共产党内存在的两种倾向所作。原载国民革命军第二军司令部1925年12月1日《革命》半月刊第四期。1951年收入人民出版社出版的《毛泽东选集》第一卷。2011年收入中央文献出版社出版的《建党以来重要文献选编》第二册。文章首先指出：谁是我们的敌人？谁是我们的朋友？这个问题是革命的首要问题。我们要分辨真正的敌友，不可不将中国社会各阶级的经济地位及其对于革命的态度，作一个大概的分析。文章对当时中国社会各个阶级作了比较深入的分析，指出一切勾结帝国主义的军阀、官僚、买办阶级、大地主阶级以及附属于他们的一部分反动知识界，是我们的敌人；工业无产阶级是我们革命的领导力量；一切半无产阶级、小资产阶级，是我们最接近的朋友；那动摇不定的中产阶级，其右翼可能是我们的敌人，其左翼可能是我们的朋友，但我们要时常提防他们，不要让他们扰乱了我们的阵线。

【中共中央、共青团中央为日本出兵干涉中国告全国民众书】（1925年12月20日） 中共中央、共青团中央1925年12月20日发出。原载1925年12月20日《向导》第一三九期。2011年收入中央文献出版社出版的《建党以来重要文献选编》第二册。《告全国民众书》指出，中国资产阶级在“五卅”运动中提出的“撇开日本单独对英”的口号本来就是错误的。日本出兵奉天是直接的和中国人作战。呼吁全中国人都应该起来参加此次由反奉而反日的运动，以保全中国国家的领土主权与民族自由。督促全国反奉军队速灭张作霖、李景林、张宗昌的势力，并驱逐日本在满洲所有武力。

【职工运动中党的发展及其关系议决案】（1926年1月） 全国职工运动讨论会1926年1月作出。原载1926年5月1日《校刊》第六期。2011年收入中央文献出版社出版的《建党以来重要文献选编》第三册。《议决案》指出，共产党的职工运动，应当发展党的组织，成为工会的中心；党不仅在工会获得一切的指导权，并须与党外群众密切相关，成为工人阶级最积极先进同时又是密切的一部分，使无产阶级实行历史上的使命；宣传党的主义和政策，使群众对本党有深刻的了解和认识；随时介绍工会中觉悟的勇敢的分子加入本党，扩大本党在工会群众中之组织；在未有党的组织的地方应努力发展党的组织。在工会中组织党团及支部，成为工会中的中心，使工会行动实际上在党的指导之下。

【中共中央、共青团中央为段祺瑞政府惨杀爱国学生紧急通告】（1926年3月20日） 中共中央、共青团中央1926年3月20日发出。2011年收入中央文献出版社出版的《建党以来重要文献选编》第三册。《通告》在北京“三一八”惨案发生后发出，提出要鼓动一个全国民众的大运动。口号为：“讨伐惨杀爱国学生的段祺瑞！反对威吓中国的使团通牒！取消辛丑条约！”并集聚一切的群众，包括大资产阶级、小资产阶级、国民党右派、孙文主义学会、醒狮派，均来参加这个运动。

【中国共产党致第三次全国劳动大会信】（1926年4月20日） 中共中央1926年4月20日发出。原载1926年5月1日《向导》第一五一期。2011年收入中央文献出版社出版的《建党以来重要文献选编》第三册。该信称赞了中国的工人阶级表现出了惊动世界的战斗力。指出中国军阀已处在崩溃中，工人群众应努力积聚力量，努力扩大及巩固全国工人农民及一切劳苦群众的联合战线，抵抗一切特权阶级的压迫，以至获得民族革命的胜利。进一步指出共产党是代表中国工人及农民利益而奋斗的党，党目前的职责是领导中国工人农民参加中国民族革命的斗争。

【中国共产党致第一次全国农民大会信】（1926年4月20日） 中共中央1926年4月20日发出。2011年收入中央文献出版社出版的《建党以来重要文献选编》第三册。该信指出，中国农民的数量和比例在中国人口中居第一位，所受的困苦，也居第一位。并指出农民运动必须与全中国的民族革命运动相结合，同时中国的民族革命运动，非得到农民群众的参加，也不会成功。认为农民运动有与工人运动结合的必要，而且革命的工人阶级有领导这些运动的必要。进一步指出共产党是代表中国农民工人利益而奋斗的党，党目前的职责是领导中国农民工人参加中国民族革命的斗争。

【中共中央致国民党中央信——为时局及与国民党联合战线问题】（1926年6月4日）　中共中央1926年6月4日发出。2011年收入中央文献出版社出版的《建党以来重要文献选编》第三册。该信在国民党二届二中全会通过“整理党务案”后发出，阐明中国社会中一切革命分子必须建立强有力之联合战线。中国共产党认定殖民地半殖民地之无产阶级及一般劳动平民之唯一责任，即为实行国民革命的联合战线。指出国共合作三年来引导中国民众努力奋斗，使革命势力得到极广大的发展。而帝国主义、军阀及一切反动势力千方百计地阴谋破坏国民革命的联合战线。两党之共同责任，即在努力巩固革命战线，肃清其内部，反抗以至于推翻帝国主义军阀的统治。认为“整理党务案”原本关及国民党内部问题，无论如何决定，他党均无权赞否，凡为国民党党员者，当然有遵守之义务，而于国民党党外之团体，则殊无所关涉。该信反映出在共产国际指导下，以陈独秀为代表的中国共产党对“整理党务案”问题的妥协让步政策。

【军事运动议决案】（1926年7月）　中共中央执行委员会扩大会议1926年7月作出。原载1926年9月出版的《中国共产党第三次中央扩大执行委员会议决案》。2011年收入中央文献出版社出版的《建党以来重要文献选编》第三册。《议决案》指出，从前我们同志不注意军事运动，表现研究性质团体的色彩。认为过去半年的工作，对于收集材料和工人自卫团的进行，获得相当成绩。除在进步的军队中做了相当的政治宣传工作外，对于反动军队中的工作，多半注意上级军官间的冲突，未能与下级官佐和兵士群众发生关系。明确指出军事工作是党的工作的一部分。党是无产阶级革命的党，随时都须准备武装暴动的党，在民族革命的进程中，应该参加武装斗争的工作，助长进步的军事势力，摧毁反动的军阀势力，并渐次发展工农群众的武装势力。

【中共中央扩大会议通告——坚决清洗贪污腐化分子】（1926年8月4日）　中共中央扩大会议1926年8月4日发出。2011年收入中央文献出版社出版的《建党以来重要文献选编》第三册。《通告》指出，在革命潮流仍在高涨的时候，许多投机腐败的坏分子进入到革命的队伍中来。由于我党指导机关的力量很强，所以这些投机分子尚不能动摇我党的政策。认为一个革命的党若是容留这些分子在内，必定会使党陷于腐化。《通告》要求各级党部迅速审查所属同志，如有此类行为者，务须不容情的洗刷出党，不可令留存党中，使党腐化，且败坏党在群众中的威望。这是党的历史上第一个惩治贪污腐败分子的文件。

【中央通告第十七号——对国民党中央扩大会议的政策】（1926年9月16日） 中共中央1926年9月16日发出。2011年收入中央文献出版社出版的《建党以来重要文献选编》第三册。《通告》针对将在同年10月1日召开的国民党中央扩大会议提出的政策，指出中共的政策是赞助国民党左派在广东在全国取得政治上的指导。并提出了六条具体办法。指出要向左派宣传“汪蒋合作，使汪能主持国民党”，而“迎汪绝不是就要倒蒋”，“决不推翻整理党务案”的态度。同时提出“如果蒋能执行左派政纲成为左派，我们亦可不坚持要汪回来”。要求“左派国民党部应当宣传革命军的胜利，在于坚决实行中山北伐之主张，召集国民会议”，使全国人民认识到“北伐的胜利是真正的民权的胜利”。该《通告》体现了当时陈独秀主持下的中共中央对国民党的态度。

【中央通告第二十号——对于军事组织系统及其与党的关系的新决定】（1926年9月24日） 中共中央1926年9月24日发出。2011年收入中央文献出版社出版的《建党以来重要文献选编》第三册。《通告》要求军委主任应由该地党委员会之一委员担任，并参加党主席团会议。军事特派员应当与党书记商量工作，且应用他种名义参加党主席团会议。军队中不能发展党的组织，并且不必有党的支部组织。军队中同志的组织，应为纯粹按照军事系统的组织，直接归军委或中央军部管辖。凡在军事范围内介绍入党的同志，除十分秘密只能在中央登记外，应向该地党组织部登记。决定同志做军事工作，应由党决定，并移交军委管理，然后再由军委分配其工作。

【对于目前时局的几个重要问题（一九二六年十一月九日中共中央局与共产国际远东局讨论所得的意见）】（1926年11月9日） 中共中央1926年11月9日作出。原载1926年11月14日《中央政治通讯》第十一期。2011年收入中央文献出版社出版的《建党以来重要文献选编》第三册。《几个重要问题》涉及北伐军东下、湖北政权、江西政权和汪精卫复职四个问题。《几个重要问题》强调了北伐军消灭孙传芳的理由，并分析了可能性。对湖北设立政治委员分会和湖北省政府的办法以及江西政权归属问题提出意见。并认为应极力劝汪精卫到广州复职，同时应极力反对将政府及中央党部均迁至武昌。

【目前农运计划】（1926年11月15日） 中共中央局1926年11月15日发出。2011年收入中央文献出版社出版的《建党以来重要文献选编》第三册。《农运计划》要求全国农民运动应在“集会结社自由较多的地方”“政治上占重要地位的地方”“沿铁路沿江河交通便利的地方”“农民经济上有特别之痛苦已有暴动或容易煽动之处”进行。认为“农运发展应取集中的原则”，全国范围内除广东省外，应集中在湖南、湖北、江西、河南四省发展。其次是陕西、四川等省。在一省内亦应取集中的原则。直隶与京兆特别区应划分为两个农运区域。要求各地农运须切实与国民党左派合作。并决定在武昌开办农民运动讲习所。

【中共中央局与国际代表讨论对付目前时局问题之结论】（1926年11月21日） 中共中央1926年11月21日作出。原载1926年11月下旬《中央政治通讯》第十二期。2011年收入中央文献出版社出版的《建党以来重要文献选编》第三册。该《结论》从军事、政治、民众运动三个方面进行了分析，认为国民政府对奉系的政策，应视奉系对冯玉祥的态度而决定。如果奉系张作霖要消灭国民军，北伐军要用各种方法解除国民军的困难。推动国民政府对内对外的外交。为要保护北伐已得的胜利，巩固党及国民政府的基础，就要集合所有力量去从事组织工人农民小资产阶级群众的工作。

【中共中央特别会议关于政治报告议决案】（1926年12月） 中共中央1926年12月作出。2011年收入中央文献出版社出版的《建党以来重要文献选编》第三册。《议决案》是针对陈独秀在会议上所做政治报告的讨论形成的。认为陈独秀在报告中所指的国民革命的联合战线的危险倾向是事实。最主要的严重的倾向是一方面民众运动勃起之日渐向"左"，一方面军事政权对于民众运动之勃起而恐怖日渐向右，发展下去会破裂联合战线。认为报告中所述各项挽救的策略大致是对的。指出最重要的策略是搞好我们与国民党的关系，巩固国民革命的联合战线。并要求各地党部贯彻执行这个意见。

【政治问题议决案（一九二六年十二月中共中央局与共产国际代表吴廷康同志鲍罗廷同志联席会议通过）】（1926年12月） 中共中央1926年12月通过。2011年收入中央文献出版社出版的《建党以来重要文献选编》第三册。《议决案》针对国民政府、国民党右倾之倾向以及工农运动的发展提出六点意见，即：坚决反对国民政府，反对领导它的国民党之右倾，不使国民政府和国民党站在土豪劣绅地主大商买办阶级方面去，中共要努力推动国民政府左倾；中共的责任是坚决的认定巩固和发展国民党左派；中共应在不和国民党发生脱离情况下，保持独立的宣传和鼓动；共产党和国民党左派应增加对农民运动的指导；要继续努力在产业工人中工作；共产党和国民党在反帝国主义的斗争中同时必须扩大"统一中国""社会制度民主化"的运动。

【中共中央政治报告——关于目前形势与党的主要工作】（1927年1月8日） 中共中央1927年1月8日作出。2011年收入中央文献出版社出版的《建党以来重要文献选编》第四册。《报告》分析了奉系和河南、山西、江浙、山东等地军阀情况以及国民军、国民政府存在的问题，认为最主要的工作是在军事方面应继续对奉作战；在政治方面应极力调节国民政府领袖间的冲突，继续汪蒋合作的口号，要汪精卫回来建立一个左派指导权的政府；在民众中积极宣传拥护国民政府，帮助国民政府解决目前财政上的种种困难，提高兵士的革命热情，促进兵士与民众间亲密的关系，消灭反动派利用群众站在左的方面来反对国民政府的阴谋。

【中国共产党致中国国民党书——为肃清军阀势力及团结革命势力问题】（1927年3月13日） 中共中央1927年3月13日发出。原载1927年3月18日《向导》第一九二期。2011年收入中央文献出版社出版的《建党以来重要文献选编》第四册。《致中国国民党书》指出国民党自改组以来与共产党合作，共同领导全国革命民众向帝国主义、军阀、官僚及一切反动派作战，全国革命高潮已动摇了帝国主义及军阀官僚之统治中国的地位。并针对蒋介石“要制裁左派，要制裁共产党”的言论提出意见。指出本党自与贵党合作以来，在政治宣传上，在前敌作战上，无时不严责同志为国民革命努力工作，无不有共派壮烈的牺牲。本党对贵党的整理党务案未曾违反过此案所规定，而且为避免纠纷有超过此案所规定以上的退让。表达了中共在肃清军阀势力和团结革命势力方面的诚意。

【中国共产党为此次上海巷战告全中国工人阶级书】（1927年3月28日） 中共中央1927年3月28日发出。原载1927年4月6日《向导》第一九三期。2011年收入中央文献出版社出版的《建党以来重要文献选编》第四册。《告全中国工人阶级书》高度评价了上海80万工人的总同盟罢工和暴动，认为上海工人阶级英勇的胜利的斗争，真可为全国工人阶级的模范。证明了“工人阶级的确是全国最革命的阶级，能够切实担负起革命的使命，能够领导其他被压迫阶级摧残军阀的武力，并建立新的革命的民主政权”。并指出虽然上海工人一部分武装起来，虽然联合各被压迫阶级建立了革命民主的上海市政权之基础，然而这些革命的胜利品时时刻刻都在危险状态。号召全中国工人阶级向上海工人学习，视上海工人暴动的胜利即是全中国工人阶级的胜利，自信工人阶级的力量能够解除军阀的武装，并建立新的政权。

【湖南农民运动考察报告】（1927年3月） 毛泽东1927年3月所写。1951年收入人民出版社出版的《毛泽东选集》第一卷。2011年收入中央文献出版社出版的《建党以来重要文献选编》第四册。《考察报告》是毛泽东为了回答当时党内外对于农民革命斗争的责难而写。为此专程到湖南做了32天的考察。全文用大量的事例就八个问题进行了阐述：农民问题的严重性；组织起来；打倒土豪劣绅，一切权力归农会；“糟得很”和“好得很”；所谓“过分”的问题；所谓“痞子运动”；革命先锋；十四件大事；等等。《考察报告》认为“所有各种反对农民运动的议论，都必须迅速矫正。革命当局对农民运动的各种错误处置，必须迅速变更。这样，才于革命前途有所补益”。指出中国的几万万农民“将冲决一切束缚他们的罗网，朝着解放的路上迅跑”。“一切帝国主义、军阀、贪官污吏、土豪劣绅，都将被他们葬入坟墓。一切革命的党派、革命的同志，都将在他们面前受他们的检验而决定弃取。”《考察报告》最后指出：“嘴里天天说‘唤起民众’，民众起来了又害怕得要死，这和叶公好龙有什么两样！”

【中国共产党为蒋介石屠杀革命民众宣言】（1927年4月20日） 中共中央1927年4月20日发出。原载1927年5月1日《向导》第一九四期。2011年收入中央文献出版社出版的《建党以来重要文献选编》第四册。《宣言》指出，完全赞成国民党中央执行委员会之决议，罢免蒋介石国民革命军总司令，开除党籍和拿办的决定。尖锐指出蒋介石是国民革命的敌人，帝国主义的工具，屠杀工农和革命群众的白色恐怖的罪魁。他拿工人阶级做进攻的第一个目标，蒋介石新军阀已经成为帝国主义进攻中国国民革命的新工具，他们已经采取白色恐怖屠杀政策宣布阶级战争了。明确表达“国民革命再进向前发展便需要一个农民革命”，“只有国民革命用激进的农民改革政策，才能消灭这些势力，使蒋介石主义衰弱下去”，号召“打倒蒋介石”。

【中国共产党第五次全国代表大会接受《共产国际执行委员会第七次扩大全体会议关于中国问题决议案》之决议】（1927年4月27日—5月9日） 中国共产党第五次全国代表大会1927年4月27日至5月9日通过。2011年收入中央文献出版社出版的《建党以来重要文献选编》第四册。《决议》指出，完全接受共产国际第七次大会关于中国问题的决议。认为“现在革命阶段的特质是需要建立一个工农小资产阶级的民权独裁制。只有这个政权，以无产阶级作领导，才能解决现在革命中的重要问题，并引导革命向非资本主义之发展方面进行”。并决定“按照国际决议案所指示的，努力工作”。

【政治形势与党的任务议决案】（1927年4月27日—5月9日） 中国共产党第五次全国代表大会1927年4月27日至5月9日通过。2011年收入中央文献出版社出版的《建党以来重要文献选编》第四册。《议决案》指出，从第四次全国代表大会以来，党员自900余人曾至5万余人，在党的领导下，280余万工人与900余万农民已经组织起来，本党已成为群众的党了。工人阶级在国民革命运动中站在最主要的地位上。并指出了革命运动中的不足和问题。认为只注意于反帝国主义及军阀的斗争，而忽略了与资产阶级争取革命领导权的斗争。蒋介石并不是在4月12日突然变成反革命，从3月20日起，他已经是革命的仇敌，但党没有指出蒋介石所代表的是资产阶级，他要消灭革命。认为应该以土地革命及民主政权之政纲去号召农民和小资产阶级。共产党应当竭力执行深入革命的职任，以巩固革命的根据地。必须领导劳苦群众反对封建资产阶级等的反动派，以巩固革命的胜利。革命的主要任务是土地问题的急进的解决。无产阶级应当在斗争中取得领导权。要在工人之中以及乡村和军队之中发展青年的群众运动，更加注意妇女群众工作，对一切无党的普通群众组织必须加以更大的注意。

【土地问题议决案】（1927年4月27日—5月9日） 中国共产党第五次全国代表大会1927年4月27日至5月9日通过。2011年收入中央文献出版社出版的《建党以来重要文献选编》第四册。《议决案》就土地问题意义、中国农民运动之趋势、国民革命中的农民政纲三个问题进行了阐述。指出中国农民占全国人口绝大多数，没有他们自动的自觉的来参加，国民革命是决不会成功的。共产党将领导农民从事于平均地权的斗争。现在革命的趋势，是要推翻土豪乡绅的政权，没收大地主及反革命派的土地，以贫农为中坚，建立农民的政权，实行改良农民的经济地位一直到分配土地。该《议决案》实际上提出了土地革命的目标。

【中国共产党第五次全国代表大会宣言】（1927年5月） 中国共产党第五次全国代表大会1927年5月通过。2011年收入中央文献出版社出版的《建党以来重要文献选编》第四册。《宣言》指出过去两年中国民族解放运动有了伟大迅速的发展，中国的无产阶级和农民群众确是主要的动力。国民革命阵线之中，因为大资产阶级的背叛而日益冲突，最终结果，乃至分裂。在反抗帝国主义和反动势力的过程中，社会的关系将小资产阶级和无产阶级结合在一起，现在的革命，需要城市小资产阶级和无产阶级的共同合作。城市小资产阶级只有和无产阶级联合向帝国主义及其同盟军（封建势力和军阀）同时攻击，才能达到他们经济的利益，获得民治的政权。蒋介石打击工人运动，极力仇视共产党，终竟揭破了他的国民革命的假面具。在这个革命阶段之中，工农群众更是国民革命的发动力了。现在资产阶级公然放弃反帝国主义的斗争，回头向工人阶级宣战了。资产阶级的背后，就是封建的反动势力、军阀和帝国主义。《宣言》认为中国的国民革命已经发展到“需要更多的牺牲，更勇敢的决心的时期了”。号召中国的无产阶级和农民群众们“一定要战斗”，“一定要胜利”，“一定要歼灭军阀资本主义和帝国主义，建立新的自由的中国”。

【对于湖南工农运动的态度】（1927年5月25日） 中共中央政治局1927年5月25日通过。2011年收入中央文献出版社出版的《建党以来重要文献选编》第四册。该决议分析了湖南工农运动出现纠纷的原因，指出解决的态度和方法：一、城市中工运问题，应该迅速执行已决定的关于小资产阶级问题议决案及工人政治行动议决案而解决。二、乡村中农运问题，一切非本党政策所规定的幼稚行动，立须依本党的领导力量，切实矫正。三、中国土地问题尚须经过相当宣传时期，并且必须先行解决乡村政权问题。这项决议限制了工农运动的发展，是过分迁就退让的政策，不利于中国农民土地问题的根本解决。

【中国共产党第三次修正章程决案】（1927年6月1日） 中共中央政治局会议1927年6月1日通过。2011年收入中央文献出版社出版的《建党以来重要文献选编》第四册。《章程决案》共十二章八十五条。涉及党员、党的建设、党的中央机关、省的组织、市及县的组织、区的组织、党的支部、监察委员会、纪律、党团、经费，与青年团的关系等事项。该《章程决案》还明确规定实行民主集中制，将中央执行委员会改为中央委员会，并设立中央政治局和中央及省监察委员会等。

【中国共产党致中国国民党书——关

于政局的公开信】（1927年6月4日）　中共中央1927年6月4日发出。原载1927年6月8日《向导》第一九七期。2011年收入中央文献出版社出版的《建党以来重要文献选编》第四册。《公开信》首先指出：中国革命目前根本的问题是怎样实施某种限度的土地改革，以满足已醒觉的农民群众之正当要求，而达到革命根基深入的目的。认为国民党应该有"坚决的行动"。《公开信》指出了国民革命中存在的问题，特别是湖南反动军阀的反叛革命行为，他们已经向工农运动宣战了，他们屠杀工农群众，要挟国民党放弃土地改革政策，以赚得大地主和劣绅的爱戴。提议要采取行动，"削平湖南的反革命"。并提出六项行动建议。《公开信》落款是时任中共中央总书记陈独秀。

【中国共产党致第四次全国劳动大会的信】（1927年6月27日）　中共中央1927年6月27日发出。原载1927年7月8日《向导》第二〇〇期。2011年收入中央文献出版社出版的《建党以来重要文献选编》第四册。该信高度评价了1923年"二七"大罢工以来，中国工人阶级的革命精神。指出中国工人阶级和本党同志为革命奋斗而为帝国主义军阀及大资产阶级的代表所屠杀者，遍于全中国南北各省。在革命的高潮中，反革命的恶潮亦日益增涨。帝国主义的走狗不但是老军阀，现在又加上了大资产阶级及大地主的代表新军阀。我们今后向他们作战的力量，不但要集中工人阶级自己的势力，而且要领导农民阶级和小资产阶级，以结成工农小资产阶级的革命联盟。今后革命的斗争将愈加艰难困苦，我们须愈加努力。

【中共中央对政局宣言】（1927年7月13日）　中共中央1927年7月13日发出。原载1927年7月18日《向导》第二〇一期。2011年收入中央文献出版社出版的《建党以来重要文献选编》第四册。《宣言》向全国工人农民及革命群众指出了国民政府在反动阴谋下的政局的性质。阐述了中共的政策。分析了过去国民革命取得胜利的原因，以及蒋介石反动军阀叛变革命，屠杀工农的野心。进一步指出最近几月的政局使中共和广大人民产生了失望，足以使国民革命"陷于澌灭"，因此决定撤出参加国民政府的共产党员。同时表明中共继续革命的决心。继续绝不妥协的反对帝国主义的斗争，继续反对军阀的斗争，反对一切封建余孽，更将继续增进工人利益的斗争，继续解放农民的斗争，亦将为城市小资产阶级的利益而斗争，为兵士的利益而斗争。中国共产党永久认为革命的利益、民众的利益高于一切。后附《共产国际执行委员会第八次全体会议关于中国问题决议案》。

【中央通告农字第九号——目前农民运动总策略】（1927年7月20日）　中共中央与中共中央农民部1927年7月20日发出。2011年收入中央文献出版社出版的《建党以来重要文献选编》第四册。《通告》从七个方面提出了农民运动的总策略：一、中国革命进入到一个新阶段——土地革命阶段。二、我们的党只有坚决站在土地革命立场上，才能领导革命潮流前进。三、要以自耕农、贫农、佃农、雇农为中心，联合一切农村穷苦民众及小地主结成斗争的联盟，反对苛捐杂税，同时从这种斗争的发展进行夺取乡村政权，夺取武装以至于没收豪绅大地主反革命及一切祠堂庙宇等土地，无代价分给农民。四、建设农民的革命民权，农民协会在现时是乡村中穷苦农民联合其他小资产阶级的革命的政治联盟——农会政权。五、组织农民协会应该注意的问题。六、建立农民武装。农会政权的斗争和土地革命必需革命的武装才能保障其胜利。七、在农村建立党的组织；要使党的支部能够深入到乡农协，并真正成为群众斗争的核心。

【中共中央对于武汉反动时局之通告】（1927年7月24日） 中共中央1927年7月24日发出。2011年收入中央文献出版社出版的《建党以来重要文献选编》第四册。《通告》指出了武汉国民政府已完全反动的一系列表现，声明共产党参加政权之条件已不具备。提出了针对武汉政府反动的斗争策略，即：攻击其反动行为，披露其虚伪；中共党员退出国民政府，留在国民党内的也要开展工作，团结下层左派分子在国民党内组织在野反对派，反对中央的反动政策；拥护孙中山夫人及邓演达的宣言；宣传汪精卫的反动；在两湖，应积极领导工农要求工农会的自由，立即惩办摧残工农占领工会的武人，发动工人和农民，开展总罢工和抗税；领导两湖工人反抗资本家进攻及毁约；发动农民夺取乡村政权；领导城市贫民开展斗争；准备开展全国秘密工作。

【中国共产党中央执行委员会告全党党员书】（1927年8月7日） 中共中央1927年8月7日紧急会议（八七会议）通过。原载1927年8月《中央通讯》第一期。2011年收入中央文献出版社出版的《建党以来重要文献选编》第四册。《告全党党员书》共九部分，即：绪言；国民革命与阶级斗争；中国共产党与工人运动；中国共产党与土地革命；中国共产党与国民党；共产党员之参加国民政府；武装问题与对于军队之关系；党内问题与对国际的关系；结论。《告全党党员书》全面总结了大革命失败的教训，着重批评了大革命后期以陈独秀为首的中央所犯的右倾机会主义错误及其他错误。指出：“我们党公开承认并纠正错误，不含混不隐瞒，这并不是示弱，而正是证明中国共产主义运动的力量。”“我们党有这种伟大的力量，不但因为我们党的阶级性使然，而且因为有群众之奋斗，无产阶级及贫苦农民群众之奋斗作保证。”“在严重的环境之下，又是革命危机的时候，我们要整顿改编自己的队伍，纠正过去严重的错误，而找着新的道路。”《告全党党员书》确定了党的任务以及实行土地革命和武装起义的方针。

【最近农民斗争的议决案】（1927年8月7日） 中共中央1927年8月7日紧急会议（八七会议）通过。原载1927年8月23日《中央通信》第二期。2011年收入中央文献出版社出版的《建党以来重要文献选编》第四册。《议决案》首先指出，农民的革命运动在国民政府的境域内遭遇“暂时的失败”，而主要的原因是共产党方面对于农民的群众暴动没有坚决的革命指导，是“由于党的指导对于中国革命的主要问题带有机会主义的犹豫及摇动政策”。认为“共产党应当转变过去的方向，坚决的发展与提高农民革命”，并“尽可能的在广大区域中准备农民的总暴动，利用今年秋收时期农村中阶级斗争剧烈的关键”。《议决案》提出了十一条农民暴动的口号。要求党要揭破国民政府的虚伪阴谋，认为“共产党应当力求农民运动之中能有最大的组织性”。指出农民运动要以贫农为主力。

【最近职工运动议决案】（1927年8月7日）　中共中央1927年8月7日紧急会议（八七会议）通过。原载1927年8月23日《中央通信》第二期。2011年收入中央文献出版社出版的《建党以来重要文献选编》第四册。《议决案》指出，目前职工运动的重要点，就是真工会与假工会之战。认为南京、武汉政府已成为反革命的工具，把持着伪工会机关。无产阶级政党必须坚决地领导工农群众起来反对。《议决案》还指出了职工运动应注意的十二个问题。

【党的组织问题议决案】（1927年8月7日）　中共中央1927年8月7日紧急会议（八七会议）通过。原载1927年8月23日《中央通信》第二期。2011年收入中央文献出版社出版的《建党以来重要文献选编》第四册。《议决案》就党的组织问题作出了十六项决定，特别提出了建立临时政治局，准备召开党的第六次全国代表大会。指出要建立“坚固的能奋斗的秘密机关，自上至下一切党部都应如此”，并对秘密状态中的党的各项工作提出了具体要求。

【中央通告第一号——八七会议的意义及组织党员讨论该会决议问题】（1927年8月12日）　中共中央1927年8月12日发出。原载1927年8月《中央通讯》第一期。2011年收入中央文献出版社出版的《建党以来重要文献选编》第四册。《通告》首先说明了会议召开的背景、情况，并从三个方面介绍了会议的意义，即：纠正党的指导机关之机会主义倾向和不注意群众斗争的错误路线，指出“必须有这种独立的革命斗争，然后能取得革命之领导权，然后能领导小资产阶级的群众及农民”；认识到中国革命的发展已经到了以土地革命为中枢的时期；明确了要建立自己的政权，而“无产阶级应当和农民群众建立真正的斗争同盟”。要求将会议的决议发到基层支部讨论，使党员群众研究而实行。

【两湖暴动计划决议案】（1927年8月29日）　中共中央临时政治局常委1927年8月29日通过。原载1927年9月12日《中央通信》第四期。2011年收入中央文献出版社出版的《建党以来重要文献选编》第四册。《决议案》就两湖暴动计划从十六个方面提出了具体意见。首先明确了暴动的任务是“坚决的实行土地革命，领导两湖的工农群众实行暴动，推翻武汉政府和唐生智的政权，建立真正的平民革命政权”。同时提出“土地革命必须依靠真正的农民的群众力量”。《决议案》规定了暴动的时间、区域、组织以及对待军队和土匪的态度、暴动的宣传、口号、方法、领导等具体事项。

【中共中央政治报告】(1927年9月15日) 中共中央临时政治局1927年9月15日给共产国际的报告。2011年收入中央文献出版社出版的《建党以来重要文献选编》第四册。《报告》汇报了自宁汉合流后中共面临的形势,以及中共八七会议情况;介绍了八七会议后党决定发动的农民暴动工作,指出了军事力量的重要性和兵士工作的重要,而党必须与工农群众与兵士群众联合起来,让敌人的枪杆子变成革命工农的枪杆子。《报告》还介绍了国民党的情况,宁汉合流完全维持了土豪劣绅的政权,帝国主义已间接利用这一工具。进一步明确了党内在政治上要有坚定的统一的意识,同时要注意"秘密的工作",有严厉的纪律,才能挽救党的危机。

【关于"左派国民党"及苏维埃口号问题决议案】(1927年9月19日) 中共中央临时政治局会议1927年9月19日通过。原载1927年9月30日《中央通讯》第六期。2011年收入中央文献出版社出版的《建党以来重要文献选编》第四册。《决议案》指出,中央关于复兴左派国民党的想法估计不能实现,现在国民党的旗帜已成为资产阶级地主反革命的象征、白色恐怖的象征。认为土地革命的急剧发展,已经使一切动摇犹豫的上层小资产阶级脱离革命的战线。认为零星散乱的国民党左派分子,也只是革命的暂时的同道者。认为当前的任务不仅宣传苏维埃的思想,并且在革命斗争新的高潮中应成立苏维埃。苏维埃的组织,首先应当在那些中心的地方,当我们有决定的巩固的胜利的时候。农村中应是"一切政权属于农民协会"。

【中共中央、共青团中央反对军阀战争宣言】(1927年10月23日) 中共中央、共青团中央1927年10月23日发出。原载1927年10月31日《布尔塞维克》第一卷第二期。2011年收入中央文献出版社出版的《建党以来重要文献选编》第四册。《宣言》首先对新旧军阀的混战表示出极大的反对,并明确表示"反对一切军阀的战争","应当推翻一切军阀"。号召工友、农友们"应当积极的行动,使各派各系的军阀统统都失败。我们应当使这种军阀战争变成劳动民众反对一切军阀地主豪绅资产阶级的革命战争,变成反对一切压迫剥削以及帝国主义的战争"。同时指出,反对军阀的斗争是长期的艰苦的斗争,中国共产党决心"在斗争之中组织群众,走向这个伟大的革命战争","领导一切工农兵士贫民实行伟大的武装暴动"。

【中央通告第十五号——关于全国军阀混战局面和党的暴动政策】(1927年11月1日) 中共中央临时政治局常委1927年11月1日发出。原载1927年11月20日《中央通讯》第九期。2011年收入中央文献出版社出版的《建党以来重要文献选编》第四册。《通告》就全国军阀混战局面和党的暴动政策进行了阐述。指出近期的暴动虽然受到摧残,但反革命的势力并不能完全将他消灭。而暴动所以没能成功,是党的地方指导机关的问题。《通告》指出党要从八个方面指导工农群众贯彻正确的革命的路线。再次阐述党的暴动政策，要求各地党部克服互相等待、恐惧失败心理，领导群众起来斗争。

【中国现状与党的任务决议案】（1927年11月） 中共中央临时政治局扩大会议1927年11月9日至10日通过。原载1927年11月30日《中央通讯》第十三期。2011年收入中央文献出版社出版的《建党以来重要文献选编》第四册。《决议案》共分十二部分，即：中央最近的策略及客观的革命形势；中国社会的总危机与农业经济；工商业的危机；帝国主义侵略之急进；民族资产阶级与国民党；中国革命的前途；革命的高涨与低落的问题；现时的总策略；苏维埃的口号与工农政纲；反对军阀战争与军事问题；反帝国主义的斗争；机会主义的遗毒。《决议案》一方面号召一切革命力量在共产党领导下，坚决反对帝国主义，反对国民党反动统治，领导农民暴动，组织工农革命，开展游击战争，乡村中土地革命，使群众取得土地取得政权，等等；另一方面又认为中国革命是所谓"无间断的革命"，混淆了民主革命和社会主义革命的界限。

【最近组织问题的重要任务议决案】（1927年11月14日） 1927年11月9日至10日召开的中共中央临时政治局扩大会议通过，11月14日经中央常委会议修改审定。原载1927年11月30日《中央通讯》第十三期。2011年收入中央文献出版社出版的《建党以来重要文献选编》第四册。《议决案》共分十个问题，即：组织任务之重要；党的组织之大弱点；党的改造之重任；党的基本组织与民主主义化；工会的组织问题；农民的组织问题；党与青年团的关系；党与反动团体；党的组织与纪律；发展党员的数量问题。《议决案》指出中国共产党组织之布尔塞维克化，以及无产阶级和农民群众的组织之革命化，都是当前最迫切最重要的问题。支部工作在党的组织现状下，占极重要的位置，须特别注重支部工作，经过支部起群众的作用。严格的整饬纪律和建立党的秘密组织，是党的工作成效之最必须的条件之一，对于违背组织上政治上的纪律的分子，要严厉处分。必须多吸收新的工农兵士革命分子扩大党的力量。

【中央通告第十六号——中共中央临时政治局扩大会议的内容与意义】（1927年11月18日） 中共中央1927年11月18日发出。原载1927年11月30日《中央通讯》第十三期。2011年收入中央文献出版社出版的《建党以来重要文献选编》第四册。《通告》指出，会议的主要精神是继续完成八七会议扫除机会主义的任务，以彻底重造我们的党。并从十一个方面阐述了会议的重要意义，即：考察了中国的现状；确定了土地问题的党纲草案；认识了工农斗争仍是日益爆发的趋势；提出了党的总策略；鼓动工农武装暴动，建立苏维埃政府；更新了军事斗争的总策略；提出建立健全党的组织和党的中心工作思想；加强了党的纪律等。指出"要由工人阶级领导极广大的农民群众，实行平民式的彻底的土地革命（完成革命民权主义任务），急转直下的进于社会主义的道路；中国革命是无间断性质的革命"。"联合工农暴动的力量，汇合各处自发的工农暴动，夺取政权——一直到造成一省或几省的革命胜利的局面。”这表明会议确定了以城市为中心的全国武装暴动计划，使“左”倾盲动错误在全党取得支配地位。

【中央通告第十七号——关于党的组织工作】（1927年12月1日） 中共中央1927年12月1日发出。原载《中央政治通讯》第十四期。2011年收入中央文献出版社出版的《建党以来重要文献选编》第四册。《通告》是为了贯彻落实11月9日中央扩大会议关于组织问题的重要任务决议案而发布的，重申了会议的主要精神。《通告》指出“八七”以来党的组织之布尔塞维克化以及无产阶级和农民群众之革命化是当前最迫切最重要的问题。认为“党没有工农群众化，不能尽‘群众的组织者’之职任”，“党的指导集体化亦为改造党的主要问题之一”。提出要在扩大会议精神和基本原则之下开展工作，对党的各级组织改造工作提出了改正各级党部的组织法、提选多数积极的工人贫农分子到各级领导机关、从斗争中发展党员特别努力在工人贫农军队中发展党的支部、健全支部的组织、严格执行党的纪律等九项具体要求。

【中共中央关于北方工作决议案】（1927年12月4日） 中共中央临时政治局常委会议1927年12月4日发出。2011年收入中央文献出版社出版的《建党以来重要文献选编》第四册。《决议案》是中央临时政治局在听取了北方局工作汇报后作出的。认为北方工作的总方向是要实行群众的土地革命大暴动，打倒一切新旧军阀、地主豪绅资产阶级，建立工农兵苏维埃政权。目前的任务是要发展工人的日常斗争，组织与领导农民的游击战争朝着以上所指示的总方向走。指出天津等城市要恢复工人总工会工作。党应领导一切反抗苛捐杂税的自发的农民运动，一直向没收一切土地的路线走。党组织要打入兵士中去。要继续宣传反帝反军阀运动。应迅速强健与发展党的组织。北方上下层干部人才都甚缺少，要在不停的争斗中去锻炼出大批干部人才。《决议案》还对有关人员进行了组织处理。

【广州暴动之意义与教训】（1928年1月3日） 中共中央临时政治局会议1928年1月3日通过的议决案。2011年收入中央文献出版社出版的《建党以来重要文献选编》第五册。该议决案共分十五部分，即：广州暴动前之中国一般状况；广东省内的情形；广州暴动前阶级力量之团结；广州暴动的决定和日期；广州暴动的准备和口号；12月11日的发动；苏维埃政权的成立；苏维埃政府的政策；广州苏维埃政权失败的原因；共产党的策略；夺取一省政权的问题；广州暴动之政治结果及其历史意义；广州暴动之国际意义；中国革命之前途；中国共产党的最近任务。该议决案首先指出广州暴动苏维埃存在的时间虽然很短，但意义非常重大。中国共产党应当进行研究，总结经验教训。指出广州工农兵用自己的力量所争得的政权，告诉全中国每个工人、每个苦力、每个饥寒交迫的农民与被压迫的兵士说：假使你们想胜利，你们必须在苏维埃革命的旗帜下奋斗；中国新兴的无产阶级在广州表现自己真正是革命的领导者；广州暴动使无产阶级与农民结为亲密的革命联盟。中国共产党在广州暴动中的确是一般被压迫民众的领导者与组织者及无产阶级领导民族革命的主力军，党将一切白色恐怖给予的困难危险都负担了起来。该议决案最后进一步明确了中国共产党的十项任务。

【中央通告第四十四号——共产国际执委会二月会议关于中国问题的议决案】（1928年4月30日） 中共中央1928年4月30日发出。2011年收入中央文献出版社出版的《建党以来重要文献选编》第五册。《通告》指出，中共中央政治局讨论了共产国际执行委员会二月会议关于中国问题的议决案，表示接受议决案的意见，承认过去工作的盲动主义倾向，决定切实执行议决案精神。认为现在最重要的工作是“争取群众的工作，建立城市乡村的群众组织，以及巩固并健全党的组织，以与白色恐怖奋斗”。同时再次表明中国革命还是资产阶级的民权革命（土地革命）。指出“革命无间说”这种观点如果移到中国革命上来，是显然不正确的。后附《共产国际关于中国问题的议决案》。

【白色恐怖下党组织的整顿和秘密工作】（1928年5月18日） 任弼时为中共中央起草的《中央通告第四十七号》，1928年5月18日发出。2011年收入中央文献出版社出版的《建党以来重要文献选编》第五册。该《通告》共阐述了八个方面问题，主要是指出党面临着严重的白色恐怖下，且不能与广大群众发生密切关系，原因是平常没有注意运用公开可能去团结广大群众。特别指出了各级党部需要注意整顿组织与开展秘密工作的办法，在秘密环境之下，每个党员必须成为群众中积极活动的分子，使党的组织适合于这一环境，使敌人不易破坏党的机关和组织或者破坏一部分而不致连带到其他的部分。各级执行委员尤其是区委委员须尽量地找在业的工农同志担任，这一方面可以减少秘密工作的困难，同时又更可以了解群众的情状。为使党可以影响并领导广大群众，则党的秘密工作必须与公开工作联系起来，尽量利用一切公开及半公开的机会去团结工农群众。同时提出了党的发展工作，强健党的无产阶级指导（尤其在农村）与巩固农村党部的组织应注意的问题。

【中共中央给朱德、毛泽东并红四军前委的信】（1928年6月4日） 中共中央1928年6月4日发出。2011年收入中央文献出版社出版的《建党以来重要文献选编》第五册。该信对红四军几个月来的转战给予了肯定，对工作表示满意。通报了八七会议以来中央的工作，特别是全国的政局。指出各派军阀的状况，以及工农革命运动的形势。再次明确了“中国革命现在仍然是资产阶级民权革命的性质”，“我们的政策是没收土地，推翻地主制度和封建的关系，建立工农独裁的苏维埃政权”。并从八个方面对红四军今后的任务和工作作出指示。信中指示“关于前敌指导机关的组织，中央认为有前敌委员会组织之必要。前敌委员会的名单指定如下：毛泽东，朱德，一工人同志，一农民同志，及前委所在地党部的书记等五人组织，而以毛泽东为书记”。

【在中国共产党第六次全国代表大会上的政治报告】（1928年6月20日） 瞿秋白1928年6月20日在苏联莫斯科召开的中国共产党第六次全国代表大会上作出。2011年收入中央文献出版社出版的《建党以来重要文献选编》第五册。《政治报告》共分五部分：一、中国革命问题，说到中国革命的性质、革命阶段、革命失败的原因和国民革命与阶级斗争；二、机会主义，说到机会主义之理论，党的历史上之几个问题，中国式的机会主义；三、盲动主义与暴动政策，说到八七会议，军阀混战与十一月会议，广州暴动之后；四、革命形势；五、党的任务。《政治报告》认为“过去因为对阶级斗争与国民革命的观点不明的原故，数遭机会主义的失败”。结合八七会议、十一月会议和广州暴动，分析了中国革命中机会主义的表现，认为中国的机会主义“同样是小资产阶级对于无产阶级的影响”。还结合革命形势的现状，指明党的六大的主要任务是“反机会主义余毒之盲动主义斗争”。最后进一步明确了党的任务是准备总暴动方针；进一步深入群众争取群众；领导工人、农民和小资产阶级反帝国主义、反军阀斗争；发展建立苏维埃政权。

【政治议决案】（1928年7月9日） 中国共产党第六次全国代表大会1928年7月9日通过。2011年收入中央文献出版社出版的《建党以来重要文献选编》第五册。《议决案》分五个方面，即：中国与世界革命；中国革命的性质与动力；过去斗争的经验；革命运动的现时形势与中国共产党的总路线；党的任务。《议决案》指出中国革命现在阶段的性质是资产阶级性的民权主义性质的革命；新的高潮的征象已见，但不可过分的估量，第一个革命浪潮已经过去，而新的浪潮还没有来到；党的总路线是争取群众，党的中心工作不是千方百计地组织暴动，而是做艰苦的群众工作，目前“最主要的危险倾向就是盲动主义和命令主义，他们都是使党脱离群众的”。这是党的工作方针的一次重要转变。

【中国的红色政权为什么能够存在？】（1928年10月5日） 毛泽东1928年10月5日为中共湘赣边界第二次代表大会起草的决议案的第一部分，原题为《政治问题和边界党的任务》。1951年收入人民出版社出版的《毛泽东选集》第一卷。2011年收入中央文献出版社出版的《建党以来重要文献选编》第五册。该文章共阐述了六个问题，即：国内的政治状况；中国红色政权发生和存在的原因；湘赣边界的割据和八月的失败；湘赣边界的割据局面在湘鄂赣三省的地位；经济问题；军事根据地问题。指出了“中国迫切需要一个资产阶级的民主革命，这个革命必须由无产阶级领导才能完成”。分析了红色政权能够存在的原因。提出了武装割据的思想。这篇文章和后来发表的《井冈山的斗争》《星星之火，可以燎原》，标志着毛泽东关于工农武装割据思想的基本形成。

【中共湘赣边界第二次代表大会决议案（节选）】（1928年10月5日） 毛泽东

1928年10月5日为中共湘赣边界第二次代表大会起草的决议案的第二部分。2011年收入中央文献出版社出版的《建党以来重要文献选编》第五册，编者作了节选。《决议案》对湘赣边界党的组织、工作、存在的问题从十一个方面提出了具体意见，即：过去党的错误；今后党的改造与建设；各县工作问题；农村斗争问题；工人运动问题；士兵运动问题；宣传问题；训练问题；苏维埃问题；土地问题；C.Y.问题。《决议案》要求边界党的组织认真肃清组织上和政策上机会主义的领导，健全组织，最大限度地扩大民主化，党的发展特别注意质量，加强基层组织的支部建设，党的组织应绝对秘密，“铁的纪律”应为布尔什维克党的主要精神，把严格执行纪律作为改造与建设党中央的重要工作。

【中共中央告全体同志书】（1928年11月11日）　中国共产党中央委员会1928年11月11日发出。2011年收入中央文献出版社出版的《建党以来重要文献选编》第五册。《告全体同志书》共分四部分。首先指出党的目前主要路线是争取群众，很艰苦的有耐心的深入群众中去组织群众，领导群众的斗争，团结千百万群众于党的周围，促进新的革命高潮，推翻反动的统治，完成打倒帝国主义与消灭封建势力的两大任务。明确肯定党的六大决定的总的政治路线是正确的，同时指出了存在党内的八种错误思想倾向。进一步强调机会主义、盲动主义、命令主义是与党的六大路线不相容的，要坚决斗争。同时从党的历史分析了党的组织观念上的十种错误思想倾向，并提出了全党要一致奋斗的标准，即：强固党的无产阶级的基础；发展党内政治的讨论，提高政治的水平线；党员的职业化；支部生活的改进。

【中共中央政治局向共产国际的报告】（1928年11月28日）　中共中央政治局1928年11月28日发出。2011年收入中央文献出版社出版的《建党以来重要文献选编》第五册。《报告》向共产国际介绍了半年以来国内新旧军阀与帝国主义勾结的反动政治局面、工农革命群众斗争的基本情况以及党面临的严重问题，指出中央要肃清盲动主义与机会主义之残余，又须在争取群众的策略上和工作路线上不断纠正各地党部或左或右的倾向和种种错误。特别介绍了江苏、广东、湖北、直隶、湖南等省地方党部的情况。提出了下一步工作的想法。

【中央通告第二十号——关于帝国主义对华侵略政策及党的反帝与争取群众策略】（1928年12月）　中共中央1928年12月发出。2011年收入中央文献出版社出版的《建党以来重要文献选编》第五册。《通告》首先分析了两年来各帝国主义国家在中国侵略的形势，以及帝国主义之间的矛盾，同时还分析指出了帝国主义与国内统治阶级之间的矛盾，以及他们相互勾结、压迫革命的基本属性。提出了共产党“要有正确的政策争取群众准备在革命高潮来到时的伟大胜利”。《通告》还分析了党内对反帝运动的几种不正确倾向，提出了反帝运动的根本策略和工作方针。指出反帝运动必须与工农斗争、土地革命、反军阀战争联结起来，必须树立工人阶级强健的领导，才能走向革命的反帝高潮。

【井冈山土地法】（1928年12月） 毛泽东撰写、湘赣边界苏维埃政府1928年12月制定。2011年收入中央文献出版社出版的《建党以来重要文献选编》第五册。《井冈山土地法》是对1927年冬至1928年冬一整年内土地斗争经验的总结，作出了九个方面的规定：一、没收一切土地归苏维埃政府所有。二、一切土地，经苏维埃政府没收并分配后，禁止买卖。三、分配土地之后，除老幼疾病没有耕种能力及服公众勤务者以外，其余的人均须强制劳动。四、分配土地的数量标准，一是以人口为标准，男女老幼平均分配；二是以劳动力为标准，能劳动者比不能劳动者多分土地一倍，以上两个标准，以第一个为主体。五、分配土地的区域标准，一是以乡为单位分配；二是以几乡为单位分配；三是以区为单位分配，以上三种标准，以第一种为主体。六、山林分配法。七、土地税之征收，依照生产情形分为三种：15%，10%，5%，以第一种为主体。八、乡村手工业工人，如自己愿意分田者，得分每个农民所得田的数量之一半。九、红军及赤卫队的官兵，在政府及其他一切公共服务的人，均得分配土地，如农民所得之数，由苏维埃政府雇人代替耕种。并规定了分别有关情况的具体分配办法。《井冈山土地法》是中国共产党建立红色政权后制定的第一个土地法。后来，毛泽东在延安编辑《农村调查》一书时曾表示“这个土地法有几个错误”。

【中共中央给毛泽东、朱德等的信——关于目前国际国内形势和党的军事策略】（1929年2月7日） 中共中央1929年2月7日发出，亦称“中共中央二月来信”。2011年收入中央文献出版社出版的《建党以来重要文献选编》第六册。该信表达了中央对毛泽东、朱德和红四军部队的关心，并再次重申了以往指示的要点。分析了国际、国内形势，军阀战争的局面；指出了工农斗争存在的问题和党组织存在的问题。强调“六次大会指示的争取群众的中心任务，在目前更证明是极正确的需要”。并对如何保存武装力量提出意见，同时决定毛泽东、朱德到中央工作。

【中共红四军前委给中央的信】（1929年4月5日） 中共红四军前委认真讨论中央二月来信后于1929年4月5日给中央写的复信，毛泽东起草。1993年收入人民出版社出版的《毛泽东文集》第一卷。2011年收入中央文献出版社出版的《建党以来重要文献选编》第六册。该复信指出，中央二月来信对客观形势和主观力量的估计是“悲观”的。认为信中“发展农村中广大的普遍的斗争”的意见是对的。复信用了大量事实说明井冈山的斗争是胜利大于损失。信中还具体分析了闽浙赣的形势，汇报了红四军前委的工作，提出了工作建议。指出了红军的战术就是游击的战术，即：“分兵以发动群众，集中以应付敌人。”“敌进我退，敌驻我扰，敌疲我打，敌退我追。”“固定区域的割据，用波浪式的推进政策。”“强敌跟追，用盘旋式的打圈子政策。”“很短的时间，很好的方法，发动群众。”

【中央通告第三十四号——反军阀战争中的工作方针】（1929年4月10日） 中共中央1929年4月10日发出。2011年收入中央文献出版社出版的《建党以来重要文献选编》第六册。《通告》首先分析了军阀战争爆发的主要原因，指出党内对军阀战争分析的两种错误观点，指明了战争的性质和动力；进一步分析了战争的形势与前途；分析了军阀战争对群众斗争的影响；从九个方面指明了我们的工作方针；最后指出了党内存在的不正确倾向。《通告》要求特别注意与右倾的观念进行斗争。指出我们策略的路线，是要在群众中加紧反战争的宣传，加紧领导群众的日常斗争，夺取广大群众到我们政治影响之下，来促进群众革命斗争的高潮。现在再将这一策略更加具体化。

【兴国县土地法】（1929年4月） 毛泽东1929年4月主持制定。1982年收入人民出版社出版的《毛泽东农村调查文集》。2011年收入中央文献出版社出版的《建党以来重要文献选编》第六册。该《土地法》与《井冈山土地法》大部分内容是相同的，主要是把“没收一切土地”改为“没收一切公共土地及地主阶级的土地”。用毛泽东的话讲“这是一个原则的改正”。这个《土地法》是继《井冈山土地法》制定后第四个月，红军到赣南兴国县发布的。这两个《土地法》体现了中国共产党对土地斗争认识的发展。

【中央通告第三十七号——中共中央对国际二月八日训令的决议】（1929年5月15日） 中共中央1929年5月15日发出。2011年收入中央文献出版社出版的《建党以来重要文献选编》第六册。《通告》是针对同年2月8日共产国际执行委员会给中国共产党信而作出。提出了四方面问题，即：现在政治局势中之根本矛盾；党的最近基本任务与策略问题；职工会工作；党的组织问题与党内生活。认为国际的指示是中国党目前主要的工作方针。指出了党内存在的问题，表现在策略之观点上便是和平发展合法运动，党必须站在正确的路线上坚决地斗争，以克服党内正在发展的右倾的特别危险，并克服不愿进行日常斗争的党内左倾危险的残余。要“扩大党的无产阶级基础”。后附《共产国际执行委员会与中国共产党书》。

【中共中央给中共驻共产国际代表团的信】（1929年7月11日） 中共中央1929年7月11日发出。2011年收入中央文献出版社出版的《建党以来重要文献选编》第六册。该信从十九个方面对在莫斯科学习的中共同志提出了要求。指出要在学习专业知识外，加强生活上的锻炼，要注意联系国内实际。信中也指出了在莫斯科学习的成员中成分及思想表现比较复杂，希望转告学校要加强教育，提到军事工作人员现在非常缺乏，高级军事人员也非常需要，还急迫的需要理论人才，更严重的干部恐慌便是职工运动人才的缺乏，需要选派一批赶快回来。对一些骨干人员在学习后工作也进行了安排。

【中央通告第四十四号——关于中国

党内反对派问题】（1929年8月13日） 中共中央1929年8月13日发出。2011年收入中央文献出版社出版的《建党以来重要文献选编》第六册。《通告》从九个方面阐述了中国党内的托洛斯基反对派问题。指出了反对派思想的来源、活动特点。认为与反对派的斗争，主要是思想理论上的斗争，指出托洛斯基主义最主要的危险是不断革命论的主张，并在组织上在党内形成小组织的活动，要求全党要与之做坚决斗争，要在理论基础上、组织上肃清托洛斯基反对派的思想与活动。还要在党内开展“肃清机会主义残余的斗争”，坚决地消灭反对派在党内的任何活动以巩固党的一致。

【中共中央政治局给中共驻共产国际代表团诸同志的信——关于群众运动和党内概况】（1929年8月21日） 中共中央政治局1929年8月21日发出。2011年收入中央文献出版社出版的《建党以来重要文献选编》第六册。该信主要是介绍了中东路事件发生后，中央曾得到国际的指示，并按照指示加紧中小城市工作特别是哈尔滨工作及拥护苏联的宣传，介绍国内的工作形势，特别是工农斗争形势、反帝运动，以及党内的现状。还介绍了托洛斯基反对派和陈独秀不同的政治意见的发表情况。希望在莫斯科的同志要在中央正确路线下，为党的一致而坚决斗争。

【中共中央关于接受共产国际对于农民问题之指示的决议】（1929年8月） 中共中央1929年8月发出。2011年收入中央文献出版社出版的《建党以来重要文献选编》第六册。《决议》是中共中央接到共产国际6月7日关于农村问题指示信后，经过讨论作出的。《决议》共四部分，即中国农村经济关系的特点、现在中国农村斗争的情形、党在目前农村斗争中主要的任务与策略、过去的错误与现在党内不正确的倾向。《决议》认为共产国际对于农民问题总的路线的指示完全正确。指出中国农村经济关系是一种半封建制度，主要矛盾是农民群众与地主阶级的冲突。党在农村中主要任务是领导广大农民群众反军阀地主豪绅的斗争，以彻底完成土地革命，以消灭一切封建的半封建的剥削，以摧毁了乡村中之封建基础。纠正过去党内对富农不正确的倾向，要坚决领导雇农贫农，巩固与中农的联盟，反对富农。后附《共产国际执行委员会与中国共产党书》。

【中共中央给红军第四军前委的指示信——关于军阀混战的形势与红军的任务】（1929年9月28日） 陈毅到中央汇报工作后，按照周恩来多次谈话和中共中央会议的精神代中央起草并经周恩来审定，中共中央1929年9月28日发出。2011年收入中央文献出版社出版的《建党以来重要文献选编》第六册。《指示信》共九个方面，即目前军阀混战的形势；红军的根本任务与其前途；红军发展方向及其战略；红军与群众；红军的组织与训练；红军给养与经济问题；红军中党的工作；朱毛问题；红军目前的行动问题。《指示信》指出红军的基本任务是发动群众斗争，实行土地革命，建立苏维埃政权；实行游击战争，武装农民，并扩大本身组织；扩大游击区域及政治影响于全国。红军四军有此种伟大意义，继续努力下去，将必然要成为全国革命高潮的动力之一。红军发展的方向，应该向着群众有发展斗争可能的地方，去扶助其发展，使当地的革命斗争深入。红军群众工作，四军过去有相当努力。肯定了毛泽东关于红军的行动策略和建设一支坚强的人民革命军队的正确主张。

【中共中央关于反对党内机会主义与托洛斯基主义反对派的决议】（1929年10月5日） 中共中央政治局1929年10月5日通过。2011年收入中央文献出版社出版的《建党以来重要文献选编》第六册。《决议》是针对陈独秀给中央的信而作出的。明确指出“机会主义与托洛斯基主义反对派对于目前中国革命的根本问题都走入了取消主义的观点”。认为陈独秀信的观点是：“完全推翻共产国际指导中国革命的一贯的列宁主义的路线；完全推翻六次大会与中央对于目前革命的根本策略，而走到了极可耻的取消主义！”《决议》从九个方面对信中的观点进行了批驳。并从组织上作出了一系列决定。要求全党要一致拥护中央的决议，肃清党内取消主义的思想与一切反党小组织。

【中共中央关于开除陈独秀党籍并批准江苏省委开除彭述之、汪泽楷、马玉夫、蔡振德四人党籍的决议案】（1929年11月15日） 中共中央政治局会议1929年11月15日通过。原载1929年11月27日《红旗》第五十七期。2011年收入中央文献出版社出版的《建党以来重要文献选编》第六册。《决议案》比较详细阐述了开除陈独秀党籍的理由和批准开除彭述之等人党籍的问题，认为陈独秀等已经“走向反革命方面去了”，为此作出了开除陈独秀党籍等三项决议。并号召全党为党的统一的意志而奋斗。

【中共中央给红军第四军前委的指示信】（1929年12月10日） 中共中央1929年12月10日发出。2011年收入中央文献出版社出版的《建党以来重要文献选编》第六册。《指示信》从两个方面阐述了中央对红四军要扩大与发展的策略和计划的指示，一是目前全国的政治形势与党的主要任务。二是红四军目前主要的任务和策略。要求红四军最大的任务是“尽所有的力量以扩大红军发展地方暴动”，并对其扩大与发展策略提出了具体要求。

【中国共产党接受共产国际第十次全体会议决议的决议】（1929年12月20日） 中共中央政治局会议1929年12月20日通过。原载1930年1月15日《布尔塞维克》第三卷第一期。2011年收入中央文献出版社出版的《建党以来重要文献选编》第六册。《决议》从九个方面进行了阐述，首先表示中共中央完全同意共产国际第十次全体会议决议对中国问题的看法和意见。并表示要“坚决的执行”的态度。《决议》认为“必须依据国际第十次全体会的精神与路线，继续坚决执行反右倾的斗争”。共产国际关于中国党内主要危险是右倾的机会主义情绪和倾向的看法，对中共中央及其领导人有很大影响，特别是为李立三“左”倾冒险思想提供了理论依据。

【中国共产党红军第四军第九次代表大会决议案】（1929年12月） 毛泽东为红军第四军第九次代表大会写的决议。这次代表大会是1929年12月在福建省上杭县古田村召开的，形成的决议又称“古田会议决议”。第一部分经毛泽东校阅，1951年收入人民出版社出版的《毛泽东选集》第一卷，题为《关于纠正党内的错误思想》。2011年该《决议案》全文收入中央文献出版社出版的《建党以来重要文献选编》第六册。《决议案》共八个部分，即：关于纠正党内的错误思想；党的组织问题；党内教育问题；红军宣传工作问题；士兵政治训练问题；废止肉刑问题；优待伤病兵问题；红军军事系统与政治系统关系问题。《决议案》指出“红军第四军的共产党内存在着各种非无产阶级的思想，这对于执行党的正确路线，妨碍极大，若不彻底纠正，则中国伟大革命斗争给予红军第四军的任务，是必然担负不起来的”。进而指出红军党内存在的关于单纯军事观点、极端民主化、非组织观点、绝对平均主义、主观主义、个人主义、流寇思想、盲动主义残余等错误思想的表现、来源和纠正方法。进一步明确了红军是一个执行革命的政治任务的武装集团，是为了宣传、组织、武装群众、帮助群众建设革命政权而打仗的。进一步明确了军队政治工作的重要性，党必须加强对军队和军事工作的绝对领导。该《决议案》是关于中国共产党领导下的军队如何加强政治建设、思想建设的重要文件，为党在军队的政治工作起到了重要的奠基作用。

【星星之火，可以燎原】（1930年1月5日） 毛泽东1930年1月5日在福建省上杭县古田村写给林彪的一封长信，批评了当时林彪以及党内一些同志对时局估量的悲观思想。1948年林彪向中央提出，希望公开刊行这封信时不要提他的名字，毛泽东同意了这个意见。1951年收入人民出版社出版的《毛泽东选集》第一卷时，这封信改题为《星星之火，可以燎原》，指名批评林彪的地方作了删改。1981年收入人民出版社出版的《六大以来》（上）。2011年收入中央文献出版社出版的《建党以来重要文献选编》第七册。该信指出，“在对于时局的估量和伴随而来的我们的行动问题上，我们党内有一部分同志还缺少正确的认识”，他们“不相信革命高潮有迅速到来的可能”。信中分析了持有悲观思想同志的思想理论来源，指出了在判断中国政治形势时，需要认识的四个要点，即：现在中国革命的主观力量虽然弱，但是立足于中国落后的脆弱的社会经济组织之上的反动统治阶级的一切组织（政权、武装、党派等）也是弱的；1927年革命失败以后，革命的主观力量确实大为削弱了；对反革命力量的估量也是这样，决不可只看它的现象，要去看它的实质；现时的客观情况，还是容易给只观察当前表面现象不观察实质的同志们以迷惑。同时对中央二月来信中的不足以及江西的形势进行了分析。再次坚定地指出“中国革命高潮快要到来”，决不是如有些人所谓“有到来之可能”那样完全没有行动意义的、可望而不可即的一种空的东西。信的结尾生动地把中国革命高潮比喻为“遥望海中已经看得见桅杆尖头了的一只航船”，“东方已见光芒四射喷薄欲出的一轮朝日”，“躁动于母腹中的快要成熟了的一个婴儿”。

【中共红四军前委给中央的报告】（1930年1月6日）　中共红四军前委1930年1月6日发出。2011年收入中央文献出版社出版的《建党以来重要文献选编》第七册。《报告》是中共红四军前委就1929年1月以来部队的情况给中央的汇报。《报告》实事求是地指出了存在的问题，认为“政策上发现许多错误，党及红军组织皆松懈”。报告了“毛同志回来负责”，“决定红军的整顿与训练问题”。指出自11月28日前委在长汀召开扩大会议后，情况有所转变，“现在是以整个党为单位，也纠正了从前的错误”。

【中共中央接受共产国际一九二九年十月二十六日指示信的决议——关于论国民党改组派和中国共产党的任务】（1930年1月11日）　中共中央政治局会议1930年1月11日通过。原载1930年2月15日《红旗》第七十五期。2011年收入中央文献出版社出版的《建党以来重要文献选编》第七册。《决议》认为年前10月国际来信的指示是明确的，表示完全同意。并从五个方面进行阐述、作出决议：一、全国的危机与革命的新浪潮。二、地主资产阶级联盟中分出民族改良主义的一翼。三、全国危机中的特点。四、党的目前主要任务。五、党的领导作用与布尔塞维克化。《决议》要求全党要切实与一切动摇、犹豫、机会主义、取消主义（这是右倾之最高度的表现）做无情的斗争。后附《共产国际执委会致中共中央的信——论国民党改组派和中国共产党的任务》。

【中共中央关于红军的当前任务给红四军前委的指示信】（1930年4月3日）　中共中央1930年4月3日发出。2011年收入中央文献出版社出版的《建党以来重要文献选编》第七册。《指示信》是在“左”的思想影响下作出的，认为党的总任务是“准备实现全国的总暴动”，认为“红军是推动全国高潮尤其是争取一省或数省先胜利前途直接动力之一”，而“猛烈的扩大红军与坚决的向中心城市发展，是红军当前最主要的任务”。要求红四军要以湘鄂赣为主要区域，争取先胜利。决定毛泽东参加苏维埃代表大会。

【中共中央关于百色起义后红七军发展路线等问题的指示】（1930年4月20日）中共中央1930年4月20日发出。2011年收入中央文献出版社出版的《建党以来重要文献选编》第七册。《指示》认为邓小平从中央回去后，红七军认真执行中央指示，做了许多工作。同时又指出了还存在的问题，并从四个方面给红七军提出了具体要求：一、部队中士兵群众的基础稳固问题。二、集中力量，向广东北江、西江发展。三、坚决的发动广大群众斗争，特别要深入土地革命，猛烈的扩大红军组织。四、对土匪运动的策略等。

【中共中央给红四军前委并转红三、四、五军总前委的信】（1930年4月24日）中共中央1930年4月24日发出。2011年收入中央文献出版社出版的《建党以来重要文献选编》第七册。该信通报了中央近期筹备召集全国苏维埃区代表大会的想法，并对毛泽东来中央期间部队的组织问题提出意见，指示由朱德任三、四、五军总指挥部总指挥，总前委书记由三军前委书记中推一人代理，并对第三军领导任职提出具体意见。

【全国苏维埃区域代表大会宣言】（1930年5月） 1930年5月下旬在上海秘密召开的全国苏维埃区域代表大会上作出。原载1930年6月4日《红旗》第一〇七期。2011年收入中央文献出版社出版的《建党以来重要文献选编》第七册。《宣言》高度肯定了广州暴动以来全国各地冲破白色恐怖，开展武装斗争，建立自己政权的革命。号召全国工农劳苦群众坚决起来反对帝国主义国民党的白色恐怖，反对进攻苏维埃区域。《宣言》指出“苏维埃政权在全国的完全胜利，必能使中国在帝国主义铁蹄之下解放出来”。大会决定了苏维埃政府的纲领，通过了重要的法令。大会认为要实现这些决议和法令，必须根本推翻国民党的统治，取得苏维埃制度在全国的胜利。《宣言》认为全国革命高潮已经在面前，要坚决起来斗争，取得革命斗争的迅速胜利。

【反对本本主义】（1930年5月） 毛泽东为反对当时红军中教条主义思想于1930年5月所写，原篇名为《调查工作》。后该文遗失，上个世纪60年代初期该文被重新发现后，毛泽东作了部分文字的修订和内容上的补充，题目改为《反对本本主义》。1964年收入人民出版社出版的《毛泽东著作选读》甲种本。1991年收入《毛泽东选集》第二版第一卷。2011年收入中央文献出版社出版的《建党以来重要文献选编》第七册。该文章共分七部分，即：没有调查，没有发言权；调查就是解决问题；反对本本主义；离开实际调查就要产生唯心的阶级估量和唯心的工作指导，那末，它的结果，不是机会主义，便是盲动主义；社会经济调查，是为了得到正确的阶级估量，接着定出正确的斗争策略；中国革命斗争的胜利要靠中国同志了解中国情况；调查的技术。文章论述了没有调查，没有发言权的道理，指出“调查就像‘十月怀胎’，解决问题就像‘一朝分娩’。调查就是解决问题”。文章认为，要纠正以为上了书的就是对的这种本本主义，只有向实际情况作调查。进一步指出，我们以前调查存在的缺点，是偏于农村而不注意城市。文章还指明了如何正确对待马克思主义“本本”的问题，指出“马克思主义的‘本本’是要学习的，但是必须同我国的实际情况相结合。我们需要‘本本’，但是一定要纠正脱离实际情况的本本主义”。号召“到群众中作实际调查去”。文章最后对如何做好调查，提出了七点具体办法。

【新的革命高潮与一省或几省首先胜利】（1930年6月11日） 中共中央政治局会议1930年6月11日通过，原题目为《目前政治任务的决议》。原载同年7月19日《红旗》第一二一期。2011年收入中央文献出版社出版的《建党以来重要文献选编》第七册。该《决议》对中国革命形势作出了错误估计，认为中国革命一爆发就会“掀起全世界的大革命”，而中国革命将会在这最后决战中取得完全胜利。《决议》认为可以立即通过武装起义实现一省或几省的首先胜利，进而夺取全国所有省区的胜利。认为红军要实行大规模进攻战。《决议》对中国革命性质和革命转变问题的看法也回到已被党的六大批判过的“不间断革命”认识上。这个《决议》使以冒险主义为特征的“左”倾错误再次统治了中共中央领导机关。

【中共中央给共产国际主席团的信】（1930年6月12日） 中共中央1930年6月12日发出。2011年收入中央文献出版社出版的《建党以来重要文献选编》第七册。该信是要求共产国际对中国共产党决定的争取一省或几省首先胜利路线给予确认，同时要求动员各国共产党加紧保护中国革命运动。

【中共中央关于执行新的中央路线问题给红四军前委的信】（1930年6月15日） 中共中央1930年6月15日发出。2011年收入中央文献出版社出版的《建党以来重要文献选编》第七册。该信再次批评红四军前委没有很好地执行中央的路线，认为红四军前委“反映着农民意识，在政治上表现出来机会主义的错误”，要求要坚决执行新的路线转变。指出现在红军任务不是隐蔽于农村中作游击战争，应当积极地向中心城市与交通区域进攻。该信错误地估计了革命形势，认为国际革命运动高潮很快就会到来。

【中共中央政治局给共产国际主席团的报告——关于全国革命形势的发展及党的行动路线】（1930年8月5日） 中共中央政治局1930年8月5日发出。2011年收入中央文献出版社出版的《建党以来重要文献选编》第七册。《报告》再次重申了中国革命高涨猛烈发展的形势，请求国际批准中共的决定。同意组织全国武装暴动和总同盟罢工，并请求给予实力的援助。《报告》由向忠发署名发出。

【中共中央政治局接受共产国际关于停止武汉南京暴动的指示的复电】（1930年9月8日） 中共中央政治局1930年9月8日发出。2011年收入中央文献出版社出版的《建党以来重要文献选编》第七册。该《复电》完全同意共产国际关于停止武汉南京暴动的指示，承认最近期间的策略是有害的，正在坚决地执行转变。表示在转变中，防止右倾机会主义分子利用之作反中央的活动，坚决在自我批评的基础上，执行策略的转变，坚决反右倾及调和派的斗争。

【对于中共中央政治局报告的决议】（1930年9月） 中共扩大的六届三中全会1930年9月通过。2011年收入中央文献出版社出版的《建党以来重要文献选编》第七册。《决议》肯定了近一年来革命运动的发展和党的领导。认为政治局在6月11日的政治决议案中，犯了冒险主义和“左”倾关门主义的错误。认为国际的指示是正确的。同时要防止暗藏在党内的右倾机会主义分子利用这一机会企图反对党的路线、破坏党的领导机关的威信。表示要在中央和国际的路线下，进行两条路线的斗争。

【中共扩大的六届三中全会告同志书】

（1930年10月） 中国共产党中央委员会1930年10月发出。2011年收入中央文献出版社出版的《建党以来重要文献选编》第七册。《告同志书》从六个方面再次表示了中央完全是和共产国际一致的，认为当前的革命任务“要求整个的党坚决的实行策略上组织上相当的转变”，“扫除党的领导作用反而落在客观革命斗争发展之后的现象，同时防止无产阶级先锋的党脱离广大群众的危险”，从而“去担负起领导中国革命的伟大的历史使命”。要特别认识到右倾是党内主要的危险，应当反对对于右倾或者“左倾”的调和主义。《告同志书》仍然认为“中国革命的新的高涨已经正在走进更高的阶段”。

【中共中央政治局关于苏维埃区域目前工作计划】（1930年10月24日） 中共中央政治局1930年10月24日发出。2011年收入中央文献出版社出版的《建党以来重要文献选编》第七册。《计划》是根据国际的指示和决议制定的。共八个方面二十八项工作，即：巩固苏区根据地问题；苏区的发展方向及其前途；红军的战略与战术；苏维埃政权与革命军事委员会；土地分配问题和经济政策；苏区之党的组织；苏区的群众组织与群众工作；苏区的武装组织与红军的改编。该《计划》是中央政治局规定的各苏维埃区域工作大纲。

【中共中央政治局关于最近国际来信的决议】（1930年11月25日） 中共中央政治局1930年11月25日通过。2011年收入中央文献出版社出版的《建党以来重要文献选编》第七册。《决议》共十条，实际是中共六届三中全会的一个补充，即承认中央犯了盲动冒险主义的错误，“用‘左倾’的空谈，掩盖实际工作上的机会主义”，“走上盲动冒险主义的道路”。同时认为要防止托派分子的破坏。

【中共中央关于苏区妇女工作计划】（1930年11月28日） 中共中央1930年11月28日作出。2011年收入中央文献出版社出版的《建党以来重要文献选编》第七册。《计划》首先指出，妇女工作是整个革命的一部分。只有土地革命，只有苏维埃政权能够彻底肃清封建势力，解放妇女。该《计划》共分四个部分，比较全面细致地对苏区妇女工作进行了阐述和部署。

【中共中央给红军的训令】（1930年12月10日） 中共中央1930年12月10日发出。2011年收入中央文献出版社出版的《建党以来重要文献选编》第七册。《训令》分三个方面，即：目前政治形势与红军的总任务；红军的作战方略；在一般政治上和苏维埃组织方面的任务。《训令》对红军的建设、任务提出了要求。强调各地方党部尤其是各苏区党部，应当切实了解目前的伟大任务是在组织反抗敌人“围剿”的运动，要能在坚决的实行土地革命和从帝国主义的压迫下求解放的两口号之下来动员劳动群众为其阶级任务而斗争。认为“夺取大城市，完全是越过当前的实际任务，是冒险的盲动主义”，提出了在一般政治工作方面，红军党部应执行的主要原则。

【中共中央告同志书——为反对和肃

清立三同志路线的问题】（1930年12月11日）　中共中央1930年12月11日发出。2011年收入中央文献出版社出版的《建党以来重要文献选编》第七册。《告同志书》是根据共产国际的指示，对中共六届三中全会议决案的问题进行了重新认识，并对李立三"左"倾冒险错误进行了全面批判。并指出党要实行绝不调和的两条战线上的斗争——反对"左"倾和右倾的机会主义，集中火力对付右倾的主要危险。

【中共中央紧急通告（中央通告第九十六号）——为坚决执行国际路线反对立三路线与调和主义号召全党】（1930年12月23日）　中共中央1930年12月23日发出。2011年收入中央文献出版社出版的《建党以来重要文献选编》第七册。《通告》从三方面回顾了李立三"左"倾冒险错误的形成与造成的影响，并表示要进一步认识中央内存在的错误以及党内的危机，号召全党同志团结一致，坚决执行国际指示，挽救目前党内危机，以取得新的胜利。

【中共六届四中全会决议案】（1931年1月）　中共六届四中全会1931年1月发出。2011年收入中央文献出版社出版的《建党以来重要文献选编》第八册。《决议案》是在共产国际代表米夫全力支持的王明操纵下通过的。《决议案》从五个方面，再次对"立三路线"进行了批判，并提出了九项任务来确保共产国际一切指示的实行。中共六届四中全会没有起到任何积极的建设性的作用。《决议案》宣布"立三路线"的实质"是用'左倾'词句掩盖着实际上的右倾机会主义"，认为"右倾依然是党内目前主要危险"，"扩大的四中全会完全依照国际的指示，纠正了党的政治路线，解决了党内问题和革新了党的领导，去保证这一路线的执行"。并且要求在反"右倾"的前提下，改造充实各级领导机关。这样，中共六届四中全会就成为以王明为主要代表的"左"倾教条主义错误在中共中央占据统治地位的开端。

【中共中央政治局关于军阀进攻苏维埃区域的决议案】（1931年1月20日）　中共中央政治局1931年1月20日通过。2011年收入中央文献出版社出版的《建党以来重要文献选编》第八册。《决议案》回顾了一年以来苏维埃运动的发展情况，以及失利的原因，分析了当前的形势，提出要最高限度集中并巩固苏维埃区域斗争的领导，在苏维埃区域内组织职工会的领导中心，加紧发展破坏敌人军事力量的工作，尽快在苏区内召集全国苏维埃代表大会等。

【中共中央政治局关于党报的决议】（1931年1月27日）　中共中央政治局1931年1月27日发出。2011年收入中央文献出版社出版的《建党以来重要文献选编》第八册。《决议》从十个方面分析了党报过去存在的问题，认为"党报必须成为党的工作及群众工作的领导者"，"成为扩大党在群众中影响的有力的工具，成为群众的组织者"。《决议》提出了党报的任务，并对各报的性质、工作计划、印刷、发行，提出了具体的要求。

【关于开除罗章龙中央委员及党籍的

决议】（1931年1月27日）　中共中央政治局1931年1月27日通过。《决议》根据罗章龙的小组织活动以及公开发表的《力争紧急会议反对四中全会报告大纲》，作出六项决定，即：《大纲》是右派小组织反国际的整个纲领之最具体的表现，也是进行反党的最具体的产物，并且不是偶然的，决定开除罗章龙中央委员及永远开除党籍。要求全党同志深刻认识，坚决斗争。

【中央通告（四中全会后第一号）——目前政治形势及党的中心任务】（1931年1月）　中共中央1931年1月发出。2011年收入中央文献出版社出版的《建党以来重要文献选编》第八册。《通告》从十个方面阐述了国际国内的形势，认为帝国主义与国民党军阀进攻红军苏维埃区域是"目前对于革命的最主要的危险"。"目前的紧急任务，是在组织反抗敌人'围剿'的运动。"再次要求全力反对"立三路线"的假进攻，而坚决执行共产国际真正组织群众发动群众的真正进攻路线。同时对苏维埃区域和红军的工作提出了进一步的要求，对党的工作提出了进一步的要求。指出必须拥护四中全会决议，反对右倾，团结全党在共产国际周围，领导中国革命走上胜利大道。

【中共中央给中国红军及各级党部的训令——关于第二次反"围剿"的指示】（1931年2月）　中共中央政治局1931年2月发出。2011年收入中央文献出版社出版的《建党以来重要文献选编》第八册。《训令》分析了国民党在江西的军力部署及红军取得第一次反"围剿"胜利后的基本情况及第二次反"围剿"的准备工作。《训令》从两方面对红军作出指示，即：关于红军与苏区方面的；关于非苏区党部方面的。要求肃清"立三路线"与右倾机会主义，击破国民党军队的进攻，建立巩固的苏维埃区域。

【中共中央政治局关于富田事变的决议】（1931年3月28日）　中共中央政治局1931年3月28日发出。原载1931年7月7日中共苏区中央局《战斗》第二期。2011年收入中央文献出版社出版的《建党以来重要文献选编》第八册。根据1930年上半年，发生在赣西南地区党和政府中开展肃清反革命分子斗争扩大化，进而造成同年12月部分红军内部分裂的富田事变，中共中央政治局作出该《决议》。《决议》共七条，指出红军二十军一部分的暴动等行为是"阶级敌人以及它的斗争机关AB团所准备所执行的反革命行动"。要求红军内以及红军外的一切指挥机关应格外注意反对反革命的斗争。《决议》还认为"反革命势力在苏区内还是一个严重的力量"。并要求临时组成的永阳省行委应立时解散，停止一切活动。《决议》还要求"红军二十军的指挥部应使全军回到整个红军的系统中来"。"没有任何党的争执应该引起分裂和破坏红军的行动的。"《决议》最后号召向白区坚决进攻，打碎敌人的生力军。该《决议》使本来正在得到纠正的肃反严重扩大化错误进一步发展起来。

【红七军工作报告】（1931年4月29日）　邓小平离开红七军到上海后，于1931

年4月29日给中共中央的报告。2011年收入中央文献出版社出版的《建党以来重要文献选编》第八册。《报告》共分四个部分，即八军的经过、七军的经过、地方党的状况及土地革命的工作、个人的回忆。《报告》首先汇报了红八军的成败兴亡史。其次是红七军自1929年成立以来的情况，以及右江、沿途、崇义、赣南地方党的状况和土地革命的工作。最后指出整个工作中存在的问题和错误：红七军中心错误是处处以军事为中心来决定一切问题，不是以群众为中心来决定一切问题；党的领导仍旧薄弱；执行了"立三路线"。

【中共苏区中央局第一次扩大会议关于接受国际来信及四中全会决议的决议】（1931年4月） 中共苏区中央局1931年4月第一次扩大会议通过。2011年收入中央文献出版社出版的《建党以来重要文献选编》第八册。《决议》表示完全同意国际来信和四中全会决议。对"立三路线"和党内右倾进行了批判，分析了江西党的路线存在的问题，对苏区中央局存在的错误进行了剖析，要求大力反对右倾机会主义，同时丝毫不能放松反"立三路线"的斗争。指出今后的主要任务是动员一切力量，使工农群众与地方武装正确的同红军主力配合；建立真正的铁的工农红军；继续改造苏维埃政权；关于土地问题，确定以人口平分；坚决的执行改造党的工作等。

【关于目前政治形势及中共党的紧急任务决议案】（1931年5月9日） 中共中央政治局1931年5月9日通过。2011年收入中央文献出版社出版的《建党以来重要文献选编》第八册。《决议案》分析了自去年中原大战以来，国民党对红军苏维埃区域进攻及欺骗群众的种种伎俩的失败，分析了各派军阀之间的矛盾，指出了党存在的问题，规定了全党的六项紧急任务。《决议案》指出只要红军苏维埃区域真能依照国际路线，发动广大群众，执行正确的土地、劳动、经济、苏维埃建设等政策与红军进攻的策略，敌人的"围剿"计划总是遇到失败的。指出中央政治局对于加强对苏区的领导任务，必须更实际的进行。没有比现在再重要的是党内思想的稳定与一致。

【中共中央给红七军前委的信】（1931年5月14日） 中共中央1931年5月14日发出。2011年收入中央文献出版社出版的《建党以来重要文献选编》第八册。该信首先指明了红七军失败的主要原因，要求红七军坚决执行国际路线，建立苏维埃政权，肃清党内一切异己分子，并决定将赣西南之二十军合编为七军，决定了人事安排和今后的任务。

【怎样创造铁的红军】（1931年7月） 朱德1931年7月所写。原载1931年7月7日、14日中共苏区中央局《战斗》第二、三期。2011年收入中央文献出版社出版的《建党以来重要文献选编》第八册。该文章主要论述了"创造铁的红军是目前党的最迫切最重要的任务之一"。以及铁的红军必须具备的六个基本条件，即：确定红军的阶级性；无条件地在共产党领导之下；政治训练的重要；军事技术的提高；自觉地遵守铁的纪律；要有集中的指挥和统一的训练。

【中共苏区中央局关于土地问题的决议案】（1931年8月21日） 中共苏区中央局1931年8月21日发出。2011年收入中央文献出版社出版的《建党以来重要文献选编》第八册。《决议案》认为共产国际关于中国问题的决议案和中共中央提出的土地法令草案是正确地解决了中国土地革命中的一切问题，应当坚决实行这个法令。《决议案》还分析了中国农村各阶级阶层占有土地的情况，指出中国土地革命是根本消灭地主的封建的剥削。规定被没收的土地应当按照平均分配一切土地的原则，来分给农民。以人口为标准来平分土地。应当把已经没收地主土地和富农土地和中农贫农自己的土地一起拿来平分，使雇农、苦力、贫农、中农分得同样多同样好的土地，地主豪绅不能分得任何土地，富农只能分得坏田。指出"消灭富农""杀尽富农"的口号是绝对错误的，有害的。对分配土地中的有关问题作了具体规定。

【中共中央关于干部问题的决议】（1931年8月27日） 中共中央1931年8月27日发出。2011年收入中央文献出版社出版的《建党以来重要文献选编》第八册。《决议》是针对中共六届四中全会后，因干部需要的增加和干部的缺乏，形成干部恐慌的现象而制定的。《决议》分析了干部缺乏现象形成的原因，批评了家长制度、委派主义、害怕引进新干部等提拔和引进干部的错误做法；指出面临革命高潮进一步发展，各地要放手大胆提拔干部，加强对干部的教育、培养。

【中国共产党为日本帝国主义强暴占领东三省事件宣言】（1931年9月20日） 中共中央1931年9月20日发出。原载1931年10月18日《红旗周报》第十九期。2011年收入中央文献出版社出版的《建党以来重要文献选编》第八册。《宣言》首先告知日本帝国主义公开进兵中国，屠杀中国民众了。指出国民党的投降帝国主义、出卖民族利益的面目；号召劳苦群众动员起来，打倒国民党，打倒帝国主义，反对日本帝国主义强占东北三省。

【中国共产党为第一次全国苏维埃代表大会告全国工农劳苦民众】（1931年10月20日） 中共中央1931年10月20日发出。2011年收入中央文献出版社出版的《建党以来重要文献选编》第八册。该公告主要向全国工农兵及劳苦民众介绍第一次全国苏维埃代表大会，指出这次大会"将成立中华工农兵苏维埃共和国临时中央政府"，指出它将是中国工农民主专政在全国范围内胜利和奠定的先声，创造中国新社会的序幕。而大会通过的各种法令，将实现最广大劳动群众的民主。号召广大劳苦民众起来，推翻国民党整个反动统治，建立工农劳苦民众的苏维埃政权。

【中华苏维埃共和国宪法大纲】（1931年11月7日） 中华苏维埃第一次全国代表大会1931年11月7日通过。2011年收入中央文献出版社出版的《建党以来重要文献选编》第八册。《大纲》指出了中华苏维埃在全中国所要实现的基本任务共十七项。《大纲》认为中华苏维埃共和国根本法的任务，在于保证苏维埃区域工农民主专政的政权和达到它在全中国的胜利；指明了专政的目的，所建国家的性质，以及最高权力机关等有关事项。《大纲》指出专政的目的是在消灭一切封建残余，赶走帝国主义列强在华的势力，统一中国，有系统的限制资本主义的发展，进行国家的经济建设，提高无产阶级的团结力与觉悟程度，团结广大的贫农群众在它的周围，以转变到无产阶级的专政。中国苏维埃政权所建设的是工人和农民的民主专政的国家。苏维埃政权是属于工人、农民、红军兵士及一切劳苦民众的。

【中华苏维埃共和国临时政府对外宣言】（1931年11月7日） 中华苏维埃共和国临时政府1931年11月7日发出。原载1931年11月27日《红旗周报》第二十四期。2011年收入中央文献出版社出版的《建党以来重要文献选编》第八册。《宣言》向全世界劳苦民众和各国政府宣布了中华苏维埃共和国临时政府的成立、建立政府的目的和任务，以及临时政府的主张。同时还发表了反对战争，主张和平的声明。

【中华苏维埃第一次全国代表大会告全中国工人与劳动民众】（1931年11月9日） 中华苏维埃第一次全国代表大会1931年11月9日发出。2011年收入中央文献出版社出版的《建党以来重要文献选编》第八册。该公告号召全中国工人与劳动民众不要再忍受压迫剥削，要起来反抗帝国主义和地主资产阶级的统治；指出要在与帝国主义国民党的斗争中建立工人与劳动民众自己的苏维埃政权；同时表达了全中国的工人与劳动民众将在中华苏维埃共和国临时中央政府的领导之下团结起来，更坚决更奋勇地去反对帝国主义、国民党，去推翻它们的统治，去争取全中国苏维埃革命的胜利的决心。

【中共中央关于土地问题给苏区中央局的信】（1931年11月10日） 中共中央1931年11月10日发出。原载1931年12月《红旗周报》第二十六期。2011年收入中央文献出版社出版的《建党以来重要文献选编》第八册。该信主要是针对中央苏区中央局通过的关于土地问题决议案中非阶级路线的富农路线的观点和办法提出了纠正意见。共九项，即：要正确解决土地问题，必先对中国农民的各阶层有明确的认识；要认清土地革命的中心对象是消灭封建剥削关系和地主阶级，没收一切土地和平分一切土地的口号都是不正确的；对富农的态度是以抑制富农发展为总方针；既要照顾中农的利益，也不可过分迁就；要充分保护雇农与半无产阶级贫农的利益；就关于平分土地的标准、分地的对象，作了限定。最后要求在接到指示后，立即改正错误的观点和办法，在群众中彻底执行苏大会通过的土地法令。

【中共中央为反对帝国主义列强进攻苏联与瓜分中国及其强盗集团——国际联盟告全国革命民众书】（1931年11月23日） 中共中央1931年11月23日发出。2011年收入中央文献出版社出版的《建党以来重要文献选编》第八册。《告全国革命民众书》进一步指出东三省事变发生之后，日本及英美法等帝国主义列强进攻苏联与瓜分中国的反动行为，以及国际联盟及一切非战公约的目的都在利用日本的进占满洲以便趁火打劫来瓜分中国、干涉中国革命与企图消灭苏联；而国民党政府所谓“信赖国际联盟公道解决”，完全是在赞助帝国主义的殖民地政策；号召全国革命民众立刻组织并武装起来，反对日本帝国主义并吞东三省、反对国际联盟的中立调查团、反对瓜分中国的新道威斯计划、反对帝国主义进攻苏联，实行坚决的革命斗争，推翻帝国主义与中国地主资本家国民党的统治，建立苏维埃政权。

【中华苏维埃共和国土地法令】（1931年12月1日） 中华工农兵苏维埃第一次全国代表大会1931年12月1日发出。2011年收入中央文献出版社出版的《建党以来重要文献选编》第八册。《法令》共十四条，是土地革命后期影响最大，实施最广，适用时间最长的土地法。该《法令》以法律形式把土地革命的任务固定下来，摧毁封建的生产关系，满足农民对土地的要求，无疑是正确的。但规定地主不分田、富农分坏田等“左”倾政策则妨碍了土地革命的健康发展。

【中共中央关于“平分一切土地”的口号的决议】（1931年12月24日） 中共中央1931年12月24日作出。2011年收入中央文献出版社出版的《建党以来重要文献选编》第八册。《决议》指出了各苏区的党部对于“平均分配一切土地”问题的解释与执行上存在的问题；要求全党同志了解，在实行平分土地的过程中，中农的土地以不动为原则，对于那些利用平分一切土地的口号，去侵犯中农利益的“左”的企图，必须给以最严厉的与坚决的打击；提出在基本农民群众（自然中农也在内）愿意和直接拥护之下，去实行平均分配一切土地；要求苏区的各级党部必须向广大的雇农贫农群众解释与中农结成密切同盟的重要性，认为“左”的反中农的路线是富农路线的另一表现。

【中共中央关于争取革命在一省与数省首先胜利的决议】（1932年1月9日） 中共中央1932年1月9日发出。原载1932年4月20日《实话》第三期。2011年收入中央文献出版社出版的《建党以来重要文献选编》第九册。《决议》从八个方面进行了阐述，分析了世界经济危机与地方军阀的封建剥削对中国经济总崩溃形势的影响；指出经济危机的加深、苏维埃和红军的胜利、帝国主义进攻中国革命与瓜分中国的急进是决定中国目前情势的三个因子，致使革命斗争的高涨。《决议》认为这种形势的发展有利于工农，有利于红军苏维埃。《决议》进一步指出了苏区与国民党统治区域党的工作情况。《决议》对革命形势作了夸大的估计，标志着王明“左”倾冒险主义错误的进一步发展，给党和革命事业造成严重危害。

【中共中央紧急通知——总同盟罢工反对日本帝国主义占领上海。民众自动武装保卫上海劳苦群众与革命运动，反对日本帝国主义，反对国民党。】（1932年1月27日） 中共中央1932年1月27日发出。2011年收入中央文献出版社出版的《建党以来重要文献选编》第九册。《紧急通知》针对日本帝国主义企图占领上海的危急情况，号召全党动员无产阶级与一切劳苦群众，在“总同盟罢工反对日本帝国主义占领上海”与“民众自动武装保卫上海的劳苦群众与革命运动，反对日本帝国主义，反对国民党”“反对帝国主义国民党共同压迫革命运动”的中心口号之下，进行最广大的运动。要求从九个方面开展工作。要求各地党部接到此通知后更加紧反日反国民党的斗争，并与群众斗争密切联系。

【中共中央给共产国际的组织报告】（1932年2月12日） 中共中央1932年2月12日发出。2011年收入中央文献出版社出版的《建党以来重要文献选编》第九册。该《报告》向共产国际全面汇报了中共六届四中全会后，中共实际工作的转变及党的组织工作等情况。《报告》共分六个部分，即：实际工作转变的意义与条件；四中全会后党的布尔塞维克化问题；苏维埃区域的发展与巩固；全国白区党组织一瞥；群众斗争的开展与我们的组织工作；组织局的工作。指出必须加紧两条战线斗争；我们的组织工作是落在群众斗争发展之后的。

【中共中央为上海事变给各地党部的信】（1932年2月15日） 中共中央1932年2月15日发出。2011年收入中央文献出版社出版的《建党以来重要文献选编》第九册。该信为中共中央在日本帝国主义发动一·二八事变后发给各地党部的指示信，进一步揭露了日本帝国主义瓜分中国的企图，以及国民党政府不抵抗，真反共的嘴脸。针对各地党部工作中存在的问题，指出了在复杂形势下，党的六项中心任务。要求必须创造与巩固党的群众基础，保障中国苏维埃革命的最后胜利。

【中华苏维埃共和国临时中央政府宣布对日战争宣言】（1932年4月15日） 毛泽东以中华苏维埃临时中央政府主席的名义于1932年4月15日签发。原载1932年4月21日《红色中华》。2011年收入中央文献出版社出版的《建党以来重要文献选编》第九册。文件后署名取消。《宣言》进一步揭露日本帝国主义自1931年九一八事变武力强占中国东三省以来的瓜分中国的罪行。指出要真正实行民族革命战争，直接与日本帝国主义作战，必须首先推翻国民党反动统治。号召全国工农兵及一切劳苦群众，积极参加革命战争，武装起来，推翻反动的国民党统治，以民族革命战争，驱逐日帝国主义出中国，反对帝国主义瓜分中国，争取中华民族真正的独立与解放。《宣言》表明了中国人民一定要而且能战胜日本帝国主义的勇气和信心，得到全国人民的热烈响应。

【中共中央关于陕甘边游击队的工作及创造陕甘边新苏区的决议】（1932年4月20日） 中共中央1932年4月20日发出。2011年收入中央文献出版社出版的《建党以来重要文献选编》第九册。《决议》从七个方面对陕甘边游击队的工作和创造陕甘边新苏区提出了意见，明确了任务，即：在积极的开展当地的游击运动中创立新的红军的队伍及陕甘边苏维埃，从现在的游击队中选拔中坚的有力的队伍编成为经常的正式的红军，将游击队行动的区域造成红军与游击队的巩固的根据地，在苏区及红军中建立强固的党的委员会与党的组织。要求陕西省委以最大的力量开展西安等中心城市中的工人的罢工运动与反帝运动、农民游击战争、革命兵变，加紧反对右倾机会主义的斗争，创造新的广大的强固的陕甘边苏区与英勇的红二十六军。

【中华苏维埃共和国临时中央政府反对国民党出卖淞沪协定通电】（1932年5月9日） 中华苏维埃共和国临时中央政府1932年5月9日发出。原载1932年5月20日出版的《红旗周报》第四十一期。2011年收入中央文献出版社出版的《建党以来重要文献选编》第九册。《通电》指出淞沪协定是国民党政府投降帝国主义、出卖民族利益的卖国协定，国际联盟是瓜分中国的组织者，一切帝国主义是日本帝国主义的助手与瓜分中国的发起人。号召全国民众进行民族革命战争，反对日本帝国主义与一切帝国主义，反对国民党政府，保卫中国的领土完整，求得中国的独立和解放。

【中共苏区中央局关于争取和完成江西及其邻近省区革命首先胜利的决议——苏区党大会前后工作的检阅及中央苏区党的目前中心任务】（1932年6月17日） 中共苏区中央局1932年6月17日发出。2011年收入中央文献出版社出版的《建党以来重要文献选编》第九册。《决议》分析了苏区党大会前后党的工作以及存在的问题。指出争取和完成江西及邻近省区革命胜利是当前中央苏区党的首要的任务。并要求中央苏区的各级党部应环绕着发展革命战争的中心，执行下列的具体任务：中央苏区红军的行动必须达到最高度的积极化；努力地扩大和巩固红军；加强对工农红军与劳苦群众的领导；在苏区内进行广泛的宣传鼓动；加强苏区职工运动以巩固无产阶级的领导权；正确解决土地问题；建立强有力的苏维埃政府；加紧肃反工作；在组织上发展改造和巩固党的组织；坚决地进行党内两条战线上的斗争。

【中共中央关于开展游击运动和创造北方苏区给陕西省委的指示信】（1932年8月1日） 中共中央1932年8月1日发出。2011年收入中央文献出版社出版的《建党以来重要文献选编》第九册。《指示信》结合当时的政治特征以及陕西工农斗争的发展，指出了陕西党的工作成绩和不足，对“北方落后论”和“陕西特殊论”等错误认识及错误路线作了批评。提出在今后开展两条战线斗争中，要继续巩固陕甘边根据地创造新苏区、创造产业支部并开展支部斗争、肃清富农路线并开展农民斗争、肃清官长路线及保障士兵工作的发展、扩大并深入反帝斗争。要求陕西省委立刻讨论北方会议的一切决议案与中央的指示，最坚决地揭发陕西党在过去所犯的严重错误，开展两条战线的斗争，并在两条战线的斗争和领导群众的斗争中，彻底转变省委的领导方式，改造省委的组织。

【中共中央关于目前农民斗争的形势与我们的任务的决议】（1932年9月15日） 中共中央1932年9月15日发出。2011年收入中央文献出版社出版的《建党以来重要文献选编》第九册。《决议》指出“全中国广大的农民群众现在已经走到了不能照旧生活的状态"，"只有革命的斗争，才能给他们找到摆脱现状的出路"。认为农民运动的发展是不平衡的，但是农民运动的普遍发展已经给了中国地主资产阶级统治以极有力的打击。同时指出了国民党对农民运动的压迫，以及对广大农民的欺骗。《决议》指出只有中国共产党是农民运动的唯一的真正的领导者。要求各地党部立刻动员起来到广大的农民群众中去，领导他们的一切斗争。还指出党在领导过程中，要注意农民的武装和开展农村游击斗争。要注意加强农民的组织和认真贯彻党在农村的基本路线。最后要求必须最坚决地反对党对于目前农民运动的机会主义的估计不足，特别是党内的富农路线，坚决开展反对"左"右倾机会主义和富农路线的斗争，并注意动员工人同志到农村参加工作。

【中共中央为反对日本帝国主义进攻热河华北给河北省委的信】（1932年12月31日）　中共中央1932年12月31日发出。2011年收入中央文献出版社出版的《建党以来重要文献选编》第九册。该信指出，日本帝国主义进攻热河、平津的强盗行动是在国际联盟——尤其是英法帝国主义直接帮助下进行的，企图实现瓜分中国进攻苏联的目的，而国民党在这一事变中无耻地出卖民族利益。要求河北党按照中央的正确指示，坚决的去动员全党执行共产国际十二次执委的决议，迅速地动员广大无产阶级及劳苦群众开展武装民众的民族革命战争。指出进行和实现民族革命战争要以坚定地开展群众工作的路线为基础，进行有系统的宣传鼓动工作、组织义勇军队伍、加紧厂内活动、领导失业运动、加紧士兵中的反帝运动、在农民运动中积极建立农民委员会和反日组织，省委要加强对天津、唐山、北平、内蒙的领导等。

【中共中央关于共产国际执委第十二次全会决议的决定】（1932年12月31日）
中共中央1932年12月31日发出。2011年收入中央文献出版社出版的《建党以来重要文献选编》第九册。《决定》指出，经中央政治局讨论，完全同意共产国际十二次全会的一切决议，要求中国共产党的一切组织坚定地在实际工作中实现决议要求；委托书记处起草接受十二次全会决议的决议；责成中央党报及宣传部，一切党的地方组织，立即开始在党内及群众中进行广大的解释工作，并依照国际决议案制定自己的工作计划。后附《共产国际执委第十二次全会论中国》。

【中共中央关于日本帝国主义进攻华北的决议】（1933年1月7日）　中共中央1933年1月7日发出。2011年收入中央文献出版社出版的《建党以来重要文献选编》第十册。《决议》首先指出日本帝国主义炮轰及占领山海关，开始了帝国主义残杀中国民众及瓜分中国的新阶段；其次指出国民党一年来的不抵抗政策替日本帝国主义清除了武力占领华北的道路。再次指出党的基本任务是巩固和扩大联系苏维埃区域，加强红军，开展红军对于国民党进攻的反攻，以加强反帝运动中的领导权，动员群众开展反帝斗争。《决议》提出了以下紧急任务：开展最广大的群众的宣传鼓动；抓好工人群众斗争工作；动员工人及群众参加反日义勇军；加强在一切白军部队中工作——特别是张学良的部队中工作；广大的进行拥护红军苏维埃运动。

【中华苏维埃临时中央政府、中国工农红军革命军事委员会宣言——为反对日本帝国主义侵入华北，愿在三个条件下与全国各军队共同抗日】（1933年1月17日） 中华苏维埃临时中央政府、中国工农红军革命军事委员会1933年1月17日发出。原载1933年1月28日《红色中华》。2011年收入中央文献出版社出版的《建党以来重要文献选编》第十册。《宣言》指出在日本帝国主义侵略华北的形势下，国民党政府以中国苏维埃的存在为由不抵抗甚至屠杀抗日士兵、进攻工农政府和工农红军，是卖国行为；提出中国工农红军愿与任何武装部队在停止进攻苏维埃区域、保证民众的民主权利、武装民众创立武装的义勇军三项条件下订立作战协定，来共同反对日本帝国主义的侵略；号召中国民众及士兵起来进行联合一致的民族革命战争，将反对日本及一切帝国主义的斗争与反对帝国主义的走狗国民党军阀的卖国与投降的斗争联结起来开展武装民族革命战争，反对日本及一切帝国主义。

【中共中央致各级党部的信——关于召集全国民众团体的救国会议】（1933年2月10日） 中共中央1933年2月10日发出。2011年收入中央文献出版社出版的《建党以来重要文献选编》第十册。该信就召集全国民众团体救国会议讲了五点意见。首先分析了九一八事变后帝国主义与国民党对日以及对爱国民众的态度，认为应该在去年上海召开的全国民众救国团体联合会议的基础上，召开第二次救国会议。指出党必须抓住目前紧急关头，全力开展和组织广大的群众反帝运动深入到最广泛的群众中去，而救国会议的筹备与召集是推动反帝工作的武器之一。该信进一步指出了召开救国会议的意义，提出了此次救国会议的口号。并对筹备和召集救国会议的运动中，各级党部必须严重注意的问题，提出了八点要求。

【中共中央、共青团中央为日本帝国主义进攻热河与华北告全国工农劳苦群众书】（1933年3月3日） 中共中央、共青团中央1933年3月3日发出。原载1933年3月5日上海《斗争》第三十五期。2011年收入中央文献出版社出版的《建党以来重要文献选编》第十册。《告全国工农劳苦群众书》指出日本帝国主义进攻热河、华北，其目标是征服整个中国。揭露了国民党政府、美国政府言论的欺骗性。重申了愿在三个条件下与全国各军队共同抗日的提议，号召全国工农劳苦群众起来为中国民族之自由、统一与领土之完整，为劳动群众之解放而斗争。

【中华苏维埃共和国临时中央政府与中国工农红军革命军事委员会宣言——重申愿在三个条件下与任何武装部队共同抗日的主张】（1933年4月15日） 中华苏维埃共和国临时中央政府与中国工农红军革命军事委员会1933年4月15日发出。原载1933年4月21日上海《斗争》第四十期。2011年收入中央文献出版社出版的《建党以来重要文献选编》第十册。《宣言》为粉碎国民党关于红军及苏区工农阻碍有效的抵抗日本帝国主义的污蔑，向全国重申，在下列条件之下，中国红军准备与任何武装队伍订立战争的作战的协定来反对日本帝国主义的侵略：一、立即停止进攻苏维埃区域。二、立即保证民众的民主权利（集会、结社、言论、出版、示威之自由与释放政治犯等等）。三、立即武装民众，创立武装的义勇军队伍，以保卫中国及争取中国的独立、统一与领土的完整。

【中共中央紧急通知——关于中日秘密谈判与国民党出卖平津及华北的问题】（1933年5月25日）　中共中央1933年5月25日发出。原载1933年5月31日上海《斗争》第四十三期。2011年收入中央文献出版社出版的《建党以来重要文献选编》第十册。《通知》首先指出“中国民族的危机是到了更严重的阶段”，揭露日本帝国主义侵略长驱深入，直捣平津，并且南京政府与日本强盗的秘密谈判和实行出卖华北的行动正在进行；号召动员全党在组织民众进行武装的民族革命战争的中心口号下，组织广大群众进行反帝和反国民党的斗争，并提出扩大和加强群众中政治鼓动工作、在各处特别是中心城市召集大规模的群众大会及组织群众的游行示威、发动和组织义勇军士兵群众反对国民党解除其武装等七项任务。

【中华苏维埃共和国中央政府为反对国民党出卖平津华北宣言】（1933年5月30日）　毛泽东1933年5月30日以中华苏维埃共和国临时中央政府主席名义发出。原载1933年6月4日《红色中华》。2011年收入中央文献出版社出版的《建党以来重要文献选编》第十册。《宣言》指出国民党南京政府与日本强盗订立的“华北停战协定”，把平津、华北出卖给日本帝国主义。号召全国民众、东北义勇军和抗日士兵等一切革命力量团结武装起来进行民族革命战争，不顾帝国主义的巡捕与国民党的军警的一切压迫与屠杀，违反国民党停战退却的命令，为反对日本帝国主义侵略中国，为反对国民党出卖中国，为争取中国民族的独立解放而战斗；指出中华苏维埃中央政府和工农红军是真正与一切帝国主义斗争的民众自己的政权。

【中华苏维埃共和国中央政府关于查田运动的训令】（1933年6月1日）　中华苏维埃共和国中央政府1933年6月1日发出。2011年收入中央文献出版社出版的《建党以来重要文献选编》第十册。《训令》指出各苏区在解决土地问题上存在的问题，并对查田运动的具体进行事项提出了十二条决定。要求各级政府在查田运动中，坚决执行阶级路线，以农村中工人阶级为领导，依靠着贫农，坚固联合中农，向着封建半封建势力作坚决的进攻。该《训令》为查田运动的开展确定了政策方法。

【中央革命军事委员会命令——关于决定“八一”为中国工农红军成立纪念日】（1933年6月30日）　中央革命军事委员会1933年6月30日发出。原载1933年7月11日《红色中华》。2011年收入中央文献出版社出版的

《建党以来重要文献选编》第十册。《命令》指出中国共产党领导的南昌暴动是反帝的土地革命的开始，是英勇的工农红军的来源。为纪念南昌暴动和红军成立，特决定自1933年起每年8月1日为中国工农红军成立纪念日。

【中共中央关于成立中央党务委员会及中央苏区省县监察委员会的决议】（1933年8月8日） 中共中央1933年8月8日发出。2011年收入中央文献出版社出版的《建党以来重要文献选编》第十册。《决议》为加强党的自身建设，为防止党内有违反党章、破坏党纪、不遵守党的决议及官僚腐化等情弊发生，作出了十项决定，即：成立中央党务委员会和省、县监察委员会，并对委员会的职责、委员构成、党员处分依据、审批部门等提出具体意见。指出委员会的职责是维持并正确执行无产阶级政党铁的纪律，保证党内思想和行动的一致等。

【中共中央给红四方面军的信】（1933年8月25日） 中共中央1933年8月25日发出。2011年收入中央文献出版社出版的《建党以来重要文献选编》第十册。该信就三方面问题给红四方面军提出任务：胜利的冲破四次“围剿”与第五次“围剿”中党的任务；目前四川的形势与红四军及四川党在冲破五次“围剿”中的具体任务；赤化四川全省的任务很迫切地摆在你们的面前。指出红四方面军在整个苏维埃运动中所处的地位非常重要，要求加紧完成赤化四川全省的任务。

【中共中央关于查田运动的第二次决议】（1933年9月8日） 中共中央1933年9月8日发出。2011年收入中央文献出版社出版的《建党以来重要文献选编》第十册。《决议》就查田运动第一次决议下发后，运动开展中存在的重要错误和缺点提出了指正，并提出了六项要求：指出部分地区党部要加强领导；立即纠正侵犯中农利益的“左”倾机会主义错误和把富农当地主打的过火政策；责成各级党部把没收的土地、谷子、房屋、一切用物等迅速分给工人、贫农和中农；反对脱离群众的官僚主义；责成中央政府党团和各省委县委对中央负责纠正运动中的各种错误；对出生地主富农家庭但在战斗及一般工作中表示坚决与英勇的红军的家属的田地特别对待。

【中华苏维埃共和国中央政府关于土地斗争中一些问题的决定】（1933年10月10日） 中华苏维埃共和国中央政府1933年10月10日发出。2011年收入中央文献出版社出版的《建党以来重要文献选编》第十册。《决定》就土地斗争中一些问题作出了二十项规定，即：劳动与附带劳动；富裕中农；富农的剥削时间与剥削分量；反动富农；富农捐款；富农应有的土地、房屋、耕牛、农具；富农的义务劳动；破产地主；贫民；知识分子；游民无产者；宗教职业者；红军战士中地主富农出身的分子与土地；工人的家庭是富农或地主者（本人是工人，家庭出身为地主或富农）；地主富农资本家与工人农民贫民相互结婚后的阶级成分；地主富农兼商人；管公堂；一部分工作人员的生活问题；公共事业田；债务问题。该《决定》是中华苏维埃共和国中央政府为纠正和防止在中央苏区分田和查田斗争中发生的政策界限模糊的实际问题而制定的，对《怎样分析阶级》的各项原则作了补充和具体说明，对于纠正查田运动出现的混乱和错误，正确划分农村阶级起了很大作用。

【中共中央为福建事变告全国民众书】（1933年12月5日）　中共中央1933年12月5日发出。原载1933年12月8日《红色中华》。2011年收入中央文献出版社出版的《建党以来重要文献选编》第十册。《告全国民众书》指出福建事变的人民革命政府成立后，并没有任何真正反帝与反军阀官僚豪绅地主的实际行动，事实证明这一政府还不是人民的，也不是革命的；号召中国共产党及全国民众不要相信口头上宣言上的革命辞句与好听的革命名称，号召福建的广大工农劳苦群众自动地组织起来成立自己的革命组织，同苏维埃政府与红军联合一致去进攻日本帝国主义及其走狗国民党，在斗争中试验人民革命政府的革命性。该《告全国民众书》反映了当时“左”倾思想在中共中央工作中的体现。福建事变，简称闽变，是1933年11月在福建福州发动的抗日反蒋事件，事变后建立了反蒋政权“中华共和国人民革命政府”，后宣告解体。

【目前的形势与党的任务决议】（1934年1月18日）　中共六届五中全会1934年1月18日通过。原载1934年2月16日《斗争》第四十七期。2011年收入中央文献出版社出版的《建党以来重要文献选编》第十一册。《决议》总结了共产国际十二次全会以后国际国内的形势和中国革命的发展。指出中国革命形势存在的最好标志是苏维埃运动之苗长、胜利与成功。分析了党的四中全会后党内的情况、存在的问题。对苏区和国民党统治区党的组织提出了任务要求。《决议》要求苏区党的组织，要动员一切力量、一切资源，发扬党和群众的积极性到最高限度，来扩大与巩固红军；加强与改善苏维埃工作，使苏维埃政权更加加强与密切自己与千百万劳苦群众的联系；正确的实行苏维埃的土地的经济的政策；必须努力地扩大、加强、健全一切苏区内的党的、工人的、青年的、妇女的以及一切群众的组织。在国民党统治区党的任务是，用最大的力量去准备组织领导工人阶级的罢工斗争；在农民中发展农民群众一切反对捐税、反对高利贷、反对地租的斗争；必须坚决地为着创造反帝的下层统一战线而斗争；必须加强在蒙古人、回族、苗族、瑶族之间的工作；巩固白区党的组织等。后附《中共中央政治局关于五中全会的通知》。

【第二次全国苏维埃代表大会致东北人民革命军及抗日义勇军电】（1934年1月22日）　第二次全国苏维埃代表大会1934年1月22日作出，以大会主席毛泽东名义发出。2011年收入中央文献出版社出版的《建党以来重要文献选编》第十一册。该电传达了第二次全国苏维埃代表大会对东北人民革命军及抗日义勇军的敬意；指出要争取中国民族的独立自由，使民族革命战争得到彻底的胜利，必须推翻国民党政府的统治；表达了苏区与白区数千万革命民众和红军与人民革命军及抗日义勇军订立共同作战协定的意愿，希望东北人民革命军及抗日义勇军继续坚持抗日的民族革命战争，完全驱逐日本及一切帝国主义出中国，创立自由独立的苏维埃新中国。

【中共中央为福建事变第二次宣言】（1934年1月26日） 中共中央1934年1月26日发出。原载1934年2月2日《斗争》第四十五期。2011年收入中央文献出版社出版的《建党以来重要文献选编》第十一册。《宣言》认为福建事变的教训就在于一切改良主义者的第三条道路的找寻只不过是他们的一种借口与把戏，而实际上他们的政策和步骤与蒋介石国民党是没有区别的；指出只有苏维埃才能救中国，只有中国共产党才是胜利的中国革命的唯一领导者；号召全中国民众援助中国苏维埃与工农红军，援助义勇军，援助中国革命，打倒日本及一切帝国主义，打倒国民党。

【中华苏维埃共和国宪法大纲】（1934年1月） 第二次全国苏维埃代表大会1934年1月通过。原载1934年3月出版的《中华苏维埃共和国第二次全国代表大会文献》。2011年收入中央文献出版社出版的《建党以来重要文献选编》第十一册。《大纲》再次重申了中华苏维埃第一次全国代表大会宣布要实现的基本任务共十七项，进一步明确了宪法大纲的任务、苏维埃政权的性质、苏维埃共和国最高权力机关、工农劳苦大众应有的各项权利等。

【第二次全国苏维埃代表大会宣言】（1934年2月1日） 第二次全国苏维埃代表大会1934年2月1日发出。原载1934年3月出版的《中华苏维埃共和国第二次全国代表大会文献》。2011年收入中央文献出版社出版的《建党以来重要文献选编》第十一册。《宣言》指出第二次全国苏维埃大会的召集是中国苏维埃革命大踏步前进中的伟大成功。指出了大会召开时的国内形势，并宣称只有苏维埃政权能够挽救中国于沦亡，使全中国民众得到彻底的解放。号召全中国的民众自动武装起来，号召全苏区的劳苦民众用一切力量创造铁的红军，开展抗日的民族革命战争，反对日本与一切帝国主义瓜分中国，打倒国民党，彻底粉碎帝国主义国民党的五次“围剿”与大举进攻。

【中共中央为日本帝国主义对华北新进攻告民众书】（1934年4月10日） 中共中央1934年4月10日发出。2011年收入中央文献出版社出版的《建党以来重要文献选编》第十一册。《告民众书》首先指出日本帝国主义对华北的新进攻表明帝国主义侵略中国已到了直接瓜分中国的新阶段；提出反帝统一战线的纲领；揭露了国民党的卖国行径，提出坚决反对国民党整个的投降出卖政策，号召全国民众起来保卫中国领土与独立，进行民族革命战争；号召每个劳动者，一切真正反对帝国主义的分子拥护这个纲领，武装起来进行民族革命战争，反对日本帝国主义占领华北。

【中共中央关于共产国际第十三次全会提纲的决定】（1934年4月12日） 中共中央1934年4月12日作出。原载1934年4月21

日《斗争》第五十六期。2011年收入中央文献出版社出版的《建党以来重要文献选编》第十一册。《决定》指出，一致地完全同意全会对于国际、中国情势的分析及其所提出的党的任务，并作出三项具体决定，要求全党在实际工作中实现这些任务。指出必须将反对法西斯蒂的斗争与反对五次“围剿”争取苏维埃在全中国的胜利联结起来。后附《共产国际执委第十三次全会论中国》。

【中共中央紧急通知——关于在目前华北紧急形势下各级党的任务】（1934年4月12日）　中共中央1934年4月12日发出。2011年收入中央文献出版社出版的《建党以来重要文献选编》第十一册。《紧急通知》就华北紧急形势下，提出了要求各级党组织完成的七项迫切任务，即：集中火力抨击国民党法西斯蒂的武断宣传；按照反帝统一战线纲领，团结和组织一切愿意反对帝国主义，不甘做亡国奴的分子，来实现真正广泛的反帝国主义的统一战线，并在这一战线中树立和巩固无产阶级的革命的独立领导；加紧领导工人罢工和一切工人斗争；加紧白军士兵中的工作，在宣传鼓动和领导斗争的基础上，在用一切力量在白军士兵中建立革命的组织，准备和领导士兵的哗变；加紧在广大的灾民、难民、农民与失业工人中的工作，领导他们进行各种斗争，并成立武装组织，扩大民族革命战争的阵线；满洲的党要加紧对于人民革命军及一切抗日义勇军的领导；各级党部必须抓紧目前华北的形势，开展广大的反对国民党五次“围剿”的运动，争取苏维埃中国的道路的实现；各级党部应加紧在广大群众中宣传无产阶级国际主义，和苏联与中国的劳苦群众兄弟联盟的口号。

【中共中央给各省委、县委、市委的秘密指示信——关于开展反日反帝运动和组织民族革命战争的策略问题】（1934年4月20日）　中共中央1934年4月20日发出。2011年收入中央文献出版社出版的《建党以来重要文献选编》第十一册。《指示信》首先指出“帝国主义侵略的加紧与国民党的无耻投降给我们以良好的机会去加强和扩大群众的反帝斗争，党必须坚决地为着创造反帝的下层统一战线而斗争。这个统一战线必须依据在明了通俗的民族革命战争的纲领之上，而在一切反帝斗争的形式中实现起来，并在这个统一战线之中加强与巩固无产阶级的领导”。五中全会这一重要的指示，要求全党以最大的力量来把他完全实现。《指示信》分析了帝国主义侵略华北的形势，回顾了九一八事变后中国共产党在组织民族革命战争与运用统一战线中，在和国民党就“抗日救国”这个中心问题上斗争的策略与步骤的三个阶段。介绍了《中国人民对日作战的基本纲领》的制定过程、目的以及如何开展宣传的方法。提出了要防止两方面不正确的倾向，一方面要防止误解为减低阶级斗争和减低反国民党斗争；一方面要防止我们许多同志和同情分子惯用左倾词句的情绪，而企图将这纲领马上修改成为非常红的，要说服他们。后附《中国人民对日作战的基本纲领》。

【中华苏维埃共和国中央政府为国民

党出卖华北宣言】（1934年6月19日） 中华苏维埃共和国中央政府1934年6月19日发出。原载1934年6月23日《红色中华》。2011年收入中央文献出版社出版的《建党以来重要文献选编》第十一册。《宣言》抨击了国民党政府把华北出卖给日本帝国主义的卖国行径。号召全中国民众一致地团结起来，武装起来，开展武装民众的民族革命战争，驱逐日本与英美法帝国主义出中国，打倒出卖华北、出卖整个中国的国民党。重申了中国共产党中央委员会所提出的反帝纲领和愿意与全国进攻苏区的武装队伍订立反对帝国主义的作战战斗协定的三个条件，并在三个条件之下时刻准备动员数十万工农红军和千百万劳苦群众首先同日本帝国主义作战。表达了开展民族革命战争，把日本与一切帝国主义驱逐出中国的决心。

【中华苏维埃共和国中央政府、中革军委为中国工农红军北上抗日宣言】（1934年7月15日） 中华苏维埃共和国中央政府、中革军委1934年7月15日发出。原载1934年8月1日《红星》第五十六期。2011年收入中央文献出版社出版的《建党以来重要文献选编》第十一册。《宣言》揭露了日本帝国主义侵华罪行和企图将全中国变成其殖民地的野心。指出国民党军阀蒋介石等是日本帝国主义最忠实的走狗，是中国有史以来最大的汉奸卖国贼。向全国人民声明抗日的严正立场，呼吁一切反日的民众帮助和加入中国工农红军北上抗日先遣队，武装起来同进攻中国的日本帝国主义的盗匪们作战。并提出坚决反对国民党政府出卖中国等五项主张。

【关于抗日反蒋问题给陈济棠的信】（1934年9月） 朱德1934年9月写给当时国民党广州绥靖公署主任兼第八路军总指挥、赣粤闽湘鄂“剿匪”军南路总司令陈济棠。2011年收入中央文献出版社出版的《建党以来重要文献选编》第十一册。该信陈述了日本帝国主义侵华以来的形势，以及中国共产党的态度。提议双方停止作战行动，恢复贸易自由，实现出版、言论、集会、结社自由，作反日反蒋各项军事准备，请代购军火等。

【中共中央给苏区中央分局的训令——红军主力突围转移、中央苏区广泛发展游击战争】（1934年10月8日） 中共中央1934年10月8日发出。2011年收入中央文献出版社出版的《建党以来重要文献选编》第十一册。《训令》首先说明国内形势，指出苏区党的一切组织的基本任务是发展广泛的游击战争，强调在主力红军突围之后，面对敌人更加凶恶的摧残苏区，党要克服悲观情绪，继续坚强有力地领导游击战争，并且时刻依照环境的变化来改变自己的组织与工作方式。中央分局在红军主力突围后应该适时地在党内干部中进行解释工作，通过解释和教育把全党同志团结在一起，共司为中国革命与历史给予的任务而斗争。

【中共中央政治局关于战略方针之决定】（1934年12月18日） 中共中央政治局黎平会议1934年12月18日通过。2011年收入中央文献出版社出版的《建党以来重要文献选编》第十一册。《决定》共五项：一、政治局认为过去在湘西创立新的苏维埃根据地的决定在目前已经是不可能的。二、认为新的根据地应该是川黔边区地区，在最初应以遵义为中心地区，在不利的条件下应转移至遵义西北地区。三、在向遵义方向前进时，野战军之动作应坚决消灭阻拦我之黔敌部队。四、为保证这个战略决定之执行，必须反对对于自己力量估计不足之悲观失望的失败情绪及增长着的游击主义的危险。五、责成军委依据本决定按各阶段制定军事行动计划，书记处会同总政治部加强政治工作，以保证本决定及军事作战部署之实现。

【中共中央政治局关于渡江后新的行动方针的决定】（1935年1月1日）　中共中央政治局1935年1月1日在瓮安县猴场会议作出。2011年收入中央文献出版社出版的《建党以来重要文献选编》第十二册。《决定》是关于通过乌江后的行动方针，共七项：确定了首先以遵义为中心的黔北地区，然后向川南发展的中心任务；最大限度提高全体红色指战员战斗情绪，坚定作战意志和胜利信心；争取时间，进行部队短期休息和整顿；有计划有步骤展开赤化工作扩大红军；注意敌情分析研究，在运动战中击破敌人；保持同二、六军团与四方面军的联系，加强领导，以配合反攻；责成总政治部起草新的政治训令。

【目前湘鄂川黔边区的战争形势和党的紧急任务】（1935年1月6日）　任弼时1935年1月6日在中共湘鄂川黔省委召开的活动分子会议上所作《关于粉碎敌人大举进攻最后的彻底的粉碎敌人五次"围剿"前面党的紧急任务》报告的第一部分和第五部分。2011年收入中央文献出版社出版的《建党以来重要文献选编》第十二册。报告首先阐述了湘西北革命运动的新形势和敌人新的进攻。其次就目前党的紧急战斗任务作了说明：一、在广大群众当中进行艰苦的政治动员。二、加强党对武装的领导和组织，以及游击战争的领导。三、迅速消灭新区内的地主武装，镇压反革命的活动。四、彻底分配土地。五、加强和巩固党与政权机关的领导力量，改善领导方式。

【中共中央政治局、中革军委为配合中央红军北渡长江转入川西给红四方面军的电报】（1935年1月22日）　中共中央政治局、中革军委1935年1月22日发出。2011年收入中央文献出版社出版的《建党以来重要文献选编》第十二册。《电报》指出，我野战军计划转入川西，为此建议红四方面军以群众武装与独立师、团向东线积极活动，钳制刘敌，而集中红军全力向西线进攻。要求迅速集结部队完成进攻准备，并以苍溪、阆中、南部之线为主要方向。在主要方向宜集中主力，从敌之堡垒间隙部及薄弱部突入敌后，在广大无堡垒地带寻求敌人，于运动战中包围消灭。并要求红四方面军迅速决定作战方针。

【中共中央关于反对敌人五次"围剿"的总结的决议】（1935年2月8日）　中共中央政治局会议（云南威信）1935年2月8日通过，张闻天受中共中央政治局扩大会议（遵义会议）委托起草。2011年收入中央文献出版社出版的《建党以来重要文献选编》

第十二册。《决议》首先指出博古的报告基本上是不正确的。随后从十四个方面对博古报告中存在的错误进行了分析和批评，指出军事上的单纯防御路线是不能粉碎敌人五次“围剿”的主要原因。认为为粉碎敌人新的围攻，必须彻底纠正过去军事领导上所犯的错误，改善领导方式。后附陆定一《关于遵义会议决议的报告》。

【中共中央关于坚持游击战争给中央苏区分局的电报】（1935年2月13日）　中共中央1935年2月13日发出。2011年收入中央文献出版社出版的《建党以来重要文献选编》第十二册。《电报》首先指出中央苏区面临的形势的严重性。其次要求从七个方面改变组织方式和斗争方式，提出要与游击战争的环境相适应。并要求要坚持到底，争取党的路线的胜利。

【中华苏维埃共和国中央政府、中国工农红军革命军事委员会为反对日本并吞华北与蒋介石卖国宣言】（1935年6月15日）　中华苏维埃共和国中央政府、中国工农红军革命军事委员会1935年6月15日发出。2011年收入中央文献出版社出版的《建党以来重要文献选编》第十二册。《宣言》揭露了日本帝国主义侵略中国的野心，指出了国民党蒋介石的卖国行径。号召全国民众共同参加反日的神圣战争，反对蒋介石卖国。指出在共产党的正确领导之下和被广大民众热烈拥护的红军是不能消灭的，最后的胜利是我们的。

【中共中央政治局决定——关于一、四方面军会合后的战略方针】（1935年6月28日）　中共中央政治局1935年6月28日在四川懋功北部两河口会议作出。2011年收入中央文献出版社出版的《建党以来重要文献选编》第十二册。《决定》共五项：在一、四方面军会合后的战略方针是集中主力向北进攻，在运动战中大量消灭敌人；首先集中主力消灭与打击胡宗南军，夺取松潘与控制松潘以北地区，使主力能够胜利地向甘南前进；向洮河夏河活动，并控制这一地区；在大小金川流域发展游击战争；坚决反对避免战争退却逃跑以及保守偷安停止不动的倾向。

【中共中央告康藏民众书——进行西藏民族革命运动的斗争纲领草案】（1935年6月）　中共中央1935年6月发出。2011年收入中央文献出版社出版的《建党以来重要文献选编》第十二册。《告康藏民众书》指出康藏民众要跳出水深火热环境，只有照着红军的事业去做。并提出了十项纲领，即：英帝国主义和中国军阀是康藏民族解放运动最凶恶的敌人；没收英帝国主义、中国军阀衙门在康藏和松理茂七属一切财产土地；坚决进行反对内部的反革命内奸的斗争；康藏民族自决，建立人民革命政府；武装民众建立游击队、自卫军、人民革命军，参加中国的红军；改善民众生活；政教分立；限制剥削、商业自由与革命发展的前途；提高康藏民众的文化；与全世界无产阶级和被压迫的民族联合，与中国苏维埃联合等。

【中国苏维埃政府、中国共产党中央为抗日救国告全体同胞书】（1935年8月1日）　中共驻共产国际代表团1935年8月1日起草，又称“八一宣言”。同年10月1日以中国苏维埃政府和中国共产党中央的名义发表在法国巴黎《救国报》（中文）。2011年收入中央文献出版社出版的《建党以来重要文献选编》第十二册。《告全体同胞书》列举了1931年九一八事变以来日本帝国主义对中国的侵略、国民党蒋介石的投降卖国行为，同时也列举了中国苏维埃政府、中国红军以及国内绝大多数工农军政商学各界爱国同胞开展的抗日救亡活动，指出中华民族已处危机之时刻，呼吁无论各党派间过去和现在有任何政见和利害的不同，无论各界同胞有任何意见上或利益上的差异，无论各军队间过去和现在有任何敌对行动，都应停止内战，一致抗日。倡导组织全中国统一的国防政府，主要责任在于抗日救国，并提出了十项行政方针，也称十大救国纲领。号召全体同胞有钱出钱，有枪出枪，有粮出粮，有力出力，有专门技能贡献专门技能，全体同胞总动员，为祖国生命、民族生存、国家独立、领土完整、人权自由而战。《告全体同胞书》的发表推动了中国抗日民族统一战线的建立。

【中共中央关于一、四方面军会合后的政治形势与任务的决议】（1935年8月5日）　中共中央政治局1935年8月5日四川松潘毛儿盖附近的沙窝会议通过。2011年收入中央文献出版社出版的《建党以来重要文献选编》第十二册。《决议》分析了目前政治形势的特点，提出了一、四方面军会合后的基本任务，强调了加强党在红军中的领导和一、四方面军的兄弟的团结，并就目前的中心工作提出了十二项具体要求。再次指出了苏维埃革命胜利的前途与两条路线的斗争的问题。

【中共中央为执行北上方针告同志书】（1935年9月10日）　中共中央1935年9月10日发出。2011年收入中央文献出版社出版的《建党以来重要文献选编》第十二册。1935年8月，中国工农红军一、四方面军已经胜利翻过雪山，进入草地。9月初，张国焘突然以各种理由，拒绝执行中共中央北上方针，下令左路军离开北上路线，西进阿坝地区，右路军回头南返，致使一、四方面军面临分裂危险。在中央及周恩来几次电报催促张国焘北上未果的情况下，毛泽东与张闻天、周恩来、博古等经紧急磋商，为贯彻北上方针，避免红军内部可能发生的冲突，决定率右路军中的红一、红三军和军委纵队迅速转移，脱离险境，先行北上，并发出亲自起草的《告同志书》。《告同志书》明确指出，目前的形势是完全有利于我们，我们应该根据党中央正确战略方针，继续北进。同时指出，我们无论如何不应该再退回原路，并用大量实例，指出“南下是绝路”。再次强调了“中央反对南下，主张北上，为红军为中国革命，取得胜利”的战略方针，要求张国焘应该坚决拥护中央的战略方针，迅速北上，创造川陕甘新苏区去。

【冲破敌人“围剿”的经验与教训】（1935年9月29日）　任弼时1935年9月29日在红二、六军团积极分子会议上所作报告的第一部分。2011年收入中央文献出版社出版的《建党以来重要文献选编》第十二册。报告分析了红二、六军团在粉碎敌人“围剿”中的经验与教训。共涉及五个问题，即：一、在粉碎敌人“围剿”中红二、六军团的基本任务。二、敌人“围剿”计划的内容和我们的策略。三、粉碎敌人“围剿”的斗争经过。四、粉碎敌人“围剿”的胜利及其意义。五、我们得到了一些什么教训。报告指出要足够估计我们的胜利和意义，也要深刻认识血战中得来的教训，坚决消灭存在着的弱点。

【关于红军长征和遵义会议情况的报告】（1935年10月15日）　陈云1935年10月15日在共产国际执行委员会书记处会议上的报告。原俄文记录稿标题为《共产国际执行委员会书记处会议（1935年10月15日）史平同志的报告》，“史平”是陈云当时的化名。2011年收入中央文献出版社出版的《建党以来重要文献选编》第十二册。《报告》回顾了红军西征的经过和相继取得的胜利，指出红军西征保存了红军的有生力量，建立了新的、实力更强大、资源更富足的根据地；也指出了存在的问题。对遵义会议决定的最主要内容作了介绍，肯定了“我们党能够而且善于灵活、正确地领导国内战争。像毛泽东、朱德等军事领导人已经成熟起来”。后附陈云写的《随军西行见闻录》。

【中共中央为日本帝国主义并吞华北及蒋介石出卖华北出卖中国宣言】（1935年11月13日）　中共中央1935年11月13日发出。2011年收入中央文献出版社出版的《建党以来重要文献选编》第十二册。《宣言》针对日本帝国主义提出的八个条件，指出其意在并吞华北，殖民全中国；而蒋介石答应这些要求，是空前的出卖，是中华民族的奇耻大辱。号召全国民众武装起来，开展反日倒蒋的战争，指出在亡国灭种的紧急关头，我们的出路只有坚决的武装起来，开展反对日本帝国主义侵略的民族革命战争与打倒卖国贼首蒋介石国民党的革命战争。提出红军愿与任何武装订立抗日反蒋的协定，愿同一切抗日反蒋的中国人民与武装队伍联合起来，反对日本帝国主义。

【中共中央关于发展陕甘游击战争的决定】（1935年11月21日）　中共中央1935年11月21日发出。2011年收入中央文献出版社出版的《建党以来重要文献选编》第十二册。《决定》有八项内容，即：游击战争在创造、巩固与扩大苏区方面同红军主力作战具有同等重要的地位；纠正把游击战争看做是简单的军事行动的错误倾向；坚决反对游击队中存在的保守主义与地方观念；增加游击队的数量，有计划地培养教育游击队的干部；党应对游击战争的发展负绝对责任；为了有计划发展游击战争，应该把陕甘两省划分为六个军区；逐步地使游击队向正规红军转变，但不可削弱游击战争或过早合编游击队为红军；加强赤卫队与少先队的工作。

【中华苏维埃共和国中央政府、中国工农红军革命军事委员会抗日救国宣言】（1935年11月28日）　中华苏维埃共和国中央政府、中国工农红军革命军事委员会1935年11月28日发出。2011年收入中央文献出版社出版的《建党以来重要文献选编》第十二册。

《宣言》揭露了日本帝国主义的侵略罪行和蒋介石政府的卖国政策，号召全国海陆空军与全国人民总动员，打倒日本帝国主义和汉奸卖国贼蒋介石；明确指出，不论任何政治派别、任何武装队伍、任何社会团体、任何个人类别，只要愿意抗日反蒋者，我们不仅愿意同他们订立抗日反蒋的协定，而且愿意更进一步地同他们组织抗日联军与国防政府；提出了组织抗日联军及国防政府的十大纲领。

【绥崇丹懋战役中两河口战斗的经过及经验教训】（1935年11月）　朱德1935年11月撰写。原载1935年11月中国工农红军总司令部《红军战场》第二期。2011年收入中央文献出版社出版的《建党以来重要文献选编》第十二册。文章回顾了两河口战斗的经过，总结了战斗的经验教训。指出红军能够取得这次作战的胜利，主要是各部队能够做到克服各种困难，以迅速果敢的行动，运用夜摸、奇袭和迂回包围、出其不意的战术。文章也指出了存在的问题。

【中共中央关于改变对付富农策略的决定】（1935年12月6日）　中共中央根据张闻天1935年12月6日在瓦窑堡举行的中共中央政治局会议上所做的报告制定。原载1935年12月12日《斗争》第七十七期。2011年收入中央文献出版社出版的《建党以来重要文献选编》第十二册。《决定》共六个方面，即：共产国际关于在反对农村中主要敌人豪绅地主的斗争中，加紧反对富农的指示是正确的，党在各个苏区执行这一指示中曾经得到了伟大的成绩，确立了党在广大农村中对于基本农民群众的领导作用；目前政治形势已发生了很大的不同；富农也开始参加反对帝国主义侵略及豪绅地主军阀官僚的革命斗争，或采取同情甚至中立的态度，如果还采取加紧反对富农的策略，势必把富农推到反革命的怀抱中去；要联合整个农民，造成广泛的农民统一战线，排斥富农（甚至一部分小地主）参加革命斗争是错误的；在苏区土地革命深入时，应集中力量消灭地主阶级，对于富农只取消其封建式剥削部分，富农所经营的（包括雇工经营的）土地、商业以及其他财产则不能没收，应保障富农扩大生产与发展工商等的自由。富农无权参加红军及一切武装部队，也无选举权，但可以参加反帝拥苏与互济会等群众社会团体；加强乡村中党的支部及有关组织，确保在苏维埃政权中无产阶级的领导。

【中共中央关于军事战略问题的决议】（1935年12月23日）　中共中央政治局瓦窑堡会议1935年12月23日通过。2011年收入中央文献出版社出版的《建党以来重要文献选编》第十二册。《决议》共三部分，即战略方针；作战指挥上的基本原则；拿主要的三个步骤，达到打通苏联与巩固发展现有苏区的任务。《决议》指出，在日本帝国主义变中国为殖民地的形势下，在中国红军及其他革命武装力量的现状之下，党的战略方针是把国内战争同民族战争结合起来，准备直接对日作战的力量和猛烈扩大红军等。第一方面军行动部署之基础，应确定地放在“打通苏联”与“巩固扩大现有苏区”两个任务之上。

具体步骤即把红军行动与苏区发展的主要方向放到东边的山西和北边的绥远等省去。

【中共中央关于目前政治形势与党的任务的决议】（1935年12月25日） 中共中央政治局瓦窑堡会议1935年12月25日通过。原载1936年1月14日《斗争》第八十一期。2011年收入中央文献出版社出版的《建党以来重要文献选编》第十二册。《决议》共六部分，即目前形势的特点；党的策略路线；国防政府与抗日联军；苏维埃人民共和国；党内主要危险是关门主义；为扩大与巩固共产党而斗争。《决议》分析了当时政治形势的基本特点和国内阶级关系的新变化，确定了党的策略路线是发动、团聚与组织全中国全民族一切革命力量去反对当前主要的敌人：日本帝国主义与卖国贼头子蒋介石。只有最广泛的反日民族统一战线才能战胜日本帝国主义及其走狗蒋介石。号召建立国防政府和抗日联军，并指出国防政府与抗日联军的组织，是反日反卖国贼的民族统一战线最广泛与最高的形式。指出将苏维埃工农共和国改变为苏维埃人民共和国及政策的改变，表明苏维埃自己不但是代表工人农民的，而且是代表中华民族的。着重批评了党内长期存在的“左”倾关门主义倾向，指出关门主义是党内的主要危险，号召全党同其做坚决的斗争。这个《决议》的通过标志着中国共产党的抗日民族统一战线策略方针的确定。

【论反对日本帝国主义的策略】（1935年12月27日） 毛泽东1935年12月27日在陕北瓦窑堡党的活动分子会议上作的报告。1951年收入人民出版社出版的《毛泽东选集》第一卷。2011年收入中央文献出版社出版的《建党以来重要文献选编》第十二册。报告共四部分，即目前政治形势的特点；民族统一战线；人民共和国；国际援助。报告深刻分析了九一八事变和华北事变以来中国国内政治关系的新变化，系统地说明了中国共产党的抗日民族统一战线的策略方针，以大量事实批驳了中国共产党内存在的“左”倾关门主义倾向。对小资产阶级、民族资产阶级进行了深刻的分析，指出民族资产阶级也有参加抗日的可能。即使在地主买办阶级营垒中也不是完全统一的。我们要把敌人营垒中间的一切争斗、缺口、矛盾，统统收集起来，作为反对当前主要敌人之用。着重指出了中国革命的长期性，批评了中国共产党内存在的革命急性病。强调共产党和红军在统一战线中的领导作用。分析了把工农共和国改变为人民共和国的思想，并讲了国际援助问题。

【中共中央政治局关于张国焘成立第二“中央”的决定】（1936年1月22日） 中共中央政治局1936年1月22日作出。2011年收入中央文献出版社出版的《建党以来重要文献选编》第十三册。《决定》指出，张国焘在四方面军公开成立了他自己的“党的中央”“中央政府”“中央革命军事委员会”与“团的中央”，“无异于自绝于党，自绝于中国革命”。党中央除去电令张国焘立刻取消他的一切“中央”放弃一切反党的倾向外，决定“在中央委员会内公布一九三五年九月十二日中央政治局俄界决定”。

【红军为愿意同东北军联合抗日致东北军全体将士书】（1936年1月25日）　毛泽东同周恩来、彭德怀及红军将领1936年1月25日联名发出。2011年收入中央文献出版社出版的《建党以来重要文献选编》第十三册。《致东北军全体将士书》分析了九一八事变以后东三省和华北形势的急剧变化，以及东北军在蒋介石反动政府不抵抗的命令之下离乡背井、军心涣散的境遇，指出抗日反蒋是东北军的唯一出路。阐明中国苏维埃政府和红军愿意与任何抗日的武装队伍联合起来，组织国防政府和抗日联军，去同日本帝国主义直接作战。希望东北军响应这一号召，共为抗日先锋，并提出就组织国防政府与抗日联军的具体办法互派代表共同协商。

【中华苏维埃人民共和国中央政府关于召集全国抗日救国代表大会通电】（1936年2月21日）　中华苏维埃人民共和国中央政府1936年2月21日发出。原载1936年2月26日《红色中华》。2011年收入中央文献出版社出版的《建党以来重要文献选编》第十三册。《通电》主张立刻召集全国抗日救国代表大会，正式组织国防政府与抗日联军，并提出六项条件。同时指出代表大会召开后，必须立刻讨论并决定的六个问题。表达了代表大会可在苏维埃区域内召开的意愿。

【共产国际“七大”与我党抗日统一战线的方针】（1936年3月20日）　张闻天1936年3月20日在晋西地区召开的中共中央政治局会议上的报告。1985年收入人民出版社出版的《张闻天选集》。2011年收入中央文献出版社出版的《建党以来重要文献选编》第十三册。报告共分四个部分：一、世界大战的危险与争取和平的斗争。二、国内形势与统一战线。三、准备大规模抗日战争与东征。四、党内问题。报告指出，共产国际“七大”决议中特别重要的：一是集中力量反战反法西斯。二是建立广泛的统一战线：反战的统一战线，反法西斯的统一战线，殖民地的人民统一战线。我们应该使之民族化，使之适合于我们的具体环境。报告认为，从这些决议看，中央以前的决议基本上是同这些决议相符合的。报告分析了世界反法西斯战争的形势，指出中国共产党的任务是：拥护世界和平，反对进攻苏联，反对日本侵占中国。反对日本帝国主义尤其是中心。我们要以民族革命战争反对帝国主义的侵略，维护世界和平。我们现在主张国内和平，联合对日。同时指出“中间道路是没有的”。报告还分析了国内形势，指出中国共产党目前的关键是建立统一战线——抗日的人民统一战线。并提出建立统一战线的十项方针。报告指出，我们红军要向华北发展，要直接指向日本侵略军。要对日直接作战，直接对抗。而党的东征决定充分体现了这个方针。报告最后指出，为了彻底执行建立广泛的人民战线，要反对“左”的关门主义倾向。

【肃清关门主义与冒险主义】（1936年4月1日）　刘少奇1936年4月1日在天津工作时所写。原载1936年4月10日中共河北省委的内部刊物《火线》第五十五期。2011年收入中央文献出版社出版的《建党以来重要文献选编》第十三册。文章首先指出关门主义与冒险主义已成为党的主要危险。全面列举了关门主义和冒险主义的表现及危害，指出关门主义的根源。呼吁全党彻底揭发、致命打击，把关门主义和冒险主义彻底从党内肃清出去。指出中国共产党的策略任务是用极广泛的民族统一战线去团聚各阶级、阶层、派别及一切抗日反卖国贼的分子和力量，开展神圣的民族革命战争，去战胜日本帝国主义及其在中国的走狗。这篇文章对肃清党在白区的“左”倾关门主义与冒险主义影响，实现中国共产党在白区工作的策略转变起了积极的指导作用。

【为反对蒋介石、阎锡山拦阻中国人民红军抗日先锋军东下抗日捣乱抗日后方宣言】（1936年4月5日） 毛泽东、朱德1936年4月5日以中华苏维埃人民共和国中央政府主席、中国抗日红军革命军事委员会主席名义发出。原载1936年4月13日《红色中华》。2011年收入中央文献出版社出版的《建党以来重要文献选编》第十三册。《宣言》表达了为响应全国抗日救亡的迫切要求，苏维埃人民共和国中央政府与中国抗日红军革命军事委员会特组织中国人民红军抗日先锋军渡河东征，抗日讨逆，为全国抗日同胞打先锋申义愤的决心。号召全国爱国同胞一致奋起，抗日讨逆，响应与拥护中国人民红军抗日先锋军的东征，以救中国于灭亡。

【中共中央为创立全国各党各派的抗日人民阵线宣言】（1936年4月25日） 中共中央1936年4月25日发出。2011年收入中央文献出版社出版的《建党以来重要文献选编》第十三册。《宣言》表达了中国共产党的抗日救国决心，同时认为只有全中国各党各派的共同奋斗、全中国人民及武装部队的总动员才能给日本帝国主义与汉奸卖国贼致命打击。呼吁联合起来，共赴国难，并提出六条共同行动纲领，组织抗日人民阵线。

【关于白区职工运动的提纲】（1936年4月） 刘少奇1936年4月在天津工作时所写。2011年收入中央文献出版社出版的《建党以来重要文献选编》第十三册。文章是为了总结1927年以来白区职工运动的经验，提出白区职工运动而采取的正确方针而写。从十二个方面阐述了白区职工运动应采取的正确方针和策略原则。提出了党目前在中心城市与产业中心的工作任务，还是争取群众，争取工人阶级的大多数，积蓄工人阶级的雄厚力量，以准备将来决定胜负的斗争。提出要注意保存与巩固我党和工会在工厂企业中现有的组织和工作，彻底肃清实际工作中的关门主义与冒险主义，并改善党的秘密工作。提出注意领导工人群众经济的政治的日常斗争并争取斗争的胜利。在黄色工会中，尽力巩固我们已得的阵地，实现工人更多的利益，培养大批的干部。并指出只有到革命爆发时，黄色工会才能公开转变成为赤色工会。

【毛泽东、朱德关于停战议和一致抗日通电】（1936年5月5日） 毛泽东、朱德1936年5月5日分别以中华苏维埃人民共和国中央政府主席、中国人民红军革命军事委员会主席的名义发出。原载1936年5月16日《红色中华》。2011年收入中央文献出版社出版的《建党以来重要文献选编》第十三册。《通电》指出，蒋介石氏协同阎锡山氏阻拦红军抗日去路，红军本意集中全力消灭蒋氏阻拦抗日去路的部队，但考虑国难当前，双方决战，不论胜负属谁，都是中国国防力量的损失，而为日本帝国主义所称快。为了保存国防实力，以便利于迅速执行抗日战争，为了坚决履行我们屡次向国人宣言停止内战一致抗日的主张，为了促进蒋介石氏及其部下爱国军人们的最后觉悟，故虽在山西取得了许多胜利，仍将人民抗日先锋军撤回黄河西岸。向南京政府、全国海陆空军、全国人民表示一致抗日的诚意。希望南京政府在亡国灭种的紧急关头，在全国范围首先在陕甘晋停止内战，双方互派代表，磋商抗日救亡具体办法。《通电》充分表明了红军合作的诚意和抗日的决心，扩大了红军在全国的影响。

【中华苏维埃共和国中央政府对回族人民的宣言】（1936年5月25日） 毛泽东1936年5月25日以中华苏维埃共和国中央政府主席名义发出。2011年收入中央文献出版社出版的《建党以来重要文献选编》第十三册。《宣言》指出，面对日本帝国主义的侵略，回族兄弟应奋起图存，争取彻底解放。指出抗日人民红军的西进是蒙回及其他弱小民族特别是回族独立解放的大好时机。并提出七项宣言。

【中共中央为提议“停止内战，一致抗日”致国民党二中全会书】（1936年6月20日） 中共中央1936年6月20日发出。2011年收入中央文献出版社出版的《建党以来重要文献选编》第十三册。《致国民党二中全会书》表达了在亡国灭种的关键时刻，为挽救中华民族之危机，中国共产党可以不记仇怨的意愿，再次重申了联合抗日的主张。表示愿意同国民党任何组织、任何中央委员、任何军政领袖进行关于合作救国的谈判。盼望同国民党中一切民族英雄与爱国志士，立即携手，抛开仇怨，在争取中国民族解放的神圣事业中共同奋斗。

【中共中央关于东北军工作的指导原则】（1936年6月20日） 中共中央1936年6月20日发出。2011年收入中央文献出版社出版的《建党以来重要文献选编》第十三册。《指导原则》首先认为东北军有极大可能转变为抗日的革命的军队。并提出了十项原则，即：对东北军的估计；争取东北军到抗日战线上来是我们的基本方针；目前争取东北军的主要关键；东北军中的统一战线；在东北军中创立坚强的领导的核心；东北军中应该有共产党的小组与支部；凡东北军所驻扎的地方都应该有党的工作；办事处与工作委员会的统一与区别；向苏区群众说明我们对东北军的方针为保护苏区群众的利益而奋斗；同党内关于东北军问题的错误倾向做斗争。

【中共中央关于争取哥老会的指示】（1936年7月16日） 中共中央1936年7月16日发出。2011年收入中央文献出版社出版的《建党以来重要文献选编》第十三册。《指示》共涉及九个问题，即：哥老会的成分组成；哥老会所代表的利益；对于哥老会采取策略的出发点；争取哥老会的策略所依照的方针；应该注意的问题及采取的政策；在苏维埃政权下对哥老会的安排分配；对其内部存在的问题要有正确的认识；揭破哥老会内部的反革命野心家与军阀官僚的欺骗宣传，争取其影响下的群众；在西北大联合中特别要提出争取哥老会。

【中共中央关于土地政策的指示】（1936年7月22日） 中共中央1936年7月22日发出。2011年收入中央文献出版社出版的《建党以来重要文献选编》第十三册。《指示》是根据清算封建残余和尽可能地建立广大的人民抗日统一战线目的，审查现施土地政策，提出的十个方面改变的决定。其中提出没收一切汉奸、卖国贼的土地及财产等；地主阶级的土地、粮食、房屋、财产一律没收；对所列各种小业主的土地不应没收；一切抗日军人及献身于抗日事业者的土地，不在没收之列；商人兼大地主时，其土地部分照一般地主办理，但不得侵犯他的商业部分；等等。

【中共中央书记处关于北方局工作给刘少奇等的指示信】（1936年8月5日） 中共中央书记处1936年8月5日发出。2011年收入中央文献出版社出版的《建党以来重要文献选编》第十三册。《指示信》肯定了刘少奇到北方局后所开展的工作，并提出了七个方面的工作指示。指出要把为工人阶级行动的统一及统一的工会的问题作为中心问题；在抗日统一战线方面要特别注意在各党各派影响下的群众及其领袖，并具体分析各党派的特点，采取不同的策略以实际地进行统一战线工作；同国民党的各派别进行抗日统一战线过程中，不仅要有明确的纲领，而且要有一定的民主；领导个别的小的经济或政治的斗争，以及发动广大群众的示威游行，要保护群众的利益；河北党的组织要善于利用公开或半公开的可能开展救亡运动；北平学联的活动，应当特别注意其领导；等等。

【中国共产党致中国国民党书】（1936年8月25日） 中共中央1936年8月25日发出。2011年收入中央文献出版社出版的《建党以来重要文献选编》第十三册。《致中国国民党书》表达了对国民党政府在中华民族危亡之际迟迟不响应中共关于建立抗日统一战线的号召的失望。同时，再次表示了中国共产党与国民党合作的诚意和为了中华民族独立解放奋斗到底的决心。指出中国共产党不得不向国民党再一次大声疾呼：立即停止内战，组织全国的抗日统一战线，发动神圣的民族自卫战争，抵抗日本帝国主义的进攻，保卫及恢复中国的领土主权，拯救全国人民于水深火热之中。

【中共中央关于逼蒋抗日问题的指示】（1936年9月1日） 中共中央1936年9月1日发出。2011年收入中央文献出版社出版的《建党以来重要文献选编》第十三册。《指示》为进一步推动国共合作，建立抗日民族统一战线而作。指出全党不要把日本帝国主义同蒋介石同等看待，“抗日反蒋”的口号也是不适当的，中国人民的主要敌人是日本帝国主义。指出在日本帝国主义继续进攻、全中国民族革命运动继续发展的条件下，国民党有参加抗日的可能。中国共产党的总方针应是逼蒋抗日，中心口号仍是“停止内战，一致抗日”。要求全党在逼蒋抗日的方针下，不放弃同各派反蒋军阀进行抗日联合。《指示》共提出六项具体要求。

【中共中央关于抗日救亡运动的新形势与民主共和国的决议】（1936年9月17日）　中共中央政治局1936年9月17日通过。2011年收入中央文献出版社出版的《建党以来重要文献选编》第十三册。《决议》提出十个问题，即：日本帝国主义的并吞全中国的基本政策始终没有改变；中国抗日救亡运动的发展和抗日统一战线的发动给了日寇侵略计划以相当的打击，但是，还不够广泛，力量还不够雄伟；国民党南京政府有转向参加抗日运动的可能；共产党应继续坚持“停止内战，一致抗日”的口号；提出建立民主共和国口号的必要；应该使这个民主共和国从实行共产党提出的抗日救国十大纲领开始；抗日民族统一战线的政治路线基本上是正确的；必须及时纠正那种以为阶级斗争的发动会妨碍民族统一战线的观点；绝对不应该削弱红军的力量；扩大与巩固共产党，保障共产党政治上组织上完全独立性和内部团结一致性。

【国共两党抗日救国协定草案】（1936年10月）　毛泽东1936年10月起草，准备由周恩来在同国民党谈判时提出，后来没有签订。2011年收入中央文献出版社出版的《建党以来重要文献选编》第十三册。《协定草案》涉及八个问题，包括订立协定的目的、共同的政治任务以及完成任务必要的步骤、方法等。提出一致努力于伟大的政治任务，实行对日武装抗战，保卫与恢复全中国之领土与主权，实现全国各党各派各界各军之抗日救国联合战线，实现依据民主纲领而建立的中华民主共和国。

【中共中央、中国苏维埃中央政府关于绥远抗战通电】（1936年12月1日）　中共中央、中国苏维埃中央政府1936年12月1日发出。2011年收入中央文献出版社出版的《建党以来重要文献选编》第十三册。《通电》针对日伪军进攻归绥，要求国民党南京政府立即进行的四项工作：一、调集大军增援晋绥前线，动员全中国海陆空军准备全国性的抗战。二、停止进攻红军，实行停止内战一致抗日。三、开放人民抗日救亡运动，实行言论、集会、结社的民主权利，立即释放政治犯及上海各爱国领袖。四、召集各党、各派、各界、各军的抗日救国代表大会或国防会议，商讨救国大计。同时要求南京政府放弃对日妥协政策，停止中日谈判。向全中国人民宣言，主力红军一、二、四方面军已集中完毕，“只要给我们以抗日去路，我们准备立刻开赴晋绥前线”，为保卫晋绥，保卫华北，保卫中国血战到底。

【中共中央书记处关于西安事变后促进南京当局停战抗日运动的方针办法给刘少奇的电报】（1936年12月14日）　中共中央书记处1936年12月14日发出。2011年收入中央文献出版社出版的《建党以来重要文献选编》第十三册。该《电报》指出了西安事变后国民党内部的形势与日本方面的反应，指示立即发动民众要求南京政府接受张学良、杨虎城的八项抗日要求，停止内战的军事行动，把全部军队开赴晋绥前线抗战。同时提出不要同南京处于对立地位，仍应采取督促与推动他们中的抗日派及中间派走向抗日的方针，并开展多方面的活动。

【中共中央关于西安事变致国民党中央电】（1936年12月18日） 中共中央1936年12月18日发出。2011年收入中央文献出版社出版的《建党以来重要文献选编》第十三册。该电指出，蒋介石被幽，完全是因为不肯接受抗日主张，不肯放弃“攘外必先安内”的错误政策所致。提出了和平解决西安事变的五条建议：一、召集全国各党各派各界各军的抗日救国代表大会，决定对日抗战，组织国防政府抗日联军。二、将讨伐张、杨与进攻红军的中央军，全部增援晋绥前线，承认红军、东北军及十七路军的抗日要求。三、停止一切内战，一致抗战。四、开放人民抗日救国运动，实行言论、集会、结社的民主权利，释放一切政治犯及上海爱国领袖。五、实现孙中山先生的三大政策。

【中共中央关于西安事变及我们的任务的指示】（1936年12月19日） 中共中央1936年12月19日发出。2011年收入中央文献出版社出版的《建党以来重要文献选编》第十三册。《指示》涉及四方面内容，即：西安事变产生前的形势；西安事变的意义；西安事变发展的两个前途及其拥护者；为实现第二个前途中共的基本方针。基本方针有：一、在团结抗日的基础上和平解决。二、用一切方法联合南京左派，争取中间派，反对亲日派。三、在军事上、政治上援助张学良、杨虎城。四、做好防御“讨伐军”的准备。

【中共中央书记处关于和平解决西安事变问题给周恩来的电报】（1936年12月21日） 中共中央书记处1936年12月21日发出。2011年收入中央文献出版社出版的《建党以来重要文献选编》第十三册。该《电报》就和平解决西安事变的策略和谈判具体步骤作出了布置。提出了达成和平协定，释放蒋介石的六个条件。指出我们与西安事变的策略，应扶助左派，争取中派，打倒右派，变内战为抗战。

【中共中央关于蒋介石释放后的指示】（1936年12月27日） 中共中央1936年12月27日发出。2011年收入中央文献出版社出版的《建党以来重要文献选编》第十三册。《指示》分析了蒋介石释放后出现的局面，指出了我们必须开展的七项工作，即：为达到抗日的目的，必须继续督促与逼迫蒋介石实现他自己所许诺的条件；巩固西安发动的胜利，巩固东北军、西北军与红军的团结，赞助张、杨改造东北军、西北军成为最好的抗日军队；发动与组织西北民众，联合西北少数民族，扩大与巩固红军，使陕甘两省首先成为抗日的根据地与策源地；继续推动各地实力派参加对日抗战、对内民主的运动，同西北民主抗日力量实行合作，以促进南京的改革与抗战的发动；党应准备实现一切政治上与组织上的必要的改变，以适合全国统一战线建立后的新环境；等等。

【中国革命战争的战略问题】（1936年12月） 毛泽东1936年12月在陕北的红军大学所作的演讲。2011年收入中央文献出版社出版的《建党以来重要文献选编》第十三册。演讲涉及五个问题：一、如何研究战争。二、中国共产党与中国革命战争。三、中国革命战争的特点。四、“围剿”和反“围剿”——中国内战的主要形式。五、战略防御。演讲全面总结了土地革命战争时期中国共产党领导武装斗争的经验，批判了“左”倾冒险主义者在军事上的错误，也系统地阐明了有关中国革命战争战略方面的诸问题。

【中共中央关于统一战线区域内党的工作的基本原则草案】（1937年1月3日） 中共中央1937年1月3日拟稿。原载1937年2月28日《火线》第七十二期。2011年收入中央文献出版社出版的《建党以来重要文献选编》第十四册。《草案》就统一战线区域内党的工作提出了十四项基本原则。认为党在统一战线区域内应该成为共同纲领的最坚决的执行者，成为民族革命的核心；指出在统一战线区域，只能有一个统一战线的共同纲领；红军在统一战线开始的过程中，在必要时可以改变番号，接受统一指挥，但仍应完全保持自己的独立性；共产党在原则上应该参加统一战线的政权机关；对统一战线区域内的旧政权采取自上而下的行政方法与自下而上的群众压力，使之改造；坚决用抗日救国的名义组织群众，武装群众，参加一切有群众的团体中去，争取其中的领导；等等。

【中共中央、中华苏维埃中央政府为号召和平停止内战通电】（1937年1月8日） 中共中央、中华苏维埃中央政府1937年1月8日发出。原载1937年1月16日《红色中华》。2011年收入中央文献出版社出版的《建党以来重要文献选编》第十四册。《通电》指出西安事变后国内形势的变化，以及国民党亲日派进攻西安的企图。表达了中共停止内战一致抗日的立场。坚决要求南京当局立刻下令停止军事行动，肃清亲日派。提议蒋介石挺身而出，制止内战重新爆发。呼吁全国人民团体、舆论机关及各武装部队，尤其是蒋介石及当权的国民党，共同裁制亲日派分子，化内战为抗战。

【中共中央书记处关于西安形势好转后的策略问题给周恩来、秦邦宪的电报】（1937年1月16日） 中共中央书记处1937年1月16日发出。2011年收入中央文献出版社出版的《建党以来重要文献选编》第十四册。该《电报》认为西安形势有好转，建议西安的外交应付与对外宣传注意更沉着、更带策略性。由左派组织陕甘两省国民党省党部及西安市党部，并发表愿与全国国民党在中央统一领导下共同致力于统一团结、御侮救亡的宣言，宣言内主张恢复孙中山三大政策与第一次代表大会精神，主张召集国民党全国代表大会及救国会议，对亲日派不做硬性攻击，而用诚恳态度批评党内一部分同志过去错误政策之不对，劝其改正，一致救亡。同时指出和平虽有征兆，但战争危险并未消灭，要注意备战，注意西安城防及防空设备。

【中共中央书记处关于西安情况给共产国际的报告】（1937年1月20日） 中共中央书记处1937年1月20日发出。2011年收入中央文献出版社出版的《建党以来重要文献选编》第十四册。《报告》向共产国际汇报了关于东北军、十七路军、西安群众运动以及党在各处的工作等情况。同时对蒋释放后左派分子的思想状况、南京出现的情况和红军方面的准备情况作了汇报。

【中共中央关于内蒙古工作给少数民族委员会的指示信】（1937年2月7日） 中共中央1937年2月7日发出。2011年收入中央文献出版社出版的《建党以来重要文献选编》第十四册。《指示信》指出随着绥远抗战的爆发、西安事变的发生，蒙古地区的工作需要有重要的变动，并作出了四方面指示，即：蒙古工作的中心应当是抗日援绥，发动全蒙的人民拥护绥远的抗战，拥护阎傅抗战，根据这一中心任务要改变把抗日与反汉族军阀并提之策略，着重解释蒙汉联合一致抗日；蒙民抗日分化问题上的策略是帮助抗日派的形成，要用抗日的名义去团结左派，争取中派，巩固左派与中派的联合，对右派应采取孤立分化，批评与打击同时并用；对蒙民的特殊要求，在不违背抗日中心任务下，不能放弃争取，应以汉蒙联合抗日，化除民族仇怨；党在左派分子中组织消弱的原因，是由于提出“联红抗日”或“亲红派”使许多左派分子畏缩等。

【中共中央致国民党三中全会电】（1937年2月10日） 中共中央1937年2月10日发出。原载1937年2月13日《新中华报》。2011年收入中央文献出版社出版的《建党以来重要文献选编》第十四册。该电建议国民党三中全会以和平统一团结御侮方针制定停止内战、保障自由、召集代表会议、改善人民生活等五项国策。并指出如国民党三中全会确定上述国策，中共可以保证：一、在全国范围内停止推翻国民政府之武装暴动方针。二、苏维埃政府改名为中华民国特区政府，红军改名为国民革命军，直接受南京中央政府与军事委员会之指导。三、在特区政府区域内，实行普选的彻底民主制度。四、停止没收地主土地之政策，坚决执行抗日民族统一战线之共同纲领。

【中共中央书记处关于重新调整国共谈判问题给周恩来的电报】（1937年3月15日） 中共中央书记处1937年3月15日发出。2011年收入中央文献出版社出版的《建党以来重要文献选编》第十四册。该《电报》针对国共谈判中出现的问题，指出坚决不能承认贺衷寒的提案。而对于两党团结救国及拥护蒋介石的根本方针，要始终坚持不变。建议谈判重新调整，并与蒋介石直接洽商。对于现在国内正在酝酿的分裂运动采取坚决反对的立场，决不赞助任何的分裂行动。

【国民党政策的转变和国共合作的前途】（1937年3月26日） 任弼时1937年3月26日在延安召开的中共中央政治局扩大会议上的发言。2011年收入中央文献出版社出版的

《建党以来重要文献选编》第十四册。发言首先分析了国民党政策转变的原因，并指出蒋介石还没有最后脱离中间立场，将来的趋向要靠斗争去争取向好的方向转变。其次指出国民党三中全会如有诚心于国共合作，这是具有历史意义的，并就国共合作的前途，从国际形势、国内阶级的变动、中国共产党的力量与群众力量几方面分析了与第一次合作的不同。指出了党今后努力的方向，并强调了争取与巩固领导权对今后前途的重要性。肯定了毛泽东关于中日矛盾下国内阶级关系变化及阶级斗争的观点。指出加强党在全国的发展工作，提高党的教育。

【中共中央书记处关于坚持联蒋方针推动全国性对日抗战问题给刘少奇的指示】（1937年4月4日） 中共中央书记处1937年4月4日发出。2011年收入中央文献出版社出版的《建党以来重要文献选编》第十四册。《指示》首先指出国民党三中全会后国民党的国策已开始了转变。认为从现在起到对日抗战的开始将是中国革命新时期的第二阶段，是巩固国内和平准备对日抗战的阶段。而在这个阶段内必须坚持联蒋的方针，推动蒋介石逐渐走向南京政权的民主化，以准备全国性的对日抗战，只有同蒋介石南京政府共同合作抗日才是中华民族的出路。目前工作中的中心一环是实现抗日的民主权利。在联蒋过程中党必须为争取领导权而斗争。

【中共中央书记处关于同蒋介石谈判经过和我党策略方针给共产国际的报告】（1937年4月5日） 中共中央书记处1937年4月5日发出。2011年收入中央文献出版社出版的《建党以来重要文献选编》第十四册。《报告》向共产国际汇报了关于同蒋介石杭州谈判的经过，内容包括国共双方的保证条款、蒋介石的谈话大意及中国共产党商定的对策办法。还就南京方面、各省方面、民众方面等情况作了汇报；提出中国共产党在各方面活动的策略中心是为着彻底实现全国和平统一、团结御侮的方针，加紧从各方面进行对日抗战的准备工作及民族统一战线的民主运动，特别是民主运动在目前内战停止抗战准备期中更有其严重意义。

【中共中央告全党同志书——为巩固国内和平，争取民主权利，实现对日抗战而斗争】（1937年4月15日） 中共中央1937年4月15日发出。2011年收入中央文献出版社出版的《建党以来重要文献选编》第十四册。《告全党同志书》指出，自西安事变和平解决与国民党三中全会后，中国革命形势进入一个新的阶段。明确了这一阶段的主要任务。同时回顾了“停止内战，一致抗日”的提出和争取过程，认为国民党的转变还是非常不够的。要求全体党员以最大的坚持性和忍耐性，发动最广大的群众到抗日救亡运动中来，争取与推动国民党南京政府与蒋介石走上最后决心抗战的道路，使全民族的抗战得以发动。要求全党同志迅速彻底地转变过去的斗争方式与工作方法，以适应新形势的要求。号召全党同志在党中央领导之下，以艰苦的工作与模范的行动，去取得中国共产党在民族革命中的领导地位。

【中国共产党在抗日时期的任务】（1937年5月3日） 毛泽东1937年5月3日在中国共产党全国代表会议（即1937年5月2日至14日在延安召开的苏区党代表会议）上作的报告。1951年收入人民出版社出版的《毛泽东选集》第一卷。2011年收入中央文献出版社出版的《建党以来重要文献选编》第十四册。报告从三个方面作了阐述，即：民族矛盾和国内矛盾的目前发展阶段；为民主和自由而斗争；我们的领导责任。对华北事变以后党的工作进行了总结，分析了党所处的新的历史环境，指出党在这个阶段的具体目标是巩固和平、争取民主、实现抗战等。强调了坚持党的领导权的重要性。提出：第一，要根据历史发展进程提出基本的政治口号和具体的动员口号；第二，按照这种具体目标在全国行动起来时，无产阶级特别是共产党要成为先锋模范；第三，在不失去政治目标的原则上，建立与同盟者的适当关系，并发展和巩固同盟；第四，共产党队伍的发展要保证思想的统一性和纪律的严格性。

【红军在新阶段中的任务】（1937年5月5日） 朱德1937年5月5日在中国共产党全国代表会议（即在延安召开的苏区党代表会议）上的讲话。2011年收入中央文献出版社出版的《建党以来重要文献选编》第十四册。讲话简要回顾了红军在大革命以来的发展经过，总结了其中的经验和教训。指出新阶段的到来是由十年的艰苦奋斗得来的。红军新阶段的最主要敌人是日本帝国主义，任务是联合全国一切力量打败日本侵略者。就新阶段中有关问题，如反对者变为抗日友军、党的领导工作、军事教育、政治教育、反对张国焘路线等问题作了阐述。

【为争取千百万群众进入抗日民族统一战线而斗争】（1937年5月8日） 毛泽东1937年5月8日在中国共产党全国代表会议（即在延安召开的苏区党代表会议）上所作的结论。1951年收入人民出版社出版的《毛泽东选集》第一卷。2011年收入中央文献出版社出版的《建党以来重要文献选编》第十四册。报告针对代表会议上个别同志对党在抗日时期的任务等的不同认识，分别从和平问题、民主问题、革命前途问题、干部问题、党内民主问题、大会的团结和全党的团结、为争取千百万群众进入抗日民族统一战线而斗争等方面作了阐述。指出西安事变后实现了和平，但和平没有巩固。这种情况下，不能回到“停止内战”或“争取和平”的旧口号去，而是要进一步提出“争取民主”的新口号，只有这样才能巩固和平，实现抗战；抗日与民主互为条件，民主是抗日的保证，抗日能给予民主运动发展以有利条件；坚决地领导民主革命是争取社会主义胜利的条件；指导伟大的革命，要有伟大的党，要有许多最好的干部。强调了党内民主和全党团结的必要性和重要性。指出我们的正确的政治方针和坚固的团结，都是为着争取千百万群众进入抗日民族统一战线这个目的。

【关于白区的党与群众工作】（1937年5月17日） 刘少奇1937年5月17日在延安召开的中国共产党白区工作会议上的报告。2011

年收入中央文献出版社出版的《建党以来重要文献选编》第十四册。报告从彻底的转变、今后工作的目标与方针、关于抗日民族统一战线的工作、党与群众的关系、公开工作与秘密工作的联系、领导群众斗争的策略、争取与组织工人阶级的大多数、在农村工作中的任务、广泛的组织青年、争取一切武装部队抗日、党的转变十一个方面进行了阐述。指出要正确建立党和群众的关系，要学习在各种环境下领导群众的艺术。强调坚持党的领导和发挥干部的作用。指出为了战胜日本帝国主义，实现无产阶级的领导权，只有党的布尔什维克化及其组织的发展与巩固，才是唯一的保障。一切工作，一切转变，都要依靠干部，干部问题是党内的中心问题；训练出大批的干部分配到各条战线是党的中心工作。指出在党内必须克服严重存在着的主观主义与形式主义，肃清关门主义和冒险主义错误。报告对党在白区的自身建设与群众工作等问题提出了意见。

【中共中央为日军进攻卢沟桥通电】（1937年7月8日）　中共中央1937年7月8日发出。2011年收入中央文献出版社出版的《建党以来重要文献选编》第十四册。《通电》指出日本帝国主义武力侵占平津和华北的危险已经放在每一个中国人的面前，只有全民族实行抗战才是出路；要求全国上下应该立刻放弃任何与日寇和平苟安的希望与估计，立刻给进攻的日军以坚决的反攻，并立刻准备应付新的大事变；要求南京国民党政府立刻切实援助二十九军，开放全国民众的爱国运动，发扬抗战的民气，立即动员全国海陆空军准备应战，立即肃清潜藏在中国境内的汉奸卖国贼分子和一切日本的侦探，巩固后方；号召全国人民用全力援助神圣的抗日自卫战争。

【中共中央为公布国共合作宣言】（1937年7月15日）　周恩来于1937年7月4日起草，中共中央7月15日正式交付国民党，9月22日国民党中央通讯社发表。2011年收入中央文献出版社出版的《建党以来重要文献选编》第十四册。《宣言》重申了中国共产党一贯坚持的三项奋斗的总目标和四项保证。三项奋斗的总目标是：一、争取中华民族之独立、自由与解放，准备与发动民族革命抗战；二、实现民权政治，召开国民大会，以制定宪法与规定救国方针；三、实现中国人民之幸福与愉快的生活。四项保证是：一、为孙中山倡导的三民主义彻底实现而奋斗；二、取消一切推翻国民党政权的暴动政策和赤化运动，停止以暴力没收地主土地的政策；三、取消现在的苏维埃政府，实行民权政治，以期全国政权统一；四、红军改编为国民革命军并待命出动。该《宣言》的公布鼓舞了全国民众，推动了国民党抗战，标志着抗日民族统一战线正式形成。

【中共中央书记处关于组织抗日统一战线扩大救亡运动的指示】（1937年7月15日）　中共中央书记处1937年7月15日发出。2011年收入中央文献出版社出版的《建党以来重要文献选编》第十四册。《指示》指出，日军已发动大规模进攻，二十九军正英勇抗战，华北各地救亡运动正在扩大起来，中国政府正派兵增援；指示各地党部执行中国共产党7月8日所述坚决保卫平津，同日寇血战到底的总方针，迅速而切实地组织抗日统一战线，以扩大救亡运动；指出共产党员应实际上成为各地救亡运动与救亡组织的发起人、宣传者和组织者，以诚恳的态度与努力的工作，取得信仰及各团体中的领导位置，对各界中的纠纷以调停人的资格出任和解。

【实行对日抗战】（1937年7月15日） 朱德1937年7月15日撰写。原载1937年7月26日《解放》第一卷第十二期。2011年收入中央文献出版社出版的《建党以来重要文献选编》第十四册。文章阐述了四个问题，即：第二个“九一八”的号炮又响了；日本并不是那么可怕的魔鬼；抗战是唯一的出路；最后的胜利是我们中国的。指出抗战形势是对日本强盗实行抗战，从华北的局部抗战走向全国的抗战，从二十九军的抗战走向全国人民上下一致的抗战。分析了日本经济上、军事上的各种弱点，指出日本并不可怕，“恐日病”是严重的错误；抗战将是一个持久的、艰苦的抗战，要动员和武装民众。文章对抗日战争持久性问题进行了有益探索，为尔后全国抗战的持久战战略方针形成起到了舆论先导作用。

【中共中央书记处关于目前形势的指示】（1937年7月21日） 中共中央书记处1937年7月21日发出。2011年收入中央文献出版社出版的《建党以来重要文献选编》第十四册。《指示》从八个方面进行了阐述，即：卢沟桥事件是日寇直接武装占领华北的整个计划的开始；二十九军在抵抗；全国抗日救亡运动大规模酝酿和发动；南京政府表示了强硬态度；国际方面的态度；事变发展前途的两种可能性；我们的总任务；红军立即改名为国民革命军，准备立即向华北出动执行对日直接作战的神圣任务等。指出我们的总任务是争取卢沟桥事变发展为积极的抗战，以至发展到全国性的抗战，反对一切丧失任何中国领土主权的妥协。

【中共中央为日本帝国主义进攻华北第二次宣言】（1937年7月23日） 中共中央1937年7月23日发出。2011年收入中央文献出版社出版的《建党以来重要文献选编》第十四册。《宣言》就国民党冀察当局宋哲元接受日军提出的条件表示谴责。指出我们的政府与人民万万不能接受这种投降屈辱的条件，并提出全国人民总动员、全面对日抵抗、实现国共合作、积极外交等八项抗日的具体办法。号召全国人民紧密联合起来，坚决抗战到底。

【反对日本进攻的方针、办法和前途】（1937年7月23日） 毛泽东1937年7月23日撰写。原载1937年7月26日《解放》第一卷第十二期。1952年收入人民出版社出版的《毛泽东选集》第二卷。2011年收入中央文献出版社出版的《建党以来重要文献选编》第十四册。文章指出中国共产党中央委员会1937年7月8日向全国发出的号召抗战的宣言和蒋介石1937年7月17日在庐山发表的准备抗战的谈话，是国共两党对卢沟桥事变的两个具有历史意义的政治宣言。两个宣言的共同点是：主张坚决抗战，反对妥协退让。并指出这是对付日本进攻的第一种方针，也是正确的方针。还指出第二种可能的妥协退让方针，并就两种方针的相应办法、前途作了对比。号召全国的爱国同胞、爱国军队、爱国党派，一致团结起来，坚决地实行第一种方针，采取第一套办法，争取第一个前途，即驱逐日本帝国主义、实现中国自由解放的前途。

【实践论】（1937年7月）　毛泽东1937年7月撰写，他曾以这篇论文的观点在延安抗日军事政治大学作过讲演。1951年收入人民出版社出版的《毛泽东选集》第一卷。2011年收入中央文献出版社出版的《建党以来重要文献选编》第十四册。文章是为着用马克思主义的认识论观点去揭露党内的教条主义和经验主义——特别是教条主义这些主观主义的错误而写的。重点是揭露看轻实践的教条主义这种主观主义。全文论述了实践与认识的关系，指出真理的标准只能是社会的实践，实践的观点是辩证唯物论的认识论之第一和基本的观点。在实践中不断开辟认识真理的道路，达到主观和客观、理论和实践、知和行的具体的历史的统一，反对一切离开具体历史的"左"或右的错误思想。实践、认识、再实践、再认识，这种形式循环往复以至无穷，而实践和认识的每一循环的内容，都比较地进到了高一级的程度。《实践论》是毛泽东关于马克思主义认识论的代表著作，深刻地论述和丰富了马克思主义的认识论。它用科学的认识论武装了中国共产党，教育全党树立马克思列宁主义必须同中国实际相结合的观点。

【中共中央关于南方各游击区域工作的指示】（1937年8月1日）　中共中央1937年8月1日发出。2011年收入中央文献出版社出版的《建党以来重要文献选编》第十四册。《指示》根据统一战线开展与抗日战争将要开始的国内形势，要求各游击区域为着实现党的新政策开展统一战线工作，在以下各方面配合当地实际情况改变自己的工作，即政权问题、土地问题、武装问题、群众工作问题、对国民革命军工作、关于党的组织与工作、解释工作等方面。强调必须在党内外解释在建立民族统一战线中这种改变的必要，指出同国民党求得和平妥协，需要长期忍耐的工作与不屈不挠的艰苦斗争。

【中共中央关于抗战中地方工作的原则指示】（1937年8月12日）　中共中央1937年8月12日发出。2011年收入中央文献出版社出版的《建党以来重要文献选编》第十四册。《指示》从十五个方面对抗战中地方工作提出意见。指出一切地方工作以争取抗战的胜利为最基本原则；对于所有参战的政府与军队，应该完全站在积极拥护的立场；积极参加地方的统一战线活动和组织；普遍组织合法的统一战线的人民参战团体；利用一切旧政权的武装组织形式；共产党员应该以抗日积极分子的面目参加到政府与军队中去，并取得领导位置；坚持争取民主权利和改善民众生活的斗争；在日寇占领区域及其侧后方发动广泛的游击战争；在民族自决、民族独立、共同抗日的口号下，组织和武装全体韩民、蒙民、回民参加抗战；不放弃同各党各派的政治斗争；用一切办法争取党的公开与半公开；红军应该成为抗战中的模范；坚决同汉奸卖国贼亲日派做斗争，同民族失败主义做斗争。

【中共中央关于目前形势与党的任务的决定】（1937年8月25日） 中共中央1937年8月25日在陕北洛川召开的政治局扩大会议上作出。原载1937年9月6日《解放》第一卷第十五期。2011年收入中央文献出版社出版的《建党以来重要文献选编》第十四册。《决定》就目前形势和党的任务作出八项决定，即：日寇的一切所谓“不求扩大”的宣传是掩护进攻的烟雾弹；卢沟桥抗战已经成了中国全国性抗战的起点；中国的政治形势进入实行抗战的新阶段，最中心的任务是动员一切力量争取抗战的最后胜利；与国民党等派别的区别和争论是如何争取抗战胜利；抗日救国十大纲领是争取抗战最后胜利的具体道路；国民党抗战存在着严重失败的可能；抗战是艰苦的持久战；号召共产党员及其所领导的民众和武装力量，最积极地站在斗争的最前线，使自己成为全国抗战的核心，组织千百万群众进入抗日民族统一战线，争取抗日战争的胜利。

【中国共产党抗日救国十大纲领】（1937年8月25日） 中共中央1937年8月25日发出。原载1937年9月13日《解放》第一卷第十六期。2011年收入中央文献出版社出版的《建党以来重要文献选编》第十四册。十大纲领为：打倒日本帝国主义；全国军事的总动员；全国人民的总动员；改革政治机构；抗日的外交政策；战时的财政经济政策；改良人民生活；抗日的教育政策；肃清汉奸卖国贼亲日派，巩固后方；抗日的民族团结。十大纲领全面概括了中国共产党在抗日时期的政治主张。

【矛盾论】（1937年8月） 毛泽东1937年8月所写，曾在延安的抗日军事政治大学作过讲演。1951年在收入《毛泽东选集》第一卷的时候，作者作了部分的补充、删节和修改。2011年收入中央文献出版社出版的《建党以来重要文献选编》第十四册。文章是为了克服存在于党内的严重的教条主义思想而写。文章从两种宇宙观、矛盾的普遍性、矛盾的特殊性、主要的矛盾和主要的矛盾方面、矛盾诸方面的同一性和斗争性、对抗在矛盾中的地位、结论等几方面进行了论述。指出事物的矛盾法则即对立统一的法则是唯物辩证法最根本的法则，事物发展的根本原因在于事物内部的矛盾性；矛盾存在于一切事物发展的过程中，贯穿于每一事物发展过程的始终；矛盾普遍性和矛盾特殊性的关系，就是矛盾共性和个性的关系；事物的性质主要是由取得支配地位的矛盾的主要方面规定的；在同一性中存在着斗争性，在特殊性中存在着普遍性，在个性中存在着共性。文章从方法论上批判了“左”倾、右倾的错误思想。

【反对自由主义】（1937年9月7日） 毛泽东1937年9月7日撰写。原载1942年4月10日延安《解放日报》。1952年收入人民出版社出版的《毛泽东选集》第二卷。2011年收入中央文献出版社出版的《建党以来重要文献选编》第十四册。文章列举了自由主义的十一种主要表现；指出了自由主义的严重危害；分析了自由主义的来源。指出自由主义是机会主义的一种表现，和马克思主义是根本冲突的；提出要用马克思主义的积极精神，克服消极的自由主义。指出一切忠诚、坦白、积极、正直的共产党员团结起来，反对一部分人的自由主义的倾向，使他们改变到正确的方面来，这是思想战线的任务之一。

【毛泽东关于实行真正独立自主的山地游击战方针给彭德怀的电报】（1937年9月21日） 毛泽东1937年9月21日给彭德怀发出的电报。2011年收入中央文献出版社出版的《建党以来重要文献选编》第十四册。该《电报》分析了阎锡山的矛盾心理和处境，指出今日红军在决战问题上不起任何决定作用，而有一种自己的拿手好戏，在这种拿手好戏中一定能起决定作用，这就是真正独立自主的山地游击战（不是运动战）。指出要在战略上有有力部队处于敌之翼侧，就要以创造根据地发动群众为主，就要分散兵力，而不是以集中打仗为主。只有分散做群众工作，才是决定地制胜敌人、援助友军的唯一无二的办法。

【中共中央书记处关于要求国民党解决陕甘宁特区问题的指示】（1937年9月27日） 中共中央书记处1937年9月27日发出。2011年收入中央文献出版社出版的《建党以来重要文献选编》第十四册。《指示》要求再次督促蒋介石及国民党政府分别从民选制度、增加政府委员、设置五厅一部、特区范围、特区经费、保安师编制六个方面解决陕甘宁特别区的问题，以保障红军在前线安心杀敌。并将上述六项作为最低限度要求国民党全部同意。

【中共中央书记处关于南方各游击区工作方针的指示】（1937年10月1日） 中共中央书记处1937年10月1日发出。2011年收入中央文献出版社出版的《建党以来重要文献选编》第十四册。《指示》阐述了南方各游击区的问题，强调了南方各游击区的重要地位；揭露了国民党真实企图，指出各区游击队完全集中是十分不利的；提出了我方应该采取步骤以保存南方各游击区；就具体人事问题提出了意见。这个指示的背景是南方游击队下山改编前夕，项英以中央分局名义发表公开信，指示游击队“立即集中，下山听候编队”。毛泽东得知项英还不明白统一战线中必须保持独立原则的重要性，于是，中共中央以书记处名义发出此指示。

【中共中央书记处关于开展全国救亡运动的指示草案】（1937年10月17日） 中共中央书记处1937年10月17日发出。2011年收入中央文献出版社出版的《建党以来重要文献选编》第十四册。《指示草案》从八个方面提出意见，即：目前开展全国救亡运动的中心任务是打破国民党“统制”“包办”政策，使它在这方面有彻底的转变；要求共产党员不应拒绝参加国民党所包办的有群众的抗敌后援会；共产党员应该利用一切可能与机会，坚持发扬民权改善民生以动员群众的方针，独立自主地组织各种群众救亡团体工作，发展救亡运动；我们的群众团体应该同国民党包办的抗敌后援会在一定的纲领之下进行统一战线的合作；克服群众运动中的尾巴主义；力争救亡运动中共产党的主动性，并提出当受到国民党当局压迫时的工作方法；共产党在任何时候决不放弃动员群众、组织群众和教育群众的完全自由；指出现阶段党内的主要危险，要求坚决开展两条战线的斗争，克服错误的思想影响，加强党在广大群众中的工作。

【独立自主地领导华北抗日游击战争】（1937年11月15日） 刘少奇1937年11月15日为中共中央北方局起草的决定。2011年收入中央文献出版社出版的《建党以来重要文献选编》第十四册。文章阐述了六个问题。分析了华北战场的形势；指出我党在华北就是要进一步独立自主地去领导游击战争；要动员人民坚决反对妥协求和的倾向，做好在极困难的条件下和日寇作长期的艰苦斗争的准备，争取游击战争的胜利；在民族统一战线的原则下，更加独立自主地去发动民众运动；建立统一战线的民主的抗日政权和新的抗日武装部队，及各种群众组织；建立公开的党的领导机关，发展党员，在广大的乡村中要公开出来进行游击战争。

【中共中央政治局关于中共驻共产国际代表团工作报告的决议】（1937年12月13日） 中共中央政治局1937年12月13日通过。2011年收入中央文献出版社出版的《建党以来重要文献选编》第十四册。《决议》简要评价了王明领导下的中共驻国际代表团几年来帮助中央确定政策、培养干部、出版报纸书籍、华侨工作以及国际宣传等方面的工作。《决议》未提及王明的错误主张。《决议》的背景是1937年12月9日至14日，在延安召开了中共中央政治局会议（十二月政治局会议）。王明在会上系统提出了他的右倾投降主义主张，但没有为全体与会同志所接受。毛泽东等在会上发言，正面阐述了洛川会议以来中共中央的正确主张。

【中共中央政治局关于南方各游击区工作的决议】（1937年12月13日） 中共中央政治局会议1937年12月13日（十二月政治局会议）通过。2011年收入中央文献出版社出版的《建党以来重要文献选编》第十四册。《决议》肯定了项英及南方各游击区的同志在主力红军离开南方后的工作，指出他们是全党的模范，并号召全党同志学习。强调当前全党的任务是扩大与巩固以国共两党合作为基础的抗日民族统一战线，以战胜日寇。并提出希望南方过去各游击区的同志同样能够在中央及中央东南分局的领导下，完成争取中华民族独立解放的神圣任务。

【中国共产党对时局宣言——巩固国共两党精诚团结，贯彻抗战到底，争取最后胜利】（1937年12月25日） 中共中央1937年12月25日发出。原载1938年1月1日《群众》第一卷第四期。2011年收入中央文献出版社出版的《建党以来重要文献选编》第十四册。《宣言》肯定了卢沟桥事变后国共合作取得的成绩，表达了继续巩固两党合作的决心。《宣言》提出共同努力实现的六个方面的工作，即：动员全中国的武力、人力、智力、财力、物力，继续守土卫国的长期抗战，这首先要坚持华北和东南的持久抗战，巩固江防，保卫武汉；巩固和扩大全国统一的国民革命军；充实和加强全中国统一的国民政府；实行国防经济政策；巩固后方，动员和组织广大民众协助抗战；扩大国际宣传和增加国际援助等。

【中共中央书记处关于政治局会议情况及决定事项给共产国际的报告】（1937年12月28日）　中共中央书记处1937年12月28日发出，这是就中共中央政治局会议（十二月政治局会议）的情况给共产国际的汇报。2011年收入中央文献出版社出版的《建党以来重要文献选编》第十四册。《报告》表示会议接受了共产国际的指示，检查了过去统一战线工作中的一些经验教训，纠正了实际工作中的某些偏向，使统一战线政策有了新的进展；同时对下一步工作和组织人事问题做了汇报。

【中共中央关于发动游击战争建立根据地等问题给山东省委的指示】（1938年1月15日）　中共中央1938年1月15日发出。2011年收入中央文献出版社出版的《建党以来重要文献选编》第十五册。《指示》指出，济南失守后，山东广大地区有沦为被日寇占领区域的危险。要求山东省委应注意两个方面的工作，即：以发动游击战争与建立游击区的根据地为中心，并提出了八点具体提议；党的工作应适应山东被占领的环境和游击战争的任务来布置，并提出了五条具体意见。

【中共中央关于大量发展党员的决议】（1938年3月15日）　中共中央1938年3月15日发出。2011年收入中央文献出版社出版的《建党以来重要文献选编》第十五册。《决议》指出，目前党的组织力量远落在党的政治影响之后，大量地十百倍地发展党员成为党迫切与严重的任务。为此，就大量发展党员问题作出了十项决定，提出了打破发展党员中关门主义倾向、扩大吸收党员的范围、在战区和后方建立党组织、加强新党员的教育等意见。

【华北战区工作的经验】（1938年3月21日）　刘少奇1938年3月21日在抗日军政大学的讲演。原载1938年4月20日编印的《名人讲演记录》。2011年收入中央文献出版社出版的《建党以来重要文献选编》第十五册。讲演主要论述了卢沟桥事变以来，在华北统一战线的经验与教训，讲了四个问题，即：抗日民族统一战线在华北；抗日根据地的建立；在敌人的伪政府统治下的区域与游击区里怎样进行我们的工作；民众运动。指出在华北最重要的任务就是最广泛地发动华北民众走上抗日战场，拿起武装和日寇拼，并建立坚固的抗日根据地与日寇长期战斗；抗日根据地要建立统一的抗日政府、军事指挥机关、武装部队等，要成为全中国的统一战线的模范区；要破坏、瓦解与消灭汉奸的政府与军队，使得汉奸的政府建立不起来；要在抗日口号下，在不妨害统一战线的范围内来尽可能地改善人民生活。

【中共中央关于开除张国焘党籍的决定】（1938年4月18日）　中共中央1938年4月18日作出。2011年收入中央文献出版社出版的《建党以来重要文献选编》第十五册。《决定》指出历年来张国焘所犯的主要错误，又由于4月17日他在武汉自行脱党，为巩固党内铁的纪律，决定开除其党籍，并予以公布。

【中共中央书记处关于新四军行动方针给长江局等的指示】（1938年5月14日） 中共中央书记处1938年5月14日发出。2011年收入中央文献出版社出版的《建党以来重要文献选编》第十五册。《指示》指出，根据华北经验，在目前形势下在敌人的广大后方，即使是平原地区，极便利于游击活动与游击根据地的创造；要求新四军应利用目前的有利时机，主动积极地深入到敌人后方，创立模范的游击根据地，以建立新四军的威信、扩大新四军的影响；要求向党的干部解释目前斗争形势与过去的根本区别，要他们在大胆的向外发展与积极的抗战行动中扩大与巩固统一战线和自己的力量。

【中共中央书记处关于加强领导乡村游击战争、创立游击根据地问题给江苏省委的指示】（1938年5月14日） 中共中央书记处1938年5月14日发出。2011年收入中央文献出版社出版的《建党以来重要文献选编》第十五册。《指示》指出，江苏省委目前的中心任务是加强对于乡村游击战争的领导，创立许多游击根据地；在被敌人占领的中心城市工作，应以长期积蓄力量，准备力量，以便将来配合全国胜利的反攻，要转变过去的斗争形式、组织形式、工作方法，以适应目前新的情况；应该不断地有计划地从中心城市派遣优秀干部特别是工人干部到各地乡村中去工作等。

【中国抗日战争的形势与中国共产党的工作和任务】（1938年5月17日） 任弼时1938年4月14日代表中共中央向共产国际提交了书面报告大纲，1938年5月17日在共产国际执委会主席团会议上作关于书面报告大纲的口头说明和补充。2011年收入中央文献出版社出版的《建党以来重要文献选编》第十五册。报告共分四个部分，即：关于中国的抗日战争；关于抗日民族统一战线的状况；八路军在抗日战争中的作用及其最近状况；群众运动的发展和中国共产党的状况。指出中国抗战是暂时的部分的失败与挫折，最后胜负要在长期持久战中解决；持久抗战以求得最后胜利是中国抗战的总方针；巩固和发展民族统一战线是中国共产党在抗日战争当中最基本、最中心的任务。指出八路军在抗战的战略战术上、军队政治工作上、群众工作与游击战争上，起到了推动和模范作用。中国共产党在最近两年来的努力，建立了以国共合作为基础的民族统一战线，推动了中国走向反对日本侵略的神圣的民族自卫战争，党的地位大大提高；党所领导的八路军，也起到了很大的推动中国军队进步的作用。中国共产党在中国抗日战争发展中，将要取得更加重大的领导和推动作用。后附《共产国际执委会主席团关于中共代表报告的决议案》。

【中共中央书记处关于徐州失守后长江以北工作给长江局的指示】（1938年5月22日） 中共中央书记处1938年5月22日发出。2011年收入中央文献出版社出版的《建党以来重要文献选编》第十五册。《指示》有五项建议，即：立刻成立鄂豫皖省委，领导津浦路以西、平汉路以东、浦信公路以南广大地区的工作；要求河南省委动员沿平汉、陇海两铁路线所有中心城市的大批学生、工人、革命分子到乡村去组织与领导群众，准备与发动游击战争，组织游击队，建立游击区；大批动员住在武汉的鄂豫皖三省的学生、失业工人、革命分子，回到家乡去领导保卫家乡与反抗暴日的游击战争，应鼓励集中在武汉的人才大批到长江以北的乡村中去工作，要求长江局有计划地分配党员去上述地区建立党的领导机关，发展党的工作和组织；布置汉水流域党的工作；在津浦路以东、陇海路以南、长江以北广大地区建立工委，发展游击战争。

【论持久战】（1938年5月26日—6月3日）　毛泽东1938年5月26日至6月3日在延安抗日战争研究会上所做的讲演。原载1938年7月1日《解放》第四十三、四十四期合刊。1952年收入人民出版社出版的《毛泽东选集》第二卷。2011年收入中央文献出版社出版的《建党以来重要文献选编》第十五册。讲演共分：问题的提起；问题的根据；驳亡国论；“妥协还是抗战？腐败还是进步？”；“亡国论是不对的，速胜论也是不对的”；“为什么是持久战？”；持久战的三个阶段；犬牙交错的战争；为永久和平而战；能动性在战争中；战争和政治；抗日的政治动员；战争的目的；防御中的进攻，持久中的速决，内线中的外线；主动性，灵活性，计划性；运动战，游击战，阵地战；消耗战，歼灭战；乘敌之隙的可能性；抗日战争中的决战问题；兵民是胜利之本；结论等二十一部分一百二十段。该讲演全面分析了中日战争所处的时代和中日双方的基本特点，并从全国的战略全局出发，深刻地论述了抗日战争是持久战，必须经过战略防御、战略相持、战略反攻三个阶段，从而揭示了抗日战争发展的过程和规律，批驳了“亡国论”和“速胜论”。深刻地阐述了人民战争的思想，指出全国人民参加抗战，坚持抗战，是取得抗战胜利的根本条件和基本保证，批判了脱离群众的片面抗战路线。提出了实行持久战的具体战略方针，即在抗日战争的第一、第二阶段中，实行战略防御中的战役和战斗的进攻战，战略持久中的战役和战斗的速决战，战略内线中的战役和战斗的外线作战。在第三阶段中，应该是战略的反攻战。提出抗日战争三个阶段在全体上的主要作战形式是运动战，其次是游击战；八路军的战略方针是“基本的是游击战，但不放松有利条件下的运动战”和其他一系列作战原则。批评了单纯防御的错误方针和轻视游击战争的错误观点。讲演指出战争的伟力之最深厚的根源，存在于民众之中，要坚持抗日民族统一战线的总方针。讲演最后坚定指出，抗日战争是持久战，最后胜利是中国的。《论持久战》是中国共产党领导抗日战争取得胜利的纲领性文献，抗日战争的实践，充分证明《论持久战》中的预见是完全正确的，是符合实际情况的。

【中共中央关于中共十七周年纪念宣传纲要】（1938年6月24日）　中共中央1938年6月24日发出。2011年收入中央文献出版社出版的《建党以来重要文献选编》第十五册。《纲要》共七项内容：一、中共是中国工人阶级的马列主义的党，最后解放中华民族与中国人民是它的历史使命。二、中共的首先任务是建立民族独立、民权自由、民生幸福的民主共和国，争取民主革命的彻底胜利，然后使中国革命走向共产主义去。三、中共过去的17年是为民族独立、民权自由、民生幸福而艰苦奋斗的17年。四、九一八事变后中共首先提出了以神圣的民族自卫战驱逐日寇出中国，保持中国领土主权的完整的口号。五、保卫武汉，保卫全国，用一切方法削弱敌人，加强自己，克服一切困难与动摇，以持久战最后战胜敌人，是中共当前的紧急任务。六、中共17年的革命史，证明了其基本主张的正确，在人民中取得了极大的威信。七、中共必须在任何困难条件下坚持抗日民族统一战线，同时保持党在政治上组织上的完全独立性，继续壮大和巩固党的队伍等。

【中国共产党代表团的声明】（1938年9月） 任弼时1938年9月在共产国际执委会主席团会议上代表中共驻共产国际代表团宣读。2011年收入中央文献出版社出版的《建党以来重要文献选编》第十五册。《声明》共八项内容，即：中共已尽一切可能结束了十年内战，并取得了与国民党的合作；日本对华的侵略遭到中华民族的顽强抵抗，这种抵抗给了日本以巨大的损失；中华民族要团结一切力量进行自卫战争；以国共合作为基础的抗日民族统一战线已经成立起来；国共两党要把劳动群众组织起来；要把广大农民发动起来；要发动青年学生和妇女；日本帝国主义者所害怕的就是中国民族的团结一致。后附《共产国际执委会主席团的决定》。

【中国共产党在民族战争中的地位】（1938年10月14日） 毛泽东1938年10月14日在中共六届中央委员会扩大的第六次全体会议所作政治报告《论新阶段》的第七部分，报告全文原载1938年11月25日《解放》第五十七期。1952年收入人民出版社出版的《毛泽东选集》第二卷。2011年收入中央文献出版社出版的《建党以来重要文献选编》第十五册。报告第七部分主要讲了十四个问题，即：问题的性质；爱国主义与国际主义；共产党员在民族战争中的模范作用；团结全民族与反对民族阵线中的奸细；扩大共产党与防止奸细混入；坚持统一战线与坚持党的独立性；照顾全局，照顾多数，及和同盟者一道来干；干部政策；党的纪律；党的民主；我们党已经从两条战线斗争中巩固与壮大起来；当前的两条路线斗争；学习；团结全党到团结全民族。其中，特别指出指导一个伟大的革命运动，如果没有革命理论，没有历史知识，没有对实际运动的了解，要取得胜利是不可能的；中国共产党内部的团结，是团结全国人民争取抗日胜利的最基本的条件。指出共产党员的先锋作用与模范作用是十分重要的，共产党员无论何时何地都不应将个人利益放在第一位，个人利益应服从于民族的与群众的利益。因此，自私自利、消极怠工、贪污腐化、风头主义等等，是最可鄙的。而大公无私、积极努力、克己奉公、埋头苦干等精神，才是值得尊敬的模范。

【统一战线中的独立自主问题】（1938年11月5日）　毛泽东1938年11月5日在中国共产党第六届中央委员会扩大的第六次全体会议所作的结论的一部分。1952年收入人民出版社出版的《毛泽东选集》第二卷。2011年收入中央文献出版社出版的《建党以来重要文献选编》第十五册。该部分主要讲了三个问题，即：帮助和让步应该是积极的，不应该是消极的；民族斗争和阶级斗争的一致性；“一切经过统一战线”是不对的。着重论述了统一战线中的无产阶级领导权问题。针对王明等人把民族斗争和阶级斗争对立起来，把统一和独立对立起来的错误观点，指出在民族斗争中，阶级斗争是以民族斗争的形式出现的，这种形式表现了两者的一致性；在统一战线中，只有保存党派和阶级的独立性，坚持党派和阶级一定限度的权利，才能有利于合作，否则就将合作变成了混一，就必然牺牲统一战线；“一切经过统一战线”，只能意味着“一切经过”国民党，其结果是自己束缚了自己的手脚。指出我们的方针是统一战线中的独立自主，既统一，又独立。批评了右倾机会主义者对国民党实行无原则的让步，指出统一战线中的互助互让是必须的，但应该是积极的，不是消极的。

【中共扩大的六届六中全会政治决议案】（1938年11月6日）　中共中央1938年11月6日在延安召开的中共扩大的六届六中全会上作出。原载1938年11月25日《解放》第五十七期。2011年收入中央文献出版社出版的《建党以来重要文献选编》第十五册。《决议案》首先指出，中共扩大的六次中央全会听了毛泽东同志关于中央政治局自五中全会到六中全会之间的工作以及关于目前抗战形势及中华民族当前紧急任务的报告以后，完全同意政治局在这一时期的政治路线和具体工作。《决议案》阐述了五个问题，即：中华民族十六个月抗战的基本总结；目前抗战形势的特点；全中华民族的当前紧急任务；国共长期合作，保证抗战建国大业的胜利，为三民主义的新中华民国而奋斗；民族自卫战争中的中国共产党。《决议案》指出必须加紧认真地提高全党的理论水平，学会灵活地把马克思列宁主义及国际经验运用到中国每一个实际斗争中来，应当彻底肃清思想上的及工作中的公式主义、教条主义与机械主义，相信中华民族一定能够克服困难，在持久的艰苦的奋斗中，进行反对日寇的胜利的民族自卫战争，驱逐日寇出中国，建立独立自由、幸福、光明的三民主义的新中国。

【中共中央书记处关于汪精卫出走后时局的指示】（1939年1月5日）　中共中央书记处1939年1月5日发出。2011年收入中央文献出版社出版的《建党以来重要文献选编》第十六册。《指示》指出蒋介石驳斥近卫宣言及汪精卫的逃跑与被开除党籍，表示了中国主战派与主和派的分裂，这是中国抗战与抗日民族统一战线的一大进步。这种进步必然推动国共合作的继续进步，但这不会取消国民党历来限共防共的政策。进一步指出我们的任务，是用一切方法打击卖国叛党的汉奸汪精卫，间接回击国民党方面顽固分子的反共活动等。

【中共中央书记处关于我党对国民党防共限共对策的指示】（1939年1月23日） 中共中央书记处1939年1月23日发出。2011年收入中央文献出版社出版的《建党以来重要文献选编》第十六册。《指示》指出国民党目前的进步同时包含着防共限共工作的强化，认为这种恶劣现象，一时尚不会降低。《指示》针对国民党的限制八路军发展及出现的磨擦事件，提出了七项意见。《指示》要求各地对于磨擦事件决不能逆来顺受，否则将来磨擦逆流必然更大，顽固气焰必然更高；指出八路军部队应当发展，在国民政府不加饷的情况下，部队要自行筹款筹粮；对于已建立的政权未到万不得已时不应轻易放弃；等等。

【中共中央致蒋介石暨国民党五中全会电】（1939年1月24日） 中共中央1939年1月24日发出。原载1939年1月28日《解放》第六十二期。2011年收入中央文献出版社出版的《建党以来重要文献选编》第十六册。该电对一年多来中国的抗战局面以及国民党中央开除汪精卫党籍之举给予肯定，进一步表示了国共两党团结一致，抗战高于一切，实现民族解放之伟大事业的决心。该电对会议表示祝贺。

【中共中央为国共关系问题致蒋介石电】（1939年1月25日） 中共中央1939年1月25日发出。2011年收入中央文献出版社出版的《建党以来重要文献选编》第十六册。该电对今后国共两党合作提出了五点意见，即：共产党是中华民族进步之力量，国民革命不可缺少之因素；国共两党团结，抗战必胜；国共合作不是两党合并，共产党不能放弃马克思主义之信仰；部分人制造的磨擦事件必须停止，不应任其发展，致陷民族国家于不利；巩固与扩大两党长期合作，是全国爱国同胞和世界先进人士所望，全民族抗战建国所必需。

【陕甘宁边区党委、边区政府等关于发展生产运动的紧急通知】（1939年2月4日） 陕甘宁边区党委、边区政府等1939年2月4日发出。2011年收入中央文献出版社出版的《建党以来重要文献选编》第十六册。《紧急通知》共五条，首先指出中共中央为在长期抗战中，保证抗战供给，改善人民及工作人员生活，号召全边区人民及各机关部队工作人员广泛发展生产运动，以达到财政经济上能自给自足。并就如何广泛开展生产运动作出了具体的部署，提出了五项具体要求。

【中共中央书记处关于华北各地磨擦问题的指示】（1939年2月10日） 中共中央书记处1939年2月10日发出。2011年收入中央文献出版社出版的《建党以来重要文献选编》第十六册。《指示》就华北抗战中出现的国民党与八路军发生严重磨擦问题，提出了七项要求，即：要求撤换鹿钟麟，以朱德为冀南战区总司令兼河北主席；将山西八路军部队多开一部分赴冀察鲁三省，而三省八路军部队决不能减少；保持冀察晋边区冀中、冀南现行政权，在山东及其他地区依照战略形势划分新的行政区域；纠正敌后党政军民不一致，使指挥间不统一的错误政策；八路军名称决不轻易更改；等等。

【中共中央书记处关于国民党五中全会问题的指示】（1939年2月25日）　中共中央书记处1939年2月25日发出。2011年收入中央文献出版社出版的《建党以来重要文献选编》第十六册。《指示》对国民党五中全会继续抗战和联共抗战的积极方面给予肯定；对于其公开反对民主政治提出了批评。认为对其缺点错误，则应根据共产党六中全会决议，进行口头上、文字上的批评解释工作，目的是要以共产党和全国大多数人民拥护的彻底抗战路线，来克服他们的不彻底抗战路线。

【陕甘宁边区抗战时期施政纲领】（1939年4月4日）　陕甘宁边区政府1939年4月4日公布。2011年收入中央文献出版社出版的《建党以来重要文献选编》第十六册。《施政纲领》分民族主义、民权主义、民生主义三部分共二十八条。本着三民主义与抗战建国纲领的原则，根据陕甘宁边区的环境与条件，从民族主义、民权主义、民生主义三方面提出了具体的施政意见。《施政纲领》是在抗日民族统一战线的前提下，在陕甘宁边区特殊环境下产生的。它在政治上保证了边区全体人民的民主权利，在经济上也照顾了农民及地主的利益。

【中共中央书记处关于发展华中武装力量的指示】（1939年4月21日）　中共中央书记处1939年4月21日发出。2011年收入中央文献出版社出版的《建党以来重要文献选编》第十六册。《指示》共四项：指出华中是我党发展武装力量的主要地域，而且在战略上华中是连系华北、华南之枢纽，关系整个抗战前途；对如何发展华中武装力量提出了具体指示，指出在武装力量上，华北已准备一部在适当时机转移到华中，在党政军民的干部补充上，调遣一批去华中，东南局及新四军应决心抽调一批营以上军政干部到江北；新四军在江北指挥部应成为华中我武装力量之领导中心，除指挥我原有武装外，更有建立及发展新的队伍的任务；等等。

【中共中央书记处关于敌占区中党与非党的组织及工作方式的指示】（1939年5月15日）　中共中央书记处1939年5月15日发出。2011年收入中央文献出版社出版的《建党以来重要文献选编》第十六册。《指示》认为在长期抗战中有些地区暂时被敌占领，为顺利开展斗争，应及时改变战区党的非党的组织方式和工作方式，并提出了七条具体意见，即：在敌人进攻下或某地被占后，当地党的中心任务是组织与扩大游击战争，领导群众坚持斗争；党及政府民众团体的指导机关力求短小精干，在游击队掩护下领导与巡视下层工作；严重注意保存干部，不适于坏环境的送到上级党部训练和派到八路军游击队中去工作，无法立足的党员，可动员到军队游击队，或在安全地方开办普通训练班，收容和教育他们；在敌人统制较严重地区，党的组织要转入非常秘密的形式，党应研究许多新的斗争方式，去反对敌人并巩固群众情绪；等等。

【中共中央书记处关于在国民党统治区保存党员干部的指示】（1939年5月26日） 中共中央书记处1939年5月26日发出。2011年收入中央文献出版社出版的《建党以来重要文献选编》第十六册。《指示》针对国民党在其统治区逮捕共产党员的形势，要求国民党统治地方的党的干部坚决采取长期埋伏积蓄力量等待时机的工作方针，并对如何在国民党统治区保存党员干部力量提出三项具体要求。《指示》特别要求南方局、东南局再次严重地讨论这一问题，并采取必要的具体办法。

【反对投降活动】（1939年6月30日） 毛泽东1939年6月30日为纪念抗日战争两周年写的文章。1952年收入人民出版社出版的《毛泽东选集》第二卷。2011年收入中央文献出版社出版的《建党以来重要文献选编》第十六册。文章首先指出中华民族在日本侵略者面前始终存在战不战的问题，自九一八事变到卢沟桥事变，以致到目前，这一争论不论如何改头换面都始终存在。指出共产党人始终站在主战派方面，坚决地反对主和派。并指出当前形势中投降是主要危险，而反共就是准备投降。有力地鞭挞了暗藏在抗日阵营中的“张精卫”“李精卫”等的投降卖国活动。指出反对投降和分裂是全国一切爱国党派、一切爱国同胞的当前紧急任务。号召全国人民团结起来，坚持抗战和团结，把投降阴谋和分裂阴谋镇压下去。

【八路军抗战两年来的经验教训】（1939年7月7日） 朱德1939年7月7日所作《八路军抗战二周年》一文的第二部分。原载1939年7月《前线》第十一、十二期合刊。2011年收入中央文献出版社出版的《建党以来重要文献选编》第十六册。文章从党政军民团结、开展民众运动和灵活的战略战术等三个方面，总结了八路军在两年抗战中所取得的经验教训。指出在新阶段中，只有党政军民团结一致，才能巩固抗日根据地，坚持抗战到底；只有把全国一切生动力量动员起来，广泛开展游击战争，才能在基本上改变敌强我弱的形势，熬过相持阶段，转入反攻；只有加强我军的指挥艺术，大大提高军队的素质，才能战胜敌人。

【论共产党员的修养】（1939年7月8日、12日） 刘少奇1939年7月8日和12日在延安马克思列宁学院作的演讲。2011年收入中央文献出版社出版的《建党以来重要文献选编》第十六册。演讲共分九个问题：一、共产党员为什么要进行修养；二、做马克思和列宁的好学生；三、共产党员的修养和群众的革命实践；四、理论学习和思想意识修养是统一的；五、共产主义事业是人类历史上空前伟大而艰难的事业；六、党员个人利益无条件地服从党的利益；七、党内各种错误思想意识的举例；八、党内各种错误思想意识的来源；九、对待党内各种错误思想意识的态度，对待党内斗争的态度。该演讲首先提出共产党员在改造社会，改造世界的同时要改造自己，论述了共产党员进行思想意识修养的必要性。提出了共产党员修养的标准、内容、目的、方法和途径，阐述了共产党员思想意识修养同群众的革命实践、同理论学习的关系，以及改造主观世界同改造客观世界的关系，提出了做一个模范共产党员的具体标准，指出了修养的唯一目的，是为了人民，为了革命的实践。阐述了共产党员个人利益无条件服从党的利益以及地方党组织的利益服从全党的利益、局部利益服从整体利益、暂时利益服从长远利益的马克思列宁主义原则和党内团结的重要性。演讲还用了大量实例分析了党内存在的各种错误思想意识的表现、来源，最后就如何把自己锻炼成为一个忠诚纯洁的进步模范党员和干部，提出了四点要求。文章发表后在党内产生很大影响，在延安整风运动中被列为干部必读文件之一。

【中共中央关于目前战略形势的指示】（1939年7月23日） 中共中央1939年7月23日发出。2011年收入中央文献出版社出版的《建党以来重要文献选编》第十六册。《指示》共四项，首先指出日本侵略者占领武汉广州后政策的改变；指出中日战争和敌后抗战进入相持阶段的结论是错误的；进一步指出目前抗战的战略形势仍旧是由第一阶段到第二阶段的过渡时期，要求全党同志应深刻认识抗战是艰苦的持久战，只有用一切努力克服投降危险，坚持敌后抗战，克服反共危险，推动中国进步，增加抗战力量，坚决奋斗，才能争取相持阶段与最后胜利的到来；反对无根据地认为相持阶段已经到来的估计和妨碍争取相持阶段到来的不正确倾向等。

【中共中央书记处关于反对东方慕尼黑阴谋的指示】（1939年7月29日） 中共中央书记处1939年7月29日发出。2011年收入中央文献出版社出版的《建党以来重要文献选编》第十六册。《指示》是针对英日谈判中，英国的让步有造成东方慕尼黑严重局势的可能，而蒋介石对英国仍抱有极大的幻想而提出的。要求共产党必须用最大力量推动各方共同在舆论上、行动上抗议和反对任何形式的东方慕尼黑，揭破助长法西斯侵略的张伯伦政策。反对中国抗战内部任何人因张伯伦的投降而产生的动摇，强调自力更生，强调坚持抗战到底的决心和民族自信心等。

【中共中央关于对待局部武装冲突的指示】（1939年8月19日） 中共中央1939年8月19日发出。2011年收入中央文献出版社出版的《建党以来重要文献选编》第十六册。《指示》针对由于日寇挑拨和国民党反共政策下出现的局部武装冲突，提出了四点意见。提出我党我军对于局部武装冲突的立场是明确的自卫原则，“人不犯我，我不犯人，人若犯我，我必犯人”。在冲突中，政治上必须占上风，有严正的态度；军事上必须提高警觉性，免受袭击，布置严密。要求必须收集各种材料、人证、物证，以便在必要时把反共分子及分裂者的阴谋向全国公布。

【中共中央政治局关于巩固党的决定】（1939年8月25日） 中共中央政治局1939年8月25日发出。原载1939年10月20日《共产党人》创刊号。2011年收入中央文献出版社出版的《建党以来重要文献选编》第十六册。《决定》首先指出抗战以来党组织发展中存在的问题，并针对党组织现状与目前环境提出了巩固党的七条决定。要求加强党内马克思列宁主义的教育、阶级教育与党的教育；加强党的保卫工作和反对奸细的斗争；加紧党的秘密工作；提高党的纪律和加强党的团结；等等。

【《共产党人》发刊词】（1939年10月4日） 毛泽东1939年10月4日为党内刊物《共产党人》出版写的发刊词。1952年收入人民出版社出版的《毛泽东选集》第二卷。2011年收入中共中央文献出版社出版的《建党以来重要文献选编》第十六册。《发刊词》指出，“建设一个全国范围的、广大群众性的、思想上政治上组织上完全巩固的布尔什维克化的中国共产党”，是件“伟大的工程”。“为了中国革命的胜利，迫切地需要建设这样一个党，建设这样一个党的主客观条件也已经大体具备，这件伟大的工程也正在进行之中。”指出中国革命和中国共产党的发展道路，是在同中国资产阶级的复杂关联中走过的，并且规定了中国革命斗争的主要形式是武装斗争。“这样：（一）无产阶级同资产阶级建立或被迫分裂革命的民族统一战线，（二）主要的革命形式是武装斗争，——就成了中国资产阶级民主革命过程中的两个基本特点。”我们党的建设过程，就处在特殊的情况中。党的失败和胜利、党的后退和前进、党的缩小和扩大、党的巩固和发展，都不能不联系于党同资产阶级的关系和党同武装斗争的关系。所以，统一战线问题、武装斗争问题、党的建设问题，是我们党在中国革命中的三个基本问题。正确地理解了这三个问题及其相互关系，就等于正确地领导了全部中国革命。“十八年的经验，已使我们懂得：统一战线，武装斗争，党的建设，是中国共产党在中国革命中战胜敌人的三个法宝，三个主要的法宝。”《发刊词》联系党的历史、党的十八年的斗争史所经历的三个阶段，分别对统一战线、武装斗争、党的建设以及三者的关系，作了深刻的阐述。

【中共中央关于反奸细斗争的决议】（1939年10月10日） 中共中央1939年10月10日发出。2011年收入中央文献出版社出版的《建党以来重要文献选编》第十六册。《决议》指出，随着日寇汉奸托匪奸细活动的加紧，以及国民党反共特务委员会的成立，党与八路军、新四军的不少地方及部门中有反革命奸细混入。要求全党引起严重注意。动员全党加强反奸细斗争工作。并就如何开展工作提出意见：要加强保卫部门工作，在有政权的地方要公开动员全体革命人民学校学生进行锄奸运动；系统地考察干部和党员；建立专门的工作部门（社会部）或设立专门人员负责日常工作；在全体党员中进行系统的教育；提调政治上坚定可靠、能力胜任称职的干部担负专门部门的工作；等等。

【目前形势和党的任务】（1939年10月10日） 毛泽东为中共中央起草的决定。1952年收入人民出版社出版的《毛泽东选集》第二卷。2011年收入中央文献出版社出版的《建党以来重要文献选编》第十六册。该决定指出日本帝国主义在国际新形势下的政策是专力进攻中国，企图解决中国问题。

其企图用以解决中国问题的方针，对于占领区域，是加以确保，对于我后方，是以政治进攻为主，而以军事进攻为辅，着重于分化抗日统一战线，分裂国共合作，引诱国民党政府投降。在这种意义上，抗战的战略相持阶段基本上已经到来。抗日统一战线中的投降危险、分裂危险和倒退危险仍然是当前时局中的最大危险。指出中国共产党的任务仍然是协同全国一切爱国分子，动员群众，切实执行党《七七宣言》中“坚持抗战、反对投降”“坚持团结、反对分裂”“坚持进步、反对倒退”的政治口号，以准备反攻力量。在敌后方坚持游击战争、在正面支持军事防御、在我后方实行政治改革等。

【中共中央关于深入群众工作的决定】（1939年11月1日）　中共中央1939年11月1日发出。2011年收入中央文献出版社出版的《建党以来重要文献选编》第十六册。《决定》分四个问题，分别指出共产党必须进一步依靠群众、深入群众工作；在国民党统治区域，党的各级领导机关要全力研究并指导下级直至支部在当地进行工人农民与小资产阶级的群众工作，组织和领导他们进行各种有利于群众和抗战的政治、经济与文化的生活改善运动；在八路军、新四军活动区域，实行激进的有利于广大抗日民众的经济改革与政治改革；要认真研究群众生活、群众情绪、群众要求。根据上述方针，在不同的环境、时间、具体口号之下，一步步地组织、教育和领导群众改良生活，发动他们的积极性，克服投降反共危险。

【中共中央书记处关于山西反投降斗争的指示】（1939年11月19日）　中共中央书记处1939年11月19日发出。2011年收入中央文献出版社出版的《建党以来重要文献选编》第十六册。《指示》针对山西反投降斗争提出意见，指出反投降、反分裂、反倒退斗争的号召已获得全党及山西新派的拥护。分析了存在的问题，提出了应该注意的具体地方，即：要求全党注意建立反投降斗争胜利的信心，在斗争中一定要有准确方向、通盘计划和适当步骤；各地要仿照晋西南的例子，把每一地区内新派中间由主要党员干部组成的小委员会作为团结新派领导新派行动的核心；要注意依照山西旧派分子的实际表现，打击其最坏者，中立其动摇者，争取其尚有希望者；对最坏分子最坏行为有步骤的有胜利把握情况下坚决打击等。

【中共中央书记处关于江北新四军向东发展给刘少奇等的指示】（1939年11月19日）　中共中央书记处1939年11月19日发出。2011年收入中央文献出版社出版的《建党以来重要文献选编》第十六册。《指示》指出整个江北的新四军应广泛猛烈地向东发展直至海边；一切有敌人而无国民党军队的区域，均应坚决地有计划有步骤地去发展。同时提出了应该注意的问题。对部队的主要人事等有关问题提出了具体意见。

【中共中央关于组织进步力量争取时局好转的指示】（1939年12月1日）　中共中央1939年12月1日发出。2011年收入中央文献出版社出版的《建党以来重要文献选编》第十六册。《指示》共五项。首先分析了国际形势变化及国民党内部的情况，指出共产党目前的中心任务在于尽一切努力争取时局的好转，即转向国民党进一步联苏联共抗战的局面，克服亲英反共降日的危险。指明了基本方针是更加认真地根据巩固和扩大抗日民族统一战线政策，去组织全国一切进步力量即一切抗战和民主的力量。各级党部要努力动员和说服能做统一战线工作的党员和同情我党的文化人和青年知识分子，使他们去认真亲近国民党干部及党员，使他们有计划有步骤地去影响和接近国民党嫡系非嫡系以及非国民党的各个重要党政军领导人，使他们诚意地帮助各种赞成抗战和民主的人们，形成有组织的力量。提出了各级党组织应该注意的问题，要求各级党部必须克服党内党外严重存在着的同国民党及社会各界人士格格不入的骄慢清高态度。

【中共中央书记处对时局的指示】（1939年12月23日） 中共中央书记处1939年12月23日发出。2011年收入中央文献出版社出版的《建党以来重要文献选编》第十六册。《指示》指出，国民党正处在亲英反共降日与亲苏联共抗日之间极大的动摇中，大资产阶级为准备投降已把限共政策推进一步。提出了在国民党的军事限共为主、政治限共为辅的政策下各地的任务，主要内容有：必须极力发展抗日民族统一战线工作，力争中间阶层；深入群众工作；八路军、新四军必须极力发展与巩固自己的力量；极力巩固党的组织，严重注意秘密工作；在一切地方准备对付局部的突然事变；在华北、西北、中原一带，凡遇军事进攻，准备在有理又有利的条件下坚决反抗。

【中共中央书记处关于新四军在华中及江南工作的指示】（1939年12月27日） 中共中央书记处1939年12月27日发出。2011年收入中央文献出版社出版的《建党以来重要文献选编》第十六册。《指示》分析了形势，指出新四军在华中方面以淮北之皖苏地区为主要发展方向，从四、五支队酌抽部队过淮河是很对的；针对江南方面的困难处境，提出了具体意见，即：立即在部队中进行必要的解释工作，提高警惕性，以防局部的突然事变；军队各机关减缩非战斗员以加强防御能力；皖南方面抽部分干部及武装过江北发展巩固津浦南段地区；陈毅方面抽有力部队过江发展扬州以东；东南局地方工作应着重皖浙赣三省边区；等等。并提出了应付出现磨擦的对策方针。

【中国革命和中国共产党】（1939年12月） 毛泽东1939年12月撰写。1952年收入人民出版社出版的《毛泽东选集》第二卷。文章的第一章为“中国社会”，第二章为“中国革命”。第二章2011年收入中央文献出版社出版的《建党以来重要文献选编》第十六册。文章的第二章论述了七个问题，即：百年来的革命运动；中国革命的对象；中国革命的任务；中国革命的动力；中国革命的性质；中国革命的前途；中国革命的两重任务和中国共产党。全文分析了中国社会，论述了中国革命的基本问题。指出了中国革命的对象是帝国主义和封建主义；中国革命的任务是对外推翻帝国主义压迫的民族革命和对内推翻封建地主压迫的民主革命；中国无产阶级是中国革命的最基本的动力，而农民是工人阶级的坚固的同盟军，城市小资产阶级也是可靠的同盟军；现阶段中国革命的性质是资产阶级民主主义革命，我们称之为新民主主义革命。还指出，中国革命包括资产阶级民主主义性质的革命和无产阶级社会主义性质的革命、现在阶段的革命和将来阶段的革命这样两重任务。而这两重革命任务的领导，都担负在中国共产党的双肩上。这篇文章引导全党同志加深了对中国国情和党的纲领的认识。

【学习是共产党员的责任】（1939年12月）　陈云1939年12月在延安撰写。2011年收入中央文献出版社出版的《建党以来重要文献选编》第十六册。文章针对以往学习理论中存在的问题，指出了学习的重要性，并指出党内的老干部和高级干部首先要努力学习，成为学习的模范。还指出掌握了马列主义的原理和思想方法，就会自然地同自己的实践经验结合起来，把具体经验提高到一般理论，再拿这种一般理论去指导实际工作。同时就学习方法谈了自己的认识。

【中共中央书记处关于干部学习的指示】（1940年1月3日）　中共中央书记处1940年1月3日发出。原载1940年4月25日《共产党人》第五期。2011年收入中央文献出版社出版的《建党以来重要文献选编》第十七册。《指示》共十项。提出了全党干部学习和研究马列主义理论的要求、主要的课程内容、各党组织如何组织学习，以及学习制度、检查制度等。指出全党干部都应当学习和研究马列主义的理论及其在中国的具体运用；各级组织的领导干部尤其是主要领导干部，必须以身作则地领导与提倡其他干部的学习；各级党的组织必须把干部教育放在党的重要工作的地位上来，经常给以检查、指导和帮助。这是党的历史上第一个关于党员和干部教育的中央文件。

【中共中央书记处关于准备应付华中急变给项英的指示】（1940年1月5日）　中共中央书记处1940年1月5日发出。2011年收入中央文献出版社出版的《建党以来重要文献选编》第十七册。《指示》指出：项英向南发展的决定是对的；陈毅仍应力争江北；蒋介石投降还不是马上的事，还来得及准备，并且要内部秘密准备；努力争取一切军队的同情者；一切自力更生，不要靠任何外援。该《指示》背景是1940年1月，项英主持召开东南局和新四军军分会联席会议，决定新四军在遇急变时向浙闽方向发展，并把这个情况报告了中央。

【新民主主义论】（1940年1月）　毛泽东1940年1月9日在陕甘宁边区文化协会第一次代表大会上的讲演，原题为《新民主主义的政治与新民主主义的文化》。原载1940年2月15日延安《中国文化》创刊号。同年2月20日发表于《解放》第九十八、九十九期合刊，题目改为《新民主主义论》。1952年收入人民出版社出版的《毛泽东选集》第二卷。2011年收入中央文献出版社出版的《建党以来重要文献选编》第十七册。讲演共讲了十五个问题：一、中国向何处去；二、我们要建立一个新中国；三、中国的历史特点；四、中国革命是世界革命的一部分；五、新民主主义的政治；六、新民主主义的经济；七、驳资产阶级专政；八、驳“左”倾空谈主义；九、驳顽固派；十、旧三民主义和新三民主义；十一、新民主主义的文化；十二、中国文化革命的历史特点；十三、四个时期；十四、文化性质问题上的偏向；十五、民族的科学的大众的文化。讲演就中国应该建立一个怎样的国家，其政治制度、经济制度、文化制度应该是怎样的，这个国家的前途是什么等问题，做了系统的回答。科学地总结了帝国主义时代和无产阶级革命时代的殖民地半殖民地人民革命斗争经验，特别是中国革命的经验，揭示了无产阶级领导的民族民主革命的基本规律。阐明了新民主主义革命的路线和纲领，提出了新民主主义革命的任务、政治纲领、经济纲领、文化纲领。该讲演从理论上批判了党内“左”右倾机会主义，统一了全党的思想，使全党对中国新民主主义阶段革命的性质、内容、领导权和发展前途有了一个明确而完整的认识，推动了中国革命的胜利发展。

【中共中央书记处关于在山东、华中发展武装建立根据地的指示】（1940年1月28日） 中共中央书记处1940年1月28日发出。该《指示》是毛泽东起草的。1991年收入人民出版社出版的《毛泽东文集》第二卷，原题为《集中力量发展武装，建立抗日根据地》。2011年收入中央文献出版社出版的《建党以来重要文献选编》第十七册。《指示》共八项，主要内容有：要求在山东及华中发展数十万军队，组织数百万自卫军；只有广大发展革命武装力量，以与全国工作相配合，才能制止投降与反共，巩固统一战线；把发展武装力量作为一切工作中心；发展有组织有训练的抗日自卫军；争取山东、豫东、皖北、苏北的大部政权归入我们与进步人士手中；对阻碍抗日进步势力发展并向我攻击的反动势力与顽固派，坚决反击；对中间势力应采取中立他们的政策；在国民党加派军队未进入鲁苏战区前巩固自己的阵地；要使全党干部明白这个正确的发展路线等。

【中共中央书记处关于武装自卫反顽进攻给朱德等的指示】（1940年1月30日） 中共中央书记处1940年1月30日发出。2011年收入中央文献出版社出版的《建党以来重要文献选编》第十七册。《指示》指出，对河北与山西境内的任何军队，如果进攻八路军地区，要在自卫原则和有理有利条件下，坚决反抗并彻底消灭之。号召八路军全体军队，坚决打击一切从抗日阵线后面进攻者。《指示》提出了应公开普遍宣传的口号；认为只有造成全体军民反汉奸反进攻的热潮，并给实行进攻者以彻底打击，才能停止那些阴谋家冒险家的诡计，才能分化他们内部，才能使动摇的军队不敢参加进攻，才能与努力进行军队中统一战线工作作有效的配合。并指出此方针同样适用于山东。

【中共中央关于目前时局与党的任务的决定】（1940年2月1日） 中共中央1940

年2月1日发出。2011年收入中央文献出版社出版的《建党以来重要文献选编》第十七册。《决定》指出目前国内时局的特点是在敌我战略相持阶段中，由于国内抗日进步势力克服投降倒退的力量还不足，使得投降与倒退的危险依然严重地存在着；克服逆转可能，争取时局好转，还是一个艰苦斗争的过程；为力争时局好转，克服逆转危险，必须强调抗战团结进步三者缺一不可。并提出了十大任务以及宣传鼓动的口号。指出要普遍扩大反汪反汉奸的宣传；猛力发展全国党、政、军、民、学各方面的统一战线；广泛开展宪政运动，力争民主政治；抵抗一切投降反共势力的进攻，在自卫原则下坚决反抗之；发展抗日的民众运动；认真实行减租、减息、减税与改良工人生活，给民众以经济上的援助；巩固与扩大各抗日根据地，建设抗日民主政权；巩固与扩大进步的军队；广泛发展抗日的文化运动；巩固共产党的组织。

【中共中央、中央军委关于开展生产运动的指示】（1940年2月10日） 中共中央、中央军委1940年2月10日发出。2011年收入中央文献出版社出版的《建党以来重要文献选编》第十七册。《指示》指出，斗争已进入更艰苦阶段，财政经济问题的解决，需要开展生产运动，并提出了具体办法和要求。具体要求是：在比较巩固地区的部队，可同时进行农业、商业、手工业生产，发展养猪种菜等事业，达到改善生活、克服困难、节省公费的目的；在不巩固地区的部队，可订约军民协作生产，农民给驻军一定比例的粮食马料；行止无定的部队，利用战斗间隙无代价助民耕作。指出部队经营商业必须取慎重态度；各部队要坚决努力，一定会有成绩；共产党领导的军队不怕任何困难，将以自力更生的精神，战胜物质困难，完成党的军事、政治任务。

【目前抗日统一战线中的策略问题】（1940年3月11日） 毛泽东1940年3月11日在延安中国共产党的高级干部会议上的报告提纲。1952年收入人民出版社出版的《毛泽东选集》第二卷。2011年收入中央文献出版社出版的《建党以来重要文献选编》第十七册。报告提纲讲了九个问题，即：目前的政治形势；抗日战争胜利的基本条件；只有一步一步地发展进步势力，才能阻止时局逆转、组织投降和分裂，而为抗日胜利树立坚固不拔的基础；争取中间势力；对顽固势力进行逐渐分化；对国民党要利用其矛盾，分别对待，团结其中间派和进步派；在抗日根据地内建立政权的问题上，必须确定这种政权是抗日民族统一战线的政权；做好争取知识分子的工作；在宣传问题上掌握的纲领。指出抗日战争胜利的基本条件是抗日统一战线的扩大和巩固。而要达此目的，必须采取发展进步势力、争取中间势力、反对顽固势力的策略，以斗争为达到团结一切抗日势力的手段。在抗日统一战线时期中，斗争是团结的手段，团结是斗争的目的。以斗争求团结则团结存，以退让求团结则团结亡。同顽固势力作斗争时必须采取有理、有利、有节的原则。在对国民党作斗争时，必须注意利用矛盾，争取多数，反对少数，各个击破的策略。

【中共中央书记处关于各个击破反共势力进攻给刘少奇等的指示】（1940年3月21日） 中共中央书记处1940年3月21日发出。2011年收入中央文献出版社出版的《建党以来重要文献选编》第十七册。《指示》指出要发动新四军全部官兵的积极性，发动凤阳等15县民众的积极性，肃清反共势力，建立民主政权，争取中间势力，争取一切进步的及中间的国民党，并讲究作战方法，就能各个击破反共势力的进攻，并在艰苦斗争中巩固抗日根据地；要用完全独立自主与艰苦奋斗的精神战胜一切进攻者。

【中共中央书记处关于对敌人经济斗争的指示】（1940年3月23日） 中共中央书记处1940年3月23日发出。2011年收入中央文献出版社出版的《建党以来重要文献选编》第十七册。《指示》指出了日寇的经济侵略政策，以战养战是灭华的重要方法之一。并对如何开展对敌经济斗争提出具体意见，即：在根据地周围设税卡及贸易局，统治出口贸易；发展手工业，奖励家庭工业，以求自给自足；凡抗战军队及人民必需品而又不能自制者，准许入口，收低税；凡非必需品禁止入口，或收高税，提倡节约，禁用不必要的奢侈品；为了收支平衡，准许一些适当的土产出口；进出贸易不仅由官家及军队之商店和机关进行并且经过贸易局准许商人经营；在游击区及新占区设法破坏敌人的经济榨取。指出贸易政策以长期坚持斗争的利益为准则。

【中共中央书记处关于争取小党派及中间分子给何克全等的指示】（1940年4月1日） 中共中央书记处1940年4月1日发出。2011年收入中央文献出版社出版的《建党以来重要文献选编》第十七册。《指示》指出，国民党蒋介石正在决心以实行宪政的允诺，拉拢各小党派及中间派分子，孤立我们，推卸内战与磨擦的责任，向我们进攻；而各小党派及中间派分子不了解内情，并对蒋实行宪政的口号允诺有幻想；提出我们同各小党派及中间派分子联合的对策，如提出反对内战停止磨擦的要求，说明谁是内战与磨擦的主动者等；要求实施宪政与民主政治，不能以口头允诺为满足，必须认真实行。

【中共中央、中央军委关于目前华北华中军事方针给朱德等的指示】（1940年4月1日） 中共中央、中央军委1940年4月1日发出。2011年收入中央文献出版社出版的《建党以来重要文献选编》第十七册。《指示》提出党在华北、华中的七点军事工作方针，即：采取一切办法稳定山西、河北局面，非得中央同意不要发生军事冲突；对国民党进攻新四军要坚决有计划进行自卫战争；八路军抽调足够力量南下华中增援新四军；鲁南、胶东部队积极争取中间势力，消灭一切最反动的投降反共势力，扩大抗日根据地；华北、华中部队都要采取政治攻势，号召一切友军反对内战，拥蒋讨汪，团结抗战；总的目的是打退反动进攻，扩大抗日势力，克服投降危险，争取时局好转；等等。

【中共中央书记处关于瓦解敌军工作的指示】（1940年4月6日）　中共中央书记处1940年4月6日发出。2011年收入中央文献出版社出版的《建党以来重要文献选编》第十七册。《指示》指出，加强对敌军的工作是决定抗战胜利和引起日本革命的重要条件之一，必须以最大的毅力与坚持性来进行这项工作。对如何做好对敌军的工作提出具体要求，即：必须健全军队中的敌军工作部和地方党的敌伪军工作委员会，并抽得力的同志担负这项工作；注意收集敌人文件，研究敌人情况；深入研究对敌宣传品的内容；对日军俘虏，愿回者，给予鼓励招待后释其归队，挑选少数进步分子给以较长期的训练；注意总结对敌军工作经验，研究对敌军工作方法。

【中共中央书记处、中央军委关于对中间派应采取的方针给陈光等的指示】（1940年4月12日）　中共中央书记处、中央军委1940年4月12日发出。2011年收入中央文献出版社出版的《建党以来重要文献选编》第十七册。《指示》针对国民党推动各中间派向我们斗争，我们应如何应对提出了具体意见，即：直接派人或间接托人或公开寄信发传单，表示我们完全不愿意同他们磨擦，请他们顾全大局，保存友谊，以免两败俱伤；当对方迫于命令进攻时，我可在不妨害自己根本利益条件下先让一步，并求中途妥协；当对方不顾一切进攻并妨碍我根本利益时，应对其一部分给以坚决打击作为警告，打击后仍求得互相妥协；只有当中间派转变成坚决的顽固派，才采取完全决裂的政策，坚决、彻底、干净地全部消灭；决不能把中央军都看成是顽固派。

【中共中央书记处关于财政经济政策的指示】（1940年4月15日）　中共中央书记处1940年4月15日发出。2011年收入中央文献出版社出版的《建党以来重要文献选编》第十七册。《指示》指出，在华北、华中各主要抗日根据地内，应以政府法令颁布实行经常的确定的财政经济政策。并对北方局关于财政经济办法的指示提出补充意见，即：确定财政制度；确定货币政策；发展群众合作事业；各地必须开办财政经济训练班；各地财政经济委员会经常将情况向中央报告。后附《北方局关于财政经济政策的指示》。

【关于回回民族问题的提纲】（1940年4月25日）　中共中央西北工作委员会拟定，中央书记处批准。原载1940年4月25日《共产党人》第五期。2011年收入中央文献出版社出版的《建党以来重要文献选编》第十七册。《提纲》阐述了六个问题，即：回回民族的特征；国民党政府的大汉族主义政策及其影响；日本帝国主义的阴谋；回族问题的严重性；争取回族的政策；党的工作方针。该《提纲》指出首先必须依据民族平等的原则去解消回汉矛盾，同时要给回族广大民众以最低限度的民主权利，并适当地改善他们的生活。指出党在回族工作方面，要开展宣传工作，以扩大党在回族中的政治影响，在思想上团结回族到坚决抗战的阵地上来；必须重视回教并把回教变成为团结回族抗日的旗帜；极力亲近和团结回族的上层到抗战方面来；对于回族被日寇欺骗和劫持下的回族团体以及教主阿訇等仍以争取为原则；搜集训练回族干部和适宜于回族工作的干部。

【中共中央书记处关于新四军的主要发展方向给项英、陈毅的指示】（1940年5月5日） 中共中央书记处1940年5月5日发出。2011年收入中央文献出版社出版的《建党以来重要文献选编》第十七册。《指示》就新四军的主要发展方向提出具体意见，即：同意军部、后方机关及皖南主力移至苏南，但皖南力量不要太弱，并须设置轻便指挥机关，以便坚持皖南阵地；新四军一、二、三支队主力的主要发展方向，是在苏南、苏北广大敌人后方直至海边之数十个县，尤其是长江以北地区；在吴淞口、镇江之间，镇江、南京之间及芜湖以西之沿江南北两岸，控制多数渡口，发动群众建立政权，创立地方游击部队；在北岸扩大部队，建立政权。

【中共中央书记处关于争取东北军工作的指示】（1940年6月13日） 中共中央书记处1940年6月13日发出。该《指示》共五点，其中第一点，2011年收入中央文献出版社出版的《建党以来重要文献选编》第十七册。《指示》要求对东北军应采取争取方针。指出必须认识东北军在抗日战争中是一支较可靠的友军，在国共斗争中基本上是一种中间势力，有争取的可能。《指示》分析了有利于我们争取东北军的政治因素。认为虽然一部分东北军上层分子因军饷及地位等关系与国民党已有某种程度的联系，但绝不能看成是东北军已国民党化的表现，同时不仅不能作为放松东北军工作的理由，相反是加紧争取东北军的根据。指出必须把争取东北军工作看成党争取全国友军工作的重要环节。

【华北抗战的总结】（1940年6月20日） 朱德1940年6月20日在延安干部会议上的报告，原载1940年8月1日《解放》第一一二期和同年8月25日《八路军军政杂志》第二卷第八期。2011年收入中央文献出版社出版的《建党以来重要文献选编》第一七册。报告阐述了六个问题，即：坚持华北抗战的条件和意义；我们坚持华北抗战的行动方针；敌寇统治华北和对付抗日力量的方针与办法；坚持华北抗战将近三年来的总结；关于华北的磨擦问题；我们今后的行动方针。报告提出：要坚持统一战线，坚持团结，坚持国共合作，坚持实行三民主义，坚持进步，适应今后华北形势，贯彻既定的战略方针和各方面的办法，坚持抗战到底；应当广泛开展反汪、反投降，拥蒋坚持抗战的运动，广泛开展宪政运动，认真实行民主政治，在抗战和人民利益的基础上，展开军事、政治、经济、文化各方面的工作，在这些方面华北要成为全国真正的模范；争取全国各党各阶层各民众团体和全国人民加紧对华北抗战的援助。

【中共中央关于目前形势与党的政策的决定】（1940年7月7日） 由陈云起草，中共中央1940年7月7日发出。2011年收入中央文献出版社出版的《建党以来重要文献选编》第十七册。《决定》首先阐述了目前的形势，指出由于日本切断我西南国际道路并积极向正面进攻，企图用增大的压力分裂中国内部，压迫中国投降，这样就使中国抗战局面亦处于新的环境中，空前的困难时期与空前的投降危险快要到来了。但克服投降危险、争取时局好转的可能性也增加了。《决定》提出了全党应该执行的十七条政策，如：强调抗战的有利条件，宣传中国人民在三年中英勇奋斗的成绩以打击悲观情绪，孤立投降派；强调自力更生，宣传八路军、新四军依靠民众自力更生的模范实例；强调团结一致，在反共高潮已经降低，某些顽固派初步表示某些好转之时，我们应对他们强调团结；大力发展军事力量；纠正在执行统一战线政策中的“左”倾错误；继续巩固党的工作，是巩固而不是发展，注重质而不是注重量；加强根据地内的组织工作，改变过去粗枝大叶的工作作风，代之以有计划的细心的组织工作；在八路军、新四军的一切作战地区，坚决执行中央关于瓦解敌军与伪军的指示；在国民党统治和日本占领区域，必须严格执行组织上的隐蔽政策与精干政策；等等。该《决定》号召全党同志为坚决执行上述各项政策而斗争，果能如此，则克服困难，克服投降危险，争取时局好转，是有保证的。

【关于抗战中蒙古民族问题提纲】（1940年7月）　中共中央西北工作委员会1940年7月拟定，中央书记处批准。原载1940年8月20日《共产党人》第九期。2011年收入中央文献出版社出版的《建党以来重要文献选编》第十七册，《提纲》共六部分，这里收入了第一至五部分，阐述了五个问题，即：蒙古民族的特征；日本帝国主义对蒙古民族的侵略与伪蒙古联合自治政府；国民党大汉族主义政策在蒙古民族中的影响；蒙古民族对抗战的态度；团结蒙古民族抗日的可能条件与基本政策。《提纲》认为蒙古民族解放运动的胜利必须与中国革命结合起来才有可能。指出共产党对蒙古民族的政策基本的根据是以下三点：一、团结蒙古民族抗日并反对伪政府，组织蒙古民族成为一个坚强的抗战力量。二、肃清大汉族主义压迫政策，实行蒙古民族在国内政治上的完全平等。三、在抗战过程中，实现蒙古民族一切必要与可能的民主改革与民生改善，以提高蒙古各阶层人民抗日积极性。并提出了十方面的具体政策。

【中共中央关于审查干部问题的指示】（1940年8月1日）　中共中央1940年8月1日发出。2011年收入中央文献出版社出版的《建党以来重要文献选编》第十七册。《指示》提出了审查干部的九个问题，即：干部审查、考察与教育工作是巩固党的一个极关重要的工作；审查干部的组织机构；干部部门的经常任务；干部审查的范围；对审查干部的要求；审查干部的内容；干部履历的填写；审查干部的注意事项；审查干部工作的报告。指出干部的政治品质是否纯洁和干部的工作是否分配恰当，对于保障党的路线之执行，具有决定意义。要求敌后与边区各级党部及军队各政治部执行这一指示的经过及结果，应经常向中央报告。

【中共中央关于开展统一战线工作的指示】（1940年8月15日）　中共中央1940年8月15日发出。2011年收入中央文献出版社出版的《建党以来重要文献选编》第十七册。《指示》涉及四个问题，即：根据中央决定必须广泛地开展统一战线工作，在友军中交朋友的要求，检查自己的工作；指出三年来有些地方的党和部队根本忽视了这种交朋友的工作；研究对待各友党友军及各阶级阶层的策略问题是各级干部的中心问题；总结历史经验，统一战线的正确策略是达到胜利的保证。指出国民党实行反共政策以来，许多干部认为国民党及中央军都是顽固派，我们方针只是对立斗争与准备破裂，于是不再研究统一战线的组织方式。针对这一现象，必须立刻改正，必须在党内开展自我批评，总结过去三年的经验教训。认为研究对待各友党友军及各阶级阶层的策略问题，是各级干部尤其是中级高级干部的中心问题。要有正确策略，必须有正确认识，加强对干部的策略教育。对于各党各派各界各军，只反对当前直接向我进攻的极少数人，而联合及中立极大多数人，以便各个孤立与各个击破那些坚决的投降派与反共派。要“利用矛盾”，“争取多数”，“反对少数”，“各个击破”。

【党是军队的绝对领导者】（1940年8月20日） 朱德1940年8月20日撰写。2011年收入中央文献出版社出版的《建党以来重要文献选编》第十七册。文章首先指出八路军和新四军是在共产党的领导下产生、成长和壮大起来的，必须巩固党对军队的领导。文章分析了党成为军队绝对领导者的必要性和重要性以及如何实现党对军队的绝对领导。指出党是军队的绝对领导者，是革命战斗任务完成的保证者。一切党的路线与政策，在部队中都要经过党的组织去执行。支部是党的基础，是群众的核心，一切党的工作，在部队中都要经过支部才能具体实现。加强党员和干部马列主义与党的实际政策的教育，做到正确地建立部队中党与行政、行政与党的关系等，才能提高八路军和新四军的质量，才能巩固党对八路军和新四军的领导，才能使党成为军队的绝对领导者。

【中共中央关于时局趋向的指示】（1940年9月10日） 中共中央1940年9月10日发出。2011年收入中央文献出版社出版的《建党以来重要文献选编》第十七册。《指示》首先指出，国际国内形势正处在剧烈变化的前夜，全党要有所准备；具体分析了国际和国内形势；指出了时局变化的三种可能方向，以及三种势力的出现；要求全党在思想上、组织上、政治上、军事上加速准备一切条件，以便有把握地迎接任何一种可能的变化。指出当前任务是“坚决执行中央七七宣言及七七决定”，团结一切进步派与中间派，分化与拉拢一部分可能起变化的顽固派，尖锐批评维持现状的顽固派，而坚决反对投降派与可能的贝当政府，以期实现初步的政治好转，即实现亲苏和共与政治改良三大方针，然后进一步实现彻底的政治好转，即实现各抗日党派各抗日阶层民主的统一战线政权。

【中共中央书记处关于“击敌和友”的军事行动总方针的指示】（1940年9月10日） 中共中央书记处1940年9月10日发出。2011年收入中央文献出版社出版的《建党以来重要文献选编》第十七册。《指示》要求八路军新四军全部力量，在目前加强团结时期，应集中其主要注意力于打击敌人，在山东及华中组织一次至几次有计划的大规模的对敌进攻行动，在华北则应扩大百团战役行动到那些尚未遭受打击的敌人方面去；认为击敌和友是目前军事行动的总方针；防御某些顽固派的可能袭击；大规模军事行动要更加有计划准备，不应轻率举行。

【扩张百团大战的伟大胜利】（1940年9月26日）　朱德1940年9月26日为《新中华报》撰写的代论。2011年收入中央文献出版社出版的《建党以来重要文献选编》第十七册。文章肯定了百团大战所取得的成绩，分析了百团大战的意义，指出了八路军能取得胜利的原因，也分析了战役的不足。提出要再接再厉，愈战愈奋，胜不骄，败不馁，继续扩大百团大战的胜利。

【中共中央书记处关于建立与巩固华中根据地的指示】（1940年11月1日）　中共中央书记处1940年11月1日发出。2011年收入中央文献出版社出版的《建党以来重要文献选编》第十七册。《指示》根据华北抗日根据地之建立与巩固的经验，提出了关于建立与巩固华中新根据地的八点意见，即：加强政权建立工作；根据地各项政策应以统一战线原则为标准，发动基本工农群众的积极性为轴心；财政经济要作长期打算；要注意建立与培养地方武装；党的组织发展要注意质量；军队要有严格纪律；大规模地开办训练班和抗大联大分校，爱护培养广大青年学生和知识分子；友军的联络工作时时要注意利用矛盾，争取多数，反对少数，勿使自己陷于孤立。

【中共中央关于反对投降挽救时局的指示】（1940年11月7日）　中共中央1940年11月7日发出。2011年收入中央文献出版社出版的《建党以来重要文献选编》第十七册。《指示》提出九点意见，即：全党动员，反对投降分裂，挽救时局危机；要求动员党内外一切积极分子，用一切可能方法，开展剿共就会亡党亡国的宣传；宣传要注意态度和策略；当前最危险的是亲日派和内战挑拨者；加紧统一战线工作；国民党统治区的党组织要注意全部的完全的有秩序的隐蔽；一切抗日根据地必须坚持长期的独立自主与自力更生的抗日战争；开展制止投降与内战的坚决的恰当的斗争；坚定必胜的信心。指出不管时局的发展如何，最后胜利必然是中国与中国人民的，党与全国人民必须为制止投降与制止内战而奋斗。

【中共中央书记处关于抗日根据地应实行的各项政策的指示】（1940年12月13日）　中共中央书记处1940年12月13日发出。2011年收入中央文献出版社出版的《建党以来重要文献选编》第十七册。该《指示》是给中原局并告北方局、山东分局、东南局、南方局、南委的。《指示》指出，苏北组织政权机关及民意机关时要实行三三制；劳动政策力避过左；土地政策应实行部分的减租减息以争取基本农民群众；同意刘少奇对税收办法的意见；锄奸政策以镇压众人皆恶之少数最反动分子为原则；经济政策是尽量发展工业农业生产与商业流通，号召上海资本家到苏北办实业；容许民族资产阶级自由主义思想存在，容许自由主义的文化人及教育家办报办学；指出“你们的政策只去掉买办大资产阶级及封建大地主的专制主义及作初步的民生改良，一方面保证工农小资产阶级人权、政权、财权及言论集会结社之自由，另一方面也应保证除汉奸以外一切资本家地主的人权、政权、财权及言论集会结社之自由”，“应容许国民党之存在，应组织进步的国民党”。

【中共中央书记处关于坚决执行北移方针给项英等的指示】（1940年12月26日） 中共中央书记处1940年12月26日发出。2011年收入中央文献出版社出版的《建党以来重要文献选编》第十七册。《指示》提出项英等不要对国民党存任何幻想，不要靠国民党帮助任何东西。要有决心有办法冲破最黑暗最不利的环境，达到北移之目的。如有这种决心办法，则虽受损失，基本骨干仍可保存，发展前途仍是光明的；如果动摇犹豫，则在敌顽夹击下很危险。

【中共中央书记处关于坚持抗日根据地打破顽固派进攻的指示】（1940年12月31日） 中共中央1940年12月31日发出。2011年收入中央文献出版社出版的《建党以来重要文献选编》第十七册。《指示》指出蒋介石已派军队向华中、山东进犯，并提出各抗日根据地如何举行自卫战斗，打破这一进攻的意见，以及我党的态度。同时提出要作长期耐性的计划。要求所有华中及山东的党与军队紧急动员，为坚持抗日根据地打破顽固派进攻而奋斗。《指示》中分析了反共军进攻的口号可能并不提出打八路军新四军，因此，我军在其进攻开始时的对策是一来即打，还是先礼后兵，是值得考虑的。反磨擦斗争必须与扩大巩固根据地、扩大巩固军队密切联系起来。全党全军必须提高胜利信心，必须克服可能的悲观情绪。

【中共中央关于皖南事变的指示】（1941年1月18日） 中共中央1941年1月18日发出。2011年收入中央文献出版社出版的《建党以来重要文献选编》第十八册。《指示》首先介绍了皖南事变的过程，指出国民党这一政治步骤，表示自己已在准备与我党破裂，这是七七抗战以来国民党第一次重大政治变化的表现。《指示》分析了国民党这一表现的原因，皖南事变即是三国同盟以来国民党内亲日派、英美派同谋的一连串反共事件的继续发展，暴露着国民党破坏抗战破坏团结的真面目。要求各根据地通过刊物等各种方式向国民党提出严重抗议，并提出下列口号：一、释放叶军长，释放一切被俘将士，抚恤伤亡，惩办祸首。二、立即停止华中二十万大军前进“剿共”，反对内战，中国人不打中国人，前线国军同八路军新四军团结起来，枪口一致对日。三、立即停止陕甘宁边区周围的碉堡线，把一万万元的修碉堡费，用到国防建设上去，用到改善人民生活上去。四、取消一党专政，改革政治机构，实行民主政治，召集真正代表民意的国民大会，释放张学良、杨虎城、马寅初以及一切抗日救国的政治犯。保障言论、集会、出版的自由。五、坚持抗战，坚持团结，坚持进步，驱逐亲日派头子何应钦、陈立夫。八路军、新四军在政治上、军事上应充分提高警惕性和作战的充分准备。

【中共中央书记处关于政治上取攻势军事上取守势给周恩来的指示】（1941年1月25日） 中共中央书记处1941年1月25日发出。2011年收入中央文献出版社出版的《建党以来重要文献选编》第十八册。《指示》是为了对抗蒋介石1月17日宣布新四军叛变的命令而提出；指出共产党的让步阶段已经结束，准备对付全面破裂；在政治上取全面攻势，军事上取守势；指出破裂是蒋介石发动的，新四军应坚决反攻，跟踪追击，绝不游移，绝不妥协；中间派的议论不可尽信；等等。

【中共中央关于目前时局的决定】（1941年1月29日） 中共中央政治局1941年1月29日通过。2011年收入中央文献出版社出版的《建党以来重要文献选编》第十八册。《决定》共十项，即：皖南事变和1月17日宣布新四军叛变的命令是全国性突然事变与全面破裂的开始；这次破裂是蒋介石发动的；只有尖锐对抗的政策，是目前唯一正确的政策；进一步揭露蒋介石的阴谋计划是对于我们及人民抗日力量采取各个击破的政策；按照目前的国际国内条件，由开始破裂到完全破裂，可能还有一个相当的过程；我们的尖锐对抗政策只是对付发动此次破裂的反动了的大地主大资产阶级特别是他们的政治代表们；我们抗日民族统一战线基本立场未改变；暂不公开提出反蒋口号；对目前时局的解决办法，向国民党政府提出十二条要求；我们努力的方向，是动员全国人民，孤立与克服大地主大资产阶级及其首领蒋介石的反动，使一切主张抗日与民主各阶层的人民代表去代替反动了的大地主大资产阶级。《决定》指出皖南事变是蒋介石发动全面破裂的开始，是准备投降的重大步骤，是西安事变以来蒋介石领导的国民党由革命到反革命的转折点或分水岭。

【中共陕甘宁边区中央局关于实行“三三制”的选举运动给各级党委的指示】（1941年1月30日） 中共陕甘宁边区中央局1941年1月30日发出。2011年收入中央文献出版社出版的《建党以来重要文献选编》第十八册。《指示》阐述了七个问题，即：边区可不可以自乡村起实行“三三制”；“三三制”政策，不仅要实行于议会，还要实行于政府机关中；“三三制”政权必须有合乎“三三制”的各种社会政策与立法；要检查过去选举运动的经验与创造适合“三三制”选举运动的新方式；要充分进行党内外选举运动的宣传教育；要防止在实行“三三制”选举运动时的几种倾向；党在选举运动中的领导问题。《指示》要求动员全体党员参加领导选举，使每一个党员都能成为选举运动中积极活动者，使边区人民更深刻地认识我们党是人民利益的最忠实的代表与忠实的执行者；从这次选举运动中，实行边区全党自下而上、自上而下的检查工作；等等。

【中共中央书记处关于提出十二条临时解决办法给周恩来的指示】（1941年2月28日） 中共中央书记处1941年2月28日发出。2011年收入中央文献出版社出版的《建党以来重要文献选编》第十八册。《指示》就皖南事变问题、国统区的组织成立问题以及边区、敌后抗日政权等问题向国民党提出十二条临时解决办法，即：两个集团军，八路军四个军，新集团军两个军，共六个军；华北、华中、西北防地均维持现状；释放所有皖南被俘干部，拨款抚恤死难家属；释放叶挺充任军职；交还所有皖南人枪；下令停止向我进攻；停止对新华日报的压迫；停止全国政治压迫，承认共产党合法地位，释放西安、重庆、贵阳及各地被捕人员；成立各党派联合委员会，周恩来为副主席；周恩来加入参政会主席团；承认边区的合法地位；承认敌后抗日政权。表示如国民党同意以上各点，可以进行谈判。

【中共中央关于发布《陕甘宁边区施政纲领》的指示】（1941年4月27日） 中共中央1941年4月27日发出。2011年收入中央文献出版社出版的《建党以来重要文献选编》第十八册。《指示》指出，《陕甘宁边区施政纲领》由边区中央局提出，经中央政治局批准，乘边区第二届参议会选举之际发布，共二十一条。《指示》阐明了发布的意义，并要求在国民党区域、日本占领区域及海外侨胞中须广泛散布此纲领，必要时召集座谈会加以宣传；在华北华中各根据地及八路军新四军中要讨论，使我全党全军全民了解此纲领的重要意义；要严格按照纲领的规定实施"三三制"，对党内进行深刻的教育。

【中共中央书记处关于党员参加经济和技术工作的决定】（1941年5月1日） 中共中央书记处1941年5月1日发出。原载1941年5月8日《新中华报》。2011年收入中央文献出版社出版的《建党以来重要文献选编》第十八册。《决定》就党员参加经济和技术工作提出五项要求，即：克服轻视经济工作和技术工作的错误观点；解释学习理论和参加实际工作都是每个共产党员不可或缺的责任；每个党员必须无条件服从党对他工作的分配；经济和技术部门中的党员要向非党的和党内的专家学习；必须加强对经济和技术部门工作的党员和非党员的领导，照顾他们的政治进步，并在各方面帮助他们。

【中共中央关于大后方党组织工作的指示】（1941年5月8日） 中共中央1941年5月8日发出。2011年收入中央文献出版社出版的《建党以来重要文献选编》第十八册。《指示》按照大后方党执行长期埋伏、积蓄力量、以待时机的方针，对大后方党组织工作提出五点意见，即：暴露了的干部撤退问题，要求所有暴露了的干部应坚决地勇敢地撤退，代以新的未暴露的干部；坚决地勇敢地打破组织上的公式主义，因为一切组织与行动上的公式主义，仅便利于特务，而于党都是不利的；要保护职业中的党员，在职业中的党员，他们是党在社会上的据点，党只指定个别可靠同志与其个别联系，绝对纠正随便利用之错误观点，要很好地保护他们；对向国民党写过悔过书的自首分子，只要他们不甘心做特务还想做革命者，使其中立；对于中央关于加入某党的决定，应彻底无保留地去执行，只要有可能与必要，应毫不犹豫地加入某党或其小组织。

【关于打退第二次反共高潮的总结】（1941年5月8日） 毛泽东1941年5月8日为中共中央起草的对党内的指示。1952年收入人民出版社出版的《毛泽东选集》第二卷。2011年收入中央文献出版社出版的《建党以来重要文献选编》第十八册。文章总结了打退第二次反共高潮的经验，分析了七个方面的问题，即：中日矛盾和国内阶级矛盾；国民党政府的两面性；提高与国民党反共政策斗争的能力；注意区别大资产阶级和民族资产阶级，区别最反动的大地主和开明绅士及一般地主；坚信党的正确政策；对于对付国民党的破裂要有充分的准备；统一战线政策就是阶级政策，二者不可分割；提高对新民主主义社会性质的认识，认为“陕甘宁边区和华北华中各抗日根据地的社会性质已经是新民主主义的”，“各根据地的模型推广到全国，那时全国就成了新民主主义的共和国”。

【改造我们的学习】（1941年5月19日） 毛泽东1941年5月19日在延安干部会上所作的报告。1953年收入人民出版社出版的《毛泽东选集》第三卷。2011年收入中央文献出版社出版的《建党以来重要文献选编》第十八册。报告阐述了四个问题，即：一、中国共产党的20年，就是马克思列宁主义的普遍真理和中国革命的具体实践日益结合的20年。二、说明我们的缺点。三、进一步对照讲解主观主义的态度和马克思列宁主义的态度这两种互相对立的态度。四、对如何改造学习提出具体意见，向全党提出系统地周密地研究周围环境的任务；应聚集人才，分工合作，有组织、有计划地研究中国历史；对于在职干部的教育和干部学校的教育，应确立以研究中国革命实际问题为中心，以马克思列宁主义基本原则为指导的方针，废止静止、孤立地研究马克思列宁主义的方法。该文章从思想理论上总结了党史上的经验教训，是加强党的思想建设的重要文献。

【中共中央关于青年工作的决议】（1941年6月4日） 中共中央1941年6月4日发出。1981年收入人民出版社出版的《六大以来》（下）。2011年收入中央文献出版社出版的《建党以来重要文献选编》第十八册。《决议》对如何做好青年工作提出十条意见，即：党在青年运动中的总任务与青年运动的组织形式；共产主义青年团在历史上的作用；青年组织的不同形式；党组织中的青年工作机构；党对青年群众运动要尊重其独立性；青年工作中的一般任务与特殊任务的执行；对青年的引导；抗日战争中的青年工作；纠正青年工作中的问题；等等。《决议》指出党在青年运动中的总任务现在仍然是团结整个青年一代，不但应组织全体工农青年，还应极力争取地主、富农、资本家的青年，仅仅打击与孤立那些绝对坚决不愿悔改的汉奸分子与反共分子。青年工作的中心任务应该是根据统一战线方针，继续发展与充实青救会的组织与工作。

【中共中央书记处、军委关于坚持拉蒋抗日方针给彭德怀等的指示】（1941年6月8日） 中共中央书记处、军委1941年6月8日发出。2011年收入中央文献出版社出版的《建党以来重要文献选编》第十八册。《指示》首先指出从大局着眼，目前争取以蒋介石为统帅继续抗战局面十分必要。提出对蒋介石的方针着重在拉，为此对彭德怀等的工作提出七点要求。认为如果日寇继续深入，有使蒋介石、卫立煌对中条山及三角地区逐渐松手的可能，到时八路军可能经过合法步骤进入中条山；可向卫立煌建议，为了阻止日寇渡河及直接配合作战之目的，请他允许八路军进至中条山及三角地区；应对中条山及三角地区加强党与群众工作，发展地方游击队；对溃散部队，应组织决死队，不可用中央军名义给国民党以口实；日寇攻郑洛西安时，八路军必须给以必要的打击；等等。

【关于反法西斯的国际统一战线】（1941年6月23日） 中共中央1941年6月23日发出，毛泽东1941年6月23日为中共中央写的对党内的指示。1953年收入人民出版社出版的《毛泽东选集》第三卷。2011年收入中央文献出版社出版的《建党以来重要文献选编》第十八册。指示指出，德国法西斯已于6月22日进攻苏联，当前共产党人在全世界的任务是动员各国人民组织国际统一战线，为着反对法西斯而斗争，为着保卫苏联、保卫中国、保卫一切民族的自由和独立而斗争。并指出了中国共产党在全中国的任务是：坚持抗日民族统一战线，坚持国共合作，驱逐日本帝国主义出中国，即用此以援助苏联；对于大资产阶级中的反动分子的任何反苏反共的活动，必须坚决反抗；在外交上，同英美及其他国家一切反对德意日法西斯统治者的人们联合起来，反对共同的敌人。

【中共中央关于增强党性的决定】（1941年7月1日） 中共中央政治局1941年7月1日通过。2011年收入中央文献出版社出版的《建党以来重要文献选编》第十八册。《决定》指出，巩固党的主要工作是要求全党党员，尤其是干部党员更加增强自己党性的锻炼，使全党团结得像一个人。指出受环境和党内成分的影响，党内极易产生违反党性的倾向，并指出了具体的表现；提出为纠正违反党性的倾向必须采取的办法。指出应当在党内更加强调全党的统一性、集中性和服从中央领导的重要性；更严格地检查一切决议决定之执行，坚决肃清阳奉阴违的两面性的现象；即时发现，即时纠正，不纵容错误继续发展，才更能挽救干部和不使工作受到损失；要在全党加强纪律教育，因为统一纪律，是革命胜利的必要条件；要用自我批评的武器和加强学习的方法，来改造自己，使适合于党和革命的需要；等等。

【中共中央关于调查研究的决定】（1941年8月1日） 中共中央1941年8月1日发出，由毛泽东起草。2011年收入中央文献出版社出版的《建党以来重要文献选编》第十八册。《决定》指出，20年来，党对于中国历史、中国社会及国际情况的研究，虽然是逐渐进步的，逐渐增加其知识的，但仍然是非常不足的。党内许多同志，还不了解没有调查就没有发言权这一真理。粗枝大叶、自以为是的主观主义作风，就是党性不纯的第一个表现；而实事求是，理论与实际密切联系，则是一个党性坚强的党员的起码态度。我党现在已是一个担负着伟大革命任务的大政党，必须力戒空疏，力戒肤浅，扫除主观主义作风，加强调查研究。《决定》在加强调查研究方面，提出六条意见：中央设置调查研究机关，收集国内外政治、军事、经济、文化及社会阶级关系各方面材料，加以研究；各中央局、中央分局、独立区域的区党委或省委，八路军、新四军之高级机关，各根据地高级政府，均须设置调查研究机关；对收集材料的方法等提出具体要求；等等。

【中共中央书记处关于大青山工作方针的指示】（1941年8月9日） 中共中央书记处1941年8月9日发出。2011年收入中央文献出版社出版的《建党以来重要文献选编》第十八册。《指示》指出，大青山游击区是坚持抗战、在日苏战争时援助苏联的一个重要地区，战略意义重大。提出党政军工作应注意的六个问题，即：求得长期生存，不要过分刺激敌人，应麻痹敌人，减弱敌人注意，对大青山游击区不应在报纸上宣传；保持大青山为游击区，不要企图变成巩固的根据地；加紧侦察工作；动员做地方工作；对敌伪工作，应加紧进行中央最近所发对敌伪工作的专门决定；统战工作应努力与傅作义接近。组织工作方面，大青山武装部队应统一指挥，不应有主力军与地方军之分；等等。

【中共中央、总政治部关于召开日本人反战团体华北代表会及对敌工作会议的指示】（1941年8月13日） 中共中央、总政治部1941年8月13日发出。2011年收入中央文献出版社出版的《建党以来重要文献选编》第十八册。《指示》指出，为总结四年来的对敌工作、扩大统一战线并加强敌后日本人反战组织的活动，决定翌年3月在延安召集日本人反战团体华北代表会及八路军的对敌工作会议。并就召开日本人反战团体华北代表会及对敌工作会议提出七条具体意见，对于开会的时间、如何做好准备工作、代表的选派以及有关其他要求作出指示。

【中共中央书记处关于新四军发展方向问题给陈毅、刘少奇的电报】（1941年8月17日） 中共中央书记处1941年8月17日发出。2011年收入中央文献出版社出版的《建党以来重要文献选编》第十八册。《电报》指出，领导机关在最困难时移至皖东是可以的、必要的，但不能大举向西发展。当前，中、苏、英、美，国共两党均极须联合对付法西斯。认为桂系李宗仁、白崇禧与何应钦有区别，不宜大举西向。同意加强李先念部的干部。后附《陈毅、刘少奇关于新四军发展方向问题给毛泽东并中共中央的电报》。

【反对主观主义和宗派主义】（1941年9月10日） 毛泽东1941年9月10日在中共中央政治局扩大会议上的讲话。2011年收入中央文献出版社出版的《建党以来重要文献选编》第十八册。讲话分析了党的历史上长期存在的主观主义和宗派主义，认为他们是“穿上马克思主义的外衣，是假马克思主义”；总结了它们在党内的表现以及对党的危害，指出其来源以及克服这些不正之风的办法，即反对主观主义，提高理论，使中国革命丰富的实际马克思主义化；反对宗派主义，从原则上开展斗争，实行两条路线的斗争，反对主观主义和宗派主义，反对教条主义和事务主义。

【敌后形势和建设民兵问题】（1941年11月） 朱德1941年11月撰写，原载1941年11月25日《八路军军政杂志》第三卷第十一期。2011年收入中央文献出版社出版的《建党以来重要文献选编》第十八册。文章谈了三个问题，首先指出民兵是保卫与巩固根据地的重要基础，但其组织现状还远不能胜任所应负的任务；分析了敌后抗战形势；指出在今后的一年之内要在各根据地建立起有相当数量的强大民兵，使之成为坚持敌后抗战的强大支撑者和军事反攻的后备力量。组织与建立民兵时，应当完全依靠政治的动员。指出进行强有力的工作，建立数量广大而质量高的民兵，是坚持敌后抗战的重大军事任务。

【陕甘宁边区各级参议会选举条例】（1941年11月） 1941年11月陕甘宁边区第二届参议会修正通过，1942年4月边区政府公布。2011年收入中央文献出版社出版的《建党以来重要文献选编》第十九册。《条例》共分九章，分别对边区参议会选举资格、选举区域、选举参议员人数的比例、改选、选举委员会、候补与竞选、经费等作了具体的规定。《条例》规定，采取普遍、直接、平等、无记名的投票选举制。凡居住边区境内的人民，年满18岁，不分阶级、党派、职业、男女、宗教、民族、财产和文化程度的差别，都有选举权和被选举权。设立边区、县、乡市各级选举委员会。选举投票法有“背箱子”“投豆子”“乍胳膊”等。

【中共中央关于延安在职干部学习的决定】（1941年12月1日） 中共中央1941年12月1日发出。2011年收入中央文献出版社出版的《建党以来重要文献选编》第十八册。《决定》对延安在职干部学习从在工作中学习、工作以外的学习、在职干部学习的领导三个方面提出了二十项具体要求，指出各部门主要负责同志应该把这一工作当做自己业务的一部分，经常给以关心与指导。

【陕甘宁边区政府关于实行精兵简政的指示】（1941年12月4日） 陕甘宁边区政府1941年12月4日发出。2011年收入中央文献出版社出版的《建党以来重要文献选编》第十八册。《指示》指出精兵简政是健全行政机构、提高行政效能的最有效方案。同时指出目前边区各级政府机构存在有头重脚轻的现象，各级政府的工作制度还没有完全正规化。因此实行精兵简政是必要的。要求成立编整委员会检查调整各级的组织机构和干部配备，把各级机关过多的人员，尤其是上级机关的过多人员尽量缩编，把多余的机关加以裁减或归并，以做到精悍、灵活为原则。在按照新原则编整了之后，根据“简政”的原则，建立正规的工作制度。《指示》提出了处理调整人员的具体意见，以及应该注意的问题。

【中共中央书记处关于建立与英美的统一战线问题给周恩来等的指示】（1941年12月8日） 中共中央书记处1941年12月8日发出。2011年收入中央文献出版社出版的《建党以来重要文献选编》第十八册。《指示》指出日、英、美战争后，对英美方的政策，应当是建立与展开中共与英美政府的广泛的、真诚的、反日反德的统一战线，不应作不真诚与狭隘的表示。并提出对有关事项的处理意见：同意瑞典人来延安；在广东、海南、越南及南洋各地，可与英美合作组织游击战争，由英美供给武器，我方派人帮助组织；设法在新加坡、仰光、菲律宾、印度或澳洲成立秘密的中共代表机关，与延安直通无线电，以便交换情报；香港文化人、党的人员、交通情报人员应向南洋及东江撤退；等等。

【中国共产党为太平洋战争的宣言】（1941年12月9日） 中共中央1941年12月9日发出。原载1941年12月10日《解放日报》。2011年收入中央文献出版社出版的《建党以来重要文献选编》第十八册。《宣言》提出太平洋战争是日本法西斯发动的非正义的掠夺战争，对美英及被侵略的国家来说，是保卫独立自由与民主的正义的解放战争。《宣言》指出中国政府与中国人民应该继续过去五年的光荣战争，坚决站在反法西斯国家方面，动员自己一切力量，为最后打倒日本法西斯而斗争。同时提出了为达到这个目的，需要实现的八项任务：中国与英美及其他抗日诸友邦缔结军事同盟，实行配合作战；全国军队积极打击敌人；八路军及新四军继续忍受艰难困苦，坚持华北华中敌后抗战，粉碎敌人的“扫荡”，大量牵制敌人；巩固抗日民族统一战线；实行民主政治；等等。

【中共中央关于太平洋反日统一战线的指示】（1941年12月9日） 中共中央1941年12月9日发出。原载1941年12月13日《解放日报》。2011年收入中央文献出版社出版的《建党以来重要文献选编》第十八册。《指示》指出全国人民、全体海外侨胞，及南洋各民族在抗日战争中的中心任务，就是建立与开展太平洋各民族反日反法西斯的广泛统一战线。这个统一战线，应当是上层的，同时又是下层的，是政府的，同时又是民众的联盟。并提出必须大力开展南洋与英美各地的华侨工作，努力开展华南敌占区、海南岛、越南及日本在南洋一切占领区域的抗日游击战争，广泛地开展统一战线工作。

【中共中央关于太平洋战争爆发后敌后抗日根据地工作的指示】（1941年12月17日） 中共中央1941年12月17日发出。2011年收入中央文献出版社出版的《建党以来重要文献选编》第十八册。该《指示》涉及九个问题，即：指出太平洋战争的爆发，对我国抗战是有利的；日军在华位置发生变化；要警惕敌人对根据地的“扫荡”；提出敌后抗日根据地的总方针；军事方针仍旧；加强对敌伪的政治攻势；普遍实行精兵简政；加强干部训练；咬紧牙关渡过最困难的斗争，迎接世界反法西斯战争的胜利与新的伟大时期的到来。

【中共中央关于延安干部学校的决定】（1941年12月17日） 中共中央政治局1941年12月17日通过。原载1941年12月20日《解放日报》。2011年收入中央文献出版社出版的《建党以来重要文献选编》第十八册。《决定》首先指出目前延安干部学校的基本特点，明确了各学校的目的，并就如何加强领导、招收学生、改善教员质量、如何补习、带专门性质的学校的课程设置、如何改进教学方法、如何教授与马列主义、教材问题、生活及设备、学校管理、作风培养等方面提出具体要求。《决定》指出，各校对招收学生应采取少而精的原则；改善教员质量是学校办好的一个决定条件；充分利用《解放日报》、中央文件及中央各部委出版的材料书作为学校政治教材。

【中共中央对华中工作的指示】（1941年12月18日） 中共中央1941年12月18日发出。2011年收入中央文献出版社出版的《建党以来重要文献选编》第十八册。《指示》首先肯定了两年来华中的党与新四军工作，认为在开辟与坚持苏皖根据地上，有很大的成绩。并指出存在的不足，即：减租减息和民主的改选政权工作没有普遍实行，广大群众尚未普遍深入发动和组织起来，以致根据地还不算很巩固，地主资产阶级中间力量对共产党领导的政权仍存在观望动摇心理。指出要特别注意争取友军和加强对伪军工作，提出要参考晋察冀经验开展华中工作。

【中共中央书记处关于建立各根据地秘密交通的指示】（1942年1月12日） 中共中央书记处1942年1月12日发出。2011年收入中央文献出版社出版的《建党以来重要文献选编》第十九册。《指示》首先指出“为着保证将中央与各根据地的文件及干部能迅速而安全的互相传送，除利用各根据地内运输司令部之武装交通兵团公开护送外，所有各个根据地之间，必须同时建立通过敌人封锁线的秘密交通路线”，并对做好这项工作，提出七条具体规定。

【中共中央关于抗日根据地土地政策的决定】（1942年1月28日） 中共中央政治局1942年1月28日通过。2011年收入中央文献出版社出版的《建党以来重要文献选编》第十九册。《决定》首先指出，党在抗日根据地实行的土地政策，是抗日民族统一战线的土地政策。《决定》在肯定了该土地政策的同时，也指出了许多根据地还没有普遍地认真地彻底地实行。同时指出抗战进入更加艰苦时期，更要执行抗日根据地土地政策，并提出12项具体要求，即：承认农民（雇农包括在内）是抗日与生产的基本力量；承认地主的大多数是有抗日要求的，一部分开明绅士并是赞成民主改革的；承认资本主义生产方式是中国现时比较进步的生产方式，而资产阶级、特别是小资产阶级与民族资产阶级，是中国现时比较进步的社会成分与政治力量；地主应普遍的减租减息，不得抗不实行，农民有交租交息的义务，不得抗不缴纳；农救会的任务，在减租减息之前主要是协助政府实行减租减息的法令，在减租减息之后主要是协助政府调节农村纠纷与发展农业生产；

等等。后附《中共中央关于抗日根据地土地政策的决定的附件》，其中包括三个附件。

【整顿党的作风】（1942年2月1日）毛泽东1942年2月1日在中共中央党校开学典礼上的演讲。1953年收入人民出版社出版的《毛泽东选集》第三卷。2011年收入中央文献出版社出版的《建党以来重要文献选编》第十九册。演讲着重阐述了整顿党的作风的重要性，提出整风的任务是反对主观主义以整顿学风，反对宗派主义以整顿党风，反对党八股以整顿文风。演讲指出，主观主义有两种表现形式，一种是教条主义，另一种是经验主义。他们都是只看到片面，没有看到全面。演讲认为这两种主观主义中，在我们党内还是教条主义更为危险。因为它装出马克思主义的面孔吓唬、俘虏工农干部和天真烂漫的青年。演讲还进一步分析了党内宗派主义的残余，认为一切宗派主义思想都是主观主义的，都和革命的实际需要不相符合，所以反对宗派主义和反对主观主义的斗争，应当同时并进。演讲认为党八股是藏垢纳污的东西，是主观主义和宗派主义的一种表现形式。必须肃清它。演讲最后提出反对主观主义、宗派主义、党八股应该注意两条宗旨：惩前毖后，治病救人。

【反对党八股】（1942年2月8日）　毛泽东1942年2月8日在延安干部会上的讲演。1953年收入人民出版社出版的《毛泽东选集》第三卷。2011年收入中央文献出版社出版的《建党以来重要文献选编》第十九册。讲演首先指出，党八股在党内有长久的历史。接着分析了党八股的坏处及危害。文章还用实例说明了反对党八股的重要性。演讲指出：党八股这个形式，不但不便于表现革命精神，而且非常容易使革命精神窒息。

【如何研究中共党史】（1942年3月30日）　毛泽东1942年3月30日在延安中央学习组的讲话。2011年收入中央文献出版社出版的《建党以来重要文献选编》第十九册。讲话指出研究中共党史的必要性和重要性，提出了中共党史的三个历史阶段：大革命时期是第一个阶段；内战时期是第二个阶段；抗日时期是第三个阶段。以及不同阶段革命任务、联合的群众、革命所打击的目标的不同。讲话结合党的不同阶段的发展历史，具体解释了历史研究中“古今中外法”的运用。最后进一步明确了中共党史研究应有的立场。讲话认为研究中共党史，应该以中国做中心，要坐在中国的身上研究世界的东西。机械地生吞活剥地把外国的东西搬到中国来，不研究中国的特点，而去搬外国的东西，就不能解决中国的问题。讲话提出要把马、恩、列、斯的方法用到中国来，但要在中国创造出一些新的属于自己的东西。

【中共中央书记处关于准备应付第三次反共高潮的指示】（1942年4月17日）　中共中央书记处1942年4月17日发出。2011年收入中央文献出版社出版的《建党以来重要文献选编》第十九册。《指示》指出蒋介石与国民党准备于日苏战争爆发后举行第三次反共高潮，要求各地党部、八路军新四军负责人要有充分准备，以及应该注意的问题。要求必须准备团结全党和人民适当地应付此次高潮及今年的极大困难。高潮到来时必须表现沉着态度，不可随便发表意见。必须向干部指明要认识困难的严重性，方能有步骤地克服苦难。同时指出，困难的性质是破晓前的黑暗，克服困难之后，就会有我们与全世界人民的胜利。

【关于整顿三风】（1942年4月20日） 毛泽东1942年4月20日在中央学习组会议上的报告。2011年收入中央文献出版社出版的《建党以来重要文献选编》第十九册。报告指出面对国民党反共高潮可能到来的时局，加强党内教育的重要性。认为从共产党的历史上来看，全面的、全党的、由中央领导进行的干部内部教育，过去很少。当前教育工作的重心，在自己考虑一下、研究一下，自己反省一下，重心在自己，自己正确的东西便把它扩大，不正确的东西便把它消除、取消。《报告》论述了中央反对三风的决心以及开展学习教育的办法。指出要使全体都向前，向积极的看齐，要有团结干部、团结全党的精神。还指出整顿三风的重要作用：整顿三风搞得好不好，对目前，对将来，对领导整个革命，关系很大。

【在延安文艺座谈会上的讲话】（1942年5月） 毛泽东1942年5月在中共中央召开的文艺座谈会上发表的讲话，包括1942年5月2日所作引言和5月23日所作结论两部分。原载1943年10月19日《解放日报》。1953年收入人民出版社出版的《毛泽东选集》第三卷。2011年收入中央文献出版社出版的《建党以来重要文献选编》第十九册。《讲话》分两大部分，一是在开幕式上的引言；二是会议结束时的结论性讲话。引言主要指出了革命文艺的重要性，系统地总结了五四运动以来革命文艺运动的经验，回答了中国革命文艺运动中长期争论的一系列根本性的问题，阐明了马克思主义的文艺理论和党的文艺路线，指出了会议应该解决的问题。结论部分主要阐述了五个问题，即：我们的文艺是为什么人的；如何去服务，即文艺的普及与提高；党的文艺工作与党的整个工作关系问题，党的文艺工作和非党的文艺工作关系问题；文艺批评问题；文艺界的整风问题。该《讲话》对文艺界的整风运动起了积极的推动作用。

【中共中央宣传部关于在全党进行整顿三风学习运动的指示】（1942年6月8日） 中共中央宣传部1942年6月8日发出。2011年收入中央文献出版社出版的《建党以来重要文献选编》第十九册。《指示》指出，根据延安的经验，在全党进行整顿三风的学习运动是非常必要的，对于全党干部党员思想的改造和工作的改进都有重大意义。决定全党开展整顿三风的学习运动，并提出具体的学习办法。

【悼左权同志】（1942年6月15日） 朱德1942年6月15日发表的纪念文章。原载1942年6月15日《解放日报》。2011年收入中央文献出版社出版的《建党以来重要文献选编》第十九册。文章回顾了左权同志的革命一生，及其对于中华民族，对于中国人民立下的功绩。指出永远不会忘记左权同志对民族对人民对革命的无限忠诚；不会忘记左权同志对工作的高度责任心、积极性和耐烦细心；不会忘记左权同志的诚实朴素、勤学苦干。号召学习左权同志，继承他的遗志，坚持抗战到底，把日寇赶出中国去，一定要达到解放中华民族和中国人民的目的。

【中共中央关于对待原四方面军干部态度问题之指示】（1942年7月2日） 中共中央1942年7月2日发出。由王稼祥起草。2011年收入中央文献出版社出版的《建党以来重要文献选编》第十九册。《指示》在正确对待原四方面军干部态度方面提出了七点具体意见，即：认为原四方面军绝大多数干部出身工农，对革命对党是坚定和忠诚的，投降敌人的是极少数几个；必须区别张国焘路线的单纯追随者与积极帮手之间的分别；对原四方面军的干部的信任与工作分配，应当和其他干部一视同仁，不应该歧视；有成绩应该表扬，有错误应该就其错误的性质与程度，加以指出，并帮助纠正，决不可轻易扣帽子；原四方面军干部应当相信中央和军委干部政策的正确，大胆工作；团结一致，消除因历史、来历、地域等关系而产生的任何隔阂；《指示》要求各地接到指示后，要在各级干部会议上报告和讨论。

【为什么要作出增强党性的决定】（1942年7月14日） 任弼时1942年7月14日在中共中央党校作的关于增强党性的报告的第一部分。2011年收入中央文献出版社出版的《建党以来重要文献选编》第十九册。《决定》首先指出1941年中央发出《关于增强党性的决定》的重要性。阐述了中央作出增强党性的决定的原因，指明了《决定》的中心思想，以及对党的建设产生的作用。《决定》指出，只有使党内部思想一致、行动一致，使党团结统一，才能发挥党的力量，才能更加有力量来坚持斗争，才能渡过最困难的时期，走向胜利。指出决定的中心思想是强调党的统一性、集中性和全党服从中央领导的重要性，强调政治上、组织上、思想上都应服从党的中央。

【中共中央政治局关于陕甘宁边区工作方针的决定】（1942年8月13日） 中共中央政治局1942年8月13日发出。2011年收入中央文献出版社出版的《建党以来重要文献选编》第十九册。《决定》指出"边区应从发展经济与平衡出入口，以解决人民生活与政府财政两方面问题"。认为党政军各方应着重批评自己工作中的错误、缺点，统一意志与行动，加强在党的领导下的团结。

【中共中央关于统一抗日根据地党的领导及调整各组织间关系的决定】（1942年9月1日） 中共中央政治局1942年9月1日通过。2011年收入中央文献出版社出版的《建党以来重要文献选编》第十九册。《决定》主要是针对抗战以来某些地区党政军民关系中存在一些不协调的现象，妨害了抗日根据地的坚持与建设，妨害了党的进一步布尔什维克化而作出的。该《决定》共十一项。进一步明确了党的一元化领导地位，以及党组织与政权系统、与军队、与民众团体之间的关系，指出"一切服从战争"是统一领导的最高原则。要求各根据地领导机关要根据此《决定》的原则，根据各地具体情况，制定有关各种细则，以政府法令、军队条例、党团规则、民众团体章程等等方式规定之，以解决统一领导的具体问题。

【在西北局高干会上的讲话】（1942年11月16日） 陈云1942年11月16日在西北局高级干部会议上发表的讲话。2011年收入中央文献出版社出版的《建党以来重要文献选编》第十九册。《讲话》讲了四个问题，即：地方党委工作要照顾全局，党的领导才能稳固；老干部要带头学文化学科学，提高文化水平；认真开展自我批评，同自己的错误作斗争，做到对自己更客观；坚决反对自由主义，对犯错误的同志既不能进行打击，搞残酷斗争，也不能采取自由主义的错误态度。

【中共中央关于加强统一领导与精兵简政工作的指示】（1942年12月1日） 中共中央1942年12月1日发出。2011年收入中央文献出版社出版的《建党以来重要文献选编》第十九册。《指示》指出了根据地机关建设存在的问题，并对如何精兵简政提出了四条具体要求。《指示》要求在军区、分区两级建立领导核心，军区建立领导一切的区党委或中央分局，只留三个主要负责人，分负党委、政府、军队责任。分区一级建立领导一切的地委，其中要有一个强的领导人为书记，加强所属各县的领导。没有实行精兵简政的地方立即着手研究，实行精简，已经实行了的地方再加审查，做到严格彻底。干部相互间必须根据整顿三风的精神，实行自我反省。

【陕甘宁边区简政实施纲要】（1942年12月） 陕甘宁边区政府第三次会议1942年12月通过。2011年收入中央文献出版社出版的《建党以来重要文献选编》第十九册。《纲要》包括十项内容，即：简政的意义与目的；划清职权，审定业务；加强乡政权；区以上须精简机构精简人员；坚持民主集中制，统一领导，整饬政纪；要改善领导作风；统一干部管理，调整和提高干部；拥护军队；巩固三三制；力行节约；从组织上贯彻，从思想上贯彻。该《纲要》的实施为边区渡过抗日战争困难阶段做了准备，精兵简政政策在边区得到了很好的贯彻执行。

【中共中央关于抽调敌后大批干部来陕甘宁边区保留培养的决定】（1943年1月1日） 中共中央1943年1月1日发出。2011年收入中央文献出版社出版的《建党以来重要文献选编》第二十册。《决定》根据敌后形势与将来反攻的需要，决定从根据地和军队抽调一大批干部到延安保留和学习，为此做出八项具体意见，即：选送的干部，军队中应该是营级及其以上的干部，地方应是县级及其以上干部；老弱伤病及妇女干部，不宜在敌后而必须送来延安者，条件可酌予变更；专门家及优良技术干部，也应酌量情形尽多送来延安保留培养；送来的干部应是政治上纯洁的；为保证干部来延安的安全，应保持高度秘密与审慎；等等。

【关于党的一元化领导问题】（1943年1月7日） 任弼时1943年1月7日在中共中央西北局召开的高级干部会议上所作《关于

几个问题的意见》讲演的第一部分。2011年收入中央文献出版社出版的《建党以来重要文献选编》第二十册。讲演首先指出各根据地党的一元化领导还没有普遍地完满地建立起来，存在着一些不正确的思想和倾向，针对性地讲了四个问题，即：一、对党的领导作用应有正确的认识。二、对边区民主问题应有正确的估计和认识。三、肃清部队中军阀主义的倾向。四、建立坚强的一元化领导。讲演指出，要掌握思想上的领导，达到西北党在思想上的完全一致，克服存在着的和可能生长的一切不正确的思想和倾向；其次，努力发展生产建设事业，注意干部的学习领导，以指导全西北党政军民各种工作，组织这些政策的贯彻执行。

【八路军留守兵团司令部、政治部关于拥护政府爱护人民的决定】（1943年1月25日）　八路军留守兵团司令部、政治部1943年1月25日发出。原载1943年2月1日《解放日报》。2011年收入中央文献出版社出版的《建党以来重要文献选编》第二十册。《决定》首先指出边区政府一切措施是为了人民、为了抗战利益的，对于边区政府和人民，军队应该拥护、保卫、爱护，这是责任。《决定》肯定了五年来的边区部队的拥政爱民工作，但也指出存在不少问题，为此对深入开展拥政爱民活动提出十二条意见，即：必须使全体指战员认识拥政爱民的重要意义，军队应坚决执行政府法令；军队须尊重各级政府机关，对于政府负责人，应以本部队首长同样看待，不得轻视与侮辱；军队有保护政府的责任；军队有帮助政府之责，政府的各种困难，军队应竭力设法解决；军队与人民须建立密切关系，爱护人民；军队须帮助人民的春耕夏耘秋收，不得索取任何报酬；严整部队纪律，加强部队纪律教育；各部队，尤其是政治机关，应有计划地帮助地方学校教育、民众教育、民兵建设等工作；军政、军民关系上发生纠纷时，军队方面应负主要责任；等等。

【中共中央关于各抗日根据地目前妇女工作方针的决定】（1943年2月24日）
中共中央1943年2月24日发出。2011年6月收入中央文献出版社出版的《建党以来重要文献选编》第二十册。《决定》肯定了五年来党的妇女工作，指出存在的问题，进一步指出妇女工作的重要性。提出各地妇女工作须有彻底的转变，以推动全局工作。并提出了七条具体要求，即：各地妇委会妇救会要以研究组织农村妇女个体与集体的生产为首要工作，深入村庄，教育帮助与解决农村妇女参加生产战线中的困难；农村妇女的生产计划一定要和她们家庭的生产计划结合起来，要动员妇女实实在在参加到广大群众的生产中去；根据妇女群众的需要进行组织；尽量减少对农村妇女不必要的动员，减少开会，爱惜她们的人力物力，使她们有更大力量从事生产；妨碍身体健康致影响生产的，应当鼓励妇女改革之；对于妇女的文化、政治教育，应通过生产方式去进行；妇女干部要消除轻视经济、生产工作的错误观点，解决其生产困难，增加其经济利益。

【在中共中央政治局会议上讲话的要点】（1943年3月16日） 毛泽东1943年3月16日在中共中央政治局会议上讲话的要点。2011年收入中央文献出版社出版的《建党以来重要文献选编》第二十册。《要点》涉及三个问题，即：一、时局；二、工作方针；三、工作任务。首先分析了国内和国际的局势，总的估计是日本是扶汪打蒋的方针，国共关系有好转的可能，中国抗战有打七八年的可能，我们要坚持两年到两年半。指出整个世界形势和历史的发展对国民党不利，而对中国共产党有利。进一步指出中央的工作方针是研究和指导，要达到保存骨干、准备将来的目的。同时指出了研究和指导的具体问题和方面。又具体指出了中央机关的任务和前方与后方的任务。

【中共中央关于中央机构调整及精简的决定】（1943年3月20日） 中共中央政治局1943年3月20日通过。2011年收入中央文献出版社出版的《建党以来重要文献选编》第二十册。《决定》指出根据中央精简政策和过去的经验，为适应当前工作条件，决定中央机构重新加以调整，在中央政治局及书记处之下设立宣传委员会与组织委员会统一管理宣传与组织工作等。并提出了14项调整决定。

【六年来敌后工作经验的报告】（1943年3月） 刘少奇1943年3月在延安整风学习期间的报告。2011年收入中央文献出版社出版的《建党以来重要文献选编》第二十册。《报告》共分三部分。第一部分总结了抗战以来党的行动路线和工作的指导方针，讲了四个问题，即：一、历史行程的曲折性。二、卢沟桥事变以后中国的新形势、党的新任务与革命斗争的新形式。三、党应采取哪种形式的抗日武装斗争？哪里是党的主要工作地区？四、党在抗日民族统一战线问题中行动路线的决定。第二部分总结了抗战准备时期与抗战初期华北工作的经验。指出抗战准备时期，党在华北的任务是准备自己，准备群众，为保卫平津、保卫华北而战。为此必须联合华北一切可能抗日的党派、阶层，建立抗日民族统一战线。抗战初期，党在华北的中心任务是广泛地发展、组织与领导游击战争。第三部分总结了抗战初期与发展时期华中工作的经验。指出抗战初期，一方面是迅速恢复与发展党在各地方的组织，动员群众参加抗战，帮助国民党军队抵抗敌人的进攻，推动国共合作与统一战线进一步的发展和巩固；同时应将自己主要的注意力放在准备与组织广泛的游击战争上，放在敌后的乡村工作上，以便在国民党军队退却之后，在敌后独立自主地团结一切抗日阶层和势力，用游击战争坚持抗战。《报告》认为发展时期，华中工作取得了很大成绩。

【中共中央关于继续开展整风运动的决定】（1943年4月3日） 中共中央1943年4月3日发出。2011年收入中央文献出版社出版的《建党以来重要文献选编》第二十册。《决定》肯定了1942年后整风运动的成绩，也指出了还存在的问题，决定从1943年4月3日开始继续开展为期一年的整风运动。提出了整风的主要斗争目标，是纠正干部中的非无产阶级思想（封建阶级思想、资产阶级思想、小资产阶级思想）与肃清党内暗藏的反革命分子。还提出了整风运动的领导策略，以及有关其他具体要求。这个《决定》对于国民党特务分子的渗入作了过于严重的估计。

【中共中央关于目前各抗日根据地职工运动的决定】（1943年5月1日）　中共中央1943年5月1日发出。2011年收入中央文献出版社出版的《建党以来重要文献选编》第二十册。《决定》首先指出，随着抗日战争的胜利的接近，战争的残酷与困难会增加。为了克服困难和适应日益残酷斗争环境，战争、生产、教育将成为当年的中心任务，各地职工会要根据上述任务，以整风精神来检查过去工作及布置今后工作。《决定》还肯定了陕甘宁、晋东南、晋西北等根据地职工会的工作。同时也指出了职工运动中存在的问题。为了克服职工运动中存在的问题，提出了十条具体工作方针。

【中共中央关于共产国际执委主席团提议解散共产国际的决定】（1943年5月26日）　中共中央1943年5月26日发出。2011年收入中央文献出版社出版的《建党以来重要文献选编》第二十册。《决定》表示完全同意解散共产国际的提议，肯定了共产国际的功绩；结合中国共产党领导中国革命的实际，认为共产国际的解散更有利于中国共产党人自信心和创造性的加强；表达了中国共产党人继续根据国情，灵活地运用和发挥马克思列宁主义完成抗战建国事业的决心。后附《共产国际执委主席团关于提议解散共产国际的决定》。

【关于共产国际解散问题的报告】（1943年5月26日）　毛泽东1943年5月26日在中共中央书记处召集的延安干部大会上的报告。2011年收入中央文献出版社出版的《建党以来重要文献选编》第二十册。《报告》阐述了共产国际解散的原因，指出了针对共产国际解散后各方面的舆论；认为共产国际的解散，是为了加强各国共产党，使各国共产党更加民族化，更适应于反法西斯战争的需要；指出中国共产党更要加强两种团结，一种是党内的团结，一种是党同人民的团结。《报告》认为不脱离群众，就一定会胜利。

【中共中央关于领导方法的决定】（1943年6月1日）　中共中央政治局1943年6月1日通过。2011年收入中央文献出版社出版的《建党以来重要文献选编》第二十册。《决定》涉及九个问题。首先指出共产党人开展工作有两个方法是必须采用的：一是一般和个别相结合，二是领导和群众相结合。并具体分析了这两个工作方法。肯定了从群众中来，到群众中去的方法是马克思主义的认识论。并进一步分析了从群众来，到群众中去的方法的重要性，以及我们工作中容易产生问题的原因和纠正的方法。该《决定》首次完整地提出了党的群众路线思想。

【共产党员应当善于向群众学习】（1943年6月）　任弼时1943年6月为纪念中国共产党成立22周年所写的文章。2011年收入中央文献出版社出版的《建党以来重要文献选编》第二十册。文章指出，我党已发展成为领导中国革命的大政党，成为团结全民族坚持抗战的核心，成为全国一切民主进步力量的支柱，成为广大民众争取解放和胜利的旗帜。我们要加强责任心、自信心与创造能力。每个共产党员要更加密切与群众的联系，善于向群众学习。文章认为，向群众学习，是有关党的领导是否正确，是否不脱离群众的问题；向群众学习，是有关理论与实践能否密切联系，马列主义能否具体化与发展的问题；向群众学习，是有关我们有无群众观念及党性纯否的问题。文章要求每个党员干部要努力学会掌握毛泽东向群众学习的思想方法和工作方法，使全党在思想上组织上更加统一与团结，使党与群众的联系更加密切。

【中共中央关于审查干部的决定】（1943年8月15日） 中共中央1943年8月15日发出。2011年收入中央文献出版社出版的《建党以来重要文献选编》第二十册。《决定》针对党在整风中审查干部的工作，指出了审查干部应执行的主要方针和经验，提出了具体的注意事项。认为审查干部的具体方法，即先从一部分重要机关开始，取得经验，并巩固这些机关，然后逐渐推广于其他部门及其他地方，决不可普遍地同时进行。

【中共中央政治局关于减租生产拥政爱民及宣传十大政策的指示】（1943年10月1日） 中共中央政治局1943年10月1日发出。2011年收入中央文献出版社出版的《建党以来重要文献选编》第二十册。《指示》针对秋收已到的形势，要求各根据地责成各级党政检查减租政策的实行并要注意生产运动中的问题、拥政爱民工作开展的情况。要求各级党委、政府和军队必须在当年秋冬准备明年全根据地实行自己动手、克服困难的大规模生产运动。提出为使党政军和人民打成一片，推动抗战和生产，各根据地应于明年阴历正月举行一次拥政爱民和拥军优抗的群众运动。要求针对上述工作，总结有关的十大政策落实情况，即：对敌斗争；精兵简政；统一领导；拥政爱民；发展生产；整顿三风；审查干部；时事教育；“三三制”；减租减息。十大政策的提出和贯彻，为各抗日根据地战胜困难、坚持抗战，并取得抗战的最后胜利，准备了精神上和物质上的充分条件。

【中共中央书记处对贯彻执行毛泽东关于组织起来的方针的指示】（1943年12月5日） 中共中央书记处1943年12月5日发出。2011年收入中央文献出版社出版的《建党以来重要文献选编》第二十册。《指示》专门就如何贯彻执行毛泽东关于组织起来的方针发出的。特别指出实现组织起来这个方针与办法的正确作风就是要有群众观点，要依靠群众，要与群众结合在一起，不要沾染国民党作风。《指示》认为官僚主义作风和军阀主义作风在一些根据地或多或少都是存在的。要求要根据毛泽东提出的方针，认真检查自己的生产工作与工作作风，要实行彻底的转变，并将之运用到发展生产的工作及一切其他工作中去。

【中共中央政治局关于学习《反对统一战线中的机会主义》的指示】（1943年12月28日） 中共中央政治局1943年12月28

日发出。2011年收入中央文献出版社出版的《建党以来重要文献选编》第二十册。《指示》首先指出，最近新华社广播的《反对统一战线中的机会主义》一文，是集合了前共产国际各领导者关于反对共产党人在统一战线中的机会主义的文章而成的。《指示》进一步明确了即将召开的党的七大要总结我党22年的经验，赞扬我党为民族解放与社会解放而轰轰烈烈坚忍奋斗百折不回的伟大成绩，赞扬我党以坚固的马列主义为基础而在1921年开始产生的中国布尔什维克主义的发展与巩固，同时批判党内“左”倾及右倾的机会主义路线，特别是王明机会主义路线等。《指示》对如何学习讨论《反对统一战线中的机会主义》和讨论王明机会主义错误提出具体要求。指出“要使干部及党员明白，自遵义会议以来，九年之中以毛泽东同志为首的中央的领导路线是完全正确的”，“全党同志均应团结在以毛泽东同志为首的中央的周围，为中央的路线而奋斗”。

【中共中央书记处关于对待国民党军队执行自卫原则的指示】（1944年1月18日）　中共中央书记处1944年1月18日发出。2011年收入中央文献出版社出版的《建党以来重要文献选编》第二十一册。《指示》要求，为保持国共间的平静，争取抗日战争最后胜利，请各中央局、中央分局并转各有关区党委通饬有关各部队，对于国民党军队，我军要谨守防地，不得发生由我启衅之任何事件。倘若国民党军队进攻，我军应执行自卫原则。如发生大的事件，要先行报告，待命处理。

【关于党的“六大”的研究】（1944年3月3日、4日）　周恩来1944年3月3日、4日在中共中央党校作的报告。2011年收入中央文献出版社出版的《建党以来重要文献选编》第二十一册。报告讲了六个问题，即：中国革命的性质、任务和前途；中国革命的动力和阶级关系；大革命的经验教训；革命形势和党的策略；党的各项政策；“六大”本身及其影响。报告提出了研究党史的基本方法，指出要有合乎历史实际情况的眼光，要有今天整风的思想方法。报告对“六大”和“六大”以前党的历史上的一些重大问题作了科学的论述，对“六大”在中共党史上的影响作了阐述，肯定“六大”的基本方面是正确的，在中国共产党和中国革命的历史上起了重要的作用。同时也指出了“六大”还有一些错误，如：没有认识到中国革命的特点是农民斗争与武装割据，中国革命的中心问题是农民土地问题；没认识到中国阶级关系变化的复杂性，没有把策略观点着重放在争取中间阶级上；等等。指出这些错误对以后“立三路线”、宗派主义的形成是有影响的，但不能负直接责任。

【学习和时局】（1944年4月12日）　毛泽东1944年4月12日在延安高级干部会议上和5月20日在中央党校第一部对于这个讨论所作的演讲。1953年收入人民出版社出版的《毛泽东选集》第三卷。2011年收入中央文献出版社出版的《建党以来重要文献选编》第二十一册。演讲涉及三个问题，首先介绍了中央政治局对高级干部学习党史中提出的问题给予的五点结论；论述了当前时局的两个特点和任务；对为了争取新的胜利，党的干部应该怎么做提出了意见。该演讲指出，处理历史问题，不应着重于一些个别同志的责任方面，而应着重于当时环境的分析，当时错误的内容，当时错误的社会根源、历史根源和思想根源，实行惩前毖后，治病救人的方针，达到既要弄清思想，又要团结同志这两个目的。批评了山头主义倾向，分析了它的根源，指出了其危害和纠正的方法。为了争取新的胜利，提倡全党干部要放下包袱，开动机器。列举了中国共产党历史上曾经有过几次大的骄傲的错误给革命造成严重损失的教训，告诫全党要引为鉴戒，不要重犯胜利时骄傲的错误。演讲要求全党同志要克服盲目性，提倡思索，学会分析事物的方法，养成分析的习惯，继续深入地进行整风学习。

【在中共六届七中全会上的工作报告】（1944年5月21日） 毛泽东1944年5月21日在中共六届七中全会上所作的工作报告。2011年收入中央文献出版社出版的《建党以来重要文献选编》第二十一册。《报告》主要讲了抗日战争准备时期和抗战时期的主要问题。指出为了实现驱逐日本帝国主义出中国的目的，党的方针就是发展自己，团结友军。论述了党发展自己的几个阶段的情况；对党的六大路线作了基本评价，指出六大的路线基本上是正确的，但是未解决根据地问题，而提出准备暴动，夺取大城市。这在六大到现在都是不可能实现的，但将在七大以后去实行。六大至七大我们实际上走了根据地路线，现在也必须坚持根据地。对如何搞好国共谈判，提出了意见。

【中共中央关于城市工作的指示】（1944年6月5日） 中共中央1944年6月5日发出。2011年收入中央文献出版社出版的《建党以来重要文献选编》第二十一册。《指示》指出了占领大城市和交通要道的重要性；要求各地党的组织必须把城市工作与根据地工作作为同等重要的两大任务，负起准备夺取一切大、中、小城市与交通要道的责任，而且要提到极重要的地位。提出了完成上述任务必须解决的六个具体问题，即：关于思想，要进行教育，动员全党行动；关于计划与组织，各局各委要根据具体情况拟定一个大体计划，如分工负责、组织机关、配备干部和训练干部等；关于工作方向，要在城市与交通要道的一切群众中、各界人民中，进行广泛而妥善的工作；关于工作方法，不断去总结经验，将群众中创造的各种好方法普遍化；关于干部，必须有大批干部去进行城市与交通要道的工作；关于经费，一切必须的经费，应当充分付给。

【中共中央关于整训军队的指示】（1944年7月1日） 中共中央1944年7月1日发出。2011年收入中央文献出版社出版的《建党以来重要文献选编》第二十一册。《指示》指出，目前的军队数量对于夺取大城市与交通要道，最后驱逐日寇出中国，并对付从国民党方面而来的可能的国内突然事变是不够用的。说明整训军队的重要性，提出了具体时间要求、整训内容要求和完成的期限、目标，并要求作出整训计划。指出大批训练干部也要引起各级党委和军事、政治工作机关的极大注意。

【中共中央关于收集研究全国经济情报的通知】（1944年7月22日）　中共中央1944年7月22日发出。2011年收入中央文献出版社出版的《建党以来重要文献选编》第二十一册。《通知》首先指出在组织工农业生产、发展对内对外贸易方面，各根据地缺乏敌占大城市和大后方的金融贸易情报，出现了暗中摸索、被动、应付的状态，也在经济上受到损失。为了克服这个问题，提出了具体解决办法，即：由陕甘宁边区政府的西北财经办事处编辑带全国性的经济情报，供各根据地参考；各根据地及办事处也必须收集有关情报，并对收集情报地区进行了划分；对收集情报的内容初步进行了规定；要求各地党须在有关城市中建立经济情报据点，并及时报告；各地要根据本通知作好有关安排。

【中共中央关于争取教民的指示】（1944年7月22日）　中共中央1944年7月22日发出。由毛泽东起草。2011年收入中央文献出版社出版的《建党以来重要文献选编》第二十一册。《指示》要求对关于天主教耶稣教教徒在抗日根据地及游击区的分布情形、抗战中的表现、党对他们及他们对党的态度、入党者的人数及其表现，各地教堂数量等项，要加以调查，随时电告。指出在数量上，单是天主教全国有教徒400万，华北有150万，绥远有22万。日本人及国民党均在争取教民，必须引起注意。争取教民是中国共产党不可疏忽的任务。

【中共中央关于发展河南敌后工作的指示】（1944年7月25日）　中共中央1944年7月25日发出。2011年收入中央文献出版社出版的《建党以来重要文献选编》第二十一册。《指示》针对日寇进占河南的形势，就我党我军的工作提出了五条具体要求，即：一、发展河南，要善于插入敌顽之间的空隙地区，在敌伪区及其边沿区建立抗战秩序。二、发展新区首先着重政治宣传，争取同情，建立武装，扩大武装，以自己的军政力量扫除阻碍，使局面初定，即转入组织和领导群众斗争，以建立根据地，这个步骤不宜先后倒置。三、迅速发动群众抗日运动和减租减息运动。四、新区政权，初期应委派自己的县长区长，但要善于吸引当地进步人士和开明士绅出来做事。五、注意容纳和吸收当地专门技术人才和知识分子。

【中共中央关于外交工作的指示】（1944年8月18日）　由周恩来起草，中共中央1944年8月18日发出。2011年收入中央文献出版社出版的《建党以来重要文献选编》第二十一册。《指示》针对美军观察组等到根据地访问问题提出外交工作的五条意见，即：注意学习外交工作；国际统一战线的中心内容，是共同抗日与民主合作；欢迎国际投资与技术合作，首先要求国际工业合作委员会的继续合作；站稳民族立场，学习人家长处，善于合作；等等。对外交工作本身目前应注意的方面，提出了六点要求：一切应争取主动，切勿陷于被动；执行政策、进行工作应坚定不移，事前应周知博访深思熟虑，但一经决定和宣布之后，便力求贯彻主张；文件材料及谈话内容，可告者力求真实，不可告者力求隐蔽；外交态度宜谨慎坦率；招待方法守时守信，朴素热烈；各地一切对外交涉和具体协商，统一电报中央批准后方得进行。

【中共中央关于建立城市工作部门的指示】（1944年9月4日） 中共中央1944年9月4日发出。2011年收入中央文献出版社出版的《建党以来重要文献选编》第二十一册。《指示》要求地委以上各级党部须立即建立城市工作部，在党委与上级城市工作部领导下专门负责管理城市及交通要道工作，不兼其他任务；凡是本地有城市或交通要道工作可做，或有可能进行其他区域城交工作的县委，应指定专人负责进行工作；各地城市工作进行的情况及其经验教训和工作中所遇到的困难与新的问题，应随时报告中央城市工作部。

【为人民服务】（1944年9月8日） 毛泽东1944年9月8日在中央警备团追悼张思德的会上的讲演。1953年收入人民出版社出版的《毛泽东选集》第三卷。2011年收入中央文献出版社出版的《建党以来重要文献选编》第二十一册。讲演首先指出，中国共产党和共产党所领导的八路军、新四军，是革命的队伍。这个队伍完全是为着解放人民的，是彻底地为人民的利益工作的。高度评价张思德同志是为人民利益而死的，他的死比泰山还重；同时指出因为是为人民服务的，我们如果有缺点就不怕别人批评指出，只要我们为人民的利益坚持好的，为人民的利益改正错的，我们这个队伍就一定会兴旺起来。讲演还指出，我们的同志在困难的时候，要看到成绩，要看到光明，要提高我们的勇气。我们的干部要关心每一个战士，一切革命队伍的人都要互相关心，互相爱护，互相帮助。

【中共中央、中央军委关于民兵工作的指示】（1944年9月26日） 中共中央、中央军委1944年9月26日发出。2011年收入中央文献出版社出版的《建党以来重要文献选编》第二十一册。《指示》指出了各根据地民兵工作存在的问题，提出了民兵工作的发展目标，对加强民兵工作提出了具体要求，即：一、必须在思想上、认识上与工作布置上，充分地把握新的形势和任务。二、加强民兵的军事训练，是巩固与提高民兵和变民兵为我有组织有训练的预备兵的很重要的一个工作。三、巩固与提高民兵，建立民兵中的政治工作，应成为很重要的课题。四、积极发现、培养与宣扬模范民兵和民兵英雄，有计划地定期发动竞赛与选举，召开民兵英雄大会，形成广大群众运动，应作为巩固与提高民兵很重要的方法和一种工作制度。五、为着适应对民兵工作加强的需要，应加强对武委会的领导。

【中共中央关于开展苏浙皖地区工作给华中局的指示】（1944年9月27日） 中共中央1944年9月27日发出。2011年收入中央文献出版社出版的《建党以来重要文献选编》第二十一册。《指示》针对日寇已进占浙江沿海城镇，提出苏浙皖地区工作应有新发展的部署，并提出了六条具体建议，即：浙东挺进纵队派一个得力部队约两个团到天台山，去发展天台、黄岩、临海、乐清等地工作，创造游击区；向天台山脉进军后，挺进至平阳山区与龙跃汇合，造成该区的扩张形势；苏南部队除巩固现有地区外，中心工作应放在太湖西南岸，沿京杭国道伸入天目山，造成过钱塘江与浙东打通的战略形势；建议恢复六师师部，以叶飞任师长；等等。

【中共中央关于巩固太岳、豫西等根据地的指示】（1944年10月14日）　中共中央1944年10月14日发出。2011年收入中央文献出版社出版的《建党以来重要文献选编》第二十一册。《指示》对如何巩固太岳、豫西等根据地提出了四条具体意见：一、决定戴季英等率河南干部经太岳往河南。二、太岳区派两个团进入豫西。在冻冰前派政治军事较强的干部，率一个小团进入该区，与地方党密切联系，巩固已有同情武装，先求站稳脚；太岳区目前极应巩固中条山已得阵地，积极发展汾河以东（三角地区）沁河以西广大地区，使华北与中原密切衔接。三、太行、太岳、平原区，冬季整军期间，尽可能充实小团，并每区补充两个大团。四、解决河南新区军队给养问题，在根据地未具规模以前，采取临时过渡办法。

【中共中央关于华中军事部署的指示】（1944年11月26日）　中共中央1944年11月26日发出。2011年收入中央文献出版社出版的《建党以来重要文献选编》第二十一册。《指示》是针对华中局给刘少奇电报中所提问题的回电。《指示》同意发展东南部署，建议有关部队开辟芜湖等地区工作；指出可成立苏浙皖军区统一指挥江南斗争；新四军西进南下两个任务中，应以南进发展苏浙皖地区为主要任务；各根据地机动兵团抽走以后，应由老的地方独立团，提升若干为机动兵团，再由老的独立团留一部分作底子，成立新的独立团担任地方守备。后附《中共中央华中局关于转报给粟裕、谭震林等的信给刘少奇的电报》和《中共中央华中局关于发展东南的部署给中央的报告》。

【中共中央关于目前形势与任务的指示】（1944年12月25日）　中共中央1944年12月25日发出。2011年收入中央文献出版社出版的《建党以来重要文献选编》第二十一册。《指示》针对美国调停国共关系而蒋介石拒绝协定草案，我们坚持联合政府主张谈判无结果的情况下，而提出了14条意见。《指示》具体分析了国民党面临的形势，以及我军的情况和国内的政治形势。同时提出今后面临的任务：对日战争时间将延长，共产党须利用今后两年增强抗日力量；用极大努力，在军民生产方面有一个普遍的高涨，克服困难，在经济上胜过大后方和沦陷区；在敌占大城市及交通要道中普遍建立地下组织，保证将来的继续发展，组织广大的地下军，并占领大城市；扩大解放区的面积与人口，依据新地区的人力物力扩大自己的军队。

【中共中央关于开展大后方农村工作给周恩来的指示】（1945年1月28日）　中共中央1945年1月28日发出。2011年收入中央文献出版社出版的《建党以来重要文献选编》第二十二册。《指示》对南方局目前的工作提出指导意见，即：除进行一般的民主号召与上层联络工作外，应大力进行群众工作；必须在大后方的农村中建立可靠的基础，南方局及大后方各地党的组织应以农村工作为主要工作；设法训练与动员一批党员、进步青年学生和进步人士，利用各自的社会联系深入到农村去，用合法的以及非法的办法去为农民群众服务，联络农民以及民团等。只有这一工作获有大的成绩时，然后才能在日本进攻中或国内重大事变中有雄厚和可靠的基础发动游击战争。

【中共中央关于向皖南、浙东、苏南发展的战略方针给华中局的指示】（1945年2月24日） 中共中央1945年2月24日发出。2011年收入中央文献出版社出版的《建党以来重要文献选编》第二十二册。《指示》就向皖南、浙东、苏南发展的战略方针提出了七条具体意见，即：同意积极布置南进；应就现地扩大及深入农村工作，整训和扩大部队，准备大举跃进；深入扩大苏南工作，发动群众运动，深入减租减息，训练人民武装，培养本地干部，去敌后之敌后开展游击战争；对南进部队，进行各种准备；整训部队发展民兵；对具体人事安排提出意见；等等。

【中共中央关于发展国民党统治区的民主运动给王若飞的指示】（1945年2月25日） 中共中央1945年2月25日发出。2011年收入中央文献出版社出版的《建党以来重要文献选编》第二十二册。《指示》指出，蒋介石的方针是借民主之名，行独裁之实；要坚持建立联合政府的方针；旧金山会议应由国、共、民盟三方合组代表团出席；积极援助大后方民主运动。《指示》认为大后方民主运动还未形成公开阵线，群众基础还很薄弱，而解放区的统一机构还未组成，只能用公开谈判的形式，以援助大后方民主运动的发展。

【中共中央关于瓦解阎锡山部队扩大太岳解放区的指示】（1945年2月27日） 中共中央1945年2月27日发出。2011年收入中央文献出版社出版的《建党以来重要文献选编》第二十二册。《指示》首先指出阎锡山勾通日寇，已成为蒋介石系顽固反动派进攻华北的直接桥梁，并对如何削弱和瓦解阎锡山军队提出具体意见：晋西北、太岳区必须加强晋西南各项工作，达到缩小阎地区，削弱与瓦解阎部队；临汾、乡宁、吉县及其以南各县划归太岳区党委领导，依靠中条山以西及汾河南岸现有阵地，积极发展游击战争及其他各种秘密组织，达到驱逐国民党特务队及阎之势力，逐渐向乡宁推进；太岳一分区与晋西南党委，应建立密切的联系制度；注意挑选适宜回晋西南地方及阎部工作的干部，逐渐派回开展晋西南与瓦解阎部顽军工作，必须利用各种社会关系，向军官士兵同时进行工作；提出群众所迫切需要的口号去发动群众。

【中共中央关于华南工作方针的指示】（1945年3月6日） 中共中央1945年3月6日发出。2011年收入中央文献出版社出版的《建党以来重要文献选编》第二十二册。《指示》针对国民党将与我军争夺沿海及敌占城市要道的企图，提出了具体部署和意见，并对于沦陷区和国统区的工作也提出了具体要求，即：一、华南抗日武装斗争应由小北江入手，以湘鄂桂边为主要发展方向，进行持久的斗争。二、东江沿海发展也要注意建立向北山地的基础。三、沦陷区积极恢复组织和工作，积极发动和组织群众抗日武装斗争。四、在国民党统治区域经过单线或个别关系领导，尽力劝导一部分城市党员转入乡村工作。五、统战及外交工作，应力求打通南路与李济深、张炎的联系。六、中央决定将临委及军政委合并改为区党委，实行领导一元化；等等。后附《广东临委关于开展广东工作向中央的报告》。

【关于若干历史问题的决议】（1945年4月20日）　中国共产党第六届中央委员会扩大的第七次全体会议1945年4月20日通过。1981年收入人民出版社出版的《六大以来》（上）。2011年收入中央文献出版社出版的《建党以来重要文献选编》第二十二册。《决议》共分七个部分。第一部分明确指出中国共产党成立以来，就以马克思列宁主义普遍真理和中国革命的具体实践相结合为自己一切工作的指针，毛泽东关于中国革命的理论和实践是此种结合的代表。第二部分对大革命时期、土地革命战争时期党内发生的问题，简要进行了阐述，指出了取得的成绩和存在的问题，认为为了学习中国革命的历史教训，“对于这十年内若干党内历史问题，尤其是六届四中全会至遵义会议期间中央的领导路线问题，作出正式的结论，是有益的和必要的”。第三部分论述了从1927年以来到遵义会议党内的“左”、右倾错误，特别对第三次“左”倾路线错误产生的思想根源作了深刻的分析，指出遵义会议后，党中央在毛泽东领导下的政治路线是完全正确的。第四、五部分，论述了党内“左”倾路线错误在政治上、军事上、组织上、思想上的表现及发展过程、主要内容、社会根源及给中国革命所造成的严重危害。第六部分，结合党的历史上与“左”、右倾错误的斗争，指出“我们党关于党内历史问题的一切分析、批判、争论，是应该从团结出发，而又达到团结的，如果违背了这个原则，那就是不正确的”。《决议》最后充分肯定了中国革命在中国共产党领导下取得的伟大成绩和宝贵经验，高度评价了毛泽东运用马克思列宁主义的思想解决中国革命问题所作出的杰出贡献，指出了在全党确立毛泽东领导地位的重大意义。《决议》的通过，增强了全党在毛泽东思想基础上的团结，为七大的胜利召开创造了充分的思想条件。

【两个中国之命运】（1945年4月23日）　毛泽东1945年4月23日在中国共产党第七次全国代表大会上的开幕词。1953年收入人民出版社出版的《毛泽东选集》第三卷。2011年收入中央文献出版社出版的《建党以来重要文献选编》第二十二册。开幕词首先指出了大会召开的重要意义；指出了大会的任务；并对能够实现这一任务的条件进行了分析。进一步明确当前的任务是放手发动群众，壮大人民力量，团结全国一切可能团结的力量，在党领导之下，为着打败日本侵略者，建设一个光明的新中国，建设一个独立的、自由的、民主的、统一的、富强的新中国而奋斗。指出只要有正确的政策，一致努力，我们的任务必定能完成。

【论联合政府】（1945年4月24日） 毛泽东1945年4月24日在中国共产党第七次全国代表大会上所作的政治报告。1953年收入人民出版社出版的《毛泽东选集》第三卷。2011年收入中央文献出版社出版的《建党以来重要文献选编》第二十二册。报告共分五部分，即：中国人民的基本要求；国际形势和国内形势；抗日战争中的两条路线；中国共产党的政策；全党团结起来，为实现党的任务而斗争。报告分析了国际国内形势，比较了抗战中国共两党的不同抗战路线，全面论述了中国共产党的政策。报告指出加强党的领导是胜利的关键，并深刻地阐述了党的三大作风，即理论和实践相结合的作风、和人民群众紧密地联系在一起的作风以及自我批评的作风。并指出，我们共产党人区别于其他任何政党的又一个显著的标志，就是和最广大的人民群众取得最密切的联系。全心全意地为人民服务，一刻也不脱离群众；一切从人民的利益出发，而不是从个人或小集团的利益出发；向人民负责和向党的领导机关负责的一致性；这些就是我们的出发点。该报告完整地阐述了党的三大作风，丰富和发展了马克思主义关于党的建设的学说，对于夺取抗日战争的最后胜利、建立新中国，具有重要意义。后附《毛泽东在中共六届七中全会上对〈论联合政府〉的说明》。

【在中国共产党第七次全国代表大会上的口头政治报告】（1945年4月24日） 毛泽东1945年4月24日在中国共产党第七次全国代表大会上的口头政治报告。2011年收入中央文献出版社出版的《建党以来重要文献选编》第二十二册。《报告》共三个部分，即：路线问题；政策方面的几个问题；关于党内的几个问题。《报告》具体分析了党的七大制定的“放手发动群众，壮大人民力量，在我党的领导下，打败日本侵略者，解放全国人民，建立一个新民主主义的中国”的政治路线。从十一个方面论述了党的政策，并从个性与党性以及党的干部等方面提出了看法。指出关于党内各种干部，要坚持实事求是，反对教条主义，要谦虚谨慎、不骄不躁、要讲真话，不偷、不装、不吹。全党要团结起来，为全国人民解放而奋斗！

【论解放区战场】（1945年4月25日） 朱德1945年4月25日在中国共产党第七次全国代表大会上所作的军事报告。2011年收入中央文献出版社出版的《建党以来重要文献选编》第二十二册。报告共分五部分，即：抗战八年；论解放区战场；中国人民抗战的军事路线；今后的军事任务；结束语。报告回顾了八年抗战的历史、解放区战场创建和发展的历程；总结了解放区战场抗战的经验；论述了中国人民抗战的军事路线，批评了国民党的抗战军事路线，论证了人民军队建军的原则和怎样养兵、带兵、练兵、用兵以及军队中的政治工作、怎样瓦解敌军等问题；提出了今后的军事任务。全文贯穿着人民战争、人民军队的思想，是运用马列主义研究中国抗日民族解放战争的杰作。

【论党】（1945年5月14日）　刘少奇1945年5月14日在中国共产党第七次全国代表大会上作的关于修改党章的报告。1950年1月经作者校阅，改名为《论党》，由人民出版社出版。2011年收入中央文献出版社出版的《建党以来重要文献选编》第二十二册。报告讲了九个问题，即：引言、关于党章的总纲、关于党员、关于党员的义务与权利、关于党内的民主集中制、关于干部问题、关于党的基础组织、关于奖励与处分、党的严肃性与灵活性。报告总结了中国共产党加强自身建设的经验，全面地论述了党的性质、党的指导思想、中国革命的特点、党的群众路线等一系列重大理论问题，阐明了七大党章的特点。还论述了民主集中制的原则和党的干部政策。该报告是中国共产党成立以来关于党的建设的一次全面总结，对于加强党的思想建设、组织建设，提高全党的马列主义水平，增强党的战斗力，具有重要意义。

【中国共产党第七次全国代表大会选举新的中央委员会的条例】（1945年5月24日）　中国共产党第七次全国代表大会1945年5月24日通过。2011年收入中央文献出版社出版的《建党以来重要文献选编》第二十二册。《条例》对如何在党的七大上选举新的中央委员会提出了六项意见要求，为之后中央委员的选举工作提出了具体的选举方法。

【关于毛泽东军事思想问题】（1945年5月30日）　朱德1945年5月30日在中国共产党第七次全国代表大会上所作关于军事问题的结论的第一部分。2011年收入中央文献出版社出版的《建党以来重要文献选编》第二十二册。报告讲了三个问题：指出毛泽东的军事思想，就是马克思主义的中国化；论述了什么是人民的军队；进一步指出要把军队搞好，必须把与人民的关系先搞好。报告指出要学习毛泽东的军事思想，彻底站在人民方面，为人民服务，把军队变成完全为人民服务的军队。

【在中国共产党第七次全国代表大会上的结论】（1945年5月31日）　毛泽东1945年5月31日在中国共产党第七次全国代表大会上的结论。2011年收入中央文献出版社出版的《建党以来重要文献选编》第二十二册。该《结论》分析了国际形势、国内形势：认为国际形势，资本主义是向下的；国内形势，既有现实的困难，也有胜利的光明，要克服天灾，学习太行经验，学会自力更生。分析了党内若干思想政策的十三个问题，即：领导问题；民主集中制问题；干部关系问题；整风、审干、锄奸问题；准备转变问题；关于政治路线；关于军事路线；我们党能不能领导大地主、大资产阶级；国共两党谈判还有没有希望；关于中国人民解放联合会；党性与个性问题；理论工作问题；实事求是问题。报告对国际、国内形势的分析及对党内若干思想政策问题的总结，为最后的胜利奠定了基础，指明了方向。

【中国共产党党章】（1945年6月11日）　中国共产党第七次全国代表大会1945年6月11日通过。2011年收入中央文献出版社出版的《建党以来重要文献选编》第二十二册。这部党章共分总纲和具体内容两部分。总纲规定了中国共产党的性质、最终目的、指导思想，分析了中国革命的特点，论述了党的群众路线。党章的具体内容共十一章七十条，分别规定了党员、党的组织机构、党的中央组织、党的省及边区之组织、党的地方、县、市及区之组织、党的基础组织、党的地下组织、党的监察机关；党外组织中的党组、奖励与处分、经费等内容。

【愚公移山】（1945年6月11日） 毛泽东1945年6月11日在中国共产党第七次全国代表大会上的闭幕词。1953年收入人民出版社出版的《毛泽东选集》第三卷。2011年收入中央文献出版社出版的《建党以来重要文献选编》第二十二册。闭幕词首先指出党的七大是很好的，是一个胜利的大会，一个团结的大会；指出了大会后的任务，分析了美国的扶蒋反共政策，指明了中共七大与国民党六大的不同目的。指出要宣传大会的路线，要使全党和全国人民建立起一个信心，即革命一定要胜利。指出首先要使先锋队觉悟，下定决心，不怕牺牲，排除万难，去争取胜利。指出现在有两座压在中国人民头上的大山，一座叫做帝国主义，一座叫做封建主义。中国共产党早就下了决心，要挖掉这两座山。要坚决相信，中国人民将要在中国共产党领导之下，在中国共产党第七次大会的路线的领导之下，得到完全的胜利，而国民党的反革命路线必然要失败。

【努力争取新民主主义革命的胜利】（1945年） 任弼时1945年在中国共产党第七次全国代表大会期间写的发言稿。2011年收入中央文献出版社出版的《建党以来重要文献选编》第二十二册。发言涉及四个问题：一、在抗战胜利中究竟要达到什么目标。指出在抗日战争胜利中，应当努力争取新民主主义在中国基本区域获得胜利，至少也要争取在黄河以北（包括东北、陕北）能够获得中国共产党领导的新民主主义政治的实现，将来再走到全国的胜利。二、发展力量是解决一切问题的决定因素。认为不论是反攻日寇还是制止内战，争取形势好转，都决定于共产党力量的不断增大。三、建设事业的重要。指出人民政权建立的开始就必须有建设。四、关于党的领导问题。指出中国共产党经过三个阶段的锻炼，已经成为中国革命的重心，在总的方面相信不致重复过去的错误。

【中共中央关于大后方工作方针给王若飞的指示】（1945年6月17日） 中共中央1945年6月17日发出。2011年收入中央文献出版社出版的《建党以来重要文献选编》第二十二册。《指示》指出，美国政府目前政策是扶蒋抗日反共。进一步指出蒋介石的内战方针已经确定。应对策略除扩大武装、扩大解放区，并派兵建立华南战略根据地外，在大后方，应着重农村武装斗争的积极准备及国民党军队中的工作。对于前者，可以依各地情况采取在群众的武装工作队中广泛散布的方式；对于后者，如是顽军进攻，则坚决破坏之，如是友军，则以统战交友为目的。

【中共中央关于建立南方根据地的战略方针给湘鄂赣区党委等的指示】（1945年6月24日） 中共中央1945年6月24日发出。2011年收入中央文献出版社出版的《建党以来重要文献选编》第二十二册。《指示》进一步指出我军的战略方针是在日寇占领区域实行分散的游击战争，建立与扩大解放区，缩小沦陷区，建立与扩大军队、游击队与民兵，削弱敌军、伪军与联敌攻我之顽军。对于国民党军队不应超过自卫立场，并对建立南方根据地提出了具体意见。指出在湘中衡、宝、潭、醴地区建立解放区，目前是可能的，而要在日寇崩溃后继续存在、坚持，是很困难的。应取道敌占区向南，直至湘粤边界和广东部队联接，在粤赣边、湘桂边区分散建立许多游击根据地，逐渐成为巩固根据地。

【对日寇的最后一战】（1945年8月9日） 毛泽东1945年8月9日就苏联对日宣战发表的声明。1953年收入人民出版社出版的《毛泽东选集》第三卷。2011年收入中央文献出版社出版的《建党以来重要文献选编》第二十二册。声明首先指出，中国人民热烈欢迎苏联政府宣布对日作战。指出由于苏联对日宣战，抗日战争的时间将大大缩短，对日战争已处在最后阶段，最后地战胜日本侵略者及其一切走狗的时间已经到来了。中国人民的一切抗日力量应举行全国规模的反攻，密切而有效力地配合苏联及其他同盟国作战；八路军、新四军及其他人民军队，在一切可能条件下，对于一切不愿投降的侵略者及其走狗实行广泛的进攻，歼灭这些敌人的力量，夺取其武器和资财，猛烈地扩大解放区，缩小沦陷区。声明指出，中国民族解放战争的新阶段已经到来了，全国人民应该加强团结，为夺取最后胜利而斗争。

【中共中央关于苏联参战后准备进占城市及交通要道的指示】（1945年8月10日） 中共中央1945年8月10日发出。2011年收入中央文献出版社出版的《建党以来重要文献选编》第二十二册。《指示》要求各中央局、中央分局及各区党委，应立即布置动员一切力量，向敌、伪进行广泛的进攻，迅速扩大解放区，壮大军队，准备于日本投降时，以正规部队占领大城市及要道，以游击队民兵占领小城。同时对日本投降时，我们的工作提出要求，如：对日军应令其在一定时间内投降缴械，缴械后可予以优待。对伪军，应令其立即反正，接受委任与改编，并指令防区驻扎，否则应立即消灭之。在所有占领区，迅速发动群众并建立武装。

【中共中央关于日本投降后我党任务的指示】（1945年8月11日） 中共中央1945年8月11日发出。由毛泽东起草。2011年收入中央文献出版社出版的《建党以来重要文献选编》第二十二册。《指示》首先指出，日本宣布投降后，国民党准备夺取抗日胜利的果实；指出我党的任务，要求迅速加强城市工作，特别加强党可能夺取与必须夺取的那些城市的工作；注意政策和纪律，任何行动不要脱离群众；迅速扩大民兵组织；放手发动减租，在一切新解放区一律减租，放手发动与组织群众，建立地方党地方政府与提拔地方干部，以便迅速确立党在基本群众中的基础，迅速巩固一切新解放区；国共谈判将以国际国内新动向为基础考虑其恢复，延安对美国与国民党的批评暂时取和缓态度；等等。

【中共中央关于华中我军的战略部署给华中局的指示】（1945年8月12日） 中共中央1945年8月12日发出。2011年收入中央文献出版社出版的《建党以来重要文献选编》第二十二册。《指示》指出，在国共力量对比下，华中的具体部署要做出以下调整：江南力量向四周扩展，夺取广大乡村及许多县城，准备内战战场；江南各大城市不作占领打算，除以人民面目活动外，党的组织仍取隐蔽政策；浙东力量仍在原地扩展，内战失利时准备转到浙南；江南在内战胜利后原地继续扩展，长期坚持，此种可能很大；江北力量全部留江北，不再派兵去江南。

【抗日战争胜利后的时局和我们的方针】（1945年8月13日） 毛泽东1945年8月13日在延安干部会议上所作的讲演。1960年收入人民出版社出版的《毛泽东选集》第四卷。2011年收入中央文献出版社出版的《建党以来重要文献选编》第二十二册。讲演分析了抗日战争胜利后的国内形势、国内阶级关系、国共两党的关系，预测了时局发展方向，提出了中国共产党关于对待和平与战争的态度和方针。指出按照我们的意愿是要尽力争取和平，反对内战；但蒋介石的方针是要发动内战，他对于人民是寸权必夺，寸利必得，因此，中国共产党的方针是“针锋相对，寸土必争”。一方面力争和平，反对内战；另一方面准备应付战争，坚决用战斗来保卫人民的胜利果实。

【中共中央对目前时局宣言】（1945年8月25日） 中共中央1945年8月25日发出。原载1945年8月27日《解放日报》。2011年收入中央文献出版社出版的《建党以来重要文献选编》第二十二册。《宣言》指出八年抗战胜利结束，新的和平建设时期已经到来。指出我们民族的重大任务和存在的困难；对国民政府提出了实施紧急措施的六条意见，即：一、承认解放区的民选政府和抗日军队，撤退包围、进攻解放区的军队。二、划定八路军、新四军及华南抗日纵队接受日军投降的地区，并给予他们以参加处置日本的一切工作的权利。三、严惩汉奸，解散伪军。四、公平合理地整编军队，办理复员，救济难胞，减轻赋税，以苏民困。五、承认各党派合法地位，取消一切妨碍人民集会、结社、言论、出版的自由的法令，取消特务机关，释放爱国政治犯。六、立即召开各党派和无党派代表人物的会议，成立民主联合政府，并筹备国民大会。

【中共中央关于同国民党进行和平谈判的通知】（1945年8月26日） 毛泽东1945年8月26日去重庆同蒋介石进行和平谈判之前为中共中央起草的对党内的通知。1960年收入人民出版社出版的《毛泽东选集》第四卷。2011年收入中央文献出版社出版的《建党以来重要文献选编》第二十二册。《通知》分析了日寇投降后，华北及全国其他地区的形势；分析国共两党的关系，指出在争取和平的过程中决定派遣毛泽东、周恩来、王若飞到重庆去同国民党进行和平谈判；说明了中共中央关于和平谈判的方针，在谈判中准备作出的某些让步以及对谈判结果的两种可能情况的对策；指出了对国民党发动内战，我方的态度，分别对广东、湖南、湖北、河南等省及华北、江淮的斗争作了原则的指示；要求面对困难，全党做好充分精神准备，团结一致战胜敌人，告诉全党绝对不要因为谈判而放松警惕和斗争。

【中共中央关于迅速进入东北控制广大乡村和中小城市的指示】（1945年8月29日） 中共中央1945年8月29日发出。2011年收入中央文献出版社出版的《建党以来重要文献选编》第二十二册。《指示》分析了我党我军进入东三省遇到的问题；要求晋察冀和山东解放区，必须迅速派干部和部队进入东三省，海陆并进，越快越好，不要声张，控制广大乡村和苏联红军未曾驻扎的中小城市，建立地方政权与地方部队，放手发展。指出热河、察哈尔两省，不在中苏条约范围之内，必须完全控制，迅速派干部和部队到一切重要地区去工作，建立政权与地方武装。

【中共中央关于新解放城市工作的指示】（1945年9月2日） 中共中央1945年9月2日发出。2011年收入中央文献出版社出版的《建党以来重要文献选编》第二十二册。《指示》就新解放城市工作给前方各部队首长提出八项具体要求，即：一、新解放的县城，在根据地已有该县县政权者，立即入城办公，在根据地尚无县政权者，在城中成立临时县政权、在较大的城市中还须成立市政权。二、成立人民自卫军，协助军政维持秩序，参加解放战斗。三、对敌伪公有财产及大汉奸的企业，成立统一接受机关，暂行管制。四、关于伪币本币问题，一般的不用命令禁止伪币行使，也不明文准许伪币行使。五、在较大的城市中，必要时成立粮食管理机关，召集粮商，研究粮食需要来源，禁止囤积，协助粮运，疏畅粮源，首先供给劳动人民。六、救护盟国俘虏，保护外侨，监视敌侨与法西斯国家的侨民，不侵犯宗教团体与慈善机关，尽可能不借用学校。七、对公用事业及财经机关的原有人员，尽量争取，保存案卷，照常工作。八、有政策有计划地搬运根据地内必需的机器及重要材料。

【中共中央关于配备一百个团的干部进入东北的指示】（1945年9月15日） 中共中央1945年9月15日发出。2011年收入中央文献出版社出版的《建党以来重要文献选编》第二十二册。《指示》针对我党迅速坚决争取东北，在东北发展我党强大力量的任务，提出六项具体意见和注意事项，即：在东北决不能采用八路军的番号，只能用东北地方正规部队与非正规部队及非共产党的面貌与苏联红军指挥机关作正式的接洽；山东、晋察冀、冀鲁豫及太行各根据地准备开入东北的部队，应迅速继续前进；派遣大批军事干部到东北，华北、华中应派遣100个团的干部，从班长、副班长、排、连、营、团长到事务人员、政治工作人员均配齐，迅速陆续起身前往；其他到东北能作司令、市长、专员、经济、文教工作的干部亦望尽可能派去；各部队应各自寻找最迅速到达的路线，进入东北。

【中共中央关于确定向北推进向南防御的战略方针给中共赴渝谈判代表团的电报】（1945年9月17日） 中共中央1945年9月

17日发出。2011年收入中央文献出版社出版的《建党以来重要文献选编》第二十二册。该《电报》指出东北必争，热、察两省必控的局势和任务，从战略部署角度提出五条具体要求，即：冀察晋军区（除冀东外）的现有力量，不能再有大的力量加强与保障热河和冀东，更无力进入东北；为了完全控制与巩固热河和冀东，对付平津唐山一带将来国民党军队对于热河的威胁，必须在冀东、热河控制重兵，须囤集至少5万军队在冀东，以备红军撤退时能抢先进入东北；确定全国战略为向北推进、向南防御的方针，提出将新四军江南主力部队立即转移到江北，并调华东新四军主力10万人到冀东，或调新四军主力到山东，再从山东冀鲁豫抽调10万人至15万人到冀东热河一带，华东根据地则以剩余力量加以扩大去坚持；应即成立冀热辽中央局；已决定再从延安派1300个干部到东北并将炮兵学校约1000人开到东北去。后附《中共赴渝谈判代表团给中央的复电》。

【中共中央关于目前任务和战略部署的指示】（1945年9月19日） 中共中央1945年9月19日发出。2011年收入中央文献出版社出版的《建党以来重要文献选编》第二十二册。《指示》首先指出国共谈判暂时很难有结果，国民党军队已进入许多大城市及交通要道的局面，必须迅速作妥善部署，保障党对东北的控制。指出目前全党全军的主要任务，并提出七项具体部署：命令晋察冀和晋绥两区部队坚决打击向张家口进攻之国民党军，保障察哈尔全境、绥远大部、山西北部及河北一部，使之形成以张家口为中心的基本战略根据地；抽调山东军区主力及大部分干部和晋冀鲁豫军区部队之一部，进入冀东及东北成立冀热辽中央局并扩大冀热辽军区，将山东局改为华东局，原华中局改为分局，受华东局指挥；等等。

【中共中央关于目前形势与部署给中共赴渝谈判代表团的电报】（1945年9月26日） 中共中央1945年9月26日发出。2011年收入中央文献出版社出版的《建党以来重要文献选编》第二十二册。《电报》首先指出热察形势的变化，并介绍了太行、太岳、鲁中、鲁南等地的我军活动情况。对华北地区的兵力作出了新的部署。后附《中共赴渝谈判代表团给中央的复电》。

【中共中央关于国共谈判及目前时局的通知】（1945年10月1日） 中共中央1945年10月1日发出。2011年收入中央文献出版社出版的《建党以来重要文献选编》第二十二册。《通知》通报了国共谈判的情况，我方处于有理、有利地位，国民党防御招架；国民党访美借款失败、在新疆政府军失败、腐败脆弱、丧失人心等。希望各地坚决斗争，迅速扩大与编组力量，争取解放区广大群众，加大城市及铁路工人中的工作。

【中共中央关于东北战略方针与部署给东北局的指示】（1945年10月2日） 中共中央1945年10月2日发出。2011年收入中央文献出版社出版的《建党以来重要文献选编》第二十二册。《指示》要求东北局将主力部署在背靠苏、蒙、朝边境，立稳脚跟，再争取大城市和交通要道。目前在大城要道除找取物资兵员外，主要是发动群众，进行民主运动，不使紊乱。并就部队及干部安排提出具体意见，指出东北局考虑立即由程子华从沈阳及曾克林队伍中抽出两三个比较巩固的团和一批干部到洮南、龙江开辟工作，建立基点，并将北满的干部调一部分给程子华。现在北满的干部由东北局作统一的分配，使他们服从以上战略部署，以后陆续到达的部队和干部，也须作有计划的分配。

【中共中央关于抽调十万大军进入东北等问题给东北局的指示】（1945年10月6日）　中共中央1945年10月6日发出。2011年收入中央文献出版社出版的《建党以来重要文献选编》第二十二册。《指示》针对国民党有将近五十万大军从平绥、同蒲、平汉、津浦向平津、东北前进的情况，对如何完成抽调十万大军进入东北提出具体意见，指出党在冀鲁豫、太行、五台等区的部队都不能抽调，要阻止国民党军队北进，并消灭其一部，才能掩护中央抽调十万军队到达目的地，并进行工作。指出共产党在平绥、同蒲、平汉、津浦四路与国民党军队的大冲突即将开始，中央请进入东北的苏联红军给以必要的援助，这将对东北及全中国的局势起大的影响。同时指出中央派军队到达东北后，东北伪军、伪警必须解除武装或重新加以整编，对其干部进行调动与改造，以掌握在我手。

【中共中央关于争取敌伪军向我投降的指示】（1945年10月9日）　中共中央1945年10月9日发出。2011年收入中央文献出版社出版的《建党以来重要文献选编》第二十二册。《指示》指出了日本宣布投降后的局势，希望各地迅速加紧敌伪军的工作，争取部分日军投降我军，或者在我军攻击城市据点的伪军时，使敌军保持中立，不加援助，设法争取伪军伪组织人员投降我军，由我军保证其生命安全；设法扩大日、伪与美、蒋之间的矛盾，使其不能联合对我军。文字宣传上仍须和以前一样，批评美蒋对日本、汉奸的纵容政策，要求严惩战犯和汉奸。

【中共中央关于双十协定后我党任务与方针的指示】（1945年10月12日）　中共中央1945年10月12日发出。2011年收入中央文献出版社出版的《建党以来重要文献选编》第二十二册。《指示》指出国共协定今日公布以及对我方有利的方面，同时又提出了需要注意的具体事项，即：一、除粤、鄂、豫、浙及苏南等地国民党军队正在向我军进攻外，沿平汉、津浦、同蒲、正太等路国民党军队正在向我军大举进攻，争夺北宁、胶济、平绥三路的战斗也将到来，我方必须提起充分注意，战胜这些进攻，绝对不可松懈。二、解放区问题未能在重庆谈判中解决，还须经过严重斗争，这个问题不解决，全部和平建国的局面便不会出现。三、解放区军队一枪一弹均必须保持，这是确定不移的原则。四、为表示让步，取得全国同情起见，共产党答应退出浙东、苏南、豫、鄂等八地。五、东北问题没有在谈判中提出，党的一切既定计划照样执行。后附《政府与中共代表会谈纪要（双十协定）》。

【中共中央关于再派五万人去东北给陈毅等的指示】（1945年10月13日） 中共中央1945年10月13日发出。2011年收入中央文献出版社出版的《建党以来重要文献选编》第二十二册。《指示》要求新四军立即定出第二期北进计划；除前期已决定去冀东和东北的部队外，中央决定第二期再向东北出兵五万人；海运可继续，不要停顿；关于第二期出动计划及山东、华中部队的部署与作战，不论华中和山东均须保留两三个主力旅，去东北的部队中也必须有几个老的主力旅。

【中共中央关于进行交通战阻止国民党军队前进的指示】（1945年10月15日） 中共中央1945年10月15日发出。2011年收入中央文献出版社出版的《建党以来重要文献选编》第二十二册。《指示》指出日本投降后，华北华中日军的情况及国民党企图控制大城市和交通要道的想法，提出了必须打击和阻止国民党，并对如何将重心放在铁路线上，消灭和阻止北进之国民党军队提出了五条具体意见，即：一、各解放区按各区铁路情况，将自己所有正规军和地方部队及指挥机关作有计划的配备，对各交通要道施行有计划的破坏和扼守。二、各段均须组织一支强大的野战军，并依据野战军的具体情况和敌情条件进行作战。三、如有实力以控制铁路一段时，应力求控制，布置战场，和国民党军队作战以消灭其整批力量，阻止其前进。四、发动广大群众和民兵进行破坏，凡群众在破路时获得的一切铁料、枕木、电杆、电线及其他东西，均归群众所有，由公家定价收买。五、动员全党全军及广大人民认识目前交通作战的重要性，对于各路前进国民党军队加以严重打击。

【关于重庆谈判】（1945年10月17日） 毛泽东1945年10月17日在延安干部会上所作的报告。1960年收入人民出版社出版的《毛泽东选集》第四卷。2011年收入中央文献出版社出版的《建党以来重要文献选编》第二十二册。报告首先介绍了重庆谈判以来的时局问题，指出了时局发展中的矛盾现象，同国民党进行针锋相对的斗争要看形势，有时不去谈判是针锋相对，有时去谈判也是针锋相对。指出重庆谈判的意义在于击破了国民党散布的关于共产党不要和平和团结的谣言，迫使国民党承认了和平团结的方针和人民的某些民主权利，承认了避免内战国共两党合作建设新中国。进一步指出《双十协定》达成后，我们的任务就是坚持这个协定，要国民党兑现，继续争取和平。但是，如果国民党反动派要打，就把他们彻底消灭。不给敢于进攻解放区的反动派很大的打击，和平是不会来的。报告还分析了干部队伍存在的思想问题，指出要承认困难，向困难作斗争，前途是光明的，道路是曲折的，要团结一心，共同努力，达到胜利的目的。

【中共中央关于过渡时期的形势和任务的指示】（1945年10月20日） 中共中央1945年10月20日发出。2011年收入中央文献出版社出版的《建党以来重要文献选编》第二十二册。《指示》指出，今后六个月是为抗日阶段转变至和平建设阶段的过渡时期，也是决定我党今后政治地位的关键。指出过渡时期中国共产党在国民党统治区域内的任务，是扩大民族民主的统一战线工作，与广大友好的及可能争取的中外人士合作，组织广大群众，发动要求民主、惩治汉奸、挽救经济恐慌、救济失业人民与援助还乡人民等项运动。在解放区的中心任务，是集中一切力量反对国民党军队的进攻及尽量扩大解放区。必须坚持又团结、又斗争，以斗争的手段达到团结的目的，毫不动摇地争取目前斗争的胜利，以便有利地转到和平发展的新阶段。

【中共中央关于内蒙古工作方针给晋察冀中央局和晋绥分局的指示】（1945年10月23日） 中共中央1945年10月23日发出。2011年收入中央文献出版社出版的《建党以来重要文献选编》第二十二册。《指示》指出，我党控制热察地区，发展东北，取得华北的优势，使内蒙在战略上具有极重要的地位。提出对内蒙工作的基本方针，即实行区域自治。首先从各旗开始，争取时间，放手发动与组织蒙人的地方自治运动，建立自治政府。指出我党对内蒙的各种政策，必须适时而慎重，并提出了五方面意见。

【中共中央关于目前宣传与谈判方针给中共代表团的指示】（1945年11月7日、8日） 中共中央1945年11月7日、8日发出。2011年收入中央文献出版社出版的《建党以来重要文献选编》第二十二册。《指示》指出，在美军及蒋介石军队坚决进攻的方针下，中国共产党军队无法退让，只有自卫之法。认为战争是不可避免了，要有准备。《指示》认为宣传要采取“哀者”态度，仁至义尽。对谈判要保留伸缩余地。后附《中共代表团关于谈判与宣传问题向中央的报告》。

【抗战胜利三个月来的局势和今后若干工作方针】（1945年11月12日） 毛泽东1945年11月12日在中共中央政治局扩大会议上的讲话。2011年收入中央文献出版社出版的《建党以来重要文献选编》第二十二册。讲话介绍了抗战胜利后我军的组建和调动工作情况，以及国民党部队的情况，认为中国共产党控制东北的可能性在增长。共产党已经接收了东北的一部分政权、枪炮以及工厂。共产党既要确定同蒋介石谈判，同时又要准备蒋介石采取军事行动。指出今后的工作方针，解放区要做好生产与减租，新区要搞大的减租运动，彻底地普遍地做好工作；生产方面，明年要有组织地做好粮食和日用品工作；做好东北的经济工作，东北的工业占全国80%，要把这部分工作做起来。讲话还分析了美蒋的弱点和国际形势。

【中共中央关于东北工作方针等给东北局的指示】（1945年11月19日） 中共中央1945年11月19日发出。2011年收入中央文献出版社出版的《建党以来重要文献选编》第二十二册。《指示》指出：一、由于中国共产党在满洲的发展，蒋介石的军队不能顺利进入满洲，国民党在东北的接收工作不能顺利开展，美、蒋在满洲问题上已对苏联采取了外交攻势。二、东北局现在的方针仍应在顾及苏联国际信用的条件下力争大城市。大局现在没有最后确定，国民党人员从满洲撤退，苏军延长驻满时间，对共产党在满多一些工作时间是有利的。三、对下一步工作提出具体意见，指出工作应分前方后方来进行，组织野战司令部来指挥与训练野战军，另外组织军区司令部来主持各地武装的发展及后方工作。东北局的东满分局与北满分局应即成立。

【中共中央关于抓紧进行减租运动和生产运动的指示】（1945年11月27日） 中共中央1945年11月27日发出。2011年收入中央文献出版社出版的《建党以来重要文献选编》第二十二册。《指示》指出，在一切解放区发动群众减租与发展生产，是争取当前斗争胜利的重要关键。所有各后方领导机关，除供应前线外，应以发动新解放区及尚未减租区域的减租运动与准备明年生产运动为中心任务。前方部队在不妨害战争与整训的条件下，亦应协助地方进行减租和生产。这一工作要抓紧进行，不可忽视。在战略上最重要及人口最稠密地区的减租运动，应由重要的领导机关及负责干部亲自去指导。

【中共中央书记处关于琼崖特委的工作方针与任务的指示】（1945年11月28日） 中共中央书记处1945年11月28日发出。2011年收入中央文献出版社出版的《建党以来重要文献选编》第二十二册。《指示》首先肯定了琼崖党坚持二十年，发展起来的优势局面，进一步明确指出在保存现有力量，发展城市与海面工作，展开民主运动的方针下，中心工作是：一、在根据地广泛进行减租减息，进行民主选举政权，发展自我批评与批评，同时展开根据地周围的和平谈判运动。二、琼特常委中必须指定一人专管城市工作，应单独成一系统，短小精干而不要与支点党发生联系。三、加强沿海渔民工作。四、党政军民各机关，应作精兵简政，以提高质量和战斗力，以减轻民众负担而适合长期斗争的需求。五、财政经济政策，应从自力更生减轻人民负担而着重于发展农村的农业生产和小工业生产。同时对有关组织工作提出具体意见。

【中共中央关于应以控制中小城市及广大乡村为工作重心给东北局的指示】（1945年11月28日） 中共中央1945年11月28日发出。2011年收入中央文献出版社出版的《建党以来重要文献选编》第二十二册。《指示》分析了我军进入东北两月来的情况，指出为力争在东北取得一定地位，目前应以控制长春铁路以外的中小城市、次要铁路及广大乡村为工作重心。另外东北局应将部队和干部作适当的分配安排。如不能进行胜利的战斗，应避免作战，避免被敌人各个击破，应将一部分主力分散去控制各中小城市、次要铁路和广大乡村，有重心地建立根据地，作长期打算。长春路沿线干部应大部转移到东满、北满。

【中共中央关于中原我军行动方针给中原局的指示】（1945年11月28日） 中共中央1945年11月28日。2011年收入中央文献出版社出版的《建党以来重要文献选编》第二十二册。《指示》肯定了中原部队在豫南、鄂北的行动，对下一步的行动提出了意见，指出平汉、陇海两路将是蒋军与中原野战军决战地带。在将来决战中中原野战军处于外线，直接配合华北、华东军队作战，具有更大的战略作用。目前，应依托现有桐柏山根据地相机作战，加强地方工作，征粮筹款，整训部队，将来再相机向大别山行动，扩展地区。以设法在豫、鄂、皖地区渡过时间，保存与发展力量，宣传组织群众，为一切工作和行动的最高目标。部队则以适当的集中以进行作战，适当的分散以开辟地区，进行群众工作和就食筹给养。困难虽多，但总的任务是能够完成的。并望与武汉、上海、天津建立联系。

【中共中央关于对美蒋斗争策略的指示】（1945年11月28日）　中共中央1945年11月28日发出。2011年收入中央文献出版社出版的《建党以来重要文献选编》第二十二册。《指示》分析指出，目前世界的中心问题是美苏之争，反映在中国即蒋共之争。美国政府对华政策是尽力扶蒋、打共、反苏，而蒋介石的政策是在打共时企图中立苏联，在反苏时又希望连上共。因此苏联目前对华政策在形式上不得不与中共隔离，在对美斗争时有时中立蒋，在对蒋时也时常不联系美。目前共产党在以对蒋介石的斗争为中心时，一方面应当表示与苏联无关；另一方面有时也可以中立美国，以减少困难。但这种中立美国，只是在对蒋斗争中的一种策略，即对美采取不挑衅的政策，以减少美国寻隙借口，并非不反对美国殖民地化中国的政策，也非不抗议美国武装干涉中国内政和参加中国内战的政策，更非在美军进攻我们时采取不抵抗政策。要求对美情报人员要接待好，给以必要的宣传材料供其报告，绝不能供给情报。

【中共中央关于东北形势及今后方针的通报】（1945年11月29日）　中共中央1945年11月29日发出。2011年收入中央文献出版社出版的《建党以来重要文献选编》第二十二册。《通报》指出了两月来我军与蒋军进入东北的情况；分析指出东北问题已经引起中、苏、美严重的外交纠纷，全世界都在注目。苏联由于条约限制，不得不将东北各大城市及长春铁路交蒋介石派人接收，苏联红军已在蒋介石要求下延期一个月撤退。现在，中共中央正令东北的同志及部队努力控制长春铁路以外的中小城市、次要铁路以及广大乡村，建立根据地，作长期打算，以争取在东北的地位和可能的优势。

【对满洲工作的几点意见】（1945年11月29日、30日）　陈云1945年11月29日、30日主持起草的以陈云、高岗、张闻天名义给中共中央东北局并转中共中央的电报。2011年收入中央文献出版社出版的《建党以来重要文献选编》第二十二册。电报分析了我军在东北的处境，对下一步工作提出七点意见：指出苏联力量的存在，对中国共产党在满洲的工作方针起着决定作用；要正确认识苏联军队的撤出和要我们退出大城市；我军要主动迅速分散到大城市以外的地区；同时迅速地把我撤出以后三大城市的工作放在应有的地位，与苏军取得密切的合作，并把公开工作和秘密工作正确地结合起来；北满的工作要放到广大乡村和中小城市，以及铁路支线的几个根据地的建立；要有艰苦奋斗的思想准备，加强部队的政治、纪律教育，密切军民联系；北满迅速建立根据地的最大困难，在于老部队的缺少，如果再有三个月的时间，从南满抽调部队进入北满是有把握的。认为上述几点，对在东北迅速建立根据地有重大意义。

【中共中央关于东北工作方针与任务给东北局的指示】（1945年12月7日） 中共中央1945年12月7日发出。2011年收入中央文献出版社出版的《建党以来重要文献选编》第二十二册。《指示》分析指出，我们不应以争夺沈阳、长春为目标来布置一切工作，而应以控制长春铁路两侧地区，建立根据地，利用冬季整训15万野战军，建立20万地方武装，以准备明年春天的大决战为目标来布置一切工作。同时须利用东北一切有利的条件迅速准备，以便明春能够胜利地决战。指出东北问题有和平解决的可能，中央准备在重庆与国民党试谈，但最后还须由东北局在东北与国民党行营谈。

【中共中央书记处关于开辟与坚持赣南粤北工作给广东区党委的指示】（1945年12月7日） 中共中央书记处1945年12月7日发出。2011年收入中央文献出版社出版的《建党以来重要文献选编》第二十二册。《指示》肯定了东纵北上支队到达粤北赣南后的工作，指出要有艰苦的准备；认为赣南三年游击战之所以能坚持，抗战后期不得不被迫退出，经验教训必须很好总结，作为今后开展工作的依据；指出接近始兴、南雄较平原工作，要与据点划开，尽量采取合法斗争方式，组织群众，缓和斗争局面，避免两面作战，便于集中力量，应付赣南团队；赣南特委过去退出的干部，如有可能，派回去配合武工队行动。

【中共中央、军委关于粉碎国民党军大规模军事进攻的指示】（1945年12月12日） 中共中央、中央军委1945年12月12日发出。2011年收入中央文献出版社出版的《建党以来重要文献选编》第二十二册。《指示》指出，国民党正以强大兵力进攻解放区，我们必须紧急动员起来，作一切有效的准备，粉碎国民党空前大规模的军事进攻；必须在全党、全军中，各机关、学校、民众团体中广泛开展反内战运动，发动广泛深入的民主讨论，使解放区每个人民，深切了解发动内战者是谁；八路军、新四军必须提高战术，并须尽可能争取时间对主力兵团整训补充，建设必要的后方工作、军区工作，作长期打算；必须取得各方面工作的有效配合。

【一九四六年解放区工作的方针】（1945年12月15日） 中共中央1945年12月15日发出，毛泽东起草。1960年收入人民出版社出版的《毛泽东选集》第四卷。2011年收入中央文献出版社出版的《建党以来重要文献选编》第二十二册。该文件肯定了过去几个月取得的成绩，对1946年解放区的工作提出了十项任务：一、粉碎新的进攻。二、开展高树勋运动。三、练兵。目前扩兵一般应该停止，而应利用作战间隙着重练兵。四、减租。在一切新解放区，发动大规模的、群众性的、有领导的减租减息运动。五、生产。各地立即准备一切，务使1946年全解放区的公私生产超过以前任何一年的规模和成绩。六、财政。生产和节约并重等项原则，仍是解决财经问题的适当的方针。七、拥政爱民和拥军优抗。八、救济。救济之法，除政府所设各项办法外，主要应依靠群众互助去解决。九、爱护本地干部。十、一切作持久打算。指出面前还有许多困难。

【中共中央关于美国对华政策的变动和我党对策的指示】（1945年12月19日） 中共中央1945年12月19日发出。2011年收入中央文献出版社出版的《建党以来重要文献选编》第二十二册。《指示》指出美国政策发生的变动有利于中国人民要求和平民主的斗争，提出三点具体要求：一、中国共产党军队应坚守阵地，对国民党军队暂不作策略性的攻击及一切规模较大的进攻行动，以免国民党作为借口来进行宣传，延长中国的内战。对日军及伪军的作战不受限制。二、关于共产党代表在政治协商会议的一切提案和演说，各解放区应宣传响应，并用一切方法散发到国民党地区的人民中去，动员全国人民及各界、各军反对内战，要求民主。三、对在华美军及美方人员采取友善态度，避免冲突，以免反动派作为挑拨的借口。

【中共中央关于建立东北长期永久根据地给东北局的指示】（1945年12月21日） 中共中央1945年12月21日发出。2011年收入中央文献出版社出版的《建党以来重要文献选编》第二十二册。《指示》指出东北局要注意东北长期永久根据地的建立。目前，东北局部队和干部集中在南满长春铁路附近工作，必须同时加强长春铁路两边深远后方的工作，建立巩固的根据地，准备在平原情况严重时有巩固的后方可以进退回旋。东北局的部队和干部应该更高度地分散到内地去建立工作，既要看到顺利的情况，也要看到困难的情况。应抓住现在有利的时机以发展力量，同时建立巩固的后方根据地以准备将来。后附《东北局关于新作战部署向中央的报告》《东北局关于目前东北形势与部署的指示》。

【建立巩固的东北根据地】（1945年12月28日） 中共中央1945年12月28日发出，毛泽东起草。1960年收入人民出版社出版的《毛泽东选集》第四卷。2011年收入中央文献出版社出版的《建党以来重要文献选编》第二十二册。指示明确指出，党现时在东北的任务，是在远离国民党占领中心的东满、北满和西满的城市和广大乡村，建立巩固的军事政治的根据地，而且必须在一年内完成初步的可靠的创建工作。为此提出七点意见，即：要艰苦奋斗；要在距离国民党占领中心较远的城市和广大乡村建立巩固根据地的地区；在确定建立巩固根据地的地区和部署力量之后，在我军数量上已有广大发展之后，重点开展群众工作；干部中的不正确思想必须扫除干净；将军队划为野战军和地方军，将正规军队的相当部分分散到各军分区去开展地方工作；一切部队和机关要在战斗和工作之暇从事生产；争取工人和知识分子。《指示》要求东北党组织将群众工作作为工作重心，通过发动人民开展清算汉奸斗争、减租和增加工资运动、生产运动，给人民以看得见的物质利益，并在斗争中组织各种群众团体，建立党的核心，建立群众的武装和人民的政权把群众斗争从经济斗争迅速提高到政治斗争和参加根据地建设上来。

【中共中央关于集中全力放手发动群众给东北局的指示】（1945年12月31日） 中共中央1945年12月31日发出。2011年收入中央文献出版社出版的《建党以来重要文献选编》第二十二册。《指示》希望全党全军迅速贯彻执行群众工作指示，如果在今冬明春能发动东北广大深刻的群众运动，又有十余万主力部队二十万地方部队与之配合，那就不独能够在东北站住脚，而且能争取对国民党的优势；要求放手发动东北伟大的群众运动，不要束缚自己的手脚；必须用心进行群众工作。后附《东北局关于发动群众工作的指示》。

【中共中央关于坚持热河阵地以配合重庆谈判给程子华等的指示】（1946年1月2日） 中共中央1946年1月2日发出。2011年收入中央文献出版社出版的《建党以来重要文献选编》第二十三册。《指示》指出，国民党军队集中兵力进攻热河，目的在赤峰、承德，企图隔断共产党在华北与东北的联系，然后谈判停战。认为热河情况十分紧急，要迅速部署打击进攻的国民党军队。不论国民党军队是否已侵占承德、赤峰，东北军必须坚持热河阵地，打击国民党军队，直至国民党军队退出热河为止。现在，共产党在重庆已向国民党提出抗议，望东北军在军事上消灭国民党一两个师，以配合重庆的谈判和政治协商会议。

【中共中央关于在原地坚持并控制较大地区给中原局的指示】（1946年1月9日） 中共中央1946年1月9日发出。2011年收入中央文献出版社出版的《建党以来重要文献选编》第二十三册。《指示》指出，停战谈判已有结果，命令可能即日下达，如果中途没有大的变化，和平新阶段可能从此开始。中原局必须做好国民党中途变卦，继续战争的准备。中原局停止东进北上的计划在原地坚持，是对的。要求在最近一星期内计划控制较大的地区及若干城镇，以便在停战之后有较大地区立足及生存，因为停战后不能再作战，部队也不允许调动。

【中共中央关于停止国内军事冲突的通告】（1946年1月10日） 中共中央1946年1月10日发出。原载1946年1月11日《解放日报》。2011年收入中央文献出版社出版的《建党以来重要文件选编》第二十三册。《通告》要求，对于中国共产党代表与国民党政府的关于停止国内军事冲突的办法、命令及声明、协定等，凡在中国共产党领导下的一切部队，均须切实严格遵行，不得有误。指出中国和平民主新阶段，即将从此开始。望全党同志与全国人民密切合作，继续努力，为巩固国内和平，实现民主改革，建立独立、自由和富强的新中国而奋斗。后附《中共代表与国民党政府代表关于停止国内军事冲突的协定》《中共代表与国民党政府代表关于停止国内冲突的命令和声明》。

【中共中央关于停战后我党对满洲的政策问题给东北局的指示】（1946年1月11日）　中共中央1946年1月11日发出。2011年收入中央文献出版社出版的《建党以来重要文献选编》第二十三册。《指示》指出，国共停战协定及命令已公布，望遵守。《指示》要求在国民党军未进入东北之前，东北局应速谋发展，将部队高度分散，迅速控制广大地区。全国和平后对国民党应采取和平合作的方针，设法和国民党建立外交关系，迅速发动广大群众，要求民主改革。

【和平建国纲领草案】（1946年1月16日）　中国共产党代表团1946年1月16日在政治协商会议上提出。原载1946年1月24日《解放日报》。2011年收入中央文献出版社出版的《建党以来重要文献选编》第二十三册。《草案》全文由总则、人民权利、中央机构、国民大会、地方自治、军事改革、复员善后、财政经济改革、文化教育改革、国际和平及保侨十个部分四十八条组成。以此《草案》为基础，1946年1月31日，在政治协商会议第十次会议上全体通过了《和平建国纲领》。后附《和平建国纲领》。

【中共中央关于政协斗争问题给中共代表团的指示】（1946年1月16日）　中共中央1946年1月16日发出。2011年收入中央文献出版社出版的《建党以来亘要文献选编》第二十三册。《指示》指出，不能接受国民党改组政府方案，该方案仍是要保持一党专政，我方不能接受；改组政府未协议之前，对国民大会绝不要让步；军队国家化问题不能低于杜鲁门声明；不能迁就国民党方面，以免有受严重的约束和损失的危险，国民党方面不接受我方的要求不要紧，不会破裂，国民党唯一的内战法宝已受约束，而我方则有三国公报与杜鲁门声明的合法根据；说服中间派，争取其共同行动，公开指明蒋介石的两面政策，以教育人民；现先做到停战与逼其实现诺言，不要希望政协解决更多的问题。

【中共中央关于目前东北工作的方针问题给东北局的指示】（1946年1月26日）中共中央1946年1月26日发出。2011年收入中央文献出版社出版的《建党以来重要文献选编》第二十三册。《指示》指出，虽国共双方在东北的武装冲突仍会发生，但中国共产党对于东北的方针，是拒绝内战，力求和平解决，力求国民党承认共产党在东北一定合法地位的条件下与国民党合作，实行民主改革，和平建设东北。但在国民党的不合作情况下，为了东北问题的和平解决及与国民党实行民主合作，要做到以下几点：采取完全坚定公开明白的和平合作方针；在军事上巩固自己，建立巩固的根据地，打下长期坚持的基础；在军事上采取防御措施，避免在东北各大城市及铁路干线与蒋军发生冲突；切实加强内地农村工作发动群众；在与国民党保持和平的同时也要保持足够的警惕性等。

【中共中央关于目前形势与任务的指示】（1946年2月1日）　中共中央1946年2月1日发出。2011年收入中央文献出版社出版的《建党以来重要文献选编》第二十三册。《指示》首先介绍和肯定了重庆政治协商会议的重大成果；指出中国革命的主要斗争形式已由武装斗争变为非武装的群众的与议会的斗争，党的全部工作必须适应这一形势；分析了今后军队与党的关系的新情况；指出要准备整编军队及精兵简政，要发动群众完成新旧解放区的减租，要抓紧生产运动的领导；指出了党内目前的主要危险，提出要注意克服“左”倾关门主义。把党的工作推进到全国范围去，推进到一切大城市去，并在广大范围内，参加全国经济建设。但在此后不久，蒋介石撕毁停战协定和政协协议，中共中央很快改变了关于和平民主新阶段已经到来的估计。

【中共中央关于在东北同国民党停战谈判问题给东北局的指示】（1946年2月18日） 中共中央1946年2月18日发出。2011年收入中央文献出版社出版的《建党以来重要文献选编》第二十三册。《指示》指出，虽国民党不想承认我方在东北地位，依然想用武力解决，但东北的内战不可能长期继续，不过我方仍须做较长期的战斗准备；马歇尔可能将去东北调停，应争取周恩来一同前往；马歇尔到东北后，应首先看其态度是否公正，并要求国我两军无条件停战；我们在谈判中须有让步，但国民党须承认我方在东北之地位，并可试图以我方在东北的让步交换国民党军队从热河撤退。

【中共中央关于精兵简政问题的指示】（1946年3月6日） 中共中央1946年3月6日发出。2011年收入中央文献出版社出版的《建党以来重要文献选编》第二十三册。《指示》指出，无论将来情况如何，我们均须精兵简政，减轻人民群众负担，有利于解放区的巩固和坚持，并提出精简的具体步骤和要求。

【中共中央关于目前时局及对策的指示】（1946年3月15日） 中共中央1946年3月15日发出。2011年收入中央文献出版社出版的《建党以来重要文献选编》第二十三册。《指示》共八条，即：苏军已从沈阳及附近撤退，国共两军在东北的冲突即将展开；国民党内正在积极进行反苏反共反政协运动；东北、华北、华中要密切注意动态，军事上作必要的准备，严防反动派突袭；北平执行部及各地执行小组中我方人员要加强工作；切实开展统战工作；做好精兵简政工作；抓紧推动减租、生产；坚定革命必胜信心。

【中共中央关于停战协定应无条件适用于东北给中共代表团的指示】（1946年3月16日） 中共中央1946年3月16日发出。2011年收入中央文献出版社出版的《建党以来重要文献选编》第二十三册。《指示》指出，停战协定应无条件适用于东北，不能再附加条件；不能承认长春铁路全部及苏军每一撤退区，都只能由政府军接收（停战协定无此规定）；国民党在宣传上、外交上不承认我军任何地位，不解决东北任何政治问题，我方决不能再签订一个完全不利于我方的条约。不管彼方如何死硬，如何高压，甚至以全面破裂，大打内战相威胁，我们绝对不屈服。后附《周恩来关于三人会议续开情况给毛泽东并中共中央的电报》。

【中共中央关于坚持实现政协决议给中共代表团的指示】（1946年3月16日） 中共中央1946年3月16日发出。2011年收入中央文献出版社出版的《建党以来重要文献选编》第二十三册。《指示》共五方面，指出国民党内反动派，包括蒋介石，想采用迂回办法来推翻政协决议，必须十分警惕；应即强调政协决议每一条每一句均必须实现，反对修改，特别对于宪草原则反对作任何修改；不要怕破裂，事实上我们愈坚持不许修改，国民党就愈不敢破裂，我们在精神上必须准备不怕破裂（打内战），然后才能压倒反动派的破坏；在东北问题上我们亦要执行相同的策略，如国民党不愿停战，并利用东北问题来发动全国内战，我亦不应惧怕；停战协定、政协协议、整军方案，我们不愿破坏它们，但我们决不怕它们被反动派破坏，我们在精神上必须有这种准备，才能使我们在一切问题上立于主动，应付裕如。

【中共中央关于控制长春、哈尔滨及中东路保卫北满给东北局等的指示】（1946年3月24日） 中共中央1946年3月24日发出。2011年收入中央文献出版社出版的《建党以来重要文献选编》第二十三册。《指示》指出，苏联红军四月已撤离东北，蒋介石必由沈阳出兵与共产党争夺长春、哈尔滨；指出共产党的方针是全力控制长、哈两市及中东全线，不惜任何牺牲反对国民党军队进占长、哈及中东路；与苏联交涉，允许由共产党派兵占领长、哈两市及中东全线；具体的安排部署是：南满主力坚决歼灭向辽阳、抚顺等处进攻的敌人，以牵制大量国民党军队北进；如作战结果国民党军队在辽阳、抚顺巩固了地位，即抽兵北上向四平街、长春前进，及时将南满主力转移至四平街、长春之间，为保卫北满而奋斗，同时留下相当数量的部队保卫南满解放区。

【中共中央关于解放区经济建设的几项通知】（1946年3月28日） 中共中央1946年3月28日发出。2011年收入中央文献出版社出版的《建党以来重要文献选编》第二十三册。《通知》对解放区经济建设问题提出了七项意见，即：各解放区的输出贸易，除特别约定的交换之外，必须努力以换取输入工业及农业的大小生产工具为条件，以便发展生产，着重加强纺织类生产工具和必需日用品的输入，避免货币输入；各解放区可以通过各种渠道，相机购买一些被国民党私自出卖的日伪产业中的一些有用的生产工具；各解放区可吸收受官僚资本压迫的自由工业家和技术人员来投资和工作；尽力恢复民间纺织业；改造各种敌伪工业等以适应解放区的发展生产；选派得力干部负责组织经济工作，加强解放区干部的培养；发展解放区经济，无论公营、私营，劳资关系必须以合作为方针，以达到发展生产、繁荣经济的目的。

【中共中央书记处关于派干部到大城市及交通要道开展工作的指示】（1946年3月28日） 中共中央书记处1946年3月28日发出。2011年收入中央文献出版社出版的《建党以来重要文献选编》第二十三册。《指示》指出，为建立各收复大城市及交通要道中的工作基础，应抓紧目前时机，派一批适宜的干部到各大城市去建立工作。并提出具体意见，要求各地即着手调集一批干部，给以短期训练后，分布到附近城市和交通要道，其中如有适于各该战略区以外的其他区域的城市工作干部，即报告中央，以便统筹调剂。

【中共中央关于准备应付任何事变的指示】（1946年4月18日） 中共中央1946年4月18日发出。2011年收入中央文献出版社出版的《建党以来重要文献选编》第二十三册。《指示》针对蒋介石的军事阴谋，要求各局和各战略区准备一切条件，应对可能发生的任何事变。并提出具体要求，各战略区主要负责人不得中央许可，不能离开队伍。

【中共中央关于谈判重点及对国民党与美国的态度问题给周恩来的指示】（1946年4月20日） 中共中央在1946年4月20日发出。2011年收入中央文献出版社出版的《建党以来重要文献选编》第二十三册。《指示》提出，要力争东北停战及解决政治问题，力争民主宪法，力争政协决议百分之百兑现。对待国美两方态度问题，我们坚决反对国民党内战与独裁方针，力争和平与民主；美国方面，在反内战、反独裁的前提下，应与马歇尔尽可能保持友好关系，使国民党无隙可乘。

【向“四八”被难烈士致哀】（1946年4月20日） 毛泽东1946年4月20日为4月8日在山西兴县飞机失事的烈士所写的祭文。2011年收入中央文献出版社出版的《建党以来重要文献选编》第二十三册。祭文肯定了“四八”被难烈士为人民事业做出的功绩，及对全党全国人民的教育；认为“四八”被难烈士的被难，加深了中国人民对于中国共产党的认识，加强了中国人民坚持和平、民主、团结事业的决心。号召全党党员和全国人民团结起来，为和平、民主、团结的新中国而奋斗到底。全党党员和全国人民将继承“四八”被难烈士的遗志，继续奋斗，直到胜利，决不懈怠，决不退缩。

【中共中央发言人关于要求国民党停止“围歼”中原我军的声明】（1946年4月29日） 中共中央1946年4月29日发出。原载1946年4月30日《解放日报》。2011年收入中央文献出版社出版的《建党以来重要文献选编》第二十三册。《声明》针对国民党当局“围歼”中原军区李先念所部的行为，指出这是一个极端严重足以牵动大局的问题，如不即刻制止，势将演变成绝大惨剧。因此，中国共产党特郑重要求国民党当局立即负责采取一切有效办法，制止这一重大流血阴谋的实现，并迅速允许李先念部安全转移和复员。如果国民党纵容其内战分子挑起中原内战，则中国共产党不能不认为中国全国范围内的内战，已由国民党方面再一次发动，一切后果均须由国民党当局负其全责。

【中共中央关于要求美国立即停止帮助国民党运兵到东北给中共代表团的指示】（1946年4月30日） 中共中央1946年4月30日发出。2011年收入中央文献出版社出版的《建党以来重要文献选编》第二十三册。《指示》指出，蒋介石挑起内战的目的更加暴露，而美国海军及空军帮助国民党的军事运输，是蒋介石决心延长内战的决定条件。要求中共代表团根据三国会议停止中国内战的决定，力争要求美国海军及空军立即停止帮助国民党运兵及运军火到东北。

【中共中央关于解放区外交方针的指示】（1946年5月3日）　中共中央1946年5月3日发出。2011年收入中央文献出版社出版的《建党以来重要文献选编》第二十三册。《指示》指出，应积极争取在对我有利条件下，直接与美英等国解决一些地方问题。并提出具体意见，要求各解放区应采取和美国以及英、法等国实行通商及经济合作的方针，但拒绝美国在山东建立任何军事据点；美国在解放区经济事业的发展，须经中共的同意和赞成；各解放区应在两利的原则下采取直接和美国及英、法等国政府及其个别商人进行经济合作的方针，来进行合作；美国的工业合作社是小资产阶级和技术工人的进步团体，可以放手合作；外国在解放区进行传教及其他文化活动者，只要遵守政府法令，当许其自由进行，各国财产亦应发还。

【关于土地问题的指示】（1946年5月4日）　刘少奇为中共中央起草的党内文件，也称“五四指示”，1946年5月4日发出。2011年收入中央文献出版社出版的《建党以来重要文献选编》第二十三册。《指示》指出了目前土改中存在的问题，提出各地党委必须明确认识，解决解放区的土地问题是我党目前最基本的历史任务，是目前一切工作的最基本的环节。必须以最大的决心和努力，放手发动与领导群众来完成这一历史任务。指示提出了十八项具体指导原则，其中包括：我党应坚决拥护群众在反奸、清算、减租、减息、退租、退息等斗争中，从地主手中获得土地，实现“耕者有其田”；坚决用一切方法吸收中农参加运动，并使其获得利益，决不可侵犯中农土地；一般不变动富农的土地；对于抗日军人及抗日干部的家属之属于豪绅地主成份者，在运动中应谨慎处理；对待中小地主的态度应与对待大地主、豪绅、恶霸的态度有所区别，应多采取调解仲裁方式解决他们与农民的纠纷；集中注意于向汉奸、豪绅、恶霸作坚决的斗争，使他们完全孤立，并拿出土地来，但仍应给他们留下维持生活所必需的土地，即给他们饭吃；等等。

【中共中央关于目前解放区土地改革宣传方针的指示】（1946年5月13日）　中共中央1946年5月13日发出。2011年收入中央文献出版社出版的《建党以来重要文献选编》第二十三册。《指示》对解放区土地改革宣传方面指出暂不宣传农民的土地要求、土改的行动及解放区土地关系的根本改变，以免过早刺激反动派的警惕性；指出报纸应揭露汉奸、恶霸、豪绅的罪行，申诉农民的冤苦；各地应立即把中央五四土地指示发给广大干部阅读，让大家明白党的政策，迅速实现土地改革。

【中共中央关于时局及对策的指示】（1946年5月15日）　中共中央1946年5月15日发出。2011年收入中央文献出版社出版的《建党以来重要文献选编》第二十三册。《指示》指出，国民党在积极准备内战，我党的方针是力争东北停战及制止全国内战，至少也要推延全国内战时间，并提出五条具体对策：坚守自卫战场，不主动向国民党进攻，但如国民党向我方“蚕食”或进攻，必须坚决将其击退；只要美国不策动中国内战，我方应尽可能争取美国人。东北方面一方面是坚决作战，另一方面是应强调停战与争取停战；东北方面除加紧作战，同时也应抓紧减租、生产。其余各解放区都应抓紧练兵、减租、生产三大任务，必须于今后六个月内做出显著成绩，以此制止全国内战；在各大城市中发展群众工作，尽力争取各部分中间派及国民党中间派。

【中共中央关于目前时局及我之基本方针的指示】（1946年5月21日） 中共中央1946年5月21日发出。2011年收入中央文献出版社出版的《建党以来重要文献选编》第二十三册。《指示》指出，国民党积极准备发动全国内战，已相继向豫东、淮北、淮南等地进攻，并占领冀中安次及其他地区，全国内战一触即发。我们的基本方针是，避免国民党的挑衅，拖延内战爆发时间，积极准备迎战；积极打击国民党在各地的进攻和蚕食，同时应避免给国民党留下发动内战借口；对于国民党军的进攻，应积极寻求外交途径商谈解决。如经过各种外交途径无法解决，并正式提出申明和警告之后仍无效，才能寻求军事上的解决办法，要有理有利有节。

【中共代表团致蒋介石及政府代表团函】（1946年6月21日） 中共代表团1946年6月21日发出。2011年收入中央文献出版社出版的《建党以来重要文献选编》第二十三册。该函首先指出，国民党政府要消灭共产党的企图，破坏了团结局面。为实现停战、和平，挽救当前严重危机，救同胞于水火，提出四项具体意见，即：由三人会议立即宣布东北长期停战，并重申全国停战命令，规定停止一切军事冲突具体办法；停战令下达后，由三人会议立即协商恢复全国交通具体办法；由三人会议定期商定全国及东北整军、复员之具体补充办法，并立即付诸实施；由政府经协商定期重开政协会议，以解决各项政治问题。

【中共中央关于反对美国对蒋军事援助法案的声明】（1946年6月22日） 中共中央1946年6月22日发出。2011年收入中央文献出版社出版的《建党以来重要文献选编》第二十三册。《声明》指出，中国共产党坚决反对美国国务院1946年6月14日提付国会审议的继续对华军事援助法案，指出这种援助国民党的做法，对中国和平安定与独立民主有极为不利的影响。在抗日战争中，美国对于中国实施军事援助，并派遣美军在中国领土上协同作战，但就在那时，由于美国错误地仅仅援助国民党军阀，这种援助并未有效地加强中国的抵抗，相反地是被国民党用以加强其对于积极抗日的中国共产党与中国解放区的进攻与封锁。在日本投降以后，美国没有停止反而极大地加强了对国民党的各种军事援助，并派遣庞大的军队驻在中国的领土与领海之上，这种军事援助实际上是武装干涉中国内政。在这种情况下，中国共产党不得不坚决反对美国继续通过各种方式将军火交给国民党独裁政府，坚决反对美国派遣军事使团来华，坚决要求美国立即停止与收回对华的一切所谓军事援助，立即撤回在华的美国军队。

【东北的形势和任务】（1946年7月7日） 陈云1946年7月7日为中共中央东北局起草的决议，原题为《关于形势和任务的决议》，7月11日，中共中央批准了这个决议，并作了部分修改。2011年收入中央文献出版社出版的《建党以来重要文献选编》第二十三册。决议共四项内容，首先分析了去年8月以来东北的形势，指出抗战胜利后，蒋介石在美国的支援下，违背和平约言，大举进攻东北。虽目前停战，但国民党仍准备再次进攻。东北广大地区的群众工作和土地问题也尚在开始阶段，广大干部应认识到建立根据地的必要性和重要性。指出东北局当前的六项任务，即：克服和战问题上的混乱思想，准备以长期艰苦斗争取得和平；坚持中央关于建立巩固的东北根据地的正确方针；应向全党全军明确指出现时的斗争和战争的目的，是为保卫解放区而斗争；我军作战的原则不在于城市和要点一时的得失，而是力求消灭敌人；建立适应长期战争和创造根据地的方针；等等。分析了东北斗争取得胜利的因素，要求认清形势，团结一致，战胜敌人。

【中共中央关于要求各地答复制定土地政策中的几个重要问题的指示】（1946年7月19日） 中共中央1946年7月19日发出。2011年收入中央文献出版社出版的《建党以来重要文献选编》第二十三册。《指示》针对要公开宣布我党的土地政策，使土地问题得到顺利解决，要求各地对有关问题加以研究考虑；对土地政策中特别要考虑的问题，提出了十四个需要听取意见的方面：没收敌伪及大汉奸的土地，没收旗地与地主黑地及霸占土地；地主土地超过一定数额者由政府以法令征购；每户超过一定数额的土地的大地主，其超额土地以半价或半价以下递减的价格征购；地主多余的农具、耕牛、房屋等为农民所必需者，可征购，但其工厂、商店、矿山，不得征购；政府征购地主土地的地价，由各县政府和当地地主与农民代表大会参照当地土地市价与土地质量的不同评议规定；征购办法，由政府发行土地公债，交付地主地价，分十年还本；等等。还提出了其他需要考虑、听取意见的问题。该《指示》要求各中央局、各分局将对于照顾地主生活采取的办法、群众在运动中所创造的办法告诉中央。

【以自卫战争粉碎蒋介石的进攻】（1946年7月20日） 毛泽东为中共中央起草的对党内的指示，1946年7月20日发出。1960年收入人民出版社出版的《毛泽东选集》第四卷。2011年收入中央文献出版社出版的《建党以来重要文献选编》第二十三册。指示共六条：一、指出国民党蒋介石破坏国共停战协定和政协决议，在东北、华北、华东大举进攻解放区，认为只有在自卫战争中彻底粉碎国民党军队的进攻之后，中国人民才能恢复和平。二、分析指出我们能够战胜蒋介石的原因：我们虽无外国援助，但是人心归向，士气高涨，经济亦有办法。因此，我们是能够战胜蒋介石的。三、提出了战胜蒋介石的作战方法和应该采取的策略。四、指出为着粉碎蒋介石的进攻，必须和人民群众亲密合作，必须争取一切可能争取的人。五、提出必须作持久打算。六、号召全党和全解放区军民，团结一致，彻底粉碎蒋介石的进攻。

【中共中央关于对富农及中小地主的土地政策给华中局等的指示】（1946年8月8日） 中共中央1946年8月8日发出。2011年收入中央文献出版社出版的《建党以来重要文献选编》第二十三册。《指示》同意陈毅对于富农自耕土地不宜推平的意见，分析了我们所处的环境，指出必须自觉地向富农让步，坚持中央不变动富农自耕土地的原则；同时要求应对一切地主采取缓和态度。认为这些步骤有助于解放区的巩固，有助于保证农民群众的基本利益。

【中共中央关于反对美国以剩余战争物资援蒋内战的声明】（1946年8月29日） 中共中央1946年8月29日发出。原载1946年8月29日《解放日报》。2011年收入中央文献出版社出版的《建党以来重要文献选编》第二十三册。《声明》针对美国与蒋介石政府谈判出卖巨量剩余战争物资一事，指出了美国政府对华政策的虚伪性、帝国主义性与残酷性，并表示强烈的抗议。指出要反对和制止这个罪恶的买卖，反对和纠正美国当局制造中国内战的罪恶政策。该《声明》认为美蒋在此项和同类谈判中的任何密约协议都是非法的，中国人民对此决不负任何责任。

【集中优势兵力，各个歼灭敌人】（1946年9月16日） 毛泽东为中共中央军委起草的对党内的指示，1946年9月16日发出。1960年收入人民出版社出版的《毛泽东选集》第四卷。2011年收入中央文献出版社出版的《建党以来重要文献选编》第二十三册。指示共九条，首先指出，集中优势兵力，各个歼灭敌人的作战方法，不但必须应用于战役的部署方面，而且必须应用于战术的部署方面。并且分别论述了战役部署和战术部署的不同和效果。

【三个月总结】（1946年10月1日） 毛泽东为中共中央起草的对党内的指示，1946年10月1日发出。1960年收入人民出版社出版的《毛泽东选集》第四卷。2011年收入中央文献出版社出版的《建党以来重要文献选编》第二十三册。《总结》阐述了7、8、9月三个月的作战情况，指出我们是能够战胜蒋介石的。并从十八个方面具体论述了三个月中各方面的情况。指出我们一定能够胜利的认识和信心，必须在全党巩固地建立起来。要求集中优势兵力，各个歼灭敌人，不论是高级指挥员，或中下级干部，都须学会此种作战方法。必须有计划地扩兵，保证主力军经常满员，并大量训练军事干部。必须有计划地发展生产和整理财政，遵照发展经济，保障供给，统一领导，分散经营，军民兼顾，公私兼顾等项原则，坚决地实施。必须利用作战间隙，加深军事训练。一切军队必须加强政治工作。不论战争如何忙，坚决地领导农民群众解决土地问题。必须加强党的领导，在暂时被占领地区，发展地方武装，坚持游击战争。必须加强国民党统治区内的群众斗争的领导，加强瓦解国民党军队的工作。认为应作充分的解释，斗争的性质依然是长期的，残酷的，但是我们一定能够胜利。

【中共中央关于时局的声明】（1946年10月18日） 中共中央1946年10月18日发出。原载1946年10月18日《解放日报》。2011年收入中央文献出版社出版的《建党以来重要文献选编》第二十三册。《声明》首先指出自抗战结束后，我党就加紧与国民党合作以实现国内和平民主，并不惜再三让步。列举了蒋介石的多次背信，美国的不义。为表示最后最大让步，声明今日一切会谈如欲其有真实结果，必须承认停战、政协两协定的神圣效力。只要国民党与马歇尔有这种最低限度的诚意，中国共产党一定继续与他们通力合作，以求和平的真正实现，民主的真正开始。

【中共中央关于敌强我弱必须准备长期斗争给东北局的指示】（1946年10月25日） 中共中央1946年10月25日发出。2011年收入中央文献出版社出版的《建党以来重要文献选编》第二十三册。《指示》指出，中美反动派消灭解放区的政策不会改变。要求全党同志不要幻想恩赐和平，只有大量歼灭国民党军队有生力量，粉碎敌人多次进攻并使解放区获得发展之后，才有可能暂时休战。在全国与东北均是敌强我弱，为改变此种形势起见，必须准备长期艰苦斗争。

【中共中央关于南方各省乡村工作方针给方方等的指示】（1946年11月6日） 中共中央1946年11月6日发出。2011年收入中央文献出版社出版的《建党以来重要文献选编》第二十三册。《指示》指出，在全面内战的形势下，南方各省乡村工作应采取两种不同方针。一、凡有可能建立公开游击根据地者，应建立公开游击根据地。原有各根据地应鼓励原有公开或半公开武装紧紧依靠群众继续奋斗。南方各省国民党正规军大批调走，征兵征粮普遍施行，是中国共产党发动游击战争的好机会。二、凡条件尚未成熟的地区，应采取隐蔽待机的方针，以等候条件成熟。但其目标仍是积极准备发动公开游击战争，建立游击根据地。这两种方针适用南方各省一切乡村，按具体情形分别采取。

【中共中央关于反对退却逃跑坚持敌占区游击战争的指示】（1946年11月18日） 中共中央1946年11月18日发出。2011年收入中央文献出版社出版的《建党以来重要文献选编》第二十三册。《指示》指出，蒋介石军队暂时占领了解放区的部分，将来我们反攻必须收复。这些地区要坚持游击战争，牵制敌人配合主力作战，对于反攻收复失地有极重要的意义。必须纠正退却逃避现象。并指出，由根据地变为游击区，那里的斗争方式与组织方式均需突然地加以极大改变，须要撤退的，或须要暂时撤退的，必须是有计划有命令的，必须是便利而不是妨害敌后游击战争的坚持与发展，应禁止无计划无命令的私自撤退。要加强干部教育，要在游击区组织合法斗争及进行两面活动，以配合游击战争。

【中共中央关于在国民党统治区力争留下公开机关给叶剑英等的指示】（1946年11月23日） 中共中央1946年11月23日发

出。2011年收入中央文献出版社出版的《建党以来重要文献选编》第二十三册。《指示》指出，国民党一大召开，和谈已无可能，国共关系更加恶化，惟希望国民党与美国欲留有余地。《指示》对我在国统区的机关如何应对提出了具体意见，即：力争留下公开联络机关，以便联系宣传、教育群众；除香港外，在国统区公开留下机关为南京、上海、重庆、北平、长春五处；东北各小组即照商好计划全撤，仅在长春执行分部留数十人；北平执行部留二十余人；北平务保长春、南京、延安之交通联络；等等。

【中共中央关于考虑成立内蒙古自治政府给晋察冀中央局等的指示】（1946年11月26日） 中共中央1946年11月26日发出。2011年收入中央文献出版社出版的《建党以来重要文献选编》第二十三册。《指示》分析指出，内蒙自治已成一致要求，为了团结内蒙人民共同抵抗蒋介石的军事进攻与政治经济压迫，应立即联合东蒙西蒙成立一地方性的高度自治政府，发布施政纲领。但对蒙汉杂居地区仍容纳汉人合作，并避免采取独立国形式。

【中共中央关于召开华北财经会议的指示】（1947年1月3日） 中共中央1947年1月3日发出。2011年收入中央文献出版社出版的《建党以来重要文献选编》第二十四册。《指示》指出，“由于空前自卫战争的巨大消耗，已使一切解放区的财经情况陷入困境”，中央认为必须统一各区步调，利用各区一切财经条件和资源，及实行各区大公无私的互相调济，完全克服本位主义，才能长期支持战争。同意晋察冀中央局的提议，决定在邯郸召开华北财经会议，并对会议的筹备、召集和议程，提出了初步意见。

【中共中央关于加强对蒋管区学生运动的组织与领导给董必武等的指示】（1947年1月6日） 中共中央1947年1月6日发出。2011年收入中央文献出版社出版的《建党以来重要文献选编》第二十四册。《指示》首先肯定了平津京沪学生的反美示威活动，认为学生反美示威影响甚大，沉重地打击了国民党和美国的嚣张气焰。同时也得到了民族工商业家及自由主义教授对这一运动的同情，民主爱国运动的基础正日益扩大。要求我党在蒋管区的工作，应尽量利用这次学运的成果，扩大民族爱国主义的宣传与活动。在这次运动中产生出大批新的积极分子，我党应帮助这些积极分子组织起来，作为核心，才能使运动长期坚持下去。《指示》指出现在运动已经前进，我党在各地的领导同志，必须注意纠正对群众运动与民主运动估计不足的右倾观点，才能正确地领导这一运动。

【中共中央关于揭穿美蒋和谈欺骗统一宣传步骤的指示】（1947年1月20日） 中共中央1947年1月20日发出。2011年收入中央文献出版社出版的《建党以来重要文献选编》第二十四册。《指示》共三条：一、我方宣传应坚持理直气壮地向各方作广泛解释，说服民盟、民革、民联、民建与一般朋友，敢于进一步揭露蒋美和谈欺骗，坚持斗争。

二、蒋美手中的王牌，只有圆桌会议与改组政府，索性让其打出，使民众分清爱国民主阵线与卖国独裁为最好。三、必须认识目前正是揭穿美蒋和谈欺骗，将群众对美蒋斗争提高一步的关头，各地要统一宣传与活动步骤，加紧进行。

【迎接中国革命的新高潮】（1947年2月1日）　毛泽东为中共中央起草的对党内的指示，1947年2月1日发出。1960年收入人民出版社出版的《毛泽东选集》第四卷。2011年收入中央文献出版社出版的《建党以来重要文献选编》第二十四册。指示共十二条。首先指出中国时局将要发展到一个新的阶段，即全国范围的反帝反封建斗争发展到新的人民大革命的阶段，现在是它的前夜。党的任务是为争取这一阶段的到来极其胜利而斗争。目前的军事形势已向有利于人民的方向发展，蒋管区的人民运动发展起来了，这一形势是在美国帝国主义及其走狗蒋介石采取了变中国为美国殖民地的政策、发动内战的政策和加强法西斯独裁统治的政策的情况下形成的。当前形成了极其广泛的全民族的统一战线，它和抗日时期的统一战线相比较，不但规模同样广大，而且有更加深刻的基础。中国空前严重的经济危机，已经威胁着各阶层人民，这个形势一方面推动蒋管区反帝反封建的人民运动日益向前发展，另一方面使蒋军士气更加下降，增加人民解放军胜利的可能性。为彻底粉碎蒋军进攻，我军今后军事建设是用一切努力加强炮兵和工兵建设。在解放区放手发动群众，推动土地改革。必须作长期打算，努力生产，厉行节约，并在生产和节约的基础上，正确地解决财政问题。要求全党克服困难，取得最后的胜利。

【中共中央关于不承认国民党政府一切卖国协定的声明】（1947年2月1日）　中共中央1947年2月1日发出。原载1947年2月4日《解放日报》。2011年收入中央文献出版社出版的《建党以来重要文献选编》第二十四册。《声明》指出，1946年以来，国民党政府单独与若干外国政府进行的多次性质严重的外交谈判，以及在这些谈判中签订的协定和谅解是完全违背中国人民意志的，并使中国陷于内战、反动、丧权辱国、殖民地化、混乱与崩溃的危机之中。中国共产党为了挽救祖国的危机，维护国家权益和政治协商会议的尊严，对由国民党政府单独成立的一切对外借款，一切丧权辱国条约及一切其他上述的协定谅解，与今后未经政治协商会议通过或未经征得中国共产党和其他参加政治协商会议各党派同意的一切同类外交谈判，现在和将来均不承认，并决不担负任何义务。

【中共中央关于平津学生运动给晋察冀中央局的指示】（1947年2月17日）　中共中央1947年2月17日发出。2011年收入中央文献出版社出版的《建党以来重要文献选编》第二十四册。《指示》是根据中央对蒋管区学运的两次指示及北平反映情况而发的。指出要积极扩大深入坚持学生爱国运动，并与学生本身斗争联系起来；积极帮助建立与发展青年积极分子的组织；党的组织仍应精干隐秘，不应过分集中于统一，但党员在此运动中应以群众面目以各种各式姿态出现，去积极响应抗暴联的号召与活动，这样既可免突出暴露，又可积极配合统一行动；对平津特务秘密捕人计划，要公开揭露，取得舆论援助。要在平津两地附近设电台，便于联系。

【中共中央关于在军队中组织党委会的指示】（1947年2月27日） 中共中央1947年2月27日发出。2011年收入中央文献出版社出版的《建党以来重要文献选编》第二十四册。《指示》首先指出："关于军队中党的组织形式，七大时已有原则决定，应根据古田会议决议的原则，组织军队中各级党委会，以避免军队中单纯的首长制所产生的一些缺点。"《指示》认为，晋冀鲁豫的经验证明这种改组是对的。中央正在草拟军队中党的组织条例，在中央条例尚未发布之前，可根据晋冀鲁豫的经验及其文件实行改组。

【中共中央关于蒋管区工作的指示】（1947年2月28日） 中共中央1947年2月28日发出。2011年收入中央文献出版社出版的《建党以来重要文献选编》第二十四册。《指示》首先分析了蒋管区城市大施镇压、赶走我方人员、威胁民主运动、捕打人民学生等问题的性质。指出我们应采取的对策，即：针对国民党政府的镇压政策，应扩大宣传，避免硬碰，争取中间分子，利用合法形式，力求从为生存而斗争的基础上，建立反卖国、反内战、反独裁与反特务恐怖的广大阵线。提出在宣传上、行动上、组织上的斗争策略。《指示》最后指出，今后数月，蒋管区的变化必大，要善于运用斗争策略为要。

【中共中央负责人关于蒋介石强迫京沪渝中共代表撤离的声明】（1947年3月3日） 中共中央1947年3月3日发出。原载1947年3月3日《解放日报》。2011年收入中央文献出版社出版的《建党以来重要文献选编》第二十四册。《声明》首先评述了蒋方迫使中共驻京、沪、渝代表及工作人员撤离事件，指出蒋介石"最后地关死一切和平谈判之门，妄图内战到底，实现其武力消灭中共及全国民主势力的阴谋"，要求蒋介石立即改变和放弃其做法，否则一切后果应由其负责。

【中共中央关于在蒋管区发动农民武装斗争问题给刘晓等的指示】（1947年3月8日） 中共中央1947年3月8日发出。2011年收入中央文献出版社出版的《建党以来重要文献选编》第二十四册。《指示》指出，目前蒋管区后方空虚，许多省份只有保安团并无正规军，特别是东南各省。蒋介石如在前线继续打败，有些地方保安团也会抽赴前线，而财政经济愈破产，人民生活会愈不得了，不论城市乡村的群众斗争情绪和要求亦将会继长增高。因此，在蒋管区发动与组织农民群众武装斗争的客观条件和时间是完全具备的。我们的总方针是，从解放区自卫爱国战争与蒋管区人民民主爱国运动的配合发展和胜利中，取消大地主大资产的独裁统治。提出更有利发动群众斗争的口号；在斗争形式与组织形式上，可先从合法斗争形式上建立群众基础，先从敌人力量较薄弱的地方发动武装斗争，求得存在和发展；应制定年内组织发动农民武装斗争的计划等。

【中共中央关于华北财经会议应研究的几个问题的指示】（1947年3月23日） 中共中央1947年3月23日发出。2011年收入中央文献出版社出版的《建党以来重要文献选编》第二十四册。《指示》首先肯定了财经会议用介绍情况、提出问题并研究解决办法的方法。并提出了两个需要会议研究的问题，即：如何节用财力物力人力支持长期战争；主力到国民党区域行动时应采取的财经政策和办法等。

【中共中央关于内蒙古自治问题的指示】（1947年3月23日） 中共中央1947年3月23日发出。2011年收入中央文献出版社出版的《建党以来重要文献选编》第二十四册。《指示》同意在内蒙人民代表大会上产生内蒙统一的民族自治政府，并提出需要注意的三点事项，指出在宣言上必须提到西蒙大部分盟旗因在蒋介石统治下尚未解放，故不光有人民选举的代表参加，大会希望下次能有那些地区的民选代表参加。在政府组织中，要为西蒙代表留出位置，以吸引之。这次选出的政府仍可称临时自治政府，以期待西蒙盟旗之加入。此外，对自治政府纲领问题、内蒙自治区与各解放区关系问题、内蒙人民革命党及内蒙自治运动联合会问题、内蒙共产党与内蒙分局问题、内蒙民族自治政府与中国的关系问题等也分别提出了具体意见。

【中共中央关于保卫陕甘宁边区的通知】（1947年4月9日） 中共中央1947年4月9日发出。2011年收入中央文献出版社出版的《建党以来重要文献选编》第二十四册。《通知》指出，国民党采取进攻延安和陕甘宁边区的步骤，说明其统治的危机已异常深刻。在这种形势下，中央决定：一、必须用坚决战斗精神保卫和发展陕甘宁边区和西北解放区，而此项目的是完全能够实现的。二、我党中央和人民解放军总部必须继续留在陕甘宁边区。此区地形险要，群众条件好，回旋地区大，安全方面完全有保障。三、为了工作上的便利，以刘少奇为书记，组织中央工作委员会，前往晋西北或其他适当地点进行中央委托的工作。

【中共中央关于琼崖地区要坚持长期战争给叶剑英等的指示】（1947年4月29日） 中共中央1947年4月29日发出。2011年收入中央文献出版社出版的《建党以来重要文献选编》第二十四册。《指示》分析了海南根据地面临的形势，对如何发展和开展工作提出了九点具体要求，即：基干部队的扩大与建立巩固根据地；民兵游击队的组织和发展；群众经济要求及土地改革由减租减息到清算分田；机关部队生产自给或部分自给；敌占区武工队，两面派与合法斗争；瓦解顽军工作；保存与训练干部；吸收新的积极分子入党；争取黎民。

【中共中央关于蒋管区工作方针的指示】（1947年5月5日） 中共中央1947年5月5日发出。2011年收入中央文献出版社出版的《建党以来重要文献选编》第二十四册。《指示》针对蒋管区陷害民主人士群众团体，捕杀我党秘密人员和进步分子，镇压人民运动的行径，指出了党在蒋管区开展工作的方针、采取的策略，即：要保护共产党及民主进步力量，以继续加紧开展人民运动；坚持放手动员群众进行反美反蒋的方针，灵活地既结合又分别合法与非法的斗争；党与民主团体、群众组织及进步人士等关系，要多发展极端隐蔽党员及同情分子，成单线领导，居中工作；党的组织要严守精干隐蔽、平行组织、单线领导、不转关系、城乡分开、上下分开、公开与秘密分开等原则；蒋管区城市工作，一切要从长期存在打算，以推动群众斗争，开展统一战线，如此方能配合解放区胜利，推动全国新高潮的到来。

【中共中央关于蒋管区群众斗争方针的指示】（1947年5月23日）　中共中央1947年5月23日发出。2011年收入中央文献出版社出版的《建党以来重要文献选编》第二十四册。《指示》共七条。首先肯定了上海局关于群众斗争形势的分析及斗争方针的规定。分析指出由于蒋军侵占延安后军事全面失败，蒋管区已面临重重危机，蒋介石统治已面临垮台。指出斗争口号的提高，停战条件的变化，要适时但不要频繁。要能动员广大群众接受这些口号并为此口号奋斗，以达到搞垮蒋介石的目的。在提出要饭吃要和平要自由的同时，适当提出实施民主自由，肃清贪官污吏，没收官僚资本，实行土地改革，驱逐反动好战分子与反对美帝国主义干涉中国内政援蒋内战等口号。《指示》还规定了组织上的领导关系和经费问题。

【中共中央关于停止一切大规模破坏铁路的行动的指示】（1947年6月4日）　中共中央1947年6月4日发出。2011年收入中央文献出版社出版的《建党以来重要文献选编》第二十四册。《指示》首先指出，我军已全部由战略防御转变为战略反攻，过去需要破坏的铁路，现在一般地已无此种需要，相反，如果现在还不停止破坏铁路，我们就将犯错误了。《指示》要求，除作战时因战术上的需要仍可施以局部性的战术性的破坏外，一切大规模破坏铁路的行动应予停止。对于铁路员工及铁路上的所有设备，要一律加以保护，并劝告人民一律保护。同时要求对一切建筑物、道路桥梁等均不得破坏。

【中共中央工委关于禁止毁坏古书、古迹的指示】（1947年7月10日）　中共中央工委1947年7月10日发出。2011年收入中央文献出版社出版的《建党以来重要文献选编》第二十四册。《指示》首先指出，在土地改革中从地主家庭清出的书籍、字画、碑帖、古董，以及一些地区的古庙古物被破坏得很厉害，这是中国文化的损失。《指示》要求各级党委和军队对于现有的书籍和古物，要收集并妥当管理保存，以备将来集中到适当的图书馆绝不能任意破坏或出卖。必须保存古庙古迹，禁止毁坏。要求各地要向各级组织，特别是支部、民兵及农民群众做好解释工作。

【中共中央关于将战争引向国民党区域给陈毅等的指示】（1947年8月11日）　中共中央1947年8月11日发出。2011年收入中央文献出版社出版的《建党以来重要文献选编》第二十四册。《指示》指出，目前形势是有利的。提出具体意见，饶漱石既在东面，华东局即应在东面，邓子恢到渤海可以工委书记名义执行任务。刘伯承和邓小平南下，全局必有变动，鲁西南诸敌势必大部南去。陈毅和粟裕率六纵及野直进至聊城，可能开展鲁西南局面。总的意图是将战争引向国民党区域，使我内线获得喘息机会，以利持久。

【中共中央关于彻底平分土地的方针给中央工委的复电】（1947年9月6日）　中共中央1947年9月6日发出。2011年收入中央文献出版社出版的《建党以来重要文献选编》第二十四册。《复电》指出，土地会议应该采取彻底平分土地的方针，而且要将地主、富农多余的粮食等拿出来，适当分配给农民中缺这些东西的人们。大规模的森林和水利工程，由政府管理。同意由土地会议通过的土地法大纲，作为向各解放区政府的建议。

【中共中央关于在黄河、淮河、运河、平汉路之间创造巩固根据地给陈毅、粟裕等的指示】（1947年9月11日）　中共中央1947年9月11日发出。2011年收入中央文献出版社出版的《建党以来重要文献选编》第二十四册。《指示》肯定了我军歼灭敌五十七师的胜利及形势；要求部队注意补充兵员，打有准备之仗；在今后几个月，应严整军纪，争取群众；完成在黄河、淮河、运河、平汉之间创造巩固根据地的任务；协助刘伯承和邓小平、陈赓和谢富治创造鄂豫皖与鄂豫陕两大根据地，协助谭震林保卫山东根据地，协助苏中、苏北恢复根据地。

【中共中央关于公布中国土地法大纲的决议】（1947年10月10日）　中共中央1947年10月10日发出。2011年收入中央文献出版社出版的《建党以来重要文献选编》第二十四册。《决议》首先指出了中国的土地制度极不合理的状态和根源；为了改变这种不合理的情况，中国共产党根据农民的要求，消灭封建性及半封建性剥削的土地制度，实行耕者有其田的制度。《决议》指出，1947年9月中国共产党召集了全国土地会议，在这个会议上，详细研究了中国土地制度的情况，土地改革的经验，制定了中国土地法大纲，作为向各地民主政府、各地农民大会、农民代表会及其委员会的建议。中国共产党中央委员会完全同意这个土地法大纲，并予以公布。希望各地民主政府，各地农民大会，农民代表会及其委员会，对于这个建议，加以讨论及采纳，并订出适合于当地情况的具体办法，展开及贯彻全国的土地改革运动，完成中国革命的基本任务。后附《中国土地法大纲》。

【中国人民解放军宣言】（1947年10月10日）　毛泽东为中国人民解放军总部所起草的政治宣言，1947年10月10日发出，亦称《双十宣言》。1960年收入人民出版社出版的《毛泽东选集》第四卷。2011年收入中央文献出版社出版的《建党以来重要文献选编》第二十四册。《宣言》首先指出中国人民解放军大举反攻的形势；指明了作战的目的；分析了蒋介石的内战政策，指出全国绝大多数人民都认识了蒋介石的滔天罪行，盼望人民解放军打倒蒋介石，解放全中国。为此提出了八项基本政策：组成民族统一战线，打倒蒋介石独裁政府，成立民主联合政府；逮捕、审判和惩办以蒋介石为首的内战罪犯；废除蒋介石统治的独裁制度，实行人民民主制度；废除蒋介石统治的腐败制度，肃清贪官污吏，建立廉洁政治；没收官僚资本，发展民族工商业；废除封建剥削制度，实行耕者有其田的制度；承认中国境内各少数民族有平等自治的权利；否认蒋介石独裁政府的一切卖国外交，废除一切卖国条约，否认内战期间蒋介石所借的一切外债。同时着重解释了对蒋方人员分别对待的方针；号召全国各界同胞与人民解放军积极合作，肃清反动势力；并要求人民解放军必须提高纪律性，坚决执行命令，执行政策，执行三大纪律八项注意。

【中国人民解放军总部关于重行颁布三大纪律八项注意的训令】（1947年10月10日） 毛泽东以中国人民解放军总部名义于1947年10月10日发出。1960年收入人民出版社出版的《毛泽东选集》第四卷。2011年收入中央文献出版社出版的《建党以来重要文献选编》第二十四册。《训令》首先指出三大纪律八项注意实行多年，但各地各军略有出入，现统一规定重行颁布，要求严格执行。《训令》指出了三大纪律和八项注意的具体内容，三大纪律如下：一切行动听指挥；不拿群众一针一线；一切缴获要归公。八项注意为：说话和气；买卖公平；借东西要还；损坏东西要赔；不打人骂人；不损坏庄稼；不调戏妇女；不虐待俘虏。

【中共中央批准华北财经会议决议及对各地财经工作的指示】（1947年10月24日） 中共中央1947年10月24日发出。2011年收入中央文献出版社出版的《建党以来重要文献选编》第二十四册。《指示》共三条：一、肯定了华北财经会议的召开，认为是总结了华北各解放区财经工作的经验，正确提出和解决了今后财经工作的方针与政策。批准华北财经会议决议，并成立了华北财经办事处机构。二、指出在一些地区还存在重财政轻经济的现象，还缺乏坚持贯彻到底的精神，对保护和扶助解放区的国民经济发展缺少注意等。三、要求对于财经会议作出的决定要坚决实行。后附《华北财政经济会议决议》。

【中共中央关于重发《怎样分析阶级》等两个文件的指示】（1947年11月29日） 中共中央1947年11月29日发出。2011年收入中央文献出版社出版的《建党以来重要文献选编》第二十四册。《指示》共四条。首先指出，1933年苏维埃中央政府颁发的《怎样分析阶级》《关于土地斗争中一些问题的决定》两个文件中有些政策是过左的错误政策。此次重发，已经将错误的部分和与阶级分析无关的部分删去。该《指示》对如何落实文件精神提出了具体要求。最后再次指出要注意适当地纠正妨碍群众利益的过左行动，以利团结雇农、贫农，坚决保护中农。

【打下石家庄的意义和经验教训】（1947年12月1日） 朱德1947年12月1日在晋察冀野战军干部会上讲话的一部分。2011年收入中央文献出版社出版的《建党以来重要文献选编》第二十四册。讲话首先指出打下石家庄的意义，即：军事上政治上的意义在于提高了战术，学会了攻坚，学会了打大城市；经济上的意义在于可以把晋冀鲁豫和晋察冀两大解放区连成一片，发展交通、工业、商业，发展生产，支援战争。讲话分析总结了能打下石家庄的经验教训。主要经验是：做了充分的准备，对敌情作了详细的调查，兵力准备充足，物质条件也很充分；动员工作做得好，充分发动了广大群众；讲究战术；善于利用俘虏。指出此次战役结束后应注意的几个方面：说明争功要不得，功是战士和工人、农民的；纪律很重要，要进一步加强；要做到缴获归公，决不应归私。

【目前形势和我们的任务】（1947年12月25日）　毛泽东1947年12月25日在陕北米脂县杨家沟召开的中共中央扩大会议上的报告。1960年收入人民出版社出版的《毛泽东选集》第四卷。2011年收入中央文献出版社出版的《建党以来重要文献选编》第二十四册。报告共分八个部分：一、分析了中国人民革命战争的形势，指出中国人民的革命战争已经达到了一个转折点，即是中国人民解放军已经打退了美国走狗蒋介石的数百万反动军队的进攻，并使自己转入了进攻。二、分析了人民解放军战胜蒋介石的政治基础，就是人民解放军的战争所具有的爱国的正义的革命的性质，必然要获得全国人民的拥护。三、具体分析了十七个月以来的军事作战情况，指出我们执行了正确的战略方针，我们的战略战术是建立在人民战争这个基础上的，任何反人民的军队都不能利用我们的战略战术。四、指出后方土地问题的解决是战胜一切敌人的最基本条件，并强调实行土地改革必须注意两条基本原则，一是必须满足贫农和雇农的要求，这是土地改革的最基本的任务；二是必须坚决地团结中农，不要损害中农的利益。五、指出整编党的队伍是解决土地问题和支援长期战争的决定性环节。六、指出了国民党与共产党不同的经济政策。共产党领导人民进行的新民主主义革命所要消灭的对象，只是封建主义和垄断资本主义，只是地主阶级和官僚资产阶级（大资产阶级），而不是消灭上层小资产阶级和中等资产阶级。新民主主义国民经济的指导方针，必须紧紧地追随着发展生产、繁荣经济、公私兼顾、劳资两利这个总目标。七、指出了党领导下的统一战线是取得胜利的保证。八、指出了全世界进步力量的团结能够打败全世界帝国主义力量。

【中共中央关于对中间派应采积极争取与合作态度给叶剑英、李维汉等的指示】（1948年1月14日）　中共中央1948年1月14日发出。2011年收入中央文献出版社出版的《建党以来重要文献选编》第二十五册。该文件就对待中间派要采取积极争取与合作态度问题作出五项指示，即：对于一切可争取的中间派，如民盟、国民党反蒋派、冯玉祥等，不论其言论行动中包含多少动摇性及错误成分，均应采取争取合作的态度，对其错误缺点，也应采取口头的善意的批评态度；对于美帝及国民党反动派存有幻想、反对人民民主革命、反对共产党的某些中产阶级右翼分子，对其公开的严重的反动倾向要在报纸刊物上进行公开的批评和揭露，文章要具有说服性，要入情入理；对一切应当争取的中间派的错误观点，在报纸刊物上批评时，文章尤其要注意具有说服性；对华莱士及其一派应采取联合态度；等等。

【关于目前党的政策中的几个重要问题】（1948年1月18日） 毛泽东1948年1月18日为中共中央起草的决定草案。1960年收入人民出版社出版的《毛泽东选集》第四卷。2011年收入中央文献出版社出版的《建党以来重要文献选编》第二十五册。决定草案涉及四个问题，即：一、党内反对错误倾向问题。反对对敌人的力量估计过高，但又决不能轻视敌人，相反应当重视敌人，集中全力作战，方能取得胜利。同时，必须防止党内“左”、右倾错误的发生。二、土地改革和群众运动中的几个具体政策问题。必须将贫雇农的利益和贫农团的带头作用，放在第一位；必须避免对中农、中小工商业者、学生、教员、教授、科学工作者、艺术工作者和一般知识分子采取任何冒险政策；对于开明绅士分别情况予以照顾；必须将新富农和旧富农加以区别等。三、关于政权问题。新民主主义的政权是工人阶级领导的人民大众的反帝反封建的政权。中华人民共和国的权力机关是各级人民代表大会及其选出的各级政府。四、在革命统一战线中领导者和被领导者的关系问题。党率领被领导者（同盟者）向着共同敌人作坚决的斗争，并取得胜利；对被领导者给以物质福利，至少不损害其利益，同时对被领导者给以政治教育。

【毛泽东转发习仲勋关于西北土改情况报告的批语】（1948年1月20日） 毛泽东1948年1月20日在习仲勋1月19日关于西北土改情况的报告上批语。2011年收入中央文献出版社出版的《建党以来重要文献选编》第二十五册。《批语》指出，完全同意习仲勋同志这些意见。认为华北、华中各老解放区也有习仲勋报告中所反映的问题，提出务须密切注意改正“左”的错误。《批语》指出，对于错误，不要拖延很久才去纠正，同时要注意，也不要使下面因为纠正“左”而误解为不要动。后附《习仲勋关于西北土改情况给毛泽东的报告》。

【中共中央关于对待在华外国侨民政策的指示】（1948年2月7日） 中共中央1948年2月7日发出。2011年收入中央文献出版社出版的《建党以来重要文献选编》第二十五册。《指示》首先指出在我军新占领的地区，遇到一些外国侨民和他们设立的教堂、学校、医院等，不论其是否属于帝国主义性质，一般不采取排除或没收政策；对外国侨民及其国家代表机关，一般应采取保护政策。并提出了六条具体对待政策，即：凡遇有外侨设立的教堂，及所举办的学校、医院、育婴堂、养老院等，均不得加以没收和破坏；凡外侨投资设立并主持的私营工厂、矿山或其他企业，暂不加以没收，亦不许破坏；凡遇有外国银行，或其代办所，不管其是否由于两国条约有互惠规定和特许，一般应先停止其营业，并审查其业务情况；对于一般外侨应取友好态度；等等。

【纠正土地改革宣传中的“左”倾错误】（1948年2月11日）　毛泽东为中共中央起草的对党内的指示，1948年2月11日发出。1960年收入人民出版社出版的《毛泽东选集》第四卷。2011年收入中央文献出版社出版的《建党以来重要文献选编》第二十五册。指示列举了土地改革宣传中“左”倾错误的四种表现：不是宣传依靠贫雇农，巩固地联合中农，消灭封建制度的路线，而是孤立地宣传贫雇农路线；在整党问题上，关于既反对忽视成分、又反对唯成分论的宣传，有些地区不够有力，甚至有唯成分论的错误宣传；在土地改革问题上，关于既反对观望不前、又反对急性病的宣传，有些地区抓得紧，但在许多地区却助长急性病，甚至发表赞扬急性病的东西；在工商业和工人运动的方针上，对于某些解放区存在着的严重的“左”的倾向，或者加以赞扬，或者熟视无睹。指出其中有些完全违背马列主义原则立场，完全脱离中央路线，要求要加以检查，发扬成绩，纠正错误。

【中共中央关于土地改革中各社会阶级的划分及其待遇的规定（草案）】（1948年2月15日）　中共中央1948年2月15日发出。2011年收入中央文献出版社出版的《建党以来重要文献选编》第二十五册。《规定（草案）》共二十五章。即：中国的社会经济形态；中国目前的阶级关系和人民民主革命；划分阶级的标准；通过阶级成分的方法；家庭成分和本人成分；地主；旧式富农；新式富农；中农；贫农；雇农；手工业劳动者；自由职业者；小商贩；资本家和官僚资本家；工人；职员和革命职员；军人和革命军人；学生；贫民；游民；宗教职业者；各阶级的债务；关于犯罪分子的处理；人民法庭。《规定（草案）》指出，中国人民、中国共产党和中国人民解放军所从事的伟大的神圣的正义的革命战争，现在正是日益接近于全国的胜利。当我们观察和划分社会阶级的时候，应当以人们对于生产资料的占有关系，以人们的生产关系为唯一的标准。

【中共中央关于讨论《中央关于土地改革中各社会阶级的划分及其待遇的规定（草案）》的指示】（1948年2月16日）　中共中央1948年2月16日作出。2011年收入中央文献出版社出版的《建党以来重要文献选编》第二十五册。《指示》首先要求要认真讨论《中央关于土地改革中各社会阶级的划分及其待遇的规定（草案）》，并提出修改意见。指出下发这个文件的目的“是纠正党内广泛地存在着的关于在观察及划分阶级问题上的非马克思主义的思想及补足在土改中缺乏对各阶级阶层人们的具体明确政策的缺点”。要求我们的同志既要彻底消灭帝国主义、封建主义与官僚资本主义，又要在这个伟大斗争中不要因为犯错误而打乱自己阵线，增加敌人力量，使自己陷于孤立。《指示》还回顾了党的历史上的“左”倾错误给党造成的危害。指出，如果现在不严重注意到这一点，我们就将在政治上犯错误。《指示》对如何讨论提出了具体意见。

【老区半老区的土地改革与整党工作】（1948年2月22日） 周恩来为中共中央起草的指示，经毛泽东修改过，1948年2月22日发出。2011年收入中央文献出版社出版的《建党以来重要文献选编》第二十五册。指示共分八部分。首先说明了所有老区和半老区应分为三类地区，并具体分析这三类地区的不同；指出平分土地时需要对土地数量、质量、产量及位置远近统一考虑；调剂土地时要对各类人群有不同的考虑；对土改和整党时间提出意见，要求在老区半老区，应准备二年到三年的时间（1948年至1950年），有计划地完成全区域的土改和整党任务，不应操之过急，避免许多不应有的毛病；指出土地和整党要注意的问题，认为土改和整党，均应采取有重点的、波浪式的、逐步推广的方法；指出土改中依靠的对象问题，贫农团是农民群众中坚决实行土地改革彻底消灭封建制度的骨干组织；指出一些地区调剂土地的工作必须与整党工作相结合。

【中共中央关于注意总结城市工作经验的指示】（1948年2月25日） 中共中央1948年2月25日发出。1996年收入人民出版社出版的《毛泽东文集》第五卷。2011年收入中央文献出版社出版的《建党以来重要文献选编》第二十五册。《指示》要求全党注意石家庄城市工作经验，并就注意总结城市工作经验提出具体意见，即：要以石家庄初期管理的方针和方法为基本的方针及方法；指出多年来缺乏对城市工作经验的认真总结是经验主义、地方主义思想的表现；各中央局、分局、前委亦没有做过认真的研究，这严重影响了党的工作的发展。为了将党的注意力不偏重于战争与农村工作，为了使现在的城市的工作迅速做好，为了对今后取得的城市的工作事先有充分的精神准备和组织准备，应对于占领的城市，凡人口五万以上者，逐一作出简明扼要的工作总结。

【关于工商业政策】（1948年2月27日） 毛泽东为中共中央起草的对党内的指示，1948年2月27日发出。1960年收入人民出版社出版的《毛泽东选集》第四卷。2011年收入中央文献出版社出版的《建党以来重要文献选编》第二十五册。指示针对某些地方的党组织违反党中央的工商业政策的现象，要求这些地方的党委，必须从领导方针和方法上认真检查纠正任何破坏工商业的错误。并提出了具体意见，即：应防止将农村中斗争地主富农、消灭封建势力的办法错误地应用于城市，将消灭地主富农的封建剥削同保护地主富农经营的工商业严格地加以区别；将发展生产、繁荣经济、公私兼顾、劳资两利的正确方针同片面的、狭隘的、实际上破坏工商业的、损害人民革命事业的所谓拥护工人福利的救济方针严格地加以区别；要求中央局、分局在领导方法上，必须同区党委、地委和自己派出的工作团密切联系，利用报纸作为自己组织和领导工作的重要工具，随时掌握工作进程，交流经验，纠正错误；经常注意明确划清许做和不许做的事情之界限，随时提醒下面，使其少犯错误。政策是革命政党一切实际行动的出发点，并且表现于行动的过程和归宿。在每一个行动之前，要向党员和群众讲明我们的政策。

【关于民族资产阶级和开明绅士问题】（1948年3月1日） 毛泽东1948年3月1日为中共中央起草的对党内的指示。1960年收入人民出版社出版的《毛泽东选集》第四卷。2011年收入中央文献出版社出版的《建党以来重要文献选编》第二十五册。指示首先论述了现阶段革命的性质、目的；阐述了我们不要抛弃合作过的现在还在合作的开明绅士的原因；指出开明绅士是反帝反封建反官僚资本主义革命统一战线中的一分子，因此，团结他们是必须注意的问题。并指出，我们对于开明绅士的要求，在抗日时期是赞成抗日，赞成民主（不反共），赞成减租减息；在现阶段是赞成反美、反蒋，赞成民主（不反共），赞成土地改革。只要他们能够这样做，我们就应该毫无例外地去团结他们，并且在团结中教育他们。

【在晋绥干部会议上的讲话】（1948年4月1日） 毛泽东1948年4月1日在晋绥解放区兴县蔡家崖召开的中共中央晋绥分局干部会议上的讲话。1960年收入人民出版社出版的《毛泽东选集》第四卷。2011年收入中央文献出版社出版的《建党以来重要文献选编》第二十五册。《讲话》涉及了五方面问题，首先指出过去一年，晋绥地区的土改和整党工作是成功的，特别是纠正了工作中“左”的偏向，具体分析了工作取得成功的原因；肯定了晋绥党组织在抗战时期的领导路线，也指出了存在的问题；对今后的工作任务提出了要求；介绍了全国的形势，进一步强调了中国革命的总路线和总政策，即：无产阶级领导的，人民大众的，反对帝国主义、封建主义和官僚资本主义的革命。进一步明确了党在新民主主义革命时期土地改革工作中的总路线和总政策，即：依靠贫农，团结中农，有步骤地、有分别地消灭封建剥削制度，发展农业生产。

【对晋绥日报编辑人员的谈话】（1948年4月2日） 毛泽东1948年4月2日对晋绥日报编辑人员的讲话。1960年收入人民出版社出版的《毛泽东选集》第四卷。2011年收入中央文献出版社出版的《建党以来重要文献选编》（第二十五册）。《谈话》首先指出，我们的政策，不光要使领导者知道，干部知道，还要使广大的群众知道。群众齐心了，一切事情就好办了。同时指出报纸的作用和力量，就在它能使党的纲领路线、方针政策、工作任务和工作方法，最迅速最广泛地同群众见面。指出我们党历来主张革命要依靠人民群众，大家动手，反对只依靠少数人发号施令。善于把党的政策变为群众的行动，善于使我们的每一个运动，每一个斗争，不但领导干部懂得，而且广大的群众都能懂得，都能掌握，这是一项马克思列宁主义的领导艺术。《谈话》还对办报人员提出具体工作要求，同时对《晋绥日报》去年以来的工作给予了充分肯定，指出应当保持报纸过去的优点，要尖锐、泼辣、鲜明。我们必须坚持真理，而真理必须旗帜鲜明。

【中共中央关于将一切可能和必须统一的权力统一于中央的指示】（1948年4月10日） 中共中央1948年4月10日发出。2011年收入中央文献出版社出版的《建党以来重要文献选编》第二十五册。《指示》首先指出，自从抗日战争胜利以来，在许多地方都有明显的违背中央路线和政策的某些规定的恶劣作风。所有这些不良现象，中央要求一切受中央委托的领导机关的负责同志严肃地注意加以改变，并指导所属中级及下级领导机关的负责同志同样严肃地注意加以改变，一经遇到，立即毫不含糊地予以指出并予以纠正。指出在夺取全国政权的形势下全党全军要在一切政治、军事、经济等方面完全统一，将全国一切可能和必须统一的权力统一于中央，而在各地区和各部分则统一于受中央委托的领导机关。各地必须迅速完成这方面的一切必要的准备。

【中共中央关于邀请各民主党派代表协商召开新政协问题给沪局港分局的指示】（1948年5月1日） 中共中央1948年5月1日发出。2011年收入中央文献出版社出版的《建党以来重要文献选编》第二十五册。《指示》指出，我党准备邀请各民主党派及重要人民团体的代表来解放区开会讨论关于召开人民代表大会并成立民主联合政府问题和关于在反对美国帝国主义侵略及蒋介石卖国政府的斗争中加强各民主党派各人民团体的合作及纲领政策问题。指出召开此项会议讨论上述问题的时机业已成熟，但须征求各民主党派的意见，即他们是否亦认为时机业已成熟及他们是否愿意派遣代表来解放区。会议名称拟为政治协商会议。参加者为一切民主党派及重要人民团体。会议决议须每一单位自愿同意。会议拟由国民党革命委员会、民主同盟及中共联名发起。并提出了邀请的名单。

【中共中央关于应将工业生产放在领导工作的重要位置给晋绥分局等的指示】（1948年5月11日） 中共中央1948年5月11日发出。2011年收入中央文献出版社出版的《建党以来重要文献选编》第二十五册。《指示》要求部队进入城市后要做好宣传、做好接收等工作，晋绥分局在近段时间应将注意力主要放在接受各县的工作上。分局应将工业生产问题放在领导工作的重要位置。有了工业生产的条件，党如果不注意恢复及发展工业，党的领导人员如果缺乏工业方面的知识，如果不用力去学会这一方面的知识，那就会要犯错误。在收复延安后，西北局亦须注意恢复及发展工业。

【中共中央关于目前妇女工作的指示】（1948年5月15日） 中共中央1948年5月15日发出。2011年收入中央文献出版社出版的《建党以来重要文献选编》第二十五册。《指示》首先指出妇女在土改、生产、支前、管理政权等工作方面是一支重要力量，各级党的领导机关应加以重视；并就如何加强妇女工作提出四点意见，即：妇女运动的主要对象是农村家庭妇女及城市贫民，要依靠贫雇农妇女为骨干，团结广大劳动妇女及一切爱国民主妇女，进行反帝反封建的斗争，反美反蒋及土地改革；在农民翻身运动中，应适时地进行打破、扫除封建束缚，在阶级的一致性与全体利益之下，力争妇女的解放与应得的权利和利益；在乡村中妇女组织统一于农会领导之下，各级农民代表会及农会委员会必须吸收妇女参加；各级党的领导机关应设妇女工作的专门部门，或指定专人负责。

【一九四八年的土地改革工作和整党工作】（1948年5月25日） 毛泽东为中共中央起草的对党内的指示，1948年5月25日发出。1960年收入人民出版社出版的《毛泽东选集》第四卷。2011年收入中央文献出版社出版的《建党以来重要文献选编》第二十五册。指示共八个方面，即：一、注意季节，利用当年9月至明年3月，完成十项工作：乡村情况调查；按照正确政策实行初步整党；组织或改组或充实贫农团和农会；按照正确标准划分阶级成分；按照正确政策，实行分配封建土地和封建财产；建立乡（村）、区、县三级人民代表会议，并选举三级政府委员会；发给土地证，确定地权；调整或改订农业税（公粮）负担标准；完成党的支部组织整理工作；恢复和发展农业生产。二、在当年6月至8月完成三项工作：划定土地改革工作范围；开好干部会议，将许可做的事和不许可做的事，分清界限；九月全部直接从事土地改革工作的干部必须到达乡村，并开始工作。三、教育干部善于分析具体情况，从不同地区、不同历史条件的具体情况出发，决定当地当时的工作任务和工作方法。四、土地问题已解决的地区中心任务是恢复和发展生产，完成整党建政和支前工作。五、一切解放区都要注意抓紧农业生产。六、坚决克服地方存在的无纪律或无政府状态。七、加强上下机关联系，掌握动态，互通情报，交流经验，及时纠正错误，发扬成绩。八、城市工作和农村工作，工业和农业生产任务要放在各级领导工作的适当位置。

【中共中央关于三三制仍应执行的指示】（1948年5月31日） 中共中央1948年5月31日发出。2011年收入中央文献出版社出版的《建党以来重要文献选编》第二十五册。《指示》首先指出，中央去年2月1日指示三三制仍应执行，废除三三制的意见是错误的。《指示》对去年以来一些解放区从政治上组织上打击三三制党外人士提出批评，认为是“过左的错误行动”。《指示》责成各级党组织要认真做好情况收集，调查问题，并向中央报告。

【中共中央批转东北局关于保护新收复城市的指示】（1948年6月10日） 中共中央东北局1948年6月10日发出，同日中共中央批转。2011年收入中央文献出版社出版的《建党以来重要文献选编》第二十五册。《指示》首先指出，城市是人民革命战争取得最后胜利决不可少的力量，要克服各种错误认识和做法；指出违反城市政策和侵犯工商业政策的五种现象，及三类破坏最严重的情况，包括某些攻城部队纪律不严，不讲政策；某些后方机关各单位生产人员只顾本单位利益，到新收复的城市抢购物资、做买卖，扰乱新收复城市金融物价；对于部分城市贫民在战争中及战争结束后乘机“发洋财”的行为，部队人员时常采取放任态度。分析了产生上述情况的原因；为搞好城市工作，免于被破坏，提出了四项要求：一是在新占领城市实行短期的军事管理制度。二是新收复城市初期的军事管理机关及以后的市政府和市委，有全权处理一切违反城市政策和法纪的事件和人犯，但必须与上级领导机关及东北行政委员会和东北局有密切联系；一切重大事件，必须向上级请示，事后作报告。三是攻城及入城部队应遵守各种事项。四是后方党政军民机关应遵守各种事项。并要求这一指示应在各省、各纵、各师党委中普遍深入传达。

【中共中央关于揭破敌人和平阴谋的指示】（1948年7月18日） 中共中央1948年7月18日发出，2011年收入中央文献出版社出版的《建党以来重要文献选编》第二十五册。《指示》共四点。一是指出国民党统治日趋崩溃，美帝及国民党当局正准备发动和平运动，借以保存国民党的现有地盘及军队，获得喘息时间，补充休整，然后集中全力击败人民解放军，消灭中共及一切民主力量。二是针对国民党假和平的企图，《指示》要求蒋管区各地党委应立即讨论并实行事先揭破美蒋和平阴谋，使学生群众、民主党派、人民团体及一切中间阶层，首先是他们中的反美反蒋分子，有充分的精神准备，不为和平阴谋所迷惑。三是在解放区人民及人民解放军中，应广泛宣传我们的胜利和敌人的惨败。四是敌人和平运动公开出现以后，可能产生两方面的作用：一方面暂时迷惑一部分人民，另一方面将对国民党军队及其后方发生动摇和瓦解的作用。因此，中国共产党应该一方面坚决揭露敌人的欺骗性，使群众不被欺骗；另一方面，号召群众起来反对假和平，要求真和平。要求美国停止援助国民党，撤出中国，取消中国对美国的一切卖国条约，惩办一切战争罪犯，取消反动政府，召集人民代表大会，成立民主联合政府，没收官僚资本，实行土地改革，将美帝和国民党的假和平运动变为人民要求的真和平运动等。

【中共中央关于创办高级党校（马列学院）的决定】（1948年7月24日） 中共中央1948年7月24日发出。2011年收入中央文献出版社出版的《建党以来重要文献选编》第二十五册。《决定》阐述了中共中央决定创办高级党校的意义，指出为着适应时局发展的迫切需要，中央决定创办高级党校，名为马列学院。任务为比较有系统地培养具有理论的党的领导干部和宣传干部。指出了学习的内容、任务以及对学员的要求等。要求东北局也相应办一同样的高级党校。

【中共中央关于对中间派倒蒋活动应取策略的指示】（1948年8月1日） 中共中央1948年8月1日发出。2011年收入中央文献出版社出版的《建党以来重要文献选编》第二十五册。《指示》指出了国民党内部的倒蒋局势和美国的政策；指出我们赞成倒蒋是因为蒋倒后，对解放战争的开展有利，而不是对美国和倒蒋派有任何幻想。相反，应在人民中随时揭破美国和反动派的阴谋，以免上当。对中间派要多做工作，以免他们进入美帝圈套。

【中共中央、军委关于严格执行向中央作请示报告制度的指示】（1948年8月14日） 中共中央、军委1948年8月14日发出。2011年收入中央文献出版社出版的《建党以来重要文献选编》第二十五册。《指示》是针对野战兵团及一切后方军区存在的无纪律无政府状态，事前不请示事后不报告，有“独立国”的倾向而提出的。《指示》认为自从开展反对上述倾向以来，情况有一定好转；但是在军队中仍然存在着重要的训练计划和作战计划，训练经过和作战经过，政策教育和执行政策经过等重大事项不请示不报告的现象，仍然有“独立团”倾向，对于中央发动党内反对无纪律状态的危险倾向仍然没有认真地检讨和反省。该《指示》向各兵团和军区的负责人提出，要严格执行及时和完备的报告制度，并要求对于事前请示事后报告的内容，必须是有分析有结论的。

【毛泽东关于不同意毛泽东主义的提法给吴玉章的电报】（1948年8月15日） 毛泽东1948年8月15日发出。2011年收入中央文献出版社出版的《建党以来重要文献选编》第二十五册。《电报》指出把毛泽东思想改为毛泽东主义“很不适当”。认为现在没有什么毛泽东主义，也不是什么“主要的要学毛泽东主义”，而是必须号召学习马恩列斯的理论和中国革命的经验。并且指出，有些同志将毛泽东的名字和马恩列斯并列，也是错误的。必须坚决反对这样说。《电报》是针对1948年8月13日吴玉章给周恩来的电报，想在华北大学成立典礼上提出“主要的要学毛泽东主义”的请示的回电。

【华北人民政府组织大纲】（1948年8月16日） 华北临时人民代表大会1948年8月16日通过。2011年收入中央文献出版社出版的《建党以来重要文献选编》第二十五册。《组织大纲》首先指出，为适应华北形势发展，并根据人民要求，华北临时人民代表大会决议合并晋察冀与晋冀鲁豫两边区政府，成立华北人民政府，并制定华北人民政府组织大纲，共十五条。对华北人民政府的人员、领导、职权、机构设置、对外发布文告及有关政策、方针、重要计划等方面做出了规定。

【关于辽沈战役的作战方针】（1948年9月7日、10月10日） 毛泽东为中共中央军事委员会起草、1948年9月7日和10月10日分别给林彪、罗荣桓等的两份电报。1960年收入人民出版社出版的《毛泽东选集》第四卷。2011年收入中央文献出版社出版的《建党以来重要文献选编》第二十五册。9月7日电报分析了用五年打倒国民党的可能性，对各野战军和各兵团提出了歼敌具体要求，并对战役具体部署提出意见和需要注意的事项。要求确立攻占锦州、榆关、唐山三点并全部控制该线的决心，确立打前所未有的大歼灭战的决心，重新考虑作战计划并筹办全军军需（粮食、弹药、新兵等）和处理俘虏事宜。10月10日电报主要对锦州之战提出了四点注意事项，指出这一时期的战局，很有可能发展成为极有利的形势，即不但能歼灭锦州之敌，而且能歼灭葫、锦援敌之一部，能歼灭长春逃敌之一部或大部。中心注意力必须放在锦州作战方面，求得尽可能迅速地攻克该城。

【在中共中央政治局会议上的报告和结论】（1948年9月8日、13日）　毛泽东分别于1948年9月8日和9月13日在中共中央政治局会议上的讲话。2011年收入中央文献出版社出版的《建党以来重要文献选编》第二十五册。报告部分提出了会议要解决的八个问题，即：关于国际形势的估计；关于我们的战略方针；关于建立无产阶级领导的以工农联盟为基础的人民民主专政，打倒帝国主义、封建主义和官僚资本主义的反动专政；关于财经统一；发展党内民主，训练干部，提高理论水平，准备占领全国后所需要的各方面工作干部；关于学习工业和做生意；关于加强纪律性，克服无纪律和无政府状态；关于“新资本主义”“农业社会主义”。结论部分指出了这次会议是继七大以来重要的会议，讲的问题比较多。指出国内外形势敌我力量对比，对我们是很好的。指出这次会议关于我们的任务，意见是一致的。并就反对浪费、加强国际联系、教育问题、打倒国民党、困难和克服困难的可能性、新民主主义和社会主义问题，讲了要点。

【关于新民主主义的建设问题】（1948年9月13日）　刘少奇1948年9月13日在中共中央政治局会议上的讲话。2011年收入中央文献出版社出版的《建党以来重要文献选编》第二十五册。讲话首先完全同意毛泽东的报告内容及对今后战争前途的估计，认为五年左右根本上打倒国民党，这种估计是稳健的、谨慎的、实际的估计；我们是为统一全中国而斗争，为党内统一，为国内统一。这是一个长期的斗争。要达到胜利，还有些任务要完成。在完成这些任务中间，也有些困难，要重视这些困难，但总的方面，前途是光明的。分析了全国土地会议以来取得的成绩，既反对了右，又反对了“左”，路线已走上健全的道路，胜利有保证；进一步分析了中国新民主主义的经济构成，即：国家经济，包括银行、铁路、大企业等；国家资本主义经济；合作社经济；私营经济。整个国民经济，包含着自然经济、小生产经济、半社会主义经济、国家资本主义经济以及国营的社会主义经济。

【在中共中央政治局会议上的发言】（1948年9月13日）　任弼时1948年9月13日在中共中央政治局会议的发言。2011年收入中央文献出版社出版的《建党以来重要文献选编》第二十五册。《发言》主要讲了四个问题，即：一、战争问题。指出目前解放战争已初步取得胜利；中原的工作要加强，要把群众努力发动起来；要努力争取俘虏；老解放区的生产要搞好。二、纪律性问题。指出加强纪律性有两个条件：一是全党要加强马列主义的学习，才能保障政策统一的执行；二是建立制度，制定法令。三、民主问题。指出党内党外均应加强民主，建立民主制度，而且制度必须实行。四、党组织的发展与整顿问题。指出在城市，党的发展应着重在工业无产阶级方面。整顿方面应以思想教育与执行纪律相结合。最后指出中央机构必须加强，准备过渡到建立中央政府。

【中共中央关于与英方商谈贸易问题给方方等的指示】（1948年9月25日）　中共中央1948年9月25日发出。2011年收入中央文献出版社出版的《建党以来重要文献选编》第二十五册。《指示》对如何与英商谈贸易问题，提出了商谈方针，即：赞成与英国进行商业来往，地区目前以华北为限，侨务关系也可商谈。英国如有试探和谈之意，应以反对外国干涉的态度严正拒绝。如其确有通商诚意或兼谈侨务问题，可以考虑约其进入华北解放区与华北政府直接商谈。

【中共中央关于召开党的各级代表大会和代表会议的决议】（1948年9月）　中共中央政治局会议1948年9月通过。2011年收入中央文献出版社出版的《建党以来重要文献选编》第二十五册。《决议》首先论述了党成立以来在自身建设方面的情况；对关于扩大与建立党内正常的民主生活，作出六项决议。指出在一切巩固的解放区，党的各级委员会必须遵照党章的规定，从现在起定期召开党的各级代表大会及代表会议，讨论中央的指示和各种工作，并选举和补选党的各级委员会；对各级党的代表大会和代表会议，必须赋予党章所规定的一切权力，不许侵犯；党的下级组织的代表大会，委员会及代表会议的重要决议，必须呈报党的上级组织批准以后，方准执行。在党的各级代表大会和代表会议召开以后，党内正常的民主生活扩大，批评与自我批评开展以后，党内各种不同意见的争论可能增多。各级党的领导机关，必须将这些不同意见的争论，及时地、真实地向上级报告，其中重要的争论并须报告中央，以便上级和中央能及时地明了党内的思想动态，给以指示。各级党委会召集各级代表大会或代表会议，必须有充分的准备。健全党委制，是良好地实现全党民主集中制的重要环节。

【中共中央关于与国民党进行货币斗争的指示】（1948年10月6日）　中共中央1948年10月6日发出。2011年收入中央文献出版社出版的《建党以来重要文献选编》第二十五册。《指示》共五条。首先指出国民党的法币即将作废，新解放区要宣布停用法币，并协助商人把法币迅速排挤出去，争取换回更多的物品。要把反法币、反假票作为边沿区重要工作之一。要求各地开展反金圆券的宣传，尽量多换物资。在一些新区，号召人民使用本币，在人民中建立良好的信誉。缴获的法币要用一切方法迅速推出，并促使敌区物价更快上涨。同时提出要加强经济斗争的组织性纪律性，保守国家财政机密。

【中共中央关于晋南、晋中新收复区实行土地改革的指示】（1948年10月9日）　中共中央1948年10月9日发出。2011年收入中央文献出版社出版的《建党以来重要文献选编》第二十五册。《指示》对晋南、晋中新收复区的土地问题处理提出意见，指出应于今冬实行土地改革，并且除对现在尚未失去土地的中农，允许其保留稍多于平均数的土地外，原则上实行平分。应争取在今冬把晋中、晋南土地大体分好，以利生产，不要再拖到明年冬季。指出应彻底废除阎锡山所建立的“兵农合一”制度。但“地归原主”的口号是不应该提出的，原主如是地主、富农，就不应归还；原主是中农，若其现在还有相当于平均数的土地，也不必归还；如果中农贫农在平分土地中要求分给他原来的土地，这应该允许照顾。其生活确实贫苦困难者，应另行优待他们。

【关于淮海战役的作战方针】（1948年10月11日） 毛泽东为中共中央军事委员会起草的给华东野战军的电报，1948年10月11日发出。这个电报同时告知华东局和中原局。1960年收入人民出版社出版的《毛泽东选集》第四卷。2011年收入中央文献出版社出版的《建党以来重要文献选编》第二十五册。电报对淮海战役提出了四点意见，即：战役第一阶段的重心，是集中兵力歼灭黄百韬兵团，完成中间突破，占领新安镇、运河车站、曹八集、峄县、枣庄、临城、韩庄、沭阳、郯城、台儿庄、临沂等地；第二阶段，以大约五个纵队，攻歼海州、新浦、连云港、灌云地区之敌，并占领各城；第三阶段，可设想在两淮方面作战。以11、12两月完成淮海战役。指出明年秋季大约可以举行渡江战役。

【中共中央关于地主、旧富农的选举权和被选举权问题的指示】（1948年10月16日） 中共中央1948年10月16日发出。2011年收入中央文献出版社出版的《建党以来重要文献选编》第二十五册。《指示》是对晋绥分局关于地主、富农、工矿业主选举权问题给中央的报告的回复。《指示》对其中关于地主及旧富农分子的选举权与被选举权问题提出了六点意见：一、新民主主义革命的基本任务，是实行土地改革，彻底消灭封建。二、但是，在土地改革业已完成，封建制度业已彻底消灭的前提下，对那些封建阶级基础已被消灭，而又遵守政府法令的一般地主及旧富农分子，原则上确定恢复其公民权。三、恢复一般守法地主及旧富农分子公权的目的，是为了团结多数，发展生产，支援战争，孤立敌人，以加速战争胜利的到来。四、在实行恢复一般守法地主及富农分子公权时，必须是有准备有步骤地，根据具体情况，逐步实施，切不要无准备无计划地普遍宣布。五、在实施的步骤上，首先必须在党内、在农民内部进行充分的解释教育与思想酝酿。六、在恢复守法地主及旧富农分子公权后，我们党与劳动人民将与他们进行和平的合法斗争。后附《晋绥分局关于地主、富农、工矿业主选举权问题给中央的报告》。

【中共中央关于准备五万三千个干部的决议】（1948年10月28日） 中共中央1948年10月28日发出。2011年收入中央文献出版社出版的《建党以来重要文献选编》第二十五册。《决议》首先指出，为了夺取全国政权，所需要的干部的准备工作问题，已经紧急地摆在了我党面前。如果我党缺乏此项准备，势必不能适应战争发展的需要，而使我党处于被动的地位。为此作出十项决定，根据发展形势和实际情况，所需干部共5.3万人左右。以工作性质区分，则应该包括军事工作、党务工作、机要工作、政府工作、工农青妇等民众团体工作、经济工作、财政工作、银行工作、贸易工作、通讯社及报纸工作、教育方面等项干部。干部分配工作，分为两期准备完成。《决议》对干部中的级别比例、干部准备的期限、干部的培养训练、干部家属问题、集中训练、调动问题，提出了意见。

【中共中央关于邀请民主人士北上给香港分局等的指示】（1948年11月5日）　中共中央1948年11月5日发出。2011年收入中央文献出版社出版的《建党以来重要文献选编》第二十五册。《指示》首先指明了邀请北上参加新政协筹备会的各民主党派、群众团体的具体人士，提出了北上的办法，要求进一步听取各方对新政协诸问题的建议反映等。

【中共中央关于新解放城市中中外报刊通讯社处理办法的决定】（1948年11月8日）　中共中央1948年11月8日发出。2011年收入中央文献出版社出版的《建党以来重要文献选编》第二十五册。《决定》首先指出，解放城市中各类报刊、通讯社非常多，情况也比较复杂，如何正确对待处理得当是一个重要的问题。为此作出决定，即：对新解放城市中旧有报纸、刊物及通讯社规定了六条处理办法，对其中凡属应予接收的国民党反动报纸、刊物与通讯社，上报中央或中央局。对其中没收的反动报刊、通讯社，须经法律程序后再处理上报。对允许出版发行的报刊与通讯社作出三项规定。对旧有新闻工作人员提出两项规定。对外国通讯社、外国记者、外国人出版的报刊提出三项规定。《决定》明确指出，凡属于国民党反动派政府及其地方政府系统下的各机关、各反动党派及反动军队的各级组织所出版及发行的报纸、刊物与通讯社，连同其一切设备与资财，应一律予以接收，并不得再以原名复刊或发稿。凡属于反对美国帝国主义，反对国民党反动政府的民主党派及人民团体所办之报纸、刊物与通讯社，应予以保护。

【中国军事形势的重大变化】（1948年11月14日）　毛泽东为新华社写的评论，1948年11月14日发表。1960年收入人民出版社出版的《毛泽东选集》第四卷。2011年收入中央文献出版社出版的《建党以来重要文献选编》第二十五册。评论首先指出，中国的军事形势现已进入一个新的转折点，即战争双方力量对比已经发生了根本的变化。人民解放军不但在质量上早已占有优势，而且在数量上现在也已经占有优势。这是中国革命的成功和中国和平的实现已经迫近的标志。指出我们原来预计的战争进程，大为缩短。现在看来，只需从现在起，再有一年左右的时间，就可能将国民党反动政府从根本上打倒了。至于在全国一切地方消灭反动势力，完成人民解放，则尚需较多的时间。敌人是正在迅速崩溃中，但尚需共产党人、人民解放军和全国各界人民团结一致，加紧努力，才能最后地完全地消灭反动势力，在全国范围内建立统一的民主的人民共和国。

【中共中央关于军事管制问题的指示】（1948年11月15日）　中共中央1948年11月15日发出。2011年收入中央文献出版社出版的《建党以来重要文献选编》第二十五册。《指示》首先指出，对新收复的大城市进行军事管制，时间不能太短，不要以为军事管制的时间愈短愈好，取消得愈早愈好，而必须看我们进行军事管制的各项目的和任务是否达到，来决定军事管制的时间。军事管制期间应该达到的目的是：完全肃清一切残余的敌人和散兵游勇以及任何进行武装抵抗的分子；接收一切公共机关产业和物资，并加以管制和监督；恢复并维持经常的秩序，消灭一切混乱现象；收缴一切隐藏在民间的反动分子的武装及其他违禁物品；解散国民党、三青团、民社党、青年党及南京政府系统下的一切反动党派和团体，登记其成员，对登记后的少数反动分子实行管制；逮捕那些应该逮捕的战犯及罪大恶极之反动分子，没收那些应该没收的官僚资本；建立系统的革命政权机关，建立革命的警察、法庭、监狱，建立物资及生产的管制机关及监督机关，建立临时的人民参议会；在各种工人、职员和青年学生中，进行切实的宣传组织工作，并在可靠的基础上建立工会、学生会及青年团等，作为城市革命政权可靠的群众基础；整理共产党在城市中的秘密组织，并建立党的组织。同时指出军管时期戒严要注意的问题，并对取消军管的报批等事项作出了规定。

【中央军委关于由刘陈邓粟谭组成总前委统筹一切的指示】（1948年11月16日） 中央军委1948年11月16日发出。2011年收入中央文献出版社出版的《建党以来重要文献选编》第二十五册。《指示》分别对华野、中原两支部队的作战提出意见；指出此战胜利，长江以北局面大定，全国局面亦可基本解决；要求从这个观点出发统筹一切。统筹的领导，由刘伯承、陈毅、邓小平、粟裕、谭震林组成一个总前委，刘伯承、陈毅、邓小平为常委，邓小平为总前委书记。

【中共中央关于把编印马恩列斯文献及中央重要文献之权统一于中央给华东局的指示】（1948年11月22日） 中共中央1948年11月22日发出。2011年收入中央文献出版社出版的《建党以来重要文献选编》第二十五册。《指示》指出，平津攻下后，中央必须办大印厂、大书店，把解放区出版事业统一起来，把编印马恩列斯文献及中央重要文献之权统一于中央，消灭出版工作中各自为政的无政府状态。地方的出版机关，权限必须缩小。在出版工作方面，这种措施是完全必要的。为了完成这种措施，中央必须从各地调集最重要的出版工作干部。这种统一的措施，比之几个次要地方的印厂接收工作，重要得多。

【中共中央关于在新解放城市中成立各界代表会办法的规定】（1948年11月30日） 中共中央1948年11月30日发出。2011年收入中央文献出版社出版的《建党以来重要文献选编》第二十五册。《规定》首先指出，城市工作中的中心弱点是与广大群众联系不够，没有找到与广大群众联系最适当的组织形式和工作方法。为解决这些问题，特规定成立各界代表会。并对各界代表会的成立办法提出六点意见，即：各界代表会的人数不拘，但每个代表应具有团体的代表性；各界代表会的职权，是由军管会和临时市人民政府赋予的；各界代表会的开会日期，在城市初解放时，每星期应有一二次，每次应不少于三个小时；各界代表会可选出主席、副主席，并组织秘书处以执行日常事务；各城市解放后，人民代表会议何时召开，须视军管期间我党的各项政策的实施效果及人民群众的组织情况而定，但最主要的还是看我们运用各界代表会这一组织形式的成效如何；等等。

【关于平津战役的作战方针】（1948年12月11日）　毛泽东为中共中央军事委员会起草的给林彪、罗荣桓等的电报，1948年12月11日发出。1960年收入人民出版社出版的《毛泽东选集》第四卷。2011年收入中央文献出版社出版的《建党以来重要文献选编》第二十五册。电报分析了平津周围的形势和敌我的力量；对战役的实施提出具体意见，指出诸敌已成惊弓之鸟，切不可过分估计敌人的战斗力。我们的真正目的不是首先包围北平，而是首先包围天津、塘沽、芦台、唐山诸点。从本日起的两星期内，基本原则是围而不打，有些则是隔而不围，以待部署完成之后各个歼敌。攻击次序大约是：第一塘芦区，第二新保安，第三唐山区，第四天津、张家口两区，最后北平区。

【中共中央关于同意组成专门班子接收大城市给陈云的复电】（1948年12月15日）　中共中央1948年12月15日发出。2011年收入中央文献出版社出版的《建党以来重要文献选编》第二十五册。《复电》首先肯定了陈云关于接收沈阳经验简报及关于外交工作检讨两个电报，认为都很好，已转发。指出陈云提出的各区要有专门办理接收大城市的班子的意见是对的。已告华北、华东、中原、西北在接收和准备接收大城市中即作此准备。后附陈云1948年11月28日写的《接收沈阳的经验》。

【中共中央关于吸收平津地区知识分子问题给林彪等的指示】（1948年12月19日）　中共中央1948年12月19日发出。2011年收入中央文献出版社出版的《建党以来重要文献选编》第二十五册。《指示》就在平津地区吸收知识分子问题，提出要有计划地统一吸收为适宜；并就如何组织、招收的人数、使用的方向提出具体意见，即：在华北军大内，设立一个军政干部队，负责招收高中及大学生六千人，经短期训练后，预定主要分配给东北野战军，一部分配给其他野战军；华北大学负责招收大中学生六千人。除此六千人吸收于华大第一部外，华大还可用文工团、宣传队等名义招收大中学生一千人。此七千人将来由中央统一支配，准备分给各野战军一部；由华北局办一个华北革命干部学校，负责招收学生七千名，培养党与群众工作的干部，准备将来使用于江南。

【中共中央关于县、区、村人民代表会议的指示】（1948年12月20日）　中共中央1948年12月20日发出。2011年收入中央文献出版社出版的《建党以来重要文献选编》第二十五册。《指示》分析了当前形势，指出原定各解放区县、区、村人民代表会议选举工作需要推迟到明年秋后举行；对已建立临时人民代表会议的地方，可继续保持；并可以开展一些工作；没有的地方也可先建立临时的人民代表会议。指出经验证明，人民代表会议的政权，是新民主主义政权的最好形式。但正规地选举县、区、村三级的人民代表会议，暂时还不宜普遍办理。各解放区在今冬明春可选择若干县试办这种正规的选举，以便取得经验，在明年秋后普遍实行。

【中共中央关于目前解放区农村妇女工作的决定】（1948年12月20日） 中共中央1948年12月20日发出。2011年收入中央文献出版社出版的《建党以来重要文献选编》第二十五册。《决定》根据1948年中央召开的妇女工作会议的建议，对目前解放区的农村妇女工作作出了六项决定。《决定》论述了在八年抗战，两年半的人民解放战争中，妇女工作是有成绩的。同时指出了解放区妇女工作的不足。指出目前解放区农村妇女工作仍应以动员和组织广大妇女群众参加生产为基本环节。妇女代表会议是更广泛更民主地联系妇女群众的最好的组织形式，由代表会议选出委员会，贯彻决议，主持日常工作。根据目前革命形势发展的需要，必须大胆培养、放手使用和提拔大批的党与非党的女干部，到各种工作岗位上去，并加强各级妇女组织的干部。各级党委应加强领导妇女工作，贯彻全党做妇女工作的方针。为适应全国革命发展的需要，应集中妇女的战斗力量，为建立统一的新民主主义的人民共和国而奋斗；决定1949年春召开全国妇女代表大会。

【中共中央关于大量提拔培养产业工人干部的指示】（1948年12月21日） 中共中央1948年12月21日发出。2011年收入中央文献出版社出版的《建党以来重要文献选编》第二十五册。《指示》根据革命胜利迅速发展的形势，指出必须立即训练和准备大批接管各大城市及大工商业的干部，提出必须从一切解放区的产业工人和职员中，立即训练、培养和提拔大批的干部，以便能够派遣他们和老干部一起去接管新解放的大城市和大的工商业，并参加党政军民各方面的工作。这已成为全党性迫切的中心任务之一。《指示》提出了尽快选拔训练培养的任务，并对有关具体问题提出解决意见。

【中共中央关于广为宣传对平津等城市的约法八章的指示】（1948年12月22日） 中共中央1948年12月22日发出。2011年收入中央文献出版社出版的《建党以来重要文献选编》第二十五册。《指示》以林彪、罗荣桓名义发出，要求从12月23日起除由新华社用文字及口语广播外，还需在各地广为印刷张贴散发。对平津等城市的约法八章的主要内容为：保护各城市全体人民的生命财产；保护民族工商业；没收官僚资本；保护学校、医院、文化教育机关、体育场所，及其他一切公共建筑，不得破坏；除首要战争罪犯及罪大恶极的反革命分子外，原属国民党各级政府机关的官员，警察人员，区镇乡保甲人员，凡不持枪抵抗、不阴谋破坏者，本军一律不加俘虏或逮捕；为确保城市治安，安定社会秩序，一切散兵游勇均应向当地本军部队及警备司令部或公安局投诚报到；保护外国侨民生命财产的安全；无论在本军进城以前和进城以后，城内一切市民及各界人士，均须共同负责，维持全城秩序，免遭破坏。本军纪律严明，公买公卖，不取民间一针一线，望我全体人民一律安居乐业，切勿轻信谣言，自相惊扰。

【中共中央关于在县以上党委设立职工、青年、妇女运动委员会的指示】（1948年12月25日）　中共中央1948年12月25日发出。2011年收入中央文献出版社出版的《建党以来重要文献选编》第二十五册。《指示》指出，为了加强群众运动的领导，适应今后职工、青年、妇女工作发展的需要，决定在县委以上各级党委下分别成立职工、青年、妇女运动委员会。各级党委应在常委中指定专人分别领导职工、青年、妇女运动委员会及其工作。职工、青年、妇女运动委员会的书记或党组书记，凡合于参加党委条件者，应参加党委为委员。

【新中国经济的性质与经济建设方针】（1948年12月25日）　刘少奇1948年12月25日在华北财政经济委员会上的报告的主要部分。2011年收入中央文献出版社出版的《建党以来重要文献选编》第二十五册。报告讲了四个问题，即：一、问题的提出是否过早。指出在国民党还没有完全被打倒，就提出新中国经济建设的问题一点也不早。二、新中国经济的性质。指出新中国经济的性质既不是资本主义的，也不是社会主义的；是既有社会主义的成分，也有资本主义的成分，是一种特殊的历史形态。它的特点是过渡时期的经济，可以过渡到资本主义，也可以过渡到社会主义。要通过适合中国的经济政策，和平稳定地过渡到社会主义经济。三、国家资本主义问题。指出无产阶级领导的国家，在适当条件下监督资本家，是资本家为国家服务的一种制度。在适当条件下，就是要减少资本家在国家经济中的破坏性，增加其建设性，没有这种监督，资产阶级不会为人民民主国家服务。研究把握好适当条件，实行两利政策，让资本家更多地为国家服务。因此对待资本家一般可采用国家资本主义的办法。四、合作社问题。指出没有合作社，无产阶级就不能在经济上领导农民，不能实现无产阶级与农民的联合，这在新中国的经济建设中是一个带决定性的问题。

【中共中央关于南方游击区应注意的几个问题给香港分局的指示】（1948年12月27日）　中共中央1948年12月27日发出。2011年收入中央文献出版社出版的《建党以来重要文献选编》第二十五册。《指示》共六点：一、同意南方三区三个纵队的建立。二、对各纵队的作战方针提出灵活决定的意见。三、克服错误倾向，批判“左”和右的政策，深入发展群众工作，并在部队内外建立群众性的党的组织，严防部队中脱离群众的单纯军事观点。四、每一个大游击区在有许多民主县政权建立之后，可建立行署，统筹全区行政事宜，使根据地日趋巩固与扩大，但机关的组织力求精简灵便。五、建立电台。六、重视军事、农村和城市政策问题。

【将革命进行到底】（1948年12月30日） 毛泽东1948年12月30日为新华社写的1949年新年献词。1960年收入人民出版社出版的《毛泽东选集》第四卷。2011年收入中央文献出版社出版的《建党以来重要文献选编》第二十五册。新年献词首先指出，中国人民将要在伟大的解放战争中获得最后胜利。阐述了解放战争走过的曲折道路和取得的胜利；指出敌人不甘心退出历史舞台；提出了将革命进行到底，指出只有彻底消灭反动派，驱逐帝国主义势力出中国，中国才能独立，才有民主与和平。新年献词还进一步向中国人民指出值得注意的问题，人民革命阵营扩大问题，粉碎敌人各种进攻问题，对即将到来的1949年进行了展望。指出中国革命的怒潮正在迫使各社会阶层决定自己的态度。中国阶级力量的对比正在发生着新的变化。已经有了充分经验的中国人民及其总参谋部中国共产党，一定会像粉碎敌人的军事进攻一样，粉碎敌人的政治阴谋，把伟大的人民解放战争进行到底。

【中共中央关于建立中国新民主主义青年团的决议】（1949年1月1日） 中共中央1949年1月1日发出。2011年收入中央文献出版社出版的《建党以来重要文献选编》第二十六册。《决议》共六条：一、指出中国青年在中国人民长期的反帝反封建斗争中，起到了伟大而积极的作用。为了团结教育整个青年一代，更大地发挥青年群众在人民解放战争中与新民主主义国家建立中的积极性和创造性，中央正式决定在中国普遍建立新民主主义青年团的组织。二、中国新民主主义青年团是在中国共产党的政治领导之下坚决地为新民主主义而斗争的先进青年们的群众性的组织，是党去团结与领导广大青年群众的核心，是党以马克思列宁主义教育青年的学校。三、新民主主义青年团的基本任务，在于有系统地学习马克思列宁主义，从革命实践中不断地教育自己的团员和青年群众，同时应当以马克思列宁主义的精神组织广大青年群众积极地参加我党和人民民主政府所号召的各种运动。四、新民主主义青年团是建立在青年群众的自愿的和自觉的基础上，要在群众运动与各种工作中公开地进行建团。五、中央决定在1949年夏季召开中国新民主主义青年团的第一次全国代表大会，正式成立中国新民主主义青年团，制定青年团的工作纲领、团章，并选举青年团的中央委员会。六、各地党委要加强重视青年团工作。

【目前形势和党在一九四九年的任务】（1949年1月8日） 中共中央政治局会议1949年1月8日通过的决议。2011年收入中央文献出版社出版的《建党以来重要文献选编》第二十六册。决议共分两部分。第一部分从六个方面论述了目前的形势，指出中国阶级力量的对比已经起了根本的变化；国民党军队已经没有主力了，我们则有强大的军队；国民党威信已经丧失；美国的对华政策，已由单纯地支持国民党武装反共，转变为两面性的政策；等等。第二部分对党在1949年的任务提出了十七项，即：争取占领湘、鄂、赣、苏、皖、浙、闽、陕、甘九省大部，有些省是全部；要征调和训练好5.3万名干部；必须使各野战军进一步正规化；争取组成一支能够使用的空军，及一支保卫沿海沿江的海军；必须使全区的农业生产和工业生产较1948年提高一步；必须使人民解放军的后方勤务工作的组织性和效率在可能和必需的基础上加强起来；必须加强人民解放军的政治工作；在主要解放区内的土改和整党工作，必须是围绕着生产运动；干部教育计划和国民教育计划必须适应当前革命形势和革命任务的需要；作好职工工会工作、青年团工作和妇女工作；召开政治协商会议，宣告中华人民民主共和国成立；准备向南方进军；开展反对无纪律无政府状态的斗争；谨慎发展党的组织；加强解放区保卫工作；召开七届二中全会。

【中共中央毛泽东主席关于时局的声明】（1949年1月14日） 毛泽东1949年1月14日发出。1960年收入人民出版社出版的《毛泽东选集》第四卷。2011年收入中央文献出版社出版的《建党以来重要文献选编》第二十六册。《声明》首先以大量的事实揭露国民党反动政府自1946年7月以来在美帝国主义的支持下，违背人民意志，撕毁停战协定和政治协商会议的决议，发动全国规模的内战，所犯下的滔天罪行，使全国人民陷于水深火热之中。《声明》指出“南京国民党反动政府决不能逃脱自己应负的全部责任”。与国民党相反，中国共产党是尽一切努力，实行国内和平。面对国民党发动的反革命内战，不得不坚决起来反对国民党政府的反动政策，为着保卫国家的独立和人民的民主权利而奋斗。《声明》进一步阐述了中国共产党的主张，用两年来的胜利表达了战胜国民党反动派的决心。对今年1月1日蒋介石提出要和谈的建议，指出其虚伪性。但是，为了迅速结束战争，实现真正的和平，减少人民的痛苦，表示中国共产党愿意同国民党政府进行和平谈判，并提出了八项条件。《声明》最后进一步表达了争取和平的决心和态度。

【华北人民政府关于保护古迹文物的训令】（1949年1月14日） 华北人民政府1949年1月14日发出。2011年收入中央文献出版社出版的《建党以来重要文献选编》第二十六册。《训令》指出，我国名胜古迹各地很多，在历史、文化、科学及艺术各方面皆有很大价值。为保护人民文化财产，作出五条规定：一、凡具有历史文化价值的名胜古迹，均属于保护之列。二、各级政府的民政部门，应兼办其辖境内名胜古迹之调查和勘察事宜，调查结果随时报告本府。三、关于名胜古迹之修葺，应以保护为原则，目前绝不应翻修或重建，其费用可从地方建设粮内开支。四、凡零散在各地之古迹，当地政府应负保管之责。五、凡有价值的宫、观、寺宇及名胜场所等，禁止军队及其他机关拆毁占用，并应委定专人住守管理，加意保护。

【中共中央关于接收官僚资本企业的指示】（1949年1月15日） 中共中央1949年1月15日发出。2011年收入中央文献出版社出版的《建党以来重要文献选编》第二十六册。《指示》共三条：一、凡官僚资本企业，接收时必须严格地注意到不要打乱企业组织的原来的机构。二、党派到各企业中的军事代表，对于大企业除派一个负责的总代表外，并可在各工作部门、各站、各段派遣代表，受总代表的指挥，并可设立监督部或政治部。三、对于国民党反动统治的政治机构，如国民党军队、警察、法庭、监狱及其各级政府机构，应该彻底加以破坏。我们必须重新建立新的政治机构来进行统治，在旧的政治机关服务的人员亦只能在经过改造后分别地加以任用，而不能不经改造地全套地加以任用。

【中共中央关于外交工作的指示】（1949年1月19日） 中共中央1949年1月19日发出。2011年收入中央文献出版社出版的《建党以来重要文献选编》第二十六册。《指示》指出，由于目前我们与任何外国尚无正式的外交关系，因此，我们不能承认这些国家现在派在中国的代表为正式的外交人员。采取这种态度可使我们在外交上立于主动地位。在原则上，帝国主义在华特权必须取消，中华民族的独立解放必须实现，这种立场是坚定不移的。但是在执行的步骤上，则应按问题的性质及情况，分别处理。《指示》分别对外交、外资、对外贸易、海关税收、外国传教士、外国人办的学校、医院、报刊通讯社及外国记者、文化机关、救济机关、外国雇员、外国人入境、侨民等十五个问题提出了具体政策；对外事组织机构设立问题提出具体意见。

【中共中央关于召开新民主主义青年团第一次全国代表大会及全国民主青年代表大会的通知】（1949年1月19日） 中共中央1949年1月19日发出。2011年收入中央文献出版社出版的《建党以来重要文献选编》第二十六册。《通知》指出，中央决定于1949年4月中旬，在华北召开新民主主义青年团第一次代表大会，制定青年工作纲领和通过青年团的章程，选举青年团的中央委员。中央决定于1949年5月4日在华北召开全国民主青年代表大会，商讨全国青年的任务，制定全国青年统一组织的章程，成立全国青年联合会。对两个会议的代表的产生、分配、报到以及注意事项提出具体要求。

【中共中央关于对待民主人士的指示】（1949年1月22日） 中共中央1949年1月22日发出。2011年收入中央文献出版社出版的《建党以来重要文献选编》第二十六册。《指示》同意东北局关于招待和欢迎民主人士的布置意见。提出三点注意的问题：一、中国共产党对待民主人士的方针应该是彻底坦白与诚恳的态度，向其解释政治的及有关党的政策的一切问题，积极地教育与争取他们。二、根据第一条方针和态度，和民主人士进行交流。三、全党同志应主动地向民主人士进行教育宣传又耐心倾听他们的意见，一方面保持积极主动，另一方面要反对党内的无纪律无组织状态。

【中共中央关于广泛揭破美蒋和平阴谋的指示】（1949年1月25日） 中共中央1949年1月25日发出。2011年收入中央文献出版社出版的《建党以来重要文献选编》第二十六册。《指示》指出，对国民党的和平民主欺骗要在民众中，在各民主党派中揭破；

同时要注意争取中间派；准备提出战争罪犯名单。

【中共中央关于平稳物价的建议】（1949年1月26日）　中共中央1949年1月26日发出。2011年收入中央文献出版社出版的《建党以来重要文献选编》第二十六册。《建议》首先指出，新币发行面临的问题，货币发行突然增加，以致关内物价剧烈上涨。针对这种情况，要求各地均负责采取各种有效办法支持人民票，平稳物价。指出，现淮海战役胜利结束，平津战役亦将胜利结束，地区扩大，各地应妥慎掌握货币发行，严禁投机抢购，并适当抛出物资。否则物价再涨，增发货币仍然不能解决困难。各地要尽力减少货币的波动程度，不准再作人为的恐慌而加重波动。对于战争所引起的物价波动，各地必须互相支持。要教育干部，尤其是财经部门干部，加强整体观念，克服地方主义思想。

【中共发言人关于命令国民党反动政府重新逮捕前日本侵华军总司令冈村宁次和逮捕国民党内战罪犯的谈话】（1949年1月28日）　中共发言人1949年1月28日发出。1960年收入人民出版社出版的《毛泽东选集》第四卷。2011年收入中央文献出版社出版的《建党以来重要文献选编》第二十六册。《谈话》针对国民党的无端指责，表达了四点意见，对国民党反动政府的战犯军事法庭宣判日本战犯前中国派遣军总司令官冈村宁次无罪，中国共产党和中国人民解放军总部声明：这是不能容许的。提出严重警告，必须立即将冈村宁次重新逮捕监禁，不得违误。其他日本战争罪犯，暂由你们管押，听候处理，一概不得擅自释放或纵令逃逸，违者严惩不贷。必须立即动手逮捕一批内战罪犯，首先逮捕去年12月25日中共权威人士声明中所提43个战犯之在南京、上海、奉化、台湾等处者。我们认为只有逮捕这些战争罪犯，才是为了缩短战争时间，减轻人民痛苦，认真地做了一件工作。只要战争罪犯们还存在，就只会延长战争时间，加重人民痛苦。该谈话要求南京反动政府给予答复。

【北平问题和平解决的基本原因】（1949年2月1日）　毛泽东为新华社写的述评，1949年2月1日发表。原载1949年2月3日《人民日报》。2011年收入中央文献出版社出版的《建党以来重要文献选编》第二十六册。述评针对国民党政府对北平和平解决的态度，进一步分析指出了北平和平解决的原因，指出国民党战败了，一切希望都没有了，比较好的一条出路，是军队离城改编，让人民解放军和人民政府和平地接收城防和市政，这是北平问题和平解决的基本原因。和平地解决北平问题的基本原因是人民解放军的强大与胜利。指明和平解决的重大意义，认为全国的问题就有合法（合国民党之法）理由遵循北平的道路去解决了。

【中共中央关于军事形势和准备渡江南进干部的指示】（1949年2月3日）　中共中央1949年2月3日发出。2011年收入中央文献出版社出版的《建党以来重要文献选编》第二十六册。《指示》首先指出，国民党在京沪线有组织抵抗和放弃的两种可能性，指出我们应当针对这两种可能的情况，准备两种对付办法。如果在今后一时期内证明国民党仍然采取在京沪线组织坚决抵抗的方针，则我们仍应按原定计划，华野、中野休整至3月底为止，准备4月渡江。如果国民党依照近来日益增多的情报所说，是准备在长江南岸一线作某些抵抗，不准备集中兵力守南京等城，而将主力撤至浙赣线布防，则我们应作提早一个月行动的准备。同时对接收南方各大城市准备大批干部调动集中、训练，给华东、华中、华北、东北作出具体指示；对东北四野工作提出具体时间要求。

【把军队变为工作队】（1949年2月8日） 毛泽东为中共中央军事委员会起草的给第二野战军和第三野战军的复电。1949年2月8日发出。这个电报同时发给其他有关的野战军和有关中央局。1960年收入人民出版社出版的《毛泽东选集》第四卷。2011年收入中央文献出版社出版的《建党以来重要文献选编》第二十六册。电文首先指出，今后将一反过去20年先乡村后城市的方式，而改变为先城市后乡村的方式。要求部队须着重学习政策，准备接收并管理大城市。明确指出，军队不但是一个战斗队，而且主要地是一个工作队。过去军队干部和战士们所不熟悉的一切城市问题，今后均应全部负担在自己的身上。如果我们的干部不能迅速学会管理城市，则我们将会发生极大困难。对军队干部接收和管理城市提出了具体要求；并阐述了农村工作与城市工作的不同。

【中共中央关于同南京代表团谈判的指示】（1949年2月10日） 中共中央1949年2月10日发出。2011年收入中央文献出版社出版的《建党以来重要文献选编》第二十六册。《指示》肯定了对南京代表团的态度，指出只要桂系今后行动是站在有利于人民解放事业及能达成真正持久和平的目的，中国共产党是不会拒绝他们的；应对南京代表们表示，对于天津上海恢复通船、通邮及商业联系感到兴趣，如果他们在此点上能起某些作用，中国共产党是欢迎的；发表的新闻要交来审阅后再告；并对如何接触代表团成员提出具体意见。

【中共中央关于把南北通船通航通邮通电通汇诸事当作大事去做的指示】（1949年2月15日） 中共中央1949年2月15日发出。2011年收入中央文献出版社出版的《建党以来重要文献选编》第二十六册。《指示》共三条：一、恢复南北商业联系，发展生产。二、使南方各大城市资产阶级了解我党政策措施，便利我们在占领南方各大城市时孤立国民党，顺利地接收、管理和发展各大城市的生产。三、使轮船、飞机、邮政、电报从国民党手中转入中共手中等项目的，对于不论何种轮船业、民航公司（中航、央航），都应当允许其先在平、津、秦皇岛恢复通航。北平电讯局未停，天津电讯局亦应准备恢复通电。平、津与南方邮务交通亦应恢复。银行、钱庄、邮局及商家的汇兑，也应恢复。指出在通船、通航、通邮、通电、通汇之后，我们检查不可过严，要当成大事去做，不可采取消极态度。并对如何对付特务提出意见。

【中共中央关于改革平津两市学校教育的指示】（1949年2月15日）　中共中央1949年2月15日发出。2011年收入中央文献出版社出版的《建党以来重要文献选编》第二十六册。《指示》指出：一、平津的学校教育是需要改革的，并要开始征求意见。指出必须在群众中做好足够的准备工作，积极在学生及教职员群众中进行改革的准备工作。如若这方面的准备不够，缺乏改革的充分的群众基础，便会妨害学校教育改革的进行。二、所有各大学中学的校长教职员必须是忠实愿意执行中国共产党的教育方针，须从各校原有人员中选择调整，并为大多数学生和教职员所赞成者。三、私立中学只要其实行新民主主义教育方针，取消应该取消的课程，其他就不要加以干涉，继续办下去。四、学生公费制，应经群众讨论，组织评议委员会具体审查决定，通过群众大多数赞成后，加以改革。

【中共中央关于对外贸易的决定】（1949年2月16日）　中共中央1949年2月16日发出。2011年收入中央文献出版社出版的《建党以来重要文献选编》第二十六册。《决定》指出，应立即开始进行新中国的对外贸易，并作出十三项决定，即：向华北人民政府提议，立即在天津设立对外贸易局，统一管理华北一切对外贸易事宜；对外贸易应由国家经营和管制；并对对外贸易的接洽问题、外商机关的设立、对外贸易的政策和计划、船只货物的装卸、码头的使用、对外电信、外汇、进口货物的推销、货物出口等问题提出了具体意见。

【中共中央关于对待各民主党派的指示】（1949年2月19日）　中共中央1949年2月19日发出。2011年收入中央文献出版社出版的《建党以来重要文献选编》第二十六册。中共中央针对一些大城市在对待各民主党派时发生的问题，作出五点指示，即：对“五一”口号前成立的国民党革命委员会等九个民主党派，一律承认其合法地位并加以保护；允许他们在取得正式合法地位后，以党派名义开展活动；任何党派均须绝对遵守人民解放军布告、人民政府及军管会的法令；对个别民主党派掌握的武装，由人民解放军加以整编和改造；各地方党领导机关应本着团结进步力量、争取中间分子、淘汰反动分子的方针，去进行工作。

【在中国共产党第七届中央委员会第二次全体会议上的报告】（1949年3月5日）　毛泽东1949年3月5日在中共七届二中全会上所作的报告。1960年收入人民出版社出版的《毛泽东选集》第四卷。2011年收入中央文献出版社出版的《建党以来重要文献选编》第二十六册。《报告》共十部分：一、分析了平津战役中的三种方式，要求各野战军领导同志要注意和学会和平解决的斗争方式。二、人民解放军永远是一个战斗队，又是一个工作队。三、工作重心从乡村移到城市，由城市领导乡村。四、在城市工作中的依靠力量是工人阶级，必须学会管理城市的各项工作。五、党的工作在南北两方是不同的，中心工作是恢复和发展生产。六、对党的经济政策要有明确的认识和解决。七、正确处理好与帝国主义国家和其他资本主义国家的关系。八、召开政治协商会议和成立民主联合政府问题。九、人民民主专政问题。十、如何对待胜利的问题。《报告》最后指出，夺取全国胜利，这只是万里长征的第一步。中国的革命是伟大的，但革命以后的路程更长，工作更伟大，更艰苦。务必使同志们继续地保持谦虚、谨慎、不骄、不躁的作风，务必使同志们继续地保持艰苦奋斗的作风。

【关于城市工作的几个问题】（1949年3月12日） 刘少奇1949年3月12日在中共七届二中全会上的发言。2011年收入中央文献出版社出版的《建党以来重要文献选编》第二十六册。发言首先对土地改革中的错误承担了责任。指出今后全党的工作重心已经从乡村转移到城市，而恢复和发展生产又是城市工作的重心这一问题。就城市工作指出三个问题，即：一、要有城乡一体的观点。二、城市的接管问题。指出目前面临的问题一是私人企业的复工问题，对于私人企业，凡属对国计民生有重要关系者，原则上派人去监督，派军代表去。二是企业接收后应迅速安排，交给适当机关去经营，以便进行正常的生产。三、依靠工人，发展生产。要依靠工人就必须尽可能保障工人的生活水平勿使其过低；深入广泛地教育工人；加强工会组织。只有这样我们才能获得工人阶级的支持，工人努力提高生产，为共产党撑腰。共产党依靠工人，工人也依靠共产党，相互依靠，才能更好地发展城市建设。

【党委会的工作方法】（1949年3月13日） 毛泽东1949年3月13日在中共七届二中全会上所作总结的第二部分。1960年收入人民出版社出版的《毛泽东选集》第四卷。2011年收入中央文献出版社出版的《建党以来重要文献选编》第二十六册。总结讲话涉及十二个问题，即：党委书记要善于当“班长”，指出目前各中央局、分局都领导很大的地区，担负很繁重的任务，领导工作不仅要决定方针政策，还要制定正确的工作方法，党委要完成自己的领导任务，就必须依靠党委这“一班人”，充分发挥他们的作用；要把问题摆到桌面上来，“班长”和委员还要能互相谅解；“互通情报”，党委各委员之间要把彼此知道的情况互相通知、互相交流；不懂得和不了解的东西要问下级，不要轻易表示赞成或反对；学会“弹钢琴”，各党委要抓紧中心工作，又要围绕中心工作而同时开展其他方面的工作；党委对主要工作一定要“抓”，而且一定要“抓紧”；胸中有“数”，对情况和问题一定要注意到它们的数量方面，要有基本的数量的分析；“安民告示”，开会要事先通知，像出安民告示一样，让大家知道要讨论什么问题，解决什么问题，并且早作准备；“精兵简政”，讲话、演说、写文章和写决议案，都应当简明扼要；注意团结那些和自己意见不同的同志一道工作；力戒骄傲，保持艰苦奋斗作风，制止歌功颂德现象；划清两种界限。

【在中共七届二中全会上的总结】（1949年3月13日） 毛泽东1949年3月13日在中共七届二中全会上的总结，共十部分，本篇是总结的第三、四、五、六、九部分。2011年收入中央文献出版社出版的《建党以来重要文献选编》第二十六册。《总结》讲了五个问题，即：马克思主义的普遍真理与中国革命的具体实践的统一，应该这样提法，这样提法较好；关于俄国十月革命和中国革命的关系，如果没有十月革命，中国革命的胜利是不可能的；“毕其功于一役”，就是说流血的革命只有这一次，将来由新民主主义革命转变到社会主义革命那一次就不用流血了，而可能和平解决。但这只是可能，将来是否不流血，还要看我们工作的努力情况；如何帮助王明同志改正错误；人民代表会议制度和党的代表会议制度。

【中共七届二中全会决议】（1949年3月13日）　中国共产党第七届第二次中央委员会全体会议1949年3月13日作出。2011年收入中央文献出版社出版的《建党以来重要文献选编》第二十六册。《决议》涉及十个问题：一、指出三大战役后，国民党军主力已被消灭。重点指出今后解决国民党军的三种方式：即天津、北平、绥远三种。二、人民解放军永远是一个战斗队，同时又是工作队。三、党的工作重心由乡村转移到了城市。四、在城市斗争中，必须紧紧依靠工人阶级。五、党的工作任务在南方和北方有所区别。在南方，党的任务是在城市和乡村中消灭国民党的反动武装力量，肃清国民党残余势力，恢复和发展生产事业。在北方，则是动员一切力量和发展生产事业。六、新民主主义经济政策。七、对帝国主义势力的政策要分先后缓急，正确解决。八、召集政治协商会议和成立民主联合政府的条件已经成熟。九、与民主人士长期合作政策必须确定下来。十、革命的路很长，必须向党内讲明白，务必使同志们继续地保持谦虚、谨慎、不骄、不躁的作风，务必使同志们继续地保持艰苦奋斗的作风。

【在中共七届二中全会上的发言】（1949年3月13日）　任弼时1949年3月13日在七届二中全会上的发言。2011年收入中央文献出版社出版的《建党以来重要文选选编》第二十六册。《发言》讲了三个问题，即：要求全党在思想上认识由以乡村为重心转到以城市为重心的重要意义，没有城市或不能把城市搞好，都是不可能获得最后胜利的；指出城市建设需要发展工业，工业在国民经济的比例越来越重，发展工业的资金主要靠工业利润、农业增产、税收、举办内外债和提倡节约来获得，最基本的还是依靠工人和农民努力发展生产，才能增加贸易利润和税收，为工业的发展积累资金；随着工作重心的转移，党的建设方针也要转向以城市和工业为重点，要在工人劳动群众中积极发展党员。

【中共中央关于被难情报工作人员问题的指示】（1949年3月21日）　中共中央1949年3月21日发出。2011年收入中央文献出版社出版的《建党以来重要文献选编》第二十六册。《指示》首先肯定党的秘密情报工作人员，多年来在敌人血腥统治下，为了革命事业，有人英勇牺牲，有人还在敌人的监狱中。为了表彰这些同志们，中央提出了三条具体意见，即：对已殉难同志或同情者，应收集其事迹并对家属予以抚恤，家属在解放区的，应给予烈属待遇；对被捕蒙难同志或同情者，要设法营救，对家属予以救济；各所属社会部要指定专人执行。

【中共中央关于同南京国民党政府举行和平谈判事宜的决定】（1949年3月26日） 中共中央1949年3月26日发出。2011年收入中央文献出版社出版的《建党以来重要文献选编》第二十六册。《决定》指出谈判时间为1949年4月1日。谈判对象是南京国民党政府。谈判代表是周恩来、林伯渠、林彪、叶剑英、李维汉，周恩来为首席代表。谈判地点在北平。谈判基础是1949年1月14日毛泽东对时局的声明及其所提八项条件。

【中共中央关于应注意吸收自由资产阶级代表参加工作给邓小平等的指示】（1949年4月7日） 中共中央1949年4月7日发出。2011年收入中央文献出版社出版的《建党以来重要文献选编》第二十六册。《指示》首先要求即时查告长江水势的变化。并对吸收上海自由资产阶级的代表参加工作提出意见：认为接收及管理上海如果没有自由资产阶级的帮助，可能发生很大的困难，很难对付帝国主义、官僚资本主义及国民党的强大的联合势力，很难使这些敌对势力处于孤立。要求对这件事，应现在就开始注意。指出占领上海后，则可吸收更多的这类人物参加工作。并指出在京沪杭区域都要注意这个问题。

【国内形势和南下后应注意的几个问题】（1949年4月11日） 朱德1949年4月11日对中国人民解放军第四野战军高级干部所作报告的提纲。2011年收入中央文献出版社出版的《建党以来重要文献选编》第二十六册。报告提纲首先分析了国内的形势，指出1949年国内形势大好，国民党主力军队已经基本消灭，中国人民解放军应该积极准备迅速渡江南下解放全中国，分析了解决敌人的三种方式，指出了南下作战的有利和不利条件。其次指出了南下后应注意的问题：一是政策与纪律问题，要求执行党规定的土改政策、城市工商业政策、统一战线政策、争取知识分子政策、社会政策。严格遵守纪律，包括群众纪律和经济纪律。二是工作队问题，要教育部下不仅要做一个好的战斗队员，而且还要做一个好的工作队员。要教育全体南下的同志，除完成战斗任务外，还要好好学做工作队的工作，如学做群众工作、政权工作及接收工作等。三是军事民主问题，正确运用军事民主，发扬批评与自我批评的精神，可以搞好官兵关系、军民关系、我友关系，促进团结，可以发挥群众高度的积极性及创造性，克服各种困难，提高战斗力。四是学习问题，包括在实际斗争中学习和理论学习两种。

【毛泽东关于进入正式谈判阶段应注意的问题给周恩来的信】（1949年4月13日） 毛泽东1949年4月13日就当天下午国共北平和平正式谈判应注意的问题写给周恩来。2011年收入中央文献出版社出版的《建党以来重要文献选编》第二十六册。该信提出五点应注意的问题：一、双方应举行一次正式会议，大略解释协定草案的要点，并征求他们的意见。如他们提出任何异议，均不允许修改，只把意见记录下来。二、4月17日必须决定问题，举行签字仪式。18日以后，不论谈判成败，人民解放军必须渡江。三、国民党对谈判控制加紧，他们派回南京传达要点的代表，对于向死硬派保守机密一点，必须充分注意。四、应争取南京代表团六人都同意签字。必须争取张治中、邵力子、章士钊及四个顾问留在北平。此点请十分注意。五、今天晚上应举行各党派代表人物（十人）的会议一次，但请他们保守秘密，不得下达。后附《国内和平协定（最后修正案）》共八条二十四款。

【向全国进军的命令】（1949年4月21日）　中国人民革命军事委员会主席毛泽东、中国人民解放军总司令朱德1949年4月21日发出。1960年收入人民出版社出版的《毛泽东选集》第四卷。2011年收入中央文献出版社出版的《建党以来重要文献选编》第二十六册。《命令》首先指出，经过长时间谈判所拟定的国内和平协定，已被国民党政府所拒绝。《命令》尖锐指出这表示国民党反动派决心将他们发动的反革命战争打到底；而国民党反动派所提议的和平谈判，是企图获得喘息时间，卷土重来，是完全虚伪的。为此，《命令》向人民解放军各部队下达了四项命令，表达了全部歼灭中国境内一切敢于抵抗的国民党反动派，解放全国人民，保卫中国领土主权的独立和完整的决心。

【中国人民解放军布告】（1949年4月25日）　中国人民革命军事委员会主席毛泽东、中国人民解放军总司令朱德于1949年4月25日发出。原载1949年4月26日《人民日报》（北京版）、《群众日报》（延安版）。1960年收入人民出版社出版的《毛泽东选集》第四卷。2011年收入中央文献出版社出版的《建党以来重要文献选编》第二十六册。《布告》共八条，即：保护全体人民的生命财产；保护民族工商农牧业；没收官僚资本；保护一切公私学校、医院、文化教育机关、体育场所和其他一切公益事业；除怙恶不悛的战争罪犯和罪大恶极的反革命分子外，凡属国民党中央、省、市、县各级政府的大小官员，"国大"代表，立法、监察委员，参议员，警察人员，区镇乡保甲人员，凡不持枪抵抗、不阴谋破坏者，人民解放军和人民政府一律不加俘虏，不加逮捕，不加侮辱；为着确保城乡治安、安定社会秩序的目的，一切散兵游勇，均应向当地人民解放军或人民政府投诚报到；农村中的封建的土地所有权制度，是不合理的，应当废除，但是废除这种制度，必须是有准备和有步骤的；保护外国侨民生命财产的安全。《布告》要求人民解放军纪律严明，要求人民勿信谣言。

【中共中央关于南京解放后的外交问题的指示】（1949年4月25日）　中共中央1949年4月25日发出。2011年收入中央文献出版社出版的《建党以来重要文献选编》第二十六册。《指示》共八条，即：对驻在南京的各国大使馆、公使馆，不要和他们发生任何正式的外交来往，但对使馆及人员要保护；我方人员对各国大使馆、公使馆及其外交人员仍采取冷淡态度，不主动理睬；各国大使馆、公使馆如要求发个人出城通行证及汽车通行证，在军事戒严解除后，如其以私人名义要求，可发给特别通行证，但通行范围必须限制；各国在南京的记者和通讯社，暂时可让其发电发稿；各国大使馆、公使馆的无线电台暂时置之不理；各国大使馆、公使馆的警卫人员及其武器装备，在其使馆范围内暂不干涉。

【中共中央对华东局关于接管江南城市指示草案的批示】（1949年4月25日） 中共中央1949年4月25日发出。2011年收入中央文献出版社出版的《建党以来重要文献选编》第二十六册。《批示》对关于接管江南城市指示草案表示同意，并提出五条意见，即：军管会在接受企业、工厂和物资后，应迅速分别交给各适当的负责的机关管理和经营；新解放的城市照旧收税完全必要，但不能由旧的收税人员去；除官僚资本的房屋予以没收之外，其他一切私人房屋的所有权应予保障；每个城市的劳资问题及公营工厂中工人与管理机关的争执问题，均须一律经过市总工会及市政府劳动局审查和处理，各支部、区委及其他机关，不得不经请示任意处理劳资问题；国民党的官僚资本企业，大多有大批冗员及官僚制度，应该迅速进行改革，以利生产。后附《华东局关于接管江南城市指示草案的请示报告》。

【中共中央、军委对待驻华外交机关人员及外侨政策的指示】（1949年4月26日） 中共中央、中央军委1949年4月26日发出。2011年收入中央文献出版社出版的《建党以来重要文献选编》第二十六册，题目稍有调整。《指示》要求，凡对外国大使、公使、领事和一切外交机关人员及外国侨民施行室内检查，采取任何行动，必须事先报告上级，至少须得到中央局及野战军前委一级的批准，方得实施；凡上述行动未经中央规定者，必须电告中央请求批准。对待各国驻华大使馆、公使馆、领事馆及其他外交机关，早经规定一律予以保护，非经特许不得施行室内检查。《指示》对部队如何处理涉外事务也分别作出了具体规定。

【中央军委关于城市驻军不许住民房的规定】（1949年5月6日） 中央军委1949年5月6日发出。2011年收入中央文献出版社出版的《建党以来重要文献选编》第二十六册。《规定》首先指出部队在城内驻扎是必要的，但部队借住民房是不妥的。对部队进驻城市提出三条具体规定，即：在城市解放初期，卫戍部队应适当分散在市内驻扎，但不得借住或租住民房，而应驻扎在中外兵营、公共机关、庙宇、祠堂、公所及会馆、已停课的学校等公共场所中，必要时宁可以适当的代价租住整栋的旅馆，也不要租住民房；城市解放后，至少在一个相当时期内，不要接家眷来城居住；解放军入城，群众的欢迎慰劳是应该的，必要的宴会也可以举行，但不能过事铺张，不搞特殊规定；平津两市驻军，离开时应即进行一次普遍的群众纪律的检查，一方面向群众解释部队不得不分散驻扎的原因及分散驻扎对保护治安的实际效果；另一方面赔偿房东损失，代缴部队所欠房租。

【军委关于占领奉化时不要破坏蒋介石住宅等问题给粟裕等的指示】（1949年5月6日） 中央军委1949年5月6日发出。2011

年收入中央文献出版社出版的《建党以来重要文献选编》第二十六册。《指示》首先对解决上海问题提出具体部署；对占领奉化部队指示不要破坏蒋介石的住宅、祠堂等；要注意保护宁波帮大中小资本家的房产，以利于资本家在上海和我们合作；对占领上海的时间提出意见；要求避免与外国兵舰发生冲突；保护南京中山陵，对守陵人员给以照顾。

【军委转发第四野战军关于入城部队必须遵守的纪律的规定】（1949年5月16日） 中央军委1949年5月16日发出。2011年收入中央文献出版社出版的《建党以来重要文献选编》第二十六册。《规定》首先指出，一切入城部队和接管城市的人员须仿照我军进入平津的榜样，切实遵守人民解放军三大纪律八项注意、约法八章与入城守则，严格保护一切，原封不动，以等候接收，力戒进入锦沈时的不守纪律、乱抓物资等不良现象。并为此制定了十二条具体纪律，要求切实执行。

【中共中央关于认真克服对待民族资产阶级的“左”倾错误的指示】（1949年5月31日） 中共中央1949年5月31日发出。2011年收入中央文献出版社出版的《建党以来重要文献选编》第二十六册。《指示》要求检查自己的工作，指出要认真克服对待民族资产阶级的“左”倾机会主义错误。如果不克服此种错误，就是犯了路线错误。该《指示》是针对有些干部认为和资本家接触就是立场不稳，贸易公司在原料及市场方面统制，不给资本家的生产以应有的照顾，税收机关对私人生产亦未给予应有的照顾，未坚决纠正在劳资关系上工人有过高的要求和过左的行动等问题而发的。后附《中共中央关于对民族资产阶级的政策问题给东北局的指示》。

【中共中央关于布置抽调三万八千名干部问题的指示】（1949年6月11日） 中共中央1949年6月11日发出。2011年收入中央文献出版社出版的《建党以来重要文献选编》第二十六册。《指示》就进入西南、西北各省接管城市部队需要干部力量，分别对宁夏、青海、甘肃部分地区及四川、贵州、广东、广西、云南的所需干部提出具体意见，并对抽调的干部的办法、训练等事宜提出具体要求。指出所有老干部一般的应着重从城市中或地委以上高级机关中征调，勿使县区干部再行削弱。

【军委关于注意研究夺取台湾问题给粟裕等的指示】（1949年6月14日） 中央军委1949年6月14日发出。2011年收入中央文献出版社出版的《建党以来重要文献选编》第二十六册。《指示》要求对台行动做好准备。特别提出要注意研究夺取台湾的问题，包括台湾是否有可能在较快时间内夺取，用什么方法夺取，有何办法分化台湾敌军，实行里应外合等。《指示》认为，如果长期不能解决台湾问题，上海及沿海各港要受到很大危害。

【在新政治协商会议筹备会上的讲话】（1949年6月15日） 毛泽东1949年6月15日在新政治协商会议筹备会上的讲话。1960年收入人民出版社出版的《毛泽东选集》第四卷。2011年收入中央文献出版社出版的《建党以来重要文献选编》第二十六册。

《讲话》首先指出，新政治协商会议筹备会的任务，就是：完成各项必要的准备工作，迅速召开新的政治协商会议，成立民主联合政府，以便领导全国人民，以最快的速度肃清国民党反动派的残余力量，统一全中国，有系统地和有步骤地在全国范围内进行政治的、经济的、文化的和国防的建设工作。阐述了新政治协商会议的提出和效果，阐述了人民解放战争的胜利和意义，指出帝国主义和中国反动派是不会甘心失败的，全国人民必须团结起来，粉碎任何一切反对中国人民的阴谋，进一步阐述了革命统一战线的作用和团结世界各国人民的愿望。指出了中国民主联合政府成立后的工作重点。

【论人民民主专政】（1949年6月30日） 毛泽东1949年6月30日为纪念中国共产党成立28周年撰写。1960年收入人民出版社出版的《毛泽东选集》第四卷。2011年收入中央文献出版社出版的《建党以来重要文献选编》第二十六册。文章通过纪念中国共产党的成长发展，指出人类进步的远景问题；阐述了中国共产党28年的发展历史，指出了中国人民胜利的主要的基本的经验；有针对性地回答了一些人头脑中的糊涂思想。进一步论述了人民、人民民主专政的概念。指出一个有纪律的、有马克思列宁主义的理论武装的、采取自我批评方法的、联系人民群众的党，一个由这样的党领导的军队，一个由这样的党领导的各革命阶级各革命派别的统一战线，这三件是我们战胜敌人的主要武器。指出工人阶级（经过共产党）领导的以工农联盟为基础的人民民主专政，就是我们的公式，就是我们的主要经验，就是我们的主要纲领。指出28年革命的胜利只是万里长征的第一步，面对严重的经济建设任务，必须克服困难，学会自己不懂的东西，依靠人民民主专政这个武器，达到我们的目的地。

【关于新中国的经济建设方针】（1949年6月） 刘少奇1949年6月写的党内报告的提纲。2011年收入中央文献出版社出版的《建党以来重要文献选编》第二十六册。报告提纲涉及十四个问题，即：今后的中心任务是恢复和发展中国的经济；经济建设对我党是一个新问题；提出采取什么路线去发展经济问题；指出国民经济的五种经济成分，即国营经济、合作社经济、国家资本主义经济、私人资本主义经济、小商品经济和半自然经济，也可称为新民主主义经济；分析了五种经济成分之间的矛盾和斗争；进一步指出了新中国经济建设方针，应该是必须以发展国营经济为主体，普遍建立合作社经济，并使合作社经济与国营经济密切结合起来，扶助小生产者并使之逐渐地向合作社方向发展；我们存在的问题有：还没有制订完备的经济方针与经济计划，干部还不懂管理经济，还没有建立全国性的统一领导的经济机关；对劳动互助组、国家资本主义的经济形式、国家商业和合作社商业提出了意见；明确了苏联等国援助的重要性和新中国经济建设必须反对的两种错误倾向；等等。

【中共中央关于解决私营企业中劳资纠纷问题的指示】（1949年7月5日） 中共

中央1949年7月5日发出。2011年收入中央文献出版社出版的《建党以来重要文献选编》第二十六册。《指示》首先指出，各地解决私营企业中劳资争议的办法，非常混乱，没有设立专管机关，没有一定的手续。认为“这种处理劳资纠纷中的无政府状态，是造成解决这个在目前具有头等政治意义的重大问题中发生各种偏向，特别是‘左’倾冒险主义偏向的主要原因之一”。以致形成目前恢复发展生产中的重大障碍。为了纠正这一危险的现象，《指示》提出了三点意见，即：一是一切有关劳资纠纷问题，均须集中到市一级机关，即市劳动局、市总工会、市工商局来统一解决；必须由市委书记、副书记或常委，来担任总工会主席与劳动局长。二是工会是代表工人说话的，不是解决劳资纠纷的机构。三是解决劳资纠纷的方式，应以订立集体合同为主。

【中共中央关于迅速召开各界代表会议和人民代表会议的指示】（1949年7月31日）　中共中央1949年7月31日发出。2011年收入中央文献出版社出版的《建党以来重要文献选编》第二十六册。《指示》共五条，即：凡三万人以上的城市，在解放两个月至迟三个月后，即应召开各界代表会议，以为党与政府密切地联系人民群众的重要方法之一；各中央局、分局必须指示所属各城市党的组织，经过市政府，迅速召集此项会议，并以开会情况报告我们；关于各老解放区，应当召开乡的、县的、省的及全区域的人民代表大会及代表会议，亦望遵照中央早已发出的决议从速办理，不要拖延；关于各解放区召开党的各级代表大会及代表会议一事，必须与召开各界代表会议及人民代表大会一事配合举行，不可推延。后附《中共北平市委关于召集各界人民代表会议及党的代表会议给中央的报告》。

【丢掉幻想，准备斗争】（1949年8月14日）　毛泽东为新华社写的评论，1949年8月14日发出。1960年收入人民出版社出版的《毛泽东选集》第四卷。2011年收入中央文献出版社出版的《建党以来重要文献选编》第二十六册。评论是针对美国国务院发表的《美国同中国的关系》白皮书而写。指出美国国务院关于中美关系的白皮书以及艾奇逊国务卿给杜鲁门总统的信，在现在这个时候发表，不是偶然的。这些文件的发表，反映了中国人民的胜利和帝国主义的失败，反映了整个帝国主义世界制度的衰落。帝国主义制度内部的矛盾重重，无法克服，使帝国主义者陷入了极大的苦闷中。帝国主义给自己准备了灭亡的条件。殖民地半殖民地的人民大众和帝国主义自己国家内的人民大众的觉悟，就是这样的条件。帝国主义驱使全世界的人民大众走上消灭帝国主义的伟大斗争的历史时代。斗争，失败，再斗争，再失败，再斗争，直至胜利——这就是人民的逻辑，他们也是决不会违背这个逻辑的。这是马克思主义的又一条定律。俄国人民的革命曾经是依照了这条定律，中国人民的革命也是依照这条定律。先进的人们，共产党人，各民主党派，觉悟了的工人，青年学生，进步的知识分子，有责任去团结人民中国内部的中间阶层、中间派、各阶层中的落后分子、一切还在动摇犹豫的人们，用善意去帮助他们，批评他们的动摇性，教育他们，争取他们站到人民大众方面来，不让帝国主义把他们拉过去，叫他们丢掉幻想，准备斗争。

【中共中央关于各地召开各界代表会议的指示】（1949年9月4日） 中共中央1949年9月4日发出。2011年收入中央文献出版社出版的《建党以来重要文献选编》第二十六册。《指示》共十条。指出凡未召开各界代表会仍然束缚于党内狭小圈子的，走了弯路；要反对形式主义，要切切实实讨论工作中存在的为人民所关心的问题，要展开批评和自我批评；要保证会议由我党领导，又能养成民主精神为原则；两万人以上不足三万人的城镇也可开各界代表会；对完成土改和未完成土改的地区也作出了安排；指出无论什么会议，党员不要太多，以能保证通过决议为原则；等等。

【中国人从此站立起来了】（1949年9月21日） 毛泽东1949年9月21日在中国人民政治协商会议第一届全体会议上的开幕词。2011年收入中央文献出版社出版的《建党以来重要文献选编》第二十六册。开幕词首先宣布会议的召开，指出此次会议是一个全国人民大团结的会议，指出了会议代表的组成情况；论述了全国人民大团结胜利的原因和政治协商会议的历史过程；回顾了中国人民一百多年来的努力奋斗；指出我们有一个共同的感觉，这就是我们的工作将写在人类的历史上，它将表明：占人类总数1/4的中国人从此站起来了；指出革命还没有完成，人民解放战争和人民革命运动还在向前发展，我们还要继续努力；指出敌人不甘心失败，我们要提高警惕。指出人民民主专政的国家制度是保障人民革命的胜利成果和反对国内外敌人的复辟阴谋的有力武器；指出随着经济建设的高潮的到来，将要出现一个文化建设的高潮；国防将获得巩固，我们将不但有一个强大的陆军，而且有一个强大的空军和强大的海军；中国人民不屈不挠的努力，必将稳步地达到自己的目的。

【中共中央关于留用旧人员问题的指示】（1949年9月21日） 中共中央1949年9月21日发出。2011年收入中央文献出版社出版的《建党以来重要文献选编》第二十六册。《指示》共四点。首先指出了在处理旧人员上存在着的问题，指出旧人员一般地不能用裁撤、遣散方法解决，必需给以工作和生活的出路；党和人民政府有改造和在工作中养活这些人的责任；对旧人员，除作恶多端、严重贪污及依靠门子吃饭的分子等，应予撤职并依法办理，一般均应以留用。一切政府机关都要精简，而对精简下来的人员，也要管，要保证他们和家属的生活。

【中国人民政治协商会议组织法】（1949年9月27日） 中国人民政治协商会议第一届全体会议1949年9月27日通过。2011年收入中央文献出版社出版的《建党以来重要文献选编》第二十六册。《组织法》包括：总则；参加单位及代表；全体会议；全国委员会；地方委员会；附则。共六章二十条。《组织法》指出，中国人民政治协商会议为中国人民民主统一战线的组织，旨在经过各民主党派及人民团体的团结，实行新民主主义，反对帝国主义、封建主义及官僚资本主义，并联合世界上以平等待我之民族及国家，以建立及巩固由工人阶级领导的以工农联盟为基础的人民民主专政的独立、民主、和平、统一及富强的中华人民共和国。

【中华人民共和国中央人民政府组织法】（1949年9月27日）　中国人民政治协商会议第一届全体会议1949年9月27日通过。2011年收入中央文献出版社出版的《建党以来重要文献选编》第二十六册。《组织法》包括：总纲；中央人民政府委员会；政务院；人民革命军事委员会；最高人民法院及最高人民检察署；本组织法的修改权及解释权。共六章三十一条。

【关于中华人民共和国国都、纪年、国歌、国旗的四个决议案】（1949年9月27日）　中国人民政治协商会议第一届全体会议1949年9月27日通过。2011年收入中央文献出版社出版的《建党以来重要文献选编》第二十六册。《决议案》指出，中国人民政治协商会议第一届全体会议一致通过：中华人民共和国的国都定于北平，北平改名为北京；中华人民共和国的纪年采用公元；在中华人民共和国的国歌未正式制定前，以《义勇军进行曲》为国歌；中华人民共和国的国旗为红地五星旗，象征中国革命人民大团结。

【中国人民政治协商会议共同纲领】（1949年9月29日）　中国人民政治协商会议第一届全体会议1949年9月29日通过。2011年收入中央文献出版社出版的《建党以来重要文献选编》第二十六册。《共同纲领》包括：序言；总纲；政协机关；军事制度；经济政策；文化教育政策；民族政策；外交政策。共八章六十条。《共同纲领》规定了中华人民共和国是以工人阶级为领导的，以工农联盟为基础的，团结各民主阶级和国内各民族的人民民主专政的国家；人民行使国家政权的机关是在民主集中制基础上建立起来的各级人民代表大会和各级人民政府，全国人民代表大会和中央人民政府为国家最高政权机关；中国人民政治协商会议是人民民主统一战线的组织形式；在军事上，人民解放军和人民公安部队是中华人民共和国所建立的统一的军队；在经济上，实行“以公私兼顾、劳资两利、城乡互助、内外交流的政策，达到发展生产、繁荣经济之目的”的根本方针；在文化教育上，以提高人民文化水平，培养建设人才为主要任务；在民族政策上，实行团结互助，各民族一律平等，实行民族区域自治制度；在外交上，坚持独立、自主和领土主权的完整，拥护国际持久和平和各国人民间的友好合作，反对帝国主义侵略政策和战争政策的原则。

第二部分　社会主义革命和建设时期

【中华人民共和国中央人民政府公告】（1949年10月1日）　中央人民政府主席毛泽东1949年10月1日在中华人民共和国中央人民政府成立典礼（即开国大典）上发布。发表于1949年10月2日《人民日报》。1992年收入中央文献出版社出版的《建国以来重要文献选编》第一册。《公告》的主要内容是：一、向全世界宣告了中华人民共和国成立，北京为中华人民共和国首都。二、宣布组成中华人民共和国中央人民政府委员会，中华人民共和国中央人民政府成立。其中毛泽东为中央人民政府主席，朱德、刘少奇、宋庆龄、李济深、张澜、高岗为副主席，陈毅、贺龙等56人为中央人民政府委员会委员，林伯渠为中央人民政府委员会秘书长，周恩来为中央人民政府政务院总理兼外交部部长，毛泽东为中央人民政府人民革命军事委员会主席，朱德为中国人民解放军总司令，沈钧儒为中央人民政府最高人民法院院长，罗荣桓为中央人民政府最高人民检察署检察长。并从速组成各项政府机关，推行各项政府工作。三、向世界各国政府宣布，中华人民共和国中央人民政府为代表中华人民共和国全国人民的唯一合法政府。凡愿遵守平等、互利及互相尊重领土主权等项原则的任何外国政府，本政府均愿与之建立外交关系。

【中国人民解放军总部命令】（1949年10月1日）　中国人民解放军总司令朱德1949年10月1日在中华人民共和国中央人民政府成立典礼（即开国大典）上发布。1992年收入中央文献出版社出版的《建国以来重要文献选编》第一册。《命令》指出：我们中华人民共和国的武装部队，已经取得了伟大的胜利。敌人的大部分已经被歼灭，全国的大部分国土已经解放。但是现在我们的战斗任务还没有最后完成。残余的敌人还在继续勾引外国侵略者，进行反抗中华人民共和国的反革命活动。命令人民解放军迅速肃清国民党反动军队的残余，解放一切尚未解放的国土，肃清反革命和土匪，并对其捣乱行为予以镇压，保卫新生的人民共和国。

【中共中央关于少数民族“自决权”问题给二野前委的指示】（1949年10月5日）
中共中央1949年10月5日发出。1992年收入中央文献出版社出版的《建国以来重要文献选编》第一册。《指示》指出，新中国成立后，为了完成统一大业，为了反对帝国主义及其走狗分裂中国民族团结的阴谋，在国内民族问题上，就不应再强调各少数民族的“自决权”问题，以免为帝国主义及国内各少数民族中的反动分子所利用，而使我们陷于被动的地位。在今天应强调，中华各民族的友爱合作和互助团结。要求对此加以注意。

【中共中央关于新区土改应实行“中间不动两头平”方针的指示】（1949年10月12日） 中共中央1949年10月12日发出。2013年收入人民出版社出版的《中共中央文件选集（1949年10月—1966年5月）》第一册。《指示》指出，今后在新区实行土地改革，应采取“中间不动两头平”的方针，这较之过去实行的“原则上不动中农”的方针，是更明确地保障了中农（包括富裕中农在内）利益不受侵犯，更符合于巩固团结中农，顺利完成土改，并使农村生产更少受破坏影响。

【中共中央关于旧人员处理问题的指示】（1949年11月2日） 中共中央1949年11月2日发出。2013年收入人民出版社出版的《中共中央文件选集（1949年10月—1966年5月）》第一册。《指示》转述了新华总社交来天津方面的一件投书的内容。投书在引用新华社社论《六评白皮书》关于中共中央对旧人员的处置政策并表示钦仰后说，长沙湖南盐务办事处遣散多数旧人员的办法，颇与中共中央指示大相违背，难免令人失望。《指示》就此提出两点处理办法：一、请湖南省委派人查明情况并拟具处理意见电告。二、新华社9月16日《六评白皮书》社论中所称对待旧人员的原则及办法，中央曾向各中央局、分局、前委有了指示，全国各地党的组织、人民解放军及人民政府必须一律遵照执行，必须避免过去北京、上海、南京等处粗鲁地不负责任地遣散大批旧人员的错误，不要重犯。

【中共中央关于成立中央及各级党的纪律检查委员会的决定】（1949年11月9日） 中共中央政治局1949年11月9日通过。2013年收入人民出版社出版的《中共中央文件选集（1949年10月—1966年5月）》第一册。《决定》确定了以下事项：决定成立中央及各级党的纪律检查委员会；由朱德、王从吾、安子文、刘澜涛、谢觉哉等11人组成中共中央纪律检查委员会，朱德任书记，王从吾、安子文任副书记，中共中央纪律检查委员会在中央政治局领导下进行工作；中央和各级党的纪律检查委员会的任务与职权是：检查中央直属各部门和各级党的组织、党的干部及党员违反党的纪律的行为；受理、审查和决定中央直属各部门、各级党的组织及党员违犯纪律的处分，或取消其处分；在党内加强纪律教育，使党员干部严格地遵守党纪，实行党的决议和政府法令，以实现全党的统一与集中。《决定》还规定上级党的纪律检查委员会有权改变或取消下级党的纪律检查委员会的决定。

【中共中央关于在中央人民政府内组织中国共产党党委会的决定】（1949年11月9日） 中共中央政治局1949年11月9日通过。2013年收入人民出版社出版的《中共中央文件选集(1949年10月—1966年5月)》第一册。《决定》共四个部分:一、决定组织中央人民政府机关内的党委会。凡参加中央人民政府工作的党员,除中央特许外,必须一律参加支部组织,过党的组织生活。二、规定了中央人民政府内党委会的基本工作:按照中央人民政府的政策和决议保证行政任务的完成,团结和帮助党外人士,教育党员保守机密和执法奉公,组织党员学习,提高党员的觉悟程度及精通业务,并统一领导吸收党员、征收党费和检查党的纪律工作。三、在中央人民政府党委下,按照党员人数及工作部门的性质,暂分设六个分党委,同时,在中央人民政府所属各院、委、部、会、署、行、厅、司、局、处等机关内组织党的总支和支部。一切党的组织在适当时期均应公开。四、党委会及分党委暂由中央指定。

【中共中央关于在中央人民政府内建立中国共产党党组的决定】(1949年11月9日) 中共中央政治局1949年11月9日通过。2013年收入人民出版社出版的《中共中央文件选集(1949年10月—1966年5月)》第一册。《决定》共四个部分。《决定》指出,依据党章在中央人民政府中担任负责工作的共产党员组成党组。在中央人民政府委员会、人民革命军事委员会及中国人民政协全国委员会担任负责工作的党员中间不设党组,而由中央政治局直接领导。政务院成立党组。最高人民法院及最高人民检察署成立联合党组。政务院及其所属的委、部、会、院、署、行等机关合组党组,设党组干事会,统一领导全党组的经常工作;政治法律委员会、财政经济委员会、文化教育委员会及人民监察委员会四个系统划分四个分党组;在分党组内可设分干事会,并依所属各部、会、院、署、行及直属的重要的局划分小组;政务院直属的部、会、署、厅、局得分设小组。上述之政务院党组,与最高人民法院及最高人民检察署联合党组之间,无领导关系,均分别直属于中央政治局领导。凡中央一切有关政府工作的决定,必须保证执行,不得违反。

【制止物价猛涨】(1949年11月13日) 陈云1949年11月13日为政务院财政经济委员会起草的指示。1992年收入中央文献出版社出版的《建国以来重要文献选编》第一册。该指示针对自1949年10月15日以来,沪津先导,华中、西北跟进,全国币值大跌,物价猛涨的情况,作出制止物价猛涨、稳定物价以及对投机商人给以适当教训的决定和十二项具体措施。要求各地讨论并作准备。在准备中,所有布置不得登报外传。

【关于大量吸收和培养少数民族干部的指示】(1949年11月14日) 毛泽东1949年11月14日向彭德怀和西北局发出。1992年收入中央文献出版社出版的《建国以来重要文献选编》第一册。《指示》指出,即将召开的兰州会议应对马步芳集团残余分子煽动群众、组织反抗的情况予以足够重视。要求各级政权机关按各民族人口多少分配名额,大量吸收回族及其他少数民族能够同党合作的人参加政府工作,大力培养少数民族干部。青海、甘肃、新疆、宁夏、陕西各省省委及一切有少数民族存在地方的地委，都应开办少数民族干部训练班或干部训练学校。强调要彻底解决民族问题，完全孤立民族反动派，没有大批从少数民族出身的共产主义干部，是不可能的。要求西北局将兰州会议议程、到会人员以及准备将西北政治中心定在何地等情况向党中央汇报。

【中共中央批准华中局《关于纠正乡村工作干部不良作风的决定》的指示】（1949年12月1日） 中共中央1949年12月1日发出。发表于1949年12月6日《人民日报》。1992年收入中央文献出版社出版的《建国以来重要文献选编》第一册。《指示》认为，华中局的《关于纠正乡村工作干部不良作风的决定》可行，拟即由新华社公布。并指出：除在华中各省实行外，华东、西北、西南及其他有类似情形的地方均须注重纠正同类错误。尤其是乱打、乱杀、乱捉必须防止及禁止，决不能放任。华中局的决定共十个部分，主要内容是：列举了在清匪反霸、减租减息运动中，许多地方发生的无政府无纪律的错误，特别突出的是打人骂人和个别杀人的严重现象；分析了发生这种现象的原因；提出了如何纠正这种不良作风的办法，以及应当注意的具体事项。

【中共中央关于中央人民政府成立后党的文化教育工作问题的指示】（1949年12月5日） 中共中央1949年12月5日发出。1992年收入中央文献出版社出版的《建国以来重要文献选编》第一册。《指示》指出，在中央人民政府成立前，中央宣传部暂时代替中央政府的文教机关，管理国家的文化教育工作。中央人民政府成立后，中央宣传部代管的一些文化教育部门，如新华通讯社、电影管理局等，已分别划归新闻总署、文化部和出版总署管理。全国文化教育的行政工作，由中央政府文教部门负责管理。地方文化教育的行政工作，由各地政府及军管会的文教机关管理，并向中央政府文化教育委员会或适当部门报告和请示。中央宣传部和各级宣传部要把工作重点放在党内外的思想斗争、党的宣传鼓动工作的领导和党的文化教育政策的制定等方面，但涉及文化教育工作中的重大问题，各地仍须依照《中央关于建立报告制度的指示》（1948年1月7日）、《中央关于建立报告制度的补充指示》（1948年3月25日）、《中央关于宣传工作中请示与报告制度的决定》（1948年6月5日），以及1948年9月中央政治局通过的《关于各中央局、分局、军区、军委分委及前委会向中央请示报告制度的决议》等文件的规定，经过党的系统，向中央报告和请示。

【当前财经形势和新中国经济的几种关系】（1949年12月22日、23日） 周恩来在1949年12月22日、23日对参加全国农业会议、钢铁会议、航务会议人员的讲话。1992年收入中央文献出版社出版的《建国以来重要文献选编》第一册。讲话共两个部分：一、国家财经计划问题。二、几个关系问题。周恩来在讲话中指出，制定财经计划依据四个观点和理由，即要求人民承受必要的负担、恢复生产、开源节流、掌握政策。讲话指出，新中国经济存在几种关系问题，包括城乡关系、内外关系、工商关系、公私关系、劳资关系和上下关系。讲话强调：必须正确解决这六种关系，才不会犯本位主义，才能有全局观念，才能使本部门的生产在统一计划中占有适当的地位，才能使各方面的计划掌握重心，准确地加以实施。

【中共中央关于中国人民大学本科招生的通知】（1950年1月23日） 中共中央1950年1月23日发出。2013年收入人民出版社出版的《中共中央文件选集（1949年10月—1966年5月）》第二册。《通知》共五个部分：一、中央人民政府已决定设立中国人民大学，培养各方面所需要的建设干部。人民大学内分本科及专修班。目前只招本科学生。本科暂设八个系，二年至四年毕业。二、人民大学本科学生名额按地区分配。三、招收对象为：甲、年龄在35岁以下，参加军队或地方工作八年以上、具有相当于初中程度文化水平的老干部；乙、年龄在32岁以下，参加革命斗争或在解放区参加有关业务部门工作三年以上、具有初中程度文化水平的干部；丙、年龄在17岁到32岁，思想进步、有三年以上工龄的产业工人；丁、年龄在27岁以下、具有高中毕业以上文化水平、思想进步的青年知识分子。首先招收甲、乙二类规定的干部。招收对象不限男女，但须身体健康，经过考试录取。入学后按供给制待遇，毕业后须听候政府分配工作。四、该校招生组已派往各地，于1月28日至2月20日招生。五、各地党组织必须保证所招学生完全符合第三项所说的条件，保证该校本科此次招生的完满成功。

【中苏两国关于缔结友好同盟互助条约及协定的公告】（1950年2月14日） 1950年2月14日中苏两国政府在莫斯科签订。发表于1950年2月15日《人民日报》。1992年收入中央文献出版社出版的《建国以来重要文献选编》第一册。《公告》指出，中苏两国经过谈判于1950年2月14日由中国政府总理兼外长周恩来与苏联外长维辛斯基全权代表本国政府在莫斯科克里姆林宫签订了下列文件：一、中苏友好同盟互助条约。二、关于中国长春铁路、旅顺口及大连的协定。三、关于苏联政府贷款给中华人民共和国的协定。并公告了三个文件的全文。其中，中苏友好同盟互助条约的主要内容是：（1）缔约国双方保证共同尽力采取一切必要的措施，以期制止日本或其他直接间接在侵略行为上与日本相勾结的任何国家之重新侵略与破坏和平。一旦缔约国任何一方受到日本或与日本同盟的国家的侵袭因而处于战争状态时，缔约国另一方即尽其全力给予军事及其他援助。（2）缔约国双方保证经过彼此同意与第二次世界战争时期其他同盟国于尽可能的短期内共同取得对日和约的缔结。（3）缔约国双方均不缔结反对对方的任何同盟，并不参加反对对方的任何集团及任何行动或措施。（4）缔约国双方根据巩固和平与普遍安全的利益，对有关中苏两国共同利益的一切重大国际问题，均将进行彼此协商。（5）缔约国双方保证以友好合作的精神，并遵照平等、互利、互相尊重国家主权与领土完整及不干涉对方内政的原则，发展和巩固中苏两国之间的经济与文化关系，彼此给予一切可能的经济援助，并进行必要的经济合作。(6) 本条约经双方批准后立即生效，批准书在北京互换。本条约有效期间为30年，如在期满前一年未有缔约国任何一方表示愿予废除时则将延长五年，并依此法顺延之。

【中共中央关于保障实施政务院关于统一国家财政经济工作的决定的通知】（1950年3月3日） 中共中央1950年3月3日发出。2013年收入人民出版社出版的《中共中央文件选集（1949年10月—1966年5月）》第二册。《通知》指出，政务院《关于统一国家财政经济工作的决定》是完全正确的和适时的，各级党委必须用一切方法去保证这个决定的全部实施。过去各解放区被分割的状态已经改变，全国在地域、交通和币制等方面已经统一。在这种情况下，如果国家财政收入的主要项目不作统一的管理和有计划的使用，则非但不利于国家的财政和经济工作，且将严重影响人民的经济生活与妨害国家经济的恢复和建设。各级党委应切实转变在过去被分割状态下长期所形成的财政经济工作各自分散处理的状况；同时，要认识到在从旧的分散的管理方法变为统一的管理时，各地将会不可避免地在财政和物资的征收及调度等方面发生暂时的困难。为此，《通知》要求各级党委向国家机关各部门工作的中共党员和非党群众进行解释，准备承受一时的部分的困难，保证政务院决定的迅速全部实现，以便克服国家财政上的困难，避免金融物价的大波动，迅速恢复和发展经济。

【统一财政经济工作】（1950年3月3日） 陈云1950年3月3日为政务院起草的《关于统一国家财政经济工作的决定》，经政务院第二十二次政务会议通过。发表于1950年3月4日《人民日报》。1992年收入中央文献出版社出版的《建国以来重要文献选编》第一册。文件指出：政务院根据当时财政收支不平衡和收支机关脱节的现象以及可能造成的危险和困难，作出节约支出、整顿收入、统一财政收支的管理等十项决定：一、成立全国编制委员会。二、成立全国仓库物资清理调配委员会。三、厉行节约。四、全国各地所收公粮，除地方附加粮外，全部归中央人民政府财政部统一调度使用。五、除批准征收的地方税外，所有关税、盐税、货物税、工商税的一切收入，均归中央人民政府财政部统一调度使用。六、为了调节国内供求，组织对外贸易，有计划地供售物资和回笼货币，各地国营贸易机构业务范围的规定和物资的调动，均由中央人民政府贸易部统一负责。七、国家所有的企业，分为三种：一是属于中央人民政府各部直接管理者，二是属于中央人民政府所有，暂时委托地方人民政府或军事机关管理者，三是划归地方人民政府或军事机关管理者。八、指定人民银行为国家现金调度的总机构。九、中央人民政府财政部必须保证军队与地方人民政府的开支及恢复人民经济所必需的投资。十、政务院要求严格地执行上述九项规定。

【中共中央关于禁演旧剧问题给东北局的指示】（1950年3月13日） 中共中央

1950年3月13日发出。1992年收入中央文献出版社出版的《建国以来重要文献选编》第一册。《指示》指出，东北局并宣传部提出号召，要在1951年底前在全东北肃清含有封建、迷信、淫荡等毒素的旧戏曲，是一种急性病，机械执行起来将发生很不好的结果。因为新旧戏的斗争，是属于群众思想的问题，同时也是关系旧艺人职业的社会问题。对于一般旧戏，原则上不应采取禁的政策，而应采取与演这些戏的旧艺人共同商量修改的政策。对于演新戏，也不应用法令来强制执行，而应采取自愿和鼓励帮助的原则。只有这样做，才能既团结旧艺人，又改革了旧戏。对于东北文艺工作者及政府文化机关工作人员中的某些“左”倾幼稚病的观点和做法，望东北局加以纠正。

【中共中央关于镇压反革命活动的指示】（1950年3月18日）　中共中央1950年3月18日发出。1992年收入中央文献出版社出版的《建国以来重要文献选编》第一册。《指示》共五个部分：一、要坚决镇压和剿灭一切手持武器，聚众暴动的匪众。二、对于进行反革命的活动和组织，有确实证据者，须处以极刑或长期徒刑。三、对于投降、改邪归正的土匪，一般既往不咎，但继续抵抗的惯匪、匪首及窝藏勾结土匪者要严厉处罚。四、在镇压活动中决不应发生乱打乱杀、错打错杀的现象，死刑和长期徒刑经法院审判后，应经省政府主席或委托之专员批准后，方能执行。五、迅速认真地改正工作中的缺点，以便安定民心，孤立反革命分子。并对解决部分地区受灾和缺粮的困难问题作出了部署。

【中共中央关于各级党委和政府各部门负责人应经常为报纸撰写社论或论文的指示】（1950年3月26日）　中共中央1950年3月26日发出。2013年收入人民出版社出版的《中共中央文件选集（1949年10月—1966年5月）》第二册。《指示》共两个部分：一、向各中央局、分局，各省、市委指出：《人民日报》3月10日社论《为什么要统一国家财政经济工作》（陈云作），3月22日社论《税收在国家工作中的作用》（薄一波作）及2月6日社论《学会管理企业》（李立三作），解决了当前财政经济工作中的重大问题。各级党委与各级政府及财经机关的党组应领导党员干部和全体财经人员加以学习。二、各级党委及政府各部门的负责同志应当学习陈云、薄一波、李立三等同志这种工作方法，对于自己所担负的工作，经常亲自动手在报纸上写这种能够透彻解决问题的社论。要求各地方和各部门的负责同志，每人每月或每两月或每三月应写一篇文章在报纸上发表，以便对自己所负责的地方和工作中的情况加以分析，并提出问题、解决问题，指出大家努力的目标，动员群众去完成任务。

【中共中央关于加强青年团工作的指示】（1950年3月29日）　中共中央1950年3月29日发出。2013年收入人民出版社出版的《中共中央文件选集（1949年10月—1966年5月）》第二册。《指示》共三个部分：一、要求青年团各级团委须保持一定数量的专职干部。团区委应保持三个专职干部，团县委则保持五人至七人的数目。二、在各级团委机构已经建立并能工作的情况下，各级党委应注意扶助各级团委，使其能够逐渐独立进行日常工作，建立青年团的独立组织系统。各级青年团干部的调动，应根据下面的原则进行：1.各级党委调动同级青年团书记、副书记及常委时，必须经上级党委及团委同意，报上两级团委批准。2.青年团的一般干部的调动，须由团的系统调动之，即上级团委在取得同级党委同意后，可以调动下级团的一般干部。3.非党的团员干部及一般团员，团的组织可以自行调动。三、各级党委的常委会议（或委员会），须吸收同级团委书记（或副书记）参加。适当的团委书记须吸收为党的常委委员。各级党〈委〉给各部部长阅读之文件指示，同样发给团委书记（或副书记）阅读。

【中共中央为公布新的土地法征求各地对若干问题意见的电报】（1950年3月30日）　中共中央1950年3月30日发出。1992年收入中央文献出版社出版的《建国以来重要文献选编》第一册。《电报》指出，为准备秋收后在一些省区实行土地改革，拟以中央人民政府名义公布新的土地法及划分阶级的决定征求各地意见。所征求的意见有：一、土地改革分阶段问题；二、对富农的政策问题；三、什么人可以分得土地问题；四、如何解决农民分得土地后生产资金困难问题；五、如何处理高利贷问题；六、对南方的鱼塘、桑田、竹园、茶山等特殊土地应如何处理问题；七、江浙部分地区有所谓田底权与田面权问题；八、在分配土地时对典当地应如何处理问题；九、分配土地的方法问题；十、县政府内可否成立吸收开明绅士参加的土地委员会负责处理土地改革事宜，还是即由农协办理问题；十一、南方富农的收入与剥削的情况如何计算问题；十二、佃富农是否可以参加农会问题；十三、在分配土地时，有无留出一部“公共事业田”之必要问题；十四、东北华北分配土地的经验。

【中共中央关于在民族杂居地区成立民族民主联合政府的指示】（1950年4月3日）　中共中央1950年4月3日发出。1992年收入中央文献出版社出版的《建国以来重要文献选编》第一册。《指示》指出，为了取得少数民族信任和培养少数民族干部，在西南汉族与藏、苗、彝等族杂居的专区和县的各级政府成立民族民主联合政府。即若当地少数民族占多数时，原则上应按各民族人口比例，分配当地政府委员会及人民代表会议的名额，若当地少数民族占少数时，各少数民族在当地政府机关中均应有相当名额的代表。在初解放的地区可先成立民族协商委员会，作为一种过渡方式。同时民族杂居地区政府都要作少数民族的工作。省级政府如贵州、云南，需要设立民族事务委员会；如青海、新疆，即是包括两个以上具有相当数量人口的多民族省份，其政府组织也应依据上述民族杂居的专县政府组织原则，不必另设民族事务委员会，已设立者可使之成为研究和联络性质的机构。

【中共中央关于救济失业工人的指示】（1950年4月14日）　中共中央1950年4

月14日发出。2013年收入人民出版社出版的《中共中央文件选集（1949年10月—1966年5月）》第二册。《指示》指出，最近几个月来，各地工商业发生了相当严重的萧条现象，有不少工厂停工、商店倒闭，大大增加了工人的失业痛苦，特别是上海因为受到敌人的封锁和严重轰炸，失业现象最为严重。对此问题，中央除在工商业政策及救济问题拟定若干办法外，根据全国总工会的提议，决定在今年“五一”的时候举行一次全国救济失业工人运动，筹措一笔救济失业工人基金。办法如下：由全国总工会号召全国工人本着阶级的同情友爱，于4月30日（星期日）做义务工一天，以所得工资（或捐出工资）作为救济失业工人基金。东北收到的捐款应全部捐作救济上海失业工人之用，华北及山东各城市所得捐款，以一半捐给上海，另一半救济本地失业工人。华东、中南、西南、西北各大行政区所得捐款，均作为救济本区大城市失业工人之用。救济办法，除对上海拟作比较长期的救济外，其余各地均暂作一次的救济。各地接到本指示后，应即召集会议讨论执行办法，并即刻着手布置工作，同时报告中央。

【中共中央关于在报纸刊物上展开批评和自我批评的决定】（1950年4月19日） 中共中央1950年4月19日作出。1992年收入中央文献出版社出版的《建国以来重要文献选编》第一册。《决定》共五个部分：一、中共中央决定在一切公开的场合，在人民群众中，特别在报纸刊物上展开对于我们工作中一切错误和缺点的批评与自我批评。二、为了公开地并且在报纸刊物上正确地展开批评与自我批评，要教育党员特别是干部认识：在报纸刊物上进行批评和自我批评，是为了巩固党与人民群众的联系、保障党和国家的民主化、加速社会进步的必要方法。同时要教育报纸刊物的编辑人员、记者、通讯员和人民群众去区别正确的批评和破坏性的批评。三、作出保障在报纸刊物上批评和自我批评顺利、有效地进行的四项具体规定。四、规定了执行本决定时的学习资料。五、本决定适用于党所领导的报纸和刊物，对党外报刊采取正确态度的批评，也应当按照同样的办法给予应有的合作和支持。

【中共中央关于在全党全军开展整风运动的指示】（1950年5月1日） 中共中央1950年5月1日作出。1992年收入中央文献出版社出版的《建国以来重要文献选编》第一册。《指示》指出，两年多以来中国共产党的发展增加了党员约200万人，其中很多人的思想作风极为不纯，没有来得及给以有计划的教育训练；同时，老党员老干部中亦有很多人骄傲自满，发展了严重的命令主义作风，任意违反党与人民政府的政策，采取蛮横态度去完成工作任务，破坏党与人民政府的威信，引起人民不满，且有贪污腐化等极端严重现象发生。这些情况迫切地要求各中央局、省委、大市委、区党委、地委及各大军区党委，在中央的总领导下，领导全党全军，进行一次大规模的整风运动，严格地整顿全党作风，首先是整顿干部作风。整风运动的主要方式，是阅读某些指定的文件，总结工作，分析情况，展开批评与自我批评。全党整风任务要求在今年夏、秋、冬三季内完成。正准备进行土改的新区，要求在今年夏、秋两季首先完成整干任务。《指示》指出，中央要求各中央局、分局及所属各省委、大市委、区党委及各大军区党委，根据自己具体情况，做出整党整干计划，电告中央审查批准，然后按此进行。

【中共中央关于执行中华人民共和国婚姻法的通知】（1950年5月1日）　中共中央1950年5月1日发出。2013年收入人民出版社出版的《中共中央文件选集（1949年10月—1966年5月）》第三册。《通知》指出，中央人民政府已明令公布了《中华人民共和国婚姻法》。中共中央委员会完全同意这一《婚姻法》，我党全体党员应一致拥护与遵守这一《婚姻法》。《通知》要求：全党同志应认真研究《婚姻法》，保证予以正确执行。各级党委尤须采取适当办法，动员和组织党员向广大群众做宣传解释《婚姻法》的教育工作，使《婚姻法》成为群众中家喻户晓乐意执行的法律文件。同时，应使共产党员们明白认识：如果共产党员有干涉男女婚姻自由行为以及因干涉婚姻自由而造成被干涉者伤害或死亡的行为，将不仅应负民事和刑事的责任而受到国家的法律制裁，并且首先将受到党的纪律制裁。《通知》强调，中共中央要求各级党委和全体党员，把保证《婚姻法》正确执行的宣传工作和组织工作，当作目前一项经常的重要工作任务。

【加强党的纪律检查工作】（1950年5月6日）　朱德1950年5月6日在中央直属系统党、政、军、群各级党的纪律检查委员联席会议上的讲话。1992年收入中央文献出版社出版的《建国以来重要文献选编》第一册。讲话共三个部分：一、纪律的重要和纪律检查工作的重大意义。二、目前党内违反党的政策和党的纪律的情况。三、如何克服党内违反政策和纪律的错误。讲话强调坚持铁的纪律，加强党的纪律性，具有特殊重大的意义；指出党员干部违反政策和纪律的几种突出表现，并从主客观两个方面分析了原因；提出了加强纪律检查工作的办法。一是领导自上而下逐级地、经常地抓紧纪律检查工作，同发扬党内外民主、开展批评与自我批评相结合。二是党内的教育工作与执行纪律相结合。三是发现问题及时处理，随时总结经验，在党刊或报纸上公布，以教育全党和人民。讲话还对担任纪律检查工作的同志提出了认识纪律检查工作的重要，奉公守法、以身作则，认清是非、坚持原则等四点要求。

【中共中央关于发展和巩固党的组织的指示】（1950年5月21日）　中共中央1950年5月21日发出。1992年收入中央文献出版社出版的《建国以来重要文献选编》第一册。《指示》共六个部分：一、随着革命战争的胜利发展，党的组织有很大的发展。在党的发展中，获得了一定的成绩。二、党的发展工作是有严重缺点的。一般地说，当条件不成熟或不完全成熟时，即开始了实际上是大量发展的行动，因而没有保证新发展党员一定的质量。三、由于中国革命已经在基本上获得了胜利，我党已成为全国人民所公认的领导政党，由于五年来党的发展已增加了党员330万人，其中很多人的思想作风极为不纯，还没有来得及给以有计划的教育训练，这就使目前党的发展工作，必须采取严格审查的方针和稳步前进的办法。四、今后发展党的重点，应放在城市中，首先是工人阶级上，在三年到五年内要从产业工人中接收1/3的人入党。五、为了保证无产阶级成分在党内有一定的比例，今后对农民党员的发展，应加以限制。六、“自报公议党批准”的建党方法有缺点，以后不应继续提倡和采用，而以公开建党的口号来代替它。

【中共中央关于保卫世界和平运动的指示】（1950年5月23日） 中共中央1950年5月23日发出。1992年收入中央文献出版社出版的《建国以来重要文献选编》第一册。《指示》共四个部分：一、世界拥护和平大会常设委员会决定在全世界发动签名，要求禁用原子武器。我们应当支持这一运动，利用这个方法来广泛进行反对帝国主义和团结国际友人的宣传。二、反对侵略战争，拥护世界和平，这是全世界当前的主要斗争任务。在宣传中必须注意：1.不要简单地讲反对战争、拥护和平，要讲反对侵略战争，拥护世界和平。2.战争的危险是存在的，但是战争是可以避免的。3.原子弹是一种大规模的杀人武器，必须禁用；但原子弹并不能决定战争胜负，且苏联亦已有原子弹，因此并不可怕。4.签名运动表示全世界的和平势力大，造成侵略分子孤立，长自己志气，灭敌人威风。三、各地应设立专门组织来领导签名运动。签名运动的时间暂定6、7、8三个月，人数以3000万为目标，步骤由大城市而中小城市而乡村，方式由各地按具体情况自行选择，要防止特务造谣，严禁强迫命令。四、北京“和大委员会”决定派员赴各地讲演，并巡视工作。

【中共中央批准西南局关于与西藏地方政府谈判的条件】（1950年5月29日） 中共中央1950年5月29日发出。1992年收入中央文献出版社出版的《建国以来重要文献选编》第一册。该文件指出，对西南局1950年5月27日发给中央的与西藏地方政府的谈判条件，除第八条末句“由西藏人民采取协商方式加以解决”应改为“由西藏人民及西藏领导人员采取协商方式解决”外，余均同意。所提此项条件暂不公开发表，但可将其内容分别地在广播中作适当解释的办法，亦可同意。该文件所附《西南局关于与西藏地方政府谈判的条件》共十条，包括驱逐英美帝国主义侵略势力出西藏，西藏人民回到祖国大家庭来，实行西藏民族区域自治，实行宗教自由，发展农牧工商业，中国人民解放军进入西藏等多个方面的内容。

【为争取国家财政经济状况的基本好转而斗争】（1950年6月6日） 毛泽东1950年6月6日在中国共产党第七届中央委员会第三次全体会议上的书面报告。发表于1950年6月13日《人民日报》。1992年收入中央文献出版社出版的《建国以来重要文献选编》第一册。书面报告论述了当时的国际情况，认为对我们是有利的。在论述当时国家的基本情况时指出，中国是一个大国，情况极为复杂。在老解放区，经济建设工作已经开始走上轨道。在新解放区，还没有获得有计划地进行经济建设的条件。现在在经济战线上已经取得的一批胜利，表现了财政经济情况的开始好转，但这还不是根本的好转。要获得财政经济情况的根本好转，需要三个条件，即：土地改革的完成；现有工商业的合理调整；国家机构所需经费的大量节减。要争取这三个条件，需要相当的时间。全党和全国人民均应为创造这三个条件而努力奋斗。报告提出，全党和全国人民必须一致团结起来，做好土地改革工作、财经工作、人民解放军复员和行政系统整编工作、旧有学校教育事业和旧有社会文化事业的改革工作、团结各界民主人士工作，肃清土匪、特务、恶霸及其他反革命分子工作等八项工作。

【不要四面出击】（1950年6月6日） 毛泽东1950年6月6日在中国共产党第七届中央委员会第三次全体会议上的讲话的一部分。1992年收入中央文献出版社出版的《建国以来重要文献选编》第一册。讲话指出，党的七届二中全会以来，我们党领导的新民主主义革命在全国范围内取得了胜利，成立了中华人民共和国。这是一个伟大的胜利。在伟大胜利的形势下，我们面前还有很复杂的斗争，还有许多困难。如要在更广大的地区开始土地改革，敌人够大够多，斗争会非常激烈。革命胜利引起的社会经济改组是必要的，但暂时也给我们带来很重的负担。讲话指出，当前总的方针是肃清国民党残余、特务、土匪，推翻地主阶级，解放台湾、西藏，跟帝国主义斗争到底。为了孤立和打击当前的敌人，就要把人民中间不满意我们的人变成拥护我们。要合理地调整工商业，使工厂开工，解决失业问题。要认真地、谨慎地做好统一战线工作。要重视团结少数民族。总之，我们不要四面出击。四面出击，全国紧张，很不好。我们绝不可树敌太多，必须在一个方面有所让步，有所缓和，集中力量向另一方面进攻。

【中共中央转发乌兰夫、刘格平《对新疆少数民族宗教问题的意见》】（1950年6月10日） 中共中央1950年6月10日发出。1992年收入中央文献出版社出版的《建国以来重要文献选编》第一册。该文件说：中央认为，中央人民政府民族事务委员会乌兰夫、刘格平对新疆分局关于少数民族宗教问题所提出的意见是正确的。《意见》指出，宗教对少数民族束缚、毒害很大，阻碍其政治、经济、文化及社会的发展。少数民族的宗教问题，是一个历史性、民族性的群众思想信仰问题，它与少数民族落后的经济、文化及社会状况有密切的关联。在少数民族的经济、文化未得到相当的发展、人民的觉悟未大大提高以前，宗教在少数民族人民的生活中还有深刻的影响。因此，对于少数民族宗教问题的态度应该十分慎审，切忌急躁。必须毫不动摇地坚持信教自由政策。在少数民族广大群众的觉悟未提高前，不要轻言改革。

【中共中央关于手工业政策的指示】（1950年6月12日） 中共中央1950年6月12日转发华东局关于浙江萧山县破坏手工业

行为的通报的指示。1992年收入中央文献出版社出版的《建国以来重要文献选编》第一册。《指示》指出：中央认为萧山县破坏手工业的行为，是严重地破坏了我党恢复和发展生产的根本方针，是一种自杀政策，是绝不能允许的。对负有造成此种错误之主要责任的党员干部，应给以必要的纪律处分。《指示》指出，为了防止今后继续发生此类错误行为，各级党委，特别是新区准备实行土地改革地区的党委，应即认真地教育其所属党员干部，坚决执行保护手工业的政策。对地主经营之手工业，亦应同样保护，不得侵犯。《指示》强调，我们对手工业的政策，是扶助、改进、推广的保护政策，而不是乱划阶级、乱斗争、乱征税的破坏政策。

【中央关于处理少数民族问题的指示】（1950年6月13日） 中共中央1950年6月13日发出。2013年收入《中共中央文件选集（1949年10月—1966年5月）》第三册。《指示》指出，由于若干下级党委和干部处理少数民族问题不慎重，不将所要处理的问题向上级报告和请示，发生了不少事件，妨害了党的民族政策的正确实施。为了更加谨慎地处理有关少数民族问题，中央认为对于少数民族问题必须遇事向上级报告和请示，向各中央局、分局和中央报告与请示，不许下级擅自处理。此外，关于各地少数民族内部的社会改革，特别是有关少数民族的宗教信仰、风俗习惯及土地制度、租息制度、婚姻制度的改革等，必须从缓提出。《指示》指出，在少数民族中进行工作，必须首先了解少数民族中的具体情况，并从各少数民族中的具体情况出发来决定当地的工作方针和具体工作步骤。

【目前经济形势和调整工商业、调整税收的措施】（1950年6月15日） 陈云1950年6月15日在中国人民政治协商会议第一届全国委员会第二次会议上关于经济形势、调整工商业和调整税收诸问题的报告。发表于1950年6月19日《人民日报》。1992年收入中央文献出版社出版的《建国以来重要文献选编》第一册。报告共三个部分：一、关于目前经济战线上的一般形势。二、关于调整工商业。三、关于调整税收。陈云在报告中介绍了中央人民政府成立八个月来的经济形势和工商业面临的困难；总结了财政经济方面有关整个国家和人民的几项工作和取得的成绩；阐明了人民政府处理公私经济关系的基本方针，提出了以调整公私关系为主要内容的工商业调整的具体政策和促使商业畅通、委托私营工厂或向私营工厂订货等措施；提出了搞好税收工作的具体办法。

【关于美国武装侵略中国领土台湾的声明】（1950年6月28日） 周恩来1950年6月28日以外交部部长名义就6月27日美国总统杜鲁门发表武装侵略中国领土台湾的声明而发表的声明。1992年收入中央文献出版社出版的《建国以来重要文献选编》第一册。《声明》指出，美国总统杜鲁门于6月27日发表声明，宣布美国政府决定以武力阻止我台湾的解放。美国第七舰队并已奉杜鲁门之命向台湾沿海出动。《声明》指出：杜鲁门27日的声明和美国海军的行动，乃是对于中国领土的武装侵略，对于联合国宪章的彻底破坏。《声明》宣布：不管美国帝国主义者采取任何阻挠行动，台湾属于中国的事实，永远不能改变。中国人民必将万众一心为解放台湾奋斗到底。中国人民必能胜利地驱逐美国侵略者，收复台湾和一切属于中国的领土。

【中华人民共和国土地改革法】（1950年6月30日）　中央人民政府委员会第八次会议1950年6月28日通过，1950年6月30日中央人民政府主席毛泽东发布命令公布施行。发表于1950年6月30日《人民日报》。1992年收入中央文献出版社出版的《建国以来重要文献选编》第一册。《土地改革法》共六章四十条：第一章总则；第二章土地的没收和征收；第三章土地的分配；第四章特殊土地问题的处理；第五章土地改革的执行机关和执行方法；第六章附则。《土地改革法》指出，要废除地主阶级封建剥削的土地所有制，实行农民的土地所有制，借以解放农村生产力，发展农业生产，为新中国的工业化开辟道路。规定了土地的没收和征收问题。规定没收地主的土地，征收祠堂、庙宇、寺院、教堂、学校和团体等在农村的土地。富农所有自耕和雇人耕种的土地及其他财产不得侵犯，其出租的少量土地一般也予以保留。土改中团结中农，保护农民的土地及其他财产不受侵犯。所有没收和征收得来的土地和其他生产材料，除依法收归国家所有者外，应统一地、公平合理地分配给无地少地及缺乏其他生产资料的贫苦农民所有。对地主同样分给一份土地，使其自食其力，在劳动中改造成为新人。对土地分配的方法，土地改革中特殊问题的处理，以及土改的执行机关、执行方法等，也作了具体规定。该法是将封建半封建的土地所有制改变为农民的土地所有制的法律文件，1987年底失效。

【关于西南少数民族问题】（1950年7月21日）　邓小平1950年7月21日在欢迎赴西南地区的中央民族访问团大会上的讲话。1992年收入中央文献出版社出版的《建国以来重要文献选编》第一册。讲话指出，少数民族问题在西南很重要。在历史上，少数民族与汉族的隔阂很深。由于我们过去的以及这半年的工作，使这种情况逐渐地在改变，但不是说已经消除了隔阂。还需要做长期的工作，达到消除隔阂的目的。西南的民族问题复杂，必须解决好。现在民族工作的中心任务是搞好团结，消除隔阂。需要在政治、经济、文化上进一步做工作，原则是要同少数民族商量。针对一些特殊问题，要根据实际情况解决。工作态度是实事求是，老老实实。

【中共中央关于天主教、基督教问题的指示】（1950年8月19日）　中共中央1950年8月19日发出。1992年收入中央文献出版社出版的《建国以来重要文献选编》第一册。《指示》指出，我国的天主教、基督教既是宗教问题，又涉及帝国主义的文化侵略和间谍活动。要在保护宗教信仰自由的同时，在教徒群众中进行爱国主义宣传，有步骤地使教会摆脱帝国主义的政治和经济影响，把教会变为由中国人自治、自传、自养的宗教事业。要对教会传教活动进行限定，对教会学校、医院及救济机关按正常的私营事业看待，要正确处理与教会在房屋等财产问题上的纠纷。

【中共中央关于促请西藏代表团速来京商谈和平解决西藏问题给申健的指示】（1950年9月8日） 中共中央1950年9月8日发出。2013年收入人民出版社出版的《中共中央文件选集（1949年10月—1966年5月）》第四册。《指示》说：1950年9月5、6两日，驻印度代办申健向中央反映，西藏代表团愿意来北京、不要第三者参加商谈，并相信与中央会很好合作。中共中央对此表示极为高兴。中央人民政府也相信中央与西藏一定会很好合作的。西藏代表团到北京来商谈，什么事都可提出。中央人民政府准备与西藏代表团商谈和平解决西藏的办法。《共同纲领》的民族政策一章，是商谈的根据；解放军进入西藏，驱逐国民党影响，保卫国防，西藏现行政治制度及军事制度概维现状，达赖活佛地位及职权不予变更，是商谈的主要内容。由于人民解放军将按原定计划在西康行动，故中央人民政府邀请西藏代表团迅即动身北上，中央人民政府已派员在广州接待。《指示》认为，代表团愈早到京，愈有利于西藏问题和平解决。

【军委主席毛泽东关于组成中国人民志愿军的命令】（1950年10月8日） 毛泽东1950年10月8日发出。1992年收入中央文献出版社出版的《建国以来重要文献选编》第一册。《命令》主要包括六部分内容：一是将东北边防军改为中国人民志愿军。二是中国人民志愿军辖十三兵团及所属三十八军、三十九军、四十军、四十二军，以及边防炮兵司令部与所属炮兵一师、二师、八师；上述各部须立即准备完毕，待令出动。三是任命彭德怀为中国人民志愿军司令员兼政治委员。四是中国人民志愿军以东北行政区为总后方基地；所有后方工作供应事宜，以及有关援助朝鲜的事务，由东北军区司令员兼政治委员高岗负责调度指挥。五是中国人民志愿军须严格遵守军事纪律和政治纪律，必须对朝鲜人民、朝鲜人民军、朝鲜民主政府、朝鲜劳动党、其他民主党派及朝鲜人民领袖金日成表示友爱和尊重。六是必须深刻估计到并准备去克服各种困难情况。

【中共中央关于镇压反革命活动的指示】（1950年10月10日） 中共中央1950年10月10日发出。1992年收入中央文献出版社出版的《建国以来重要文献选编》第一册。《指示》强调：镇压反革命活动和肃清反革命残余，是党中央、毛主席和人民政协共同纲领，给予全党和全国人民的明确指示，也是全国人民的迫切要求；镇压反革命必须全面贯彻党的“镇压与宽大相结合”的政策，并作出五项规定。一、要求在镇压反革命活动中，各级党委，对于已被逮捕及尚未逮捕的反革命分子，应即领导与督促主管部门，根据已有的材料，经过审慎的研究，分别地加以处理。二、对于帝国主义的特务间谍组织和特务间谍分子，已逮捕者，应分别情况，依法惩处，未逮捕而有证据或有重大嫌疑者，应依上级指示，予以逮捕。三、关于反革命案件的检查，应由检察、公安部门负责。四、法院、检察、公安机关，是人民民主专政的重要武器，各级党委应加强自己对于它们的领导，并适当地充实其干部；监狱管理必须严密，必须有可靠干部负责。五、要求各中央局在指示发出一个月内就镇压反革命活动的工作情形，作出第一次报告。

【中共中央转发《关于第一次全国工农教育会议的报告》的批示】（1950年10月15日） 中共中央1950年10月15日发出。1992年收入中央文献出版社出版的《建国以来重要文献选编》第一册。《批示》指出，第一次全国工农教育会议作出的各项决定是正确的，要求各级党的组织注意督促实行。《关于第一次全国工农教育会议的报告》报告了会议情况、一年来工农教育工作取得的成绩，明确了工农教育的方针原则，修正通过了举办工农速成中学和文化补习等三个暂行实施办法，提出要加强对工农业余教育的领导，在各级政府教育部门和有关群众团体中设立专管机构或人员。

【中共中央关于在职干部学习问题的指示】（1950年10月17日） 中共中央1950年10月17日发出。2013年收入人民出版社出版的《中共中央文件选集（1949年10月—1966年5月）》第四册。《指示》根据一些机关对每日两小时学习制度效果不理想的情况反映，要求各地另定其他办法。其原则为：一、停止强迫学习两小时的办法，但参加学习者中有愿意继续此项办法者暂听之。二、有条件的机关应筹办机关学校，学生自愿报名，分级编班，按时上课，学习文化、业务、政治，以代替现在的无确定进度、无程度差别、无固定教员的混乱状态。三、能自习政治者以自习为主，但应有领导以免荒废。凡有条件的机关应设立学习指导员或学习宣传员，由党委任命，负责指导自学者，帮助解决学习中的疑难及组织时事报告等。四、各种学习方法均应少开无领导的小组会，多开解答疑难的座谈会。

【中共中央关于在全国进行时事宣传的指示】（1950年10月26日） 中共中央1950年10月26日发出。1992年收入中央文献出版社出版的《建国以来重要文献选编》第一册。指示共六个部分。《指示》指出，在美国军队扩大侵略朝鲜和直接侵略台湾，严重威胁我国安全的形势下，要在全体人民中广泛开展有关时事的宣传活动，以消灭恐美心理，确立胜利的信心；要使人民群众正确认识朝鲜局势和中国的关系，表明“要和平，不要战争”和对美国侵略不能置之不理的态度；要使人民群众认识到美国是中国和全世界的敌人，在政治上是孤立的，在军事上是有严重弱点的；宣传方法以内部讨论为主，在此基础上组织干部作报告和专题演讲；各地文艺界和出版界应大量创作相应题材的文艺作品，出版相关主题的宣传材料；宣传中应注意保守国家机密等。

【抗美援朝开始后财经工作的方针】（1950年11月15日、27日） 全文共分为两部分。第一部分是陈云1950年11月15日在第二次全国财政会议上的报告，第二部分是陈云11月27日在这次会议结束时的讲话。1992年收入中央文献出版社出版的《建国以来重要文献选编》第一册。第一部分包括四个方面：明年财经工作的方针应放在什么基础上；财政工作的部署应该分别先后；削减经济建设和文化建设的投资；增加财政收入。报告提出：1951年财政工作的方针应放在抗美援朝战争的基础之上。财政工作部署的先后是：第一战争，一切服从战争，一切为了战争的胜利。第二维持市场，求得金融物价不要大乱。第三是各种带投资性的经济和文化支出。经济建设投资的原则是：对直接与战争有关的军工投资，对财政收入直接有帮助的投资，对稳定市场有密切关系的投资，都要予以满足。除此以外，应加以削减和收缩。第二部分主要讲了两个问题：一是能否从农民那里多征收几十亿斤粮食，二是如何维护市场稳定。

【中共中央关于土改中纠正右倾偏向和注意防止"左"倾危险给中南局的批复】（1950年12月20日） 中共中央1950年12月20日发出。2013年收入人民出版社出版的《中共中央文件选集（1949年10月—1966年5月）》第四册。该文件指出，中共中央收到中南局12月12日《中南局关于送呈放手发动群众彻底完成土改计划指示的报告》和12月1日《中南局关于放手发动群众彻底完成土改计划的指示》，并作出批复：中央基本上同意中南局发这样一个指示，着重纠正土改中的右倾偏向，以便发动广大群众进行土地改革。中央认为，在指示中还应增加一些防止"左"倾危险的指示，指出那些"左"的错误是不许再犯的。例如侵犯中农利益，忽视联合中农的重要性；破坏富农经济，对地主普遍扫地出门，乱打乱杀；在工作方式上的强迫命令等。如此，才能一方面既放手发动群众，另一方面又不犯或少犯"左"的错误。《批复》附件一《中南局关于送呈放手发动群众彻底完成土改计划指示的报告》；附件二《中南局关于放手发动群众彻底完成土改计划的指示》。

【中共中央关于在全党建立对人民群众的宣传网的决定】（1951年1月1日） 中共中央1951年1月1日作出。1951年1月3日发表于《人民日报》。1992年收入中央文献出版社出版的《建国以来重要文献选编》第二册。《决定》指出：中共中央决定有系统地建立对人民群众的经常性的宣传网，即在党的每个支部设立宣传员，在党的各级领导机关设立报告员，并建立宣传员、报告员工作制度。规定宣传员由党员、青年团员和人民群众中自愿在党的领导下担任宣传工作的劳动模范和其他革命积极分子担任，任务是在党组织领导下，用谈话、传递消息、读报、书写和绘制宣传文字、图画、编辑墙报等各种简单通俗的方法，经常向自己周围的人民群众宣传、解释国内外时事、党和人民政府的政策、当地的工作任务，解答人民群众的疑问，批驳各种反动谣言和错误思想，传播人民群众的先进工作经验。报告员由各级党委书记、委员和各级人民政府中担任负责工作的党员以及其他由各级党委指定的党员担任，任务是经常地向人民群众作关于时事、政策、工作任务及工作经验的有系统的报告。要求各级党委从当地实际出发，制定实施《决定》的半年计划，报所属各中央局批准，并定期检查执行情况。

【中共中央关于保存富农经济的政策问题复华北局并绥远省委电】（1951年1月3日）　中共中央1951年1月3日发出。1992年收入中央文献出版社出版的《建国以来重要文献选编》第二册。电文说，中共中央同意绥远省委关于冬季工作补充指示及华北局所提的几点注意。要求在工作中必须掌握的三条原则：一、巩固地团结中农，不得对中农有丝毫侵犯；二、不准侵犯工商业；三、杀人必须经人民法庭判处，由省人民政府批准执行，没收必须经县政府批准并报省政府备案之外，还应增加一条"坚持保存富农经济的方针，富农所有的自耕和雇人耕种的土地及其他财产不得侵犯"。强调这一条是今后减租土改中必须坚持的。

【中共中央批转华东局《关于颁布〈发展农业生产十大政策〉的请示》】（1951年1月24日）　中共中央1951年1月24日发出。1992年收入中央文献出版社出版的《建国以来重要文献选编》第二册。批文提出：对华东局即将颁布的《发展农业生产十大政策》第五则"根据自愿两利原则"应改为"根据自愿和等价交换的原则"等个别内容进行修改，其余均同意。《发展农业生产十大政策》主要包括：保护农民已分得的土地及财产；保护农民的劳动所得及合法所得；奖励劳动模范，提倡农业科学研究，普及农业科学知识，奖励发明创造等支持农业生产发展的十大具体政策。

【中共中央关于进一步开展抗美援朝爱国运动的指示】（1951年2月2日）　中共中央1951年2月2日发出。1992年收入中央文献出版社出版的《建国以来重要文献选编》第二册。《指示》指出，目前朝鲜战争仍处在艰苦紧张的阶段，必须进一步在全国普遍开展各阶层人民的抗美援朝、反对美国重新武装日本及铲除匪特镇压反革命活动的运动以与前线胜利相配合相呼应，号召广泛开展蔑视、鄙视、仇视美国帝国主义与提高民族自信心自尊心的运动。《指示》提出，目前爱国运动应以下列三事为中心：反对美国重新武装日本，争取全面的公正的对日和约；慰劳中国人民志愿军和朝鲜人民军；发起订立爱国公约为中心的爱国运动。

【中共中央政治局扩大会议决议要点】（1951年2月18日）　毛泽东1951年2月18日为中共中央起草的党内通报。1992年收入中央文献出版社出版的《建国以来重要文献选编》第二册。《决议要点》共八个方面：一、二十二个月的准备工作；二、抗美援朝的宣传教育运动；三、土改；四、镇压反革命；五、城市工作；六、整党及建党；七、统一战线工作；八、整风。《决议要点》指出：要使省市级以上干部都明白"三年准备、十年计划经济建设"的思想，准备时间，现在起，还有二十二个月，必须从各方面加紧进行工作；必须在全国范围内继续推行抗美援朝宣传教育运动，已推行者深入之，未推行者普及之，务使全国每处每人都受到这种教育；提出土改农忙时一律停一下，总结经验等八点要求；提出镇压反革命运动中判处死刑一般须经过群众，并使民主人士与闻等五项要求；提出加强党委对城市工作的领导，实行七届二中全会决议等八点意见；提出整党、建党，均须由中央及各中央局实行严格的控制，下面不得自由行动等四项规定；提出各中央局、分局、省市区党委1951年召集两次会议，讨论统一战线工作，并向中央作两次关于这方面的专题报告等四项要求；提出整风一年一次，冬季进行，时间要短，任务是检查工作，总结工作经验，发扬成绩，纠正缺点错误，借以教育干部的要求。

【中华人民共和国惩治反革命条例】（1951年2月21日） 中央人民政府委员会第十一次会议1951年2月20日批准。中央人民政府2月21日公布。1992年收入中央文献出版社出版的《建国以来重要文献选编》第二册。《条例》共二十一条，主要内容是：阐明制定条例的根据和目的；规定凡以推翻人民民主政权，破坏人民民主事业为目的之各种反革命罪犯，皆依本条例治罪；勾结帝国主义背叛祖国者，处死刑或无期徒刑；策动、勾引、收买公职人员、武装部队或民兵进行叛变，其首要分子或率队叛变者，处死刑或无期徒刑；利用封建会门，进行反革命活动者，处死刑或无期徒刑；其情节较轻者处三年以上徒刑；窝藏、包庇反革命罪犯者，处十年以下徒刑；其情节重大者，处十年以上徒刑、无期徒刑或死刑；等等。

【中共中央关于健全各级宣传机构和加强党的宣传教育工作的指示】（1951年2月25日） 中共中央1951年2月25日发出。1992年收入中央文献出版社出版的《建国以来重要文献选编》第二册。《指示》指出，不断提高党员特别是干部党员的政治觉悟和思想能力，是一个极端重大的任务。必须改变目前各级党委宣传部机构残缺不全和工作范围狭隘的状况。要求各级党委必须在一两年内逐步充实宣传部的机构与人力，并按照不同等级的职务范围进行工作的七项要求：群众宣传方面，组织党的宣传员报告员并领导其工作；理论教育方面，领导或推广马列主义、毛泽东思想；文化艺术方面，拟定党的文化艺术的政策或地方性的方针，并监督其实施；学校教育方面，拟定党关于高等教育、国民教育的政策或地方性的方针，并监督其实施，审查和指导学校中的政治性课程的教材和教学，审查其他课程中的政治思想内容；在报纸和广播方面，拟定党关于报纸、广播工作的政策或地方性的方针，并监督其实施；在书刊出版方面，拟定党关于书刊的出版和发行的政策或地方性的方针，并监督其实施；在干部管理方面，会同各级组织部共同管理宣传和文化教育工作干部的任用和考查。

【中共中央关于进一步加强统一战线工作的指示】（1951年2月28日） 中共中央1951年2月28日发出。1992年收入中央文献出版社出版的《建国以来重要文献选编》第二册。《指示》共六个部分。《指示》要求全党必须利用一切有利条件，积极争取和教育一切愿意同我们合作的人，以更加发展人民民主统一战线；规定了1951年统一战线工作的主要任务：1.在全国范围内继续推行抗美援朝宣传教育运动。2.积极争取知识分子、工商业界、宗教界、民主党派、民主人士，在反帝国主义反封建主义的基础上将他们团结起来，吸引他们参加人民革命斗争和适当工作。3.加强工商业联合会的工作，准备成立全国工商业联合会。4.帮助各民主党派，在大中城市发展党员一倍至二倍。5.认真地在各少数民族中进行工作，把推行区域自治和训练少数民族自己的干部当作中心工作。6.加强政权机关和协商机关中党与非党人士之间的合作。要求各级党委必须向干部讲清楚为什么要加强统一战线工作的理由；要求各中央局、省、市、区党委于1951年内召集两次统一战线工作会议，并向中央作两次专题报告；调派干部去充实或建立各级统战部门的机构；各级党委应经常关心和检查统战部门的工作。

【中共中央关于积极推进宗教革新运动的指示】（1951年3月5日） 中共中央1951年3月5日发出。1992年收入中央文献出版社出版的《建国以来重要文献选编》第二册。《指示》共八个部分：甲、肯定在全国范围展开的基督教、天主教的革新运动，是一个有重要政治意义的群众运动；这个运动的主要目的，是肃清帝国主义对我国侵略的影响，是反帝斗争的一个重要组成部分。乙、提出顺利推进基督教、天主教的自治、自养、自传运动必须有的四个条件。丙、要求“各地应予积极引导”，采取积极领导而不是消极等待的政策。丁、与教会上层谈判，使他们发表宣言，其目的是便于我们在教会的下层进行爱国主义教育。戊、切实帮助教会的各个单位实行自养。己、望各地依照上述原则，抓紧反美爱国高潮进行这一工作。庚、中央人民政府政务院文教委员会准备4月间召开全国基督教会议，讨论进一步实现“三自”运动的问题。辛、除基督教、天主教外，对目前正在开展中的回教、佛教的爱国主义，亦应注意提倡鼓励。《指示》要求在推进天主教、基督教实现“三自”的运动中，必须与其上层的中国领导人谈判，但须完全撇开外国人。

【中共中央关于加强理论教育的决定的通知】（1951年3月20日） 中共中央1951年3月20日发出。1992年收入中央文献出版社出版的《建国以来重要文献选编》第二册。《通知》指出，为了帮助各地解决今年和今后实施党内理论教育的问题，兹将中央关于加强理论教育的决定草案下发，并提出制定理论教育计划等四点注意事项。《通知》附有《中共中央关于加强理论教育的决定（草案）》。《决定（草案）》指出，全党的马克思列宁主义——毛泽东思想的教育，必须极大地加强起来。根据党内的情况，每个党员的理论学习，按照理解能力的发展程度，分为如下三级：第一级，学习政治常识，即关于中华人民共和国的常识和中国共产党的常识；第二级，学习理论常识，即关于社会发展史的常识，中国共产党历史和毛泽东生平的事迹，关于马克思、恩格斯、列宁、斯大林的生平的常识；第三级，学习马克思、恩格斯、列宁、斯大林的理论著作和毛泽东的理论著作。

【在中国共产党第一次全国组织工作会议上的报告】（1951年3月28日） 刘少奇1951年3月28日在中国共产党第一次全国组织工作会议上所作的报告。1992年收入中央文献出版社出版的《建国以来重要文献选编》第二册。《报告》共六个部分：一、党的一般情况。二、整理党的基层组织。三、关于发展新党员问题。四、试行建立党的同情者的小组。五、关于干部的管理问题。六、加强党的组织机构。《报告》要求着重在产业工人中建立党的组织和发展党员。凡党领导的人民群众的团体，共产党员均须加入，并在其中起积极的模范的作用，同时进行共产主义的宣传教育。1951年5月5日中共中央将此件发给各中央局并转各级党委，指出“可在党内立即进行传达并开始施行”。

【中国共产党第一次全国组织工作会议关于整顿党的基层组织的决议】（1951年4月9日） 中国共产党第一次全国组织工作会议1951年4月9日通过。中共中央1951年5月5日发出。1992年收入中央文献出版社出版的《建国以来重要文献选编》第二册。《决议》共五个部分：一、整顿党的基本组织的计划；二、整党的准备工作；三、整党；四、对于不同地区和不同的支部，整党时，应有不同的要求并采取不同的步骤；五、迅速建立与健全各级党委管理党员和支部的机构。《决议》要求：必须认真地、谨慎地“对于我们党的组织有计划、有准备、有领导地进行一次普遍的整理”；准备以三年时间完成整顿党的基层组织的计划；要挑选一批经过考验、对党完全忠实、作风正派，又有整党与建党知识和工作能力的干部，加以训练，使他们完全懂得中央关于整党的方针和精神及整党的具体方法和步骤，然后派到党的基层组织去进行整党；要对党员普遍进行一次关于怎样做一个共产党员的教育，使所有的党员都明白做一个共产党员的八项条件；对于不同的地区和不同的支部，应有不同的要求并采取不同的步骤；健全党的支部的组织生活及经常的教育工作。

【中国共产党第一次全国组织工作会议关于发展新党员的决议】（1951年4月9日） 中国共产党第一次全国组织工作会议1951年4月9日通过。中共中央1951年5月5日发出。1992年收入中央文献出版社出版的《建国以来重要文献选编》第二册。《决议》要求：市、县以上各级党委对于发展党的工作，必须采取有效办法，按照党章的规定，严格地加以管理。《决议》具体要求：党的组织部门，应建立管理党员的机构，选择与训练一批可靠的称职的组织工作人员，负责管理党的发展工作；对于人民群众中要求入党和愿意接受党的教育的积极分子，应首先进行怎样作一个共产党员的系统的教育；必须严格防止反动分子和投机分子钻入党内；凡要求入党者，必须亲自向党的组织申请，将自己的历史和政治经历，老老实实地向党报告清楚；新党员入党后，党必须加强对他们的教育，使他们过严格的组织生活，从他们入党起即树立优良的作风等。

【中共中央关于克服目前学校教育工作中偏向的指示】（1951年5月2日） 中共中央1951年5月2日发出。1992年收入中央文献出版社出版的《建国以来重要文献选编》第二册。《指示》指出，中央人民政府教育部1951年3月召开的第一次全国中等教育会议反映出各地学校教育工作中存在一些问题：一是随便抽调学生参加工作，致使学生情绪波动，学校无法按照计划工作。二是在中等学校中，动员全体师生参加中心工作，造成长时间停课，影响了学校教学计划的完成。三是有的专署以下政府中教育行政干部常常全体被派去参加中心工作，使学校教育工作陷于无人管理的状态。要求各地对于妨碍国家教育顺利进行的情形，迅速加以制止和纠正。《指示》还转发了1951年3月19日发出的《中共中央西南局关于学校教育改革工作的指示》，供各地参考。

【中共中央转发全国合作总社《关于对待资本家方针的意见》的通知】（1951年5月3日） 中共中央1951年5月3日发出。1992年收入中央文献出版社出版的《建国以来重要文献选编》第二册。《通知》指出，全国合作总社提出的对资本家的方针是正确的，要在合作社干部中进行传达，但不要公开发表。《关于对待资本家方针的意见》提出，要区别对待工业资本家和商业资本家，通过与工业资本家订立供给原料和推销成品的合同，团结工业资本家；通过放手发展合作社与商业资本家进行竞争，促使商业资本向工业转移。

【中共中央关于对犯有死罪的反革命分子应大部采取判处死刑缓期执行政策的决定】（1951年5月8日） 中共中央1951年5月8日作出。1992年收入中央文献出版社出版的《建国以来重要文献选编》第二册。《决定》指出，在共产党内、人民解放军内、人民政府系统内，在教育界、工商界、宗教界、各民主党派和各人民团体内清出的反革命分子，除罪不至死应判有期或无期徒刑、或予管制监视者外，凡应杀分子，只杀有血债者，有引起群众愤恨的其他重大罪行，例如强奸许多妇女掠夺许多财产者，以及最严重地损害国家利益者；其余，一律采取判处死刑、缓期二年执行、在缓刑期内强制劳动、以观后效的政策。《决定》就采取这一政策的原因和好处作了说明，指出，这是一个慎重的、正确的政策，要求各地党政军教经团中清出来的反革命分子均照上述原则处理。

【中共中央对土地改革业已完成地区的地主参加劳动生产及就业问题的指示】（1951年5月10日） 中共中央1951年5月10日发出。1992年收入中央文献出版社出版的《建国以来重要文献选编》第二册。《指示》指出，土地改革后，适当地处理地主是一个很重要的社会问题。在土地改革业已完成、对地主的斗争已经相当彻底的地区，应该说服农民缓和与已经接受并服从改造之地主间的关系，创造条件让他们参加农业生产劳动、做生意、或从事其他职业，以自食其力；对于游手好闲者应强制劳动，鼓励其投资生产，对其生产所得，不再没收，但必须加强监管；对顽抗之地主应继续加以斗争。

【中共中央关于在新区组织和建立供销合作社问题的指示】（1951年5月11日）中共中央1951年5月11日发出。1992年收入中央文献出版社出版的《建国以来重要文献选编》第二册。《指示》针对土改后土产运销出现的困难以及农民对土产运销的迫切需求，指出党和政府以及农民协会应当领导并组织群众，建立供销合作社，推销土产，换回农民需要的物品，已成为迫不及待的解决问题的办法。应当放开手脚，解除束缚，大胆尝试，普遍推广。并提出八项原则，从领导、任务、资金、分配、推销等多方面规范实践，指出了供销合作社与资本主义商业经营的区别，强调要防止试办中误入歧途。

【中共中央关于清理"中层""内层"问题的指示】（1951年5月21日） 中共中央1951年5月21日发出。1992年收入中央文献出版社出版的《建国以来重要文献选编》第二册。《指示》指出，随着形势的发展，目前所有混进我们机关中的各种反革命分子和各种政治上有问题的分子，主要是一部分留用人员和一部分新吸收的知识分子，已处于一种极端紧张不安的状况中。必须抓紧时机，对机关工作人员普遍地加以清理，提高我们组织的纯洁性。清理的范围，包括各民主党派和政府、军队、民众团体及财经文教等机关的一切工作人员和干部学校的学生；清理的方法，除首脑机关和要害部门外，一般不采取普遍审查的方法。应该采取整风的方式，号召有问题的人交代清楚自己隐藏的问题。坦白均取自愿原则，不得强迫，不得搞逼供信。对已坦白的人，应按其性质及坦白态度作出适当的结论，使他们安心工作；对于证据确凿拒不悔改的反革命分子，特别是有血债的分子、特务间谍分子和恶霸地主，应该加以逮捕审判；对于反革命的嫌疑分子或有严重历史问题的分子，应从要害部门和机要部门调开；处理各项坦白问题时，必须采取严肃的谨慎的态度，切不可粗枝大叶，尤其不可不分是非轻重地大批洗刷新旧知识分子。

【中央人民政府和西藏地方政府关于和平解放西藏办法的协议】（1951年5月23日） 中央人民政府全权代表与西藏地方政府全权代表于1951年5月23日在北京签订。发表于1951年5月28日《人民日报》。1992年收入中央文献出版社出版的《建国以来重要文献选编》第二册。《协议》共十七条，其主要内容是：西藏人民团结起来，驱逐帝国主义侵略势力出西藏，西藏人民回到中华人民共和国祖国大家庭中来；西藏地方政府积极协助人民解放军进入西藏，巩固国防；在中央人民政府统一领导下，西藏人民有实行民族区域自治的权利；不变更西藏的现行政治制度，亦不变更达赖喇嘛的固有地位及职权，各级官员照常供职；班禅额尔德尼的固有地位及职权，应予维持；达赖喇嘛和班禅额尔德尼的固有地位及职权，系指十三世达赖喇嘛与九世班禅额尔德尼彼此和好相处时的地位及职权；实行宗教信仰自由的政策，尊重西藏人民的宗教信仰和风俗习惯，保护喇嘛寺庙，不改变寺庙的收入；西藏军队逐步改编为人民解放军；逐步发展西藏民族的语言、文字和学校教育；逐步发展西藏的农牧工商业，改善人民生活；协商解决西藏改革事宜；坚决脱离与帝国主义和国民党关系并不进行破坏和反抗的西藏官员，可继续供职，不咎既往；入藏解放军遵守上列各项政策，买卖公平，不妄取人民一针一线；中央人民政府统一处理西藏地区的一切对外事宜；尽量吸收西藏地方人员参加中央人民政府设立的军政委员会和军区司令部的工作；军政委员会、军区司令部及入藏人民解放军的经费，由中央人民政府供给；本协议于签字盖章后立即生效。在协议上签字的有：中央人民政府全权代表、首席代表李维汉，代表张经武、张国华、孙志远。西藏地方政府全权代表、首席代表阿沛•阿旺晋美，代表凯墨•索安旺堆、土丹旦达、土登列门、桑颇•登增顿珠。

【中国共产党今后的历史任务】（1951年7月5日）　刘少奇1951年7月5日对马列学院一班学员的报告提纲。1992年收入中央文献出版社出版的《建国以来重要文献选编》第二册。报告提纲共六个部分：一、人民民主专政已经建立。但反帝反封建的任务还没有最后完成，应该而且可能团结民族资产阶级，建立四个阶级的联盟。二、在建设时期，除开必要的国防外，一切工作和其他建设均配合经济建设。一切以经济建设为中心。三、五种社会经济成分及其相互关系，在建设过程中将要逐步引起变化。这种变化是整个新民主主义阶段中的情形，估计至少10年、多则15年、20年。四、过了这个时期以后，工业、农业大发展了，国家经济的领导更加强了，经济管理工作的干部成熟了，数量也多了，党的技术干部也有了，工人阶级和农民的联盟在政治上经济上都巩固了，那时，就会要采取进入社会主义的步骤。五、伴随工业国有化和农业集体化，城市资产阶级、乡村资产阶级、城市小资本家相继被废除，中国就变成没有资本家的国家。六、在农村中既不是去阻止或企图避免农民的自发趋势，也不是让其自流，而要加以领导，适当的控制和限制，准备最后的胜利。

【中共中央关于收集党史资料的通知】（1951年7月21日）　中共中央1951年7月21日发出。2013年收入人民出版社出版的《中共中央文件选集（1949年10月—1966年5月）》第六册。《通知》提出系统研究、收集和保存党史资料的四种办法：一、在中央宣传部下设一党史资料室，负责编印党内不定期刊物《党史资料》，搜集、刊载有关党史的各种资料、文件、文稿、回忆、传记、图片等，供党内高级干部参考。其中，可以公开出版者，在经过审查编订后，可予摘要陆续出版。二、在北京设立革命博物馆筹备处，负责搜集鸦片战争以来，主要是五四运动以来的革命历史文物、图片、绘画，加以整理陈列。暂不开放，可供党内高级领导人员及个别党外负责人士参观，以便收集各方面意见，逐步充实改进。三、以上两项工作，望各级党委与人民解放军各部队积极支持。四、各地方的重要革命史料文物，亦望采取适当方法予以收集保存。

【关于知识分子的改造问题】（1951年9月29日） 周恩来1951年9月29日在北京、天津高等学校教师学习会上讲话的前两个问题。1992年收入中央文献出版社出版的《建国以来重要文献选编》第二册。讲话结合自己在革命斗争实践中进行思想改造的切身体会，针对从旧社会过来的知识分子的实际情况，着重讲了两个问题：一、立场问题；二、态度问题。讲话指出，我们在学习和工作中，总有一个站在什么立场的问题。立场问题不是一下子就能解决的，决定的关键是实践。只要决心改造自己，不论你是怎样从旧社会过来的，都可以改造好。然而，改造需要时间，一下子要求很高、很快，这是急躁的，不合乎实际的。应该由浅入深，循序渐进。大体会经历“从民族立场进一步到人民立场，更进一步到工人阶级立场”的一个发展过程。讲话在谈到态度问题时指出，一个人对遇到的任何一件事情总会有一个态度。立场不同态度也就不同。关于态度问题，我们历来主张靠自己觉悟。或积极或消极，“真正的中间态度，基本上是不存在的”。

【中共中央关于清理厂矿交通等企业中的反革命分子和在这些企业中开展民主改革的指示】（1951年11月5日） 中共中央1951年11月5日发出。1992年收入中央文献出版社出版的《建国以来重要文献选编》第二册。《指示》共十二项。《指示》指出：全国解放后，许多国营厂矿企业，通过不同形式，进行了民主改革，带来了政治和生产上的新气象。但大多公营、私营厂矿或其他企业，尚未系统清理反革命分子，仍存在反革命分子的破坏活动，压制工人的政治和生产积极性。为此，中央要求针对公营和私营厂矿企业的特点，发动和依靠工人群众有领导、有计划、有步骤地争取1952年年底前对厂矿企业进行系统清理，系统清理残余反革命势力，对于国营企业遗留的旧制度，进行或进一步完成必要的和适当的民主改革等。

【中共中央关于在文学艺术界开展整风学习运动的指示】（1951年11月26日） 中共中央1951年11月26日作出。1992年收入中央文献出版社出版的《建国以来重要文献选编》第二册。《指示》指出，《中共中央宣传部关于文艺干部整风学习的报告》是正确的，要求各级党委负责同志在研究报告内容的基础上，在当地文学艺术界开展一个有准备有目的的整风学习运动，并亲自领导，通过严肃的批评与自我批评，引导文艺工作向着健全的方向发展。中央宣传部的报告就当前的文艺工作存在脱离政治、脱离群众，严重的自由主义等问题，提出了五点意见：一、纠正文艺脱离党的领导的状态；二、彻底整顿文联各个协会的工作；三、改善对电影工作的领导；四、整顿文艺刊物；五、对文艺界的资产阶级思想展开系统的斗争。

【中共中央批转华北局关于刘青山、张子善大贪污案调查处理情况的报告】（1951年11月30日） 中共中央1951年11月30日发出。1992年收入中央文献出版社出版的的《建国以来重要文献选编》第二册。批文首先肯定了华北局对刘青山、张子善贪污罪行的发现、认定和处理，“认为华北局的方针是正确的”。同时指出，“这件事给中央、中央局、中央分局、省市区党委提出了警告，必须严重地注意干部被资产阶级腐蚀发生严重贪污行为这一事实，注意发现、揭露和惩处，必须当作一场大斗争来处理”。文件要求各中央局、分局、省市区党委认真研究报告，注意发现所属同类事件及时加以惩处。文件附有1951年11月29日《中共中央华北局的报告》。该报告列举了刘、张二人利用蜕化干部盗运国家木材、勾结私商破坏国家政策、生活铺张浪费任意挥霍、焚毁证据等罪状以及讨论通过的处理意见。

【中共中央关于在学校中进行思想改造和组织清理工作的指示】（1951年11月30日） 中共中央1951年11月30日发出。2013年收入人民出版社出版的《中共中央文件选集（1949年10月—1966年5月）》第七册。《指示》指出：全国解放以来，各大中小学校的思想和政治状况虽然有很大改进，但由于对教职员中的反革命分子和曾被反革命分子威迫利用过的分子未进行系统的清理，仍然存在着各种不同程度的组织不纯。为此必须有计划、有领导、有步骤地在一至两年内，在所有大、中、小学的教职员和高中以上的学生中，普遍进行初步的思想改造的工作，并在此基础上，再进行忠诚老实交清历史的运动，清理其中的反革命分子。为此规定六项方针和办法，要求把各种学校中教职员和高中以上学生的思想改造看做是一个长期的工作；在进行组织清理时，必须把重点放在清理反革命分子方面，不要把思想问题和政治思想混为一谈；清理工作应在统一领导下分头进行；要求各地党委加强领导，以保障思想改造和组织清理工作的顺利进行等。

【中共中央关于实行精兵简政、增产节约、反对贪污、反对浪费和反对官僚主义的决定】（1951年12月1日） 中共中央1951年12月1日作出。1992年收入中央文献出版社出版的《建国以来重要文献选编》第二册。《决定》共六个部分：一、简要介绍了中国人民志愿军参加朝鲜战争以来，抗美援朝、土地改革、镇压反革命、国防建设、经济建设、文教建设等项工作，以及围绕志愿军援朝战争这一中心任务的各方面都取得了巨大成就。列举出具体数字表明收支接近平衡，物价保持基本稳定，成绩显著。二、指出战争中的困难和工作中的缺点，列举了五方面的表现，提出精兵简政和增产节约是克服困难、补正缺点、改善工作的总方针和中心任务。三、结合1952年的工作计划和预设情况，分析了精兵简政增产节约方针的积极意义和重要性，称之为“奠定将来伟大建设基础的方针”。四、具体布置了整编和精简工作，规定了五项实施方法。五、规定可阅读决定人员的范围及相关事宜。六、要求各单位1952年内每两个月向中央做一次关于精简、节约、反贪污、反浪费和反官僚主义的工作报告。

【中共中央批转北京市委开展反贪污斗争的报告的指示】（1951年12月4日） 中

共中央1951年12月4日发出。1992年收入中央文献出版社出版的《建国以来重要文献选编》第二册。1951年12月4日晨，中共北京市委向中央呈送《北京市工作人员中的贪污现象及对今后开展反贪污斗争的意见》。当日20时，中共中央向全国县以上党委发出本《指示》。《指示》指出，中央认为北京市委的报告是完全正确的，责成在接到本《指示》三星期内，至迟在一个月内，仿照北京市委所订各项办法，发动党内外最广大群众，大张旗鼓地、雷厉风行地检查和惩治贪污人员，并于一个月内向中央作第一次关于检查和惩治贪污人员的报告。凡不作报告者，以违纪论。凡推迟报告时间者，须申明理由。北京市委的《意见》介绍了北京市工作人员中已发现的贪污分子人数、贪污总额，贪污分子分布的部门、贪污的方法，以及对贪污分子的惩处办法。《意见》表示要大张旗鼓地广泛发动党内外群众自下而上地检举，开展全市反贪污运动。并介绍了开展此项运动的步骤和具体方法。

【中共中央关于“三反”斗争必须大张旗鼓进行的指示】（1951年12月8日） 1951年12月8日，中共中央对福建省委关于“三反”斗争有关问题请示的答复，并转发至各中央分局、省市区党委，各大军区及志愿军党委。1992年收入中央文献出版社出版的《建国以来重要文献选编》第二册。《指示》要求将中央1951年12月4日转发的北京市委反贪污运动报告及中央的批示，12月5日转发的中央贸易部党组报告，12月7日转发的中央财政部、人民银行总行、中央轻工业部、中央水利部等各党组报告，以及此后转发的各种反贪污、反浪费、反官僚主义的报告，以半公开的形式发至县（团）党委，并且在党内刊物上登载，使科长级以上的党员都能看到。此外，重申了中央12月4日的《指示》，要求地方县委以上应向中央报告，军队团级以上应向军委报告，不报告者以违纪论。强调反贪污、反浪费、反官僚主义的斗争的重要性，要求各中央局、省市区党委、各大军区及志愿军党委像重视镇压反革命的斗争一样重视“三反”斗争，首长负责，亲自动手，发动群众大张旗鼓地进行。在处理上，轻者批评教育，重者撤职、惩办、判处徒刑（劳动改造），直至枪毙一大批最严重的贪污犯。要求在斗争中注意查明情况，做到心中有数。

【中共中央转发中南局关于土地改革工作报告的批语】（1951年12月13日） 中共中央1951年12月13日发出。1992年收入中央文献出版社出版的《建国以来重要文献选编》第二册。《批语》说，中央批准中南局1951年12月10日关于中南区土地改革工作进行状况的分析和1952年土改工作方针的报告，认为这个报告是完全正确的。《批语》指出，在新区土改大约已完成一半，尚有一半必须集中大力去做才能完成，如果赶急图快，就有流于形式不能切实解决问题的危险。各中央局和各省区党委，不要因为中央提出依土改完成情况，适时地转移省级以上的主要领导方向到城市和工业方面的方针，而放松了对于1952年土改工作的领导，如果这样做，那就会犯错误。各省委、区委对注意力的分配和领导重点的转移问题，应该精密地掌握，不要分配不适当和转移不适时。

【中共中央印发《关于农业生产互助合作的决议（草案）》的通知】（1951年12月15日） 中共中央1951年12月15日发出。1992年收入中央文献出版社出版的《建国以来重要文献选编》第二册。《通知》指出，关于农业生产互助合作的草案发给各中央局、并转分局、省市区党委，请印发到县委和区委。要求照此草案在党内外进行解释，并组织实行。《决议（草案）》共十三个部分，主要内容是：农民在土地改革基础上产生出来两个方面的积极性：一方面是个体经济的积极性，另一方面是劳动互助合作的积极性；对于农民个体经济的积极性，不能忽视或粗暴地挫伤，并允许其发挥；但要克服广大农民在分散经营中的困难，迅速增加生产走上丰衣足食的道路，使国家得到更多的商品粮和工业原料，开拓广阔的工业品市场，就必须提倡“组织起来”；党在农村发展互助合作的方针是根据生产发展的需要和可能稳步前进，反对消极或急躁倾向，防止和纠正强迫命令或放任自流的错误领导方法，按照自愿互利的原则，采取典型示范、逐步推广的方法，引导个体农民走上互助合作的道路。中共中央对该《决议（草案）》进行个别文字修改后，于1953年2月15日作为正式决议印发实行。

【中共中央关于中国革命领导阶级问题的修正指示】（1951年12月23日） 中共中央1951年12月23日发出。1992年收入中央文献出版社出版的《建国以来重要文献选编》第二册。《修正指示》肯定河北省党校两位同志的意见，决定将“中国革命在过去是城市和乡村的工人阶级与半工人阶级领导的”提法，及“中国革命在今后更需要工人阶级的领导”，半工人阶级也“是包括在内的”这种解释，予以修正。无论过去或今后，关于中国革命的领导问题，只提工人阶级（通过其先锋队中国共产党）领导的，不再把半工人阶级包括在内。同时，将党员标准的第一项第二句改为“中国革命是中国工人阶级领导的”，撤销中央《关于工人阶级与半工人阶级的领导作用问题的解释》。《修正指示》附件一：《安子文给毛泽东主席的报告》；附件二：《阴一刚、罗云路给中央的信》。

【中共中央关于制止动员群众向中央写致敬信、发贺电和送礼的指示】（1951年12月25日） 中共中央1951年12月25日发出。1992年收入中央文献出版社出版的《建国以来重要文献选编》第二册。《指示》指出，某些党政机关动员群众写致敬信、发祝贺电，以及机关团体和群众给中央送锦旗、送礼品的事情，不但是一种浪费，而且是一种政治错误。各地党委应当认真纠正这些现象，养成朴素节俭的风气，必须制止任何一种浪费民力、物力的事情。不仅不许动员，对于要送礼物的群众，应当做好解释工作。要求各级党委切实遵行。《指示》后附《中共中央办公厅秘书室向毛泽东主席的报告》。

【中共中央关于停止整党学习全力转入“三反”运动的指示】（1951年12月26日） 中共中央1951年12月26日发出。1992年收入中央文献出版社出版的《建国以来重要文献选编》第二册。中央根据西南区存在严重贪污浪费和官僚主义的现象，认为西南局停止原订整党学习计划，全力转入反贪污、反浪费、反官僚主义的整风运动的做法是完全正确的。要求各中央局参照西南局的做法，立即停止整党学习计划，动员广大党员干部全力转入反贪污、反浪费、反官僚主义的整风运动（即“三反”运动）。

【中共中央关于改变文艺工作者脱离实际斗争情形的决定】（1952年1月4日） 中共中央1952年1月4日作出。2013年收入人民出版社出版的《中共中央文件选集（1949年10月—1966年5月）》第八册。《决定》指出，两年来，文艺作品极其贫乏，不能反映人民在各种斗争中的胜利和进步，不能满足群众的需要。其原因主要是许多文艺工作者脱离实际斗争，并有很多作家完全放弃写作而转入行政工作。为改变这种情形，中共中央决定：一、由全国文联动员一批作家到朝鲜前线，期限定为半年至一年。期满后仍回原地写作，部队或全国文联不得扣留，当地亦不得在其写作任务完成前分配其他工作。其写作情况应向全国文联报告。二、由全国文联和各大行政区文联动员一批作家分别到工厂、农村，期限至少一年，期满后回原地写作，在写作任务完成前不得分配其他工作。其写作情况亦应向全国文联报告。三、提出了调赴朝鲜前线和工厂、农村的第一批18位作家的名单，以及这批作家到北京集中的具体时间。

【中共中央关于立即抓紧“三反”斗争的指示】（1952年1月4日） 中共中央1952年1月4日发出。1992年收入中央文献出版社出版的《建国以来重要文献选编》第三册。《指示》十分严厉地要求军地各级党委（组）、中央和地方各部门立即抓紧“三反”斗争，召开干部会，限十日之内迅速展开斗争，并呈送报告。违者，不管什么人，“一律撤职查办”。《指示》要求“应指名批评落后的单位及其领导人，指名奖励做得好的单位及其领导人，宣布撤职的名单及理由”；“一切单位，务须发动群众，实行坦白检举”，并对中央直属总党委召开干部会议的情况以及具体步骤作了简要通报；要求中央指定的负责同志检查各区“三反”进度。

【中共中央关于在“三反”斗争中惩办犯法的私人工商业者和坚决击退资产阶级猖狂进攻的指示】（1952年1月5日） 中共中央1952年1月5日发出。1992年收入中央文献出版社出版的《建国以来重要文献选编》第三册。《指示》说，中共中央肯定并批准了此前北京市委关于“三反”斗争的报告，并将该报告下发给各中央局、分局、各省市区党委和地委，要求各大中小城市一律仿照办理。特别是在大城市及各省省城，要大力发动这一斗争，坚决打击资产阶级的猖狂进攻。要求各级党委严密部署，做好媒体宣传，争取在两至三个月内基本上完成任务。在这个斗争中，对民主党派和各界民主人士应酌予照顾，注意组织“三反”斗争的统一战线。

【"三反"运动与民族资产阶级】（1952年1月5日） 周恩来1952年1月5日在中国人民政治协商会议第一届全国委员会第三十四次常务委员会上的讲话要点。发表于1952年1月8日《人民日报》。1992年收入中央文献出版社出版的《建国以来重要文献选编》第三册。讲话介绍了正在全国范围内展开的"三反"运动和思想改造运动情况。指出，要完全彻底地铲除贪污、浪费、官僚主义这一积害，必须动员全社会，特别是与之密切相关的工商界要动员起来。讲话强调，"中国民族资产阶级参加人民民主统一战线的政权，是承认了这个政权以工农联盟为基础、以工人阶级及其政党中国共产党为领导的，私人资本主义经济的存在和发展，是要在国家经济领导之下的"。依据《共同纲领》的规定，"凡有利于国计民生的私人经济事业，就容许发展；凡不利于或有害于国计民生的私人经济事业，就不容许发展；凡能操纵国计民生的经济事业，就应由国家统一经营"。

【中共中央关于宣传文教部门应无例外地进行"三反"运动的指示】（1952年1月22日） 中共中央1952年1月22日发出。1992年收入中央文献出版社出版的《建国以来重要文献选编》第三册。《指示》认为，西北局关于一切宣教部门均应无例外地进行"三反"运动的意见是完全正确的。强调指出，宣传文教部门也存在严重的贪污腐化、浪费和官僚主义问题，也要进行"三反"运动；学校的"三反"运动要根据其特点，采取不同的方法；教育界、文艺界的思想改造学习要与"三反"运动相结合。

【中共中央关于首先在大中城市开展"五反"斗争的指示】（1952年1月26日） 中共中央1952年1月26日发出。1992年收入中央文献出版社出版的《建国以来重要文献选编》第三册。《指示》指出，在全国一切城市，首先在大中城市向违法资产阶级开展反对行贿、偷税漏税、盗骗国家财产、偷工减料和盗窃经济情报的斗争，以配合正在开展的"三反"斗争，是极为必要和极为适时的。各城市的党组织必须做精密的部署，必须注意利用矛盾，形成"五反"的统一战线，孤立罪大恶极的反动资本家。要求全国各大城市，含省城，在2月上旬均应进入"五反"斗争。

【中共中央关于凡有严重贪污罪行的党员应开除党籍的决定】（1952年1月29日） 中共中央1952年1月29日作出。2013年收入人民出版社出版的《中共中央文件选集（1949年10月—1966年5月）》第八册。《决定》指出，各地在"三反"运动中，已经发现了一批有贪污行为的共产党员。为了严肃党纪，保持和提高党的纯洁性，便利"三反"运动的开展，决定：凡有严重的贪污罪行而须逮捕法办的共产党员，应首先开除其党籍，毫无例外。

【中共中央关于"三反"运动和整党运动结合进行的指示】（1952年2月3日） 中共中央1952年2月3日发出。1992年收入中央文献出版社出版的《建国以来重要文献选编》第三册。《指示》指出："三反"运动是一个更加现实与深刻有力的整党运动，所以整党工作必须与“三反”运动相结合；在“三反”运动的基础上，开展党员教育，进行党员登记、审查和处理等工作；“三反”运动又是了解干部，教育干部的一种最好的方法，在“三反”斗争中，应该对所属干部作一次深刻的考察和了解，清除贪污蜕化分子，清理不称职的领导干部，同时大胆提拔德才兼备的优秀人才。

【中共中央关于工矿企业如何进行“三反”运动的指示】（1952年2月4日） 中共中央1952年2月4日发出。1992年收入中央文献出版社出版的《建国以来重要文献选编》第三册。《指示》要求所有国营、公营工矿企业，都必须以检查行政管理中的贪污、浪费、官僚主义为重点，认真开展群众性的“三反”运动；要加强对工人的阶级教育，提高工人的觉悟和组织程度，但不能把斗争的矛头对准工人群众；要坚持党的领导，贯彻依靠工人阶级的根本方针，充分发挥工会组织的作用；发动群众，发扬工人群众的积极性。

【中共中央关于中小贪污分子分别处分问题的补充指示】（1952年2月9日） 中共中央1952年2月9日发出。1992年收入中央文献出版社出版的《建国以来重要文献选编》第三册。《补充指示》指出，鉴于中小贪污犯所占比例较大，“带有很大的群众性”，中央决定除对其中情节严重者予以刑事处分外，情节不严重者免于刑事处分，视具体情节分别予以行政处分，并增加警告一项。如此规定“便于争取团结和教育改造这一批人，以利于开展‘三反’斗争和建设工作”。如涉及党团籍问题，免于刑事处分者可参照“三反”斗争提出处理意见上报中央考虑，给予刑事处分的人，按中央已有通知遵行。

【中共中央关于小贪污分子处分问题的决定】（1952年3月2日） 中共中央1952年3月2日作出。2013年收入人民出版社出版的《中共中央文件选集（1949年10月—1966年5月）》第八册。《决定》指出，为在“三反”斗争中迅速解除绝大多数小贪污分子的顾虑，便于进行改造，并便于集中力量“打虎”和进一步处理大、中贪污分子，只要情节不严重恶劣，彻底承认贪污的错误，保证不再重犯，凡贪污在100万元（旧币——编者注，下同）以下者一律不以贪污分子看待，并免除其行政处分；凡贪污在1000万元以下100万元以上者，一律不给刑事处分，按其情节轻重，给以不同程度的行政处分，党团员并应给以纪律处分；上述两类贪污人员中极少数情节严重恶劣者，得加重一级处理；贪污在1000万元以下100万元以上、偶一失足的年轻者，如系自动坦白，或立功自赎，得减轻一级处理，即不以贪污分子看待，并免于行政处分；无论上述哪种情形，均应尽可能退还贪污款物。《决定》认为，执行上述决定，约有70%以上的贪污分子可免于行政处分，不以贪污分子看待。约有20%以上的贪污分子只给行政处分，不给刑事处分。这样，可立即解除90%以上的小贪污分子的顾虑，以便集中力量于“打虎”和处理大、中贪污分子的工作。《决定》要求各机关各单位可在适当时机召开全体大会，公布以上决定。

【中共中央关于在“五反”运动中对工商户分类处理的标准和办法】（1952年3月5日） 中共中央1952年3月5日作出。1992年收入中央文献出版社出版的《建国以来重要文献选编》第三册。该《标准和办法》首先肯定了北京市委在“五反”运动中关于工商户分类处理的标准和办法，认为是正确的，在对其稍作调整的基础上，要求各地党委仿照执行，如因特殊情况须做调整者要报中央批准。采取的基本原则是过去从宽，将来从严；多数从宽，少数从严；坦白从宽，抗拒从严；工业从宽，商业从严；普通商业从宽，投机商业从严。基本办法是，在“五反”目标下将私人工商户按照守法与否进行分类，区别对待；此次“五反”中暂不处理摊贩；必须严肃处理行贿性质严重者；县区乡暂不进行。要求各大中城市市委市政府严密控制，以保证运动在健康的轨道上发展。附件一：《北京市委建议〈在“五反”运动中关于工商户分类处理的标准和办法〉》；附件二：中共中央《关于“五反”分类标准的补充通知》。

【中共中央关于县区乡一律停止“三反”和领导生产的决定】（1952年3月7日） 中共中央1952年3月7日作出。2013年收入人民出版社出版的《中共中央文件选集（1949年10月—1966年5月）》第八册。《决定》针对一些省的许多村干部等待“三反”，放弃领导生产等影响春耕生产的严重情况，作出四项决定：一、县、区、乡目前一律停止进行“三反”；已进行者，暂告一段落。各省委、地委必须立即抽出不少于1/3的干部领导生产，并派生产检查组下乡到问题严重地区，了解情况，推动生产。二、凡对春耕不积极布置或因“三反”而妨害春耕的地区，须逐级派人下去，分别召开县、区、乡三级的积极分子会议或人民代表会议，针对各级干部不同思想，结合布置生产，正确解释“三反”“五反”意义，解除其顾虑，使他们积极领导生产。三、对干部中贪污情节严重而被撤销者，或无法继续领导生产者，省委或地委应即派遣干部，迅速调整，并争取犯错误者能从领导生产中立功自赎。四、各省委应在三个月内将布置春耕情况，向中央作出千字以内的报告。

【中共中央关于在高等学校中进行“三反”运动的指示】（1952年3月13日） 中共中央1952年3月13日发出。1992年收入中央文献出版社出版的《建国以来重要文献选编》第三册。《指示》指出，高等学校中的“三反”运动是极其具体、深刻和有效的思想改造运动。要求在运动中基本上消灭学校中的贪污浪费现象，克服官僚主义，揭发和批判资产阶级思想，从而确立工人阶级思想的领导权。在学校中进行“三反”运动，要特别注意发动和依靠学生群众，批判各种资产阶级思想，帮助教师进行思想检讨；对于教师应该采取争取最大多数“过关”，孤立和暴露最少数坏分子的方针；要慎重处理高等学校校长、著名教授等高级知识分子思想上、经济上存在的问题，一般不进行公开的批判；要做好充分的准备，加强对运动的领导，并注意防止发生教师自杀等事件。

【中共中央关于在“三反”运动中党员犯有贪污、浪费、官僚主义错误给予党内处分的规定】（1952年3月20日） 中共中央1952年3月20日作出。1992年收入中央文献出版社出版的《建国以来重要文献选编》第三册。《规定》要求利用“三反”运动的结果对党的组织进行一次严肃的整理，对于在运动中发现犯有贪污、浪费和官僚主义错误以及其他严重错误的党员，除根据相关规定予以刑事处分或行政处分外，同时要视情节给予适当的党内处理，并对党员所犯错误的11种情形及处理办法作了明确规定。《规定》还就党内处分的相关处理程序、申诉等作了说明。

【中共中央关于在“五反”斗争中及其以后必须达到的八项目的的指示】（1952年3月23日） 中共中央1952年3月23日发出。1992年收入中央文献出版社出版的《建国以来重要文献选编》第三册。《指示》提出“五反”斗争及其以后必须达到八项目的：一、彻底查清私人工商业的情况，为实行计划经济创造条件；二、明确划分工人阶级和资产阶级的标准，清理工会组织；三、改组同业公会和工商联合会，整顿其领导机关；四、帮助民主建国会进行组织整顿，对其成员进行政治教育，解散资本家的秘密结社；五、消灭投机商业；六、实行经济公开，建立监督制度；七、追回国家和人民的经济损失；八、在大中型私营企业中建立党的支部。

【中共中央关于提拔调整干部和精简机构的指示】（1952年3月29日） 中共中央1952年3月29日发出。2013年收入人民出版社出版的《中共中央文件选集（1949年10月—1966年5月）》第八册。《指示》共四项：一、大胆地、大量地提拔“三反”和“五反”中的积极分子，对其中特别优秀的，有培养前途的，应打破惯例，越级提拔。二、厉行精简，取消一些可以取消的机构，合并一些可以合并的机构。三、各中央局与省（市）委，应根据工作的轻重缓急，有重点（主要是财经机构）有步骤地做好调整干部的工作。四、对地方国营机关中必须补充干部的机关和必须重建的机关，主要由各地党委负责，中央只能在可能范围内调派少数干部前往。

【中共中央关于肃清毒品流行的指示】（1952年4月15日） 中共中央1952年4月15日发出。1992年收入中央文献出版社出版的《建国以来重要文献选编》第三册。《指示》指出，为根除毒品这种旧中国社会的恶劣遗毒，需要在全国范围发动一次群众性运动，来一次集中的彻底的扫除。为此，作出五项指示：一、集中解决贩运毒品问题。二、必须依靠广大群众的觉悟和斗争积极性。三、运动应以铁道、公路、海运、河运、邮政、海关、公安边防、司法、税务等部门为重点，以大中城市、边防口岸、过去烟毒盛行地区、产地、集散枢纽为重点地区。四、打击重点放在集体大量的制毒、贩毒犯和严重违法的工作人员。五、边疆少数民族地区种毒问题在今后工作中逐步解决。

【我们的外交方针和任务】（1952年4月30日） 周恩来1952年4月30日在我国驻外

使节会议上的讲话节录。1992年收入中央文献出版社出版的《建国以来重要文献选编》第三册。讲话共三个部分：一、我们的外交方针；二、外交阵线；三、外交工作的思想领导。讲话阐述了当时我国外交工作“另起炉灶”“一边倒”“打扫干净屋子再请客”“礼尚往来”“互通有无”和团结世界人民的方针；强调要分清敌我友，把影响和争取世界各国人民作为落脚点；外交工作必须以无产阶级思想为指导，坚持国际主义、爱国主义和集体主义，遵守纪律，坚持民主集中制原则，要求有高度党性，提倡勤俭朴素的作风。

【中共中央关于在高等学校中批判资产阶级思想和清理“中层”的指示】（1952年5月2日）　中共中央1952年5月2日发出。1992年收入中央文献出版社出版的《建国以来重要文献选编》第三册。《指示》对各地高等学校“三反”运动的目标和清理“中层”的要求作了说明。《指示》指出，各地高等学校的“三反”运动陆续开始转入批判资产阶级思想的阶段。高等学校“三反”运动的目标是：彻底打击学校中的封建、买办、法西斯思想，划清敌我界限；暴露和批判教师中的资产阶级思想，初步树立工人阶级的思想领导；肃清学校中的贪污浪费现象；具体了解高等学校教师情况。提出了运动中可以过关的各类教师的比例，强调具有严重政治问题或思想十分反动不能过关的教师，人数甚少，情况各异，对其处理办法应根据具体情况分别考虑决定。在批判资产阶级思想运动完毕后，各地可以选择很少数的重点学校，集中干部力量，转入清理“中层”（清理“中层”指清查隐藏在各民主党派和政府、军队、民众团体及财经文教等机关内部的反革命分子）的工作。要进一步考虑在高等学校中建立革命的政治工作制度和机构，以便加强党的领导作用，巩固和扩大高等学校中马克思列宁主义思想的阵地，并在此基础上实施高等教育改革。

【中共中央关于争取“五反”斗争胜利结束中的几个问题的指示】（1952年5月20日）　中共中央1952年5月20日发出。1992年收入中央文献出版社出版的《建国以来重要文献选编》第三册。《指示》提出了“五反”斗争定案处理的原则，即“斗争从严、处理从宽，应当严者严之，应当宽者宽之”。要求正确掌握“五反”斗争中对于工商户分类的标准，区别各类工商户的界限，以其违法所得数目和违法情节作为重要条件，加以评定。在确定工商户类别时，还应照顾资本家一贯的政治态度、在经济生活中的作用等因素，加以全面考虑。要求进行切实合理地核实定案，必须按照多于1/3、低于1/2的比例，对资本家违法所得数额重新计算定案。制定退补方案，一般只退财补税，少数才予罚款，退补以退现款、折公股、打欠条三种方式进行。《指示》规定了“五反”中对于违法工商户接管、没收的原则，以及对各类工商户宣布处理和法庭审判的办法，强调“三反”退赃工作要与“五反”斗争配合。

【中共中央关于推迟县区乡的“三反”

和中小城市的“五反”的指示】（1952年5月23日） 中共中央1952年5月23日作出。1992年收入中央文献出版社出版的《建国以来重要文献选编》第三册。《指示》指出，由于过去各地“三反”“五反”的影响，社会经济生活和城乡交流发生了阻滞现象。现在已经进行了“三反”“五反”的地方，正在结束“三反”“五反”，并大力恢复正常的经济生活与城乡交流。对于尚未进行“三反”的县区乡和尚未进行“五反”的城市，中央已决定一律推迟进行，即在秋征以前凡未发动“三反”的县区乡和“五反”的城市，均不再发动，待当年秋征以后或第二年再有步骤地进行。目前应集中力量做好生产、城乡交流及土改复查等项工作。

【中共中央关于在“三反”运动的基础上进行整党建党工作的指示】（1952年5月30日） 中共中央1952年5月30日发出。1992年收入中央文献出版社出版的《建国以来重要文献选编》第三册。《指示》要求各地利用“三反”运动的建设阶段，结合党员八项标准进行一次教育，以普遍提高党员觉悟，解决“三反”中尚未解决的问题：一、“三反”运动中涌现出大批积极分子，各机关应积极进行建党和接收新党员的工作；二、厂矿企业的“三反”和“五反”运动大大提高了工人的觉悟，应注意吸收新党员并建立党的组织；三、要重视学校中党员发展工作，以加强党在学校的思想与组织领导；四、新区农村要结合土改复查和民主建政做好整党建党与吸收新党员的工作。

【中共中央关于处理农村中富农成分的党员的党籍问题的新规定】（1952年6月9日） 中共中央1952年6月9日作出。1992年收入中央文献出版社出版的《建国以来重要文献选编》第三册。《规定》指出，关于处理农村中富农成分的党员的党籍问题，1949年7月中央组织部复东北局组织部的电中“暂保留其党籍”的规定，已不适用，应即作废，并作出新的规定。对于阻碍或破坏劳动互助生产合作的富农成分的党员，必须严肃处理。在处理农村中富农成分党员党籍时，应说明共产党员不准许剥削他人，不准许党员去做富农。如不愿放弃剥削行为，继续进行富农的或其他方式的剥削，则应无条件地开除其党籍。对于富农家庭出身、不直接参与剥削行为的党员，只要能坚持党的立场，划清与剥削者家庭的界限，则其本人的党籍不应受家庭成分的影响。

【中共中央关于争取胜利结束“三反”运动中的若干问题的指示】（1952年6月15日） 中共中央1952年6月15日发出。1992年收入中央文献出版社出版的《建国以来重要文献选编》第三册。《指示》指出，结束“三反”运动，必须做好正确定案和适当处理的工作，切实做好建设阶段的各项工作。要求定案工作采取实事求是、不怕麻烦、坚持到底、不枉不纵的方针。赃款赃物原则上应予追缴，但必须根据贪污分子不同情况，分别处理，不得穷追乱追。处分及量刑必须遵守“少数从严、多数从宽”的原则。市节约检查委员会有领导地传讯有关工商户，对于甄别定案有极大作用。建设阶段工作的要求是，系统地批判资产阶级的思想，划清资产阶级与工人阶级的思想界限，改进“三反”运动中所发现的工作中的各种缺点，从思想上、组织上、制度上巩固“三反”运动成果。建设阶段一般应解决的问题是，国家工作人员交代与资产阶级的关系，批判资产阶级思想，适当地结合整党，系统地进行组织建设和制度建设。

【中共中央关于目前开展增产节约运动中应注意的问题的指示】（1952年7月8日） 中共中央1952年7月8日发出。1992年收入中央文献出版社出版的《建国以来重要文献选编》第三册。《指示》说，中央同意华东、东北和华北局关于城市工作的方针以及增产节约运动的部署和意见。并提出增产节约运动应注意两点：一、不仅要制定和完成增产节约计划，而且要改进劳动组织和提高技术，结束将旧企业转变为新企业的改造过程，掌握成套的新的经营管理经验，迎接即将到来的大规模经济建设任务；二、在私营企业中，建立正常的劳资关系，团结资方，及时转入生产，在劳资两利的政策下，制定爱国增产节约计划，并动员劳资双方为完成计划而努力。

【中共中央关于进行司法改革工作应注意的几个问题的指示】（1952年8月30日） 中共中央1952年8月30日发出。1992年收入中央文献出版社出版的《建国以来重要文献选编》第三册。《指示》指出，各级人民法院机构的改造和反对旧法观点是相互联系的，应将两者结合进行。这次司法改革运动必须是从清算旧法观点入手，最后达到组织整顿的目的。法院的改革不宜用改造一般旧人员的办法来逐步地改进和提高，而必须采取一些必要的组织办法，以彻底改变各级人民法院的组织成分。对于法院中罪行重大且有民愤的坏分子，还须给以刑事处分，以严肃法纪，教育干部和群众。但在组织处理中，必须严防草率从事，轻易开除的毛病，以免造成新的失业或难于转业安插。现在司法机关的旧人员，原则上由司法部门尽可能地留用，将原任审检工作的调做技术性工作，将不宜做重要工作的调做次要工作。不能留在司法部门的，经由当地党政领导机关审查，或分配其他工作，或给以劳动就业机会，或资送还乡生产。各地还应利用这次机会，把大学政法院系的教授组织到司法改革运动中来，帮助他们进行思想改造。对不能继续担任政法教授的须妥善安置。同时选拔适当的教师加强政法教育工作。

【中共中央关于培养高等、中等学校马克思列宁主义理论师资的指示】（1952年9月1日） 中共中央1952年9月1日发出。1992年收入中央文献出版社出版的《建国以来重要文献选编》第三册。《指示》指出，全国高、中等学校极需马克思列宁主义思想建设，而提高政治理论课的教学水平则是中心环节；要在中国人民大学创设马克思列宁主义研究班，加紧培养政治理论师资；要求选拔高等学校助教或在校优秀党团员学生定向培养成政治理论师资；在新师资尚待培养的“青黄不接”时期，需大力动员党委、政府、群众团体中政治理论水平较高的干部兼课；中共中央责成各中央局，华北局和中央教育部党组在规定时间上报政治理论师资计划和政治教师培养计划。

【中共中央转发中央教育部党组《关于在高等学校试行政治工作制度的报告》】（1952年9月2日） 中共中央1952年9月2日发出。1992年收入中央文献出版社出版的《建国以来重要文献选编》第三册。批文转发了中央教育部党组提出的《关于在高等学校试行政治工作制度的报告》，要求各中央局、分局在1952年下半年选择若干所具备条件的学校进行重点实验，无条件的暂缓实行。报告就在高校中建立政治工作制度，设立政治工作机构——政治辅导处进行了说明，并提出了具体要求。

【中共中央关于推行速成识字法开展扫除文盲运动的指示】（1952年9月13日） 中共中央1952年9月13日发出。2013年收入人民出版社出版的《中共中央文件选集（1949年10月—1966年5月）》第九册。《指示》共十项：一、各地党委应将推行祁建华速成识字法，开展扫盲运动，作为一项迫切和重大的政治任务，来领导这一具有伟大历史意义的运动，以期在今后五年至十年内达到扫除全国文盲的目的。二、扫除一个文盲，首先要使不识字者识字，然后求其巩固。各地应对事先并无充分准备，立即全面铺开的做法加以控制和纠正，务求扫盲效果确实而巩固。三、今年应集中力量，为明年开始的全国扫盲运动做好各项准备工作。四、从今冬明春开始，各地即可有重点地着手进行较大规模的识字运动。五、各地各部门必须拨出一定的时间，集中力量，采取各种方式对扫盲实行突击。六、为了有效地领导扫盲运动，从中央到县均设立扫除文盲委员会。此外，还应组织各级扫除文盲协会，各级党委和政府须派得力同志去主持。七、组织与训练大量师资和干部，是开展扫盲运动的关键之一。应从城市中动员大批扫盲教师下乡工作，并广泛地宣传和动员一切具有文化知识的人参加扫盲工作。八、教材、读物与教学工具的大量供应，是扫盲运动的重要条件。有关部门必须及早编印制发。九、扫盲运动的经费除由群众自愿负担一部分外，国家应拨出专款作为必要的开支之用。十、各地党委接到此指示后，应立即召集有关方面负责人，讨论与制定今年与今后五年的扫盲计划，并将计划于10月中旬报告中央。

【中共中央关于进行反细菌战宣传的指示】（1952年9月13日） 中共中央1952年9月13日发出。2013年收入人民出版社出版的《中共中央文件选集（1949年10月—1966年5月）》第九册。《指示》指出，根据世界和平理事会奥斯陆会议决议组成的“调查在朝鲜和中国的细菌战事实国际科学委员会”，经过两个多月的调查，已于8月30日结束工作。该委员会写成的调查报告书，根据充分的科学论据，确认美国对中朝人民进行细菌战的事实。这个报告书共4万字，连附件约30万字。中央决定从本月15日开始发表有关该委员会调查工作的报道、评论和报告书全文。《指示》指出，这个报告书，以其公正的客观的科学的调查结果，足以说服西方的科学家，并进而说服西方的普通人民，对于动员全世界人民反对美国的细菌战将起极大的作用。随着这个报告书的发表，必将在全世界形成一个声势浩大的反细菌战运动。因此，对于国际科学委员会的工作及其报告书，我们必须采取大张旗鼓的、着重对外的、力求影响广泛的宣传方针。中央决定自本月15日起至25日止10天内，在全国报刊上大张旗鼓地进行反细菌战宣传。《指示》还就反细菌战的宣传工作作出了安排，并提出了宣传中应注意的事项和具体要求。

【中共中央批转中央教育部党组关于大中小学教育和扫盲运动等问题的报告】（1952年10月17日） 中共中央1952年10月17日发出。1992年收入中央文献出版社出版的《建国以来重要文献选编》第三册。批文说：中央同意教育部党组在报告中关于中小学和扫盲运动的方针和计划，希望各地党委和宣传部仔细研究，指导和监督下级党委和政府文教部门贯彻执行。批文指出，今后党领导文教方面的任务很重，如果没有党的严格监督、没有一个切实负起责任的比较健全的政府文教机构，那将是毫无保证的。教育和经济建设计划密切相关，教育计划不能准确完成，将大大影响经济建设，所以立即加强宣教部门是很重要的。附件一：《中央教育部党组六七月份的综合报告》；附件二：《中央教育部党组关于中小学教育行政会议的报告》。

【关于中国怎样从现在逐步过渡到社会主义去的问题】（1952年10月20日） 刘少奇率领中共代表团出席苏共第十九次代表大会期间，受毛泽东委托于1952年10月20日写给斯大林的一封信的第一部分。1992年收入中央文献出版社出版的《建国以来重要文献选编》第三册。该信介绍了中国向社会主义过渡的设想，即：争取与多数资本家合作，逐步缩小私营经济比重，最终将私营工商企业全部收归国家经营；在农村中发展互助合作组织，将农民组织在农业生产合作社和集体农场内，实现农业经济集体化；帮助小手工业者组织生产合作社，鼓励手工作坊联合起来采用机器生产。该信还指出：这些问题还没有在中共中央的会议上讨论过，还只是若干同志的一种设想并在非正式的谈话中谈论过。

【中共中央关于对待佛教等四个问题给西藏工委的指示】（1952年10月26日） 中共中央1952年10月26日发出。2013年收入人民出版社出版的《中共中央文件选集（1949年10月—1966年5月）》第十册。《指示》共四项。一、在西藏地区及其他藏族地区，佛教问题是各阶层深切关心的问题。其上层人物对“发展佛教”尤为重视。因此，必须坚决遵守和执行尊重宗教信仰自由和保护宗教政策，对纯属宗教范围内的事情，不要做任何行政的干涉。二、对“亲帝国主义的反动力量”仍须采取有所区别的分化政策，实际打击的只能是个别的、罪恶重大的并已陷于孤立的分子。三、办小学和训练藏族干部，也必须采取慎重稳进的方针，必须依据自愿原则并在取得上层同意的条件下才进行，并要尽量采用由适当上层人物出面办理的方式。四、在一个时期中，紧缩机构是必要的。中央提议西藏工委从地方工作机构中抽调干部，集中起来学习，主要学习藏文藏语，研究西藏的历史社会情况，学习《毛泽东选集》，以便将来时机成熟时去进行各种地方工作。要向同志们解释，这是长期打算的重要措施。

【中共中央关于建立农村工作部的决定】（1952年11月12日） 中共中央1952年11月12日作出。1992年收入中央文献出版社出版的《建国以来重要文献选编》第三册。《决定》提出在省委及省委以上的党的委员会中建立农村工作部，以便于在工作重心转移到城市的情况下不减弱对农村工作的领导。指出各级党委农村工作部的中心任务是组织与领导广大农民的互助合作运动，逐步引导农民走向集体化的道路。并对农村工作部的具体任务和内部机构设置作出详细规定。

【中共中央关于调整商业的指示】（1952年11月12日） 中共中央1952年11月12日发出。1992年收入中央文献出版社出版的《建国以来重要文献选编》第三册。《指示》指出，1952年入秋以来，国内工商业日见活跃。公私主要工业产品比1951年同期都有增加。但公私商业经营的比重有显著的变化，私营商业比重下降，有些地方公私关系紧张。中央分析了私营商业营业额下降的原因，认为与商业政策上的缺点和错误有一定关系，并从三个方面指出缺点错误的表现，决定立即对公私商业的关系认真地进行一次全国范围的调整。《指示》从价格、公私商业经营范围、畅通城乡交流、禁止垄断等方面阐述了调整商业的办法。指出，取消对私营商业各种不适当的限制，给正当私商以经营的可能，但也必须组织对私商进行必要的管理，以防止私商的投机倒把。

【中共中央关于农业税收问题的指示】（1952年11月12日） 中共中央1952年11月12日发出。1992年收入中央文献出版社出版的《建国以来重要文献选编》第三册。《指示》指出，1951年的农业税征收工作是有成绩的，但个别地区不合理地超过原计划控制数字甚多，使农民负担较前加重，引起农民不满，这是值得注意的。《指示》分析了产生这一现象的原因，提出1952年农业税收，必须坚决贯彻执行中央确定的“查田定产、依率计征、依法减免、决不附加”的基本方针，既应满足国家需要，又要使农民负担得适当和公平合理。1952年农业税征收计划控制数字为320亿斤小米到330亿斤小米，各地应根据不同情况及实际负担能力，依照规定税率，协商分配任务。各大行政区可酌量增加计划控制数字，但必须规定各乡增加部分最多不得超过中央计划控制数字总额分配到乡的5%。征收时必须依照税率办事，坚决贯彻依法减免的原则，不允许任意附加及摊派。

【中央人民政府关于改变大行政区人民政府（军政委员会）机构与任务的决定】（1952年11月15日） 中央人民政府委员会

第十九次会议1952年11月15日通过。1992年收入中央文献出版社出版的《建国以来重要文献选编》第三册。《决定》指出：为适应大规模、有计划的经济和文化建设的新形势和新任务，决定集中并统一中央人民政府对各项工作的领导，强化省、市级人民政府的责任，大行政区人民政府或军政委员会一律改为行政委员会，是代表中央人民政府在各地进行领导与监督地方政府的机关，人事任免由政务院提请中央人民政府任免；原所属大行政区人民政府或军政委员会的政治法律、财政经济、文化教育、人民监察四个分委员会和办公厅的机构仍然保留，名称相应改变；原所属各委员会、其下所设各部的名称、级别或隶属关系也作相应调整，大行政区最高人民法院分院和最高人民检察署分署的组织及隶属关系不变。

【中共中央关于贯彻婚姻法的指示】（1952年11月26日）　中共中央1952年11月26日发出。2013年收入人民出版社出版的《中共中央文件选集（1949年10月—1966年5月）》第十册。《指示》指出，中央人民政府1950年5月公布《婚姻法》以来，各地执行《婚姻法》的情况，一般还是不能令人满意的。要求在全国范围内（少数民族地区除外），开展一个大规模的宣传《婚姻法》和检查《婚姻法》执行情况的群众运动。《指示》还就树立对《婚姻法》的正确认识、婚姻制度改革的性质及方法、宣传贯彻《婚姻法》的时间和工作步骤、贯彻《婚姻法》的准备工作、婚姻案件的处理、正确办理婚姻登记工作等问题，提出了明确的要求。

【中共中央关于制订五年建设计划应重视少数民族地区建设的指示】（1952年12月7日）　中共中央1952年12月7日发出。1992年收入中央文献出版社出版的《建国以来重要文献选编》第三册。《指示》指出，如何将少数民族地区政权、经济、文教建设以及其他民族事务列入五年计划，是各级党委和人民政府必须注意的问题。中央就此提出若干原则性意见，涉及少数民族地区发展的任务、发展的重点、少数民族干部培训等六个方面，用以指导从中央政府各部门到各地方以及少数民族自治区的计划编制工作。强调既要照顾少数民族的愿望要求，又不能脱离现实条件，注意把握计划的伸缩性。

【中共中央关于编制一九五三年计划及五年建设计划纲要的指示】（1952年12月22日）　中共中央1952年12月22日发出。1992年收入中央文献出版社出版的《建国以来重要文献选编》第三册。《指示》指出：国家大规模经济建设已经开始，为集中全国人力财力，避免盲目性，必须加强建设的计划和指导。《指示》就计划编制中应注意的若干问题，作出六项规定：一、在抗美援朝环境下进行国家建设，必须遵循中央“边打、边稳、边建”的方针；二、必须以发展重工业为重点；三、必须充分发挥现有企业的潜力，反对保守主义；四、必须以科学的态度从事计划工作，使之正确反映客观经济发展的法则；五、吸收群众特别是各部门中先进人物参加讨论是必须采取的方法；六、为了克服困难，按期完成任务，必须首长负责，亲自动手。

【中共中央关于反对官僚主义、反对命令主义、反对违法乱纪的指示】（1953年1月5日） 中共中央1953年1月5日发出。1993年收入中央文献出版社出版的《建国以来重要文献选编》第四册。《指示》肯定了山东分局纪检委员会《关于反对官僚主义、反对命令主义、反对违法乱纪的意见的报告》，认为山东这样集中地暴露党政组织中极端严重危害人民群众的坏人坏事，并提出解决意见的做法，是完全必要的。这个问题不但是山东的，而且是全国的。要求结合整党建党及其他工作，从处理人民来信入手，检查一次官僚主义、命令主义和违法乱纪分子的情况，并向他们展开坚决的斗争。《指示》指出，官僚主义和命令主义在我们党和政府将是一个长期需要解决的问题，如果我们加强领导，改进领导方法，则混在我们党政组织中的许多坏人坏事就会早日清除。《指示》要求，凡典型的事例，要在报纸广为揭发，违法情形严重者必须法律制裁，党员必须执行党纪。

【中共中央关于加强小学教师政治思想教育的指示】（1953年2月2日） 中共中央1953年2月2日发出。2013年收入人民出版社出版的《中共中央文件选集（1949年10月—1966年5月）》第十一册。《指示》指出：为了配合国家各项建设的需要，必须把小学办好。其中最迫切需要解决的问题是加强对小学教师的政治思想教育，提高他们的政治觉悟。中央确定以县、市为单位组织小学教师联合会。联合会的任务是：组织教师的政治学习以及文化、业务进修，搜集和反映教师的工作情况和意见，并注意解决教师教学工作中的困难和生活福利等问题。今后小学教师的思想改造工作，采取由教师联合会（或教育行政部门和教育工会）召开小学教师代表会议等办法，进行长期的教育改造。小学教师代表会议一般以县、市为单位召集之，也可几县联合召开。每四个月到半年举行一次，会期不超过十天。代表由教师推派，轮流担任。每次参加会议的代表人数应占各县、市小学教师总数的20%—30%。会前应搜集研究教师工作、思想情况，确定每次会议的中心内容，着重解决一两个主要的思想问题。会议结束时由负责同志作总结报告。代表回去后要进行传达，并组织教师群众讨论，以扩大会议影响。《指示》强调：为了克服对小学教师进行工作的混乱现象，必须加强党的统一领导，凡属带方针政策性的重大问题，均须经党委（宣传部门）统一讨论决定，由教育行政部门、小学教师联合会或教育工会分工负责执行。

【中共中央关于建立计划机构的通知】（1953年2月13日） 中共中央1953年2月13日发出。1993年收入中央文献出版社出版的《建国以来重要文献选编》第四册。《通知》要求，中央一级各国民经济部门和文教部门要加强计划工作，建立基层企业和基层工作部门的计划机构。各大区行政委员会和各省、市人民政府的财经委员会在国家计划委员会指导下开展计划工作。各省、市的财经委员会要按照国家计划委员会与省、市党委及人民政府指示，综合编制经济、文化事业的年度计划和长期计划，以及物资和劳动平衡计划；要经常检查计划执行情况，发现和研究国民经济中的各种问题，总结先进经验。各大区的财委负责汇总省、市报送的各种计划，并组织地区的物资和劳动平衡工作。各大区行政委员会和各省、市人民政府，应由财委主任或副主任专门负责领导计划工作，同时建立受同级财委及上级计划机关双重领导的专门机构。中央一级各国民经济部门和文教部门所编计划，除直接报送主管上级外，同时应将计划副本抄送有关大区、省、市的计划工作部门，以便编制地区的物资、劳动平衡计划。要建立和健全统计机构，统计部门受同级财委指导，向计划部门报送统计资料。

【中共中央关于反官僚主义、反命令主义、反违法乱纪斗争中有关问题的指示】（1953年3月4日） 中共中央1953年3月4日发出。2013年收入人民出版社出版的《中共中央文件选集（1949年10月—1966年5月）》第十一册。《指示》共四项内容：一、各民主党派、各宗教团体、工商业联合会及协商机关，在学习人民政协全国委员会第四次会议文件时，应联系到学习反官僚主义、命令主义和违法乱纪，但不要在他们中间进行反官僚主义、反命令主义的斗争。二、在一切应当进行反对官僚主义、命令主义和违法乱纪的国家机关和人民团体中，对于高级民主人士不要提出要求，更不要检查他们；有自愿自我检讨者，可适当交换意见予以帮助。三、少数民族地区视不同发展情况予以区别对待。四、进入少数民族地区的汉族干部首先是党的干部中，必须严格地检查官僚主义、命令主义和违法乱纪，此种检查，必须与民族政策的执行情况紧密地结合起来进行。

【中共中央关于目前在少数民族中不要进行贯彻婚姻法运动的指示】（1953年3月4日） 中共中央1953年3月4日发出。2013年收入人民出版社出版的《中共中央文件选集（1949年10月—1966年5月）》第十一册。《指示》指出，在目前情况下，一切少数民族人民中，不论是聚居、杂居、散居，都不要进行贯彻《婚姻法》运动。少数民族青年积极分子可能受汉族贯彻《婚姻法》的影响而发生自发的行动，当地党组织必须事先交代清楚，并加以控制。个别先进自治区，如条件确已成熟，广大干部群众都要求进行而可以进行者，须报经中央局审核，并报请中央批示。

【中共中央对各大区缩减农业增产和互助合作发展的五年计划数字的指示】（1953年3月8日） 中共中央1953年3月8日发出。1993年收入中央文献出版社出版的《建国以来重要文献选编》第四册。《指示》指出，根据苏联经验和华北等地出现的情况，中央初步考虑将1953年计划和“一五”计划中涉及的农业增产和互助合作发展两个指标进行适当压缩。其中，农业五年计划增产数字缩减到以1952年实产量为基数的30%；互助合作发展，五年内组织起来的农户，老区控制在占农村总户数的80%左右，新区控制在70%左右。各大区也应根据当地的具体情况，对这两个指标进行调整。

【中共中央关于加强中央人民政府系统各部门向中央请示报告制度及加强中央对于政府工作领导的决定（草案）】（1953年3月10日） 中共中央1953年3月10日作出。1993年收入中央文献出版社出版的《建国以来重要文献选编》第四册。《草案》共四部分内容：一、《草案》提出，为避免政府工作脱离党中央领导的危险，今后政府工作中一切主要的和重要的方针、政策、计划和重大事项，必须经过党中央的讨论、决定或批准。二、必须加强政府各部门的党组工作，并直接接受党中央的领导。三、今后政务院各委和其他政府部门一切主要的和重要的工作均应向中央直接请示报告。四、今后应将政府各部门工作有计划地提请中央讨论，以便加强中央对政府工作的领导。《草案》还就汇报请示的程序作了翔实的说明。

【中共中央关于税收工作的指示】（1953年3月10日） 中共中央1953年3月10日发出。2013年收入人民出版社出版的《中共中央文件选集（1949年10月—1966年5月）》第十一册。《指示》指出，中央财政部召开了一次由各大区及主要城市税务局长参加的会议，解决了不少的问题。中央将中央财政部的报告转发各级党委包括大中小城市市委，要求各地详加研究，并确实督促、指导、检查所属税务人员照办。《指示》指出，三年来的税收工作有很大成绩，但仍存在着严重的缺点和错误，其中最主要的是不进行调查研究，对税源不摸底，主观主义地摊派任务，因而发生偏高偏低的现象。要求各地遵照财政部报告规定的精神，按实际情况，依率计征。在各种社会改革运动结束之后，党的领导应及时转向领导财经工作，抓好税收政策。中央财经主管机关亦应经常对税务人员进行政策教育。

【中共中央同意中南局《关于纠正试办农业生产合作社中急躁倾向的报告》】（1953年3月14日） 中共中央1953年3月14日作出。1993年收入中央文献出版社出版的《建国以来重要文献选编》第四册。文件指出：在刚刚结束土改的地区，应把贯彻各项社会政策和经济政策作为工作的重点，帮助农民组织临时性互助组以克服生产上的困难，但不宜过早过多地举办农业生产合作社；农业生产合作社的试办，要在发展较好的常年互助组的基础上进行，注意加强已有合作社的巩固工作，防止出现急躁冒进倾向。

【中国共产党中央委员会关于春耕生产给各级党委的指示】（1953年3月16日） 中共中央1953年3月16日发出。发表于1953年3月26日《人民日报》。1993年收入中央文献出版社出版的《建国以来重要文献选编》第四册。《指示》指出，要重视农业生产，把春耕生产作为农村工作的中心；要纠正农业生产互助合作运动中的急躁冒进倾向，发挥农民的生产积极性；要组织好农业贷款的发放和农村商品的供销，保证春耕生产的需要；要注意防止自然灾害，加强农业技术推广；要注意发挥国营农场的示范作用；与农村工作相关的各级领导干部，要加强农业政策和农业基本技术的学习。

【中共中央关于批判大汉族主义思想的指示】（1953年3月16日）　中共中央1953年3月16日发出。1993年收入中央文献出版社出版的《建国以来重要文献选编》第四册。《指示》肯定中南行政委员会派访问团访问河南之举，“效果很好，政治影响很大”。对于发现的严重问题，责成河南省委根据中央的民族政策认真地加以研究和处理，经过和结果须向中央报告。《指示》要求中央局、分局和各省、市委负责同志前往少数民族地区访问，认真调查研究，帮助当地党政组织发现问题和解决问题。《指示》强调指出，在许多地方的党内和人民中，在民族关系上存在的问题，并不是什么大汉族主义的残余的问题，而是严重的大汉族主义的问题。共产党人绝不容忍此种情形。必须深刻批判党内很多党员和干部心中存在的严重的大汉族主义思想，通过学习民族政策和认真的教育逐步地解决该问题。

【中共中央关于布置农村工作应照顾小农经济特点的指示】（1953年3月17日）　中共中央1953年3月17日发出。1993年收入中央文献出版社出版的《建国以来重要文献选编》第四册。《指示》指出，各地在农业生产工作中存在许多突出的严重的强迫命令错误，并屡禁屡犯，究其原因主要是党政机关对小农经济的私有性和分散性等本质特点认识不足，所以在布置任务时忽略了工作对象的特点，工作想法很难为群众接受。有利于群众的生产改革未经群众自己亲身体察与经验，就急于推广，结果势必形成强迫命令，好事变为坏事。《指示》要求各级党委要照顾到小农经济的特点，多强调自下而上，深入农民，要把握好这个原则。后附《中共聊城地委关于“高唐县区干部脱离群众行为”检查情况向分局的报告》。

【中共中央关于解决区乡工作中“五多”问题的指示】（1953年3月19日）　中共中央1953年3月19日发出。1993年收入中央文献出版社出版的《建国以来重要文献选编》第四册。《指示》指出：西北局检查组关于区乡工作中“五多”问题的报告，“写的很好”。认为报告集中反映了党政组织在农村工作中某些严重脱离群众，损害农民利益的“五多”（任务多，会议集训多，公文报告表册多，组织多，积极分子兼职多）问题。要求县以上各级党委对此加以规范。从中央到地方的各级有关部门拿出相关的制度和办法迅速加以清理。《指示》指出，农业生产是农村中压倒一切的工作，凡是妨碍农民进行生产的所谓工作任务和工作方法都必须避免。同时批评了对农民干涉过多的错误思想。

【中共中央关于如何在县、区、乡进行“新三反”问题的指示】（1953年3月25日）　中共中央1953年3月25日发出。2013年收入人民出版社出版的《中共中央文件选集（1949年10月—1966年5月）》第十一册。《指示》要求各地参照山东省胶州专区所辖各县的经验，推动反对官僚主义、反对命令主义、反对违法乱纪的“新三反”运动的开展。胶州专区各县的经验主要包括：召开全县干部会议，在总结和部署工作的同时展开“新三反”运动；县委带头作自我批评，由此带动全县干部广泛开展批评和自我批评，查找工作中的问题；认真贯彻整风精神，以团结教育为主，对好的典型进行表扬，对极少数坏的典型进行详细调查并作专案处理。

【中共中央关于在中央一级机关中具体执行《中共中央关于开展反对官僚主义、反对命令主义、反对违法乱纪的指示》的决定】（1953年3月28日） 中共中央1953年3月28日作出。1993年收入中央文献出版社出版的《建国以来重要文献选编》第四册。《决定》共五项内容：一、党和国家的中央机关落实中共中央关于开展反对官僚主义、反对命令主义、反对违法乱纪有关指示的过程中，应以反对官僚主义为重点。二、主要方法是在检查工作的同时，认真开展批评和自我批评，并提出检查工作中应特别注意的问题。三、要注意区分不同性质的问题，对犯错误的干部采取批评、教育的方式，帮助其纠正错误。四、要认真执行统战政策，不对民主人士进行公开的批判。五、要加强对运动的领导，落实各部门党组织和负责党员的领导责任。

【中共中央关于应当重视手工业的指示】（1953年3月31日） 中共中央1953年3月31日发出。1993年收入中央文献出版社出版的《建国以来重要文献选编》第四册。《指示》认为湖北省委注意维持手工业经济，并由省政府召开手工业者代表会议的做法很好，可供各省仿照和参考。《指示》指出，手工业在国民经济中占很大比重，在一个很长时期内是不可缺少的一种经济形式；要注意划清手工业中存在着的劳资、雇佣和师徒关系；对待手工业者应采取十分慎重的态度，引导他们纳入国家计划轨道。《指示》要求党的农村工作部将手工业工作作为一种业务，推动政府有关部门解决这方面的问题。后附《湖北省关于贯彻手工业代表会议的指示》。

【中共中央关于加强中医工作的指示（草案）】（1953年4月4日） 中共中央1953年4月4日发出。2013年收入人民出版社出版的《中共中央文件选集（1949年10月—1966年5月）》第十二册。《指示（草案）》指出：中医有几千年的经验积累，是我们民族的一种宝贵遗产，应该有批判地接受这一部分文化遗产，去其糟粕，存其精华，把它的合理的部分增加到医学科学中去，更好地为预防疾病、治疗疾病，增进人民健康服务。必须把团结中、西医的方针明确起来，贯彻下去。现在即须采取以下措施：一、大区和省、县分别召开中医中药代表会议，号召他们为人民服务，并解决他们的困难问题。二、大区以下成立中医协会。三、卫生行政部门内应有专管中医的工作机构和干部。各级卫生行政部门均应吸收一定数量的适当的中医参加。四、县以上的人民代表会议和协商委员会中应吸收个别中医界代表人物参加。五、不应把中医生当作资本家看待，应把他们当作劳动人民看待。除中药铺应照章缴纳营业税、所得税外，对医生所得的诊疗费不应征收营业税。六、发展药材交流，扶植药材商恢复业务经营。七、加强并奖励对中医的科学整理工作，鼓舞中西医合作研究的精神。

【中共中央关于民兵建设工作中的几点指示】（1953年4月14日） 中共中央1953年4月14日发出。2013年收入人民出版社出版的《中共中央文件选集（1949年10月—1966年5月）》第十二册。《指示》共四项内容：一、民兵建设工作必须由各级地方党委切实掌握起来，不能只交由军事系统去单独管理。二、制定人民武装的工作计划和规定领导方法时，必须照顾民兵的特点。三、保持民兵和人民群众之间的密切联系，是民兵的起码要求，也是做好民兵工作的根本条件。四、目前正值春耕农忙季节，为免妨碍春耕，民兵制试点工作与普遍民兵制宣传即行停止。

【中国共产党中央委员会关于一九五三——一九五四年干部理论教育的指示】（1953年4月23日） 中共中央1953年4月23日发出。1993年收入中央文献出版社出版的《建国以来重要文献选编》第四册。《指示》指出：全党干部理论学习的目的，是为了适应全党进入经济建设时期的需要。要求了解苏联实现国家工业化、农业合作化和完成社会主义建设的基本规律，以便在我国经济建设中根据我国具体情况，正确地利用苏联的经验。《指示》就学习的组织、内容、时间、阅读文件、学习计划、理论教员、编级和学习计划的适用范围等作了原则性规定。

【中共中央关于在学校中开展反官僚主义、反命令主义、反违法乱纪斗争应有限制的规定】（1953年4月25日） 中共中央1953年4月25日作出。2013年收入人民出版社出版的《中共中央文件选集（1949年10月—1966年5月）》第十二册。《规定》指出，由于学校和一般行政机关的情况不同，不宜把行政机关反官僚主义的办法用到学校中去。《规定》要求：文教系统的反官僚主义斗争，应只在各级文教行政部门内进行，各级学校在学期当中一律不开展此种斗争，以免影响教学工作的正常进行和避免可能发生的混乱现象；中等以上学校在今年暑假期内可抽出五天至七天时间，总结学校工作，开展批评与自我批评，克服官僚主义及其他错误的工作作风，以求加强团结，改进工作，提高教学质量；各级党委宣传部门和政府教育行政部门，应注意领导暑假期间的工作检查，有重点地主动抽查部分情况最严重或地位最重要的学校，及时解决学校中存在的问题；各级学校均不得在学生中进行“新三反”。

【中共中央关于纠正“技术一边倒”口号提法错误的指示】（1953年4月26日） 中共中央1953年4月26日发出。1993年收入中央文献出版社出版的《建国以来重要文献选编》第四册。《指示》要求用“学习苏联先进的科学和技术”代替“技术一边倒”的口号。《指示》指出，技术问题没有阶级和阵营的分别，技术本身能够同样地为各个阶级和各种制度服务。提倡学习苏联的先进科学和技术，是因为苏联的科学和技术在广大范围内已达到世界上最高的水平，苏联的科学和技术的应用能够充分顾及社会主义国家财政经济的全面利益和工人的安全，同时也因为在世界上只有苏联和各人民民主国家才能无私地对我们进行技术上的援助。学习苏联的先进科学和技术，并不排斥吸收资本主义国家中技术上对我们有用的东西。此外，“单纯生产观点”“单纯技术观点”等说法，也容易使人产生误解。要善于找出正确的定型的言语来表达一定的思想，不要在领导性的工作中随意造出不正确、不明确的言语。

【中共中央关于加强对中央人民政府财政经济部门工作领导的决定】（1953年4月28日） 中共中央1953年4月28日通过。1993年收入中央文献出版社出版的《建国以来重要文献选编》第四册。《决定》指出：完成1953年国家建设计划，成为压倒一切的中心任务，为此，进一步加强中央对财政经济工作以及中央人民政府各财政经济部门的领导十分必要。中央为此作出四项决定。其主要内容是：鉴于工作重点转移，财委领导任务日益繁重，对中央人民政府所属各财政经济部门的领导隶属关系暂作调整，以利大规模经济建设工作的进行；为了国家计划委员会能够更好地担负新增加的任务，充实其领导人员和组织；调整领导同志负责的分工范围；规定中央人民政府所属各财政经济部门遵行调整后的领导隶属关系。

【中共中央关于全国高等学校教师政治理论学习的指示】（1953年7月1日） 中共中央1953年7月1日发出。2013年收入人民出版社出版的《中共中央文件选集（1949年10月—1966年5月）》第十三册。《指示》提出要在全国高等学校中建立教师理论学习制度；对学习内容、时间安排，以及各级党组织的领导责任作出了详细规定；要求高等学校教师的理论学习活动必须坚持自愿原则，并允许部分理论水平较高的职员参加；高等学校教师的政治理论学习，分别由学校所在地的市委、省委、中央局、中央分局领导。

【关于朝鲜军事停战的协定】（1953年7月27日） 1953年7月27日在朝鲜板门店签订。发表于1953年7月28日《人民日报》。停战协定共五条六十三款。第一条确定了军事分界线与非军事区，双方各由军事分界线后撤两公里，以便建立非军事区，双方不得在非军事区内进行任何敌对行为；第二条对停火与停战作了具体安排，包括成立军事停战委员会、中立国监察委员会等；第三条是关于战俘的安排；第四条向双方有关政府提出的建议；第五条附则，声明本停战协议的一切规定自1953年7月27日22时起生效。在停战协定上签字的有：中、朝一方的朝鲜人民军最高司令官、朝鲜民主主义人民共和国元帅金日成和中国人民志愿军司令员彭德怀；联合国军一方的联合国军总司令、美国陆军上将马克•克拉克。双方还于当天签订了附件《中立国遣返委员会的职权范围》和《关于停战协定的临时补充协议》。长达三年之久的朝鲜战争宣告停止。

【中共中央关于增加生产、增加收入、厉行节约、紧缩开支、平衡国家预算的紧急指示】（1953年8月28日） 中共中央1953年8月28日发出。2013年收入人民出版社出版的《中共中央文件选集（1949年10月—1966年5月）》第十三册。《紧急指示》指出，由于年初在制定财政预算时把上年已作为银行信贷使用的结余列为本年收入，同时对建设贪多冒进，以致收支相抵，将发生赤字21.5万亿元。加上上半年工业生产计划完成得不好，农业受灾减产，以及国营企业利润未完成计划而使财政困难更加严重。为了纠正上半年财政工作的错误，解决财政赤字的问题，中央号召全党、全国人民通过增加生产，扩大收购和销售，加速资金周转和做好税收工作等来增加收入；厉行节约，紧缩开支，平衡预算，以保证1953年国民经济年度计划的胜利完成。

【中共中央批发中华全国总工会《关于加强资本主义工业中的工会工作的指示》】（1953年9月1日） 中共中央1953年9月1日发出。1993年收入中央文献出版社出版的《建国以来重要文献选编》第四册。批文指出，中央批准了中华全国总工会《关于加强资本主义工业中的工会工作的指示》，要求各级党委和各级工会加以讨论并贯彻执行。同时指出，某些工厂资本家所得超过《指示》中所指出的比例，只要是依靠正当经营而不是依靠五毒或其他不法行为所得，也是可以允许的。资方所得不及此比例的工厂企业要达到此比例，须在向工人说清楚取得工人同意后，方能实行。全国总工会的指示经1953年7月10日中华全国总工会第七届执行委员会主席团第二次全体会议通过。其主要内容是：提出了加强资本主义工业中的工会工作的方针，以及工作中必须注意的六个问题。

【中共中央关于城市建设中几个问题的指示】（1953年9月4日） 中共中央1953年9月4日发出。1993年收入中央文献出版社出版的《建国以来重要文献选编》第四册。《指示》共五项。《指示》认为，随着国家工业建设的开展，工业城市的建设工作已日益迫切和重要。为适应国家工业建设的需要及便于城市建设工作的管理，重要工业城市规划工作必须加紧进行，对于工业建设比重较大的城市更应迅速组织力量，加强城市规划设计工作，争取尽可能迅速地拟订城市总体规划草案。各中央局、分局及有关的市委、市政府必须加强对城市建设的领导，建立和健全大区财委的城市建设局（处）及工业建设比重较大城市的城市建设委员会。后附《中南局对城市建厂工作几项建议的请示》。

【改造资本主义工商业的必经之路】（1953年9月7日） 毛泽东1953年9月7日同民主党派和工商界部分代表谈话的要点。1993年收入中央文献出版社出版的《建国以来重要文献选编》第四册。谈话指出，根据建国以来三年多的经验，已经可以肯定经过国家资本主义完成对私营工商业的社会主义改造，是较健全的方针和办法，国家资本主义是改造资本主义工商业和逐步完成社会主义过渡的必经之路。占有大约380万工人店员的私营工商业，是国家的一项大财富，在国计民生中有很大的作用。私营工商业不仅对国家供给产品，而且可以为国家积累资金，可以为国家训练干部。将全国私营工商业基本上引上国家资本主义轨道至少需要三年至五年的时间，完成整个过渡时期需要几个五年计划的时间。要稳步前进，采取资本家自愿的原则。国营企业的优胜，则是完成这一任务在物质方面的保证。关于国家资本主义企业的利润分配为：所得税34.5%，福利费15%，公积金30%，资方红利20.5%。在当时的条件下，私营工商业基本上是为国计民生服务的（就利润分配上说，约占3/4左右），因此可以而且应当说服工人，和国营企业一样，实行增产节约，劳动竞赛，提高劳动生产率，降低成本，提高数量质量，这样对公私劳资都有利。

【过渡时期的总路线】（1953年9月8日） 周恩来1953年9月8日在中国人民政治协商会议第一届全国委员会第四十九次常务委员会扩大会议上的报告。1993年收入中央文献出版社出版的《建国以来重要文献选编》第四册。报告共三个部分。一、关于过渡时期的总路线。过渡时期的长短，决定于是否基本上完成了国家工业化和社会主义改造。社会主义最基本的就是完成了社会主义改造，取消了生产资料的私人资本主义所有制，农业、手工业集体化。二、关于第一个五年计划。基本任务是：首先集中主要力量发展重工业，发展交通运输业、轻工业、农业和扩大商业；有步骤地促进农业、手工业的合作化和对私营工商业的改造。三、关于社会主义改造和国家资本主义。当前只是逐步过渡中的改造，最后的改造是取消生产资料的私人所有制，把它变成国家所有制或集体所有制。

【中共中央关于改善学校工作及防止发生学生罢课和请愿事件的指示】（1953年9月13日） 中共中央1953年9月13日发出。2013年收入人民出版社出版的《中共中央文件选集（1949年10月—1966年5月）》第十三册。《指示》指出，今年以来，不少地方的中等学校曾发生学潮，这是一个严重现象，各地党委必须认真地予以注意，并防止学潮再起。《指示》在分析了各地学潮发生的原因后指出，各地不断发生学潮，暴露出许多地方党委长期不过问学校工作的严重弱点。为此，中央责成各级党委迅即督促各该级教育行政部门，将自己所管辖的学校进行一次摸底和排队，对情况严重的学校，应采取有效办法加以处理。对故意迫害学生的严重违法乱纪分子，必须分别情况严肃处理。各级党委务须有计划有步骤地配备和充实学校中的领导骨干，加强学校政治工作，并认真实行定期检查所辖地区的学校工作，经常注意了解这些学校的情况，倾听学校教职员工和学生们的呼声，严格纠正对学校工作漠视和不负责任的态度。

【中共中央转发华北局《关于纠正农业生产互助合作运动中急躁冒进倾向后的

情况及当前工作任务向中央的报告》对各级党委的指示】（1953年10月4日）　中共中央1953年10月4日发出。1993年收入中央文献出版社出版的《建国以来重要文献选编》第四册。《指示》要求，各级党委必须对纠正农业互助合作运动偏向的工作进行总结，使广大干部进一步明确工作标准，既防止出现放松引导农民组织起来的自流主义，又要避免急躁冒进的倾向；要把发展和巩固互助组作为农业生产互助合作运动的中心工作，同时继续办好已经建立起来的农业生产合作社。后附《华北局关于纠正农业生产互助合作运动中急躁冒进倾向后的情况及当前工作任务向中央的报告》。

【中共中央批准全国统战工作会议《关于人民代表大会制实行后统一战线组织问题的意见》《关于实行人民代表大会制时安排民主人士的意见》】（1953年10月6日）　中共中央1953年10月6日发出。1993年收入中央文献出版社出版的《建国以来重要文献选编》第四册。中央批文指出，在今后一个相当长的时期内，党的统一战线工作不是可以减弱，而是必须加强的。近几年党在统一战线工作中获得了很大成就，党内对统一战线政策的认识亦有进步。但仍有一部分同志对于党的统一战线工作的必要性和长期性认识不足，对于在过渡时期内教育改造资产阶级、城市上层小资产阶级等的重要性认识不足，对于我党教育改造他们的力量和他们大部分被教育改造的可能性也估计不足。这就会在执行党的统一战线政策中产生盲目冒进、关门主义、敷衍主义或迁就放任的错误。因此，各级党委必须向党内反复讲清统一战线工作的必要性、重要性和长期性。同时，各级党委必须把统一战线工作经常列入工作议程，定期讨论和检查，并应确定统战部门的必要的编制，调派质量较好的干部去充实统战部门，以加强党的统一战线工作。《全国统战工作会议关于人民代表大会制实行后统一战线组织问题的意见》对实现人民代表大会制度后统一战线的作用、组成、地方组织的设立、参加统一战线组织的各个单位的关系等作了规定。《全国统战工作会议关于实行人民代表大会制时安排民主人士的意见》对民主人士的范围，提为人大代表的条件、工作安排等作了说明。

【中共中央关于实行粮食的计划收购与计划供应的决议】（1953年10月16日）　中共中央1953年10月16日作出。1993年收入中央文献出版社出版的《建国以来重要文献选编》第四册。《决议》指出，由于城市和工业的需要逐年增大，人民生活逐年提高，食用量增多，特别是由于粮食自由市场的存在和粮食投机商人的捣乱，使农村中的余粮户，贮存观望，等待高价，不愿迅速出卖粮食，反映到供销上面，则是国家粮食收购计划不能按期完成，粮食销售却远远超出计划，造成供销不平衡，市场紧张；解决的根本办法是在全国范围内采取四项严格的互相关联的统购统销措施，除少数偏僻地区和某些少数民族地区之外，这些措施必须在全国各地同时实行；决议规定了实行计划收购的八项办法和实行粮食市场的严格管理的七项措施，并明确了统购统销实施的时间安排。

【中共中央关于加强党对青年团的领导给各级党委的指示】（1953年10月16日） 中共中央1953年10月16日发出。1993年收入中央文献出版社出版的《建国以来重要文献选编》第四册。《指示》肯定了1949年青年团建立以来取得的成绩；提出在国家逐步实现工业化和社会主义改造，进行有计划的经济建设时期，青年团的主要任务是：动员全体青年团员，站在工业、农业、国防和文化战线的最前列，以对祖国对人民的无限忠诚，积极参加建设祖国的伟大事业，在各种工作岗位上努力学习，努力发挥自己的积极性和创造性，团结全国青年和全国人民一起为完成和超额完成国家工农业生产计划而努力；各级党委对青年团的工作一般是重视的，但也存在各种缺点，必须迅速地加以克服；各级党委必须切实注意加强青年工作，加强对青年团的领导。

【中共中央关于精简行政编制的通知】（1953年11月9日） 中共中央1953年11月9日发出。2013年收入人民出版社出版的《中共中央文件选集（1949年10月—1966年5月）》第十四册。《通知》说，中共中央决定各大行政区党、政、人民团体各级机关除原拟今年增加的16万人概不增加外，应在1953年编制预算的基础上精简编制14.05万人（中央一级机关及全国工会系统、公安系统不包括在内）。《通知》对精简工作步骤、各大行政区精简数目、精简及编余人员的处理作出具体指示。

【过渡时期党的纪律检查工作的任务】（1953年11月11日） 朱德1953年11月11日在中国共产党第二次全国纪律检查工作会议上的报告。1993年收入中央文献出版社出版的《建国以来重要文献选编》第四册。报告指出，党在整个过渡时期的总路线和总任务是规定和执行党的纪律检查工作任务的指针。党在过渡时期的总路线确定以后，通过检查和处理有关在执行党的总路线和总任务中违犯党纪的各种案件，保证总路线的顺利执行，防止并克服一切破坏总路线的行为或倾向，就是纪律检查工作部门执行过渡时期总路线的基本任务。过渡时期党的纪律检查工作的任务分别包括：保护生产，保证国家计划的切实执行；防止并反对资产阶级和资本主义思想对党的腐蚀，进一步巩固和纯洁党的组织；巩固党同群众的联系；保证党的集中统一的领导。只要在实际工作中能够正确地执行这些任务，党的纪律检查工作就能起到保证党在过渡时期总路线的彻底实现的作用。

【中共中央关于统一调配干部，团结、改造原有技术人员及大量培养、训练干部的决定】（1953年11月24日） 中共中央1953年11月24日作出。1993年收入中央文献出版社出版的《建国以来重要文献选编》第四册。《决定》指出，统一调配干部，团结、改造原有技术人员及大量培养、训练干部，以解决工业建设及其他方面迫切需要干部的问题，这是当前党的组织工作的主要任务之一。完成这个任务，对保证贯彻党在过渡时期的总路线、总任务，和保证实现国家建设的第一个五年计划具有头等重要的意义。中央为此决定：一、必须为新建、改建和扩建的厂矿配备足够数量和一定质量的干部，并提出六项选拔干部的具体措施。二、必须认真贯彻党对待技术人员的政策，进一步做好团结、改造原有技术人员的工作。三、必须大量培养、训练新的技术工人和新的技术专家。

【中共中央关于加强干部管理工作的决定】（1953年11月24日）　中共中央1953年11月24日作出。1993年收入中央文献出版社出版的《建国以来重要文献选编》第四册。《决定》指出，由于形势的发展和任务的变化，现行的管理干部的方法已不能完全适合于当前的需要；应逐步建立在中央及各级党委统一领导下，在中央及各级党委的组织部统一管理下的分部分级管理干部的制度；分部管理即按照工作需要，将全体干部划分为九类，在中央及各级党委的组织部的统一管理下，由中央及各级党委的各部分别进行管理；分级管理即在中央及各级党委之间建立分工管理各级干部的制度，凡属担负全国各个方面重要职务的干部均应由中央加以管理，其他干部则由中央局、分局及各级党委分工加以管理。

【中共中央关于审查干部的决定】（1953年11月24日）　中共中央1953年11月24日作出。1993年收入中央文献出版社出版的《建国以来重要文献选编》第四册。《决定》指出，全国解放以后，干部队伍迅速扩大，干部成分较过去任何时期均为复杂。目前在新干部中，历史不清、来历不明分子依然占着相当的数量，甚至还有少数反革命分子隐藏在内部。在老干部中也还有少数未经过审查，或当时认为没有问题而以后又发现了某些问题的；必须在两三年内对全国干部进行一次细致的审查，以便更进一步了解我们的干部，保证国家建设任务的顺利进行。文件对审查干部的目的、范围、方式方法等作出具体规定。

【中共中央关于处理叛变自首分子的规定】（1953年11月24日）　中共中央1953年11月24日作出。2013年收入人民出版社出版的《中共中央文件选集（1949年10月—1966年5月）》第十四册。《规定》共八条：一、凡共产党员向敌人供出党及其他革命组织的秘密者，或帮助敌人破坏党和其他革命组织者，或公开地、秘密地投靠敌人者，或在言论上行动上积极攻击、诬蔑共产党和共产主义，或从事各种反革命活动者，均是叛变分子。对叛变分子应一律开除党籍，对其中有血债或曾使革命遭受严重损失的罪大恶极分子，除开除党籍外，并应交政府依法惩办。对曾有叛变行为而现已恢复党籍或重新入党者，应根据其叛变的情节轻重、罪恶大小、是否对党隐瞒及重新参加工作后的表现分别予以处理。二、凡共产党员向敌人以共产党员或其他革命组织成员的面目认错悔过者，是自首分子。凡自首分子应分别情况给予不同的党纪处分直至开除其党籍。三、凡共产党员在被捕被俘后，在特殊情况下，经上级组织指示，履行出狱手续以获得释放者；或被迫与群众一起，以群众面目自首者；或由家庭、亲朋代为自首而本人不知或抗拒无效者；或在反省院、集中营内消极应付敌人，出狱时仅履行一般手续（如保释书）而无反共悔过表示者；或在入党以前，曾经向敌人履行过某种自首手续、在入党时已向党交代清楚者，均不以自首分子论。四、经过审查，对有自首叛变行为的共产党员的处分，如基本符合上述原则，不予改变。如有不当者，须重新予以处理。五、对自首分子的处理，均须经上两级党委批准。六、凡自首分子不论是否已经重新入党或恢复党籍，均不得令其担负党政机关的主要领导职务或参加机要部门工作，不得派往国外担任党政机关的代表或联络工作。七、对曾经有过叛变自首行为的共产党员，在按照规定进行审查处理之后，仍应予以特殊登记，以便继续加以考察和了解。八、凡过去颁发的有关处理叛变自首分子的文件与此规定有抵触者，一律以本规定为准则。

【中国共产党中央委员会关于发展农业生产合作社的决议】（1953年12月16日） 中共中央1953年12月16日通过。发表于1954年1月9日《人民日报》。1993年收入中央文献出版社出版的《建国以来重要文献选编》第四册。《决议》共十个部分：一、指出中国共产党中央委员会在1951年12月所作的关于农业生产互助合作的决议是正确的，与党领导中国人民逐步过渡到社会主义社会的总路线是一致的。党在农村中工作的最根本的任务就是教育和促进农民群众逐步联合组织起来，迅速实行农业的社会主义改造，并使农民能够逐步摆脱贫困的状况而取得共同富裕和普遍繁荣的生活。由常年互助组到农业生产初级合作社，再到高级的农业生产合作社（也就是集体农庄）是党所指出的对农业逐步实现社会主义改造的道路。二、分析了农业生产互助合作运动日益扩大的形势，指出党对于改造个体的小农经济，发展农业的互助合作，必须采取积极领导的态度，而不能采取消极放任的态度。三、总结了农业合作社的十大优越性和作用，要求提高各地农业合作社的质量。四、发展农业合作化，无论何时何地，都必须根据农民自愿这一个根本的原则。五、办好农业合作社必须抓好的几项工作是：努力增加生产，逐步改善管理，实行合理分配。六、要注意加强发展农业生产合作社的领导，同时必须加强发展各种形式互助组的领导。七、必须适当照顾单干农民生产积极性，发挥单干农民可能的生产潜在力量，帮助他们克服困难，引导他们逐步加入互助合作组织。八、农业生产互助合作、农村供销合作和农村信用合作是农村合作化的三种形式。九、发展互助合作运动以提高农业生产力是今后党领导农村工作的中心。十、党对于互助合作运动的各项工作，对于逐步进行农业的社会主义改造工作，必须积极领导，稳步前进。

【中共中央关于目前政权性质问题的指示】（1953年12月19日） 中共中央1953年12月19日发出。1993年收入中央文献出版社出版的《建国以来重要文献选编》第四册。《指示》指出，关于现阶段我国政权性质问题，中央认为人民民主专政和无产阶级专政本无实质上的区别，但对一般干部这样解释和宣传却是不适宜的，发展这一讨论也是不必要的。从实际上说，现在的政权的统一战线的组成并没有妨碍共产党和工人阶级的领导，没有妨碍社会主义工业化和社会主义改造的事业，因此在相当长的时期内，应当继续保持政权的统一战线性。从理论上说，毛泽东在《新民主主义论》和《论人民民主专政》两书中都已明确说明我们的政权是无产阶级领导下的各革命阶级的联合专政，是工人阶级（经过共产党）领导的以工农联盟为基础的人民民主专政，这个说明对于中国工人阶级在目前和今后一个时期中的领导地位是适合的。《指示》要求各地领导机关停止在广泛的干部中关于人民民主专政实质上就是无产阶级专政的宣传和讨论。

【中共中央关于加强干部文化教育工作的指示】（1953年12月24日）　中共中央1953年12月24日发出。1993年收入中央文献出版社出版的《建国以来重要文献选编》第四册。《指示》指出，大量培养与提拔工农干部，和有计划地提高他们的政治、文化、业务水平，使他们成为各项建设事业中的骨干，乃是贯彻党在过渡时期总路线的一项重大的政治任务和组织任务。各级党委必须十分重视干部的文化教育工作，并加强其领导。《指示》提出十四项具体意见，对干部文化教育事业的目的、对象、教学方针、学习方式方法、编制和经费，领导机构及关于干部业余文化补习学校或文化补习班的学制、课程、教学时间、教师和制度等，都作了较详细的规定。

【和平共处五项原则】（1953年12月31日）　周恩来1953年12月31日同印度政府代表团谈话时的部分内容。1993年收入中央文献出版社出版的《建国以来重要文献选编》第四册。谈话指出，新中国成立后就确立了处理中印两国关系的原则，那就是互相尊重领土主权、互不侵犯、互不干涉内政、平等互惠和和平共处。1954年4月29日，中、印两国在北京签订的《关于中国西藏地方和印度之间的通商和交通协定》中写入了这些原则。1954年6月下旬，周恩来总理访问了印度、缅甸。在中印和中缅会谈联合声明中，中印、中缅共同倡导了和平共处五项原则。此后，和平共处五项原则为世界许多国家所接受，成为处理不同社会和政治制度国家之间相互关系的基本原则。中国在处理同包括社会主义国家在内的一切国家的关系中，一贯坚持和平共处五项原则。

【为动员一切力量把我国建设成为一个伟大的社会主义国家而斗争——关于党在过渡时期总路线的学习和宣传提纲】（1953年12月）　经中共中央批准，中共中央宣传部于1953年12月制发。1993年收入中央文献出版社出版的《建国以来重要文献选编》第四册。《提纲》共五个部分：第一，党在过渡时期的总路线。第二，为国家的社会主义工业化而斗争。第三，逐步实现国家对农业和手工业的社会主义改造。第四，逐步实现国家对资本主义工商业的社会主义改造。第五，加强党的领导，动员全国人民为实现党在过渡时期的总路线而奋斗。《提纲》指出：从中华人民共和国成立，到社会主义改造基本完成是一个过渡时期。党在这个过渡时期的总路线和总任务，是要在相当长的时期内，逐步实现国家的社会主义工业化，并逐步实现国家对农业、对手工业和对资本主义工商业的社会主义改造。这条总路线是照耀我们各项工作的灯塔，各项工作离开它，就要犯右倾或“左”倾的错误。指出我国第一个五年计划的任务就是为社会主义工业化打下稳固的基础，而实现国家的社会主义工业化的中心环节是发展国家的重工业。指出农业实行社会主义改造，必须经过合作化的道路。在实现国家的社会主义工业化和对农业的社会主义改造中，实现国家对粮食和其他重要农产品的计划收购与计划供应具有重大的意义。我国过渡时期的工农联盟必须建立在工人阶级领导农民走社会主义道路的基础之上。《提纲》说明了国家对资本主义工商业的社会主义改造的步骤、方式。国营经济要通过各种形式加强对私营工商业的领导，政府应加强对私营工商业的管理。提出团结一切可以团结和必须团结的力量，为建设我国成为一个伟大的社会主义国家而奋斗。

【中共中央对中央文化部党组《关于目前文化艺术工作状况和今后改进意见的报告》的批示】（1954年1月8日）　中共中央1954年1月8日发出。1993年收入中央文献出版社出版的《建国以来重要文献选编》第五册。《批示》指出，中央认为文化工作日益重要，应引导文艺工作者创作更多更好的文艺作品，通过多种文化娱乐形式丰富群众生活。加强文化事业发展的计划性，正确地使用、选拔和培养文化艺术人才，改进并加强对文化艺术事业的领导。《中央文化部党组关于目前文化艺术工作状况和今后改进意见的报告》总结了全国文化艺术工作的成绩，检查了领导思想、方针政策上的问题，提出了过渡时期文化艺术工作的方针任务，强调加强文化工作的领导，改进领导作风。

【中共中央关于建立与充实各级计划机构的指示】（1954年2月1日）　中共中央1954年2月1日发出。1993年收入中央文献出版社出版的《建国以来重要文献选编》第五册。《指示》要求，中央人民政府所属各国民经济部门和文教部门，县以上各级人民政府，必须建立和健全各级计划机构。《指示》对计划部门的人员组成、主要任务、编制、行政职能都作了明确规定。《指示》强调，各部委党组、各级党委要加强对计划工作的领导，对干部的配备予以重视。各级计划机构应在指定时间前建立。国家计委于1954年制定出各级计划委员会组织条例。

【关于增强党的团结的决议】（1954年2月10日）　中国共产党第七届中央委员会第四次全体会议1954年2月10日根据毛泽东的建议通过。1993年收入中央文献出版社出版的《建国以来重要文献选编》第五册。《决议》共四部分。《决议》强调加强党的团结的重要性，指出党的团结，工人阶级的团结，劳动人民的团结，全国人民的团结，是革命胜利的基本保证，指出党内一部分干部甚至某些高级干部对于团结的重要性认识不足，滋长着一种极端危险的骄傲情绪和夸大个人作用的倾向；认为党的中央委员会和省（市）委员会以上负责同志，以及武装部队的高级负责同志的团结尤其是决定革命胜利的最主要关键。为着增强党的团结，高级干部对党的团结的必要和自身责任的重大都要有很高的自觉，提出党的高级干部应遵守的六条规定，强调党的团结的利益高于一切，要维护党中央的团结和威信，充分发扬民主，广泛开展批评与自我批评；指出党的团结是在马克思列宁主义基础上的团结，在正确的政治原则和正确的组织原则基础上的团结；说明本《决议》以党的中央委员会和省（市）委员会以上负责同志以及武装部队的高级负责同志为主要对象，对于全党广大干部和党员，应由各级党组织根据《决议》精神负责进行关于增强全党团结的教育，保证《决议》在全党的贯彻。

【中共中央对中国科学院党组《关于目前科学院工作的基本情况和今后工作任务给中央的报告》的批示】（1954年3月8日）　中共中央1954年3月8日发出。1993年收入中央文献出版社出版的《建国以来重要文献选编》第五册。《批示》说，中央批准了科学院党组的这份报告。强调科学工作对国家建设的重要意义；团结科学家是党在科学工作的重要政策；大力培养新生的科学研究力量，扩大科学研究工作的队伍，是发展我国科学研究事业的重要环节；科学院是全国科学研究的中心，还必须担负起协助全国科学研究的工作。

【中共中央批转中央农村工作部《关于目前各地建立农业生产合作社情况与问题向中央的报告》】（1954年3月12日）　中共中央1954年3月12日发出。1993年收入中央文献出版社出版的《建国以来重要文献选编》第五册。批文说，中央批转中央农村工作部的报告，请各地党委参酌办理。中央农村工作部的报告汇报了1953年10月全国第三次互助合作会议后，各地筹建农业生产合作社的情况及已经出现的值得注意的问题。认为除一些工作落后的乡村外，在广大地区的确出现了群众互助合作的积极性空前高涨的局面，互助合作运动如领导得当，将出现较大较健全的发展。但也存在部分地区有些领导对群众热情缺乏清醒分析，造成建社工作夹生现象。有些地方则过分强调农业合作社发展计划控制数字而不能正确领导和发扬群众互助合作的积极性。《报告》针对存在的问题提出了解决的办法。同时强调要解决普遍出现的建社与备耕的矛盾。

【中共中央批转华北财委党组《关于努力活跃初级市场、增进城乡物资交流的报告》】（1954年4月12日）　中共中央1954年4月12日发出。1993年收入中央文献出版社出版的《建国以来重要文献选编》第五册。批文认为，农村初级市场在粮食统购统销以前和以后起了一个带根本性的变化，粮食基本上脱离了自由市场。由此引起的如华北报告中所反映的农村初级市场物资交流陷于死滞的状态，尽管程度不同，但带有普遍性。华北财委党组报告中所提出的五项措施是正确的，可供各地参考。《华北财委党组关于努力活跃初级市场、增进城乡物资交流的报告》汇报了初级市场死滞引起来的一系列问题，分析了造成这些问题的原因，提出了活跃初级市场的措施：积极开展粮食调剂；积极恢复副业生产；多方开展推销和收购工作；各级党委加强宣传教育。

【中国人民解放军政治工作条例总则（草案）】（1954年4月15日） 中共中央、中央人民政府人民革命军事委员会1954年4月15日批准颁布。1993年收入中央文献出版社出版的《建国以来重要文献选编》第五册。《总则（草案）》共七条。《总则（草案）》阐明了中国人民解放军的性质、宗旨、光荣传统，强调必须坚决遵循党在过渡时期的总任务；强调中国共产党对军队的绝对领导，中国共产党在中国人民解放军中的政治工作是我军的生命线；政治工作就是党的工作，政治工作的基本任务就是以马克思主义的革命精神教育军队，提高全体成员的共产主义觉悟，巩固军队内部和外部的团结；规定了政治工作的十三项主要内容。

【中共中央批准中央统战部《关于省、市人民代表大会和省、市人民政府委员会中民主人士安排方案的意见》】（1954年4月27日） 中共中央1954年4月27日发出。1993年收入中央文献出版社出版的《建国以来重要文献选编》第五册。批文要求，某些省、市对民主人士安排方案有不合此《意见》精神者，应加以适当修正。关于县、市和市辖区对民主人士的安排问题，由各省、市委根据此《意见》精神和当地实际情况发出指示并负责审核各县、市及市辖区的具体执行方案。《意见》汇报了中央统战部关于在省、市人民代表大会和省、市人民政府委员会中安排民主人士的具体方案。

【中共中央关于曾参加过反动党团的青年团员的入党手续的规定】（1954年5月20日） 中共中央1954年5月20日发出。2013年收入人民出版社出版的《中共中央文件选集（1949年10月—1966年5月）》第十六册。《规定》指出，青年团在接收曾经参加过反动党团的青年入团时，一般是经过了慎重的考察，入团后，又使他们受到了教育和锻炼。因此，今后在接收曾经参加过反动党团的青年团员入党时，只要青年团的组织提供了负责的意见，一般地可按其社会成分办理入党手续。凡过去对这问题的规定与此规定的精神不一致者，一律作废，今后应统一按此规定执行。

【中共中央关于限期建立国家粮食市场的指示】（1954年5月27日） 中共中央1954年5月27日发出。1993年收入中央文献出版社出版的《建国以来重要文献选编》第五册。《指示》指出，目前举办国家粮食市场的工作尚未引起各级党委普遍注意，已举办起来的也还存在一些缺点。《指示》要求各地：限期在6月份内将应建立的初级市场普遍建立起来，不必过久地搞试点工作；国家领导的初级粮食交易市场农民直接进行交易，在开始时期，关于粮食交换限额、价格、手续方面必须有所限制，但又不可限制得太严、太死；国营粮食机构和合作社粮食部，必须大力配合粮食初级市场的工作；必须仔细地进行组织工作，耐心地贯彻思想教育工作，决不可采取简单、急躁、强迫的办法去命令余粮户拿粮食到市场去交易，或迫使余粮户对缺粮户分片包干供应，造成群众间的对立，将事情越弄越坏。

【关于中华人民共和国宪法草案】（1954年6月14日） 毛泽东1954年6月14日在中央人民政府委员会第30次会议上的讲话。1993年收入中央文献出版社出版的《建国以来重要文献选编》第五册。讲话指出，经过讨论和修改的宪法草案初稿是得人心的，因为这个宪法起草采取了领导机关的意见和广大群众的意见相结合的方法，正确恰当地总结了历史经验，正确恰当地结合了原则性和灵活性。原则即民主原则和社会主义原则，灵活性就是这部宪法符合中国逐步建成社会主义的特点。讲话认为这个宪法是社会主义类型的宪法，但还不是完全社会主义的宪法，而是一个过渡时期的宪法。写这个宪法的目的是为建设一个伟大的社会主义国家而奋斗。

【中共中央关于处理受刑事处分的共产党员党籍问题的规定】（1954年6月18日） 中共中央1954年6月18日作出。1993年收入中央文献出版社出版的《建国以来重要文献选编》第五册。《规定》对于受国家刑事处分的共产党员的党籍处理问题提出要求。《规定》指出，在工人阶级领导的国家内，党的利益与国家法律和法令规定的国家利益是完全一致的，共产党员不能有任何为国家法律和法令所不允许的行为。共产党员因违犯国家法律要受到刑事处分时，不管其品行表现和是否故意，都应开除党籍，并在法院判决前处理。如果在犯罪前思想和工作表现一贯良好，对自己的错误有正确的认识和深刻的悔悟，可以在刑期满后，经过一定程序重新入党。判处二年和二年以下徒刑，且经宣告缓刑不予监禁、管制或判处其他更轻的刑罚的，可考虑不开除党籍，但必须给予适当的党纪处分。各级组织过去对此问题所作的与本规定有抵触的规定、答复、解释等，一律作废。已作处理的案件，原则上不再变动。

【中共中央关于加强市场管理和改造私营商业的指示】（1954年7月13日） 中共中央1954年7月13日发出。2013年收入人民出版社出版的《中共中央文件选集（1949年10月—1966年5月）》第十六册。《指示》共六部分。《指示》指出，从1953年全国大规模经济建设以来，市场上出现了许多新情况，主要的是许多商品供不应求；解决这一困难的根本办法是积极增加国家实行计划收购和供应的商品；必须对私营商业积极地稳步地进行社会主义改造；对私营商业的改造作出五项规定，分别不同行业，不同情况，有计划地改造和安排私营小批发商和私营零售商；强调加强对全国市场的统一领导，全国商业工作的步调必须一致。

【中共中央关于改造落后乡工作的指示】（1954年8月1日） 中共中央1954年8月1日发出。2013年收入人民出版社出版的《中共中央文件选集（1949年10月—1966年5月）》第十七册。《指示》指出，目前全国农村工作经过土地改革及其他各项社会主义改革运动，已先后转入对农业实行社会主义改造的新阶段。但仍有10%乡村还未彻底完成土地改革的历史任务，影响到当地人民经济、政治地位的继续改善，并使敌人得以乘机聚集力量对革命事业进行破坏；落后乡的主要问题是封建势力未彻底清除，乡村反封建的历史任务是绝不能跳跃的，过去遗留下来的任务必须进行补课，而且必须争取在今后二三年内完成。《指示》要求对现存落后乡须大体划分类型，分别情况，布置改造工作。并提出了转变落后乡工作局面的方针和具体办法。

【为建设一个伟大的社会主义国家而奋斗】（1954年9月15日） 毛泽东1954年9月15日在中华人民共和国第一届全国人民代表大会第一次会议上的开幕词。1993年收入中央文献出版社出版的《建国以来重要文献选编》第五册。开幕词确认全国人大一届一次会议代表人数合法性，简要介绍了此次会议的任务、历史意义及国家发展的总任务，指出了领导我们事业的核心力量是中国共产党，指导我们思想的理论基础是马克思列宁主义，我们有充分的信心，克服一切艰难困苦，将我国建设成为一个伟大的社会主义共和国。并向全国人民发出号召，为建设一个伟大的社会主义国家而努力奋斗。

【关于中华人民共和国宪法草案的报告】（1954年9月15日） 刘少奇1954年9月15日在中华人民共和国第一届全国人民代表大会第一次会议上的报告。发表于1954年9月16日《人民日报》。1993年收入中央文献出版社出版的《建国以来重要文献选编》第五册。《报告》共四个部分：一、中华人民共和国宪法草案是历史经验的总结；二、关于宪法草案基本内容的若干说明；三、关于全民讨论中提出的对宪法草案的意见；四、结论。《报告》说明制定中华人民共和国宪法是第一届全国人民代表大会第一次会议的首要任务，阐明中华人民共和国宪法草案是历史经验的总结。报告就国家的性质、过渡到社会主义社会的步骤、人民民主的政治制度和人民的权利和义务、民族自治等宪法草案的四项基本内容作了说明；针对全民讨论中提出的对宪法草案的意见和重要的修改，进行了解释；认为宪法草案是代表全国各族人民的利益的，是实事求是的，其经过全国人民代表大会通过后将成为我国的国家根本法。

【中华人民共和国宪法】（1954年9月20日） 第一届全国人民代表大会第一次会议1954年9月20日通过，1954年9月20日中华人民共和国第一届全国人民代表大会第一次会议主席团公布。发表于1954年9月21日《人民日报》。1993年收入中央文献出版社出版的《建国以来重要文献选编》第五册。该宪法除序言外，共有四章一〇六条。序言指出，中华人民共和国的人民民主制度即新民主主义制度，是我国能够通过和平的道路消灭剥削和贫困，建成繁荣幸福的社会主义社会的保证。从中华人民共和国成立到社会主义社会建成，这是一个过渡时期。国家在过渡时期的总任务是逐步实现国家的社会主义工业化，逐步完成对农业、手工业和资本主义工商业的社会主义改造。人民民主统一战线今后在动员和团结全国人民完成国家过渡时期总任务和反对内外敌人的斗争中，将继续发挥它的作用。国家在经济建设和文化建设的过程中将照顾各民族的需要，而在社会主义改造的问题上将充分注意各民族发展的特点。巩固和发展同苏维埃社会主义共和国联盟、各人民民主国家和全世界爱好和平的人民的友谊。贯彻根据平等、互利、互相尊重主权和领土完整的原则同任何国家建立和发展外交关系的政策。第一章总纲，共二十条。规定了我国是工人阶级领导的、以工农联盟为基础的人民民主国家；一切权利属于人民，人民行使权力的机关是全国人民代表大会和地方各级人民代表大会，各级人民代表大会一律实行民主集中制等。第二章国家机构。共六节六十四条，对全国人民代表大会、国家主席、国务院、地方各级人民代表大会和人民委员会、民族自治地方的自治机关、人民法院和人民检察院的性质、任务等做了规定。第三章公民的基本权利和义务。共十九条，规定了中华人民共和国公民享有“在法律上一律平等”等十五项基本权利和“必须遵守宪法和法律”等四项义务。第四章国旗、国徽、首都。共三条，规定了中华人民共和国国旗是五星红旗；国徽为：中间是五星照耀下的天安门，周围是谷穗和齿轮；首都是北京。

【中共中央批发全国统战工作会议《关于过去几年内党在少数民族中进行工作的主要经验总结》】（1954年10月24日） 中共中央1954年10月24日发出。1993年收入中央文献出版社出版的《建国以来重要文献选编》第五册。批文指出，全国统战工作会议所通过的《关于过去几年内党在少数民族中进行工作的主要经验总结》，正确地阐明了过渡时期党在民族问题方面的任务和政策，是正确的。望依据各有关地区的不同情况，加以执行。《总结》共三个部分：一、关于过渡时期党在民族问题方面的任务；二、关于民族政策的几个问题；三、关于纠正一部分汉族干部中的大汉族主义、主观主义与命令主义的思想作风及防止地方民族主义思想。《总结》指出：党在民族问题方面的任务，是巩固祖国的统一和民族团结；在统一的祖国大家庭内，保障各民族一切权利平等，实行民族区域自治，在共同建设和发展祖国事业的同时，逐步消灭历史遗留下来的各民族间事实上的不平等，使落后的民族得以跻于先进民族的行列，过渡到社会主义社会。文件总结了推行民族区域自治、少数民族地区的土地改革、在少数民族中建立和发展党的工作、培养少数民族干部、少数民族上层统战工作、少数民族的宗教信仰问题、处理民族地区的叛乱等项工作中的经验和教训；提出了纠正一部分汉族干部中的大汉族主义以及防止地方民族主义思想的若干政策、方法和措施。

【中共中央关于进一步作好编制地方经济五年计划纲要的工作的指示】（1954年12月3日） 中共中央1954年12月3日发出。1993年收入中央文献出版社出版的《建国以来重要文献选编》第五册。《指示》共四部分内容：要求各省市委在编制当地的五年计划时，不但应当注意参考国家计划委员会下发的五年计划草案的分省指标，而且应当认真地研究当地的经济特点和具体情况，以便结合国家计划进而充分发挥地方的积极性和创造性；除了个别省份工业比重很大，省委应把工作重点摆在工业方面外，一般省委都应该明确地把工作重点放在领导农（牧）业方面；不论在地方工业的生产方面，或地方工业的基本建设方面，都必须贯彻为农村经济服务并与农业经济密切相结合的方针；在编制商业计划时，对于公私比重，必须贯彻中央稳步前进的方针，不应当进得太快。

【中共中央关于培养民族干部问题的指示】（1954年12月14日） 中共中央1954年12月14日发出。2013年收入人民出版社出版的《中共中央文件选集（1949年10月—1966年5月）》第十七册。《指示》向内蒙古等15个省委和华南分局转发了广西省民委党组关于龙胜各族联合自治区培养民族干部的方法的报告和广西省委的批语，认为龙胜各族联合自治区培养民族干部的经验很好，可供各少数民族地区的党委参考。《指示》指出，过去几年来，大多数地区的党委重视培养少数民族干部的工作，做出了成绩；但也有一些地区的党委对这一工作重视不够，以致影响了党和各族人民的联系的加强，也影响了党在当地各项工作的开展。这种现象必须加以改正。《指示》强调，各地党委必须进一步加强培养少数民族干部的工作，应特别注意根据各地不同的情况，积极而稳步地在各少数民族干部和人民群众中发展党员，培养各少数民族的共产主义干部。附件一：《广西省委的意见》；附件二：《广西省民委党组关于龙胜各族联合自治区培养民族干部的方法的报告》。

【中共中央关于轮训全党高、中级干部和调整党校的计划】（1954年12月17日） 中共中央1954年12月17日制订。1993年收入中央文献出版社出版的《建国以来重要文献选编》第五册。《计划》指出，为了完成我国建设社会主义社会的任务，必须加强党的领导作用，加强党的建设工作，提高干部的理论水平。为此，中央认为必须确定党的各级干部的轮训制度，要有计划有步骤地把全党各方面的高、中级干部调入党校轮训，才能有效地提高全党干部马克思列宁主义的水准，适应今后工作的需要。文件明确规定了马列学院、中级党校、初级党校的培训对象、任务以及课程。

【中共中央关于整顿和巩固农业生产合作社的通知】（1955年1月10日） 中共中央1955年1月10日发出。1993年收入中央文献出版社出版的《建国以来重要文献选编》第六册。《通知》共七个部分。《通知》针对当时合作化运动中存在的合作社发展速度过快，领导力度不够，从而影响了农业生产发展等问题，提出整顿和巩固农业生产合作社的任务；对合作化工作的有利形势，要有全面的估计，不能看的过分容易简单；当前合作化运动，应基本上转入控制发展、着重巩固的阶段，并提出具体解决办法；在巩固合作社的工作中，要宣传自愿原则；要正确处理社内的重要经济问题；巩固社以及继续发展社都必须密切结合冬季生产；春耕开始以前，必须保证有适当的力量及时投入办社工作，应有一段时间指导合作社建立劳动组织，实行包工，避免往年曾经发生的新建社劳动管理的严重混乱现象。

【中共中央关于大力保护耕畜的紧急指示】（1955年1月15日） 中共中央1955年1月15日发出。1993年收入中央文献出版社出版的《建国以来重要文献选编》第六册。《紧急指示》针对当时不少地区出现的大量出卖、宰杀牲畜的现象，要求各级党委和政府立即采取有效措施，做好保护耕畜工作。主要是通过继续在农村深入地进行社会主义教育，消除农民对农业合作化和粮食统购统销政策的误解和顾虑，鼓励他们饲养牲畜、发展生产的积极性；妥善处理牲畜入社问题，克服急躁草率情绪；切实帮助群众解决饲料困难，保护牲畜安全过冬；积极组织力量，大力做好拯救灾区耕畜工作；加强市场管理，严格执行屠宰耕畜的检验制度等。

【中共中央关于统一战线工作的指示】（1955年1月17日） 中共中央1955年1月17日发出。1993年收入中央文献出版社出版的《建国以来重要文献选编》第六册。《指示》指出，党内在统一战线问题上，在对待民主人士和党与非党联盟问题上，还存在着严重的关门倾向。这种忽视统一战线和爱好清一色的倾向是不符合党的总路线、经济基础和历史条件的，是一种忽视现存的生产关系、阶级关系的主观主义倾向。《指示》强调人民民主统一战线，特别是党同非党的劳动人民的联盟，是党的一项根本政策。要求各省、市委必须正确地配备省市厅、局长和政协地方委员会的人选，加强政协地方委员会和地方统一战线的工作，并提出了八项具体意见。

【中共中央批发中央宣传部《关于开展批判胡风思想的报告》的指示】（1955年1月26日） 中共中央1955年1月26日发出。1993年收入中央文献出版社出版的《建国以来重要文献选编》第六册。《指示》认为，胡风的文艺思想，是资产阶级唯心论的错误思想，他披着“马克思主义”的外衣，在长时期内进行着反党反人民的斗争，对一部分作家和读者发生欺骗作用，因此必须加以彻底批判。《指示》要求各级党委必须重视这一思想斗争，把它作为工人阶级与资产阶级之间的一个重要斗争来看待，把它作为在党内党外宣传唯物论反对唯心论的一项重要工作来看待。附件《中共中央宣传部关于开展批判胡风思想的报告》汇报了中宣部对胡风及其一派的看法，向中央提出了批判胡风等人的意见。

【中共中央关于在少数民族地区进行农业社会主义改造问题的指示】（1955年2月25日） 中共中央1955年2月25日发出。1993年收入中央文献出版社出版的《建国以来重要文献选编》第六册。《指示》肯定了广西省委统战部民族工作组《关于三江侗族自治区目前互助合作运动情况和今后工作意见》的报告及广西省委对这一报告的批语。指出在已经完成了民主改革的少数民族农业区进行社会主义改造，要充分注意到民族特点和政治、经济、文化各方面的落后状况。针对在广西和其他少数民族地区存在的急躁冒进的思想和作法，要求各地党委认真研究和检查在少数民族地区进行社会主义改造的各项工作，防止或纠正冒进倾向，以便使已完成民主改革的少数民族农业区的互助合作运动更加稳步、更加健康地向前发展。

【中共中央对卫生部党组关于节制生育问题的报告的批示】（1955年3月1日） 中共中央1955年3月1日发出。1993年收入中央文献出版社出版的《建国以来重要文献选编》第六册。《批示》同意并转发卫生部党组关于节制生育问题的报告。认为节制生育是关系广大人民生活的一项重大政策性的问题。在当时的历史条件下，为了国家、家庭和新生一代的利益，中国共产党是赞成适当地节制生育的。要求各地党委应在干部和人民群众中（少数民族地区除外），适当地宣传党的这项政策，使人民群众对节制生育问题有一个正确的认识。卫生部党组的报告汇报了当时全国的人口状况、生育的趋势，由此对国家和家庭带来的困难；分析了在节育问题上的不同认识，肯定了人民群众对节育问题提出的迫切要求；提出了采取节育的具体措施。建议各级党委必须对此加以指导，认真监督检查有关部门进行这一工作的情况，并教育干部和群众以正确的态度对待节育问题。

【中共中央关于宣传唯物主义思想批判资产阶级唯心主义思想的指示】（1955年3月1日） 中共中央1955年3月1日发出。1993年收入中央文献出版社出版的《建国以来重要文献选编》第六册。《指示》共四个部分：一、为了实现党的总路线，在六万万人口的伟大国家中建成社会主义社会，必须在知识分子中和广大人民中宣传辩证唯物主义和历史唯物主义思想，批判资产阶级唯心主义思想，并在这个思想战线上取得胜利。二、在各个学术和文化领域中对资产阶级唯心主义思想的代表人物进行批判是非常必要的，是在学术界、党内外知识分子中宣传唯物主义的有效方法，是推动科学和文化进步、促进各个学术领域中马克思主义新生力量的成长、培养和组织理论工作的队伍的有效方法。各级党委在领导这场批评和讨论上应注意的问题，包括：必须坚决反对阻碍开展学术批评和讨论的思想；学术批评和讨论应当是说理的，实事求是的；应当注意在思想批判过程中发现和培养学术界中马克思主义的新生力量，组织和培养理论工作的队伍；应当坚持党的统一战线政策和团结改造知识分子的政策等。三、在党内外干部和知识分子中，宣传唯物主义思想，批判资产阶级唯心主义思想，并且通过他们，用唯物主义思想教育文化水平较低的人民群众，是极为艰巨的任务。为此必须在全国范围内进行一个长期的思想运动。四、上海局、各分局、各省市委和人民解放军总政治部应当讨论中央的这个指示并作出决议报告中央。

【中共中央、国务院关于迅速布置粮食购销工作，安定农民生产情绪的紧急指示】（1955年3月3日） 中共中央、国务院1955年3月3日发出。1993年收入中央文献出版社出版的《建国以来重要文献选编》第六册。《紧急指示》指出，统购统销政策实行以来农村中出现的问题已经影响了农业生产。为了安定农民生产情绪，巩固工农联盟，鼓励和发挥农民增产粮食的积极性，并使粮食统购统销工作逐步走上制度化，中央决定进一步采取定产、定购、定销的措施，并对当年的粮食收购和销售指标作出了规定。要求各省市立刻讨论这一指示，并将这个指示连同分配到县的具体购销数字，于接到指示后五天内下达到县；各县要将分配到乡的购销数字和具体政策，于接到省市的指示后十天内下达到乡；各乡要用最快的方法传达到每家农民，使人人心中有数，积极进行春耕生产，热心安排全年的家务。

【中共中央关于市、县人民委员会中党员和非党人士的比例及市、县设置政协委员会等问题的规定】（1955年3月9日） 中共中央1955年3月9日作出。1993年收入中央文献出版社出版的《建国以来重要文献选编》第六册。《规定》指出，为了在建立市、县人民政府及政协地方组织中正确地贯彻党的统一战线政策，特别要对市、县人民委员会中党员和非党人士的比例及市、县设置政协委员会等问题作出规定。具体规定是：市人民委员会委员中，党员加劳动人民中非党分子占2/3左右，民主人士占1/3左右；县人民委员会委员中，党员一般占50%左右，党员加劳动人民中的非党分子占70%—80%，民主人士应当占20%—30%。各市、县人民委员会的正副局长、科长中，可不规定一定的非党人士的比例，但是必须配备适当数量的非党干部和民主人士。市一般可设立政协市的政协委员会，县一般不设。政协市、县委员会中党员一般占1/4—1/3。各市、县委应将人民委员会的委员名额、党员和非党人士的比例，以及政协市、县委员会的设置和委员名额、比例等报各分局、省委审核批准，并由分局、省委报中央备案。

【中共中央关于改善司法机关的审判作风的指示】（1955年3月12日） 中共中央1955年3月12日发出。2013年收入人民出版社出版的《中共中央文件选集（1949年10月—1966年5月）》第十八册。《指示》批转了最高人民法院党组转报湖南省人民法院关于绥宁县法院错判“放蛊”案件的检查报告，并认为这个报告是正确的。《指示》尖锐地指出：绥宁县法院对于“放蛊”这种迷信传说造成错判许多案件的原因，是把人民司法工作降低到落后群众的水平，错误地把落后群众中的迷信传说认为真有其事，而不以实事求是的态度查明真相，弄清是非；对于被控告的人，又采取逼供、诱供、指名问供等错误方式来取供定罪，因而发生错判，冤屈很多好人。这乃是一种完全错误的审判作风。这种恶劣的审判作风，各地人民法院在审理其他案件中也是同样存在的，是一种相当普遍的作风。《指示》要求各级法院参照湖南省人民法院这个检查报告的经验，发动全体司法人员对自己的审判作风进行深刻的检查，反对官僚主义的逼供信的审判作风，提倡科学的调查研究的审判作风，借以避免错判案件的继续发生。

【在中国共产党全国代表会议上的开幕词】（1955年3月21日） 毛泽东1955年3月21日在中国共产党全国代表会议上的开幕词。1993年收入中央文献出版社出版的《建国以来重要文献选编》第六册。《开幕词》宣布这次全国代表会议有三个议事日程：第一，关于发展国民经济的第一个五年计划和关于这个计划的报告；第二，关于高岗、饶漱石反党联盟的报告；第三，关于成立中央监察委员会。《开幕词》认为，中国可能经过三个五年计划建成社会主义社会，但要建成为一个强大的高度社会主义工业化的国家，就需要有几十年的艰苦努力，要有50年的时间，即本世纪的整个下半世纪。高岗、饶漱石反党联盟的出现，是我国激烈阶级斗争的一种尖锐的表现。彻底粉碎这个反党联盟，是我们在为社会主义事业而奋斗中的一个重大的胜利。为着建成社会主义社会这一个目的，中央委员会认为有必要在这个时候按照党章成立中央监察委员会，代替过去的纪律检查委员会。中央和各级党委必须坚持集体领导的原则，继续反对个人独裁和分散主义两种偏向。

【中共中央关于加强各省气象局工作的通知】（1955年3月29日） 中共中央1955年3月29日发出。2013年收入人民出版社出版的《中共中央文件选集（1949年10月—1966年5月）》第十八册。《通知》指出，各省气象局的工作都有一定的进展，气象预报服务工作已大大开展。但也存在不少严重问题，主要表现在：工作质量不高，某些台站伪造记录、迟测、漏测，技术性、责任性事故时有发生；省局对预报业务的领导尚十分薄弱，对台站管理上也缺乏一套完整的办法。为此，《通知》就采取有效措施，加强对气象工作的领导，提出主要解决的三方面问题：1.加大气象台站密度，改善全国布局，大量增建气象台站。特别是新疆、青海、康藏及沿海岛屿，必须成为今后建站的重点。2.进一步加强对气象工作的领导。个别省仍存在的无人负责的现象应迅予纠正。各省（市）自治区应有计划地对气象机构及气象台站进行一次检查，解决他们的困难问题，加强日常的政治工作、技术业务的领导。3.配齐配好省气象局与各地中心气象台的领导干部以及必要的中层干部。

【关于高岗、饶漱石反党联盟的决议】（1955年3月31日） 中国共产党全国代表会议1955年3月31日通过。发表于1955年4月5日《人民日报》。《决议》对高岗、饶漱石近年来的言论和活动进行了分析，指出了他们言行的性质，阐述了高、饶反党联盟产生的缘由，以及反对高、饶反党联盟的重要意义。《决议》认为，高岗的反党活动已经有相当长久的历史。1953年二人结成反党联盟是有深刻的历史社会根源的。高岗、饶漱石反党联盟的活动是我国阶级斗争形势复杂化和深刻化的反映。他们的纲领是以阴谋手段夺取党和国家的最高权力。《决议》宣布开除高岗、饶漱石的党籍，并撤销他们的党内外各项职务。《决议》认为，巩固党的团结和统一，及时地揭露和粉碎阶级异己分子腐蚀党和分裂党的活动，是一个长时期的斗争。

【中国共产党全国代表会议关于成立党的中央和地方监察委员会的决议】（1955年3月31日）　中国共产党全国代表会议1955年3月31日通过。发表于1955年4月5日《人民日报》。1993年收入中央文献出版社出版的《建国以来重要文献选编》第六册。《决议》肯定了中央和各级党的纪律检查委员会成立以来，对于加强党的纪律，纯洁和巩固党的组织，起了积极作用；根据中国共产党中央委员会在1949年11月发布的《中共中央关于成立中央及各级党的纪律检查委员会的决定》，党的各级纪律检查委员会的组织和职权已不能适应在阶级斗争的新时期加强党的纪律的任务，因此中国共产党全国代表会议决定成立党的中央的和地方各级的监察委员会，代替中央的和地方各级的党的纪律检查委员会，借以加强党的纪律，加强反对党员中各种违法乱纪现象的斗争；规定了党的中央和地方各级的监察委员会的选举办法、任务、工作程序和权限，并要求设立相应办事机关，建立经常工作，制定工作细则。

【中共中央关于接收高级知识分子入党问题给上海局的复电】（1955年3月31日）　中共中央1955年3月31日发出。1993年收入中央文献出版社出版的《建国以来重要文献选编》第六册。《复电》对上海局的有关意见基本肯定。认为应积极做好在高级知识分子中发展党员工作，但同时也应处理好和党外具有共产主义观点的高级知识分子的关系。应吸收这些党外朋友参加党内讨论与他们工作有关的会议。《复电》指出，关于民主党派省（市）级负责人高级知识分子入党问题，按照1955年1月《中共中央关于统一战线工作的指示》执行。

【国务院、中共中央关于加紧整顿粮食统销工作的指示】（1955年4月28日）　国务院、中共中央1955年4月28日发出。发表于1955年4月29日《人民日报》。2013年收入人民出版社出版的《中共中央文件选集（1949年10月—1966年5月）》第十九册。《指示》指出，许多地区由于没有结合定产、定购、定销工作及时地做好粮食统销工作，以致群众中对统销工作的错误心理没有得到纠正，许多并不缺粮的农民也要向国家买粮。这种状况必须毫不迟延地立即加以扭转。压缩和控制粮食的销量是完全可能的。许多地方的调查材料说明，在农村销售的大量粮食，有不小一部分是被并不缺粮的农民买去了。解决这一紧急重大问题的关键，在于深入地发动群众，在于进行充分的政治工作和群众工作，使群众明了国家的政策和解决粮食问题的真正出路。整顿统销工作的内容，首先是而且主要是压缩不应供应的部分。《指示》反对发动农民来进一步要求余粮户拿出自己原有的若干粮食的做法，认为这会侵犯中农利益，从而引起农村中的混乱。要求各地在接到本指示后的20天左右的时间内要见之实行。

【加强对商业工作和私商改造工作的领导】（1955年4月） 李先念1955年4月给毛泽东、周恩来并中共中央的报告。同年4月12日中共中央将此报告作为中央的指示，发给各级党委执行。1993年收入中央文献出版社出版的《建国以来重要文献选编》第六册。报告分析了实施统购统销政策后城乡市场上出现的若干严重问题和主要原因，提出了加强对商业工作和私商改造工作领导的具体办法。认为社会主义商业有无前进，主要应看对整个社会商业的计划领导程度，对私营商业改造的进展程度，而不能仅仅计算国营商业和合作社商业本身的营业额。报告提出，对农产品的统购应采取定产定购定销的办法，顺应农民增加生产、改善生活的要求，积极地引导他们努力生产，逐步进入合作化的道路。建议另行成立农产品采购部，统一掌握国家农产品采购计划；地方则先在采购品种较为集中的几个省份建立采购厅；商业部今后的任务还须负责市场的统一领导和安排。

【中共中央关于人民代表到各地视察工作的通知】（1955年5月16日） 中共中央1955年5月16日发出。1993年收入中央文献出版社出版的《建国以来重要文献选编》第六册。《通知》要求在第一届全国人民代表大会第二次会议召开之前，全国人民代表大会的全体代表，分赴各地或就近在城市和乡村视察。视察重点在城市中主要是粮食和建设等方面的问题，特别是浪费问题；在乡村中主要是粮食统购统销、社会治安、农业生产和互助合作等问题。中央认为各级人民代表大会的代表都应该下去视察，并且每年一般地应该视察两次。这应该成为党和国家领导机关联系群众、调查研究的一种工作制度。《通知》指出，这种视察可以使全国人民代表大会和地方各级人民代表大会能够集中反映人民群众的意见和要求，从而能够正确及时地解决国家和地方的主要的和重大的问题，并便于开展批评和自我批评。对于各级党和国家机关的工作起一种非常有益的鞭策和推动的作用。要求各地对于代表们的视察工作，应尽可能给以各种工作上的便利。视察工作中所发现的问题和代表们对工作的意见要及时报告中央。

【中共中央关于处理反动的、淫秽的、荒诞的书刊图画问题和关于加强对私营文化事业和企业的管理和改造的指示】（1955年5月20日） 中共中央1955年5月20日发出。1993年收入中央文献出版社出版的《建国以来重要文献选编》第六册。《指示》指出，中央同意文化部党组关于处理反动、淫秽、荒诞书刊图画的请示报告和关于加强对私营文化事业和企业的领导、管理和改造的请示报告，认为坚决地有计划地有步骤地处理这类反动的、淫秽的、荒诞的书刊图画，是当前阶级斗争中必须完成的一项重要的政治任务。同时，为避免乱禁书刊和乱禁戏曲，要求文化部和各省市文化局（文教厅）应组织吸收党外文化界人士参加图书和戏曲审查委员会，专门负责对于查禁的书刊和戏曲的审查工作。中央责成各地党委和政府有关部门，对私营出版业、印刷业、发行业、照像业、租赁业加强领导和管理；对于其他私营文化事业和企业，也应采取统筹安排、利用改造方针。

【中共中央关于厉行节约的决定】（1955年7月4日） 中共中央1955年7月4日发出。1993年收入中央文献出版社出版的《建国以来重要文献选编》第六册。《决定》同意李富春在中央各机关、党派、团体的高级干部会议上所作的《厉行节约，为完成社会主义建设任务而奋斗》的报告。认为目前存在着严重的浪费现象，这是社会主义建设中的最危险的事情之一，必须坚决地加以纠正。《决定》要求：在基本建设方面，必须严格控制、削减次要的附属的建筑工程项目和非生产性建设；各经济部门必须改善经营管理，贯彻经济核算制，加强财务成本工作，增加上缴利润；整顿劳动组织，建立和健全编制定员制度；指出厉行节约不是消极的措施，而是加速国家社会主义工业化的积极方针，各部门和各地区在厉行节约的同时，还应该努力增加生产。要求各地根据中央的决定和李富春报告中所提出的各种节约措施，分别制订出各该省市与各该部门的节约方案和节约指标。《决定》强调，厉行节约、反对浪费，是全国普遍的长期的经常的政治任务，应动员全党，团结全国人民，为有效地实现这一任务而奋斗。

【中共中央关于党的高级干部自修马克思列宁主义理论的规定】（1955年7月4日） 中共中央1955年7月4日发出。2013年收入人民出版社出版的《中共中央文件选集（1949年10月—1966年5月）》第十九册。《规定》指出，中共中央为了提高党的高级干部的马克思列宁主义理论水平，以适应国家建设的需要，确定在五年内将参加理论学习的高级干部，一半分批进中央高级党校学习，另一半则每年给予两个月的时间，脱产在职自修。自修内容与中央高级党校的五门课程（中共党史、苏共党史、辩证唯物论和历史唯物论、政治经济学和经济问题、党的建设）相同。每年两个月学习结束时，必须参加考试。考试及格者，由中央高级党校发给该门课程的修业证书。取得五门课程的修业证书者，由中央高级党校换发中央高级党校毕业证书（加注自修字样）。每期的学习总结及个人学习成绩表，分送中央组织部、中央宣传部、中央高级党校各一份。另一份个人学习成绩表和试卷存入本人的档案。《规定》提出，今后由中央组织部、中央宣传部管理高级干部在职自修工作，中央组织部负责掌握轮训计划及行政、组织工作；中央宣传部负责教学方面的指导、督促、检查、交流经验等工作。

【中华人民共和国发展国民经济的第一个五年计划（1953—1957）】（1955年7月30日） 第一届全国人民代表大会第二次会

议1955年7月30日通过。周恩来、陈云主持制定。1993年收入中央文献出版社出版的《建国以来重要文献选编》第六册。计划分十二个部分：绪言；第一章：第一个五年计划的任务；第二章：第一个五年计划的投资分配和生产指标；第三章：工业；第四章：农业；第五章：运输和邮电；第六章：商业；第七章：提高劳动生产率和降低成本的计划指标；第八章：培养建设干部，加强科学研究工作；第九章：提高人民的物质生活和文化生活的水平；第十章：地方计划问题；第十一章：厉行节约，反对浪费。规定"一五"计划的基本任务是：集中主要力量进行以苏联帮助我国设计的156个建设单位为中心的、由限额以上的694个建设单位组成的工业建设，建立我国的社会主义工业化的初步基础；发展部分集体所有制的农业生产合作社，并发展手工业生产合作社，建立对于农业和手工业的社会主义改造的初步基础；基本上把资本主义工商业分别地纳入各种形式的国家资本主义的轨道，建立对于私营工商业的社会主义改造的基础。1955年7月第一届全国人民代表大会第二次会议一致认为，中共中央主持制定的这个计划"是全国人民为实现过渡时期总路线而奋斗的带有决定意义的纲领，是和平的经济建设和文化建设的纲领"。

【目前国际形势和我国外交政策】（1955年7月30日） 周恩来1955年7月30日在第一届全国人民代表大会第二次会议上的发言。发表于1955年7月31日《人民日报》。1993年收入中央文献出版社出版的《建国以来重要文献选编》第七册。发言肯定了苏美英法四国政府首脑举行的战后十年来的第一次会议的积极作用；重申中国在国际事务中坚定不移地坚决执行为世界和平和人类进步的崇高目标而努力的方针，愿意在和平共处五项原则的基础上同亚非地区和世界其他地区采取中立立场的国家建立正常的和友好的关系；对中国在德国统一、裁减军备、禁止原子武器和氢武器、中日关系、中美关系、台湾问题等方面的政策作了说明；介绍了中国支持召开远东会议以协商解决和缓远东紧张局势的作法；通报了中美两国将在日内瓦举行大使级会谈的情况；表达了中国争取使这次会谈为今后中美之间更进一步的谈判开辟道路的愿望。

【中共中央关于彻底肃清暗藏的反革命分子的指示】（1955年8月25日） 中共中央1955年8月25日发出。1993年收入中央文献出版社出版的《建国以来重要文献选编》第七册。《指示》总结了1955年7月1日中央发出《关于展开斗争肃清暗藏的反革命分子的指示》以来的斗争情况，肯定前期运动已取得初步胜利，向全党提出在机关、团体、军队、学校、企业（国营的、合作社营的和公私合营的）中彻底肃清一切暗藏的反革命分子的任务。《指示》对下一步运动进行了部署，指出了应当注意的问题。《指示》强调指出，运动的关键问题是：必须反对右倾思想；必须充分发动群众；斗争的重点必须是那些明显地或者比较明显地有反革命嫌疑的分子，不应采取大家检讨人人过关和盲目乱斗的办法；

专案小组对反革命分子，应追问历史，追问反革命组织，追查材料，一直追查到底；要反复交代政策：坦白从宽，隐瞒从严；逮捕的批准权，属于省市委；极少数案件以暂不破案为有利的，经公安部批准后，设法使之暂勿暴露。《指示》指出，对清查出来的反革命分子和其他坏分子，除判处死刑的和因为罪行较轻、坦白彻底或因为立功而应继续留用的以外，采取判刑后劳动改造和集中起来劳动教养两种办法处理。对教授、工程师、医生等高级技术人员的方针是：坚决保护一切好人；对清查出来的反革命分子和其他坏分子，作适当的处理：一、假冒的坚决开除，送去劳动教养，犯罪的并需判刑；二、确有技术，但又确有反革命现行活动的，判刑后控制使用；三、确有技术，政治上反动，但无反革命现行活动的，继续留用，但要分别情况同他作适当的斗争；四、学术思想上的不同应与政治思想上的反动严格分开，对错误的学术思想只作学术批判，并可以自由争论；五、有历史问题已经交代清楚，现在又无反革命活动的，不要再追问他们的历史问题。

【中共中央批转福建省委《关于农业合作化问题的报告》】（1955年9月7日）　中共中央1955年9月7日发出。1993年收入中央文献出版社出版的《建国以来重要文献选编》第七册。批文强调依靠什么人和如何依靠法的问题不弄清楚，合作化运动就会犯错误。批文肯定“依靠贫农（包括全部原为贫农的新中农在内）巩固地团结中农”的口号在目前基本上依然是正确的，主张在一切合作化还没有达到高潮，富裕中农还缺乏觉悟的地方，以首先吸收贫农、新中农中间的下中农、老中农中间的下中农加入合作社为适宜。而新老中农中的上中农则作为巩固地团结的对象，不要强迫他们入社，不要侵犯他们的利益。批文指出，在农村合作化运动中首先应当依靠党团员；第二应当依靠非党群众中比较更积极一些的分子（占农村人口的5%左右）；第三才是依靠一般贫农和两部分下中农的广大群众。

【中华人民共和国全国人民代表大会常务委员会关于授予中华人民共和国元帅军衔的决议】（1955年9月23日）　全国人民代表大会常务委员会第二十二次会议1955年9月23日通过。1993年收入中央文献出版社出版的《建国以来重要文献选编》第七册。《决议》指出，1955年9月23日，全国人民代表大会常务委员会第二十二次会议，根据《中国人民解放军军官服役条例》，审议通过了国务院总理周恩来提出的建议，决定授予朱德、彭德怀、林彪、刘伯承、贺龙、陈毅、罗荣桓、徐向前、聂荣臻、叶剑英以中华人民共和国元帅军衔。据此决议，国家主席毛泽东于1955年9月23日发布授衔命令。

【中华人民共和国全国人民代表大会常务委员会关于授予在中国人民革命战争时期有功人员一级八一勋章、一级独立自由勋章、一级解放勋章的决议】（1955年9月23日）　全国人民代表大会常务委员会第二十二次会议1955年9月23日通过。1993年收入中央文献出版社出版的《建国以来重要文献选编》第七册。《决议》指出，1955年9月23日，全国人民代表大会常务委员会第二十二次会议根据《中华人民共和国授予中国人民解放军在中国人民革命战争时期有功人员的勋章奖章条例》和国务院总理周恩来提交的名单，决定授予朱德等131人一级八一勋章，授予朱德等117人一级独立自由勋章，授予朱德等570人一级解放勋章。据此决议，国家主席毛泽东于1955年9月23日发布授勋命令。

【中国共产党第七届中央委员会第六次全体会议（扩大）关于农业合作化问题的决议】（1955年10月11日） 这是根据毛泽东1955年7月31日在省委、市委和区党委书记会议上的报告通过的决议，中国共产党第七届中央委员会第六次全体会议（扩大）1955年10月11日通过。发表于1955年10月18日《人民日报》。1993年收入中央文献出版社出版的《建国以来重要文献选编》第七册。《决议》共十二个部分。《决议》指出，农村中合作化的社会改革高潮即将在全国到来，有些地方已经到来了；面临农村合作化运动日益高涨的形势，党的任务就是要大胆地有计划地领导运动前进，而不应该缩手缩脚；大多数农民为了摆脱剥削和贫困，愿意走社会主义道路，并阐明了促使农业合作化运动前进应采取的七个步骤；提出巩固和整顿农业合作社的六项措施；强调不论在建社或整社的时候，都必须根据互利的原则，合理地处理社员的私有财产，就土地、耕畜、农具等问题取得适当的协议；农业合作社应逐步建立公共基金，以便巩固合作社公共经济的基础；提出必须采取保证农业生产力增长的四个方面的措施；国家财政、经济各有关部门，特别是农业行政部门，对农业合作化运动的援助，应该列入重要的工作日程；必须警惕原来的地主、富农中的许多人和各种反革命分子对于合作化运动破坏的严重性；需要制定全国的和地方各级的关于分期实行合作化的规划，同时拟订以发展农业为中心的全面的、长期的生产规划；农业合作化的规划，基础是乡或村的合作化规划，制定这种规划必须同群众反复商量，防止强迫命令；各级党组织和地方党委主要负责同志要严重地注意农村问题，加强对农村工作的领导。

【关于农业合作化和资本主义工商业改造的关系问题】（1955年10月11日） 毛泽东1955年10月11日在中国共产党第七届中央委员会扩大的第六次全体会议上所作结论的第一部分。1993年收入中央文献出版社出版的《建国以来重要文献选编》第七册。报告论述了农业合作化和改造资本主义工商业的关系问题，即在大约三个五年计划时期内基本上完成农业的社会主义改造和在同一时期内基本上完成资本主义工商业的社会主义改造的关系问题，也就是农业合作化和资产阶级的关系问题。认为只有在农业彻底实行社会主义改造的过程中，工人阶级同农民的联盟在新的基础上，即社会主义的基础上，逐步地巩固起来，才能够彻底地割断城市资产阶级和农民的联系，才能够彻底地把资产阶级孤立起来，才便于我们彻底地改造资本主义工商业。对农业实行社会主义改造的目的，就是要在农村这个最广阔的土地上根绝资本主义的来源。强调要争取三个五年计划的和平建设时间。

【在资本主义工商业社会主义改造问题座谈会上的讲话】（1955年10月29日） 毛泽东1955年10月29日在主要有中华全国工商业联合会执行委员会委员参加的资本主义工商业社会主义改造问题座谈会上的讲话。1993年收入中央文献出版社出版的《建国以来重要文献选编》第七册。《讲话》指出，资本家要把握社会发展的规律，掌握自己的命运，接受社会主义改造。重申统一战线要继续坚持下去，社会主义改造将使中国更富更强。个体私有制和资本主义私有制废除后，资产阶级将成为工人。那时，全国就只有工人、农民和知识分子。强调在工商业改造过程中要加强宣传教育工作，要有一个整个的宣传教育计划，把不安的心理逐步减少，增加核心分子，扩大核心集团，让大家认识到新制度确实可行，确实有益。对资本家要做到恰当地安排好工作岗位、政治地位。《讲话》要求各个党派、工商联，中央同地方，都要注意领导方法，要能够适合客观发展的规律，反对一个高潮来一阵风。强调社会主义改造要减少损失，要有步骤有秩序地进行。要充分准备，准备工作越充分，这个事情就越能办好。

【中共中央关于配备高等学校政治工作干部的指示】（1955年12月14日） 中共中央1955年12月14日发出。2013年收入人民出版社出版的《中共中央文件选集（1949年10月—1966年5月）》第二十一册。《指示》指出，为加强党在高等学校中的政治工作，必须为高等学校配备一批质量较好的政治工作干部。为此，作出五项指示：一、各省、市委应在1956年3月底以前为所属省、市各高等学校配齐党委（或支部）书记及人事处长等政治工作的领导骨干。对原已配备的书记及人事处长，如政治质量不适宜者，应予以调整。二、高等学校一般政治工作干部（包括党、团、工会及人事、保卫工作的专职干部）在1955年寒假以前配齐。不适宜做政治工作者，应予调整。高等学校的政治工作干部的编制人数，根据全校教、职、工、学生的总人数以及国家有关法律法规配备。这些干部从应届高校毕业生、在校学生（一年级和将届毕业生不抽调）以及各机关干部中选调解决。三、抽调做高等学校政治工作的干部，要集中进行短期学习。四、高等学校政治工作干部不得轻易调动。五、各高等学校应对本校的政治工作做一次系统总结，于1956年2月底以前报送中央宣传部。

【中共中央关于防止滥宰滥杀，保护和发展耕牛的指示】（1955年12月16日） 中共中央1955年12月16日发出。2013年收入人民出版社出版的《中共中央文件选集（1949年10月—1966年5月）》第二十一册。《指示》分析了1955年秋收以来，许多地方出现极不正常的宰杀和死牛的严重现象及其发生的原因，提出了防止滥宰滥杀，保护和发展耕牛的三项措施：一是要求农业生产合作社将现有的耕牛全部包下来统筹安排。根据一些地方的经验，经过规划和安排，可以发现耕牛并不过多，老牛、弱牛和体格小的牛都有用处。二是对耕牛确实有余的地方，要求各级供销合作社负责做好耕牛的调剂工作。供销合作社应当统一负责牲畜市场的领导，将经营牲畜作为重要的业务，进行必要的收购、调运和推销，并且负责组织和改造牲畜商贩，使用他们进行调剂。三是国家委托供销合作社，在耕牛集散地点建立牲畜交易服务所，加强市场管理。为了有效地限制滥杀耕牛，《指示》要求各地，根据具体情况规定出一个正常的宰杀比例和合理的宰杀标准，并且指定专人，掌握批准。对于有意跌死、弄伤耕畜的农民，应当进行必要的批评和斗争，其中情节严重的，应当给予必要的惩罚，以教育所有农民。后附《山东省委关于解决当前耕牛问题的紧急通知》。

【关于知识分子问题的报告】（1956年1月14日） 周恩来1956年1月14日在中共中央召开的关于知识分子问题会议上的报告。1994年收入中央文献出版社出版的《建国以来重要文献选编》第八册。《报告》分析了我国知识分子队伍的现状，指出最充分地动员和发挥知识分子的力量，以适应国家对于知识分子的不断增长的需要，是我们党目前在知识分子问题上的根本任务；阐述了科技发展和知识分子在社会主义建设中的重大作用，首次提出知识分子中间的绝大部分“已经是工人阶级的一部分”的论断；总结了我国知识分子自我改造的经验，以及在知识分子问题上存在的偏向，提出了正确对待知识分子问题的政策、方针和方法；提出了制定从1956年到1967年科学发展的远景计划，向全国人民发出了向现代科学进军的号召。

【一九五六年到一九六七年全国农业发展纲要（草案）】（1956年1月23日） 中共中央政治局1956年1月23日提出，经最高国务会议1956年1月25日讨论后，下发给各地征求意见。该草案又称《农业发展纲要四十条》，是毛泽东1955年11月间起草的《农业十七条》基础上扩充发展起来的。发表于1956年1月26日《人民日报》。1994年收入中央文献出版社出版的《建国以来重要文献选编》第八册。《草案》共四十条。面对正在兴起的全国农业生产高潮，《草案》要求全国在1956年基本上完成初级形式的农业合作化，合作基础较好并且已经办了一批高级社的地区，在1957年基本上完成高级形式的农业合作化，其余地区在1958年基本上完成高级形式的农业合作化；一切条件成熟了的初级社，应当分批分期地使它们转为高级社，不升级就将妨碍生产力的发展。《草案》提高了有关农、林、牧、副、渔生产的若干重要指标：其中，粮食每亩平均年产量，在黄河、秦岭、白龙江以北地区，由1955年的150多斤增加到400斤；黄河以南、淮河以北地区，由1955年的208斤增加到500斤；淮河、秦岭、白龙江以南地区，由1955年的400斤增加到800斤。棉花每亩平均年产量（皮棉），12年内，由1955年的35斤（全国平均数）分别增加到60斤、80斤和100斤。《草案》指出，采取增产措施和推广先进经验是增加农作物产量的两个基本条件，并作了相应说明。《草案》还对开展农村科学、文化、教育、卫生等方面建设作出了规划。

【社会主义革命的目的是解放生产力】（1956年1月25日）　毛泽东1956年1月25日在最高国务会议第六次会议上的讲话要点。1994年收入中央文献出版社出版的《建国以来重要文献选编》第八册。讲话指出我国正处于社会主义革命高潮中，而社会主义革命的目的是为了解放生产力，所用的方法是和平的方法，并且国家的政治形势已经朝好的方面发展；强调要在几十年内改变我国在经济和科学文化上的落后状况，迅速达到世界上的先进水平，决定一切的是要有干部，要有数量足够的、优秀的科学技术专家；同时要继续巩固和扩大人民民主统一战线，团结一切可以团结的力量。

【中共中央对目前资本主义工商业改造应注意的问题的指示】（1956年1月26日）　中共中央1956年1月26日发出。1994年收入中央文献出版社出版的《建国以来重要文献选编》第八册。《指示》指出，批准公私合营后，需要对各行各业妥善地进行生产和人事安排；在一切公私合营企业中，应注意保留原私营工商业有利于发展生产的管理制度和经营技术。《指示》针对小商店和手工业的社会主义改造中出现的一些具体问题提出了解决办法；要求在进行私营工商业和手工业社会主义改造过程中，积极寻求对策，纠正导致降低产品质量和减少经营品种的做法。

【中共中央关于文字改革工作问题的指示】（1956年1月27日）　中共中央1956年1月27日发出。1994年收入中央文献出版社出版的《建国以来重要文献选编》第八册。《指示》说，中央批转中国文字改革委员会党组和教育部党组1955年11月23日《关于全国文字改革会议的情况和目前文字改革工作的请示报告》，对报告中关于我国文字改革的方针、汉字简化的原则和步骤、推广普通话和准备文字拼音化的各项措施予以肯定；要求各地进行宣传，并研究执行；决定公布汉字简化方案、大力推广普通话；要求早日确定汉语拼音方案，认为方案采用拉丁字母比较适宜。中国文字改革委员会党组、教育部党组的请示报告共四个部分：一、关于汉字简化；二、关于推广普通话；三、关于拟订拼音方案和推广报刊公文的横排横写；四、请示和建议。

【中共中央关于对公私合营企业私股推行定息办法的指示】（1956年1月31日）　中共中央1956年1月31日发出。2013年收入人民出版社出版的《中共中央文件选集（1949年10月—1966年5月）》第二十二册。《指示》指出，对公私合营企业的私股推行定息的办法，是国家进一步加强社会主义改造的一项重要的政策措施。实行定息比“四马分肥”的办法已是前进了一大步。要求对各行业企业具体规定利息时，一般应根据实得（指1953年宣布“四马分肥”以来的资方实际所得），参照应得（指按“四马分肥”原则应当分配给资方的合理利润），在一厘至六厘的幅度内，实事求是地加以规定。华侨在国家经营的投资公司中的投资，仍按年息八厘的规定发给股息，不因定息的规定而改变。《指示》还规定了做好定息工作的程序，以使全国有必要的平衡；要求对干部、资本家进行教育，统一对定息政策的认识，具体工作中，要注意同资本家充分协商，并运用工商界骨干分子协助，做好此项工作。

【中共中央关于加强初级党校工作的指示】（1956年2月1日） 中共中央1956年2月1日发出。1994年收入中央文献出版社出版的《建国以来重要文献选编》第八册。《指示》指出，为适应社会主义建设需要，各省市委和自治区党委必须采取有效措施，把党校工作提高一步，使之逐步走向正规；要求各省市委党校一律改称初级党校，主要任务是轮训党的初级领导骨干，给他们以马克思列宁主义基础知识、党的路线、政策及党的建设的教育。《指示》对初级党校训练对象、课程学制、教学方针、师资配备、机构设置、管理体制、党校党组织建设、党校领导工作分工等作出具体规定。

【中共中央关于对华侨投资经营的私营工商业社会主义改造中应注意问题的通知】（1956年2月3日） 中共中央1956年2月3日发出。2013年收入人民出版社出版的《中共中央文件选集（1949年10月—1966年5月）》第二十二册。《通知》指出，在对资本主义工商业的社会主义改造运动中，对于华侨在国内投资经营的私营工商业，应注意两个问题：一、如积极要求合营的，可以接受他们的要求。但仍应暂时维持其目前的经营方式、人事制度。至于合营后的政策问题，具体意见待中央审查批准后下达。二、侨批业是沟通侨汇、进行反限制斗争的主要力量。今后如何进一步对侨批业进行改造问题，中央有关部门正在研究。在政策未下达前，各地的侨批业应照现状继续积极经营。在当地庆祝资本主义工商业社会主义改造胜利活动中，应吸收他们参加。

【中共中央关于调解民族纠纷问题的指示】（1956年2月23日） 中共中央1956年2月23日发出。2013年收入人民出版社出版的《中共中央文件选集（1949年10月—1966年5月）》第二十二册。《指示》说，为解决甘肃、青海、四川等地少数民族（主要是藏族）内部部落间和封建集团间常常发生的纠纷事件，中共中央作出如下指示：一、今后凡是省与省、自治州（专区）与自治州（专区）、自治县（县）与自治县（县）之间的少数民族内部发生纠纷问题的时候，双方有关的党委应该主动地直接联系进行调解。在党内对有关情况必须有一致的认识，对调解的方针、步骤、方法必须取得一致的意见，然后进行调解工作。重大的纠纷问题还应该建立统一的调解委员会之类的临时机构，并在其中成立党组。二、必须坚持请示报告制度。有关情况应及时报请上级党委核示，其中重大案件的调处经过和调处中的问题并须报告中央。三、各有关党委平时应该经常教育本地区的民族上层和人民群众，防止发生纠纷。如果发生了纠纷，双方应该尽可能约束本地区的民族上层和人民群众听候调解，不要使事情扩大。四、各地应该严密侦察反革命分子制造纠纷和挑拨关系的破坏活动，采取积极有效的措施消灭反革命分子的阴谋活动。五、川、甘、青三省边境地区的纠纷问题的调解，由三省边境工作团负责。

【中共中央关于知识分子问题的指示】（1956年2月24日）　中共中央政治局会议1956年2月24日通过。1994年收入中央文献出版社出版的《建国以来重要文献选编》第八册。《指示》共五个部分：一、党有必要进一步地把知识分子问题放在全党和国家各个工作部门的议事日程上。二、在知识分子问题上，党内还存在着宗派主义和迁就麻痹两种错误倾向，都必须坚决加以纠正。三、要注意适当安排他们的工作和生活，经过实践和理论的学习继续改造他们，纯洁知识分子队伍，肃清暗藏的反革命分子，充分发挥知识界的现有力量。四、大力培养知识分子的新生力量，提高知识分子的业务水平。五、正确解决知识分子问题的关键是加强党对于知识分子和知识分子工作的领导。《指示》指出，我国社会主义的经济建设和文化建设的高潮的到来，日益显出科学干部、技术干部和一般文化干部的重要性，同时也日益显出我国知识分子不论在数量上和质量上都远远地不足以适应国家的需要；要求全面规划、加强领导，充分地动员和发挥现有知识分子的力量。《指示》肯定我国知识分子的面貌已经发生根本变化，认为知识分子基本上已经成了为社会主义服务的工作人员，知识分子的基本队伍已经成了劳动人民的一部分；号召全党努力学习科学，培养大批党员专家，吸收高级知识分子入党。《指示》还通报了国务院设立专家局来统一解决有关高级知识分子的行政性质的问题。

【中共中央关于资本主义工商业改造问题的决议】（1956年2月24日）　中共中央政治局1956年2月24日对《中共中央七中全会关于资本主义工商业改造问题的决议（草案）》的修正本作了个别修改，追认为正式决议。1994年收入中央文献出版社出版的《建国以来重要文献选编》第八册。《决议》指出，在社会主义经济成分取得决定性的优势地位后，必须进一步改造资本主义生产关系，把对资本主义工商业的改造工作从原来主要的是国家资本主义的初级形式推进到主要的是国家资本主义的高级形式。《决议》分析了资本主义工商业接受改造的必然性，采取和平办法逐步改造资本主义工商业的可能性，和对资产阶级私有的生产资料采取赎买政策的必要性；规定了对待资产阶级左派、中间派和右派不同的工作任务；规定了采取鼓励和批评相结合、企业改造和人的改造相结合的工作方法，以及相应的重要措施；要求在1956年和1957年，争取完成改造达到90%左右，准备在第二个五年计划期间内，争取逐步地使公私合营的企业基本上过渡到国有化。

【中共中央关于分批抽调工业交通系统的领导骨干进高等工业学校学习的通知】（1956年2月29日）　中共中央1956年2

月29日发出。1994年收入中央文献出版社出版的《建国以来重要文献选编》第八册。《通知》指出，为适应工业建设发展的需要，中央决定在全国几个基础较好的工业大学开办领导干部特别班，在三年或五年内，分批抽调两千名现任正副厂长、大型企业的正副处长以及少数优秀的科长一级干部参加（工业部门部局机关适合上述条件的干部也包括在内）。《通知》对抽调干部名额、入学条件、学习时间、入学干部的供给待遇、具体安排和领导及此后抽调干部计划与入学办法等作了规定和安排。

【中共中央关于在农业生产合作社扩大合并和升级中有关生产资料的若干问题的处理办法的规定】（1956年3月5日） 中共中央1956年3月5日发出。1994年收入中央文献出版社出版的《建国以来重要文献选编》第八册。《规定》要求，初级社转为高级社后，社员的土地转为合作社公有，取消土地报酬，允许社员保留土地证和一定数量的自留地。零星树木仍然归社员自己所有和经营，果园、成片林木和牧畜要与社员充分协商，可以给原主合理报酬后收归公有，也可以在暂时私有的情况下统一经营。社员私有的耕畜和大农具等主要生产资料应当合理作价，归社公有。合作社合并后，各社原来所积累的公共财产、公积金和公益金统一转为合并后的大社的公有财产，同时合并后的大社应该负担各社的债务。过去的地主分子和已经放弃剥削的富农分子（包括新富农在内）入社的时候，他们经营家庭副业所需要的生产资料，一律仍归本人所有。地主富农分子如果在入社前有出卖和破坏所占有的生产资料的行为，在入社时应负责补偿，情节严重的应依法惩办。要注意防止立刻消灭私有和压低生产资料价格的倾向。

【加快手工业的社会主义改造】（1956年3月5日） 毛泽东1956年3月5日在国务院有关部门汇报手工业工作情况时所作指示的一部分。1994年收入中央文献出版社出版的《建国以来重要文献选编》第八册。指示认为，个体手工业社会主义改造的速度慢了；要求手工业要向半机械化、机械化方向发展，提高劳动生产率；主张把手工业的产供销纳入国家计划，要求地方党委要重视做手工业的工作；提出手工业中许多好东西不要搞掉了，我们民族好的东西，搞掉了的，一定都要来一个恢复，而且要搞得更好一些；支持提高工艺美术品的水平和保护民间老艺人的做法；要求编写手工业改造的典型材料。

【中共中央关于积极领导先进生产者运动的通知】（1956年3月12日） 中共中央1956年3月12日发出。1994年收入中央文献出版社出版的《建国以来重要文献选编》第八册。《通知》指出，根据全国职工群众加速社会主义工业建设的要求和行动，全国总工会第七届执行委员会主席团第十次会议作出了关于开展先进生产者运动的决议，这是完全必要的、及时的和正确的；要求全国各行业生产、技术、管理等各方面工作人员都应该站在自己的工作岗位上，高度地发挥积极性和创造性，把我国经济建设更推进一步，都应该努力提高自己，使自己成为一个先进生产者或先进工作者；要求各级党委、行政部门、工会组织和青年团组织，都必须加强对于先进生产运动的领导。附件《中华全国总工会第七届执行委员会主席团第十次会议关于开展先进生产者运动的决议》总结了社会主义竞赛的经验，规定了各级工会组织和相应行政部门评选先进生产者、先进工作者和先进单位的八项条件，要求采取五项具体措施，使先进生产者运动成为全面改进生产的强大动力。

【中共中央、国务院关于扫除文盲的决定】（1956年3月29日）　中共中央1956年3月29日发出。2013年收入人民出版社出版的《中共中央文件选集（1949年10月—1966年5月）》第二十二册。《决定》指出在全国扫除文盲，是我国文化上的一个大革命，也是极为重大的政治任务和艰巨的历史任务；要求从1956年开始，在工农群众中大力开展识字教育，在五年或七年内基本上扫除文盲；在识字教育中，必须贯彻执行“联系实际，学以致用”的原则，实行“以民教民”，发动识字的人教不识字的人；机关、厂矿企业、农业和手工业生产合作社都应该积极举办识字教育，大力组织工农干部、工农群众中的文盲参加学习；组织群众识字，必须坚持自愿的原则，保证参加识字学习的人的学习时间；要采用多种多样的组织形式，因人制宜，因时制宜，灵活运用；对于受完识字教育的工农群众，要帮助他们巩固已有的成绩，鼓励和指导他们练习使用文字和计算。《决定》还就编写多种识字课本、编辑出版大量的报刊图书、改进书报的发行工作、制定扫除文盲工作的规划、加强对扫盲工作的领导等，提出了明确的要求。

【中共中央批准《一九五六年到一九六二年统一战线工作的方针》的指示】（1956年3月31日）　中共中央1956年3月31日发出。1994年收入中央文献出版社出版的《建国以来重要文献选编》第八册。《指示》指出，目前在统一战线工作方面，不仅存在着关门倾向，同时也存在着右倾保守倾向，要求各级党委应该在党内继续加强统一战线政策的教育并加强统一战线工作的领导，及时地纠正“左”的或右的倾向。对于统战部门的工作应该予以经常的领导和定期的检查。对于一些地方统战部门编制不足、干部太少太弱特别是缺乏领导骨干等问题，应该予以解决。要求各级党委和有关党组对《一九五六年到一九六二年统一战线工作的方针》进行讨论，组织执行。《一九五六年到一九六二年统一战线工作的方针》就三大社会主义改造的形势、目标和任务，团结、教育、改造资产阶级分子、民主人士和高级知识分子，帮助他们进行政治理论学习，运用和发挥人民政协、民主党派和工商业联合会等的作用，以及教育方法和教育工作等方面作了说明。

【中共中央、国务院关于勤俭办社的联合指示】（1956年4月3日）　中共中央、国务院1956年4月3日发出。发表于1956年4月4

日《人民日报》。2013年收入人民出版社出版的《中共中央文件选集（1949年10月—1966年5月）》第二十三册。《指示》指出，在农业生产合作社迅速发展和农民群众热情高涨的情况下，有些农业生产合作社出现了铺张浪费、滥用民力的现象。要求各地各级党政领导机关广泛深入地宣传勤俭办社的方针，使每一个农业生产合作社的干部和全体社员都能够切实了解和执行这个方针；强调全国农业发展纲要（草案）所提出的各项任务是在12年内奋斗的目标，应当按照各地不同的情况，分批分期分项目地逐步实现，绝不能一下子全面展开。《指示》还提出了合理改进农业贷款的发放工作；开辟生产门路，发展副业生产，经营多种经济；根据实际，把过高的指标适当降低下来，放在可靠的基础上等适应发展农业生产需要的保障措施。

【中共中央关于检查民族政策执行情况的指示】（1956年4月14日） 中共中央1956年4月14日发出。2013年收入人民出版社出版的《中共中央文件选集（1949年10月—1966年5月）》第二十三册。《指示》针对贵州省毕节地委关于纳雍县马场乡少数民族群众发生骚动抢劫事件的报告和贵州省委意见，认为贵州省委提出的要求毕节地委“检查在农业合作化运动中有无强迫命令和违反民族政策的现象”的意见是完全必要的，要求各级党委在进行社会主义改造中，切实贯彻党的民族政策，努力把党中央关于社会主义改造的方针、政策同各少数民族地区的具体实际情况结合起来，以保证社会主义改造在少数民族地区健康发展。《指示》指出，在民主改革和社会主义改造中，应当注意当地民族人民觉悟和本民族的革命骨干成长的情况，应该了解当地民族人民和领袖人物的意愿。在进行改革的时候，必须经过艰苦的群众工作和做好上层统战工作；不依靠少数民族群众自己的力量，不尊重少数民族人民当家作主的权利，采取由汉族干部包办代替，强迫命令和搬套汉族地区经验的作法是有害的。这样做只能激起当地民族的反感，增加民族间的隔阂，不可能对工作有什么实际的好处。《指示》要求全国各有关地区的各级党委和驻在少数民族地区的人民解放军，应认真地检查一次民族政策的执行情况。

【论十大关系】（1956年4月25日） 毛泽东1956年4月25日在中央政治局扩大会议上的讲话。5月2日，毛泽东在第七次最高国务会议上进一步阐述了十大关系。随后在党内高级干部中传达。发表于1976年12月26日《人民日报》。1994年收入中央文献出版社出版的《建国以来重要文献选编》第八册。讲话共十个部分：一、重工业和轻工业、农业的关系；二、沿海工业和内地工业的关系；三、经济建设和国防建设的关系；四、国家、生产单位和生产者个人的关系；五、中央和地方的关系；六、汉族和少数民族的关系；七、党和非党的关系；八、革命和反革命的关系；九、是非关系；十、中国和外国的关系。讲话说明，提出十大关系问题的主要目的在于要以苏联经验为鉴戒，总结我国的经验，调动国内外一切积极因素，寻找一条适合我国情况的社会主义建设道路；指出重工业是建设的重点；要好好利用和发展沿海的工业老底子，以发展和支持内地工业；国防不可不有，加强国防的实现首先要加强经济建设；必须兼顾国家、集体、个人三个方面；提出在巩固中央统一领导的前提下，扩大一点地方的权力，让地方办更多的事情；要着重反对大汉族主义，搞好汉族和少数民族的关系；认为几个党比一个党好，今后也是长期共存，互相监督；肯定了镇压反革命的作用，并提出了今后镇反的要求；对犯了错误的同志，要采取“惩前毖后，治病救人”的方针；指出向外国学习的口号是对的，并要求学习一定要与中国实际相结合。《论十大关系》是毛泽东关于社会主义建设的代表作，对当时和以后的社会主义建设都有很强的针对性和理论指导作用。

【中华人民共和国全国人民代表大会常务委员会关于处理在押日本侵略中国战争中战争犯罪分子的决定】（1956年4月25日）　1956年4月25日，全国人民代表大会常务委员会第三十四次会议通过，并由中华人民共和国主席毛泽东签署命令予以颁布。1994年收入中央文献出版社出版的《建国以来重要文献选编》第八册。《决定》指出，在我国关押的日本战争犯罪分子，对我国人民犯了各种罪行，使我国人民遭受了极其严重的损害。按照他们所犯的罪行本应该予以严惩，但是，鉴于日本投降后十年来情况已经发生变化和这些战争犯罪分子在关押期间绝大多数已有不同程度的悔罪表现，《决定》对于这些战争犯罪分子按照宽大政策分别予以处理。处理原则是，次要的或者悔罪表现较好的可以免予起诉。罪行严重的，根据罪行和关押期间的表现从宽处刑。在日本投降后又在中国领土内犯有其他罪行的，将所有罪行合并论处。由最高人民法院组织特别军事法庭进行审判，判决为终审判决。法庭使用的语言和文件，应用被告人所了解的语言文字进行翻译。允许被告人进行自辩或聘请在我国司法机关登记的律师辩护，必要时由法庭指定辩护人。服刑期间表现良好的，可以提前释放。

【关于我国外交政策和解放台湾问题】（1956年6月28日）　周恩来1956年6月28日在第一届全国人民代表大会第三次会议上发言的第二、三部分。1994年收入中央文献出版社出版的《建国以来重要文献选编》第八册。发言共两部分：发言首先肯定了我国外交工作经过努力取得的成果。对于那些已经同中国建立外交关系的国家，我们竭力发展和巩固同他们的友好关系。对于那些还没有同中国建立外交关系的国家，我们也不放弃机会来同他们增加接触，改善关系。我们主张各国人民自由来往，反对把我们同某些国家的友好关系建筑在排斥另外一些国家的基础之上。发言还报告了中美大使级会谈的情况，表明中方不反对同美国发表一个在中美关系中互不使用武力或武力威胁的声明的立场，强调台湾问题是中国的内政，中美两国声明不能以任何方式干涉这个问题。重申中国人民一定要解放台湾的决心和一贯政策，表示愿意同台湾当局协商和平解放台湾的具体步骤和条件，并且希望台湾当局在他们认为适当的时机，派遣代表到北京或者其他适当的地点，同我们开始这种商谈。我们本着“爱国一家”原则，采取既往不咎的态度，号召一切爱国的人们为和平解放台湾建立功勋。

【专政要继续，民主要扩大】（1956年7月21日） 周恩来1956年7月21日在中国共产党上海市第一次代表大会上的讲话节录。1994年收入中央文献出版社出版的《建国以来重要文献选编》第八册。讲话指出，现在我们的人民民主专政应该是：专政要继续，民主要扩大。我们的人民民主专政是为了建设社会主义，消灭剥削阶级。专政的权力虽然建立在民主的基础上，但这个权力是相当集中相当大的，如果处理不好，就容易忽视民主。要时常警惕，经常注意扩大民主，这一点更带有本质的意义。提出要在我们的国家制度上想一些办法，使民主扩大。并以人民代表大会代表为例，主张使人大代表经常去接触人民，公开发表所有代表的发言，使人大代表参加对政府工作的检查，一直到检查公安、司法工作。特别强调要使人民民主专政的制度实行得更好，必须同官僚主义作斗争，经常反对官僚主义。

【中共中央关于西藏民主改革问题给西藏工委的指示】（1956年9月4日） 中共中央1956年9月4日发出。2013年收入人民出版社出版的《中共中央文件选集（1949年10月—1966年5月）》第二十四册。《指示》指出，西藏地区的民主改革，必须是和平改革，要对西藏上层做好准备工作以后再去进行。准备工作主要有两条：一是同他们的各方面的领导人员协商好。如果他们没有真正表示改革，就决不要勉强进行。二是把上层安排好。即在不降低上层的政治地位和生活水平的原则下把所有僧侣贵族的工作和生活，特别是他们的代表人物的政治地位和生活待遇，经过协商，作出适当的安排。如果这两条没有做好，勉强去做就势必要出乱子。从西藏当前的工作基础、干部条件、上层态度以及昌都地区最近发生的一些事件来看，西藏实行改革的条件还没有成熟，我们的准备工作也绝不是一两年内能够做好的，甚至还可能要推迟到第三个五年计划期内去。在西藏民主改革的问题上，我们现在还必须等待。当然我们的等待不是消极的，相反的必须积极地进行工作，以便为改革做好准备条件。西藏工委提出的改革重点试验，应当停止进行。关于改革的宣传工作要适当地加以调整和紧缩。

【中共中央、国务院关于加强农业生产合作社的生产领导和组织建设的指示】（1956年9月12日） 中共中央、国务院1956年9月12日发出。发表于1956年9月13日《人民日报》。1994年收入中央文献出版社出版的《建国以来重要文献选编》第九册。《指示》共十一个部分：一、保证粮棉需要，增产其他经济作物，发展畜牧业，开展多种经营，全面发展生产；二、在国家计划指导下，保持合作社生产经营的独立性；三、积极地、稳步地、因地制宜地实行技术改革，推广先进经验；四、加强劳动管理，提高劳动生产率；五、做好合作社分配工作；六、贯彻执行互利政策；七、加强合作社的组织建设；八、调整某些农产品的价格，改善农村购销工作；九、调整手工业合作社与农业合作社的关系；十、加强少数民族地区农业合作社的领导；十一、加强农村基层组织的工作。《指示》指出，农业实现了合作化，农村生产关系根本改变以后，在新的生产关系下面，又出现了一系列新的问题和新的矛盾。要求各级党委和人民委员会必须根据所属地区的具体情况，采取有效措施，努力解决问题。

【中国共产党第八次全国代表大会开幕词】（1956年9月15日）　毛泽东1956年9月15日在中国共产党第八次全国代表大会开幕式上的讲话。发表于1956年9月16日《人民日报》。1994年收入中央文献出版社出版的《建国以来重要文献选编》第九册。《开幕词》提出大会的任务是总结从党的七大以来的经验，团结全党，团结国内外一切可能团结的力量，为了建设一个伟大的社会主义的中国而奋斗。指出从七次大会到现在，党中央的路线是正确的，我们的党已经成了团结全国人民进行社会主义建设的核心力量。这次大会要把我们工作中的主要经验加以总结，使那些有益的经验得到推广，而从那些错误的经验中取得教训。强调把马克思列宁主义的理论和中国革命的实践密切地联系起来，这是我们党的一贯的思想原则。但在我们的许多同志中间，仍然存在着主观主义、官僚主义和宗派主义等违反马克思列宁主义的观点和作风。必须用加强党内的思想教育的方法，大力克服我们队伍中的这些严重的缺点。要把一个落后的农业的中国改变成为一个先进的工业化的中国，必须善于学习。中国人民的力量是无穷无尽的，又有苏联和其他兄弟国家的援助，我们一定能够一步一步地把我国建设成为一个伟大的社会主义工业化的国家。确信这次大会，对于我国的建设事业的前进，将要起很大的推动作用。

【在中国共产党第八次全国代表大会上的政治报告】（1956年9月15日）　刘少奇1956年9月15日代表中央委员会在党的八大上所作的政治报告。发表于1956年9月17日《人民日报》，题为《中国共产党中央委员会向第八次全国代表大会的政治报告》。1994年收入中央文献出版社出版的《建国以来重要文献选编》第九册。《政治报告》共六个部分：一、党在过渡时期的总路线；二、社会主义改造；三、社会主义建设；四、国家的政治生活；五、国际关系；六、党的领导。《政治报告》阐述了党在过渡时期的总路线；认为社会主义改造已经取得了决定性的胜利，对彻底解决社会主义改造所面临的问题进行了分析；介绍了“一五”计划的执行情况和“二五”计划的方针、政策和主要任务；概括说明了工业、农业、商业、文化教育四方面在过去几年取得的经验和当前必须注意解决的问题。《政治报告》指出，我们党现时的任务，就是要依靠已经获得解放和已经组织起来的几亿劳动人民，团结国内外一切可能团结的力量，充分利用一切对我们有利的条件，尽可能迅速地把我国建设成为一个伟大的社会主义国家。

【关于发展国民经济的第二个五年计划的建议的报告】（1956年9月16日） 周恩来1956年9月16日代表中央委员会在中国共产党第八次全国代表大会上作的报告。发表于1956年9月19日《人民日报》。1994年收入中央文献出版社出版的《建国以来重要文献选编》第九册。《报告》共三个部分：一、第一个五年计划执行的情况；二、第二个五年计划的基本任务；三、关于第二个五年计划建议的若干主要问题。《报告》对“一五”计划执行情况作了说明，在肯定取得巨大成就的同时，指出经济工作需要克服的缺点和错误；提出“二五”计划的基本任务，指出那种以为不必建立我国自己的完整的工业体系而专门靠国际援助的依赖思想，和关起门来建设的想法都是错误的；对基本建设的规模和工农业生产的发展速度作了说明，认为是适当的，积极而又稳妥可靠的；对“二五”计划从合理地积累和分配资金，正确地安排基本建设计划，工业、农业、运输业和邮电业、商业的发展，改进国家行政体制、发挥地方积极性，培养建设人才和加强科学研究工作，改善人民生活，继续厉行节约等十一个方面作了说明。

【关于修改党的章程的报告】（1956年9月16日） 邓小平1956年9月16日代表中央委员会在中国共产党第八次全国代表大会上作的报告。1994年收入中央文献出版社出版的《建国以来重要文献选编》第九册。《报告》指出，修改党章所根据的条件是，党取得执政地位后，面临着新的考验，党必须经常注意进行反对主观主义、官僚主义和宗派主义的斗争，经常警戒脱离实际和脱离群众的危险；针对党章草案总纲修改中关于党的群众路线、党的民主集中制、党的团结和统一、提高党员的标准和保障党员的权利等问题作了说明；重点强调了贯彻群众路线对克服官僚主义的重要意义，阐述了把党的全国的、省一级的和县一级的代表大会，都改作常任制的意义。《报告》还对党章草案对党的组织机构及其他若干新规定作了简要的说明。

【中国共产党章程】（1956年9月26日） 中国共产党第八次全国代表大会1956年9月26日通过。发表于1956年9月27日《人民日报》。1994年收入中央文献出版社出版的《建国以来重要文献选编》第九册。这部党章除总纲外共九章六十条。第一章：党员；第二章：党的组织机构和组织制度；第三章：党的中央组织；第四章：党的省、自治区、直辖市和自治州的组织；第五章：党的县、自治县、市的组织；第六章：党的基层组织；第七章：党的监察机关；第八章：党同共产主义青年团的关系；第九章：党外组织中的党组。总纲部分体现了中国共产党作为执政党的总的要求，主要包括党的性质，最高奋斗目标，行动指南，党的革命和建设历程的概括性回顾，争取社会主义事业完全胜利的途径，党的任务和一切工作的根本目的，多民族国家的民族政策，巩固人民民主专政，坚持和平共处的外交政策，发扬群众路线传统，坚持民主集中制组织原则，维护党的团结巩固党的统一，坚持批评和自我批评的方法等方面的阐述。章程部分对党员，党的组织机构和组织制度，党的中央组织，党的省、自治区、直辖市和自治州的组织，党的县、自治县、市的组织，党的基层组织，党的监察机关，党同共产主义青年团的关系，党外组织中的党组，作出明确规定。这部党章明确提出全面开展社会主义建设的任务，指出党的一切工作的根本目的，是最大限度地满足人民的物质生活和文化生活的需要；规定党的全国代表大会实行常任制，每届任期五年，每年开一次全国代表大会会议。党章还增加了“中央委员会认为有必要的时候，可以设立中央委员会名誉主席一人”一款。

【中国共产党第八次全国代表大会关于政治报告的决议】（1956年9月27日） 中国共产党第八次全国代表大会1956年9月27日通过。发表于1956年9月28日《人民日报》。1994年收入中央文献出版社出版的《建国以来重要文献选编》第九册。《决议》共六部分。《决议》首先说明：中国共产党第八次全国代表大会决定批准刘少奇代表中国共产党中央委员会所作的政治报告。《决议》指出：我国的社会主义改造已经取得决定性的胜利，这就表明，我国的无产阶级同资产阶级之间的矛盾已经基本上解决，几千年来的阶级剥削制度的历史已经基本上结束，社会主义的社会制度在我国已经基本上建立起来了。我们国内的主要矛盾，已经是人民对于建立先进的工业国的要求同落后的农业国的现实之间的矛盾，已经是人民对于经济文化迅速发展的需要同当前经济文化不能满足人民需要的状况之间的矛盾。这一矛盾的实质，在我国社会主义制度已经建立的情况下，也就是先进的社会主义制度同落后的社会生产力之间的矛盾。党和全国人民的当前的主要任务，就是要集中力量来解决这个矛盾，把我国尽快地从落后的农业国变为先进的工业国。《决议》明确了在实现社会主义工业化过程中要解决的十大经济政策问题；强调为适应国家工业化的需要，必须大力发展文化教育卫生事业和继续加强我国的人民民主专政；指出除了必须团结国内可以团结的力量外，还必须团结国外一切可以团结的力量，努力争取世界的持久和平。《决议》指出，我们的一切任务能否胜利地完成，归根结底，是决定于党的领导是否正确。

【中国共产党第八次全国代表大会关于发展国民经济的第二个五年计划（一九五八——一九六二年）的建议】（1956年9月27日） 中国共产党第八次全国代表大会1956年9月27日通过。发表于1956年9月29日《人民日报》。1994年收入中央文献出版社出版的《建国以来重要文献选编》第九册。《建议》指出，“二五”计划必须在“一五”计划胜利完成的基础上，以既积极又稳妥可靠的步骤，推进社会主义的建设和完成社会主义的改造，保证我国有可能大约经过三个五年计划的时间，基本上建成一个完整的工业体系，使我国能够由落后的农业国变为先进的社会主义工业国。《建议》提出了五项基本任务和与之相对应的十六项方针和部署。《建议》指出，中国共产党第八次全国代表大会认为，“二五”计划的实现，将使我国有可能更大地增强经济力量和国防力量，提高我国的科学技术水平和人民的物质文化生活水平，并且基本上消灭资本主义制度，从而为实现国家在过渡时期的总任务奠定巩固的基础，强调反对那种缺乏实际根据、不考虑可能条件、不注意国民经济有计划、按比例发展的急躁冒进的偏向。

【中共中央同意国务院科学规划委员会党组《关于征求〈一九五六——一九六七年科学技术发展远景规划纲要（修正草案）〉意见的报告》】（1956年12月22日） 中共中央1956年12月22日发出。1994年收入中央文献出版社出版的《建国以来重要文献选编》第九册。批文说，中央同意国务院科学规划委员会党组报告中的意见，希望各地注意研究《一九五六——一九六七年科学技术发展远景规划纲要（修正草案）》，将意见和各方面反应告诉国务院科学规划委员会党组。《修正草案》共九个部分，包括序言；1956—1967年国家重要科学技术任务；任务的重点部分；基础科学的发展方向；科学研究工作的体制；科学研究机构的设置；科学技术干部的使用和培养；国际合作；结束语。《修正草案》指出：进行科学技术发展远景规划是为着实现国家的这样一个基本任务：迅速壮大我国的科学技术力量，力求某些重要的和急需的部门在12年内接近或赶上世界先进水平，使我国建设中许多复杂的科学和技术问题能够逐步地依靠自己的力量加以解决，做到更好更快地进行社会主义建设。《修正草案》本着“重点发展，迎头赶上”的方针，从13个方面提出了57项重要的科学技术任务，616个中心问题。后附《关于科学规划工作向中央的报告》《一九五六年——一九六七年科学技术发展远景规划纲要（修正草案）》。

【中共中央批准中央统战部《关于加强政协地方委员会工作的意见》】（1956年12月24日） 中共中央1956年12月24日发出。1994年收入中央文献出版社出版的《建国以来重要文献选编》第九册。批文说，中央批准中央统战部《关于加强政协地方委员会工作的意见》。指出政协在我国政治生活中占有重要地位。政协能否发挥应有的作用，基本关键在于各级党委的领导和支持。希望各地党委根据中央统战部的意见，加强对当地政协的领导，克服不重视政协的偏向。对于有些在党外人士面前爱摆老爷架子，宗派主义作风极为严重的同志，应当认真地给以批评和教育，端正他们的态度和作风。批文通报，大约在1957年夏季，中央将召开一次专门讨论全国统一战线工作的会议，要求各地党委作好准备。中央统战部的意见提出了政协具有安排人物；政治协商；调整关系；监督作用；推动和组织学习、自我改造；参加国际活动，协助进行国际统一战线改造等六大作用。指出为了充分发挥政协的作用，必须加强党的领导，扩大政协的民主生活，发挥民主人士的积极性，充实和开展政协的工作。

【中共中央关于一九五七年开展增产节约运动的指示】（1957年2月8日） 中共中央政治局1957年2月8日通过，1957年2月15日下发。1994年收入中央文献出版社出版的《建国以来重要文献选编》第十册。《指示》共六个部分。《指示》指出1957年是我国第一个五年计划的最后一年，必须大力开展增产节约运动，以保证1957年度的国民经济计划和财政收支计划的顺利实现；充分肯定1956年工作的巨大成就，同时认为，从1956年经济工作所发生的问题中认真地吸取教训，统一全党同志的思想认识，是顺利地开展1957年增产节约运动的必要条件；对1957年度基本建设规模作出适当调整，取消不切实际的项目，强调要首先解决人民和企业迫切需要解决的问题；要求在工业、农业生产中，在运输、邮电和商业的经营中，都必须想尽一切办法，广泛地开展增产节约运动；要大量节减各行政部门、事业单位和企业单位的行政管理费用，彻底消灭铺张浪费现象；强调要完成增产节约运动的任务，必须充分地发动群众和依靠群众。

【中共中央关于今后干部工作方法的通知】（1957年2月8日） 中共中央1957年2月8日发出。1994年收入中央文献出版社出版的《建国以来重要文献选编》第十册。《通知》指出，我国革命飞跃发展的时期已经过去，今后的干部工作方法必须有一个根本的改变，就是从过去大批地、迅速地提升干部职务的方法改变为稳定干部职务、提高干部能力的方法。《通知》认为，目前脱离生产和非生产的工作人员已经过多，要求各级党政机关和群众团体，一律停止增设机构和增加人员。所有企业、事业机关的非生产人员必须严格地加以限制。对机关中脱离生产和非生产的工作人员，应该尽量动员他们回到生产中去。同时，从上级机关抽调一批强的干部到乡去担任工作，以便动员一部分乡干部回到生产中去。各级党、政、群众团体和经济机关应该十分注意加强基层单位的工作。《通知》还要求开展对本通知精神的讨论，引导干部努力提高自己的思想政治水平和业务工作能力。

【中共中央批发中央统战部《关于继续发挥工商业联合会的作用的意见》】（1957年2月25日） 中共中央1957年2月25日发出。1994年收入中央文献出版社出版的《建国以来重要文献选编》第十册。批文说，中央同意中央统战部《关于继续发挥工商业联合会的作用的意见》。中央统战部的《意见》肯定了工商业联合会所做的工作及发挥的积极作用。指出，一个相当长的时期内，工商联仍需存在，并且需进一步发挥积极而有效的作用。《意见》明确了工商联的性质、工作的主要对象及基本任务，指出，工商联现有组织形式基本上不予改变，但可根据工商业者的要求和工作的需要，作必要的调整，并就工商联机关干部的待遇、管理问题提出了指导意见，强调为了充分发挥工商联的积极作用，各级党委统战部应加以指导和协调，必须进一步加强党对于它的领导。

【关于正确处理人民内部矛盾的问题】（1957年2月27日） 毛泽东1957年2月27日在最高国务会议第十一次（扩大）会议上的讲话。经修改和补充后，发表于1957年6月19日《人民日报》。1994年收入中央文献出版社出版的《建国以来重要文献选编》第十册。讲话分为十二个小题目：一、两类不同性质的矛盾。二、肃反问题。三、农业合作化问题。四、工商业者问题。五、知识分子问题。六、少数民族问题。七、统筹兼顾、适当安排。八、百花齐放、百家争鸣、长期共存、互相监督。九、少数人闹事问题。十、坏事能否变成好事？十一、关于节约。十二、中国工业化道路。讲话指出，社会主义社会的基本矛盾仍然是生产关系和生产力之间的矛盾，上层建筑和经济基础之间的矛盾。它们之间不是对抗性的矛盾，可以经过社会主义制度本身，不断地得到解决。讲话明确提出，社会主义社会中存在两类不同性质的社会矛盾，即敌我之间的矛盾和人民内部矛盾。并指出，敌我矛盾是对抗性的矛盾。人民内部矛盾，一般说来，是在人民利益根本一致基础上的矛盾。今后主要是正确划分和处理两类不同性质的矛盾。讲话提出了正确处理人民内部矛盾的一系列方法、方针和政策，主张在处理敌我矛盾时要用专政的方法，解决人民内部矛盾时要用民主的方法，即团结——批评——团结的方法。

【在中国共产党全国宣传工作会议上的讲话】（1957年3月12日） 毛泽东1957年3月12日在中国共产党全国宣传工作会议上的讲话。1994年收入中央文献出版社出版的《建国以来重要文献选编》第十册。《讲话》谈了八个问题：一是指出社会主义制度一定会巩固起来。我们一定会建设一个具有现代工业、现代农业和现代科学文化的社会主义国家。二是对我国知识分子的情况作了基本估计。三是对知识分子的改造问题作了分析和说明。四是强调知识分子要同工农群众相结合。五是提出要在全党进行整风，并就整风的一系列问题作了说明。六是分析了片面性问题，即思想上的绝对化问题。七是提出百花齐放、百家争鸣是一个基本性、长期性的方针。八是强调各省、市、自治区的党委要把思想问题抓起来。

【中共中央关于民主办社几个事项的通知】（1957年3月15日） 中共中央1957年3月15日发出。1994年收入中央文献出版社出版的《建国以来重要文献选编》第十册。《通知》指出，为继续巩固农业合作社制度，争取1957年农业的大丰收，中央认为坚持民主办社的方针是很重要的。民主办社应注意三个主要事项：一是农业合作社要按时公开财政收支。二是社和队决定问题要同群众商量。三是干部要参加生产。《通知》指出，中央认为实现上述三项措施，对于改善各农业合作社干部同群众的关系，加强干部同群众的团结，促进农业生产的高潮具有重要作用。希望省、市、县、区、乡各级党委根据各地合作社的具体情况加以适当处理，并使这些措施长期坚持下去。

【中共中央关于传达全国宣传工作会

议的指示】（1957年3月16日）　中共中央1957年3月16日发出。1994年收入中央文献出版社出版的《建国以来重要文献选编》第十册。《指示》对中共中央在1957年3月6日至13日召开的全国宣传工作会议的基本情况作了说明，对知识分子的人数、对待社会主义的态度等情况作了分析和说明。《指示》指出，必须采取正确的方法，帮助知识分子学习马克思主义、接近工农群众。党与知识分子存在着一些不正常的状态。其原因是党内存在着教条主义和右倾机会主义两种反马克思列宁主义的思想。必须在党内党外反对这两种错误思想。这次宣传工作会议的一个重要经验，是党员和党外人士一起开会。这次会议对今后的思想工作有极重要的意义，各地必须组织深入的传达和讨论。

【中共中央关于处理罢工、罢课问题的指示】（1957年3月25日）　中共中央1957年3月25日发出。1994年收入中央文献出版社出版的《建国以来重要文献选编》第十册。《指示》共六部分。《指示》指出，最近半年内，工人罢工、学生罢课、群众性的游行请愿和其他类似事件比以前有了显著的增加。在这个问题上有引起全党注意和统一全党认识的必要。为了防止罢工罢课一类事件的发生，根本办法是随时注意调整社会主义社会内部关系中存在的问题，首先是克服官僚主义，扩大民主。此外，还必须加强群众中的思想政治教育。《指示》提出了少数的罢工罢课和群众性的游行请愿一类事件发生时，党应该采取的方针，党委和党员应遵守的原则。《指示》还就如何处理罢工罢课游行请愿问题提出了其他意见。

【中共中央关于研究有关工人阶级的几个重要问题的通知】（1957年4月7日）中共中央1957年4月7日发出。1994年收入中央文献出版社出版的《建国以来重要文献选编》第十册。《通知》指出，如何调动工人阶级的积极性，充分发挥工人阶级在国家政治经济生活中的积极作用，是社会主义建设中的一个极关重要的问题。为总结工作经验，克服各方面存在的缺点，进一步发扬广大职工群众的积极性，中央准备在年内召开的中央会议上，对有关工人阶级的几个方面的问题加以讨论。一是关于职工群众参加企业管理问题。二是关于职工生活问题。三是关于工人阶级内部的团结和教育问题。四是关于企业中党、工会和青年团组织的工作问题。《通知》指出，研究有关工人阶级的这些重要问题，是一项复杂的工作任务，必须全党动手，进行准备、讨论和解决。

【今后的主要任务是搞建设】（1957年4月8日）　邓小平1957年4月8日在西安干部会上所作报告的一部分。1994年收入中央文献出版社出版的《建国以来重要文献选编》第十册。报告提出，从社会主义改造基本完成时起，革命的任务也就基本上完成了。今后的主要任务是搞建设。在建设工业国家的问题上，我们全党还是小学生，本领差得很。尽管过去几年我们在各方面的成绩，包括建设方面的成绩都是伟大的。但是，切不可过分夸张自己的成就。实际上我们的困难很多，面临的问题比过去更加复杂。我们要在比较短的时间内学会建设，而且在这中间不犯大错误，不栽大跟头是可能的。我们国家搞建设的国内国际条件是好的，关键是我们能不能善于利用这个形势，能不能少花钱多办事，能不能总结经验，发扬成绩，克服缺点。这关键在于党的领导。要看到在建设中暴露出的严重缺点，脱离实际的主观主义、教条主义倾向值得引起我们严重注意。建设方面的指导思想是：面对国家的现实，面对群众的需要。我们搞建设，不要脱离实际，不要脱离群众的实际生活水平。从现在看过去，第一，我们的成绩是伟大的，今后要搞得更好一点。第二，缺点是难免的，我们不是消极的批评，不要灰心。

【外出视察的报告】（1957年4月18日） 朱德1957年4月18日视察广西、广东、云南、四川、陕西等地后给党中央和毛泽东的报告的一部分。1994年收入中央文献出版社出版的《建国以来重要文献选编》第十册。《报告》共两个部分：关于对外贸易问题；关于工业问题。《报告》指出：对外贸易方面，当前最根本的问题是货源困难。《报告》分析了货源困难的具体情况，提出了解决办法，主张我国的进出口贸易必须大大地加强和发展。工业方面最突出的问题，是兵工生产如何同民用生产相结合的问题。并针对这一问题提出了解决方案。《报告》还分析了如何更有效地利用矿产资源的问题，认为中央对地方的机械工业不宜统得太死，不要把稍微像样的机械厂都收归中央管理。

【中共中央关于保证执行国务院关于消灭血吸虫病指示的通知】（1957年4月23日） 中共中央1957年4月23日发出。2013年收入人民出版社出版的《中共中央文件选集（1949年10月—1966年5月）》第二十五册。《通知》指出，国务院已于1957年4月20日发出了《关于消灭血吸虫病的指示》，血吸虫病流行地区的各省市委和国务院各有关部门党组，应该保证执行。强调血吸虫病流行地区的乡以上各级党组织，凡是尚未建立防治血吸虫病领导小组的，均应迅速建立起来，其组长均由党组织的第一书记担任；血吸虫病流行地区的各级党委，应当根据国务院的指示，对本地区的防治血吸虫病的工作进行一次检查和讨论，制定1957年防治工作计划，省市委并应将讨论和计划报告中央。今后，各有关省市委应当每半年将防治工作向中央作一次专题报告。

【中国共产党中央委员会关于整风运动的指示】（1957年4月27日） 中共中央1957年4月27日发出。1994年收入中央文献出版社出版的《建国以来重要文献选编》第十册。《指示》共五部分。《指示》指出，中央认为，几年来在我们党内，官僚主义、宗派主义和主观主义有了新的滋长，有必要在全党重新进行一次反官僚主义、反宗派主义、反主观主义的整风运动。这次整风运动应以毛泽东2月在扩大的最高国务会议上和3月在中央宣传会议上代表中央所作的两个报告为思想的指导，以正确处理人民内部矛盾的问题作为主题。《指示》提出，这次整风运动应该是一次既严肃认真又和风细雨的思想教育运动，是一个恰如其分的批评和自我批评的运动。在开展整风运动的同时，应在全党提倡各级党政军有劳动力的主要领导人员以一部分时间同工人农民一起参加体力劳动的办法，并使这个办法逐步成为一种永久制度。《指示》还就开展整风运动的组织领导问题作了说明。

【中共中央关于继续组织党外人士对党政所犯错误缺点展开批评的指示】（1957年5月4日） 中共中央1957年5月4日发出。1994年收入中央文献出版社出版的《建国以来重要文献选编》第十册。《指示》指出，最近两个月来，在各种有党外人士参加的会议上和报纸刊物上展开的关于人民内部矛盾的分析和对于党政所犯错误缺点的批评，有一些批评得不正确，但大多数的批评是说得中肯的。这些批评对于党与人民政府改正错误，提高威信，极为有益，应当继续展开，不要停顿或间断。《指示》指出，现在不要在各民主党派内和社会上号召整风，而要继续展开对我党缺点错误的批判。党外人士参加我党整风座谈会和整风小组，是请他们向我们提意见、作批评，而不是要他们批评他们自己。

【中共中央关于各级领导人员参加体力劳动的指示】（1957年5月10日） 中共中央1957年5月10日发出。1994年收入中央文献出版社出版的《建国以来重要文献选编》第十册。《指示》指出，许多农业生产合作社的干部纷纷参加田间劳动，若干地方的县区干部，有些省、市、自治区的负责同志和高级中级军官，也开始这样做。这是我国社会主义建设中的一个有重大意义的事件，好处很多。中央认为：不仅县、区、乡的干部，而且县级以上的各级党委的主要领导人员、在政府和人民团体中工作的党的主要干部，包括党的中央委员在内，凡是能够参加体力劳动的，都应该每年抽出一部分时间参加一部分体力劳动。《指示》对县级以上的主要干部参加体力劳动的提出四种办法，并对党的领导人员及机关的一般干部、军队的干部和战士、学校的教职人员和学生参加体力劳动的问题作了说明。

【事情正在起变化】（1957年5月15日） 毛泽东1957年5月15日写的一篇文章。同年6月12日印发党内高级干部。1994年收入中央文献出版社出版的《建国以来重要文献选编》第十册。文章认为整风运动的情况正在发生变化，形势已经是“右派猖狂进攻”，他们“不顾一切，想要在中国这块土地上刮起一阵害禾稼、毁房屋的七级以上的台风”。文章估计，社会上的右派，依情况而不同，大约占全体党外知识分子的1%、3%、5%到10%。文章分析了党内的思想状况，认为共产党内大多数人是马克思主义者，一部分人有教条主义错误思想，一部分人有修正主义错误思想。应当注意批评修正主义。指出，全国有几百万资产阶级和曾为旧社会服务的知识分子。改造他们，需要很长的时间，而且不可用粗暴方法。认为右派有两条出路，一条改邪归正，一条自取灭亡。文章提出了鉴别资产阶级及资产阶级知识分子在政治上的真假善恶的主要标准。指出同资产阶级和知识分子的又团结又斗争将是长期的。

【中共中央关于对待当前党外人士批评的指示】（1957年5月16日） 中共中央1957年5月16日发出。1994年收入中央文献出版社出版的《建国以来重要文献选编》第十册。《指示》认为，自从展开关于人民内部矛盾问题的党内外公开讨论以来，异常迅速地揭露了各方面的矛盾，很好。党外人士对我们的批评，基本上是诚恳的、正确的，对于党的整风，改正缺点错误，大有利益。《指示》对揭露出来的事实作了分析，指出，错误方向必须完全扳过来。最近一些天来，社会上有少数带有反共情绪的人跃跃欲试，发表一些带有煽动性的言论。要放手让他们发表，并暂时不要批驳，使右翼分子在人民面前暴露其反动面目，过一个时期再研究反驳的问题。

【中共中央关于组织力量准备反击右派分子进攻的指示】（1957年6月8日） 中共中央1957年6月8日发出。1994年收入中央文献出版社出版的《建国以来重要文献选编》第十册。《指示》主要对组织力量准备反击右派分子进攻的问题作了说明。《指示》指出，反动分子人数不多，不足怕。反动分子将到本机关本学校以外的工厂学校去活动，要预作布置，实行挡驾。要召集工厂主要干部及老工人开会；要组织每个党派自己开座谈会；高等学校组织教授座谈。到了适当时机，则要组织党团员分组开会，分别哪些是建设性的批评，加以接受，并改正自己的错误缺点。哪些是破坏性批评，予以反驳。同时组织一些党外人士讲演，讲正面话。接着由较有威信的党的负责人做一个总结性演说，将空气完全转变过来。然后转入和风细雨的党内整风。《指示》强调，这是一场大仗（战场既在党内，又在党外），不打胜这一仗，社会主义是建不成的。《指示》要求各地根据不同情况，灵活运用策略，灵活作出部署，打胜这一仗。

【关于我国民族政策的几个问题】（1957年8月4日） 周恩来1957年8月4日在全国人民代表大会民族委员会召开的民族工作座谈会上的讲话。1994年收入中央文献出版社出版的《建国以来重要文献选编》第十册。讲话共四个部分：一、关于反对两种民族主义的问题；二、关于民族区域自治的问题；三、关于民族繁荣和社会改革的问题；四、关于民族自治权利和民族化的问题。讲话指出：我们反对两种民族主义，就是既反对大民族主义（在中国主要是反对大汉族主义），也反对地方民族主义，特别要注意反对大汉族主义。实行民族区域自治，是解放后民族问题上的一个根本性的政策，是适合中国国情的最适当的民族区域自治政策；要将中国这个多民族的大家庭建设成为一个强大的社会主义国家，必须在民族繁荣的基础上前进。帮助各民族发展，一个根本性的措施就是进行社会改革。其中，最根本的是经济改革。民族自治权利必须受到尊重，必须要重视民族化问题。

【中共中央关于向全体农村人口进行一次大规模的社会主义教育的指示】（1957年8月8日）　中共中央1957年8月8日发出。1994年收入中央文献出版社出版的《建国以来重要文献选编》第十册。《指示》指出，在农村中有必要进行一次大规模的社会主义教育。教育的中心题目是：合作社优越性问题，粮食和其他农产品统购统销问题，工农关系问题，肃反和遵守法制问题等等。教育的方式是：利用生产间隙和休息时间，在全体农村人口中就这些中心题目举行大辩论，提问题，提意见，摆事实，讲道理，回忆、对比解放前后和合作化前后农民生活的变化。中央认为，这些关系农村两条道路的根本问题的大辩论，是农民群众和乡村干部的社会主义自我教育，是农村的整风。凡是还没有展开这种辩论的地方，各级党委都必须派遣工作组协助乡社的党组织主持这种辩论。《指示》还就开展组织辩论的其他相关问题作了说明。

【中共中央关于在工人、农民中不划右派分子的通知】（1957年9月4日）　中共中央1957年9月4日发出。2013年收入人民出版社出版的《中共中央文件选集（1949年10月—1966年5月）》第二十六册。《通知》指出，在大规模的反右派斗争开展起来后，接着在农村中的社会主义教育运动和工厂中的整风运动也逐步开展起来。这时，不少地方向中央提出在农民和工人中要不要划右派分子的问题。《通知》明确指出，在工人、农民中不划右派分子。工人、农民中已经划了右派分子的，应当改正。在农村中，对于地主、富农、反革命分子和其他坏分子，没有改变成分的，照原来的成分对待；已经改变了成分又进行捣乱破坏的，可以分别恢复原来的成分，戴上原来的帽子，但不要叫右派分子。

【中共中央关于在企业中进行整风和社会主义教育运动的指示】（1957年9月12日）　中共中央1957年9月12日发出。2013年收入人民出版社出版的《中共中央文件选集（1949年10月—1966年5月）》第二十六册。《指示》认为，用大字报、辩论会、批评和自我批评的方式，进行整风和社会主义教育运动，业已在若干城市的企业中创造了不少模范事例，并总结了六点经验。要求全国各地的工厂、矿山、交通等企业的领导方面，都应该吸收他们的经验，放手发动群众提意见，诚恳地倾听群众的批评。各企业在经过群众“大鸣大放”和边整边改的一定段落之后，应该结合工人们在大字报和小组会上所提的一些问题，就新旧社会的比较、工人阶级在新旧社会中的地位和生活的比较、工人阶级怎样在全体人民中尽到领导责任的问题，以及个人和集体、个人和国家的关系，改善生活和发展生产的关系，工人阶级和农民的关系等题目，组织讨论。在讨论中，党的领导机关必须注意引导群众，提高认识。要让群众在讨论中，辨别出哪些观点和意见是正确的，哪些观点和意见是错误的。群众内部的思想问题，是非的辨别问题，只能说服，不能压服。在整风期间，一切企业都应该保持正常的生产秩序，做到整风和生产两不误。要实事求是地解决问题，积极克服缺点，造成团结的新气象，以便办好社会主义企业，并从而促进生产和建设的新高潮。

【中共中央关于整顿农业生产合作社的指示】（1957年9月14日） 中共中央1957年9月14日发出。1994年收入中央文献出版社出版的《建国以来重要文献选编》第十册。《指示》指出，关于社会主义和资本主义两条道路的大辩论，已经在全国农村中逐步展开。《指示》认为，各地农业合作社应该在上级党委工作组的帮助下，接着这个大辩论，继续进行一系列的整顿工作：一、整顿干部作风。放手让群众在社员代表大会上，对干部的缺点或错误提出批评。在查清事实的基础上，按照惩前毖后、治病救人的原则予以处理。二、调整社和队的组织，力求便于经营管理和发挥社员集体劳动的积极性。三、统筹安排，使全体社员各得其所。四、改善生产管理，拟定生产规划。整社工作应从现在起到明年春耕以前，逐步进行。《指示》强调：整社工作是巩固合作制度的重大关键，各地党委必须加强领导，完成任务。

【中共中央关于做好农业合作社生产管理工作的指示】（1957年9月14日） 中共中央1957年9月14日发出。1994年收入中央文献出版社出版的《建国以来重要文献选编》第十册。《指示》指出，农业合作社在增加农业生产上具有巨大的优越性，发挥合作社优越性的关键之一，在于做好生产管理工作。为进一步改进和加强合作社的生产管理工作，建立和健全合作社的生产管理制度，中央认为：第一，合作社必须建立“统一经营，分级管理”的制度；第二，必须普遍推行“包工、包产、包财务”的“三包制度”并实行超产提成奖励、减产扣分的办法；第三，必须切实建立集体的及个人的生产责任制，可以分别推行“工包到组”“田间零活包到户”的办法；第四，必须坚持集体劳动的根本原则，既要明确分工，又要互助协作，并要合理使用劳力；第五，必须充分利用社员的一切劳动力，合理分配社员的工作，切实执行统筹兼顾、逐户安排的方针；第六，现在规模仍然过大而又没有办好的合作社，应根据社员要求，适当分小；第七，合作社的技术措施和耕作改制，必须强调因地制宜，因时制宜；第八，要在增加社员收入的基础上，逐年增加公共积累，不断地扩大再生产。

【中共中央关于在农业合作社内部贯彻执行互利政策的指示】（1957年9月14日） 中共中央1957年9月14日发出。1994年收入中央文献出版社出版的《建国以来重要文献选编》第十册。《指示》指出，正确执行贫农和中农之间的互利政策，是今后巩固合作社的一个重要保证。《指示》提出了合作化实现以后互利政策的重点，分析了当时的情况，提出有必要在积极地增加生产的同时，认真贯彻执行互利政策，合理地调整合作社内部各部分人之间的经济利益，特别是做到贫农和中农之间的互利。《指示》根据现有的经验和互利政策的精神，提出了工作的八项要点。要求这些工作必须通过社员群众的讨论和有关方面的充分协商，使之合情合理地得到贯彻。为此，需要教育干部，向贫农、下中农说明，同时也必须教育上中农。

【中共中央关于企业整风运动应该注意的若干事项的通知】（1957年9月14日）　中共中央1957年9月14日发出。2013年收入人民出版社出版的《中共中央文件选集（1949年10月—1966年5月）》第二十六册。《通知》要求每一个企业所属的各个单位和全体人员都必须进行整风。大中型企业的技术人员、职员的整风，大体上可以仿照机关学校的做法进行。对于工人群众，主要是进行社会主义教育，提高他们对于工人阶级在社会主义改造和社会主义建设中的领导作用的认识。在工人中不作左中右的划分，不进行反右派斗争。企业的技术人员和职员中的多数人，由于他们接近生产实践，经常要同工人群众发生关系，解放以来又经过各项政治运动和生产运动的锻炼，因而同机关、高等学校中的知识分子不同。在确定他们当中的右派分子和进行反右派斗争的时候，特别要慎重对待那些专心业务、确有真才实学的高级工程技术人员。对技术人员职员中的右派分子、工人中的反社会主义分子和其他坏分子，除严重违法乱纪者外，在运动期间一般不要作组织处理，等到全国运动基本结束的时候通盘考虑，规定出统一的处理办法。

【中共中央关于农业合作社干部必须参加生产劳动的指示】（1957年9月25日）　中共中央1957年9月25日发出。发表于1957年9月27日《人民日报》。2013年收入人民出版社出版的《中共中央文件选集（1949年10月—1966年5月）》第二十六册。《指示》要求农业生产合作社的干部，从主任、副主任起，都必须参加生产劳动。在整风运动中，各地各级党委都必须检查合作社执行中央指示的实际情况，指导各合作社按照自己的条件，通过群众讨论，参考中央提出的规定，适当地拟出解决这个问题的办法。《指示》规定：合作社干部处理日常事务的工作，采取轮流值班制。在值班或者开会以外的时间，干部都同一般社员一样参加生产劳动。干部的劳动同一般社员一样，按劳动的数量和质量，领取工分。干部的生活费用，不要完全由社补贴，而可以只由社补贴那些因公误工的部分。补贴也可以采取定额的办法。由于干部在实行值班办事以后，大部分时间可以参加生产劳动，一般的补贴定额都不宜太高。为了保证以上的规定能够更顺利地实施，县、区、乡各级党委应该按照中央关于民主办社几个事项的通知，减少一些不必要的会议。

【中共中央关于在少数民族中进行整风和社会主义教育的指示】（1957年10月15日）　中共中央1957年10月15日发出。2013年收入人民出版社出版的《中共中央文件选集（1949年10月—1966年5月）》第二十六册。《指示》指出，目前，全国人民的整风运动正在深入开展，在少数民族中也要分别不同情况，在党内进行整风，在人民中适当地进行社会主义教育。要把批判地方民族主义列为进行整风和社会主义教育运动的一项重要内容。在进行反右派斗争的时候，应当切实注意控制打击面，不使过宽。对于某些在民族群众中尚有深厚信仰的宗教领袖，可以有意识地不在这次运动中去斗争。对于确实具有一定文化科学专长对本民族有重要作用的高级知识分子，则可采取“谈而不斗”的方式去处理。对右派分子应当排队，并经过一定的批准手续。其中，对于全国人大代表和全国政协委员，副省长和自治区副主席，省、市、自治区政协副主席以上人员以及影响很大的宗教首领的处理，都应当报中央批准。

【中共中央关于《划分右派分子标准》的通知】（1957年10月15日） 中共中央1957年10月15日发出。1994年收入中央文献出版社出版的《建国以来重要文献选编》第十册。《通知》指出，自反右派斗争开始以来，不少地方和部门分别拟定了一些划分右派分子的标准，并要求中央予以审查批准。考虑到斗争中的实际需要，中央认为有必要制定一个统一的标准，以免各单位在划分右派分子的时候有畸轻畸重的地方。《通知》提出，全国反右派斗争一般是进行得健康的；划分右派分子要有适当的标准和审查批准手续；上级领导机关必须认真地审查所属单位上报的右派分子的名单，教育党员和群众重视对实际情况的认真研究和具体分析。《通知》附有《划分右派分子标准》，列出了划分右派分子、极右分子和不应划分为右派分子的标准。其中规定：凡言论、行动属于下列性质者，应划为右派分子：1.反对社会主义制度；2.反对无产阶级专政、反对民主集中制；3.反对共产党在国家政治生活中的领导地位；4.以反对社会主义和反对共产党为目的而分裂人民的团结；5.组织和积极参加反对社会主义、反对共产党的小集团，蓄谋推翻某一部门或者某一基层单位的共产党的领导，煽动反对共产党、反对人民政府的骚乱；6.为犯有上述罪行的右派分子出主意，拉关系，通情报，向他们报告革命组织的机密。

【中共中央关于在中等学校和小学的教职员中开展整风和反右派斗争的通知】（1957年10月15日） 中共中央1957年10月15日发出。2013年收入人民出版社出版的《中共中央文件选集（1949年10月—1966年5月）》第二十六册。《通知》指出，有必要在中等学校和小学的教职员中开展整风和反右派斗争，借以揭露和纠正学校工作中的主观主义、官僚主义和宗派主义，揭发、批判和打击右派分子，使广大教职员经过斗争的锻炼来提高思想觉悟，从而确立社会主义立场，真正成为名副其实的人民教师；要求各地对中等学校和小学教职员开展整风运动和反右派斗争，应当根据当地情况和具体条件，在当地党委的领导下，有计划有步骤地进行；各级教育行政领导机关、共青团和教育工会应当在党的统一领导下积极参加这一工作；省委、市委、自治区党委、地委、县委、城市区委书记都要亲自研究一个中等学校和一两个重点小学，农村区委书记要亲自研究一个小学，取得经验，以利于指导全盘工作。

【新中国坚持反对制造“两个中国”】

（1957年11月15日）　周恩来1957年11月15日同各国驻华使节的谈话节录。1994年收入中央文献出版社出版的《建国以来重要文献选编》第十册。谈话指出，美国制造“两个中国”，就是要把台湾掌握在它手上，以便在远东制造紧张局势。但是，对美国很不幸的是，不仅新中国不承认“两个中国”，就是蒋介石也不承认“两个中国”。从日内瓦中美大使级会谈到这次国际红十字大会，都可以看到美国制造“两个中国”的活动。台湾是中国领土的一部分，这个事实就连美国政府也不能否认。中国解放台湾是中国的内政问题，我们和蒋介石的关系也是个内政问题。是美国政府违背了自己的声明，要来霸占台湾，干涉中国内政。我们在任何时候都不能承认美国霸占台湾这一非法的行为。谈话指出，应当区别两件事：我们愿意和缓国际紧张局势；但是我们不能接受美国的威胁，承认美国侵占台湾和“保护”台湾。我们愿意在此声明：任何国际组织、国际会议、国际活动中，如果出现“两个中国”，即在中华人民共和国之外还有其他“中国”，我们宁可不参加。我们必须明确，在这个问题上，我们不能妥协，不能含糊，也不能默认。

【中共中央关于禁止用个人名字作地名、街名和企业等名字的通知】（1957年11月20日）　中共中央1957年11月20日发出。2013年收入人民出版社出版的《中共中央文件选集（1949年10月—1966年5月）》第二十六册。《通知》指出，早在1949年3月，党的七届二中全会根据毛泽东的提议，决定禁止用个人的名字作地名、街名和企业的名称。1956年邓小平在中国共产党第八次全国代表大会上作《关于修改党的章程的报告》时，又重申了这个决定，并指出这个决定在我国起了有益的作用。但是，尽管这样，近来仍有个别地方提议用个人的名字作企业和学校的名称。因此，中央认为有必要重申前议，请各地党委注意。

【工作方法六十条（草案）】（1958年1月）　中共中央1958年1月发出。1995年收入中央文献出版社出版的《建国以来重要文献选编》第十一册。《草案》指出，我国六亿多人民在党的领导下，认清了自己的前途，自己的责任，一个新的生产高潮已经和正在形成。为了适应这种情况，中央和地方党委的工作方法，有作某些改变的需要。这几十条现在只是建议，还待征求意见，以便修改后提交政治局批准，成为一个正式的内部文件。《草案》共六十条，有一些是工作任务，有一些是理论原则，主要是工作方法。内容涉及社会主义建设的十四项工作，含有工业工作，农业工作，反对浪费，集体经济和个人经济的矛盾，领导方法问题，领导干部的思想作风问题，学习问题，政府部门规章制度问题，以及卫生、绿化问题等多方面的内容。

【中共中央、国务院关于除四害讲卫生的指示】（1958年2月12日）　中共中央、国务院1958年2月12日发出。发表于1958年2月13日《人民日报》。1995年收入中央文献出版社出版的《建国以来重要文献选编》第十一册。《指示》指出，一个以除四害即消灭老鼠、麻雀、苍蝇、蚊子（1960年3月，中共中央将“除四害”的内容修改为消灭老鼠、臭虫、苍蝇、蚊子）为中心的爱国卫生运动的高潮已经在全国形成。目前党和政府的迫切任务，就是要坚决地积极地领导这一运动。《指示》指出，除四害、讲卫生的根本要求，是要达到消灭疾病、人人振奋、移风易俗、改造国家的目的。《指示》分析了除四害讲卫生的主要障碍。指出，为了领导好以除四害为中心的爱国卫生运动，各地应切实注意几个问题：一是运动必须同城乡生产相结合，使运动直接为生产服务；二是运动中必须使群众力量和技术力量相结合，使突击工作和经常工作相结合；三是运动的决定关键在于党的领导，要求各级党组织的第一书记必须亲自抓。

【中朝两国政府关于中国人民志愿军年内全部撤出朝鲜的联合声明】（1958年2月19日） 中华人民共和国国务院总理周恩来与朝鲜民主主义人民共和国内阁首相金日成1958年2月19日在平壤签署。1958年2月20日在《人民日报》发表。1995年收入中央文献出版社出版的《建国以来重要文献选编》第十一册。《联合声明》指出，中华人民共和国政府代表团应邀于1958年2月14日至21日在朝鲜民主主义人民共和国进行友好访问。两国政府代表团就扩大和发展两国的友好关系，加强社会主义国家的友好团结，目前国际形势和和平解决朝鲜问题交换了意见，取得了完全一致的看法。中国政府经过同朝鲜政府协商后，提出了中国人民志愿军主动撤出朝鲜的建议。中国人民志愿军完全同意中国政府的这一建议，并决定于1958年底前分批全部撤离朝鲜。朝鲜政府对于中国人民志愿军的这一决定表示同意，并且愿意对中国人民志愿军全部撤出朝鲜给予协助。会谈中，朝鲜政府代表团对中国人民给予的物质上和道义上的援助，并且派遣自己的优秀儿女到朝鲜，用鲜血和生命支援了朝鲜人民正义的祖国解放战争，再次表示由衷的感谢。双方深信，这次访问和会谈，不仅加强了两国的友好团结，并且将使两国的互助合作关系得到进一步的巩固和发展。

【中共中央关于下放干部进行劳动锻炼的指示】（1958年2月28日） 中共中央1958年2月28日发出。1995年收入中央文献出版社出版的《建国以来重要文献选编》第十一册。《指示》论述了下放干部进行劳动锻炼的重要性和必要性，指出干部下放的主要方向是农村；下放干部的工作，必须全面规划，统一安排；下放干部参加体力劳动必须有计划地分批进行；下放干部进行体力劳动锻炼的主要方向是下乡上山，参加农林业劳动；下放干部进行劳动锻炼时间的长短，应该根据今后社会主义建设事业发展的需要和本人在劳动中的表现来确定；各级党委必须加强领导，力求使下放干部的工作能够健康地进行。《指示》规定：以下几种干部，不应该下放参加劳动锻炼：1.年龄在45岁以上的；2.体弱多病，不能参加体力劳动的；3.孕妇、有哺乳婴儿和因子女拖累不能下去的女同志；4.最近二三年内从资本主义国家回国的华侨、留学生和科学工作者，一律暂不下放；5.公私合营企业中的资方人员目前也不要下放。

【中共中央关于开展反浪费反保守运动的指示】（1958年3月3日）　中共中央1958年3月3日发出。1995年收入中央文献出版社出版的《建国以来重要文献选编》第十一册。《指示》指出，中央决定在全国进一步普遍地开展反浪费、反保守、比先进、比多快好省地建设社会主义的运动。各级党委，各部门和各单位的一切党的组织，必须抓紧对这一运动的领导，并注意几点问题。一是领导上要心中有数，重视改进工作、发展生产。二是在运动中，要防止“见物不见人”的偏向。三是凡是没有经过群众鸣放、干部整改过程的地方，在运动中间都应认真补课。四是要树立起各种先进的典型和旗帜。五是按照发展的需要和群众在实践中的考验，重新审订原来的规章制度。六是在实际处理工资福利问题的时候，必须采取谨慎的态度。

【中共中央关于把小型的农业合作社适当地合并为大社的意见】（1958年3月20日）　成都会议1958年3月20日通过，同年4月8日中共中央政治局会议批准。1995年收入中央文献出版社出版的《建国以来重要文献选编》第十一册。《意见》共四项：一、为了适应农业生产和文化革命的需要，在有条件的地方，把小型的农业合作社有计划地适当地合并为大型的合作社是必要的。二、提出小社合并为大社，应具备的条件：在发展生产上有需要；绝大多数社员确实赞成；地理条件适合大社的经营；合作社的干部有能力办好大社。三、为了便于加强对合作社的领导，为了在乡的范围内发展各种小型工业和文化教育事业，在小社合并为大社以后，每一个乡领导几个农业合作社是适宜的。四、要求农业合作社的合并必须有准备有计划地进行。

【中共中央关于合作社社员的自留地和家庭副业收入在社员总收入中应占比例的意见】（1958年3月21日）　成都会议1958年3月21日通过，同年4月8日中共中央政治局会议批准。1995年收入中央文献出版社出版的《建国以来重要文献选编》第十一册。《意见》共四项：一、合作社留给社员以一定比例的自留地，鼓励社员发展家庭副业，适当照顾社员个人利益，这一政策是正确的。但是有些地方自留地留得过多，家庭副业收入在社员总收入中所占的比例过大，对于合作社的巩固发生了不利的影响，应当采取适当的步骤予以调整。二、自留地和家庭副业收入在社员总收入中所占的比例，一般以20%—30%为宜。三、社员自留地面积和家庭副业收入比例一般应该留到以后去调整。四、某些个别地方如果这一方面的现状很不合理，可进行适当的调整。

【中共中央关于农业机械化问题的意见】（1958年3月22日）　成都会议1958年3月22日通过，同年4月8日中共中央政治局会议批准。2013年收入人民出版社出版的《中共中央文件选集（1949年10月—1966年

5月)》第二十七册。《意见》指出，有广大农民参加的群众性的农具改革运动是技术革命的萌芽，是一个伟大的革命运动，全国各地应当普遍地积极推广，并且在七年内(争取五年内)基本上实现农业机械化和半机械化，实现农业生产力的大发展。《意见》指出，农具的改革应当因地制宜，不要千篇一律；农业机械的制造，除了大型的和技术要求较高的农业机器以外，一般应以地方工业为主；实现农业机械化，主要靠农业合作社自己的力量。

【中共中央关于改进物资分配体制问题的意见】(1958年3月23日)　成都会议1958年3月23日通过，同年4月2日中共中央政治局会议同意。1995年收入中央文献出版社出版的《建国以来重要文献选编》第十一册。《意见》指出，关于改进物资(生产资料)分配体制问题，由于问题复杂，牵涉面广，此次会议暂不作决定。在物资分配体制未作最后决定以前，对以下两个问题，先作如下的改变。一、各省、市、自治区在保证完成中央国营工厂生产任务的条件下，对国家经济委员会按计划统一分配给各中央国营工厂的物资，有权调剂其多余部分，以便平衡生产。二、各地国营工厂生产的国家统一分配和部管的物资，省、市、自治区得按照中央第二本账为基础，对超额生产的部分，根据各地需要情况，按比例提成。后附《关于改进物资分配体制的几项规定(草案)》。

【中共中央关于发展地方工业问题的意见】(1958年3月23日)　成都会议1958年3月23日通过，同年4月5日中共中央政治局会议批准。1995年收入中央文献出版社出版的《建国以来重要文献选编》第十一册。文件提出了如何使地方工业的发展既必须正确地贯彻执行多快好省、鼓足干劲、力争上游的总路线，又必须切实符合整个国民经济发展的一系列意见：一、地方工业的任务应该为农业、国家大工业、城乡人民生活、出口服务。二、地方工业的建设资金，除了少数较大且重要的建设项目，主要由中央投资以外，其他一般建设项目所需资金，主要应该由地方自筹来解决。三、县以下办的工业主要应该面向农村，为本县的农业生产服务。四、县营企业的劳动力，除了一部分技术工人和管理人员应该是正式职工以外，其余所需的劳动力，应该就地招用临时工。临时工的工资收入，原则上，应该归本人所得。

【中共中央关于三峡水利枢纽和长江流域规划的意见】(1958年3月25日)　1958年3月25日成都会议通过，同年4月5日中央政治局会议批准。1995年收入中央文献出版社出版的《建国以来重要文献选编》第十一册。《意见》共七项：一、三峡水利枢纽是需要修建而且可能修建的，但是最后确定修建及何时开始修建，要待各个重要方面的准备工作基本完成之后，才能作出决定。二、三峡大坝正常高水位的高程应当控制在200公尺(米)以内。三、对一切主要的技术问题和经济问题的探讨，都应当采用展开争论、全面比较论证的方法，以求作出充分可靠的结论，某些重大的技术问题必须作试验研究。四、要抓紧时机分期完成各项防洪工程，决不可放松，防止出现等待三峡工程和有了三峡工程就万事大吉的思想。五、长江流域规划工作的基本原则，应当是统一规划，全面发展，适当分工，分期进行。六、汉水丹江口工程应当争取在1959年作施工准备或者正式开工。七、为了加强对三峡工程和长江规划的领导，应当正式成立长江规划委员会，三峡工程和长江规划中的设计文件，均应经过国家计划委员会会同有关方面审查，报请中央批准。

【中共中央关于继续加强对残存的私营工业、个体手工业和对小商小贩进行社会主义改造的指示】（1958年4月2日）　中共中央1958年4月2日发出。1995年收入中央文献出版社出版的《建国以来重要文献选编》第十一册。《指示》指出，中央继续加强对残存的私营工业、个体手工业和对小商小贩进行社会主义改造。具体处理办法是：对于资本主义性质的工业，原则上不允许继续存在，但是应当分别情况，作不同处理；对于个体手工业户，应该加强对他们的领导、管理和改造，在自愿的原则下，有计划地吸收他们参加手工业合作社；对于小商小贩和行商，应普遍进行一次审查。既要积极对它们进行改造，又不能采取简单粗暴的办法来处理，应当采取依靠群众和加强行政管理相结合的办法，慎重地进行这一方面的工作。

【中共中央关于整风问题的指示】（1958年4月2日）　中共中央1958年4月2日发出。1995年收入中央文献出版社出版的《建国以来重要文献选编》第十一册。《指示》指出，一定要把整风坚持到底，各地区各部门应当及时地转入整风的第四阶段，即阅读文件、个人反省、提高自己的阶段；整风第四阶段进行的方法，应当是在党委领导下召开小型整风会议，严肃认真又和风细雨地开展批评与自我批评；整风第四阶段，以揭发和批判官僚主义、主观主义、宗派主义为主要内容；为了有力地分化右派分子，应召开右派分子会议或者吸收右派分子参加的会议，由负责同志作报告，交代政策，指明出路，并且要组织右派分子加以讨论，督促他们彻底改悔。

【中共中央关于在发展中央工业和发展地方工业同时并举的方针下有关协作和平衡的几项规定】（1958年4月5日）　中共中央1958年4月5日发出。1995年收入中央文献出版社出版的《建国以来重要文献选编》第十一册。《规定》共六项：一、对各类产品实行分级管理、分级平衡的制度。二、在组织工业生产和基本建设时，必须贯彻实行点和面相结合、普及和提高相结合的原则。三、适当改变基本建设的管理程序。四、在全国范围内，逐步实行“双轨”的计划体制。五、各级党委必须亲自掌握经济工作的协作和平衡。六、各省、市、自治区、各协作区和中央各主管部门，应该至少每两个月抓一次协作和平衡问题，进行全面的或者重点的检查，及时解决已经发生了的问题和尽可能防止可能发生的毛病。《规定》指出：适应经济发展的新形势，必须迅速地改变旧的计划方法和一些不适用的规章制度，采取一些新的具体措施来调整生产节奏，做到既有中央的全面规划，又有地方的具体规划，既有中央的统一领导，又有地方的积极主动，以便调动生产战线上的一切积极因素，促进生产力高速度发展。

【中共中央、国务院关于在全国大规模造林的指示】（1958年4月7日）　中共中央、国务院1958年4月7日联合发出。1995年收入中央文献出版社出版的《建国以来重要文献选编》第十一册。为了使造林运动得到普遍地、有计划地发展，在尽可能短的时期内改变我国森林不足和分布极不平衡的状况，《指示》提出：一、做好规划。全国森林面积应该在十年内翻一番。全国的木材蓄积量，在15年内应该增加到80亿立方公尺左右。二、坚持依靠合作社造林为主，同时积极发展国营林场的方针。三、必须努力提高造林质量，做好造林前的准备工作和造林后的育林工作。要求保证成活率达到80%以上。四、必须做好更新工作和护林工作。实行小面积采伐和以人工更新为主、以人工促进天然更新或者以天然更新为辅的方针，使更新的速度超过采伐。应该组织群众，划分地区，订立护林公约，宣传“护林防火，人人有责”，展开森林无火灾的群众运动，加强护林防火措施。《指示》指出，只要认真采取以上各项办法，经过几年的苦战，我国的绿化面积和森林资源一定可以大大增加。

【中共中央关于加强地方党委对军队的领导和密切地方党委同军队关系的指示】（1958年4月8日）　中共中央1958年4月8日发出。1995年收入中央文献出版社出版的《建国以来重要文献选编》第十一册。《指示》指出，中共中央决定继续贯彻执行军事系统和地方党委对军队的双重领导制度，并作出具体规定：省（自治区）军区、军分区、直辖市和县、市兵役局这三级军事机关，除了保持军事系统的垂直领导与隶属关系以外，在党的关系上同时成为同级地方党委的军事工作部，受同级地方党委领导；县（市）兵役局改为县（市）人民委员会的人民武装部，同时也是同级党委的人民武装部；凡军事区域同地方行政区域相一致的军区，也应置于军委和同级党委双重领导之下；军事区域同地方行政区域不一致的军区，都应当和当地的地方党委保持密切的联系，接受当地省（市）委和自治区党委的领导；军队派驻工厂的军事代表在检验军事订货生产业务方面，保持派出机关的垂直领导，在政治上思想上和党团生活方面，受工厂党委的领导。

【中国共产党中央委员会向第八届全国代表大会第二次会议的工作报告】（1958年5月5日）　刘少奇1958年5月5日所作工作报告。1995年收入中央文献出版社出版的《建国以来重要文献选编》第十一册。《工作报告》共三个部分：目前形势；党的社会主义建设的总路线；今后的任务。《工作报告》指出，党正确地执行了并且发展了本届代表大会第一次会议所决定的方针和政策，在各方面的工作中取得了巨大的成就。党的整风运动和反右派斗争，发展为全民的整风运动，而全民的整风高潮，又进一步地推动了全民的生产和建设高潮。目前社会主义建设事业的大跃进，不但是反右派斗争和整风运动胜利发展的结果，而且是正确执行党的鼓足干劲、力争上游、多快好省地建设社会主义总路线的结果。党在目前的任务，就是要在整风运动的基础上，进一步地处理人民内部矛盾，有系统地改进国家工作，加强各级党组织的工作，百折不挠地为贯彻执行社会主义建设的总路线而斗争。

【中共中央关于加强协作区工作的决定】（1958年6月1日） 中共中央1958年6月1日作出。1995年收入中央文献出版社出版的《建国以来重要文献选编》第十一册。《决定》共三个方面。《决定》提出将全国划分为东北、华北、华东、华南、华中、西南、西北等七个协作区，各个协作区都成立协作区委员会，作为各个协作区的领导机构；各个协作区“根据各个经济区域的资源等条件，按照全国统一的规划，尽快地分别建立大型的工业骨干和经济中心，形成若干个具有比较完整的工业体系的经济区域”。《决定》还就协作区的任务、组织领导、协作交流方式等作出具体规定。

【中共中央关于企业、事业单位和技术力量下放的规定】（1958年6月2日） 中共中央1958年6月2日发出。1995年收入中央文献出版社出版的《建国以来重要文献选编》第十一册。《规定》对中央部委所属企业、事业单位和技术力量下放地方管理的具体办法作了说明：轻工业部门所属各企业、事业单位除四个特殊纸厂和一个铜网厂外全部下放，重工业部门所属各企业、事业单位大部下放；铁道部所属工程局、管理局，实行中央和地方双重领导；邮电部除保留北京通讯枢纽和连通各省的长途通讯干线、邮政干线的管理权以外，全部下放；交通部所属单位，除了保留必要的部分支援国外以外，全部下放；农垦部除直属三个地方的国营农场外，均交地方管理；粮食、商业部门所属加工企业全部下放。对外贸易由中央统一安排，中央与地方签订分期交货合同。《规定》指出，未下放的企业、事业单位，如地方要求下放，中央主管部门应该尽可能满足地方要求。决定下放的新建项目，根据地方情况，可以马上下放，也可以建成后下放。下放企业、事业单位和技术力量的交接工作，一律于本年6月15日以前完成。下放后，中央各部委和地方要继续加强和发展中央与地方的企业、事业单位之间的协作关系。后附《中央工业各部门下放企业、事业单位统计表》。

【中共中央关于目前生产大跃进宣传报道中注意事项的通知】（1958年8月3日） 中共中央1958年8月3日发出。2013年收入人民出版社出版的《中共中央文件选集（1949年10月—1966年5月）》第二十八册。《通知》指出，在生产大跃进的宣传报道中，要注意控制三点：一、不要宣传全省全区1959年特别是第二个五年计划的指标，关于粮食每人2000斤至3000斤的口号应该坚决停止宣布。15年赶上和超过美国的口号也坚决不要宣传。二、某些发明创造，应该实行保密。哪些产品在哪些方面超过哪些外国的哪些牌号的报道，一般都应该注意认真审查，不要随便做不准确的宣布。三、一些城市和农村在生产关系方面的改革尝试应鼓励和研究，但在报刊上不要随便作为共产主义的经济制度来宣传。

【中共中央关于一九五九年计划和第二个五年计划问题的决定】（1958年8月28日） 中共中央1958年8月28日作出。1995年收入中央文献出版社出版的《建国以来重要文献选编》第十一册。《决定》提出了1959年国民经济计划的主要目标：粮食产量达到8000亿斤到10000亿斤，钢产量达到2700万吨，争取3000万吨，铜40万吨，铝30万吨，机床产量达到30万台，发电量达到550亿度；规定了在第二个五年计划期间，全国在建立强大的独立完整的工业体系的同时，各协作区都应当建立起比较完整的、不同水平和各有特点的工业体系，各省、市、自治区也都应当建立起一定程度的工业基础；中央和省、市、自治区都要有计划委员会、工业生产委员会和建设委员会，在党的统一领导下，分别管理有关计划、工业生产和基本建设三个方面的工作。附件《国家计划委员会党组关于第二个五年计划的意见》就“二五”规划的目标和要求，主要经济指标和重大建设项目等问题进行了说明。

【中共中央关于在农村建立人民公社问题的决议】（1958年8月29日） 中共中央1958年8月29日发出。1995年收入中央文献出版社出版的《建国以来重要文献选编》第十一册。《决议》共六个部分：一、人民公社是形势发展的必然趋势。二、社的组织规模，就目前说，一般以一乡一社、两千户左右较为合适。三、小社并大、转为人民公社的做法与步骤。四、并社中的若干经济政策问题。五、关于社的名称、所有制和分配制的问题。六、现阶段我们的任务是建设社会主义。《决议》确定人民公社实行政社合一，工农兵学商相结合；强调小社并大社的方法，首先由原来的各小社联合选出大社的管理委员会，把人民公社的架子搭起来；在并社过程中，要以“共产主义精神”去对待各个小社的公共财产和债务方面的差别；指出人民公社目前是集体所有制，以后可以变为全民所有制，并为向共产主义过渡作准备。《决议》要求全国各地尽快地将小社并大社，转为人民公社。

【中共中央关于今冬明春在农村中普遍展开社会主义和共产主义教育运动的指示】（1958年8月29日） 中共中央1958年8月29日发出。发表于1958年9月11日《人民日报》。1995年收入中央文献出版社出版的《建国以来重要文献选编》第十一册。《指示》共五个部分：一、为保证1959年取得更大丰收，今冬明春在农村中进行一次广泛的社会主义和共产主义的教育运动，是必要的。二、这个运动的内容是总结和宣传一年来取得的成绩和经验，大讲特讲社会主义制度的优越性，彻底批判一部分富裕农民残存的资本主义自发倾向，使社会主义建设总路线更加深入人心。三、通过鸣放辩论，使广大农民充分了解人民公社的优越性，自觉自愿地把农业社转为人民公社。四、在教育运动中，结合进行党员团员的整风工作和整社工作，扩大农业社和生产队规模，提高经营管理水平，改进干部工作作风，表扬积极分子。对屡教不改和有严重右倾保守思想还居于领导地位的，坚决撤换。五、运动自始至终应按照正确处理人民内部矛盾的原则，充分发扬民主，采取大鸣、大放、大辩论、大字报、现场会、展览会等形式，做到从思想上解决问题，使这个运动真正成为广大群众的自我教育运动。在1958年夏季大丰收的基础上，制定出1959年农业增产计划，掀起冬季生产高潮，争取1959年更大的丰收。

【中共中央关于水利工作的指示】（1958年8月29日）　中共中央1958年8月29日发出。发表于1958年9月11日《人民日报》。1995年收入中央文献出版社出版的《建国以来重要文献选编》第十一册。《指示》共四项：一、确立了水利建设“小型为主，以蓄为主，社办为主”的“三主”方针。二、要求各地在贯彻执行“三主”方针时，应该注意到在以小型工程为基础的前提下，适当地发展中型工程和必要的可能的某些大型工程，并使大、中、小工程相互结合，有计划地逐渐形成为比较完整的水利工程系统。三、要求加速制订全国范围的较长远的水利规划。四、抓紧解决不同地区水利问题的办法和加强工具改革这两个关键。

【中共中央关于对外贸易必须统一对外的决定】（1958年8月）　中共中央1958年8月作出。1995年收入中央文献出版社出版的《建国以来重要文献选编》第十一册。《决定》指出，对外贸易必须严格统一对外，绝不容许有任何不统一现象发生。具体要求是：对社会主义国家和对资本主义国家政府间的贸易，全由对外贸易部秉承中央意旨统一去办理；对兄弟国家的进出口货单，必须经国家计划部门综合平衡，并且经过中央批准，对外贸易部门才可对外签订协议；对资本主义国家非政府间的贸易，凡属垄断性强或大宗的进出口商品，均由对外贸易部所属总公司统一对外成交；任何地方任何机关未经中央批准，不得命令银行动用国家外汇，向外开证；各口岸邀请外商来华谈判或派人出国进行贸易活动，必须事先报对外贸易部批准，由对外贸易部统一组织进行。

【中共中央关于民兵问题的决定】（1958年8月）　中共中央1958年8月作出。1995年收入中央文献出版社出版的《建国以来重要文献选编》第十一册。《决定》指出，为保卫我国领土主权的完整和社会主义建设，保卫远东和世界和平，中央决定在常规部队和特种技术部队之外，以人民公社为单位，建立民兵队伍。《决定》对民兵队伍的组建、武器、训练内容、方式和形式等民兵建设工作作了具体规定。

【中共中央、国务院关于教育工作的指示】（1958年9月19日）　中共中央、国务院1958年9月19日发出。1995年收入中央文献出版社出版的《建国以来重要文献选编》第十一册。《指示》共六个部分：一、指出必须调动一切积极因素，鼓足干劲、力争上游，多快好省地扫除文盲，普及教育，培养出一支数以千万计的又红又专的工人阶级知识分子的队伍。二、全国解放九年来，我国教育工作在党的领导下取得了巨大的成绩。三、党的教育方针是教育为无产阶级的政治服务，教育与生产劳动相结合。四、提出全国将有三类主要的学校：第一类是全日制的学校，第二类是半工半读的学校，第三类是各种形式的业余学习的学校。五、要求各大协作区建立起一个完整的教育体系。六、规定全国应在三年到五年的时间内，基本上完成扫除文盲、普及小学教育的任务。

【中共中央批转国家体委党组《关于体育运动十年规划的报告》】（1958年9月19日） 中共中央1958年9月19日发出。1995年收入中央文献出版社出版的《建国以来重要文献选编》第十一册。批文指出，中央同意国家体委党组《关于体育运动十年规划的报告》。体育运动的根本任务是增强人民体质，为劳动生产和国防建设服务。体育运动的方针是：适应生产大跃进中广大劳动人民对增强体质的要求，大力开展群众性的体育运动，在体育运动广泛开展的基础上，提高技术水平，不断地创造新纪录。国家体委党组的《报告》汇报了全国体育工作会议讨论和制订体育运动十年发展纲要的目标，提出了赶超世界水平的目标和要求；就人民公社条件下开展体育运动、全民皆兵等问题制订了具体措施。

【中共中央、国务院关于改进计划管理体制的规定】（1958年9月24日） 国务院全体会议第八十次会议1958年9月24日通过，同日发布。1995年收入中央文献出版社出版的《建国以来重要文献选编》第十一册。《规定》共五个部分：一、国家计划必须统一，各地方、各部门的经济、文化的建设都应当纳入全国统一计划之内。二、在国家的统一计划的前提下，实行分级管理的计划制度，以充分发挥地方的积极性。三、实行在中央集中领导下，以地区综合平衡为基础的、专业部门和地区相结合的计划管理制度。四、计划编制程序和计划表格力求简化，统计应该力求确实。五、凡是过去有关计划管理的规定与本规定相抵触的，一律作废。

【中共中央、国务院关于干部参加体力劳动的决定】（1958年9月25日） 中共中央、国务院1958年9月25日作出。1995年收入中央文献出版社出版的《建国以来重要文献选编》第十一册。《决定》指出，除了一部分干部已经下放到农村和工矿企业进行劳动锻炼以外，今后主要应当使全体在职干部每年都分出一定时间去参加工农业劳动生产。具体要求是：各机关、部队和各企业、事业单位的全体工作人员，除年老有病不能参加体力劳动或者只能参加轻微的体力劳动的以外，每人每年必须用至少一个月的时间参加体力劳动；各单位对于所属工作人员怎样参加体力劳动和怎样保证做满至少一个月，应当根据各单位的具体情况，定出计划，作好安排，以便在不影响工作的条件下迅速执行上述决定。

【告台湾同胞书】（1958年10月6日） 毛泽东1958年10月6日起草，同日以中华人民共和国国防部部长彭德怀名义发出。发表于1958年10月6日《人民日报》。1995年收入中央文献出版社出版的《建国以来重要文献选编》第十一册。《告台湾同胞书》申明我们都是中国人。三十六计，和为上计；强调台、澎、金、马是中国的一部分，世界上只有一个中国，没有两个中国；指出“你们与我们之间的战争，三十年了，尚未结束，这是不好的。建议举行谈判，实行和平解决”。宣告“从10月6日起，暂以7天为期，停止炮击；你们可以充分地自由地运输供应品，但以没有美国人护航为条件。如有护航，不在此例”。

【中共中央批转轻工业部党组关于人民公社大办工业问题的报告】（1958年12月7日）　中共中央1958年12月7日发出。1995年收入中央文献出版社出版的《建国以来重要文献选编》第十一册。批文指出，人民公社和县联社必须贯彻执行工农商学兵结合和农林牧副渔结合，特别是工农业并举的方针，在切实抓紧农业的同时，还要大力举办工业。无论公社或者联社举办的工业，凡是原料、设备需要向外地采购，产品需要向外地销售的，都必须纳入国家（中央、地方）的统一计划。轻工业部党组关于人民公社大办工业问题的报告分析了轻工业工作所处的形势和任务，认为大搞技术革命，挖掘现有设备的潜力，就能提高生产。《报告》认为，贯彻工农业并举的方针，在人民公社大办工业，既是解决矛盾的关键，也是轻工业发展的基本方向。

【中共中央同意中央组织部《关于今后接收党员工作的意见》】（1958年12月7日）　中共中央1958年12月7日发出。1995年收入中央文献出版社出版的《建国以来重要文献选编》第十一册。该文件说，中共中央同意中央组织部关于今后接收党员的意见。指出，农村党员总数尚未达到农村人口2%的省区，在最近几年内可以发展到占农村人口的2%。农村党员总数已达到或已超过农村人口2%的省区，也可作适当的发展，但在最近几年内，也不要超过2.5%，个别现有党员特别多的省，至多也不要超过3%。切不可猛然一下发展数量过大，必须切实注意质量。《关于今后接收党员工作的意见》对发展党员的数量、妇女党员、青年党员、接收党员的标准等作了规定。

【关于人民公社若干问题的决议】（1958年12月10日）　中国共产党第八届中央委员会第六次全体会议1958年12月10日通过。1995年收入中央文献出版社出版的《建国以来重要文献选编》第十一册。《决议》指出，迅速统一全党全民对于公社的认识，加强对公社的领导，整顿和巩固公社的组织，是目前的迫切任务。《决议》对人民公社制度的一些大的政策界限，作了进一步的明确规定：一、针对一些公社成立以后就宣布实现了全民所有制、甚至进入了共产主义的问题，划分了集体所有制与全民所有制的界限。二、针对一些公社在分配上搞全面供给制的现象，指出在社员收入中，按劳分配的工资部分，在一段时期内应占主要地位。三、针对企图取消商品生产和货币、企图对公社的产品实行调拨的做法，指出在今后一个必要的时期内，人民公社的商品生产及国家和公社、公社与公社之间的商品交换，必须有一个很大的发展。四、针对一些公社把社员的私有财产归公的做法，规定社员个人所有的房屋、衣被、家具等生活资料和存款，永远归社员所有。

【中共中央关于一九五九年国民经济计划的决议】（1958年12月10日） 中国共产党第八届中央委员会第六次全体会议1958年12月10日通过。1995年收入中央文献出版社出版的《建国以来重要文献选编》第十一册。《决议》指出，1959年的国民经济计划继续反对保守，破除迷信，贯彻执行党的社会主义建设的总路线，贯彻执行工农业同时并举和有关的一整套“用两条腿走路”的方针，在工业中以钢为纲、全面跃进和集中领导同群众运动相结合的方针。1959年的钢（一类钢）产量定为1800万吨到2000万吨（以2000万吨为计算其他指标的根据），与此相适应，铁产量定为2900万吨，钢材定为1400万吨。全国的计划是统一的，无论公社、县、专区、省、市、自治区的经济建设计划，都必须在分级综合平衡以后由中央综合平衡，并且纳入统一的国家计划之中。

【中国共产党八届六中全会同意毛泽东同志提出的关于他不作下届中华人民共和国主席候选人的建议的决定】（1958年12月10日） 中国共产党第八届中央委员会第六次全体会议1958年12月10日通过。1995年收入中央文献出版社出版的《建国以来重要文献选编》第十一册。《决定》指出，中央全会在经过了充分的、多方面的考虑以后，决定同意毛泽东同志不再继续担任中华人民共和国主席的职务。各级党委应当在党的适当会议上，在各级人民代表大会会议上，在工矿企业工人的集会上，在人民公社的集会上，在机关、学校、部队的集会上，向党内党外的干部和群众进行充分的解释，以便大家了解这件事的理由，而不致有所误解。

【中国共产党第八届中央委员会第六次全体会议公报】（1958年12月17日） 新华社1958年12月17日公布。1995年收入中央文献出版社出版的《建国以来重要文献选编》第十一册。《公报》指出，八届六中全会通过了《关于人民公社若干问题的决议》；总结了1958年我国国民经济发展的主要经验，提出了1959年国民经济发展的方针；通过了关于改进农村财政贸易管理体制的决定。全会指出，为了实现1959年的计划，必须继续坚持政治挂帅、依靠群众，在建设工作中继续采取群众路线，开展群众运动；全党全民必须一致努力，一切局部利益必须服从整体利益。八届六中全会在经过了充分的、多方面的考虑以后，决定同意毛泽东提出的关于他不作下届中华人民共和国主席候选人的建议。

【中共中央、国务院关于适应人民公社化的形势改进农村财政贸易管理体制的决定】（1958年12月20日） 中共中央、国务院1958年12月20日作出。1995年收入中央文献出版社出版的《建国以来重要文献选编》第十一册。《决定》指出，农村财政贸易体制应当根据统一领导、分级管理的方针，实行机构下放、计划统一、财政包干的办法，也就是实行“两放、三统、一包”的办法。所谓两放，就是下放人员，下放资产；所谓三统，就是统一政策，统一计划，统一流动资金的管理；所谓一包，就是包财政任务。《决定》提出，“两放、三统、一包”的办法，是在目前情况下一个较好的可行的办法。同时指出，由于各地具体情况有所不同，各地可以根据当地情况自行规定实行的时间、步骤和具体方法。

【中共中央转发毛泽东对《清华大学物理教研组对待教师宁“左”勿右》一文的批示】（1958年12月27日）　中共中央1958年12月27日发出。1995年收入中央文献出版社出版的《建国以来重要文献选编》第十一册。发文指出，现将毛泽东同志对《清华大学物理教研组对待教师宁“左”勿右》一文的批示，及该文原件，发给你们。望印发教育部门、文化部门、卫生部门，各大专学校、科学研究机关、医院、文学艺术团体、报社、杂志社和出版机关的党委、总支委、支委阅读并讨论，端正对知识分子的工作方向。毛泽东写给陆定一的批示要求，在大专学校、科研机构进行讨论，争取一切可能争取的教授、讲师、助教和研究人员，为无产阶级的教育事业和文化科学事业服务。《清华大学物理教研组对待教师宁“左”勿右》一文汇报了物理教研组支部对待知识分子的一些错误认识和做法。

【中共中央关于制止农村劳动力流动的指示】（1959年2月4日）　中共中央1959年2月4日发出。1996年收入中央文献出版社出版的《建国以来重要文献选编》第十二册。《指示》指出，春耕就要到来，冬季生产任务很繁重，农民盲目流入城市的现象却相当严重，这对于农业和工业生产很有妨碍，对于巩固人民公社也是不利的。要求采取六项措施予以制止：各企事业单位一律不得再招收流入城市的农民；已经使用的，要立即进行一次清理，已有固定工作确实不能离开的，必须补订企业、人民公社和劳动者本人三方同意的合同，其余的一律遣送回乡；在农民盲目外流严重的地区必要时应在交通要道派人进行劝阻；在城市和工矿区，严格执行粮食计划供应制度和户口管理制度；各级党委要加强对社员安心农业生产和积极建设农村的教育等。

【中共中央关于在对外关系中切实纠正骄傲现象的指示】（1959年2月16日）　中共中央1959年2月16日发出。1996年收入中央文献出版社出版的《建国以来重要文献选编》第十二册。《指示》指出，在对外关系中，必须保持谦虚谨慎、实事求是的态度，必须坚决、彻底、干净、全部地消灭大国主义；对苏联和其他兄弟国家应该采取更尊重更谦虚的态度，对民族主义国家应该采取更耐心更含蓄的态度，对帝国主义进行斗争也要更加讲究策略，宁可使敌人对我们估计不足，也不要引起敌人的过早警惕；一切有关对外承担义务的事，必须采取量力而行的态度，凡是办不到的一律不要轻于允诺，凡是允诺了的就一定要办到；在纠正骄傲现象的同时，必须继续强调解放思想，破除迷信，反对民族自卑感，决不容许对于我们自己正确的东西发生任何动摇，在一切根本问题上，必须坚持原则，当仁不让，坚决防止迁就主义的偏向。

【关于人民公社管理体制的若干规定（草案）】（1959年2月27日—3月5日） 中共中央政治局郑州扩大会议1959年2月27日至3月5日讨论起草。《若干规定（草案）》作为《郑州会议记录》的第三部分于1996年收入中央文献出版社出版的《建国以来重要文献选编》第十二册。《若干规定（草案）》共三个部分：一、人民公社管理委员会的职权范围；二、相当于原来的高级农业生产合作社的管理区或生产队的职权范围；三、不相当于原来的高级农业生产合作社的管理区或生产队的职权范围。《若干规定（草案）》指出，生产队（或管理区）的所有制目前还是公社的主要基础。正确处理公社内部的大集体和小集体的关系问题，亦即公社管理委员会和管理区、生产队之间的关系问题，是目前整社工作中必须认真解决的一个极端重要的问题。根据党的八届六中全会决议，人民公社应当实行统一领导、分级管理的制度。这个制度的内容，可以概括如下：统一领导，队为基础；分级管理，权力下放；三级核算，各计盈亏；分配计划，由社决定；适当积累，合理调剂；物资劳动，等价交换；按劳分配，承认差别。郑州会议对纠正人民公社化运动以来出现的混乱状况，起到了积极作用，使生产队有了自主权、所有权，在一定程度上制止了“共产风”的发展，基本解决了公社内部各队之间的平均主义问题。

【中共中央、国务院关于制止农村劳动力盲目外流的紧急通知】（1959年3月11日） 中共中央、国务院1959年3月11日发出。2013年收入人民出版社出版的《中共中央文件选集（1949年10月—1966年5月）》第三十册。《紧急通知》针对农村劳动力盲目外流屡禁不止，且在某些地区又有新发展的现象，提出了制止这一现象的十项紧急措施。《紧急通知》要求：各机关、企事业单位和部队、学校立即向所属全体人员传达中央有关指示；有农民盲目流动的地区，当地政府机关应设置机构或指定有关部门进行收容和遣返工作；外流农民回乡后当地人民公社应表示欢迎，妥善安排他们的生活和工作；各部门对招工情况认真检查，所有招工机构立即撤销；凡同农民流入、流出有关的国务院各部、委、直属机构及各省、市、自治区人民委员会，应立即成立检查组，负责检查本通知及中共中央有关指示的执行情况并向国务院报告。

【关于人民公社的十八个问题】（1959年4月） 中共中央政治局1959年3月25日至4月1日在上海召开扩大会议的会议纪要，中共八届七中全会4月5日原则通过。1996年收入中央文献出版社出版的《建国以来重要文献选编》第十二册。这个会议纪要是对1958年12月以来人民公社整顿中所提问题的原则规定。十八个问题为：一、基本队有制、部分社有制的情况不能很快改变。二、确定基本核算单位。三、生产小队的部分所有制。四、公社管理委员会的工作。五、“旧账”的清算和处理。六、国家银行和公社间的信贷关系问题。七、收益分配方案要及早向群众宣布。八、关于工资制。九、关于供给制。十、一九五九年的粮、棉生产指标。十一、关于农业增产技术措施。十二、农村劳动力的安排问题。十三、十亿元投资的用途和分配。十四、目前的工作重点要放在穷社、穷队。十五、关于开会方法。十六、公社的管理机构。十七、召开公社的党员代表大会和社员代表大会。十八、制定人民公社示范章程的准备工作。会议纪要指出，全国各地的情况不同，这个纪要不能把一切情况都包括进去。各省可以根据这个纪要所规定的原则，作出适合本省情况的具体规定。

【中华人民共和国第二届全国人民代表大会第一次会议关于西藏问题的决议】（1959年4月28日）　第二届全国人民代表大会第一次会议1959年4月28日通过。1996年收入中央文献出版社出版的《建国以来重要文献选编》第十二册。《决议》共五个部分。《决议》指出，第二届全国人民代表大会第一次会议完全同意国务院对于原西藏地方政府和上层反动集团在1959年3月10日举行叛乱后所采取的各项措施；认为原西藏地方政府和上层反动集团的叛乱不是偶然的；要求逐步建立西藏自治区的各级地方行政机构和藏族人民的自卫武装，并且开始执行自治职权；指出西藏人民改革的要求已具备条件，要根据西藏的实际情况，逐步实现西藏的民主改革；重申西藏是中国的不可分割的一部分。

【中共中央关于农业的五条紧急指示】（1959年5月7日）　中共中央1959年5月7日发出。1996年收入中央文献出版社出版的《建国以来重要文献选编》第十二册。《紧急指示》共五条：一、要求各级党委的第一书记必须以抓农业生产为中心，县委第一书记必须以全力抓农业生产，地委第一书记必须以2/3的时间抓农业生产，省委的第一书记必须以1/2以上的时间抓农业生产。二、加强小麦的后期管理，保证增产，同时从劳力及工具等方面做好麦收的一切准备，保证丰产丰收，颗粒还家。三、扩大春播和夏种的面积，凡是一切可以春播的土地，只要力所能及的都要种上。四、恢复社员的自留地，仍然按照原高级合作社章程的规定，自留地不超过也不少于每人平均占有土地的5%。五、采取现场会议、评比竞赛等方法，把群众动员起来，干劲鼓足，迅速掀起一个轰轰烈烈的春播、夏收、夏种的生产高潮。

【中共中央关于分配私人自留地以利发展猪鸡鹅鸭问题的指示】（1959年5月7日）　中共中央1959年5月7日发出。1996年收入中央文献出版社出版的《建国以来重要文献选编》第十二册。《指示》指出，最近几个月以来，养猪头数大量减少，对于积肥、猪肉的供应和私人零用钱的取得非常不利。要迅速改变这种局面，必须采取公社各级集体养猪和社员家庭私养并重的方针，因此就要给社员一定数量的自留地。自留地的多少，应当按照原高级合作社章程的规定，按人口计算，不超过每人平均占有土地的5%，也可以按猪计算，每头猪拨给一分或者二分饲料地，由各省、市、自治区党委根据当地的具体情况，自行决定。

【中共中央关于印发教育工作的十个文件的通知】（1959年5月17日） 中共中央1959年5月17日发出。1996年收入中央文献出版社出版的《建国以来重要文献选编》第十二册。《通知》下发了中央批准的《教育部党组关于1959年教育事业发展计划的意见》《中共中央、国务院关于在农村中继续扫除文盲和巩固发展业余教育的通知》《中共中央关于在高等学校中指定一批重点学校的决定》《中共中央、国务院关于整顿1958年新建的全日制和半日制高等学校的通知》《中共中央、国务院关于试验改革学制的规定》《国务院关于全日制学校的教学、劳动和生活安排的规定》《国务院关于高等学校师资的补充、培养和调配问题的规定》《国务院关于注意适当地解决高等学校所必须的校舍建筑、仪器、设备及原材料供应等问题的通知》《教育部党组关于大中学校增设军事课程问题的请示报告》《教育部党组关于编写普通中小学和师范学校教材的意见》等十个文件。《通知》指出，1958年教育工作取得了很大的成绩，也有一些缺点和错误。今后的任务是，在学校工作中，不但要善于领导劳动，还要善于领导教学；不但要善于解决知识分子劳动化的问题，还要善于解决工农分子知识化的问题。在教育的发展中，必须坚持贯彻执行“两条腿走路”的方针，不但要善于普及教育，还要善于办好教育，提高质量。对于一切可以团结的知识分子，都要团结他们，为社会主义的教育事业和科学研究事业服务。对于学术性质的和艺术性质的问题，要贯彻“百家争鸣、百花齐放”的政策。对于学生，要号召他们不但做到身体好，工作好，而且还要学习好。

【中共中央关于采取非常措施解决当前食油供应问题的紧急指示】（1959年5月26日） 中共中央1959年5月26日发出。1996年收入中央文献出版社出版的《建国以来重要文献选编》第十二册。《紧急指示》指出，目前食用植物油供应四处告急，国家无法面面兼顾，大有顾此失彼之势。因而决定，各省（区）在今年5月至9月，必须保证调给国家食油5.4亿斤，不得减少；宁可农村暂时停销，减少食油库存，也要坚决调油支援国家建设；各省（区）只能在按期完成中央调出任务的条件下，根据本省（区）的实际可能，具体安排自己地区的食油供应；并且还要狠狠地抓住油菜籽和其他油脂油料的收购工作。中央要求所有的城镇，适当缩减居民的食油供应标准，大中城市少减一些，小城镇多减一些。

【中共中央关于大力紧缩社会购买力和在群众中解释当前经济情况的紧急指示】（1959年6月1日） 中共中央1959年6月1日发出。1996年收入中央文献出版社出版的《建国以来重要文献选编》第十二册。《紧急指示》指出，为了缓和市场紧张状态，压缩社会购买力，必须采取一系列措施：一、坚决压缩公用开支，紧缩集团购买力。二、控制企业职工人数和工资总额。三、按照国家计划严格控制农村货币投放。四、大力开展储蓄工作，动员城乡居民积极参加存款储蓄。在开展储蓄的工作中，一定要注意贯彻执行存款自愿、取款自由的原则，防止强迫命令和摊派现象发生。在采取上述措施的同时，必须立即在干部群众中开展大规模有系统的宣传解释工作，继续鼓足干劲，战胜一切困难。

【中共中央关于社员私养家禽、家畜和自留地等四个问题的指示】（1959年6月11日） 中共中央1959年6月11日发出。1996年收入中央文献出版社出版的《建国以来重要文献选编》第十二册。《指示》建议各县，用县人民委员会的名义出一张布告，把下面四件事向群众公布：一、允许社员私人喂养家禽家畜，包括猪、羊、鸡、鸭、鹅、兔等在内，收入完全归个人。公有私养的一定要给社员以合理的报酬。二、恢复自留地制度，不管社员喂猪不喂猪，在食堂吃饭或在家吃饭，只要他愿意要，都应该给他。三、鼓励社员利用空闲的时间耕种零星闲散土地，谁种谁收，不征公粮，不派统购任务。四、屋前屋后的零星树木仍然归还社员私有，并且奖励社员利用屋前屋后和其他废弃土地种竹木、水果，谁种谁有。

【中共中央关于调整一九五九年主要物资分配和基本建设计划的紧急指示】（1959年6月13日） 中共中央1959年6月13日发出。1996年收入中央文献出版社出版的《建国以来重要文献选编》第十二册。《紧急指示》指出，全国的基本建设项目，无论属于中央或地方，无论在限额以上或以下，都必须立即毫不迟疑地按照国家计划委员会党组报告中所提出的各项原则，加以削减，以便缩短战线，集中力量完成和提前完成那些最重要的基建项目；凡是应当停建缓建的，要坚决地及时地停建缓建；凡是应当保留的，包括限额以下的项目，都必须纳入国家计划；所有企业，都必须立即恢复或建立质量的检查制和责任制，对产品质量的好坏，各单位必须说真话，切不可把不合格的产品说成是合格的产品，贻害国家和人民。后附《国家计划委员会党组关于一九五九年主要物资分配和基本建设计划调整方案的报告》。

【中共中央关于在大中城市郊区发展副食品生产的指示】（1959年7月4日） 中共中央1959年7月4日发出。1996年收入中央文献出版社出版的《建国以来重要文献选编》第十二册。《指示》分析了副食品供应面临的困难，指出，解决大中城市副食品供应问题的根本途径，在于城乡并举，积极发展副食品的生产；在大中城市，坚决实行“自力更生为主，力争外援为辅”的方针；必须大力加强郊区副食品生产基地的建设，明确郊区的生产方针；在副食品生产方面，应当实行公私并举、两条腿走路的政策，既要发展国营和集体经营的副食品生产，又要允许社员个人饲养家畜家禽和进行其他副食品的生产；大中城市党委，对于郊区农业生产，必须全面规划，加强领导，必须实行农工交（交通）商四项并举的方针等。

【中共中央关于当前财政金融工作方面的几项决定】（1959年7月31日） 中共中央1959年7月31日作出。1996年收入中央文献出版社出版的《建国以来重要文献选编》第十二册。《决定》共四个部分：一、关于划清基建投资和流动资金的界限，并且限期清算过去账目。二、关于流动资金的核定。三、关于炼铁补贴。四、关于赊销和预付。《决定》明确要求：要划清基本建设投资和流动资金的界限；要核定流动资金，企业需要的定额流动资金，必须根据企业正常生产和正常商品流转的需要情况，认真加以核定，核定的办法，由财政、银行、企业主管部门共同负责直接核到企业，财政部门即按照核定的定额，拨给当地银行统一贷放；要核定炼铁补贴，超计划生产的炼铁补贴，属于地方使用的部分，由地方财政解决，属于中央调用的部分，向中央财政部报销；关于赊销和预付，必须经过省、市、自治区党委批准。

【中共中央关于粮食工作的指示】（1959年7月31日） 中共中央1959年7月31日发出。1996年收入中央文献出版社出版的《建国以来重要文献选编》第十二册。《指示》认为，鼓足干劲，多产粮食，是解决我国粮食问题的根本办法；要求全党必须学会精打细算、省吃俭用地过日子，万不能生产多少就消费多少，一定要瞻前顾后，以丰补歉，细水长流，留有余地；在农村中继续实行粮食定产、定购、定销的办法，在城市中继续实行粮食定量供应的办法；在粮食管理办法上，中央对各省、市、自治区继续实行粮食购销差额管理的办法；必须抓紧秋粮生产，力争秋粮丰收。后附《陈国栋关于一九五九年至一九六零年度粮食分配和粮食收支计划调整意见的报告》。

【中共中央关于迅速恢复和进一步发展手工业生产的指示】（1959年8月5日） 中共中央1959年8月5日发出。1996年收入中央文献出版社出版的《建国以来重要文献选编》第十二册。《指示》指出，去冬今春市场上出现的手工业品紧张情况是全国人民经济生活中的一个突出问题，是有关党和群众关系的一个重要问题。迅速恢复、并且力求进一步发展手工业生产，是当前的一个重要经济任务和政治任务。《指示》就手工业状况、从业人员、所有制形式、手工业产品多样化、服务方式多样化、公社工业的任务、手工业所需要的原材料、产品销售、实行经济核算制等作出规定。后附《邓洁关于恢复和发展手工业生产的几个问题的报告》。

【中共中央关于反对右倾思想的指示】（1959年8月7日） 中共中央1959年8月7日发出。1996年收入中央文献出版社出版的《建国以来重要文献选编》第十二册。《指示》认为，右倾思想，已经成为工作中的主要危险。开始妨碍人民公社的巩固发展，妨碍建设事业的跃进，妨碍总路线的贯彻执行。右倾分子不是和群众站在一起，而是站在群众运动外边，指手划脚，非难人民公社，非难大办钢铁，非难大跃进，企图动摇总路线，散布悲观情绪，向干部和群众大泼冷水，松他们的劲，泄他们的气，实际是要把这些积极分子弄得灰溜溜的。要求各级党组织，对右倾思想和右倾情绪，加以检查和克服，鼓足干劲，全面地掀起群众性的增产节约运动新高潮，用光辉跃进的成就，迎接国庆十周年。

【中国共产党中央委员会、国务院关于展开抗灾斗争的紧急指示】（1959年8月13日）　中共中央、国务院1959年8月13日发出。1996年收入中央文献出版社出版的《建国以来重要文献选编》第十二册。《紧急指示》指出，抗旱、防洪、防涝、灭虫是农业战线上当前紧急的战斗任务。广东、河北、辽宁、吉林、内蒙古等省区先后因暴雨集中，洪涝成灾；我国中部的河南、山东、安徽、湖北、湖南、江苏、江西等省发生了严重的旱灾，不少地区发生了虫灾。为了战胜水旱虫灾，争取秋季丰收，首先必须坚决反对右倾思想和悲观、松劲情绪，鼓足干劲，从思想上、精神上把千百万农民动员起来，抱着“人定胜天”的信念，同水旱虫灾进行坚持不懈的战斗。同时号召全党大力提倡节约，准备渡荒。

【为保卫党的总路线、反对右倾机会主义而斗争——中国共产党第八届中央委员会第八次全体会议决议】（1959年8月16日）　中共八届八中全会1959年8月16日通过。1996年收入中央文献出版社出版的《建国以来重要文献选编》第十二册。《决议》共五个部分：一、鼓足干劲、力争上游、多快好省地建设社会主义的总路线，是毛泽东同志创造性地提出的一条马列主义路线，在社会主义建设的各个战线取得了史无前例的伟大成就。二、右倾机会主义已经成为当前党内的主要危险。三、我国处于由资本主义到社会主义的过渡期，阶级依然存在。四、全体党员，必须在反右倾机会主义的斗争中站稳立场，划清思想界限。五、全党全国人民抓紧时机，争取完成和超额完成一九五九年生产和建设计划。

【中国共产党八届八中全会关于开展增产节约运动的决议】（1959年8月16日）
中共八届八中全会1959年8月16日通过。1996年收入中央文献出版社出版的《建国以来重要文献选编》第十二册。《决议》共六个部分：一、目前全党和全国各族人民的中心任务，就是要展开厉行增产节约的群众运动。二、国民经济各部门，半年以来的情况是良好的，形势是有利的。三、必须在今后四个月内展开一个轰轰烈烈的增产节约运动，千方百计完成和超额完成继续跃进的计划。四、工业、农业、运输业都要努力增产，开展社会主义的劳动竞赛。五、在厉行增产的同时，必须厉行节约。六、号召全党全国各族人民为在两年内（即1958年和1959年）提前完成第二个五年计划的主要指标而斗争。

【关于分期分批为右派分子摘帽和赦免一批罪犯的建议】（1959年8月24日）　毛泽东1959年8月24日撰写。1996年收入中央文献出版社出版的《建国以来重要文献选编》第十二册。《建议》认为，积以时日，至少可以争取70%的右派分子改变过来；在今后七年中（或更多时间），每年争取转变和摘掉帽子10%左右，是有可能的；根据确有改变的情况，给第一批改好了的右派分子，摘掉4.5万人左右的帽子，即10%，对于教育右派分子、一般资产阶级、知识分子，民主党派成员，将大有作用。建议国庆十年纪念赦免一批确实改恶从善的战犯及一般正在服刑的刑事罪犯。根据毛泽东的建议，1959年9月17日，中共中央下发了《关于摘掉确实悔改的右派分子的帽子的指示》。

【中国共产党中央委员会的建议】（1959年9月14日） 中共中央1959年9月14日向全国人民代表大会常务委员会提出。发表于1959年9月18日《人民日报》。1996年收入中央文献出版社出版的《建国以来重要文献选编》第十二册。《建议》提出，在中华人民共和国成立十周年的时候，特赦一批确实已经改恶从善的战争罪犯、反革命罪犯和普通刑事罪犯。《建议》认为，党和人民政府对反革命分子和其他罪犯实行的惩办和宽大相结合、劳动改造和思想教育相结合的政策，已经获得伟大的成绩，对于一批确实已经改恶从善的战争罪犯、反革命罪犯和普通刑事罪犯，宣布实行特赦是适宜的。采取这个措施，将更有利于化消极因素为积极因素，对于这些罪犯和其他在押罪犯的继续改造，都有重大的教育作用。全国人大第二届常委会于9月17日召开第九次会议，讨论并同意该建议。

【中共中央、国务院关于确实表现改好了的右派分子的处理问题的决定】（1959年9月16日） 中共中央、国务院1959年9月16日发布。发表于1959年9月18日《人民日报》。1996年收入中央文献出版社出版的《建国以来重要文献选编》第十二册。《决定》指出，大部分右派分子在目前都有了不同程度的悔改表现。其中一部分人，确实认识了自己的错误，在言论和行动上都表现出确实是改好了。为了使这些人以及其他右派分子更好地进行改造，更有利于化消极因素为积极因素，使他们感到，在我国伟大的社会主义制度下，只要改恶从善，都有自己的光明前途，现在决定：凡是已经改恶从善，并且在言论和行动上表现出确实是改好了的右派分子，对于这些人，今后不再当作资产阶级右派分子看待，即摘掉他们的右派的帽子。

【全国人民代表大会常务委员会关于特赦确实改恶从善的罪犯的决定】（1959年9月17日） 第二届全国人民代表大会常务委员会第九次会议1959年9月17日通过。1996年收入中央文献出版社出版的《建国以来重要文献选编》第十二册。《决定》指出，第二届全国人民代表大会常务委员会第九次会议，讨论了毛泽东主席所提出的中国共产党中央委员会关于特赦确实已经改恶从善的战争罪犯、反革命罪犯和普通刑事罪犯的建议，会议一致同意这个建议。决定在庆祝中华人民共和国成立十周年的时候，对于经过一定期间的劳动改造、确实改恶从善的蒋介石集团和伪满洲国的战争罪犯、反革命罪犯和普通刑事罪犯，实行特赦。同日，国家主席刘少奇颁布特赦令。

【中共中央关于摘掉确实悔改的右派分子的帽子的指示】（1959年9月17日） 中共中央1959年9月17日发出。1996年收入中央文献出版社出版的《建国以来重要文献选编》第十二册。《指示》指出，右派分子中的多数人已有不同程度的转化和分化。右派分子当前的表现，大体可以分为三类：1.已经低头认罪、确实悔改，并在工作、学习和劳动中表现较好、愿意向党和人民靠近的，约占20%—30%；2.表示愿意悔改，但内心不完全服，表现时好时坏的，约占50%—60%；3.基本不服或完全不服，表现不好的约占20%左右。中央决定在庆祝建国十周年的时候，摘掉一批确实改好了的右派的帽子。摘掉右派分子帽子的人必须具备三个条件：1.真正认识错误，心服口服，确实悔改的；2.在言论、行动上拥护党的领导和社会主义道路，拥护总路线、大跃进和人民公社；3.在工作和劳动中表现好，或者有一定的贡献。《指示》要求各地各部门对于摘掉右派帽子的人，进行认真的分析研究，作出实事求是的鉴定；并规定了右派摘帽的审查和批准手续。

【中共中央、国务院关于组织农村集市贸易的指示】（1959年9月23日） 中共中央、国务院1959年9月23日发出。1996年收入中央文献出版社出版的《建国以来重要文献选编》第十二册。《指示》共五个部分：一、参加集市贸易的商品范围。二、集市市场内的价格问题。三、农村集市贸易市场的形式。四、参加集市贸易的对象。五、加强农村集市贸易市场的领导与管理。《指示》指出：为适应生产发展和生活提高的要求，商业部门必须积极组织和指导农村集市贸易；领导和组织农村集市贸易的原则，应当是活而不乱、管而不死；参加集市贸易的商品包括：第一类物资（国家计划收购和计划供应的物资）和第二类物资（国家统一收购的物资），人民公社、生产队在完成国家规定的交售任务后，剩余的可以到农村市场进行交易；第三类物资（一、二类物资之外的其他物资），同国家签订有合同的人民公社、生产队、社员在完成国家规定交售任务后，剩余的可以到农村市场进行交易；凡是没有同国家签订合同的零星品种，人民公社、生产队可以在集市出售。《指示》还对参加集市贸易的商品的价格、集市贸易形式、参加集市贸易的对象以及对集市贸易的领导与管理等作出了规定。

【伟大的十年】（1959年10月6日） 周恩来撰写。发表于1959年10月6日《人民日报》。1996年收入中央文献出版社出版的《建国以来重要文献选编》第十二册。文章全面回顾了新中国成立十年来，工、农、商、交通运输、科学文化艺术、卫生保健、少数民族地区建设等各项事业的发展成就。与1949年相比，到1959年，我国的工农业总产值将增长4.3倍，其中工业总产值将增长10.7倍，农业将增长1.5倍。文章指出，这些成绩是中国革命胜利后，中国人民在中国共产党领导下，把马克思列宁主义的普遍真理和中国革命的具体实践相结合，走上社会主义道路所取得的。文章指出，中国十年来的发展是一个不断革命的过程。党的社会主义建设总路线的本质，是对人民群众的在建设社会主义事业中的觉悟性、积极性、创造性的高度重视。我们已经奠定了飞跃发展的基础，并且找到了继续跃进的道路，号召全国人民在新的十年内，取得更辉煌的胜利。

【中共中央、国务院关于力争完成今年对外贸易的收购任务和出口任务的紧急指示】（1959年10月26日）　中共中央、国务院1959年10月26日发出。1996年收入中央文献出版社出版的《建国以来重要文献选编》第十二册。《紧急指示》指出，各级党委和政府必须紧急地动员起来，抓紧今年最后60多天，采取突击的方法，力争完成今年最后的收购任务和出口任务。《紧急指示》强调，完成对外贸易的收购任务和出口任务，是一个关系到我国社会主义建设速度的重大问题；必须采取“一挤、二顶、三超”的办法。要求首先要抓大宗的、重要的、值钱的而又易销的出口商品，同时也不放松小宗商品；出口商品从生产到运输都要优先安排。中央和国务院决定成立了临时性的出口办公室负责这项工作。

【中共中央、国务院关于建立业余教育委员会的通知】（1960年1月16日）　中共中央、国务院1960年1月16日发出。发表于1960年2月23日《人民日报》。1996年收入中央文献出版社出版的《建国以来重要文献选编》第十三册。《通知》指出，广泛开展业余教育工作，是我国文化革命中的重大任务之一，也是培养干部的一个重要方法。业余的高等教育和中等专业教育，不但现在急需发展，而且在将来普及了初中教育之后，还会长期地存在，规模将更加巨大。要做好全国的规模巨大的业余教育工作，必须在各级党委统一领导下，由教育、文化等部门互相配合，通力合作，统筹安排，进行持久不懈的努力。因此，中共中央和国务院决定成立业余教育委员会，作为国务院指导全国业余教育工作的机关。委员会由林枫任主任，张际春、廖鲁言、李颉伯任副主任，张启龙、钱俊瑞等为委员。

【中共中央关于在反右整风运动和农村整党运动中对于犯错误的党员干部的处分面的通知】（1960年1月24日）　中共中央1960年1月24日发出。2013年收入人民出版社出版的《中共中央文件选集（1949年10月—1966年5月）》第三十三册。《通知》指出，反右整风运动和农村整党运动发展到目前阶段，必须更加注意贯彻执行思想批判从严、组织处理从宽的方针。要求戴右倾机会主义帽子的人，应该限制在国家供给的、脱离生产的党员干部的范围以内，不脱离生产的党员干部一律不戴帽子；右倾机会主义分子占党员干部总数比例，一般应控制在1%以内；对于农村正式党员中犯右倾机会主义性质的错误和其他错误需要开除党籍的，大体上不超过正式党员总数的1%为好。

【中共中央批转石油工业部党组《关于东北松辽地区石油勘探情况和今后工作部署问题的报告》】（1960年2月20日）　中共中央1960年2月20日发出。1996年收入中央文献出版社出版的《建国以来重要文献选编》第十三册。批文指出，中央同意石油部党组《关于东北松辽地区石油勘探情况和今后工作部署问题的报告》。石油部为了加快松辽地区石油的勘探和开发工作，准备抽调各方面的部分力量，进行一次“大会战”，请各地予以支援。批文强调“积极地、加快地进行松辽地区的石油勘探和开发工作，对于迅速改变我国石油工业的落后状况，有着重大的作用”。石油工业部的报告汇报了松辽地区石油勘探的情况，以及为油田开采而部署的工作。报告提出，要集中一切可以集中的力量，用打歼灭战的做法，搞一个声势浩大的石油大会战。

【中共中央关于城市人民公社问题的批示】（1960年3月9日） 中共中央1960年3月9日发出。1996年收入中央文献出版社出版的《建国以来重要文献选编》第十三册。《批示》指出，对于城市人民公社的组织试验和推广，应当采取积极的态度，发动人民群众，试验组织以大型国营厂矿为中心，以机关、学校为中心，以街道居民或者以城区再加一部分农村为主体等各种形式的城市人民公社。上半年在全国城市普遍试点，下半年普遍推广。除北京、上海、天津、武汉、广州五个大城市外，其他一切城市应一律挂出人民公社的牌子。中央指定以全国总工会党组为主，结合其他有关部门，研究城市人民公社发展的情况和交流经验。各省、市、区党委和省属市委也应当成立这样的组织。后附中华全国总工会党组《关于哈尔滨市香坊人民公社的发展情况的报告》和全总城市人民公社组《哈尔滨市香坊人民公社的发展情况》。

【中共中央关于卫生工作的指示】（1960年3月18日） 中共中央1960年3月18日发出。1996年收入中央文献出版社出版的《建国以来重要文献选编》第十三册。《指示》指出，各省市党委、党组要把过去两年放松了的爱国卫生运动重新发动起来，并且一定要于1960、1961、1962年这三年内做出显著成绩。要发动群众，配合生产运动，大搞卫生工作。口号是：除掉老鼠、臭虫、苍蝇、蚊子。《指示》强调：一定要使居民养成卫生习惯，以卫生为光荣，以不卫生为耻辱。提倡做体操，打球类，跑步，爬山，游水，打太极拳及各色体育运动。《指示》认为，卫生工作之所以重要，是因为有利于生产，有利于工作，有利于学习，有利于改造我国人民低弱的体质。《指示》还规定相关部门要每年召开四次卫生工作会议。

【正确地宣传毛泽东思想】（1960年3月25日） 邓小平1960年3月25日在中共中央天津会议上讲话的一部分。1996年收入中央文献出版社出版的《建国以来重要文献选编》第十三册。讲话指出，现在的主要问题是把毛泽东思想用得庸俗了，什么东西都说成是毛泽东思想，马列主义很少讲了；毛泽东思想同马克思列宁主义是一回事，不能割裂开来；光讲毛泽东思想，不提马克思列宁主义，看起来好像是把毛泽东思想抬高了，实际上是把毛泽东思想的作用降低了。我们党是集体领导，毛泽东同志是这个集体领导的代表人，是我们党的领袖。但是，切不可把毛泽东同志和党中央分开，应该看作是党的集体领导中的一个成员，把他在我们党里头的作用说得合乎实际。应该本着这种精神，去做好毛泽东思想的宣传工作。

【中共中央关于反对官僚主义的指示】（1960年3月30日） 中共中央1960年3月30日发出。1996年收入中央文献出版社出版的《建国以来重要文献选编》第十三册。《指示》就官僚主义严重存在的问题，要求各地区党委、中央各部委、各党组：务必利用三四月间召开的六级、四级干部会议，对于那些不可允许的，极端严重的情况，彻底地整顿一次，到下半年再整顿一次。一定要创设条件，使这种官僚主义走向它的反面。后附有：中共山东省委批转历城县委《关于贯彻执行省委六级干部会师到田指示的报告》《中共历城县委关于贯彻执行省委六级干部会师到田指示的报告》。

【中共中央关于资产阶级分子的高薪、病假期间工资和“退职退休”等问题的指示】（1960年4月28日） 中共中央1960年4月28日向上海局，各省、市、自治区党委发出。1996年收入中央文献出版社出版的《建国以来重要文献选编》第十三册。《指示》指出，两年来，资产阶级的多数人，经过为社会主义服务的实践和政治思想教育，在改造过程中前进了一大步。这证明党对资产阶级的赎买政策和社会主义改造是完全正确的。继续贯彻赎买政策，对于他们的生活待遇和政治待遇继续予以适当照顾，这对党和国家是比较有利的。《指示》对资产阶级分子的高薪等问题规定如下：一是应继续贯彻高薪不变的政策，即仍然保持其原来的高薪额。二是其病假期间工资，应该按照国务院1957年5月31日下发的《为贯彻私方人员病假期间工资支付办法的通知》办理。三是对于年老、体弱、多病的人，目前暂不采取退职退休的办法，可采取准假的办法，请假时间不加限制，薪金照发。

【中共中央关于在农村中开展“三反”运动的指示】（1960年5月15日） 中共中央1960年5月15日发出。1996年收入中央文献出版社出版的《建国以来重要文献选编》第十三册。《指示》要求各地农村开展反贪污、反浪费、反官僚主义的运动，并以反贪污为重点。“三反”运动的原则是教育为主，惩办为辅。即提高干部政治思想水平，改善工作作风；同时清理隐藏的坏分子。《指示》指出：1.必须肯定，农村基层干部绝大多数是好的。2.在农村基层干部中，需要进行“三反”检查的，应该是生产小队以上干部和财贸系统基层干部，特别是公社一级和公社直接经营的企业单位。3.当前农村工作的中心是生产。“三反”运动必须紧密地结合生产、利用农事间隙时间来进行，使它成为推动生产的力量。4.反对贪污、浪费和官僚主义，是一个长期任务，需要经过多次反复的斗争，问题才可能基本解决。

【中共中央关于农村人民公社分配工作的指示】（1960年5月15日） 中共中央1960年5月15日发出。1996年收入中央文献出版社出版的《建国以来重要文献选编》第十三册。《指示》指出，1959年度农村人民公社分配存在一些问题：还有相当一部分没有做到90%以上的社员增加收入；分配给社员的粮食和现金有少部分公社没有全部落实兑现；没有固定结账期限，分配工作拖的时间较长，账目不清；农业合作社时代留下的临时预支办法弊病较多，极待改进；经济作物如棉花等社员自留办法有毛病，影响支援工业，等等。《指示》强调：1960年的农村人民公社的分配，要在正确处理国家、集体和个人的关系，正确处理积累和消费的原则下，保证做到：90%以上的社员增加收入；分配给社员的粮食和现金全部落实兑现，不打欠条；年终分配在春节前一律结束，不拖尾巴；经济作物必须首先保证国家的需要，国家所必须掌握的粮食也要首先保证。为此，中央特作如下指示：一、中央原来规定的总扣留占40%左右，分配给社员的部分占60%左右的比例是适当的，应该坚持。但在执行中应根据生产水平和收入水平灵活掌握。二、工资制与供给制相结合的分配制度，两年来执行的结果，证明是正确的。极个别单位没有执行这个制度，今年应当改；个别地方供应比例过大，今年也应注意控制。三、废除临时预支办法，确立定期预分制度。四、结算时间与决分期限应该固定下来，切实保证分配兑现。五、农产品的社会分配，主要是粮食的分配。《指示》强调指出：生产决定分配。每一个人民公社和基本核算单位必须尽一切努力，争取全面地增加生产增加收入。各级党委要下决心派干部，帮助改造落后的社和队，使他们的生产和收入能够获得显著的增长，迅速地改变落后状况，赶上富社、富队。搞好生产，是搞好分配工作的基础。必须帮助公社和队的干部学会大规模集体经济的经营管理的本事，学会经济工作，厉行勤俭办社，反对铺张浪费，把公社办得更好，更大地发展生产，更多地增加收入。

【中共中央关于农村劳动力安排的指示】（1960年5月15日） 中共中央1960年5月15日作出。1996年收入中央文献出版社出版的《建国以来重要文献选编》第十三册。《指示》指出，从1958年以来，在我国农村兴起的大规模的农业基本建设，逐年扩大，出现了劳力紧张的局面。河北省委规定在冬季的一百天中，用于田间管理和积肥造肥、用于林牧副渔和社办工业以及农田基本建设的劳动力，各占农村劳动力总数的1/3左右，这一规定是正确的。《指示》提出了农村全劳动力安排比例，其中，用于生活服务、文教卫生和生产行政管理的约占10%，林渔副业和社办工业约占15%左右，基本建设约占10%—15%，农业和牧业生产应该不少于60%—65%，在农忙季节用于农业生产的则应该达到80%以上。《指示》要求，各地应当大体上根据上述比例和实际需要，定出劳力安排的全年规划；应分别不同工作的需要，对男、女整半劳力有个合理安排；安排生产建设必须坚持劳逸结合，让劳动者有足够的休息时间。《指示》强调，在农村各项生产建设事业的大发展中，最根本的出路在于积极进行农业的技术革新和技术革命运动。

【中共中央关于做好粮食分配工作的指示】（1960年5月15日） 中共中央1960年5月15日发出。1996年收入中央文献出版社出版的《建国以来重要文献选编》第十三册。《指示》主要对夏收季节做好粮食征购和管理使用提出要求。《指示》指出，粮食产量是进行粮食分配的依据，应当首先把粮食产量弄清楚，要实事求是地估计产量。国家征购任务通过公社进行分配，按生产队（基本核算单位）分别计算，分别征购。分配粮食征购任务时，必须注意对灾区的照顾。产量核实后，凡是发现真正征购了过头粮的，应该及早查实，及时退还；凡是还有余粮的，必须踊跃出售，超额完成统购任务，支援国家建设。工业原料作物集中产区农民的口粮标准，应当不低于邻近粮产区农民的口粮标准。国家安排粮食统销和其他用粮，应该按真正收购到手的粮食安排各项开支，留有余地。农村口粮安排，必须与办好公共食堂结合起来。粮食部门不仅要搞好国家的粮食管理工作，还必须负责把人民公社和生产队的粮食管理制度建立健全起来。在粮食分配问题上，必须切实做到国家、集体、个人统筹兼顾，必须切实做到城市用粮和农村用粮统一安排，人的口粮和牲畜饲料粮统一安排。

【中共中央关于抓紧生产小商品的指示】（1960年5月16日） 中共中央1960年5月16日作出。1996年收入中央文献出版社出版的《建国以来重要文献选编》第十三册。《指示》指出，人民的日常生活中，需要多种多样的小商品，例如日用小百货、小五金、零星生活用品、家庭用品和一些农副产品等。小商品在社会商品流通总额中约占30%—40%。抓紧小商品的生产，不仅是有关人民生活的重要问题，而且是有关吸收社会购买力，稳定市场物价的重要问题。某些地区出现的小商品减少趋势，原因是没有抓紧小商品生产，造成供不应求的情况。中央要求各省、市、自治区党委，切实安排制造能力，务必做到小商品生产在品种和数量上比1959年第四季度和1960年第一季度不仅不减少，而且还有增加。

【中共中央关于水利建设问题的指示】（1960年6月12日） 中共中央1960年6月12日发出。1996年收入中央文献出版社出版的《建国以来重要文献选编》第十三册。《指示》共六项：一、今冬明春只搞续建工程和配套工程，不搞新建工程。二、省、专、县应该建立一支常年的水利施工的专业队伍。三、每年冬春用于水利和农村基本建设的劳动力的比例必须遵守中央“三三制”或“四一制”的规定。四、新建大、中型水库开工前，必须做好各项准备工作。五、按分配标准供给参加农村基本建设劳动力的口粮。六、所有基建工地要严格执行有劳有逸的规定，一律遵守睡足八小时、吃饭休息四小时、劳动八小时、学习娱乐四小时。

【十年总结】（1960年6月18日） 毛泽东1960年6月18日在中共中央政治局上海扩大会议期间撰写。1996年收入中央文献出版社出版的《建国以来重要文献选编》第十三册。文章指出，尽管社会主义革命与建设已有十年的经验，但还有很大的盲目性，还有一个很大的未被认识的必然王国；会议规定的后三年指标，仍然存在一个极大的危险，就是对于留有余地，对于藏一手，对于实际可能性还要打一个大大的折扣；"大跃进"中指标过高、人民公社化运动中不认识公社内部三级所有制问题的教训，说明我们思想方法有些不对头，忘记了实事求是。真理不是一次完成的，而是逐步完成的。由必然王国到自由王国的飞跃，是在一个长期认识过程中逐步地完成的。对于社会主义时期的革命和建设，我们还不深刻地认识它。我们要以第二个十年时间去调查它、研究它，从中找出它的固有规律，以便利用这些规律为社会主义的革命和建设服务。

【中共中央关于抗旱备荒的指示】（1960年6月28日） 中共中央1960年6月28日发出。1996年收入中央文献出版社出版的《建国以来重要文献选编》第十三册。《指示》分析了上半年全国多个地区出现严重旱情，影响了农作物的播种及生长的实际情况，号召全国在做好抗旱抢种和抗旱保苗的同时，积极备荒。《指示》强调：一、立即行动，就地取材，把苗保好，千方百计力争丰收。二、一切有关部门和各级干部必须积极投入抗旱斗争。三、在水源充足的地区，要集中力量，争取高额丰产，把旱灾地区的损失夺回来。四、坚决贯彻中央有关生产、分配的各项政策。五、大力进行备荒工作。六、在已经下雨，解除了旱象的地区，加强苗期管理，力争减少损失，力争丰收。七、没有发生灾害的地区，要从全局出发，力争高额丰产，支援国家，支援灾区。

【中共中央关于大力紧缩社会集团购买力的指示】（1960年8月5日） 中共中央1960年8月5日发出。1996年收入中央文献出版社出版的《建国以来重要文献选编》第十三册。《指示》共四项：一、全国一切机关、团体、部队、学校、企业、事业单位，在今后五个月内，要压缩公用经费中的商品性支出部分的20%左右。全国共应压缩五亿元。二、各地方、各部门、各单位节约开支、紧缩社会购买力的六项措施。三、必须进行深入的思想动员，广泛发动和依靠群众，层层订出具体要求和措施。四、节约下来的资金的处理办法。《指示》要求各地方、各部门在执行这一指示的过程中，应当尽力做得坚决些、彻底些，力争超过全国压缩社会集团购买力五亿元的指标。通过这次节约集团购买力的动员，反对铺张浪费，建立长期的节约制度。

【中共中央关于全党动手，大办农业，大办粮食的指示】（1960年8月10日） 中共中央1960年8月10日发出。1996年收入中央文献出版社出版的《建国以来重要文献选编》第十三册。《指示》针对1958年和1959年连续两年出现粮食紧张的局面，以及今年粮食供应的严重情况，提出八项要求：一、坚决从各方面挤出一切可能挤出的劳动力，充实农业战线，首先是粮食战线。二、坚决压缩水利等农村基本建设。三、鼓足干劲，搞好秋田管理，力争秋季丰收，特别是粮食丰收。四、在大力增产粮食的同时，棉花、油料等经济作物也必须重视。五、保证粮食生产，不只是农业部门单独的责任，而且是各部门共同的责任，全党全民共同的责任。六、在搞好粮食生产的基础上，把粮食管好、用好，安排好人民生活。七、认真抓紧粮食调运工作，保证城市工矿区和必需出口的粮食按时供应。八、要保证搞好粮食生产，安排好人民生活，还必须坚决肃清官僚主义，首先是上级领导机关的官僚主义。《指示》指出：民以食为天，吃饭第一，必须全党动手，全民动手，大办粮食。一手抓生产，一手抓生活。中央号召全党同志和全国人民，不向困难低头，不松劲泄气，继续鼓足干劲，艰苦奋斗，克服困难，更多地增产粮食，把人民的生活安排得更好，更有力地支援工业，保证国民经济更好更全面地继续跃进。

【中共中央关于全党大搞对外贸易收购和出口运动的紧急指示】（1960年8月10日） 中共中央1960年8月10日发出。1996年收入中央文献出版社出版的《建国以来重要文献选编》第十三册。《指示》主要对开展外贸收购和出口运动提出要求。《指示》指出，1960年的前七个月，对外贸易的收购和出口计划完成得很差，进口计划完成速度却比较快，国家外汇收支出现了很大逆差。全党要紧急动员起来，大抓增产节约，大抓收购，大抓出口，大抓调运，全面开展一个轰轰烈烈的收购、出口和调运运动，坚决完成北戴河会议确定的对外贸易收购和出口计划。中央决定，由周恩来、李富春、李先念组成三人小组，并建立对外贸易指挥部，全权指挥全国对外贸易的收购、出口和调运工作，严格控制进口。为完成当年出口任务，要抓住以下四条：一、必须按品种，按数量，按规格完成收购计划和出口计划，不能用次要商品来顶替主要商品。二、坚决贯彻执行中央规定的“五先”原则，即在国家计划规定的范围内，出口商品应当安排在先，生产在先，原料材料和包装物资供应在先，收购在先，安排运输力量在先。三、出口商品一定要合乎规格。四、应当少出口原料，多出口成品；更多地进口原料，加工成品出口，增加出口商品品种，提高规格质量。

【中共中央关于开展以保粮、保钢为中心的增产节约运动的指示】（1960年8月14日） 中共中央1960年8月14日发出。1996年收入中央文献出版社出版的《建国以来重要文献选编》第十三册。《指示》提出，当前全党的紧急任务就是开展以保粮、保钢为中心的增产节约的群众运动。为完成这一任务，应该做好下列工作：一、立即发动群众检查今年前七个月完成国家计划的情况，讨论今后五个月增产节约的指标，和实现这些指标的具体措施。二、继续深入开展技术革新、技术革命的群众运动。三、一切基本建设项目和生产任务，都要在省、市、区党委统一领导下，根据国家计划，分别轻重缓急，进行排队。四、干部要立即下去，亲临生产前线。五、大量精简非生产人员，充实生产战线。六、加强企业管理。七、坚决贯彻全国一盘棋的原则，反对本位主义。八、所有工业和交通运输部门，都必须进一步加强支援农业。九、广泛开展增产节约的劳动竞赛。《指示》指出，现在已经是8月，今年只剩下五个月了。时间是紧迫的。中央要求各级党委立刻行动起来，实行政治挂帅，大搞群众运动，保证在8、9两个月内钢产量及其他主要工业产品的产量有大幅度增长，并且在第四季度再接再厉，争取完成和超额完成今年的国家计划。

【中共中央批准国家计委党组、国家建委党组《关于缩短基本建设战线保证生产的措施》】（1960年8月19日）　中共中央1960年8月19日发出。1996年收入中央文献出版社出版的《建国以来重要文献选编》第十三册。批文指出，缩短基本建设战线保证生产，是当前国民经济中一项极重要的措施，必须坚决贯彻执行，刻不容缓。根据今年下半年基本建设计划安排方案，应当停建和推迟的项目，必须坚决停建和推迟；继续施工的项目，也应当集中力量，保证重点，分期分批打歼灭战。这次中央计划调整后，非经中央批准，不得再增加项目。中央再一次提出，必须下决心缩短今年的基本建设战线，集中力量，保证重点，特别是注意保粮、保钢和保国防尖端项目。各部门、各地区必须把中央的这些指示，立即传达到各基层单位，务必使所有的干部特别是基本建设各级领导干部，都能够牢牢地记住中央的这些指示，并在实际工作中坚决贯彻执行。国家计委党组、国家建委党组《关于缩短基本建设战线保证生产的措施》提出了对1960年的基本建设计划进行压缩的主要原则，以及应当做好的工作。根据压缩原则调整的结果是：削减基建钢材24.3万吨，减少预算内投资37.2亿元，原计划施工的限额以上项目停建和推迟了299项，化大为中、化大为小（包括改为限额以下的）38项，减少单项工程567个；计划外的限额以上项目，上半年已施工的有116项，经逐项审查后，同意列入计划的13项，其余的一律停建。

【中共中央关于压低农村和城市的口粮标准的指示】（1960年9月7日）　中共中央1960年9月7日发出。1996年收入中央文献出版社出版的《建国以来重要文献选编》第十三册。《指示》分析了1960年夏收形势，提出了压低农村和城市口粮标准的要求。《指示》指出，各地必须立即集中力量做好三秋和农产品收购的各项准备工作，并且切实安排好全年的生活。全年受灾面积达到9亿亩左右，给粮食和其他农作物带来很大损失。必须立即采取压低城乡口粮标准的方针，农村少吃，城市也要少吃；丰收区少吃，灾区更要少吃；灾区减少征购任务，丰收地区则必须多购。农村的口粮标准必须降低：淮河以南直到珠江流域的地区，应当维持平均每人全年原粮360斤，遭灾的地方应当更低些；淮河以北地区的口粮标准，应当压低到平均每人全年原粮300斤左右，东北等一部分严寒地区可以稍高一点，而各省的重灾区，则应当压低到平均每人全年原粮300斤以下。在压低农村口粮标准的同时，城市供应标准也必须相应地降低。除高温、高空、井下和担负重体力劳动的职工以外，每人每月必须压低口粮标准2斤左右（商品粮）。《指示》强调，实行压缩城乡粮食供应，必须走群众路线，做好政治工作。

【中共中央关于压缩食油销量和加强油脂收购的指示】（1960年9月23日） 中共中央1960年9月23日发出。1996年收入中央文献出版社出版的《建国以来重要文献选编》第十三册。《指示》指出，由于遭受严重自然灾害和花生播种面积减少，预计食油总产量大约只有38亿斤左右，比上年减产20%以上，这样势必使食油收购量大量减少。《指示》要求，本年度食油销量必须严格控制在19.5亿斤的指标内。城市压缩食油销量的办法是：第一，降低食用油定量标准。第二，适当压缩工业用油中食用植物油用量，比上一年度实际压缩20%左右。第三，压缩食品业用油，比上一年度实际用油压缩15%左右。第四，大城市远郊的食油定量标准，应当向一般农村看齐，近郊区的菜农可以适当照顾，但也要与远郊区接近。第五，严密食油管理制度，坚决堵塞一切虚报冒领、浪费食油的漏洞，取消“黑人”“黑户”的食油供应。《指示》强调，必须重视发展油料生产，继续贯彻执行“多产多吃，少产少吃”的原则，鼓励农民种植油料作物的积极性。要抓紧油脂收获工作和收购工作，坚决完成国家油脂收购任务和本年度5.6亿斤的食油调拨任务。

【中共中央批转国家计委党组《关于一九六一年国民经济计划控制数字的报告》】（1960年9月30日） 中共中央1960年9月30日发出。1996年收入中央文献出版社出版的《建国以来重要文献选编》第十三册。批文说，中央基本同意国家计委党组关于1961年国民经济计划控制数字的意见，要求各地各部门据此编出1961年计划草案报中央。国家计委党组《关于一九六一年国民经济计划控制数字的报告》共八个部分：一、1961年发展国民经济的任务和方针；二、关于农业生产和工业支援农业；三、关于钢铁生产；四、关于钢材的分配；五、关于机械制造；六、关于基本建设；七、关于国内市场和对外贸易；八、全面安排，留有余地，统一物资的供应，实行全国一盘棋。报告提出，1961年把农业放在首要地位，使各项生产、建设事业在发展中得到调整、巩固、充实和提高；农业的增产速度要求达到10%左右。工业生产方面，1961年钢产量拟安排2300万吨；生铁产量拟安排3450万吨至3500万吨；铁路货运量的控制数字拟定为8亿吨至8.2亿吨。基本建设继续执行缩短战线、集中力量、打歼灭战的方针。国家预算内的基本建设投资为275亿元左右（实际安排270亿元，留有机动5亿元）。商品供应量约有770亿元，主要商品供应同社会购买力之间有相当的差额。解决的办法，除努力增产外，必须坚决控制社会购买力，特别是压缩集团购买力和控制城市居民购买力。建议1961年计划只搞一本账，实行全国一盘棋。

【中共中央关于发展“两参一改三结合”制度提高企业管理工作的指示】（1960年10月4日） 中共中央1960年10月4日作出。1996年收入中央文献出版社出版的《建国以来重要文献选编》第十三册。《指示》转发了黑龙江省委1960年7月9日《关于巩固发展"两参一改三结合"、全面提高企业管理水平向中央的报告》和该省北安庆华工具厂的有关材料，要求各地各部门参照他们的做法，结合企业的中心工作（如技术革新和技术革命和增产节约运动），总结好党委领导下的厂长负责制、职工代表大会制和"两参一改三结合"等新型的社会主义企业的领导制度和管理制度的经验，采取群众路线的办法，改进企业管理工作。《指示》中的"两参一改三结合"制度，指的是：工人参加小组管理、干部参加劳动；改革规章制度；领导干部、工人、技术人员（管理干部）相结合。《指示》强调在总结经验和改进企业管理工作的时候，应当特别注意的是：我们的新型的社会主义企业管理制度，是按照民主集中制的原则，也就是集中领导和大搞群众运动相结合的原则建立起来的。必须坚决执行民主基础上的集中和集中指导下的民主，使集中和民主正确地结合起来，任何时候都不能有所偏废。目前有些企业在正确地强调大搞群众运动，强调发扬"两参一改三结合"的新经验的时候，对于集中统一管理，建立和坚持合理的规章制度注意不够，因而出现质量下降，事故增多，管理工作相当混乱的现象；另一方面也有些企业在注意抓质量，抓安全，整顿规章制度的时候，又出现简单恢复旧章，片面强调专业管理和行政命令，而忽视依靠群众和发扬群众参加管理经验的重大意义。各地必须根据各企业的不同情况，研究具体措施，改进企业的领导和管理工作，克服或多或少存在的各种偏向。

【中共中央关于增加全国重点高等学校的决定】（1960年10月22日）　中共中央1960年10月22日发出。1996年收入中央文献出版社出版的《建国以来重要文献选编》第十三册。《决定》指出，为保证一部分学校能够培养较高质量的科技干部和理论工作干部，更有力地提高我国高等学校的教育质量和科学水平，促进我国高等教育事业和支援新建高等学校的工作，中央决定再增加一批全国重点高等学校。原有的全国重点高等学校和新增加的全国重点高等学校共64所，包括：综合大学13所；工科院校32所；师范院校2所；农林院校2所；医药院校5所；外语学院1所；政法、财经学院3所；艺术学院1所；体育学院1所；军委所属院校3所。要求在高等教育中，集中较大力量办好全国重点高等学校，这应作为中央教育部、中央各主管部门和各省、市、自治区党委共同的首要的职责。附件《中华人民共和国教育部关于全国重点高等学校暂行管理办法》就重点高校的领导和管理；专业设置、招生数量、发展规模；教育经费和基建投资；毕业分配等问题作了规定。

【中共中央关于农村人民公社当前政策问题的紧急指示信】（1960年11月3日）　中共中央1960年11月3日发出。1996年收入中央文献出版社出版的《建国以来重要文献选编》第十三册。《紧急指示信》又称"十二条"，要求彻底纠正农村人民公社一平二调的"共产风"，认真执行以下十二条政策：一、三级所有，队为基础，是现阶段人民公社的根本制度。二、坚决反对和彻底纠正一平二调的错误。三、加强生产队的基本所有制。四、坚持生产小队的小部分所有制。五、允许社员经营少量的自留地和小规模的家庭副业。六、少扣多分，尽力做到90%的社员增加收入。七、坚持各尽所能、按劳分配的原则，供给部分和工资部分三七开。八、从各方面节约劳动力，加强农业生产第一线。九、安排好粮食，办好公共食堂。十、有领导、有计划地恢复农村集市，活跃农村经济。十一、认真实行劳逸结合。十二、放手发动群众，整风整社。《紧急指示信》发至生产大队和生产队的总支和支部，要求原原本本读给全体党员和干部听，读给农民群众和全体职工听，反复解释，做到家喻户晓，把政策交给群众，发动群众监督党员干部认真地、不折不扣地贯彻执行。

【中共中央关于贯彻执行“紧急指示信”的指示】（1960年11月3日） 中共中央1960年11月3日发出。1996年收入中央文献出版社出版的《建国以来重要文献选编》第十三册。为使《关于农村人民公社当前政策问题的紧急指示信》得到贯彻落实，《指示》强调：一、贯彻中央“紧急指示信”的关键，首先在于提高干部的思想，提高他们的经济理论水平和政策水平。二、放手发动群众，依靠群众，整风整社，彻底改进干部作风，并且在组织上进行必要的调整。三、在反对和纠正“共产风”的群众运动中，防止犯右倾的错误。四、彻底清理一平二调，坚决退赔。五、至迟在12月中旬以前，将中央紧急指示传达到全体农村党员、干部和农民群众中去。六、各地方、各公社“共产风”、浮夸风、命令风和干部特殊化程度不同，必须分清情况，区别对待。七、一平二调的“共产风”，有许多是从上面来的，要求中央各部委、机关和团体，深入自查，彻底改进工作，坚决克服主观主义和官僚主义。八、对中央紧急指示的传达讨论和执行情况，随时报告中央。

【中共中央关于立即开展大规模采集和制造代食品运动的紧急指示】（1960年11月14日） 中共中央1960年11月14日发出。1996年收入中央文献出版社出版的《建国以来重要文献选编》第十三册。《紧急指示》指出，严重的灾害给我们带来了暂时的困难，城市和乡村的口粮标准有所降低，肉类和油类也有所减少。我们除了应当首先增产粮食、瓜菜以外，还要千方百计地增产各种代食品。大办代食品，不仅是当前节约度荒的一项重要措施，而且在将来粮食多起来以后，制造营养丰富的代食品仍然是食品来源和饲料来源的一个重要方面。《紧急指示》强调，立即动员广大群众，开展一个大规模的采集和制造代食品运动，是当前全党全民的一项重要的紧急任务。《紧急指示》要求，各地党委在领导采集和制造代食品的运动中，应当注意以下各点：一要书记挂帅，全面动员，全民动手；以食堂为主，工厂为辅；土法为主，洋法为辅。二要因地制宜，全面规划，妥善安排劳动力和必要的物资设备。三要大力加强技术指导，提高利用效果，切实预防中毒事故。四要严格执行党的各项有关政策，有效地调动广大群众的积极性。

【中共中央关于彻底纠正五风问题的指示】（1960年11月15日） 中共中央1960年11月15日发出。1996年收入中央文献出版社出版的《建国以来重要文献选编》第十三册。《指示》要求：必须在几个月内下决心彻底纠正十分错误的共产风、浮夸风、命令风、干部特殊风和对生产瞎指挥风，而以纠正共产风为重点，带动其余四项歪风的纠正。纠正五风一定要走群众路线，充分发动群众自己起来纠正干部的五风不正，反对恩赐观点。要地、县、社三级下决心（坚强的贯彻到底的决心），首先是要省委一级下决心，现在是下决心纠正错误的时候了。《指示》强调：只要情况明，决心大，方法对，根据中央十二条指示，让干部真正学懂政策，又把政策交给群众，几个月时间就可把局面转过来。

【中共中央关于立即抓紧粮食调运的通知】（1960年11月17日） 中共中央1960年11月17日发出。1996年收入中央文献出版社出版的《建国以来重要文献选编》第十三册。《通知》指出，粮食征购较前几天有所增加，但是还没有达到应有的进度，而粮食调运的进度极为缓慢，北京、天津、上海的库存比10月初还没有什么增加，粮食随到随销的紧张局面丝毫没有改变。粮食调运的迟缓，也影响到重灾区、经济作物区的供应和出口合同的履行。各地党委要抓紧粮食过秤入仓工作和调运工作，加快征购和过秤入仓进度，把全国每天粮食征购数量提高到十亿斤至十五亿斤（现在还只有八九亿斤），以保证调出的粮源。同时要进一步抓紧运输，特别是短途运输，把粮食调运摆到运输的第一位。要求每天调运量从目前的三四千万斤提高到八九千万斤。各粮食调出省、区要由第一书记统一部署，财贸书记具体负责，尽一切力量保证按时完成国家的调运计划。《通知》还要求各地党委抓紧食油调运，既保证按时出口，又保证大城市供应。

【中共中央对军委扩大会议《关于加强军队政治思想工作的决议》的批示】（1960年12月21日） 中共中央1960年12月21日发出。1996年收入中央文献出版社出版的《建国以来重要文献选编》第十三册。《批示》认为军委扩大会议开得很好，决议也写得很好。《批示》指出，这个决议，继承和发扬了1929年古田会议的传统，在毛泽东思想的指导下，全面地总结了解放11年来军队建设和政治思想工作的丰富经验，明确地指出了在新的历史时期中军队政治工作的方向，提出了措施，打中了要害。决议的基本精神不仅是军队工作的指针，而且对于各级党组织、政府机关以及学校、企业部门等都是有用的。《关于加强军队政治思想工作的决议》提出了“四个正确处理政治工作领域关系”的意见，并作出了高举毛泽东思想红旗，把毛泽东思想真正学到手；贯彻执行群众路线，发扬三大民主；大兴三八作风等十四项规定。

【中共中央关于目前农产品收购工作中几个政策问题的规定】（1961年1月15日） 中共中央1961年1月15日作出。1996年收入中央文献出版社出版的《建国以来重要文献选编》第十四册。《规定》针对当时农产品收购中存在的估产偏高、任务过大、分配过头等问题，制定六条措施：一、农产品的收购工作必须从促进工农业生产和整个国民经济出发，统筹兼顾，全面安排。二、国家对粮食、棉花、食油（第一类物资）的统购统销政策，对其他重要农产品，包括生猪、鸡蛋、蔬菜、水果、水产品、中药材、木材等（第二类物资），通过合同进行派购的政策，必须坚持。三、除了统购统销的农产品和通过合同进行派购的重要农产品外，其他农产品，包括不属于第一类和第二类的物资，以及废铜、废锡、废铅、废钢等（第三类物资），国家不规定派购任务，允许公社、生产队、生产小队、社员个人在国家指定的农村集市上出售。四、在第二类和第三类物资中，用于远销或出口或在当地无法销售的，国家商业部门对于超产部分继续予以收购，必要时对超产部分进行奖励。五、收购第二类物资的商品品种应少一点，第三类物资的商品品种应多一点，以利于农村经济活跃。六、必须对农村集市贸易进行领导和管理。《规定》还指出了有关政策实行后可能引起的消极影响，要求各级党委贯彻群众路线的工作方法，克服消极因素。规定还附有农产品收购分类表，对要求收购的三类农产品分别作了说明。

【中国共产党第八届中央委员会第九次全体会议关于成立中央局的决议】（1961年1月18日） 中国共产党八届九中全会1961年1月18日通过。1997年收入中央文献出版社出版的《建国以来重要文献选编》第十四册。《决议》指出，1954年，当着我国开始执行发展国民经济的第一个五年计划的时候，中央决定撤销各中央局和中央分局的决定，是正确的必要的；为了适应形势发展的需要，中央决定成立华北、东北、华东、中南、西南、西北六个中央局；中央局是中央的代表机构，分别领导中央指定的省、市、自治区。中央局以建立本地区的比较完整的经济体系为主要任务，同时对本地区的政治、经济、文化、军事、党组织等工作进行全面领导和统一安排，以保证党的任务的完成和促进社会主义建设事业的全面发展。

【中央工作会议关于农村整风整社和若干政策问题的讨论纪要】（1961年1月20日） 中共中央1961年1月20日发出。1997年收入中央文献出版社出版的《建国以来重要文献选编》第十四册。《讨论纪要》认为农村总的形势是好的，80%的县、社、队是好的或基本上是好的，90%以上的农村干部是好的或基本上是好的，即使20%左右问题严重的地区，只要情况明、决心大、办法对，也可以从根本上扭转局势；对认真清理、坚决退赔社队各级和县以上各级各部门的平调账，提高粮食收购价格，同时适当提高油料、生猪和禽、蛋的收购价格等规定六项政策；对节约用粮、植树造林、社员自留地、农村手工业、农村集市等关于农业生产和人民生活的问题规定十五项政策；要求彻底检查和纠正共产风、浮夸风、瞎指挥生产风、特殊化作风、强迫命令风，彻底反对贪污、浪费、官僚主义。

【中共中央关于调整管理体制的若干暂行规定】（1961年1月20日）　中共中央1961年1月20日发出。1997年收入中央文献出版社出版的《建国以来重要文献选编》第十四册。《若干暂行规定》共八项：一、经济管理大权应该集中到中央、中央局和省（市、自治区）委三级。二、1958年以来，各省（市、自治区）和中央各部下放给专、县、公社和企业的人权、财权、商权、工权，放得不适当的，一律收回。三、中央各部直属企业的各项权力，归中央主管各部，国防工业一律由国防工委领导，全国铁路由铁道部管理。四、凡需在全国范围组织平衡的重要物资，均由中央统一管理、分配。五、财权集中，各级预算及收支要平衡。六、货币发行权归中央。七、国家规定的劳动计划，各部门、各地方不许突破。八、生产、基建、收购、财务、文教、劳动等工作，执行全国一盘棋，上下一本账，不得层层加码。

【中共中央、国务院关于进一步压缩社会集团购买力的决定】（1961年1月23日）　中共中央1961年1月23日作出。1997年收入中央文献出版社出版的《建国以来重要文献选编》第十四册。《决定》指出，为了使购买力同商品供应大体平衡，保证市场物价大体平稳，应当在积极发展生产的同时，进一步压缩社会集团购买力，要求1961年同比减少40%至50%，并对此提出八项措施：一、国家财政部门拨付经费时，从预算拨款中预扣一部分可以预扣的经费；二、所有单位一律停止非生产性购置，企业单位要自行核减有关支出；三、严格各项开支标准，企业单位向行政单位看齐，按当地行政部门标准开支，不许超过；四、坚决紧缩一部分可以紧缩的劳保福利开支；五、进一步降低企业成本，切实加强成本管理；六、对各部门各单位主要商品实行计划管理，凭证供应；七、彻底清理仓库，发掘物资潜力；八、进一步开展各部门各单位内部的节约运动。《决定》强调，财政部、人民银行等主管部门和各省、市、自治区，要根据上述各项原则，制定具体办法和必要的制度及纪律，迅速付诸实行。《决定》还附有各地区各部门1961年压缩社会集团购买力的指标。

【中共中央关于讨论《农村人民公社工作条例（草案）》给全党同志的信】（1961年3月22日）　中共中央广州工作会议1961年3月22日讨论通过发出。1997年收入中央文献出版社出版的《建国以来重要文献选编》第十四册。该信要求全国农村支部和农村人民公社全体社员讨论《农村人民公社工作条例（草案）》，并对如何讨论提出六件需要注意的事情。要求通过此次讨论来提高全体干部的政策思想水平，提高全体农民的生产积极性和社会主义积极性，促进社会主义农业的发展。后附《农村人民公社工作条例（草案）》，简称“农业六十条”，总共十章六十条。该草案规定：人民公社是社会主义的互助互利的集体经济组织，实行各尽所能，按劳分配，多劳多得的原则；人民公社以生产队为基本核算单位，实行独立核算，自负盈亏，直接组织生产和收益分配；公社、大队不得无偿调用生产队的土地、劳力、大牲畜、农具；农民可以经营少量自留地和从事小规模的家庭副业；人民公社和生产队的规模可以由社员民主决定等。1961年5月21日至6月12日，在中共中央召开的北京工作会议上，对草案进行了修改，主要取消了有关公共食堂和供给制的规定，制定了《农村人民公社工作条例（修正草案）》，会后发到全国农村讨论，并确定在各地农村人民公社普遍试行。经过一年多的实践，再次对条例进行了修改，于1962年9月下旬召开的中共八届十中全会上，正式通过了《农村人民公社工作条例修正草案》。

【中共中央关于认真进行调查工作问题给各中央局，各省、市、区党委的一封信】（1961年3月23日） 中共中央1961年3月23日发出。1997年收入中央文献出版社出版的《建国以来重要文献选编》第十四册。该信指出，最近发现的毛泽东同志1930年春所写的《关于调查工作》一文，是一个极其重要的文件，有十分重大的理论意义和现实意义。现在中央决定将这篇文章发给全党上级及中级干部学习。县以上各级领导机关，都应该联系最近几年工作中的经验教训，进行深入的讨论。中央要求从现在起，县级以上党委的领导人员，首先是第一书记，要认真学习毛泽东同志的思想和工作方法，把深入基层，蹲下来，亲自做系统典型调查，每年一定要有几次，当作领导工作的首要任务，并且定出制度，造成风气。一切从实际出发，不调查就没有发言权，必须成为全党干部的思想和行动的首要准则。调查是为了解决问题，不是为了调查而调查；调查应该采取客观态度，不应该抱定一种成见下去专替自己找证据；应该发现事物的真相，不要为各种假象所蒙蔽；应该对调查材料作全面的综合和分析。在调查的时候，不要怕听言之有物的不同意见，更不要怕实际检验推翻了已经作出的判断和决定。中央相信，只要在全党坚持这种调查研究、实事求是的作风，我们目前所遇到的问题就一定能够比较顺利地得到解决，我们各方面工作就一定能够得到迅速的进步。后附《关于调查工作》。

【中共中央关于收购重要经济作物实行粮食奖励的指示】（1961年4月3日） 中共中央1961年4月3日作出。1997年收入中央文献出版社出版的《建国以来重要文献选编》第十四册。《指示》指出，经济作物是轻工业原料的主要来源，是稳定市场、回笼货币的主要力量，也是国家出口货源的主要部分。在目前粮食供应比较紧张，全国农村实行“低指标、瓜菜代”的情况下，为调动农民种植经济作物的积极性，保证经济作物种植面积，中央决定在1961年7月初至1962年6月底这个粮食年度内，对种植重要经济作物的农民采取奖励一定数量粮食的办法。需要国家支付奖励的粮食暂定为17.15余万斤，由粮食部直接拨付给有关省、市、自治区，不列入各省的粮食平衡账内。具体奖励办法有两条：一是保证以种植重要经济作物为主的生产大队能吃到与附近的余粮队同等数量的口粮；二是国家在收购经济作物的时候，另外再拿出一笔粮食，按照收购的数量，供应出售经济作物的生产大队或生产队作为奖励。《指示》开列了实行粮食奖励政策的重要经济作物品种，强调不论主要产区或次要产区都实行该奖励办法。此外，中央拨出一笔机动粮，由各省、市、自治区自行掌握并用于奖励。要求各地接到指示后，立即向经济作物区农民宣布，进行广泛动员，力争达到当年国家规定的经济作物播种面积。

【中共中央关于西藏工作方针的指示】（1961年4月21日） 中共中央1961年4月21日发出。1997年收入中央文献出版社出版的《建国以来重要文献选编》第十四册。《指示》指出，在民主改革基本完成之后，西藏工作必须采取稳步发展的方针，五年以内不搞社会主义改造，不搞合作社，更不搞人民公社。西藏的一切政策都一定要力求稳妥，要防左防急。在这一方针下，今后必须切实做好以下几项工作：一、集中力量领导群众发展生产，繁荣经济，改善人民生活。二、彻底完成民主改革，向群众深入进行民主革命的政治、思想教育，进行爱国主义教育和社会主义前途教育。三、肃清残余叛乱分子和其他反革命分子。四、做好上层统一战线工作。五、整顿干部作风，发展党的组织，培养藏族干部。六、建立各级人民代表大会制度，成立西藏自治区。《指示》强调，应该严格要求西藏各级党委、驻藏部队和各方面工作的干部坚决执行中央指示。一切工作要实事求是，从西藏的实际出发，必须坚决依靠群众，发扬民主作风，贯彻民族平等政策，有事和藏族人民、藏族干部商量，团结一切可以争取的上层人士和宗教界人士，把西藏工作做好。

【当前经济困难的原因及其克服的办法】（1961年5月31日） 刘少奇1961年5月31日在中共中央工作会议上的讲话。1997年收入中央文献出版社出版的《建国以来重要文献选编》第十四册。讲话分析了造成当前经济困难的原因，提出了克服困难的办法。讲话指出，从全国范围来讲，有些地方，天灾是主要原因，但这恐怕不是大多数；在大多数地方，我们工作中的缺点错误是主要原因。现在各方面的矛盾，都集中表现在粮食问题上。非农业人口搞多了，农民养不起这么多人，所以非减少不可。现在就是要下一个很大的决心，减少城市里面的人口。要坚决缩短工业战线，延长农业战线和轻工业战线，从城市里压缩人口下乡。同志们还可以想些其他的办法。解决了这些问题，再加上贯彻执行“十二条”“六十条”，农业方面就可以好转。农业方面好转了，工业就可以好转，市场就可以好转。整个国家的情况好转了，就会出现心情舒畅、生动活泼的局面。

【中共中央关于核实城市人口和粮食供应的紧急指示】（1961年6月16日） 中共中央1961年6月16日作出。1997年收入中央文献出版社出版的《建国以来重要文献选编》第十四册。《紧急指示》指出，中央决定自1961年6月中旬至7月底，对全国城镇特别是183个大中城市的人口数和粮食供应数，进行一次彻底的普查核实工作。具体要求是，查实人口数，严格按照实有人数供应粮食；查实粮食定量，严格按照每人的劳动强度和年龄确定粮食标准；核实集体户口（企业、事业、机关、学校）和散居户口（一般居民）的人数和粮食供应数；查实工业、饮食业用粮及各种补助粮的销量，核实用粮计划；查清并堵塞粮食管理上的其他漏洞，健全粮食管理制度。《紧急指示》要求，各级党委要加强对此项工作的领导，必须注意发动和依靠广大干部群众，对于在核实工作中查出的各种问题要妥善处理。《紧急指示》强调，中央成立了以安子文为组长的核实城市人口与粮食供应小组，各省、市、自治区也应成立类似工作机构，领导推动此项工作。

【中共中央关于坚决纠正平调错误、彻底退赔的规定】（1961年6月19日） 中共中央1961年6月19日发出。1997年收入中央文献出版社出版的《建国以来重要文献选编》第十四册。《规定》指出，中央自1960年11月3日关于农村人民公社当前政策问题的紧急指示信和1961年1月20日中央工作会议纪要发出以后，各地退赔平调物资工作虽有进展，但还是不彻底。为促进农业生产发展，进一步巩固工农联盟，必须坚决彻底进行退赔。对于退赔问题，中央进一步作如下规定：一、自人民公社化以来，没有清算，或者处理不彻底的，必须彻底清算和退赔。二、退赔的物资和价款，必须保证归还到原主手中。三、对于被平调的生产资料、生活资料和劳动力的处理，应该按照中央规定的七条原则进行。四、退赔工作，要分批、分期、有计划、有步骤地进行。五、安排退赔物资的生产和供应。六、设立领导退赔工作的专门机构。七、退赔工作，必须充分走群众路线。八、通过彻底退赔来教育干部。

【中共中央关于城乡手工业若干政策问题的规定（试行草案）】（1961年6月19日） 中共中央1961年6月19日发出。1997年收入中央文献出版社出版的《建国以来重要文献选编》第十四册。《规定（试行草案）》共三十五条（简称“手工业三十五条”），分六个部分：一、关于所有制；二、关于组织规模和手工业者的归队；三、关于收益分配和工资福利；四、关于供产销和价格；五、关于企业的经营管理；六、关于领导机构和政治工作。《规定（试行草案）》阐明了对手工业所有制进行调整的必要性、调整的原则；号召恢复和充实手工业生产队伍，大力培养手工业的新生力量；要求从有利于调动企业经营和工人生产的积极性出发，把国家、集体、个人的利益紧密地结合起来；手工业的工资制度，必须贯彻执行“按劳分配，多劳多得”的原则，反对平均主义；具体规定了集体所有制手工业工人的工资水平、手工业企业职工的福利待遇、城市手工业工人的口粮；在供产销和价格问题上，要统筹安排，分级管理，兼顾当地和外地需要；强调坚持民主办社、民主办厂，勤俭办社、勤俭办厂的方针，要求手工业干部必须发扬民主作风，从实际出发，贯彻群众路线，认真执行干部、工人、技术人员结合的制度；在领导机构和政治工作问题上，规定了手工业合作社、联合社的主要任务，并进一步指出手工业企业中，加强思想政治教育工作的必要性和具体方法。

【中共中央关于改进商业工作的若干规定（试行草案）】（1961年6月19日）　中共中央1961年6月19日发出。1997年收入中央文献出版社出版的《建国以来重要文献选编》第十四册。《若干规定（试行草案）》共四十条（简称“商业四十条”），分八个部分：一、商业工作的方针。二、坚持等价交换原则，推广农产品收购合同制度。三、改进国营商业工作。四、恢复供销合作社。五、恢复合作商店、合作小组。六、开放农村集市贸易，活跃城乡物资交流。七、恢复同农村商业有关的农产品加工作坊。八、改善商业企业的经营管理。《若干规定（试行草案）》指出：我们经济工作的方针，同样也是商业工作的方针，是“发展生产、繁荣经济、城乡互助、内外交流”。社会主义商业的一切活动，都必须从这个方针出发，为工农业生产和人民生活服务。目前，商业工作必须切实改进，正确地解决怎样向农民买东西、怎样卖给农民东西的问题，正确地解决商品等价交换和物资交流的问题，正确地解决商业体制和农村的商业所有制问题，正确地解决商业企业的经营管理问题。《若干规定（试行草案）》要求商业工作人员，必须勤勤恳恳地为人民服务，遵守以下规矩：（1）买卖公平；（2）实事求是；（3）便利群众；（4）待人和气；（5）勤劳节约；（6）不“开后门”；（7）钻研业务；（8）学习政治。

【中共中央批转财政部党组《关于调整农业税负担的报告》】（1961年6月23日）　中共中央1961年6月23日发出。1997年收入中央文献出版社出版的《建国以来重要文献选编》第十四册。批文同意财政部党组1961年6月17日《关于调整农业税负担的报告》，要求各地依照执行。财政部党组的报告指出，调整农业税负担，是当前正确处理国家同农民关系的一个重要方面。报告对农业税存在的具体问题进行了分析和阐述，并对农业税负担问题提出了几点意见，即农业税的实际负担率，全国平均不超过10%；各地区根据经济情况实际，实行差别税率；农业税灾歉减免和社会减免办法，因地制宜加以规定；农业税征收仍以征收实物为主；建议各省、市、自治区根据中央规定的负担政策结合本地区的经济情况，合理地规定所属地区的税率，实事求是地调整常年产量，重点解决粮食高产区负担偏重问题，力求做到公平合理。

【中共中央关于确定林权、保护山林和发展林业的若干政策规定（试行草案）】（1961年6月26日）　中共中央1961年6月26日发出。1997年收入中央文献出版社出版的《建国以来重要文献选编》第十四册。《若干政策规定（试行草案）》共五个部分：一、确定和保障山林的所有权；二、山林的经营管理和收益分配；三、关于木材的采伐和收购；四、积极造林；五、加强党对林业工作的领导。文件规定天然的森林资源，和在人民公社化以前已经划归国有的山林，仍然归国家所有；对原来划归乡所有的山林，原来划归自然村所有的防洪林等，原来归高级社所有的山林，由几个公社或者几个生产大队协作营造的林木等作出了具体规定。在林业的经营管理和收益分配问题上，主张实行多劳多得原则，反对平均主义。强调积极造林的必要性，指出造林是百年大计，是根治水旱灾害，保障农业生产的根本措施，是满足经济建设和人民生活对于木材需要的根本措施。提出造林必须讲究质量，保证成活，坚决反对追求形式、不问实际效果的做法。

【中共中央关于精减职工工作若干问题的通知】（1961年6月28日） 中共中央1961年6月28日发出。1997年收入中央文献出版社出版的《建国以来重要文献选编》第十四册。《通知》共五部分：一、关于精减的对象；二、关于被精减人员的待遇；三、关于回乡后的安置工作；四、关于在精减人员以后应该注意的事情；五、关于加强领导。《通知》对1961年6月16日中共中央发出的《中央工作会议关于减少城镇人口和压缩城镇粮食销量的九条办法》规定以外的具体政策问题进行了说明和阐释。着重论述了精减的主要对象，是1958年1月以来参加工作的来自农村的新职工（包括临时工、合同工、学徒和正式工）。对被精减人员的待遇做了几点具体规定。强调各级党委必须加强对精减职工工作中的具体领导，要求成立工作领导小组，设置专门办事机构，在党委统一领导下协助各单位和农村人民公社进行安置工作，地区之间要加强联系，切实做好此项工作。

【中共中央关于加强原子能工业建设若干问题的决定】（1961年7月16日） 中共中央1961年7月16日发出。1997年收入中央文献出版社出版的《建国以来重要文献选编》第十四册。《决定》指出，为自力更生，突破原子能技术，加速我国原子能工业的建设，中央认为有必要进一步缩短战线，集中力量，加强各有关方面对原子能工业建设的支援。中央要求有关部门和国防科委与第二机械工业部共同研究，认真地贯彻如下决定：一、加强二机部的技术力量和领导力量；二、关于设备、仪表的生产、试制、配套问题；三、关于工业卫生和防护医疗问题；四、为确保机密和运输及时，将二机部物资一律列为军运。《决定》强调：第二工业部应该加倍努力，加强协作，战胜困难，完成原子能工业建设的任务。

【中共中央同意聂荣臻《关于当前自然科学工作中若干政策问题的请示报告》和国家科委党组、中国科学院党组《关于自然科学研究机构当前工作的十四条意见（草案）》的报告】（1961年7月19日） 中共中央1961年7月19日发出。1997年收入中央文献出版社出版的《建国以来重要文献选编》第十四册。该文件指出，中央同意聂荣臻《关于当前自然科学工作中若干政策问题的请示报告》和国家科委党组、中国科学院党组《关于自然科学研究机构当前工作的十四条意见（草案）》，认为聂荣臻的请示报告中提出的各项政策规定和具体措施是正确的，在自然科学工作中必须坚决贯彻执行。应把报告中的主要精神，由领导人结合本单位的具体情况，向党外讲清楚。这个文件的精神，对于一切有知识分子工作的部门和单位，也都是适用的。都应当认真地讨论，结合自己的情况，参照执行。“十四条意见”则作为草案，在中国科学院内公布试行，各部门、各地方也要选择一批研究机构试行，并继续加以充实修订。要改进对知识分子进行教育的工作方法，坚持团结——批评——团结的原则，运用民主的、和风细雨的、自我教育方法。要求党的各级领导干部，必须坚持实事求是的精神，正视错误缺点，不要回避问题，要及早发现，及早解决。要总结经验，进一步提高领导水平，巩固党在科学工作中的领导地位。聂荣臻的请示报告提出了七个方面的问题，以及处理这些问题的意见：第一，自然科学工作者的红与专问题；第二，百花齐放、百家争鸣的问题；第三，理论联系实际的问题；第四，培养、使用科学人才中的“平均主义”问题；第五，关于科学工作的保密问题；第六，保证科学研究工作时间问题；第七，研究机构内党的领导方法问题。《关于自然科学研究机构当前工作的十四条意见（草案）》（简称“科学十四条”）指出，在党的领导下，科学工作取得了巨大成就，但科学工作的状况还不能适应社会主义建设的需要。为帮助各研究机构进一步做好工作，对研究机构的当前工作提出了十四条意见：一、提供科学成果，培养研究人才，是研究机构的根本任务；二、保持科学研究工作的相对稳定；三、正确贯彻执行理论联系实际的原则；四、计划的制订和检查，要从实际出发，适应科学工作的特点；五、发扬敢想、敢说、敢干的精神，坚持工作的严肃性和严密性；六、坚决保证科学研究工作时间；七、建立系统的干部培养制度；八、加强协作，发展交流；九、勤俭办科学；十、百花齐放，百家争鸣；十一、团结、教育和改造知识分子；十二、加强思想政治工作；十三、大兴调查研究；十四、健全领导制度。

【中共中央批转中央统战部关于继续贯彻对资产阶级人们安排政策的意见】

（1961年8月17日）　中共中央1961年8月17日发出。1997年收入中央文献出版社出版的《建国以来重要文献选编》第十四册。批文指出，对于民主人士的职务和公私合营企业中的资方人员的职务，不要轻易变动；在此次整风运动中，对于民主人士和工商资本家，包括公私合营企业的私方人员，不要进行整风。中央统战部《关于在机关、企业和城市人民公社等方面继续贯彻对资产阶级人们的安排政策的意见》指出了在贯彻对资产阶级人们的安排政策中仍然存在的问题，阐述了产生此类问题的原因，提出了解决问题的政策和必须坚决执行的五项措施。

【中共中央关于讨论和试行教育部直属高等学校暂行工作条例（草案）的指示】

（1961年9月15日）　中共中央1961年9月15日发出。1997年收入中央文献出版社出版的《建国以来重要文献选编》第十四册。《指示》强调，教育部直属高等学校暂行工作条例（草案）经中央原则批准，该草案要在教育部直属的26所高等学校，在全体师生员工中进行讨论。《指示》总结了三年高等教育工作的六个方面的显著成绩，即在学校中确立了党的领导；贯彻执行党的教育方针，建立了我国社会主义的高等教育的根本制度；师生的政治面貌起了很大变化，他们对待生产劳动、对待劳动人民的态度，有了显著改进；教师队伍壮大起来；一批新专业从无到有地建立起来；数量上发展很大，为国家培养了大批干部。同时，还指出了在高等学校工作中，应着重解决以下五个问题：高等学校必须以教学为主，努力提高教学质量；正确执行党的知识分子政策，团结一切可以团结的知识分子；实行党委领导下的以校长为首的校务委员会负责制，充分发挥校长、校务委员会和各级行政组织的作用；做好总务工作，保证教学和生活的物质条件；改进党的领导方法和领导作风，加强思想政治工作。《中华人民共和国教育部直属高等学校暂行工作条例（草案）》（简称“高教六十条”）共分十章六十条，包括总则、教学工作、生产劳动、研究生培养工作、科学研究工作、教师和学生、物质设备和生活管理、思想政治工作、领导制度和行政组织、党的组织和党的工作等方面。

【中共中央关于轮训干部的决定】（1961年9月15日） 中共中央1961年9月15日发出。1997年收入中央文献出版社出版的《建国以来重要文献选编》第十四册。《决定》指出，当前一件最重要的事，就是在全党开展一个新的学习运动，重新教育干部。这次轮训干部的对象，主要是县委书记和相当于这一职务以上的党员干部，特别是县委以上各级党委的书记和相当于县委书记以上各方面（工业、交通、财贸、农业、文教、外事等）党委的书记。轮训内容主要是社会主义建设和党的建设两个方面，着重解决党的建设和党的生活中存在的问题。为保证此次干部轮训工作的开展，此次轮训干部由中央局、省、市、自治区党委分别直接主办，各中央局、省、市、自治区党委要指定一名书记负责主持，挑选一批懂得党的路线政策、作风民主、有一定实际工作经验和理论知识水平的干部担任具体工作。此种形式的干部短期轮训，在今后若干年内，每隔一年或两年举行一次。

【中共中央关于当前工业问题的指示】（1961年9月15日） 中共中央1961年9月15日发出。1997年收入中央文献出版社出版的《建国以来重要文献选编》第十四册。《指示》指出，在三年大跃进中，我国的工业建设取得了伟大的成绩。在取得伟大成绩的同时，在我们的实际工作中还有许多缺点错误，工业建设遇到了不少的困难。认真地总结经验，吸取教训，切实地采取措施，改正错误，克服困难，逐步地扭转工业工作中的被动局面，这是全党面前迫不容缓的重大任务。现在，中央就加强工业领导、调整工业计划、整顿管理体制、改善协作关系和改进企业工作等等方面的问题，作出八项规定。一、切实地执行调整、巩固、充实、提高的方针；二、在工业管理中实行高度集中统一的领导；三、在全面安排的基础上，抓住中心环节，集中力量，解决问题；四、努力增产日用品和农业的生产资料，稳定市场；五、加强经济协作；六、切实整顿企业的管理工作，从“五定”（指：每个企业的产品方向和生产规模，人员和机构，主要的原料、材料、燃料、动力的消耗定额和来源，固定资产和流动资金，外部协作关系，根据企业情况逐一核定下来）着手，严格实行责任制和经济核算制；七、坚持群众路线，改进工作作风；八、加强纪律性。《指示》指出，这些规定的中心在于，加强工业工作的统一领导，调动一切积极因素，集中力量，战胜困难，发展生产，继续前进。中央号召各级党委、一切经济部门、一切工业企业和手工业企业，雷厉风行地、不折不扣地把这些规定，结合具体情况，贯彻执行，并且在执行中不断地总结经验。

【中共中央关于讨论和试行《国营工业企业工作条例（草案）》的指示】（1961年9月16日）　中共中央1961年9月16日发出。1997年收入中央文献出版社出版的《建国以来重要文献选编》第十四册。《指示》指出，党中央起草的《国营工业企业工作条例（草案）》（简称“工业七十条”），旨在系统总结领导工业企业的经验，以便制定出一个适合我国实际情况的、能够更好地为总路线、大跃进服务的，管理企业的规章制度。要求在中央和地方的国营企业中组织讨论，以充实完善该草案。《指示》分析了过去三年国营企业取得的成绩和当前国营工业企业管理工作中存在的问题，以及产生这些问题的主要原因。并指出：《国营工业企业工作条例（草案）》，就是根据工业企业工作当前存在的问题，根据进一步改进企业管理的要求，本着巩固成绩、总结经验、吸取教训、改进工作的精神而提出的。《指示》认为这个条例草案的要点是：一、条例草案中规定的“五定”，是摸清和核定企业的综合生产能力的有效办法，是整顿和改进企业管理工作的基础。二、条例草案十分重视协作问题。三、条例草案对企业的各个方面、各个环节的责任制度作了具体规定。四、条例草案对企业中的技术管理，作了具体规定。五、条例草案对加强企业的经济核算和财务管理作了具体规定，强调节约是社会主义企业经营管理的一项根本原则。六、在条例草案中，对职工的工资、奖励、生活福利，专列了一章。七、条例草案规定了中国共产党在企业中的党委员会，是企业工作的领导核心。八、条例草案规定了每个企业，在行政上只能由一个主管机关管理，不能多头领导。《国营工业企业工作条例（草案）》除总则外，分为十章，包括计划管理、技术管理、劳动管理、工资奖励生活福利、经济核算和财务管理、协作、责任制度、党委领导下的厂长负责制、工会和职工代表大会、党的工作等方面，共七十条。

【中共中央关于农村基本核算单位问题给各中央局，各省、市、区党委的指示】（1961年10月7日）　中共中央1961年10月7日发出。1997年收入中央文献出版社出版的

《建国以来重要文献选编》第十四册。《指示》指出，为进一步调动农民群众对集体生产的积极性，各中央局，各省、市、区自治区党委，各地委、县委，应以毛泽东同志召集的邯郸谈话会议记录和河北、湖北省委、山东省、广东省的材料为参考，就农村基本核算单位以生产大队为好，还是以生产队为好的问题进行仔细研究。《指示》指出，从这些材料看来，就大多数的情况来说，以生产队为基本核算单位，是比较好的。它最大的好处，是可以改变生产的基本单位是生产队、而统一分配单位却是生产大队的不合理状态，解决集体经济中长期以来存在的这种生产和分配不相适应的矛盾。《指示》要求各中央局，各省、市、自治区党委在10月下半月和11月上半月内，仔细研究一下这个问题。各级党委的有关负责同志，都要亲自下乡，并且派得力的工作组下去，广泛地征求群众意见，深入地进行调查研究。在11月底前，将调查研究的结果和意见报告中央。附：1961年9月27日《邯郸谈话会记录》。

【中共中央关于改造右派分子工作的指示】（1961年10月28日） 中共中央1961年10月28日发出。1997年收入中央文献出版社出版的《建国以来重要文献选编》第十四册。《指示》转发了中央统战部、组织部、宣传部《关于全国改造右派分子工作会议的报告》。《指示》指出，关于资产阶级右派分子的管理、教育改造和处理问题，过去因为没有专门部门负责，有些问题，没有及时得到适当解决。中央决定今后由统战部主管。并再作如下两点指示：一、资产阶级右派分子实质上同劳动人民的矛盾是一种敌我性质的矛盾，这点，必须明确，必须清醒，不要因为现在给他们大批摘帽子，和一部分上层民主人士的嚷嚷，有所含混。这点是干部在处理右派分子时掌握的方针。二、根据对于资产阶级右派分子改造工作的情况，应该再给一批右派摘掉帽子。摘帽子的处理原则，仍然是够条件的就摘、不够条件的就不摘。《关于全国改造右派分子工作会议的报告》总结了改造右派分子工作的成绩和存在的问题，提出了争取把绝大多数右派分子改造过来的五项措施：第一，做好第三批右派分子摘帽的工作。第二，组织现在参加体力劳动的右派分子进行休整和学习。第三，对于参加学习的人员，除极少数坚持反动立场、拒不接受改造和没有悔改表现的分子以外，要尽可能在一二年内逐步予以安排。第四，对于按劳动教养处理的右派分子进行一次清理。第五，对于流散在社会上的右派分子也要进行一次清理。

【中共中央关于成立国防工业办公室的决定】（1961年11月8日） 中共中央1961年11月8日作出。1997年收入中央文献出版社出版的《建国以来重要文献选编》第十四册。《决定》指出，中央决定成立国防工业办公室，作为国务院的一个口（国防工业口），在党内向中央书记处和军委负责，直接管理二机部、三机部和国防科委所属单位的工作。国防工业办公室的具体工作任务是：对常规武器、国防尖端、科学研究、干部培养以及生产、建设等工作，进行统筹规划、全面安排；组织执行和监督检查；加强国防工业部门之间，以及国防工业部门同其他有关工业部门之间，同各军、兵种之间的联系，并且组织和相互协作配合。《决定》强调，国防工业办公室成立后，国防工业各部门在制定计划和执行国家计划过程中，各项生产建设工作，经常性的生产协作，原料、材料等物质供应等工作，仍作为单独户头，由国家计委、经委负责布置，国防工业办公室负责协助。国防工业办公室作为国防工委、国防科委的第一线办事机构，组织进行两委的日常工作。《决定》任命罗瑞卿为国防工业办公室主任。当年5月成立的国防尖端五人小组，即行撤销。

【中共中央关于在农村进行社会主义教育的指示】（1961年11月13日） 中共中央1961年11月13日发出。1997年收入中央文献出版社出版的《建国以来重要文献选编》第十四册。《指示》共四部分。一、提出当前的任务是：继续加强农村工作，进一步调动农民群众的积极性，争取1962年的农业生产有较大增长。针对农民群众和农村干部中间还存在的思想问题，普遍进行一次社会主义教育。二、在农村进行社会主义教育，要达到这样的目的：统一农民和干部的认识，发扬他们爱国爱社的热情，提高他们克服困难的信心，鼓舞他们发展生产的干劲，促使人民公社更加巩固。要结合农村人民公社工作条例六十条的规定，从努力发展生产，克服当前困难；提高对集体生产的积极性，巩固和发展集体经济；正确对待家庭副业；发扬爱国热情，积极完成征购任务；积极支援城市，支援国家工业建设；厉行节约；维护正常的社会秩序等七个方面进行着重宣传。三、这次教育，要结合农村的各项具体工作进行，不单独开展运动。但是，一定要做到深入普遍，做到家喻户晓。四、不断地用社会主义的思想教育农民，不断地提高农民群众的政治觉悟和爱国热情，这应当是我们一项经常工作。在明年春季，应当对这次教育作一次总结，并且作出新的布置，使今后农村中的政治宣传工作，能够经常起来。

【中共中央关于木材生产和造林问题的指示】（1961年11月23日） 中共中央1961年11月23日发出。1997年收入中央文献出版社出版的《建国以来重要文献选编》第十四册。《指示》指出，1961年木材生产与1962年木材生产计划指标，都比前三年平均实际产量低，已经直接影响坑木、枕木、造纸用材的需要。《指示》要求，除了在现有林区加强基本建设，提高机械化水平，大胆开发利用幼壮林，扩大原木生产外，还必须加速营造国有速生林。全国各地，特别是长江以北的湖北、河南、安徽、江苏、山东、河北、山西、陕西、北京等九省、市，从1962年开始，大力营造国有的速生林，连续营造20年，共造两亿亩以上。力争在1969年能够生产1000万立方米木材。这批国营造林，应当选择在人口较多的矿区周围、铁路、公路、河流沿线的丘陵区和河滩、沙荒地，便于就近动员劳动力，便于运输。这批国营造林，应采用国、社合营办法。国有造林要带动集体造林，力争在1970年以后，农村生产生活用材可以基本上自给。各级党委必须督促林业部门，进行勘察设计，建立专业机构，准备种苗等工作。

【大批提拔年轻的技术干部】（1961年11月23日） 邓小平1961年11月23日在中共中央书记处会议上听取冶金工业七年规划汇报时的讲话。1997年收入中央文献出版社出版的《建国以来重要文献选编》第十四册。讲话指出，近几年来对技术干部关心不够，对他们的使用有问题。有许多新生力量，能力未得到很好发挥。强调重视培养提拔年轻技术干部，把他们放到重要岗位，更好地发挥作用。要求各部要根据所属单位的情况，提拔一大批工程师。提拔的条件主要是根据专业技术水平，政治条件是不反对共产党，忠于祖国。对大学毕业生的使用，要注意发挥他们的特长。并提出建立考核委员会和帮助专业技术人员进修的制度。

【中共中央对中央组织部《关于加强对党员的教育管理工作的报告》的批示】（1961年11月26日） 中共中央1961年11月26日发出。1997年收入中央文献出版社出版的《建国以来重要文献选编》第十四册。《批示》指出，中央同意中央组织部《关于加强对党员的教育管理工作的报告》，各地应结合本地区的情况贯彻执行。《批示》强调：一、在重新教育干部的同时，应当重新教育党员。二、要加强党的领导，必须首先加强党的自身工作。三、今后接收党员，必须切实注意质量，不要大量地接收新党员。中央组织部的报告指出了党员队伍和基层组织中存在的问题，要求从大力加强对党员的教育训练工作，重新教育党员；健全党的生活，整顿党的组织；适当地控制接收新党员；加强对党员教育管理工作的领导等四个方面，从根本上解决对党员的教育管理工作方面存在的问题。

【中共中央批转《西北地区第一次民族工作会议纪要》】（1961年12月6日） 中共中央1961年12月6日发出。1997年收入中央文献出版社出版的《建国以来重要文献选编》第十四册。批文指出，中央同意《西北地区第一次民族工作会议纪要》中拟定的方针和方法，要求西北局发各级党委贯彻执行，并转发各中央局和各省、市、自治区党委参考。批文肯定了十多年来我们党在民族问题方面完成的重大历史任务，取得了伟大的成就。强调民族问题方面的任务还是很大的，必须经过长期的努力才能完全实现。批文指出，在我国各民族共同的社会主义事业中民族问题这一重要因素决不容许忽视。如果忽视了这个问题，不做好少数民族工作，在工作中不坚决地按照党的民族政策办事，就会使我们犯错误。这点望各有关党委都能切实加以注意。《西北地区第一次民族工作会议纪要》介绍了西北地区的民族工作情况，提出了解决西北民族问题和牧区工作问题的十三项重大政策和措施。

【中共中央、国务院关于颁发《民兵工作条例》和各级民兵工作组改为人民武装委员会的通知】（1961年12月11日） 中共中央1961年12月11日发出。1997年收入中央文献出版社出版的《建国以来重要文献选编》第十四册。《通知》共两项内容：一、批准国防部拟制的《民兵工作条例》，并颁发全国民兵组织施行。二、为更广泛地吸收有关部门参加对民兵工作的领导，决定将县委以上的各级民兵工作组改为人民武装委员会，同时在公社和大型厂矿这一级党委之下亦成立人民武装委员会。各级人民武装委员会的任务是：根据本地区的情况，研究和贯彻执行中央、军委有关民兵工作的各项方针、政策和指示，审查同级军事机关和有关部门提出的民兵建设计划和组织各有关部门协同进行民兵工作，并研究改进民兵工作的方法；讨论年度的征兵、退伍工作和研究战时人力动员方案；提高全党全民在和平建设时期的警惕性，加强党员和人民群众的国防教育，增强国防观念。《民兵工作条例》共分七章三十条，包括民兵的性质和任务、民兵组织、民兵干部、民兵武器、政治教育和军事训练、民兵执勤、加强领导等方面。

【在扩大的中央工作会议上的报告】

（1962年1月27日） 刘少奇1962年1月27日在北京举行的中共中央扩大的工作会议（又称“七千人大会”）上的书面报告。1997年收入中央文献出版社出版的《建国以来重要文献选编》第十五册。《报告》共三部分：一、目前形势和任务；二、加强民主集中制，加强集中统一；三、党的问题。《报告》指出：关于目前的国内形势，实事求是地说，我们在经济方面是有相当大的困难的。原因不外乎两条：一条是天灾。还有一条，就是从1958年以来，我们工作中的缺点和错误。到底天灾是主要原因呢？还是我们工作中的缺点、错误是主要原因呢？各个地方的情况不一样。有些地方的农业和工业减产，主要的原因是天灾。有些地方，减产的主要原因不是天灾，而是工作中的缺点错误。过去我们经常把缺点、错误和成绩，比之于一个指头和九个指头的关系。现在恐怕不能到处这样套。全国总起来讲，缺点和成绩的关系，就不能说是一个指头和九个指头的关系，恐怕是三个指头和七个指头的关系。还有些地区，缺点和错误不止是三个指头。我到湖南一个地方，农民说是“三分天灾，七分人祸”。你不承认，人家就不服。《报告》从十六个方面总结了新中国成立十二年来，特别是1958年以来的经验教训，提出了从1963年到1972年国民经济发展的主要任务。《报告》认为，实现1962年计划和十年目标，需要解决的一个关键问题，就是加强民主集中制，加强集中统一，反对分散主义。强调要充分发扬人民民主和党内民主，进一步地密切党和人民群众的联系，加强党中央的集中统一的领导，在全党范围内，统一思想，统一政策，统一计划，统一指挥，统一行动。《报告》还阐述了实事求是的作风、群众路线和党内生活的几个问题。

【在扩大的中央工作会议上的讲话】

（1962年1月30日） 毛泽东1962年1月30日在北京举行的中共中央扩大的工作会议上的讲话。《讲话》共六点，《毛泽东著作选读》收入第一、二、四、六点，略去了第三、五点。讲话的第一、二、四、六点，1997年收入中央文献出版社出版的《建国以来重要文献选编》第十五册。《讲话》指出，看起来，我们有些同志，对于马克思、列宁所说的民主集中制，还不理解。有些同志已经是老革命了，“三八式”的，或者别的什么式的，总之已经作了几十年的共产党员，但是他们不懂得这个问题。他们怕群众，怕群众讲话，怕群众批评。哪有马克思列宁主义者怕群众的道理呢？我看不应当怕。我们的态度是：坚持真理，随时修正错误。解决人民内部矛盾，只能用讨论的方法、说理的方法，批评和自我批评的方法，一句话，只能用民主的方法，让群众讲话的方法。不论党内外，都要有充分的民主生活，就是说，都要认真实行民主集中制。克服困难，没有民主不行。当然没有集中更不行，但是，没有民主就没有集中。我们的集中制是建立在民主的基础上的集中制。一切事情，第一书记一个人说了就算数，这是很错误的。只要是大事，就得集体讨论，认真地听取不同的意见，认真地对于复杂的情况和不同的意见加以分析。尽可能地慎重一些，周到一些。如果不是这样，就是一人称霸。这样的第一书记，应当叫做霸王，不是民主集中制的“班长”。这些同志如果不改，最后要垮台的。难免有一天要“别姬”就是了。《讲话》指出：资本主义的发展，经过了好几百年。社会主义和资本主义比较，有许多优越性，我国经济的发展，会比资本主义国家快得多。可是，中国的人口多、底子薄、经济落后，要使生产力很大地发展起来，要赶上和超过世界上最先进的资本主义国家，没有一百多年的时间，我看是不行的。对于社会主义建设，我们还缺乏经验，还有很大的盲目性，知识都非常不够。我们应当积累经验，努力学习，在实践中间逐步地加深对它的认识，弄清楚它的规律。要准备着由于盲目性而遭受到许多的失败和挫折，从而取得经验，取得最后的胜利。

【纠正“左”的偏向，恢复和发展生产】（1962年2月3日）　朱德1962年2月3日在扩大的中央工作会议的山东组全体会上的讲话纪要。1997年收入中央文献出版社出版的《建国以来重要文献选编》第十五册。讲话指出，这几年，党内斗争扩大化了，运动中打击面宽了。要注意纠正“左”的偏向，解决党内问题要和风细雨，要正确地开展批评和自我批评。这几年出现了“左”的偏向，但生产积极性、工作积极性还应该保护，社会主义建设事业还应该搞，应稳步地、实事求是地做好生产和建设。讲话从生产队、工业方面、农业方面、手工业方面对山东经济建设作了具体的阐释，对山东形势给予了乐观的评价。要求按客观规律办事，站稳脚跟，继续向前发展。希望与会人员能够统一思想，总结经验，改正缺点，团结起来，同自然作斗争，把生产搞好，做好各项工作。

【中共中央关于改变农村人民公社基本核算单位问题的指示】（1962年2月13日）　中共中央1962年2月13日发出。1997年收入中央文献出版社出版的《建国以来重要文献选编》第十五册。《指示》指出，以生产队为基本核算单位，有很多好处：能够比较彻底地克服生产队之间的平均主义；生产队的生产自主权有了很好的保障；更适合当前农民的觉悟程度；更有利于改善集体经济的经营管理，完全符合广大农民和基层干部的要求，得到他们的拥护和欢迎。以生产队为基本核算单位，实行以生产队为基础的三级集体所有制，是在一个长时期内实行的根本制度。调整基本核算单位应妥善解决生产大队和生产队的规模，生产大队和生产队的管理机构，土地，耕畜、农具，大队企业，林木，水利，债务等八个方面的问题。调整农村基本核算单位要有充分的思想工作，并利用这次调整农村生产关系的机会，向广大农民群众和农村干部指明前途，鼓舞干劲。

【中共中央、国务院关于彻底清仓核资、充分发挥物资潜力的指示】（1962年2月22日）　中共中央1962年2月22日作出。1997年收入中央文献出版社出版的《建国以来重要文献选编》第十五册。《指示》对开展彻底清仓核资和物资处理工作作出部署，对清查范围、处理原则、收购物资所需资金、亏损处理、清查处理步骤、领导体制机制等作出规定。《指示》指出，清查范围只限于全民所有制单位的生产资料和消费资料。收购物资所需资金由财政部门统一解决，专款专用。收购价格实行按质论价的原则。物资清理中的亏损，由主管部门汇总审核，分期分批报财政部门审核报销。此项工作分清查、处理和总结三个阶段进行，各单位也可根据具体情况，边清查、边处理、边总结，反复交叉进行。《指示》要求，各级党委要加强对该项工作的组织领导，发动群众，如实报告，并建立清仓核资指挥部和办事机构。中央成立以薄一波为主任的领导小组，下设办公室，具体工作由中央各口、各部门和各地区按照企业、事业单位隶属关系组织进行。

【中共中央对于中央精简小组《关于各级国家机关、党派、人民团体精简的建议》的批示】（1962年2月22日）　中共中央1962年2月22日发出。1997年收入中央文献出版社出版的《建国以来重要文献选编》第十五册。《批示》指出，目前，各级国家机关、党派、人民团体中机构庞杂、人多政繁的现象，十分严重，必须彻底实行“精兵简政”。要下决心“拆庙”，裁并机构，要拟定精简计划，紧缩人员编制，有计划地抽调一批领导干部去加强基层单位。要求各级党委深入做好精简人员的思想工作和组织工作。争取上半年内完成精简任务。中央同意《中央精简小组关于各级国家机关、党派、人民团体精简的建议》。《建议》指出，全国国家机关原有职工268万余人，拟减为174万余人，精简94万余人，占原有人数的35%，并对精简后的机构编制作了具体规定。《建议》强调，必须彻底实行“精兵简政”，减少不必要的工作和事务，减少不必要的会议，严格控制文件、报表，简化各种办事手续，裁并机构，大力紧缩人员编制。

【目前财政经济的情况和克服困难的若干办法】（1962年2月26日）　陈云1962年2月26日在国务院各部委党组成员会议上

的讲话。1997年收入中央文献出版社出版的《建国以来重要文献选编》第十五册。讲话从五个方面阐述了目前财政经济方面的困难：一、农业近几年有很大的减产。二、已经摆开的基本建设规模，超过了国家财力物力的可能性，同现在的工农业生产水平不相适应。三、钞票发得太多，通货膨胀。四、城市的钞票大量向乡村转移，投机倒把在发展。五、城市人民的生活水平下降。讲话从六个方面提出了克服困难的办法：一、把十年经济规划分为两个阶段，恢复阶段和发展阶段。二、减少城市人口，“精兵简政”。三、采取一切办法制止通货膨胀。四、尽力保证城市人民的最低生活需要。五、把一切可能的力量用于农业增产。六、计划机关的主要注意力，应从工业、交通方面转移到农业增产和制止通货膨胀方面来。

【中共中央、国务院关于切实加强银行工作的集中统一，严格控制货币发行的决定】（1962年3月10日） 中共中央、国务院1962年3月10日发出。1997年收入中央文献出版社出版的《建国以来重要文献选编》第十五册。《决定》指出，货币发行过多，部分物价上涨，商品严重不足，这是当前国民经济生活中十分突出的问题。许多地方存在的随意向银行增加贷款，赔钱企业靠银行贷款维持以及挪用银行贷款作财政性开支等情况。因此，必须采取断然措施，实行银行工作的高度集中统一，把货币发行权真正集中于中央；要收回几年来银行工作下放的一切权力，银行业务实行完全彻底的垂直领导；要严格信贷管理，划清银行信贷资金和财政资金的界限；加强现金管理，严格结算纪律；在加强银行工作的同时，必须严格财政管理。

【中共中央关于严禁各地进行计划外工程的通知】（1962年3月20日） 中共中央1962年3月20日发出。1997年收入中央文献出版社出版的《建国以来重要文献选编》第十五册。《通知》强调，决不允许在计划外用自筹资金或上年财政结余进行基本建设。所有计划外的工程（以国家计委1961年12月20日印发的1962年基本建设安排意见为准），一律停止施工，特别是楼、馆、堂、所，不论已经建设到什么程度，必须立即停止。计划外的个别项目，如果确为恢复农业和解决市场商品供应所急需，而且投资不多，又能很快见效的，必须经过审批，纳入国家计划。国家计划内的项目，不得自行扩大工作量。所有计划以内项目，今年从停建项目调用的材料和设备，一律按价付款，不得无偿调用。计划以外的项目拖欠的债款和虚报冒领的资金，各主管部门应当督促它们迅速清查归还。

【国内形势和我们的任务】（1962年3月27日、28日） 周恩来于1962年3月27日、28日在第二届全国人民代表大会第三次会议上所作的《政府工作报告》的第二部分。1997年收入中央文献出版社出版的《建国以来重要文献选编》第十五册。主要内容共三部分：一、1958年—1960年工作的基本总结；二、国民经济的调整工作和当前任务；三、国家的政治生活。报告指出，1958年至1960年，我国人民在发展国民经济中所取得的成就是十分显著的。这三年间，我们进行了空前规模的基本建设，投资总额共达996亿元，比第一个五年计划期间投资总额增加81%。1960年，我国工业总产值达到了1650亿元，比1957年增加1.3倍，超过了第二个五年计划原定的工业总产值增加1倍左右的要求。农业方面，1958年取得了大丰收。1959年到1961年，我国农业遭受的自然灾害是非常严重的。1959年受灾面积6亿5千多万亩，成灾面积2亿多亩；1960年受灾面积9亿8千多万亩，成灾面积3亿7千多万亩；1961年受灾面积9亿2千多万亩，成灾面积4亿3千多万亩。我们依靠人民公社的力量和农业的基本建设，加上全国的支援，减轻了灾害所造成的损失。我国的教育事业有很大的发展。到1960年，高等学校在校学生数达到了96万人，比1957年增加1.2倍；中等学校在校学生数达到了1487万人，比1957年增加1.1倍；小学生达到了9375万人，比1957年增加46%。在文化、卫生、体育、新闻、广播等事业方面，成绩也是很显著的。我国的科学技术和国防建设也取得了很大成就。应该指出，在取得这些伟大的成就的同时，我们工作中也发生过某些严重的缺点和错误。主要表现在：工农业生产的计划指标过高，基本建设规模过大，使国民经济各部门的比例关系，特别是农业、轻工业、重工业之间的比例关系和积累、消费之间的比例，发生了严重的不协调现象；生产和建设中实行了一些不切实际的、违反科学的措施，废除了一些不该废除的规章制度，不注意经济核算，不讲求经济效果等。报告提出，1962年的国民经济调整工作，特别要抓紧完成增产节约、精兵简政、稳定市场、改善供应这几方面的任务。关于国家的政治生活，报告指出，我们的国家，在人民内部实行民主集中制。表现在国家政治生活方面，首先就是全国各族人民，经过人民代表大会制，统一和集中地行使国家权力。政府工作干部，一切企业、事业单位的干部，都必须模范地遵守国家政策和法律，爱护国家财产，爱护群众利益。对于一切违法乱纪行为，必须严肃处理，并且在今后工作中切实注意纠正和防止。报告指出，知识分子是社会主义建设事业取得胜利的不可或缺的重要力量。我国的知识分子，在社会主义建设的各个战线上，作出了宝贵的贡献，应当受到国家和人民的尊重。国家对知识分子的政策的出发点是，团结一切爱国的知识分子，逐步地建立起一支劳动人民的知识分子的宏大队伍。

【中共中央、国务院关于加强统计工作的决定】（1962年4月4日） 中共中央、国务院1962年4月4日发出。1997年收入中央文献出版社出版的《建国以来重要文献选编》第十五册。《决定》共五项：一、加强统计工作的集中统一领导，各级统计部门在业务工作方面受国家统计局垂直领导。二、切实加强统计工作，保证统计数字的准确可靠和及时上报。三、在“精兵简政”的原则下，健全各级统计组织和基层统计工作，各级统计部门应单独设置。四、统计干部应该专业化，不要轻易调动，以利他们熟悉业务，积累经验。五、各级党政领导机关必须进一步加强对统计工作的领导。

【中共中央、国务院关于严格控制财政管理的决定】（1962年4月21日） 中共中央、国务院1962年4月21日发出。1997年收入中央文献出版社出版的《建国以来重要文献选编》第十五册。《决定》指出，严格控制财政管理不仅有利于国民经济的调整，而且有利于促使企业裁并单位，精减人员，挖掘潜力，改善经营管理。并对严格控制财政管理作了六项规定：一、切实扭转企业大量赔钱的状况。二、坚决制止一切侵占国家资金的错误做法。三、坚决制止各单位之间相互拖欠货款。四、坚决维护应当上交国家的财政收入。五、严格控制各项财政支出。六、切实加强财政监督。《决定》强调：各省、市、自治区党委和人民委员会应当加强对财政部门的领导，经常讨论财政工作，并且结合银行信贷、市场供应和工农业生产情况，结合精减人员和调整经济的情况，研究解决财政方面的问题。

【中共中央关于加速进行党员、干部甄别工作的通知】（1962年4月27日） 中共中央1962年4月27日发出。1997年收入中央文献出版社出版的《建国以来重要文献选编》第十五册。《通知》指出，自1961年以来干部甄别工作有了一定进展，但甄别工作进度还很慢。为调动广大党员干部的积极性，团结全党全民搞好工农业生产，克服当前的困难，对党员、干部的甄别平反工作，必须根据扩大的中央工作会议的精神，加强领导，加速进行。《通知》强调指出，县级以下的农村基层干部是当前甄别工作的重点。凡是在拔白旗、反右倾、整风整社、民主革命补课运动中批判和处分完全错了和基本错了的党员、干部，应当采取简便的办法，认真地、迅速地加以甄别平反。甄别平反的方法是由上一级党委派负责同志，帮助所在组织摸清被错批判和错处分的党员、干部的情况，召集他们开会、谈话，然后召开干部大会或党员大会、群众大会，宣布一律平反。其中即使有的有些轻微错误，也不要留尾巴。有关领导干部应该当场向被错误批判处分的党员、干部进行道歉。上级党委应该派人参加平反大会，说明错误责任主要在上级，号召卸掉包袱，加强团结，搞好工作和生产。机关、学校、工矿、企业中错批判和处分的一般党员和干部，也应该采取上述办法平反。

【中共中央批转文化部党组和全国文联党组《关于当前文学艺术工作若干问题的意见（草案）》】（1962年4月30日） 中共中央1962年4月30日发出。1997年收入中央文献出版社出版的《建国以来重要文献选编》第十五册。批文同意文化部党组和全国文联党组《关于当前文学艺术工作若干问题的意见（草案）》（简称“文艺八条”），并要求各级宣传和文化部门等加以讨论和执行，以便完善该文件。该草案在总结新中国成立以来我国文学艺术工作的发展历程、取得的巨大成就、积累的丰富经验的基础上，提出以下八项意见：一、进一步贯彻执行百花齐放、百家争鸣的方针。二、努力提高创作质量。三、批判地继承民族文化遗产和吸收外国文化。四、正确开展文艺批评。五、保证创作时间，注意劳逸结合。六、培养优秀人才，奖励优秀创作。七、加强团结，继续改造。八、改进领导方法和领导作风。

【中共中央关于批发一九六二年国民经济调整计划的指示】（1962年4月30日） 中共中央1962年4月30日发出。1997年收入中央文献出版社出版的《建国以来重要文献选编》第十五册。《指示》指出，国家计划委员会对1962年的国民经济计划做了较大幅度调整，应据此安排今年的调整工作。中央要求各地区、各部门在执行今年调整计划的时候，认真做好以下工作：一、在中央的统一方针和统一规划下，摸清原料、材料燃料、电力供应的可能，摸清清仓核资中可能挖掘的潜力，摸清支援农业和供应市场的确实需要等，并进行排队，对工业生产指标和基本建设项目进行必要的调整。二、根据排队的情况，必须把生产任务首先分配给那些消耗少、成本低、质量好、品种多、劳动生产率高的企业承担。三、在基本建设方面，对那些今年勉强上去而明年又无力续建的项目，那些设备、材料还不落后的项目，以及那些建成以后没有条件进行正常生产的项目，都应该坚决地停下来。四、力争超额完成今年精减职工900万人、压缩城镇人口1300万的计划。五、随着生产、建设任务的调整，物资的分配应该作相应的调整。六、根据严格控制信贷支出和财政开支的要求，从中央到地方，从部门到单位，都要厉行节约，更多地压缩集团购买力，坚决消灭特殊化，彻底停止楼、馆、堂、所的建设，坚决关闭一批楼、堂、馆、所。七、一定要做好思想工作。

【中共中央、国务院关于当前民间运输业调整工作中若干政策问题的指示】（1962年5月6日） 中共中央、国务院1962年5月6日发出。1997年收入中央文献出版社出版的《建国以来重要文献选编》第十五册。《指示》指出，加强短途运输，是当前国民经济调整工作中的一个重要环节。对民间运输业必须采取保护、整顿、恢复并适当发展的方针，以充分发挥它们应有的积极作用。在加强和调整民间运输业的工作中，需要各有关方面的通力协作，特别是需要各级党委加强领导，认真贯彻党的方针政策，妥善处理好所有制问题；所有制变更的财务问题；退赔问题；物资供应问题；运价问题；后备劳动力问题；保养维修力量的安排问题；在运输沿线设立车马店、草料店和医疗站、兽医站等问题。《指示》指出，集体所有制是民间运输业的主要所有制形式。已转为全民所有制的，应区别不同情况进行适当调整，个体运输业根据需要允许它们存在，但必须加强管理。全民所有制运输业转回集体所有制的，应按原则及时清理财产和账目。《指示》强调，要做好1958年以来对运输合作社无偿调用的清理退赔工作；要保证运输合作社所需物资的计划供应；要加强民间运输业的保养维修服务，在运输沿线适当设立休息、医疗和供给等场所，以便利运输；民间运输业的运价必须贯彻执行保持物价稳定的方针，所需后备劳动力，应统筹安排，逐年纳入劳动计划。《指示》要求，交通部要切实做好交通运输业的调整工作，立即制定具体规定，贯彻施行。

【中共中央、国务院关于积极开展供销合作社自营业务和组织城市消费合作社的指示】（1962年5月18日） 中共中央、国务院1962年5月18日发出。1997年收入中央文献出版社出版的《建国以来重要文献选编》第十五册。《指示》指出，供销合作社除了完成国家农副产品收购任务，还要积极开展自营业务。应当从农村到城市建立一套经营机构，形成一条商品流通渠道。供销合作社在收购农副产品三类物资和完成派购任务以后的二类物资时，应采取与农民协商议价的方法，在销售时保持正常利润。此外，供销合作社也可以为农民办理代销业务。在城市，供销合作社可设立批发机构和合作货栈，经营批发业务，在必要时也可兼营一定的零售业务。各地供销合作社经营业务应按照商品流通客观规律，保持城乡之间、地区之间的传统的、合理的经济联系。城市中的一些单位及农村中的国营农场，都可以成立消费合作社，受供销合作社领导，同供销合作社批发机构建立业务联系，可以从国营商业、供销合作社和手工业生产合作社进货，但不能直接向农村人民公社、生产队采购。《指示》要求，各地接到文件后，要立即开展讨论，进行试点，逐步推广，并认真总结经验，改进工作。

【中共中央、国务院关于进一步精减职工和减少城镇人口的决定】（1962年5月27日） 中共中央1962年5月27日发出。1997年收入中央文献出版社出版的《建国以来重要文献选编》第十五册。《决定》指出，为保证国民经济调整工作的顺利进行，继续加强农业战线，争取财政经济状况的根本好转，必须坚决缩短工业战线，调整商业体制，缩小文教规模，精简行政机构，进一步地精减职工和减少城镇人口。《决定》共八项内容：一、全国职工人数应当在1961年年末的4170万人的基础上，再减少1056万人至1072万人。二、上述减少城镇人口的任务，应当在今、明两年内基本上完成，后年上半年扫尾。三、各地区、各部门都应当把今春所订的减人计划，作为第一步计划，抓紧时间积极减人，争取在上半年完成。四、精减职工的工作，必须与国民经济各部门的调整和企业、事业、机关机构的裁并结合起来进行。五、减人的对象必须适当，应当减能够减的要坚决减下去，应当保留和不宜减的要注意保留。六、必须做好安置工作，对于一切精减下来的职工，都要采取各种补助和帮助的办法妥善安置，务使他们能够逐步习惯于新的生活。七、必须做好宣传教育工作，以利在这个基础上顺利地完成任务。八、必须加强对精减工作的领导。《决定》强调：各级党政机关对于精减工作，既要决心大，行动快，又要步子稳，工作细，安置好，避免出大乱子。特别是北京、天津、上海、广州、武汉等大城市和一些重要口岸、边境城镇，影响大，更要注意。

【中共中央关于准备粉碎蒋匪帮进犯东南沿海地区的指示】（1962年6月10日） 中共中央1962年6月10日发出。1997年收入中央文献出版社出版的《建国以来重要文献选编》第十五册。《指示》指出，台湾蒋介石集团在美帝国主义支持下，准备向我东南沿海地区进行一次冒险进犯。据判断，他们很可能在最近期间，即台风季节前后，对我福建省和闽粤、闽浙结合部地区发动一次二三十万人的登陆作战，妄图在大陆上建立一块反革命根据地，作为它实行反革命复辟的立足点。全党和全国人民必须提高警惕，从各方面作好准备，决不让美蒋这一罪恶阴谋得逞。人民解放军要立即动员起来，完成一切战斗准备。已经指定的部队，应当迅速开赴前线。其余部队也应当积极做好参战准备，随时听候调动。各参战部队应当根据中央军委的命令，迅速制定作战方案，加固沿海地区和岛屿的防御工事，抓紧进行战备训练，积极做好后方勤务工作，保证粮弹的运输和供应。要大力加强部队的思想政治工作，鼓舞战斗意志，发扬英勇顽强艰苦奋斗的传统战斗作风，紧紧地和人民群众团结在一起，保证坚决而迅速地完成歼灭敌人的战斗任务。《指示》要求在全党和全国人民中有领导有步骤地进行宣传教育。东南沿海准备作战的地区要立即做好战备动员工作，大力支援军队作战。

【中共中央批转中央统战部关于全国统战工作会议的报告】（1962年6月14日） 中共中央1962年6月14日发出。1997年收入中央文献出版社出版的《建国以来重要文献选编》第十五册。批文指出，为保证顺利完成调整国民经济的艰巨任务，必须在无产阶级的领导下，在工农联盟的基础上，进一步调整统一战线内部的各种关系，发扬人民民主，加强思想政治工作。党的统一战线工作，决不是可以削弱，而是应当加强。各级党委必须切实加强对统战工作的领导。统战部门要建立和加强经常工作，恢复原有的好的章程和制度，切实贯彻党的统一战线政策。《关于全国统战工作会议向中央的报告》指出，当前统战工作的中心任务是调整关系，正确处理当前几个突出问题；加强合作，改善同党外人士的共事关系；发扬民主，实行互相监督的方针；组织学习，帮助党外人士逐步改造世界观。

【中共中央、国务院关于在精简工作中处理高等学校毕业生问题的若干规定】（1962年8月10日） 中共中央、国务院1962年8月10日发出。1997年收入中央文献出版社出版的《建国以来重要文献选编》第十五册。针对精简职工工作中发生的对高等学校毕业生被精简退职的现象，文件作出六项规定：一、在精简工作中，所有高等学校的毕业生，除因犯十分严重的错误应予开除公职或丧失劳动能力者外，一律不得作退职处理。必须对他们负责到底，妥善安置。二、高等学校毕业生，凡是在本单位作为精简对象，或者其工作的单位已经停办、撤销的，应该由各该单位交与上级机构处理。三、一般理、工科的高等学校毕业生，其所学专业与农业生产没有关系、农村中用不上的，不宜将他们送到农村去。理科、师范、文科的高等学校毕业生，如原属部门和地方不能安置时，应交由教育部会同内务部安排，分配给研究机构、高等学校，以及用于提高若干重点中学的师资，或作其他安排。这些干部的编制，首先应尽可能在各该单位的编制内解决。如确有困难时，由各部门清理后统一报告中央批准，作为国家储备干部，给予一定的编制解决。四、与农业、农业机械等有关的专业，以及某些文科、社会科学、师范方面的高等学校毕业生，可以组织到农村、农场去工作和锻炼。五、所有到农村去的高等学校毕业生，除直接受当地公社、县领导外，还应由省、市、自治区党委指定的部门来管理。六、对精简中已经处理的大学生毕业干部，各单位应该进行一次清理，凡是不符合上述规定的，应该改正过来。

【中共中央、国务院关于农业生产资金问题的通知】（1962年8月28日） 中共中央、国务院1962年8月28日发出。1997年收入中央文献出版社出版的《建国以来重要文献选编》第十五册。《通知》对支援农业生产资金的问题作了说明，明确了支援农业生产资金的贷款类型、放款单位、归还时限、计息方式，享受“无偿投资”的条件以及贷款指标和“无偿投资”指标的安排。《通知》指出，农业资金必须贯彻执行“自力更生为主，国家支援为辅”的原则。农业资金的安排，必须同国家农业生产资料的供应紧密结合，遵循“确有物资，物资适用，群众欢迎”的原则。《通知》要求按照原则清理社队和农民欠国家的债务。清理范围包括：历年农业贷款、预购定金、预付货款和赊销商品的价款。清理要按照核对账目，分类排队，民主讨论，群众评议，领导批准确定的方法。债务清理结果要在一定场合向群众公布，并说明今后贷款要坚持谁借谁还、按期归还的原则。《通知》强调，恢复和发展农业生产是党的中心任务，财政、银行应当在可能的范围内，从资金供应上积极给予支持。同时，资金的投放必须有计划、有控制、有重点，要防止不问可能、不问物资、不讲实效的做法。《通知》申明，必须注意在农村资金投放过多对农产品收购可能带来的不利影响。

【中共中央对西藏工委《关于牧区当前若干具体政策的规定（修正稿）》的批示】（1962年9月11日） 中共中央1962年9月11日发出。1997年收入中央文献出版社出版的《建国以来重要文献选编》第十五册。《批示》要求西藏工委对《关于牧区当前若干具体政策的规定》的修正稿再加修改，下达执行。《批示》提出修改时要特别注意两点：一是在西藏所有的牧区，都必须集中力量发展畜牧业，切实执行以牧为主的方针。目前，不要提倡牧民开荒，不要提“农牧结合”的口号，不要提出牧民开荒不征公粮。机关、部队不要在牧业区办农场。二是在西藏牧业区，应该坚决贯彻执行党的依靠劳动牧民（特别是贫困牧民和牧工），团结一切可能团结的力量的阶级路线。在五年不办合作社的情况下，要很好地注意执行牧工牧主两利和扶助贫苦牧民的政策。要采取各种办法（例如发放低息贷款等），解决贫苦牧民生产、生活上的实际困难，扶持他们发展畜牧业生产。对于未参加叛乱的牧主、领主、领主代理人，要坚持争取、团结和耐心地进行教育改造的政策。这两个问题在今后工作中应该特别加以注意。

【中共中央关于粮食工作的决定】（1962年9月23日） 中共中央1962年9月23日发出。1997年收入中央文献出版社出版的《建国以来重要文献选编》第十五册。《决定》共十项：一、“发展经济，保证供给，是我们经济工作和财政工作的总方针”，也是粮食工作的总方针。二、规定1962年度粮食征购任务为641.26亿斤贸易粮，销售指标为703.15亿斤，上调任务为45亿斤，进口104亿斤。三、今后五年内，粮食的征购、上调、库存数量应当逐年增加，进口数量应当逐年减少；对粮食征购、上调、进口的数量，实行五年一定、一年一议的办法。四、必须积极地有步骤地进行农业技术改革，大力支援主要产粮区和主要经济作物区的恢复和发展。五、大力支持国营农场，切实整顿国营农场，使它们提高劳动生产率，提高单位面积产量，能够逐年向国家提供越来越多的商品粮食。六、有领导地、适当地开放农村粮食集市贸易。七、进一步加强国家关于粮食管理的集中统一、分级管理的制度，从1962年开始，改变现行的分级包干、差额调拨的办法，实行对粮食的统一征购、统一销售、统一调拨的办法。八、从今年秋后开始，取消公社、生产大队提取机动粮、自筹粮的办法，以减轻生产队和社员的负担，更好地完成国家征购任务；生产队本身允许保留一定比例的储备粮。九、加强县一级和基层粮食机构，整顿粮食部门的职工队伍；认真负责地、切切实实地加强粮食部门的经营管理工作。十、今年秋冬，在农村中对广大农民和基层干部进行一次社会主义教育，向他们讲清楚目前形势、任务和政策，讲清楚工农兼顾，城乡兼顾，国家利益、集体利益、个人利益兼顾的道理，动员他们积极完成国家的粮食征购任务。

【中国共产党第八届中央委员会第十次全体会议关于加强党的监察机关的决定】（1962年9月27日） 中国共产党第八届中央委员会第十次全体会议1962年9月27日通过。1997年收入中央文献出版社出版的《建国以来重要文献选编》第十五册。《决定》共四项：一、加强中央和地方各级的监察委员会，扩大各级监察委员会的名额。中央和地方各级监察委员会的委员和候补委员，应当多数是专职的。中央和地方各级监察委员会的办事机构，应当予以加强。二、各级党的委员会必须加强对同级监察委员会的领导，定期讨论党的监察工作。三、党的各级监察委员会应当加强对同级国家机关的党员的监督工作。四、党的各级监察委员会和全体监察工作人员，都必须严格地按照党的章程办事，模范地遵守党的纪律和国家法律、法令；都必须坚持党的原则，坚决地保护好人好事，反对坏人坏事；都必须密切联系群众，实事求是，及时地向同级党委和上级监察委员会反映情况；都必须经常地向同级党委和上级监察委员会报告和请示工作。地方各级监察委员会有权不通过同级党委，向上级党委、监察委员会，直到党的中央，直接反映情况，检举党员的违法乱纪行为。

【中共中央关于有计划有步骤地交流各级党政主要领导干部的决定】（1962年9月27日） 中国共产党第八届中央委员会第十次全体会议1962年9月27日通过。1997年收入中央文献出版社出版的《建国以来重要文献选编》第十五册。《决定》共八项：一、为了贯彻执行党的民主集中制，加强党委集体领导，帮助各级领导干部拓展眼界，丰富经验，提高领导水平，中央决定在全国范围内对各级主要领导干部进行有计划的交流，并把干部定期交流作为我党干部管理工作的一项根本制度。二、交流的范围和对象，主要是县级以上各级党委和国家机关中担任主要领导职务的党员干部。三、交流干部的工作，要有计划、有步骤、分期分批地进行。在今后一年以内首先交流一批，为了积累经验，第一批交流的人数不要过多，以不超过同等干部的5%为原则。四、中央一级机关的领导干部，在全国范围内进行交流；中央局和省级机关的领导干部在大区或全国范围内进行交流；地区一级机关的领导干部，大部分在大区和省、市、自治区范围内交流，一部分在全国范围内进行交流；县级机关的领导干部，大部分在省、市、自治区范围内进行交流，一部分在大区或全国范围内进行交流。五、各中央局，各省、市、自治区党委都应当做出交流干部的计划。六、在交流干部的时候，要做好细致的组织工作。对每一个干部的工作，都要进行妥善的安排。在交流工作中，必须严格地按照干部管理制度办事。七、人民解放军各级主要领导干部的交流办法和计划，由军委参照上述各点，另行制定，报告中央批准实行。八、人民公社主要干部的交流问题，由省、市、自治区党委自行规定。

【中共中央关于商业工作问题的决定】（1962年9月27日） 中国共产党第八届中央委员会第十次全体会议1962年9月27日通过。1997年收入中央文献出版社出版的《建国以来重要文献选编》第十五册。《决定》共八个部分：一、“发展经济，保障供给”是我国社会主义商业工作的基本出发点。商业工作应该在国家计划的指导下，按照等价交换的原则，正确地利用价值规律，通过适当的购销形式，促进农业和工业生产的发展，逐步保障城乡居民消费品的供应。商业工作必须认真执行以农业为基础、以工业为主导的发展国民经济的总方针，正确地调整商业和农业的关系、商业和工业的关系。二、商业工作应该正确地处理向农民供应东西、向农民收购东西的问题。商业部门向农民供应东西，要根据农村的需要，善于向工业部门、手工业部门、农业部门，组织生产资料和生活资料这两类货源。向集体经济单位收购各种农副产品的时候，要同他们协商，分别不同品种，规定适当的购留比例，规定合理的收购任务。农副产品的收购，分别采用统购、派购、议购的办法，一般地都应该采用合同的形式。三、商业部门应该根据国家统一计划，力求做好工业单位的生产资料和城市工人、职员生活资料的供应；必须注意改进工业品和手工业品的收购，以利于发展生产、保证市场供应。四、现阶段我国商品流通有三个渠道：国营商业，合作社商业，集市贸易。国营商业是全民所有制经济，是商业的主体和领导力量；合作社商业是社会主义集体所有制经济，是国营商业的有力助手；集市贸易是农民之间互通有无、调剂余缺的场所，是不以人们意志为转移的客观需要，是国营商业和合作社商业的必要补充。五、我国社会主义经济的发展，要求有一个大统一的国内市场。全国的商业工作，都必须服从中央统一的方针政策，都必须服从国家的统一计划。六、要在发展工农业生产的基础上，继续稳定市场，稳定物价。对于物价的不合理部分，应该分批分期地、慎重地进行调整。七、一切商业部门，包括国营商业和供销合作社，都应该认真地改善经营管理，加速资金周转，减少商品损耗，减少经营环节，降低商品流转费用，以便为市场提供比较便宜的商品，为国家提供比较多的积累。八、中央要求各级党委，从各方面采取切实有效的措施，有步骤地整顿和充实商业队伍。

【中共中央关于进一步巩固人民公社集体经济、发展农业生产的决定】（1962年9月27日）　中国共产党第八届中央委员会第十次全体会议1962年9月27日通过。1997年收入中央文献出版社出版的《建国以来重要文献选编》第十五册。《决定》共十二项：一、在完成反封建的土地改革以后，我们党在农业问题上的根本路线是：第一步实现农业集体化，第二步在农业集体化的基础上实现农业的机械化和电气化。二、我国的统一国民经济计划，必须以发展农业为出发点。安排经济计划的次序，是农业、轻工业、重工业。三、在我国，不论轻工业或者重工业，都要以五亿几千万农民的农村为主要市场。四、对于农业的投资，包括直接为农业服务的工业、运输业、科学研究的投资，在经济建设总投资中的比重，应该有计划地提高。五、国家征收农业税和统购粮食的数量，应该在适当的水平上，在一定时期内稳定下来。六、必须改善现在的商业体制，打破“关卡”，组织统一的社会主义国内市场。应该主要地通过经济的办法来取得农产品，而不是主要地通过行政的办法；应该采用统购合同、订购合同和议购合同这些不同的形式，发展城乡的商品交换。必须在价格问题上照顾农民的实际利益。七、中央发出的《农村人民公社工作条例（草案）》和以生产队为基本核算单位的指示中，关于支援农业的政策，关于工业发展方向的政策，关于增加农业投资的政策，关于征购的政策，关于价格的政策，都是党要持久实行的政策。在集体经济内部，允许和鼓励社员经营家庭副业，同样是党要持久实行的政策。八、人民公社的各级组织，首先是生产队，在经济工作中，必须坚持自愿、示范、互助、互利的原则，搞好经营管理。应该加强对人民公社各级组织的领导，特别是对生产队的领导。九、集体经济必须认真实行粮食作物和经济作物并举的方针，在优先发展粮食的同时，合理安排各种经济作物的生产。集体经济必须把畜牧业放在重要地位，努力发展林业、渔业和各种副业生产。十、中央和省、市、自治区党委，要选择一批忠实于人民事业的、有相当工作能力的、懂得群众路线工作方法的干部，到专区、县、乡村去，长期参加工作。十一、有步骤地推进我国农业的技术改革，使我国的集体农业在技术上逐步实现现代化，必须依靠群众的集体智慧和积极性，同时，必须依靠党中央的集体领导。全党同志一定要认真实行民主集中制。各级党委和人民公社各级干部都应该倾听群众的意见，总结群众的经验，并且在这个基础上，建立正确的领导。十二、党中央历来坚持大权统一于中央、小权适当分散的原则。在各项经济工作中，实行统一领导，分级管理的制度。

【农村人民公社工作条例修正草案】（1962年9月27日） 中国共产党第八届中央委员会第十次全体会议1962年9月27日通过。1997年收入中央文献出版社出版的《建国以来重要文献选编》第十五册。《修正草案》共分为九章六十条（简称“农业六十条”）。第一章，农村人民公社在现阶段的性质、组织和规模；第二章，公社；第三章，生产大队；第四章，生产队；第五章，社员家庭副业；第六章，社员；第七章，干部；第八章，人民公社各级监察组织；第九章，人民公社中的党组织。《修正草案》规定：农村人民公社是政社合一的组织，是我国社会主义社会在农村中的基层单位，又是我国社会主义政权在农村中的基层单位。农村人民公社在一个很长的历史时期内，是社会主义的互助、互利的集体经济组织，实行各尽所能、按劳分配、多劳多得、不劳动者不得食的原则。人民公社的基本核算单位是生产队；根据各地情况，人民公社的组织可以分为两级，即公社和生产队，也可以分为三级，即公社、生产大队和生产队。人民公社的各级组织，按照民主集中制的原则办事。各级权力机关是公社社员代表大会、生产大队社员代表大会和生产队社员大会。管理机关是各级管理委员会。人民公社各级的规模应该由社员民主决定，规模大小以对生产有利为原则。生产队实行独立核算、自负盈亏，直接组织生产和收益的分配；所有社员按照劳动工分按时计入工分手册，一律同工同酬；生产队以粮食生产为主，同时根据当地条件，积极发展棉花、油料和其他经济作物的生产。人民公社应该允许和鼓励社员利用剩余时间和假日，发展家庭副业，增加社会产品，增加社员收入，活跃农村市场。

【中共中央、国务院关于当前城市工作若干问题的指示】（1962年10月6日） 中共中央、国务院1962年10月6日发出。1997年收入中央文献出版社出版的《建国以来重要文献选编》第十五册。《指示》指出，由于农村的形势去年比前年好，今年又比去年好；又由于我们贯彻执行了国民经济以调整为中心的调整、巩固、充实、提高的方针，全国城市的经济形势，总的说来，正在一步一步地好起来。但是，也应当指出，我们面前还有不少困难，城市工作中还存在许多问题，调整工作中也存在若干缺点。按照发展国民经济的总方针和工业发展的总方向，大力组织和发展生产，并且随着生产的发展，相应地稳定和逐步改善职工生活，是目前城市工作的主要任务。为此，中共中央、国务院就当前有关城市工作的若干问题作出十二项规定：一、已经完成和基本完成减少职工任务的大中城市，要集中力量组织生产，今后精简工作的重点转到专、县、社和各级机关。二、争取完成和超额完成今年的工业生产计划，大力支援农业和市场需要。三、抓紧时间，采取措施，力争完成今年的基本建设计划。四、减少企业亏损，增加企业盈利。五、采取分级负责和群众监督的办法，迅速处理积压物资，防止房屋、物资的损失。六、迅速清理企业拖欠，恢复正常经济关系。七、改善财政开支的管理，保证必要的流动资金。八、努力保证职工生活稳定在现在的水平上，并且力争有所改善。九、妥善安置目前大中城市中的闲散劳动力和不能就学的学生。十、调整市镇建制，缩小城市郊区，完成减少城镇人口计划。十一、逐步改善大中城市的市政建设。十二、按照集中统一、分级管理的原则，改进各种管理体制。

【中共中央、国务院关于坚决扭转工商企业亏损、增加赢利的通知】（1962年10月16日） 中共中央、国务院1962年10月16日发出。1997年收入中央文献出版社出版的《建国以来重要文献选编》第十五册。《通知》指出，目前亏损的工商企业仍然很多，据财政部预计，今年全国工商企业亏损总额仍有90亿元左右，问题还是相当严重的。为了有效地扭转工商企业的亏损，增加赢利，中共中央、国务院发出本通知。《通知》共四项：一、所有工商企业，都要继续认真地贯彻执行中央历来关于勤俭建国、勤俭办企业的指示，贯彻执行工业“七十条”和中央关于商业工作问题的决定，努力改进经营管理工作，充分发动群众，增产节约，降低生产成本和商品流转费用。二、国务院工、商各部和各省、市、自治区，对于亏损企业和亏本的产品、商品，要逐个分析亏本的原因，提出扭转亏本的初步规划，制定今年第四季度和明年扭转亏本、增加赢利的具体指标和措施，报告国家经济委员会和国务院财贸办公室。三、国务院各部应当立即派出工作组，分赴重点城市、矿区、林区，在当地党委的统一领导下，会同地方有关部门，就地解决企业亏损的问题。四、以国家经济委员会和国务院财贸办公室为主，吸收有关部门组成专门领导小组，主持扭转亏损、增加赢利的工作。

【中共中央、国务院关于发展农村副业生产的决定】（1962年11月22日） 中共中央、国务院1962年11月22日作出。1997年收入中央文献出版社出版的《建国以来重要文献选编》第十五册。《决定》共四部分：一、我国的农业生产和副业生产，历来是互相结合，互相促进的。恢复和发展农村的副业生产，成为当前巩固集体经济、恢复和发展农业生产的一个重要问题。二、各地应该根据当地的传统习惯，根据现有的原料、设备、技术、资金和劳动力等条件，因地制宜地逐步发展副业生产。三、在恢复和发展农村副业生产中，正确解决“归谁所有、归谁经营”的问题，是一个关键性的问题。在集体经营的副业中，应该以发展生产队的副业为主；对于社员的家庭副业，要加强思想和经济领导，积极采取各种经济措施，鼓励和帮助它继续发展，并且使它同国营经济、集体经济联系起来。四、各级党委应该把副业摆在应有的重要地位，统一安排农业生产和副业生产，认真加强领导，从各方面积极支持农村副业生产的发展。

【执政党的干部问题】（1962年11月29日） 邓小平1962年11月29日在接见参加组织工作会议和全国监察工作会议的同志时讲话的一部分。1997年收入中央文献出版社出版的《建国以来重要文献选编》第十五册。讲话指出：“党要管党，一管党员，二管干部。对执政党来说，党要管党，最关键的是干部问题。”多少年来，我们对干部就是包下来，能上不能下。现在看来，副作用很大。现在还没有很好的办法解决。唯一的出路是“要能下”，可以从基层进行试验。对干部的管理和监督要加强，包括党的生活的监督、民主集中制的贯彻执行、党员和群众的监督、党的监察制度的监督、组织部门对干部实行鉴定制度的监督等，对干部中存在的问题，经常抓就容易解决。干部交流要加强。干部交流，是为了锻炼干部，便利工作，给各个单位，各级党委创造一个好的工作条件。干部学习要加强，造成一种学习的空气。党校和干部轮训要分开进行。党校带有经常的性质，学习时间长一点。党校还要培养理论干部，要求学员系统地读些书。轮训则时间很短。轮训中要继续贯彻执行不抓辫子，不戴帽子，不打棍子的“三不”政策，要坚持民主集中制。

【中共中央、国务院关于认真提倡计划生育的指示】（1962年12月18日） 中共中央、国务院1962年12月18日发出。1997年收入中央文献出版社出版的《建国以来重要文献选编》第十五册。《指示》指出，鉴于最近几年放松了节制生育和计划生育工作，中共中央、国务院认为有必要向各级党委和政府重申重视和加强对这一工作的领导。并提出四条意见：一、在城市和人口稠密的农村地区，认真加强对节制生育和计划工作的领导。各地党委和政府要把这一工作列为议事日程之一，定期地进行讨论和检查。二、做好计划生育的宣传与技术指导。宣传内容主要是讲解计划生育对保护母亲和儿童的健康，对个人和家庭的好处。宣传工作必须注意群众的风俗习惯和思想情况，从实际出发，区别对象，防止庸俗化。严防乱提口号，订指标，搞竞赛等错误做法。各级医疗保健机构应该恢复和建立避孕指导门诊；开展避孕知识的宣传与技术传授。三、做好避孕药品、用具的生产供应工作。化工部门要不断提高产品质量，增加品种、规格。商业部门要改进供应办法，扩大供应网点，便利群众购买。避孕药品、用具的价格，一律不予提高。四、关于人工流产及绝育手术问题。目前由于避孕知识尚未普及，避孕药物的数量和质量不能满足群众需要，为了防止群众因不能进行科学的人工流产手术而私自堕胎，造成终身疾病或伤亡，卫生部门要制定具体办法并积极创造条件，帮助群众进行人工流产或施行绝育手术。

【中共中央、国务院关于坚决执行国家计划和预算，严格管理资金和物资的指示】（1962年12月25日） 中共中央、国务院1962年12月25日发出。1997年收入中央文献出版社出版的《建国以来重要文献选编》第十五册。《指示》指出，目前，有些地方有些部门存在着一种在国家计划和预算以外层层加码、违反制度、扩大开支的倾向。全党对此必须引起严重注意。中央认为，有必要再次强调按计划办事，切实控制开支，留有余地，以便更好地贯彻“当年平衡，略有回笼”的方针。为此要求：一、1963年各地方各部门有多少钱可花，有多少物资可用，必须按照中央批准的国民经济计划、国家预算和信贷计划办事，不许层层加码，不许打赤字预算。二、1963年的基本建设，要坚决按照1962年12月10日中共中央和国务院《关于严格执行基本建设程序，严格执行经济合同的通知》办事。三、支援农业的资金要分期分批拨款，从严掌握。四、任何机关、单位、个人都无权挪用工业、物资、商业、农垦等部门和供销合作社、手工业社的物资和资金，无权在国家计划以外，强制国营商业和供销合作社赔钱收购、销售商品；无权在税收体制允许的范围以外，擅自减免税收；也无权擅自改变税法，提高税率。五、财政、信贷和工资要管严、管实、管好。六、切实加强农村人民公社和生产队的财务管理，坚持勤俭办社、民主办社的方针，坚持自力更生为主、国家支援为辅的方针，切实有效地反对铺张浪费。

【中共中央关于在社会主义教育运动中严禁打人的通知】（1963年1月14日） 中共中央1963年1月14日发出。1997年收入中央文献出版社出版的《建国以来重要文献选编》第十六册。《通知》指出，根据许多地区的材料反映，在农村社会主义教育运动中，有些地方发生打人和乱搞斗争等违法乱纪的现象。这件事应该引起全国各地党组织的严重注意。请各地的县一级以上党委，立即进行一次检查，并且采取有效措施，坚决防止纠正。《通知》强调，不仅在人民内部的教育运动中，绝对不允许采取粗暴办法，对于有违法行为的地主、富农和贪污盗窃分子、投机倒把分子等，也应该依法惩处，而不要用打人等办法对待。《通知》要求，各地县一级以上党委立即进行检查，采取有效措施，坚决防止纠正。已经发生打人现象的地方，由上级党委负责，进行严肃的处理。对犯有这种错误的人，特别是领导干部，责令认真检讨，情节严重恶劣的，给以必要的纪律处分，并且向群众进行适当的解释，消除群众的怀疑误会。

【中共中央批转中央宣传部、中央组织部《关于一年来轮训干部工作的情况和今后意见向中央的报告》】（1963年1月22日） 中共中央1963年1月22日发出。1997年收入中央文献出版社出版的《建国以来重要文献选编》第十六册。批文同意中央宣传部、中央组织部《关于一年来轮训干部工作的情况和今后意见向中央的报告》，要求各地党委必须认真做好干部轮训工作，帮助干部进一步提高思想政治水平，以便他们能够更好地完成党和国家的艰巨复杂的斗争任务。《报告》认为，一年来的干部轮训工作对于健全党内民主生活和民主集中制，起了重要作用；对于提高干部对三面红旗的认识，正确理解几年来工作的缺点、错误及其原因，起了显著作用；对于帮助干部克服主观主义、分散主义，改进工作作风，起了很大作用。《报告》指出：这次轮训工作存在的主要缺点，是在轮训班里开展不同意见的讨论和辩论不够；有些轮训班没有很好地做到中央所规定的“自学为主”“认真读书和学习文件”等项要求；有的地区和单位对中央决定轮训干部的重要意义认识不足，抓得不紧。《报告》提出今后的轮训工作，应当认真学习党的八届十中全会的各项决议等三本学习材料；必须继续贯彻执行中央《关于轮训干部的决定》中规定的方法和宗旨，要提倡不同意见的讨论或辩论，要充分发扬民主，让人讲话，鼓励干部畅所欲言；由于学习的内容增多了，每期轮训时间可以适当延长；中央决定中规定应该参加轮训的干部，特别是第一书记，必须参加这次轮训；各省、市、自治区委党校应该设法腾出一些房子和教学人员，逐步把经常的班次开设起来，有计划地抽调学员，进行经常的训练。

【建成社会主义强国，关键在于实现科学技术现代化】（1963年1月29日） 周恩来1963年1月29日在上海市科学技术工作会议上的讲话。1997年收入中央文献出版社出版的《建国以来重要文献选编》第十六册。讲话共三个部分：一、正确认识科学技术现代化在社会主义建设中的重大意义。二、要看到我们实现科学技术现代化的各方面的有利条件。三、如何多快好省地实现科学技术现代化的要求。讲话指出，要实现农业、工业、国防和科学技术的现代化，建成社会主义强国，关键在于实现科学技术的现代化。实现科学技术现代化的主要要求是：实事求是，循序前进，相互促进，迎头赶上。实现我国科学技术现代化的有利条件是：辩证唯物主义思想作指导；广大的人力和丰富的资源做基础；社会主义制度做保证；一支知识分子队伍和科学技术力量；工业化的初步基础。对于如何多快好省地实现科学技术现代化的要求问题，讲话提出，要加强科技界人士的主人翁意识和责任感；集中和加强科学技术力量；改进各方面的关系；改善科学技术研究的工作条件和工作环境。

【中共中央关于加强领导，抓紧防治血吸虫病和疟疾工作的指示】（1963年2月16日） 中共中央1963年2月16日发出。1997年收入中央文献出版社出版的《建国以来重要文献选编》第十六册。《指示》同意防治血吸虫病九人小组关于防治血吸虫病和疟疾工作会议的报告，要求各中央局，各省、市、自治区党委，中央各部委、国家机关和人民团体各党组，总政治部参照执行。《指示》强调，报告中所提到的近年来血吸虫和疟疾在一些地区回升的情况，很值得注意。希望有关地区切实加强领导，好好抓一下这几种疾病的防治工作；把做好这项工作作为保护劳动力、争取农业丰收的一项重要措施。九人小组关于召开防治血吸虫病和疟疾工作会议的报告，分析了这两种疾病呈现回升趋势的原因，提出做好今后的工作的措施：首先必须加强党的领导，特别是思想政治领导，克服各种消极情绪，把防治工作作为保障劳动力安全生产、争取疫区农业丰收的一项重要措施，纳入生产计划，统一部署，并使农业、水利、卫生等各有关部门互相配合，密切协作。其次，整顿防治队伍，有计划地对这支队伍加以培养、训练、充实、提高。其三，把广泛的宣传教育和重点的组织发动结合起来，把防治工作和爱国卫生运动结合起来，培养群众讲卫生、防疾病的好习惯，使群众自觉地起来与病害作斗争。其四，各血吸虫病流行区的省、专、县都应当派得力干部下去，采取搞生产又搞防治工作的办法，认真做好试点工作，切切实实地试行《防治血吸虫病工作条例（草案）》，在实践中进一步总结经验，使这个条例逐步充实、完善。

【中共中央关于厉行增产节约和反对贪污盗窃、反对投机倒把、反对铺张浪费、反对分散主义、反对官僚主义运动的指示】（1963年3月1日）　中共中央1963年3月1日发出。1997年收入中央文献出版社出版的《建国以来重要文献选编》第十六册。《指示》共六个部分：一、关于整个运动的部署；二、关于增产节约运动；三、关于反对铺张浪费和整顿制度；四、关于反对贪污盗窃和投机倒把；五、关于反对分散主义和官僚主义；六、关于运动的领导。《指示》提出：为了健全制度，改进思想作风，克服和防止资本主义、修正主义的腐蚀，保证我国社会主义建设事业的顺利发展，有必要在全国范围内，有领导、有步骤地开展一次厉行增产节约和反对贪污盗窃、反对投机倒把、反对铺张浪费、反对分散主义、反对官僚主义的“五反”运动。要求各地区、各部门、各单位都要成立增产节约和“五反”运动的领导小组。运动分三个阶段进行：第一阶段，先把增产节约运动切实地深入地开展起来；第二阶段，结合增产节约，反对铺张浪费，整顿制度；第三阶段，再结合增产节约和整顿制度，大张旗鼓地开展群众性的反对贪污盗窃和投机倒把的运动。《指示》对开展“五反”运动提出了具体部署要求，强调在运动的各个阶段，都必须以增产节约为中心。

【中共中央、国务院关于严格管理大中城市集市贸易和坚决打击投机倒把的指示】（1963年3月3日）　中共中央、国务院1963年3月3日发出。1997年收入中央文献出版社出版的《建国以来重要文献选编》第十六册。《指示》共四个部分：一、大中城市集市贸易的方针；二、几条主要的政策界限；三、加强经济措施，巩固和发展社会主义市场阵地；四、加强城乡市场管理和税收工作，坚决打击投机倒把。《指示》指出，集市贸易具有两面性。城市集市贸易，如果掌握不好，它的消极作用比农村集市贸易大得多。两年来的经验证明：城市集市贸易开得大了，就会给投机商贩以可乘之机，给计划市场带来严重的危害，不利于社会主义经济秩序和政治秩序的巩固。中共中央和国务院认为，城市集市贸易的成交额虽然不大，但影响很大。因此，在利用城市集市贸易一定的补充作用的同时，必须特别注意和防止它的消极作用。对大中城市集市贸易，应当采取加强管理、缩小范围、逐步代替、区别对待、因地制宜的方针。国营商业必须加强对城市市场的统一安排。国营商业和供销合作社应当积极采取经济措施，加强对集市贸易的领导。在管好城市集市贸易的同时，必须管好农村集市贸易，坚决同城乡投机倒把分子作斗争。

【中共中央、国务院关于粮食工作和农产品收购工作的几个问题的规定】（1963年3月3日） 中共中央、国务院1963年3月3日作出。1997年收入中央文献出版社出版的《建国以来重要文献选编》第十六册。《规定》共六个部分：一、粮食工作问题；二、1963年度粮食和其他主要农产品的收购、销售和调拨计划；三、粮食和农产品包干问题；四、夏季粮食和农产品收购问题；五、收购主要农产品奖售物资的问题；六、主要经济作物和若干畜产品的地方分成问题。《规定》指出，近两年来，农业生产一年比一年增长，形势是好的。在这期间，为了尽快地恢复和发展农业生产，为了渡过粮食困难，国家减少了粮食征购数量，压缩了城乡粮食销售量，进口了必要数量的粮食。今后五年内，粮食工作的方针是：在粮食逐年增产和农民生活逐步改善的基础上，适当增加征购，严格控制销售，逐年增加上调，逐年减少进口，逐年补充库存。对粮食征购、上调、进口的数量，实行五年一定、一年一议的办法。对于增产的粮食，国家必须适当增购；各地在增产增购的基础上，应当多调一些粮食给中央，以便减少进口粮食；对于产粮区，除了遭受重灾以外，国家基本上不供应粮食；继续控制吃商品粮的人口，严格掌握粮食消费水平。文件确定了1963年度粮食和其他主要农产品的收购、销售和调拨计划，以及主要经济作物和若干畜产品的地方分成办法。

【中共中央、国务院关于全部完成和力争超额完成精减任务的决定】（1963年3月3日） 中共中央、国务院1963年3月3日发出。1997年收入中央文献出版社出版的《建国以来重要文献选编》第十六册。《决定》提出，为了争取财政经济状况进一步的全面好转，1963年全国必须减少职工160万人以上，减少城镇人口800万人。各地方、各部门应当立即动手，调整好指标，组织好力量，迅速行动起来，在4月底以前完成减少职工的任务，在6月底前完成减少城镇人口的任务。如有可能超额完成，就一定要超额完成。要认真做好思想工作和组织工作，认真把减下来的人安置好，决不能粗心大意，一减了事。各地方、各部门必须重视调查研究，弄清楚工作的重点，合理安排减员工作。应当通过撤销市镇建制，划小城市郊区，动员城市闲散劳动力和不继续升学的青年学生下乡，动员一部分职工家属回乡等方法，实现减少城镇人口800万的指标。应当根据今后5年、10年、15年工农业生产发展的可能性，来正确处理职工人数和城镇人口问题，使职工人数和城镇人口的增长能够同农业可能提供的商品粮食和工业原料相适应。《决定》指出，控制城镇人口的增长是一项长期的任务。在今后15年左右时间内，必须每年动员和组织城镇中上百万的青壮年下乡，参加农、林、牧、副、渔业生产。为此，中央和国务院决定每年拨出一笔经费，作为在农村安置城镇人口的生产投资。随着国民经济情况的好转，在减少大量职工以后，我们有可能拨出一部分钱来调整职工的工资。今年将有11亿5千万元，用来调整职工工资。《决定》要求，各级党政领导机关必须切实加强对减少职工、减少城镇人口和调整工资工作的领导，特别要进行深入细致的思想教育工作，实事求是地向广大职工讲清楚当前的经济形势和党的政策，务使减人工作圆满完成，使调整工资的工作能够促进生产的发展、劳动生产率的提高、职工团结的进一步加强。

【中共中央批转国家民委党组《关于少数民族牧业区工作和牧业区人民公社若干政策的规定（草案）的报告》】（1963年3月13日） 中共中央1963年3月13日发出。1997年收入中央文献出版社出版的《建国以来重要文献选编》第十六册。批文要求各地研究执行中央批转的民委党组《关于少数民族牧业区工作和牧业区人民公社若干政策的规定（草案）的报告》和《关于少数民族牧业区工作和牧业区人民公社若干政策的规定（草案）》。《规定（草案）》的主要内容有：一、提出社会主义革命和建设时期各牧业区工作共同的基本任务：巩固祖国的统一，巩固人民民主专政，巩固国防，加强工农联盟，加强民族团结，积极稳步地实行社会主义改造，办好人民公社和合作社，巩固集体经济，巩固社会主义经济制度，贯彻执行党的社会主义建设总路线，贯彻执行党的以农业为基础、以工业为主导的发展国民经济的方针，发展畜牧业生产，实行畜牧业生产的技术改革，逐步实现畜牧业的机械化、半机械化和现代化。二、进一步强调指出畜牧业在国民经济中的重要性，牧业区作为国家畜牧业基地的重要性，以及大力发展牧业区畜牧业的重要意义，坚决贯彻执行“以牧为主”的生产方针。三、对畜牧区的社会主义改造，必须从畜牧业经济的特点和牧业地区辽阔、居住分散、交通不便的实际情况出发，按牧民的觉悟水平办事，强调逐步前进的精神，防止简单急躁的做法。四、国家在财政经济和卫生、文化、教育等方面扶助牧业区发展。五、加强党对牧业区工作的领导。此外，明确强调《规定（草案）》不适用于西藏。

【中共中央关于讨论试行全日制中小学工作条例草案和对当前中小学教育工作几个问题的指示】（1963年3月23日） 中共中央1963年3月23日发出。1997年收入中央文献出版社出版的《建国以来重要文献选编》第十六册。《指示》共八个部分。一、要求各地党委选定条件较好的全日制中小学，分别试行教育部拟订的《全日制小学暂行工作条例（草案）》和《全日制中学暂行工作条例（草案）》。二、强调中小学教育是整个教育事业的基础，提高中小学的教育质量，是一项具有战略意义的任务。必须十分注重德育；小学阶段必须注重语文和算术的教学，中学阶段必须注重语文、数学和外语的教学；还要适当注意体育。三、中小学教育要认真贯彻执行两条腿走路的方针，采取多种多样的方式，主要是国家办学与集体或者个人办学并举，普通教育与职业教育、技术教育并举。四、教育事业必须适应以农业为基础、以工业为主导的发展国民经济的总方针，直接和间接地为这个总方针服务。五、改进教学计划，抓紧教材建设。六、建立一支又红又专的教师队伍。七、必须坚持进行中小学教学改革的实验，积累经验，提高教学质量。八、各级党委要加强对中小学教育的领导，充分发挥教育与行政部门和学校行政领导的作用。文件要求将这个指示发到公社一级党委，并可在有关党员干部、教职员及非党干部中传达，组织他们结合条例草案进行讨论。

【中共中央批转文化部党组《关于停演“鬼戏”的请示报告》】（1963年3月29日） 中共中央1963年3月29日发出。1997年收入中央文献出版社出版的《建国以来重要文献选编》第十六册。批文同意文化部党组《关于停演“鬼戏”的请示报告》，要求各地各部门通知有关的文化部门和艺术团体照此执行。在停演“鬼戏”和“迷信戏”后，还应大抓戏曲改革工作，这样，才能在戏曲中认真实行“文艺为社会主义服务、为工农兵服务”和“百花齐放，推陈出新”的方针。文化部党组的报告认为，“鬼戏”的演出，加深了人们的迷信观念，助长了迷信活动，残害了少年儿童的心灵，妨碍了群众社会主义觉悟的提高。在当前形势下，就广大群众的利益考虑，“鬼戏”有停演的必要；而对剧团来说，也不会有多大影响。《请示报告》提出，全国各地，不论在城市或乡村，一律停止演出有鬼魂形象的各种“鬼戏”。但原属于“鬼戏”的片段，而在这一片段中并无鬼魂出现等迷信成分的折子戏，仍可演出。以神话或传说为题材并无鬼魂形象出现的剧目，不包括在停演之内。各地文化行政部门和戏曲剧团应当同艺人合作，对那些主体思想比较健康但有鬼魂形象的剧目进行修改。这些剧目在去掉鬼魂形象和其他迷信成分以后，仍可继续演出。戏曲研究部门或戏曲表演、教学单位如为了研究、教学的需要，在内部演出“鬼戏”，必须事先经过省、市、自治区文化行政部门的批准。

【中共中央关于抓紧进行农村社会主义教育的批示】（1963年5月10日） 中共中央1963年5月10日发出。1997年收入中央文献出版社出版的《建国以来重要文献选编》第十六册。《批示》要求各中央局，各省、市、区党委研究和参考宋任穷同志报告和河南省委关于当前农村社会主义教育运动情况的报告。认为河南省委分步骤地进行工作并经过试点的方法，和报告所说的其他各项政策是正确的。要求各地团结绝大多数（百分之九十几）的干部和群众，适当地解决人民内部矛盾，组成有领导的广大干群队伍，以便一致对敌。对坏人坏事也要具体分析，轻重不同，处理的方法也不同。必须以教育为主，以惩办为辅。真正要惩办的，只是群众和领导都认为非惩办不可的极少数人。宋任穷同志所讲的用讲村史、家史、社史、厂史的方法教育青年群众这件事，是普遍可行的。要检查对社会主义教育的认识和工作，检查是否抓住了要点，采取的方法是否适当，若有不当，应当在农忙间隙，在不耽误生产的情况下，抓紧进行。特别要注意分步骤的方法、试点的方法和团结大多数、孤立极少数的政策。

【关于印发《中共中央关于目前农村工作中若干问题的决定（草案）》的通知】（1963年5月20日） 中共中央1963年5月20日发出。1997年收入中央文献出版社出版的《建国以来重要文献选编》第十六册。《通知》指出，《中共中央关于目前农村工作中若干问题的决定（草案）》是关于我们党的思想上、政治上、组织上和经济上的几项基本建设的重要文件，它的基本原则不但适用于农村，而且适用于城市。要求各地、各部门立即按照文件精神，定出计划，经过试点，有领导地、分期分批地、有步骤地去推行文件作出的相关规定，争取两三年内全部办到，并且力求办好。要求将《草案》一直发到农村和城市党的基层组织支部。《草案》涉及农村工作中的十个问题：一、形势问题；二、社会主义社会是否还有阶级、阶级矛盾和阶级斗争问题；三、当前中国社会中出现了严重的尖锐的阶级斗争情况；四、我们的同志对于敌情的严重性是否认识清楚了的问题；五、依靠谁的问题；六、目前农村中正确地进行社会主义教育运动的政策和方法问题；七、怎样组织革命的阶级队伍的问题；八、“四清”问题；九、干部参加集体生产劳动问题；十、用马克思主义的科学方法进行调查研究的问题。

【反对官僚主义】（1963年5月29日） 周恩来1963年5月29日在中共中央和国务院直属机关负责干部会议上的报告中关于反对官僚主义部分的要点。1997年收入中央文献出版社出版的《建国以来重要文献选编》第十六册。报告指出，官僚主义是领导机关最容易犯的一种政治病症。官僚主义与自由主义、个人主义、命令主义、事务主义、分散主义、本位主义、宗派主义，都是密切相关的。周恩来在报告中列举了官僚主义的20种表现：1.脱离领导、脱离实际的官僚主义；2.强迫命令式的官僚主义；3.无头脑的、迷失方向的、事务主义的官僚主义；4.老爷式的官僚主义；5.不老实的官僚主义；6.不负责任的官僚主义；7.做官混饭吃的官僚主义；8.颟顸无能的官僚主义；9.糊涂无用的官僚主义；10.懒汉式的官僚主义；11.机关式的官僚主义；12.文牍主义和形式主义的官僚主义；13.特殊化的官僚主义；14.摆官架子的官僚主义；15.自私自利的官僚主义；16.争名夺利的官僚主义；17.闹不团结的官僚主义；18.宗派性的官僚主义；19.蜕化变质的官僚主义；20.走上非常危险道路的官僚主义。报告强调：官僚主义在我们的执政党内、在我们的国家机关内，的确是十分有害、非常危险的，绝不能容许官僚主义再继续发展下去。

【中共中央转发最高人民法院党组《关于恢复、健全司法行政机构的请示报告》】（1963年6月23日） 中共中央1963年6月23日发出。1997年收入中央文献出版社出版的《建国以来重要文献选编》第十六册。批文向各中央局，各省、市、自治区党委转发了最高人民法院党组的请示报告，要求照此执行。最高人民法院党组的请示报告提出，为了加强司法行政工作，全国各级人民法院的司法行政机构，有立即恢复与健全的必要。最高人民法院应设立司法行政厅；高级人民法院和大城市的中级人民法院，均设立司法行政处；一般城市和地区中级人民法院，设司法行政科。凡撤销的，立即恢复起来；未撤销而不够健全的，应当充实干部。司法行政工作的任务以管理干部和管理政法教育和干部训练工作为主，同时管理人民调解委员会、人民法庭、人民陪审员，以及政策法律宣传、公证、法院的设置和编制等项工作。

【中共中央批转中央精简小组《关于精减任务完成情况和结束精减工作的意见的报告》】（1963年7月31日） 中共中央1963年7月31日发出。1997年收入中央文献出版社出版的《建国以来重要文献选编》第十六册。批文同意中央精简小组《关于精减任务完成情况和结束精减工作的意见的报告》提出的结束精减工作的意见，要求按照报告中所提意见，做好结束精减工作，并将执行结果报中央精简小组。《报告》包括两部分。一、精减任务完成的情况；二、结束精减工作的意见。《报告》要求没有完成精减工作的单位最好争取8月份内完成；多余人员应妥善安排，绝不能简单一律减掉，以免伤害群众积极性；做好丧失劳动能力人员列为编外和安置处理的工作；各单位要积极进行单位职工的调剂工作；应对被减人员的安置情况进行一次全面的检查，解决其各种生活生产问题；严格控制临时工的使用和新职工的增加；继续完成减少城镇人口和相应地减少吃商品粮人口的任务；各地精简小组和办事机构一律暂不撤销，继续督促精减任务，处理遗留问题。

【中共中央、国务院关于加强人民来信来访工作的通知】（1963年9月20日） 中共中央、国务院1963年9月20日发出。1997年收入中央文献出版社出版的《建国以来重要文献选编》第十七册。《通知》要求中央各部门和地方各级组织，应当加强接待人民来访工作。对于群众提出的各种要求，凡是合理的、现在可以解决的，都应当负责地、及时地给以解决；不合理的、现在还不能解决的，都应当向群众耐心地解释。为加强人民来信来访工作，《通知》作出五项规定：一、各部门都要有一位领导同志主管这项工作；二、对于人民群众提出的各种具体问题，一般采取归口处理的方式；三、省、地（专）两级党政机关，对于人民来信来访提出的问题，应当力求多办，少往下转；四、县级党政机关一般应当做到只办不转；五、各部门各地组织应当认真检查，采取有效措施，切实加强人民来信来访工作。

【中共中央、国务院关于生产救灾工作的决定】（1963年9月21日） 中共中央、国务院1963年9月21日作出。1997年收入中央文献出版社出版的《建国以来重要文献选编》第十七册。《决定》指出，从去冬今春以来，全国多数省区曾遭受不同程度的水旱风虫等灾害；其中，一部分是往年常有的一般灾害，一部分是历史少见的严重灾害。黄淮平原的河北、河南等省区，七八月间突降暴雨，发为洪水，灾害集中，程度深广，因灾绝收和基本绝收的田亩比例较大，牲口、农具、房屋、被服和生活用具等等，损失比较严重。南方的广西、湖南、云南等省区，由于长期持续的干旱，减产也比较严重。现在，防汛抢险的斗争已经基本结束，中心任务是救灾渡荒，恢复生产，重建家园。要求受灾地区，在全党和全国人民的支援下，再接再厉，坚持斗争，不盲目外流，就地搞好生产，渡过灾荒，并且为1964年的农业丰收，创造有利条件。为此决定：一、救灾工作的根本方针是依靠群众，依靠集体力量，辅之以国家必要的救济；二、灾区当前农业生产的中心是排水种麦；三、要把保护耕畜安全过冬放在头等重要的地位；四、副业生产，是生产救灾的一个很重要的途径；五、灾区在生产资料所有制和分配方面发生的几个新问题；六、安排好灾民生活；七、在丰收区和轻灾区多购余粮，支援灾区；八、堵口复堤，修复被水冲毁的水利工程；九、黄河、淮河和海河的全面治理，要列入国民经济建设长期计划；十、被洪水冲毁的铁路、公路和电讯设备，要力争早日恢复；十一、今冬灾区的劳动力，要统一安排；十二、加强灾区的领导和政治工作，坚持就地搞好生产，防止灾民盲目外流。

【中共中央、国务院关于建立中国农业银行、统一管理国家支援农业资金的决定】（1963年10月8日） 中共中央、国务院1963年10月8日作出。1997年收入中央文献出版社出版的《建国以来重要文献选编》第十七册。《决定》指出，除了建立各级农业资金管理小组，加强支援农业资金的统一管理以外，还有必要从上而下地建立中国农业银行的各级机构，把过去由财政部门直接拨付的各项支援农业的资金和由人民银行办理的各项农业贷款，统一管理起来，并统一领导农村的信用合作工作。要求各地现在就立即进行筹备工作，力争在1963年内把农业银行各级的机构建立起来。《决定》共六个部分：一、中国农业银行是国家设立的专业银行，作为国务院的一个直属机构，办理国家支援农业资金的拨付和贷放。二、中国农业银行的具体任务包括：监督支付国家对农业、林业、牧业、水利等基本建设的拨款等八项工作。三、中国农业银行实行企业管理和经济核算。四、中国农业银行的各级机构，在业务上实行垂直领导。五、中国农业银行自上而下建立垂直系统，分别设为总行、分行、中心支行、支行、营业所，编制总额为13.5万人。六、建立中国农业银行，将有利于管好用好国家支援农业的资金，发挥资金的效果，有利于促进农业生产的发展，并且有利于农村人民公社和生产队更好地实行自力更生、勤俭办社的方针。

【中共中央关于印发和宣传农村社会主义教育运动问题的两个文件的通知】（1963年11月14日） 中共中央1963年11月14日发出。1997年收入中央文献出版社出版的《建国以来重要文献选编》第十七册。《通知》要求：《中共中央关于目前农村工作中若干问题的决定（草案）》（“前十条”）、《中共中央关于农村社会主义教育运动中一些具体政策的规定（草案）》（“后十条”）两个文件要向全国农村每个支部发出二本，由县委、区委、公社党委领导干部负责向全体党员和全体农民宣读，要讲得清楚明白。文件由各省、市、自治区党委负责印发；城市工厂、机关、学校、街道的党支部、军队、公安等以及民主党派成员，照此办理。对地、富、反、坏、右也要宣读和讲解这两个文件，以利于他们的教育和改造。本通知要向各级党组织宣读，但不要向党外宣读。后附《中共中央关于农村社会主义教育运动中一些具体政策的规定（草案）》。该草案为1963年9月中央工作会议制定，简称“后十条”。“后十条”指出，在1963年5月中央发出《关于目前农村工作中若干问题的决定（草案）》后，各地试点工作中提出了一些具体政策问题，中央对这些政策进行了规定：社会主义教育运动是一次深刻的社会主义革命运动，应当抓住“五个要点”，即阶级斗争，社会主义教育，组织贫、下中农阶级队伍，“四清”，干部参加集体劳动，有步骤地进行“十二项工作”；领导社会主义教育运动必须注意的几个问题；团结95%以上的农民群众；关于贫下中农组织的问题；中农问题；团结95%以上的农村干部；关于干部参加集体生产劳动；结合社会主义教育运动，整顿农村党的基层组织；关于地主分子、富农分子、反革命分子和坏分子必须正确处理，不要扩大打击面；正确对待地主、富农子女，防止和纠正缺乏阶级观点、阶级警惕的偏向和把地主、富农子女同地主、富农分子同等看待的偏向。

【中共中央、国务院关于一九六三——一九七二年科学技术发展规划的批示】（1963年12月2日） 中共中央、国务院1963年12月2日发出。1997年收入中央文献出版社出版的《建国以来重要文献选编》第十七册。《批示》说，中央和国务院原则批准1963年至1972年科学技术发展规划的报告、科学技术发展规划纲要及科学技术事业规划。《批示》指出，报告中提出的十年科学技术发展规划的方针、做法和对实现规划的意见，是正确的，要求各部门、各地方认真贯彻执行。报告共五个部分：一、执行12年科学技术规划成绩显著；二、目前我国科学技术的水平，与国家建设需要和世界先进水平比较，差距尚大；三、为了实现赶上世界先进科学技术水平的宏伟目标，10年内，必须先在重要和急需的方面，赶上60年代的水平；四、确定重点项目，集中力量打歼灭战；五、为了保证实现规划，要下决心迅速解决几个关键问题。报告说明1963年至1972年科学技术发展规划分为农业、工业、资源调查、医药卫生、技术科学、基础科学等部分，同时还编制了重点项目的规划，选定了国家重点项目32个，提出要下决心迅速解决把科学技术工作摆到重要议事日程上来等七个关键问题等。

【中共中央关于加强相互学习，克服固步自封、骄傲自满的指示——批转湖南省委的两个文件】（1963年12月13日）　中共中央1963年12月13日发出。1997年收入中央文献出版社出版的《建国以来重要文献选编》第十七册。《指示》批转了湖南省委李瑞山、华国锋1963年11月6日起草的关于参观广东农业生产情况的报告和湖南省委1963年12月7日作出的指示。肯定了湖南省委两个文件中反映的虚心学习外省、外市、外区优良经验的态度和办法，批评了某些固步自封，骄傲自满的现象。强调共产党人必须具备对于成绩与缺点、真理与错误这个两分法的马克思主义辩证思想。要求把学习好经验、好作风、好方法这样一种方法，定为制度。

【中共中央批转中央监委《关于“五反”运动中对贪污盗窃、投机倒把问题的处理意见的报告》】（1964年1月2日）　中共中央1964年1月2日发出。1997年收入中央文献出版社出版的《建国以来重要文献选编》第十八册。批文批转中央监委的报告，要求各级党委照此原则执行。批文指出，在“五反”这类运动中，党的一贯的指导方针是：敌我问题从严，人民内部问题从宽；在人民内部问题中，批评自我批评从严，党纪、政纪、法律处分要分别情况，酌量从宽，必须严肃与谨慎相结合。在运动开始时，重点是使干部、群众认识问题的严重性，防止麻木不仁，在群众已经发动起来以后，即在运动中期和末期，不仅要防止“虎头蛇尾”“走过场”，尤其要防止把问题扩大化，防止打击面过宽，处分人过多，而事后又要对处分过重、处分错了的人进行甄别平反，赔礼道歉。要求各级党委加强领导，认真地做好这项工作。中央监委的报告共分四个部分：一、关于划分贪污盗窃与非贪污盗窃、投机倒把与非投机倒把的界限问题；二、关于贪污盗窃、投机倒把问题的处理原则；三、关于退赔问题；四、关于案件处理工作的领导问题。

【中共中央关于依靠群众力量，加强人民民主专政，把绝大多数四类分子改造成新人的指示】（1964年1月14日）　中共中央1964年1月14日发出。1997年收入中央文献出版社出版的《建国以来重要文献选编》第十八册。《指示》决定把谢富治和谢觉哉、张鼎丞在第二届全国人民代表大会第四次会议上的发言，以及浙江省委批转的《诸暨县枫桥区社会主义教育运动中开展对敌斗争的经验》文件印发，要求转发到县一级党委和检察院、法院党组及公安机关，作为干部教育的材料。《指示》指出，我们应当基本上实行“一个不杀，大部（95%以上）不捉”、依靠群众力量，把绝大多数的四类分子改造成为新人的方针。这样做，比较把他们捉起来或者杀掉，对于人民群众和社会主义事业更为有利。采取这样的方针，决不是说群众可以同反共、反人民、反社会主义的四类分子“和平相处”“一团和气”，对于他们的破坏活动可以置若罔闻，而是要依靠广大群众更有力地对他们实行监督、斗争、教育和改造。

【关于动员和组织城市知识青年参加农村社会主义建设的两个文件】（1964年1月16日） 中共中央1964年1月16日发出。1998年收入中央文献出版社出版的《建国以来重要文献选编》第十八册。文件指出，中央决定将《关于动员和组织城市知识青年参加农村社会主义建设的决定（草案）》和《中央安置城市下乡青年领导小组向中央的报告》发给各地，要求立即进行研究，提出意见，以便修改，正式下达。《决定（草案）》共九项：一、中共中央、国务院认为，在今后一个相当长的时期内，有必要动员和组织大批的城市知识青年下乡参加农业生产。二、在社会主义革命和社会主义建设时期，动员大批知识青年到农村去，不但是必要的，而且是可能的。三、必须看到这项工作的长期性和艰巨性。四、必须做好宣传动员工作。五、必须本着集中力量打歼灭战的精神，做好城市下乡知识青年的安置工作。六、农村的党、团支部和生产队长，应当把下乡知识青年的巩固工作，当作一项重要的政治任务来完成。七、中央和国务院决定今后每年拿出一笔专款作为安置城市下乡人员的经费。八、加强各级党委对这项工作的领导，是做好动员和组织城市知识青年参加农业生产工作的根本保证。九、各省、市、自治区应当在调查研究的基础上，把1964年的安置计划，进一步落实下来，经各中央局平衡审核后，上报国务院批准。《报告》汇报了1963年11月18日至12月7日召开的城市青年下乡插队的经验交流座谈会的开会情况、会上介绍的主要经验、城市青年下乡工作中存在的问题，以及做好这项工作的建议。

【中共中央批转石油工业部党组关于组织华北石油勘探会战的报告】（1964年1月25日） 中共中央1964年1月25日发出。1998年收入中央文献出版社出版的《建国以来重要文献选编》第十八册。批文同意石油工业部党组关于组织华北石油勘探会战的报告，同意报告所提关于会战的领导形式。要求有关地方和有关部门予以协助。石油工业部党组的报告共三个部分：一、华北盆地的地质概况。二、会战的部署。三、关于会战的领导问题。《报告》指出，华北盆地地下基岩起伏变化剧烈，构造复杂，油层分布不均匀。关于会战的部署：已组织一支工种比较齐全的勘探队伍，能独立作战的钻井队伍，集中了50个地球物理队、30个地震队，已抽调大型车辆，调配机修和动力设备。为加强统一领导，建议成立华北石油勘探会战工委，由石油部党组和当地省（市）领导。关于会战队伍的粮食问题，可以由大庆油田职工自产粮予以补助。

【中共中央关于传达石油工业部《关于大庆石油会战情况的报告》的通知】（1964年2月5日） 中共中央1964年2月5日发出。1998年收入中央文献出版社出版的《建国以来重要文献选编》第十八册。《通知》认为，石油工业部关于大庆石油会战情况的报告很好。大庆油田的经验具有普遍意义，决定在各地各部门普遍传达这个报告。石油工业部的报告共两个部分：一、大庆石油会战，做了一些什么事情，取得了一些什么成果；二、大庆石油会战的基本经验。报告总结了大庆石油会战取得的成果：拿下了一个大油田；建成了年产原油几百万吨的生产规模和大型炼油厂第一期工程；三年累计产油一千多万吨；解决了几个重大技术难题；为国家积累了资金；锻炼培养出了一支优秀的石油工业队伍。报告总结了会战的九条经验：一、社会主义现代化企业必须革命化。二、高度的革命精神与严格的科学精神相结合。三、现代化企业要认真搞群众运动。四、认真做好基础工作，狠抓基层建设。五、领导干部亲临前线，一切为了生产。六、积极培养和大胆提拔年轻干部。七、培养一个好作风，强调树立“三老”“四严”“四个一样”的作风。八、全面关心职工生活。九、认真学习人民解放军的政治工作。

【中共中央、国务院批转林业部、铁道兵《关于开发大兴安岭林区的报告》】（1964年2月10日）　中共中央、国务院1964年2月10日发出。1998年收入中央文献出版社出版的《建国以来重要文献选编》第十八册。批文指出，开发大兴安岭林区，是发展国民经济的一项极为重要而艰巨的工作，前期必须做好勘察设计工作和各项准备工作。同意《报告》所提组织开发大兴安岭会战指挥部的意见。林业部、铁道兵的《报告》共四个部分：一、会战部署方案；二、会战的组织领导；三、勘测设计工作；四、开发建设投资。《报告》建议采用石油部建设大庆油田的经验，集中力量在大兴安岭北坡、东坡林区打一个歼灭战；提出预计到1970年前后年产木材约650万立方米和480万立方米两种方案，目前先按照第二种方案实行，摸清情况后，创造条件，力争实现第一方案；建立统一的指挥部和指挥部党委，统一领导这一林区的建设和生产；铁道部于今年二季度派出一个500人的勘探设计总队，林业部指定一个设计院，配属指挥部工程部门，分别负责大铁路和林区道路的勘测设计工作；建议国家将大兴安岭的开发建设投资列为专案，设独立户头。

【中共中央关于组织高级干部学习马恩列斯著作的批示】（1964年2月15日）　中共中央1964年2月15日发出。1998年收入中央文献出版社出版的《建国以来重要文献选编》第十八册。《批示》指出，《关于高等军事学院高干读书班学习情况的报告》和《关于空军几个单位高级干部读书情况的汇报》很好。为了粉碎现代修正主义的进攻，我们必须重新学习马克思、恩格斯、列宁、斯大林的著作，掌握马克思列宁主义这个锐利的武器。要求各地党委提倡和推动高级干部读书，组织必要的学习辅导；要圈定若干本书，在一定时间内组织地委书记以上干部阅读；阅读水平较高或从事理论研究工作的干部，可以不限于这个目录的范围；县委书记在学习过毛泽东同志的著作以后，也要适当提倡他们阅读马克思、恩格斯、列宁、斯大林的著作，养成好学深思、钻研理论的习惯。后附

《关于高等军事学院高干读书班学习情况的报告》《总政宣传部、空政宣传部工作组关于空军几个单位高级干部读书情况的汇报》《干部选读马克思、恩格斯、列宁、斯大林著作目录（草案）》。所附《干部选读马克思、恩格斯、列宁、斯大林著作目录（草案）》列出了马克思、恩格斯、列宁、斯大林著作以及普列汉诺夫的著作，共30部（篇）。

【中共中央批转中央外事小组《关于开展我国旅游事业的请示报告》】（1964年3月17日） 中共中央1964年3月17日发出。1998年收入中央文献出版社出版的《建国以来重要文献选编》第十八册。批文同意中央外事小组《关于开展我国旅游事业的请示报告》，发给各地各部门党委（组）研究。中央外事小组的报告认为，开放针对自费旅行者的游览，可以扩大我国政治影响，宣传我国建设成就，吸收一笔相当可观的自由外汇。但是，接待庞大旅行者也有副作用：外国特务和间谍乘机混入；旅行者本身散布西方生活方式和资产阶级影响。为此，《请示报告》提出六项建议：一、确定业务对象，人数逐步扩大，至1969—1970年扩大到15万人；二、分批次开放城市及游览区，首先开放北京等10个城市供外国自费旅行者游览，过两三年再考虑开放西安等6个城市及游览区；三、加强旅游事业组织和领导工作，仍保留国际旅行总社名义，以便对外；四、设立华东和中南旅游事业管理局，管理所辖区的有关工作；五、待旅游事业发展后，有必要进行一定的基本建设；六、做好人事、安全、宣传、金融、供应、交通等方面的具体工作。

【中共中央批发《科学技术干部管理工作条例试行草案》】（1964年3月22日） 中共中央1964年3月22日发出。1998年收入中央文献出版社出版的《建国以来重要文献选编》第十八册。批文说，中央原则同意中央组织部《关于科学技术干部管理工作条例试行草案的报告》和《科学技术干部管理工作条例试行草案》，要求各地各部门结合各自的具体情况，制定实施办法，认真总结经验，切实管好科学技术干部。批文指出，科学技术干部是建设社会主义必不可少的重要力量，是我们国家和人民花了很多心血培养出来的。全党必须加以重视，把科学技术队伍管理好。必须充分地信任他们，大胆地使用他们，热情地帮助他们，严格地要求他们，使他们又红又专，使他们有职有权有责地进行工作。在具体使用干部时，可以有一定的灵活性，但根本原则，必须是又红又专。要特别注意培养提拔年青科学技术干部的工作，使新生力量迅速地、健康地成长起来。对科学技术干部的管理，实行在中央和各级党委统一领导下，在中央和各级党委组织部的统一管理下的分部分级管理干部的制度。为了更加有效地组织全国各方面的科学技术力量，迎头赶上世界先进科学技术水平，必须克服管理科学技术干部工作中的本位主义和分散主义，加强集中统一。中央决定设立国务院科学技术干部局，作为负责统一管理科学技术干部的行政机构，委托国家科委代管。各级党委应当加强对科学技术干部管理工作的领导。同时，对哲学社会科学工作者，也必须加强管理。中央组织部的报告陈述了草拟《条例试行草案》的缘由，以及《条例试行草案》要着重解决的五个问题：一、加速培养又红又专的科学技术干部队伍的问题；二、全面地、系统地考察了解科学技术干部的问题；三、充分发挥科学技术干部的专长问题；四、全面地组织和安排科学技术干部的工作问题；五、科学技术干部的管理体制问题。《条例试行草案》共九章四十条，包括总则；管理范围；考察了解；分配使用；培养教育；调动任免，提职晋级；奖励惩处；档案管理；加强领导，建立机构等内容。

【中共中央关于继续抓紧进行“五反”运动的指示——转发华北局和中南局的两个文件】（1964年3月22日） 中共中央1964年3月22日发出。1998年收入中央文献出版社出版的《建国以来重要文献选编》第十八册。《指示》针对有些地方的“五反”运动大有放松的趋势，重申了“五反”运动的历史意义，要求“五反”运动必须坚持进行，搞深、搞透，把“五反”进行到底。《指示》提出，必须把“五反”运动同执行中央《关于加强相互学习，克服固步自封、骄傲自满的指示》、同学习解放军等增产节约运动结合起来，相互促进；在“五反”运动中要强调干部自觉革命，认真洗手洗澡；要放手发动群众，大张旗鼓地开展反贪污盗窃和投机倒把的斗争；整顿基层党组织，加强党员的教育和管理，使之真正发挥战斗堡垒作用。《指示》强调，“五反”运动能不能搞深搞透，关键在于领导。各级党委要切实引起重视，把这一工作继续抓紧。要全面规划，有步骤地开展运动，力争在1964年搞完或基本搞完这个运动。中央向各地各部门转发的两个文件是《华北局关于力争在一九六四年完成工业企业“五反”任务的指示》（1964年2月22日）和《中南局关于当前“五反”运动的意见》（1964年3月12日）。

【中共中央关于在全党组织干部宣讲队伍，把全党全民的社会主义教育运动进行到底的指示】（1964年3月22日） 中共中央1964年3月22日发出。1998年收入中央文献出版社出版的《建国以来重要文献选编》第十八册。《指示》强调，从1963年开始的全党全民的社会主义教育运动必须进行到底，需要几年才能完成（至少要三年到四年）。地方要学习解放军的经验，解放军也要学习地方的经验。中央的三个社会主义教育文件（五反指示，决定草案，规定草案），除五反指示限于城市及县以上机关外，其余两个（即所谓双十条）应在几年内分几次在城乡全党全民中宣读，讲解，发问，答问，由粗到细，由浅入深，结合当地实际情况，深入调查研究，直到确实解决问题。为此，要组织宣讲队伍，使一切能讲会讲的同志都得到机会去讲。从中央委员到县委市委委员以及其他有相当文化和政治水平的同志，除年老体弱及有病者外，一律充当宣读员，至少一次到两次。《指示》指出，这样做，于己于人，好处极多，能使全党全民获得社会主义教育，首先是各级干部获得这种教育，免除官僚主义、修正主义和教条主义的危害。

【中共中央、国务院关于进一步开展代替私商工作的指示】（1964年4月13日） 中共中央、国务院1964年4月13日发出。1998年收入中央文献出版社出版的《建国以来重要文献选编》第十八册。《指示》总结了一年以来代替私商取得的成绩和存在的主要问题，提出了下一步工作的六项要求：一、已经开展了代替私商工作的大中城市，对于已经基本占领了阵地的主要行业，要积极增加花样品种、提高质量，合理安排网点；对其他应当代替而目前还没有代替的行业，应当积极采取措施，有计划地开展代替工作。二、县城和集镇是代替私商工作的重要方面，已经开展了代替私商工作的县城和集镇，要继续进行；还没有开展的要统筹规划、统筹安排，把这项工作有计划地切实开展起来。三、销售价格要继续执行三原则——有利于打击投机；不能赔钱，要有合理利润；要能够长期供应，不能脱销。四、开展代替私商工作力量的组织，在城市和县城以国营商业为主，集镇以供销合作社为主。五、对被代替的私商，如果生活确实困难又没有其他出路的，需要给以适当安置。六、各级党委和人委应当加强对这项工作的领导，组织有关部门密切配合，统一行动步调。

【中共中央关于有领导有控制有重点地接收新党员的指示】（1964年4月26日） 中共中央1964年4月26日发出。1998年收入中央文献出版社出版的《建国以来重要文献选编》第十八册。《指示》指出，为了更好地适应阶级斗争、生产斗争和科学实验三大革命运动的需要，为了补充新的血液，加强薄弱环节，充分发挥党的战斗作用，在社会主义教育和“五反”运动结束的地方和单位，有领导有控制有重点地接收一些新党员是必要的。今后，应该把接收新党员当做一项经常的工作去进行。要经常注意发现和培养积极分子，成熟一个，接收一个，绝不能规定任务，更不能搞突击运动。接收新党员的重点，一般应该放在几年内没有接收新党员而又严重缺乏新生力量的支部，和应该建立支部而没有建立的重要单位。各级党委对接收新党员的工作，必须深入检查和严格控制；坚持党员标准，切实保证质量。凡是接收的新党员，都必须成分好、阶级觉悟高、政治历史清楚、经过长期培养和全面考察、真正具备党员条件的优秀分子。特别要注意接收符合条件的共青团员和年轻有为的优秀分子入党。而且要注意接收一些妇女党员，在少数民族地区，还要接收一些少数民族党员。总之，接收的新党员，都必须是合格的，质量一定要好中求好，每年发展的数量决不可太多。

【中共中央关于印发第三个五年计划的三个文件的通知】（1964年5月2日） 中共中央1964年5月2日发出。1998年收入中央文献出版社出版的《建国以来重要文献选编》第十八册。《通知》向各地区、各有关部门下发了《第三个五年计划（1966—1970）的初步设想（汇报提纲）》《第三个五年（1966—1970）农业发展计划的初步设想》《第三个五年农业发展计划的几个问题的说明》三个文件，要求准备意见，在即将召开的中央工作会议上讨论。《第三个五年计划（1966—1970）的初步设想（汇报提纲）》汇报了三个部分的内容：一、1965年国民经济情况的估计；二、第三个五年计划的基本任务和主要指标的初步设想；三、第三个五年的财政收支和基本建设。《第三个五年（1966—1970）农业发展计划的初步设想》的主要内容是：一、第三个五年农业发展的任务；二、发扬大寨精神，管好种好16亿亩农田，使每一亩农田都能够增产；三、集中适当的力量，稳步地进行旱涝保收、稳产高产农田的建设；四、以粮为纲，多种经营，全面安排；五、发展农业的技术措施；六、促进农业发展的几项主要经济措施；七、做好思想工作，加强党的领导。《第三个五年农业发展计划的几个问题的说明》对粮食、经济作物的种植面积和生产指标、大寨精神、自留地等问题进行了说明。

【中共中央、国务院批转教育部临时党组《关于克服中小学学生负担过重现象和提高教学质量的报告》】（1964年5月4日） 中共中央、国务院1964年5月4日发出。1998年收入中央文献出版社出版的《建国以来重要文献选编》第十八册。批文同意教育部临时党组《关于克服中小学学生负担过重现象和提高教学质量的报告》，要求各地研究执行。批文指出，应该在社会上和中小学校中正确地和广泛深入地宣传党的教育方针，充分调动广大中小学校教育工作者的积极性，努力改进教学方法和考试方法，注意发挥学生在学习中的主动性，切实做到既克服了学生过重负担，又提高了教学质量。教育部临时党组的报告陈述了中小学学生课业负担过重的现象及其产生的原因，认为应该对教育行政领导干部和学校领导干部加强正面教育，根本改革中小学学制和课程。当前，为了减轻学生负担，发挥学生的学习主动性，还拟采取以下六项具体措施，初步加以改进：一、通过典型事例，反复讲明道理，以克服学校中和社会上存在的轻视体力劳动，特别是轻视农业生产劳动，片面追求升学的思想。二、任何时候，学校教育都应该把思想政治教育放在首要地位。三、各级各类学校仍然应该努力提高教学质量。四、改进考试、考查办法，坚决减少考试和测验的科目和次数。五、适当开展学生课外科技、文娱、体育活动和课外阅读的组织和指导，以利于他们向有益的方向发展特长。六、注意劳逸结合，增进师生健康。

【中共中央关于当前工作中应该注意的几个问题的指示】（1964年5月18日） 中共中央1964年5月18日发出。1998年收入中央文献出版社出版的《建国以来重要文献选编》第十八册。《指示》批评了极少数的领导机关、领导干部、企业和生产队的形式主义和浮夸作风，向全党领导干部提出需要注意的精简会议和表报、报刊广播的宣传、注意劳逸结合、参观学习、增加编制、关于“五反”“四清”和生产等六个方面问题。要求领导干部要更加头脑清醒，注意从当时当地的实际情况出发，坚持实事求是的作风，高度珍惜和善于运用群众的革命热情和生产积极性，把群众运动领导好，使社会主义的革命和生产建设工作持久健康向前发展。在群众尚未充分发动起来的地方，应当继续努力发动群众。在群众运动已经开展起来的地方，则要注意保护群众的积极性，并对薄弱和落后环节加强领导，继续教育、提高和发动群众。要提倡实事求是地反映情况，注意听取不同的意见，切实加强运动的领导。

【培养无产阶级的革命接班人】（1964年6月16日） 毛泽东1964年6月16日在北京举行的中共中央工作会议上讲话的一部分。1998年收入中央文献出版社出版的《建国以来重要文献选编》第十八册。讲话提出了如何防止出修正主义、怎样培养无产阶级革命接班人的五个条件：一、要教育干部懂得一些马列主义，懂得多一些更好。就是说，要搞马列主义，不搞修正主义。二、要为大多数人民谋利益，为中国人民大多数和世界人民大多数谋利益，不是为少数人，不是为剥削阶级，不是为资产阶级，不是为地、富、反、坏、右。三、要能够团结大多数人，包括从前反对自己反对错了的人。要团结广大群众，团结广大干部，团结这两个95%。四、有事要跟同志们商量，要充分酝酿，要听各种意见，反对的意见也可以让他讲出来。要讲民主，不要“一言堂”。要搞民主作风，不能搞家长作风。五、自己有了错误，要做自我批评。不要总是以为自己对，好像真理都在自己手里。不要总是认为只有自己才行，别人什么都不行，好像世界上没有自己，地球就不转了。讲话强调：接班人的问题还是要部署一下。要准备好接班人。无产阶级的革命接班人总是要在大风大浪中成长的。

【中共中央对甘肃省委、冶金工业部党组《关于夺回白银有色金属公司的领导权的报告》的批示】（1964年6月23日） 中共中央1964年6月23日发出。1998年收入中央文献出版社出版的《建国以来重要文献选编》第十八册。《批示》首先说明中央同意甘肃省委和冶金工业部党组《关于夺回白银有色金属公司的领导权的报告》，并指出：一个刚建设起来的社会主义全民所有制的大型联合企业——白银有色金属公司，没有多久，很快就被地主、资产阶级集团篡夺了企业的领导大权，变成为地主、资产阶级集团统治的独立王国。这样一个严重的事件，很值得大家深思。像白银有色金属公司这样变了质的企业，在全国来说，虽然还是极少数，但是它给我们的教训是极其深刻的。《批示》认为：白银有色金属公司事件，绝不是偶然现象，是社会阶级斗争的反映，是与党内修正主义分子、主管部门十分严重的官僚主义分不开的。这里再一次提醒同志们注意，我们千万不要以为社会主义的江山是铁打的。如果我们对过渡时期的阶级、阶级矛盾和阶级斗争问题认识不足，那么，就会对资本主义、封建主义和修正主义的侵蚀和进攻失去警惕，不加防范，地主、资产阶级的复辟阴谋随时就有可能得逞。《报告》指出，白银有色金属公司经过“五反”运动的一场激烈的阶级斗争，把企业的领导权从阶级敌人的手中夺了回来，压制了邪气，伸张了正气，因而职工群众的革命精神振奋，生产情况日益好转。《批示》认为，这说明，阶级斗争，一抓就灵。同时也说明，在全国城市中开展一次社会主义教育和“五反”运动是十分正确的和必要的。一定要把它搞深搞透，坚决进行到底。在这个运动中，必须组织好革命的阶级队伍，建立阶级档案，彻底清除坏人，挖掉资本主义、封建主义、修正主义的根子，决不可以放任自流，半途而废。

【中共中央转发毛泽东对《关于全国文联和各协会整风情况的报告》及一则提拔新生力量的报道的批示】（1964年7月11日） 中共中央1964年7月11日发出。1998年收入中央文献出版社出版的《建国以来重要文献选编》第十九册。批文要求省军级党委和有关部门的负责同志阅读。关于全国文联和各协会整风情况报告的批示认为：全国文联和各协会及其掌握的刊物的大多数（据说有少数几个好的），15年来基本上（不是一切人）不执行党的政策，做官当老爷，不去接近工农兵，不去反映社会主义革命和建设。最近几年，竟然跌到了修正主义的边缘。在看了1964年7月4日《人民日报》关于北京市怀柔县一渡河党支部提拔新生力量的报道后批示：各省要广泛采访、转载类似做法，在几年内做到每县每社每个工厂、学校、机关都有真实、典型的报道，也要登一点固步自封的反面材料。中共中央宣传部关于全国文联和各协会整风情况的报告，从贯彻执行党的文艺方向、机关革命化两个方面，报告了文联和各个协会在工作中存在的主要问题，并提出了改进的具体措施。

【中共中央、国务院批转国家经委党组《关于试办工业、交通托拉斯的意见的报告》】（1964年8月17日） 中共中央、国务院1964年8月17日发出。1998年收入中央文献出版社出版的《建国以来重要文献选编》第十九册。批文原则上同意国家经济委员会党组《关于试办工业、交通托拉斯的意见的报告》，并批转各中央局，各省、市、自治区党委，中央各部、委，国家机关各部委党委、党组等单位参照执行，要求根据这个报告的精神，制订出具体的改进办法。国家经济委员会党组的报告指出：运用托拉斯的组织形式来管理工业、交通企业，这是我国工业管理上的一项重大改革，是一件新事情。鉴于我们在这方面还缺乏经验，应当采取既积极又慎重的态度。在试办初期，步子不能一下子跨得太大、太急，应当首先选择少数条件较为成熟的行业进行试点，集中力量认真地办好，避免形式主义；取得经验以后，再有计划、有步骤地推行。报告列举了今年由中央各部试办的第一批工业、交通托拉斯的12个单位的具体名单，并说明了试办过程中需要明确和解决的六个问题，即：托拉斯的性质和经营范围问题、托拉斯的管理方法问题、全国性托拉斯和地方的关系问题、托拉斯的政治工作问题、托拉斯的组织机构问题、总公司的设置地点问题等。

【中共中央关于县以上干部学习毛主席哲学著作的决定】（1964年8月18日） 中共中央1964年8月18日发出。1998年收入中央文献出版社出版的《建国以来重要文献选编》第十九册。《决定》指出，从中央一级起到县（团）委一级的一切干部，都应该精读毛主席的《实践论》《矛盾论》《关于正确处理人民内部矛盾的问题》《人的正确思想是从哪里来的？》这些哲学论文。《决定》认为，毛主席这些论文是我国革命经验和国际无产阶级革命、无产阶级专政经验的总结，是马克思列宁主义理论的新概括和新发展。通晓毛主席这些哲学论文，对我们的事业，具有极重大的意义。《决定》要求学习这些哲学论文应该联系实际，联系本地本单位的具体情况和具体工作。

【中共中央对《关于一个大队的社会主义教育运动的经验总结》的批示】（1964年9月1日） 中共中央1964年9月1日发出。1998年收入中央文献出版社出版的《建国以来重要文献选编》第十九册。《批示》指出，《关于一个大队的社会主义教育运动的经验总结》，是王光美同志在河北省委工作会议上的报告记录，是在农村进行社会主义教育的一个比较完全、比较细致的典型经验的总结。桃园大队的经验既在许多问题上有普遍性，又在另外的许多问题上有很大的特殊性。《批示》强调，这个报告只是指出了进行工作的一些方法和处理某些问题的方法，并不能使我们顺利地去解决各个地方、各个大队的问题。这是各地同志在阅读这个文件时必须注意的。

【中共中央关于印发《农村社会主义教育运动中一些具体政策的规定（修正草案）》的通知】（1964年9月18日） 中共中央1964年9月18日发出。1998年收入中央文献出版社出版的《建国以来重要文献选编》第十九册。《通知》指出，根据一年来农村社会主义教育运动的新经验，中央对《关于农村社会主义教育运动中一些具体政策的规定（草案）》作了许多重要的修改和补充。这些新经验主要有：一、必须把社会主义教育运动进行到底。衡量社会主义教育运动搞得好不好的主要标准是毛泽东同志提出的六个条件。二、领导人员必须亲自蹲点，蹲在一个大队，从头到尾地做完全部运动的工作，并且要这样地蹲点两次。三、把放手发动群众放在第一位。四、解决群众中存在的问题，必须首先解决干部中的问题。五、整个运动都由工作队领导。六、民主革命不彻底的地区，都必须认真地进行民主革命的补课工作。七、整个社会主义教育运动，大体是两个阶段。第一个阶段主要是解决四清问题和对敌斗争问题。第二个阶段主要是组织建设。《通知》强调：领导好社会主义教育运动，关键在于三个问题，领导人员亲自蹲点，有坚强领导的工作队，以及在运动中间放手发动群众。《规定（修正草案）》即“后十条（修正草案）”（又称第二个“后十条”）共十个部分：一、社会主义教育运动的基本方针和主要内容；二、领导社会主义教育运动必须注意的几个问题；三、团结95%以上的农民群众；

四、建立坚强的贫、下中农组织；五、中农问题；六、团结95%以上的农村干部；七、关于干部参加集体生产劳动；八、认真整顿农村党的基层组织；九、对地主分子、富农分子、反革命分子和坏分子的处理；十、正确对待地主、富农子女问题。

【中华人民共和国政府声明】（1964年10月16日） 1964年10月17日发表于《人民日报》。1998年收入中央文献出版社出版的《建国以来重要文献选编》第十九册。《声明》宣布，1964年10月16日15时，中国爆炸了一颗原子弹，成功地进行了第一次核试验。这是中国人民在加强国防力量、反对美帝国主义核讹诈和核威胁政策的斗争中所取得的重大成就。《声明》谴责美英苏签订部分禁止核试验条约的实质是巩固其核大国的垄断地位。中国政府郑重宣布，中国在任何时候、任何情况下，都不会首先使用核武器。中国政府一贯主张全面禁止和彻底销毁核武器。《声明》建议，召开世界各国首脑会议，讨论全面禁止和彻底销毁核武器问题，促使各国达成保证不使用核武器的协议。《声明》强调，中国政府将一如既往，努力争取通过国际协商，实现全面禁止和彻底销毁核武器的崇高目标。

【遵守党的纪律，维护党的团结】（1964年10月23日） 周恩来1964年10月23日在音乐舞蹈史诗《东方红》演出人员大会上的报告节录。1998年收入中央文献出版社出版的《建国以来重要文献选编》第十九册。报告指出，党的纪律是决定党能否坚持革命、战胜敌人、争取胜利的首要条件。报告结合党的历史，论述了维护、检验、加强革命纪律的三个条件，即要有无产阶级先锋队的觉悟和对革命的忠诚，要有坚忍不拔、自我牺牲精神和英雄气概；要密切联系群众，在同吃、同住、同劳动中，与群众打成一片；党的政治领导要正确，政治战略和策略要正确，然后还要经过实践，群众也确认为正确。具备了以上三条，这个党就战无不胜了。报告强调：一个执行铁的纪律的党，就要有坚持革命、团结对敌的精神。只要这个基本的立场不变，即使犯了错误的人，我们也还要团结他；即使领导一时有错误，也需要等待，要逐步地使其改变。特别像中国这样人口众多的国家的党，经过多少次的曲折，革命的历史一直没有割断，原因就是中国人民要革命，党能够团结对敌。即使它一时方向错了，只要它还坚持对敌斗争，经过一些曲折的道路以后，它的成员还会走到一起来的。当然，这需要正确的领导来带头。

【中共中央关于社会主义教育运动夺权斗争问题的指示——转发天津市委《关于小站地区夺权斗争的报告》】（1964年10月24日） 中共中央1964年10月24日发出。1998年收入中央文献出版社出版的《建国以来重要文献选编》第十九册。《指示》肯定了天津市委《关于小站地区夺权斗争的报告》，认为天津小站地区的社会主义教育运动，充分发动了群众，解决了领导权问题，才打开了局面，这个经验值得各地参考。《指示》以小站地区为例，指出当前我们国内的敌我矛盾有一部分在形式上是以人民内部矛盾出现的，甚至是以党内矛盾出现的，要把这部分危险的敌我矛盾从人民内部矛盾和党内矛盾中清查出来；各地在进行社会主义教育运动过程中，要根据实际情况，决定先搞“四清”还是先搞对敌斗争。《指示》指出，凡是被敌人操纵或篡夺了领导权的地方，被蜕化变质分子把持了领导权的地方，都必须进行夺权的斗争，否则，要犯严重的错误。

【中共中央、国务院关于抓好社会主义教育运动同时抓好生产救灾工作的通知】（1964年10月31日） 中共中央、国务院1964年10月31日发出。1998年收入中央文献出版社出版的《建国以来重要文献选编》第十九册。《通知》针对部分地区出现的自然灾害，要求各地在进行社会主义教育运动的同时，做好生产、分配、收购、救灾等方面的重要工作，统筹兼顾，全面安排，做到社会主义教育运动和生产救灾等日常工作两不误。《通知》指出，1963年9月21日中共中央和国务院发出的《关于生产救灾工作的决定》所提出的有关救灾的方针、政策和具体措施仍然适用，各地应重新讨论这个决定并认真贯彻执行。《通知》要求，今年的生产救灾工作，必须以阶级斗争为纲，坚决贯彻生产自救为主、辅之以国家必要的救济的方针。必须继续做好秋收工作，注意收集副产品和野生作物，大力组织冬季副业生产，增加农民的收入，增强抗灾力量。不论灾区省份和非灾区省份，都应当尽可能从丰收地区多征购一些粮食，收集一些副食品，以支援受灾地区。这一条非常重要。

【中共中央关于加强一、二线的后方建设和备战工作的指示】（1964年11月3日） 中共中央1964年11月3日发出。1998年收入中央文献出版社出版的《建国以来重要文献选编》第十九册。《指示》转发了中共广东省委1964年10月18日《关于国防工业和三线备战工作的请示报告》和毛泽东对这个报告的批示，并指出中央同意并转发周恩来、罗瑞卿1964年10月29日《关于一二两线各省、市、区建设自己后方和备战工作的报告》，要求各地加强后方建设和备战工作。报告汇报了对一、二两线各省、市、自治区的后方建设和备战工作的部署和完成时间的设想，以及需要各省、市、自治区在规划时要注意的几个问题。

【农村社会主义教育运动中目前提出的一些问题】（1965年1月14日） 中共中央政治局召集的全国工作会议1965年1月14日讨论纪要，又称“二十三条”。1998年收入中央文献出版社出版的《建国以来重要文献选编》第二十册。该文件共二十三条：一、形势；二、运动的性质；三、统一提法；四、搞好运动的标准；五、工作方法；六、集中力量，打歼灭战；七、蹲点；八、抓面的工作；九、干部问题；十、建立贫农、下中农协会；十一、时间；十二、宣布对隐瞒土地的政策；十三、财贸部门的工作要同四清运动配合；十四、工作队的成员；十五、给出路；十六、四清要落到建设上面；十七、生产队规模；十八、基层干部任期；十九、监督问题；二十、四大民主；二十一、工作态度；二十二、思想方法；二十三、上述各条，原则上也适用于城市的四清运动。文件指出，中央政治局召集全国工作会议，讨论了农村社会主义教育运动中目前提出的一些问题，声明过去发出的关于社会主义教育运动的文件，如有同这个文件抵触的，一律以这个文件为准。由此，“二十三条”取代了1963年11月中央发出的“后十条”以及1964年9月中央下发的“后十条（修正草案）”，成为指导“四清”运动的工作文件。该文件对农村社会主义教育运动的性质、统一提法、搞好运动的标准、工作方法等二十三个问题作了明确规定，提出运动的重点“是整党内那些走资本主义道路的当权派”。

【中共中央、国务院关于调整当前市场物价的决定】（1965年1月19日） 中共中央、国务院1965年1月19日作出。1998年收入中央文献出版社出版的《建国以来重要文献选编》第二十册。《决定》分析了近几年的价格形势，指出了市场物价方面存在的三个方面的突出问题，提出对现存不合理价格进行调整的六项措施：一、把城镇粮食统销价格提到同统购价格相平。各地按照粮食提价幅度的高低，对于收入低的职工，每人每月分别给予适当补贴。二、适当提高煤炭的市场销售价格。全国平均每吨大约提高1元上下，东北地区每吨大约提高2元上下，全国提价金额约为7000万元。三、在不影响棉布市场销售价格总水平的条件下，合理调整棉布价格。全国棉布提价降低相抵以后，提价金额为90万元。四、为了解决粮食收益偏低的问题，从1965年开始，对提供商品粮较多的生产队，实行加价奖励的办法。五、目前粮、油的集市价格还分别高于计划价格的1.2倍和0.9倍，应该促其进一步下降。六、除了上述产品之外，还有农业生产资料价格，地方生产的轻工业、手工业产品中质次价高产品的价格，某些价格较高又能够充分供应的日用工业品的价格，也需要调整，降低价格。《决定》指出，1965年计划价格的变动，对各方面的影响还是比较大的。各级党委和有关部门必须注意做好工作，并且结合当地情况，在干部和职工中进行必要的宣传解释。

【中共中央批转卫生部党组关于组织巡回医疗队下农村问题的报告】（1965年1月27日） 中共中央1965年1月27日发出。1998年收入中央文献出版社出版的《建国以来重要文献选编》第二十册。批文同意卫生部党组关于城市组织巡回医疗队下农村配合社会主义教育运动进行防病治病工作的报告，并认为这项措施是当前卫生工作适应社会主义革命需要，促进卫生队伍革命化的一条有效途径，要求各地参照执行。卫生部党组的报告从巡回医疗制度的建立；巡回医疗队人员的构成；医疗队的组织领导和工作期限；医疗队的主要任务；为群众治病的收费标准；医疗队的经费开支；重点医疗队的准备情况等七个方面，对如何组织巡回医疗队下农村的问题作了说明。

【中共中央、国务院关于西南三线建设体制问题的决定】（1965年2月26日） 中共中央、国务院1965年2月26日发出。1998年收入中央文献出版社出版的《建国以来重要文献选编》第二十册。《决定》共三个部分：一、为了三线建设中的统一管理和共同协作问题，中共中央、国务院决定成立攀枝花特区党委、工地指挥部；成立以重庆地区为中心的常规兵器配套建设指挥部。采用大庆经验，即集中领导、各方协作的办法，以中央主管部为主，有关各省、市、区和各部门协助进行。二、规定西南三线的中央直属建设项目的施工力量、技术力量、设备和材料由有关部统一安排，由国家经委督促检查执行情况。三、决定成立西南局三线建设委员会，其工作任务是：1.领导和督促检查中央各部负责的基建项目按国家要求的规模、质量、进度进行建设；2.领导和督促检查各有关省、市在人力、地方建筑材料、地方协作产品、粮食和副食品供应等方面对各建设项目的支援，保证建设项目的顺利进行；3.领导和督促检查由各省、市负责的地方建设项目的进行；4.如西南局三线建委同中央有关部委在工作中有重大不同意见时，报中央解决。

【中共中央关于勤俭持家和移风易俗宣传教育中一些问题的通知】（1965年3月4日） 中共中央1965年3月4日发出。1998年收入中央文献出版社出版的《建国以来重要文献选编》第二十册。《通知》共五个部分：一、最近一个时期，有些地方有些报刊在向群众进行勤俭持家和移风易俗的宣传教育中，界限不够明确，交代过于简单。这种情况，不利于生产和流通的正常进行，也会使群众的正常需要不能充分满足。二、勤俭节约、勤俭持家的原则是必须坚持的。在勤俭持家的宣传教育中，要照顾到各种地区、各种人的实际情况，不要去限制群众的正当消费。三、要注意把人民群众正当的生活改善，同多吃多占、损人利己、不劳而食、只求享受的资产阶级思想作风区别开来。要把群众正当的喜庆、节日活动，同讲阔气、讲排场、挥霍浪费、脱离群众的旧习气作风区别开来。四、少数商标图案在政治上明显反动的商品，应当经过省、市、自治区一级批准，停止生产，停止出售。已经生产出来的要进行改装或改制，然后出售。一般商品的名称、牌号、商标，基本上不要改动。出口商品的牌号、商标、图案式样，应当适应国外市场的需要，由对外贸易部门统一管理，各地不准随意变动。五、应当把群众的革命热情，引导到两条道路斗争的主要问题上去，引导到生产建设上去，促进生产高潮的发展，而不要把群众的精力过多地纠缠在枝节问题上，不要干扰群众的正常经济生活。

【中共中央关于严格控制基本建设和掌握必要的机动物资的决定】（1965年3月26日） 中共中央1965年3月26日作出。1998年收入中央文献出版社出版的《建国以来重要文献选编》第二十册。《决定》要求，1965年的基本建设项目暂时一律不再增加；已经确定的建设项目也要重新审查；现有的战略储备物资，当年准备的物资，以及全国工业交通工作会议确定的增产指标以外再超产的物资，未经中央批准，一律不准动用。中央责成国家计委对1965年计划内的和已经批准增加的建设项目，重新进行审查。凡是可以不上的项目都不要上，必须上的项目中的某一部分可以暂时不上的也应缓上。今后，各部门、各地方除了国家已经批准的建设项目外，即使有资金、有材料、有设备，计划外新增加的任何建设项目，也必须经过中央批准，才能动工。上述决定，望各部门、各地方立即贯彻执行。

【中共中央关于加强对外贸易工作的通知】（1965年3月27日） 中共中央1965年3月27日发出。1998年收入中央文献出版社出版的《建国以来重要文献选编》第二十册。《通知》指出，1965年新成交的对资本主义国家贸易金额比之去年同期有所下降，对完成今年的外汇收入计划很是不利。《通知》要求各地党委立即对外贸部门的出口工作进行一次检查，切实帮助他们解决工作中存在的问题。各口岸外贸企业凡是第一线人员不强的，请各地党委予以配备、加强。首先从外贸系统内部进行调整，精简行政人员，充实第一线；必要时可以适当抽调一些参加四清运动的干部回来，加强业务工作；设法从其他部门抽调一些适合做外贸工作的人员，加强外贸部门。要抓紧组织货源，尽量提供更多更好的商品，并派出得力干部参加广州出口商品交易会的工作。

【中共中央关于加强备战工作的指示】（1965年4月12日） 中共中央1965年4月12日发出。1998年收入中央文献出版社出版的《建国以来重要文献选编》第二十册。《指示》共九个部分：一、美帝国主义在越南采取扩大战争步骤，直接侵犯越南民主共和国，严重地威胁了我国的安全。在目前形势下，应当加强备战工作。二、在全党县委以上的干部中，应当加强备战思想，密切注意越南战局的发展。三、目前敌人在太平洋地区加紧进行的军事部署，主要是针对我国的。我们必须把情况设想得严重一些，把备战工作做得充分一些，特别是在重要的军事设施、工业设施、交通要地和大城市，要切实做好对付敌人空袭的准备。我们对小打、中打以至大打，都有所准备。四、只要我们做好一切准备，无论出现什么情况，我们都能立于不败之地，胜利是一定属于我们的。五、坚决支持越南人民的反对美国侵略、争取祖国统一的正义斗争。六、我们必须团结一切可能团结的力量，把美帝及其帮凶最大限度地孤立起来，巩固和扩大反对美帝及其走狗的统一战线。七、具体备战措施要根据不同的情况进行：1.大城市和大的工矿交通企业，要建立和整顿防空委员会，做出必要的防空规划，进行防空教育；2.在沿海地区，要切实整顿和加强民兵工作；3.军队的备战动员，按军委的命令和总政治部的指示执行。八、目前，除边境地区外，暂不在群众中进行备战动员。九、这个指示发到县委和相当于县委一级单位，关于备战有关情况，一律不得在报纸刊物上发表。

【中共中央批转国家体委党委关于全国体育工作会议的纪要】（1965年5月14日） 中共中央1965年5月14日发出。1998年收入中央文献出版社出版的《建国以来重要文献选编》第二十册。批文同意国家体委党委关于全国体育工作会议的会议纪要。强调必须进一步加强党对体育工作的领导，在体育队伍中加强思想工作。1965年1月11日至2月11日在北京召开的全国体育工作会议，明确了体育工作的形势和方针任务，对体育工作的有关问题进行了讨论，并形成了会议纪要。会议纪要共九个部分：一、体育工作的形势；二、方针任务；三、思想政治工作；四、群众体育；五、国防体育；六、专业队伍的设置和训练；七、运动竞赛；八、办好体育报刊、体育学院，做好科学研究工作；九、机关革命化。

【中共中央关于改进领导方法问题的指示——批转王任重报来的九个材料】（1965年7月20日） 中共中央1965年7月20日发出。1998年收入中央文献出版社出版的《建国以来重要文献选编》第二十册。《指示》针对四清运动后，县、区、社、队如何进行工作，如何精简机构和减少脱产人员的普遍问题，要求各地认真学习王任重从孝感县寄来的九个材料，并要求领导干部坚持基层蹲点，了解真实情况，取得解决问题的经验，然后以点带面，点面结合的领导方法。各级领导干部必须在今后的各项工作中，经常地坚持这种领导方法，改变主观主义的官僚主义的领导方法。《指示》提出，为了改进领导方法，各级领导干部应当联系实际重新学习毛泽东《关于领导方法的若干问题》一文。

【中共中央关于当前农村工作问题的指示】（1965年8月23日） 中共中央1965年8月23日发出。1998年收入中央文献出版社出版的《建国以来重要文献选编》第二十册。《指示》针对中共中央办公厅和农业银行整理的四件材料所反映的农村工作中一些问题，要求各地对照检查，并迅即采取措施，予以纠正和防止这类现象的继续发生。《指示》号召各级领导同志在取得夏季丰收的情况下，继续保持清醒的头脑，在生产发展比较快的地区，不能产生自满情绪；在生产发展较慢的地区，要避免产生急躁情绪，防止重犯“强迫命令”的错误；停止不前，无所作为，不求有功、但求无过的精神状态，必须迅速纠正。中央要求县以上各级党委，不断认真总结经验，全面接受合作化以来，特别是公社化以来的经验教训，以保证新的农业生产高潮的持续发展。

【中共中央、国务院关于大力发展农村副业生产的指示】（1965年9月5日） 中共中央、国务院1965年9月5日发出。1998年收入中央文献出版社出版的《建国以来重要文献选编》第二十册。《指示》共八个部分：一、自1962年11月中共中央和国务院发出《关于发展农村副业生产的决定》以来，农村副业有了恢复和发展。但是同国民经济其他部门比较，农村副业还是一个薄弱的环节。各级党委和政府有必要也有可能进一步贯彻执行“以农为主，以副养农，综合经营”的方针，在继续大抓粮食和主要经济作物生产的同时，大抓副业生产，大力发展农村副业，以促进整个国民经济的不断高涨。二、发展农村副业生产的关键，在于各级党政领导的重视。三、发展农村副业，首先要大力发展集体副业，同时也要积极地指导和帮助社员发展家庭副业。四、发展农村副业，必须以阶级斗争为纲，以社会主义同资本主义两条道路的斗争为纲。五、加强农村副业生产的计划指导。六、加强农村副业生产的购销工作。七、加强对农村副业生产的经济支援。八、各级党委和政府必须切实加强农村副业生产的领导。

【中共中央批转全总党组《关于省、市、自治区工会主席座谈会情况报告》和《整顿基层工会的若干意见（草稿）》】（1965年9月8日） 中共中央1965年9月8日发出。1998年收入中央文献出版社出版的《建国以来重要文献选编》第二十册。批文首先说明中央将全国总工会党组《关于省、市、自治区工会主席座谈会情况报告》和《整顿基层工会的若干意见（草稿）》转发各地各部门，并希望中央和地方各有关部门就工会业务范围的调整和财务制度的改革问题，在积极进行试验的基础上提出意见，经过一段典型试验和调查研究后，再作正式决定。各地对他们整顿基层工会的意见可以参照执行。全总党组《关于省、市、自治区工会主席座谈会情况报告》共六个部分：一、工会工作的一些情况；二、关于工会任务问题；三、关于职工代表大会和群众监督问题；四、关于业务范围、工作制度改革的试验问题；五、关于整顿会员队伍问题；六、加强领导。《整顿基层工会的若干意见（草稿）》提出了整顿工会工作的九条规定，包括：整顿工会工作的要求；突出政治，活跃群众工作；整顿和健全职工代表大会；整顿会员队伍；调整和充实领导骨干；干部参加劳动；改革业务、制度的试验；会费；加强领导等。

【中共中央批转卫生部党委《关于把卫生工作重点放到农村的报告》】（1965年9月21日） 中共中央1965年9月21日发出。1998年收入中央文献出版社出版的《建国以来重要文献选编》第二十册。批文指出，中共中央同意卫生部党委《关于把卫生工作重点放到农村的报告》，希望各地各部门切实参照执行。批文肯定了建国十多年来卫生工作的成绩。要求把卫生工作的重点放在农村，逐步改变我国农村卫生工作的落后面貌。并对农村基层卫生人员的工资补助和工分补贴问题、农村医疗救济问题、适当改革公费医疗制度等作出了说明。《卫生部党委关于把卫生工作重点放到农村的报告》主要包括：实行卫生工作革命化；组织医药卫生人员到农村，为农民服务；大力为农村培养医药卫生人员；整顿农村卫生组织；尽可能保证农村药品、医疗器材的需要；大力改革城市卫生工作；继续加强工矿卫生工作；加强防治疾病工作，继续开展城乡爱国卫生运动；加强医学研究和学会工作等九个方面的内容。

【中共中央对中央组织部关于提拔新生力量、接收新党员、加强农村党的建设的三个报告的批示】（1965年11月17日） 中共中央1965年11月17日发出。1998年收入中央文献出版社出版的《建国以来重要文献选编》第二十册。《批示》指出，中共中央组织部《关于培养提拔新生力量参加县、地、省领导工作的报告》《关于目前党员的情况和今后六年接收党员意见的报告》《关于加强农村党的建设的三个问题的报告》三个报告是根据中共中央和毛泽东的指示精神提出的，中共中央同意这三个报告；要求各级党委应该就报告中提及的坚决地、放手地、逐步地培养提拔新生力量和积极地、较多地、慎重地接收新党员等问题，召开适当的会议，进行讨论，制定出具体的规划和办法，认真贯彻执行；并强调在工农商业等基层单位，不仅要有工会和贫协等阶级群众组织，还必须结合四清运动，逐步普遍建立起党和团的组织，健全党的组织生活，以实现党的核心领导作用。中央组织部的三个报告主要汇报了关于培养提拔新生力量座谈讨论的情况；关于目前党员的情况和今后六年接收党员的六条意见；关于加强农村党建值得注意的如何按照先锋队的标准整好党的问题、如何抓住要领建设好农村党支部的问题、在四清运动中建立农村政治工作系统的问题等。

【中共中央批转文化部党委关于当前文化工作中若干问题的汇报提纲】（1966年1月23日） 中共中央1966年1月23日发出。2013年收入人民出版社出版的《中共中央文件选集（1949年10月—1966年5月）》第五十册。批文文化部党委《关于当前文化工作中的若干问题向中央的汇报提纲》，并认为当前文化战线的形势很好，只要按照毛泽东同志所指出的文艺方向去做，整个面貌就会改变；社会主义文化革命是一个长期的斗争，希望各级党委认真把这条战线的工作管起来；当前主要是组织文化艺术工作者努力学习毛主席著作，切实用毛泽东思想武装起来，克服文化队伍脱离群众、脱离实际的缺点；同时认真抓创作和领导好整个文化工作。《汇报提纲》从三个方面汇报了文化战线的蓬勃形势，从四个方面着重汇报了今后的主要工作：要坚决贯彻执行文艺为社会主义服务、为工农兵服务的方向；坚持文化艺术工作者与工农兵相结合的方针；发展和繁荣社会主义创作；加强领导，改进作风。

【对总后勤部关于进一步搞好部队农副业生产报告的批语】（1966年5月7日） 毛泽东对总后勤部关于进一步搞好部队农副业生产报告写给林彪的批语。后来称为“五七指示”。中共中央1966年5月15日批转全国各地各部门。《人民日报》1966年8月1日社论《全国应当成为毛泽东思想的大学校》将《批语》的基本精神向全国公布。全文于1967年收入人民出版社出版的《毛主席论教育革命》一书。《批语》提出，军队应该是一个大学校，除打仗以外，还可做各种工作。这个大学校，学政治，学军事，学文化。又能从事农副业生产。又能办一些中小工厂，生产自己需要的若干产品和与国家等价交换的产品。又能从事群众工作，参加工厂农村的社教四清运动；四清完了，随时都有群众工作可做，使军民永远打成一片。又要随时参加批判资产阶级的文化革命斗争。工人也是这样，以工为主，也要兼学军事、政治、文化，也要搞四清，也要参加批判资产阶级。在有条件的地方，也要从事农副业生产，例如大庆油田那样。农民以农为主（包括林、牧、副、渔），也要兼学军事、政治、文化，在有条件的时候也要由集体办些小工厂，也要批判资产阶级。学生也是这样，以学为主，兼学别样，即不但学文，也要学工、学农、学军，也要批判资产阶级。学制要缩短，教育要革命，资产阶级知识分子统治我们学校的现象，再也不能继续下去了。商业、服务行业、党政机关工作人员，凡有条件的，也要这样做。以上所说，已经不是什么新鲜意见、创造发明，多年以来很多人已经是这样做了，不过还没有普及。至于军队，已经这样做了几十年，不过现在更要有所发展罢了。

【中国共产党中央委员会通知】（1966年5月16日） 中共中央政治局扩大会议1966年5月16日通过，后被称为“五一六通知”。发表于1967年5月17日《人民日报》。《通知》宣布，中央决定撤销1966年2月12日批转的《文化革命五人小组关于当前学术讨论的汇报提纲》，撤销原来的“文化革命五人小组”及其办事机构，重新设立文化革命小组，隶属于政治局常委之下。《通知》认为，汇报提纲站在资产阶级的立场上，用资产阶级世界观来看待当前学术批判的形势和性质，根本颠倒了敌我关系；违背了一切阶级斗争都是政治斗争的马克思主义的基本论点；提纲特别强调的“放”是采用偷天换日的手法，根本歪曲了毛泽东1957年3月在党的全国宣传工作会议上所讲的放的方针，抹煞放的阶级内容；在我们开始反击资产阶级猖狂进攻的时候，提纲的作者们却提出“在真理面前人人平等”的资产阶级口号；提纲说“不仅要在政治上压倒对方，而且要在学术和业务的水准上真正大大地超过和压倒对方”，对学术不分阶级界限的思想也是很错误的；等等。要求各级党委立即停止执行《文化革命五人小组关于当前学术讨论的汇报提纲》，全党必须按照毛泽东的指示，高举无产阶级革命的大旗，夺取学术界、教育界、新闻界等文化领域的领导权。《通知》提出了一整套“左”的理论、路线、方针、政策，成为“无产阶级专政下继续革命的理论”的重要内容。《通知》的通过，标志着“文化大革命”的正式开始。

【中共中央、国务院决定改革高等学校招考办法】（1966年6月13日） 中共中央、国务院1966年6月13日发出。发表于1966年6月18日《人民日报》。文件提出，鉴于目前大专学校和高中的文化大革命正在兴起，需要一段时间才能把文化革命运动搞深搞透。同时，高等学校招生考试办法，不利于贯彻执行党中央和毛主席提出的教育方针，不利于更多地吸收工农兵革命青年进入高等学校。这种考试制度，必须彻底改革。这样，也需要有一定的时间来研究和制定新的招生办法。为此，中共中央和国务院决定，1966年高等学校招收新生工作推迟半年进行。此文件发出后，全国高等学校的新生招收工作即全面停止。

【炮打司令部——我的一张大字报】（1966年8月5日） 毛泽东在中共八届十一中全会期间撰写。发表于1967年8月5日《人民日报》。毛泽东写道："全国第一张马列主义的大字报和人民日报评论员的评论，写得何等好呵！请同志们重读一遍这张大字报和这个评论。可是在五十多天里，从中央到地方的某些领导同志，却反其道而行之，站在反动的资产阶级立场上，实行资产阶级专政，将无产阶级轰轰烈烈的文化大革命运动打下去，颠倒是非，混淆黑白，围剿革命派，压制不同意见，实行白色恐怖，自以为得意，长资产阶级的威风，灭无产阶级的志气，又何其毒也！联系到一九六二年的右倾和一九六四年形'左'而实右的错误倾向，岂不是可以发人深醒的吗?"毛泽东所说的"全国第一张马列主义的大字报"，指1966年5月25日，北京大学哲学系党总支书记聂元梓以她与哲学系另六位教师的名义在北大食堂张贴题为《宋硕、陆平、彭珮云在文化革命中究竟干些什么?》的大字报。按毛泽东的指示，新华社于6月1日全文播发了聂元梓等人的这张向北京大学党委和北京市委发难的大字报。次日，《人民日报》刊载聂元梓等人的大字报，同时发表欢呼这张大字报的评论员文章。

【中国共产党中央委员会关于无产阶级文化大革命的决定】（1966年8月8日） 中共八届十一中全会1966年8月8日通过，简称"十六条"。发表于1966年8月9日《人民日报》。《决定》共十六条：一、社会主义革命的新阶段；二、主流和曲折；三、"敢"字当头，放手发动群众；四、让群众在运动中自己教育自己；五、坚决执行党的阶级路线；六、正确处理人民内部矛盾；七、警惕有人把革命群众打成"反革命"；八、干部问题；九、文化革命小组、文化革命委员会、文化革命代表大会；十、教学改革；十一、报刊上点名批判的问题；十二、关于科学家、技术人员和一般工作人员的政策；十三、同城乡社会主义教育运动相结合的部署问题；十四、抓革命，促生产；十五、部队；十六、毛泽东思想是无产阶级文化大革命的行动指南。《决定》认为，无产阶级文化大革命是触及人们灵魂的大革命，是社会主义革命的新阶段。这次运动的目的是斗垮走资本主义道路的当权派，批判资产阶级的反动学术"权威"，批判资产阶级和一切剥削阶级的意识形态，改革教育，改革文艺，改革一切不适应社会主义经济基础的上层建筑，以利于巩固和发展社会主义制度。运动的重点是整党内那些走资本主义道路的当权派。

【关于保护干部的若干文电】（1966年—1974年） 周恩来在"文化大革命"中，针对林彪、江青反革命集团为篡党夺权而残酷迫害党内外干部的行为，为保护干部于1966年8月30日—1974年9月9日发出的有关文电。1984年收入《周恩来选集》下卷。若干文电中的《一份应予保护的干部名单》，列出了宋庆龄、郭沫若、章士钊、程潜等人的名字；《应当尊重宋庆龄》指出要劝阻冲闯宋庆龄住宅的行为；《不应改变被批斗干部的工资》指出了对被批判对象的工资处理意见；《一定要放出李葆华、李任之》强调一定要放出李葆华、李任之两同志；《关于刘澜涛出狱问题给西北局的电报》要求红卫兵不要在大会上公布和追查刘澜涛出狱问题的材料；《九大代表应包括王恩茂》指出新疆自治区出席中共九大的代表应包括王恩茂同志在内；《建议徐海东参加九大主席团》提议徐海东同志参加中共九大主席团。此外还有《陶铸应送入医院治疗》《不要斗批民主党派的领导人》《应给华罗庚以保护》《关于张霖之死亡问题》《废除法西斯式的审查方式》《对参加国庆招待会名单的意见》等文电。这些文电只是有关文电的一小部分，反映出周恩来同志在非常困难的情况下，为保护干部作了极大的努力。

【关于按照系统实行革命大联合的通知】（1967年10月17日）　中共中央、国务院、中央军委、中央文革1967年10月17日发出。发表于1967年10月18日《人民日报》。《通知》要求各工厂、各学校、各部门、各企业单位，都必须在革命的原则下，按照系统，按照行业，按照班级，实现革命的大联合，以利于促进革命三结合的建立，以利于大批判和各单位斗批改的进行，以利于抓革命、促生产、促工作、促战备。所有革命群众组织都应该以毛泽东思想为基础，经过充分协商，按照不同的具体情况，遵照上述指示办理，一切跨行业的组织，都应该在自愿的原则下，按行业进行必要的调整。

【在中国共产党第九次全国代表大会上的报告】（1969年4月1日）　林彪代表中共中央于1969年4月1日在中国共产党第九次全国代表大会上所作的政治报告，中国共产党第九次全国代表大会1969年4月14日通过。发表于1969年4月28日《人民日报》。《报告》共八个部分：一、关于无产阶级文化大革命的准备；二、关于无产阶级文化大革命的过程；三、关于认真搞好斗、批、改；四、关于无产阶级文化大革命的政策；五、关于我国革命的最后胜利；六、关于党的整顿和建设；七、关于我国和外国的关系；八、全党、全国人民团结起来，争取更大的胜利。《报告》旨在为"无产阶级文化大革命"作理论的和历史的论证，并在充分肯定"文化大革命"的所谓成绩和经验的基础上，提出把"上层建筑领域中社会主义革命进行到底"的任务。《报告》的核心内容，是阐述指导"文化大革命"的"无产阶级专政下继续革命的理论"的基本内容和"伟大意义"。根据这个理论发动的"无产阶级文化大革命"，"是完全必要的非常及时的"。

【中华人民共和国政府声明】（1971年10月29日）　中华人民共和国政府1971年10月29日公布。发表于同年10月30日《人民日报》。《声明》指出，1971年10月25日，联合国大会第26届会议以压倒多数通过了阿尔巴尼亚、阿尔及利亚等23国提出的要求恢复我国在联合国的一切合法权利、并立即把蒋介石集团的代表从联合国及其所属一切机构中驱逐出去的提案。这是美帝国主义20多年来顽固坚持剥夺我国在联合国合法权利的政策和在联合国内制造“两个中国”阴谋的破产。这次联合国大会投票的结果，反映了世界各国人民要求同中国人民友好的大势。《声明》强调，大小国家一律平等，任何一个国家的事，要由这个国家的人民来管；全世界的事要由世界各国来管；联合国的事要由参加联合国的所有国家共同来管；这是当前世界不可抗拒的历史潮流。《声明》指出：中国人民受尽了帝国主义压迫的苦痛，中国永远不做欺负其他国家的超级大国。中华人民共和国将同一切爱好和平和正义的国家和人民站在一起，为维护各国的民族独立和国家主权，为维护国际和平，促进人类进步的事业而共同奋斗。

【中美联合公报】（1972年2月27日） 又称中美上海公报。中美双方1972年2月27日在上海达成协议。发表于1972年2月28日《人民日报》。《联合公报》称，应中华人民共和国总理周恩来的邀请，美利坚合众国总统理查德•尼克松自1972年2月21日至2月28日访问了中华人民共和国。中美双方就共同关心的问题进行了讨论。双方声明：中美两国关系走向正常化是符合所有国家的利益的；双方都希望减少国际军事冲突的危险；任何一方都不应该在亚洲—太平洋地区谋求霸权，每一方都反对任何其他国家或国家集团建立这种霸权的努力；任何一方都不准备代表任何第三方进行谈判，也不准备同对方达成针对其他国家的协议或谅解。双方回顾了中美之间长期存在的严重争端，中国重申自己的立场：台湾问题是阻碍中美两国关系正常化的关键问题。中华人民共和国是中国的唯一合法政府；台湾是中国的一个省，早已归还祖国；解放台湾是中国的内政，别国无权干涉；全部美国武装力量和军事设施必须从台湾撤走。中国政府坚决反对任何旨在制造“一中一台”“一个中国、两个政府”“两个中国”“台湾独立”和鼓吹“台湾地位未定”的活动。美国方面声明：美国认识到，在台湾海峡两边的所有中国人都认为只有一个中国，台湾是中国的一部分。美国政府对这一立场不提出异议。它重申对由中国人自己和平解决台湾问题的关心。确认最终从台湾撤军，只是要根据局势缓和情况来逐步减少它在台湾的武装力量和军事设施。双方同意扩大两国人民之间的交往，发展两国间的贸易，通过不同渠道保持接触。双方相信，两国关系正常化不仅符合中美两国人民的利益，而且会对缓和亚洲及世界紧张局势做出贡献。

【消除林彪一伙对经济的破坏性后果】（1973年2月26日） 周恩来1973年2月26日在国家计划委员会汇报1973年计划和《关于坚持统一计划，加强经济管理的规定》的草稿时的插话。1984年收入人民出版社出版的《周恩来选集》下卷。讲话指出，1969年以后，在经济管理上瞎指挥盛行，“林彪一伙儿破坏经济所造成的恶果这两年表现出来了”，国民经济“现在根本没有比例”，计划工作也“确实没有‘王法’”。在谈到经济协作区问题时指出“到处搞独立经济体系是不行的”；关于基本建设战线过长问题，要求中央、地方都不许扩大规模；关于五小工业，指出发展五小工业要有个范围，要把整顿的方针写清楚；要实行按劳分配和必要的奖励制度。讲话强调，对极左思潮“一定要批透，把破坏性后果消除掉”。

【在中国共产党第十次全国代表大会上的报告】（1973年8月24日） 周恩来1973年8月24日代表中共中央在中国共产党第十次全国代表大会上作的政治报告。中国共产党第十次全国代表大会1973年8月28日通过。发表于1973年9月1日《人民日报》。该报告由张春桥主持起草，共三个部分：关于九大路线；关于粉碎林彪反党集团的胜利；关于形势和任务。《报告》继续肯定九大路线，肯定无产阶级“文化大革命”，肯定“无产阶级专政下继续革命”的理论。对于林彪集团，《报告》认为，林彪反党集团的垮台，并不是党内两条路线斗争的结束，这样的斗争还会出现十次、二十次、三十次。《报告》关于国内任务的提法是：坚持无产阶级专政下的继续革命，团结一切可以团结的力量，努力把我国建设成一个强大的社会主义国家；要继续搞好批林整风，要重视上层建筑领域包括各个文化领域的阶级斗争。

【军队要整顿】（1975年1月25日） 邓小平1975年1月25日在中国人民解放军总参谋部机关团以上干部会上的讲话。1994年收入人民出版社出版的《邓小平文选》第二卷。讲话指出，我们这个军队有好传统，树立了非常好的作风。军队是党指挥枪，不是枪指挥党。可是从1959年林彪主管军队工作起，“军队被搞得相当乱”。所以，“我们要遵照毛泽东同志关于安定团结的指示，整顿军队”。讲话指出，总参谋部一定要按照毛泽东同志制定的军事路线、建军原则，“好好地清理一下”，强调军队整顿要减少总人数，处理过多的编外干部；恢复优良传统；要增强党性，消除派性；加强军队纪律性；落实政策。

【全党讲大局，把国民经济搞上去】（1975年3月5日） 邓小平1975年3月5日在省、市、自治区委员会主管工业的书记会议上的讲话。1994年收入人民出版社出版的《邓小平文选》第二卷。讲话指出，全党要多讲大局。实现发展我国国民经济的两步设想：第一步到1980年，建成一个独立的比较完整的工业体系和国民经济体系；第二步到20世纪末，把我国建设成为具有现代农业、现代工业、现代国防和现代科学技术的社会主义强国。全党全国都要为实现这个伟大目标而奋斗。这就是大局。讲话批评有的同志只敢抓革命，不敢抓生产；指出当前妨碍把国民经济搞上去的薄弱环节是铁路；强调反对派性的重要性，认为“现在闹派性已经严重妨害我们的大局”。对于当前存在的问题，要有明确的政策。要从大局出发，解决问题不能拖。

【加强党的领导，整顿党的作风】（1975年7月4日） 邓小平1975年7月4日对中央读书班第四期学员的讲话。1994年收入人民出版社出版的《邓小平文选》第二卷。讲话传达了毛泽东的三条重要指示，即要学习理论，反修防修；要安定团结；要把国民经济搞上去。讲话着重论述了整顿党的领导和党的作风的问题。指出，相当一部分地方党的领导削弱了，解决这个问题，关键是建立省委一级的领导。发展社会主义经济需要加强党的领导，反对派性，发扬党的三大作风。

【各方面都要整顿】（1975年9月27日、10月4日） 邓小平1975年9月27日、10月4日在农村工作座谈会上的插话。1994年收入人民出版社出版的《邓小平文选》第二卷。讲话指出，当前，各方面都存在一个整顿的问题。指出农业要整顿，工业要整顿，文艺政策要整顿，调整其实也是整顿。要通过整顿，解决农村的问题，解决工厂的问题，解决科学技术方面的问题，解决各方面的问题。强调“整顿的核心是党的整顿”，“只要抓住整党这个中心环节，各方面的整顿就不难”。整党主要放在整顿各级领导班子上。要在整党的基础上挑选干部。讲话指出，现在有一个很大的问题，就是怎样宣传毛泽东思想。毛泽东思想紧密联系着各个方面的方针、政策和方法，一定要全面学习、宣传和实行。

【粉碎“四人帮”后面临的两件大事】（1977年3月13日） 陈云1977年3月13日向中共中央工作会议上海代表团提交的书面发言。1995年收入人民出版社出版的《陈云文选》第三卷。书面发言指出，天安门事件是群众关心的事。“我对天安门事件的看法：（一）当时绝大多数群众是为了悼念周总理。（二）尤其关心周恩来同志逝世后党的接班人是谁。（三）至于混在群众中的坏人是极少数。（四）需要查一查‘四人帮’是否插手，是否有诡计。”“邓小平同志与天安门事件是无关的。为了中国革命和中国共产党的需要，听说中央有些同志提出让邓小平同志重新参加党中央的领导工作，是完全正确、完全必要的，我完全拥护。”

【“两个凡是”不符合马克思主义】（1977年5月24日） 邓小平1977年5月24日同中央两位同志谈话的一部分。1994年收入人民出版社出版的《邓小平文选》第二卷。谈话针对“两个凡是”的错误方针，即“凡是毛主席作出的决策，我们都要坚决维护，凡是毛主席的指示，我们都始终不渝地遵循”，指出，“‘两个凡是’不行”，毛泽东同志自己就多次说过，他有些话讲错了；毛泽东同志还讲到马恩列斯也有不正确的观点，他们的书在最初的手稿阶段改得乱七八糟，就是有些观点不完全正确才改的。谈话强调，提出要准确的、完整的学习和掌握毛泽东思想体系，不赞成“两个凡是”，是经过反复考虑的，这是能否坚持历史唯物主义的重要理论问题；“我们必须世世代代地用准确的完整的毛泽东思想来指导我们全党、全军和全国人民，把党和社会主义的事业，把国际共产主义运动的事业，胜利地推向前进”。

【尊重知识，尊重人才】（1977年5月24日） 邓小平1977年5月24日同中央两位同志谈话的一部分。1994年收入人民出版社出版的《邓小平文选》第二卷。谈话指出，我们要实现现代化，关键是科学技术要能上去；抓科技必须同时抓教育；要从科技系统中挑选出几千名尖子人才，并为他们创造条件，让他们专心致志地做研究工作；一定要在党内造成一种空气，尊重知识，尊重人才；在军队中，科研和教育也要一起抓；科技和教育各行各业都要抓。

【完整地准确地理解毛泽东思想】（1977年7月21日）　邓小平1977年7月21日在中共十届三中全会上讲话的一部分。1994年收入人民出版社出版的《邓小平文选》第二卷。讲话着重论述了对待毛泽东思想的科学要求，指出，“毛泽东思想继承和发展了马克思列宁主义”，把毛泽东思想同马克思列宁主义割裂开来，是对毛泽东思想的严重歪曲；要用准确的完整的毛泽东思想作指导，就是指要对毛泽东思想有一个完整的准确的认识，要善于学习、掌握和运用毛泽东思想的体系来指导我们的各项工作；毛泽东在这一个时间，这一个条件，对某一个问题所讲的话是正确的，在另外一个时间，另外一个条件，对同样的问题讲的话也是正确的，但是在不同的时间、条件对同样的问题讲的话，有时分寸不同，着重点不同，甚至一些提法也不同，所以我们不能够只从个别词句来理解毛泽东思想，而必须从毛泽东思想的整个体系去获得正确的理解。要用毛泽东思想的体系来教育我们的党，来引导我们前进。

【在中国共产党第十一次全国代表大会上的政治报告】（1977年8月12日）　华国锋1977年8月12日代表中共中央在中国共产党第十一次全国代表大会上作的政治报告。中国共产党第十一次全国代表大会8月18日通过。发表于1977年8月23日《人民日报》。《政治报告》包括“我们党的第十一次路线斗争”“形势和任务”两部分。第一部分总结了“第十一次路线斗争”——与江青反革命集团的斗争，批判了“四人帮”宣扬的“老干部是民主派，民主派就是走资派”等谬论。宣布“我国第一次无产阶级文化大革命，就以粉碎‘四人帮’为标志，宣告胜利结束了”。但是，又认为“这种政治性质的大革命今后还要进行多次”。在谈到“无产阶级专政下继续革命的理论”时，给予了高度评价，认为是“当代马克思主义最重要的成果”。《政治报告》第二部分首先肯定了国内外“形势大好”，接着提出了“抓纲治国”的八项任务。《政治报告》强调，这次大会的历史责任，是要调动党内外、国内外一切积极因素，团结一切可以团结的力量，为在20世纪内把我国建设成为伟大的社会主义现代化强国而奋斗。

【教育战线的拨乱反正问题】（1977年9月19日）　邓小平1977年9月19日同教育部主要负责同志的谈话。1994年收入人民出版社出版的《邓小平文选》第二卷。谈话推翻了1971年《全国教育工作会议纪要》中提出的“两个估计”，指出“两个估计”是不符合实际情况的，不能将“几百万、上千万知识分子一棍子打死”。谈话对教育工作提出一系列具体政策、措施，要求着手对教育战线进行切实有效的整顿；强调教育部要解放思想，独立思考，“争取主动”，“过去讲错了的，再讲一下，改过来”。要健全教育部的机构，加强学校的教师队伍。教育方面的问题归根到底是要出人才、出成果。

【中共中央关于办好各级党校的决定】（1977年10月5日） 中共中央1977年10月5日作出。发表于1977年10月10日《人民日报》。《决定》指出，办好各级党校，有计划地分期分批抽调干部进行系统的学习，是党的一项重要事业。要求各省、市、自治区一级的党校，都应从速恢复，切实加强领导，纠正目前有些地方党的委员会不管党校的现象；地、市、州、盟一级的党校也应力争早日恢复或者进行整顿；县、市、旗一级的党校有条件的也可以办。《决定》强调党校最重要的课程是阅读马列著作和毛泽东著作，完整地、准确地领会和掌握毛泽东思想的科学体系；做到学员结业后，在党性和作风方面，都有明显的进步和提高。

【在全国科学大会开幕式上的讲话】（1978年3月18日） 邓小平1978年3月18日在北京召开的全国科学大会开幕式上的讲话。1994年收入人民出版社出版的《邓小平文选》第二卷。《讲话》论述了三个方面的问题。一、对科学技术是生产力的认识问题。二、关于建设宏大的又红又专的科学技术队伍。三、在科学技术部门的各个研究所中，怎样实现党委领导的所长负责制。《讲话》指出，在20世纪内，全面实现四个现代化，是我国人民肩负的伟大历史使命。四个现代化，关键是科学技术的现代化；强调科技是生产力，为社会主义服务的脑力劳动者是劳动人民的一部分；要求努力提高现有科学技术队伍的水平，大力培养新的科学技术人才；明确党委领导下的所长负责制是党委负责政治，所长负责业务。

【坚持按劳分配原则】（1978年3月28日） 邓小平1978年3月28日同国务院政治研究室负责同志谈话的一部分。1994年收入人民出版社出版的《邓小平文选》第二卷。谈话指出，按劳分配的性质是社会主义的，不是资本主义的；一定要坚持按劳分配的社会主义原则；按劳分配是按劳动的数量和质量进行分配，不能按政治态度，也不能按资格分配；工资要随着生产的发展逐步提高；主张各行各业都要实行考核制度；要有奖有罚，有精神鼓励，也要有物质鼓励，要恢复奖金制度和稿费制度；总的目的是鼓励大家上进。

【在全国教育工作会议上的讲话】（1978年4月22日） 邓小平1978年4月22日在北京召开的全国教育工作会议开幕式上的讲话。1994年收入人民出版社出版的《邓小平文选》第二卷。《讲话》论述了四个方面的问题。一、提高教育质量，提高科学文化的教学水平，更好地为社会主义建设服务。二、学校要大力加强革命秩序和革命纪律，造就具有社会主义觉悟的一代新人，促进整个社会风气的革命化。三、关于教育事业必须同国民经济发展的要求相适应的问题。四、尊重教师的劳动，提高教师的质量问题。《讲话》指出，在坚持正确政治方向的前提下，要提高教育质量，提高科学文化的教学水平，更好地为社会主义建设服务；今后，大中学校招生要德智体全面考核，择优录取，各部门招工用人也要逐步实行德智体全面考核的办法；要使教育事业的计划成为国民经济计划的一个重要组成部分，制订教育规划应该与国家的劳动计划结合起来，切实考虑劳动就业发展的需要；要提高人民教师的政治地位和社会地位，采取多种适当措施鼓励人们终身从事教育事业。

【在全军政治工作会议上的讲话】（1978年6月2日） 邓小平1978年6月2日在北京召开的全军政治工作会议上的讲话。1994年收入人民出版社出版的《邓小平文选》第二卷。《讲话》包括四部分：一、实事求是；二、新的历史条件；三、破和立；四、以身作则。《讲话》强调，实事求是是毛泽东思想的出发点和根本点，具体地分析具体情况是马克思主义活的灵魂；提出在新的历史条件下要恢复和发扬政治工作的优良传统，提高部队战斗力；指出“破”要联系揭批林彪批透“四人帮”，“立”要增强团结从严整顿领导班子和作风；要求领导干部要以身作则，搞好传帮带。

【高举毛泽东思想旗帜，坚持实事求是的原则】（1978年9月16日） 邓小平1978年9月16日在听取中共吉林省委常委汇报工作时谈话的一部分。1994年收入人民出版社出版的《邓小平文选》第二卷。谈话指出，“两个凡是”，不是高举毛泽东思想的旗帜。毛泽东思想的基本点就是实事求是，就是把马列主义的普遍原理同中国革命的具体实践相结合；高举毛泽东思想的旗帜，就要在每一时期，处理各种方针政策问题时，都坚持从实际出发；社会主义制度优越性的根本表现是社会生产力的发展和人民物质文化生活的改善。谈话强调，一定要根据现在的有利条件加速发展生产力，使人民的物质生活好一些，使人民的文化生活、精神面貌好一些。

【实行开放政策，学习世界先进科学技术】（1978年10月10日） 邓小平1978年10月10日在会见德意志联邦共和国新闻代表团时谈话的一部分。1994年收入人民出版社出版的《邓小平文选》第二卷。谈话指出，关起门来，固步自封，是发达不起来的；要实行四个现代化，就要善于学习，大量取得国际上的帮助；要引进国际上的先进技术、装备，作为发展的起点；同时，社会主义制度，社会主义公有制，是不能动摇的，我们不能允许产生一个新的资产阶级，引进先进技术是为了发展生产力，提高人民生活水平，是有利于我们的社会主义国家和社会主义制度。

【在中央工作会议东北组的发言】（1978年11月12日） 陈云1978年11月12日在中央工作会议东北组的发言。1982年收入人民出版社出版的《三中全会以来重要文献选编》上册。1995年以《坚持有错必纠的方针》为题收入人民出版社出版的《陈云文选》第三卷。发言向党中央郑重提出，要把工作重点转移到社会主义建设上来，必须由中央解决文化大革命遗留的一些重大问题和一些重要领导人的功过是非问题。提出要肯定天安门事件，是“一次伟大的群众运动”；要肯定彭德怀对革命的贡献；要为薄一波等61人所谓叛徒集团案件，为陶铸、王鹤寿的问题平反；要为在文化大革命中被错定为“叛徒”的人平反；要批评康生等等。发言得到与会同志的赞同。

【关于当前经济问题的五点意见】（1978年12月10日） 陈云1978年12月10日在中央工作会议东北组的发言。1995年收入人民出版社出版的《陈云文选》第三卷。发言指出，要坚持实事求是，就是要根据现状，找出解决问题的办法，关键问题是首先弄清事实。所提五点意见为：一、在三五年内，每年进口粮食可以达到两千万吨；二、工业引进项目，要循序渐进，不能窝工；三、要给各省市一定数量的真正的机动财力；四、对于生产和基本建设都不能有材料的缺口；五、要重视旅游事业的发展。

【解放思想，实事求是，团结一致向前看】（1978年12月13日） 邓小平1978年12月13日在中共中央工作会议闭幕会上的讲话。1994年收入人民出版社出版的《邓小平文选》第二卷。讲话共四部分：一、解放思想是当前的一个重大政治问题。二、民主是解放思想的重要条件。三、处理遗留问题为的是向前看。四、研究新情况，解决新问题。讲话强调，只有思想解放，才能正确地以马列主义、毛泽东思想为指导，解决一系列问题；一个党，一个国家，一个民族，如果一切从本本出发，思想僵化，迷信盛行，那它就不能前进，它的生机就停止了，就要亡党亡国。讲话指出，民主是解放思想的重要条件，在党内和人民内部的政治生活中，只能采取民主手段，不能采取压制、打击的手段；应让地方和企业、生产队有更多的经营管理自主权；为保障人民民主，必须使民主制度化、法律化；要维护党规党法，把党风搞好。提出处理遗留问题是解放思想的需要，也是安定团结的需要，为的是向前看；毛泽东同志对革命斗争的伟大贡献是不可磨灭的，对文化大革命的评价应科学地历史地看。讲话提出要研究新情况，解决新问题，在管理方法上要克服官僚主义；在经济政策上要学会用经济方法管理经济；在管理制度上要特别注意加强责任制。这个讲话实际上成为随后召开的十一届三中全会的主题报告。

第三部分　改革开放和社会主义现代化建设新时期

【中国共产党第十一届中央委员会第三次全体会议公报】（1978年12月22日）　中国共产党第十一届中央委员会第三次全体会议1978年12月22日通过。发表于1978年12月24日《人民日报》。1982年收入人民出版社出版的《三中全会以来重要文献选编》（上）。《公报》共五个部分。《公报》指出，全会作出把全党工作的着重点转移到社会主义现代化建设上来的战略决策；讨论了加快农业生产问题和1979、1980两年国民经济计划安排，决定改进国民经济中一些重大比例失调的状况；高度评价了关于实践是检验真理的唯一标准问题的讨论，确立了解放思想、实事求是的思想路线；审查和解决了历史上遗留的一批重大问题和一些重要领导人的功过是非问题；决定健全党的民主集中制，健全党规党法，严肃党纪，在党的生活和国家政治生活中加强民主，加强党的领导机构和成立中央纪律检查委员会。

【中华人民共和国全国人民代表大会常务委员会告台湾同胞书】（1979年1月1日）　1979年1月1日发布。发表于1979年1月1日《人民日报》。1982年收入人民出版社出版的《三中全会以来重要文献选编》（上）。《告台湾同胞书》指出：实现中国的统一，是人心所向，大势所趋。世界上普遍承认只有一个中国，承认中华人民共和国政府是中国唯一合法的政府。我们殷切期望台湾早日归回祖国，共同发展建国大业。我们的国家领导人表示，一定要考虑现实情况，完成祖国统一的大业，在解决统一问题时尊重台湾现状和台湾各界人士的意见，采取合情合理的政策和办法，不使台湾人民蒙受损失。我们寄希望于1700万台湾人民，也寄希望于台湾当局。统一祖国，人人有责。希望台湾当局以民族利益为重，对实现祖国统一的事业作出宝贵贡献。中国政府已经命令人民解放军从今天起停止对金门等岛屿的炮击。台湾海峡仍然存在着双方的军事对峙。我们认为，首先应当通过中华人民共和国政府和台湾当局的商谈，结束这种军事对峙状态；希望双方尽快实现通航通邮，以利双方同胞直接接触；台湾和祖国大陆之间应当发展贸易，进行经济交流。

【在中央纪律检查委员会第一次全体会议开幕会上的讲话】（1979年1月4日） 陈云1979年1月4日在中央纪律检查委员会第一次全体会议开幕会上的讲话。1982年收入人民出版社出版的《三中全会以来重要文献选编》（上）。《讲话》提出，党的中央纪律检查委员会的基本任务，是维护党规党法，整顿党风。《讲话》回顾了国际共产主义运动和党的历史，阐明了维护党规党法，整顿党风的重要意义。指出1978年召开的党的十一届三中全会和中央工作会议，在马列主义、毛泽东思想的基础上，解放思想，畅所欲言，充分恢复和发扬了党内民主和党的实事求是、群众路线、批评和自我批评的优良作风，认真讨论党内存在的一些重大问题，增强了团结，出现了生动活泼的政治局面。一定要把这种风气扩大到全党、全军和全国各族人民中去。

【中共中央关于对越进行自卫反击、保卫边疆战斗的通知】（1979年2月14日） 中共中央1979年2月14日发出。1982年收入人民出版社出版的《三中全会以来重要文献选编》（上）。《通知》共四个部分，说明了对越南进行自卫反击战的原因以及需要注意的有关事项。《通知》指出：事实反复证明，同越南侵略者打交道，委屈已经不能求全，忍耐已被当作软弱可欺，劝告、警告一概成了耳边风。中央经过反复考虑，决定进行自卫反击、保卫边疆的战斗，给越南侵略者以应得的惩罚。各级领导、各级干部和全国人民，必须遵循党中央的统一部署，用优异的成绩，支援我光荣的边防部队和边境同胞，夺取自卫战斗任务的胜利。

【计划与市场问题】（1979年3月8日） 陈云1979年3月8日写的一份讲话提纲。1982年收入人民出版社出版的《三中全会以来重要文献选编》（上）。讲话提纲共六个部分：一、有计划按比例，这一点来之于马克思；二、1917年后苏联实行计划经济，1949年后中国实行计划经济，都是按照马克思所说的有计划按比例的理论办事的；三、整个社会主义时期的经济必须有两部分，即基本的主要的计划经济部分和从属的次要的必需的市场调节部分，要有意识地认识到这两部分经济同时并存的必然性和必要性，弄清它们在不同部门应占有不同的比例；四、忽视市场调节部分的一个后果是忽视价值规律；五、我国社会经济的主要特点是农村人口占80%，而且人口多，耕地少；六、在今后经济的调整和体制的改革中，计划经济和市场调节这两个部分的比例的调整，将占很大比重。

【关于财经工作给中央的一封信】（1979年3月14日） 李先念、陈云1979年3月14日联名写给中央的一封信。1982年收入人民出版社出版的《三中全会以来重要文献选编》（上）。该信建议，在国务院下设由12人组成，以陈云为主任、李先念为副主任、姚依林为秘书长的财政经济委员会，作为研究制订财经工作的方针政策和决定财经工作中的大事的决策机关。并对财经工作提出了六点意见：一、前进的步子要稳；二、从长期来看国民经济能做到按比例发展就是最快的速度；三、现在国民经济是没有综合平衡的，比例失调的情况是相当严重的；四、要有两三年的调整时期才能把各方面的比例失调情况大体上调整过来；五、钢的指标必须可靠，不仅要制订五至七年计划，而且要制订直到2000年的计划；六、借外债必须充分考虑还本付息的支付能力，考虑国内投资能力，做到基本上循序进行。

【调整国民经济，坚持按比例发展】（1979年3月21日） 陈云1979年3月21日在中央政治局会议上的讲话。1982年收入人民出版社出版的《三中全会以来重要文献选编》（上）。讲话共四个部分：一、我们搞四个现代化，建设社会主义强国，是在什么情况下进行的；二、按比例发展是最快的速度；三、要有两三年调整时间，最好三年；四、到2000年，钢的产量达到八千万吨就不错了。讲话指出，我国九亿多人口，80%在农村，革命胜利30年了还有要饭的，需要改善生活。我们是在这种情况下搞四个现代化的。要按比例发展，不按比例，靠多借外债，靠不住。调整的目的就是要达到按比例，比较按比例地前进。冶金部要把重点放在钢铁的质量、品种上，真正把质量、品种搞上去。

【坚持四项基本原则】（1979年3月30日） 邓小平1979年3月30日在中国共产党的理论工作务虚会上的讲话。1982年收入人民出版社出版的《三中全会以来重要文献选编》（上）。讲话共三个部分：一、形势和任务；二、实现四个现代化必须坚持四项基本原则；三、思想理论工作的任务。讲话指出，今后一个历史时期的主要任务是搞现代化建设，能否实现四个现代化决定我们国家和民族的命运，搞好社会主义的四个现代化就是坚持马克思主义，就是高举毛泽东思想伟大旗帜。实现四个现代化必须坚持四项基本原则：必须坚持社会主义道路，必须坚持无产阶级专政，必须坚持共产党的领导，必须坚持马列主义、毛泽东思想。为实现现代化，思想理论工作者必须奋起直追，深入专业，调查研究，避免空谈；我们的生产力发展水平很低，远远不能满足人民和国家的需要；缩小或夸大社会主义社会的阶级斗争，都要犯严重的错误；无产阶级专政下继续革命的提法经实践证明是错误的；对党的十一大路线一些提法的讨论不应超出中央正式决定的范围。思想理论问题的研究和讨论，一定要执行百花齐放、百家争鸣的方针，一定要执行解放思想、破除迷信、一切从实际出发的方针。

【中共中央批转总政治部《关于建议撤销一九六六年二月部队文艺工作座谈会纪要的请示》的通知】（1979年5月3日） 中共中央1979年5月3日发出。1982年收入人民出版社出版的《三中全会以来重要文献选编》（上）。《通知》指出，中央同意总政治部1979年3月26日关于决定撤销中发〔66〕211号文件，即中央批发的1966年2月部队文艺工作座谈会纪要的请示。对受《纪要》影响被错误批判、处理的人员和文艺作品，要实事求是地予以平反；对过去曾经宣传、执行过《纪要》

的各级组织和个人，不必追究政治责任。

【新时期的统一战线和人民政协的任务】（1979年6月15日） 邓小平1979年6月15日在中国人民政治协商会议第五届全国委员会第二次会议上的开幕词。1982年收入人民出版社出版的《三中全会以来重要文献选编》（上）。开幕词全面阐述了新时期统一战线和人民政协的性质和任务。指出了我国阶级关系发生根本变化而带来的统一战线各方面的变化。强调新时期我国的统一战线是工人阶级领导的、工农联盟为基础的社会主义劳动者和拥护社会主义的爱国者的广泛联盟。新时期统一战线和人民政协的任务，就是要调动一切积极因素，努力化消极因素为积极因素，团结一切可以团结的力量，同心同德，群策群力，维护和发展安定团结的政治局面，为把我国建设成为现代化的社会主义强国而奋斗。

【思想路线政治路线的实现要靠组织路线来保证】（1979年7月29日） 邓小平1979年7月29日在青岛接见出席海军常委扩大会议全体人员时的讲话。1982年收入人民出版社出版的《三中全会以来重要文献选编》（上）。讲话指出，毛泽东同志倡导的实事求是、理论联系实际、一切从实际出发的思想路线和搞社会主义现代化的政治路线已经确立，接下来要解决组织路线问题。中国的稳定，四个现代化的实现，要有正确的组织路线来保证，要有真正坚持马克思列宁主义、毛泽东思想和党性强的人来接班才能保证。

【中共中央、国务院批转中央保密委员会办公室、外交部、公安部《关于在对外活动中加强保密工作的请示报告》的通知】（1979年8月13日） 中共中央、国务院1979年8月13日发出。1982年收入人民出版社出版的《三中全会以来重要文献选编》（上）。《通知》指出，严守党和国家机密，是关系到巩固安定团结、加速经济建设、保卫党和国家安全的大事，各级党政军领导机关务须高度重视。各级领导干部，特别是高中级干部，要带头执行保密纪律。任何领导干部，绝不要让自己的子女、亲友阅看机密文件，严禁在无关人员面前谈论机密事项。如有违反，轻者批评教育，重者严肃处理。

【中共中央关于加快农业发展若干问题的决定】（1979年9月28日） 中国共产党第十一届中央委员会第四次全体会议1979年9月28日通过。1982年收入人民出版社出版的《三中全会以来重要文献选编》（上）。《决定》共四个部分：一、统一全党对我国农业问题的认识；二、当前发展农业生产力的25项政策和措施；三、实现农业现代化的部署；四、加强党和政府对农业的领导。《决定》指出，总的看来，我国农业近20年的发展速度不快，但发展农业的有利条件也很多，不断研究新问题，总结新经验，就能够实现农业现代化的伟大目标；为了改变农业的落后状况，充分发挥我国社会主义制度和8亿农民的积极性，应采取25项农业政策、农村经济政策和增产措施；要实现农业现代化应当扎实做好八个方面的工作；各级党委和政府要加强对农业的领导，从根本上改进领导作风和领导方法，加强学习，在实践中增长领导现代化大农业的才干。

【中国共产党第十一届中央委员会第四次全体会议公报】（1979年9月28日） 中国共产党第十一届中央委员会第四次全体会议1979年9月28日通过。1982年收入人民出版社出版的《三中全会以来重要文献选编》（上）。《公报》指出，会议一致通过叶剑英代表党中央、全国人大常委会和国务院在庆祝中华人民共和国成立30周年大会上的讲话和《中共中央关于加快农业发展若干问题的决定》，增补王鹤寿、刘澜波、刘澜涛、安子文、李昌、杨尚昆、周扬、陆定一、洪学智、彭真、蒋南翔和薄一波12人为中央委员，选举赵紫阳、彭真为中央政治局委员。

【在庆祝中华人民共和国成立三十周年大会上的讲话】（1979年9月29日） 叶剑英1979年9月29日在庆祝中华人民共和国成立三十周年大会上的讲话。1982年收入人民出版社出版的《三中全会以来重要文献选编》（上）。《讲话》共三个部分：光荣伟大的30年；决定国家命运的一场大决战；向着四个现代化的宏伟目标前进。《讲话》高度评价了毛泽东等老一辈无产阶级革命家的不朽功绩，全面回顾了新中国成立30年来的历程，深刻批判了林彪、“四人帮”集团蓄意制造和推行的极左路线，初步总结了社会主义革命和社会主义建设的基本经验，号召全党、全军和全国各族人民向着社会主义现代化的宏伟目标奋勇前进。

【在中国文学艺术工作者第四次代表大会上的祝辞】（1979年10月30日） 邓小平1979年10月30日在中国文学艺术工作者第四次代表大会上的祝辞。1982年收入人民出版社出版的《三中全会以来重要文献选编》（上）。《祝辞》充分肯定文化大革命前的17年和粉碎“四人帮”后3年来文艺工作的成绩和广大文艺工作者所做的贡献。全面阐述了文艺为人民服务、为社会主义服务的方向和百花齐放、百家争鸣的方针。要求文艺工作者要努力学习马列主义、毛泽东思想，提高自己认识生活、分析生活、透过现象抓住事物本质的能力，不断丰富和提高自己的艺术表现能力。《祝辞》指出，在文艺创作、文艺批评领域的行政命令必须废止。写什么和怎样写，只能由文艺家在艺术实践中去探索和逐步求得解决。在这方面，不要横加干涉。

【高级干部要带头发扬党的优良传统】（1979年11月2日） 邓小平1979年11月2日在中央党、政、军机关副部长以上干部会上的报告。1982年收入人民出版社出版的《三中全会以来重要文献选编》（上）。报告讲了三个问题：高级干部的生活待遇；认真选拔接班人；切实关心群众生活。报告提出要整顿党风，反对官僚主义和干部生活待遇特殊化，恢复发扬中国共产党艰苦朴素的优良传统。报告要求建立退休制度和规范的人才选拔制度，老干部带头培养、提拔一批中青年干部和社会主义事业接班人，并逐步做好交班工作。报告还提出反对脱离群众的不良作风，要发扬中国共产党密切联系人民群众的优良作风，深入基层群众，向群众做好宣传工作，切实关心群众生活，解决群众生活问题。

【目前的形势和任务】（1980年1月16日） 邓小平1980年1月16日在中国共产党中央委员会召集的干部会议上的讲话。1982年收入人民出版社出版的《三中全会以来重要文献选编》（上）。讲话共三个部分：第一部分，我们在80年代要做的三件大事和进入80年代的国内形势；第二部分，实现四个现代化所必须解决的四个问题，或者说必须具备的四个前提；第三部分，坚持党的领导，改善党的领导。讲话指出，80年代要做的主要是三件大事，即在国际事务中反对霸权主义，维护世界和平；台湾归回祖国，实现祖国统一；加紧经济建设。三件事的核心是现代化建设。讲话指出实现四个现代化所必须解决的四个问题是：要有一条坚定不移的、贯彻始终的政治路线；要有一个安定团结的政治局面；要有一股艰苦奋斗的创业精神；要有一支坚持走社会主义道路的、具有专业知识和能力的干部队伍。讲话阐述了坚持和改善党的领导的重要性，提出要改善党的组织状况、领导工作状况和党的领导制度。强调必须加强党的纪律，最重要的就是全党服从中央。

【中国共产党第十一届中央委员会第五次全体会议关于为刘少奇同志平反的决议】（1980年2月29日） 中国共产党第十一届中央委员会第五次全体会议1980年2月29日通过。1982年收入人民出版社出版的《三中全会以来重要文献选编》（上）。《决议》共五个部分：一、所谓1925年在长沙“被捕叛变”问题；二、所谓1927年在武汉和庐山进行“内奸活动”问题；三、所谓1929年在沈阳“被捕叛变”问题；四、所谓“其他革命罪行”问题；五、所谓“坚持走资本主义道路”问题。《决议》分析了刘少奇冤案形成的过程，介绍了中央决定由中央纪律检查委员会和中央组织部对刘少奇一案进行复查的情况。《决议》指出：现在，这个案件的问题已经逐项调查核实。根据复查结果，“中共十一届五中全会认为，原审查报告给刘少奇同志强加的‘叛徒、内奸、工贼’三大罪状，以及其他各种罪名，完全是林彪、江青、康生、陈伯达一伙的蓄意陷害。八届十二中全会据此作出‘把刘少奇永远开除出党，撤销其党内外的一切职务’的决议是错误的”。为此，中共十一届五中全会决议：撤销中国共产党第八届中央委员会第十二次会议强加给刘少奇的“叛徒、内奸、工贼”的罪名和把刘少奇“永远开除出党，撤销其党内外的一切职务”的错误决议，撤销原审查报告，恢复刘少奇作为伟大的马克思主义者和无产阶级革命家、党和国家的主要领导人之一的名誉。过去因刘少奇同志问题受株连的人和事，都应当由有关主管部门实事求是地进行复查和澄清，凡属冤假错案，一律予以平反。

【关于党内政治生活的若干准则】（1980年2月） 中国共产党第十一届中央委员会第五次全体会议1980年2月通过。1982年收入人民出版社出版的《三中全会以来重要文献选编》（上）。《若干准则》共十二个部分：一、坚持党的政治路线和思想路线；二、坚持集体领导，反对个人专断；三、维护党的集中统一，严格遵守党的纪律；四、坚持党性，根绝派性；五、要讲真话，言行一致；六、发扬党内民主，正确对待不同意见；七、保障党员的权利不受侵犯；八、选举要充分体现选举人的意愿；九、同错误倾向和坏人坏事作斗争；十、正确对待犯错误的同志；十一、接受党和群众的监督，不准搞特权；十二、努力学习，做到又红又专。《若干准则》指出：中国共产党在长期革命斗争中，逐步形成了以实事求是、理论联系实际、党员和领导密切联系群众、开展批评与自我批评、坚持民主集中制为主要内容的党内政治生活原则。解放后，一些同志产生了骄傲自满的情绪，党内出现了脱离群众、脱离实际、主观主义、官僚主义、独断专行、特权思想等不良倾向；文化大革命期间，林彪、“四人帮”肆意践踏党规党法，取消党的领导，使党的组织，党员的党性观念，党的优良传统和作风，都遭到极其严重的破坏。为了全面恢复和进一步发扬党的优良传统和作风，健全党的民主生活，维护党的集中统一，增强党的团结，巩固党的组织和纪律，提高党的战斗力，中央根据目前党的状况，向全党重申党内政治生活的若干准则。

【中国共产党第十一届中央委员会第五次全体会议公报】（1980年2月29日）中国共产党第十一届中央委员会第五次全体会议1980年2月29日通过。1982年收入人民出版社出版的《三中全会以来重要文献选编》（上）。《公报》指出，全会讨论和通过了《关于党内政治生活的若干准则》；讨论了《中国共产党章程》（修改草案）；通过了《关于召开党的第十二次全国代表大会的决议》。全会决定重新设立中央书记处；批准了汪东兴、纪登奎、吴德、陈锡联的辞职请求。全会决定向全国人民代表大会建议修改宪法第45条，取消公民“有运用大鸣、大放、大辩论、大字报的权利”的规定。中央政治局作出了关于为刘少奇同志平反的决议（草案）。全会经过严肃认真的讨论，一致通过这个决议。

【对起草《关于建国以来党的若干历史问题的决议》的意见】（1980年3月—1981年6月）　这是邓小平从1980年3月至1981年6月党的十一届六中全会期间对《关于建国以来党的若干历史问题的决议》的起草和修改的九次谈话的节录。1982年收入人民出版社出版的《三中全会以来重要文献选编》（上）。《意见》节录的九次谈话的精神如下：一、1980年3月19日谈话主要是对决议起草提出了三条指导思想：第一，确立毛泽东同志的历史地位，坚持和发展毛泽东思想。这是最核心的一条。第二，对建国30年来历史上的大事，哪些是正确的，哪些是错误的，要进行实事求是的分析，包括一些负责同志的功过是非，要做公正的评价。第三，通过这个决议对过去的事情做个基本的总结。这个总结宜粗不宜细。总结过去是为了团结一致向前看。二、1980年4月1日谈话指出，总起来说，1957年以前，毛泽东同志的领导是正确的，1957年反右派斗争以后，错误就越来越多了。建国后17年这一段，有曲折，有错误，基本方面还是对的。讲错误，不应该只讲毛泽东同志，中央许多负责同志都有错误。中央犯错误，不是一个人负责，是集体负责。三、1980年6月27日谈话指出，决议稿要进行修改，重点放在毛泽东思想是什么，毛泽东同志正确的东西是什么这方面。错误的东西要批评，但是要恰当。四、1980年10月25日谈话指出，对毛泽东同志的评价，对毛泽东思想的阐述，不仅仅涉及毛泽东同志个人的问题，这同我们党、我们国家的整个历史是分不开的。要看到这个全局。对于错误，包括毛泽东同志的错误，一定要毫不含糊地进行批评，但是一定要实事求是，分析各种不同的情况，不能把所有的问题都归结到个人品质上。五、1981年3月18日的谈话指出，“文化大革命”同以前17年中的错误相比，是严重的、全局性的错误。它的后果极其严重，直到现在还在发生影响。六、1981年3月26日的谈话说，同意陈云同志提出的两条意见，一是专门加一篇话，讲讲解放前党的历史，写党的60年。二是建议中央提倡学习，主要是学习马克思主义哲学，重点是学习毛泽东同志的哲学著作。七、1981年4月7日的谈话指出，如果否定八届十二中全会、“九大”的合法性，就等于说我们有一段时间党都没有了。这不符合实际。八、1981年5月19日的谈话指出，对于提出的有些意见没有接受，中心是两个问题，一个是毛泽东同志的功绩是第一位，还是错误是第一位？第二，我们32年，特别是“文化大革命”前10年，成绩是主要的，还是错误是主要的？是漆黑一团，还是光明是主要的？还有第三个问题，就是这些错误是毛泽东同志一个人的，还是别人也有点份？第四，毛泽东同志犯了错误，这是一个伟大的革命家犯错误，是一个伟大的马克思主义者犯错误。九、1981年6月22日的讲话指出，这个决议是个好决议。核心问题是对毛泽东同志的评价，稿子的分寸是掌握得好的。对毛泽东同志的评价，原来讲要实事求是，以后加一个要恰如其分。决议里面写上华国锋同志的名字，指出他的错误，对于全党、对于人民有益，有好处，对华国锋同志本人也有极大的好处。

【中共中央关于转发《西藏工作座谈会纪要》的通知】（1980年4月7日） 中共中央1980年4月7日发出。1982年收入人民出版社出版的《三中全会以来重要文献选编》（上）。《通知》指出：西藏是中国神圣领土不可分割的一部分，是政治、经济、文化和自然条件都具有特殊重要性的民族自治区。为了发展西藏建设，今后必须注意以下八项方针：一、中央各部门要先了解、研究西藏实际情况，然后取得藏族干部和藏族人民的真心同意和支持制定有关工作的方针、政策和任务。二、中央统战部和国家民委要积极协助中央和国务院，系统调查研究西藏工作情况，主动提出建议，协同有关部门处理好西藏工作中的一些具体问题。三、中央和中央各部门制定的方针、政策、制度，发往全国的文件、指示、规定，凡是不适合西藏实际情况的，西藏党政群领导机关可以不执行或者变通执行，但重要问题要事先请示，一般问题要事后报告。四、大力培养藏族和其他少数民族干部。五、中央各部门，要照顾西藏的特殊需要，在物质、技术等方面给予积极支援。六、全国各有关地方和单位都要根据上级指示，认真做好支援西藏的工作。七、中央各部门和各省、市、自治区，对于《纪要》中提到的和自己工作有关的问题，要专门研究，制定措施解决。八、西藏自治区党委要按照党的十一届三中、四中、五中全会和《纪要》精神，认真总结过去工作，发扬成绩，克服缺点，纠正错误，抓紧解决当前迫切需要解决的重大问题，力争在短期内取得比较显著的成效。西藏工作座谈会是由中央书记处于1980年14日、15日召开的。这次会议的纪要共五个部分，分析了当前的形势，提出了西藏全区的中心任务和奋斗目标，强调了加快西藏建设必须注意的问题。

【处理兄弟党关系的一条重要原则】（1980年5月31日）　这是邓小平1980年5月31日同胡乔木、邓力群谈话的一部分。1982年收入人民出版社出版的《三中全会以来重要文献选编》（上）。谈话指出，各国党的国内方针、路线是对还是错，应该由本国党和本国人民去判断。最了解那个国家情况的，毕竟还是本国的同志。欧洲共产主义是对还是错，也不应该由别人来判断，不应该由别人写文章来肯定或者否定，而只能由那里的党、那里的人民，归根结底由他们的实践做出回答。总之，各国的事情，一定要尊重各国的党、各国的人民，由他们自己去寻找道路，去探索，去解决问题，不能由别的党充当老子党，去发号施令。我们反对人家对我们发号施令，我们也决不能对人家发号施令。这应该成为一条重要原则。

【中共中央批转中央统战部《关于爱国人士中的右派复查问题的请示报告》的通知】（1980年6月11日）　中共中央1980年6月11日发出。1982年收入人民出版社出版的《三中全会以来重要文献选编》（上）。《通知》指出，关于1957年反右派斗争问题，需要着重指出以下几点：一、粉碎“四人帮”后，中央决定给尚未摘掉帽子的右派分子全部摘掉帽子，并按照实事求是、有错必纠的原则，对被划为右派的人进行复查，把错划的改正过来，这是严肃处理历史遗留问题的一项重大政治措施。二、对右派问题的复查结果表明，1957年确有一股反党反社会主义思潮，确有极少数资产阶级右派分子向党和社会主义制度猖狂进攻，对这种思潮进行批判，对这种进攻进行反击是完全必要的。但反右派斗争确实扩大化了，打击面宽了，打击的分量也太重，大批的人处理得不适当。三、为了消除反右派斗争扩大化造成的严重后果，进行复查和改正工作，是完全必要的。四、党内外有一些同志由于看到改正面很大，因而对反右派斗争持全盘否定的态度，这是错误的。五、反右派斗争的主要教训在于对当时的阶级斗争形势估计得过于严重，把大量的人民内部矛盾当作了敌我矛盾，以致造成扩大化的错误。六、中央肯定反右派斗争的必要性，同时指出扩大化的错误，并坚决加以改正，目的是为着团结一致向前看，同心同德搞“四化”。中央希望各级党委继续落实中央有关文件规定的各项政策，善始善终地把这项工作做好。

【中共中央关于坚持“少宣传个人”的几个问题的指示】（1980年7月30日） 中共中央1980年7月30日发出。1982年收入人民出版社出版的《三中全会以来重要文献选编》（上）。《指示》指出：根据党的十一届三中全会“多歌颂工农兵群众，多歌颂党和老一辈革命家，少宣传个人”的方针，中央决定：从现在起，除非中央有专门决定，一律不得新建关于老一代革命家个人的纪念堂、纪念馆等建筑；出版个人传记或个人文集应比较慎重，对于重要人物或重要历史问题的宣传，报刊或出版社应注意遵照中央有关指示；报纸上要少宣传领导人个人的没有重要意义的活动和讲话；公共场所毛主席像、语录和诗词要逐步减少到必要限度；一般高级干部丧事的办理应力求简化和节约。

【党和国家领导制度的改革】（1980年8月18日） 邓小平1980年8月18日在中央政治局扩大会议上的讲话。1982年收入人民出版社出版的《三中全会以来重要文献选编》（上）。讲话共五个部分：一、国务院领导成员的变动，是要解决国务院领导成员权力过分集中，兼职、副职过多，党政不分、以党代政和交接班的问题。二、改革党和国家领导制度及其他制度，以发挥社会主义制度的优越性，加速现代化建设事业的发展。三、党和国家的领导制度、干部制度方面，主要的弊端就是广泛存在官僚主义现象，权力过分集中的现象，家长制现象，干部领导职务终身制现象和形形色色的特权现象。四、要肃清封建主义残余和资本主义、资产阶级思想的影响。五、现在正在考虑逐步进行的重大改革还有：1.中央向五届人大三次会议提出修改宪法的建议；2.正在考虑再设立一个顾问委员会（名称还可以再考虑）；3.真正建立从国务院到地方各级政府从上到下的强有力的工作系统；4.有准备有步骤地改变党委领导下的厂长负责制，分别实行工厂管理委员会、公司董事会、经济联合体的联合委员会领导和监督下的厂长负责制、经理负责制；5.各企业事业单位普遍成立职工代表大会或职工代表会议；6.各级党委要真正实行集体领导和个人分工负责相结合的制度。讲话指出，改革党和国家的领导制度，不是要削弱党的领导，涣散党的纪律，而正是为了坚持和加强党的领导，坚持和加强党的纪律。改革并完善党和国家的领导制度，我们这一代人也许不能全部完成。但是，至少我们有责任为它的完成奠定巩固的基础，确立正确的方向。

【中共中央关于控制我国人口增长问题致全体共产党员共青团员的公开信】（1980年9月25日） 中共中央1980年9月25日发出。1982年收入人民出版社出版的《三中全会以来重要文献选编》（上）。《公开信》强调：为了争取在20世纪末把中国人口总数控制在12亿以内，国务院已经向全国人民发出号召，提倡一对夫妇只生育一个孩子。这是一项关系到四个现代化建设的速度和前途，关系到子孙后代的健康和幸福，符合全国人民长远利益和当前利益的重大措施。中央要求所有共产党员、共青团员特别是各级干部，用实际行动带头响应这一号召，并且积极负责地、耐心细致地向广大群众进行宣传教育。

【中共中央印发《关于进一步加强和完善农业生产责任制的几个问题》的通知】（1980年9月27日）　中共中央1980年9月27日发出。1982年收入人民出版社出版的《三中全会以来重要文献选编》（上）。《通知》指出：中央同意《关于进一步加强和完善农业生产责任制的几个问题》的各项意见，要求各地结合具体情况贯彻执行。《关于进一步加强和完善农业生产责任制的几个问题》共十二个部分。该文件指出，今后的工作任务是，坚定沿着党的十一届三中全会确定的路线、方针、政策继续前进，研究新情况，解决新问题，争取农业生产的全面高涨和农民生活的逐步富裕，实现农业现代化。要求各地把改善经营管理，贯彻按劳分配，加强和完善生产责任制，当作进一步巩固集体经济、发展农业生产的中心环节，解放思想，大胆探索，根据群众自愿，加以引导，因地制宜逐步推广完善农业生产责任制的各类形式制度，解决发展中可能出现的问题。

【中共中央转发中央纪律检查委员会关于康生、谢富治问题的两个审查报告的批语】（1980年10月16日）　中共中央1980年10月16日发出。1982年收入人民出版社出版的《三中全会以来重要文献选编》（上）。《批语》指出：根据确凿证据，查明康生、谢富治两人，政治品质表现恶劣，在“文化大革命”期间，直接参予林彪、江青等人篡党夺权的反革命阴谋活动，犯下严重罪行。中央决定，把他们的反革命罪行向全党公布，同时撤销对这两个人的悼词，并开除他们的党籍。

【中共中央转发山西省委关于农业学大寨运动中经验教训的检查报告的批语】（1980年11月23日）　中共中央1980年11月23日发出。1982年收入人民出版社出版的《三中全会以来重要文献选编》（上）。《批语》共四个部分：一、“文化大革命”以来，在山西省内推行大寨经验的错误以及由此造成的严重后果，山西省委已经承担了责任；就全国范围来说，主要的责任，在当时的党中央。二、表扬先进人物和先进典型，一向是我们党推进各项工作的有效方法之一，但是人为地树立先进典型，最终没有不失败的。三、任何先进技术经验或经营管理经验，都必须同当地农民的经济利益联系起来，重视经济效果，在农民自愿接受的基础上，经过试验逐步推广；切不可用一阵风的运动方式一哄而起，更不得乱扣政治帽子，采取行政压制等手段。四、从先进人物中发现、培养干部，也是我党推进工作的有效方法之一；今后我们还应当而且需要从劳动模范中选拔优秀干部，同时也要负责地对他们进行培养和教育；让劳动模范担任一定的领导职务，一定要考虑到与他的能力、水平相适应；不要让他们上下左右兼职，脱离劳动，脱离群众，以至不能继续发挥劳动模范的应有作用。

【中共中央、国务院关于普及小学教育若干问题的决定】（1980年12月3日） 中共中央、国务院1980年12月3日发出。1982年收入人民出版社出版的《三中全会以来重要文献选编》（上）。《决定》共五个部分：一、教育事业在四化建设中具有重要作用；二、在80年代，全国应基本实现普及小学教育的历史任务，有条件的地区还可以进而普及初中教育。三、普及小学教育，必须坚持“两条腿走路”的方针，以国家办学为主体，充分调动社队集体、厂矿企业等各方面办学的积极性。还要鼓励群众自筹经费办学。四、必须造成尊师的良好社会风气，提高教师的社会地位，建设一支稳定、合格的教师队伍。五、必须切实改革普通教育的领导管理体制，大力加强对这一事业的领导。

【中共中央政治局会议通报】（1980年12月5日） 中央政治局1980年12月5日一致通过。1982年收入人民出版社出版的《三中全会以来重要文献选编》（上）。《通报》认为：华国锋同志在粉碎“四人帮”过程中是有功劳的，是应当肯定的。但是他在中国共产党第十一次全国代表大会前后提出的一系列政治口号，基本上还是“文化大革命”中的口号；提出违背马克思主义观点的“两个凡是”；热心于制造和接受新的个人迷信；对1977、1978年经济工作中的冒进负有重要的责任等。《通报》指出：鉴于上述情况，政治局认为华国锋同志继续担任现职是不适当的，同意他辞去中央主席和军委主席的职务；向中国共产党第十一届中央委员会第六次全体会议建议，选举胡耀邦同志为中央委员会主席，邓小平同志为中央军委主席；在中国共产党第十一届中央委员会第六次全体会议前，暂由胡耀邦同志主持中央政治局和中央常委工作，邓小平同志主持中央军委工作；中央政治局希望中国共产党第十一届中央委员会第六次全体会议将继续选举华国锋同志为中央政治局常委，选举他做中央副主席。《通报》最后强调，为了保证全党全国全军的安定团结，中央要求所有党内军内高级干部同志严格保密，绝对不得外泄。

【经济形势与经验教训】（1980年12月16日） 陈云1980年12月16日在中央工作会议上的讲话。1982年收入人民出版社出版的《三中全会以来重要文献选编》（上）。讲话共讲了十四个问题：一、“资金不够，可以借外债”。这是打破闭关自守以后的新形势。二、经济形势很好。三、经济体制改革出现了前所未有的好作用。四、按经济规律办事，这是一种好现象。五、目前对国营企业产品、集体企业产品的价格至少要冻结半年。六、中央财政与对方财政。七、好事要做，又要量力而行。八、一切引进项目，都必须有专家参加，必须是领导干部和专家共同商量。九、节省外汇。十、我们要发展经济作物，同时必须保证粮食的逐步增产。十一、我们是十亿人口、八亿农民的国家，我们是在这样一个国家中进行建设。十二、四个现代化任何实现？十三、开国以来经济建设方面的主要错误是“左”的错误。十四、同意财经小组提出的调整计划。

【贯彻调整方针，保证安定团结】（1980年12月25日） 邓小平1980年12月25日在中央工作会议上的讲话。1982年收入人民出版社出版的《三中全会以来重要文献选编》（上）。讲话共四个部分：一、这次调整，在某些方面要后退，而且要退够。二、这次调整是三中全会以来的各项正确方针、政策的继续和发展，是三中全会实事求是、纠正“左”倾错误的指导思想的进一步贯彻。三、经济调整是一个很艰巨、很复杂的任务，为了完成这个任务，必须有效地加强和改善我们党的思想政治工作。四、安定团结的政治局面是继续巩固还是遭到破坏，是这次调整成败的关键。讲话论述了对国民经济进行调整的重要性和必要性。强调在实施经济调整的过程中，必须坚定不移地继续执行党的十一届三中全会以来的一切行之有效的方针、政策和措施，必须坚持四项基本原则。指出要通过细致入微的宣传工作，为调整工作的顺利进行提供思想保障。要求各级党委和有关部门采取得力措施，努力为调整工作的实施营造安定团结的政治局面。

【发展中美关系的原则立场】（1981年1月4日） 这是邓小平1981年1月4日会见美国客人时的谈话。1982年收入人民出版社出版的《三中全会以来重要文献选编》（下）。邓小平在谈话中指出：1979年中美建交，主要是解决了台湾问题，美国承认台湾是中国的一部分，解决了这个问题，才取得了中美新关系的建立，并使之继续得到发展。我们请布什先生向里根先生转达我们在这个问题上的很清楚的立场。我们说中美关系停滞不好，倒退更不好，但是一旦发生某种事情迫使我们的关系倒退的话，我们也只能正视现实。既然中美和中日关系正常化都是在解决了台湾是中国领土的一部分这个问题后实现的，那末，以后能否继续发展中美关系、中日关系以及中国和其他国家的关系，这个问题是焦点。我们注意到，有的议论说，里根先生可能采取向台湾派总统私人代表的形式。今天我坦率地说，如果真的出现这样的情况，我们不认为这是什么私人代表，而是一种正式的政府与政府之间的关系。它的性质不仅是使中美关系停顿，而且使之倒退。我重复说，我们真诚地希望中美关系不但不要停滞，而且要发展。我们对竞选期间和总统就任以前的言论是很注意的，但我们可以对这些言论作某种理解。我们重视的是美国新政府上任后采取的行动。我刚才说的是中国政府的正式立场。我认为，使美国朋友们清楚地了解中国政府的正式立场，这是很重要和很必要的。

【中共中央关于当前报刊新闻广播宣传方针的决定】（1981年1月29日） 中共中央1981年1月29日发出。1982年收入人民出版社出版的《三中全会以来重要文献选编》（下）。《决定》共七个部分：一、报刊、新闻、广播、电视，必须严格按照十一届三中全会以来党的路线、方针、政策进行宣传。二、报刊、新闻、广播、电视要认真进行关于坚持四项基本原则的宣传。三、报刊、新闻、广播、电视要大张旗鼓地宣传建设社会主义的高度精神文明。四、报刊、新闻、广播、电视要正确处理表扬和批评的关系。五、报刊的文艺作品或评论，广播、电视的文艺节目，有重大的社会影响。一定要坚持为人民服务、为社会主义服务的方向，正确贯彻执行百花齐放、百家争鸣的方针。六、报刊、新闻、广播、电视是党的舆论机关，要加强组织纪律性。七、本《决定》应与中央1980年12月工作会议各项文件特别是邓小平同志讲话结合传达、贯彻执行。《决定》总结了党的十一届三中全会以来我国报刊、新闻、广播、电视工作取得的成就和存在的问题。提出了报刊、新闻、广播、电视系统必须严格遵循的指导思想、工作原则和工作纪律。要求报刊、新闻、广播、电视战线的全体同志要进一步坚决贯彻执行中央制定的各项路线、方针、政策，发扬成绩，克服不足，使自己的工作既严肃认真，又生动活泼，努力为党的事业作出更大的贡献。

【中共中央、国务院关于加强职工教育工作的决定】（1981年2月20日） 中共中央、国务院1981年2月20日发出。1982年收入人民出版社出版的《三中全会以来重要文献选编》（下）。《决定》共十个部分：一、各级党政领导和所有厂矿企业、事业单位的党委、行政、工会、共青团都要十分重视职工教育。二、各地区、各部门、各企业事业单位应根据实际情况，制订职工教育的长远规划和具体计划，对广大工人、技术人员、经营管理人员、领导干部等提出不同的训练要求。三、在调整国民经济期间，要采取有效措施，大力开展职工教育。四、要因地制宜，广开学路，提倡多种形式办学。五、各级各类职工教育都应制订教学计划，明确培养目标与达到目标的标准。六、积极建立一支以专职教师为骨干、与兼职教师相结合的教师队伍。七、要勤俭办学，认真解决必要的办学条件。八、职工教育除了依靠工矿企业和地区性职工学校外，要充分发挥普通学校的作用。九、加强对职工教育的领导，建立和健全专职机构。十、由全国职工教育管理委员会、教育部组织有关部门着手制定《职工教育法》。《决定》强调要通过开展职工教育工作，有效地提高职工队伍的政治思想、科学文化、业务技术和经营管理水平，努力培养、造就一大批精通本行的专业人才和懂得现代经济、现代科学技术的经济建设人才。

【中共中央、国务院关于处理非法刊物非法组织和有关问题的指示】（1981年2月20日） 中共中央、国务院1981年2月20日发出。1982年收入人民出版社出版的《三中全会以来重要文献选编》（下）。《指示》指出，现在存在着一种现实的危险，就是全国一些地方非法刊物积极活动，扩大发行范围，非法组织也重新抬头，企图争取合法地位。他们无视国家民族利益，唯恐天下不乱。各级党委、各级人民政府要严重注意，认清非法刊物非法组织的危害，并加以严肃处理和打击。《指示》为此提出了八项要求。一、处理非法组织和非法刊物，必须由省、市、自治区党委直接领导，组织宣传、文化、教育和公安等有关部门负责进行。二、处理非法组织和非法刊物的总方针是：决不允许其以任何方式活动，以任何方式印刷出版发行，达到合法化、公开化；决不允许这些非法组织、非法刊物的成员在单位之间、部门之间、地区之间串联，在组织上、行动上实现任何形式的联合。三、各级党委和政府应迅速组织所属各机关、学校、群众团体、部队及各企业、事业单位，确实了解本单位是否有人、有哪些人参加非法刊物、非法组织的活动；是否有人利用本单位的条件为这些组织和刊物提供方便；是否有人以公家的或个人的经费或其他方式支持这些组织或刊物的活动。查清后，按照问题的性质和情节的轻重，依照有关规定处理。四、共产党员、共青团员、国家机关工作人员，特别是各级领导干部，一律不许以任何形式支持非法刊物和非法组织，违者给以相应的处分，直至追究刑事责任。五、坚决反对党中央的路线、方针、政策，经过说服教育仍然顽固不改的，党员应让其退党，团员应让其退团。六、要有组织地办好壁报、板报和各类刊物，以丰富和活跃政治生活、文化生活。七、责成中央宣传部和国家出版局，中央政法委和民政部，依据宪法有关规定，研究制定相关法律，从法律上进一步保证人民民主权利，严禁一切危害国家、危害社会主义、危害人民群众利益的言论和行动。八、进一步发展党内、团内和单位内的正常的民主生活，充分保证人民的民主权利。

【中共中央宣传部、教育部、文化部、卫生部、公安部关于开展文明礼貌活动的通知】（1981年2月28日）　中共中央宣传部、教育部、文化部、卫生部、公安部1981年2月28日发出。1982年收入人民出版社出版的《三中全会以来重要文献选编》（下）。《通知》阐明了开展文明礼貌活动的重要意义，提出了抓好这项活动的五点要求：第一，要抓好舆论宣传，造成全社会都来讲文明礼貌的风气。第二，文明礼貌教育活动要普及到全国，但重点放在城镇，特别是大中城市。第三，开展文明礼貌活动要从各行各业的实际出发，使活动具体化、经常化。第四，开展文明礼貌活动要同加强城市管理、整顿社会治安、市容和搞好社会秩序紧密结合。第五，要以“综合治理”的精神和“统筹安排”“分工协作”的方法，搞好文明礼貌活动。各级宣传和教育、文化、卫生、公安等部门，要积极支持各群众团体开展文明礼貌活动，把开展这项活动作为建设社会主义精神文明的一件大事，认真抓紧抓好。

【中共中央、国务院关于保护森林发展林业若干问题的决定】（1981年3月8日）　中共中央、国务院1981年3月8日发出。1982年收入人民出版社出版的《三中全会以来重要文献选编》（下）。《决定》指出，林业是国民经济的重要组成部分，发达的林业是国家富足、民族繁荣、社会文明的标志之一。当前林业的突出问题是森林破坏严重，消耗过多，培育太少。为扭转这一局面，特制订以下措施：稳定山权林权，落实林业生产责任制；木材实行集中统一管理；经济上扶持林业；木材综合利用和节约代用；抓紧林区恢复和建设；大力造林育林；发展林业科学技术和教育；加强党和政府对林业的领导。

【中共中央、国务院转发国家农委《关于积极发展农村多种经营的报告》的通知】（1981年3月30日） 中共中央、国务院1981年3月30日发出。1982年收入人民出版社出版的《三中全会以来重要文献选编》（下）。《通知》指出：一、只有继续坚持中国共产党第十一届中央委员会第三次全体会议以来确定的一系列方针、政策，尊重客观规律，真正信任和依靠亿万农民，精耕细作，因地制宜，合理利用和开发各种资源，大力发展商品经济，才能保证我国农业建设的正常进行。二、长期以来，不必要地挤掉了多种经营和家庭副业，致使农业内部比例失调，自然资源受到破坏，农民负担沉重。这个教训必须记取。三、做好自然资源调查和农业区划工作，保持合理的生产结构，建立良好的大农业生态体系，以取得综合发展的效果。四、要重视和更大地发挥科学技术人员的作用。五、开展多种经营，要发挥集体和个人两个积极性。六、多种经营，综合发展，应当作为我国繁荣农村解决的一项战略性措施。七、开展多种经营，要组织各种形式的经济联合，切实解决产供销和技术指导等方面的问题。国家农委的报告共五个部分：一、农村的多种经营有了可喜的发展；二、开展多种经营是客观需要；三、农村开展多种经营的门路广阔；四、正确处理粮食生产和多种经营的关系；五、发展多种经营需要进一步解决好的几个问题。中共中央、国务院同意国家农委的报告，并转发各地各部门，要求结合当地实际情况，研究执行。

【中共中央、国务院转发国家科委党组《关于我国科学技术发展方针的汇报提纲》的通知】（1981年4月16日） 中共中央、国务院1981年4月16日发出。1982年收入人民出版社出版的《三中全会以来重要文献选编》（下）。《通知》共五项内容：一、科学技术要走在生产建设前面。科学技术是生产力，要建设现代化的国家，必须依靠科学技术。二、要坚定不移地贯彻执行科技工作为经济建设服务的方针。三、科学技术的发展方针和任务，要体现在下一个五年计划纲要和十年规划设想中。四、为使科学技术在国民经济中真正发挥作用，现行体制需要逐步加以改革。五、中央要求各级党委、政府切实加强对科学技术工作的领导。《汇报提纲》共两个部分：一、关于科学技术的发展方针；二、贯彻科学技术发展方针的几项措施。关于科学技术的发展方针概括为五点：一、科学技术与经济、社会应当协调发展，并把促进经济发展作为首要任务。二、着重加强生产技术的研究，正确选择技术，形成合理的技术结构。三、必须加强厂矿企业的技术开发和推广工作。四、保证基础研究在稳定的基础上逐步有所发展。五、把学习、消化、吸收国外科学技术成就作为发展我国科学技术的重要途径。《汇报提纲》指出，贯彻上述方针，必须抓好以下六项工作：一、在第六个五年计划中，科学技术要为国民经济及社会发展解决几个重大问题。二、研究和制订重大技术政策。三、加强科学技术成果的应用推广，实行有偿转让。四、组织好技术引进和消化吸收工作。五、改革体制和整顿机构。六、搞好学术、技术交流和科学普及活动。

【中共中央关于各级领导干部要亲自动手起草重要文件，不要一切由秘书代劳的指示】（1981年5月7日） 中共中央1981年5月7日发出。1982年收入人民出版社出版的《三中全会以来重要文献选编》（下）。《指示》阐明了各级领导干部亲自动手准备自己的重要讲话和主持自己领导范围内重要文件起草工作的必要性和重要性。指出了一些领导干部把自己的讲话稿和重要文件起草工作交由秘书或别的人代劳这种做法的不良影响和危害。规定各级领导干部个人的重要讲话、报告，一律要亲自动手起草；领导机关的重要文件一律由领导者亲自动手，亲自指导、主持起草工作。要求各级领导干部要不断加强文化和理论学习，以不断提高自己的思想水平和领导水平。

【提拔培养中青年干部是当务之急】（1981年5月8日） 陈云1981年5月8日向中共中央提出的建议。1982年收入人民出版社出版的《三中全会以来重要文献选编》（下）。建议分析了地方各级党政机关主要负责同志和中央书记处的同志年龄偏大的状况，提出对干部的青黄不接的状态，要有清醒的紧迫感。建议认为，我们党内有大量德才兼备的中青年干部。他们有朝气，多数有专业知识，只要有三年五载，至多十年的锻炼，是一定能够锻炼成材的。大量地提拔培养中青年干部，固然要靠党的组织部门去做，但主要的靠各级领导干部大家动手去做。从基层单位到中央，都要一齐动手。建议认为，党在知识分子中发展党员、提拔干部的政策远远没有实现。党应该重新作出大量吸收德才兼备的知识分子入党的决定。建议强调，老干部是我们党的宝贵财富，各级党委和各有关部门既要解决好退居二线、三线的老干部的政治待遇和物质待遇问题，又要提供适当的岗位和舞台，发挥好老干部的传帮带作用。

【中国共产党中央委员会关于建国以来党的若干历史问题的决议】（1981年6月27日） 中国共产党第十一届中央委员会第六次全体会议1981年6月27日一致通过。1982年收入人民出版社出版的《三中全会以来重要文献选编》（下）。《决议》共八个部分：建国以前28年历史的回顾；建国32年历史的基本估计；基本完成社会主义改造的七年；开始全面建设社会主义的十年；“文化大革命”的十年；历史的伟大转折；毛泽东同志的历史地位和毛泽东思想；团结起来，为建设社会主义现代化强国而奋斗。《决议》对建国以来中国共产党的重大历史事件特别是“文化大革命”，对毛泽东的功过是非和毛泽东思想的基本内容与指导意义作出总结和评价。《决议》认为：建国以来32年的历史，是中国共产党在马克思列宁主义、毛泽东思想指导下，领导全国各族人民进行社会主义革命和社会主义建设并取得巨大成就的历史。我们所取得的成就是主要的。但是，由于中国共产党领导社会主义事业的经验不多，党的领导对形势的分析和对国情的认识有主观主义的偏差，“文化大革命”前就有过把阶级斗争扩大化和在经济建设上急躁冒进的错误。后来，又发生了“文化大革命”这样全局性的、长时间的“左”倾严重错误。《决议》指出：“文化大革命”不是也不可能是任何意义上的革命或社会进步，而是一场由领导者错误发动，被反革命集团利用，给党、国家和各族人民带来严重灾难的内乱。《决议》分析了“文化大革命”所以会发生并且持续十年之久的直接原因和复杂的社会历史原因，指出，对于这一全局性的、长时间的“左”倾严重错误，毛泽东负有主要责任，但是，毛泽东的错误终究是一个伟大的无产阶级革命家所犯的错误。就毛泽东的一生来看，他对中国革命的功绩远远大于他的过失。他的功绩是第一位的，错误是第二位的。他为中国共产党和中国人民解放军的创立和发展，为中国各族人民解放事业的胜利，为中华人民共和国的缔造和中国社会主义事业的发展，建立了永远不可磨灭的功勋。他为世界被压迫民族的解放和人类进步事业作出了重大的贡献。《决议》全面概述了毛泽东思想对于马克思列宁主义的丰富和发展，论述了毛泽东思想活的灵魂。指出，因为毛泽东同志晚年犯了错误就企图否认毛泽东思想的科学价值，这种态度是完全错误的。对毛泽东同志的言论采取教条主义的态度，甚至不愿意实事求是地承认毛泽东同志晚年犯了错误，并且企图在新的实践中坚持这些错误，这种态度也是完全错误的。《决议》认为，必须把经过长期历史考验形成为科学理论的毛泽东思想，同毛泽东晚年所犯的错误区别开来。《决议》指出，毛泽东思想是马克思列宁主义在中国的运用和发展，是被实践证明了的关于中国革命的正确理论原则和经验总结，是中国共产党集体智慧的结晶。毛泽东思想是中国共产党的宝贵精神财富，它将长期指导我们的行动。《决议》还初步总结了中国共产党第十一届中央委员会第三次全体会议以来，中国共产党已经逐步确立的一条适合中国情况的社会主义现代化建设的正确道路的十个主要点。

【中国共产党第十一届中央委员会第六次全体会议公报】（1981年6月29日） 中国共产党第十一届中央委员会第六次全体会议1981年6月29日通过。1982年收入人民出版社出版的《三中全会以来重要文献选编》（下）。《公报》指出，全会审议和通过了《关于建国以来党的若干历史问题的决议》。改选和增选了中央主要领导成员；一致同意华国锋辞去党中央主席和中央军委主席职务的请求，以无记名投票的方式，选举胡耀邦为中央委员会主席，赵紫阳、华国锋为中央委员会副主席，邓小平为中央军事委员会主席，胡耀邦、叶剑英、邓小平、赵紫阳、李先念、陈云、华国锋为中央政治局常务委员会委员，习仲勋为中央书记处书记。

【关于思想战线上的问题的谈话】（1981年7月17日） 邓小平1981年7月17日同中央宣传部门领导同志的谈话要点。1982年收入人民出版社出版的《三中全会以来重要文献选编》（下）。《谈话》扼要概括了思想战线和文化战线取得的显著成绩，以及存在的涣散软弱的问题。强调指出，坚持四项基本原则的核心，是坚持共产党的领导。资产阶级自由化的核心就是反对党的领导，而没有党的领导也就不会有社会主义制度。对待个别存在资产阶级自由化倾向的影视作品和言论，必须进行严肃的批评。批评的方法要讲究，分寸要适当，不要搞围攻、搞运动。一部分青年人对社会的某些现状不满，不奇怪也不可怕，但是一定要注意引导。全党、全军、全国各族人民，一定要在党中央的坚强领导下，团结一致，整齐步伐，不断夺取思想战线、文艺战线和其他战线的新胜利。

【建设强大的现代化正规化的革命军队】（1981年9月19日）　邓小平1981年9月19日在华北某地检阅军事演习部队时的讲话。1982年收入人民出版社出版的《三中全会以来重要文献选编》（下）。讲话代表党中央、国务院、中央军委对演习部队顺利完成演习任务表示祝贺，对参加演习的全体指战员进行慰问。讲话强调了军队现代化、正规化建设的重大意义。提出了军队现代化、正规化建设的五项任务。要求全军指战员一定要扎扎实实地做好反侵略战争的准备工作，为保卫世界和平，为保卫祖国领土安全作出新的更大的贡献。

【关于台湾回归祖国实现和平统一的方针政策】（1981年9月30日）　叶剑英1981年9月30日以全国人民代表大会常务委员会委员长的名义，向新华社记者发表的谈话。1982年收入人民出版社出版的《三中全会以来重要文献选编》（下）。谈话共九条：一、建议举行中国共产党和中国国民党对等谈判，实行第三次合作，共同完成祖国统一大业。双方可先派人接触，充分交换意见。二、建议双方共同为通邮、通商、通航、探亲、旅游以及开展学术、文化、体育交流提供方便，达成有关协议。三、国家实现统一后，台湾可作为特别行政区，享有高度的自治权，并可保留军队。中央政府不干涉台湾地方事务。四、台湾现行社会、经济制度不变，生活方式不变，同外国的经济、文化关系不变。私人财产、房屋、土地、企业所有权、合法继承权和外国投资不受侵犯。五、台湾当局和各界代表人士，可担任全国性政治机构的领导职务，参与国家管理。六、台湾地方财政遇有困难时，可由中央政府酌情补助。七、台湾各族人民、各界人士愿回祖国大陆定居者，保证妥善安排，不受歧视，来去自由。八、欢迎台湾工商界人士回祖国大陆投资，兴办各种经济事业，保证其合法权益和利润。九、热诚欢迎台湾各族人民、各界人士、民众团体通过各种渠道、采取各种方式提供建议，共商国是。

【中共中央关于同外宾接触中要维护国家荣誉和民族尊严的通知】（1981年10月16日）　中共中央1981年10月16日发出。1982年收入人民出版社出版的《三中全会以来重要文献选编》（下）。《通知》针对接触外宾中出现的问题，提出七点要求：一、要在国家工作人员、共产党员、共青团员和人民群众中进行深入的爱国主义和国际主义教育，提高民族自尊心和自信心。二、要加强对外开放场所的治安管理，整顿好社会秩序。三、对侮辱外宾和寻衅闹事的，任何人都有权制止，不听劝阻的，治安部门要严加处置。四、任何个人、社队、机关、团体和企事业单位，不准巧立名目，向外籍华人和爱国华侨、港澳台湾同胞募捐。五、有关部门为外宾组织文化娱乐活动，内容要健康，同时，要注意安排一些富有我国民族特点、体现社会主义精神文明的节目。六、要教育接待外宾的工作人员严格遵守外事纪律，严守国家机密，不许利用工作之便营私牟利、索礼受贿、套取外汇、走私逃税和做有损国格人格的事。七、各级党、政、军领导部门都要重视和加强对涉外工作的领导，改变一些地区和单位领导软弱无力的状态。

【中共中央、国务院关于广开门路，搞活经济，解决城镇就业问题的若干决定】（1981年10月17日） 中共中央、国务院1981年10月17日作出。1982年收入人民出版社出版的《三中全会以来重要文献选编》（下）。《若干决定》共十个部分：一、城镇青年就业是国民经济中的一个重大问题。二、广开门路，应该结合调整产业结构和所有制结构，在发展经济和各项建设事业的基础上来进行。三、努力办好城镇集体所有制经济，大力提倡和指导待业青年组织起来，在集体经济单位就业。四、按照国民经济的需要适当发展城镇劳动者个体经济，增加自谋职业的渠道。五、党中央、国务院的各个有关部门，要采取积极态度，改变那些歧视、限制、打击、并吞集体经济和个体经济的政策措施，代之以引导、鼓励、促进、扶持的政策措施。六、逐步改革国营企业的经济体制和劳动制度，有效地提高经营管理水平和经济效果。七、建立和健全劳动服务公司的机构，充实人员，更好地发挥它的作用。八、大力加强职业技术培训工作，逐步提高职工的政治思想觉悟和业务技术水平。九、严格控制农村劳动力流入城镇。十、大力加强对城镇劳动就业工作的领导。《若干决定》肯定了1980年中央召开的全国劳动就业工作会议上提出的“在国家统筹规划和指导下，实行劳动部门介绍就业、自愿组织起来就业和自谋职业相结合”的方针，要求不断地调查研究，总结经验，在一段时期内，逐步形成一套有利于发展国民经济和改善人民生活的劳动就业制度。

【中共中央转发国家经委党组《关于工业学大庆问题的报告》的通知】（1981年12月18日） 中共中央1981年12月18日发出。1982年收入人民出版社出版的《三中全会以来重要文献选编》（下）。《通知》指出，中央同意国家经委党组《关于工业学大庆问题的报告》，认为是切实可行的。《通知》提出，过去在长期“左”的思想影响下，在宣传和推广大庆经验过程中出现了这样或那样的问题，主要责任在当时的党中央，在有关的上级领导。《通知》强调，粉碎“四人帮”以来，大庆油田职工在老油区产量连年递减的情况下，千方百计、苦干巧干，实现了稳产和高产，继续为国家做出了很大贡献。大庆石油职工自力更生、艰苦创业的实践，大庆油田不断前进和发展的历史，大庆广大干部和群众创造的一套我国自己建设和管理现代化企业的经验，表明大庆不愧为我国工交战线的先进典型，大庆职工不愧为我国工人阶级的先进部分。中央希望，全国工交战线的领导干部和广大职工，都要从自己的实际情况出发，学习和发展包括大庆在内的一切先进典型的好经验，以改进领导作风，建设职工队伍，加强企业管理，推进四化建设。

【中共中央批转《全国农村工作会议纪要》】（1982年1月1日） 中共中央1982年1月1日发出。1982年收入人民出版社出版的《三中全会以来重要文献选编》（下）。批文指出：实践证明，党的十一届三中全会以来，农村经济发展令人鼓舞，农村政策是正确的。但由于各种原因，农村部分社队基层组织涣散，甚至陷于瘫痪半瘫痪状态，致使许多事情无人负责，不良现象在滋长蔓延。这种情况应当引起各级党委高度重视，一定把这个问题切实解决好。《纪要》总共二十五条，包括五大方面：一是要总结、完善、稳定农业生产责任制，农业必须坚持社会主义集体化道路；二是要改善农村商品流通；三是运用农业科学技术改变农村面貌；四是提高经济效益、改善生产条件；五是加强思想政治工作和基层组织建设。

【中共中央、国务院关于国营工业企业进行全面整顿的决定】（1982年1月2日） 中共中央、国务院1982年1月2日作出。1982年收入人民出版社出版的《三中全会以来重要文献选编》（下）。《决定》共五个部分：一、要求从1982年起，用两三年时间，有计划、有步骤、点面结合地、分期分批地对所有国营工业企业进行全面整顿工作。二、整顿要围绕提高经济效益，重点做好五项工作：整顿和完善经济责任制，改进企业经营管理；整顿和加强劳动纪律，严格执行奖惩制度；整顿财经纪律，健全财务会计制度；整顿劳动组织，克服人浮于事、工作散漫的现象；整顿和建设领导班子，加强对职工的思想政治教育。三、企业的整顿工作，要在企业党组织的领导下依靠现有的领导班子和职工群众进行。四、企业的全面整顿是建设性的整顿，要有一个系统的、全面的建设规划。五、企业的全面整顿，要点面结合进行。《决定》提出，企业整顿的基本要求是：建设起一种又有民主、又有集中的领导体制，建设起一支又红又专的职工队伍，建设起一套科学的管理制度；使企业达到国家、企业、职工个人三者兼顾好、产品质量好、经济效益好、劳动纪律好、文明生产好、政治工作好。

【中共中央紧急通知】（1982年1月11日） 中共中央1982年1月11日发出。1982年收入人民出版社出版的《三中全会以来重要文献选编》（下）。《紧急通知》传达了中央常委对一些干部甚至一些负责干部走私贩私，贪污受贿，把大量国家财产窃为己有等严重违法犯罪行为采取紧急措施的批示。中央常委提出，对于这个严重毁坏党的威信，关系党的生死存亡的重大问题，全党一定要抓住不放，雷厉风行地加以解决。对于那些情节严重的犯罪干部，首先是占据重要职位的犯罪干部，必须依法逮捕，加以最严厉的法律制裁，有的特大案件的处理结果还要登报。中央决定派数名负责同志立即去广东、福建、浙江、云南等走私贩私最为严重的省，传达中央常委的批示，并采取紧急措施。中央要求其他各省、市、自治区党委，也要重视这方面的问题，并采取相应措施。

【中共中央关于加强政法工作的指示】（1982年1月13日） 中共中央1982年1月13日发出。1982年收入人民出版社出版的《三中全会以来重要文献选编》（下）。《指示》概述了党的十一届三中全会以来政法工作取得的成绩和存在的不足，分析了社会治安存在问题的原因；提出政法工作要加强党的领导，全党动手，通过开展“综合治理”，务使社会风气、社会治安在1982年内有个明显的好转。《指示》指出，加强青少年教育是搞好“综合治理”的中心环节；维护社会治安是政法机关的职责；政法工作人员必须振奋精神，努力把工作做好；加强基层工作和基础工作，是长治久安的根本措施。各级党委要重视同国内外特务间谍和反革命分子的隐蔽斗争，主要负责同志要亲自过问；要扩大、充实、整顿和提高政法队伍，争取在1982年内取得决定性的进展。为了提高政法队伍的政治素质和业务素质，首先要把各级领导班子整顿、调整好。中央要求北京市委把首都建设成为社会秩序、社会治安最好的城市，充分显示我国社会主义制度的优越性。各级党委对政法工作的领导，主要是管方针、政策，管干部，管思想政治工作，监督所属政法机关模范地依照国家的宪法、法律和法令办事。《指示》要求各级政法部门要在党委的统一领导下，统一思想，统一步调，改革不合理的体制、规章制度，探索新路子，解决新问题，使政法工作提高到一个新的水平。

【精简机构是一场革命】（1982年1月13日） 邓小平1982年1月13日在中央政治局讨论中央机构精简问题会议上的讲话。1982年收入人民出版社出版的《三中全会以来重要文献选编》（下）。讲话共四点：第一点，指出精简机构是一场革命；这不是对人的革命，而是对体制的革命。第二点，这个问题要涉及到几百万人；所以决心要大，工作要做细。第三点，建议政治局原则上批准中央国家机关的精简方案；精简方案批准以后就开始着手实行。第四点，指出这一次革命，不但要注意出的问题，还特别要注意进的问题；选人要选好，要选贤任能；进，最关键的问题是选比较年轻的。

【中共中央关于检查一次知识分子工作的通知】（1982年1月30日） 中共中央1982年1月30日发出。1982年收入人民出版社出版的《三中全会以来重要文献选编》（下）。《通知》肯定了中国知识分子在革命和建设中所发挥的巨大作用，要求认真落实中央关于知识分子的政策和归侨政策，进一步消除对知识分子的偏见。真正做到：政治上一视同仁，工作上放手使用，生活上关心照顾。对德才兼备、年富力强、有组织领导能力的，要大胆提拔使用，并要有计划地加强对他们的培训。中央要求各级党委在上半年检查一次知识分子工作，切实研究制定改进措施，力争在短期内作出成绩。

【中共中央、国务院关于进一步做好计划生育工作的指示】（1982年2月9日） 中共中央、国务院1982年2月9日发出。1982年收入人民出版社出版的《三中全会以来重要文献选编》（下）。《指示》指出，控制人口增长的问题，是我国社会主义现代化建设中面临的一个重大战略问题，也是全党和全国各族人民十分关心的问题。目前突出的问题是，我国人口自然增长率正面临回升趋势。这种情况应当引起高度重视。为了巩固和发展计划生育工作的成果，正确执行党的方针政策，特作如下指示：一、要充分认识计划生育工作的战略意义；二、要控制人口数量，提高人口素质；三、实行必要的奖励和限制，保证计划生育工作的顺利开展；四、要加强计划生育的技术指导和药具供应；五、各级党委和人民政府要加强对计划生育工作的领导。

【中共中央关于转发《全国统战工作会议纪要》的通知】（1982年2月12日） 中共中央1982年2月12日发出。1982年收入人民出版社出版的《三中全会以来重要文献选编》（下）。《通知》首先说明中央同意《全国统战工作会议纪要》的基本内容，要求各地区、各部门结合实际情况贯彻执行。《通知》指出，在整个建设现代化社会主义强国的新的历史时期中，统一战线仍然是中国共产党的一个法宝。全党要充分认识新时期统一战线的重要意义，要继续肃清“左”的影响，防止和克服关门主义等错误倾向，进一步发展和壮大爱国统一战线。《纪要》共四个部分：一、统一战线仍然是我们党的一个重要法宝，全党必须重视统战工作；二、对三年来统战工作的估计；三、今后统战工作的主要任务；四、统战部门的组织建设和思想建设。《纪要》总结了党的十一届三中全会以来统战工作取得的显著成绩；布置了今后统战工作的四项任务：一、抓好统战理论政策的宣传教育；二、放手让各民主党派和有关人民团体独立自主地开展工作；三、狠抓统战政策的落实；四、妥善安排党外人士。《纪要》提出，为了完成统战工作的繁重任务，统战部门本身亟需提高思想，改进作风。要克服软弱无能的思想，振奋精神，鼓足干劲，把新时期统一战线工作推向前进。

【中共中央关于建立老干部退休制度的决定】（1982年2月20日） 中共中央1982年2月20日作出。1982年收入人民出版社出版的《三中全会以来重要文献选编》（下）。《决定》共七个部分：一、把新老干部适当交替的问题提到全党的重要议事日程上来，有秩序有步骤地加以妥善解决的时机和条件，已经成熟；二、我们党的老干部是党的宝贵财富；三、必须立即着手有系统地建立健全老干部离休退休和退居二线的制度，使之经常化，并且严格地加以实行；四、一定要很好地安排照顾离休退休老干部，这应当成为我们党和国家的坚定不移的政策原则之一；

五、对于已经和即将离休退休的老干部，中央寄予殷切的希望；六、在老干部离休退休的同时，大胆提拔中青年干部到各级主要领导岗位上来；七、能否正确对待建立老干部离休退休和退居二线的制度，妥善解决新老干部适当交替的问题，对于我们各级党委和每一个共产党员，都是一次严峻的党性考验。《决定》指出，中央相信，只要全党同志同心协力，坚定不移，就一定能成功地解决新老干部适当交替的问题，逐步建立起一整套适应社会主义现代化建设需要的领导体制和干部制度，为胜利完成我们在新时期的宏伟历史任务奠定坚实的基础。

【中共中央批转《广东、福建两省座谈会纪要》的通知】（1982年3月1日） 中共中央1982年3月1日发出。1982年收入人民出版社出版的《三中全会以来重要文献选编》（下）。《通知》指出，《纪要》关于进一步打击经济领域中违法犯罪活动的精神，完全适用于全党、全军、全国各地。要求结合实际情况，对进一步开展打击经济领域中违法犯罪活动的斗争作出具体部署，坚决贯彻执行。《纪要》记述了1982年2月11日至13日中央书记处在北京召开广东、福建两省座谈会的情况。会议的主要精神是：一、必须充分认识经济领域中违法犯罪活动的严重性、危害性和危险性，一定要在反对资本主义思想侵蚀的斗争中，做坚定的、清醒的、有作为的马克思主义者；二、必须加强党的领导，正确掌握方针政策，坚定不移地把打击经济领域中违法犯罪活动的斗争进行到底；三、必须认真总结经验，端正对外经济活动的指导思想，促进对外经济活动健康发展，继续试办好经济特区。

【中共中央印发《关于我国社会主义时期宗教问题的基本观点和基本政策》的通知】（1982年3月31日） 中共中央1982年3月31日发出。1982年收入人民出版社出版的《三中全会以来重要文献选编》（下）。《通知》指出，各省、市、自治区党委和中央有关部委、国家机关有关部委的党组，应对宗教问题进行一次认真的调查研究和讨论，并对有关各项政策的落实工作加以督促和检查。要求用二三年的时间，对自己主管的地区和部门的工作认真调查研究，系统地总结正反两方面的经验，形成符合本地区、本部门情况的，理论与实际密切结合的一套观点和办法。《关于我国社会主义时期宗教问题的基本观点和基本政策》共十二个部分：一、宗教是人类社会发展一定阶段的历史现象，有它发生、发展和消亡的过程。那种认为依靠行政命令或其他强制手段，可以一举消灭宗教的想法和做法，是背离马克思主义关于宗教问题的基本观点的，是完全错误和非常有害的。二、对宗教问题，一定要采取如列宁所指出的“特别慎重”“十分严谨”和“周密考虑”的态度。夸大问题的严重性和复杂性，张皇失措，是不对的；忽视实际问题的存在和复杂性，掉以轻心，听之任之，也是不对的。三、应当认真总结和吸取建国以来党对宗教工作的正反两个方面的历史经验，坚定不移地把党的宗教政策放到马克思列宁主义、毛泽东思想的科学轨道上来。四、尊重和保护宗教信仰自由。五、争取、团结和教育宗教界人士首先是各种宗教职业人员。六、合理安排宗教活动场所。七、充分发挥爱国宗教组织的作用。八、有计划地培养和教育年轻一代的爱国宗教职业人员。九、共产党员不得信仰宗教，不得参加宗教活动，长期坚持不改的要劝其退党。在那些基本是全民信教的少数民族当中，这项规定的执行，需要按照实际情况，采取适当步骤，不宜简单从事。十、坚决打击一切在宗教外衣掩盖下的违法犯罪活动和反革命破坏活动，以及各种不属于宗教范围的、危害国家利益和人民生命财产的迷信活动。十一、既要积极开展宗教方面的国际友好往来，又要坚决抵制外国宗教中的一切敌对势力的渗透。十二、加强党的领导，是处理好宗教问题的根本保证。

【中共中央、国务院关于打击经济领域中严重犯罪活动的决定】（1982年4月13日）　中共中央、国务院1982年4月13日作出。1982年收入人民出版社出版的《三中全会以来重要文献选编》（下）。《决定》共八个部分，其主要精神是：当前形势；开展这场斗争的必要性和迫切性；在这场斗争中，态度要坚决，打击要有力，重点要明确，步骤要稳妥，工作要做细；要坚决保证五届人大常委会第二十二次会议通过的《关于严惩严重破坏经济的罪犯的决定》的贯彻执行；坚持党的对外实行开放和对内搞活经济的政策，同坚决打击经济领域中的严重犯罪活动是并行不悖的；在这场斗争中，要防止任何影响生产和工作的消极因素发生；共产党员在这场斗争中，必须旗帜鲜明，立场坚定；打击经济领域的严重犯罪活动，是今年也是今后长时期内全党的一项重大任务，各级党政组织要领导好这场斗争。

【中共中央关于转发《深入持久地开展“五讲四美”活动争取社会主义精神文明建设的新胜利》的通知】（1982年5月28日）　中共中央1982年5月28日发出。1982年收入人民出版社出版的《三中全会以来重要文献选编》（下）。《通知》指出，建设一个现代化的社会主义强国，不但要有高度的物质文明，而且要有高度的社会主义精神文明。强调抓社会主义精神文明建设，要和抓物质文明建设一样，作为一个重大任务长期抓下去。《通知》充分肯定了各行各业在“五讲四美”活动中取得的成绩和经验，要求各级党组织、党员及群众，根据新时期的特点，坚持正确立场，采取批评与教育相结合的方式，实现社会主义精神文明建设的目标，使人民成为有理想、有道德、有文化、守纪律的人民。《深入持久地开展“五讲四美”活动争取社会主义精神文明建设的新胜利》总结了第一个“全民文明礼貌月”活动取得的成果和经验，提出要把“五讲四美”活动坚定不移地开展下去，努力争取党风、社会风气和社会治安在今年有更大的好转。

【在军委座谈会上的讲话】（1982年7月4日）　邓小平1982年7月4日在军委座谈会上的讲话。1982年收入人民出版社出版的

《三中全会以来重要文献选编》（下）。邓小平在讲话中指出，最近我有两次讲话，讲了对坚持社会主义制度、搞好现代化建设的四个保证：第一是体制改革，目前进行机构改革。第二是坚决打击经济领域的犯罪活动，或者叫打击经济犯罪分子。第三是搞社会主义精神文明，主要是使我们的各族人民都成为有理想、讲道德、有文化、守纪律的人民。第四是党的建设，党的组织和作风的整顿。随着四个现代化建设的进程，就要坚持四个保证，一天也不要丢掉，要把它变成一种经常性的工作和斗争。机构改革，我们走了第一步，开了个头。党政先行了一点，军队后了一点。将来军委和各个总部，不简化看来不行。我今天着重讲两点。一是提高工作效率。军队就是提高战斗力，也有提高工作效率的问题。另外一点，体制改革很重要的内容，就是有利于选拔人才。干部年轻化，军队提了多年，要求选拔比较优秀的、年轻的，台阶可以上快一点。要使好的比较年轻的干部早点上来，好接班。这件事要放在我们经常的日程中间。

【中国共产党第十一届中央委员会第七次全体会议公报】（1982年8月6日） 中共中央1982年8月6日发布。1982年收入人民出版社出版的《三中全会以来重要文献选编》（下）。《公报》指出：全会决定1982年9月1日召开中国共产党第十二次全国代表大会；全会审议并通过了中央委员会向党的第十二次全国代表大会的报告；审议并通过了《中国共产党章程（修改草案）》，一致决定将这两个文件提交党的第十二次全国代表大会审议。全会还讨论并通过了分别给刘伯承、蔡畅的致敬信。

【中国共产党第十二次全国代表大会开幕词】（1982年9月1日） 邓小平1982年9月1日在中国共产党第十二次全国代表大会上致的开幕词。1986年收入人民出版社出版的《十二大以来重要文献选编》（上）。《开幕词》指出，中国的现代化建设必须从中国的实际出发，把马克思主义的普遍真理同我国的具体实际结合起来，走自己的道路，建设有中国特色的社会主义，这就是我们总结长期历史经验得出的基本结论。《开幕词》强调加紧社会主义现代化建设，争取实现祖国统一，反对霸权主义、维护世界和平，是80年代的三大任务，核心是经济建设。到本世纪末要抓紧四件工作：进行机构改革和经济体制改革，实现干部队伍的革命化、年轻化、知识化、专业化；建设社会主义精神文明；打击经济领域和其他领域内破坏社会主义的犯罪活动；整顿党的作风和组织。

【全面开创社会主义现代化建设的新局面】（1982年9月1日） 胡耀邦1982年9月1日在中国共产党第十二次全国代表大会上的报告。1986年收入人民出版社出版的《十二大以来重要文献选编》（上）。报告共六个部分：一、历史性的转变和新的伟大任务；二、促进社会主义经济的全面高涨；三、努力建设高度的社会主义精神文明；四、努力建设高度的社会主义民主；五、坚持独立自主的对外政策；六、把党建设成为领导社会主义现代化事业的坚强核心。报告指出，中国已经在指导思想上完成了拨乱反正的艰巨任务，在各条战线上的实际工作中取得了拨乱反正的重大胜利，实现了历史性的伟大转变。这次大会的使命，就是要全面开创社会主义现代化建设的新局面，确定继续前进的正确道路、战略步骤和方针政策。中国共产党在新的历史时期的总任务是：团结全国各族人民，自力更生，艰苦奋斗，逐步实现工业、农业、国防和科学技术现代化，把我国建设成为高度文明、高度民主的社会主义国家。根据总任务的要求，从这次代表大会到下次代表大会的五年间，我们要大力推进社会主义物质文明和精神文明的建设，继续健全社会主义民主和法制，认真整顿党的作风和组织，争取实现国家财政经济状况的根本好转，实现社会风气的根本好转，实现党风的根本好转。报告强调指出，在全党把工作重点转移到现代化经济建设上来以后，党中央曾多次郑重提出：我们党在建设高度物质文明的同时，一定要努力建设高度的社会主义精神文明。这是建设社会主义的一个战略方针问题。社会主义的历史经验和我国当前的现实情况都告诉我们，是否坚持这样的方针，将关系到社会主义的兴衰成败。因此，建设社会主义精神文明，是全党的任务，是各条战线的共同任务。在这同时，要努力促进祖国统一的大业，继续为反对帝国主义、霸权主义和维护世界和平而斗争。到本世纪末，我国经济建设的总的奋斗目标是：在不断提高经济效益的前提下，力争使全国工农业的年产值翻两番，即由1980年的7千1百亿元增加到2000年的2万8千亿元左右，使人民的物质文化生活达到小康水平。到本世纪末的20年内，一定要牢牢抓住农业、能源和交通、教育和科学这几个根本环节，把它们作为经济发展的战略重点。为了实现20年的奋斗目标，在战略部署上要分两步走：前10年主要打好基础，积蓄力量，创造条件，后10年要进入一个新的经济振兴时期。这是党中央全面分析了我国经济情况和发展趋势之后作出的重要决策。

【在党的第十二次全国代表大会上的讲话】（1982年9月6日）　陈云1982年9月6日在党的第十二次全国代表大会上的讲话。1986年收入人民出版社出版的《十二大以来重要文献选编》（上）。《讲话》着重论述了干部队伍的交接问题。指出要解决这个问题，首先是老干部要陆续从领导班子中退出，其次要提拔中青年干部进入各级领导班子。讲话强调，对中青年干部，必须成千上万地提拔，而不能只提拔几十个、几百个。但是，在“文化大革命”期间跟随林彪、江青一伙造反起家的人，帮派思想严重的人，打砸抢分子，这“三种人”一个也不能提拔，已经提拔的，必须坚决从领导班子中清除出去。除了这“三种人”以外，反对三中全会以后党中央路线的人，以及在经济领域内和其他方面严重违法乱纪的人，也不能提拔。总之，对于中青年干部一方面要大胆提拔，加快提拔；一方面又要严格把好政治标准这一关。德才相比，要更注重于德。

【中国共产党章程】（1982年9月6日） 中国共产党第十二次全国代表大会1982年9月6日通过。1986年收入人民出版社出版的《十二大以来重要文献选编》（上）。该《章程》除总纲外，共十章五十条。第一章，党员；第二章，党的组织制度；第三章，党的中央组织；第四章，党的地方组织；第五章，党的基层组织；第六章，党的干部；第七章，党的纪律；第八章，党的纪律检查机关；第九章，党组；第十章，党和共产主义青年团的关系。《章程》指出，中国共产党是中国工人阶级的先锋队，是中国各族人民利益的忠实代表，是中国社会主义事业的领导核心。党的最终目标，是实现共产主义的社会制度。中国共产党以马克思列宁主义、毛泽东思想作为自己的行动指南。中国共产党现阶段的总任务是：团结全国各族人民，自力更生，艰苦奋斗，逐步实现工业、农业、国防和科学技术现代化，把我国建设成为高度文明、高度民主的社会主义国家。中国共产党工作的重点，是领导全国各族人民进行社会主义现代化经济建设。中国共产党必须加强党的建设，发扬党的优良传统，提高党的战斗力，坚决实现以下三项基本要求：第一，思想上政治上的高度一致。第二，全心全意为人民服务。第三，坚持民主集中制。

【中国共产党第十二次全国代表大会闭幕词】（1982年9月11日） 李先念1982年9月11日在中国共产党第十二次全会代表大会上致的闭幕词。1986年收入人民出版社出版的《十二大以来重要文献选编》（上）。《闭幕词》对此次大会进行了全面总结，并对如何贯彻落实会议精神提出要求。指出这次代表大会，经过充分民主的讨论，一致同意胡耀邦代表党的第十一届中央委员会所作的报告，通过了相应的决议；一致通过了新党章；产生了新的中央委员会。要求广泛深入地宣传十二大精神，使大会提出的方针任务深入人心，同时要结合各地方、各部门的具体情况，采取切实有效的措施、贯彻执行。强调要进一步加强全党、全国各族人民的大团结。

【中共中央、国务院关于中央党政机关干部教育工作的决定】（1982年10月3日） 中共中央、国务院1982年10月3日作出。1986年收入人民出版社出版的《十二大以来重要文献选编》（上）。《决定》共五个部分：一、要不失时机地抓紧培训干部，把干部教育工作经常化、正规化、制度化，力争在三五年内使中央党政机关干部队伍的政治、业务水平得到明显提高。二、干部教育工作的基本任务，是使全体干部在马克思主义理论、专业知识、科学文化水平和领导管理能力等方面都得到提高，成为坚持社会主义道路的、具有必备的专业知识的党和国家的合格工作人员。三、干部教育工作的政策和制度。四、培训干部要采取多样化的形式，充分利用一切可以利用的力量，实行分散和集中相结合的社会化方法。五、加强党对干部教育工作的领导。

【中华人民共和国宪法】（1982年12月4日） 中华人民共和国第五届全国人民代表大会第五次会议1982年12月4日通过。1986年收入人民出版社出版的《十二大以来重要文献选编》（上）。本宪法包括：序言；第一章，总纲；第二章，公民的基本权利和义务；第三章，国家机构；第四章，国旗、国徽、首都。共一百三十八条。本宪法以法律的形式确认了中国各族人民奋斗的成果，规定了国家的根本制度和根本任务，是国家的根本法，具有最高的法律效力。宪法序言强调：全国各族人民、一切国家机关和武装力量、各政党和各社会团体、各企业事业组织，都必须以宪法为根本的活动准则，并且负有维护宪法尊严、保证宪法实施的职责。

【中共中央关于印发《当前农村经济政策的若干问题》的通知】（1983年1月2日）　1982年12月31日中央政治局讨论通过。中共中央1983年1月2日发出。1986年收入人民出版社出版的《十二大以来重要文献选编》（上）。《通知》要求各级党委、政府的领导同志要经常到农村了解新情况，总结新经验，解决新问题，并及时向中央报告。《若干问题》共十四个部分。《若干问题》指出，各地都要拟定自己的农业发展计划，并采取有力措施，保证实现；我国农村只能走农林牧副渔全面发展、农工商综合经营的道路；稳定和完善农业生产责任制，仍然是当前农村工作的主要任务；适应商品生产的需要，发展多种多样的合作经济；人民公社的体制要从实行生产责任制，特别是联产承包制和实行政社分设两方面进行改革；我国是社会主义国家，不能允许剥削制度存在；要坚持计划经济为主，市场调节为辅的方针，调整购销政策，改革国营商业体制，放手发展合作商业，适当发展个体商业；要继续进行农业技术改造，建立与健全农业科学技术研究推广体系和培养农村建设人才的教育体系；加快农村建设，必须广辟资金来源；农、林、牧、副、渔等各业都应根据因地制宜、发挥优势、适当集中的原则，建立一批商品生产基地；必须高度关注边远山区和少数民族地区的生产和群众生活，切实加强工作，力争尽快改变贫困面貌；森林过伐、耕地减少、人口膨胀，是我国农村的三大隐患，要采取多方面的有力措施，认真对待；党在农村的工作，必须坚持物质文明、精神文明两手抓的方针；系统地培训干部，提高干部素质，改善和加强党的领导。

【中共中央关于加强农村思想政治工作的通知】（1983年1月20日）　中共中央1983年1月20日发出。1986年收入人民出版社出版的《十二大以来重要文献选编》（上）。《通知》共八个部分：一、目前我国农村的社会主义经济的物质基础、文化教育和农民思想的状况，需要在搞活经济，继续放宽某些政策的同时，大大加强和改进党在农村的思想政治工作。二、近年来出现的大量经济犯罪活动，以及各种落后、反动思潮的抬头，各种恶性刑事案件的增加，甚至久已绝迹的某些丑恶现象的复活，这说明在一定条件下，阶级斗争还通过不同的形式继续出现。因此，必须坚决而又正确地进行反对资本主义思想、封建主义残余思想腐蚀的斗争。三、党在农村的思想政治工作任务是，围绕使广大农民尽快富裕起来这一农村工作的中心思想，力争用三五年左右的时间，使广大农民对党在农村的各项方针、政策有一个全面的、深刻的认识，敢于劳动致富，做到“三兼顾”；基层干部和党员经过整风学习，面貌一新；党风、社会风气实现根本好转。四、要正确地全面地说明党的现行政策和共产主义理想二者的区别和联系。把前途教育和现行政策统一起来。五、对农民进行教育必须遵循理论和实际密切结合的原则，把解决思想问题和关心群众生活结合起来。六、抓好党员和干部教育。七、必须把提高农村的文化水平当作一个重要任务，系统地抓下去。八、各级党委要加强对农村思想政治工作的领导。

【中共中央、国务院关于发展城乡零售商业、服务业的指示】（1983年3月5日） 中共中央、国务院1983年3月5日发出。1986年收入人民出版社出版的《十二大以来重要文献选编》（上）。《指示》提出改变各地城乡零售商业、服务业的落后状况的要求，并作出五点部署：一、进一步明确发展零售商业、服务业的指导方针。二、发展集体和个体零售商业、服务业，当前要着重解决的几个问题。三、调整和改革国营零售商业、服务业的管理体制。四、加速人才培养，提高服务质量。五、加强对商业、服务业的领导和管理。《指示》指出，应把积极发展集体和个体零售商业、服务业作为今后发展社会主义商业、服务业的一个基本指导思想，实行多种经济形式，多种经营方式，开辟多种流通和服务的渠道。指出当前要着重解决四个问题：一、搞好网点建设。二、疏通货源渠道。三、在价格管理上，要在国家物价政策的指导下，发挥市场调节作用。四、集体和个体零售商业、服务业的经营原则，应当是自主经营，自负盈亏，国家征税，不搞统负盈亏。《指示》强调，要坚决地有秩序地在零售商业、服务业推行责、权、利相结合的经营承包责任制。

【马克思主义伟大真理的光芒照耀我们前进】（1983年3月13日） 胡耀邦1983年3月13日在中共中央召开的卡尔•马克思逝世一百周年纪念大会上的报告。1986年收入人民出版社出版的《十二大以来重要文献选编》（上）。报告高度评价了马克思的伟大贡献，论述了如何运用马克思主义指导中国现代化建设。指出马克思主义发展历史的一条根本经验，就是各国共产党要根据自己的实际，自己决定自己的路线和政策。阐明在知识和知识分子问题上，应当从历史的曲折中吸取经验教训，确立马克思主义的观念。号召中国共产党人、广大干部要在新的伟大斗争中重新学习。强调马克思主义是永存的。要让马克思主义伟大真理的光芒，永远照耀我们前进！

【中共中央关于批转《国营企业职工思想政治工作纲要（试行）》的通知】（1983年7月1日） 中共中央1983年7月1日发出。1986年收入人民出版社出版的《十二大以来重要文献选编》（上）。《通知》指出，前不久，中央书记处委托中央宣传部、中央组织部、中央书记处研究室、国家经委、全国总工会、共青团中央、全国妇联联合召开了全国职工思想政治工作会议，制定了《国营企业职工思想政治工作纲要（试行）》，要求各地结合本地区本单位的实际情况，作出具体规定，真正落到实处。《纲要（试行）》共七个部分四十条。主要内容包括：工人阶级的历史地位和历史责任；加强企业职工思想政治工作是发展社会主义经济的重要保证；企业职工思想政治工作的内容和方法的改革；企业职工思想政治工作必须遵循的原则；认真做好后进向先进转化的工作；建设一支革命化、年轻化、知识化、专业化的企业思想政治工作干部队伍；加强党对企业职工思想政治工作的领导。

【中共中央关于严厉打击刑事犯罪活动的决定】（1983年8月25日） 中共中央1983年8月25日作出。文件的（一）、（二）、（五）三个部分于1986年收入人民出版社出版的《十二大以来重要文献选编》（上）。《决定》指出，严厉打击刑事犯罪活动，是政治领域中一场严重的敌我斗争。为迅速扭转社会治安的不正常状况，中共中央决定，以三年为期，组织一次、两次、三次战役，按照依法“从重从快，一网打尽”的精神，对刑事犯罪分子予以坚决打击。全党、全军和全国各族人民一定要充分认识当前刑事犯罪活动的严重性，一定要充分认识严厉打击犯罪分子的必要性和紧迫性，自觉地投入到这场斗争中去。这次严厉打击刑事犯罪活动，关键在于全党全军统一认识，政法公安部门统一认识，要讲清楚：打击犯罪分子与综合治理的关系；从重从快惩处与加强法制的关系；强有力地行使专政职能与保障人民民主权利的关系；严厉打击刑事犯罪活动与社会主义物质文明和精神文明建设的关系。只有严厉打击刑事犯罪活动，才能改变社会风气，促进社会安定，使人民群众有安全感，解除后顾之忧，一心一意搞生产、搞建设。

【中共中央关于整党的决定】（1983年10月11日） 中国共产党第十二届中央委员会第二次全体会议1983年10月11日通过。1986年收入人民出版社出版的《十二大以来重要文献选编》（上）。《决定》指出，中国共产党第十二次全国代表大会决定，从1983年下半年开始，用三年时间对党的作风和组织进行一次全面整顿。《决定》共九个部分：一、整党的必要性和紧迫性；二、整党的任务；三、对党员和党员领导干部的要求；四、整党的步骤和基本方法；五、组织处理和党员登记；六、必须防止走过场；七、整党工作的领导；八、巩固和发展整党的成果；九、各级党组织要坚决地、创造性地执行本决定。《决定》提出，这次整党的任务是统一思想，整顿作风，加强纪律，纯洁组织。整党的步骤是：从中央到基层组织，自上而下，分期分批地整顿。整党的方法是：在认真学习文件，提高思想认识的基础上，开展批评和自我批评，分清是非，纠正错误，纯洁组织。中央相信，经过这次整党，必将提高全党的马克思主义水平，必将使我们党获得更加强大的生机和活力，必将出现全党奋发图强、紧密团结的新气象。

【党在组织战线和思想战线上的迫切任务】（1983年10月12日） 邓小平1983年10月12日在中国共产党第十二届中央委员会第二次全体会议上的讲话。1986年收入人民出版社出版的《十二大以来重要文献选编》（上）。讲话着重论述了整党不能走过场和思想战线不能搞精神污染的问题。讲话指出，党内还存在着不少没有来得及清理和解决的严重问题。其中最危险的是“三种人”，如果不在整党中解决，就会留下祸根，成为定时炸弹。其他几类人的问题，不解决也很危险，也是祸根。这就要求我们党下定决心，用坚决、严肃、认真的态度来进行这次整党，切实解决那些必须解决的严重问题，绝对不能走过场。讲话指出，理论文艺界还有不少问题，还存在相当严重的混乱，特别是存在精神污染的现象。如果我们不及时注意和采取坚定的措施加以制止，而任其自由泛滥，就会影响更多的人走上邪路，后果就可能非常严重。讲话强调，必须大力加强党对思想战线的领导，克服软弱涣散的状态，使马克思主义的和社会主义、共产主义的宣传，特别是在一切重大理论性、原则性问题上的正确观点，在思想界真正发挥主导作用。只要全党上下重视这项工作，这方面的现状就一定会大大改观，社会主义思想文化更加繁荣昌盛的新局面就一定会出现。

【中共中央关于一九八四年农村工作的通知】（1984年1月1日） 中共中央1984年1月1日发出。1986年收入人民出版社出版的《十二大以来重要文献选编》（上）。《通知》共十个部分：一、中央决定把《当前农村经济政策的若干问题》作为今后一个时期内指导农村工作的正式文件，继续贯彻执行。二、本年农村工作的重点是：在稳定和完善生产责任制的基础上，提高生产力水平，疏理流通渠道，发展商品生产。三、继续稳定和完善联产承包责任制，帮助农民在家庭经营的基础上扩大生产规模，提高经济效益。四、加强社会服务，促进农村商品生产的发展。五、抓生产的同时必须抓流通。六、制止对农民的不合理摊派，减轻农民额外负担，保证农村合理的公共事业经费。七、发展农村工业和建设集镇试点。八、改变林牧渔业发展不足，商品供应紧张的现状。九、加强对农村工作的领导，提高干部的素质，培养农村建设的人才。十、加强农村思想政治工作和文化教育工作。

【中共中央、国务院转发农牧渔业部和部党组《关于开创社队企业新局面的报告》的通知】（1984年3月1日） 中共中央、国务院1984年3月1日发出。1986年收入人民出版社出版的《十二大以来重要文献选编》（上）。《通知》指出，中共中央、国务院同意将社队企业名称改为乡镇企业的建议，要求各地结合实际情况试行。《通知》指出，发展多种经营是我国实现农业现代化必须始终坚持的战略方针；乡镇企业是多种经营的重要组成部分，是农业生产的重要支柱，是广大农民群众走向共同富裕的重要途径和国家财政收入新的重要来源；目前乡镇企业已成为国民经济的一支重要力量，是国营企业的重要补充，各级党委和政府对乡镇企业要在发展方向上给予积极引导，按照国家有关政策进行管理，使其健康发展；农村的工业合作系统、供销合作系统和信用合作系统，都是推动农村商品生产所不可缺少的，各级党委和政府应积极调查研究，总结经验，加以推广。

【中共中央关于印发《西藏工作座谈会纪要》的通知】（1984年4月1日）　中共中央1984年4月1日发出。1986年收入人民出版社出版的《十二大以来重要文献选编》（上）。《通知》指出，《纪要》是今后长时期内指导西藏工作的重要文件，要求自治区各级党组织认真学习贯彻。同时指出《纪要》中根据西藏的特殊情况制定的各项具体方针、政策和措施，只适用于西藏，其他各民族自治区不可照搬。《纪要》阐明了会议的目的和对西藏工作的重大指导意义，论述了“怎样更深刻、更正确地认识西藏”问题，提出要加快西藏经济文化的发展，建设团结、富裕、文明的新西藏。要求不断加深对西藏的了解和认识，采取特殊政策和灵活措施，把主要精力集中在三个方面：第一，一定要千方百计地把西藏经济搞上去；第二，一定要尊重和继承西藏文化固有的优良传统，发展藏族的语言、文学、史学、艺术、医学等，建设具有西藏民族特点的社会主义精神文明；第三，一定要高度重视和切实做好统战工作、民族工作和宗教工作，特别要团结上层代表人物，同他们开诚布公、真诚合作，发挥他们的积极作用。

【中共中央、国务院关于批转《沿海部分城市座谈会纪要》的通知】（1984年5月4日）　中共中央、国务院1984年5月4日发出。1986年收入人民出版社出版的《十二大以来重要文献选编》（上）。《通知》指出，沿海港口城市由于其发展的优势势必要先行一步，但开放沿海港口城市和办好经济特区，主要是给政策：一是给前来投资和提供先进技术的外商以优惠待遇；二是扩大沿海港口城市的自主权。《纪要》共两个部分：加快利用外资、引进先进技术的步伐；进一步开放沿海港口城市。《纪要》指出，邓小平同志关于对外开放和特区工作的重要谈话具有十分重要的指导意义，对加快利用外资、引进先进技术是个重要决策。要在总结经验的基础上，从四化建设全局出发，进一步解放思想，克服“左”的思想影响和闭关自守、自给自足的经济观点，加快利用外资，引进先进技术的步伐。会议建议：进一步开放天津、上海、大连、秦皇岛、烟台、青岛、连云港、南通、宁波、温州、福州、广州、湛江、北海14个沿海港口城市，在扩大地方权限和给予外商投资者若干优惠方面，实行以下政策和措施：一、放宽利用外资建设项目的审批权限；二、增加外汇使用额度和外汇贷款；三、积极支持利用外资、引进先进技术改造老企业；四、对中外合资、合作经营企业及外商独资企业，给以若干优惠待遇；五、逐步兴办经济技术开发区；六、大力发展进料加工出口；七、调整几个城市的开放类别；八、加强基础设施建设；九、加强对利用外资的计划指导；十、在改革方面应当走在前头。

【一个国家，两种制度】（1984年6月22日、23日） 邓小平1984年6月22日、23日分别会见香港工商界访京团和香港知名人士钟士元等的谈话要点。1986年收入人民出版社出版的《十二大以来重要文献选编》（中）。谈话明确表示，中国政府为解决香港问题所采取的立场、方针、政策是坚定不移的。中国政府在1997年恢复行使对香港的主权后，香港现行的社会、经济制度不变，法律基本不变，生活方式不变，香港自由港的地位和国际贸易、金融中心的地位也不变，香港可以继续同其他国家和地区保持和发展经济关系。我们的政策是实行“一个国家，两种制度”，就是在中华人民共和国内，大陆实行社会主义制度，香港、台湾实行资本主义制度，用这个办法来解决香港和台湾问题。全国人民代表大会已经通过了这个政策，这个政策不会变。中国采取“一个国家，两种制度”完全是从实际出发的，是充分照顾到香港的历史和现实情况的。相信香港人是能治好香港的；港人治港的标准必须由以爱国者为主体的港人来治理香港，未来香港特区政府的主要成分是爱国者。他最后指出，要逐步解决好过渡时期的问题，保持香港的繁荣稳定，使香港人能顺利地接管政府。

【建设有中国特色的社会主义】（1984年6月30日） 邓小平1984年6月30日会见第二次中日民间人士会议日方委员会代表团时谈话的一部分。1986年收入人民出版社出版的《十二大以来重要文献选编》（中）。谈话指出，中国共产党坚持马克思主义，并同中国实际相结合，把中国革命搞成功了；建国后如果不搞社会主义，而走资本主义道路，贫困落后的状态就不能改变，所以必须搞社会主义。他强调马克思主义必须是同中国实际相结合的马克思主义，社会主义必须是切合中国实际的有中国特色的社会主义。他高度概括了社会主义阶段的最根本任务就是发展生产力，指出社会主义的优越性就是体现在它的生产力比资本主义发展得更高一些、更快一些，就是不断改善人民的物质文化生活；贫穷不是社会主义。他强调我们的政治路线是把四个现代化建设作为重点，坚持发展生产力，始终扭住这个根本环节不放松；而现在的世界是开放的世界，中国要从实际出发对内继续改革，把经济搞活，对外进一步实行开放政策。他表示，我们相信，这条叫建设有中国特色的社会主义道路是可行的，走对了。

【中共中央、国务院关于帮助贫困地区尽快改变面貌的通知】（1984年9月29日） 中共中央、国务院1984年9月29日发出。1986年收入人民出版社出版的《十二大以来重要文献选编》（中）。《通知》共六个部分：一、明确指导思想；二、进一步放宽政策；三、减轻负担、给予优惠；四、搞活商品流通，加速商品周转；五、增加智力投资；六、加强领导。《通知》指出：改变贫困地区面貌的根本途径是依靠当地人民自己的力量；国家对贫困地区要有必要的财政扶持，但必须善于使用，纠正单纯救济观点；解决贫困地区的问题要突出重点，目前应集中力量解决十几个连片贫困地区的问题。对贫困地区要进一步放宽政策，实行比一般地区更灵活、更开放的政策，彻底纠正集中过多、统得过死的弊端，给贫困地区农牧民以更大的经营主动权。对贫困地区从1985年起，分别情况，减免农业税。争取在五年内使大部分乡（区或公社）都能通汽车或马车。要重视贫困地区的教育，有计划地发展和普及初等教育，重点发展农业职业教育，加速培养适应山区开发的各种人才。关键是加强领导。中央切望各有关部委、地方各级党委，特别是贫困地区的县委，要关心人民疾苦，提高为人民服务的自觉性，千方百计把这件工作办好。

【中共中央关于经济体制改革的决定】（1984年10月20日） 中国共产党第十二届中央委员会第三次全体会议1984年10月20日通过。1986年收入人民出版社出版的《十二大以来重要文献选编》（中）。《决定》共十个部分：一、改革是当前我国形势发展的迫切需要；二、改革是为了建立充满生机的社会主义经济体制；三、增强企业活力是经济体制改革的中心环节；四、建立自觉运用价值规律的计划体制，发展社会主义商品经济；五、建立合理的价格体系，充分重视经济杠杆的作用；六、实行政企职责分开，正确发挥政府机构管理经济的职能；七、建立多种形式的经济责任制，认真贯彻按劳分配原则；八、积极发展多种经济形式，进一步扩大对外的和国内的经济技术交流；九、起用一代新人，造就一支社会主义经济管理干部的宏大队伍；十、加强党的领导，保证改革的顺利进行。《决定》指出，我国的经济体制改革首先在农村取得了巨大成就。这几年以城市为重点的整个经济体制改革也已经进行了许多试验和探索，取得了显著成效和重要经验。但是城市改革还只是初步的，城市经济体制中严重妨碍生产力发展的种种弊端还没有从根本上消除。只有坚决地系统地进行改革，城市经济才能兴旺繁荣，才能推动整个国民经济更好更快地发展。《决定》认为，改革计划体制，首先要突破把计划经济同商品经济对立起来的传统观念，明确认识社会主义计划经济必须自觉依据和运用价值规律，是在公有制基础上的有计划的商品经济。商品经济的充分发展，是社会经济发展的不可逾越的阶段，是实现我国经济现代化的必要条件。只有充分发展商品经济，才能把经济真正搞活，促使各个企业提高效率，灵活经营，灵敏地适应复杂多变的社会需求，而这是单纯依靠行政手段和指令性计划所不能做到的。

【在党的十二届三中全会上的书面发言】（1984年10月20日） 陈云1984年10月20日在党的十二届三中全会上的书面发言。1986年收入人民出版社出版的《十二大以来重要文献选编》（中）。《书面发言》讲了三个问题：第一，收回香港是历史赋予我们的责任。第二，系统进行经济体制的改革，是当前我国经济工作面临的首要问题。第三，物质文明和精神文明要一起抓。《书面发言》

指出，事实说明，中央关于解决香港问题的方针、步骤是完全正确的。中华人民共和国完成了历史赋予的这个任务。我们对得起我们的子孙后代。《书面发言》指出，正在进行的体制改革是要打破“大锅饭”，使我国的生产力获得一次新的大解放。我们要按照改革决定的精神去做，解放思想，实事求是，既要积极，又要稳妥。只要这样做了，这次改革就一定能够成功。我们是社会主义国家，我们既要有高度的物质文明，也要有高度的社会主义精神文明，这是我们永远要坚持的奋斗方向。

【在中央顾问委员会第三次全体会议上的讲话】（1984年10月22日） 邓小平1984年10月22日在中央顾问委员会第三次全体会议上的讲话。1986年收入人民出版社出版的《十二大以来重要文献选编》（中）。《讲话》指出，《中共中央关于经济体制改革的决定》这个文件很好，我们现在制定的这些方针、政策、战略，谁也变不了，这一代和下几代都不能变。用“一国两制”的方式解决香港问题，会直接影响到台湾问题。就国内问题而言，翻两番可以实现。翻两番不仅意味着到20世纪末，年国民生产总值达到一万亿美元，还是一个新的起点，意义重大。《决定》这个文件的第九条最重要，概括地说就是“尊重知识，尊重人才”，选拔年轻干部是中央顾问委员会的一个重要责任。

【军队要服从整个国家建设大局】（1984年11月1日） 邓小平1984年11月1日在中央军委座谈会上讲话的一部分。1986年收入人民出版社出版的《十二大以来重要文献选编》（中）。讲话指出，现在我们这个国家确实是生气勃勃，一片兴旺。党的十二大确定的目标是翻两番，现在看来肯定能够实现。现在需要的是全国党政军民一心一意服从国家建设这个大局，照顾这个大局。军队各个方面都和国家建设有关系，都要考虑如何支援和积极参加国家建设。无论空军也好，海军也好，国防科工委也好，都应该考虑腾出力量来支援国民经济的发展。大家都要从大局出发，照顾大局，千方百计使我们国家经济发展起来。培养军队和地方两用人才，也是个顾全大局的问题。现在军队培养军地两用人才的工作做得不错，有成绩。军队培养两用人才，地方是欢迎的。我们军队培养了不少专业技术的人才，把其中一些人才转到地方各行各业去，对地方也是个支援。在座的同志要教育我们各级干部，关心国家大局。我们军队要一切服从国家建设这个大局。

【中华人民共和国政府和大不列颠及北爱尔兰联合王国政府关于香港问题的联合声明】（1984年12月19日） 中华人民共和国政府代表赵紫阳总理与大不列颠及北爱尔兰联合王国政府代表玛格丽特•撒切尔首相1984年12月19日签署。1986年收入人民出版社出版的《十二大以来重要文献选编》（中）。《联合声明》共有八项规定。《联合声明》指出，中华人民共和国政府决定于1997年7月1日对香港恢复行使主权；大不列颠及北爱尔兰联合王国政府于1997年7月1日将香港交还给中华人民共和国；中国政府表明了中华人民共和国对香港的十二条基本方针政策；中英双方明确了香港过渡时期的时限、行政管理和成立中英联合联络小组等事项。《联合声明》还有三个附件：《中华人民共和国政府对香港的基本方针政策的具体说明》《关于中英联合联络小组》《关于土地契约》。

【中共中央、国务院关于进一步活跃农村经济的十项政策】（1985年1月1日）　中共中央、国务院1985年1月1日发出。1986年收入人民出版社出版的《十二大以来重要文献选编》（中）。文件指出，为实现进一步改革农村经济管理体制，促进农村产业结构合理化，搞活农村经济等目标，制定十项经济政策：一、改革农产品统派购制度。二、大力帮助农村调整产业结构。三、进一步放宽山区、林区政策。四、积极兴办交通事业。五、对乡镇企业实行信贷、税收优惠。鼓励农民发展采矿和其他开发性事业。六、鼓励技术转移和人才流动。七、放活农村金融政策，提高资金的融通效益。八、按照自愿互利原则和商品经济要求，积极发展和完善农村合作制。九、进一步扩大城乡经济交往，加强对小城镇建设的指导。十、发展对外经济、技术交流。

【中共中央、国务院关于批转《长江、珠江三角洲和闽南厦漳泉三角地区座谈会纪要》的通知】（1985年2月18日）　中共中央、国务院1985年2月18日发出。1986年收入人民出版社出版的《十二大以来重要文献选编》（中）。《通知》指出，在长江、珠江三角洲和闽南厦漳泉三角地区开辟沿海经济开放区，是我国实施对内搞活经济、对外实行开放的又一重要步骤，是社会主义经济建设中具有重要战略意义的布局。这三个经济开放区应逐步形成贸—工—农型的生产结构。要围绕这一中心，合理调整农业结构，认真搞好技术引进和技术改造，大力发展出口，增加外汇收入，成为对外贸易的重要基地；同时，又要加强同内地的经济联系，共同开发资源，带动内地经济的发展，成为扩展对外经济联系的窗口。搞好经济体制改革和对外开放，是我们坚定不移的方针，但在具体实施中，一定要谨慎从事，务求必胜。要以科学的管理来指导、促进和保障开放与搞活经济，进一步开放与加强管理必须同步进行。

【和平和发展是当代世界的两大问题】（1985年3月4日）　邓小平1985年3月4日会见日本商工会议所访华团时谈话的一部分。1986年收入人民出版社出版的《十二大以来重要文献选编》（中）。谈话着重论述了和平和发展是世界上两大战略性问题。指出现在世界上真正大的问题，带全球性的战略问题，一个是和平问题，一个是经济问题。和平问题是东西问题，世界和平的力量在发展，但是战争的危险还存在。中国现在是维护世界和平和稳定的力量。经济问题是南北问题。南北问题是两大战略性问题中的核心问题。南方得不到适当的发展，北方的资本和商品出路就有限得很，如果南方继续贫困下去，北方可能就没有出路。

【改革科技体制是为了解放生产力】（1985年3月7日）　邓小平1985年3月7日在

全国科技工作会议上的讲话。1986年收入人民出版社出版的《十二大以来重要文献选编》(中)。讲话指出，七年来科学技术是生产力的观点得到了广泛认同，科技界的同志这几年做了很多工作。现在要进一步解决科技和经济结合的问题，在方针问题、认识问题解决之后，还要解决体制问题，中央还要作科技体制改革的决定。经济体制，科技体制，这两方面的改革都是为了解放生产力，双管齐下，有可能使长期存在的科技与经济脱节的问题得到比较好的解决。改革经济体制，最重要的是人才问题：一是能不能每年给知识分子解决一点问题，要切切实实解决，要真见效；二是要创造一种环境，使拔尖人才能够脱颖而出。

【一靠理想二靠纪律才能团结起来】(1985年3月7日) 邓小平1985年3月7日在全国科技工作会议上作《改革科技体制是为了解放生产力》的讲话后，即席作的一次讲话。1986年收入人民出版社出版的《十二大以来重要文献选编》(中)。讲话指出，我们在建设具有中国特色的社会主义社会时，一定要坚持发展物质文明和精神文明，坚持五讲四美三热爱，教育全国人民做到有理想、有道德、有文化、有纪律。这四条里面，理想和纪律特别重要。我们一定要经常教育我们的人民，尤其是我们的青年，要有理想。为什么我们过去能在非常困难的情况下奋斗出来，战胜千难万险使革命胜利呢？就是因为我们有理想，有马克思主义信念，有共产主义信念。我们干的是社会主义事业，最终目的是实现共产主义。我们允许个体经济发展，还允许中外合资经营和外资独营的企业发展，但是始终以社会主义公有制为主体。社会主义的目的就是要全国人民共同富裕，不是两极分化。如果我们的政策导致两极分化，我们就失败了；如果产生了什么新的资产阶级，那我们就真是走了邪路了。总之，一个公有制占主体，一个共同富裕，这是我们所必须坚持的社会主义的根本原则。有了理想，还要有纪律才能实现。我们这么大一个国家，怎样才能团结起来、组织起来呢？一靠理想，二靠纪律。共产党员一定要严格遵守党的纪律。无论是不是党员，都要遵守国家的法律。有理想，有纪律，这两件事我们务必时刻牢记在心。

【中共中央关于科学技术体制改革的决定】(1985年3月13日) 中共中央1985年3月13日发布。1986年收入人民出版社出版的《十二大以来重要文献选编》(中)。《决定》共九个部分：一、我们应当按照经济建设必须依靠科学技术、科学技术工作必须面向经济建设的战略方针，尊重科学技术发展规律，从我国的实际出发，对科学技术体制进行坚决的有步骤的改革。改革的主要内容包括运行机制、组织结构和人事制度等。二、改革对研究机构的拨款制度，按照不同类型科学技术活动的特点，实行经费的分类管理。三、促进技术成果的商品化，开拓技术市场。四、调整科学技术系统的组织结构，鼓励研究、教育、设计机构与生产单位的联合，强化企业的技术吸收和开发能力。五、改革农业科学技术体制，推动农村经济向专业化、商品化、现代化转变。六、合理部署科学研究的纵深配置。七、扩大研究机构的自主权，改善政府机构对科学技术工作的宏观管理。八、坚持对外开放、走向世界的基本政策。九、改革科学技术人员管理制度，造成人才辈出、人尽其才的良好环境。

【中共中央整党工作指导委员会关于第二期整党工作的基本要求的通知】（1985年4月10日） 中共中央整党工作指导委员会1985年4月10日发出。1986年收入人民出版社出版的《十二大以来重要文献选编》（中）。《通知》指出，第二期整党工作，从1984年冬天以来已陆续在各地区、各部门分批展开，并开始取得初步成效。为了推动这期整党工作更加深入地发展，中共中央整党工作指导委员会要求在完成整党任务中注意突出重点，把增强党性观念作为提高广大党员的思想政治素质的中心环节，坚决纠正新的不正之风，进一步搞好领导班子的调整和建设，加强各级党委对第二期整党工作的指导。

【各级党委和政府要把教育工作认真抓起来】（1985年5月19日） 邓小平1985年5月19日在全国教育工作会议上的讲话。1986年收入人民出版社出版的《十二大以来重要文献选编》（中）。讲话指出，我们国家，国力的强弱，经济发展后劲的大小，越来越取决于劳动者的素质，取决于知识分子的数量和质量。中央提出要以极大的努力抓教育，并且从中小学抓起，这是有战略眼光的一着。如果现在不向全党提出这样的任务，就会误大事，就要负历史的责任。一个地区、一个部门，如果只抓经济，不抓教育，那里的工作重点就是没有转移好，或者说转移得不完全。忽视教育的领导者，是缺乏远见的、不成熟的领导者，就领导不了现代化建设。各级领导要像抓好经济工作那样抓好教育工作。各级党委和政府，对教育工作不仅要抓，并且要抓紧、抓好，严格要求，少讲空话，多干实事。那种只靠发指示、说空话过日子的坏作风，一定要转变过来。各个部门和地方，特别是主要负责同志，都要注意这个问题。只要各级领导认真抓，扎扎实实抓它几年，中华民族教育事业空前繁荣的新局面，一定会到来。

【中共中央关于教育体制改革的决定】（1985年5月27日） 中共中央1985年5月27日发布。1986年收入人民出版社出版的《十二大以来重要文献选编》（中）。《决定》共五个部分：一、教育体制改革的根本目的是提高民族素质，多出人才、出好人才；二、把发展基础教育的责任交给地方，有步骤地实行九年制义务教育；三、调整中等教育结构，大力发展职业技术教育；四、改革高等学校的招生计划和毕业生分配制度，扩大高等学校办学自主权；五、加强领导，调动各方面积极因素，保证教育体制改革的顺利进行。《决定》指出，要从根本上改变我国教育事业的落后状况和教育体制的弊端，必须从教育体制入手，有系统地进行改革。《决定》要求地方各级人民代表大会根据本地区的情况，制订本地区的义务教育条例，确定本地区推行九年制义务教育的步骤、办法和年限。职业技术教育是整个教育事业最薄弱的环节，一定要采取切实有效的措施改变这种状况。高等教育体制改革的关键，是改变政府对高等学校统得过多的管理体制，在国家统一的教育方针和计划的指导下，扩大高等学校的办学自主权，加强高等学校同生产、科研和社会其他各方面的联系，使高等学校具有主动适应经济和社会发展需要的积极性和能力。在教育体制改革中，必须尊重教育工作的规律和特点，坚持实事求是，一切从实际出发。为了加强党和政府对教育工作的领导，成立国家教育委员会，负责掌握教育的大政方针，统筹整个教育事业的发展，协调各部门有关教育的工作，统一部署和指导教育体制的改革。要调动各方面的积极性，最重要的是要调动教师积极性。必须紧紧地依靠教师，认真听取他们的意见，充分发挥他们的作用。要动员和教育全党、全社会和全国人民关心和支持教育体制改革，保证教育体制改革的顺利进行。

【两个文明要一起抓】（1985年6月29日） 陈云1985年6月29日在全国端正党风工作经验交流会上的讲话。1986年收入人民出版社出版的《十二大以来重要文献选编》（中）。讲话指出，总结抓党风工作好的经验，这对促进党风的进一步好转，保证经济体制改革的顺利进行，是很必要的。要使全党同志明白，我们干的是社会主义事业，最终目的是实现共产主义。这一点，非常重要。在进行社会主义物质文明建设的时候，如果不同时进行社会主义精神文明建设，物质文明建设就可能偏离正确的方向。建设社会主义精神文明，是全党的任务，党的纪律检查部门负有重大的责任。希望纪检部门的同志和全党同志，在建设物质文明的同时，认真抓精神文明建设，两个文明一起抓。抓社会主义精神文明建设，关键是搞好执政党的党风，提高共产党员的党性觉悟，坚定地保持共产主义的纯洁性。要同一切违反共产主义理想的错误言行，进行坚决斗争。

【中共中央、国务院关于尊重爱护军队积极支持军队改革和建设的通知】（1985年7月27日） 中共中央、国务院1985年7月27日发出。1986年收入人民出版社出版的《十二大以来重要文献选编》（中）。《通知》指出：中共中央、国务院肯定了军队减少员额100万的重大意义和新时期军队建设的伟大成果。为进一步做好尊重、爱护、支持军队的工作，提出以下要求：加强军队宣传工作；教育公民积极认真地履行兵役义务；妥善安置军队的转业干部和离休、退休干部；切实做好优抚工作；按照军民两利的原则，在经济建设领域广泛开展军民互助协作；正确处理军队、地方之间发生的问题。

【改革是中国发展生产力的必由之路】（1985年8月28日） 邓小平1985年8月28日会见津巴布韦非洲民族联盟主席、政府总理穆加贝时谈话的一部分。1986年收入人民出版社出版的《十二大以来重要文献选编》（中）。谈话回顾总结了中国几十年搞社会主义的经验。指出社会主义任务的根本一条就是发展生产力，为共产主义创造物质基础。我们拨乱反正，就是要在坚持四项基本原则的基础上发展生产力。为了发展生产力，必须对我国的经济体制进行改革，实行对外开放的政策。吸收资本主义国家的资金、技术，为的是发展社会主义的生产力。在改革中坚持社会主义的方向，这是一个很重要的问题。对内搞活经济、对外开放是在坚持社会主义原则下开展的。社会主义本身有两个非常重要的方面：一是要坚持公有制为主体的经济，二是决不能导致贫富两极分化。如果导致两极分化，改革就算失败了。讲开放问题不能忽视国家机器的作用。一旦发现偏离社会主义方向的情况，国家机器就会出面干预，纠正过来。在改革中注意不要犯性急的错误。外国的经验可以借鉴，但是绝对不能照搬。

【中共中央关于制定国民经济和社会发展第七个五年计划的建议】（1985年9月23日）　中国共产党全国代表会议1985年9月23日通过。1986年收入人民出版社出版的《十二大以来重要文献选编》（中）。《建议》包括七个部分：基本指导原则和主要奋斗目标；经济建设的战略布局和主要方针；科学、教育和文化事业；对外经济贸易和技术交流；经济体制和调节手段；人民生活和社会保障；团结起来，为胜利推进社会主义现代化建设而奋斗。《建议》提出，“七五”期间经济和社会发展，必须坚持把改革放在首位；坚持社会总需求和总供给的基本平衡；坚持把提高经济效益特别是提高产品质量放到十分突出的位置上来；坚持在推进物质文明建设的同时，大力加强社会主义精神文明建设。争取基本上奠定有中国特色的新型社会主义经济体制的基础，大力促进科学技术进步和智力开发，不断提高经济效益，使1990年的工农业总产值和国民生产总值比1980年翻一番或者更多一些。“七五”期间要求达到国民生产总值平均每年增长7%左右，其中农业总产值平均每年增长6%，工业总产值平均每年增长7%。到1990年，全国工农业总产值将达到1万6千亿元，国民生产总值将达到1万1千亿元。在这五年中，我国财政总收入将达到9千亿元左右，全民所有制单位的固定资产将新增5千亿元左右，我国人民的消费将由温饱型逐步向小康型过渡。

【在中国共产党全国代表会议上的讲话】（1985年9月23日）　邓小平1985年9月23日在中国共产党全国代表会议上的讲话。1986年收入人民出版社出版的《十二大以来重要文献选编》（中）。《讲话》谈了四个问题：一是关于形势和改革，二是关于“七五”计划，三是关于精神文明建设，四是关于干部的新老交替和理论学习。《讲话》指出，要抓住当前有利时机，同时注意及时发现和解决问题，力争在不太长的时间内把改革搞好。“七五”计划的方针政策是正确的，确定的目标是切合实际的。当前的精神文明建设，首先要着眼于党风和社会风气的根本好转。几年来新老干部的合作和交替进行得比较顺利，一个新的要求是新老干部都要学习马克思主义理论。

【中共中央关于进一步加强青少年教育预防青少年违法犯罪的通知】（1985年10月4日） 中共中央1985年10月4日发出。1986年收入人民出版社出版的《十二大以来重要文献选编》（中）。《通知》指出：全党应充分重视青少年违法犯罪问题，进一步加强对青少年的思想教育工作：一、全社会都要关心和教育青少年；二、大力加强对青少年的理想、道德、纪律和法制教育；三、积极开展群众性的、健康有益的文体活动，丰富青少年的业余、课余生活；四、为青少年提供更多更好的精神产品，满足青少年的求知欲望；五、严禁淫秽物品，整顿内容不健康的报刊，严厉打击引诱青少年犯罪的教唆犯；六、严格纪律，在青少年中造成良好风气；七、巩固在学率，减少辍学生；八、认真做好有轻微违法犯罪行为的青少年的帮教工作，教育挽救失足者；九、充分发挥离休退休老干部、老工人、老教师的作用，精心培育青少年；十、抓紧制订保护青少年的有关法律，切实保障青少年的合法权益。

【中共中央、国务院关于一九八六年农村工作的部署】（1986年1月1日） 中共中央、国务院1986年1月1日发出。1986年收入人民出版社出版的《十二大以来重要文献选编》（中）。该文件共六个部分：新的形势和任务；进一步摆正农业在国民经济中的地位；依靠科学，增加投入，保持农业稳定增长；深入进行农村经济改革；切实帮助贫困地区逐步改变面貌；加强领导，改进领导。文件指出，实践证明，农村改革的方针政策是正确的，必须继续贯彻执行。1986年农村工作总的要求是：落实政策，深入改革，改善农业生产条件，组织产前产后服务，推动农村经济持续稳定协调发展。文件强调：农村经济的稳定发展对国民经济的全局至关重要，对实现本世纪末小康目标更具有决定意义。中央希望各级领导和各有关部门，密切协同，奋发努力，促进农村经济的全面振兴，夺取农村改革的全面胜利。

【在中央政治局常委会上的讲话】（1986年1月17日） 邓小平1986年1月17日在中央政治局常委会上的讲话。1986年收入人民出版社出版的《十二大以来重要文献选编》（中）。《讲话》指出，社会主义精神文明建设必须狠狠地、一天不放松地抓。抓党风、社会风气好转，就是要从具体事件抓起，要抓典型。高级干部在对待家属、子女违法犯罪的问题上必须有坚决、明确、毫不含糊的态度，坚决支持查办部门。不管牵涉到谁，都要按照党纪、国法查处。要真正抓紧实干，不能手软。死刑不能废除，有些罪犯就是要判死刑。当然，杀人要慎重，但总得要杀一些。涉及政治领域、思想领域的问题，只要不触犯刑律，就不受刑事惩处，不涉及死刑问题。但是对严重的经济犯罪、刑事犯罪，总要依法杀一些人。现在总的表现是手软。判死刑也是一种必不可少的教育手段。1952年杀了两个人，一个刘青山，一个张子善，起了很大作用。不能不讲四个坚持，不能不讲专政，这个专政可以保证我们的社会主义现代化建设顺利进行，有力地对付那些破坏建设的人和事。书记处抓整顿风气抓得好，建议狠抓两年，必然大见成效。

【中共中央关于严格按照党的原则选拔任用干部的通知】（1986年1月28日） 中共中央1986年1月28日发出。1986年收入人民出版社出版的《十二大以来重要文献选编》（中）。《通知》指出，针对当前在干部选拔任用工作中存在的一些问题，特作规定：一、领导干部必须在用人方面模范地遵守党的原则，维护组织人事工作纪律；二、选拔任用领导干部必须严格按照规定的程序办事；三、选拔任用领导干部必须充分走群众路线；四、决定提拔干部前，必须按拟任职务所要求的德才条件进行严格考察；五、选拔干部必须由党委集体讨论决定，不准个人说了算；六、提拔干部应从经过实践锻炼的同志中择优任用；七、严格禁止擅自增设机构、提高机构规格和增加领导干部职数；八、各级组织人事部门必须认真履行职责，当好党委的参谋和助手。

【中共中央、国务院关于进一步制止党政机关和党政干部经商、办企业的规定】（1986年2月4日） 中共中央、国务院1986年2月4日发出。1986年收入人民出版社出版的《十二大以来重要文献选编》（中）。《规定》指出，党政机关和党政干部经商、办企业，以权谋私，损公肥私，危害很大。为了坚决刹住这股不正之风，中共中央、国务院对几个有关问题作了进一步规定。该规定共十项：一、党政机关一律不准经商、办企业。凡违反规定仍在开办的企业，不管原来经过哪一级批准，都必须立即停办，或者同机关彻底脱钩。二、机关干部、职工一律不准在各类企业中担任职务。在职干部、职工一律不许停薪留职去经商、办企业。三、离休、退休干部除中央书记处、国务院批准者外，不得到国营企业任职。四、凡参与违法经营或为其提供方便的干部、职工要予以惩处。五、领导干部的子女、配偶，在党政机关及所属编制序列的事业单位工作的，一律不得离职经商、办企业。不在党政机关及所属编制序列的，不准利用领导的影响和关系经商、办企业。六、有关事业单位和企业停办后由直接批准的业务主管部门负责清理，并与企业共同承担经济责任和法律责任，同时追究有关人员的责任。七、工商行政管理机关必须严格按国家有关规定审批申请开办的企业，失职者要追究责任。各级领导干部不得干预工商行政管理机关依法行使职权。八、本规定适用于工会等群众组织和这些组织的干部、职工。九、为安排青年就业开办的劳动服务公司和乡镇、街道开办的企业存在的问题，另作规定。十、军队机关和军队干部办企业问题，按照1985年国务院、中央军委的有关文件办理。有关具体问题，由国务院、中央军委另行规定。该件附有1986年3月29日《中共中央办公厅、国务院办公厅关于贯彻执行〈中共中央、国务院关于进一步制止党政机关和党政干部经商、办企业的规定〉几个问题的说明》。

【中华人民共和国国民经济和社会发展第七个五年计划（1986—1990）】

（1986年4月12日） 第六届全国人民代表大会第四次会议1986年4月12日通过。1986年摘要收入人民出版社出版的《十二大以来重要文献选编》（中）。“七五”计划由绪论、十个部分五十六章构成。绪论提出了“七五”计划执行的原则和方针。十个部分的主要内容是：一、主要任务和经济发展目标；二、产业结构和产业政策；三、地区布局和地区经济发展政策；四、科学技术发展和政策；五、教育发展及其政策；六、对外经济贸易和技术交流；七、投资结构和投资政策；八、经济体制改革的目标和任务；九、人民生活和社会保障；十、社会主义精神文明建设。

【中共中央、国务院关于认真执行改革劳动制度几个规定的通知】（1986年4月18日） 中共中央、国务院1986年4月18日发出。1988年收入人民出版社出版的《十二大以来重要文献选编》（下）。《通知》指出，国务院常务会议审议通过的《国营企业实行劳动合同制暂行规定》《国营企业辞退职工暂行规定》和《国营企业职工待业保险暂行规定》，即将由国务院发布施行。有关部门正在制定改革国营企业招工制度的暂行规定，也将由国务院审定后发布施行。实施上述各项暂行规定，是我国建国以来劳动制度的重大改革，关系到社会主义经济建设的发展和全体人民的根本利益，要求各地广泛宣传劳动制度改革的目的、意义，认真研究落实有关的政策、措施，妥善部署和精心指导这项改革工作。实施中的重要情况和问题要及时向中央和国务院报告。

【在听取经济情况汇报时的谈话】（1986年6月10日） 邓小平1986年6月10日在听取中央领导同志汇报当前经济情况时的谈话。1988年收入人民出版社出版的《十二大以来重要文献选编》（下）。《谈话》指出，有两三个问题如果解决不好，将会影响我国经济的发展。一是农业，主要是粮食问题。应把农业放到一个恰当位置上，总的目标始终不要离开本世纪末达到年产9600亿斤的盘子。要避免过几年又出现大量进口粮食的局面，如果那样，将会影响我们经济发展的速度。二是外汇问题。外贸逆差必须每年有所减少，否则就会拖后腿，经济长期、持续、稳定发展就不可能。香港的水果、蔬菜市场可以进一步打开，可以建立专门出口鲜活商品的基地。要研究增加煤炭出口问题，还要研究提高产品质量。产品要打开出口销路，关键是提高质量。质量不高，就没有竞争能力。总之，逐年减少外贸逆差是个战略性问题。否则，总有一天经济要萎缩下去。三是政治体制改革问题。政治体制改革必须进行，要精兵简政，真正下放权力，扩大社会主义民主，把改革提到日程上来，把人民群众和基层组织的积极性调动起来。总之，改革要继续进行下去。

【改革政治体制，增强法制观念】（1986年6月28日） 邓小平1986年6月28日在中央政治局常委会上的讲话。1988年收入人民出版社出版的《十二大以来重要文献选编》（下）。讲话指出，属于法律范围的问题，由党管不合适。党干预太多，就会妨碍在全体人民中树立法制观念。党要管党内纪律问题，法律范围的问题应该由国家和政府管。我们现在的重点是端正党风，但从全局来看，是加强法制。加强法制重要的是要进行教育，根本问题是教育人。法制教育要从娃娃开始，我们的小学、中学都要进行这个教育。讲话强调，我们党管政府怎么管法，需要总结一下经验。党要善于领导，不能干预太多。干预太多，搞不好倒会削弱党的领导。我们所有的改革最终能不能成功，还是决定于政治体制的改革。这半年来端正党风的工作是有成绩的，但这件事还要抓，而且要贯穿在我们整个改革过程之中。开放、搞活，必然带来一些不好的东西，不对付它，开放、搞活就会走到邪路上去。所以，这是一项长期的工作。开放、搞活政策延续多久，端正党风的工作就得干多久，纠正不正之风、打击犯罪就得干多久，这样才能保证我们开放、搞活政策的正确执行。

【中共中央关于全党必须坚决维护社会主义法制的通知】（1986年7月10日）　中共中央1986年7月10日发出。1988年收入人民出版社出版的《十二大以来重要文献选编》（下）。《通知》指出，在新的历史条件下，要认真贯彻落实“一手抓建设，一手抓法制”的思想，全党必须重视社会主义法制建设，各级干部和全体党员要自觉地接受群众的监督和法制的约束，养成依法办事的习惯。为此，中央作出本通知。通知内容共六项：一、建设具有中国特色的社会主义法制是我党的一项伟大历史任务；二、坚持党的领导和依法办事是一致的；三、各级人民代表大会是人民行使国家权力的机关；四、充分发挥司法机关的职能，提高司法机关的权威；五、各级党委要高度重视国家权力机关、行政机关和司法机关干部队伍的建设；六、各级公安、司法机关的党组织和广大党员要带头学法懂法，模范遵守宪法和法律，把各项工作纳入法制的轨道。

【中共中央批转中央统战部《关于新时期党对民主党派工作的方针任务的报告》的通知】（1986年7月16日）　中共中央1986年7月16日发出。1988年收入人民出版社出版的《十二大以来重要文献选编》（下）。《通知》指出，中央统战部《关于新时期党对民主党派工作的方针任务的报告》，总结了建国以来党对民主党派工作的基本经验，阐明了新时期党对民主党派工作的方针和任务，是一个重要文件。要求各级党委认真研究，贯彻执行。《通知》强调指出，新时期统战工作要紧紧围绕实现祖国和平统一、振兴中华这个总目标，立足国内，面向港澳，面向台湾，面向海外，把视线逐步从国内扩展到海外。通过多领域、多渠道、多形式、多层次，广泛地开展对港澳同胞、台湾同胞和海外侨胞的工作。各级党委要进一步加强对民主党派的工作。要及时向他们传达我党的有关方针政策，沟通思想和情况。有关国家大政方针，要多同民主党派协商，认真听取他们的意见和建议。要在他们中交些知心朋友，特别要交诤友，从他们那里经常得到帮助和监督。要帮助民主党派解决领导班子老化问题，放手支持他们独立自主地积极开展各项工作和活动，使他们在统一祖国、振兴中华的大业中，发挥更大的作用。中央统战部的《报告》共五个部分：一、共产党领导下的多党派合作，是我国政治制度的一个重要特点和优点。二、统一思想，正确贯彻“长期共存，互相监督”，“肝胆相照，荣辱与共”的方针。三、党对民主党派工作的形势和任务。四、支持和帮助民主党派加强自身建设。五、加强和改善党对民主党派工作的领导。

【中共中央、国务院转发《关于当前科技工作形势和今后工作若干意见的报告》的通知】（1986年9月5日） 中共中央、国务院1986年9月5日发出。1988年收入人民出版社出版的《十二大以来重要文献选编》（下）。《通知》指出，国家科委《关于当前科技工作形势和今后工作若干意见的报告》对当前科技工作形势的分析是切合实际的，对今后工作的若干设想也是可行的。《报告》中提出的一些重要的政策思想，对发展我国科技事业，促进社会主义物质文明和精神文明建设，改善知识分子工作具有指导意义。《通知》要求各地各部门对报告切实贯彻落实。国家科委的《报告》共五个部分：当前科技工作形势；全面贯彻科技工作的战略部署；坚定而又稳步地推进改革；加强科技界知识分子工作；发挥科学技术在精神文明建设中的作用。

【政治体制改革要有一个蓝图】（1986年9月13日） 邓小平1986年9月13日在听取中央财经领导小组汇报时谈话的一部分。1988年收入人民出版社出版的《十二大以来重要文献选编》（下）。谈话指出：不搞政治体制改革，经济体制改革难于贯彻。政治体制改革的目的是调动群众的积极性，提高效率，克服官僚主义。改革的主要内容是：党政分开，权力下放，精简机构，提高效率。在改革中，不能照搬西方的，不能搞自由化。改革总要有一个期限，不能太迟，要有一个蓝图。

【中共中央、国务院关于颁发全民所有制工业企业三个条例的通知】（1986年9月15日） 中共中央、国务院1986年9月15日发出。1988年收入人民出版社出版的《十二大以来重要文献选编》（下）。《通知》指出，《全民所有制工业企业厂长工作条例》《中国共产党全民所有制工业企业基层组织工作条例》和《全民所有制工业企业职工代表大会条例》三个条例的颁发，对克服当前企业领导体制中某些不协调状况，理顺各方面关系，不断提高管理水平，加快四个现代化建设，具有十分重要的意义。希望各省、自治区、直辖市党委和人民政府在本地区、本部门正在进行企业领导体制改革试点的全民所有制工业企业中认真贯彻实行。《通知》指出，企业领导体制改革的基本内容是：企业实行生产经营和行政管理工作厂长负责制；明确企业党组织的工作重点，为保证和监督党和国家各项方针政策的贯彻实施，做好企业党的思想建设、组织建设和思想政治工作；进一步健全职工代表大会制度和各项民主管理制度，发挥工会组织和职工代表在审议企业重大决策、监督行政领导干部、维护职工合法权益等方面的作用。企业党组织要积极支持厂长行使职权，厂长应自觉地接受党组织和职工的监督。厂长和书记都要顾全大局，合作共事，认真贯彻执行三个条例，搞好企业领导体制改革的试点，搞好两个文明建设，改善和加强企业管理，完成国家生产计划和各项任务。《全民所有制工业企业厂长工作条例》共七章四十条，确定全民所有制工业企业实行厂长负责制，规定了厂长的条件和任免，以及职责和权限等。《中国共产党全民所有制工业企业基层组织工作条例》共七章三十一条，对改善和加强企业中党的领导，发挥党组织的保证、监督作用，党员的教育和管理，企业思想政治工作，党委和职工代表大会、群众组织等作出了规定。《全民所有制工业企业职工代表大会条例》共七章二十九条，要求全民所有制工业企业建立和健全职工代表大会（或职工大会）制度和其他民主管理制度，保障与发挥工会组织和职工代表在审议企业重大决策、监督行政领导、维护职工合法权益等方面的权力和作用，并作出了具体规定。

【中共中央、国务院关于加强农村基层政权建设工作的通知】（1986年9月26日）　中共中央、国务院1986年9月26日发出。1988年收入人民出版社出版的《十二大以来重要文献选编》（下）。《通知》共七个部分：一、明确党政分工，理顺党政关系；二、实行政企分开，促进农村经济进一步发展；三、简政放权，健全和完善乡政府的职能；四、切实搞好乡政权的自身建设；五、努力提高干部素质，认真改进工作作风；六、搞好村（居）民委员会的建设；七、加强对农村基层政权建设工作的领导。《通知》指出，我国有八亿人口在农村，把农村基层政权建设好，对于顺利推进政治体制改革和经济体制改革，加强社会主义民主和社会主义法制，促进社会主义精神文明建设，实现社会治安和社会风气的根本好转，实现本世纪末全国工农业年总产值翻两番的战略目标，建设有中国特色的社会主义，具有十分重要的意义。各级党委和政府接到本《通知》后，都要认真研究一次农村基层政权建设问题，作出贯彻本《通知》的具体部署。各地农村基层政权建设工作中的重大情况和问题，望及时报告党中央、国务院。

【在党的十二届六中全会上的讲话】（1986年9月28日）　邓小平1986年9月28日在中共十二届六中全会讨论《中共中央关于社会主义精神文明建设指导方针的决议》（草案）时的讲话。1988年收入人民出版社出版的《十二大以来重要文献选编》（下）。讲话强调，现在在群众中，在年轻人中，有一种思潮，这种思潮就是自由化。还有一些香港、台湾的议论，都是反对我们的四项基本原则，主张我们把资本主义一套制度都拿过来，似乎这样才算真正搞现代化了。这种自由化实际上就是要把我们中国现行的政策引导到走资本主义道路。自由化本身就是资产阶级的，没有什么无产阶级的、社会主义的自由化。搞自由化，就会破坏我们安定团结的政治局面。我们搞的四个现代化是社会主义四个现代化，实行开放政策，吸收资本主义社会的一些有益的东西，是作为发展社会主义生产力的一个补充。反对资产阶级自由化，不仅这次要讲，还要讲十年二十年。

【中共中央关于社会主义精神文明建设指导方针的决议】（1986年9月28日） 中国共产党第十二届中央委员会第六次全体会议1986年9月28日通过。1988年收入人民出版社出版的《十二大以来重要文献选编》（下）。《决议》共八个部分：一、社会主义精神文明建设的战略地位；二、社会主义精神文明建设的根本任务；三、用共同理想动员和团结全国各族人民；四、树立和发扬社会主义的道德风尚；五、加强社会主义民主、法制、纪律的教育；六、普及和提高教育科学文化；七、马克思主义在精神文明建设中的指导作用；八、党组织和党员在精神文明建设中的责任。《决议》指出，全党同志必须从我国社会主义现代化建设的总体布局的高度，正确认识社会主义精神文明建设的战略地位；以经济建设为中心，坚定不移地进行经济体制改革，坚定不移地进行政治体制改革，坚定不移地加强精神文明建设，并且使这几个方面互相配合，互相促进。社会主义精神文明建设的基本方针是：它必须是推动社会主义现代化建设的精神文明建设，必须是促进全面改革和实行对外开放的精神文明建设，必须是坚持四项基本原则的精神文明建设。社会主义精神文明建设的根本任务，是适应社会主义现代化建设的需要，培养有理想、有道德、有文化、有纪律的社会主义公民，提高整个中华民族的思想道德素质和科学文化素质。

【旗帜鲜明地反对资产阶级自由化】（1986年12月30日） 邓小平1986年12月30日关于学生闹事问题同几位中央负责同志的谈话。1988年收入人民出版社出版的《十二大以来重要文献选编》（下）。谈话指出，学生闹事，是一个很重大的事件。凡是冲天安门的，要采取坚决措施。学生闹事是几年来反对资产阶级自由化思潮旗帜不鲜明、态度不坚决的结果。我们讲民主，不能搬用资产阶级的民主，不能搞三权鼎立那一套。我们执行对外开放政策，学习外国的技术，利用外贸，这只是社会主义建设的一个补充，而不能离开社会主义道路。我们允许一些地区、一些人先富起来，是为了最终达到共同富裕，但也允许有差别。中国没有共产党的领导、不搞社会主义是没有前途的。我们要理直气壮坚持社会主义道路，坚持四项基本原则。反对资产阶级自由化不可缺少，至少还要搞20年。处理学生闹事是一件大事，领导要旗帜鲜明，群众才能擦亮眼睛。领导态度坚决了，就闹不起来了。

【排除干扰，坚定地执行改革开放政策】（1987年1月13日） 邓小平1987年1月13日会见日本自民党干事长竹下登时谈话的一部分。1988年收入人民出版社出版的《十二大以来重要文献选编》（下）。谈话指出：学生闹事不会出大问题，不会影响我们既定的方针政策，不会影响改革、开放的政策。问题在于我们思想战线上出现了一些混乱，对青年学生引导不力。这是一个重大失误。要用我们自己的历史来教育青年，也要揭露那些别有用心的人，因为他们这次的口号是反对共产党的领导，反对社会主义道路，旗帜鲜明。另一方面他们又主张全盘西化，要把西方资本主义制度全盘搬到中国来。我们要对付这些人。这些人恰恰就在共产党里。共产党要有纪律。这次主要检查这样的问题。我们在处理这种事情的过程中，要及时总结经验，排除各方面的干扰，更加坚定地执行改革开放政策。

【中共中央政治局扩大会议公报】（1987年1月16日）　中共中央政治局1987年1月16日发布。1988年收入人民出版社出版的《十二大以来重要文献选编》（下）。《公报》指出，中共中央政治局扩大会议对胡耀邦同志的问题作出决定：一致同意接受胡耀邦同志辞去党中央总书记职务的要求；一致推选赵紫阳同志代理党中央总书记，提请党的下一次中央全会追认；继续保留胡耀邦同志中央政治局委员、中央政治局常委的职务。会议指出，全党要继续执行十一届三中全会以来党中央的路线、方针和各项内外政策，继续坚持四项基本原则，反对资产阶级自由化，继续实行全面改革，实行对外开放、对内搞活经济的政策，继续发展社会主义民主、完善社会主义法制、巩固和扩大爱国统一战线，动员、组织全党同志和全国各族人民，团结一致，艰苦奋斗，努力完满实现第七个五年计划的任务。

【把农村改革引向深入】（1987年1月22日）　中共中央政治局1987年1月22日通过。1988年收入人民出版社出版的《十二大以来重要文献选编》（下）。该文件共九个部分：一、农村经济体制改革的进程；二、继续改革统派购制度，扩大农产品市场；三、搞活农村金融，开拓生产要素市场；四、完善双层经营，稳定家庭联产承包制；五、发展多种形式的经济联合；六、对个体经济和私人企业的方针；七、调整产业结构，促进农业劳动力转移；八、加强基层组织建设和思想建设；九、有计划地建立改革试验区。通知指出：几年来农村改革已取得了重要成果，农村经济体制改革的框架已初步显现出来，现正处于新旧体制交替时期，改革必须坚持下去，并做好充实、巩固、配套、提高工作，争取再以五年或稍长一点的时间，使新体制充实和完善起来，在农村经济中发挥主导作用。为了把农村改革引向深入，中央发出本通知，要求农村各级领导组织干部群众进行学习，全面理解新时期农村政策的精神，进一步动员起来，为繁荣富裕文明的社会主义新农村而奋斗。

【全国人民代表大会常务委员会关于加强法制教育维护安定团结的决定】（1987年1月22日）　第六届全国人民代表大会常务委员会第十九次会议1987年1月22日通过。1988年收入人民出版社出版的《十二大以来重要文献选编》（下）。《决定》依据宪法规定，从坚持四项基本原则等九个方面就加强法制教育、维护安定团结的问题作了进一步阐述。《决定》指出，发展社会主义民主，健全社会主义法制，是我们国家面临的一项根本任务。我们一定要进一步加强法制教育，使各级国家机关和国家工作人员、广大人民群众熟悉和掌握宪法和法律，做到人人知法、守法，并且运用法律武器同一切违反宪法和法律的行为作斗争，维护人民的合法的自由、民主和其他权利，维护社会秩序，维护安定团结的政治局面。这样，我们就一定能够比较顺利地建设一个具有高度的社会主义民主和健全的社会主义法制的有中国特色的繁荣富强的社会主义国家。中共中央于1987年1月28日发出《关于宣传贯彻全国人大常委会关于加强法制教育维护安定团结的决定的通知》，指出："这个《决定》是在全体人民中进行以宪法为核心的法制教育的重要教材，是当前坚持四项基本原则、反对资产阶级自由化、维护安定团结的强有力的法律武器和思想武器，必须认真组织学习、宣传和贯彻执行。"

【中共中央关于当前反对资产阶级自由化若干问题的通知】（1987年1月28日） 中共中央1987年1月28日发出。1988年收入人民出版社出版的《十二大以来重要文献选编》（下）。《通知》共七个部分：一、各级党组织务必充分认识反对资产阶级自由化斗争的重要性和长期性；二、当前反对资产阶级自由化斗争的范围和重点；三、反对资产阶级自由化必须十分注意政策界限；四、反对资产阶级自由化必须采取正确的方法，不搞政治运动；五、要进一步稳定高等院校的局势，改进和加强学校思想政治工作；六、新闻、舆论阵地必须坚持正确的思想政治方向；七、各级党委要加强调查研究，不断总结经验，精心指导好这场斗争。《通知》指出，在反对资产阶级自由化的同时，要切实认真地改进各方面的工作。决不允许借口反对自由化来压制或打击群众对我们工作缺点、错误的正当批评。通过这场斗争，必将进一步提高全党的马克思主义水平，有力地促进党的思想建设、作风建设和全社会的精神文明建设。

【中共中央批转中央军委《关于新时期军队政治工作的决定》的通知】（1987年2月15日） 中共中央1987年2月15日发出。1988年收入人民出版社出版的《十二大以来重要文献选编》（下）。《通知》指出：中央军委的这个决定，对军队政治工作的指导思想、主要任务、方针政策和基本方法，做出了正确的阐述和规定，对于保证军队的革命化、现代化、正规化建设，保证军队完成保卫祖国、建设祖国的光荣任务，具有重要的长远的指导作用。全军都要认真贯彻执行。《通知》强调，高度重视和不断加强、不断改进思想政治工作，是我们党一贯坚持的优良传统，是我们党领导人民夺取革命和建设胜利的重要保证。中央军委这个决定的基本精神，对各地方、各部门、各条战线做好思想政治工作，都是适用的。望各级党组织认真学习，并结合自己的实际情况加以运用，研究如何切实加强和改进这方面的工作。中央军委的决定共七个部分：一、人民解放军在国家实现三大任务中的历史责任。二、新的历史条件下必须加强我军政治工作。三、我军政治工作的基本指导思想。四、政治工作要在继承优良传统的基础上改革创新。五、适应新的历史条件开展政治工作。六、改进政治机关工作、提高政治干部素质。七、各级党委要成为部队统一领导和团结的坚强核心。

【中共中央关于坚决妥善地做好报纸刊物整顿工作的通知】（1987年3月29日） 中共中央1987年3月29日发出。1988年收入人民出版社出版的《十二大以来重要文献选编》（下）。《通知》就端正新闻舆论阵地的思想政治方向，做好报纸刊物整顿工作，提出六点要求：一、端正新闻、舆论阵地的思想政治方向，首先要把有关报刊及其出版单位整顿好。二、整顿报刊的重点是解决根本政治原则、政治方向问题，着重整顿在宣扬资产阶级自由化观点中错误突出、后果严重的报刊；同时继续查处严重违反党中央、国务院有关办报办刊规定的报刊。三、对重点整顿的报刊，要根据错误的性质、程度，并考虑其不同的历史、地位、影响，以及领导班子、编辑队伍的状况，在认真抓好思想整顿的同时，有领导、有区别地采取切实有效的组织整顿措施。四、党和政府直接领导的报刊，应对其工作人员进行一次全面、正确理解十一届三中全会以来的路线，进一步端正思想政治方向的教育。五、各级党委要加强对报刊整顿工作的领导。六、所有报刊经过检查认定整顿合格者，发给报刊登记证。凡整顿不合格者即不予登记。没有登记证的报刊，一律不能接受订户的预订，不准印刷和发行，违者取缔。报刊整顿应争取在1987年内基本完成。

【中华人民共和国政府和葡萄牙共和国政府关于澳门问题的联合声明】（1987年4月13日） 中华人民共和国政府代表赵紫阳总理与葡萄牙共和国政府代表卡瓦科·席尔瓦总理1987年4月13日在北京签署。1988年收入人民出版社出版的《十二大以来重要文献选编》（下）。《联合声明》共七个部分：一、澳门地区是中国领土，中国政府将于1999年12月20日对澳门恢复行使主权。二、中国政府根据“一个国家、两种制度”的方针，设立澳门特别行政区；澳门直辖于中央政府，享有高度的自治权；现行的社会、经济制度不变，生活方式不变，法律基本不变；澳门特别行政区自行制定有关文化、教育和科技政策，并依法保护在澳门的文物；澳门特别行政区可同葡萄牙和其他国家建立互利的经济关系；澳门特别行政区可以“中国澳门”的名义单独同各国、各地区及有关国际组织保持和发展经济、文化关系，并签订有关协定；澳门特别行政区将继续作为自由港和单独关税地区进行经济活动；澳门特别行政区保持财政独立；澳门特别行政区的社会治安由澳门特别行政区负责；澳门特别行政区除悬挂中华人民共和国国旗和国徽外，还可使用区旗和区徽；澳门基本政策由特别行政区基本法规定，50年内不变。三、两国政府声明：自本联合声明生效之日起至1999年12月19日止的过渡时期内，葡萄牙政府负责澳门的行政管理。四、两国政府声明：在本联合声明生效时成立中葡联合联络小组；联合联络小组将根据有关规定建立和履行职责。五、两国政府声明：关于澳门土地契约和其他有关事项，将根据本联合声明附件的有关规定处理。六、两国政府同意，上述各项声明和作为本联合声明组成部分的附件均将付诸实施。七、本联合声明及其附件自互换批准书之日起生效。

【会见香港特别行政区基本法起草委员会委员时的讲话】（1987年4月16日） 邓小平1987年4月16日会见香港特别行政区基本法起草委员会委员时的讲话。1988年收入人民出版社出版的《十二大以来重要文献选编》（下）。《讲话》指出，我们的“一国两制”能不能够真正成功，要体现在香港特别行政区基本法里面。这个基本法还要为澳门、台湾作出一个示范。《讲话》强调，香港在1997年回到祖国以后50年政策不变，包括我们写的基本法，至少要管50年。要保持香港50年不变，50年以后也不变，就要保持中国的社会主义制度，而且是在中国共产党领导下的社会主义制度。“一国两制”也要讲两个方面。一方面，社会主义国家里允许一些特殊地区搞资本主义；另一方面，也要确定整个国家的主体是社会主义。《讲话》指出，还有一个问题必须说明：切不要以为香港的事情全由香港人来管，中央一点都不管，就万事大吉了。这是不行的，这种想法不实际。如果中央把什么权力都放弃了，就可能会出现一些混乱，损害香港的利益。所以，保持中央的某些权力，对香港有利无害。中央的政策是不损害香港的利益，也希望香港不会出现损害国家利益和香港利益的事情。要是有呢？所以请诸位考虑，基本法要照顾到这些方面。基本法是个重要的文件，要非常认真地从实际出发来制定。我希望这是一个很好的法律，真正体现“一国两制”的构想，使它能够行得通，能够成功。

【中共中央、国务院批转《关于民族工作几个重要问题的报告》的通知】（1987年4月17日） 中共中央、国务院1987年4月17日发出。1988年收入人民出版社出版的《十二大以来重要文献选编》（下）。《通知》指出，新时期民族工作总的指导思想和根本任务是：坚持四项基本原则，坚持改革、开放、搞活的基本国策，紧密结合少数民族地区和少数民族的实际，从民族平等、民族团结、民族进步、相互学习、共同致富出发，以经济建设为中心，全面发展少数民族的政治、经济和文化，不断巩固社会主义的新型民族关系，实现各民族的共同繁荣。《通知》要求：各级党政领导机关，要对广大干部和群众经常地、深入地进行坚持四项基本原则，反对资产阶级自由化的教育；进行马列主义、毛泽东思想民族观和民族政策、民族团结的教育；进行热爱社会主义祖国、坚决维护祖国统一的教育，动员各族人民，同心同德地为把我国建设成高度文明、高度民主的社会主义现代化强国而奋斗。中央统战部、国家民族事务委员会1987年1月23日《关于民族工作几个重要问题的报告》阐述了六个方面问题：

一、民族工作的形势和新时期民族工作总的指导思想、根本任务；二、切实把经济工作放在民族工作的首位；三、大力搞好社会主义精神文明建设；四、认真贯彻执行《民族区域自治法》；五、做好杂居、散居少数民族的工作；六、加强各级民委的建设，充分发挥民委的作用。

【坚持社会主义必须摆脱贫困】

（1987年4月26日）　邓小平1987年4月26日会见捷克斯洛伐克社会主义共和国总理什特劳加尔时谈话的一部分。1988年收入人民出版社出版的《十二大以来重要文献选编》（下）。谈话指出：我们过去固守成规，关起门来搞建设，搞了好多年，导致的结果不好。我们也在逐步地发展，但总的来说，很长时间处于停滞的状态。这才迫使我们重新考虑问题。考虑的第一条就是要坚持社会主义，而坚持社会主义，首先要摆脱贫穷落后的状态，大力发展生产力，体现社会主义优于资本主义的特点。要做到这一点，就要把我们整个工作的重点转到建设四个现代化上来，把建设四个现代化作为几十年的奋斗目标。鉴于过去的教训，我们必须改变闭关自守的状态，必须调动人民的积极性，这才制定了开放和改革的政策。我们确定的目标不高。从1981年开始到本世纪末。花20年的时间，翻两番，达到小康水平，就是年国民生产总值人均800到1000美元；在这个基础上，再花50年的时间，再翻两番，达到人均4000美元。就是说，到下一个世纪前半世纪，我们可以达到中等发达国家的水平。如果做到这一步，这不但是给占世界总人口3/4的第三世界走出了一条路，更重要的是向人类表明，社会主义是必由之路，社会主义优于资本主义。所以，搞社会主义，一定要使生产力发展，贫穷不是社会主义。现在虽说我们也在搞社会主义，但事实上不够格。只有到了下世纪中叶，达到了中等发达国家的水平，才能说真的搞了社会主义，才能理直气壮地说社会主义优于资本主义。

【吸取历史经验，防止错误倾向】

（1987年4月30日）　邓小平1987年4月30日会见西班牙工人社会党副总书记、政府副首相格拉时谈话的一部分。1988年收入人民出版社出版的《十二大以来重要文献选编》（下）。谈话阐述了分三步走实现现代化的发展战略：第一步在20世纪80年代国民生产总值翻一番，人均达到500美元。第二步到20世纪末，再翻一番，人均达到1000美元。第三步在21世纪用30年到50年再翻两番，大体上达到人均4000美元。谈话指出，建国38年，建设社会主义的方向是完全正确的，但什么叫社会主义，怎样建设社会主义，还在摸索之中。社会主义的第一个任务是要发展社会生产力。解放了生产力以后，如何发展生产力，这件事做得不好。主要是太急，政策偏“左”。“左”的思想纠正过来不容易，“左”已经形成了一种习惯势力。同时也有右的干扰，概括起来就是全盘西化，打着拥护开放、改革的旗帜，想把中国引导到搞资本主义。中国搞现代化，只能靠社会主义，不能靠资本主义。改革开放是前人没有做过的。中国有自己的特点，只能按中国的实际办事。改革难免犯错误，不能怕，不能因噎废食、停步不前。

【中共中央关于改进和加强高等学校思想政治工作的决定】（1987年5月29日） 中共中央1987年5月29日作出。1988年收入人民出版社出版的《十二大以来重要文献选编》（下）。《决定》共六个部分：一、进一步明确办学指导思想，坚持高等教育的社会主义方向；二、努力改进学校思想政治工作的内容、形式和方法；三、加强教职工队伍的思想建设，大力提倡教书育人、服务育人；四、建设一支坚强的马克思主义理论队伍和思想政治工作队伍；五、提高高等学校领导班子的思想政治水平，加强和改善对思想政治工作的领导；六、全党全社会都应关心青年学生的健康成长。《决定》指出，建设具有中国特色的社会主义需要培养一代又一代的宏大的知识分子队伍，这支队伍的思想道德素质和科学文化素质，关系着我国社会主义事业的前途和命运。对此，高等学校担负着重大的任务。《决定》强调：全党要旗帜鲜明地坚持四项基本原则，深入、健康、持久地反对资产阶级自由化，坚持改革、开放、搞活的总方针、总政策，为青年学生的健康成长创造一个良好的社会环境。在新形势下，高等学校必须把改进和加强思想政治工作作为自己的重要任务。

【改革的步子要加快】（1987年6月12日） 邓小平1987年6月12日会见南斯拉夫共产主义者联盟中央主席团委员科罗舍茨时谈话的一部分。1988年收入人民出版社出版的《十二大以来重要文献选编》（下）。谈话指出，任何大党、中党、小党，都要相互尊重对方的选择和经验，对别的党、别的国家的事情不应该随便指手划脚。对执政党是这样，对没有执政的党也应该是这样。目前我们国内正在进行改革，中国不改革就没有出路。经过几年的实践证明，我们搞改革、开放的路子是走对了。最近我们中央在考虑，在总结经验的基础上，加快一点改革、开放的步子。现在我们提出了新的问题，就是把政治体制改革提到日程上来。政治体制改革总的目的就是要有利于巩固社会主义制度，有利于巩固党的领导，有利于在党的领导下和社会主义制度下发展生产力。要做到这些，党和行政机构以及整个国家体制要增强活力，不要僵化；要真正提高效率；要充分调动人民和各行各业及基层的积极性。政治体制改革要从十三大以前理出个头绪，从十三大开始进行。有些方面用三到五年的时间可以见成效，有些方面甚至要花十年左右的时间才能见效。

【中共中央、国务院关于建立海南省及其筹建工作的通知】（1987年9月26日） 中共中央、国务院1987年9月26日发出。1988年收入人民出版社出版的《十二大以来重要文献选编》（下）。《通知》阐述了海南的状况和成立海南省的意义，指出，海南的经济、文化和各项事业同全国许多地区相比，还有较大的差距，其优势还没有得到应有的发挥。为了加快海南的开发建设，改善人民的物质、文化生活，进一步增强民族团结，巩固国防，国务院提议把海南行政区从广东省划出来，成立海南省。这一提议得到六届人大常委会第二十二次会议的赞成，并授权国务院着手进行海南建省的筹备工作。《通知》对海南建省后的一些重大问题以及成立海南建省筹备组等作出了明确规定。

【关于召开党的十三大的几次谈话】（1987年7月—11月） 邓小平1987年7月—11月会见外宾时的谈话摘录。1991年收入人民出版社出版的《十三大以来重要文献选编》（上）。邓小平在1987年7月4日会见孟加拉国总统艾尔沙德时告诉客人：我们即将召开的十三大，主要有两个内容：第一，把政治体制改革提到议事日程上来；第二，使我们领导层更年轻化一些。这两件事都不容易，但是非干不可。改革不是一年两年的事情，政治体制改革如果在十年内搞成功就很了不起了。实现领导层的年轻化恐怕也要十年时间。在9月5日会见日本二阶堂进一行时说，十三大实际上应该叫做改革、开放的大会，要加快改革步伐，深化改革。十三大要作的报告将从理论上阐述改革和开放的重要性、必要性。这是十三大的主题。政治体制改革要做的第一件事是使党和国家的领导层逐步年轻化。政治体制改革涉及的问题很多，比经济体制改革复杂得多，难度也大得多。每一个措施都牵动成百万成千万人，所以每一个措施都要慎重、稳妥。要加深改革，步子要快，但也要一步一步地走。在11月11日会见朝鲜政务院总理李根模时指出，十三大报告对过去作了一个很好的总结。我认为是一个很好的报告，解答了一系列根本性问题，使十一届三中全会以来制定的一系列方针、政策能够持久地延续下去。十三大报告中一个很重要的部分，是讲了到建国一百年时的经济发展战略，就是下个世纪中叶，21世纪50年代，中国将发展到一个中等发达国家的水平。现在100年已经过去38年，以后的62年，我们还要夹着尾巴做人，要很谨慎，并且要艰苦奋斗，艰苦奋斗还是要讲，一点不能疏忽，要勤俭办一切事情，才能实现我们的目标。

【沿着有中国特色的社会主义道路前进】（1987年10月25日） 赵紫阳1987年10月25日在中国共产党第十三次全国代表大会上的报告。1991年收入人民出版社出版的《十三大以来重要文献选编》（上）。报告共七个部分：一、历史性成就和这次大会的任务；二、社会主义初级阶段和党的基本路线；三、关于经济发展战略；四、关于经济体制改革；五、关于政治体制改革；六、在改革开放中加强党的建设；七、争取马克思主义在中国的新胜利。报告阐明当代中国正处在社会主义初级阶段，规定了党在这个阶段的基本路线，即：“领导和团结全国各族人民，以经济建设为中心，坚持四项基本原则，坚持改革开放，自力更生，艰苦创业，为把我国建设成为富强、民主、文明的社会主义现代化国家而奋斗。”根据我国国情和邓小平的设计，报告提出我国实现现代化要分三步走的经济发展战略部署，即：第一步到20世纪80年代末，实现国民生产总值比1980年翻一番，解决人民的温饱问题；第二步从1991年到2000年，国民生产总值再增长一倍，人民生活达到小康水平；第三步到21世纪中叶，人均国民生产总值达到中等发达国家水平，人民生活比较富裕，基本实现现代化。报告强调，党的十一届三中全会以后，中国共产党开始找到一条建设有中国特色的社会主义道路，开辟了社会主义建设的新阶段。党在对社会主义再认识的过程中，在哲学、政治经济学和科学社会主义等方面，发挥和发展了一系列科学理论观点。这些观点构成了建设有中国特色的社会主义理论的轮廓，初步回答了我国社会主义建设的阶段、任务、动力、条件、布局和国际环境等基本问题，规划了我们前进的科学轨道，是指引我们前进的伟大旗帜。

【政府工作报告】（1988年3月25日） 李鹏1988年3月25日在第七届全国人民代表大会第一次会议上所作的政府工作报告。1991年收入人民出版社出版的《十三大以来重要文献选编》（上）。《报告》共分三个部分：过去五年国内工作的基本总结；今后五年建设和改革的目标、方针和任务；关于外交工作。《报告》提出在第八个五年计划中，要使国民生产总值达到15500亿元左右，实现平均每年增长7.5%左右的目标。为此，报告提出了十项任务：一、大力发展农业生产和基础工业、基础设施的建设，以保持国民经济的持续稳定增长；二、加快科学技术和教育事业的发展和改革，把经济建设切实转移到依靠科技进步和提高劳动者素质的轨道上来；三、以深化企业改革为中心进行综合配套改革，逐步确定新的经济体制的主导地位；四、不失时机地加快实施沿海地区经济发展战略，进一步扩大对外开放；五、切实搞好政府机构改革，努力克服官僚主义、提高工作效率和严肃政纪法纪；六、进一步加强社会主义民主和法制建设，维护民族平等和民族团结，巩固和发展全国安定团结的政治局面；七、大力进行社会主义精神文明建设，促进改革开放和现代化建设事业的顺利发展；八、既立足现实又面向未来，认真贯彻执行计划生育和加强环境保护这两项基本国策；九、在发展生产的基础上继续增加城乡人民收入，改善人民的物质文化生活；十、随着经济建设的发展，进一步加强国防建设。

【中华人民共和国宪法修正案】（1988年4月12日） 第七届全国人民代表大会第一次会议1988年4月12日通过。1988年4月12日第七届全国人民代表大会第一次会议主席团公告第八号公布施行。1991年收入人民出版社出版的《十三大以来重要文献选编》（上）。该宪法修正案修改的地方有：宪法第十一条增加规定：“国家允许私营经济在法律规定的范围内存在和发展。私营经济是社会主义公有制经济的补充。国家保护私营经济的合法的权利和利益，对私营经济实行引导、监督和管理。”宪法第十条第四款“任何组织或者个人不得侵占、买卖、出租或者以其他形式非法转让土地”，修改为：“任何组织或者个人不得侵占、买卖或者以其他形式非法转让土地。土地的使用权可以依照法律的规定转让。”

【中共中央关于党和国家机关必须保持廉洁的通知】（1988年6月1日） 中共中央1988年6月1日发出。1991年收入人民出版社出版的《十三大以来重要文献选编》（上）。《通知》提出必须把保持廉洁的问题尖锐地提到党和国家机关的全体共产党员和工作人员面前；明确了党和国家机关保持廉洁的基本要求，强调必须依法惩处违法犯罪行为，坚决刹住不良风气；要求党和国家的各级领导机关必须把廉政工作摆到重要议事日程上，建立和健全各项制度。《通知》强调，要在经济体制改革和政治体制改革中重视并解决党和国家机关保持廉洁的问题，使党和国家机关成为廉洁、高效、遵纪守法的机关。

【加强党的纪律，保证全面深化改革目标的顺利实现】（1988年9月29日） 乔石1988年9月29日在中央纪律检查委员会第三次全体会议上所作的工作报告。1991年收入人民出版社出版的《十三大以来重要文献选编》（上）。报告提出中央纪律检查委员会第三次全会会议的任务是，认真贯彻党的十三届三中全会精神，加强党的纪律，使党更好地发挥领导核心作用，保证治理经济环境，整顿经济秩序，全面深化改革任务的实现。接着，报告主要讲了三个问题：一是增强纪律观念，加强党的组织纪律性；二是严格执行党的纪律，严肃查处违纪行为；三是纪检队伍要勇于承担起党和人民赋予的重任。

【中共中央、国务院关于清理整顿公司的决定】（1988年10月3日） 中共中央、国务院1988年10月3日作出。1991年收入人民出版社出版的《十三大以来重要文献选编》（上）。《决定》指出，中共中央、国务院针对一部分公司政企不分、官商不分、转手倒卖、牟取暴利等问题，为了治理经济环境，整顿经济秩序，加强对商品流通的管理，保障改革的顺利进行，决定清理整顿各类公司。《决定》共十项：一、这次清理的重点是1986年下半年以来成立的公司，特别是综合性、金融性和流通领域的公司。二、坚决纠正公司政企不分的问题，取消公司的政府行政职能。三、各级机关均不得用行政费、事业费、专项拨款、预算外资金和银行贷款投资开办公司。四、严格执行中央、国务院关于党和国家机关干部不得经商办企业的规定。五、各类公司必须按照规定的经营范围依法经营，严禁转手倒卖重要生产资料和紧俏耐用消费品，赚取非法利润。六、所有公司都必须依法纳税。七、严格公司审批手续。八、本决定同时适用于工会、妇联、共青团、文联和各种协会、学会、基金会等群众组织、社会团体及其人员。九、公司的清理整顿工作，由各省、自治区、直辖市人民政府和中央各部门分别负责。十、各级人民政府要采用一般清理和重点整顿相结合的方法，突破重点，推动全局。

【中共中央、国务院关于夺取明年农业丰收的决定】（1988年11月25日） 中共中央、国务院1988年11月25日作出。1991年收入人民出版社出版的《十三大以来重要文献选编》（上）。《决定》共十项内容：一、今冬明春在农村广泛开展形势教育。二、发动和组织农民进行农田基本建设。三、增加农业生产资料的供应。四、全国粮食合同订购任务不变，明年适当提高合同定购粮食的价格。五、积极发展肉、蛋、菜生产，做好副食品供应。六、要以推广良种、改良施肥技术和发展节水农业、旱作农业为重点，搞好农业技术推广服务工作。七、必须增加对农业的资金投入。八、乡镇企业要在治理经济环境、整顿经济秩序中稳步发展。九、稳定和完善以家庭经营为主的联产承包责任制。十、加强对农村工作的领导。

【中共中央批转中央组织部《关于建立民主评议党员制度的意见》的通知】（1988年12月15日） 中共中央1988年12月15日发出。1991年收入人民出版社出版的《十三大以来重要文献选编》（上）。《通知》指出，建立民主评议党员制度，是从严治党，提高党员素质的一项重要措施，是通过制度建设加强对党员进行经常性教育、管理和监督的有效方法。中组部建议，从1988年年底开始，在试点的基础上，在全国城乡基层党组织中逐步建立和实行民主评议党员的制度。中央组织部的意见共四项内容：一、评议目的；二、评议内容；三、基本方法；四、加强领导。

【中共中央关于改革和加强中小学德育工作的通知】（1988年12月25日） 中共中央1988年12月25日发出。1991年收入人民出版社出版的《十三大以来重要文献选编》（上）。《通知》共七个部分：一、中小学德育工作必须适应全面深化改革的新形势；二、进一步明确中小学德育工作的指导思想；三、实事求是地确定中小学德育工作的任务和内容；四、改革中小学德育工作的方式方法，注重实效；五、建立校长负责德育工作的体制，加强德育工作队伍的建设；六、全社会都要关心中小学生的健康成长；七、加强对中小学德育工作的领导。《通知》指出，中小学德育要以爱祖国、爱人民、爱劳动、爱科学、爱社会主义为基本内容，注意抓好爱国主义教育、集体主义教育、社会主义民主和遵纪守法的教育、劳动教育、道德教育和良好心理品质的培养。

【改革要有稳定的政治环境】（1989年2月26日） 邓小平1989年2月26日会见美国总统布什时谈话的一部分。1991年收入人民出版社出版的《十三大以来重要文献选编》（上）。谈话指出，中国的问题，压倒一切的是需要稳定。没有稳定的环境，什么都吹了，已经取得的成果，也会失掉。我们国家要改革，要改革就一定要有稳定的政治环境，离开这一点，什么都搞不成。中国处于发展经济的进程中，如追求形式上的民主，结果是既实现不了民主，经济也得不到发展，只会出现国家混乱、人心涣散的局面。我们对此有深刻认识，因为我们有“文化大革命”的经历，亲眼看到了它的恶果。中国人民是支持改革政策的，绝大多数学生是支持稳定的，他们知道离开国家的稳定就谈不上改革开放。我们的最终目标是要发展社会主义民主，但匆匆忙忙地搞不行。如果我们现在搞十亿人的选举，一定会出现与“文化大革命”一样的混乱局面。民主是我们的目标，但国家必须保持稳定。

【关于一九八九年国民经济和社会发展计划草案的报告】（1989年3月21日）　姚依林1989年3月21日在第七届全国人民代表大会第二次会议上所作的报告。1991年收入人民出版社出版的《十三大以来重要文献选编》（上）。《报告》共分三个部分：一、1988年计划的执行情况；二、1989年计划的主要目标和任务；三、全面深化改革，加强和改进宏观经济调控，努力实现1989年计划。《报告》提出1989年计划的具体任务是：一、坚决压缩固定资产投资规模，调整投资结构。1989年计划安排全社会固定资产投资规模3300亿元，比上年预计完成的4220亿元压缩920亿元。二、控制消费需求过快增长，逐步缓解社会分配不公的矛盾。主要措施是：社会集团消费比上年压缩20%；加强对工资基金的管理；尽快建立和完善个人应税收入的申报制度，进一步加强个人收入调节税的征收工作。三、争取农业生产，特别是粮食、棉花、油料生产有较大增长。1989年计划粮食产量比上年增加1600万吨；棉花产量增加30万吨；油料作物产量增加280万吨；糖料产量增加263万吨；肉类总产量增加20万吨。四、将过高的工业速度降下来，并认真调整产业结构。五、妥善调整进出口商品结构，进一步扩大对外经济合作和技术交流。六、进一步发展科技教育和文化卫生体育事业。1989年要重点抓好20个成套技术、100个重点工艺、400个重要产品的科技攻关，争取拿到一批成果。继续抓好宝钢二期工程等11项重大技术装备的研制、攻关。抓好国家级重大型新产品试产计划的实施，继续推行“星火计划”，逐步实施“火炬计划”，促进社会生产技术进步和科研成果向商品转化。

【十年最大的失误是在教育方面】（1989年3月23日）　邓小平1989年3月23日会见乌干达共和国总统韦里·穆塞韦尼时谈话的一部分。1991年收入人民出版社出版的《十三大以来重要文献选编》（上）。谈话指出：我们最近十年的发展是很好的。我们最大的失误是在教育方面，思想政治工作薄弱了，教育发展不够。最重要的一条是，在经济得到可喜发展、人民生活水平得到改善的情况下，没有告诉人民，包括共产党员在内，应该保持艰苦奋斗的传统。有了这个传统，我们就能够抗住腐败现象，老干部就能管好他们的子弟。我们经过冷静考虑，认为这方面的失误比通货膨胀等问题更大。

【中共中央、国务院告全体共产党员和全国人民书】（1989年6月5日）　中共中央、国务院1989年6月5日发出。1991年收入人民出版社出版的《十三大以来重要文献选编》（上）。《告全体共产党员和全国人民书》指出，一个多月来，极少数别有用心的人，蓄意制造动乱。从6月3日凌晨起，这种动乱已经发展成为一场骇人听闻的反革命暴乱。中国人民解放军戒严部队在忍无可忍的情况下，采取果断的措施，现已取得了平息暴乱的第一步胜利。但是必须清醒地看到，反革命暴乱还未完全平息。各级党政组织，要加强正面疏导和思想政治工作，耐心教育青年学生和广大群众，不要轻信和传播谣言，不要进行任何形式的串联，为稳定局势创造安定和良好的社会环境而斗争，同心同德把建设和改革继续推向前进。

【在接见首都戒严部队军以上干部时的讲话】（1989年6月9日） 邓小平1989年6月9日发表的重要讲话。1991年收入人民出版社出版的《十三大以来重要文献选编》（上）。《讲话》指出，这场风波迟早要来。这是国际的大气候和中国自己的小气候所决定了的。《讲话》充分地肯定了解放军指战员、武警指战员和公安干警的同志们在平息暴乱中的牺牲和付出。指出这次事件爆发出来，促使我们冷静地思考过去，考虑未来。他着重论述了平定暴乱之后应坚持怎样的政治方向，具体分析了党在十一届三中全会以来所作出的重大决策和取得成就。强调要坚定不移地执行党的十一届三中全会以来制定的一系列路线、方针、政策，要认真总结经验，对的要继续坚持，失误的要纠正，不足的要加点劲。总之，要总结现在，看到未来。

【在党的十三届四中全会上的讲话】（1989年6月24日） 江泽民1989年6月24日当选为中共中央政治局常务委员会委员、中共中央委员会总书记后发表的讲话。1991年收入人民出版社出版的《十三大以来重要文献选编》（中）。《讲话》指出，我们党已经制定和形成了一条建设有中国特色社会主义的路线和一系列基本政策。概括地说，就是小平同志多次指出、最近再次强调的，以经济建设为中心，坚持四项基本原则，坚持改革开放。这次中央领导核心作了一些人事调整，但是，党的十一届三中全会以来的路线和基本政策没有变，必须继续贯彻执行。在这个最基本的问题上，我要十分明确地讲两句话：一句是坚定不移，毫不动摇；一句是全面执行，一以贯之。《讲话》强调要把今后的工作做好，首先要在党内充分发扬民主，依靠中央领导集体的智慧和力量，依靠全党同志和人民群众的支持和监督。《讲话》阐明了当前要着重完成彻底平息反革命暴乱、继续抓好经济领域的治理整顿和深化改革、抓紧社会主义精神文明建设、抓紧民主和法制建设、惩治腐败等几项重点工作任务。

【中共中央、国务院关于近期做几件群众关心的事的决定】（1989年7月28日） 中共中央、国务院1989年7月28日作出。1991年收入人民出版社出版的《十三大以来重要文献选编》（中）。《决定》指出，党的十三届四中全会提出，要切实做好几件人民群众普遍关心的事情。中共中央、国务院决定，近期在惩治腐败和带头廉洁奉公、艰苦奋斗方面先做七件事。涉及对领导干部的要求，首先从党中央和国务院的领导同志做起。一、进一步清理整顿公司；二、坚决制止高干子女经商；三、取消对领导同志少量食品的“特供”；四、严格按规定配车，禁止进口小轿车；五、严格禁止请客送礼；六、严格控制领导干部出国；七、严肃认真地查处贪污、受贿、投机倒把等犯罪案件，特别要抓紧查处大案要案。各地区、各部门应根据本决定的精神，结合自己的实际情况，确定要做的事情并作出具体规定。

【中共中央、国务院关于进一步清理整顿公司的决定】（1989年8月17日） 中共中央、国务院1989年8月17日发出。1991年收入人民出版社出版的《十三大以来重要文献选编》（中）。《决定》共十五项内容：一、进一步整顿公司的指导方针。二、进一步清理整顿的基本要求。三、各级党的机关、国家权力机关、行政机关、审判机关、检察机关和群众组织、社会团体，一律不得用行政经费、事业费、专项拨款、预算外资金、银行贷款、自有资金和以任何方式集资开办公司，也不得向公司投资入股。四、有关部门和各地区要特别重视并加强领导流通领域中从事商业批发、对外贸易、物资供应的公司和金融性公司的清理整顿。五、从事生产经营、科技开发、咨询服务的公司，以及劳动服务公司等，也要认真清理整顿。六、确定撤并的公司应先行停业，由主管部门成立清算组织负责清理债权债务和资产关系，严禁抽走资金，私分资产，挥霍浪费。七、认真查处违法违纪案件。八、从国务院到各级地方政府，今后原则上不再直接管理公司。九、现有对某些公司特批的减免税、银行贷款利率和经营范围等方面的优惠待遇，凡尚未取消的，从本决定下达之日起一律取消。十、逐步调整公司职工待遇。十一、责成国务院法制局会同有关部门抓紧研究，进一步制定和完善相应法规。十二、清理整顿期间，一律不得批准新成立除生产型、科技开发型以外的公司。十三、要充分发动和紧紧依靠群众，大力发挥和加强各级举报中心的作用。十四、各级党组织、各级政府、各部门要切实加强领导，认真完成进一步清理整顿公司的各项任务，决不能搞形式主义，决不能走过场。十五、各地区、各部门应将清理整顿公司的结果于1990年4月底前报告党中央、国务院。

【中共中央关于加强党的建设的通知】（1989年8月28日） 中共中央1989年8月28日发出。1991年收入人民出版社出版的《十三大以来重要文献选编》（中）。《通知》共八项内容：一、认真做好清查和清理工作，纯洁党的组织；二、认真考察领导干部，加强领导班子建设；三、切实搞好思想整顿，加强党的思想教育；四、发扬党的优良作风，克服消极、腐败现象；五、切实加强党的基层组织建设；六、继续做好民主评议党员的工作；七、严格党员标准，确保发展党员的质量；八、加强党建理论的学习、宣传和研究。《通知》指出，各级党委必须按照党的基本路线的要求，聚精会神地抓党的建设，下决心解决好当前党的建设中的迫切问题。否则，不仅我们国家长期积累下来的各种严重问题不可能得到解决，而且会留下隐患，难免发生新的政治风波。《通知》要求各级党委把党的建设工作列入重要日程，党委书记要把抓党的建设作为自己的首要职责，切实把我们党建设成为领导改革开放和社会主义现代化建设的坚强核心。

【致中共中央政治局的信】（1989年9月4日） 邓小平1989年9月4日致中共中央政治局的信。1991年收入人民出版社出版的《十三大以来重要文献选编》（中）。信中说，1980年他就提出要改革党和国家的领导制度，废除干部领导职务终身制，1987年提出了退休的愿望，后按中央的决定留任党和国家的军委主席的职务。以江泽民同志为首的领导核心，现已卓有成效地开展工作，经过慎重考虑，请求辞去现任职务，实现夙愿。他也将向全国人民代表大会提出辞去国家军委主席的请求。

【在庆祝中华人民共和国成立四十周年大会上的讲话】（1989年9月29日） 江泽民1989年9月29日在庆祝中华人民共和国成立四十周年大会上的讲话。1991年收入人民出版社出版的《十三大以来重要文献选编》（中）。《讲话》指出，今年春夏之交的动乱和暴乱，是国际大气候和国内小气候相结合的产物。这场斗争的性质是四项基本原则同资产阶级自由化的尖锐对立，是关系我们党、国家、民族生死存亡的政治斗争，也是一场严重的阶级斗争。这场斗争的胜利，进一步证明了中国共产党领导中国人民选择的社会主义道路和正在进行的社会主义改革事业，在中国辽阔的大地上已经成为不可逆转的历史潮流。《讲话》回顾了新中国40年的历史，得出四个方面的基本结论：社会主义制度的确立、巩固和发展，体现了中国现代社会运动的客观规律，是中国历史上最伟大、最深刻的变革；社会主义制度是在自身基础上不断发展和完善的制度；发扬爱国主义精神，坚持独立自主、自力更生的方针，是中国革命也是中国社会主义建设取得胜利的一条根本经验；用马克思列宁主义、毛泽东思想武装起来的中国共产党，是中国工人阶级的先锋队，是中国各族人民利益的忠实代表，在国家独立和发展的过程中担负着极其重要的使命。《讲话》着重阐述了当前党和国家工作中需要特别注意统一认识的十个问题：一、关于坚持四项基本原则和坚持改革开放相统一的问题；二、关于我国经济发展的战略部署和治理整顿问题；三、关于坚持计划经济与市场调节相结合的问题；四、关于坚持公有制为主体、发展多种经济成分的问题；五、关于坚持按劳分配为主体的多种分配形式，防止和纠正社会分配不公的问题；六、关于加强农业等基础产业和调整经济结构的问题；七、关于社会主义民主和法制建设的问题；八、关于社会主义精神文明建设的问题；九、关于加强工人阶级领导、巩固工农联盟和增强全国各族人民大团结的问题；十、关于加强党的建设问题。《讲话》指出，我们回顾过去，展望未来，立足中国，放眼世界，对社会主义事业充满信心，对人类的共产主义前途充满信心。

【努力学习马克思主义哲学】（1989年10月13日） 李瑞环1989年10月13日出席全国马克思主义哲学研究与干部哲学教育研讨会全体代表座谈时的讲话。1991年收入人民出版社出版的《十三大以来重要文献选编》（中）。讲话提倡全党干部主要是领导干部学习马克思主义哲学。论述了学习马克思主义哲学的重大作用和意义。阐述了学习马克思主义哲学要坚持理论联系实际的学风。提出努力从多方面创造学习条件，以促进学习马克思主义哲学活动的开展。

【中国共产党第十三届中央委员会第五次全体会议公报】（1989年11月9日）　中国共产党第十三届中央委员会第五次全体会议1989年11月9日通过。1991年收入人民出版社出版的《十三大以来重要文献选编》（中）。《公报》说，全会审议并通过了《中共中央关于进一步治理整顿和深化改革的决定》，讨论并通过了《中国共产党十三届五中全会关于同意邓小平同志辞去中共中央军事委员会主席职务的决定》。全会决定，包括今年在内，用三年或者更长一点的时间，基本完成治理整顿的任务。治理整顿的主要目标是：逐步降低通货膨胀率，使全国零售物价上涨幅度逐步下降到10%以下；扭转货币超经济发行的状况；努力实现财政收支平衡，逐步消灭赤字；争取国民生产总值平均每年增长5%—6%；改善产业结构不合理状况；逐步建立经济、行政、法律手段综合运用的宏观调控体系。全会强调指出，无论是治理整顿期间还是治理整顿任务完成之后，都必须始终坚持长期持续、稳定、协调发展的方针，坚决防止片面追求过高的发展速度，始终把不断提高经济效益放到经济工作的首要位置上来。当前，要着重在企业承包责任制方面深化和完善改革。必须继续坚持对外开放的方针，积极利用外资和引进先进技术，更有效地扩展对外贸易和经济技术交流。必须充分发挥我们的政治优势，切实加强党对治理整顿和深化改革的领导。

【中共中央关于进一步治理整顿和深化改革的决定】（1989年11月9日）　中国共产党第十三届中央委员会第五次全体会议1989年11月9日通过。《决定》（摘要）1991年收入人民出版社出版的《十三大以来重要文献选编》（中）。《决定》共八个部分：一、统一全党对当前经济形势的认识；二、治理整顿的时间和目标；三、继续控制社会需求和坚持财政信贷双紧方针；四、加强农业等基础产业和调整经济结构；五、认真整顿经济秩序特别是流通秩序；六、千方百计提高经济效益；七、继续深化改革和扩大对外开放；八、加强党对治理整顿和深化改革的领导。《决定》指出，全会认为：继续坚定不移地贯彻执行治理整顿和深化改革的方针，是克服当前经济困难，实现国民经济持续、稳定、协调发展的根本途径。《决定》提出，用三年或者更长一些时间基本完成治理整顿任务。通过治理整顿，逐步降低通货膨胀率，全国零售物价上涨幅度逐步下降到10%以下；扭转货币超经济发行的状况，逐步做到当年货币发行量与经济增长的合理需要相适应；努力实现财政收支平衡，逐步消灭财政赤字；保持适度的经济增长率，争取国民生产总值平均每年增长5%—6%；改善产业结构不合理状况，力争主要农产品生产逐步增长，能源、原材料供应紧张和运力不足的矛盾逐步缓解；进一步深化和完善各项改革措施，逐步建立符合计划经济与市场调节相结合原则的，经济、行政、法律手段综合运用的宏观调控体系。

【中共中央关于加强和改善党对工会、共青团、妇联工作领导的通知】（1989年12月21日） 中共中央1989年12月21日发出。1991年收入人民出版社出版的《十三大以来重要文献选编》（中）。《通知》共八个部分：一、各级党委必须牢固树立全心全意依靠工人阶级和广大人民群众的思想，高度重视工会、共青团、妇联工作；二、党组织要对工会、共青团、妇联实行统一领导；三、支持工会、共青团、妇联依照法律和各自的章程独立自主地开展工作；四、支持工会、共青团、妇联在维护全国人民总体利益的同时，更好地维护各自所代表的群众的具体利益；五、充分发挥工会、共青团、妇联在思想政治教育中的作用；六、发挥工会、共青团、妇联在国家和社会事务管理中的民主参与，民主监督作用；七、增强基层工会、共青团、妇联组织的活力；八、加强工会、共青团、妇联干部队伍的建设。《通知》指出，工会、共青团、妇联是党领导的工人阶级、先进青年、各族各界妇女的群众组织，是党联系群众的桥梁和纽带，是国家政权的重要社会支柱。为了深入贯彻党的十三大确立的基本路线，推动建设和改革事业的发展，必须切实加强和改善党对工会、共青团、妇联工作的领导，充分发挥这些群众组织的作用。

【为把党建设成更加坚强的工人阶级先锋队而斗争】（1989年12月29日） 江泽民1989年12月29日在中共中央宣传部、中共中央政策研究室、中共中央组织部、中共中央党校举办的党建理论研究班上的讲话。1991年收入人民出版社出版的《十三大以来重要文献选编》（中）。讲话论述了关于党的建设的八个问题：一、充分认识搞好党的建设的重要性、紧迫性；二、必须坚持党的工人阶级先锋队性质；三、坚持和加强党的执政地位和领导作用；四、切实把思想建设放在党的建设的首位；五、健全民主集中制，增强党的团结统一；六、始终保持党同人民群众的血肉联系；七、确保各级领导核心由忠诚于马克思主义的人组成；八、高度重视马克思主义党建理论的学习、研究和传播。讲话指出，我们要充分认识党面临的严峻形势和担负的历史重任，充分认识国际敌对势力加紧推行和平演变对我们党的严重危险，充分认识在新情况下加强党的建设的重要性和紧迫性，充分发动和依靠全党的力量来抓紧党的建设工作，在各方面从严治党，为全面提高党的战斗力而斗争。

【中共中央关于坚持和完善中国共产党领导的多党合作和政治协商制度的意见】（1989年12月30日） 中共中央1989年12月30日发出。1991年收入人民出版社出版的《十三大以来重要文献选编》（中）。《意见》共五个部分：一、加强中国共产党和各民主党派之间的合作与协商；二、进一步发挥民主党派成员、无党派人士在人民代表大会中的作用；三、举荐民主党派成员、无党派人士担任各级政府及司法机关的领导职务；四、进一步发挥民主党派在人民政协中的作用；五、支持民主党派加强自身建设。《意见》指出，中国共产党领导的多党合作和政治协商制度是我国一项基本政治制度。“长期共存、互相监督、肝胆相照、荣辱与共”，是中国共产党同各民主党派合作的基本方针。中国共产党和各民主党派的共同任务，就是坚持社会主义初级阶段的基本路线，为把我国建设成为富强、民主、文明的社会主义现代化国家，为统一祖国、振兴中华而奋斗。

【中共中央、国务院关于组织党政机关干部下基层的通知】（1990年1月14日）　中共中央、国务院1990年1月14日发出。1991年收入人民出版社出版的《十三大以来重要文献选编》（中）。《通知》共八个部分：一、人民群众是我们的力量源泉和胜利之本。要推进建设和改革，必须发扬党的群众路线的优良传统，切实加强同人民群众的联系。二、党政机关干部下基层，是发扬党的密切联系群众的优良传统，克服严重存在的官僚主义习气，转变机关作风，改进领导工作的基本一环。三、党政机关干部下基层的任务，主要是三条：一是倾听群众意见，回答群众关心的问题，耐心细致地进行思想政治工作；二是宣传党和政府的方针政策，进行国际国内形势教育，动员群众努力维护安定团结，积极完成今年的各项任务；三是同基层干部和群众一起商量，出主意、想办法，解决生产、工作、生活中的实际困难。四、这次党政机关干部下基层，一定要认真研究，统筹安排，精心部署。五、各级党政机关的干部一般下到本地区、本部门、本系统的基层单位。六、党政机关干部下基层要达到预期目的，关键在于各级党政领导同志以身作则，率先垂范。七、所有下基层的党政机关干部，都必须严格遵守党政纪律。八、党政机关干部下基层的工作，由中央办公厅、国务院办公厅具体负责督促检查和情况交流。

【中共中央转发总政治部《关于新形势下加强和改进军队政治工作的若干问题》的通知】（1990年2月16日）　中共中央1990年2月16日发出。1991年收入人民出版社出版的《十三大以来重要文献选编》（中）。《通知》指出，大力加强和改进全党的思想政治工作，团结和教育全国各族人民坚定不移地坚持四项基本原则，坚持改革开放，排除资产阶级自由化和其他各种错误思想的干扰，以极大的创造热情投身于社会主义现代化建设事业，这是当前和今后都必须高度重视并认真抓好的一件大事。《通知》认为，总政治部这个文件的精神，对全国各条战线加强和改进思想政治工作，都是适用的。中央希望各级党组织和思想政治工作部门认真研究这个文件，结合自己的实际情况加以运用，切实加强和改进思想政治工作，充分发挥我们的政治优势。总政治部《关于新形势下加强和改进军队政治工作的若干问题》共十个部分：一、清醒认识军队建设面临的新形势，把保证政治上永远合格作为一项根本任务。二、必须坚持政治工作的生命线地位，充分发挥我军的政治优势。三、坚持党对军队的绝对领导，大力加强各级党组织建设。四、突出抓好坚持四项基本原则、反对资产阶级自由化的教育，始终保持部队坚定正确的政治方向。五、坚持按“四有”目标培养革命军人，提高干部战士的思想道德素质。六、严格按照德才兼备原则选拔培养干部，保证枪杆子掌握在政治上可靠的人手里。七、高度重视反腐蚀斗争，巩固部队的社会主义思想文化阵地。八、坚持官兵一致、军民一致的原则，保持和发展良好的内外关系。九、贯彻唯物辩证法思想，增强思想政治工作的有效性。十、政治工作要在加强的前提下改进，在继承的基础上创新。

【中共中央关于加强党同人民群众联系的决定】（1990年3月12日） 中国共产党第十三届中央委员会第六次全体会议1990年3月12日通过。1991年收入人民出版社出版的《十三大以来重要文献选编》（中）。《决定》共九项内容：一、人民群众是我们党的力量源泉和胜利之本。能否始终保持和发展同人民群众的血肉联系直接关系到党和国家的盛衰兴亡。二、我们党要密切同人民群众的联系，领导人民群众胜利前进，首要的问题是必须保证决策和决策的执行符合人民的利益。三、各级领导干部必须经常深入基层，深入群众，扎扎实实工作，把党的路线、方针、政策落到实处。四、从中央到地方，各级党委都要在深化政治体制改革中，推进社会主义民主和法制建设，积极疏通和拓宽党同人民群众联系的渠道。五、坚定不移地加强廉政建设，继续发扬艰苦奋斗精神，克服党内存在的消极腐败现象。这是改善党群关系，保证我们事业立于不败之地的战略措施。六、对各级领导机关和领导干部必须加强监督。要建立和完善党内监督与党外监督，自上而下的监督与自下而上的监督制度。七、党的基层组织和广大党员，都要联系群众，宣传群众，组织群众，充分发挥战斗堡垒作用和先锋模范作用。八、在党内普遍深入地进行马克思主义群众观点和党的群众路线的再教育。九、各级党委要组织广大党员用整风精神学习和贯彻执行这个决定。

【中共中央关于维护社会稳定加强政法工作的通知】（1990年4月2日） 中共中央1990年4月2日发出。1991年收入人民出版社出版的《十三大以来重要文献选编》（中）。《通知》共六个部分：一、全党动员，依靠群众，维护社会稳定；二、狠抓社会治安综合治理；三、充分认识新形势下政法工作的重要地位和作用；四、保障社会主义民主，维护社会主义法制；五、加强政法队伍建设，提高政治素质和业务素质；六、进一步加强党对政法工作的领导。《通知》指出，维护稳定，是全党和全国人民压倒一切的政治任务。加强政法工作，对于保证社会稳定具有重要作用。竭尽全力维护社会稳定，是1990年和今后一个时期政法工作的基本指导方针。要充分认识新形势下政法工作的重要地位和作用，加强政法队伍建设，进一步加强党对政法工作的领导。中央决定，恢复中央政法委员会，适当调整其职责任务，各地党委政法领导机构的名称统一为政法委员会，并加强必要的建设。各级政法委员会受同级党委领导，同时接受上级政法委员会的指导。

【中共中央印发《关于县以上党和国家机关党员领导干部民主生活会的若干规定》的通知】（1990年5月25日） 中共中央1990年5月25日发出。1991年收入人民出版社出版的《十三大以来重要文献选编》（中）。《通知》指出，健全并严格执行党员领导干部民主生活会制度，对加强领导班子思想、作风建设，依靠自身力量解决矛盾，有效地进行党内监督，增强团结，改进作风，保证党的路线、方针、政策和决议的正确贯彻执行，都是非常重要的。县以上各级党组织尤其是主要负责同志要高度重视，认真组织，开好民主生活会。上级党组织要加强检查和指导。《关于县以上党和国家机关党员领导干部民主生活会的若干规定》共十八条，对参加民主生活会人员范围，会议基本内容、遵循方针、召开时间、基本程序、问题处理等作出明确规定。

【努力发展最广泛的爱国统一战线】（1990年6月11日） 江泽民1990年6月11日在全国统战工作会议上的讲话。1991年收入人民出版社出版的《十三大以来重要文献选编》（中）。讲话共三个部分：一、建设有中国特色的社会主义宏伟事业必须有一个最广泛的统一战线；二、爱国统一战线的任务和需要注意的几个问题；三、全党都要重视做统一战线工作。讲话指出，统一战线历来是党的总路线总政策的组成部分，巩固和发展统一战线，是我们党一项事关全局的长远的战略方针。讲话阐明了爱国统一战线的任务，以及在认识上和实际工作中需要解决好的几个问题：在爱国主义、社会主义旗帜下，实行广泛的团结；坚持党对统一战线的领导权；发扬社会主义民主，加强政治协商和民主监督；密切联系党外各界人士，进一步巩固我党同党外人士的联盟；大力倡导和发扬自我教育的优良传统。讲话提出全党都要重视做统一战线工作，以及对解决台湾问题的意见。

【中共中央关于加强统一战线工作的通知】（1990年7月14日） 中共中央1990年7月14日发出。1991年收入人民出版社出版的《十三大以来重要文献选编》（中）。《通知》共九个部分：一、坚持和发展统一战线是党的一项坚定不移的战略方针；二、高举爱国主义、社会主义旗帜，巩固和发展最广泛的爱国统一战线；三、坚持党对统一战线的领导权；四、坚决维护国家的稳定；五、充分发扬社会主义民主，密切联系党外人士；六、努力为四化建设、改革开放服务；七、认真贯彻落实党的统一战线的各项政策；八、积极培养和选拔党外干部；九、全党重视做统一战线工作。《通知》指出：统一战线过去是、现在是、今后仍然是我们党的一大法宝，不是可以削弱，而是必须加强，不是可以缩小，而是必须扩大。在新的历史时期，党领导的爱国统一战线包括两个范围的联盟：一个是大陆范围内以爱国主义和社会主义为政治基础的团结全体劳动者和爱国者的联盟。在这个联盟里，坚持四项基本原则，弘扬爱国主义精神。一个是大陆范围外以爱国和拥护祖国统一为政治基础的团结台湾同胞、港澳同胞和国外侨胞的联盟。在这个联盟里，求爱国和祖国统一之同，存社会制度、意识形态和生活方式之异；不要求人们都赞成大陆的社会主义制度，只要赞成祖国统一、“一国两制”，都要争取和团结。这两个范围的联盟构成爱国统一战线的整体，体现了中华民族的大团结。为加强统战工作，有些省、自治区、直辖市党委可成立统一战线工作领导小组，由党委主要负责同志主持，有关部门参加，定期研究统战工作。对统战干部的配备要注重质量，保持相对稳定。

【共产党员的历史使命】（1990年7月16日） 宋平为庆祝中国共产党建党69周年所写的文章，发表于1990年7月16日出版的《求是》杂志1990年第14期。1991年收入人民出版社出版的《十三大以来重要文献选编》（中）。文章指出，当代中国共产党人的历史使命，就是发挥工人阶级先锋战士的作用，进一步振奋革命精神，全身心地投入建设和改革事业，为把我国建设成为社会主义现代化国家，奋发努力，建功立业。根据党在新时期肩负的历史使命和党员队伍的实际状况，强调从以下几个方面加强党性修养，即富有理想，坚定信念；联系群众，克己奉公；坚持原则，敢于斗争；勤奋学习，勇于创造；严守纪律，维护团结。加强党性修养，核心是解决立场和世界观问题。

【中共中央关于进一步加强和改进知识分子工作的通知】（1990年8月14日） 中共中央1990年8月14日发出。1991年收入人民出版社出版的《十三大以来重要文献选编》（中）。《通知》共九个部分：一、全党必须高度重视知识分子工作，把它放到重要日程上来；二、坚持党对知识分子队伍的基本估计和基本政策，是做好知识分子工作的立足点；三、深刻理解“知识分子是工人阶级的一部分”，正确把握党的知识分子政策；四、加强和改进知识分子工作的目的，在于充分发挥广大知识分子在现代化建设和改革开放中的重要作用；五、从中央到地方都要以积极负责的态度，努力改善知识分子的生活条件；六、积极引导广大知识分子走与实践相结合、与工农相结合的道路；七、要长期不懈地进行坚持四项基本原则、反对资产阶级自由化的教育；八、坚定不移地贯彻执行“百花齐放、百家争鸣”的方针，繁荣和发展科学文化事业；九、各级党委主要负责同志要亲自抓意识形态工作，领导干部要同知识分子广交朋友。《通知》指出，知识分子是建设社会主义的一支重要力量，在现代化建设和改革开放事业中作出了重大贡献，具有不可替代的作用。在社会主义、爱国主义的旗帜下，把广大知识分子紧密地团结起来，努力建设一支与社会主义事业、与党和人民同呼吸共命运的知识分子队伍，对国家和社会的长期稳定发展，具有十分重要的意义。各级党委和政府应当在总结过去经验的基础上，采取有力措施，进一步加强和改进知识分子工作。

【中共中央关于加强党校工作的通知】（1990年9月5日） 中共中央1990年9月5日发出。1991年收入人民出版社出版的《十三大以来重要文献选编》（中）。《通知》共五个部分：一、新形势下党校的基本任务；二、干部进党校学习要制度化、规范化；三、坚持理论联系实际，提高教学质量和科研水平；四、切实搞好党校教师队伍建设；五、加强对党校工作的领导。《通知》指出，努力办好党校，是加强党的建设和干部队伍建设的一项战略性措施。党校要通过轮训和培训，引导和帮助干部努力提高自身的素质，并明确了党校围绕培养目标的基本任务。《通知》强调，干部进党校学习要制度化、规范化；干部进党校学习，取得党校学历，是年轻干部提升到新岗位任职的必备条件；各级党政领导干部，一般都要经过相应党校的培训和轮训，现已任职而未进行培训的必须安排补课；党校教育必须坚持理论联系实际，突出党性要求，提高教学质量和科研水平；要切实搞好党校教师队伍建设，注重从政治上提高教师素质，注意发挥老教师的作用；大力加强对中青年教师的培养，重视解决教师的实际问题；各级党委要加强对党校工作的领导，上级党校要对下级党校进行业务指导。

【中共中央、国务院关于坚决制止乱收费、乱罚款和各种摊派的决定】（1990年9月16日） 中共中央、国务院1990年9月16日作出。1991年收入人民出版社出版的《十三大以来重要文献选编》（中）。为了综合治理和坚决制止一些地区和部门乱收费、乱罚款和各种摊派的“三乱”问题，中共中央、国务院从十个方面作出了决定。《决定》的主要内容是：一、统一思想，提高认识，增强制止“三乱”的紧迫感。二、对现有的收费、罚款、集资项目和各种摊派进行全面的清理整顿。三、严格审核收费、罚款、集资项目和标准。四、坚决禁止各种形式的摊派。五、明确部门职责和管理权限，加强项目审批管理。六、建立健全收费、罚款和集资的财务、票证管理制度。七、精简机构，压缩人员，努力减少各种收费。八、切实加强监督检查。九、大力加强执法队伍的建设，努力提高执法人员素质。十、切实加强对治理“三乱”工作的领导。

【中共中央批转中央纪委《关于加强党风和廉政建设的意见》的通知】（1990年11月4日） 中共中央1990年11月4日发出。1991年收入人民出版社出版的《十三大以来重要文献选编》（中）。《通知》指出，在执政和改革开放条件下加强党风和廉政建设，是一项长期而艰巨的任务，对于进一步发挥党在社会主义现代化建设中的领导核心作用，保证国家政治、经济和社会的稳定发展，都具有十分重要的意义。各级党委和政府，一定要从党和国家的生死存亡、改革开放的兴衰成败的高度，充分认识党风和廉政建设的重要性和紧迫性，切实加强领导，采取有力措施，把这项工作持之以恒地抓下去。中央纪委的《意见》从三个方面提出了进一步发扬党的优良传统和作风，加强党风和廉政建设的意见。

【中共中央、国务院关于一九九一年农业和农村工作的通知】（1990年12月1日） 中共中央、国务院1990年12月1日发出。1991年收入人民出版社出版的《十三大以来重要文献选编》（中）。《通知》共六个部分：一、稳定完善以家庭联产承包为主的责任制，建立健全农业社会化服务体系；二、坚持不懈地抓好农田水利基本建设；三、扎扎实实地组织农业综合开发；四、千方百计解决农产品卖难问题；五、开展社会主义思想教育；六、抓好农村基层组织建设。《通知》指出，1991年是"八五"计划的第一年。搞好农业和农村工作，对整个国民经济和社会的发展、实现第二步战略目标具有十分重要的意义。各级党委和政府要继续把农业和农村工作摆在首位，深化农村改革，千方百计地调动和保护农民的积极性，组织各行各业继续支援农业，狠抓各项政策措施的落实，为夺取农业的新胜利和开创农村工作的新局面而努力奋斗。

【中共中央关于批转《全国村级组织建设工作座谈会纪要》的通知】（1990年12月13日） 中共中央1990年12月13日发出。1991年收入人民出版社出版的《十三大以来重要文献选编》（中）。《通知》指出，中央同意《全国村级组织建设工作座谈会纪要》，要求各地区各部门结合实际贯彻执行。中央组织部、中央政策研究室、民政部、共青团中央、全国妇联于1990年8月5日至10日联合召开全国村级组织建设工作座谈会。《座谈会纪要》共十项内容：一、加强村级组织建设是当前农村工作的一项重要而紧迫的任务。二、加强村级组织建设的指导思想和工作目标。三、村级组织要把带领群众深化农村改革，发展经济，走共同富裕的道路作为中心任务。四、把村党支部进一步建设成为坚强的、充满活力的领导核心。五、认真实施《村民委员会组织法（试行）》，加强基层民主政治建设。六、加强村团支部、妇代会的建设，充分发挥它们在农村两个文明建设中的作用。七、关心爱护村干部，提高素质，稳定队伍，密切干群关系。八、坚持对农民进行社会主义、爱国主义、集体主义教育，加强精神文明建设。九、继续坚决、认真地整顿软弱涣散的村级组织。十、各级领导要面向基层，为基层服务，切实加强对村级组织建设工作的领导。

【善于利用时机解决发展问题】（1990年12月24日） 邓小平1990年12月24日同几位中央负责同志的谈话要点。1991年收入人民出版社出版的《十三大以来重要文献选编》（中）。谈话指出，第三世界有一些国家希望中国当头。但是我们千万不要当头，这是一个根本国策。这个头我们当不起，自己力量也不够。中国永远站在第三世界一边，中国永远不称霸，中国也永远不当头。但在国际问题上无所作为不可能，还是要有所作为。作什么？我看要积极推动建立国际政治经济新秩序。我们谁也不怕，但谁也不得罪，按和平共处五项原则办事，在原则立场上把握住。谈话提出，我们必须从理论上搞懂，资本主义与社会主义的区分不在于是计划还是市场这样的问题。社会主义也有市场经济，资本主义也有计划控制。不要以为搞点市场经济就是资本主义道路。谈话强调，社会主义不是少数人富起来、大多数人穷。社会主义最大的优越性就是共同富裕，这是体现社会主义本质的一个东西。我不止一次讲过，稳定压倒一切，人民民主专政不能丢。中国问题的关键在于共产党要有一个好的政治局，特别是好的政治局常委会。要善于把握时机来解决我们的发展问题。最关紧要的是有一个团结的领导核心。这样保持50年、60年，社会主义中国将是不可战胜的。

【中共中央关于制定国民经济和社会发展十年规划和“八五”计划的建议】（1990年12月30日） 中国共产党第十三届中央委员会第七次全体会议1990年12月30日通过。1991年收入人民出版社出版的《十三大以来重要文献选编》（中）。《建议》共七个部分：一、主要奋斗目标和基本指导方针；二、经济发展的产业重点和地区布局；三、发展科技教育文化事业的任务和政策；四、改善人民生活和健全社会保障；五、深化经济体制改革的方向、任务和措施；六、进一步扩大对外开放；七、全党全国人民团结起来，为实现十年规划和“八五”计划而奋斗。《建议》提出了1991年至2000年十年间我国国民经济和社会发展的基本任务和方针政策，并将建设有中国特色社会主义的基本理论和基本实践概括为十二条原则。强调坚定不移地走建设有中国特色社会主义道路，是实现现代化建设第二步战略目标的根本保证。《建议》对国民经济和社会发展提出的基本要求是：今后十年国民生产总值平均每年增长6%左右，按不变价格计算，到本世纪末比1980年翻两番；人民生活从温饱达到小康；发展教育事业，推动科技进步，改善经济管理，调整经济结构，加强重点建设；初步建立适应以公有制为基础的社会主义有计划商品经济发展的、计划经济和市场调节相结合的经济体制和运行机制；社会主义精神文明建设达到新的水平，社会主义民主和法制建设进一步健全。

【视察上海时的谈话】（1991年1月28日—2月18日） 邓小平1991年1月28日至2月18日在上海进行视察的过程中，同上海市负责同志谈话的要点。1993年收入人民出版社出版的《十三大以来重要文献选编》（下）。《谈话》指出，我们说上海开发晚了，要努力干啊！抓紧浦东开发，不要动摇，一直到建成。只要守信用，按照国际惯例办事，人家首先会把资金投到上海。中国在金融方面取得国际地位，首先要靠上海。《谈话》强调，改革开放还要讲，我们的党还要讲几十年。不要以为，一说计划经济就是社会主义，一说市场经济就是资本主义，不是那么回事，两者都是手段，市场也可以为社会主义服务。要克服一个怕字，要有勇气。希望上海人民思想更解放一点，胆子更大一点，步子更快一点。

【中共中央、国务院关于加强社会治安综合治理的决定】（1991年2月19日） 中共中央、国务院1991年2月19日作出。1993年收入人民出版社出版的《十三大以来重要文献选编》（下）。《决定》共七个部分：一、充分认识在新形势下加强社会治安综合治理的特殊重要性；二、社会治安综合治理的任务、要求和目标；三、社会治安综合治理的工作范围；四、狠抓落实“谁主管谁负责”的原则；五、加强领导，努力把社会治安综合治理的措施落实到基层；六、充分发挥政法部门特别是公安机关在社会治安综合治理中的职能作用；七、今年的工作重点。《决定》指出，中央早在十年前就提出了社会治安综合治理的方针。但是，从目前情况来看，各地社会治安综合治理工作发展很不平衡，不少地区尚未落实到各部门和基层单位，这一状况远不适应形势发展的要求。当前，我国社会治安形势仍很严峻，刑事犯罪和其他治安问题有增无减，不少地方人民群众缺乏安全感。为此，中共中央、国务院特作出本《决定》。《决定》要求，各级党委和政府要带领广大党员、干部和群众，上下一心，共同努力，扎实工作，为创造我国良好的社会治安秩序，做出更大的努力。

【中共中央、国务院关于加强计划生育工作严格控制人口增长的决定】（1991年5月12日） 中共中央、国务院1991年5月12日发出。1993年收入人民出版社出版的《十三大以来重要文献选编》（下）。《决定》共四个部分：一、统一认识，切实加强对计划生育工作的领导；二、坚决贯彻落实现行政策，依法管理计划生育；三、抓住重点，扎实稳妥地做好计划生育工作；四、齐抓共管，保证计划生育工作顺利开展。《决定》指出：我国社会发展十年规划和“八五”计划纲要提出，“争取今后十年平均年人口自然增长率控制在千分之十二点五以内”；完成这个控制人口增长的计划指标，对于保证我国现代化建设第二步、第三步战略目标得以实现具有重大的意义。《决定》要求：各级党委和政府一定要认真贯彻执行本决定，扎扎实实地抓好计划生育工作，为实现控制人口增长计划，促进经济和社会发展而努力奋斗。

【在庆祝中国共产党成立七十周年大会上的讲话】（1991年7月1日） 江泽民1991年7月1日在庆祝中国共产党成立七十周年大会上的讲话。1993年收入人民出版社出版的《十三大以来重要文献选编》（下）。《讲话》着重讲了三个问题：一、中国共产党70年的奋斗历程；二、当代中国共产党人的庄严使命；三、进一步加强中国共产党的建设。《讲话》回顾了党的70年奋斗历程，把党领导全国各族人民为中国社会的进步所做的贡献归纳为三件大事：完成反帝反封建的新民主主义革命任务，结束了中国半殖民地半封建社会的历史；消灭剥削制度和剥削阶级，确立了社会主义制度；开创建设有中国特色的社会主义道路，逐步实现社会主义现代化。《讲话》强调：邓小平同志是捍卫、坚持和发展马克思列宁主义、毛泽东思想的杰出代表。他提出的关于建设有中国特色社会主义的理论、路线、方针和原则，是集中全党的智慧和经验的创造，是在新的历史条件下对马克思列宁主义、毛泽东思想的一个最重大的贡献，标志着我们党对社会主义建设规律的认识有了一个新的飞跃，标志着我国社会主义事业的发展和社会主义制度的完善进入了一个新的历史时期。《讲话》指出，当代中国共产党人的庄严使命是：坚持党的基本路线，团结和带领全国各族人民，沿着建设有中国特色的社会主义道路，自力更生，艰苦创业，把我国建设成为富强、民主、文明的社会主义现代化国家。总起来说，就是要通过社会主义制度的自我完善和发展，建设有中国特色社会主义的经济、政治、文化，以适应和促进社会生产力的不断发展和社会的全面进步。

【总结经验，使用人才】（1991年8月20日） 邓小平1991年8月20日同几位中央负责同志谈话的一部分。1993年收入人民出版社出版的《十三大以来重要文献选编》（下）。谈话指出，坚持改革开放是决定中国命运的一招。没有改革开放十年经济发展的那个飞跃，取得顺利调整是不可能的。强调稳是对的，但强调得过分就可能丧失时机。现在世界发生大转折，就是个机遇。我们不抓住机会使经济上一个台阶，别人会跳得比我们快得多，我们就落在后面了。谈话提出，反对资产阶级自由化还是要讲。我们搞改革开放，把工作重心放在经济建设上，没有丢马克思，没有丢列宁，也没有丢毛泽东。问题是要把什么叫社会主义搞清楚，把怎样建设和发展社会主义搞清楚。还有一个问题，发现和使用人才的问题。一个人才可以顶很大的事，没有人才什么事情也搞不好。我们现在不是人才多了，而是真正的人才没有很好地发现，发现了没有果断地起用。我建议中央总结一下用人的问题，尊重人才，广开进贤之路。

【中共中央关于抓紧培养教育青年干部的决定】（1991年9月6日） 中共中央1991年9月6日作出。1993年收入人民出版社出版的《十三大以来重要文献选编》（下）。《决定》共六个部分：一、培养教育青年干部是一项十分重要和紧迫的任务；二、加强思想理论教育，努力提高青年干部的政治素质；三、组织青年干部到实践中去经受锻炼；四、有计划地对青年领导干部进行交流或轮换；五、对青年干部既要热情爱护，又要严格要求；六、全党动手，加强领导，切实做好培养教育青年干部的工作。《决定》指出，解决好新老干部的交替问题，抓紧培养合格的社会主义事业接班人，既是我们党的一项十分重大的战略任务，也是一项十分紧迫的现实任务。要联系社会主义现代化建设和改革开放的实际，联系青年干部的思想实际，有针对性地对他们进行思想理论教育。通过教育，使广大青年干部懂得马克思主义的基本理论，掌握其精神实质，并能够自觉运用。各系统、各部门、各单位要有计划地组织青年干部深入基层，深入群众，经受锻炼和考验。

【中共中央关于进一步加强农业和农村工作的决定】（1991年11月29日） 中国共产党第十三届中央委员会第八次全体会议1991年11月29日通过。1993年收入人民出版社出版的《十三大以来重要文献选编》（下）。《决定》共十个部分：一、八十年代农业和农村工作的成就与九十年代的主要任务；二、稳定和完善党在农村的基本政策继续深化农村改革；三、继续调整农村产业结构促进农村经济全面发展；四、抓紧实施科技、教育兴农的发展战略；五、加快大江大河大湖综合治理广泛开展农田水利基本建设；六、较大幅度地增加农业投入加快发展农用工业；七、做好扶贫和地区间协调发展工作促进共同富裕；八、切实加强农村基层组织建设；九、继续深入开展社会主义思想教育加强农村精神文明建设和民主法制建设；十、进一步加强党对农村工作的领导。《决定》提出，九十年代中国农业和农村工作的主要任务是：农业综合生产能力和效益要提高到新水平，到本世纪末确保粮食总产量达到五千亿公斤，农林牧副渔各业和乡镇企业持续发展，农村国民生产总值再翻一番；农村改革要有一个新的进展，逐步建立和完善适应社会主义有计划商品经济发展的经济体制和运行机制；农村社会面貌要有一个新的变化，形成经济繁荣兴旺、思想健康向上、社会安定团结的局面。建设有中国特色的社会主义新农村必须遵循的基本原则是：经济建设，必须始终把农业真正摆在首位，切不可农业状况一有好转，就忽视和削弱农业的基础地位；农村改革，必须继续稳定以家庭联产承包为主的责任制，不断完善统分结合的双层经营机制，积极发展社会化服务体系，逐步壮大集体经济的实力，引导农民走共同富裕的道路，切不可偏离这一深化农村改革的重点和总方向；制定和执行农村政策，必须切实保障农民群众经济上的物质利益和政治上的民主权利，切不可侵犯农民的合法权益；推进农业现代化，必须坚持科技、教育兴农的发展战略，多渠道增加农业投入，加快农用工业的发展，切不可放松农业物质技术基础建设；发展农村商品经济，必须尊重价值规律，重视流通领域的改革和建设，切不可忽视流通对生产的促进作用；农村经济和社会发展，必须严格控制人口增长，严格控制非农占地，合理开发利用资源，保护生态环境，切不可脱离国情，违反基本国策；建设社会主义新农村，必须加强以党组织为核心的基层组织建设，加强思想政治工作，发扬自力更生、艰苦奋斗的精神，坚持物质文明和精神文明一起抓，切不可一手硬一手软；指导农村工作，必须坚持群众路线，一切从实际出发，因地制宜，分类指导，切不可违背群众意愿，不顾客观条件照搬照套，“一刀切”。

【在武昌、深圳、珠海、上海等地的谈话要点】（1992年1月18日—2月21日）　邓小平1992年1月18日至2月21日，先后视察武昌、深圳、珠海、上海等地，并多次发表谈话。《谈话要点》1993年收入人民出版社出版的《十三大以来重要文献选编》（下）。《谈话要点》共六个部分。谈话强调，革命是解放生产力，改革也是解放生产力。要坚持党的十一届三中全会以来的路线、方针、政策，关键是坚持“一个中心、两个基本点”。不坚持社会主义，不改革开放，不发展经济，不改善人民生活，只能是死路一条。党的基本路线要管一百年，动摇不得。改革开放胆子要大一些，敢于试验。不能像小脚女人一样。看准了的，就大胆地试，大胆地闯。改革开放迈不开步子，不敢闯，说来说去就是怕资本主义的东西多了，走了资本主义道路。要害是姓“资”还是姓“社”的问题。判断的标准，应该主要看是否有利于发展社会主义社会的生产力，是否有利于增强社会主义国家的综合国力，是否有利于提高人民的生活水平。计划多一点还是市场多一点，不是社会主义与资本主义的本质区别。计划经济不等于社会主义，资本主义也有计划；市场经济不等于资本主义，社会主义也有市场。计划和市场都是经济手段。社会主义的本质，是解放生产力，发展生产力，消灭剥削，消除两极分化，最终达到共同富裕。中国要警惕右，但主要是防止“左”。要抓住时机，发展自己，关键是发展经济。发展才是硬道理。必须依靠科技和教育，经济发展才能快一点。要坚持两手抓，一手抓改革开放，一手抓打击各种犯罪活动。两只手都要硬。在整个改革开放过程中必须始终坚持四项基本原则，必须反对腐败，廉政建设要作为大事来抓。中国的事情能不能办好，国家能不能长治久安，从一定意义上说，关键在人，说到底，关键是我们共产党内部要搞好。我们搞社会主义才几十年，还处在初级阶段。巩固和发展社会主义制度，需要几代人、十几代人，甚至几十代人坚持不懈地努力奋斗。从现在起到下世纪中叶，将是很要紧的时期，我们要埋头苦干。

【中共中央政治局召开会议讨论我国改革和发展的若干重大问题】（1992年3月9日—10日）　中共中央政治局1992年3月9日至10日召开全体会议，讨论我国改革和发展的若干重大问题。1993年收入人民出版社出版的《十三大以来重要文献选编》（下）。会议强调，必须坚定不移地贯彻执行党的“一个中心、两个基本点”的基本路线，集中精力把经济建设搞上去，沿着有中国特色的社会主义道路继续前进。改革开放胆子要大一些，勇于创新，敢于试验，利用计划和市场两种经济手段，大胆吸收和借鉴世界各国的先进经营方式和管理方式，加快发展社会主义商品经济。会议指出，从现在起到本世纪末，是一个关键时期。我们要认清形势，把握机遇，真抓实干，讲求效益，加快经济发展速度，力争几年上一个台阶。科学技术是第一生产力。加快经济发展，必须依靠科技和教育。会议提出，当前要特别注意抓住改革和建设中牵动全局的重大问题，深入调查研究，确定今后一个时期的战略思想和政策主张，并认真组织实施。各级领导要力戒形式主义和官僚主义。会议要求，全党同志特别是各级领导干部，要认真学习邓小平关于建设有中国特色的社会主义的一系列重要论述，进一步提高全面贯彻执行党的基本路线的自觉性。要警惕右，但主要是防止“左”。坚持两手抓，加强社会主义精神文明建设和民主法制建设，巩固和发展安定团结的政治局面。

【深刻领会和全面落实邓小平同志的重要谈话精神，把经济建设和改革开放搞得更快更好】（1992年6月9日）　江泽民1992年6月9日在中共中央党校省部级干部进修班上的讲话。1993年收入人民出版社出版的《十三大以来重要文献选编》（下）。讲话指出：邓小平南方谈话和5月22日在首钢的谈话，贯穿了一个鲜明的中心思想，这就是：必须坚定不移地全面贯彻执行党的“一个中心、两个基本点”的基本路线，解放思想，实事求是，放开手脚，大胆试验，排除各种干扰，抓住有利时机，加快改革开放步伐，集中精力把经济建设搞上去，不断地把有中国特色的社会主义事业全面推向前进。关于如何深刻领会和全面落实邓小平谈话的精神，讲话讲了九个问题：一、关于抓住当前有利时机，加快改革开放和经济建设的发展；二、关于改革也是革命也是解放生产力；三、关于大胆向资本主义国家学习和借鉴有用的东西；四、关于加快经济体制改革；五、关于推进政治体制改革；六、关于坚持“两手抓”的方针；七、关于解放思想、实事求是和警惕右但主要是防“左”；八、关于加强党的建设和提高党的领导水平；九、关于全面落实小平同志重要谈话精神的初步部署和要求。讲话在谈到计划与市场问题时，列举了关于对计划与市场和建设新经济体制的几种不同的提法。他说，我个人的看法，比较倾向于使用“社会主义市场经济”这个提法。讲话为中共十四大的召开作了重要的舆论准备。

【中共中央、国务院关于加快发展第三产业的决定】（1992年6月16日） 中共中央、国务院1992年6月16日作出。1993年收入人民出版社出版的《十三大以来重要文献选编》（下）。《决定》共三个部分：一、加快发展第三产业具有重大战略意义；二、加快发展第三产业的目标和重点；三、加快发展第三产业的主要政策和措施。《决定》指出，第三产业的加快发展是生产力提高和社会进步的必然结果。加快发展第三产业，可以促进市场充分发育，提高服务的社会化、专业化水平，增强社会保障能力，有利于劳动、工资、价格、企业经营机制和流通体制等一系列改革的顺利实施，有利于进一步扩大开放、更多地吸引外资，有利于精简机构、提高效率，逐步改变机关、企事业单位办社会的状况，为改革开放在更广阔的领域向纵深发展创造更好的条件。加快发展第三产业，还是优化国民经济结构的有效途径，缓解就业压力的主要出路。《决定》提出，加快发展第三产业的目标是：争取用十年左右或更长一些时间，逐步建立起适合我国国情的社会主义统一市场体系、城乡社会化综合服务体系和社会保障体系。加快发展第三产业的重点是：投资少、收效快、效益好、就业容量大、与经济发展和人民生活关系密切的行业，与科技进步相关的新兴行业，农村的第三产业，以及对国民经济发展具有全局性、先导性影响的基础行业。《决定》要求各地依据国家产业政策确定发展重点，统筹安排，制定具体实施方案。

【中共中央关于加强政法工作，更好地为改革开放和经济建设服务的意见】（1992年7月22日） 中共中央政治局会议1992年7月22日通过。1993年收入人民出版社出版的《十三大以来重要文献选编》（下）。

《意见》提出，今后一个较长时期政法工作的指导思想是：坚定不移地贯彻党的“一个中心、两个基本点”的基本路线，坚持“两手抓、两手硬”，强化人民民主专政职能，狠抓社会治安综合治理，努力搞好法律服务，切实维护社会稳定，保障与促进改革开放和经济建设的顺利进行。要把是否有利于解放和发展生产力、把经济建设搞得更好，是否有利于加快改革开放和坚持四项基本原则，是否有利于维护政治安定和社会稳定，作为政法工作的出发点、最终目的和检验我们一切工作的根本标准。《意见》要求政法工作解放思想，更新观念，增强五个意识：服务意识、改革意识、防“左”意识、社会主义民主和法制意识、群众路线意识。坚决打击各种犯罪活动，进一步抓好社会治安综合治理，严格执法，为经济建设提供更多更好的法律服务。

【中共中央关于加强和改进宣传思想工作，更好地为经济建设和改革开放服务的意见】（1992年9月3日）　中共中央政治局会议1992年9月3日通过。1993年收入人民出版社出版的《十三大以来重要文献选编》（下）。《意见》共十二部分：一、继续深入学习邓小平同志的重要谈话，用建设有中国特色的社会主义的理论和路线统一全党的思想；二、宣传思想工作要以经济建设为中心，服从、服务于这个中心；三、加强改革开放的宣传，推动改革开放事业的健康发展；四、坚持两手抓的方针，促进社会主义精神文明建设；五、面向实际，加强社会科学理论研究；六、繁荣文艺，活跃群众文化生活；七、改进新闻、出版工作；八、加强对外宣传，努力创造良好的国际舆论环境；九、有计划、有领导地进行宣传思想战线的体制改革；十、努力建设一支适应经济建设和改革开放要求的宣传思想工作队伍；十一、适当增加对宣传文化事业的投入；十二、加强党对宣传思想工作的领导。《意见》指出，当前宣传思想工作的主要任务，就是要认真学习、深入贯彻邓小平重要谈话和中央政治局全体会议精神，解放思想，统一认识，振奋精神，全面宣传“一个中心、两个基本点”的基本路线，更好地为经济建设和改革开放服务。《意见》强调，我国正处于社会主义现代化建设的关键时期，宣传思想战线担负着繁重的任务，广大干部要解放思想，奋发向上，扎实工作，以优异的成绩迎接党的第十四次全国代表大会的召开。

【中共中央关于加强党的建设，提高党在改革和建设中的战斗力的意见】（1992年9月3日）　中共中央政治局会议1992年9月3日通过。1993年收入人民出版社出版的《十三大以来重要文献选编》（下）。《意见》共八个部分：一、用建设有中国特色社会主义的理论武装全党，提高执行党的基本路线的自觉性和坚定性；二、加强领导班子建设，大胆选拔优秀年轻干部；三、适应经济建设和改革开放的要求，进一步搞好各级地方党委的建设；四、发扬党内民主，坚持和健全民主集中制；五、强化干部培训，全面提高干部素质；六、结合经济体制和政治体制改革，加快干部人事制度改革的步伐；七、加强基层党组织建设，充分发挥党组织的战斗堡垒作用和共产党员的先锋模范作用；八、认真发扬党的优良传统，切实改进领导作风。《意见》指出，党建工作要认真贯彻邓小平重要谈话和中央政治局全体会议精神，毫不动摇地坚持党的基本路线，牢固树立以经济建设为中心的思想，从严治党，搞好党的自身建设，密切党同人民群众的联系，使党的各级组织和广大共产党员始终站在改革和建设的前列，充分发挥党在建设有中国特色社会主义伟大事业中的领导核心作用。

【中共中央、国务院关于加强对固定资产投资和信贷规模进行宏观调控的通知】（1992年9月5日） 中共中央、国务院1992年9月5日发出。1993年收入人民出版社出版的《十三大以来重要文献选编》（下）。《通知》针对固定资产投资增加较猛，银行货币、信贷投放增长过快等情况，提出了四项调控措施：一、加强对固定资产投资规模的调控；二、加强对信贷规模和货币发行的调控；三、进一步调整信贷结构，加速资金周转，支持经济加快发展的合理资金需要；四、积极组织货币回笼，控制货币投放。

【中共中央、国务院关于认真贯彻执行《全民所有制工业企业转换经营机制条例》的通知】（1992年9月28日） 中共中央、国务院1992年9月28日发出。1993年收入人民出版社出版的《十三大以来重要文献选编》（下）。《通知》指出，《全民所有制工业企业转换经营机制条例》对企业法的一些原则规定作了具体表述和延伸，为转换企业经营机制提供了法律依据和保障，对于增强企业活力，提高企业素质和经济效益，加快向新经济体制过渡，促进国民经济更好更快地发展将起到重要作用。为贯彻执行好《条例》，《通知》强调指出：经济体制改革的中心环节是企业改革，企业改革的关键是转换企业经营机制；转换企业经营机制，必须转换政府职能；转换企业经营机制的重点是落实企业经营自主权；企业要充分运用《条例》赋予的经营自主权，主动地进入国内、国际两个市场进行竞争；企业贯彻落实《条例》要紧紧依靠广大群众；要抓紧制定贯彻《条例》的实施办法；各地党政部门要做好现行法规、规章和政策性文件的清理工作。凡与《条例》规定相抵触的，一律按《条例》的规定执行。

【加快改革开放和现代化建设步伐，夺取有中国特色社会主义事业的更大胜利】（1992年10月12日） 江泽民1992年10月12日在中国共产党第十四次全国代表大会上的报告。1996年收入人民出版社出版的《十四大以来重要文献选编》（上）。报告共四个部分：一、十四年伟大实践的基本总结；二、九十年代改革和建设的主要任务；三、国际形势和我们的对外政策；四、加强党的建设和改善党的领导。报告指出，十一届三中全会以来，党领导各族人民实行改革开放，进一步解放和发展生产力，开辟了社会主义现代化建设的新时期，逐步形成和发展了建设有中国特色社会主义的理论。这个理论，第一次比较系统地初步回答了中国这样的经济文化比较落后的国家如何建设社会主义、如何巩固和发展社会主义的一系列基本问题，用新的思想、观点，继承和发展了马克思主义。报告把建设有中国特色社会主义理论的主要内容归纳为九个方面，并且提出：这个理论是马克思列宁主义基本原理与当代中国实际和时代特征相结合的产物，是毛泽东思想的继承和发展，是全党全国人民集体智慧的结晶，是中国共产党和中国人民最可珍贵的精神财富。邓小平同志是我国社会主义改革开放和现代化建设的总设计师。报告认为，加快改革开放和现代化建设步伐，最根本的就是要坚持党的基本路线，加快改革开放，集中精力把经济建设搞上去。要围绕经济建设这个中心，加强社会主义民主法治和精神文明建设，促进社会全面进步。报告明确提出，我国经济体制改革的目标是建立社会主义市场经济体制。并且相信，社会主义条件下的市场经济，应当也完全可能比资本主义条件下的市场经济运转得更好。报告还就努力实现十个关系全局的主要任务作了阐述。报告对国际形势进行了分析，阐述了我国的对外政策，提出要努力为我国的改革开放和现代化建设争取有利的国际环境，为世界的和平与发展继续作出贡献。报告提出必须用邓小平建设有中国特色社会主义的理论武装全党，进一步加强党的建设和改善党的领导，密切党和人民群众的联系，维护党的团结和统一，以适应加快改革开放和现代化建设步伐的新形势。

【中共中央关于《中国共产党章程（修正案）》的说明】（1992年10月12日）　中国共产党第十四次全国代表大会1992年10月18日通过了关于《中国共产党章程》（修正案）的决议。本文系中共中央1992年10月12日关于《中国共产党章程（修正案）》的说明。1996年收入人民出版社出版的《十四大以来重要文献选编》（上）。《说明》阐述了修改党章的指导思想和修改的主要内容。指出，此次修改对党章总纲部分作了较大的调整和充实，扼要阐述了建设有中国特色社会主义的理论，增写了党在社会主义初级阶段的基本路线，并对党的建设和党的领导的基本要求作了补充。党章条文部分的修改主要是按照贯彻执行党的基本路线的需要，对党员、干部提出了新的更高的要求；同时，对党的组织制度、基层党组织的职责以及党内生活的一些规定作了必要的修改和补充；删去了有关顾问委员会设置和工作任务的条文，恢复了十二大党章对党组的规定。

【中国教育改革和发展纲要】（1993年2月13日）　中共中央、国务院1993年2月13日发出。1996年收入人民出版社出版的《十四大以来重要文献选编》（上）。《纲要》共六个部分：一、教育面临的形势和任务；二、教育事业发展的目标、战略和指导方针；三、教育体制改革；四、全面贯彻教育方针，全面提高教育质量；五、教师队伍建设；六、教育经费。《纲要》提出，到本世纪末，中国教育发展的总目标是：全民受教育水平有明显提高；城乡劳动者的职前、职后教育有较大发展；各类专门人才的拥有量基本满足现代化建设的需要；形成具有中国特色的、面向21世纪的社会主义教育体系的基本框架。再经过几十年的努力，建立起比较成熟和完善的社会主义教育体系，实现教育的现代化。到本世纪末，中国要实现基本普及九年义务教育，基本扫除青壮年文盲，全面提高教育质量，建设好一批重点高等学校和一批重点学科。在深化教育体制改革方面，要采取综合配套、分步推进的方针，初步建立起与社会主义市场经济体制、政治体制和科技体制改革相适应的教育新体制。

【中共中央关于调整“八五”计划若干指标的建议】（1993年3月7日） 中国共产党第十四届中央委员会第二次全体会议1993年3月7日通过。1996年收入人民出版社出版的《十四大以来重要文献选编》（上）。《建议》共十一个部分：一、抓住有利时机，加快经济发展；二、加强农业，促进农村经济的全面发展；三、动员各方面的力量，加快交通运输的发展；四、加快能源和重要原材料的发展，扩大生产力；五、按照规模经济、合理布局和突出重点的原则，积极发展支柱产业；六、放宽政策，正确引导，促进第三产业的发展；七、充分发挥各地优势，促进地区经济合理布局和协调发展；八、更大地发挥科技生产力的作用，加强人才培养；九、扩大利用外资规模，加快发展对外贸易；十、合理确定和控制固定资产投资规模，加大投资结构调整的力度；十一、合理调整信贷、财政收支总量和结构，有效地发挥财政、金融的调节作用。《建议》指出：中国共产党第十四次全国代表大会对90年代加快我国改革开放和经济发展的目标、任务和重大方针政策作了明确规定，同时“建议国务院对‘八五’计划做出必要的调整，并着手研究制定‘九五’计划”。按照十四大的精神，国务院经过认真研究，对“八五”期间的经济增长速度、产业结构、利用外资、进出口贸易、投资规模等指标提出了调整意见。中央政治局经过讨论同意这些意见，建议按此调整“八五”计划。按调整后的“八五”计划，国民经济平均每年增长速度，由原来的6%调整为8%—9%。第一产业平均每年增长速度由原定的3.2%调整为3.5%（农业总产值平均每年增长4%）；第二产业平均每年增长速度由5.6%调整为10%左右（工业总产值平均每年增长14%）；第三产业平均每年增长速度由9%调整为10%以上。

【在党的十四届二中全会上的讲话】（1993年3月7日） 江泽民1993年3月7日在中国共产党第十四届中央委员会第二次全体会议的讲话。1996年收入人民出版社出版的《十四大以来重要文献选编》（上）。《讲话》共六个部分：一、关于促进改革开放和经济建设又快又好地发展；二、关于积极稳妥地推进机构改革；三、关于巩固和发展稳定的社会政治环境；四、关于加强新形势下的思想政治教育；五、关于加强和改善党的领导；六、关于开好全国人大、全国政协会议。《讲话》指出，在经济工作中要更好地坚持解放思想、实事求是的思想路线，尊重客观规律，加快改革开放和现代化建设步伐。

要以适应社会主义市场经济发展要求为目标，积极稳妥地推进党政机构改革。正确处理人民内部矛盾，调动一切积极因素，巩固和发展稳定的社会政治环境。加强新形势下的思想政治教育，增强党和国家的凝聚力，增强干部队伍和群众队伍的凝聚力。加强和改善党的领导，坚持民主集中制，改进领导方法和工作作风。开好全国人大和全国政协会议，为全面完成十四大确定的各项任务提供组织保证。

【政府工作报告】（1993年3月15日） 李鹏1993年3月15日在第八届全国人民代表大会第一次会议上所作的政府工作报告。1996年收入人民出版社出版的《十四大以来重要文献选编》（上）。《报告》共分七个部分：一、改革开放和现代化建设取得伟大成就的五年；二、争取国民经济再上一个新台阶；三、加快建立社会主义市场经济体制的改革步伐；四、认真进行行政管理体制和政府机构改革；五、以经济建设为中心促进社会全面进步；六、积极推进祖国和平统一大业；七、关于我国的外交工作。《报告》指出：今后五年是实现我国现代化建设第二步战略目标的关键性五年。经济建设方面的基本任务是：全面贯彻党的十四大精神，抓住机遇，加快改革开放和现代化建设步伐，依靠优化结构、技术进步和改善管理，提高经济效益，努力保持社会供求总量基本平衡，使国民经济再上一个新台阶。《报告》提出，我国经济体制改革的目标是建设社会主义市场经济体制，要求从1993年起要力争在转换国有企业经营机制、发展各类市场、价格改革、劳动工资制度改革、推进社会保障和城镇住房制度改革、改善和加强宏观经济管理等方面取得突破性的发展。

【中华人民共和国宪法修正案】（1993年3月29日） 第八届全国人民代表大会第一次会议1993年3月29日通过。1996年收入人民出版社出版的《十四大以来重要文献选编》（上）。《宪法修正案》中突出了建设有中国特色社会主义的理念和党的基本路线，并根据十多年来我国社会主义现代化建设和改革开放的新经验，着重对社会主义经济制度的有关规定做出了修改和补充。《宪法修正案》指出，我国正处于社会主义初级阶段，国家的根本任务是，根据建设有中国特色社会主义的理论，集中力量进行社会主义现代化建设。国有经济，即社会主义全民所有制经济，是国民经济中的主导力量；农村中的家庭联产承包为主的责任制和生产、供销、信用、消费等各种形式的合作经济，是社会主义劳动群众集体所有制经济；国家实行社会主义市场经济；国有企业在法律规定的范围内有权自主经营；集体经济组织在遵守有关法律的前提下，有独立进行经济活动的自主权。

【中共中央办公厅、国务院办公厅关于严禁党政机关及其工作人员在公务活动中接受和赠送礼金、有价证券的通知】（1993年4月27日） 中共中央办公厅、国务院办公厅1993年4月27日发出。1996年收入人民出版社出版的《十四大以来重要文献选编》（上）。《通知》要求，各级党政机关及其工作人员（包括离休、退休干部和受党政机关委托、聘任从事公务的人员）在公务活动中，不得以任何名义和变相形式接受礼金和有价证券。各地区、各部门、各单位（包括企业、事业单位）不得以各种会议和各种活动及其他的形式或名义，向党政机关及其工作人员赠送礼金和有价证券。在涉外活动中，由于难以谢绝而接受的礼金和有价证券，必须在一个月内全部交出并上缴国库。各地区、各部门、各单位对上述规定必须坚决贯彻执行。各级审计机关要把赠送礼金和有价证券问题作为审计监督的一项经常性内容，严格执行财经纪律。各级党的纪律检查机关和行政监察机关，要认真受理群众举报，严肃查处党政机关及其工作人员在公务活动中接受和赠送礼金、有价证券的案件，对于情节严重、影响恶劣的典型案件，要公开处理，以儆效尤。

【中共中央、国务院关于当前经济情况和加强宏观调控的意见】（1993年6月24日） 中共中央、国务院1993年6月24日发出。1996年收入人民出版社出版的《十四大以来重要文献选编》（上）。《意见》指出，我国经济在继续大步前进中，出现了一些新的矛盾和问题，主要是货币投放过量，金融秩序混乱，需求膨胀和财政困难等。决定采取一系列加强和改善宏观调控的措施。这些措施共十六项：一、严格控制货币发行，稳定金融形势；二、坚决纠正违章拆借资金；三、灵活运用利率杠杆，大力增加储蓄存款；四、坚决制止各种乱集资；五、严格控制信贷总规模；六、专业银行要保证对储蓄存款的支付；七、加快金融改革步伐；八、投资体制改革要与金融体制改革相结合；九、限期完成国库券发行任务；十、进一步完善有价证券发行的规范市场管理；十一、改进外汇管理办法，稳定外汇市场价格；十二、加强房地产市场的宏观管理；十三、强化税收征管，堵住减免税漏洞；十四、对在建项目进行审核排队，严格控制新开工项目；十五、积极稳妥地推进物价改革，抑制物价总水平过快上涨；十六、严格控制社会集团购买力的过快增长。《意见》指出，在实施上述措施过程中，必须继续高度重视农业问题，要切实落实党中央、国务院关于稳定和发展农业生产的各项政策措施。《意见》强调：贯彻上述措施，要坚持“两手抓”，抓住一些大案要案，坚决果断处理，推动纠正各种不正之风，反对贪污腐败，改变社会不良风气，使中央的宏观调控措施得到人民群众的拥护和支持。各地区、各部门自接到文件之日起，必须立即组织贯彻落实，制定出具体的办法和措施。

【加强反腐败斗争，推进党风建设和廉政建设】（1993年8月21日） 江泽民1993年8月21日在中央纪律检查委员会第二次全体会议上的讲话。1996年收入人民出版社出版的《十四大以来重要文献选编》（上）。讲话共九个部分：一、巩固和发展当前好的形势；二、实事求是地估计反腐败斗争的现状；三、反对腐败是贯彻执行党的基本路线的必然要求，是集中力量把经济建设搞上去的重要保证；四、全党要重新学习邓小平同志关于端正党风、加强廉政建设、反对腐败的论述；五、正确认识腐败现象产生的社会历史原因；六、近期内反对腐败要着重做好的工作；七、反腐败斗争必须把握好以下原则；八、要把反腐败斗争长期坚持下去；九、各级党委要加强领导。讲话提出，近期内反对腐败要着重做好三项工作：一、各级党政干部要带头廉洁自律；二、集中力量查办一批大案要案；三、紧紧抓住本地区、本部门、本单位的突出问题，刹住群众最不满意的几股不正之风，年内要见到明显成效。以上三条，各级党委和政府必须坚决贯彻执行，做到令行禁止。对不听招呼、顶着不办的，要果断处理，决不能姑息迁就。讲话要求：反腐败斗争必须坚持党的基本路线，紧紧围绕经济建设这个中心，为推进改革、建设和发展服务；突出重点；从领导干部做起，首先从高级干部做起，包括领导干部身边工作人员；严格依法办案；不搞群众运动，不搞人人过关；惩治腐败与扶持正气相结合。总之，要坚持实事求是的原则，正确区分和处理两类不同性质的矛盾，严格掌握政策。态度要坚决，工作要扎实，按照中央的要求认认真真地解决问题，保证这场斗争健康有序地进行。

【中共中央、国务院关于反腐败斗争近期抓好几项工作的决定】（1993年10月5日） 中共中央、国务院1993年10月5日作出。1996年收入人民出版社出版的《十四大以来重要文献选编》（上）。《决定》要求反腐败斗争近期内着重抓好三项工作，并取得明显成效。一是要求党政机关领导干部要带头廉洁自律。（1）不准经商办企业；不准从事有偿的中介活动；不准利用职权为配偶、子女和其他亲友经商办企业提供任何优惠条件。（2）不准在各类经济实体中兼职（包括名誉职务）；个别经批准兼职的，不得领取任何报酬；不准到下属单位和其他企业事业单位报销应由个人支付的各种费用。（3）不准买卖股票。（4）不准在公务活动中接受礼金和各种有价证券；不准接受下属单位和其他企业事业单位赠送的信用卡，也不准把本单位用公款办理的信用卡归个人使用。（5）不准用公款获取各种形式的俱乐部会员资格，也不准用公款参与高消费的娱乐活动。二是要查办一批大案要案。重点查办党政领导机关领导干部和司法部门、行政执法部门、经济管理部门及其工作人员的违法违纪案件。三是要狠刹几股群众反映强烈的不正之风。重点治理国家机关及其所属部门擅自把职责范围内的业务变成收费项目；擅自立项和扩大收费范围、提高收费标准；将一部分职能转移到下属的经济实体，搞有偿服务；利用职权和行业垄断强行“服务”，收取高额费用；只收费不服务，明目张胆地敲诈勒索等利用职权巧立名目乱收费的不正之风。

【中共中央、国务院关于当前农业和农村经济发展的若干政策措施】（1993年11月5日） 中共中央、国务院1993年11月5日发出。1996年收入人民出版社出版的《十四大以来重要文献选编》（上）。《若干政策措施》共十二个部分：一、稳定、完善以家庭联产承包为主的责任制和统分结合的双层经营体制；二、深化粮食购销体制改革；三、支持粮棉主产区发展经济；四、积极发展高产优质高效农业；五、建立健全农业社会服务体系；六、积极发展乡镇企业；七、推广先进实用的农业科学技术；八、切实加强农业基础设施建设；九、多渠道增加农业投入；十、集中力量打好扶贫开发的“攻坚战”；十一、切实保护耕地；十二、坚持不懈地做好农民负担监督管理工作。该文件指出，解决好经济体制转换和国民经济高速增长中农村出现的新问题，就是要按照党的十四大确定的建立社会主义市场经济体制的总目标，稳定、完善以家庭联产承包为主的责任制和统分结合的双层经营体制，深化粮食购销体制改革。通过扶持、扶贫开发、健全农业服务，以及扩大农业技术推广等方式，提高农业产量，发展农村经济。建立基本农田保护区制度，做好农民负担监督管理工作。同时，切实加强以党支部为核心的农村基层组织建设，加强农村精神文明建设和民主法制建设。

【中共中央关于建立社会主义市场经济体制若干问题的决定】（1993年11月14日） 中国共产党第十四届中央委员会第三次全体会议1993年11月14日通过。1996年收入人民出版社出版的《十四大以来重要文献选编》（上）。《决定》共十个部分：一、我国经济体制改革面临的新形势和新任务；二、转换国有企业经营机制，建立现代企业制度；三、培育和发展市场体系；四、转变政府职能，建立健全宏观经济调控体系；五、建立合理的个人收入分配和社会保障制度；六、深化农村经济体制改革；七、深化对外经济体制改革，进一步扩大对外开放；八、进一步改革科技体制和教育体制；九、加强法律制度建设；十、加强和改善党的领导，为本世纪末初步建立社会主义市场经济体制而奋斗。《决定》指出，社会主义市场经济体制是同社会主义基本制度结合在一起的。建立社会主义市场经济体制，就是要使市场在国家宏观调控下对资源配置起基础性作用。为实现这个目标，必须坚持以公有制为主体，多种经济成分共同发展的方针，进一步转换国有企业经营机制，建立适应市场经济要求，产权清晰、权责明确、政企分开、管理科学的现代企业制度；建立全国统一开放的市场体系，实现城乡市场紧密结合，国内市场与国际市场相互衔接，促进资源的优化配置；转变政府管理经济的职能，建立以间接手段为主的完善的宏观调控体系，保证国民经济的健康运行；建立以按劳分配为主体，效率优先、兼顾公平的收入分配制度，鼓励一部分地区一部分人先富起来，走共同富裕的道路；建立多层次的社会保障制度，为城乡居民提供同我国国情相适应的社会保障，促进经济发展和社会稳定。这些主要环节是相互联系和相互制约的有机整体，构成社会主义市场经济体制的基本框架。《决定》指出，当前培育市场体系的重点是，发展金融市场、劳动力市场、房地产市场、技术市场和信息市场等。该《决定》制定了社会主义市场经济的总体规划，是我国在90年代进行经济体制改革的行动纲领。

【在毛泽东同志诞辰一百周年纪念大会上的讲话】（1993年12月26日） 江泽民1993年12月26日在毛泽东同志诞辰一百周年纪念大会上的讲话。1996年收入人民出版社出版的《十四大以来重要文献选编》（上）。《讲话》回顾了毛泽东同志一生的丰功伟绩，总结了以毛泽东同志为主要代表的中国共产党人对中国革命和建设事业作出的卓越贡献，阐述了邓小平继承、丰富和发展毛泽东思想，创立建设有中国特色社会主义理论的重大意义。《讲话》指出：毛泽东思想永远是中国共产党人的理论宝库和中华民族的精神支柱，永远是我们建设社会主义现代化国家的行动指南。毛泽东同志是伟大的马克思主义者，无产阶级革命家、战略家和理论家，是近代以来中国伟大的爱国者和民族英雄。毛泽东和周恩来、刘少奇、朱德等老一辈无产阶级革命家相继去世后，历史把两个相互联系的重大课题摆在中国共产党人的面前。这就是：如何评价毛泽东同志和毛泽东思想的历史地位，如何根据国际国内条件的变化和正反两方面的历史经验确立中国社会主义现代化建设的正确道路。在以邓小平同志为核心的党的第二代中央领导集体的领导下，我们党对这两个历史课题作出了科学的回答。以邓小平同志为核心的党中央，在正确解决评价毛泽东同志和维护毛泽东思想历史地位这一重大课题的同时，着手解决另一个关系党和国家前途命运的重大课题，这就是继续探索中国实现社会主义现代化的道路。邓小平创造性地提出了建设有中国特色社会主义的理论，科学地回答了什么是社会主义这个首要的基本的理论问题，深刻地揭示出社会主义的本质是解放生产力，发展生产力，消灭剥削，消除两极分化，最终达到共同富裕，第一次比较系统地初步地解决了中国这样的经济文化比较落后的国家如何建设社会主义、如何巩固和发展社会主义的一系列基本问题。邓小平建设有中国特色社会主义的理论是我们进行改革开放和社会主义现代化建设丰富经验的理论总结，是引导我们继续胜利前进的精神支柱和科学指南。

【中国共产党地方组织选举工作条例】（1993年12月） 1993年12月制定，中共中央1994年1月26日印发。1996年收入人民出版社出版的《十四大以来重要文献选编》（上）。该《条例》根据《中国共产党章程》制定，适用于党的省、自治区、直辖市，设区的市、自治州，县（旗）、自治县、不设区的市、市辖区的代表大会及其委员会和纪律检查委员会全体会议的选举工作。《条例》包括总则、附则在内，共计八章四十六条，分别对代表的产生，委员会委员的产生，常务委员会委员和书记、副书记的产生程序，以及呈报审批、选举的实施、监督和处分等中国共产党地方组织选举工作的相关事项作了具体的规定。

【在全国宣传思想工作会议上的讲话】（1994年1月24日） 江泽民1994年1月24日在全国宣传思想工作会议上的讲话。1996年收入人民出版社出版的《十四大以来重要文献选编》（上）。《讲话》讲了三个问题：

一、新时期加强宣传思想工作的重要性；二、宣传思想工作的根本指针和主要任务；三、加强和改善党对宣传思想工作的领导。《讲话》指出：宣传思想工作要以科学的理论武装人，以正确的舆论引导人，以高尚的精神塑造人，以优秀的作品鼓舞人，不断培养和造就一代又一代有理想、有道德、有文化、有纪律的社会主义新人，在建设有中国特色社会主义的伟大事业中发挥有力的思想保证和舆论支持作用。《讲话》指出，今年全党工作的基本方针是：以邓小平同志建设有中国特色社会主义的理论和党的基本路线为指导，全面贯彻党的十四大和十四届三中全会精神，加快建立社会主义市场经济体制，保持国民经济持续、快速、健康地发展，维护政治稳定，促进社会全面进步。《讲话》强调：抓住机遇，深化改革，扩大开放，促进发展，保持稳定，是今年全党工作的大局。全党同志都要认清这个大局，服从和服务于这个大局，在这个大局下自觉行动，做好各方面的工作。新的形势对宣传思想战线提出了更高的要求。我们的宣传思想工作很重要，大有可为，只能更加重视，不能有任何忽视；只能大大加强，不能有丝毫削弱；只能改进提高，不能止步不前。《讲话》指出，宣传思想工作战线很长，任务很重，要坚持解放思想、实事求是的思想路线，紧紧围绕经济建设这个中心，认真做好各方面的工作，积极推进社会主义物质文明和精神文明建设。《讲话》要求坚持把社会效益放在首位，在这个前提下实现经济效益和社会效益的统一；要用科学的态度对待我们民族的传统文化和外来文化；坚持精神文明重在建设，重在加强管理。《讲话》还对宣传思想工作队伍提出了“政治强、业务精、作风正”的严格要求。

【中共中央、国务院关于一九九四年农业和农村工作的意见】（1994年4月10日） 中共中央、国务院1994年4月10日发出。1996年收入人民出版社出版的《十四大以来重要文献选编》（上）。《意见》围绕1994年农业和农村工作的基本任务，强调要着重抓好以下六方面的工作：一、突出抓好粮棉生产和“菜篮子”工程，增加农产品有效供给；二、全面发展农村经济，促进今年农民收入有较大的增长；三、按照建立社会主义市场经济体制的目标，进一步深化农村改革；四、改善农业生产条件，提高农业综合生产能力；五、推进科技进步，强化科教兴农；六、加强农村基层组织建设。《意见》强调：做好今年的农业和农村工作，任务十分繁重，各级党委和政府务必加强领导，明确责任，做好工作。今后要把粮棉油、“菜篮子”抓得好不好，作为考核省（自治区、直辖市）党委和政府主要领导干部政绩的一项重要标准。各级干部要转变作风，深入群众，切实抓好各项政策措施的贯彻落实，保证完成今年农业和农村工作的各项任务。

【中共中央关于新形势下加强党校工作的意见】（1994年5月6日） 中共中央1994年5月6日发出。1996年收入人民出版社出版的《十四大以来重要文献选编》（上）。《意见》共四个部分：一、进一步加强党校工作是新的形势和任务的迫切要求；二、以建设有中国特色社会主义的理论为指导，深化党校教育改革；三、加强师资队伍建设，大力培养中青年教师；四、党委要切实加强对党校工作的领导。《意见》指出：党校办学水平的提高和事业的发展，关键在于解放思想、实事求是、深化改革。党校改革的重点是教学和科研改革，根本问题是根据新的情况进一步贯彻好理论联系实际的方针。党校改革总的要求是：以邓小平同志建设有中国特色社会主义的理论和党的基本路线为指导，以提高教学质量为中心，以强化科研为基础，更好地坚持理论联系实际的方针，密切联系改革开放和社会主义现代化建设的实践，正确认识和把握新时期党的干部教育工作的规律，逐步建立与完善具有中国特色的党校教学体制、科研体制、管理体制，进一步办好党校，更好地为党培养德才兼备的人才服务，为党的理论建设和党委、政府的科学决策服务，为改革开放和社会主义现代化建设服务。

【中共中央关于印发《爱国主义教育实施纲要》的通知】（1994年8月23日） 中共中央1994年8月23日发出。1996年收入人民出版社出版的《十四大以来重要文献选编》（上）。《通知》指出，爱国主义历来是动员和鼓舞中国人民团结奋斗的一面旗帜，是推动我国社会历史前进的巨大力量，是全国各族人民共同的精神支柱。在新的历史条件下，加强爱国主义教育，继承和发扬爱国主义传统，对于振奋民族精神，增强民族凝聚力，团结全国各族人民自力更生，艰苦创业，为建设有中国特色社会主义的宏伟事业而奋斗，具有重要的现实意义和深远的历史意义。《爱国主义教育实施纲要》共八个部分，对爱国主义教育的基本原则；爱国主义教育的主要内容；爱国主义教育的重点是青少年；搞好爱国主义教育基地的建设；创造爱国主义教育的社会氛围；提倡必要礼仪，增强爱国意识；大力宣传爱国先进典型；加强对爱国主义教育的领导等都做了详细的阐述。

【在首都各界纪念人民代表大会成立四十周年大会上的讲话】（1994年9月15日） 乔石1994年9月15日在首都各界纪念人民代表大会成立四十周年大会上的讲话。1996年收入人民出版社出版的《十四大以来重要文献选编》（上）。《讲话》回顾了建国以来人民代表大会制度的建设和发展历程。《讲话》指出，人民代表大会制度是适合我国国情的根本政治制度，坚持和完善人民代表大会制度是建设社会主义民主政治一个重要方面。而加强和改善党的领导，是坚持和完善人民代表大会制度的根本保证。人民代表大会应更好地发挥国家权力机关的作用，加强自身建设，促进各项改革措施的落实。

【加强新形势下的军队管理工作】（1994年9月15日） 刘华清1994年9月15日在全军管理工作会议上讲话的要点。1997年收入人民出版社出版的《十四大以来重要文献选编》（中）。讲话讲了三个问题：一、充分认识新形势下加强军队管理工作的重要意义；二、发扬传统，总结经验，努力掌握新形势下带兵规律；三、领导干部和领导机关要率先垂范，努力为部队管理工作创造条件。讲话指出，管理工作是军队建设的一项经常性、基础性工作，是巩固和提高战斗力的重要保证。军队现代化对管理水平提出了更高的要求：一是现代军队聚集了最新的科学技术和高度现代化的装备，各种设备物资有数百万种，在管理和使用上有很高要求。二是军事分工越来越细，专业已达数千种，使管理的难度越来越大。三是军队组织编制高度合成，诸军兵种日益融为一体。我们部队的管理水平总体上还不够高，指挥现代战争的能力还不够强。讲话指出，要真正提高部队正规化管理水平，必须正确处理继承与发展的关系，坚持在继承的基础上求发展，在发展的过程中更好地继承；正确处理管理与教育的关系，把严格管理与耐心说服教育有机地结合起来；正确处理管理与训练的关系，做到训管结合，相互促进；正确处理管人与管物的关系，在做好人的工作的同时，加强对物的管理。

【中共中央关于加强党的建设几个重大问题的决定】（1994年9月28日） 中国共产党第十四届中央委员会第四次全体会议1994年9月28日通过。1997年收入人民出版社出版的《十四大以来重要文献选编》（中）。《决定》共四个部分：一、党的建设面临的形势和任务；二、坚持和健全民主集中制；三、加强和改进党的基层组织建设；四、培养和选拔德才兼备的领导干部。《决定》指出，党的思想建设、组织建设和作风建设是相辅相成的整体。当前，在全面贯彻落实中央关于思想建设和作风建设的部署的同时，加强党的组织建设已经成为突出环节。为此，特别要提出和解决组织建设方面的三个问题：必须进一步坚持和健全民主集中制，特别要注重制度建设，以完备的制度保障党内民主，维护中央权威，保证全党在重大问题上的统一行动；必须进一步巩固和加强数以百万计的党的基层组织，使之成为能够团结和带领群众进行改革开放和现代化建设的战斗堡垒；必须进一步培养和锻炼数以万计的党的中高级领导干部，特别是培养和选拔大批德才兼备的年轻干部，形成坚定地走建设有中国特色社会主义道路、善于研究新情况、解决新问题、干练而充满活力的领导层。《决定》从无产阶级政治家的高度对党的高级干部提出了五条严格要求：应该具有坚定的政治信念，始终保持清醒的头脑，自觉坚持党的基本理论和基本路线，经得起各种风浪的考验；应该具有开阔的眼界，熟悉国情，了解世界，解放思想，实事求是，务实创新，开拓前进；应该具有宽阔的胸怀，讲党性，顾大局，模范执行民主集中制，公道正派，任人唯贤，善于团结同志一道工作；应该具有较强的领导能力，讲究领导艺术，审时度势，驾驭全局，善于协调各方面的力量；应该具有优良的作风，廉洁勤政，艰苦奋斗，深入实际，调查研究，谦虚谨慎，联系群众，真心诚意为人民谋利益。

【现代企业制度改革试点的几个问题】（1994年11月4日） 朱镕基1994年11月

4日在全国建立现代企业制度试点工作会议上的讲话要点。1997年收入人民出版社出版的《十四大以来重要文献选编》（中）。讲话强调，从1995年开始，要把深化国有企业改革作为经济体制改革的重点，力争在转换国有企业经营机制、建立现代企业制度、增强国有企业活力方面有所突破。只有切实抓好国有企业改革，才能真正建立起社会主义市场经济体制。讲话指出，建立现代企业制度的试点工作，一是全面理解。要全面、正确地理解党的十四届三中全会《中共中央关于建立社会主义市场经济体制若干问题的决定》。二是突出重点。深化企业改革关键是实行政企分开、搞好企业内部经营管理、逐步建立社会保障体系。三是相互结合。首先，改革、改组和改造要互相结合；其次，建立现代企业制度的试点，还要与贯彻落实行之有效的有关行政法规结合起来进行，要继续推进面上的企业改革。

【中共中央关于加强农村基层组织建设的通知】（1994年11月5日）　中共中央于1994年11月5日发出。1997年收入人民出版社出版的《十四大以来重要文献选编》（中）。《通知》共八个部分：一、实现新时期党在农村的历史任务，必须大力加强农村基层组织建设；二、加强农村基层组织建设的主要目标和指导思想；三、村党支部和其他组织都要把贯彻执行党的基本路线、团结带领农民群众奔小康作为根本任务；四、加强农村基层党组织建设，增强凝聚力和战斗力；五、健全村民自治组织、集体经济组织和群团组织，促进村级各项工作的制度化、规范化；六、抓好农村基层干部队伍建设，全面提高基层干部素质；七、加强乡镇党委和乡镇政权建设，使其切实担负起加强村级组织建设的责任；八、各级党委要切实加强和改进对农村基层组织建设的领导。《通知》指出：农业是国民经济和整个社会主义现代化建设的基础。农民是建设有中国特色社会主义的一支基本依靠力量。进一步建设好全国农村80多万个基层组织，才能保证党的基本路线和各项方针政策的贯彻落实，把亿万农民紧密团结在党的周围，凝聚成建设社会主义新农村的强大力量，推进农村改革的深化、经济的发展和社会的进步。《通知》指出：农村基层组织建设，包括乡（镇）、村两级，重点是村。今后几年，农村基层组织建设要努力实现“五个好”的目标：一是建设一个好领导班子，尤其要有一个好书记；二是培养锻炼一支好队伍；三是选准一条发展经济的好路子；四是完善一个好的经营体制；五是健全一套好的管理制度。《通知》要求：各级党委务必认清形势，抓住有利时机，下真功夫，大力加强农村基层组织建设，使这方面的工作取得新的进展，务必收到明显效果。

【中共中央、国务院关于加强科学技术普及工作的若干意见】（1994年12月5日）　中共中央、国务院1994年12月5日发布实施。发表于1994年12月14日《人民日报》。《意见》指出：虽然我国的科普事业已经有了相当的基础，但与我国经济、社会发展的需求相比仍有较大的差距。特别是近年来，由于有些地方对科普工作的重视程度有所下降，致使科普工作面临重重困难，科普阵地日渐萎缩；与此同时，“一些迷信、愚昧活动却日益泛滥，反科学、伪科学活动频频发生，令人触目惊心”。这些与现代文明相悖的现象，日益侵犯人们的思想，愚弄广大群众，腐蚀青少年一代，严重阻碍着社会主义物质文明和精神文明建设。因此，采取有力措施，大力加强科普工作，已成为一项迫在眉睫的任务。为此，《意见》要求各级党委和政府把科普工作提上议事日程，通过政策引导、加强管理和增加投入等多种措施，切实加强和改善对科普工作的领导。要始终高举科学旗帜，引导教育人民，净化社会环境，用科学战胜封建迷信和愚昧落后，提高全社会的科技意识，搞好社会主义物质文明和精神文明建设。

【中共中央关于印发《中国共产党党员权利保障条例（试行）》的通知】（1995年1月7日） 中共中央1995年1月7日发出。1997年收入人民出版社出版的《十四大以来重要文献选编》（中）。《通知》指出，中央印发1994年12月制定的《中国共产党党员权利保障条例（试行）》，要求各级党委贯彻执行。《条例（试行）》根据《中国共产党章程》制定，分六章：总则、党员享有的各项权利、对党员各项权利的保护、对侵犯党员权利行为的惩处、程序和责任、附则，共三十五条。这个《条例（试行）》是中国共产党历史上第一个保护党员民主权利的专门党内规章，全面系统地规范了党组织和党员在保障党员权利方面的工作和活动。

【为促进祖国统一大业的完成而继续奋斗】（1995年1月30日） 江泽民1995年1月30日在中共中央台湾工作办公室、国务院台湾事务办公室、台湾民主自治同盟等单位举办的新春茶话会上发表的讲话。1997年收入人民出版社出版的《十四大以来重要文献选编》（中）。讲话就发展两岸关系、推进祖国和平统一进程提出八项看法和主张：一、坚持一个中国的原则，是实现和平统一的基础和前提；二、对于台湾同外国发展民间性经济、文化关系，我们不持异议；三、进行海峡两岸和平统一谈判，是我们的一贯主张；四、努力实现和平统一，中国人不打中国人；五、面向21世纪世界经济的发展，要大力发展两岸经济交流与合作，以利于两岸经济共同繁荣，造福整个中华民族；六、中华各族儿女共同创造的五千年灿烂文化，始终是维系全体中国人的精神纽带，也是实现和平统一的一个重要基础；七、要充分尊重台湾同胞的生活方式和当家作主的愿望，保护台湾同胞的一切正当权益；八、我们欢迎台湾当局的领导人以适当身份前来访问，我们也愿意接受台湾方面的邀请，前往台湾。

【中共中央关于印发《党政领导干部选拔任用工作暂行条例》的通知】（1995年2月9日） 中共中央1995年2月9日发出。1997年收入人民出版社出版的《十四大以来重要文献选编》（中）。《通知》指出，现将《党政领导干部选拔任用工作暂行条例》印发给你们，请结合本地区、本部门的实际情况，认真遵照执行。《暂行条例》共十一章五十四条，对选拔任用党政领导干部的原则、条件、程序以及交流回避、辞职降职、纪律与监督等事项作出了明确规定。《暂行条例》的总则规定，选拔任用党政领导干部，必须坚持以下原则：一、党管干部的原则；二、德才兼备、任人唯贤的原则；三、群众公认、注重实绩的原则；四、公开、平等、竞争、择优的原则；五、民主集中制的原则；六、依法办事的原则。

【中共中央、国务院关于深化供销合作社改革的决定】（1995年2月27日） 中共中央、国务院1995年2月27日作出。1997年收入人民出版社出版的《十四大以来重要文献选编》（中）。《决定》共九个部分：一、深化供销合作社改革是一项重要的紧迫任务；二、坚持把供销合作社真正办成农民的合作经济组织；三、理顺供销合作社的组织体制；四、强化供销合作社为农服务的功能；五、完善供销合作社的经营机制；六、加强基层供销合作社建设；七、加强对供销合作社的监督和管理；八、加强政府对供销合作社的保护和扶持；九、抓紧组建全国供销合作总社。《决定》指出，深化供销合作社改革的总体思路是：从农村经济发展的需要、从建立社会主义市场经济体制的要求、从供销合作社自身改革的迫切需要出发，紧紧围绕把供销合作社真正办成农民的合作经济组织这个目标，抓住理顺组织体制、强化服务功能、完善经营机制、加强监督管理和给予保护扶持等五个环节，以基层社为重点，采取切实有力的政策措施，使供销合作社真正体现农民合作经济组织的性质，真正实现为农业、农村和农民提供综合服务的宗旨，真正成为加强党和政府与农民的密切联系的桥梁和纽带。《决定》成立中华全国供销合作总社，作为全国供销合作社的联合组织，由国务院领导。

【中共中央、国务院关于做好一九九五年农业和农村工作的意见】（1995年3月11日） 中共中央、国务院1995年3月11日发出。1997年收入人民出版社出版的《十四大以来重要文献选编》（中）。《意见》指出：今年农业和农村工作的主要任务是：坚持以邓小平同志建设有中国特色社会主义理论和党的基本路线为指导，全面贯彻党的十四大和十四届三中、四中全会以及中央经济工作会议精神，稳定党在农村的基本政策，千方百计增加农业投入，坚持和完善粮棉购销体制改革的政策措施，充分调动农民的生产积极性，切实抓好“米袋子”“菜篮子”，全面发展农村经济，确保农副产品有效供给，确保农民收入稳定增加，确保农村社会稳定。《意见》围绕1995年农业和农村工作的主要任务，提出抓好农业和农村工作的十二项措施：一、突出抓好粮棉生产，稳定增加“菜篮子”产品；二、下决心增加农业投入；三、加强农业基础设施建设，增强农业综合生产能力；四、确保农业生产资料供应和价格稳定；五、稳定农业科技队伍，切实强化科教兴农；六、进一步做好粮棉购销工作；七、大力发展乡镇企业，多渠道扩大农民就业门路；八、坚持稳定和完善农村基本经营制度，大力发展各种形式的一体化经济组织；九、切实保护好耕地和粮田；十、打好扶贫开发攻坚战，加快脱贫致富步伐；十一、坚持两手抓的方针，切实加强农村基层组织建设、精神文明建设和民主法制建设；十二、切实加强对农业和农村工作的领导。《意见》强调：中央要求，各级党委和政府务必把农业放在经济工作的首位，落实扶持农业发展的各项政策措施，夺取今年农业丰收，为抑制通货膨胀，促进国民经济持续、快速、健康发展作出贡献，为顺利实现本世纪末国民经济和社会发展的第二步战略目标打好基础。

【中共中央办公厅、国务院办公厅关于印发《关于对党和国家机关工作人员在国内交往中收受礼品实行登记制度的规定》的通知】（1995年4月30日） 中共中央办公厅、国务院办公厅1995年4月30日发出。1997年收入人民出版社出版的《十四大以来重要文献选编》（中）。《通知》指出，《关于对党和国家机关工作人员在国内交往中收受礼品实行登记制度的规定》已经党中央、国务院批准，请遵照执行。《规定》共九条。对党和国家机关工作人员在国内交往中收受礼品须进行登记，规定适用人员，负责监督检查的部门，以及对不如实登记、不上交的如何处理都作出了规定。并要求各省、自治区、直辖市和中共中央直属机关事务管理局、国务院机关事务管理局制定具体的礼品登记标准和上交处理办法，报中央纪委、监察部备案。

【中共中央办公厅、国务院办公厅关于印发《关于党政机关县（处）级以上领导干部收入申报的规定》的通知】（1995年4月30日） 中共中央办公厅、国务院办公厅1995年4月30日发出。1997年收入人民出版社出版的《十四大以来重要文献选编》（中）。《通知》指出，《关于党政机关县（处）级以上领导干部收入申报的规定》已经党中央、国务院批准，请遵照执行。《规定》共九条，说明了制定的原因，确定了适用范围、收入申报的项目及办理程序等事项。其中规定，申报收入的人员包括：各级党的机关、人大机关、行政机关、政协机关、审判机关、检察机关的县（处）级以上（含县、处级）领导干部；社会团体、事业单位的县（处）级以上领导干部，以及国有大、中型企业的负责人。申报人必须申报下列各项收入：工资；各类奖金、津贴、补贴及福利费等；从事咨询、讲学、写作、审稿、书画等劳务所得；事业单位的领导干部、企业单位的负责人承包经营、承租经营所得。

【中共中央、国务院关于加速科学技术进步的决定】（1995年5月6日） 中共中央、国务院1995年5月6日作出。1997年收入人民出版社出版的《十四大以来重要文献选编》（中）。《决定》共十一项：一、全面落实科学技术是第一生产力的思想；二、大力推进农业和农村科技进步；三、依靠科技进步提高工业增长的质量和效益；四、发展高技术及其产业；五、推动社会发展领域的科技进步；六、切实加强基础性研究；七、深化科技体制改革，建立适应社会主义市场经济体制和科技自身发展规律的新型科技体制；八、建设高水平的科技队伍，提高全民族科技文化素质；九、多渠道、多层次地增加科技投入；十、进一步扩大对外开放，广泛开展国际科技合作与交流；十一、切实加强党和政府对科技工作的领导。《决定》指出，科学技术是第一生产力，是经济和社会发展的首要推动力量，是国家强盛的决定性因素。科教兴国，是指全面落实科学技术是第一生产力的思想，坚持教育为本，把科技和教育摆在经济、社会发展的重要位置，增强国家的科技实力及向现实生产力转化的能力，提高全民族的科技文化素质，把经济建设转移到依靠科技进步和提高劳动者素质的轨道上来，加速实现国家的繁荣昌盛。《决定》强调，推进科学技术进步是全党全国人民的一项历史性任务，各地区、各部门及社会各界要团结协作，共同努力，为实施科教兴国的战略做出贡献。

【中共中央关于印发《邓小平同志建设有中国特色社会主义理论学习纲要》的通知】（1995年5月10日） 中共中央1995年5月10日发出。1997年收入人民出版社出版的《十四大以来重要文献选编》（中）。《通知》指出：中央认为，《邓小平同志建设有中国特色社会主义理论学习纲要》比较全面、准确地反映了《邓小平文选》的思想，有助于更好地理解建设有中国特色社会主义理论的科学体系。中央同意印发这个《纲要》，作为全党县处级以上领导干部学习《邓小平文选》和建设有中国特色社会主义理论的重要辅助材料，也可供广大党员和干部、群众阅读。

【努力实施科教兴国的战略】（1995年5月26日） 江泽民1995年5月26日在全国科学技术大会上的讲话。1997年收入人民出版社出版的《十四大以来重要文献选编》（中）。讲话共四个部分：一、全面落实科技是第一生产力的思想；二、加速科技进步需要把握的几个重要问题；三、培养和造就大批德才兼备的科技人才；四、加强党对科技工作的领导。讲话指出，要全面落实科技是第一生产力的思想，没有强大的科技实力，就没有社会主义的现代化。科教兴国，是指全面落实科学技术是第一生产力的思想，坚持教育为本，把科技和教育摆在经济、社会发展的重要位置，增强国家的科技实力及向现实生产力转化的能力，提高全民族的科技文化素质，把经济建设转移到依靠科技进步和提高劳动者素质的轨道上来，加速实现国家的繁荣昌盛。加强科技进步，必须坚持科技与经济、近期目标与长远目标、自主研究开发与引进国外先进技术、市场机制与宏观管理、自然科学与社会科学的结合。要培养和造就大批德才兼备的科技人才，加强党对科学工作的领导。

【中共中央关于印发《中国共产党党校工作暂行条例》的通知】（1995年9月6日） 中共中央1995年9月6日发出。1997年收入人民出版社出版的《十四大以来重要文献选编》（中）。《通知》要求结合本地区、本部门的实际情况，认真贯彻执行。《暂行条例》共九章五十七条。第一章总则指出，中国共产党的党校是在党委直接领导下培养党员领导干部和理论干部的学校，是党委的一个重要部门。各级党委要把党校办成轮训和培训党员领导干部，培养党的理论队伍，学习、研究马克思列宁主义、毛泽东思想、邓小平建设有中国特色社会主义理论的重要阵地，成为干部增强党性锻炼的熔炉。第二章至第九章内容分别为：党校的设置和领导体制；班次、学制和学历；教学工作；科学研究工作；党的组织和思想政治工作；队伍建设；后勤和经费保障；附则。

【正确处理社会主义现代化建设中的若干重大关系】（1995年9月28日） 江泽民1995年9月28日在党的十四届五中全会闭幕时讲话的一部分。1997年收入人民出版社出版的《十四大以来重要文献选编》（中）。讲话指出，在推进社会主义现代化建设的过程中，必须处理好各种关系，特别是若干带有全局性的重大关系。包括：改革、发展、稳定的关系；速度和效益的关系；经济建设和人口、资源、环境的关系；第一、二、三产业的关系；东部地区和中西部地区的关系；市场机制和宏观调控的关系；公有制经济和其他经济成分的关系；收入分配中国家、企业和个人的关系；扩大对外开放和坚持自力更生的关系；中央和地方的关系；国防建设和经济建设的关系；物质文明建设和精神文明建设的关系。这十二个关系是在改革和发展的新形势下带有全局性的重大问题。希望全党同志特别是高级干部都要来研究这些重大问题，解放思想，实事求是，加强调查研究，集中群众智慧，提高领导水平，找出解决办法，把我国现代化建设更好地推向前进。

【中共中央关于制定国民经济和社会发展“九五”计划和二〇一〇年远景目标的建议】（1995年9月28日） 中国共产党第十四届中央委员会第五次全体会议1995年9月28日通过。1997年收入人民出版社出版的《十四大以来重要文献选编》（中）。《建议》指出，中国共产党第十四届中央委员会第五次全体会议讨论了制定国民经济和社会发展第九个五年计划（1996—2000年）和2010年远景目标的问题，并通过了《建议》。《建议》包括六个方面内容：一、我国国民经济和社会发展的重要时期；二、主要奋斗目标和指导方针；三、经济建设的主要任务和战略布局；四、改革开放的主要任务和部署；五、社会发展的主要任务和基本政策；六、全党全国各族人民团结起来，为实现“九五”计划和2010年远景目标而奋斗。《建议》提出，“九五”时期国民经济和社会发展的主要奋斗目标是：全面完成现代化建设的第二步战略部署，到2000年，在我国人口将比1980年增长三亿左右的情况下，实现人均国民生产总值比1980年翻两番；基本消除贫困现象，人民生活达到小康水平；加快现代企业制度建设，初步建立社会主义市场经济体制。2010年的主要奋斗目标是：实现国民生产总值比2000年翻一番，使人民的小康生活更加富裕，形成比较完善的社会主义市场经济体制。《建议》提出，实现奋斗目标的关键是实行两个具有全局意义的根本性转变。一是经济体制从传统的计划经济体制向社会主义市场经济体制转变，二是经济增长方式从粗放型向集约型转变。

【让我们共同缔造一个更美好的世界】（1995年10月24日） 江泽民1995年10月24日在联合国成立五十周年特别纪念会议上的讲话。1997年收入人民出版社出版的《十四大以来重要文献选编》（中）。讲话回顾了联合国成立50年来的历史，指出：一切违背时代潮流，违反各国人民根本利益的行径，必然要受到抵制和反对。半个世纪的经验和教训，联合国宪章的宗旨和原则，和平与发展的时代主题，向我们提出庄严而迫切的要求。各国人民所期待建立的国际政治经济新秩序，应当包括以下内容：创造安全可靠、长期稳定的国际和平环境；恪守以主权平等和互不干涉内政为核心的国际关系准则；建立互利互补、共同发展的新型国际经济关系；造成自主选择、求同存异的国际和谐局面。讲话指出，中国是国际大家庭的一员。中国离不开世界，世界也需要中国。世界上只有一个中国，台湾是中国领土不可分割的一部分。中华人民共和国政府是中国的唯一合法政府，是中国在联合国的唯一代表。海峡两岸实现和平统一，是包括台湾同胞在内的全体中国人民的坚定意志和决心，是不可阻挡的历史潮流。中国人民完全有能力、有办法、有信心排除任何干扰，完成祖国的统一大业。讲话指出，中国作为联合国创始成员国和安理会常任理事国，一贯恪守联合国宪章的宗旨和原则，认真履行自己的国际责任和义务。中国希望联合国在国际事务中进一步发挥积极有效的作用。

【讲学习，讲政治，讲正气】（1995年11月8日） 江泽民1995年11月8日在北京市视察工作时讲话的一部分。1997年收入人民出版社出版的《十四大以来重要文献选编》（中）。讲话指出，要加强领导，首先必须加强对干部特别是领导干部的教育，努力提高他们的素质、责任感和工作水平。要强调讲学习、讲政治、讲正气。讲学习，要学习马克思列宁主义、毛泽东思想和邓小平同志建设有中国特色社会主义理论，学习历史知识、经济知识和其他科学文化知识。知识在不断更新，我们的各级领导干部更应自觉地加紧学习，争取掌握更多的现代科学文化知识。讲政治，对共产党人来说任何时候都要坚持。邓小平同志在改革开放之初就明确提出，搞现代化建设、经济建设，必须有政治保证。坚持四项基本原则，警惕西方敌对势力“西化”“分化”我们的图谋，抵制封建主义、资本主义腐朽思想文化的侵蚀，都是政治。同外国人做生意，要坚持维护国家利益和民族利益，这既是一种经济要求，也是一种政治要求。不讲这些，我们的改革开放和经济建设就不可能顺利进行，就不可能保证建设有中国特色社会主义事业的成功。讲正气，是中华民族也是我们党的一个优良传统。我们党的宗旨是全心全意为人民服务，这就是全党同志首先是各级领导干部，必须坚持树立和发扬的最大的正气。大力发扬这种正气，以权谋私、拜金主义、享乐主义、极端个人主义的邪气就滋长不起来。要教育干部自觉地树立正气，坚决同歪风邪气作斗争。

【保证党对军队的绝对领导问题】（1995年12月17日） 江泽民1995年12月17日在中央军委扩大会议上讲话的一部分。1997年收入人民出版社出版的《十四大以来重要文献选编》（中）。讲话指出，我军是人民民主专政的坚强柱石，是社会主义祖国的钢铁长城，也是体现我们党和国家政治优势的重要力量。我军在国家生活中的这种特殊的职能和地位，决定了讲政治是我军优良传统的精髓和军队建设的灵魂。讲政治，要贯彻到军队的各项工作中去。根据我军建设的实际，要特别强调以下几个问题：首先，最根本的就是要保证党对军队的绝对领导，保证人民军队的性质。第二，必须加强思想政治教育。第三，必须搞好军政军民关系和官兵关系，加强军政军民团结和军队内部团结。第四，必须加强各级领导班子建设。

【中共中央、国务院关于“九五”时期和今年农村工作的主要任务和政策措施】（1996年1月21日） 中共中央、国务院1996年1月21日发出。1997年收入人民出版社出版的《十四大以来重要文献选编》（中）。该文件共三个部分：“九五”时期农业和农村经济工作的基本要求；1996年农业和农村经济发展的主要措施；加强和改善党对农村工作的领导。文件指出，农业仍然是国民经济的薄弱环节，必须坚定不移地把农业作为突出的战略重点，下大力抓好。“九五”时期农业和农村经济发展的主要任务是：保证粮棉油等基本农产品稳定增长，粮食生产能力达到一个新的水平，到2000年，全国粮食总产量要达到9800亿斤至10000亿斤；保证农民收入有较快的增加，农民生活达到小康水平，包括基本解决几千万农民贫困人口的温饱问题。1996年是“九五”计划的第一年，一定要加倍努力，扎实工作，千方百计夺取农业丰收，确保粮食总产量达到9250亿斤，棉花总产量达到9000万担，林牧副渔和乡镇企业全面发展，为实现“九五”计划奠定良好基础。

【宣传思想战线的主要任务】（1996年1月24日） 江泽民1996年1月24日在全国宣传部长会议上讲话的要点。1997年收入人民出版社出版的《十四大以来重要文献选编》（中）。讲话讲了五个问题：一、关于以科学的理论武装人；二、关于以正确的舆论引导人；三、关于以高尚的精神塑造人；四、关于以优秀的作品鼓舞人；五、各级党委要高度重视宣传思想工作。讲话分析了党的十四大以来宣传思想工作取得的成绩和当前面临的任务，指出，我们要充分看到在新的历史时期宣传思想工作的重要性、艰巨性和复杂性。要把党的基本理论、基本路线和方针、政策贯彻到各项工作中去，任务还很繁重。在对外开放、发展社会主义市场经济的条件下，宣传思想工作将长期面临十分复杂的局面。讲话提出，“以科学的理论武装人，以正确的舆论引导人，以高尚的精神塑造人，以优秀的作品鼓舞人”四句话，概括了宣传思想战线的主要任务，要求把这四句话进一步贯彻落实到各项工作中去。

【在中央纪委第六次全会上的讲话】（1996年1月26日） 江泽民1996年1月26日在中央纪委第六次全会上的讲话。1997年收入人民出版社出版的《十四大以来重要文献选编》（中）。《讲话》讲了四个问题：一、在新形势下党的纪律检查机关担负着重大责任；二、按照中央确定的工作格局把反腐败斗争引向深入；三、加强和健全党内监督，增强党组织解决自身问题的能力；四、各级党委要加强领导，充分发挥纪律检查机关的作用。《讲话》提出：今年的工作，总的要求是，以邓小平同志建设有中国特色社会主义理论和党的基本路线为指导，紧紧围绕经济建设这个中心，坚持标本兼治、综合治理，把加强思想政治教育、查处大案要案、健全制度和严肃党纪政纪结合起来，既防范于前，又惩戒于后，打好一个一个的阶段性战役，一步一步地把斗争引向深入。各级党委和政府要继续抓好纪检监察工作，特别要抓好领导干部的廉洁自律、查处违法违纪案件、纠正部门和行业不正之风这三项工作，务必取得实效。

【中华人民共和国国民经济和社会发展"九五"计划和二〇一〇年远景目标纲要】（1996年3月17日） 第八届全国人民代表大会第四次会议1996年3月17日批准。1997年收入人民出版社出版的《十四大以来重要文献选编》（中）。《纲要》由序言和以下十一部分组成：一、"八五"计划完成情况。二、国民经济和社会发展的指导方针和奋斗目标。三、宏观调控目标和政策。四、保持国民经济持续快速健康发展。五、实施科教兴国战略。六、促进区域经济协调发展。七、深化经济体制改革。八、扩大对外开放程度，提高对外开放水平。九、实施可持续发展战略，推进社会事业全面发展。十、加强社会主义精神文明和民主法制建设。十一、促进祖国和平统一大业。《纲要》指出：1996—2010年，是我国改革开放和社会主义现代化建设事业承前启后、继往开来的重要时期。我国将以崭新的姿态跨入21世纪，建立起比较完善的社会主义市场经济体制，全面实现第二步战略目标，并向第三步战略目标迈出重大步伐，为下个世纪中叶基本实现现代化奠定坚实基础。根据《中共中央关于制定国民经济和社会发展"九五"计划和二〇一〇年远景目标的建议》而制定的《纲要》，作为组织和动员全国人民推进改革开放和现代化建设的行动纲领，具有重大意义和指导作用。

【中共中央、国务院关于转发《中央宣传部、司法部关于在公民中开展法制宣传教育的第三个五年规划》的通知】（1996年4月18日） 中共中央、国务院1996年4月18日发出。1999年收入人民出版社出版的《十四大以来重要文献选编》（下）。《通知》指出，党中央、国务院同意《中央宣传部、司法部关于在公民中开展法制宣传教育的第三个五年规划》，要求各地区、各部门结合实际情况，做出具体安排，认真组织实施。搞好法制宣传教育是我国社会主义民主和法制建设的一项基础性工作，是全党和全国人民的共同任务。各级党委、人大和政府要加强领导和监督，保障法制宣传教育第三个五年规划任务的落实。《规划》共五个部分，对第三个五年法制宣传教育工作的指导思想，目标、任务、对象与要求，方法与步骤，保障措施，组织领导等问题作了说明。

【努力建设高素质的干部队伍】（1996年6月21日） 江泽民1996年6月21日在纪念中国共产党成立七十五周年座谈会上的讲话。1999年收入人民出版社出版的《十四大以来重要文献选编》（下）。讲话共六个部分：一、关于建设高素质干部队伍的极端重要性和基本要求。二、关于干部的学习。三、关于干部的实践锻炼。四、关于干部的选拔任用。五、关于加强领导班子建设。六、关于培养优秀年轻干部。讲话指出：中国共产党75年的历史是光辉灿烂的。75年来，我们有一条基本的经验，这就是：党领导的事业要取得胜利，不但必须有正确的理论和路线，还必须有一支能坚决贯彻执行党的理论和路线的高素质干部队伍。现在，我们党和国家正处在建设有中国特色社会主义、实现中华民族全面振兴的重要历史时期，大力加强干部队伍建设显得尤为重要和紧迫。各级党委一定要提高思想认识，增强责任感和紧迫感，进一步加大工作力度，以思想政治建设为重点，把干部队伍建设这件关系党和国家全局的大事抓紧抓好。

【中共中央关于加强社会主义精神文明建设若干重要问题的决议】（1996年10月10日） 中国共产党第十四届中央委员会第六次全体会议1996年10月10日通过。1999年收入人民出版社出版的《十四大以来重要文献选编》（下）。《决议》共七个部分：一、加强社会主义精神文明建设是一项重大战略任务；二、社会主义精神文明建设的指导思想和奋斗目标；三、努力提高全民族思想道德素质；四、积极发展社会主义文化事业；五、深入持久开展群众性精神文明创建活动；六、切实增强精神文明建设的投入；七、加强和改善党对精神文明建设的领导。《决议》指出，精神文明建设的指导思想和总的要求是：以马克思列宁主义、毛泽东思想和邓小平建设有中国特色社会主义理论为指导，坚持党的基本路线和基本方针，加强思想道德建设，发展教育科学文化，以科学的理论武装人，以正确的舆论引导人，以高尚的精神塑造人，以优秀的作品鼓舞人，培育有理想、有道德、有文化、有纪律的社会主义公民，提高全民族的思想道德素质和科学文化素质，团结和动员各族人民把我国建设成为富强、民主、文明的社会主义现代化国家。今后十五年社会主义精神文明建设的主要目标是：在全民族牢固树立建设有中国特色社会主义的共同理想，牢固树立坚持党的基本路线不动摇的坚定信念；实现以思想道德修养、科学教育水平、民主法制观念为主要内容的公民素质的显著提高，以积极健康、丰富多彩、服务人民为主要要求的文化生活质量的显著提高，以社会风气、公共秩序、生活环境为主要标志的城乡文明程度的显著提高；在全国范围内形成物质文明建设和精神文明建设协调发展的良好局面。《决议》指出，在新形势下加强精神文明建设，是对全党同志的一个重要考验。如何在以经济建设为中心的前提下，使物质文明建设和精神文明建设相互促进，协调发展，防止和克服一手硬、一手软；如何在深化改革、建立社会主义市场经济体制的条件下，形成有利于社会主义现代化建设的共同理想、价值观念和道德规范，防止和遏制腐朽思想和丑恶现象的滋长蔓延；如何在扩大对外开放、迎接世界新科技革命的情况下，吸收外国优秀文明成果，弘扬祖国传统文化精华，防止和消除文化垃圾的传播，抵御敌对势力对我“西化”“分化”的图谋，这是在社会主义现代化进程中必须认真解决的历史性课题。

【努力开创社会主义精神文明建设的新局面】（1996年10月10日）　江泽民1996年10月10日在中国共产党第十四届中央委员会第六次全体会议闭幕时的讲话节录。1999年收入人民出版社出版的《十四大以来重要文献选编》（下）。讲话共五个部分：一、关于加强精神文明建设的重要性和紧迫性；二、关于正确认识物质文明与精神文明的关系；三、关于精神文明建设的指导思想；四、关于加强爱国主义教育；五、关于加强党对精神文明建设的领导。讲话指出，这次中央全会作出的《中共中央关于加强社会主义精神文明建设若干重要问题的决议》，确定了新形势下加强精神文明建设的指导思想、目标任务、基本方针和重要措施，是指导今后精神文明建设的纲领性文件。全会以后，大家要努力把决议的精神变为全党和全国人民的实际行动，开创社会主义精神文明建设的新局面。

【中共中央、国务院关于尽快解决农村贫困人口温饱问题的决定】（1996年10月23日）　中共中央、国务院1996年10月23日作出。1999年收入人民出版社出版的《十四大以来重要文献选编》（下）。《决定》共四个部分：一、必须坚定不移地完成扶贫攻坚任务；二、实现扶贫攻坚计划的基本方针、任务和要求；三、打好扶贫攻坚战的主要措施；四、加强对扶贫开发工作的领导。《决定》阐明了解决农村贫困人口温饱问题的重要意义。提出要把解决农村贫困人口温饱问题作为近期农业和农村工作的首要任务。强调要通过增加扶贫投入、安排大型开发项目、严格管理各项扶贫资金、实行多项优惠政策、机关单位进一步加强扶贫工作、组织对口帮扶、继续扶持初步解决温饱的贫困县、搞好培训工作、发展和扩大与国际组织的交流合作等措施，切实完成好解决农村贫困人口温饱问题这一光荣而艰巨的历史任务。

【发展和繁荣社会主义文艺】（1996年12月16日）　江泽民1996年12月16日在中国文学艺术界联合会第六次全国代表大会、中国作家协会第五次全国代表大会上的讲话。1999年收入人民出版社出版的《十四大以来重要文献选编》（下）。讲话充分肯定自中国文学艺术工作者第四次代表大会召开十几年来，我国社会主义文艺事业取得的成绩和发挥的重要作用。指出，社会主义文艺是精神文明建设中一条重要的战线，承担着培养有理想、有道德、有文化、有纪律的“四有”新人，激励人民奋进的庄严职责。文艺工作要坚持以马克思列宁主义、毛泽东思想和邓小平建设有中国特色社会主义理论为指导；坚持为人民服务、为社会主义服务的根本原则；坚持“百花齐放、百家争鸣”的方针。各级党委要把加强和改善对文艺工作的领导，作为精神文明建设的一项重要工作抓紧抓好。

【中共中央、国务院关于切实做好减轻农民负担工作的决定】（1996年12月30日）　中共中央、国务院1996年12月30日作出。1999年收入人民出版社出版的《十四大以来重要文献选编》（下）。《决定》共十三条：一、国家的农业税收政策稳定不变；二、村提留乡统筹费不超过上年农民人均纯收入百分之五的政策稳定不变；三、农民承担义务工和劳动积累工制度稳定不变；四、严禁一切要农民出钱出物出工的达标升级活动；五、严禁在农村搞法律规定外的任何形式的集资活动；六、严禁对农民的一切乱收费、乱涨价、乱罚款；七、严禁各种摊派行为；八、严禁动用专政工具和手段向农民收取财物；九、减免贫困户的税费负担；十、减轻乡镇企业的负担；十一、减少乡镇机构和人员的开支；十二、加强领导，实行减轻农民负担党政一把手负责制；十三、加强监督检查，严肃查处加重农民负担的违法违纪行为。《决定》指出：以上十三条，各级党委和政府要认真贯彻执行，逐项逐条落到实处，决不允许出现任何梗阻现象，决不允许在执行中走样。

【中共中央关于进一步做好文艺工作的若干意见】（1997年1月11日）　中共中央1997年1月11日发出。1999年收入人民出版社出版的《十四大以来重要文献选编》（下）。《意见》共七条：一、文艺工作的形势和任务；二、文艺工作的指导思想和方针原则；三、大力繁荣文艺创作；四、深化文艺体制改革；五、加强文艺事业的管理；六、建设高素质的文艺队伍；七、加强和改善党对文艺工作的领导。《意见》指出，当前和今后一个时期文艺工作的主要任务是：坚持以优秀的作品鼓舞人，繁荣和发展有中国特色社会主义的文艺事业，满足人民群众日益增长的精神文化需求，为推进改革开放和现代化建设创造良好的文化环境。党的文艺工作指导思想是，坚持以马克思列宁主义、毛泽东思想和邓小平建设有中国特色社会主义理论为指导，坚持党的“一个中心、两个基本点”的基本路线，自觉地服从和服务于全党全国工作大局。党的文艺工作方针原则是坚持为人民服务，为社会主义服务的方向；坚持“百花齐放、百家争鸣”的方针。文艺体制改革的基本目标是，建立起符合精神文明建设要求，遵循文艺发展内在规律，发挥市场机制积极作用的充满活力的社会主义文艺体制。

【中共中央、国务院关于卫生改革与发展的决定】（1997年1月15日）　中共中央、国务院1997年1月15日作出。1999年收入人民出版社出版的《十四大以来重要文献选编》（下）。《决定》共九项内容：一、卫生工作的奋斗目标和指导思想；二、积极推进卫生改革；三、加强农村卫生工作，实现初级卫生保健规划目标；四、切实做好预防保健工作，深入开展爱国卫生运动；五、中西医并重，发展中医药；六、推动科技进步，加强队伍建设；七、加强药品管理，促进医、药协调发展；八、完善卫生经济政策，增加卫生投入；九、切实加强党和政府对卫生工作的领导。《决定》指出，新时期卫生工作的方针是：以农村为重点，预防为主，中西医并重，依靠科技与教育，动员全社会参与，为人民健康服务，为社会主义现代化服务。卫生工作的奋斗目标是：以马克思列宁主义、毛泽东思想和邓小平建设有中国特色社会主义理论为指导，坚持党的基本路线和基本方针，不断深化卫生改革，到2000年，初步建立起具有中国特色的包括卫生服务、医疗保障、卫生执法监督的卫生体系，基本实现人人享有初级卫生保健，国民健康水平进一步提高。到2010年，在全国建立起适应社会主义市场经济体制和人民健康需求的、比较完善的卫生体系，国民健康的主要指标在经济较发达地区达到或接近世界中等发达国家的平均水平，在欠发达地区达到发展中国家的先进水平。

【中共中央关于进一步加强和改进国有企业党的建设工作的通知】（1997年1月24日）　中共中央1997年1月24日发出。1999年收入人民出版社出版的《十四大以来重要文献选编》（下）。《通知》共九项内容：一、认清形势和任务，增强搞好国有企业党建工作的责任心和紧迫感；二、坚持党对国有企业的政治领导，充分发挥国有企业党组织的政治核心作用；三、认真贯彻国有企业党建工作的指导思想和方针原则；四、明确国有企业党组织参与重大问题决策的内容、途径和方法；五、突出抓好国有企业领导班子建设，大力提高领导人员素质；六、切实加强国有企业社会主义精神文明建设和思想政治工作；七、全心全意依靠职工群众办好国有企业；八、改进国有企业党组织的工作方法和活动方式，增强凝聚力和战斗力；九、各级地方党委和有关部门党组要加强对国有企业党建工作的领导和指导。《通知》指出，坚持党对国有企业的政治领导，是一个重大原则问题，任何时候都不能动摇。国有企业党组织参与企业重大问题决策是发挥政治核心作用的重要职责和基本途径。参与决策的事项主要是：经营方针、发展规划、年度计划和重大技术改造、技术引进方案；财务预决算、资产重组和资本运作中的重大问题；中层以上管理人员的选拔使用和奖惩、企业的重要改革方案和重要管理制度的制定、修改；涉及广大职工切身利益的重要问题。国有企业党组织参与重大问题的决策，要建立健全必要的制度。共产党员要努力增强党性，坚持依法办事。党员董事、监事、经理要严格遵守党章，向党组织报告工作，接受党组织的监督。

【大力发扬艰苦奋斗的精神】（1997年1月29日）　江泽民1997年1月29日在中共中央纪律检查委员会第八次全体会议上讲话的一部分。1999年收入人民出版社出版的《十四大以来重要文献选编》（下）。讲话强调：现在，全国各族人民在党中央领导下，高举邓小平建设有中国特色社会主义理论的伟大旗帜，为把改革开放和现代化建设事业全面推向新世纪而努力奋斗。在这样的历史时刻，需要用什么样的精神来进一步凝聚、激励广大干部和人民群众，同心同德，克服困难，开拓前进，去夺取改革开放和现代化建设的新胜利呢？最重要的，就是各级党组织和全党同志要在党的基本理论和基本路线指引下，大力发扬艰苦奋斗的精神，大力加强党同人民群众的联系。历史和现实的经验告诉我们，进行伟大的创业，必须有伟大的创业精神。我们建设有中国特色社会主义就是伟大的创业，必须大力弘扬党的艰苦奋斗的优良传统。只要我们各级领导机关和领导干部下定决心，以身作则，坚持数年，我看党的艰苦奋斗、勤俭办一切事业的优良作风，就一定能够在全党全社会进一步发扬光大起来。

【中共中央、国务院关于一九九七年农业和农村工作的意见】（1997年2月3日）中共中央、国务院1997年2月3日发出。1999年收入人民出版社出版的《十四大以来重要文献选编》（下）。《意见》共六个部分：一、坚持把农业放在经济工作的首位，保持农业和农村经济稳定增长；二、切实做好粮食收购工作，加快粮食流通体制改革；三、加强基础设施建设和科技推广，提高农业综合生产能力；四、拓展农村经济发展领域，努力增加农民收入；五、稳定和完善党在农村的基本政策，把农村改革引向深入；六、加强基层组织建设、民主法制建设和精神文明建设，促进农村经济和社会协调发展。《意见》指出，1997年农业和农村工作总的要求是：坚持以邓小平建设有中国特色社会主义理论为指导，全面贯彻党的基本路线和基本方针，认真落实党的十四届五中、六中全会和中央经济工作会议精神，着力研究和解决农业丰收后出现的新情况、新问题，继续加强农业基础地位，深化农村经济体制改革，切实推进农业增长方式的转变，加大农业技术推广力度，加强农田水利基本建设，调整优化农村产业结构，下大力减轻农民负担，确保农业增产、农民增收、农村稳定，实现农村经济全面发展和社会全面进步。主要奋斗目标是：粮食播种面积要保证稳定，总产量保持去年的水平并力争有所增加；棉花种植要稳定面积，提高单产，增加总产；其他各类主要农产品也要保持稳定增长；农民人均纯收入继续增长，按计划解决部分贫困人口的温饱问题；乡镇企业在提高经济效益的前提下持续稳定发展。

【中共中央纪律检查委员会关于重申和建立党内监督五项制度的实施办法】（1997年2月4日） 中共中央办公厅1997年2月4日转发。1999年收入人民出版社出版的《十四大以来重要文献选编》（下）。《实施办法》指出，为进一步健全和加强党内监督机制，充分发挥党的纪律检查委员会对党政领导干部，特别是对省（部）级领导干部的监督作用，按照对干部严格要求、严格管理、严格监督的精神，在坚持党的纪律检查委员会现行领导体制的前提下，重申和建立五项党内监督制度，并依据五项制度制定了具体的实施办法。五项监督制度规定：一、中央纪律检查委员会根据工作需要，选派省（部）级干部到地方和部门巡视，其任务是了解省、自治区、直辖市和中央、国家机关部委领导班子及其成员贯彻执行党的路线、方针、政策以及廉政情况，有关情况直接报告中央纪委，中央纪委及时报告党中央。二、党的地方和部门的纪委（纪检组）发现同级党委（党组）或它的成员有违反党的纪律的情况，有权进行初步核实，并直接向上级纪律检查委员会报告，任何组织和个人不得干预和阻扰。需要立案检查的，按党章和有关规定报批。纪委（纪检组）遇到此类问题不报告就是失职，严重的要受到追究。三、党的地方和部门的纪委（纪检组）接到对下一级党委（党组）成员的检举和控告，必须报告上一级纪律检查委员会，任何人无权扣压。凡违反的必须追究责任，严肃处理。四、凡属地方和部门主要领导干部的提拔任用，党的组织部门在提请党委（党组）讨论决定前，应征求同级纪委（纪检组）的意见。五、各级纪检监察机关领导干部的提名、任免、兼职、调动，各级组织、人事部门必须事先征得上级纪检监察机关的同意。

【在邓小平同志追悼大会上的悼词】（1997年2月25日） 江泽民1997年2月25日在邓小平同志追悼大会上的讲话。1999年收入人民出版社出版的《十四大以来重要文献选编》（下）。《悼词》高度评价了邓小平光辉伟大的一生，指出：中国人民爱戴邓小平同志，感谢邓小平同志，哀悼邓小平同志，怀念邓小平同志，因为他把毕生心血和精力都献给了中国人民，他为中华民族的独立和解放、为中国的社会主义现代化事业建立了不朽的功勋。他70多年波澜壮阔的革命生涯，是同中国共产党的创建和发展，中国人民军队的创建和发展，中华人民共和国的创建和发展，紧密联系在一起的。他是人民共和国的开国元勋，建国以后成为中国共产党以毛泽东同志为核心的第一代中央领导集体的重要成员。中共十一届三中全会以后，他成为中国共产党第二代中央领导集体的核心，领导我们开辟了建设有中国特色社会主义的新道路。邓小平同志这样说过：如果没有毛泽东同志，我们中国人民至少还要在黑暗中摸索更长的时间。我们今天同样应当说，如果没有邓小平同志，中国人民就不可能有今天的新生活，中国就不可能有今天改革开放的新局面和社会主义现代化的光明前景。在中国共产党的历史上，党领导中国人民进行了一场把半殖民地半封建的旧中国变成社会主义新中国的伟大革命，十一届三中全会以来又领导人民开始了一场新的革命，要把中国由不发达的社会主义国家变成富强民主文明的社会主义现代化国家。在这两次伟大革命的进程中，实现了马克思主义同中国实际相结合的两次历史性飞跃，形成了两大理论成果，这就是毛泽东思想和邓小平建设有中国特色社会主义理论。两次伟大的革命，两次历史性飞跃，造就了两个伟大人物，这就是毛泽东同志和作为毛泽东同志的战友、事业继承者的邓小平同志。邓小平同志的逝世，对我党我军我国各族人民是不可估量的损失。中央号召全党全军全国各族人民，化悲痛为力量，继承邓小平同志的遗志，以更加努力地做好各方面工作的实际行动，来表达我们的悼念。邓小平同志留给我们的最可宝贵的财富就是他创立的建设有中国特色社会主义理论和在这个理论指导下制订的党在社会主义初级阶段的基本路线。更高地举起邓小平建设有中国特色社会主义理论的伟大旗帜，更好地贯彻执行党的基本路线，这是我们党中央领导集体坚定不移的决心和信念，也是全党全军全国各族人民的共识和愿望。因此，全党全军全国各族人民一定要继承邓小平同志的遗志，把邓小平同志开创的建设有中国特色社会主义的伟大事业推向前进。

【中共中央、国务院关于转发农业部《关于我国乡镇企业情况和今后改革与发展意见的报告》的通知】（1997年3月11日） 中共中央、国务院1997年3月11日发出。1999年收入人民出版社出版的《十四大以来重要文献选编》（下）。《通知》指出，中共中央、国务院同意农业部《关于我国乡镇企业情况和今后改革与发展意见的报告》。《通知》强调，各级党委和政府要充分认识发展乡镇企业的重大意义，认真落实党和国家对乡镇企业实行“积极扶持，合理规划，分类指导，依法管理”的方针，切实加大领导和扶持力度，帮助乡镇企业解决发展中的困难和问题，促进、引导、保护和规范乡镇企业健康良性发展。农业部的《报告》共四个部分：一、改革开放以来乡镇企业发展的基本情况。二、今后十五年乡镇企业发展的目标任务和主要措施。三、继续创造有利于乡镇企业发展的政策环境。四、切实加强对乡镇企业的领导。

【中共中央关于印发《中国共产党党员领导干部廉洁从政若干准则（试行）》的通知】（1997年3月28日） 中共中央1997年3月28日发出。1999年收入人民出版社出版的《十四大以来重要文献选编》（下）。《通知》要求全党认真贯彻执行《中国共产党党员领导干部廉洁从政若干准则（试行）》。《若干准则（试行）》共三章：第一章廉洁从政行为规范；第二章实施与监督；第三章附则。该文件对党员领导干部廉洁从政提出了明确、全面的行为规范。文件规定：一、党员领导干部要廉洁奉公，忠于职守。禁止利用职权和职务上的影响谋取不正当利益。二、党员领导干部要严防商品交换原则侵入党的政治生活和国家机关的政务活动。禁止私自从事营利活动。三、党员领导干部要遵守公共财物管理和使用的规定。禁止假公济私、化公为私。四、党员领导干部要遵守组织人事纪律，严格按照干部选拔任用工作的制度办事。禁止借选拔任用干部之机谋取私利。五、党员领导干部对涉及与配偶、子女、其他亲友及身边工作人员有利害关系的事项，应当奉公守法。禁止利用职权和职务上的影响为亲友及身边工作人员谋取利益。

【中共中央、国务院关于进一步加强土地管理切实保护耕地的通知】（1997年4月15日）　中共中央、国务院1997年4月15日发出。1999年收入人民出版社出版的《十四大以来重要文献选编》（下）。《通知》共七项内容：一、加强土地的宏观管理；二、进一步严格建设用地的审批管理；三、严格控制城市建设用地规模；四、加强农村集体土地的管理；五、加强对国有土地资产的管理；六、加强土地管理的执法监督检查；七、加强对土地管理工作的组织领导。《通知》阐明了加强土地管理、保护耕地资源的重要意义，要求各省、自治区、直辖市党委、人民政府进一步加强土地的宏观管理，严格控制城市建设用地规模和审批，加强对农村集体土地的管理和执法监督检查，认真把“十分珍惜和合理利用每寸土地，切实保护耕地”的基本国策落到实处。

【领导机关和领导干部要做讲学习、讲政治、讲正气的表率】（1997年4月27日）　胡锦涛1997年4月27日在听取出席全国机关党建工作座谈会代表汇报后的讲话。1999年收入人民出版社出版的《十四大以来重要文献选编》（下）。讲话共三个部分：一、要充分认识中央强调“三讲”的重大意义；二、领导机关和领导干部要做讲学习、讲政治、讲正气的表率；三、加强领导，保证“三讲”教育收到实效。讲话指出，党和国家各级机关中党的建设，是新时期党的建设这个新的伟大工程的重要组成部分。机关党建工作要走在党的基层组织建设的前头，关键在于认真把中央强调的“讲学习、讲政治、讲正气”的要求进一步落到实处，抓出成效。高级领导机关、领导干部尤其要带头自重、自省、自警、自励，带头严于律己，用榜样的力量去影响和带动下面的机关和干部，带动基层和党员群众，促使上上下下、方方面面，以高标准严格要求自己，使讲学习、讲政治、讲正气在全国机关和干部中蔚然成风。

【中共中央、国务院关于党政机关厉行节约制止奢侈浪费行为的若干规定】（1997年5月25日）　中共中央、国务院1997年5月25日发出。1999年收入人民出版社出版的《十四大以来重要文献选编》（下）。《若干规定》共十项：一、严格控制新建和装修办公楼；二、严格控制各种会议；三、严格控制各种庆典活动；四、严禁用公款大吃大喝、挥霍浪费；五、严格控制用公款安装住宅电话或购买移动电话；六、严格控制各种检查，禁止形式主义的评比和达标活动；七、严格按规定配备和更换小汽车；八、严格管理公费出国（境）；九、各级党委、政府要认真贯彻执行本规定；十、本规定所称党政机关，是指党的机关、人大机关、行政机关、政协机关、检察机关。工会、共青团、妇联等各人民团体适用本规定。国有企业事业单位参照执行本规定。《若干规定》指出：坚持和发扬艰苦奋斗、勤俭节约的优良传统和作风，对于加强党和政府同人民群众的血肉联系，促进党政机关的廉政建设，推动我国改革开放和社会主义现代化建设事业的顺利进行，具有十分重要的意义。要求各级党委、政府要认真贯彻执行本规定。对违反规定的单位和个人，要视情节轻重给予追究直接责任人的责任和有关领导的责任，直至给予党纪政纪处分。

【学习理论，总结经验，研究工作】（1997年6月29日） 李瑞环1997年6月29日在全国政协八届常委会第二十一次会议闭幕时的讲话。1999年收入人民出版社出版的《十四大以来重要文献选编》（下）。讲话指出：学习理论、总结经验、研究工作，它们是紧密相联的，在一定意义上讲是一码事。学习理论，当然要读书。要认真地读，刻苦地读，重点文章要反复地读。学习理论，光读书不行，必须联系实际。只有联系实际，理论才是生动活泼的。我们讲马克思主义是活生生的，因为它的特点之一就是实践性，它最容易与实际相结合。联系实际，有各种各样的实际，总结经验是最经常、最普遍、最重要的联系实际。总结经验的整个过程都是理论与实际相结合的过程。总结经验要应用理论，学习理论要结合总结经验。我们十分重视研究工作。所谓研究，就是集思广益，把分散的、无系统的意见加以集中、条理，然后变成计划、部署，贯彻实行。研究工作是领导者和领导机关的基本工作方法。归总起来说，学习理论、总结经验、研究工作有机结合，三位一体，是学习的方法、总结经验的方法，也是搞好工作的方法。我很相信这个方法，向大家推荐这个方法，希望各位自觉地运用这个方法。

【在中华人民共和国香港特别行政区成立庆典上的讲话】（1997年7月1日） 江泽民1997年7月1日在中华人民共和国香港特别行政区成立庆典上的讲话。1999年收入人民出版社出版的《十四大以来重要文献选编》（下）。《讲话》对香港特别行政区的成立表示热烈的祝贺，向回到祖国大家庭的600多万香港同胞表示亲切问候。《讲话》指出，香港回归祖国，是彪炳中华民族史册的千秋功业。香港同胞从此成为香港的真正主人，香港历史从此揭开了崭新的篇章。《讲话》阐述了中国政府在对香港恢复行使主权后的方针政策，重申“一国两制”“港人治港”、高度自治，50年不变，是中央政府一项长期的基本方针。

【中共中央、国务院关于治理向企业乱收费、乱罚款和各种摊派等问题的决定】（1997年7月7日） 中共中央、国务院1997年7月7日发出。1999年收入人民出版社出版的《十四大以来重要文献选编》（下）。《决定》共八项内容：一、坚决取消不符合规定的向企业的行政事业性收费、罚款、集资、基金项目和各种摊派。二、全面清理按规定未被取消的向企业的行政事业性收费、罚款、集资、基金项目。三、建立健全向企业的行政事业性收费、罚款、集资、基金项目的审批管理制度。四、加强对行政事业性收费、罚款、集资、基金的收缴和使用管理的监督，防止截留、挤占和挪作他用。五、严格执行国家规定，坚决做到令行禁止。六、加强监督检查，加大执法力度。七、充分发挥新闻舆论的监督作用。八、加强领导，建立责任制。

【在庆祝中国人民解放军建军七十周年大会上的讲话】（1997年7月31日） 江泽民

1997年7月31日所作的讲话。1999年收入人民出版社出版的《十四大以来重要文献选编》（下）。《讲话》指出：加强质量建军，走有中国特色的精兵之路，是实现我军现代化的正确选择。随着高新技术广泛运用于军事领域，争取质量优势已成为世界上许多国家军队建设的一个共同趋势。减少数量，提高质量，是我军现代化建设的一条基本方针。必须把加强质量建设全面具体地贯彻到部队各项工作中去。

【中共中央办公厅、国务院办公厅关于进一步稳定和完善农村土地承包关系的通知】（1997年8月27日） 中共中央办公厅、国务院办公厅1997年8月27日发出。1999年收入人民出版社出版的《十四大以来重要文献选编》（下）。《通知》共六项内容：一、切实提高对稳定农村土地承包关系重要性的认识；二、认真做好延长土地承包期的工作；三、认真整顿“两田制”；四、严格控制和管理“机动地”；五、严格加强对土地承包费的管理；六、加强对农村土地承包工作的领导。《通知》阐述了进一步稳定农村土地承包关系的重要意义，提出要认真做好延长土地承包期的工作，即土地承包期再延长30年不变。同时强调，中央不提倡把土地分为“口粮田”和“责任田”的“两田制”。没有实行“两田制”的地方不要再搞，已经实行的必须按中央的土地承包政策认真进行整顿。要严格控制和管理农村的“机动地”，加强对土地承包费的管理，以切实保护好农民的生产和经营积极性，不断发展农业和农村的好形势。

【高举邓小平理论伟大旗帜，把建设有中国特色社会主义事业全面推向二十一世纪】（1997年9月12日） 江泽民1997年9月12日在中国共产党第十五次全国代表大会上的报告。2000年收入人民出版社出版的《十五大以来重要文献选编》（上）。报告共十个部分：一、世纪之交的回顾和展望；二、过去五年的工作；三、邓小平理论的历史地位和指导意义；四、社会主义初级阶段的基本路线和纲领；五、经济体制改革和经济发展战略；六、政治体制改革和民主法制建设；七、有中国特色社会主义的文化建设；八、推进祖国和平统一；九、国际形势和对外政策；十、面向新世纪的中国共产党。报告着重阐述了邓小平理论的历史地位和指导意义，指出，在当代中国，只有把马克思主义同当代中国实践和时代特征结合起来的邓小平理论，而没有别的理论能够解决社会主义的前途和命运问题。邓小平理论是马列主义与中国实际相结合的第二次飞跃，是当代中国的马克思主义，是马克思主义在中国发展的新阶段。报告指出，党在社会主义初级阶段的基本纲领是：建设有中国特色的社会主义经济、政治和文化；基本方略是：依法治国，建设社会主义法治国家。报告还指出，公有制实现形式可以而且应当多样化，非公有制经济是我国社会主义市场经济的重要组成部分。报告规划了我国跨世纪发展的战略部署，提出，21世纪第一个10年，实现国民生产总值比2000年翻一番；到建党100年时，使国民经济更加发展，各项制度更加完善；到21

世纪中叶建国100年时，基本实现现代化，建成富强民主文明的社会主义国家。

【中共中央关于党章修正案的说明】（1997年9月18日） 中共中央1997年9月18日作出对中共十五大通过的党章修正案的说明。2000年收入人民出版社出版的《十五大以来重要文献选编》（上）。《说明》指出：这次党章修改，集中在一个重大问题上，即在党章中明确规定，把邓小平理论确立为党的指导思想。修改后的党章总纲规定："中国共产党以马克思列宁主义、毛泽东思想、邓小平理论作为自己的行动指南。"在原来关于马克思列宁主义的论述和关于毛泽东思想的论述之后，对原来有关建设有中国特色社会主义理论的内容加以调整补充，形成了关于邓小平理论的论述。修改后的党章条文规定，党员和党的干部要认真学习马克思列宁主义、毛泽东思想、邓小平理论。

【中共中央、国务院关于深化金融改革，整顿金融秩序，防范金融风险的通知】（1997年12月6日） 中共中央、国务院1997年12月6日发出。2000年收入人民出版社出版的《十五大以来重要文献选编》（上）。《通知》指出，金融是现代经济的核心，在我国国民经济中的作用日益显著。要进一步深化金融改革，建立和完善现代金融体系，依法规范和维护金融秩序，有效防范和化解金融风险。我国金融业发展的指导原则是：深化改革，标本兼治；依法规范，强化监督；积极稳妥，分步实施。针对当前金融领域存在的问题，中央决定采取以下十五项措施：一、改革中国人民银行管理体制，强化金融监管职能；二、成立中共中央金融工委和金融机构系统党委，完善金融系统党的领导体制；三、加快国有商业银行和中国人民保险（集团）公司商业化改革步伐，完善政策性金融体制；四、健全多层次、多类型金融机构体系，加快地方性金融机构建设；五、积极稳步地发展资本市场，适当扩大直接融资；六、彻底取缔一切非法金融机构，严禁任何非法金融活动；七、全面清理农村合作基金会；八、严格规范各类金融机构业务范围，坚决改变混业经营状况；九、继续清理、查处金融机构账外活动和其他违法违规经营；十、健全现代金融监管体系，切实加强金融机构内控制度建设；十一、建立规范化的信贷资产质量风险管理制度，努力降低不良资产比例；十二、理顺和完善证券监管体系，进一步整顿和规范证券市场秩序；十三、高度警惕和重视防范涉外金融风险；十四、加大金融执法力度，严厉惩治金融犯罪和违法违规活动；十五、在全社会开展防范金融风险教育，建设高素质的金融从业人员队伍。

【在全国组织工作会议上的讲话】（1997年12月22日） 江泽民1997年12月22日在全国组织工作会议上的讲话。2000年收入人民出版社出版的《十五大以来重要文献选编》（上）。《讲话》分析了当前形势和干部问题，强调21世纪将是充满机遇和挑战的世纪。指出，要巩固和发展好的形势，解决前进道路上面临的问题，完成我国跨世纪发展的各项任务，一靠正确的理论和路线的指导，二靠广大人民群众的团结奋斗，三靠党的各级组织坚强有力。这三条中，干部是一个重要的决定因素。《讲话》对领导干部的教育、提高问题，提出了五点希望：一、重视学习，加强学习，不断提高理论修养和知识水平；二、在政治上思想上同党中央保持高度一致，坚决贯彻中央的重大决策和部署；三、认真贯彻党的民主集中制原则；四、诚心诚意为人民群众谋利益，保持同人民群众的血肉联系；五、带头廉洁自律，自觉接受监督。《讲话》提出，党政"一把手"在班子中处于关键地位，负有特别重大的责任，必须有更高更严格的要求。各级领导班子的"一把手"要做到：坚持原则，把握全局，团结同志，加强修养。

【中共中央、国务院关于一九九八年农业和农村工作的意见】（1998年1月24日）　中共中央、国务院1998年1月24日发出。2000年收入人民出版社出版的《十五大以来重要文献选编》（上）。《意见》分析了我国农业和农村工作形势，明确了1998年农业和农村工作的总体要求和主要任务。提出1998年要实现粮食总产量9800亿斤，棉花总产量8000万担；农林牧副渔各业全面发展，乡镇企业稳定增长；农民人均纯收入增长5%，农村贫困人口减少1000万人以上。为完成上述任务，1998年的农业和农村工作要抓好五方面的工作：一、稳定政策，深化改革，增强农村经济发展活力；二、调整和优化结构，提高农村经济素质和效益；三、加强基础建设，实施科教兴农，提高农业综合生产能力；四、加强农村基层组织建设、民主制度建设和精神文明建设，推动农村经济社会全面发展；五、加强和改善党对农村工作的领导，全面完成农业和农村工作的各项任务。

【在周恩来同志诞辰一百周年纪念大会上的讲话】（1998年2月23日）　江泽民1998年2月23日在周恩来同志诞辰一百周年纪念大会上的讲话。发表于1998年2月24日《人民日报》。《讲话》回顾了周恩来同志为中国人民解放事业和社会主义事业建树的卓著功勋，高度评价了周恩来同志的崇高精神和人格。指出，周恩来同志的精神，就是共产主义远大理想同脚踏实地的工作作风的结合，对上负责同对下负责的结合，高度的原则性同高度的灵活性的结合。全党全军和全国各族人民，特别是各级领导干部，都要努力学习周恩来同志的崇高精神，并努力贯彻到自己的思想和行动中去，把各项工作做得更好。

【政府工作报告】（1998年3月5日）　李鹏1998年3月5日在第九届全国人民代表大会第一次会议上所作的政府工作报告。2000年收入人民出版社出版的《十五大以来重要文献选编》（上）。《报告》共分三个部分：一、关于过去五年的政府工作；二、关于一九九八年政府工作的建议；三、关于国际形势和外交工作。《报告》指出，1998年工作的基本要求是：高举邓小平理论伟大旗帜，全面贯彻中国共产党第十五次全国代表大会精神，加强农业的基础地位，加快以国有企业为重点的各项改革，加大经济结构调整力度，提高对外开放水平，继续推进经济体制和经济增长方式的根本转变，保持国民经济持续快速健康发展；加强民主法制建设，推进依法治国，坚持不懈地开展反腐败斗争，维护社会稳定；加强精神文明建设，促进教育、科学、文化发展和社会全面进步；加强全国各族人民的团结，为建设有中国特色社会主义事业齐心奋斗。《报告》还论述了政府机构改革问题，指出：政府机构改革的重点，是调整和撤销那些直接管理经济的专业部门，加强宏观调控和执法监管部门。按照机构改革方案，除国务院办公厅外，国务院组成部门从40个减少到29个。国务院直属机构与办事机构也进行相应的调整与改革。

【在全国政协九届一次会议闭幕会上的讲话】（1998年3月14日） 李瑞环1998年3月14日在全国政协九届一次会议闭幕会上的讲话。2000年收入人民出版社出版的《十五大以来重要文献选编》（上）。《讲话》指出，全国政协九届一次会议是一次民主、求实、团结、鼓劲的大会，是一次承前启后、继往开来的大会。《讲话》对九届全国政协提出的要求是：在工作思路上，要坚持在前进中开拓，在开拓中前进，解放思想，大胆探索，勇于创新，有所作为。在工作方向上，要始终注意坚持党的领导，服务国家大局，保持政协特点，贴近群众生活。在工作方法上，要特别强调重视实际，重视实践，重视经验，在实践中探索，在实践中总结，靠实践解决问题，用经验推动工作。

【中共中央关于印发《中国共产党党和国家机关基层组织工作条例》的通知】（1998年3月30日） 中共中央1998年3月30日发出。2000年收入人民出版社出版的《十五大以来重要文献选编》（上）。《通知》指出，中央印发《中国共产党党和国家机关基层组织工作条例》，要求各地区、各部门结合机关工作的实际贯彻执行。该《条例》是根据《中国共产党章程》和党内有关规定，结合机关工作实际制定的。《条例》共九章，即总则；党组织的设置；党组织的职责；党员的教育、管理和发展；党内监督；思想政治工作；党务工作人员队伍建设；对机关党的基层组织工作的领导和指导；附则。总共三十三条。

【中共中央、国务院关于进一步扩大对外开放，提高利用外资水平的若干意见】（1998年4月14日） 中共中央、国务院1998年4月14日发出。2000年收入人民出版社出版的《十五大以来重要文献选编》（上）。《若干意见》总共二十五条，分五个部分：一、利用外资的成就和面临的新形势；二、进一步利用外资的指导思想和基本要求；三、继续把吸收外商直接投资作为利用外资的重点；四、适度筹借和切实用好国外贷款；五、加强和改善对利用外资工作的领导。《若干意见》指出，进一步扩大对外开放、提高利用外资水平的指导思想是：坚持以邓小平理论为指导，认真贯彻党的十五大精神，围绕推进经济体制和经济增长方式两个根本转变，提高国民经济素质和效益，增强综合国力和国际竞争力，进一步发展和完善全方位、多层次、宽领域的对外开放，充分利用国内国外两个市场、两种资源，更多更好地利用外资，促进国民经济持续快速健康发展和社会全面进步。积极合理有效地利用外资，是必须长期坚持的指导方针。进一步做好利用外资工作的基本要求是：保持利用外资的一定规模；引导外资投向，调整引进外资结构；坚持以市场换技术的方针，加大引进高新技术产业和先进适用技术的力度，推动产业升级；促进解决经济和社会发展的突出矛盾，创造更多的就业机会；坚持国际收支平衡，保持必要的外汇储备；正确处理扩大对外开放与独立自主、自力更生的关系，维护国家经济安全。

【中共中央办公厅、国务院办公厅关于在农村普遍实行村务公开和民主管理制度的通知】（1998年4月18日）　中共中央办公厅、国务院办公厅1998年4月18日发出。2000年收入人民出版社出版的《十五大以来重要文献选编》（上）。《通知》指出，为贯彻落实党的十五大关于扩大基层民主，保证人民群众直接行使民主权利的精神，推进农村基层民主建设，密切党群干群关系，促进农村的改革、发展和稳定，有必要在全国农村普遍实行村务公开和民主管理制度。《通知》重点阐述了实行此项制度的重要意义和指导思想、村务公开的内容和方法、民主管理的基本要求、建立健全规章制度、加强领导和督促检查等五个问题。

【在庆祝北京大学建校一百周年大会上的讲话】（1998年5月4日）　江泽民1998年5月4日在庆祝北京大学建校一百周年大会上的讲话。2000年收入人民出版社出版的《十五大以来重要文献选编》（上）。《讲话》简要回顾了20世纪中华民族命运的历史性转折和巨变与北京大学百年校史。指出，为把我国建设成为富强民主文明的社会主义现代化国家，必须紧紧围绕经济建设这个中心，坚持不懈地实施科教兴国战略。五四运动的精神，最根本的就是中华民族的爱国主义精神。当代中国的伟大青年，要继承和发扬五四运动的光荣传统，努力担当起振兴中华的历史使命。《讲话》向北大同学和所有高等院校的大学生，向全国各界青年提出四点希望：一是坚持学习科学文化与加强思想修养的统一；二是坚持学习书本知识与投身社会实践的统一；三是坚持实现自身价值与服务祖国人民的统一；四是坚持树立远大理想与进行艰苦奋斗的统一。

【在纪念真理标准讨论二十周年座谈会上的讲话】（1998年5月8日）　胡锦涛1998年5月8日在纪念真理标准讨论二十周年座谈会上的讲话。2000年收入人民出版社出版的《十五大以来重要文献选编》（上）。《讲话》回顾了真理标准问题讨论的经过，指出：真理标准问题的讨论，是十一届三中全会实现建国以来我党历史上伟大转折的思想先导。其最大作用，就是恢复了解放思想、实事求是的思想路线。20年改革开放的进程，就是不断坚持解放思想、实事求是的进程。《讲话》强调：20年来，党在理论上的最大成果，就是形成并确立了邓小平理论。我们要按照十五大的要求，始终不渝地坚持邓小平理论，并在实践中继续丰富和创造性地发展这个理论。要注重对实践经验的总结，不断获得对我国社会主义现代化建设的规律性认识，在实践中把马克思主义不断推向前进。

【中共中央、国务院关于切实做好国有企业下岗职工基本生活保障和再就业工作的通知】（1998年6月9日） 中共中央、国务院1998年6月9日发出。2000年收入人民出版社出版的《十五大以来重要文献选编》（上）。《通知》指出，近几年来，国有企业职工下岗问题日益突出，引起全社会的普遍关注。做好国有企业下岗职工基本生活保障和再就业工作的任务还十分艰巨。《通知》对切实做好国有企业下岗职工基本生活保障和再就业工作，提出八点要求：一、统一思想认识，增强紧迫感和责任感；二、明确目标任务，加强宏观调控；三、普遍建立再就业服务中心，保障国有企业下岗职工基本生活；四、加大政策扶持力度，拓宽分流安置和再就业渠道；五、加快社会保障制度改革，完善社会保障体系；六、加强劳动力市场建设，强化再就业培训；七、切实加强思想政治工作，搞好宣传教育；八、切实加强领导，确保国有企业下岗职工基本生活保障和再就业工作顺利进行。《通知》强调，各级党委、政府和有关部门必须把国有企业下岗职工基本生活保障和再就业工作列入重要议事日程，实行党政“一把手”负责制，并纳入政绩考核的重要内容。要结合实际，制定出贯彻本通知的具体办法，确保本通知的精神落到实处。

【中共中央关于在全党深入学习邓小平理论的通知】（1998年6月24日） 中共中央1998年6月24日发出。2000年收入人民出版社出版的《十五大以来重要文献选编》（上）。《通知》指出，党的十五大以来，一个学习马克思列宁主义、毛泽东思想特别是邓小平理论的新高潮正在兴起。《通知》强调：深入学习邓小平理论是一项重大而紧迫的任务。并就邓小平理论学习中，如何把全党的理论学习提高到新水平，坚持以领导干部为重点带动全党的学习，进一步加强对邓小平理论的研究和宣传，改进学风，加强对理论学习的领导等方面，提出了明确要求。

【实施科教兴国战略，迎接二十一世纪挑战】（1998年8月21日） 李岚清1998年8月21日在部分科学家、教师座谈会上的讲话。2000年收入人民出版社出版的《十五大以来重要文献选编》（上）。讲话共分四个部分：一、各级领导干部特别是主要领导同志要亲自抓科技和教育，千方百计增加科教投入；二、实行产学研相结合，加速科技成果转化，为经济建设和社会发展服务；三、进一步深化科教体制改革，加强科教界的团结与合作，形成合力；四、大力培养科教人才，提高科教队伍的整体素质。讲话指出，我们一定要努力创造能够使拔尖人才脱颖而出的环境，力争在2010年前，在优先领域、重点学科培养出一批德才兼备的优秀青年学术带头人和重大工程技术带头人。在高等学校的国家重点建设学科中，要面向国内外公开招聘有能力领导本学科进入国际领先水平的中青年优秀创新人才，建设一支高质量的研究生导师队伍。要大胆地把年轻人才推上学术带头人及领导管理的重要岗位，使他们在实践中锻炼成长。讲话强调，我们要抓住历史机遇，大力推进科教兴国战略的实施，迎接21世纪的挑战。

【在全国抗洪抢险总结表彰大会上的讲话】（1998年9月28日） 江泽民1998年9月28日在全国抗洪抢险总结表彰大会上的讲话。2000年收入人民出版社出版的《十五大以来重要文献选编》（上）。《讲话》指出，1998年入汛以来，长江流域、嫩江、松花江流域、珠江流域遭受历史上罕见的严重洪涝灾害，经济社会发展和人民生命财产都受到洪水的严重威胁。在党中央的领导下，全党、全军和全国各族人民紧急行动起来，特别是受灾省区的广大干部群众与前来支援的解放军指战员、武警官兵一起，同洪水进行了惊心动魄的殊死搏斗，取得抗洪斗争全面胜利。《讲话》总结了抗洪斗争取得的重要经验和重大成果，指出在同洪水的搏斗中，我们的民族和人民展示出一种十分崇高的精神，这就是万众一心、众志成城，不怕困难、顽强拼搏，坚韧不拔、敢于胜利的伟大抗洪精神。《讲话》要求全党和全国人民都要发扬伟大的抗洪精神，积极工作，开拓前进，努力解决前进中存在的问题，满怀信心地去实现今年改革和发展的目标。

【中共中央关于农业和农村工作若干重大问题的决定】（1998年10月14日） 中国共产党第十五届中央委员会第三次全体会议1998年10月14日通过。2000年收入人民出版社出版的《十五大以来重要文献选编》（上）。《决定》共十个部分：一、农村改革二十年的基本经验；二、农业和农村跨世纪发展的目标和方针；三、长期稳定以家庭承包经营为基础、统分结合的双层经营体制；四、深化农产品流通体制改革，完善农产品市场体系；五、加快以水利为重点的农业基本建设，改善农业生态环境；六、依靠科技进步，优化农业和农村经济结构；七、推进农村小康建设，加大扶贫攻坚力度；八、加强农村基层民主法制建设；九、加强农村社会主义精神文明建设；十、加强农村基层党组织建设和干部队伍建设。《决定》高度评价了农村改革20年所取得的巨大成就和创造的丰富经验，指出，实行家庭联产承包责任制，废除人民公社，突破计划经济模式，初步构筑了适应发展社会主义市场经济要求的农村新经济体制框架。这个根本性改革，解放和发展了农村生产力，带来了农村经济和社会发展的历史性巨变。《决定》从经济、政治、文化三个方面，提出了从20世纪末起到2010年，建设中国特色社会主义新农村的奋斗目标，确定了实现这些目标必须坚持的十条方针。强调以公有制为主体、多种所有制经济共同发展的基本经济制度，以家庭承包经营为基础、统分结合的经营制度，以劳动所得为主和按生产要素分配相结合的分配制度，必须长期坚持。并在这个基础上，按照建立社会主义市场经济体制的要求，发展农村生产力，深化农村改革，推进农业现代化。《决定》具体阐述了农业和农村工作八个方面的问题，强调了必须切实加强农村基层民主法制建设、社会主义精神文明建设、基层党组织和干部队伍建设。

【中共中央、国务院关于灾后重建、整治江湖、兴修水利的若干意见】（1998年10月20日） 中共中央、国务院1998年10月20日发出。2000年收入人民出版社出版的《十五大以来重要文献选编》（上）。《若干意见》指出，1998年我国长江、嫩江、松花江发生特大洪水，党中央、国务院直接领导了这场抗洪抢险斗争，并取得了抗洪抢险斗争的全面胜利。《若干意见》就灾后重建、整治江湖、兴修水利作出部署：一、实行封山植树、退耕还林，防治水土流失，改善生态环境；二、坚持"蓄泄兼筹、以泄为主"的防洪方针，建设好干支流控制工程，有计划、有步骤地平垸行洪、退田还湖；三、统一规划，合理布局，搞好以工代赈，移民建镇；四、抓紧加固干堤，建设高标准堤防，清淤除障、疏浚河湖；五、抓好当前灾后重建和长远规划的衔接，安排好灾民的生活。

【在刘少奇同志诞辰一百周年纪念大会上的讲话】（1998年11月20日） 江泽民1998年11月20日在刘少奇同志诞辰一百周年纪念大会上的讲话。发表于1998年11月21日《人民日报》。《讲话》高度评价了刘少奇同志为中国人民的解放事业和社会主义建设事业建树的卓著功勋和可贵品格。要求全党同志和全国各族人民，特别是各级领导干部，学习刘少奇同志对共产主义信仰坚定不移，对党和人民的事业赤胆忠心的精神；一切从实际出发，坚持实事求是的精神；为了党和人民的利益，勇于坚持真理、修正错误的精神；刻苦学习、善于进行理论思考和理论创造的精神。

【中共中央、国务院关于印发《关于实行党风廉政建设责任制的规定》的通知】（1998年11月21日） 中共中央、国务院1998年11月21日发出。2000年收入人民出版社出版的《十五大以来重要文献选编》（上）。《通知》指出，中央印发《关于实行党风廉政建设责任制的规定》，各地区、各部门要认真贯彻执行。《关于实行党风廉政建设责任制的规定》系根据《中华人民共和国宪法》和《中国共产党章程》制定，分为总则、责任内容、责任考核、责任追究和附则五章，共十七条。其中的总则规定，党风廉政建设责任制的实行由党委统一领导，党政齐抓共管，纪委组织协调，部门各负其责，依靠群众的支持和参与；要把党风廉政建设作为党、政建设的重要内容，纳入党政领导班子、领导干部目标管理，与经济建设、精神文明建设和其他业务工作一起部署、落实、检查和考核；要坚持从严治党、治政，立足教育、着眼防范，集体领导与个人分工负责相结合。2010年11月10日该《规定》经修订后颁布施行。

【中共中央关于在县级以上党政领导班子、领导干部中深入开展以"讲学习、讲政治、讲正气"为主要内容的党性党风教育的意见】（1998年11月21日） 中共中央1998年11月21日发出。2000年收入人民出版社出版的《十五大以来重要文献选编》（上）。《意见》指出，按照党的十五大和《中共中央关于在全党深入学习邓小平理论的通知》的部署，1998年、1999年要集中一段时间，在全国县级以上党政领导班子和领导干部中，深入进行以“讲学习、讲政治、讲正气”为主要内容的党性党风教育。《意见》阐述了深入开展“三讲”教育的必要性、重要性、基本要求以及原则、步骤和方法等问题，强调这次“三讲”教育的主要对象是县级以上各级领导干部，重点是抓好县以上党委、政府、人大和政协领导班子。省、地、县都要建立工作责任制，层层抓落实。党委主要负责同志要承担第一负责人的责任。各地各部门要在深入调查研究和搞好试点的基础上，制定切实可行的工作方案，精心组织实施，把“三讲”教育同对干部的深入考察、考核结合起来。

【在纪念党的十一届三中全会召开二十周年大会上的讲话】（1998年12月18日）　江泽民1998年12月18日在纪念党的十一届三中全会召开二十周年大会上的讲话。2000年收入人民出版社出版的《十五大以来重要文献选编》（上）。《讲话》强调，十一届三中全会是新中国成立以来党的历史上具有深远意义的伟大转折。它是一个光辉的标志，表明中国从此进入了社会主义事业发展的新时期。实践证明，十一届三中全会以来党确立的基本理论、基本路线、基本纲领和一系列方针政策是完全正确的。20年来的主要历史经验，可以概括为十一个方面：一、必须坚持党的马克思主义思想路线；二、必须全面、正确、积极地贯彻执行党在社会主义初级阶段的基本路线；三、必须把集中力量发展社会生产力摆在首要地位；四、必须坚定不移地推进改革开放；五、必须建立和完善适应生产力发展要求的经济制度和经济体制；六、必须坚持建设有中国特色社会主义民主政治；七、必须坚持物质文明与精神文明的共同进步；八、必须维护和保持安定团结的社会政治局面；九、必须为我国改革开放和社会主义现代化建设争取一个长期的和平国际环境；十、必须把实现和维护最广大人民群众的利益作为改革和建设的根本出发点；十一、必须坚持、加强和改善党的领导。20年的历史经验归结到一点，就是把马克思主义的基本原理同中国的具体实际相结合，走自己的路，建设有中国特色的社会主义。十一届三中全会的伟大意义和深远影响，已经和正在随着实践的发展越来越充分地显示出来，并将贯穿于建设有中国特色社会主义事业的全部进程。

【中共中央、国务院关于地方政府机构改革的意见】（1999年1月5日）　中共中央、国务院1999年1月5日发出。2000年收入人民出版社出版的《十五大以来重要文献选编》（上）。《意见》共五项内容：一、地方政府机构改革势在必行；二、改革的目标和原则；三、职能转变和部门调整；四、精简机构和人员编制；五、需要注意的问题。《意见》指出，推进机构改革是党的十五大提出的战略任务，是建立社会主义市场经济体制的迫切要求。当前，国务院机构改革顺利进行，取得了重大成果，必须抓住有利时机，适时进行地方政府机构改革。改革的目标是：建立办事高效、运转协调、行为规范的行政管理体系，完善国家公务员制度，建设高素质的专业化行政管理干部队伍，逐步建立适应社会主义市场经济体制的有中国特色的地方行政管理体制。改革的主要内容是实现职能转变和部门调整，精简机构和人员编制。

【进一步端正学风，努力把全党的学习提高到一个新的水平】（1999年1月11日） 江泽民1999年1月11日在省部级主要领导干部金融研究班结束时讲话的一部分。2000年收入人民出版社出版的《十五大以来重要文献选编》（上）。讲话指出，加强学习，树立一个好的学风很重要。希望大家学习、学习、再学习，实践、实践、再实践。讲话对加强学习，端正学风提出五点要求：一是要坚持以研究中国的实际问题为中心；二是要坚持理论联系实际；三是要坚持在改造客观世界的同时努力改造我们的主观世界；四是要坚持学习一般知识与学习专门知识的统一；五是要坚持在研究中国特点的基础上借鉴外国的有益知识和经验。

【中国共产党中央委员会关于修改宪法部分内容的建议】（1999年1月22日） 中国共产党中央委员会1999年1月22日提出。发表于1999年1月31日《人民日报》。《建议》共六条。内容包括：提出将邓小平理论的指导思想地位、依法治国的基本方略、国家现阶段的基本经济制度和分配制度以及非公有制经济的重要作用等写进《中华人民共和国宪法》，请全国人民代表大会常务委员会依照法定程序提出宪法修正案议案，提请第九届全国人民代表大会第二次会议审议。

【中共中央关于印发《中国共产党农村基层组织工作条例》的通知】（1999年2月13日） 中共中央1999年2月13日发出。2000年收入人民出版社出版的《十五大以来重要文献选编》（上）。《通知》指出，中央印发《中国共产党农村基层组织工作条例》，要求各地区、各部门结合实际贯彻执行。该《条例》是根据《中国共产党章程》制定的。《条例》包括：总则、组织设置、职责任务、经济建设、精神文明建设、干部队伍和领导班子建设、党员队伍建设、附则，共八章三十四条。《条例》明确指出：乡镇党的委员会和村党支部（含总支、党委）是党在农村的基层组织，是党在农村全部工作和战斗力的基础，是乡镇、村各种组织和各项工作的领导核心。党的基层组织要努力成为团结带领群众建设有中国特色社会主义新农村的坚强战斗堡垒。

【中共中央关于进一步加强政法干部队伍建设的决定】（1999年4月15日） 中共中央1999年4月15日作出。2001年收入人民出版社出版的《十五大以来重要文献选编》（中）。《决定》共七个部分：一、今后一个时期政法干部队伍建设的目标和任务；二、全面提高政法干部队伍的政治素质和业务素质；三、一定要把各级政法部门领导班子建设好；四、积极推进政法干部队伍的正规化、法制化建设；五、大力加强政法干部队伍的监督管理；六、健全和完善政法工作的保障机制；七、切实加强党对政法干部队伍建设工作的领导。《决定》提出：从现在起，用三年左右的时间，使各级政法部门的领导班子得到切实加强，政法干部队伍的整体素质得到明显提高，在解决群众反映强烈的突出问题上取得明显成效，违法违纪和腐败现象得到有效遏制，从而把政法干部队伍建设成为一支党和人民放心的、能够担当跨世纪重任的、高素质的队伍，一支忠诚可靠、纪律严明、作风过硬、秉公执法、训练有素、业务精通的队伍。

【发扬伟大的爱国主义精神，为建设有中国特色社会主义努力奋斗】（1999年5月4日）　胡锦涛1999年5月4日在五四运动八十周年纪念大会上的讲话。2001年收入人民出版社出版的《十五大以来重要文献选编》（中）。讲话指出，80年前爆发的五四运动，是以一批先进青年知识分子为先锋、广大人民群众参加的彻底反帝反封建的伟大爱国革命运动，也是一场伟大的思想解放运动和新文化运动。在新的历史条件下进一步弘扬五四精神，具有特别重要的意义。讲话向当代青年提出四点希望：第一，要坚定理想，服务人民；第二，要深入群众，投身实践；第三，要勤奋学习，勇于创造；第四，要脚踏实地，艰苦奋斗。讲话号召青年们肩负起时代的重任，坚持学习文化知识与投身社会实践的统一，坚持实现自身价值与服务祖国人民的统一，坚持树立远大理想与进行艰苦奋斗的统一，努力把自己锻炼成为党和人民所需要的、符合时代要求的社会主义建设者和接班人。

【中共中央、国务院关于深化教育改革，全面推进素质教育的决定】（1999年6月13日）　中共中央、国务院1999年6月13日作出。2001年收入人民出版社出版的《十五大以来重要文献选编》（中）。《决定》共四个部分：一、全面推进素质教育，培养适应21世纪现代化建设需要的社会主义新人；二、深化教育改革，为实施素质教育创造条件；三、优化结构，建设全面推进素质教育的高质量的教师队伍；四、加强领导，全党、全社会共同努力开创素质教育的新局面。《决定》指出，面对新世纪的形势，全党、全社会必须从我国社会主义事业和中华民族伟大复兴的大局出发，深化教育改革，全面推进素质教育，构建有中国特色的社会主义教育体系，为科教兴国奠定人才和知识基础。《决定》强调各级党委和政府要结合实际情况，把素质教育落到实处。

【中共中央、国务院关于进一步加强扶贫开发工作的决定】（1999年6月28日）　中共中央、国务院1999年6月28日作出。2001年收入人民出版社出版的《十五大以来重要文献选编》（中）。《决定》共七个部分：一、扶贫开发的主要成就和基本经验；二、今明两年扶贫攻坚的基本目标和主要任务；三、坚持把扶贫攻坚落实到贫困村、贫困户；四、坚持集中力量发展种养业和改善基本生产条件；五、坚持多渠道增加扶贫投入；六、坚持动员和组织社会各界参与扶贫攻坚；七、坚持党政一把手扶贫工作责任制。《决定》指出：今明两年扶贫工作的总体要求是以邓小平理论和党的基本路线为指导，认真贯彻党的十五大和十五届三中全会精神，落实党的农村政策，坚持扶贫开发的成功经验，以解决温饱为中心，以贫困村为主战场，以贫困户为对象，以改善基本生产生活条件和发展种养业为重点，增加扶贫投入，加大工作力度，力争每年解决一千万左右贫困人口的温饱问题。为达到上述要求，《决定》提出，今年将在1998年中央各项扶贫资金总数183亿元的基础上，再增加15亿元财政扶贫资金（含债券安排10亿元以工代赈扶贫资金）和50亿元扶贫贷款。随着国家财力的增长，今后将继续增加扶贫资金的投入。各级地方政府也要根据中央的要求和本地扶贫攻坚的需要，进一步调整财政支出结构，筹措资金，增加投入。《决定》指出，我们要充分认识扶贫开发的长期性、复杂性和艰巨性，在完成《国家八七扶贫攻坚计划》以后，继续把扶贫开发放在国民经济和社会发展的重要位置，锲而不舍，扎实工作，为实现共同富裕的伟大理想而奋斗。

【认真贯彻依法治国方略，切实全面推进依法行政】（1999年7月6日） 朱镕基1999年7月6日在国务院召开的全国依法行政工作会议上的讲话。2001年收入人民出版社出版的《十五大以来重要文献选编》（中）。讲话指出：全面推进依法行政，是贯彻依法治国基本方略、建设社会主义法治国家的重要组成部分，是从严治政，建设“廉洁、勤政、务实、高效”政府的必然要求。从当前看，最重要的是要切实做到有法必依、执法必严、违法必究，确保政令畅通。各级政府都要自觉接受同级人大及其常委会的监督，接受司法机关依据行政诉讼法实施的监督。要切实加强行政系统内部的层级监督和政纪、审计、财政等专项监督。所有政府机关和政府工作人员都要自觉接受人民群众的监督，把行政执法活动置于群众监督之下。

【中共中央关于共产党员不准修炼“法轮大法”的通知】（1999年7月19日） 中共中央1999年7月19日发出。2001年收入人民出版社出版的《十五大以来重要文献选编》（中）。《通知》阐述了法轮功组织的政治本质和严重危害，要求共产党员不准修炼“法轮大法”。提出要在党内集中开展学习教育活动，使广大党员接受一次马克思主义唯物论和无神论教育。同时要求在教育活动中要严格掌握政策界限，做好转化工作，防止草率行动，激化矛盾。

【中共中央、国务院关于加强技术创新，发展高科技，实现产业化的决定】（1999年8月20日） 中共中央、国务院1999年8月20日作出。2001年收入人民出版社出版的《十五大以来重要文献选编》（中）。《决定》共四个部分：一、加强技术创新，发展高科技，实现产业化，推动社会生产力跨越式发展；二、深化体制改革，促进技术创新和高新科技成果商品化、产业化；三、采取有效措施，营造有利于技术创新和发展高科技、实现产业化的政策环境；四、加强党和政府的领导，全面推进技术创新，发展高科技，实现产业化。《决定》指出，通过深化改革，从根本上形成有利于科技成果转化的体制和机制，加强技术创新，发展高科技，实现产业化，是解决我国经济发展深层问题，提高综合国力、实现跨越发展的要求，也是应对国际竞争、确保中华民族在新世纪立于不败之地的战略抉择。我们一定要发扬当年搞“两弹一星”的那种团结协作和艰苦奋斗的精神，发挥科技第一生产力的强大作用，努力提高国民经济整体素质，增强综合国力，把我国社会主义现代化建设事业推向前进。

【中共中央关于转发《关于改革开放和发展社会主义市场经济条件下军队思想政治建设若干问题的决定》的通知】（1999年8月24日）　中共中央1999年8月24日发出。2001年收入人民出版社出版的《十五大以来重要文献选编》（中）。《通知》指出，重视思想政治建设是我们党和军队特有的优势。必须把思想政治建设摆在军队各项建设的首位，充分发挥政治工作生命线的作用。《关于改革开放和发展社会主义市场经济条件下军队思想政治建设若干问题的决定》共十个部分：一、改革开放以来军队思想政治建设的基本实践；二、新的历史条件下军队思想政治建设的使命；三、从社会主义初级阶段实际出发指导思想政治建设；四、突出拥护和支持改革这个时代性课题；五、坚持不懈地强化革命军人的精神支柱；六、把着眼点放在全面提高官兵素质上；七、正确认识和运用物质利益原则；八、发挥法规制度在思想政治建设中的作用；九、切实增强党组织的凝聚力和战斗力；十、面向新世纪军队政治工作的改革与发展。《通知》指出，这个文件回顾了改革开放20年特别是党的十四大以来军队思想政治建设的实践，总结了新时期军队思想政治建设的基本经验，分析了新的历史条件和国际国内形势的变化，集中回答了改革开放和发展社会主义市场经济条件下军队思想政治建设面临的重大问题，体现了古田会议以来我军政治工作的优良传统，对加强军队思想政治建设具有重要的指导作用。

【中共中央、国务院、中央军委《关于表彰为研制“两弹一星”作出突出贡献的科技专家并授予“两弹一星”功勋奖章的决定》】（1999年9月18日）　中共中央、国务院、中央军委1999年9月18日作出。发表于1999年9月19日《人民日报》。《决定》指出：在新中国50年的光辉历程中，“两弹一星”的研制成功，是中华民族为之自豪的伟大成就，成为新中国社会主义建设伟大成就的重要标志；充分显示了中华民族的创造能力，在国内外产生了巨大而深远的影响；培养和造就了一大批能吃苦、能攻关、能创新、能奉献的科技骨干队伍，为我国高新技术及相关产业的发展打下了坚实的基础。《决定》提出：对当年为研制“两弹一星”作出突出贡献的23位科技专家予以表彰，并授予“两弹一星”功勋奖章。《决定》号召全党、全军、全国各族人民向为研制“两弹一星”作出突出贡献的科技专家学习，大力弘扬研制“两弹一星”的伟大精神。

【中共中央关于国有企业改革和发展若干重大问题的决定】（1999年9月22日） 中国共产党第十五届中央委员会第四次全体会议1999年9月22日通过。2001年收入人民出版社出版的《十五大以来重要文献选编》（中）。《决定》共十二个部分：一、推进国有企业改革和发展是一项重要而紧迫的任务；二、国有企业改革和发展的主要目标与指导方针；三、从战略上调整国有经济布局；四、推进国有企业战略性改组；五、建立和完善现代企业制度；六、加强和改善企业管理；七、改善国有企业资产负债结构和减轻企业社会负担；八、做好减员增收、再就业和社会保障工作；九、加快国有企业技术进步和产业升级；十、为国有企业改革和发展创造良好的外部环境；十一、建设高素质的经营管理者队伍；十二、加强党对国有企业改革和发展工作的领导。《决定》提出：到2010年，国有企业改革和发展的目标是：适应经济体制与经济增长方式两个根本转变和扩大对外开放的要求，基本完成战略性调整和改组，形成比较合理的国有经济布局和结构，建立比较完善的现代企业制度，经济效益明显提高，科研开发能力、市场竞争能力和抗御风险能力明显增强，使国有经济在国民经济中更好地发挥主导作用。《决定》要求各级党委和政府要坚定地站在国有企业改革的前列，团结和带领广大干部群众迎难而上，开拓前进。

【在庆祝中国人民政治协商会议成立五十周年大会上的讲话】（1999年9月22日） 江泽民1999年9月22日在庆祝中国人民政治协商会议成立五十周年大会上的讲话。2001年收入人民出版社出版的《十五大以来重要文献选编》（中）。《讲话》总结了中国人民政治协商会议成立50年来人民政协工作和在我国政治、经济、文化生活中发挥的重要作用，强调中国共产党领导的多党合作，是适合中国国情、具有中国特色的社会主义新型政党制度，人民政协是我国社会主义民主政治的重要形式。人民政协50年不平凡的发展历程，可以归结为两大主题：团结和民主。在中国共产党的领导下实行团结和民主，是人民政协性质的集中体现，是人民政协继往开来的方向和使命。《讲话》对人民政协提出四点希望：一、希望人民政协继续围绕党和国家的中心任务开展工作，更好地为社会主义现代化建设服务；二、希望人民政协坚持发扬民主，在推进有中国特色社会主义民主政治建设中发挥积极作用；三、希望人民政协积极协助党和政府进一步做好协调关系、化解矛盾的工作，维护社会政治稳定；四、希望人民政协广泛团结海内外一切热爱祖国的中华儿女，为实现祖国的完全统一和振兴中华共同奋斗。

【中共中央关于加强和改进思想政治工作的若干意见】（1999年9月29日） 中共中央1999年9月29日发出。2001年收入人民出版社出版的《十五大以来重要文献选编》（中）。《若干意见》共六个部分：一、充分认识加强和改进思想政治工作的重要性；二、思想政治工作要坚持正确的方针原则；三、深入扎实地进行思想政治教育；四、积极探索新形势下思想政治工作的规律和方法；五、把思想政治工作任务落实到基层；六、切实加强党对思想政治工作的领导。《若干意见》指出，高度重视思想政治工作，是我党的优良传统和政治优势，在改革开放和发展社会主义市场经济的进程中，紧密结合新的历史条件，充分发挥党的这一政治优势，具有重要的现实意义和长远意义。我国正处于改革的攻坚阶段和发展的关键时期，社会情况发生了复杂而深刻的变化，给思想政治工作带来大量新情况、新问题；同时，西方敌对势力通过各种途径加紧进行思想和文化渗透，思想政治工作面临严峻挑战。全党必须增强忧患意识，提高政治警觉，从巩固党的执政地位、完成党的历史任务的高度，研究解决加强和改进思想政治工作的问题。

【在庆祝中华人民共和国成立五十周年大会上的讲话】（1999年10月1日）　江泽民1999年10月1日在庆祝中华人民共和国成立五十周年大会上的讲话。2001年收入人民出版社出版的《十五大以来重要文献选编》（中）。《讲话》回顾了新中国成立50年来，特别是改革开放20年来的历史巨变和伟大成就，指出：只有社会主义才能救中国，只有社会主义才能发展中国。提出要继续坚持“和平统一、一国两制”的方针，实现祖国的完全统一和维护祖国的安全；要继续坚持独立自主的和平外交政策，促进世界和平与发展。

【坚定信心，加大力度，深入推进党风廉政建设和反腐败斗争】（2000年1月12日）　尉健行2000年1月12日在中共中央纪律检查委员会第四次全体会议上的报告。2001年收入人民出版社出版的《十五大以来重要文献选编》（中）。报告共分三部分：一、当前党风廉政建设和反腐败斗争的形势。二、2000年党风廉政建设和反腐败的任务。三、做好2000年党风廉政建设和反腐败工作必须强调的几个问题。报告指出，2000年是世纪之交之年，是“九五”计划和实现现代化建设第二步战略目标的最后一年，也是实现十五大确定的反腐败工作目标的关键一年。报告回顾和总结了十五大以来在从严治党方针下，党风廉政建设和反腐败工作的情况，认为“这几年来，反腐败工作虽然取得了明显的阶段性成果，但离党中央的要求和广大干部群众的期望还存在较大的差距”。报告指出并分析了反腐败存在问题的原因。报告对做好2000年党风廉政建设和反腐败工作提出四点要求：一、认真贯彻十五届四中全会精神，大力加强国有企业党风廉政建设。二、进一步贯彻落实党风廉政建设责任制，严格执行责任追究的规定。三、切实抓好党风廉政建设宣传教育。四、按照从严治党的要求，以改革的精神加强纪检监察机关自身建设。

【治国必先治党，治党务必从严】（2000年1月14日）　江泽民2000年1月14日在中共中央纪律检查委员会第四次全体会议上的讲话。2001年收入人民出版社出版的《十五大以来重要文献选编》（中）。讲话着重讲了三个问题：一、充分认识新形势下从严治党的重大意义；二、坚决落实从严治党的方针；三、坚持从制度上确保从严治党方针的贯彻落实。讲话指出，当今中国的事情办得怎么样，关键取决于我们党，取决于党的思想、作风、纪律、组织状况和战斗能力、领导水平。党的性质、党在国家和社会生活中所处的地位、党肩负的历史使命，要求我们治国必先治党，治党务必从严。当前党内存在的一些消极腐败现象之所以屡禁不止的重要原因，就是相当一些地方和单位的党组织和领导者治党不严，对党员干部特别是领导干部疏于教育、疏于管理、疏于监督。强调，落实从严治党的方针必须全面贯穿于党的思想、政治、组织、作风、纪律和制度建设的各方面工作，切实体现到对各级党组织、广大党员和干部进行教育、管理、监督等各个环节中去；各级党委都要建立和健全党的建设责任制，一级管好一级，一级带动一级，一直抓到支部、抓到党员。首先要治理好领导班子和领导干部，把这个关键抓住了、抓好了，才能在下级、在基层、在群众中有说服力，才能把从严治党的各项工作做好。讲话强调：一、对领导干部一定要严格要求、严格教育；二、对领导干部的选拔任用一定要严格把关；三、对领导干部一定要严格监督；四、对领导干部中发生的违纪违法行为一定要严肃查处。

【在新的历史条件下，我们党如何做到“三个代表”】（2000年2月25日） 江泽民2000年2月25日在广东考察工作时讲话的一部分。2001年收入人民出版社出版的《十五大以来重要文献选编》（中）。讲话指出，总结我们党70多年的历史，可以得出一个重要的结论，这就是：我们党所以赢得人民的拥护，是因为我们党作为中国工人阶级的先锋队，在革命、建设、改革的各个历史时期，总是代表着中国先进生产力的发展要求，代表着中国先进文化的前进方向，代表着中国最广大人民的根本利益，并通过制定正确的路线方针政策，为实现国家和人民的根本利益而不懈奋斗。在新的历史条件下，我们党如何更好地做到这“三个代表”，是一个需要全党同志特别是党的高级干部深刻思考的重大课题。现在党的建设同新形势新任务不相适应的地方还相当不少，党内在思想上、组织上、作风上存在的不符合甚至违背党和人民利益的问题也相当不少，需要研究解决的新情况新问题也不少。各级党委都要根据当地党的建设的实际情况确定一批关系党建工作全局的重要题目，深入进行调查研究，摸清情况，并制定加强工作的措施，把党建工作扎扎实实地推向前进。

【中共中央、国务院关于进行农村税费改革试点工作的通知】（2000年3月2日） 中共中央、国务院2000年3月2日发出。2001年收入人民出版社出版的《十五大以来重要文献选编》（中）。《通知》共五个部分：一、充分认识农村税费改革试点工作的重大意义。二、农村税费改革试点工作的指导思想和基本原则。三、农村税费改革试点的主要内容。四、农村税费改革试点的配套措施。

五、加强对农村税费改革试点工作的领导。《通知》提出，农村税费改革试点的主要内容：一是取消乡统筹费、农村教育集资等专门面向农民征收的行政事业性收费和政府性基金、集资；二是取消屠宰税；三是取消统一规定的劳动积累工和义务工；四是调整农业税政策；五是调整农业特产税政策；六是改革村提留征收使用办法。《通知》指出，农村税费改革试点工作意义重大，事关九亿农民的切身利益，是从根本上解决农民负担问题的一项重大措施。要求加强对农村税费改革试点工作的领导，确保农村税费改革试点工作顺利进行。

【中共中央、国务院关于加强人口与计划生育工作稳定低生育水平的决定】（2000年3月2日） 中共中央、国务院2000年3月2日作出。2001年收入人民出版社出版的《十五大以来重要文献选编》（中）。《决定》共五个部分：一、稳定低生育水平是今后一个时期重大而艰巨的任务；二、今后十年人口与计划生育工作的目标和方针；三、完善人口与计划生育工作的调控体系和相关社会经济政策；四、建立适应社会主义市场经济体制的人口与计划生育工作管理机制；五、切实加强党和政府对人口与计划生育工作的领导。《决定》指出：人口问题是制约我国经济和社会发展的关键因素。控制人口数量，提高人口素质，是实现我国社会主义现代化建设宏伟目标和可持续发展的重大战略决策。计划生育是我们必须长期坚持的基本国策。全党全社会必须从我国社会主义现代化建设的大局和中华民族生存与发展的长远利益出发，进一步抓紧抓好人口与计划生育工作。

【按照“三个代表”要求，切实加强党的建设】（2000年5月14日） 江泽民2000年5月14日在上海主持召开江苏、浙江、上海党建工作座谈会时讲话的一部分。2001年收入人民出版社出版的《十五大以来重要文献选编》（中）。讲话指出，始终做到“三个代表”，是我们党的立党之本、执政之基、力量之源。推进党的思想建设、政治建设、组织建设、作风建设，都应贯穿“三个代表”的要求。充分认识和准确把握我国社会已经和正在发生的深刻变化，对加强新时期党的建设具有重大意义。各级党委要按照中央的部署，全面抓好党的建设的各项工作，特别要把“三个代表”的要求贯彻落实到党的基层组织建设的各项工作中去。要紧紧围绕推进国有企业改革和发展加强企业党组织建设；党的农村基层组织应坚决贯彻执行党在农村的基本政策，大力提高党支部一班人的素质，积极带领农民群众加快致富奔小康的步伐；要抓紧开展非公有制经济组织中党的建设工作；切实加强街道社区党的建设。这方面的工作做好了，党的基层组织充分巩固了，战斗力和凝聚力大大提高了，就可以保证党的各项工作更好地开展。

【中共中央关于面向二十一世纪加强和改进党校工作的决定】（2000年6月5日） 中共中央2000年6月5日作出。2001年收入人民出版社出版的《十五大以来重要文献选编》（中）。《决定》共八个部分：一、进一步加强和改进党校工作，是党的事业全局和党的自身建设的迫切需要；二、加大各级领导干部特别是跨世纪中青年领导干部的培训轮训力度，适度扩大党校办学规模；三、以全面培养领导干部政治家素质为目标，建立和完善党校教学新布局，深化教学改革，提高教学质量；四、加强重大现实和战略问题的调查研究，充分发挥党校的马克思主义理论阵地作用；五、从造就马克思主义理论家教育家的高度，努力建设一支政治强、业务精、作风正的高素质党校教师和干部队伍；六、努力改善党校办学条件，积极推进教学手段和基础设施的现代化建设；七、明确党校教育的重要地位，进一步发展和完善党校教育体系；八、切实加强和改善各级党委对党校工作的领导。《决定》指出：党校教育是全国各级党政领导干部培训轮训的主渠道。全党同志首先是各级党委，必须充分认识面向新世纪加强和改进党校工作的重要性和紧迫性。各级党校首先是中央党校和省级党校，必须进一步提高政治责任感和历史使命感，努力加强和改进自己的工作，卓有成效地肩负起光荣而艰巨的任务。

【中共中央、国务院关于促进小城镇健康发展的若干意见】（2000年6月13日）　中共中央、国务院2000年6月13日发出。2001年收入人民出版社出版的《十五大以来重要文献选编》（中）。《若干意见》共十个部分：一、充分认识发展小城镇的重大战略意义；二、发展小城镇必须坚持的指导原则；三、发展小城镇要统一规划和合理布局；四、积极培育小城镇的经济基础；五、充分运用市场机制搞好小城镇建设；六、妥善解决小城镇建设用地；七、改革小城镇户籍管理制度；八、完善小城镇政府的经济和社会管理职能；九、搞好小城镇的民主法制建设和精神文明建设；十、加强对发展小城镇工作的领导。《若干意见》指出：发展小城镇的规划和组织实施工作主要由地方负责。各省、自治区、直辖市党委和人民政府，要根据本意见的精神，认真研究制定促进小城镇健康发展的具体政策措施，分级负责，扎实做好工作。

【中共中央办公厅关于印发《深化干部人事制度改革纲要》的通知】（2000年6月23日）　中共中央办公厅2000年6月23日发出。2001年收入人民出版社出版的《十五大以来重要文献选编》（中）。《通知》指出，《深化干部人事制度改革纲要》已经中央批准，要求各地区、各部门结合实际，认真贯彻执行。《纲要》共五个部分二十六条。主要内容是：一、基本目标和方针原则；二、党政干部制度改革；三、国有企业人事制度改革；四、事业单位人事制度改革；五、加强对干部人事制度改革的领导。《纲要》指出，深化干部人事制度改革，是建设高素质的干部队伍，培养造就大批优秀人才的治本之策。强调要加强舆论宣传；引导干部群众积极支持和参与改革；正确处理改革、发展和稳定的关系；统筹协调，搞好配套改革，妥善解决深化干部人事制度改革中遇到的实际问题，保证各项改革措施的贯彻落实。

【思想政治工作面临的新形势新情况】（2000年6月28日） 江泽民2000年6月28日在中央思想政治工作会议上讲话的一部分。2001年收入人民出版社出版的《十五大以来重要文献选编》（中）。讲话指出，在新的历史时期，党的思想政治工作必须从不断变化的实际出发大力加强和改进，而不可有丝毫放松和削弱。面对国际国内的新情况新问题，讲话提出了需要全党同志共同深入研究，从思想上政治上进一步取得科学认识和作出正确回答的问题：一是关于如何认识社会主义发展的历史进程；二是关于如何认识资本主义发展的历史进程；三是关于如何认识我国社会主义改革实践过程对人们思想的影响；四是关于如何认识当今的国际环境和国际政治斗争带来的影响。

【在联合国千年首脑会议上的讲话】（2000年9月6日） 江泽民2000年9月6日在联合国千年首脑会议上的讲话。2001年收入人民出版社出版的《十五大以来重要文献选编》（中）。《讲话》阐述了世纪更替、千年交接之际的国际局势，指出：各国相互尊重独立和主权，对维护世界和平极为重要；营造共同安全是防止冲突和战争的可靠前提；推动国际格局走向多极化，是时代进步的要求，符合各国人民的利益，有利于世界和平与安全。《讲话》提出，必须充分尊重各国人民自主选择社会制度和发展道路的权利；必须增强发展中国家经济、科技的发展能力；必须为发展中国家的发展创造良好的外部环境。世界上所有的国家，无论大小、贫富、强弱，都是国际社会中平等的一员，都有参与和处理国际事务的权利。各国主权范围内的事情只能由本国政府和人民去管，世界上的事情只能由各国政府和人民共同商量来办。联合国应该是各会员国共同协商、民主处理国际事务的场所。联合国及其安理会应顺应历史潮流，按照地域平衡原则，进行必要的、合理的改革，体现各会员国特别是广大发展中国家的意志。《讲话》表示，中国的发展，是对世界和平与发展的贡献。中国人民热爱和平，坚决维护世界的和平与稳定。无论什么时候，中国都永远不称霸。这是中国人民对世界的庄严承诺。

【中共中央关于制定国民经济和社会发展第十个五年计划的建议】（2000年10月11日） 中国共产党第十五届中央委员会第五次全体会议2000年10月11日通过。2001年收入人民出版社出版的《十五大以来重要文献选编》（中）。《建议》指出，制定“十五”计划，要把发展作为主题，把结构调整作为主线，把改革开放和科技进步作为动力，把提高人民生活水平作为根本出发点。《建议》共十六个部分：一、巩固和加强农业的基础地位；二、加快工业改组改造和结构优化升级；三、大力发展服务业；四、加快国民经济和社会信息化；五、进一步加强水利、交通、能源等基础设施建设；六、实施西部大开发，促进地区协调发展；七、积极稳妥地推进城镇化；八、促进科技进步和创新；九、大力开发人才资源，加快发展教育事业；十、加强人口和资源管理，重视生态建设和环境保护；十一、进一步深化改革，完善社会主义市场经济体制；十二、进一步扩大对外开放，发展开放型经济；十三、积极扩大就业，完善社会保障制度；十四、改善城乡人民生活；十五、加强社会主义精神文明建设；十六、加强社会主义民主法制建设。

【在纪念中国人民志愿军抗美援朝出国作战五十周年大会上的讲话】（2000年10月25日） 江泽民2000年10月25日在北京各界纪念中国人民志愿军抗美援朝出国作战五十周年大会上的讲话。发表于2000年10月26日《人民日报》。《讲话》指出，抗美援朝战争的胜利，是世界爱好和平人民的伟大胜利，是维护正义、反对强权的英勇壮举，是爱国主义和革命英雄主义的壮丽史诗，是中国人民为维护世界和平和人类进步事业建立的巍峨丰碑。《讲话》总结了抗美援朝精神：祖国和人民利益高于一切、为了祖国和民族的尊严而奋不顾身的爱国主义精神，英勇顽强、舍生忘死的革命英雄主义精神，不畏艰难困苦、始终保持高昂士气的革命乐观主义精神，为完成祖国和人民赋予的使命、慷慨奉献自己一切的革命忠诚精神，以及为了人类和平与正义事业而奋斗的国际主义精神。《讲话》号召全党、全军、全国各族人民学习志愿军指战员的崇高精神和伟大品格，大力弘扬爱国主义和革命英雄主义，按照“三个代表”的要求全面加强党的建设，扎扎实实做好党和国家的各项工作。

【在深圳经济特区建立二十周年庆祝大会上的讲话】（2000年11月14日） 江泽民2000年11月14日的讲话。2001年收入人民出版社出版的《十五大以来重要文献选编》（中）。《讲话》指出，兴办经济特区是党和国家为推进社会主义改革开放和现代化建设作出的重大决策。《讲话》要求经济特区加快体制创新，率先为全国建立比较完善的社会主义市场经济体制积极探索和实践；带头大力推进科技创新，在加快结构调整和产业优化升级、实现经济增长方式的根本改变上创造新鲜经验；带头增强服务全国的大局意识，加强与内地的经济技术交流与合作，积极支持实施西部大开发战略；带头始终不渝地坚持“两手抓，两手都要硬”的方针，大力加强社会主义精神文明建设，交好物质文明建设和精神文明建设两份答卷；带头按照“三个代表”的要求全面加强党的建设，不断提高党组织的战斗力和凝聚力，增强拒腐防变的能力。

【中共中央办公厅关于在农村开展“三个代表”重要思想学习教育活动的意见】（2000年11月30日） 中共中央办公厅2000年11月30日发出。2001年收入人民出版社出版的《十五大以来重要文献选编》（中）。《意见》共五个部分：一、开展学习教育活动的重要性和必要性；二、学习教育活动的指导思想和应把握的原则；三、学习教育活动要达到的基本要求；四、学习教育活动的方法步骤；五、切实加强对学习教育活动的领导。《意见》指出：中央决定，从2000年冬季2001年春季开始，用两年左右的时间，在全国县（市）部门、乡镇、村领导班子和基层干部中，有计划、有步骤地开展“三个代表”重要思想学习教育活动。《意见》强调：开展学习教育活动务必注重实效，坚持标准，确保质量，克服形式主义，防止走过场。

【中共中央、国务院关于做好二〇〇一年农业和农村工作的意见】（2001年1月11日）　中共中央、国务院2001年1月11日发出。2001年收入人民出版社出版的《十五大以来重要文献选编》（中）。《意见》共十个部分：一、继续推进农业结构的战略性调整，全面提高农业的素质和效益；二、坚持抓好粮食生产，提高粮食生产效益；三、逐步转移农业富余劳动力，多渠道增加农民收入；四、加快农村税费改革，从根本上减轻农民负担；五、加大投入力度，加强农业和农村基础设施建设；六、深化农业科技和教育体制改革，大力推进农业科技进步；七、改革农村信用合作社，改善农村金融服务；八、坚持开发式扶贫，改善贫困地区的生产生活条件；九、扩大农业对外开放，积极参与国际竞争；十、深入开展“三个代表”重要思想的学习教育，促进农村社会全面进步。《意见》强调，今年是实施“十五”计划的第一年，各级党委和政府必须高度重视农业、农村和农民工作，把加强农业和增加农民收入摆在国民经济的首位。必须坚定不移地加强农业的基础地位，切实解决农村面临的突出问题，确保农业发展、农民增收和农村稳定。

【中共中央关于印发《二〇〇一年——二〇〇五年全国干部教育培训规划》的通知】（2001年1月21日）　中共中央2001年1月21日发出。2001年收入人民出版社出版的《十五大以来重要文献选编》（中）。《通知》指出，中央印发《二〇〇一年——二〇〇五年全国干部教育培训规划》，各地区、各部门要结合实际情况，认真贯彻执行。《二〇〇一年——二〇〇五年全国干部教育培训规划》共五个部分：一、总结历史经验，适应新世纪党和国家工作大局的要求，把干部教育培训放在更加重要的战略地位；二、以“三个代表”的重要思想为指针，明确干部教育培训的指导思想、工作目标、工作原则和主要任务；三、以建设高素质干部队伍为目标，坚持分级分类培训，确定干部教育培训的具体要求；四、以改革创新为动力，进一步提高教育培训质量，落实干部教育培训的保障措施；五、切实加强对干部教育培训工作的领导。

【中华人民共和国民族区域自治法】（2001年2月28日）　第六届全国人民代表大会第二次会议1984年5月31日通过，2001年2月28日根据第九届全国人民代表大会常务委员会第二十次会议《关于修改〈中华人民共和国民族区域自治法〉的决定》修正，公布施行。2001年收入人民出版社出版的《十五大以来重要文献选编》（中）。《民族区域自治法》除序言外，共七章七十四条。该法论述了民族区域自治是中国共产党解决我国民族问题的基本政策，是国家的一项基本政治制度，总结了实行民族区域自治的经验；规定了民族区域自治总的原则和基本内容；明确了民族自治地方的建立和自治机关的组成；确定了自治机关的自治权；规定了民族自治地方的人民法院和人民检察院的性质、权限；阐述了民族自治地方内的民族关系；规定了上级国家机关对民族自治地方领导和帮助的职责；明确了本法施行的时间。

【中共中央、国务院关于转发《中央宣传部、司法部关于在公民中开展法制宣传教育的第四个五年规划》的通知】（2001年4月26日） 中共中央、国务院2001年4月26日发出。2003年收入人民出版社出版的《十五大以来重要文献选编》（下）。《通知》指出，深入开展社会主义法制宣传教育，提高全体公民首先是各级领导干部的法律意识和法律素质，是贯彻落实依法治国、建设社会主义法治国家基本方略的重要内容，也是“十五”计划提出的一项重要任务和实施“十五”计划的法制保障。各级党委、人大和政府要按照江泽民同志关于“三个代表”的重要思想，切实加强对贯彻第四个五年普法规划的领导和监督，把这项工作纳入各地经济和社会发展的总体规划，统一考虑，统一部署，真正把“四五”普法规划落到实处。《规划》共五个部分：一、指导思想；二、目标与任务；三、工作要求；四、步骤与方法；五、组织领导及保障措施。

【在庆祝中国共产党成立八十周年大会上的讲话】（2001年7月1日） 江泽民2001年7月1日在庆祝中国共产党成立八十周年大会上的讲话。2003年收入人民出版社出版的《十五大以来重要文献选编》（下）。《讲话》共四个部分：一、中国共产党80年的奋斗业绩和基本经验；二、正确认识和全面贯彻“三个代表”要求；三、按照“三个代表”要求加强和改进党的建设；四、继续为实现党的基本路线和历史任务而奋斗。《讲话》在总结党的80年奋斗业绩和基本经验时指出：我们完成了新民主主义革命任务，实现了民族独立和人民解放，建立了社会主义制度，实现了中国历史上最广泛最深刻的社会变革；开创了建设有中国特色社会主义事业，为实现中华民族的伟大复兴开创了正确道路；建立了人民民主专政的国家政权，人民掌握了自己的命运；建立了独立的和比较完整的国民经济体系，经济实力和综合国力显著增强；不断发展社会主义文化，全国人民的精神生活日益丰富；彻底结束了旧中国一盘散沙的局面，实现了国家的高度统一和各民族的空前团结；锻造了一支党绝对领导下的人民军队，建立起巩固的国防；坚持独立自主的和平外交政策，为世界和平和发展的崇高事业作出了重要贡献。80年的实践启示我们：必须始终坚持马克思主义基本原理同中国具体实际相结合，坚持科学理论的指导，坚定不移地走自己的路；必须始终紧紧依靠人民群众，诚心诚意为人民谋利益，从人民群众中汲取前进的不竭力量；必须始终自觉地加强和改进党的建设，不断增强党的创造力、凝聚力和战斗力，永葆党的生机和活力。在阐述正确认识和全面贯彻“三个代表”要求时，《讲话》指出：在新的世纪，继续推进现代化建设，完成祖国统一大业，维护世界和平与促进共同发展，是我们党肩负的重大历史任务。胜利完成这三大历史任务，必须坚定不移地贯彻落实“三个代表”要求。“三个代表”要求，是我们党的立党之本、执政之基、力量之源，也是我们在新世纪全面推进党的建设，不断推进理论创新、制度创新和科技创新，不断夺取建设有中国特色社会主义事业新胜利的根本要求。党的理论、路线、纲领、方针、政策和各项工作，必须始终代表中国先进社会生产力的发展要求，中国先进文化的前进方向和中国最广大人民的根本利益。“三个代表”是统一的整体，相互联系，相互促进。《讲话》提出，要按照“三个代表”要求加强和改进党的建设。必须坚持党的解放思想、实事求是的思想路线，大力发扬求真务实、勇于创新的精神，创造性地推进党和国家的各项工作，在实践中不断丰富和发展马克思主义；必须坚持党的工人阶级先锋队的性质，始终保持党的先进性，同时要根据经济发展和社会进步的实际，不断增强党的阶级基础和扩大党的群众基础，不断提高党的社会影响力；必须坚持民主集中制，建立健全科学的领导体制和工作机制，充分发扬党内民主，坚决维护党的集中统一，保持并不断增强党的活力；必须全面贯彻干部队伍革命化、年轻化、知识化、专业化的方针和德才兼备的原则，深化干部人事制度改革，努力建设一支高素质的、能够担当重任、经得起风浪考验的干部队伍；必须坚持党要管党的原则和从严治党的方针，各级党组织必须对党员干部严格要求、严格教育、严格管理、严格监督，坚决克服党内存在的消极腐败现象。《讲话》在讲到“继续为实现党的基本路线和历史任务而奋斗”时说：我国已进入了全面建设小康社会，加快推进社会主义现代化的新的发展阶段。全党同志要居安思危，增强忧患意识，不骄不躁，继续全面推进改革开放和现代化建设，为到本世纪中叶基本实现社会主义现代化而奋发工作。

【中共中央、国务院关于进一步加强社会治安综合治理的意见】（2001年9月5日） 中共中央、国务院2001年9月5日发出。2003年收入人民出版社出版的《十五大以来重要文献选编》（下）。《意见》共五个部分：一、认真贯彻“三个代表”重要思想，加强对社会治安综合治理工作的领导；二、坚持“打防结合，预防为主”的方针，大力加强防范工作；三、加强基层基础建设，把社会治安综合治理各项措施落实到基层；四、进一步健全和完善全社会齐抓共管的社会治安综合治理工作机制；五、严格执行责任制，确保社会治安综合治理各项措施的落实。《意见》指出，目前，我国经济发展、政治稳定、民族团结、社会进步，总体形势很好。但也要看到，我国仍面临着错综复杂的国内外环境，影响社会稳定的因素依然存在。全党必须认真学习贯彻江泽民同志的重要讲话精神，以“三个代表”重要思想为指导，始终坚持社会治安综合治理的方针，积极探索新形势下做好社会治安综合治理工作的新方法、新措施，切实维护社会政治稳定，努力为改革开放和社会主义现代化建设创造更好的社会治安环境。

【中共中央关于印发《公民道德建设实施纲要》的通知】（2001年9月20日） 中共中央2001年9月20日发出。2003年收入人民出版社出版的《十五大以来重要文献选编》（下）。《通知》要求各地区、各部门把公民道德建设放在突出位置来抓，认真贯彻执行《公民道德建设实施纲要》。《纲要》共八个部分四十条。主要内容是：一、公民道德建设的重要性；二、公民道德建设的指导思想和方针原则；三、公民道德建设的主要内容；四、大力加强基层公民道德教育；五、深入开展群众性的公民道德实践活动；六、积极营造有利于公民道德建设的社会氛围；七、努力为公民道德建设提供法律支持和政策保障；八、切实加强对公民道德建设的领导。《纲要》提出，必须适应形势发展的要求，抓住有利时机，巩固已有成果，加强薄弱环节，积极探索新形势下道德建设的特点和规律，在内容、形式、方法、手段、机制等方面努力改进和创新，把公民道德建设提高到一个新的水平。

【中共中央关于加强和改进党的作风建设的决定】（2001年9月26日） 中国共产党第十五届中央委员会第六次全体会议2001年9月26日通过。2003年收入人民出版社出版的《十五大以来重要文献选编》（下）。《决定》共十一个部分：一、加强和改进党的作风建设的极端重要性和紧迫性；二、加强和改进党的作风建设的指导思想和主要任务；三、坚持解放思想、实事求是，反对因循守旧、不思进取；四、坚持理论联系实际，反对照抄照搬、本本主义；五、坚持密切联系群众，反对形式主义、官僚主义；六、坚持民主集中制原则，反对独断专行、软弱涣散；七、坚持党的纪律，反对自由主义；八、坚持清正廉洁，反对以权谋私；九、坚持艰苦奋斗，反对享乐主义；十、坚持任人唯贤，反对用人上的不正之风；十一、加强对作风建设的领导。《决定》指出，加强和改进党的作风建设，核心问题是保持党同人民群众的血肉联系。在新的发展阶段，加强和改进党的作风建设的指导思想和总体要求是：坚持马克思列宁主义、毛泽东思想、邓小平理论的指导，按照“三个代表”重要思想，紧紧围绕经济建设这个中心和改革发展稳定的大局，坚持党要管党、从严治党，以进一步密切党同人民群众的联系为核心，以保持党的先进性、纯洁性和增强党的创造力、凝聚力、战斗力为目标，发扬优良传统，加强思想教育，推进制度建设，解决突出问题，努力把党的作风建设提高到一个新的水平。

【中共中央关于做好农户承包地使用权流转工作的通知】（2001年12月30日） 中共中央2001年12月30日发出。2003年收入人民出版社出版的《十五大以来重要文献选编》（下）。《通知》指出，在稳定家庭承包经营制度的基础上，允许土地使用权合理流转，是农业发展的客观要求，也符合党的一贯政策。但是，一些乡村推行的土地流转，存在不少违背农民意愿、损害农民利益的问题，需要引起足够的重视。为了引导农村土地使用权流转健康发展，《通知》就农户承包地

（指耕地、果园和鱼塘）使用权流转的有关问题，作出四项规定：一、农户承包地使用权流转要在长期稳定家庭承包经营制度的前提下进行；二、农户承包地使用权流转必须坚持依法、自愿、有偿的原则；三、规范企事业单位和城镇居民租赁农户承包地；四、加强对农户承包地使用权流转工作的领导。

【中共中央、国务院关于做好二〇〇二年农业和农村工作的意见】（2002年1月10日） 中共中央、国务院2002年1月10日发出。2003年收入人民出版社出版的《十五大以来重要文献选编》（下）。《意见》共八个部分：一、继续推进农业产业结构调整，促进农民收入持续稳定增长；二、促进农业富余劳动力转移，拓宽农民增收渠道；三、推进新的农业科技革命，加快农业科技进步；四、加强农业和农村基础设施建设，改善农民的生产生活条件；五、改善农村金融服务，加大金融支农力度；六、继续搞好扶贫开发，加快贫困人口脱贫步伐；七、认真落实党的农村政策，保护和调动农民积极性；八、深入开展农村“三个代表”重要思想学习教育活动，促进农村经济社会全面发展。《意见》要求，全党同志一定要从战略高度重视农业和农村工作，认真落实党的各项农村政策，切实调动起农民的生产和经营积极性，力争2002年农民收入有明显的增长。

【中共中央办公厅、国务院办公厅关于印发《二〇〇二——二〇〇五年全国人才队伍建设规划纲要》的通知】（2002年5月7日） 中共中央办公厅、国务院办公厅2002年5月7日发出。2003年收入人民出版社出版的《十五大以来重要文献选编》（下）。《通知》指出，《纲要》是我国第一个综合性的人才队伍建设规划，是今后几年全国人才工作的指导性文件。《纲要》从十一个方面对人才队伍建设作出规划：一、人才队伍建设的成绩和面临的形势；二、人才队伍建设的指导方针和目标；三、党政人才队伍建设；四、企业经营管理人才队伍建设；五、专业技术人才队伍建设；六、西部地区人才的开发和引进；七、海外和留学人才的吸引与使用；八、加强教育培训；九、建立健全人才激励机制；十、引导人才合理流动；十一、加强领导，保证人才队伍建设规划的顺利实施。

【在纪念中国共产主义青年团成立八十周年大会上的讲话】（2002年5月15日） 江泽民2002年5月15日在纪念中国共产主义青年团成立八十周年大会上的讲话。2003年收入人民出版社出版的《十五大以来重要文献选编》（下）。《讲话》指出，共青团是党领导的先进青年的群众组织，是党的青年工作的重要力量。共青团的事业是党的事业的重要组成部分。80年来，中国共青团始终围绕党在各个历史时期的中心任务，团结和带领广大团员青年在革命、建设、改革的广阔舞台上为祖国和人民积极贡献力量。中国青年运动80年的生动实践告诉我们，一切有理想有抱负的青年，只有在中国共产党的领导下，同人民紧密结合，为祖国奉献青春，才能大有作为。现在，我国进入了全面建设小康社会，加快推进社会主义现代化的新的发展阶段，全国各族人民正在为实现现代化建设的第三步战略目标而努力奋斗。青年一代要承担起这个历史责任，就要坚持学习科学文化与加强思想修养的统一，坚持学习书本知识与投身社会实践的统一，坚持实现自身价值与服务祖国人民的统一，坚持树立远大理想与进行艰苦奋斗的统一，努力成长为有理想、有道德、有文化、有纪律的人，成长为对党和国家、对人民有所建树的人。

【努力开创建设有中国特色社会主义事业新局面】（2002年5月31日） 江泽民2002年5月31日在中央党校省部级干部进修班毕业典礼上的讲话要点。2003年收入人民出版社出版的《十五大以来重要文献选编》（下）。讲话指出，开创建设有中国特色社会主义事业新局面，必须高举邓小平理论伟大旗帜，全面贯彻“三个代表”要求。“三个代表”同马克思列宁主义、毛泽东思想、邓小平理论一脉相承，反映了当代世界和中国的发展变化对党和国家工作的新要求。贯彻“三个代表”要求，关键在坚持与时俱进，核心在保持党的先进性，本质在坚持执政为民。我们党要承担起推动中国社会发展的历史使命，必须始终紧紧抓住发展这个执政兴国的第一要务，把保持党的先进性和发挥社会主义制度的优越性，落实到发展先进生产力、发展先进文化、维护和实现最广大人民的根本利益上来。在谈到经济建设和经济体制改革时，讲话指出，在新世纪新阶段，发展要有新思路，改革要有新突破，开放要有新局面。要以完善社会主义市场经济体制为目标，继续推进市场取向的改革，从根本上消除束缚生产力发展的体制性障碍，为经济发展注入新的活力。公有制为主体，多种所有制经济共同发展，是我国社会主义初级阶段的一项基本经济制度，必须坚定不移地加以坚持，在实践中不断完善。在谈到发展社会主义民主政治时，讲话指出，发展社会主义民主政治，建设社会主义政治文明，是社会主义现代化建设的重要目标。必须适应经济发展和社会全面进步的要求，在坚持四项基本原则的前提下，继续积极稳妥地推进政治体制改革。发展社会主义民主政治，最根本的是要坚持党的领导、人民当家作主和依法治国的有机结合和辩证统一。要实现社会主义民主政治的制度化、规范化、程序化。我们必须在发展社会主义经济、政治的同时，加强社会主义精神文明建设。在谈到党的建设时，讲话强调，必须毫不动摇地坚持和改善党的领导，全面推进党的建设新的伟大工程。一定要高举邓小平理论伟大旗帜，认真贯彻“三个代表”要求，一定要坚持党要管党、从严治党的方针，进一步解决提高党的领导水平和执政水平、提高拒腐防变和抵御风险能力这两大历史性课题，保证我们党始终是中国工人阶级的先锋队，同时是中国人民和中华民族的先锋队，始终是建设有中国特色社会主义事业的领导核心。讲话号召全党同志坚持讲大局、讲团结、讲稳定，紧密团结在党中央周围，切实做好改革、发展、稳定各方面的工作，以优异的成绩迎接党的十六大召开。

【中共中央关于印发《党政领导干部选拔任用工作条例》的通知】（2002年7月9日）　中共中央2002年7月9日发出。2003年收入人民出版社出版的《十五大以来重要文献选编》（下）。《通知》指出，《干部任用条例》的颁布和实施，对于建立健全科学的干部选拔任用机制和监督管理机制，推进干部工作的科学化、民主化、制度化，保证党的基本路线的贯彻执行，保证党的事业的兴旺发达和国家的长治久安，具有十分重大的意义。强调选拔任用干部必须按照《干部任用条例》的规定办事，严格把关。《干部任用条例》包括：一、总则；二、选拔任用条件；三、民主推荐；四、考察；五、酝酿；六、讨论决定；七、任职；八、依法推荐、提名和民主协商；九、公开选拔和竞争上岗；十、交流、回避；十一、免职、辞职、降职；十二、纪律和监督；十三、附则。共十三章七十四条。《通知》要求各级党委（党组）及其组织（人事）部门要结合实际制定具体的贯彻实施意见，不断推进干部选拔任用制度改革，进一步完善选贤任能的科学机制，为优秀人才的脱颖而出、健康成长、施展才干创造条件。

【中共中央、国务院关于进一步加强和改进新时期体育工作的意见】（2002年7月22日）　中共中央、国务院2002年7月22日发出。2003年收入人民出版社出版的《十五大以来重要文献选编》（下）。《意见》共六个部分：一、充分认识体育在经济、社会发展中的重要地位和作用；二、新时期发展体育事业的指导思想、工作方针和总体要求；三、大力推进全民健身计划，构建多元化体育服务体系；四、全面实施竞技体育发展战略，进一步提升我国竞技运动水平；五、继续深化体育体制改革，促进运行机制转换；六、切实加强对体育工作的组织领导。《意见》指出：加快我国体育事业的全面发展，满足广大人民群众日益增长的体育文化需求，是全党、各级政府和全国各族人民的一项共同任务。要求各有关地区、部门和有关方面要密切配合，开拓创新，把筹备和举办2008年奥运会和残疾人奥运会作为推动我国经济、社会发展的难得机遇，进一步提高我国在国际体坛的地位和声望。

【中共中央、国务院关于进一步做好下岗失业人员再就业工作的通知】（2002年9月30日）　中共中央、国务院2002年9月30日发出。2003年收入人民出版社出版的《十五大以来重要文献选编》（下）。《通知》共六个部分：一、统一认识，加强领导，明确再就业工作目标和责任；二、努力开辟就业门路，积极创造就业岗位；三、完善和落实促进再就业的扶持政策；四、改进就业服务，强化再就业培训；五、坚持统筹兼顾，搞好就业的宏观调控；六、巩固“两个确保”，完善社会保障体系。《通知》分析了我国就业的严峻形势和主要矛盾，要求各级党委、政府和各有关部门必须充分认识就业和再就业工作的极端重要性，将就业和再就业工作作为一项长期的战略任务和重大的政治任务，承担起再就业工作的责任。各地区、各有关部门要结合实际，抓紧研究制定贯彻本《通知》的具体办法和实施细则，确保本《通知》精神落到实处。

【中共中央、国务院关于进一步加强农村卫生工作的决定】（2002年10月19日） 中共中央、国务院2002年10月19日作出。2003年收入人民出版社出版的《十五大以来重要文献选编》（下）。《决定》指出，从总体上看，农村卫生工作仍比较薄弱，体制改革滞后，资金投入不足，卫生人才匮乏，基础设施落后，农村合作医疗面临很多困难，一些地区传染病、地方病危害严重，农民因病致贫、返贫问题突出，必须引起各级党委和政府的高度重视。为进一步加强农村卫生工作，作出七项决定：一、农村卫生工作的指导思想和目标；二、加强农村公共卫生工作；三、推进农村卫生服务体系建设；四、加大农村卫生投入力度；五、建立和完善农村合作医疗制度和医疗救助制度；六、依法加强农村医药卫生监管；七、加强对农村卫生工作的领导。《决定》要求：到2010年，在全国农村基本建立起适应社会主义市场经济体制要求和农村经济社会发展水平的农村卫生服务体系和农村合作医疗制度。主要包括：建立基本设施齐全的农村卫生服务网络，建立具有较高专业素质的农村卫生服务队伍，建立精干高效的农村卫生管理体制，建立以大病统筹为主的新型合作医疗制度和医疗救助制度，使农民人人享有初级卫生保健，主要健康指标达到发展中国家的先进水平。

【全面建设小康社会，开创中国特色社会主义事业新局面】（2002年11月8日） 江泽民2002年11月8日在中国共产党第十六次全国代表大会上的报告。2005年收入中央文献出版社出版的《十六大以来重要文献选编》（上）。报告指出，党的十六大的主题是：高举邓小平理论伟大旗帜，全面贯彻“三个代表”重要思想，继往开来，与时俱进，全面建设小康社会，加快推进社会主义现代化，为开创中国特色社会主义事业新局面而奋斗。报告共十个部分：一、过去五年的工作和十三年的基本经验；二、全面贯彻“三个代表”重要思想；三、全面建设小康社会的奋斗目标；四、经济建设和经济体制改革；五、政治建设和政治体制改革；六、文化建设和文化体制改革；七、国防和军队建设；八、“一国两制”和实现祖国的完全统一；九、国际形势和对外工作；十、加强和改进党的建设。报告回顾了过去五年的工作和十三届四中全会以来13年的实践，总结了十个方面的经验。报告指出，这13年是我国综合国力大幅跃升、人民得到实惠最多的时期，是我国社会长期保持安定团结、政通人和的时期，是我国国际影响力显著扩大、民族凝聚力极大增强的时期。报告阐述了“三个代表”重要思想的时代背景、历史地位、精神实质和指导意义，进一步阐明了贯彻“三个代表”重要思想的根本要求。报告从四个方面提出了在新世纪新阶段全面建设小康社会的目标，阐述了各项建设和改革的具体要求，对我国改革开放和社会主义现代化建设作出了全面部署。

【中国共产党第十六次全国代表大会关于《中国共产党章程（修正案）》的决议】（2002年11月14日） 中国共产党第十六次全国代表大会2002年11月14日通过。2005年收入中央文献出版社出版的《十六大以来重要文献选编》（上）。《决议》指出，大会一致同意在党章中明确规定，中国共产党以马克思列宁主义、毛泽东思想、邓小平理论和“三个代表”重要思想作为自己的行动指南，“三个代表”重要思想是党必须长期坚持的指导思想。大会认为，坚持和完善公有制为主体、多种所有制经济共同发展的基本经济制度，坚持和完善按劳分配为主体、多种分配方式并存的分配制度，坚持和完善社会主义市场经济体制，实施科教兴国和可持续发展战略，推动社会主义物质文明、政治文明和精神文明的协调发展，实行依法治国和以德治国相结合，是我们党在建设中国特色社会主义实践中取得的重大成果。把这些内容写入党章，有利于全党同志更加自觉和坚定地贯彻党的路线方针政策，更好地带领群众开创中国特色社会主义事业新局面。大会认为，在党章中明确规定，年满18岁的中国工人、农民、军人、知识分子和其他社会阶层的先进分子，承认党的纲领和章程，愿意参加党的一个组织并在其中积极工作、执行党的决议和按期交纳党费的，可以申请加入中国共产党，这有利于增强党的阶级基础和扩大党的群众基础，提高党在全社会的凝聚力和影响力。

【坚持发扬艰苦奋斗的优良作风，努力实现全面建设小康社会的宏伟目标】（2002年12月6日） 胡锦涛2002年12月6日和中央书记处的同志在西柏坡学习考察时的讲话。2005年收入中央文献出版社出版的《十六大以来重要文献选编》（上）。讲话回顾了中国共产党的斗争历史，重温了毛泽东在党的七届二中全会上的讲话，强调要牢记毛泽东当年倡导的“两个务必”，牢记我国的基本国情和我们党的庄严使命，树立为党和人民长期艰苦奋斗的思想；牢记全心全意为人民服务的宗旨，始终不渝地为最广大人民谋利益；牢记党的基本理论、基本路线、基本纲领和基本经验，以艰苦奋斗的精神做好各项工作；牢记党和人民的重托和肩负的历史责任，自觉在艰苦奋斗的实践中加强党性锻炼。讲话号召全党同志特别是领导干部，首先从自身做起，大力发扬艰苦奋斗的作风，为实现党的十六大确定的目标和任务开拓进取、团结奋斗。

【在全国组织工作会议上的讲话】（2002年12月16日） 曾庆红2002年12月16日在全国组织工作会议上的讲话。2005年收入中央文献出版社出版的《十六大以来重要文献选编》（上）。《讲话》围绕这次会议的主要任务，讲了八个问题：一、深入学习领会党的十六大精神，切实增强做好新世纪新阶段党的建设工作和组织工作的使命感和紧迫感；二、把用“三个代表”重要思想武装全党摆在首位，加大干部教育培训的工作力度；三、以提高素质、优化结构、改进作风和增强团结为重点，把各级领导班子建设成为坚持贯彻“三个代表”重要思想的坚强领导集体；四、大力实施人才强国战略，努力开创人才辈出、人尽其才的良好局面；五、深化干部人事制度改革，努力实现干部工作的科学化、民主化、制度化；六、切实加强基层党建工作，把基层党组织建设成为贯彻“三个代表”重要思想的组织者、推动者和实践者；七、坚持和健全民主集中制，不断增强党的活力和团结统一；八、坚持党要管党、从严治党，毫不放松地加强党对组织工作的领导。《讲话》指出，在全面建设小康社会的进程中，加强党的建设、做好组织工作意义重大。希望组织部门的同志真正把组织部门建设成为党员之家、干部之家和知识分子之家，建设成为实践“三个代表”重要思想的表率部门。

【中共中央、国务院关于做好农业和农村工作的意见】（2003年1月16日） 中共中央、国务院2003年1月16日发出。2005年收入中央文献出版社出版的《十六大以来重要文献选编》（上）。《意见》阐述了新世纪新阶段农业和农村工作的主要任务，提出重点抓好以下工作：一、加快农业区域布局调整，建设优势农产品产业带。二、建立健全统一、权威的农产品质量标准体系和检验检测体系，全面实施“无公害食品行动计划”。三、扶持龙头企业，推进农业产业化经营。四、改革农业科技推广体制，加快农业科技成果转化。五、加强农村市场建设，发展现代流通方式。六、扩大优势农产品出口。七、加强对农民进城务工就业的服务和管理，维护农民工的合法权益。八、加快调整和改革，提高乡镇企业发展水平。九、突出重点，完善功能，加快小城镇发展。十、扩大退耕还林规模，加强草原生态治理。十一、调整农业投资结构，加大农村中小型基础设施建设力度。十二、切实做好扶贫工作，提高扶贫开发成效。十三、落实农村土地政策，维护农民合法权益。十四、继续推进农村税费改革，切实减轻农民负担。十五、深化粮食购销体制改革，保护主产区和种粮农民利益。十六、加快农村金融体制改革，加强对农业和农村经济的信贷支持。十七、积极发展农产品行业协会和农民专业合作组织，建立健全农业社会化服务体系。十八、加快农村社会事业建设，促进农村全面发展。十九、加强和改善党对农村工作的领导。

【中共中央办公厅印发《关于进一步改进会议和领导同志活动新闻报道的意见》的通知】（2003年4月5日） 中共中央办公厅2003年4月5日发出。2005年收入中央文献出版社出版的《十六大以来重要文献选编》（上）。《通知》指出，新闻媒体高度重视会议和领导同志活动的新闻报道，总的效果是好的。但是，会议和领导同志活动的新闻报道过多过长影响宣传效果的问题比较突出，干部群众意见较多。中央要求，要按照坚持正确舆论导向、从工作需要出发、注重新闻价值和社会效果、精简务实的原则，采取具体可行的措施，切实加以改进。中央和国家机关要带头，各级领导机关和领导干部要严格自律，自觉支持新闻媒体改进报道工作，使新闻报道更好地贴近实际、贴近生活、贴近群众，更好地为人民服务、为社会主义服务、为党和国家工作大局服务。《意见》对如何进一步改进会议和领导同志活动新闻报道工作，作出了明确规定。

【推动全面合作，促进共同发展】（2003年6月1日）　胡锦涛2003年6月1日在法国埃维昂举行的南北领导人非正式对话会议上的讲话。2005年收入中央文献出版社出版的《十六大以来重要文献选编》（上）。讲话指出，这次对话会议以发展为主体，很有意义。发展是人类文明进步的基础，是解决全球面临的各种矛盾和问题的关键所在。只有实现全球协调、平衡、普遍发展，才能实现世界的持久和平与稳定。我们应全面深入地探讨这一课题，齐心协力地解决这一课题。讲话就加强国际合作和促进共同发展问题提出四点建议：一、采取有力措施，促进全球经济增长；二、倡导和睦共处，维护世界多样性；三、加强多边合作，推动建立国际经济新秩序；四、加大支持力度，充实南北合作的实质内容。

【在“三个代表”重要思想理论研讨会上的讲话】（2003年7月1日）　胡锦涛2003年7月1日在中央有关部门联合召开的“三个代表”重要思想理论研讨会上的讲话。2005年收入中央文献出版社出版的《十六大以来重要文献选编》（上）。《讲话》主要讲了四个问题：一、“三个代表”重要思想同马克思列宁主义、毛泽东思想和邓小平理论是一脉相承而又与时俱进的科学体系，是马克思主义在中国发展的最新成果。二、“三个代表”重要思想是新世纪新阶段全党全国人民继往开来、与时俱进，实现全面建设小康社会宏伟目标的根本指针。三、“三个代表”重要思想的本质是立党为公、执政为民，学习贯彻“三个代表”重要思想必须以最广大人民的根本利益为根本出发点和落脚点。四、坚持用马克思主义态度学习贯彻好“三个代表”重要思想，用“三个代表”重要思想指导新的实践，并努力在实践中继续发展马克思主义。

【中共中央关于完善社会主义市场经济体制若干问题的决定】（2003年10月14日）　中国共产党第十六届中央委员会第三次全体会议2003年10月14日通过。2005年收入中央文献出版社出版的《十六大以来重要文献选编》（上）。《决定》总共四十二条，分为十二部分：一、我国经济体制改革面临的形势和任务；二、进一步巩固和发展公有制经济，鼓励、支持和引导非公有制经济发展；三、完善国有资产管理体制，深化国有企业改革；四、深化农村改革，完善农村经济体制；五、完善市场体制，规范市场秩序；六、继续改善宏观调控，加快转变政府职能；七、完善财税体制，深化金融改革；八、深化涉外经济体制改革，全面提高对外开放水平；九、推进就业和分配体制改革，完善社会保障体系；十、深化科技教育文化卫生体制改革，提高国家创新能力和国民整体素质；十一、深化行政管理体制改革，完善经济法律制度；十二、加强和改善党的领导，为完善社会主义市场经济体制而奋斗。

【树立和落实科学发展观】（2003年10月14日） 胡锦涛2003年10月14日在中共十六届三中全会第二次全体会议上讲话的一部分。2005年收入中央文献出版社出版的《十六大以来重要文献选编》（上）。讲话指出，树立和落实全面发展、协调发展和可持续发展的科学发展观，对于我们更好地坚持发展才是硬道理的战略思想具有重大意义。必须促进社会主义物质文明、政治文明和精神文明协调发展，坚持在经济发展的基础上促进社会全面进步和人的全面发展，坚持在开发利用自然中实现人与自然的和谐相处，实现经济社会的可持续发展。各级党委和政府一定要坚持科学发展观，不断探索促进全面发展、协调发展和可持续发展的新思路新途径，进一步提高发展质量，实现更快更好的发展。

【中共中央关于进一步加强和改进公安工作的决定】（2003年11月18日） 中共中央2003年11月18日发出。2005年收入中央文献出版社出版的《十六大以来重要文献选编》（上）。《决定》要求各级党委、政府充分认识公安工作的重要地位和作用，全力做好维护稳定工作，切实加强社会治安工作。要牢固树立执法为民思想，大力加强公安基层工作，积极推进公安队伍正规化建设，全面实施科技强警战略，建立和完善公安保障机制，进一步加强党对公安工作的领导。

【在全国宣传思想工作会议上的讲话】（2003年12月6日） 李长春2003年12月6日在全国宣传思想工作会议上的讲话。2005年收入中央文献出版社出版的《十六大以来重要文献选编》（上）。《讲话》讲了三个问题：一、坚持十三届四中全会以来宣传思想工作的基本经验，在新的实践中探索宣传思想工作的规律；二、充分认识新世纪新阶段宣传思想工作面临的新形势新任务，进一步增强做好工作的使命感和责任感；三、用“三个代表”重要思想统领宣传思想工作，努力开创宣传思想工作新局面。《讲话》总结了十三届四中全会以来宣传思想工作的基本经验，提出要着重抓好的几方面工作：坚持用“三个代表”重要思想武装全党、教育人民，不断巩固全党全国人民团结奋斗的共同思想基础；紧紧围绕党在新世纪新阶段的历史任务，动员和激励全党和全国人民为全面建设小康社会而奋斗；切实加强精神文明建设，努力提高思想道德素质，使全体人民始终保持昂扬向上的精神状态；深化文化体制改革，加快文化事业和文化产业发展，满足人民群众日益增长的精神文化需求；加强对外宣传，扩大对外文化交流，让世界更好地了解中国；按照“三贴近”的要求，创新宣传思想工作；提高思想水平和业务能力，努力建设一支高素质的宣传思想工作队伍。

【在纪念毛泽东同志诞辰一百一十周年座谈会上的讲话】（2003年12月26日） 胡锦涛2003年12月26日在纪念毛泽东同志诞辰一百一十周年座谈会上的讲话。2005年收入中央文献出版社出版的《十六大以来重要文献选编》（上）。《讲话》指出，毛泽东同志是伟大的马克思主义者，伟大的无产阶级革命家、战略家和理论家，是近代以来中国伟大的爱国者和民族英雄，是领导中国人民彻底改变自己命运和国家面貌的一代伟人。他的名字、他的思想、他的精神，将永远鼓舞着我们继续推动中国社会向前发展。我们党在80多年的奋斗历程中积累的一条根本经验，就是要不断根据发展变化着的实际情况和时代条件，坚持马克思主义基本原理同中国具体实际相结合，不断开拓党和人民事业前进的道路。今天，历史的接力棒已经传到我们的手中。我们对毛泽东同志的最好纪念，就是把老一辈革命家历经千辛万苦开创的伟大事业继续推向前进，把实现中华民族伟大复兴的史诗继续谱写下去。

【中共中央、国务院关于进一步加强人才工作的决定】（2003年12月26日）　中共中央、国务院2003年12月26日发出。2005年收入中央文献出版社出版的《十六大以来重要文献选编》（上）。《决定》指出，实施人才强国战略是党和国家一项重大而紧迫的任务。要求以能力建设为核心，大力加强人才培养工作；坚持改革创新，努力形成科学的人才评价和使用机制；建立和完善人才市场体系，促进人才合理流动；以鼓励劳动和创造为根本目的，加大对人才的有效激励和保障；突出重点，切实加强高层次人才队伍建设；推进人才资源整体开发，实现人才工作协调发展；坚持党管人才原则，努力开创人才工作新局面。《决定》号召，全面贯彻十六大精神，大力实施人才强国战略，关心人才工作，研究人才工作，宣传人才工作，做好人才工作，为全面建设小康社会、实现中华民族的伟大复兴而努力奋斗！

【中共中央关于印发《中国共产党党内监督条例（试行）》的通知】（2003年12月31日）　中共中央2003年12月31日发出。2005年收入中央文献出版社出版的《十六大以来重要文献选编》（上）。《通知》指出，《中国共产党党内监督条例（试行）》是一部十分重要的党内法规，它的颁布实施，对于我们党坚持党要管党、从严治党的方针，发展党内民主，加强党内监督，维护党的团结统一，保持党的先进性，始终做到立党为公、执政为民，必将起到重要作用。党的各级组织要依据《党内监督条例（试行）》，认真分析本地区、本部门、本单位党内监督方面的薄弱环节，采取有效措施加以解决；要认真开展督促检查，及时纠正违反《党内监督条例（试行）》的行为。党员领导干部要在抓好本地区、本部门、本单位贯彻实施《党内监督条例（试行）》工作的同时，切实增强接受监督的意识，主动接受党组织和党员的监督。广大党员干部要进一步提高认识，自觉履行党内监督的职责，正确行使党内监督的各项权利。《党内监督条例（试行）》包括总则、监督职责、监督制度、监督保障、附则，共五章四十七条。

【中共中央、国务院关于促进农民增加收入若干政策的意见】（2003年12月31日）　中共中央、国务院2003年12月31日发出。2005年收入中央文献出版社出版的

《十六大以来重要文献选编》（上）。《意见》指出，当前农业和农村发展中还存在着许多矛盾和问题，突出的是农民增收困难。全党必须从贯彻“三个代表”重要思想，实现好、维护好、发展好广大农民群众根本利益的高度，进一步增强做好农民增收工作的紧迫性和主动性，力争实现农民收入较快增长，尽快扭转城乡居民收入差距不断扩大的趋势。《意见》要求：一、集中力量支持粮食生产区发展粮食产业，促进种粮农民增加收入。二、继续推进农业产业结构调整，挖掘农业内部增收潜力。三、发展农村二、三产业，拓宽农民增收渠道。四、改善农民进城就业环境，增加外出务工收入。五、发挥市场机制作用，搞活农产品流通。六、加强农村基础设施建设，为农民增收创造条件。七、深化农村改革，为农民增收减负提供体制保障。八、继续做好扶贫开发工作，解决农村贫困人口和受灾群众的生产生活困难。九、加强党对促进农民增收工作的领导，确保各项增收政策落到实处。

【中共中央关于进一步繁荣发展哲学社会科学的意见】（2004年1月5日） 中共中央2004年1月5日发出。2005年收入中央文献出版社出版的《十六大以来重要文献选编》（上）。《意见》指出，繁荣发展哲学社会科学是建设中国特色社会主义的一项重大任务。必须坚持马克思主义的指导思想；坚持为人民服务、为社会主义服务的方向和百花齐放、百家争鸣的方针；坚持解放思想、实事求是、与时俱进，积极推进理论创新。努力建设面向现代化、面向世界、面向未来，具有中国特色的哲学社会科学。力争用十年左右时间，形成全面反映马克思列宁主义、毛泽东思想、邓小平理论和“三个代表”重要思想的教材体系，形成具有时代特点、结构合理、门类齐全的学科体系，形成人尽其才、人才辈出的人才培养选拔和管理机制，充分发挥我国哲学社会科学认识世界、传承文明、创新理论、咨政育人、服务社会的重要作用。《意见》要求加强党对哲学社会科学工作的领导，实施马克思主义理论研究和建设工程，积极推进哲学社会科学管理体制改革，造就一支高水平的哲学社会科学队伍。

【在全党大力弘扬求真务实精神，大兴求真务实之风】（2004年1月12日） 胡锦涛2004年1月12日在中共中央纪律检查委员会第三次全体会议上讲话的一部分。2005年收入中央文献出版社出版的《十六大以来重要文献选编》（上）。讲话从实现全面建设小康社会宏伟目标战略高度，阐述了充分认识大力弘扬求真务实精神的极端重要性；要求紧密联系加强和改进党和国家的各项工作，大力弘扬求真务实精神。讲话指出，在全党大力弘扬求真务实精神，大兴求真务实之风，关键是要引导全党同志不断求我国社会主义革命初级阶段基本国情之真，务坚持长期艰苦奋斗之实；求社会主义建设规律和人类社会发展规律之真，务抓好发展这个党执政兴国的第一要务之实；求人民群众的历史地位和作用之真，务发展最广大人民根本利益之实；求共产党执政规律之真，务全面加强和改进党的建设之实。讲话提出，要采取综合措施，从加强思想教育、促进工作落实、推动制度建设等方面进行努力，使全党同志特别是各级领导干部坚持做到求真务实、与时俱进、团结一心、踏实苦干。

【中共中央、国务院关于进一步加强和改进未成年人思想道德建设的若干意见】（2004年2月26日）　中共中央、国务院2004年2月26日发出。2005年收入中央文献出版社出版的《十六大以来重要文献选编》（上）。《若干意见》指出，从未成年人抓起，培养和造就千千万万具有高尚思想品质和良好道德修养的合格建设者和接班人，既是一项长远的战略任务，又是一项紧迫的现实任务。要从增强爱国情感、确立远大志向、规范行为习惯、提高基本素质做起，促进未成年人的全面发展。要扎实推进中小学思想道德教育；充分发挥共青团和少先队在未成年人思想道德建设中的重要作用；重视和发展家庭教育；广泛深入开展未成年人道德实践活动；加强以爱国主义教育基地为重点的未成年人活动场所建设、使用和管理；积极营造有利于未成年人思想道德建设的社会氛围；净化未成年人的成长环境；切实加强对未成年人思想道德建设工作的领导。各有关部门和社会各有关方面，要根据各自担负的职责和任务，采取有效措施，狠抓贯彻落实，勇于开拓创新，注重工作实效，切实把加强和改进未成年人思想道德建设和各项工作落到实处。

【中华人民共和国宪法修正案】（2004年3月14日）　第十届全国人民代表大会第二次会议2004年3月14日通过。2005年收入中央文献出版社出版的《十六大以来重要文献选编》（上）。《宪法修正案》对宪法相关条文修正的情况作了说明，涉及第十八条、第十九条、第二十条、第二十一条、第二十二条、第二十三条、第二十四条、第二十五条、第二十六条、第二十七条、第二十八条、第二十九条、第三十条、第三十一条。条文修正内容包括理论指导；社会主义道路；国家的根本任务；统一战线；土地征用；保护个体经济、私营经济；保护公民合法私有财产；尊重和保障人权等十几个方面。其中，宪法序言第七自然段中，“在马克思列宁主义、毛泽东思想、邓小平理论指引下”修改为“在马克思列宁主义、毛泽东思想、邓小平理论和‘三个代表’重要思想指引下”，“沿着建设有中国特色社会主义的道路”修改为“沿着中国特色社会主义道路”，“逐步实现工业、农业、国防和科学技术的现代化”之后增加“推动物质文明、政治文明和精神文明协调发展”。宪法第四章章名“国旗、国徽、首都”修改为“国旗、国歌、国徽、首都”。宪法第一百三十六条增加一款，作为第二款：“中华人民共和国国歌是《义勇军进行曲》。”

【中共中央办公厅关于印发《公开选拔党政领导干部工作暂行规定》等五个法规文件的通知】（2004年4月8日）　中共中央办公厅2004年4月8日发出。2006年收入中央文献出版社出版的《十六大以来重要文献选编》（中）。《通知》指出，这次印发《公开选拔党政领导干部工作暂行规定》《党政机关竞争上岗工作暂行规定》《党的地方委员会全体会议对下一级党委、政府领导班子正职拟任人选和推荐人选表决办法》《党政领导干部辞职暂行规定》《关于党政领导干部辞职从事经营活动有关问题的意见》五个法规文件，是积极推进政治体制改革的实际步骤，是深化干部人事制度改革的重要举措。《通知》要求，各地区各部门要认真贯彻执行党的干部路线，坚持干部队伍“四化”方针和德才兼备的原则，围绕建立健全科学的选拔任用机制和管理监督机制，积极探索实践，注意总结经验，全面推进干部人事工作的科学化、民主化和制度化。

【把科学发展观贯穿于发展的整个过程】（2004年5月5日） 胡锦涛2004年5月5日在江苏考察工作结束时讲话的主要部分。2006年收入中央文献出版社出版的《十六大以来重要文献选编》（中）。讲话共分六个部分：一、坚持巩固农业基础地位，下大力气解决好“三农”问题；二、坚持走新型工业化道路，努力实现速度与结构、质量、效益相统一；三、坚持深化改革、扩大开放，为加快发展提供强大动力；四、坚持以人为本，始终把最广大人民的根本利益放在第一位；五、坚持实施可持续发展战略，促进经济发展和人口、资源、环境相协调；六、坚持大兴求真务实之风，牢固树立和认真落实科学发展观。讲话指出：当前，我国改革发展正处在关键时期。这是一个既有巨大发展潜力和动力又有各种困难和风险的时期。能不能抓住新机遇、解决新问题、实现新发展，是对我们党的执政能力的重大考验。要解决中国的发展问题，实现又快又好发展，必须牢固树立和认真落实科学发展观。我们一定要增强贯彻落实科学发展观的自觉性和坚定性，结合实际，正确处理以经济建设为中心和全面发展的关系、加快发展和协调发展的关系、当前发展和可持续发展的关系，把科学发展观贯穿于发展的整个过程和各个方面，推进各项事业更快更好发展。

【中共中央办公厅、国务院办公厅关于健全和完善村务公开和民主管理制度的意见】（2004年6月22日） 中共中央办公厅、国务院办公厅2004年6月22日发出。2006年收入中央文献出版社出版的《十六大以来重要文献选编》（中）。《意见》指出，为了把党在农村的各项政策落到实处，切实解决好“三农”问题，必须进一步健全和完善村务公开和民主管理制度，扎实推进村务公开和民主管理工作。《意见》要求，进一步健全村务公开制度，保障农民群众的知情权。要完善村务公开的内容，规范村务公开的形式、时间和基本程序，设立村务公开监督小组，听取和处理群众意见。进一步规范民主决策机制，保障农民群众的决策权。凡是与农民群众切身利益密切相关的事项，都要实行民主决策，不能由个人或少数人决定。同时，要明确村级民主决策的形式、程序，建立决策责任追究制度。要进一步完善民主管理制度，保障农民群众的参与权；进一步强化村务管理的监督制约机制，保障农民群众的监督权；进一步加强对村务公开的民主管理工作的领导。

【在邓小平同志诞辰一百周年纪念大会上的讲话】（2004年8月22日） 胡锦涛2004年8月22日在邓小平同志诞辰一百周年纪念大会上的讲话。2006年收入中央文献出版社出版的《十六大以来重要文献选编》（中）。《讲话》指出，邓小平同志是全党、全军、全国各族人民公认的享有崇高威望的卓越领导人，伟大的马克思主义者，伟大的无产阶级革命家、政治家、军事家、外交家，久经考验的共产主义战士，中国社会主义改革开放和现代化建设的总设计师，邓小平理论的创立者。邓小平同志为中国人民不懈奋斗的光辉一生，为我们树立了光辉典范。今天，历史的接力棒已经传到我们手中。我们的事业伟大而艰巨，我们的前程光明而美好。我们要更加紧密地团结起来，肩负起历史赋予我们的神圣使命，万众一心，众志成城，艰苦奋斗，开拓创新，沿着中国特色社会主义道路，向着全面建设小康社会的宏伟目标、向着实现中华民族伟大复兴的光辉前景奋勇前进！

【中共中央、国务院关于进一步加强和改进大学生思想政治教育的意见】（2004年8月26日） 中共中央、国务院2004年8月26日发出。2006年收入中央文献出版社出版的《十六大以来重要文献选编》（中）。《意见》指出，加强和改进大学生思想政治教育是一项重大而紧迫的战略任务。要以理想信念教育为核心，深入进行树立正确的世界观、人生观和价值观教育；以爱国主义教育为重点，深入进行弘扬和培育民族精神教育；以基本道德规范为基础，深入进行公民道德教育；以大学生全面发展为目标，深入进行素质教育。要努力提高思想政治教育的针对性、实效性和吸引力、感染力，将大学生培养成为德智体美全面发展的社会主义合格建设者和可靠接班人。

【在中共十六届四中全会上的工作报告】（2004年9月16日） 胡锦涛2004年9月16日在中共十六届四中全会第一次全体会议上作的工作报告。2006年收入中央文献出版社出版的《十六大以来重要文献选编》（中）。《报告》对十六届三中全会以来的工作作了回顾和总结，指出这段时间的主要工作是：深入学习贯彻“三个代表”重要思想和树立落实科学发展观；推动经济发展和促进社会全面进步；加强社会主义民主法制建设；加强宣传思想工作；保持香港、澳门繁荣稳定和遏制“台独”分裂势力；积极开展全方位外交；加强和改进党的建设。《报告》分析了工作中存在的不足，提出了进一步改进工作的思考。

【加强社会主义民主法制建设】（2004年9月16日） 吴邦国2004年9月16日在全国人大常委会办公厅为纪念全国人民代表大会成立五十周年召开的社会主义民主法制座谈会上的讲话。2006年收入中央文献出版社出版的《十六大以来重要文献选编》（中）。讲话共三个部分：一、进一步提高对社会主义民主法制建设重要性的认识；二、加强社会主义民主法制建设，最重要的是坚持和完善人民代表大会制度；三、做好新形势下人大工作的指导思想和原则。讲话指出，社会主义民主法制建设关系到党和国家工作的大局，关系到中国特色社会主义的前途和命运，只能加强，不能削弱。人民代表大会制度是实现和保证我国人民当家作主的根本政治制度，体现了社会主义制度的优越性和社会主义民主的广泛性。坚持和完善人民代表大会制度，是加强社会主义民主法制建设的重要内容。要自觉地把人民代表大会制度坚持好、完善好。发展社会主义民主，健全社会主义法制，是各级人民代表大会及其常委会的根本任务。做好新形势下的人大工作，关键是要把坚持党的领导、人民当家作主和依法治国有机统一起来，牢固树立党的观念、政治观念、大局观念和群众观念，使人大工作有利于加强和改善党的领导，有利于发挥社会主义制度的优越性，有利于充分调动人民群众的积极性，有利于维护国家统一、民族团结和社会稳定，有利于促进经济发展和社会全面进步。

【中共中央关于加强党的执政能力建设的决定】（2004年9月19日） 中国共产党第十六届中央委员会第四次全体会议2004年9月19日通过。2006年收入中央文献出版社出版的《十六大以来重要文献选编》（中）。《决定》指出，我们党成为执政党，是历史的选择、人民的选择。在我国改革发展的关键时期，我们党必须大力加强执政能力建设。这是关系中国社会主义事业兴衰成败、关系党的生死存亡和国家长治久安的重大战略课题。《决定》总结了55年来党执政的主要经验，提出了加强党的执政能力建设的指导思想、总体目标和主要任务，并强调：坚持把发展作为党执政兴国的第一要务，不断提高驾驭社会主义市场经济的能力；坚持党的领导、人民当家作主和依法治国的有机统一，不断提高发展社会主义民主政治的能力；坚持马克思主义在意识形态领域的指导地位，不断提高建设社会主义先进文化的能力；坚持最广泛最充分地调动一切积极因素，不断提高构建社会主义和谐社会的能力；坚持独立自主的和平外交政策，不断提高应对国际局势和处理国际事务的能力；以提高党的执政能力为重点，全面推进党的建设新的伟大工程。

【中共中央关于印发《中国共产党党员权利保障条例》的通知】（2004年9月22日） 中共中央2004年9月22日发出。2006年收入中央文献出版社出版的《十六大以来重要文献选编》（中）。《通知》指出，《中国共产党党员权利保障条例》是我们党关于保障党员权利方面的一部十分重要的党内法规。它的颁布实施，是发展党内民主，健全党内生活，加强党的执政能力建设的一个重要举措，对于进一步发挥党员的积极性、主动性、创造性，提高党的创造力、凝聚力和战斗力，具有重要的意义。《条例》共五章三十八条。《条例》规定：党员享有的党章规定的各项权利必须受到尊重和保护，党的任何一级组织、任何党员都无权剥夺。坚持在党的纪律面前人人平等，不允许任何党员享有特权。党员应当正确行使党章规定的各项权利，并在宪法和法律的范围内活动，同时必须履行党章规定的义务，不得侵犯其他党员的权利。对任何侵犯党员权利的行为，都应当予以追究；情节严重的，必须给予党纪处分。对侵犯党员权利行为的认定和处理，应当以事实为根据，以党章和其他党内法规为准绳。

【中共中央办公厅转发《中共中央组织部关于进一步加强和改进街道社区党的建设工作的意见》的通知】（2004年10月4日） 中共中央办公厅2004年10月4日发出。2006年收入中央文献出版社出版的《十六大以来重要文献选编》（中）。《通知》转发了《中共中央组织部关于进一步加强和改进街道社区党的建设工作的意见》，要求各地各部门结合实际认真贯彻执行。《意见》指出，街道、社区是党在城市工作的基础，街道、社区党建工作，是党的基层组织建设的重要组成部分。《意见》要求，进一步明确街道、社区党组织的主要职责；坚持把服务群众作为街道、社区党组织的重要任务；不断扩大党在城市工作的覆盖面；建立和完善街道、社区党的建设工作协调机制；切实加强对街道、社区党的建设工作的领导。各级党委要高度重视街道、社区党的建设工作，采取有力措施，认真解决存在的问题，不断开创街道、社区党建工作新局面。

【中共中央关于在全党开展以实践“三个代表”重要思想为主要内容的保持共产党员先进性教育活动的意见】（2004年11月7日） 中共中央2004年11月7日发出。2006年收入中央文献出版社出版的《十六大以来重要文献选编》（中）。《意见》指出，中央决定，从2005年1月开始，用一年半左右的时间，在全党开展以实践“三个代表”重要思想为主要内容的保持共产党员先进性教育活动。总体安排是：分三批进行，每批半年左右时间。第一批：县及县以上党政机关和部分企事业单位。第二批：城市基层和乡镇机关。第三批：农村和部分党政机关。在每批的半年时间内，集中学习教育的时间一般不得少于三个月。集中学习教育分为学习动员、分析评议、整改提高三个阶段。《意见》要求，先进性教育活动要坚持理论联系实际，务求实效；坚持正面教育为主，认真开展批评与自我批评；坚持发扬党内民主，走群众路线；坚持领导干部带头，发挥表率作用；坚持区别情况，分类指导。要在解决实际问题上下功夫，把是否解决了群众反映强烈、通过努力能够解决的突出问题和群众是否满意作为衡量先进性教育活动成效的重要标准。通过开展先进性教育活动，提高党员素质，加强基层组织，服务人民群众，促进各项工作。

【为全面建设小康社会创造和谐稳定的社会环境和公正高效的法治环境】（2004年12月7日） 罗干2004年12月7日在全国政法工作会议上讲话的摘要。2006年收入中央文献出版社出版的《十六大以来重要文献选编》（中）。讲话共分七个部分：

一、高度重视和正确处理人民内部矛盾，维护社会和谐稳定。二、加强新形势下的对敌斗争，维护国家安全。三、大力加强社会治安防控体系建设，推进社会治安综合治理。四、围绕发展这个党执政兴国的第一要务，维护社会主义市场经济的法律秩序。五、以保证司法公正为目标，积极稳妥地推进司法体制改革。六、坚持不懈地抓好政法队伍建设，全面提高队伍的执法能力。七、进一步加强和改进党对政法工作的领导。讲话指出，各级党委、政府和政法部门的领导既要看到大好形势和有利条件，更要清醒地看到维护稳定的复杂形势和突出问题，清醒地看到政法工作面临的压力和挑战，切实增强忧患意识，抓住机遇，迎接挑战，求真务实，做好工作，确保重要战略机遇期的社会持续稳定。

【中共中央办公厅、国务院办公厅关于印发《二〇〇四——二〇一〇年全国红色旅游发展规划纲要》的通知】（2004年12月19日） 中共中央办公厅、国务院办公厅2004年12月19日发出。2006年收入中央文献出版社出版的《十六大以来重要文献选编》（中）。《通知》要求各地各部门结合实际认真贯彻实施《二〇〇四——二〇一〇年全国红色旅游发展规划纲要》。《纲要》指出，发展红色旅游，必须坚持把社会效益放在首位；坚持因地制宜；坚持统筹协调；坚持多方参与。《纲要》要求：加快红色旅游发展，在2004至2010年期间，培育形成12个“重点红色旅游区”；配套完善30条“红色旅游精品线路”；重点打造100个左右的“红色旅游经典景区”；重点革命历史文化遗产的挖掘、整理、保护、展示和宣讲等达到国内先进水平；实现红色旅游产业化，使其成为带动革命老区发展的优势产业。《纲要》还对发展红色旅游作了总体布局，提出了发展红色旅游的主要措施。

【中共中央、国务院关于进一步加强农村工作提高农业综合生产能力若干政策的意见】（2004年12月31日） 中共中央、国务院2004年12月31日发出。2006年收入中央文献出版社出版的《十六大以来重要文献选编》（中）。《意见》指出，2005年农业和农村工作，要坚持统筹城乡发展的方略，坚持“多予少取放活”的方针，稳定、完善和强化各项支农政策，切实加强农业综合生产能力建设，继续调整农业和农村经济结构，进一步深化农村改革，努力实现粮食稳定增产、农民持续增收，促进农村经济社会全面发展。《意见》强调：当前和今后一个时期，要稳定、完善和强化扶持农业发展的政策，进一步调动农民的积极性；坚决实行最严格的耕地保护制度，切实提高耕地质量；加强农田水利和生态建设，提高农业抗御自然灾害的能力；加快农业科技创新，提高农业科技含量；加强农村基础设施建设，改善农业发展环境；继续推进农业和农村经济结构调整，提高农业竞争力；改革和完善农村投融资体制，健全农业投入机制；提高农村劳动者素质，促进农民和农村社会全面发展；加强和改善党对农村工作的领导。

【中共中央关于印发《建立健全教育、制度、监督并重的惩治和预防腐败体系实施纲要》的通知】（2005年1月3日） 中共中央2005年1月3日发出。2006年收入中央文献出版社出版的《十六大以来重要文献选编》（中）。《通知》要求，各级党委和政府要从政治和全局的高度，深刻认识贯彻《实施纲要》的重要意义，深入学习、广泛宣传、坚决贯彻，把建立健全惩治和预防腐败体系的工作纳入经济社会发展的总体规划，认真组织实施。要认真开展监督检查，建立健全有效工作机制，切实把反腐倡廉的各项工作落到实处。《实施纲要》包括以下内容：一、建立健全惩治和预防腐败体系的重要性和紧迫性；二、建立健全惩治和预防腐败体系必须坚持党反腐倡廉的基本经验；三、建立健全惩治和预防腐败体系的指导思想、主要目标和工作原则；四、加强反腐倡廉教育、筑牢拒腐防变的思想道德防线；五、加强反腐倡廉制度建设，充分发挥制度在惩治和预防腐败中的保证作用；六、加强对权力运行的制约和监督，确保权力正确行使；七、在惩治和预防腐败体系中充分发挥惩治的重要作用；八、加强领导，齐抓共管，把建立健全惩治和预防腐败体系的任务落到实处。

【严肃党的纪律，加大预防力度，深入开展党风廉政建设和反腐败斗争】（2005年1月10日） 吴官正2005年1月10日在中共中央纪律检查委员会第五次全体会议上所作的工作报告。2006年收入中央文献出版社出版的《十六大以来重要文献选编》（中）。报告共分三个部分：一、2004年主要工作回顾；二、贯彻反腐倡廉战略方针，构建惩治和预防腐败体系，加大预防腐败工作力度；三、2005年主要工作任务。报告指出，2004年党风廉政建设和反腐败工作取得了新的进展：领导干部廉洁自律工作稳步推进；查办违纪违法案件工作深入开展；纠正损害群众利益的不正之风工作取得新成效；治本抓源头工作向纵深推进；监督工作迈出新的步伐。讲话要求各级党委和政府要充分认识党中央最近颁布的《建立健全教育、制度、监督并重的惩治和预防腐败体系实施纲要》的重要性，发挥反腐倡廉思想教育的基础性作用，筑牢拒腐防变的思想道德防线；发展社会主义民主，调动党员群众支持和参与反腐倡廉的积极性；推进改革和制度创新，提高反腐倡廉的制度化、法制化水平；加强对权力的制约和监督，保证权力正确行使；认真落实党风廉政建设责任制，进一步形成反腐倡廉的整体合力。报告提出2005年主要工作任务是：一、维护党的纪律，促进领导干部廉洁从政；二、以解决群众反映的突出问题为重点，坚决纠正损害群众利益的不正之风；三、坚决查办违纪违法案件，继续保持惩治腐败工作力度；四、深化改革，不断推进治本抓源头工作；五、发挥行政监察职能作用，促进依法行政、从严治政；六、加强国有企业党风建设和反腐倡廉工作，支持国有企业改革和发展。

【在中央纪律检查委员会第五次全体会议上的讲话】（2005年1月11日） 胡锦涛2005年1月11日在中央纪律检查委员会第五

次全体会议上的讲话。2006年收入中央文献出版社出版的《十六大以来重要文献选编》（中）。《讲话》共分四个部分：一、从提高党的执政能力、巩固党的执政地位的战略高度进一步认识做好反腐倡廉工作的极端重要性；二、坚持标本兼治、惩防并举，加大预防腐败的工作力度；三、采取切实有效措施，从源头上预防和解决腐败问题；四、提高纪律检查工作能力，为加强党的执政能力建设作出贡献。《讲话》强调了做好反腐倡廉工作的极端重要性，分析了最近几年一些违纪违法案件的特点：一是经济类案件涉案金额越来越大；二是利用干部人事权、司法权和行政审批权违纪违法案件突出；三是窝案串案明显增多；四是领导干部与配偶子女串通进行腐败活动相当突出；五是作案手段隐蔽性加强。《讲话》要求进一步加强对反腐倡廉工作的领导，加大预防腐败的工作力度，进一步加强反腐倡廉的理论建设，进一步加强纪律检查机关自身建设，不断提高纪律检查干部素质，认真贯彻执行中央最近颁布的《建立健全教育、制度、监督并重的惩治和预防腐败体系实施纲要》，采取切实有效措施，从源头上预防和解决腐败问题。

【中共中央关于进一步加强中国共产党领导的多党合作和政治协商制度建设的意见】（2005年2月18日） 中共中央2005年2月18日发出。2006年收入中央文献出版社出版的《十六大以来重要文献选编》（中）。《意见》指出，中国共产党领导的多党合作和政治协商制度是我国的一项基本政治制度，是具有中国特色的社会主义政党制度。确立和实行中国共产党领导的多党合作和政治协商制度，是中国社会历史发展的必然选择，是中国共产党和中国人民政治智慧的结晶。坚持和完善中国共产党领导的多党合作和政治协商制度是建设社会主义政治文明的重要内容。人民政协是中国人民爱国统一战线的组织，是中国共产党领导的多党合作和政治协商的重要机构。《意见》要求，进一步完善政治协商的内容、形式和程序；充分发挥民主党派和无党派人士的参政议政作用；充分发挥民主党派的民主监督作用；加强中国共产党同党外人士的合作共事；支持民主党派加强自身建设；加强和改善中国共产党对多党合作和政治协商的领导。

【在省部级主要领导干部提高构建社会主义和谐社会能力专题研讨班上的讲话】（2005年2月19日） 胡锦涛2005年2月19日在省部级主要领导干部提高构建社会主义和谐社会能力专题研讨班上的讲话。2006年收入中央文献出版社出版的《十六大以来重要文献选编》（中）。《讲话》共四个部分：一、深刻认识构建社会主义和谐社会的重大意义；二、全面把握构建社会主义和谐社会是建设中国特色社会主义的一项基本任务；三、切实做好构建社会主义和谐社会的各项工作；四、加强和改善党对构建社会主义和谐社会的领导。《讲话》指出，构建社会主义和谐社会，把提高构建社会主义和谐社会的能力作为加强党的执政能力建设的重要内容，是党的十六大和十六届三中、四中全会提出的重大任务。构建社会主义和谐社会，关系到最广大人民的根本利益，关系到巩固党执政的社会基础、实现党执政的历史任务，关系到全面建设小康社会的全局，关系到党的事业兴旺发达和国家的长治久安。全党同志要从这样的战略高度，深刻认识构建社会主义和谐社会的重大意义，自觉承担起和谐社会建设的历史任务。我们既要立足国情，根据已经具备的条件，积极主动地推进和谐社会建设，又要着眼长远，做好长期努力的准备，在推进社会主义物质文明、政治文明、精神文明发展的历史进程中，扎扎实实做好构建社会主义和谐社会的各项工作。

【反分裂国家法】（2005年3月14日） 第十届全国人民代表大会第三次会议2005年3月14日通过。2006年收入中央文献出版社出版的《十六大以来重要文献选编》（中）。《反分裂国家法》共十条。《反分裂国家法》指出：本法是根据宪法制定的；世界上只有一个中国，大陆和台湾同属一个中国，中国的主权和领土完整不容分割；台湾问题是中国内战的遗留问题；完成统一祖国的大业是包括台湾同胞在内的全中国人民的神圣职责；坚持一个中国原则，是实现祖国和平统一的基础；国家采取措施维护台湾海峡地区和平稳定，发展两岸关系，依法保护台湾同胞的权利和利益；国家主张通过台湾海峡两岸平等的协商和谈判，实现和平统一；“台独”分裂势力以任何名义、任何方式造成台湾从中国分裂出去的事实，或者发生将会导致台湾从中国分裂出去的重大事变，或者和平统一的可能性完全丧失，国家得采取非和平方式及其他必要措施，捍卫国家主权和领土完整；依照本法规定采取非和平方式及其他必要措施并组织实施时，国家尽最大可能保护台湾平民和在台湾的外国人的生命财产安全和其他正当权益，减少损失；本法自公布之日起实施。

【中共中央办公厅、国务院办公厅关于进一步推行政务公开的意见】（2005年3月24日） 中共中央办公厅、国务院办公厅2005年3月24日发出。2006年收入中央文献出版社出版的《十六大以来重要文献选编》（中）。《意见》共五个部分：一、提高对推行政务公开重要意义的认识；二、明确推行政务公开的指导思想、基本原则和工作目标；三、进一步推行政务公开的主要任务、重点内容和形式；四、建立健全政务公开的法规制度；五、切实加强对政务公开工作的组织领导。《意见》要求各级人民政府和国务院各部门要自觉接受同级人大及其常委会和政协对政务公开工作的监督；认真听取群众团体和人民群众对政务公开的意见和建议，接受人民群众和新闻媒体的监督。上级行政机关要加强对下级行政机关政务工作的层级监督。监察、审计等机关要按照各自的职责，对政务公开工作实行专门监督。要把政务公开作为行政机关目标考核的重要内容，各地区各部门要制定具体考核办法，明确考核标准，定期考评检查，促进政务公开工作的落实。

【中共中央转发《中共全国人大常委会党组关于进一步发挥全国人大代表作用，加强全国人大常委会制度建设的若干意见》的通知】（2005年5月26日） 中共中央2005年5月26日发出。2006年收入中央文献出版社出版的《十六大以来重要文献选编》（中）。《通知》指出，人民代表大会制度是我国的根本政治制度。当前，要支持、保证人大代表依法行使职权、充分发挥作用，切实加强人民代表大会及其常委会的组织制度和工作制度建设，使人民代表大会及其常委会更好地发挥国家权力机关的作用。《若干意见》指出，要进一步发挥全国人大代表的作用，保障代表的知情权，提高代表审议议案、报告的水平和效能；改进代表议案工作，提高议案提出和处理的质量；完善有关工作制度，提高代表建议、批评和意见提出及处理的质量；加强和规范代表在大会闭会期间的活动，增强代表活动的实效；为代表在大会闭会期间的活动提供必要的条件和保障。要加强全国人大常委会的制度建设，认真落实法律规定的立法制度，继续推进立法工作的民主化；进一步健全监督机制、完善监督制度，改进和加强监督工作；规范专门委员会的工作制度，发挥专门委员会的作用；建立和完善若干具体工作制度，促进全国人大常委会工作的制度化、法制化、规范化；从制度上保证和加强党对全国人大工作的领导。

【在纪念中国人民抗日战争暨世界反法西斯战争胜利六十周年大会上的讲话】（2005年9月3日） 胡锦涛2005年9月3日在北京举行的纪念中国人民抗日战争暨世界反法西斯战争胜利六十周年大会上的讲话。2006年收入中央文献出版社出版的《十六大以来重要文献选编》（中）。《讲话》指出，我们隆重纪念中国人民抗日战争暨世界反法西斯战争胜利六十周年，就是要牢记历史、不忘过去、珍爱和平、开创未来，更好地推进全面建设小康社会、实现中华民族伟大复兴的光辉事业，更好地促进人类和平与发展的崇高事业。《讲话》回顾了我国波澜壮阔的全民族抗战，指出，中国人民抗日战争是世界反法西斯战争的重要组成部分，是世界反法西斯战争的东方主战场。中国人民抗日战争和世界反法西斯战争的胜利，是正义的胜利、和平的胜利、人民的胜利！回首往事，我们无限感慨；展望未来，我们充满信心。指出，中华民族的发展正面临着难得的历史机遇，中华民族伟大复兴的光辉前景已经展现在我们面前。让我们更加紧密地团结起来，为全面建设小康社会、实现中华民族的伟大复兴而继续努力奋斗！为建设一个和平发展、文明进步的世界而继续努力奋斗！

【在中共十六届五中全会上的工作报告】（2005年10月8日） 胡锦涛2005年10月8日在中共十六届五中全会第一次全体会议上作的工作报告。2006年收入中央文献出版社出版的《十六大以来重要文献选编》（中）。《工作报告》全面总结了十六届四中全会至今一年多时间的主要工作，并指出：必须高举邓小平理论和“三个代表”重要思想的伟大旗帜不动摇，确保党和人民的事业沿着正确方向前进；要解放思想、实事求是、与时俱进，善于把握时代特征和形势变化，始终坚持科学发展，不断深化改革、扩大开放；要解决好关系人民群众切身利益的实际问题，充分调动人民群众的积极性、主动性、创造性；要正确处理改革发展稳定的关系，把握大局，统筹兼顾，保持社会和谐稳定；要发扬求真务实的作风，廉洁自律，严格要求自己，以身作则地真抓实干。《工作报告》还分析了工作中存在的不足和问题，并提出，在今后的工作中，我们要更加注重对重大问题的战略性、前瞻性、系统性思考和研究，更加注重因地制宜、区别对待、分类指导，更加注重工作的深入和落实，更加注重关心广大基层干部和群众。

【关于制定国民经济和社会发展第十一个五年规划建议的说明】（2005年10月8日）　温家宝2005年10月8日在中共十六届五中全会上作的关于制定国民经济和社会发展第十一个五年规划建议的说明。2006年收入中央文献出版社出版的《十六大以来重要文献选编》（中）。《说明》共四个部分：一、关于"十五"期间经济社会发展情况和面临的形势；二、关于"十一五"规划的指导思想和发展目标；三、关于"十一五"时期的主要任务；四、关于"十一五"时期需要处理好的几个重大关系。《说明》指出，《中共中央关于制定国民经济和社会发展第十一个五年规划的建议（讨论稿）》，是在中央政治局常委会直接领导下研究制定的。胡锦涛同志主持中央政治局常委会和中央政治局会议，对《建议》稿进行多次讨论，听取有关部门的专题汇报，并就《建议》的指导思想、主要任务和重大问题作了重要指示。《建议》稿还广泛征求了各地区、各部门党委（党组）、党内老同志和十六大代表的意见，听取了各民主党派、全国工商联负责人、无党派人士以及专家学者的意见。《建议》形成的过程，是充分发扬民主的过程，比较好地集中了各方面的智慧。这个《建议》经过这次全会审议通过以后，将由国务院据以编制"十一五"规划纲要（草案），提请明年春天召开的第十届全国人民代表大会第四次会议审议批准后，颁布实施。《说明》指出，正确认识国内外形势，是制定"十一五"规划的依据和前提；坚持以科学发展观统领经济社会发展全局，是这次《建议》最鲜明的特点。做好今后五年的工作，要把握全局，统筹兼顾，突出重点，正确处理好以下关系：内需和外需的关系；市场机制和宏观调控的关系；中央和地方的关系；经济发展和社会发展的关系；改革、发展、稳定的关系。

【中共中央关于制定国民经济和社会发展第十一个五年规划的建议】（2005年10月11日）　中国共产党第十六届中央委员会第五次全体会议2005年10月11日通过。2006年收入中央文献出版社出版的《十六大以来重要文献选编》（中）。《建议》共十个部分，对制定国民经济和社会发展第十一个五年规划的相关问题，分别作了阐述。《建议》提出，"十一五"时期经济社会发展的主要目标是：在优化结构、提高效益和降低消耗的基础上，实现2010年人均国内生产总值比2000年翻一番；资源利用效率显著提高，单位国内生产总值能源消耗比“十五”期末降低20%左右，生态环境恶化趋势基本遏制，耕地减少过多状况得到有效控制；形成一批拥有自主知识产权和知名品牌、国际竞争力较强的优势企业；社会主义市场经济体制比较完善，开放型经济达到新水平，国际收支基本平衡；普及和巩固九年义务教育，城镇就业岗位持续增加，社会保障体系比较健全，贫困人口继续减少；城乡居民收入水平和生活质量普遍提高，价格总水平基本稳定，居住、交通、教育、文化、卫生和环境等方面的条件有较大改善；民主法制建设和精神文明建设取得新进展，社会治安和安全生产状况进一步好转，构建和谐社会取得新进步。

【为推进祖国和平统一进程，实现中华民族的伟大复兴而努力奋斗】（2005年10月25日） 贾庆林2005年10月25日在纪念台湾光复六十周年大会上的讲话。2008年收入中央文献出版社出版的《十六大以来重要文献选编》（下）。讲话指出，1945年10月25日，在中国人民抗日战争暨世界反法西斯战争全面胜利之际，中国政府代表在同盟国中国战区台湾省受降仪式上向全世界宣告：自即日起，台湾及澎湖列岛已正式重入中国版图，所有一切土地、人民、政事皆已置于中国主权之下。台湾回归祖国，是中国人民抗日战争伟大胜利的成果，是全民族的胜利和骄傲。无数先辈为了抗战胜利和台湾光复建立的历史功勋，永远铭记在全体中华儿女心中。我们纪念台湾光复，是为了牢记历史、不忘过去，弘扬中华民族的伟大精神，激励两岸同胞团结一心，坚决反对“台独”分裂势力及其活动，维护国家主权和领土完整，促进两岸关系和平稳定发展，推进祖国和平统一进程，为实现中华民族的伟大复兴而共同奋斗。

【中共中央、国务院关于深化文化体制改革的若干意见】（2005年12月23日） 中共中央、国务院2005年12月23日发出。2008年收入中央文献出版社出版的《十六大以来重要文献选编》（下）。《若干意见》指出，要看到文化体制改革的重要性和紧迫性，明确文化体制改革的指导思想、原则要求和目标任务，推进文化事业单位改革，深化文化企业改革，加快文化领域结构调整，培育现代文化市场体系，健全宏观管理体制，加强对文化体制改革工作的领导。在改革中，要坚持社会主义先进文化前进的方向；坚持马克思主义在意识形态领域的指导地位，确保国家文化安全；坚持勇于实践、大胆创新，树立新的文化发展观；坚持把社会效益放在首位，努力实现社会效益和经济效益的统一；坚持文化事业和文化产业协调发展；坚持区别对待、分类指导，循序渐进、逐步推开。《若干意见》还对改革的有关事项提出了具体要求。

【中共中央、国务院关于推进社会主义新农村建设的若干意见】（2005年12月31日） 中共中央、国务院2005年12月31日发出。2008年收入中央文献出版社出版的

《十六大以来重要文献选编》(下)。《若干意见》指出，当前农业和农村发展仍然处在艰难的爬坡阶段，解决好“三农”问题仍然是工业化、城镇化进程中重大而艰巨的历史任务。要统筹城乡经济社会发展，扎实推进社会主义新农村建设；推进现代农业建设，强化社会主义新农村建设的产业支撑；促进农民持续增收，夯实社会主义新农村建设的经济基础；加强农村基础设施建设，改善社会主义新农村建设的物质条件；加快发展农村社会事业，培养推进社会主义新农村建设的新型农民；全面深化农村改革，健全社会主义新农村建设的体制保障；加强农村民主政治建设，完善建设社会主义新农村的乡村治理机制；切实加强领导，动员全党全社会关心、支持和参与社会主义新农村建设。各级党委和政府必须按照党的十六届五中全会的战略部署，始终把“三农”工作放在重中之重，切实把建设社会主义新农村的各项任务落到实处，加快农村全面小康和现代化建设步伐。

【认真学习贯彻党章，为加强党风廉政建设和反腐败工作奠定坚实基础】(2006年1月6日)　胡锦涛2006年1月6日在中共中央纪律检查委员会第六次全体会议上讲话的一部分。2008年收入中央文献出版社出版的《十六大以来重要文献选编》(下)。讲话指出，总结我们党自身建设包括党风廉政建设和反腐败工作的实践经验，可以得出一个重要结论，就是要始终把学习党章、遵守党章、贯彻党章、维护党章作为全党的一项重大任务抓紧抓好。当前，尤其要着力解决好以下几个问题：一、进一步坚定理想信念；二、进一步加强道德修养；三、进一步发展党内民主；四、进一步严明政治纪律；五、进一步强化制约监督；六、进一步加强制度建设。讲话强调，要着力维护制度的权威性，加大对违反法规制度行为查处的力度，做到令行禁止、违者必究，真正使党内法规制度成为全党共同遵守的行为准则。

【坚持走中国特色自主创新道路，为建设创新型国家而努力奋斗】(2006年1月9日)　胡锦涛2006年1月9日在全国科学技术大会上的讲话。2008年收入中央文献出版社出版的《十六大以来重要文献选编》(下)。讲话共三个部分：一、深刻认识世界新科技革命带来的机遇和挑战。二、扎实完成建设创新型国家的重大战略任务。三、动员全党全社会力量，为建设创新型国家而奋斗。讲话指出，本世纪头20年，是我国经济社会发展的重要战略机遇期，也是我国科技事业发展的重要战略机遇期。面对汹涌澎湃的世界新科技革命浪潮，我们必须认清形势、坚定信心、抢抓机遇、奋起直追。总体目标是：到2020年，使我国的自主创新能力显著增强，科技促进经济社会发展和保障国家安全的能力显著增强，基础科学和前沿技术研究综合实力显著增强，取得一批在世界具有重大影响的科学技术成果，进入创新型国家行列，为全面建设小康社会提供强有力的支撑。讲话强调，建设创新型国家是时代赋予我们的光荣使命，是我们这一代人必须承担的历史责任。全党全国各族人民要统一思想、坚定信心、奋发努力、扎实苦干，坚持走中国特色自主创新道路，以只争朝夕的精神为建设创新型国家而努力奋斗！

【全面落实科学发展观，做好新时期就业和社会保障工作】（2006年1月13日） 黄菊2006年1月13日在劳动和社会保障工作座谈会上的讲话。2008年收入中央文献出版社出版的《十六大以来重要文献选编》（下）。讲话共五个部分：一、做好新时期就业和社会保障工作意义重大。二、继续实施积极就业政策，坚持不懈地做好就业再就业工作。三、进一步完善企业职工基本养老保险制度。四、进一步调整财政支出结构，支持劳动保障事业发展。五、做好新时期的就业和社会保障工作，必须切实加强对劳动保障工作的领导。讲话指出，做好劳动保障工作，解决好人民群众最关心、最直接、最现实的就业再就业、社会保障、劳动权益维护等问题，是以人为本的直接体现，也是构建社会和谐的坚实基础。我们一定要认识到劳动保障工作在新时期经济社会发展全局中的重要地位和作用，增强做好工作的责任感和紧迫感，开拓进取，在“十一五”期间把劳动保障工作提高到一个新水平。国务院已经确定，2006年就业再就业工作的目标任务仍是“九五一四六”，即城镇新增就业900万人以上，实际下岗失业人员再就业500万人，其中“四〇五〇”人员100万人，城镇登记失业率控制在4.6%以内。各地区必须抓紧部署落实。

【中共中央关于印发《干部教育培训工作条例（试行）》的通知】（2006年1月21日） 中共中央2006年1月21日发出。2008年收入中央文献出版社出版的《十六大以来重要文献选编》（下）。《通知》指出，各级党委（党组）和有关部门，要充分认识贯彻实施《干部教育条例》的重要性，按照《干部教育条例》的要求，创新培训内容，改进培训方式，整合培训资源，优化培训队伍，提高培训质量，推进干部教育培训工作的科学化、制度化、规范化，真正把中央提出的大规模培训干部、大幅度提高干部素质的战略任务落到实处，为全面建设小康社会、加快推进社会主义现代化提供思想政治保证、人才保证和智力支持。《干部教育培训工作条例（试行）》包括总则，管理体制，教育培训对象，内容与方式，教育培训机构，师资、教材、经费，考核与评估，监督与纪律，附则，共九章五十七条。

【中共中央、国务院关于实施科技规划纲要增强自主创新能力的决定】（2006年1月26日） 中共中央、国务院2006年1月26日发出。2008年收入中央文献出版社出版的《十六大以来重要文献选编》（下）。《决定》指出，中央确定，全面实施《国家中长期科学和技术发展规划纲要（二〇〇六——二〇二〇年）》，到2020年使我国进入创新型国家行列。我国科学和技术发展要实现以下目标：一是掌握一批事关国家竞争力的装备制造业和信息产业核心技术，使制造业和信息产业技术水平进入世界先进行列。二是农业科技整体实力进入世界前列。三是能源开发、节能技术和清洁能源技术取得突破，主要工业产品单位能耗指标达到或接近世界先进水平。四是在重点行业和重点城市建立循环经济的技术发展模式。五是重大疾病防治水平显著提高。六是国防科技基本满足现代武器装备自主研制和信息化建设的需要。七是涌现出一批具有世界水平的科学家和研究团队，并取得一批具有重大影响的创新成果，信息、生物、材料和航天等领域的前沿技术达到世界先进水平。八是建成若干世界一流的科研院所和大学以及具有国际竞争力的企业研究开发机构，形成比较完善的中国特色国家创新体系。《决定》要求，创新体制机制，走中国特色自主创新道路；制定配套政策，鼓励自主创新；动员全党全社会力量，为建设创新型国家而奋斗。

【中共中央关于加强人民政协工作的意见】（2006年2月8日） 中共中央2006年2月8日发出。《意见》（摘要）于2008年收入中央文献出版社出版的《十六大以来重要文献选编》（下）。《意见》指出，人民政协是中国特色社会主义事业的重要组成部分。在全面建设小康社会、加快推进社会主义现代化的新的发展阶段，必须大力加强人民政协工作，充分发挥人民政协的作用。《意见》提出，要认真搞好人民政协的政治协商；积极推进人民政协的民主监督；深入开展人民政协的参政议政；切实抓好人民政协的自身建设；加强和改善党对人民政协的领导；努力创造全党全社会重视和支持人民政协工作的新局面。

【中共中央、国务院关于促进中部地区崛起的若干意见】（2006年4月15日） 中共中央、国务院2006年4月15日发出。2008年收入中央文献出版社出版的《十六大以来重要文献选编》（下）。《若干意见》指出，中部地区（包括山西、安徽、江西、河南、湖北、湖南六省）在我国经济社会发展中具有重要地位。促进中部地区崛起，对于贯彻落实科学发展观、构建社会主义和谐社会，具有重大的现实意义和深远的历史意义。《若干意见》阐述了促进中部地区崛起的总体要求和原则，提出了促进中部地区崛起的工作步骤和思路。《若干意见》要求，加快建设全国重要粮食生产基地，扎实稳步推进社会主义新农村建设；加强能源原材料基地和现代装备制造及高技术产业基地建设，推进工业结构优化升级；提升交通运输枢纽地位，促进商贸流通旅游业发展；增强中心城市辐射功能，促进城市群和县域发展；扩大对内对外开放，加快体制机制创新；加快社会事业发展，提高公共服务水平；加强资源节约、生态建设和环境保护，实现可持续发展；加强领导，狠抓落实。牢固树立全国一盘棋的思想，统一认识，同心协力，努力开创中部地区崛起的新局面。

【中共中央关于进一步加强人民法院、人民检察院工作的决定】（2006年5月3日） 中共中央2006年5月3日发出。2008年收入中央文献出版社出版的《十六大以来重要文献选编》（下）。《决定》指出，全党同志特别是各级领导干部要牢固树立法治观念，坚持在宪法和法律范围内活动，带头维护宪法和法律的权威，为人民法院、人民检察院工作创造良好的司法环境。各级党委要坚决支持人民法院、人民检察院依法独立公正行使审判权、检察权，不允许任何人、任何组织非法干预人民法院、人民检察院的司法活动，坚决抵制和克服地方保护主义和部门保护主义对司法活动的干扰，坚决纠正以权压法、以言代法的现象。各级人大要进一步加强对人民法院、人民检察院工作的监督。各级行政机关要增强依法行政的观念，尊重和服从司法审判和检察，依法参与诉讼活动，自觉履行生效裁判，保证国家法律的统一正确实施。《决定》要求，充分认识新形势下加强人民法院、人民检察院工作的重要意义；切实发挥审判和检察职能作用，维护改革发展稳定的大局；坚持司法为民，最大限度地保护最广大人民的根本利益；推进司法体制改革，保障在全社会实现公平和正义；大力加强人民法院、人民检察院队伍建设；建立和完善人民法院、人民检察院工作保障机制；加强和改善党对人民法院、人民检察院工作的领导。

【中共中央办公厅印发《关于加强党员经常性教育的意见》等四个保持共产党员先进性长效机制文件的通知】（2006年6月21日） 中共中央办公厅2006年6月21日发出。2008年收入中央文献出版社出版的《十六大以来重要文献选编》（下）。《通知》指出，《关于加强党员经常性教育的意见》《关于做好党员联系和服务群众工作的意见》《关于加强和改进流动党员管理工作的意见》和《关于建立健全地方党委、部门党组（党委）抓基层党建工作责任制的意见》等四个文件的制定和印发，是开展以实践“三个代表”重要思想为主要内容的保持共产党员先进性教育活动经验的系统总结，是建立健全保持共产党员先进性长效机制的重要举措，具有十分重要的意义。各地区各部门各单位党组织要高度重视，加强领导，认真抓好文件精神的学习贯彻，把这些文件作为培训党员和干部的重要内容，并结合工作实际，全面加以落实。《关于加强党员经常性教育的意见》等四个文件，对相关工作提出了总体要求、主要目标和工作原则，基本内容和方法途径，保障措施和加强组织领导等具体意见。

【在庆祝中国共产党成立八十五周年暨总结保持共产党员先进性教育活动大会上的讲话】（2006年6月30日） 胡锦涛2006年6月30日在庆祝中国共产党成立八十五周年暨总结保持共产党员先进性教育活动大会上的讲话。2008年收入中央文献出版社出版的《十六大以来重要文献选编》（下）。《讲话》指出，85年来我们党保持和发展先进性的创造性实践说明：加强党的先进性建设，必须准确把握时代脉搏，保证党始终与时代发展同步伐；必须把最广大人民的根本利益作为党全部工作的出发点和落脚点，保证党始终与人民群众共命运；必须使党的理论和路线方针政策不断与时俱进，保证党的全部工作始终符合实际和社会发展规律；加强党的先进性建设，必须围绕党的中心任务来进行，保证党始终引领中国社会发展进步；必须坚持党要管党、从严治党，保证党始终具有蓬勃生机和旺盛活力。《讲话》指出，这次党的先进性教育活动，是我们党参加人数最多、规模最大的一次马克思主义集中教育活动，取得了显著成效。通过这次先进性教育活动，我们更加深刻地体会到：党员是党的肌体的细胞和党的活动的主体，党员队伍的先进性是党的先进性的重要基础。保持党员队伍的先进性，根本在于增强广大党员的先进性意识，激发其自我教育、自我提高的内在动力；重点在于解决党员队伍中存在的突出问题，不断增强党员队伍整体的先进性；关键在于完善制度和机制，把党的先进性要求转化为党员自觉遵守的行为准则。全党同志都必须认识到，加强党的先进性建设是一项长期的历史任务，我们必须紧紧围绕党的历史使命和中心任务，进一步推进党的先进性建设。

【中共中央关于巩固和壮大新世纪新阶段统一战线的意见】（2006年7月24日） 中共中央2006年7月24日发出。2008年收入中央文献出版社出版的《十六大以来重要文献选编》（下）。《意见》指出，在全面建设小康社会新的发展阶段，统一战线既面临着重要的发展机遇，也面临着许多新情况新问题。全党必须高度重视统一战线工作，正确认识和把握新世纪新阶段统一战线的新发展新变化；充分发挥统一战线在全面建设小康社会中的优势和作用；认真贯彻统一战线若干重要领域的方针政策；切实做好新的社会阶层人士统战工作；加强党外代表人士队伍建设；加强和改善党对统一战线工作的领导。《意见》要求，各地区各部门要按照本意见精神，结合实际，制定贯彻执行的具体措施。

【中共中央关于构建社会主义和谐社会若干重大问题的决定】（2006年10月11日） 中国共产党第十六届中央委员会第六次全体会议2006年10月11日通过。2008年收入中央文献出版社出版的《十六大以来重要文献选编》（下）。《决定》指出，社会和谐是中国特色社会主义的本质属性，是国家富强、民族振兴、人民幸福的重要保证。目前，我国社会总体上是和谐的。但是，也存在不少影响社会和谐的矛盾和问题。《决定》阐述了构建社会主义和谐社会的指导思想、目标任务和原则，并提出：构建社会主义和谐社会要坚持协调发展，加强社会事业建设；加强制度建设，保障社会公平正义；建设和谐文化，巩固社会和谐的思想道德基础；完善社会管理，保持社会安定有序；激发社会活力，增进社会团结和谐；加强党对构建社会主义和谐社会的领导。《决定》要求全党同志要切实把构建社会主义和谐社会作为贯穿中国特色社会主义事业全过程的长期历史任务和全面建设小康社会的重大现实课题抓紧抓好，为把我国建设成为富强民主文明和谐的社会主义现代化国家而奋斗！

【在中共十六届六中全会第二次全体会议上的讲话】（2006年10月11日） 胡锦涛2006年10月11日在中共十六届六中全会第二次全体会议上的讲话。2008年收入中央文献出版社出版的《十六大以来重要文献选编》（下）。《讲话》分两部分。第一部分是关于贯彻落实中共十六届六中全会第二次全体会议精神的问题。要求提高认识，把构建社会主义和谐社会摆在更加突出的地位；突出重点，着力解决好人民群众最关心、最直接、最现实的利益问题；深化改革，建立健全促进社会和谐的制度保障；加强领导，有重点分步骤地持续推进社会主义和谐社会建设。第二部分是关于当前党和国家的工作。着重强调了五个方面的工作：一、扎实促进经济又好又快发展；二、扎实推进社会主义新农村建设；三、扎实做好意识形态工作；四、扎实做好关心群众生产生活工作；五、扎实推进党的建设新的伟大工程。《讲话》最后指出，明年召开党的十七大，各项筹备工作和准备工作很多、很重要。各地区各部门要按照中央的统一部署，加强组织协调，加强调查研究，扎扎实实把工作做好，以优异的成绩迎接党的十七大的召开！

【不断深化对科学发展观的认识，努力开创科学发展的新局面】（2006年12月5日） 胡锦涛2006年12月5日在中央经济工作会议上讲话的一部分。2008年收入中央文献出版社出版的《十六大以来重要文献选编》（下）。讲话总结了2006年我国经济工作取得的成绩，分析了经济社会发展面临的突出矛盾和问题，并就不断深化对科学发展观的认识，努力开创科学发展的新局面问题，谈了六点体会：第一，必须深刻认识又好又快发展是全面落实科学发展观的本质要求；第二，必须坚持把“三农”问题放在经济社会发展全局的突出位置；第三，必须在结构优化中促进总量平衡；第四，必须把促进国际收支平衡作为保持宏观经济稳定的重要任务；第五，必须不断强化企业激励机制和约束机制；第六，必须坚持促进经济社会协调发展。讲话指出，以上这些体会和认识，归结到一点，就是要不断深化对科学发展观的认识，不断丰富科学发展观的内涵，不断完善落实科学发展观的政策体系，努力开创科学发展的新局面。

【中共中央、国务院关于全面加强人口和计划生育工作统筹解决人口问题的决定】（2006年12月17日） 中共中央、国务院2006年12月17日发出。2008年收入中央文献出版社出版的《十六大以来重要文献选编》（下）。《决定》指出，人口问题始终是制约我国全面协调可持续发展的重大问题，是影响经济社会发展的关键因素。要清醒认识全面加强我国人口和计划生育工作的重要性和紧迫性，坚定不移走中国特色统筹解决人口问题的道路。《决定》要求：千方百计稳定低生育水平；大力提高出生人口素质；综合治理出生人口性别比偏高问题；不断完善流动人口管理服务体系；积极应对人口老龄化；切实加大人口和计划生育事业保障力度；进一步加强对人口和计划生育工作的领导。全党务必从全面贯彻落实科学发展观的高度，从立党为公、执政为民的高度，从全面建设小康社会和构建社会主义和谐社会的高度，从对中华民族未来发展负责的高度，坚持不懈做好新时期的人口和计划生育工作。

【中共中央、国务院关于积极发展现代农业扎实推进社会主义新农村建设的若干意见】（2006年12月31日） 中共中央、国务院2006年12月31日发出。2008年收入中央文献出版社出版的《十六大以来重要文献选编》（下）。《若干意见》指出，农业丰则基础强，农民富则国家盛，农村稳则社会安。发展现代农业是社会主义新农村建设的首要任务。必须把建设现代农业作为贯穿新农村建设和现代化全过程的一项长期艰巨任务，切实抓紧抓好。2007年的农业和农村工作，要加大对“三农”的投入力度，建立促进现代农业建设的投入保障机制；加快农业基础建设，提高现代农业的设施装备水平；推进农业科技创新，强化建设现代农业的科技支撑；开发农业多种功能，健全发展现代农业的产业体系；健全农村市场体系，发展适应现代农业要求的物流产业；培养新型农民，造就建设现代农业的人才队伍；深化农村综合改革，创新推动现代农业发展的体制机制；加强党对农村工作的领导，确保现代农业建设取得实效。

【中共中央、国务院关于进一步加强新时期信访工作的意见】（2007年3月10日） 中共中央、国务院2007年3月10日发出。2008年收入中央文献出版社出版的《十六大以来重要文献选编》（下）。《意见》指出，信访工作是党和政府的一项重要工作，是构建社会主义和谐社会的基础性工作。《意见》要求：充分认识信访工作在构建社会主义和谐社会中的重要作用，进一步强化做好新时期信访工作的政治责任；明确新时期信访工作的指导思想和目标任务，把握信访工作的正确方向；坚持依法按政策解决问题，切实维护群众合法权益；进一步畅通信访渠道，依法规范信访秩序；建立健全长效工作机制，努力提高信访工作效率和管理水平；着力加强基层基础工作，提高基层预防和妥善处理信访问题能力；进一步加强对信访工作的领导，构建信访工作新格局。《意见》最后指出：广大信访干部要切实增强为人民服务的宗旨意识，继续发扬信访工作的优良传统，扎扎实实地做好新时期的信访工作，为全面建设小康社会、构建社会主义和谐社会而努力奋斗。

【中共中央、国务院关于加强青少年体育增强青少年体质的意见】（2007年5月7日） 中共中央、国务院2007年5月7日发出。2008年收入中央文献出版社出版的《十六大以来重要文献选编》（下）。《意见》指出，增强青少年体质、促进青少年健康成长，是关系国家和民族未来的大事。《意见》强调，要高度重视青少年体育工作；认真落实加强青少年体育、增强青少年体质的各项措施；加强领导，齐抓共管，形成全社会支持青少年体育工作的合力。要以迎接奥运会、举办奥运会为契机，开展丰富多彩的“迎奥运、讲文明、树新风”活动，使北京奥运会成为广大青少年积极参与、推动全民健身运动迈上新台阶的奥运会，让广大青少年以实际行动与奥运同行，充分展示新时期青少年健康向上的精神风貌。

【在庆祝中国人民解放军建军八十周年暨全军英雄模范代表大会上的讲话】（2007年8月1日） 胡锦涛2007年8月1日在庆祝中国人民解放军建军八十周年暨全军英雄模范代表大会上的讲话。2008年收入中央文献出版社出版的《十六大以来重要文献选编》（下）。《讲话》回顾了中国人民解放军建军80年的光荣历史，并指出：总结历史，我们完全可以说，党和人民事业之所以能够不断从胜利走向胜利，社会主义中国之所以能够在国际风云剧烈变幻中始终站稳脚跟，一个重要原因，就是因为我们有人民解放军这样一支忠于党、忠于社会主义、忠于祖国、忠于人民的英雄军队。《讲话》指出，人民解放军是一个大学校、大熔炉，历来群星璀璨、英雄辈出。人民解放军千千万万的英雄模范，是民族的精英、时代的先锋，是人民解放军的骄傲和光荣。建设中国特色社会主义伟大事业，需要广泛形成崇尚英雄模范、学习英雄模范的社会风尚。全军同志要率先学习英雄模范，努力为党和人民建立新的业绩，为“八一”军旗增添新的光彩。

【中共中央办公厅、国务院办公厅关于加强公共文化服务体系建设的若干意见】（2007年8月21日） 中共中央办公厅、国务院办公厅2007年8月21日发出。2008年收入中央文献出版社出版的《十六大以来重要文献选编》（下）。《若干意见》共六方面内容：一、提高对公共文化服务体系建设重要性的认识；二、明确公共文化服务体系建设的指导思想和目标任务；三、实施重大公共文化服务工程；四、增强公共文化产品的生产供给能力；五、创新公共文化服务运行机制；六、加强对公共文化服务体系建设的领导。《若干意见》要求各地区和有关部门要按照本意见的精神，结合实际，制定贯彻落实的具体措施。宣传文化、发展改革、财政等综合管理部门要加强调查研究，总结推广经验，做好对本意见贯彻落实情况的跟踪分析和具体指导。

【高举中国特色社会主义伟大旗帜，为夺取全面建设小康社会新胜利而奋斗】（2007年10月15日） 胡锦涛2007年10月15日在中国共产党第十七次全国代表大会上的报告。2009年收入中央文献出版社出版的《十七大以来重要文献选编》（上）。报告共分十二个部分：一、过去五年的工作；二、改革开放的伟大历史进程；三、深入贯彻落实科学发展观；四、实现全面建设小康社会奋斗目标的新要求；五、促进国民经济又好又快发展；六、坚定不移发展社会主义民主政治；七、推动社会主义文化大发展大繁荣；八、加快推进以改善民生为重点的社会建设；九、开创国防和军队现代化建设新局面；十、推进“一国两制”实践和祖国和平统一大业；十一、始终不渝走和平发展道路；十二、以改革创新精神全面推进党的建设新的伟大工程。报告指出，党的十七大是在我国改革发展关键阶段召开的一次十分重要的大会。报告总结了过去五年的工作，回顾了改革开放的历程，要求深入贯彻科学发展观，实现全面建设小康社会奋斗目标的新要求。报告对经济建设、政治建设、文化建设、社会建设、国防和军队建设、祖国统一事业、国际外交事务、党的建设等方面的工作，提出了明确要求。报告强调，中国特色社会主义伟大旗帜，是当代中国发展进步的旗帜，是全党全国各族人民团结奋斗的旗帜。让我们高举中国特色社会主义伟大旗帜，更加紧密地团结在党中央周围，万众一心，开拓奋进，为夺取全面建设小康社会新胜利、谱写人民美好生活新篇章而努力奋斗！

【中国共产党第十七次全国代表大会关于《中国共产党章程（修正案）》的决议】（2007年10月21日）　中国共产党第十七次全国代表大会2007年10月21日通过。2009年收入中央文献出版社出版的《十七大以来重要文献选编》（上）。《决议》指出，大会一致同意将科学发展观写入党章。大会认为，改革开放以来我们取得一切成绩和进步的根本原因，归结起来就是：开辟了中国特色社会主义道路，形成了中国特色社会主义理论体系。大会一致同意把这个重大论断写入党章。大会一致同意在党章中把党的基本路线中的奋斗目标表述为把我国建设成为富强民主文明和谐的社会主义现代化国家。大会认为，把经济建设、政治建设、文化建设、社会建设四位一体的中国特色社会主义事业总体布局和在实践中形成的一系列重大认识及成果写入党章；把党在领导军队建设、民族工作、宗教工作、统战工作、外交工作等方面形成的方针政策写入党章；把十六大以来我们党在党的建设方面取得的重大认识和成果写入党章，对于夺取全面建设小康社会新胜利、开创中国特色社会主义事业新局面，具有重大意义。大会认为，在党章中对党员、党的干部和党的各级组织的要求进行充实十分必要。大会要求，党的各级组织和全党同志切实学习党章、遵守党章、贯彻党章、维护党章，为夺取全面建设小康社会新胜利、开创中国特色社会主义事业新局面而不懈奋斗！

【坚持惩防并举，更加注重预防，深入推进党风廉政建设和反腐败斗争——中共中央纪律检查委员会向党的第十七次全国代表大会的工作报告】（2007年10月21日）　中国共产党第十七次全国代表大会2007年10月21日通过。2009年收入中央文献出版社出版的《十七大以来重要文献选编》（上）。《工作报告》回顾了过去五年的工作，主要是：切实加强对中央重大决策部署贯彻执行情况的监督检查；认真抓好反腐倡廉教育和领导干部廉洁自律工作；坚决纠正损害群众利益的不正之风；严肃查处违反党纪的案件，包括查处陈良宇、杜世成、郑筱萸等极少数高级干部严重违纪案件；不断加大对领导干部的监督力度；深入开展治本抓源头工作；全面履行纪检与监察两项职能。《工作报告》还总结了过去五年工作的体会，并对今后五年的工作提出了以下建议：一、深入开展理想信念和廉洁从政教育；二、全面加强领导干部和领导机关作风建设；三、切实解决损害群众利益的突出问题；四、着力推进改革和制度建设；五、加强对权力运行的制约和监督；六、保持查办案件工作力度。

【中共中央关于认真学习宣传贯彻党的十七大精神的通知】（2007年10月24日） 中共中央2007年10月24日发出。2009年收入中央文献出版社出版的《十七大以来重要文献选编》（上）。《通知》共五项内容：一、充分认识学习宣传贯彻党的十七大精神的重大意义；二、全面准确学习领会党的十七大精神；三、坚持理论联系实际，着眼武装头脑、指导实践、推动工作；四、认真组织好党的十七大精神的宣传；五、切实加强组织领导。《通知》指出，学习贯彻党的十七大精神，首先要认真研读党的十七大文件、原原本本学习党的十七大报告和党章，全面准确领会党的十七大精神。要紧密联系广大党员的思想实际，坚持学以致用、用以促学，把用党的十七大精神武装头脑、指导实践、推动工作作为学习的出发点和落脚点。要制定宣传方案，加强组织协调，切实抓好党的十七大精神的宣传工作。各级党委要把学习宣传贯彻党的十七大精神作为首要政治任务，摆上重要议事日程，切实加强组织领导，把学习宣传贯彻党的十七大精神不断引向深入。

【加快转变经济发展方式，走中国特色新型工业化道路】（2007年12月3日） 胡锦涛2007年12月3日在中央经济工作会议上讲话的一部分。2009年收入中央文献出版社出版的《十七大以来重要文献选编》（上）。讲话指出，党的十七大强调要加快转变经济发展方式，走中国特色新型工业化道路，促进经济增长由主要依靠投资出口拉动向依靠消费、投资、出口协调拉动转变，由主要依靠第二产业带动向依靠第一、第二、第三产业协同带动转变，由主要依靠增加物质资源消耗向主要依靠科技进步、劳动者素质提高、管理创新转变。全党同志必须把党的十七大提出的这项关系经济社会发展全局的战略任务落到实处。在工作中，必须坚持创新驱动，为转变经济发展方式、推动产业结构优化升级提供有力和持久的技术支撑；必须坚持城乡统筹，努力实现城乡共同繁荣；必须坚持节约资源、保护环境，加快形成节约能源资源和保护生态环境的产业结构、增长方式、消费模式；必须坚持内外协调，努力促进我国发展和各国共同发展的良性互动；必须坚持以人为本，做到发展为了人民、发展依靠人民、发展成果由人民共享。只有这样，才能进一步形成我国经济增长以内需拉动为主的新格局。

【在庆祝我国首次月球探测工程圆满成功大会上的讲话】（2007年12月12日） 胡锦涛2007年12月12日在庆祝我国首次月球探测工程圆满成功大会上的讲话。2009年收入中央文献出版社出版的《十七大以来重要文献选编》（上）。《讲话》指出，我国首次月球探测工程的成功，是继人造地球卫星、载人航天飞行取得成功之后我国航天事业发展的又一座里程碑，实现了中华民族的千年奔月梦想，开启了中国人走向深空探索宇宙奥秘的时代，标志着我国已经进入世界具有深空探测能力的国家行列。这是我国推进自主创新、建设创新型国家取得的又一标志性成果，是中华民族在攀登世界科技高峰征程上实现的又一历史性跨越，是中华民族为人类和平开发利用外层空间作出的又一重大贡献。全体中华儿女都为我们伟大祖国取得的这一辉煌成就感到骄傲和自豪！《讲话》指出，首次月球探测工程，是我国开展深空探测的第一步。各有关方面要再接再厉，抓紧做好后续工程的研制，圆满完成月球探测的总体目标。中国人民愿同各国人民携手共进，坚持和平开发利用外层空间的正确方向，积极参与国际空间合作，努力为促进人类科技进步、为推动人类和平与发展的崇高事业作出新的更大的贡献。

【中共中央、国务院关于切实加强农业基础建设进一步促进农业发展农民增收的若干意见】（2007年12月31日） 中共中央、国务院2007年12月31日发出。2009年收入中央文献出版社出版的《十七大以来重要文献选编》（上）。《若干意见》指出，推动科学发展，促进社会和谐，夺取全面建设小康社会新胜利，必须加强农业基础地位，走中国特色农业现代化道路，建立以工促农、以城带乡长效机制，形成城乡经济社会发展一体化新格局。2008年和今后一个时期的农业和农村工作，要加快构建强化农业基础的长效机制；切实保障主要农产品基本供给；突出抓好农业基础设施建设；着力强化农业科技和服务体系基本支撑；逐步提高农村基本公共服务水平；稳定完善农村基本经营制度和深化农村改革；扎实推进农村基层组织建设；加强和改善党对“三农”工作的领导。开拓进取，锐意创新，扎实工作，为夺取全面建设小康社会新胜利作出新的贡献。

【全面贯彻党的十七大精神，努力开创党风廉政建设和反腐败斗争新局面】（2008年1月14日） 贺国强2008年1月14日在十七届中央纪委二次全会上所作的工作报告。2009年收入中央文献出版社出版的《十七大以来重要文献选编》（上）。报告共三个部分：一、准确把握党的十七大对党风廉政建设和反腐败斗争的总体要求；二、2008年主要工作任务；三、大力加强纪检监察机关自身建设。报告指出，党的十七大强调，坚决惩治和有效预防腐败，关系人心向背和党的生死存亡，是党必须始终抓好的重大政治任务；全党同志一定要充分认识反腐败斗争的长期性、复杂性、艰巨性，把反腐倡廉建设放在更加突出的位置，坚持标本兼治、综合治理、惩防并举、注重预防的方针，扎实推进惩治和预防腐败体系建设，旗帜鲜明地反对腐败。2008年主要工作任务是：一、认真开展对党的十七大重大决策部署执行情况的监督检查，推动深入贯彻落实科学发展观。二、加大专项治理力度，坚决纠正损害群众利益的不正之风。三、继续保持查办案件工作力度，坚决惩治腐败。四、扎实开展反腐倡廉教育，加强领导干部廉洁自律工作。五、深化改革和创新制度，进一步推进治本抓源头工作。六、深入推进监督工作，促使领导干部正确行使权力。七、加强国有企业党风建设和反腐倡廉工作，促进企业健康发展。报告要求各级纪检监察机关要深入学习贯彻党的十七大精神，按照“政治坚强、公正廉洁、纪律严明、业务精通、作风优良”的要求，以改革创新的精神切实加强自身建设。

【在全国组织工作会议上的讲话】（2008年2月17日） 习近平2008年2月17日在全国组织工作会议上的讲话。2009年收入中央文献出版社出版的《十七大以来重要文献选编》（上）。《讲话》围绕这次会议的任务，讲了八点意见：一、深入贯彻落实党的十七大对党的建设和组织工作提出的新要求，进一步增强责任感、使命感和紧迫感。二、加强党的思想理论建设，深入学习贯彻中国特色社会主义理论体系，在用马克思主义中国化最新成果武装全党、指导实践、推动工作上不断取得新进步。三、积极推进党内民主建设，加大组织制度改革创新力度，在提高党的工作的科学化民主化制度化水平上不断取得新进步。四、加强干部队伍建设，大力培养选拔高素质领导人才和德才兼备的优秀年轻干部，在提高各级领导班子领导水平和执政能力上不断取得新进步。五、更好实施人才强国战略，加快推进人才工作体制机制创新，在发现人才、凝聚人才、造就人才、用好人才上不断取得新进步。六、深化干部人事制度改革，增强选贤任能和识才聚才本领，在提高选人用人公信度、提高广大党员群众对干部选拔任用工作满意度上不断取得新进步。七、坚持抓基层、打基础不放松，着力创新基层党建工作，在充分发挥基层党组织作用、保持和发展共产党员先进性上不断取得新进步。八、加强和改进对党建工作的领导，健全和完善责任制，在提高管党治党水平和组织工作水平上不断取得新进步。

【以改革创新精神全面推进党的建设新的伟大工程】（2008年2月18日） 胡锦涛2008年2月18日在全国组织工作会议上讲话的一部分。2009年收入中央文献出版社出版的《十七大以来重要文献选编》（上）。讲话紧密联系新的时代条件下加强和改进党的建设的实际，深刻阐述了大力弘扬改革创新精神的重要性和紧迫性。号召全党同志要坚持以中国特色社会主义理论体系为指导，坚持党的性质和宗旨，发扬党的优良传统，以改革创新的精神状态、改革创新的思想作风、改革创新的工作方法全面加强和改进党的各方面建设，着力提高党的执政能力、保持和发展党的先进性，着力加强和改善党的领导，着力改进党的领导体制、执政方式、组织形式、活动方式、管理方式，着力提高推动科学发展、促进社会和谐的能力，更加自觉、更有成效地把党建设好，使党始终成为中国特色社会主义事业的坚强领导核心。

【中共中央、国务院印发《关于深化行政管理体制改革的意见》的通知】（2008年3月3日） 中共中央、国务院2008年3月3日发出。2009年收入中央文献出版社出版的

《十七大以来重要文献选编》（上）。《通知》指出，《关于深化行政管理体制改革的意见》已经党的十七届二中全会审议通过，现印发各地区、各部门，请结合实际认真贯彻落实。《意见》阐述了深化行政管理体制改革的重要性和紧迫性，提出了深化行政管理体制改革的指导思想、基本原则和总体目标。《意见》指出，深化行政管理体制改革要按照建设服务政府、责任政府、法治政府和廉洁政府的要求，着力转变职能、理顺关系、优化结构、提高效能，做到权责一致、分工合理、决策科学、执行顺畅、监督有力，为全面建设小康社会提供体制保障。总体目标是，到2020年建立起比较完善的中国特色社会主义行政管理体制。《意见》还就加快政府职能转变、推进政府机构改革、加强依法行政和制度建设、做好改革的组织实施工作等提出了具体的要求。

【中共中央、国务院关于促进残疾人事业发展的意见】（2008年3月28日） 中共中央、国务院2008年3月28日发出。2009年收入中央文献出版社出版的《十七大以来重要文献选编》（上）。《意见》指出，我国有8千3百多万残疾人，涉及2亿6千万家庭人口。我国残疾人事业基础还比较薄弱，残疾人社会保障政策措施还不够完善，残疾人在基本生活、医疗卫生、康复、教育、就业、社会参与等方面还存在许多困难，总体生活状况与社会平均水平存在较大差距。一些地方和部门对发展残疾人事业重视不够，歧视残疾人、侵害残疾人权益的现象时有发生。促进残疾人事业发展，改善残疾人状况，已成为全面建设小康社会和构建社会主义和谐社会一项重要而紧迫的任务。《意见》要求：增强促进残疾人事业发展的责任感和使命感，加强残疾人医疗康复和残疾预防工作，保障残疾人基本生活，促进残疾人全面发展，改善对残疾人的服务，优化残疾人事业发展的社会环境，加强对残疾人工作的领导，并就此提出了22条具体意见。

【中共中央关于印发《中国共产党全国代表大会和地方各级代表大会代表任期制暂行条例》的通知】（2008年5月5日） 中共中央2008年5月5日发出。2009年收入中央文献出版社出版的《十七大以来重要文献选编》（上）。《通知》印发了《中国共产党全国代表大会和地方各级代表大会代表任期制暂行条例》，要求各地区、各部门、各单位结合实际认真贯彻执行。《暂行条例》共六章三十三条。《暂行条例》明确规定：党代表大会代表按照党内选举的有关规定选举产生；严格代表资格审查，保证代表的先进性；实行党代表大会代表任期制；代表在党代表大会召开和闭会期间，享有代表资格，行使代表权力，履行代表职责，发挥代表作用。《暂行条例》还就党代表大会代表的权利与职责、开展工作的方式、履行职责的保障以及党代表大会代表资格的终止和停止等，作出了具体规定。

【在纪念关于真理标准问题的讨论三十周年座谈会上的讲话】（2008年5月8日） 李长春2008年5月8日在纪念关于真理

标准问题的讨论三十周年座谈会上的讲话。2009年收入中央文献出版社出版的《十七大以来重要文献选编》（上）。《讲话》回顾了30年前关于真理标准问题讨论的历史经过，认为这一讨论对党和国家的事业、对中国特色社会主义的创立和发展产生了极大影响。《讲话》指出，真理标准问题的讨论，为我们党冲破“两个凡是”的严重束缚、重新确立马克思主义的思想路线奠定了理论基础；为党的十一届三中全会实现历史转折、我国迈向改革开放新时期作了思想准备；为我们党在改革开放30年中坚持和发展中国特色社会主义道路、形成中国特色社会主义理论体系提供了强大精神动力；使我们党在改革开放30年中坚持解放思想，形成了一系列行之有效的宝贵经验。《讲话》指出，真理标准问题的讨论和30年来我们党坚持解放思想，推动了中国特色社会主义的大发展，这是我们得出的重要结论。全党同志特别是广大理论工作者、宣传工作者、新闻工作者、教育工作者，要继续发扬解放思想、实事求是、与时俱进的优良作风，继续保持开拓进取、奋发有为的精神状态，勇于做解放思想的先行者、改革创新的排头兵，为推进中国特色社会主义伟大事业、实现中华民族伟大复兴作出新的更大贡献。

【中共中央关于印发《建立健全惩治和预防腐败体系二〇〇八——二〇一二年工作规划》的通知】（2008年5月13日） 中共中央2008年5月13日发出。2009年收入中央文献出版社出版的《十七大以来重要文献选编》（上）。《通知》指出，加强以完善惩治和预防腐败体系为重点的反腐倡廉建设，是发展中国特色社会主义、推进党的建设新的伟大工程的必然要求，对于夺取全面建设小康社会新胜利，具有十分重要的意义。《工作规划》是今后五年推进惩治和预防腐败体系建设的指导性文件。各地区各部门要结合实际制定贯彻落实《工作规划》的实施办法，狠抓任务落实，务求取得实效。要把贯彻落实情况列入对领导班子和领导干部的考核评价范围，严格责任考核，强化责任追究。要健全工作机制，加强调查研究，实施有力指导，扎实推进惩治和预防腐败体系建设。《工作规划》对建立健全惩治和预防腐败体系的指导思想、基本要求和工作目标；推进反腐倡廉教育；健全反腐倡廉法规制度；强化监督制约；深化体制机制制度改革；纠正损害群众利益的不正之风；保持惩治腐败的强劲势头；切实抓好《工作规划》的贯彻落实等八个事项，作了明确规定。

【中共中央办公厅转发《中共中央宣传部关于马克思主义理论研究和建设工程实施以来的工作情况和今后五年工作设想的报告》的通知】（2008年5月13日） 中共中央办公厅2008年5月13日发出。2009年收入中央文献出版社出版的《十七大以来重要文献选编》（上）。《通知》指出，经中央同意，现将中央宣传部的报告转发给你们，请结合本地区本部门实际贯彻执行。《报告》指出，2004年4月正式启动马克思主义理论研究和建设工程的四年来，工程各项工作取得了实质性进展：一是组织专家深入研究毛泽东思想、邓小平理论和“三个代表”重要思想，推出一批有深度的研究成果，把邓小平理论、“三个代表”重要思想的学习研究宣传不断引向深入。二是坚持以重大现实问题为主攻方向，为推动科学发展、促进社会和谐提供智力支持。三是加强马克思主义经典著作编译和基本观点研究工作，十卷本《马克思恩格斯文集》和五卷本《列宁专题文集》的编译和审议工作已经基本完成，为准确理解马克思列宁主义提供重要依据。四是加强正面引导，努力营造良好的思想舆论环境。五是充分体现马克思主义中国化最新成果的学科体系和教材体系建设取得明显进展。六是编写出版高校思想政治理论课新教材，思想政治理论课教育教学状况呈现出良好发展态势。七是大力加强理论队伍建设，培养了一批马克思主义理论教学研究骨干力量。《报告》阐述了当前马克思主义理论研究和建设工程面临的新形势新任务，提出马克思主义理论研究和建设工程今后五年的主要任务是：大力推进中国特色社会主义理论体系的研究；大力推进马克思主义中国化最新成果的教育普及工作；大力推进马克思主义经典著作编译和基本观点研究；大力构筑特征鲜明、结构合理的马克思主义学科体系；大力构筑充分反映马克思主义中国化最新成果的教材体系；大力加强马克思主义理论队伍建设；大力加强马克思主义理论研究成果对外介绍交流工作。《报告》表示要加强领导、精心组织，进一步提高工程工作水平。

【在四川召开的抗震救灾工作会议上的讲话】（2008年5月17日）　胡锦涛2008年5月17日在四川召开的抗震救灾工作会议上的讲话。2009年收入中央文献出版社出版的《十七大以来重要文献选编》（上）。《讲话》对2008年5月12日我国四川汶川等地的特大地震灾害几天来的抗震救灾情况作了简要回顾，指出：目前，抗震救灾斗争形势依然严峻，任务艰巨，时间紧迫，正处在刻不容缓的紧要关头。灾区各级党委、政府和中央各有关部门务必坚决贯彻执行中央的决策部署，把抗震救灾作为当前最重要最紧迫的任务，以更加顽强的精神、更加迅速的行动、更加密切的配合，克服一切艰难险阻，坚决打胜抗震救灾这场硬仗。《讲话》指出，当前要着力抓好以下工作：第一，要继续争分夺秒地搜救被困群众；第二，要全力救治受伤人员；第三，要想方设法安排好受灾群众的基本生活；第四，要抓紧抢修因灾毁坏的基础设施；第五，要做好恢复重建准备工作；第六，要切实加强对抗震救灾工作的领导。《讲话》表示：只要全党全军全国各族人民众志成城、顽强拼搏，我们就一定能够克服各种困难，夺取这场抗震救灾斗争的全面胜利！

【中共中央、国务院关于全面推进集体林权制度改革的意见】（2008年6月8日）　中共中央、国务院2008年6月8日发出。2009年收入中央文献出版社出版的《十七大以来重要文献选编》（上）。《意见》提出，集体林权制度改革的主要任务是：一、明晰产权。在坚持集体林地所有权不变的前提下，依法将林地承包经营权和林木所有权，通过家庭承包方式落实到本集体经济组织的农户，确立农民作为林地承包经营权人的主体地位。林地的承包期为70年。承包期届满，可以按照国家有关规定继续承包。二、勘界发证。明确承包关系后，要依法进行实地勘界、登记，核发全国统一样式的林权证，做到林权登记内容齐全规范，数据准确无误，图、表、册一致，人、地、证相符。三、放活经营权。实行商品林、公益林分类经营管理。四、落实处置权。林地承包经营权人可依法对拥有的林地承包经营权和林木所用权进行转包、出租、转让、入股、抵押或作为出资、合作条件，对其承包的林地、林木可依法开发利用。五、保障收益权。农户承包经营林地的收益，归农户所有。严禁乱收费、乱摊派。六、落实责任。承包集体林地，要签订书面承包合同，明确造林育林、保护管理、森林防火、病虫害防治等责任，促进森林资源可持续经营。《意见》要求完善集体林权制度改革的政策措施，加强对集体林权制度改革的组织领导。

【中共中央、国务院关于地方政府机构改革的意见】（2008年8月20日） 中共中央、国务院2008年8月20日发出。2009年收入中央文献出版社出版的《十七大以来重要文献选编》（上）。《意见》对地方政府机构改革的基本要求是：以人为本、执政为民，把维护人民群众的根本利益作为改革的出发点和落脚点，着力解决制约地方经济社会发展的突出矛盾和问题，着力解决人民群众最关心、最直接、最现实的利益问题，建设人民满意的政府。主要任务是：以职能转变为核心，按照精简统一效能的原则，理顺职责关系，明确和强化责任，优化政府组织结构，完善体制机制，推进依法行政，提高行政效能。《意见》要求各级党委、政府要切实加强组织领导，在中央的统一领导下，围绕深化行政管理体制改革的总体目标，结合各地实际，改革创新，积极探索。坚持分类指导，因地制宜，突出重点，循序渐进。

【中共中央关于在全党开展深入学习实践科学发展观活动的意见】（2008年9月14日） 中共中央2008年9月14日发出。2009年收入中央文献出版社出版的《十七大以来重要文献选编》（上）。《意见》阐述了开展学习实践活动的重大现实意义和紧迫性，提出了开展学习实践活动的指导思想、目标要求和把握的主要原则。《意见》指出，开展学习实践活动，关键在于取得实效。要全面把握科学发展观的科学内涵、精神实质和根本要求，紧密联系本地区本部门本单位实际，坚持边学边改，着力找准并解决影响和制约科学发展的突出问题以及党员干部党性党风党纪方面群众反映强烈的突出问题。解决问题要突出重点，坚持什么问题突出就着力解决什么问题，多为人民群众办看得见、摸得着、促进科学发展的实事。《意见》规定：开展学习实践活动自上而下分三批展开，每批时间半年左右，按学习调研、分析检查、整改落实三个步骤进行。《意见》要求，开展学习实践活动要落实领导责任，加强分类指导，鼓励探索创新，搞好舆论引导，坚持统筹兼顾。

【中共中央、国务院、中央军委对神舟七号载人航天飞行成功的贺电】（2008年9月28日） 中共中央、国务院、中央军委2008年9月28日发出。2009年收入中央文献出版社出版的《十七大以来重要文献选编》（上）。《贺电》向圆满完成神舟七号载人航天飞行任务的英雄航天员，向所有参加这次任务的广大科技工作者、干部职工和部队官兵，表示热烈的祝贺和亲切的慰问。《贺电》指出，神舟七号载人航天飞行圆满成功，实现了我国空间技术发展具有里程碑意义的重大跨越，标志着我国成为世界上第三个独立掌握空间出舱关键技术的国家。祖国和人民将永远铭记你们的历史功勋。希望你们为继续推动我国航天事业发展，为实现中华民族伟大复兴不断作出新的更大的贡献。

【中共中央、国务院关于表彰北京奥运会残奥会先进集体和先进个人的决定】（2008年9月28日） 中共中央、国务院2008年9月28日作出。2009年收入中央文献出版社出版的《十七大以来重要文献选编》（上）。《决定》指出，北京奥运会、残奥会的成功举办，具有十分重大的意义。党中央、国务院决定，对为成功举办北京奥运会、残奥会作出突出贡献的北京奥运会组委会等332个集体和丁伯成等566名同志予以表彰，分别授予“北京奥运会残奥会先进集体”和“北京奥运会残奥会先进个人”荣誉称号。《决定》指出这次受到表彰的先进集体和先进个人的事迹，集中体现了为国争光的爱国精神、艰苦奋斗的奉献精神、精益求精的敬业精神、勇攀高峰的创新精神、团结协作的团队精神。希望受到表彰的先进集体和先进个人珍惜荣誉、谦虚谨慎、再接再厉，不断为党和人民作出新的更大的贡献。

【中共中央、国务院、中央军委关于表彰全国抗震救灾英雄集体和抗震救灾模范的决定】（2008年10月7日） 中共中央、国务院、中央军委2008年10月7日作出。2009年收入中央文献出版社出版的《十七大以来重要文献选编》（上）。《决定》指出，今年5月12日发生的四川汶川特大地震，是新中国成立以来破坏性最强、波及范围最广、救灾难度最大的一次地震，给灾区人民生命财产和经济社会发展造成巨大损失。目前，受灾群众基本生活得到妥善安置，灾后恢复重建正在有序推进，抗震救灾斗争取得重大胜利。在这场抗震救灾斗争中，涌现出一大批临危不惧、勇往直前、舍生忘死、无私奉献的先进集体和先进个人。为大力弘扬万众一心、众志成城，不畏艰险、百折不挠，以人为本、尊重科学的伟大抗震救灾精神，激励全党全军全国各族人民奋力推进改革开放和社会主义现代化建设事业，党中央、国务院和中央军委决定，授予成都市公安局交通警察支队等319个集体“全国抗震救灾英雄集体”荣誉称号；追授雷勇等5名同志“全国抗震救灾模范”荣誉称号；授予蒋敏等517名同志“全国抗震救灾模范”荣誉称号。中央号召，全党全军全国各族人民要以受表彰的先进集体和先进个人为榜样，为夺取全面建设小康社会新胜利、开创中国特色社会主义事业新局面而不懈奋斗！

【在中共十七届三中全会上的工作报告】（2008年10月9日） 胡锦涛2008年10月9日在中共十七届三中全会第一次全体会议上作的工作报告。2009年收入中央文献出版社出版的《十七大以来重要文献选编》（上）。《工作报告》首先回顾了自十七大以来的一年中，中央政治局办的几件大事和处理的几件难事：一是抓了学习宣传贯彻十七大精神工作。二是全力抢险救灾：年初南方部分地区发生的严重低温雨雪冰冻灾害和5月12日四川汶川发生的里氏8.0级特大地震。三是成功举办2008年北京奥运会。四是果断处置3月中旬西藏拉萨等地发生的打砸抢烧严重暴力犯罪事件。《工作报告》接着介绍了其他各项工作，包括：全力推动国民经济又好又快发展；继续推进改革开放；积极发展社会主义民主政治；加强和改进宣传思想文化工作；加快推进社会建设；推进国防和军队现代化建设；做好对台工作和港澳工作；积极开展全方位外交；推进党的建设新的伟大工程。《工作报告》最后分析了存在的不足和问题。

【中共中央关于推进农村改革发展若干重大问题的决定】（2008年10月12日） 中国共产党第十七届中央委员会第三次全体会议2008年10月12日通过。2009年收入中央文献出版社出版的《十七大以来重要文献选编》（上）。《决定》阐述了新形势下推进农村改革发展的重大意义，提出了推进农村改革发展的指导思想、目标任务和重大原则。《决定》要求：一、大力推进改革创新，加强农村制度建设：稳定和完善农村基本经营制度，健全严格规范的农村土地管理制度，完善农业支持保护制度，建立现代农村金融制度，建立促进城乡经济社会发展一体化制度，健全农村民主管理制度。二、积极发展现代农业，提高农业综合生产能力：确保国家粮食安全，推进农业结构战略性调整，加快农业科技创新，加强农业基础设施建设，建立新型农业社会化服务体系，促进农业可持续发展，扩大农业对外开放。三、加快发展农村公共事业，促进农村社会全面进步：繁荣发展农村文化，大力办好农村教育事业，促进农村医疗卫生事业发展，健全农村社会保障体系，加强农村基础设施和环境建设，推进农村扶贫开发，加强农村防灾减灾能力建设，强化农村社会管理。四、加强和改善党的领导，为推进农村改革发展提供坚强政治保证：完善党领导农村工作体制机制，加强农村基层组织建设，加强农村基层干部队伍建设，加强农村党员队伍建设，加强农村党风廉政建设。

【在纪念党的十一届三中全会召开三十周年大会上的讲话】（2008年12月18日） 胡锦涛2008年12月18日在纪念党的十一届三中全会召开三十周年大会上的讲话。2009年收入中央文献出版社出版的《十七大以来重要文献选编》（上）。《讲话》指出，党的十一届三中全会实现了新中国成立以来我们党历史上具有深远意义的伟大转折，开启了我国改革开放历史新时期。今天，13亿中国人民大踏步赶上了时代潮流，稳定走上了奔向富裕安康的广阔道路，中国特色社会主义充满蓬勃生机，为人类文明进步作出重大贡献的中华民族以前所未有的雄姿屹立在世界东方。《讲话》总结了改革开放30年来取得的伟大成就和宝贵经验，指出，30年的历史经验归结到一点，就是把马克思主义基本原理同中国具体实际相结合，走自己的路，建设中国特色社会主义。《讲话》号召：让我们更加紧密地团结起来，坚定不移地沿着党的十一届三中全会以来开辟的中国特色社会主义道路奋勇前进，继续解放思想，坚持改革开放，推动科学发展，促进社会和谐，为夺取全面建设小康社会新胜利，开创中国特色社会主义事业新局面、实现中华民族伟大复兴而团结奋斗，努力为人类作出新的更大的贡献！

【中共中央、国务院关于二〇〇九年促进农业稳定发展农民持续增收的若干意见】（2008年12月31日） 中共中央、国务院2008年12月31日发出。2009年收入中央文献出版社出版的《十七大以来重要文献选编》（上）。为做好2009年农业农村工作，《若干意见》要求：一、加大对农业的支持保护力度。进一步增加农业农村投入，较大幅度增加农业补贴，保持农产品价格合理水平，增强农村金融服务能力。二、稳定发展农业生产。加大力度扶持粮食生产，支持优势产区集中发展油料等经济作物生产，加快发展畜牧水产规模化标准化健康养殖，严格农产品质量安全全程监控，加强农产品进出口调控。三、强化现代农业物质支撑和服务体系。加快农业科技创新步伐，加快高标准农田建设，加强水利基础设施建设，加快推进农业机械化，推进生态重点工程建设，加强农产品市场体系建设，推进基层农业公共服务机构建设。四、稳定完善农村基本经营制度。稳定农村土地承包关系，建立健全土地承包经营权流转市场，实行最严格的耕地保护制度和最严格的节约用地制度，全面推进集体林权制度改革，扶持农民专业合作社和龙头企业发展。五、推进城乡经济社会发展一体化。加快农村社会事业发展，加快农村基础设施建设，积极扩大农村劳动力就业，推进农村综合改革，增强县域经济发展活力，积极开拓农村市场，完善国家扶贫战略和政策体系。

【携手推动两岸关系和平发展，同心实现中华民族伟大复兴】（2008年12月31日） 胡锦涛2008年12月31日在纪念《告台湾同胞书》发表三十周年座谈会上的讲话。2009年收入中央文献出版社出版的《十七大以来重要文献选编》（上）。讲话指出，1979年元旦，全国人民代表大会常务委员会发表《告台湾同胞书》，郑重宣示了争取祖国和平统一的大政方针，两岸关系发展由此揭开新的历史篇章。《告台湾同胞书》发表以来，在两岸同胞和各界人士共同努力下，两岸关系发生了重大变化。1978年底，两岸同胞长期隔绝状态被打破，两岸同胞交往日益密切，两岸经济合作蓬勃发展，形成互补互利的格局。1992年，两岸达成“九二共识”，双方在此基础上举行首次“汪辜会谈”。2005年，国共两党领导人实现历史性会谈，达成“两岸和平发展共同愿景”。今年5月以来，两岸全面直接双向“三通”迈出历史性步伐。今天，两岸同胞往来之频繁、经济联系之密切、文化交流之活跃、共同利益之广泛是前所未有的。讲话指出，30年来两岸关系发展的实践告诉我们：推动两岸关系发展，实现祖国和平统一，最重要的是要遵循“和平统一、一国两制”的方针和现阶段发展两岸关系、推进祖国和平统一进程的八项主张，坚持一个中国原则决不动摇，争取和平统一的努力决不放弃，贯彻寄希望于台湾人民的方针决不改变，反对“台独”分裂活动决不妥协，牢牢把握两岸关系和平发展的主题，真诚为两岸同胞谋福祉、为台海地区谋和平，维护国家主权和领土完整，维护中华民族根本利益。讲话提出，我们要牢牢把握两岸关系和平发展的主题，积极推动两岸关系和平发展，实现全民族的团结、和谐、昌盛。一、恪守一个中国，增进政治互信；二、推进经济合作，促进共同发展；三、弘扬中华文化，加强精神纽带；四、加强人员往来，扩大各界交流；五、维护国家主权，协商涉外事务；六、结束敌对状态，达成和平协议。讲话表示，只要我们坚定信心、不懈努力，紧紧依靠两岸同胞，就一定能够开创两岸关系和平发展新局面，迎来中华民族伟大复兴的锦绣前程。

【中共中央、国务院关于深化医药卫生体制改革的意见】（2009年3月17日） 中共中央、国务院2009年3月17日发出。2011年收入中央文献出版社出版的《十七大以来重要文献选编》（中）。《意见》阐述了深化医药卫生体制改革的重要性、紧迫性和艰巨性，提出了深化医药卫生体制改革的指导思想、基本原则和总体目标。《意见》提出，到2011年，基本医疗保障制度全面覆盖城乡居民，切实缓解“看病难、看病贵”问题。到2020年，覆盖城乡居民的基本医疗卫生制度基本建立，人人享有基本医疗卫生服务，基本适应人民群众多层次的医疗卫生需求。《意见》要求，建设覆盖城乡居民的公共卫生服务体系、医疗服务体系、医疗保障体系、药品供应保障体系，形成四位一体的基本医疗制度。完善医疗卫生的管理、运行、投入、价格、监管体制机制，加强科技与人才、信息、法制建设，保障医药卫生体系有效规范运转。2009年至2011年，着力抓好五项重点改革，力争近期取得明显成效：一、加快推进基本医疗保障制度建设；二、初步建立国家基本药物制度；三、健全基层医疗卫生服务体系；四、促进基本公共卫生服务逐步均等化；五、推进公立医院改革试点。《意见》强调，各级党委和政府要提高认识，加强领导；突出重点，分步实施；先行试点，逐步展开；加强宣传，正确引导，积极稳妥推进医药卫生体制改革。

【中共中央办公厅、国务院办公厅关于加强和改进村民委员会选举工作的通知】（2009年4月24日） 中共中央办公厅、国务院办公厅2009年4月24日发出。2011年收入中央文献出版社出版的《十七大以来重要文献选编》(中)。《通知》分析了近年来村民委员会选举工作中存在的种种问题，要求充分认识加强和改进村民委员会选举工作的重要性，切实加强村民委员会选举前的各项准备工作，规范村民选举委员会产生程序、村民委员会成员候选人提名方式、候选人的竞争行为和投票行为，扎实做好村民委员会选举后续工作，坚决查处村民委员会选举中的贿选等违法违纪行为，加强对村民委员会选举工作的组织领导。通过做好当前和今后一个时期的村民委员会选举工作，保障村民委员会选举的公正有序，保障村民享有更多更切实的民主权利，推动农村经济平稳较快发展，确保农村社会和谐稳定。

【中共中央办公厅、国务院办公厅印发《关于实行党政领导干部问责的暂行规定》的通知】(2009年6月30日) 中共中央办公厅、国务院办公厅2009年6月30日发出。2011年收入中央文献出版社出版的《十七大以来重要文献选编》(中)。《通知》指出，各级党政领导干部要认真践行全心全意为人民服务的宗旨，以对党和国家高度负责、对人民群众高度负责的精神，切实履行党和人民赋予的职责，兢兢业业完成好各项工作任务。各级党委和政府要依照《关于实行党政领导干部问责的暂行规定》严肃问责，充分发挥问责在党风廉政建设中的积极作用。《暂行规定》包括总则，问责的情形、方式及适用，实行问责的程序，附则，共四章二十六条。《暂行规定》指出：本规定适用于中共中央、国务院的工作部门及其内设机构的领导成员；县级以上地方各级党委、政府及其工作部门的领导成员，上列工作部门内设机构的领导成员。对党政领导干部实行问责，坚持严格要求、实事求是，权责一致、惩教结合，依靠群众、依法有序的原则。党政领导干部受到问责，同时需要追究纪律责任的，依照有关规定给予党纪政纪处分；涉嫌犯罪的，移送司法机关依法处理。

【中共中央关于印发《中国共产党巡视工作条例(试行)》的通知】(2009年7月2日) 中共中央2009年7月2日发出。2011年收入中央文献出版社出版的《十七大以来重要文献选编》(中)。《通知》指出，《中国共产党巡视工作条例(试行)》是贯彻落实党章关于党的中央和省、自治区、直辖市委员会实行巡视制度的规定，完善党内监督制度的一部重要党内法规。各级党组织要从推进党的建设新的伟大工程的高度出发，采取多种形式，深入学习宣传《巡视工作条例(试行)》，切实增强党员领导干部接受监督的意识。《巡视工作条例(试行)》包括总则、机构设置、工作程序、人员管理、纪律与责任、附则，共六章四十九条。《通知》要求各级党组织以及巡视工作机构要严格执行《巡视工作条例(试行)》，认真履行职责，充分发挥职能作用。被巡视党组织领导班子及其成员要自觉接受巡视监督，积极配合巡视工作，坚决纠正不符合中央要求的各种行为。

【中共中央办公厅印发《关于建立促进科学发展的党政领导班子和领导干部考核评价机制的意见》的通知】（2009年7月20日） 中共中央办公厅2009年7月20日发出。2011年收入中央文献出版社出版的《十七大以来重要文献选编》（中）。《关于建立促进科学发展的党政领导班子和领导干部考核评价机制的意见》阐述了建立促进科学发展的干部考核评价机制的重要性和紧迫性，提出了建立促进科学发展的干部考核评价机制的指导思想、基本原则和工作目标，规定了建立促进科学发展的干部考核评价机制的重点任务。强调要加强组织领导，落实工作责任，抓好组织实施，坚持求实创新。《通知》指出，为了深入贯彻落实《意见》，经中央批准，中央组织部制定了《地方党政领导班子和领导干部综合考核评价办法（试行）》《党政工作部门领导班子和领导干部综合考核评价办法（试行）》《党政领导班子和领导干部年度考核办法（试行）》，与《意见》一起形成促进科学发展的党政领导班子和领导干部考核评价机制。各地区各部门要把这三个试行《办法》与《意见》结合起来一并抓好落实，从实际出发制定具体的实施细则，努力推动干部考核评价机制逐步完善，为科学发展观的贯彻落实提供可靠的制度保证和组织保证。

【中共中央关于加强和改进新形势下党的建设若干重大问题的决定】（2009年9月18日） 中国共产党第十七届中央委员会第四次全体会议2009年9月18日通过。2011年收入中央文献出版社出版的《十七大以来重要文献选编》（中）。《决定》分析了党的建设面临的复杂形势和存在的诸多问题，总结了党在长期执政实践中形成的基本经验，提出了加强和改进新形势下党的建设的基本思路：建设马克思主义学习型政党，提高全党思想政治水平；坚持和健全民主集中制，积极发展党内民主；深化干部人事制度改革，建设善于推动科学发展、促进社会和谐的高素质干部队伍；做好抓基层打基础工作，夯实党执政的组织基础；弘扬党的优良作风，保持党同人民群众的血肉联系；加快推进惩治和预防腐败体系建设，深入开展反腐败斗争。《决定》指出，加强和改进新形势下党的建设，是全党的重大政治责任。各级党组织要认真贯彻本《决定》精神，坚持党要管党、从严治党，全面落实党建工作责任制，建立健全党建工作长效机制，确保党的建设各项部署落到实处。

【在庆祝中国人民政治协商会议成立六十周年大会上的讲话】（2009年9月20日） 胡锦涛2009年9月20日在庆祝中国人民政治协商会议成立六十周年大会上的讲话。2011年收入中央文献出版社出版的《十七大以来重要文献选编》（中）。《讲话》回顾了人民政协成立60年来的历史，高度评价了人民政协发挥的重要作用。《讲话》指出，60年的实践启示我们：必须坚持把人民政协事业作为中国特色社会主义事业的重要组成部分，放在党和国家事业发展全局中部署和推进；必须坚持发挥人民政协作为中国共产党领导的多党合作和政治协商的重要机构作用，不断巩固和发展我国多党合作的政治格局；必须坚持发挥人民政协作为大团结大联合组织的作用，不断为中华民族伟大复兴增添新力量；必须坚持以改革创新精神推进人民政协事业，永葆人民政协生机活力。《讲话》要求人民政协继续走中国特色社会主义政治发展道路，继续把推动科学发展作为履行职能的第一要务，继续在促进社会和谐中发挥重要作用，继续为推进祖国和平统一大业贡献力量，继续加强人民政协自身建设。《讲话》指出，各级党委要进一步提高对人民政协工作重要性的认识，进一步加强和改善对人民政协的领导，保证中央关于加强人民政协工作各项方针政策落到实处，更好运用人民政协这一政治组织和民主形式为实现党的总目标总任务服务。

【同舟共济，共创未来】（2009年9月23日）　胡锦涛2009年9月23日在美国纽约第六十四届联大一般性辩论时的讲话。2011年收入中央文献出版社出版的《十七大以来重要文献选编》（中）。讲话分析了当时的国际形势，提出了国际社会应对机遇和挑战的四点意见：第一、用更广阔的视野审视安全，维护世界和平稳定。第二、用更全面的观点看待发展，促进共同繁荣。第三、用更开放的态度开展合作，推动互利共赢。第四、用更宽广的胸襟互相包容，实现和谐共处。讲话指出，中国作为一个负责任的发展中大国，历来把促进共同发展作为外交政策的重要内容，尽力向其他发展中国家提供支持和帮助，已兑现对联合国《千年宣言》所作承诺。中国还将从四个方面进一步采取措施，继续帮助发展中国家。

【在庆祝中华人民共和国成立六十周年大会上的讲话】（2009年10月1日）　胡锦涛2009年10月1日在庆祝中华人民共和国成立六十周年大会上的讲话。2011年收入中央文献出版社出版的《十七大以来重要文献选编》（中）。《讲话》指出，新中国60年的发展进步充分证明，只有社会主义才能救中国，只有改革开放才能发展中国、发展社会主义、发展马克思主义。中国人民有信心、有能力建设好自己的国家，也有信心、有能力为世界作出自己应有的贡献。我们将坚定不移坚持中国特色社会主义道路；坚定不移坚持“和平统一、一国两制”的方针，保持香港、澳门长期繁荣稳定，推动海峡两岸关系和平发展；坚定不移坚持独立自主的和平外交政策，坚持和平发展道路。中国人民解放军和人民武装警察部队要发扬光荣传统，加强自身建设，切实履行使命，为维护国家主权、安全、领土完整，为维护世界和平再立新功。历史启示我们，前进的道路从来不是一帆风顺的，但掌握了自己命运、团结起来的人民必将战胜一切艰难险阻，不断创造历史伟业。

【在中国特色社会主义道路上不断完善和发展中国共产党领导的多党合作和政治协商制度】（2009年10月13日）　贾庆林2009年10月13日在中国人民政治协商会议成立六十周年理论研讨会上的讲话。2011年收入中央文献出版社出版的《十七大以来重要文献选编》（中）。讲话共四个部分：一、中国共产党领导的多党合作和政治协商制度是中国社会政治发展的必然选择。二、中国共产党领导的多党合作和政治协商制度是符合我国国情、具有鲜明中国特色的社会主义新型政党制度。三、中国共产党领导的多党合作和政治协商制度为我国社会主义现代化建设作出了重要贡献。四、在新的历史起点上把多党合作和人民政协事业推向前进。讲话强调，我们要坚持长期共存、互相监督、肝胆相照、荣辱与共的方针，总结运用和丰富发展多党合作和政治协商的宝贵经验，不断推进理论创新、制度创新和工作创新，进一步把中国共产党领导的多党合作和政治协商制度坚持好、完善好，把这一制度的优势和作用运用好、发挥好。

【中共中央办公厅印发《关于推进学习型党组织建设的意见》的通知】（2009年12月25日） 中共中央办公厅2009年12月25日发出。2011年收入中央文献出版社出版的《十七大以来重要文献选编》（中）。《通知》要求各地各部门结合实际认真贯彻执行《关于推进学习型党组织建设的意见》。《意见》指出，建设学习型党组织，要紧紧围绕党和国家工作大局，按照科学理论武装、具有世界眼光、善于把握规律、富有创新精神的要求，以提高全党思想政治水平为基本目标，深入学习马克思主义理论，学习党的路线方针政策和国家法律法规，学习党的历史，学习现代化建设所需要的各方面知识，不断在武装头脑、指导实践、推动工作上取得新成效。要大力营造和形成重视学习、崇尚学习、坚持学习的浓厚氛围，牢固确立党组织全员学习、党员终身学习的理念，建立健全管用有效的学习机制，使党员的学习能力不断提升、知识素养不断提高、先锋模范作用充分发挥，使党组织的创造力、凝聚力、战斗力不断增强。要坚持解放思想、实事求是、与时俱进，用发展着的马克思主义指导新的实践；坚持理论联系实际的马克思主义学风，切实推动实际问题的解决；坚持领导干部作表率，调动广大党员的积极性主动性；坚持改革创新，鼓励大胆探索。要立足实际，务求实效；不断探索学习型党组织建设的方法和途径。

【中共中央、国务院关于加大统筹城乡发展力度进一步夯实农业农村发展基础的若干意见】（2009年12月31日） 中共中央、国务院2009年12月31日发出。2011年收入中央文献出版社出版的《十七大以来重要文献选编》（中）。《若干意见》分析了农业农村工作面临的复杂环境，提出了夯实农业农村发展基础的五项措施：一、健全强农惠农政策体系，推动资源要素向农村配置。继续加大国家对农业农村的投入力度，完善农业补贴制度和市场调控机制，提高农村金融服务质量和水平，积极引导社会资源投向农业农村，大力开拓农村市场。二、提高现代农业装备水平，促进农业发展方式转变。稳定发展粮食等大宗农产品生产，推进菜篮子产品标准化生产，突出抓好水利基础设施建设，大力建设高标准农田，提高农业科技创新和推广能力，健全农产品市场体系，构筑牢固的生态安全屏障。三、加快改善农村民生，缩小城乡公共事业发展差距。努力促进农民就业创业，提高农村教育卫生文化事业发展水平，提高农村社会保障水平，加强农村水电路气房建设，继续抓好扶贫开发工作。四、协调推进城乡改革，增强农业农村发展活力。稳定和完善农村基本经营制度，有序推进农村土地管理制度改革，着力提高农业生产经营组织化程度，积极推进林业改革，继续深化农村综合改革，推进城镇化发展的制度创新，提高农业对外开放水平。五、加强农村基层组织建设，巩固党在农村的执政基础。加强和改进农村基层党的建设，进一步完善符合国情的农村基层治理机制，切实维护农村社会稳定。

【中共中央关于印发《中国共产党党员领导干部廉洁从政若干准则》的通知】（2010年1月18日） 中共中央2010年1月18日发出。2011年收入中央文献出版社出版的《十七大以来重要文献选编》（中）。《通知》指出，各级党组织要从加强和改进新形势下党的建设的高度，充分认识贯彻实施《中国共产党党员领导干部廉洁从政若干准则》的重要性，深入学习宣传，认真组织实施。各级党员领导干部要深入学习理解和认真贯彻执行《廉政准则》的各项要求，严于律己，洁身自好，自觉接受监督，严格要求配偶、子女及其配偶、其他亲属以及身边工作人员，坚决杜绝违反《廉洁准则》行为的发生。《廉洁准则》除总则外，还包括廉洁从政行为规范、实施与监督、附则三章，共十八条。

【在省部级主要领导干部深入贯彻落实科学发展观加快经济发展方式转变专题研讨班上的讲话】（2010年2月3日） 胡锦涛2010年2月3日在省部级主要领导干部深入贯彻落实科学发展观加快经济发展方式转变专题研讨班上的讲话。2011年收入中央文献出版社出版的《十七大以来重要文献选编》（中）。《讲话》共三个部分：一、关于应对国际金融危机冲击、保持经济平稳较快发展。二、关于加快经济发展方式转变的重要性和紧迫性。三、关于加快经济发展方式转变的重点工作。《讲话》指出，加快经济发展方式转变是我国经济领域的一场深刻变革，关系改革开放和社会主义现代化建设全局。全党全国必须增强主动性、紧迫感、责任感，深化认识，统一思想，加强规划引导，突出战略重点，明确主要任务，兼顾当前和长远，处理好速度和效益、局部和整体的关系，调动各方面积极性，推动经济发展方式转变不断取得扎扎实实的成效。

【关于发展社会事业和改善民生的几个问题】（2010年2月4日） 温家宝2010年2月4日在省部级主要领导干部深入贯彻落实科学发展观加快经济发展方式转变专题研讨会上的讲话。2011年收入中央文献出版社出版的《十七大以来重要文献选编》（中）。讲话共八个部分：一、用科技的力量推动经济发展方式转变。二、面向时代要求谋划教育发展。三、用新的理念推动文化发展繁荣。四、把促进就业放在经济社会发展的优先位置。五、提高城乡居民收入和改革分配制度。六、加快完善中国特色社会保障体系。七、积极稳妥地推进医药卫生体制改革。八、大力推进社会事业领域的改革。讲话指出，我们必须深刻认识加快发展社会事业和改善民生的重要意义，始终坚持把发展社会事业和改善民生作为贯彻落实科学发展观的重要任务，作为全面建设小康社会的迫切要求，作为转变经济发展方式、扩大国内需求的重要途径。我们已经初步具备了加快发展社会事业、改善民生的物质基础和条件，必须以更大的决心和力度，推动这方面工作取得新的更大进展。

【国家中长期人才发展规划纲要（二〇一〇——二〇二〇年）】（2010年4月1日） 中共中央、国务院2010年4月1日批准印发。2011年收入中央文献出版社出版的《十七大以来重要文献选编》（中）编者作了节选。《规划纲要》指出，未来十几年，是我国人才事业发展的重要战略机遇期。我们必须进一步增强责任感、使命感和危机感，积极应对日趋激烈的国际人才竞争，主动适应我国经济社会发展需要，坚定不移地走人才强国之路，科学规划，深入改革，重点突破，整体推进，不断开创人才辈出、人尽其才的新局面。到2020年，培养和造就规模宏大、结构优化、布局合理、素质优良的人才队伍，确立国家人才竞争比较优势，进入世界人才强国行列，为本世纪中叶基本实现社会主义现代化奠定人才基础。《规划纲要》还对2010—2020年我国的人才事业发展作了总体部署，并提出了具体实施要求。

【中共中央办公厅转发《中央组织部、中央宣传部关于在党的基层组织和党员中深入开展创先争优活动的意见》的通知】（2010年4月5日） 中共中央办公厅2010年4月5日发出。2011年收入中央文献出版社出版的《十七大以来重要文献选编》（中）。《通知》要求各地各部门结合实际认真贯彻执行《中央组织部、中央宣传部关于在党的基层组织和党员中深入开展创先争优活动的意见》。中央组织部、中央宣传部的《意见》共五个部分：一、把握总体要求；二、明确主要内容；三、实施分类指导；四、扎实推进活动；五、加强组织领导。《意见》指出，在党的基层组织和党员中深入开展创建先进基层党组织、争当优秀共产党员活动，是巩固和拓展全党深入学习实践科学发展观活动成果的重要举措，是党的建设一项重要的经常性工作。创先争优活动，以创建先进基层党组织、争当优秀共产党员为主要内容。先进基层党组织的基本要求是，学习型党组织建设成效明显，出色完成党章规定的基本任务，努力做到“五个好”：一是领导班子好；二是党员队伍好；三是工作机制好；四是工作业绩好；五是群众反映好。优秀共产党员的基本要求是，模范履行党章规定的义务，努力做到“五带头”：一是带头学习提高；二是带头争创佳绩；三是带头服务群众；四是带头遵纪守法；五是带头弘扬正气。

【中共中央办公厅、国务院办公厅转发《中央宣传部关于党的十六大以来文化体制改革及文化事业文化产业发展情况和下一步工作意见》的通知】（2010年4月11日） 中共中央办公厅、国务院办公厅2010年4月11日发出。2011年收入中央文献出版社出版的《十七大以来重要文献选编》（中）。《通知》转发了《中央宣传部关于党的十六大以来文化体制改革及文化事业文化产业发展情况和下一步工作意见》，要求各省、自治区、直辖市党委和人民政府，中央和国家机关各部委，军委总政治部，各人民团体结合实际认真贯彻执行。《意见》共三个部分：一、党的十六大以来文化体制改革的工作进展和主要成效。二、文化体制改革和文化事业文化产业发展的主要经验。三、下一步文化体制改革和文化事业文化产业发展的工作意见。《意见》提出，2012年前文化体制改革的主要任务是：加快推进覆盖全社会的公共文化服务体系建设，更好地保障人民基本文化权益；加快推进经营性文化单位转企改制，进一步增强国有文化单位的竞争力和影响力；加快推进文化产业发展，把文化产业培育成为推动我国经济发展方式转变的战略性新兴产业；加快推进文化宏观管理体制改革，进一步提高宣传思想文化工作的科学化水平。

【中共中央关于印发《中国共产党党和国家机关基层组织工作条例》的通知】（2010年6月4日） 中共中央2010年6月4日发出。2011年收入中央文献出版社出版的《十七大以来重要文献选编》（中）。《通知》指出，新修订的《机关基层组织工作条例》是党关于机关党的工作必须遵循的基本规章。各级党委（党组）一定要认真学习、大力宣传和坚决贯彻《机关基层组织工作条例》；主要负责同志要高度重视，加强领导，认真执行《机关基层组织工作条例》，把抓党的建设与抓业务工作紧密结合起来，以改革创新精神带头做好机关党的工作。《机关基层组织工作条例》包括总则，组织设置，基本职责，党员的教育、管理、服务和发展，基层党内民主与监督，思想政治工作，党务工作人员队伍建设，对机关党的基层组织工作的领导和指导，附则九章，共四十二条。

【中共中央关于加强和改进新形势下党史工作的意见】（2010年6月19日） 中共中央2010年6月19日发出。2011年收入中央文献出版社出版的《十七大以来重要文献选编》（中）。《意见》指出，党史工作是党的一项具有全局意义和深远影响的工作，是党的事业的重要组成部分，在党和国家工作大局中具有不可替代的重要地位和作用。新形势下党史工作必须紧紧围绕党和国家工作大局，坚持把以史鉴今资政育人作为根本任务；坚持高举中国特色社会主义伟大旗帜；坚持党的思想路线；坚持围绕中心、服务大局；坚持党性原则和科学精神的统一。其主要任务是，深化党史研究，准确记载和反映党的历史；组织党史学习教育，提高广大党员、干部素质和能力；扩大党史宣传，普及党史知识；搞好党史纪念活动，深化党史事件和人物研究；抓紧党史资料征编，妥善保存党的历史财富；加强党史遗址保护，搞好纪念场馆建设。《意见》要求：各级党委要站在全局高度，切实加强和改进对党史工作的领导，健全和落实党委领导党史工作的制度；充分发挥党史部门职能作用，提高党史工作水平；加强思想政治建设和业务建设，培养造就高素质党史工作队伍；重视运用党史资源，共同做好党史工作；采取有效措施，为党史工作提供有力保障。

【中共中央、国务院关于深入实施西部大开发战略的若干意见】（2010年6月29日） 中共中央、国务院2010年6月29日发出。2011年收入中央文献出版社出版的《十七大以来重要文献选编》（中）。《若干意见》指出，实施西部大开发战略，是党中央、国务院在世纪之交作出的重大决策，是我国社会主义现代化建设全局的重要组成部分。今后十年是深入推进西部大开发承前启后的关键时期。要加快基础设施建设，提升发展保障能力；加强生态建设和环境保护，构筑国家生态安全屏障；夯实农业基础，统筹城乡发展；发展特色优势产业，增强自我发展能力；强化科技创新，加强人才开发；大力发展社会事业，着力保障和改善民生；加强重点经济区开发，支持老少边穷地区发展；坚持体制机制创新，扩大对内对外开放；提高公共管理水平，促进社会和谐稳定；完善政策措施，进一步加大支持力度；加强领导，切实把西部大开发各项任务落到实处。到2020年，实现如下主要目标：西部地区基础设施更加完善，现代产业体系基本形成，建成国家重要能源基地、资源深加工基地、装备制造业基地和战略性新兴产业基地，综合经济实力进一步增强；生态环境恶化趋势得到遏制，基本公共服务能力与东部地区差距明显缩小；人民生活水平和质量大幅提升，基本实现全面建设小康社会奋斗目标。

【国家中长期教育改革和发展规划纲要（二〇一〇——二〇二〇年）】（2010年7月8日） 经中共中央、国务院批准，于2010年7月8日印发。2011年收入中央文献出版社出版的《十七大以来重要文献选编》（中），编者作了节选。《规划纲要》明确要求：教育改革和发展要全面贯彻党的教育方针，坚持教育为社会主义现代化建设服务，为人民服务，与生产劳动和社会实践相结合，培养德智体美全面发展的社会主义建设者和接班人。全面推进教育事业科学发展，立足社会主义初级阶段基本国情，把握教育发展阶段性特征，坚持以人为本，遵循教育规律，面向社会需求，优化结构布局，提高教育现代化水平。到2020年，基本普及学前教育；巩固提高九年义务教育水平；普及高中阶段教育，毛入学率达到90%；高等教育大众化水平进一步提高，毛入学率达到40%；扫除青壮年文盲。新增劳动力平均受教育年限从12.4年提高到13.5年；主要劳动年龄人口平均受教育年限从9.5年提高到11.2年，其中受过高等教育的比例达到20%，具有高等教育文化程度的人数比2009年翻一番。

【充分认识中国发展的阶段性特征】（2010年7月9日）　吴邦国2010年7月9日在中法经贸合作论坛上发表的主旨演讲的一部分。2011年收入中央文献出版社出版的《十七大以来重要文献选编》（中）。演讲针对有的外国朋友提出中国还是不是发展中国家的问题，明确指出：中国仍处于并将长期处于社会主义初级阶段，中国仍然是世界上最大的发展中国家。这是我们基于对中国基本国情认识得出的结论。这当中，最重要的有这么三条：第一，经济实力显著增强，同时长期形成的结构性矛盾和粗放型增长方式尚未根本改变。第二，协调发展取得显著成绩，同时城乡、区域、经济社会发展不平衡问题依然突出。第三，人民生活总体上达到小康水平，同时贫困人口和低收入人口还有相当数量。由此不难看出，中国是在人口多、底子薄、起步晚的基础上发展起来的，虽然取得的发展成就举世瞩目、发生的变化翻天覆地，但面临的矛盾和问题也世所罕见。实现现代化，是一代又一代中国人梦寐以求的美好愿景和矢志不移的奋斗目标。

【中共中央办公厅、国务院办公厅关于加强和改进城市社区居民委员会建设工作的意见】（2010年8月26日）　中共中央办公厅、国务院办公厅2010年8月26日发出。2011年收入中央文献出版社出版的《十七大以来重要文献选编》（中）。《意见》共八个部分二十七项，主要内容是：一、正确把握加强和改进城市社区居民委员会建设工作的指导思想、基本原则和目标任务。二、进一步明确城市社区居民委员会的主要职责。三、不断健全城市社区居民委员会组织体系。四、努力壮大城市社区居民委员会工作队伍。五、积极完善城市社区党组织领导下的社区居民自治制度。六、切实改善城市社区居民委员会服务设施。七、逐步理顺城市社区居民委员会与相关组织的工作关系。八、大力加强对城市社区居民委员会建设工作的领导。《意见》提出，到2020年，努力使全国城市社区居民委员会的组织体系更加健全，社区居民的组织化程度明显提高；社区居民群众享有更多更切实的民主权利，社区居民自治范围进一步扩大，社区民主管理制度日趋完善；干部队伍结构进一步优化，社区管理和服务能力显著增强；工作用房和居民公益性服务设施能够满足社区居民群众的基本服务需求；政府投入和社会投入相结合的经费保障机制基本建立；内外关系更加协调，全社会尊重、关心和支持社区居民委员会工作的良好氛围进一步形成。

【在深圳经济特区建立三十周年庆祝大会上的讲话】（2010年9月6日）　胡锦涛2010年9月6日在深圳经济特区建立三十周年庆祝大会上的讲话。2011年收入中央文献出版社出版的《十七大以来重要文献选编》（中）。《讲话》指出，兴办经济特区是党和国家为推进我国改革开放和社会主义现代化作出的一项重大决策，是中国共产党人和中国人民在探索中国特色社会主义道路上进行的一个伟大创举。深圳等经济特区的成功实践雄辩地证明，党的十一届三中全会以来形成的党的基本理论、基本路线、基本纲领、基本经验是完全正确的，中央作出兴办经济特区的决策是完全正确的；改革开放是决定当代中国命运的关键抉择，符合党心民心、顺应时代潮流，只有改革开放才能发展中国、发展社会主义、发展马克思主义，中国特色社会主义道路是实现中华民族伟大复兴的必由之路、成功之路。《讲话》表示，经济特区不仅应该继续办下去，而且应该办得更好。中央将一如既往支持经济特区大胆探索、先行先试、发挥作用。经济特区要适应国内外形势新变化、按照国家发展新要求、顺应人民新期待，面向现代化、面向世界、面向未来，继续解放思想，坚持改革开放，努力当好推动科学发展、促进社会和谐的排头兵，在改革开放和社会主义现代化建设中取得新进展、实现新突破、迈向新台阶。

【中共中央办公厅印发《关于党的基层组织实行党务公开的意见》的通知】（2010年9月15日） 中共中央办公厅2010年9月15日发出。2011年收入中央文献出版社出版的《十七大以来重要文献选编》（中）。《通知》指出，《关于党的基层组织实行党务公开的意见》已经中央同意，要求各地各部门结合实际认真贯彻执行。《意见》指出，党内民主是党的生命，党务公开是党内民主的重要内容。党的基层组织是党全部工作和战斗力的基础。党的基层组织实行党务公开，具有重要意义。《意见》要求，党的基层组织实行党务公开，必须发扬民主，广泛参与；积极稳妥，注重实效；统筹兼顾，改革创新；区别情况，分类指导。党务公开的内容包括：党组织决议、决定及执行情况；党的思想建设情况；党的组织管理情况；领导班子建设情况；干部选任和管理情况；联系和服务党员、群众情况；党风廉政建设情况及其他应当公开的事项。《意见》还要求建立健全党的基层组织党务公开工作保障制度，加强对党的基层组织党务公开工作的组织领导。

【中共中央关于制定国民经济和社会发展第十二个五年规划的建议】（2010年10月18日） 中国共产党第十七届中央委员会第五次全体会议2010年10月18日通过。2011年收入中央文献出版社出版的《十七大以来重要文献选编》（中）。中共中央对制定国民经济和社会发展第十二个五年规划，从十二个方面提出五十六项建议。一、加快转变经济发展方式，开创科学发展新局面；二、坚持扩大内需战略，保持经济平稳较快发展；三、推进农业现代化，加快社会主义新农村建设；四、发展现代产业体系，提高产业核心竞争力；五、促进区域协调发展，积极稳妥推进城镇化；六、加快建设资源节约型、环境友好型社会，提高生态文明水平；七、深入实施科教兴国战略和人才强国战略，加快建设创新型国家；八、加强社会建设，建立健全基本公共服务体系；九、推动文化大发展大繁荣，提升国家文化软实力；十、加快改革攻坚步伐，完善社会主义市场经济体制；十一、实施互利共赢的开放战略，进一步提高对外开放水平；十二、全党全国各族人民团结起来，为实现“十二五”规划而奋斗！

【中共中央、国务院印发《关于实行党风廉政建设责任制的规定》的通知】（2010年11月10日） 中共中央、国务院2010年11月10日发出。2013年收入中央文献出版社出版的《十七大以来重要文献选编》（下）。《通知》要求各级党委和部门，要对照《规定》分析查找本地区、本部门、本系统在党风廉政建设方面存在的突出问题，采取有效措施加以解决；要加强对《规定》贯彻执行情况的监督检查，及时纠正并严肃处理违反《规定》的行为。《关于实行党风廉政建设责任制的规定》包括：总则、责任内容、检查考核与监督、责任追究、附则，共五章三十二条。《规定》指出，领导班子主要负责人是职责范围内的党风廉政建设第一责任人，应当重要工作亲自部署、重大问题亲自过问、重点环节亲自协调、重要案件亲自督办。《规定》阐述了领导班子、领导干部在党风廉政建设中承担的八项责任的内容。并要求各级党委（党组）建立党风廉政建设责任制的检查考核制度，建立健全党风廉政建设责任制领导小组，负责对下一级领导班子、领导干部党风廉政建设责任制执行情况的检查考核。要求检查考核工作每年一次，并将检查考核情况每年专题报告上一级党委（党组）和纪委。对检查考核中发现的问题，要及时研究解决，督促整改落实。对违反或未能正确履行职责的，应当追究责任。对职责范围内发生的问题进行掩盖、袒护的；干扰、阻碍责任追究调查处理的，应当从重追究责任。

【中共中央、国务院关于加快水利改革发展的决定】（2010年12月31日） 中共中央、国务院2010年12月31日发出。2013年收入中央文献出版社出版的《十七大以来重要文献选编》（下）。《决定》共八个部分：一、新形势下水利的战略地位；二、水利改革发展的指导思想、目标任务和基本原则；三、突出加强农田水利等薄弱环节建设；四、全面加快水利基础设施建设；五、建立水利投入稳定增长机制；六、实行最严格的水资源管理制度；七、不断创新水利发展体制机制；八、切实加强对水利工作的领导。《决定》提出，要把水利作为国家基础设施建设的优先领域，把农田水利作为农村基础设施建设的重点任务，把严格水资源管理作为加快转变经济发展方式的战略举措，注重科学治水、依法治水，突出加强薄弱环节建设，大力发展民生水利，不断深化水利改革，加快建设节水型社会，促进水利可持续发展，努力走出一条中国特色水利现代化道路。力争通过五年到十年的努力，从根本上扭转水利建设明显滞后的局面。

【牢牢把握主题主线精神实质，科学编制“十二五”规划纲要】（2010年） 李克强2010年在“十二五”规划纲要（草案）编制工作几次座谈会上讲话的部分内容。2013年收入中央文献出版社出版的《十七大以来重要文献选编》（下）。讲话共五个部分：一、充分认识编制好“十二五”规划纲要的重要意义。二、牢牢把握“十二五”时期发展的主题主线。三、科学确定“十二五”规划的发展目标。四、把加快转变经济发展方式落实到经济社会发展全过程和各领域。五、努力编制高水平的“十二五”规划纲要。讲话明确指出，党的十七届五中全会通过的《中共中央关于制定国民经济和社会发展第十二个五年规划的建议》，描绘了未来五年发展的美好蓝图，是指导“十二五”规划编制的纲领性文件。我们要深刻领会《建议》的精神实质，牢牢把握科学发展的主题和加快转变经济发展方式的主线，全面贯彻《建议》确定的指导思想、目标任务和重大举措，在细化实化上动脑筋、下功夫，科学编制“十二五”规划纲要，切实谋划好“十二五”时期经济社会发展。

【坚持以人为本、执政为民】（2011年1月10日） 胡锦涛2011年1月10日在十七届中央纪委六次全会上讲话的一部分。2013年收入中央文献出版社出版的《十七大以来重要文献选编》（下）。讲话指出，以人为本、执政为民是马克思主义政党的生命根基和本质要求。历史的经验深刻说明，一个政党、一个政权，其前途命运最终取决于人心向背，不能代表最广大人民根本利益，不能赢得人民群众拥护和支持，迟早都要垮台。所以，党中央反复告诫全党，密切联系群众是我们党的最大政治优势，脱离群众是我们党执政后的最大危险；全党同志必须坚持全心全意为人民服务，做到权为民所用、情为民所系、利为民所谋，使我们的工作获得最广泛、最可靠、最牢固的群众基础和力量源泉，使我们的事业经得起任何风浪、任何风险的考验。讲话列举了当前实际工作中仍然存在违背党的性质和宗旨、群众反映强烈的五个方面的突出问题，并指出，这些问题严重损害群众利益、严重影响党和政府形象，必须下大气力加以解决。讲话指出，解决这些问题要从六个方面着力进行：一、着力加强以人为本、执政为民教育；二、着力建立健全体现以人为本、执政为民要求的决策机制；三、着力按照法律法规和政策开展工作；四、着力维护人民群众权益；五、着力查处损害群众切身利益的案件；六、着力加强基层干部队伍作风建设。

【在省部级主要领导干部社会管理及其创新专题研讨班上的讲话】（2011年2月19日） 胡锦涛2011年2月19日在省部级主要领导干部社会管理及其创新专题研讨班上的讲话。2013年收入中央文献出版社出版的《十七大以来重要文献选编》（下）。《讲话》讲了三个问题：一、全面认识加强和创新社会管理的重大意义。二、深刻分析我国社会管理领域存在问题的原因。三、切实做好加强和创新社会管理的重点工作。《讲话》针对当前我国社会管理领域存在的问题，提出需要做好八项重点工作：第一，进一步加强和完善社会管理格局。第二，进一步加强和完善党和政府主导的维护群众权益机制。第三，进一步加强和完善流动人口和特殊人群管理和服务。第四，进一步加强和完善基层社会管理和服务体系。第五，进一步加强和完善公共安全体系。第六，进一步加强和完善非公有制经济组织、社会组织管理。第七，进一步加强和完善信息网络管理。第八，进一步加强和完善思想道德建设。《讲话》要求各级党委和政府要充分认识新形势下加强和创新社会管理的重大意义，按照中央要求，统筹经济建设、政治建设、文化建设、社会建设以及生态文明建设。全面加强和改进党的建设，把社会管理工作摆在更加突出的位置，深刻认识和准确把握社会管理规律，加强调查研究，加强政策制定，加强工作部署，加强任务落实，引导各级领导干部努力学习社会管理知识、提高社会管理能力，不断提高社会管理科学化水平，不断促进社会和谐稳定，努力为“十二五”时期经济社会发展、为实现全面建设小康社会宏伟目标创造更加良好的社会条件。

【中共中央、国务院关于分类推进事业单位改革的指导意见】（2011年3月23日） 中共中央、国务院2011年3月23日发出。2013年收入中央文献出版社出版的《十七大以来重要文献选编》（下）。《指导意见》共九个部分三十项。主要内容是：一、改革的重要性和紧迫性。二、改革的指导思想、基本原则和总体目标。三、科学划分事业单位类别。四、推进承担行政职能事业单位改革。五、推进从事生产经营活动事业单位改革。六、推进从事公益服务事业单位改革。七、构建公益服务新格局。八、完善支持公益事业发展的财政政策。九、认真做好组织实施工作。《指导意见》提出，到2020年，建立起功能明确、治理完善、运行高效、监管有力的管理体制和运行机制，形成基本服务优先、供给水平适度、布局结构合理、服务公平公正的中国特色公益服务体系。

【全面推进依法行政，弘扬社会主义法治精神】（2011年3月28日） 胡锦涛2011年3月28日在十七届中央政治局第二十七次集体学习时讲话的一部分。2013年收入中央文献出版社出版的《十七大以来重要文献选编》（下）。讲话共三个部分：一、不断增强推进依法行政、弘扬社会主义法治精神的自觉性和主动性。二、扎实做好推进依法行政各项工作。三、大力弘扬社会主义法治精神。讲话强调，推进依法行政，关键在领导，重点在落实。各级党委和政府要把依法行政作为保证“十二五”时期经济社会发展各项目标任务顺利实现的重大举措，加强领导，精心组织，积极推动，抓好落实。

【中共中央转发《中共全国人大常委会党组关于形成中国特色社会主义法律体系有关情况的报告》的通知】（2011年4月12日） 中共中央2011年4月12日发出。2013年收入中央文献出版社出版的《十七大以来重要文献选编》（下）。《通知》指出：当前，我国正处于全面建设小康社会的关键时期，新形势、新实践、新任务对社会主义民主法制建设提出了新的更高要求。在新的起点上继续加强立法工作、提高立法质量，是仍然需要下大气力抓好的一项重要任务。《通知》要求，进一步完善中国特色社会主义法律体系，为全面建设小康社会、发展中国特色社会主义提供更加有力的法制保障。要在加强法律实施上狠下功夫，着力维护宪法和法律的权威和尊严，坚持依法行政和公正司法，完善法律实施机制，不断提高法律实施的科学化水平；在加强普法教育上狠下功夫，切实增强全社会的法律意识和法治观念，形成法律面前人人平等、人人自觉学法守法用法的社会氛围。各级党组织和全体党员要自觉在宪法和法律范围内活动，增强科学执政、民主执政、依法执政的自觉性和坚定性，不断改善领导方式和执政方式，善于在法制轨道上推进改革发展稳定各项工作，为全面落实依法治国基本方略、加快建设社会主义法治国家，为实现全面建设小康社会奋斗目标、开创中国特色社会主义事业新局面而不断努力。全国人大常委会党组的《报告》共四个部分：一、关于为形成中国特色社会主义法律体系所做的主要工作。二、关于中国特色社会主义法律体系形成的重大意义。三、关于不断完善中国特色社会主义法律体系的主要任务。四、关于进一步加强新形势下的法律实施工作。

【中共中央、国务院、中央军委关于加强新形势下国防教育工作的意见】（2011年4月19日） 中共中央、国务院、中央军委2011年4月19日发出。2013年收入中央文献出版社出版的《十七大以来重要文献选编》（下）。《意见》共七个部分：一、充分认识加强新形势下国防教育工作的重要性紧迫性。二、牢固树立与科学发展观要求相适应的国防观。三、突出抓好各级领导干部的国防教育。四、大力推动社会各界普及国防教育。五、积极改进和创新国防教育的方法手段。六、努力为普及国防教育提供政策支持和相关保障。七、切实加强对国防教育工作的组织领导。《意见》指出，国防教育是建设和巩固国防的基础，是增强民族凝聚力、提高全民素质的重要途径。普及和加强全民国防教育，是中央始终高度重视的一个战略问题，对于凝聚全民族的意志和力量，加强国防和军队现代化建设，推进中国特色社会主义事业，实现中华民族伟大复兴，具有重要而深远的意义。《意见》提出，加强新形势下的国防教育，要以国防教育法为依据，以弘扬爱国主义为核心，以领导干部、青少年学生和民兵、预备役人员为重点，贴近时代要求，丰富教育内容，创新方法手段，完善制度机制，推进全民普及，不断增强国防教育的主动性、针对性、实效性，为建设和巩固国防奠定坚实思想基础，为全面建设小康社会提供强大精神动力。

【中共中央办公厅、国务院办公厅关于印发《农村基层干部廉洁履行职责若干规定（试行）》的通知】（2011年5月23日） 中共中央办公厅、国务院办公厅2011年5月23日发出。2013年收入中央文献出版社出版的《十七大以来重要文献选编》（下）。《通知》指出，《农村基层干部廉洁履行职责若干规定（试行）》已经中央同意，现印发给各地各部门，请结合实际认真贯彻执行。各级党委和政府要从提高党的执政能力、巩固党的执政基础的高度，充分认识贯彻实施《规定（试行）》的重要性，深入学习宣传，认真查找和解决本地区、本部门、本系统农村基层干部廉洁履行职责方面存在的突出问题，加强对《规定（试行）》的贯彻执行情况的监督检查，及时纠正并严肃处理违反《规定（试行）》的行为，确保把《规定（试行）》落到实处。要坚持从严要求和关心爱护相结合，切实为农村基层干部廉洁履行职责创造条件。广大农村基层干部要认真执行《规定（试行）》，自觉接受监督，坚决杜绝违反《规定（试行）》行为的发生。《规定（试行）》除总则外，共五章二十九条。主要内容是：乡镇领导班子成员和基层站所负责人廉洁履行职责行为规范；村党组织领导班子成员和村民委员会成员廉洁履行职责行为规范；实施与监督；违反规定的处理等。

【中共中央、国务院关于印发《中国农村扶贫开发纲要（二○一一——二○二○年）》的通知】（2011年5月27日） 中共中央、国务院2011年5月27日发出。2013年收入中央文献出版社出版的《十七大以来重要文献选编》（下）。《通知》指出，《中国农村扶贫开发纲要（二○一一——二○二○年）》是今后一个时期我国扶贫开发工作的纲领性文件。各级党委和政府要进一步提高对扶贫开发工作的认识，切实增强做好扶贫开发工作的紧迫感和自觉性，加强领导，强化责任，坚持开发式扶贫方针，加大投入力度，强化政策措施，坚决打好新一轮扶贫开发攻坚战。要广泛深入地开展宣传活动，形成全党全社会关心支持扶贫事业的良好氛围。各地区各部门要结合实际，制定具体实施办法，采取有力措施，确保把《扶贫开发纲要》提出的各项任务落到实处。《扶贫开发纲要》除序言外，包括总体要求、目标任务、对象范围、专项扶贫、行业扶贫、社会扶贫、国际合作、政策保障、组织领导等内容，共九部分四十九条。《扶贫开发纲要》提出，到2020年，要实现以下总体目标：稳定实现扶贫对象不愁吃、不愁穿，保障其义务教育、基本医疗和住房。贫困地区农民人均纯收入增长幅度高于全国平均水平，基本公共服务主要领域指标接近全国平均水平，扭转发展差距扩大趋势。

【中共中央办公厅、国务院办公厅印发《关于深化政务公开加强政务服务的意见》的通知】（2011年6月8日） 中共中央办公厅、国务院办公厅2011年6月8日发出。2013年收入中央文献出版社出版的《十七大以来重要文献选编》（下）。《通知》指出，《关于深化政务公开加强政务服务的意见》已经中央同意，要求各地各部门结合实际认真贯彻执行。《意见》共四个部分：一、深化政务公开、加强政务服务的重要性和总体要求。二、以改革创新精神深化政务公开工作。三、统筹推进政务服务体系建设。四、强化监督保障措施。《意见》指出，深化政务公开、加强政务服务，对于推进行政体制改革、加强对行政权力监督制约、从源头上防治腐败和提供高效便民服务，都具有重要意义。各地区各部门要高度重视解决政务公开政务服务工作中存在的问题，坚持保障人民群众的知情权和监督权，加大推进政务公开力度，把公开透明的要求贯穿于政务服务各个环节，以公开促进政务服务水平的提高，创造条件保障人民群众更好地了解和监督政府工作。

【在庆祝中国共产党成立九十周年大会上的讲话】（2011年7月1日） 胡锦涛2011年7月1日在庆祝中国共产党成立九十周年大会上的讲话。2013年收入中央文献出版社出版的《十七大以来重要文献选编》（下）。《讲话》在回顾中国共产党90年奋斗历史时指出：90年来，我们党团结带领人民在中国这片古老的土地上，书写了人类发展史上惊天地、泣鬼神的壮丽史诗，集中体现为完成和推进了三件大事。第一件大事，我们党紧紧依靠人民完成了新民主主义革命，实现了民族独立、人民解放。第二件大事，我们党紧紧依靠人民完成了社会主义革命，确立了社会主义基本制度。第三件大事，我们党紧紧依靠人民进行了改革开放新的伟大革命，开创、坚持、发展了中国特色社会主义。这三件大事，从根本上改变了中国人民和中华民族的前途命运，不可逆转地结束了近代以后中国内忧外患、积贫积弱的悲惨命运，不可逆转地开启了中华民族不断发展壮大、走向伟大复兴的历史进军，使具有五千多年文明历史的中国面貌焕然一新，中华民族伟大复兴展现出前所未有的光明前景。《讲话》指出，回顾90年中国的发展进步，可以得出一个基本结论：办好中国的事情，关键在党。只要全党同志常怀忧党之心、恪尽兴党之责，以更加奋发有为的精神状态推进党的建设，我们党就一定能够更好把握历史大势、勇立时代潮头、引领社会进步。在本世纪上半叶，我们党要团结带领人民完成两个宏伟目标，这就是到中国共产党成立一百年时建成惠及十几亿人口的更高水平的小康社会，到新中国成立一百年时建成富强民主文明和谐的社会主义现代化国家。《讲话》号召，全党同志要牢记历史使命，永远保持谦虚、谨慎、不骄、不躁的作风，永远保持艰苦奋斗的作风，勇于变革、勇于创新，永不僵化、永不停滞，不动摇、不懈怠、不折腾，不为任何风险所惧，不被任何干扰所惑，坚定不移沿着中国特色社会主义道路奋勇前进，更加奋发有为地团结带领全国各族人民创造自己的幸福生活和中华民族的美好未来！

【在纪念辛亥革命一百周年大会上的讲话】（2011年10月9日） 胡锦涛2011年10月9日在纪念辛亥革命一百周年大会上的讲话。2013年收入中央文献出版社出版的《十七大以来重要文献选编》（下）。《讲话》指出，孙中山先生是伟大的民族英雄、伟大的爱国主义者、中国民主革命的伟大先驱。以孙中山先生为代表的革命党人发动的辛亥革命推翻了清王朝统治，结束了统治中国几千年的君主专制制度，传播了民主共和的理念，以巨大的震撼力和深刻的影响力推动了近代中国社会变革。虽然由于历史进程和社会条件的制约，辛亥革命没有改变旧中国半殖民地、半封建的社会性质，没有改变中国人民的悲惨境遇，没有完成实现民族独立、人民解放的历史任务，但它开创了完全意义上的近代民族民主革命，极大推动了中华民族的思想解放，打开了中国进步潮流的闸门，为中华民族发展进步探索了道路。《讲话》指出，中国共产党人是孙中山先生开创的革命事业最坚定的支持者、最亲密的合作者、最忠实的继承者，不断实现和发展了孙中山先生和辛亥革命先驱的伟大抱负。孙中山先生振兴中华的深切夙愿，辛亥革命先驱的美好憧憬，今天已经或正在成为现实，中华民族复兴展现出前所未有的光明前景。孙中山先生和辛亥革命先驱振兴中华的宏愿，应该成为两岸同胞的共同追求。我们呼吁，全体中华儿女携起手来，坚定实现中华民族伟大复兴的理想，努力作出无愧于孙中山先生和辛亥革命先驱、无愧于我们伟大民族的贡献，在时代进步洪流中奋力实现中华民族的伟大复兴！

【中共中央关于深化文化体制改革推动社会主义文化大发展大繁荣若干重大问题的决定】（2011年10月18日） 中国共产党第十七届中央委员会第六次全体会议2011年10月18日通过。2013年收入中央文献出版社出版的《十七大以来重要文献选编》（下）。《决定》共九个部分：一、充分认识推进文化改革发展的重要性和紧迫性，更加自觉、更加主动地推动社会主义文化大发展大繁荣。二、坚持中国特色社会主义文化发展道路，努力建设社会主义文化强国。三、推进社会主义核心价值体系建设，巩固全党全国各族人民团结奋斗的共同思想道德基础。四、全面贯彻“二为”方向和“双百”方针，为人民提供更好更多的精神食粮。五、大力发展公益性文化事业，保障人民基本文化权益。六、加快发展文化产业，推动文化产业成为国民经济支柱性产业。七、进一步深化改革开放，加快构建有利于文化繁荣发展的体制机制。八、建设宏大文化人才队伍，为社会主义文化大发展大繁荣提供有力人才支撑。九、加强和改进党对文化工作的领导，提高推进文化改革发展科学化水平。《决定》提出，到2020年，文化改革发展要实现以下奋斗目标：社会主义核心价值体系建设深入推进，良好思想道德风尚进一步弘扬，公民素质明显提高；适应人民需要的文化产品更加丰富，精品力作不断涌现；文化事业全面繁荣，覆盖全社会的公共文化服务体系基本建立，努力实现基本公共文化服务均等化；文化产业成为国民经济支柱性产业，整体实力和国际竞争力显著增强，公有制为主体、多种所有制共同发展的文化产业格局全面形成；文化管理体制和文化产品生产经营机制充满活力、富有效率，以民族文化为主体、吸收外来有益文化、推动中华文化走向世界的文化开放格局进一步完善；高素质文化人才队伍发展壮大，文化繁荣发展的人才保障更加有力。《决定》号召：全党全国要为实现这些目标共同努力，不断提高文化建设科学化水平，为把我国建设成为社会主义文化强国打下坚实基础。

【当前经济工作必须把握好的四个重大问题】（2011年12月12日） 胡锦涛2011年12月12日在中央经济工作会议上讲话的一部分。2013年收入中央文献出版社出版的

《十七大以来重要文献选编》（下）。讲话指出，面对复杂多变的国际政治经济环境和国内经济运行新情况新变化，我们必须继续抓住科学发展这个主题和加快转变经济发展方式这条主线，在明年和今后一个时期的经济工作中把握好以下四个重大问题：第一，牢牢把握扩大内需这一战略基点。第二，牢牢把握发展实体经济这一坚实基础。第三，牢牢把握加快改革创新这一强大动力。第四，牢牢把握保障和改善民生这一根本目的。讲话指出，保持我国经济平稳较快发展，必须更多依靠内需拉动；实体经济是社会财富和综合国力的基础，也是改善人民生活的物质基础；扩大内需，增强自主增长能力，发展实体经济，解决制约经济社会发展的诸多矛盾和问题，都必须依靠深化改革、推进科学创新；保障和改善民生，既是满足人民日益增长的物质文化需要的必然要求，也是加快转变经济发展方式、扩大消费的必然要求。

【在庆祝天宫一号与神舟八号交会对接任务圆满成功大会上的讲话】（2011年12月16日） 胡锦涛2011年12月16日在庆祝天宫一号与神舟八号交会对接任务圆满成功大会上的讲话。2013年收入中央文献出版社出版的《十七大以来重要文献选编》（下）。《讲话》指出，天宫一号与神舟八号交会对接成功，标志着我国在突破和掌握空间交会对接技术上迈出了重要一步。这是我国载人航天事业发展史上的又一重要里程碑，是建设创新型国家的又一标志性成果，是中华民族为人类探索利用外层空间作出的又一卓越贡献。《讲话》指出，我国载人航天工程牵引带动了一批新兴高技术产业特别是信息技术和工业技术快速发展，培养造就了一支能够站在世界科技前沿、勇于开拓创新的高素质人才队伍，探索形成了大型工程建设现代化管理模式，培育铸就了特别能吃苦、特别能战斗、特别能攻关、特别能奉献的载人航天精神。事实证明，中华民族有志气、有信心、有能力屹立于世界民族之林，有志气、有信心、有能力为人类文明发展不断作出新的贡献！《讲话》还指出，我国科技总体水平特别是自主创新能力同世界先进水平相比仍有较大差距，必须坚持自力更生、自主创新，走创新发展之路；必须坚持集中力量、重点突破，走跨越发展之路；必须坚持服务经济、服务民生，走融合发展之路；必须坚持着眼长远、引领未来，走可持续发展之路。《讲话》表示，中国人民愿同各国人民携手共进，坚持和平开发利用太空的正确方向，不断深化航天领域和其他科技领域国际合作，不断为人类作出新的更大的贡献！

【中共中央、国务院关于加快推进农业科技创新持续增强农产品供给保障能力的若干意见】（2011年12月31日） 中共中央、国务院2011年12月31日发出。2013年收入中央文献出版社出版的《十七大以来重要文献选编》（下）。《若干意见》总共二十三条，分六个方面：一、加大投入强度和工作力度，持续推动农业稳定发展。二、依靠科技创新驱动，引领支撑现代农业建设。三、提升农业技术推广能力，大力发展农业社会化服务。四、加强教育科技培训，全面造就新型农业农村人才队伍。五、改善设施装备条件，不断夯实农业发展物质基础。六、提高市场流通效率，切实保障农产品稳定均衡供给。《若干意见》指出，做好2012年农业农村工作，稳定发展农业生产，确保农产品有效供给，对推动全局工作、赢得战略主动至关重要。全党要始终保持清醒认识，绝不能因为连续多年增产增收而思想麻痹，绝不能因为农村面貌有所改善而投入减弱，绝不能因为农村发展持续向好而工作松懈，必须再接再厉、迎难而上、开拓进取，努力在高起点上实现新突破、再创新佳绩。

【保持党的纯洁性】（2012年1月9日） 胡锦涛2012年1月9日在十七届中央纪委七次全会上讲话的一部分。2013年收入中央文献出版社出版的《十七大以来重要文献选编》（下）。讲话指出，当前，我们党的队伍总体上是纯洁、团结、有战斗力的。同时，也必须看到，随着改革开放和社会主义市场经济深入发展，随着党的队伍越来越大，管党治党任务越来越艰巨，保持队伍纯洁性的问题更加突出地摆在我们面前。讲话列举了党员、干部中在理想信念、思想意识、工作作风、廉洁自律、政治组织纪律、干部选拔任用等方面存在的突出问题，并指出：这些问题严重损害党的纯洁性，严重损害党同人民群众的血肉联系，严重影响党的执政地位巩固和执政使命实现。全党都要充分认识保持党的纯洁性的极端重要性和紧迫性，不断增强党的意识、政治意识、危机意识、责任意识，切实做好保持党的纯洁性的各项工作。讲话强调，在新的形势下，保持党的纯洁性，要坚持党要管党、从严治党，坚持强化思想理论武装和严格队伍管理相结合、发扬党的优良作风和加强党性修养与党性锻炼相结合、坚决惩治腐败和有效预防腐败相结合、发挥监督作用和严肃党的纪律相结合，不断增强自我净化、自我完善、自我革新、自我提高能力，始终坚持党的性质和宗旨，永葆共产党人政治本色。当前和今后一个时期，要着力抓好大力保持党员、干部思想纯洁，队伍纯洁，作风纯洁，清正廉洁和大力加强监督、严明纪律等几方面的工作。

【中共中央关于加强新形势下党外代表人士队伍建设的意见】（2012年2月2日） 中共中央2012年2月2日发出。2013年收入中央文献出版社出版的《十七大以来重要文献选编》（下）。《意见》总共二十八条，分八个方面：一、深刻认识加强新形势下党外代表人士队伍建设的重要性和紧迫性。二、党外代表人士队伍建设的总体要求。三、切实抓好党外代表人士的发现储备。四、全面加强党外代表人士的教育培养。五、加大党外代表人士的选拔任用力度。六、注重党外代表人士的管理。七、加强与党外代表人士的联谊交友。八、加强和改善党对党外代表人士队伍建设的领导。《意见》指出，加强党外代表人士队伍建设，事关坚持和发挥我国社会主义政治制度的特点和优势。必须大力加强党外代表人士队伍建设，努力培养一大批与中国共产党同心同德、亲密合作、经得起考验的党外代表人士，依法参与管理国家事务和社会事务、管理经济和文化事业，长期坚持和不断完善我国社会主义政治制度，推动爱国统一战线不断巩固壮大。

【中共中央办公厅印发《关于加强和改进非公有制企业党的建设工作的意见（试行）》的通知】（2012年3月8日） 中共中央办公厅2012年3月8日发出。2013年收入中央文献出版社出版的《十七大以来重要文献选编》（下）。《通知》指出，《意见（试行）》已经中央领导同志同意，请结合实际认真贯彻执行。《意见（试行）》共二十条，分七个方面：一、明确非公有制企业党组织的功能定位。二、建立健全领导体制和工作机制。三、努力推进党的组织和工作覆盖。四、探索党组织和党员发挥作用的有效途径。五、加强以党组织书记为重点的党务工作者队伍建设。六、加强对非公有制企业出资人的教育引导。七、强化非公有制企业党建工作保障。《意见（试行）》指出，非公有制企业党组织是党在企业中的战斗堡垒，在企业职工群众中发挥政治核心作用，在企业发展中发挥政治引领作用。其主要职责是：宣传贯彻党的路线方针政策；团结凝聚职工群众；维护各方合法权益；建设先进企业文化；促进企业健康发展；加强自身建设。《意见（试行）》要求县以上地方党委一般要有非公有制企业党建工作机构；努力实现职工50人以上的非公有制企业有党员，具备建立党组织条件的企业实现党的组织覆盖，因条件暂不具备尚未建立党组织的企业实行党的工作覆盖。

【在纪念中国共产主义青年团成立九十周年大会上的讲话】（2012年5月4日） 胡锦涛2012年5月4日在纪念中国共产主义青年团成立九十周年大会上的讲话。2013年收入中央文献出版社出版的《十七大以来重要文献选编》（下）。《讲话》回顾了中国青年运动90年的历史，总结了中国青年运动发展的宝贵经验，指出：中国青年运动必须始终坚持中国共产党的领导；必须始终弘扬爱国主义精神；必须始终走在时代前列；必须始终投身人民伟大实践；必须始终尊重青年主体地位。《讲话》指出，当代青年是无比幸运的一代，又是责任重大的一代。希望广大青年坚持远大理想；坚持刻苦学习；坚持艰苦奋斗；坚持开拓创新；坚持高尚品行。党和人民坚信，我国各族青年一定会不负重托、不辱使命，在全面建设小康社会、坚持和发展中国特色社会主义、实现中华民族伟大复兴的征程上创造更加壮美的青春业绩。

【中共中央关于印发《中国共产党党内法规制定条例》的通知】（2012年5月26日） 中共中央2012年5月26日发出。2013年收入中央文献出版社出版的《十七大以来重要文献选编》（下）。《通知》指出，党内法规是党的各级组织和全体党员开展工作、从事活动的基本遵循。《中国共产党党内法规制定条例》是加强党的制度建设的重要基础性党内法规，对于规范党内法规制定工作，推进党的建设制度化、规范化、程序化，提高党的科学执政、民主执政、依法执政水平，具有十分重要的意义。各地区各有关部门要从全局和战略的高度充分认识做好党内法规工作的重要意义，切实把这项工作摆在更加突出的位置抓紧抓好。要认真贯彻落实《条例》，加强统筹规划，提高制定质量，加快构建内容协调、程序严密、配套完备、有效管用的党内法规制度体系。要强化宣传教育，加大执行力度，切实维护党内法规的权威性和严肃性，努力在全党形成重视、学习、遵守党内法规的浓厚氛围。要加强组织领导，健全工作机构，充实工作力量，强化政策支持，为做好党内法规工作提供坚实保证。《条例》包括总则；规划与计划；起草；审批与发布；适用与解释；备案、清理与评估；附则。共七章三十六条。

【中共中央、国务院关于深化科技体制改革加快国家创新体系建设的意见】（2012年7月2日）　中共中央、国务院2012年7月2日发出。2013年收入中央文献出版社出版的《十七大以来重要文献选编》（下）。《意见》共八个部分：一、充分认识深化科技体制改革、加快国家创新体系建设的重要性和紧迫性。二、深化科技体制改革、加快国家创新体系建设的指导思想、主要原则和主要目标。三、强化企业技术创新主体地位，促进科技与经济紧密结合。四、加强统筹部署和协同创新，提高创新体系整体效能。五、改革科技管理体制，促进管理科学化和资源高效利用。六、完善人才发展机制，激发科技人员积极性创造性。七、营造良好环境，为科技创新提供有力保障。八、加强组织领导，稳步推进实施。《意见》提出，在“十二五”时期，深化科技体制改革、加快国家创新体系建设要达到以下目标：一是确立企业在技术创新中的主体地位，培育若干综合竞争力居世界前列的创新型企业和科技型中小企业创新集群。二是推进科研院所和高等学校科研体制机制改革，加快建设若干一流科研机构，创新能力和研究成果进入世界同类科研机构前列；加快建设一批高水平研究型大学，一批优势学科达到世界一流水平。三是完善国家创新体系，提高整体效能，科技进步贡献率达到55%左右。四是改革科技管理体制，推进科技项目和经费管理改革、科技评价和奖励制度改革，形成激励创新的正确导向，打破行业壁垒和部门分割，实现创新资源合理配置和高效利用。五是完善人才发展机制，每万名就业人员的研发人力投入达到四十三人年；提高全民科学素质，我国公民具备基本科学素质的比例超过5%。六是进一步优化创新环境，加强科学道德和创新文化建设，完善保障和推进科技创新的政策措施，扩大科技开放合作。

【把党的十八大开成一次高举旗帜、继往开来、团结奋进的大会】（2012年11月4日）　胡锦涛2012年11月4日在中共十七届七中全会第二次全体会议上讲话的一部分。2013年收入中央文献出版社出版的《十七大以来重要文献选编》（下）。讲话指出，再过几天，党的十八大就要召开了。开好党的十八大，是我们共同的政治责任，全党全国各族人民寄予厚望，国外也高度关注。我们要把十八大开成一次高举旗帜、继往开来、团结奋进的大会。讲话提出我们要在三个方面共同作出努力：一是切实做好党的十八大报告审议工作；二是切实做好党章修正案审议工作；三是切实做好“两委”选举工作。讲话强调，为确保党的十八大胜利召开并取得成功，各级领导干部要以高度负责、奋发有为的精神做好改革发展稳定各项工作，保持安定团结的良好局面，为党的十八大召开创造良好氛围。

【坚定不移沿着中国特色社会主义道路前进，为全面建成小康社会而奋斗】（2012年11月8日） 胡锦涛2012年11月8日在中国共产党第十八次全国代表大会开幕式上所作报告。报告主要内容摘登在2012年11月9日《人民日报》。2014年收入中央文献出版社出版的《十八大以来重要文献选编》（上）。报告共分十二个部分：一、过去五年的工作和十年的基本总结；二、夺取中国特色社会主义新胜利；三、全面建成小康社会和全面深化改革开放的目标；四、加快完善社会主义市场经济体制和加快转变经济发展方式；五、坚持走中国特色社会主义政治发展道路和推进政治体制改革；六、扎实推进社会主义文化强国建设；七、在改善民生和创新管理中加强社会建设；八、大力推进生态文明建设；九、加快推进国防和军队现代化；十、丰富“一国两制”实践和推进祖国统一；十一、继续促进人类和平与发展的崇高事业；十二、全面提高党的建设科学化水平。报告强调指出，党的十八大是在我国进入全面建成小康社会决定性阶段召开的一次十分重要的大会。报告总结了十年奋斗历程，指出最重要的就是我们坚持了以马克思列宁主义、毛泽东思想、邓小平理论、“三个代表”重要思想为指导，勇于推进实践基础上的理论创新，围绕坚持和发展中国特色社会主义提出一系列紧密相连、相互贯通的新思想、新观点、新论断，形成和贯彻了科学发展观。报告指出，全面建成小康社会，加快推进社会主义现代化，实现中华民族伟大复兴，必须坚定不移走中国特色社会主义。报告进一步明确了到2020年实现全面建成小康社会宏伟目标，以及在经济建设、政治建设、文化建设、社会建设、生态文明建设、军队建设、祖国统一和国际外交事务等方面的工作。对如何全面提高党的建设科学化水平，提出了八个方面任务。报告指出，面对人民的信任和重托，面对新的历史条件和考验，全党必须增强忧患意识，谦虚谨慎，戒骄戒躁，始终保持清醒头脑；必须增强创新意识，坚持真理，修正错误，始终保持奋发有为的精神状态；必须增强宗旨意识，相信群众，依靠群众，始终把人民放在心中最高位置；必须增强使命意识，求真务实，艰苦奋斗，始终保持共产党人的政治本色。

【中国共产党第十八次全国代表大会关于《中国共产党章程（修正案）》的决议】（2012年11月14日） 中国共产党第十八次全国代表大会2012年11月14日通过。发表于2012年11月15日《人民日报》。2014年收入中央文献出版社出版的《十八大以来重要文献选编》（上）。《决议》首先指出，科学发展观是同马克思列宁主义、毛泽东思想、邓小平理论、“三个代表”重要思想既一脉相承又与时俱进的科学理论，是马克思主义关于发展的世界观和方法论的集中体现，是马克思主义中国化最新成果，是中国共产党集体智慧的结晶，是党必须长期坚持的指导思想。大会一致同意在党章中把科学发展观同马克思列宁主义、毛泽东思想、邓小平理论、“三个代表”重要思想一道确立为党的行动指南。同时认为，把中国特色社会主义制度同中国特色社会主义道路、中国特色社会主义理论体系一道写入党章，有利于全党深化对中国特色社会主义的认识、全面把握中国特色社会主义的内涵。《决议》还同意将生态文明建设写入党章。同时，还在党章中进一步丰富了社会主义经济建设、政治建设、文化建设、社会建设的内容。对坚定不移依靠改革开放也充分进行了论述。《决议》还同意把十七大以来，在党的建设上形成的许多新成果、新认识、新要求充实到党章关于党的建设总体要求中，使党的建设的主线、总体布局、总体目标更加完善，有利于全面推进党的建设新的伟大工程。《决议》最后对各级党组织和全党同志提出了要求。

【人民对美好生活的向往，就是我们的奋斗目标】（2012年11月15日）　习近平2012年11月15日在十八届中央政治局常委同中外记者见面时讲话的主要部分。2014年收入中央文献出版社出版的《十八大以来重要文献选编》（上）。该讲话是代表新一届中央领导集体的郑重表态，指出“一定不负重托，不辱使命”。讲话指出全党同志的重托，全国各族人民的期望，是对做好工作的巨大鼓舞，也是肩上的重大责任。进一步阐述了这个重大责任，就是对民族的责任；对人民的责任；对党的责任。讲话表达了要与人民心心相印、同甘共苦，团结奋斗的决心。指出要努力向历史、向人民交出一份合格的答卷。

【全面贯彻落实党的十八大精神要突出抓好六个方面的工作】（2012年11月15日）　习近平2012年11月15日在党的十八届一中全会上讲话的一部分。发表于《求是》杂志2013年第一期。文章共分六部分：第一，高举中国特色社会主义伟大旗帜；第二，加强中国特色社会主义理论体系学习实践；第三，全面推进建设小康社会各项事业；第四，着力保障和改善民生；第五，全面推进党的建设新的伟大工程；第六，深化改革开放。文章最后指出，只要我们永不动摇信仰、永不脱离群众，我们就能无往而不胜。

【紧紧围绕坚持和发展中国特色社会主义学习宣传贯彻党的十八大精神】（2012年11月17日）　习近平2012年11月17日在十八届中共中央政治局第一次集体学习时讲话。2014年收入中央文献出版社出版的《十八大以来重要文献选编》（上）。讲话指出，坚持和发展中国特色社会主义是贯穿党的十八大报告的一条主线。要紧紧抓住这条主线，把坚持和发展中国特色社会主义作为学习贯彻党的十八大精神的聚焦点、着力点、落脚点。并从理论和实践的结合上提出五方面意见：第一，深刻领会中国特色社会主义是党和人民长期实践取得的根本成就；第二，深刻领会中国特色社会主义是由道路、理论体系、制度三位一体构成的；第三，深刻领会建设中国特色社会主义的总依据、总布局、总任务；第四，深刻领会夺取中国特色社会主义新胜利的基本要求；第五，深刻领会确保党始终成为中国特色社会主义事业的坚强领导核心。最后指出，发展中国特色社会主义是一项长期而艰巨的任务，必须准备进行具有许多新的历史特点的伟大斗争。

【中国梦，复兴路】（2012年11月29日） 习近平2012年11月29日在参观《复兴之路》展览时的讲话。2014年收入中央文献出版社出版的《十八大以来重要文献选编》（上）。讲话对《复兴之路》展览给予充分肯定，指出这个展览，回顾了中华民族的昨天，展示了中华民族的今天，宣示了中华民族的明天，给人以深刻教育和启示。讲话回顾了中华民族近代以来，中国人民走过的奋斗历程，展示了以爱国主义为核心的伟大民族精神。并通过不断总结经验，艰辛探索，终于找到了实现中华民族伟大复兴的正确道路。讲话指出，这条道路就是中国特色社会主义。讲话要求全党同志要做到三个必须牢记。讲话还就中国梦的内涵进行了阐释，指出这个梦想，凝聚了几代中国人的夙愿，体现了中华民族和中国人民的整体利益，是每一个中华儿女的共同期盼。讲话表达了中国共产党人为实现中国梦的决心和信心。

【在首都各界纪念现行宪法公布施行三十周年大会上的讲话】（2012年12月4日） 习近平2012年12月4日在首都各界纪念现行宪法公布施行三十周年大会上讲话。发表于2012年12月5日《人民日报》。2014年收入中央文献出版社出版的《十八大以来重要文献选编》（上）。《讲话》谈了四个问题：第一，坚持正确政治方向，坚定不移走中国特色社会主义政治发展道路；第二，落实依法治国基本方略，加快建设社会主义法治国家；第三，坚持人民主体地位，切实保障公民享有权利和履行义务；第四，坚持党的领导，更加注重改进党的领导方式和执政方式。《讲话》指出，纪念现行宪法公布施行三十周年这一具有重大历史意义和现实意义的事件，就是要保证宪法全面有效实施、推动全面贯彻党的十八大精神。《讲话》回顾了1949年以来宪法形成发展的历史，指出宪法是符合国情、符合实际、符合时代发展要求的。在充分肯定成绩的同时，也指出了存在的不足。对抓好宪法实施工作，提高全面贯彻实施宪法的水平，提出了具体要求，进一步明确了坚持依法治国、依法执政、依法行政共同推进，坚持法治国家、法治政府、法治社会一体建设，扎扎实实把党的十八大精神落实到各项工作中去，为全面建成小康社会、开创中国特色社会主义事业新局面的目标。

【中共中央、国务院关于加快发展现代农业进一步增强农村发展活力的若干意见】（2012年12月31日） 中共中央、国务院2012年12月31日发出。发表于2013年2月1日《人民日报》。2014年收入中央文献出版社出版的《十八大以来重要文献选编》（上）。《若干意见》共七部分：一、建立重要农产品供给保障机制，努力夯实现代农业物质基础；二、健全农业支持保护制度，不断加大强农惠农富农政策力度；三、创新农业生产经营体制，稳步提高农民组织化程度；四、构建农业社会化服务新机制，大力培育发展多元服务主体；五、改革农村集体产权制度，有效保障农民财产权利；六、改进农村公共服务机制，积极推进城乡公共资源均衡配置；七、完善乡村治理机制，切实加强以党组织为核心的农村基层组织建设。《若干意见》指出，党的十六大以来，深入贯彻落实科学发展观，全面推进"三农"实践创新、理论创新、制度创新，全面确立重中之重、统筹城乡、"四化同步"等战略思想，全面制定一系列多予少取放活和工业反哺农业、城市支持农村的重大政策，农业生产得到很大发展、农村面貌得到很大改善、农民群众得到很大实惠，农业农村发展实现了历史性跨越，初步探索出一条中国特色农业现代化道路。《若干意见》进一步提出了2013年农业农村工作的总体要求。《若干意见》最后要求各级党委和政府要切实加强和改善对"三农"工作的领导，确保劲头不松懈、力度不减弱、力量有加强。要求要奋力拼搏，锐意进取，求真务实，再创农村改革发展新的辉煌。

【关于坚持和发展中国特色社会主义的几个问题】（2013年1月5日）　习近平2013年1月5日在新进中央委员会的委员、候补委员学习贯彻党的十八大精神研讨班上讲话的一部分。2014年收入中央文献出版社出版的《十八大以来重要文献选编》（上）。讲话共四部分：第一，中国特色社会主义是社会主义而不是其他什么主义，科学社会主义基本原则不能丢，丢了就不是社会主义。第二，我们党领导人民进行社会主义建设，有改革开放前和改革开放后两个历史时期，这是两个相互联系又有重大区别的时期，但本质上都是我们党领导人民进行社会主义建设的实践探索。第三，马克思主义必定随着时代、实践和科学的发展而不断发展，不可能一成不变，社会主义从来都是在开拓中前进的。第四，我们党始终坚持共产主义远大理想，共产党员特别是党员领导干部要做共产主义远大理想和中国特色社会主义共同理想的坚定信仰者和忠实践行者。讲话指出，历史和现实都告诉我们，只有社会主义才能救中国，只有中国特色社会主义才能发展中国，这是历史的结论、人民的选择。讲话还从三个方面阐述了中国特色社会主义是在改革开放历史新时期开创的，也是在新中国已经建立起社会主义基本制度并进行了二十多年建设的基础上开创的道理。讲话指出，解放思想、实事求是、与时俱进，是马克思主义活的灵魂，是我们适应新形势、认识新事物、完成新任务的根本思想武器。要求全党同志首先是各级领导干部必须坚持马克思这样的发展观点，坚持实践是检验真理的唯一标准，发挥历史的主动性和创造性。讲话指出，道路问题是关系党的事业兴衰成败第一位的问题，道路就是党的生命。只要我们坚持独立自主走自己的路，毫不动摇坚持和发展中国特色社会主义，我们就一定能在中国共产党成立一百年时全面建成小康社会，就一定能在新中国成立一百年时建成富强民主文明和谐的社会主义现代化国家。

【深入学习贯彻党的十八大精神，努力开创党风廉政建设和反腐败斗争新局面】（2013年1月21日） 王岐山代表第十八届中央纪律检查委员会常务委员会向第二次全体会议作的工作报告。2014年收入中央文献出版社出版的《十八大以来重要文献选编》（上）。报告共分四部分：一、坚决维护党章的权威性和严肃性；二、不折不扣落实中央关于改进工作作风、密切联系群众的八项规定；三、坚持惩治和预防腐败两手抓、两手都要硬；四、用铁的纪律打造人民满意的纪检监察干部队伍。报告指出此次全会的主要任务就是深入贯彻党的十八大精神，研究部署2013年党风廉政建设和反腐败工作。指出党面临的形势越复杂，就越要加强党的纪律建设。报告指出党章是立党治党管党的总章程，是全党必须共同遵守的根本行为规范。政治纪律是我们党最重要的纪律，严明党的纪律首先要严明政治纪律。要深入开展政治纪律教育，进一步坚定中国特色社会主义道路自信、理论自信、制度自信，在思想上政治上行动上同以习近平为总书记的党中央保持高度一致，维护中央权威，保证党的集中统一。报告对各单位特别是领导干部严格落实中央八项规定提出了具体要求。对严惩和预防腐败提出了具体措施。对如何加强纪检监察队伍建设提出了具体办法。

【依纪依法严惩腐败，着力解决群众反映强烈的突出问题】（2013年1月22日） 习近平2013年1月22日在十八届中央纪委二次全会上讲话的一部分。2014年收入中央文献出版社出版的《十八大以来重要文献选编》（上）。讲话指出，坚定不移惩治腐败，是我们党有力量的表现，也是全党同志和广大群众的共同愿望。从严治党，惩治这一手决不能放松。要坚持"老虎""苍蝇"一起打。讲话对继续全面推进惩治和预防腐败体系建设提出具体要求。对反腐倡廉建设必须从领导干部做起进行了深入分析，认为在我们的一些领导干部中，特权思想、特权现象还是比较严重的，解决这个问题，不仅是党风廉政建设的重要内容，而且是涉及党和国家能不能永葆生机活力的大问题。要求中央纪委要进行研究，提出工作意见。要求各级党组织要负起责任，领导干部要守住底线。

【政府工作报告】（2013年3月5日） 温家宝在第十二届全国人民代表大会第一次会议上所作的报告。2014年收入中央文献出版社出版的《十八大以来重要文献选编》（上）。《报告》共分三部分：一、过去五年工作回顾；二、今年经济社会发展的总体要求、主要预期目标和宏观经济政策；三、对今年政府工作的建议。《报告》对2009年以来政府的工作进行了回顾，指出了五年来的主要工作和特点：一是有效应对国际金融危机，促进经济平稳较快发展；二是加快经济结构调整，提高经济发展的质量和效益；三是毫不放松地抓好“三农”工作，巩固和加强农业基础地位；四是坚持实施科教兴国战略，增强经济社会发展的核心支撑力量；五是坚持把人民利益放在第一位，着力保障和改善民生；六是深化重要领域改革，增强经济社会发展的内在动力；七是坚定不移扩大对外开放，全面提升开放型经济水平；八是切实加强政府自身建设，进一步深化行政体制改革。《报告》提出了2013年工作的总体目标和经济社会发展的主要预期目标，以及实现目标采取的政策。《报告》对新一届政府工作提出了四点建议。

【在第十二届全国人民代表大会第一次会议上的讲话】（2013年3月17日）　习近平2013年3月17日在第十二届全国人民代表大会第一次会议上讲话。2014年收入中央文献出版社出版的《十八大以来重要文献选编》（上）。《讲话》对被选为国家主席，表示感谢。表示要忠实履行宪法赋予的职责，忠于祖国，忠于人民，恪尽职守，夙夜在公，为民服务，为国尽力，自觉接受人民监督。《讲话》对胡锦涛担任国家主席十年间的工作给予充分肯定。《讲话》指出实现中国梦必须走中国道路、必须弘扬中国精神、必须凝聚中国力量。《讲话》深入阐述了实现中国梦与依靠人民的关系。《讲话》表达了中国共产党为实现中国梦的决心和信心。

【在同各界优秀青年代表座谈时的讲话】（2013年5月4日）　习近平2013年5月4日在同各界优秀青年代表座谈时讲话。2014年收入中央文献出版社出版的《十八大以来重要文献选编》（上）。《讲话》回顾了近代以来中国青年为了振兴中华的不懈追求。指出历史和现实都告诉我们，青年一代有理想、有担当，国家就有前途，民族就有希望。阐述了中国梦与青年一代的责任。《讲话》对广大青年提出了五点希望：第一，一定要坚定理想信念；第二，一定要练就过硬本领；第三，一定要勇于创新创造；第四，一定要矢志艰苦奋斗；第五，一定要锤炼高尚品格。《讲话》鼓励广大青年要历练宠辱不惊的心理素质，坚定百折不挠的进取意志，保持乐观向上的精神状态，变挫折为动力，用从挫折中吸取的教训启迪人生，使人生获得升华和超越。号召广大青年在党的领导下，脚踏实地、开拓进取，共同见证中国梦的实现。

【中共中央关于在全党深入开展党的群众路线教育实践活动的意见】（2013年5月9日）　中共中央2013年5月9日发出。2014年收入中央文献出版社出版的《十八大以来重要文献选编》（上）。《意见》共四部分：一、指导思想；二、目标要求；三、方法步骤；四、组织领导。《意见》指出，党的十八大明确提出，围绕保持党的先进性和纯洁性，在全党深入开展以为民务实清廉为主要内容的党的群众路线教育实践活动，这是新形势下坚持党要管党、从严治党的重大决策，是顺应群众期盼、加强学习型服务型创新型马克思主义执政党建设的重大部署，是推进中国特色社会主义伟大事业的重大举措。《意见》认为党员、干部贯彻落实党的群众路线总体是好的，但也存在着不符合为民务实清廉要求的问题。这些问题严重损害了党在人民群众中的形象，损害了党群干群关系，必须认真加以解决。《意见》对如何搞好群众路线教育实践活动提出了明确的要求并做了认真细致的部署。进一步明确这次教育实践活动由中央政治局带头开展，全党从今年下半年开始自上而下分两批进行，明年7月基本完成。

【在党的群众路线教育实践活动工作会议上的讲话】（2013年6月18日） 习近平2013年6月18日在党的群众路线教育实践活动工作会议上讲话。2014年收入中央文献出版社出版的《十八大以来重要文献选编》（上）。《讲话》讲了三个问题：一、充分认识开展党的群众路线教育实践活动的重大意义。二、准确把握党的群众路线教育实践活动的指导思想和目标要求。三、加强对教育实践活动的领导。《讲话》从三个方面阐述了开展党的群众路线教育实践活动的重大意义，指出开展党的群众路线教育实践活动，是实现党的十八大确定的奋斗目标的必然要求；开展党的群众路线教育实践活动，是保持党的先进性和纯洁性、巩固党的执政基础和执政地位的必然要求；开展党的群众路线教育实践活动，是解决群众反映强烈的突出问题的必然要求，这些问题特别是集中表现在形式主义、官僚主义、享乐主义和奢靡之风“四风”上。《讲话》对如何搞好此次群众路线教育实践活动提出了五个方面的要求。对如何加强此次群众路线教育活动领导提出了五个方面的意见。《讲话》要求全党同志要积极参与到活动中来，以实际行动密切党群干群关系，取得群众满意的成效。

【在全国组织工作会议上的讲话】（2013年6月28日） 习近平2013年6月28日在全国组织工作会议上讲话。2014年收入中央文献出版社出版的《十八大以来重要文献选编》（上）。《讲话》讲了四个问题：一、着力培养选拔党和人民需要的好干部。二、正确认识和处理干部制度改革中出现的新情况。三、组织工作要落实好党要管党、从严治党方针。四、组织部门要切实改进作风。《讲话》指出，进行具有许多新的历史特点的伟大斗争，实现党的十八大确定的各项目标任务，关键在党，关键在人。《讲话》有针对性地阐述了怎样是好干部，怎样成长为好干部，怎样把好干部用起来的问题。而要把好干部选用起来，就需要科学有效的选人用人机制。《讲话》就如何适应新形势下选人用人需要，形成系统完备、科学规范、有效管用、简便易行的制度机制谈了三方面问题。《讲话》针对党要管党，从严治党问题指出，如果管党不力、治党不严，人民群众反映强烈的党内突出问题得不到解决，那我们党迟早会失去执政资格，不可避免被历史淘汰。《讲话》对全党组织部门如何进一步改进作风，树立良好形象，成为讲政治、重公道、业务精、作风好的模范部门提出了要求和希望。

【中共中央、国务院关于地方政府职能转变和机构改革的意见】（2013年9月25日） 中共中央、国务院2013年9月25日发出。2014年收入中央文献出版社出版的《十八大以来重要文献选编》（上）。《意见》共分四个方面：一、加快政府职能转变。二、深化政府机构改革。三、严格控制机构编制。四、抓好组织实施。《意见》要求地方各级政府要把职能转变放在更加突出的位置，处理好政府与市场、政府与社会、政府层级间的关系，把该放的权力放开放到位，把该管的事情管住管好，强化对行政权力的制约监督，推动政府职能向创造良好发展环境、提供优质公共服务、维护社会公平正义转变，进一步激发市场、社会的创造活力，切实提高政府管理科学化水平。《意见》要求要进一步解放思想，坚持因地制宜，采取切实有效措施，将各项改革要求落到实处，圆满完成改革任务，用改革实际成效取信于民。

【中共中央关于印发《中央党内法规制定工作五年规划纲要（二〇一三——二〇一七年）》的通知】（2013年11月5日） 中共中央2013年11月5日发出。2014年收入中央文献出版社出版的《十八大以来重要文献选编》（上）。《通知》指出，中央历来高度重视党内法规建设。新中国成立以来特别是改革开放以来，制定颁布的一批重要党内法规，为管党治党、执政治国提供了重要制度保障。指出了新形势下党的建设面临着新的情况和新的挑战，也对党内法规的制定工作提出了更高的要求。《通知》指出《规划纲要》对今后五年中央党内法规制定工作进行统筹安排，提出了指导思想、工作目标、基本要求、主要任务和落实要求，是做好党内法规制定工作的重要指导性文件。《通知》认为《规划纲要》的制定实施，对于加强党内法规制度体系建设，推进党的建设制度化、规范化、程序化，提高党科学执政、民主执政、依法执政水平，具有重要而深远的意义。《通知》要求各有关部门要把实施《规划纲要》作为推进党的建设、提高党的执政能力的一项重要政治任务，摆到突出位置来抓。有关部门还要加强组织领导，强化督促检查。后附《中央党内法规制定工作五年规划纲要（二〇一三——二〇一七年）》。

【关于《中共中央关于全面深化改革若干重大问题的决定》的说明】（2013年11月9日） 习近平2013年11月9日受中共中央政治局委托在中国共产党第十八届中央委员会第三次全体会议上所作说明。发表于2013年11月16日《人民日报》。2014年收入中央文献出版社出版的《十八大以来重要文献选编》（上）。《说明》谈了三个问题：一、关于全会决定起草过程。二、关于全会决定的总体框架和重点问题。三、关于讨论中要注意的几个问题。《说明》指出，正是从历史经验和现实需要的高度，党的十八大以来，中央反复强调，改革开放是决定当代中国命运的关键一招，也是决定实现“两个一百年”奋斗目标、实现中华民族伟大复兴的关键一招。《说明》指出停顿和倒退没有出路，改革开放只有进行时、没有完成时。而改革是由问题倒逼而产生，又在不断解决问题中得以深化。《说明》介绍了全会决定起草，突出了五个方面的考虑；在框架结构上介绍了全会决定除引言和结束语外，十六个部分，三大板块的基本内容；介绍了中央关于全会决定涉及几个重大问题和重大举措的考虑。《说明》对如何讨论全会决定所提出的全面深化改革的思路和方案提出了具体要求。

【中共中央关于全面深化改革若干重大问题的决定】（2013年11月12日） 中国共产党第十八届中央委员会第三次全体会议2013年11月12日通过。发表于2013年11月16日《人民日报》。2014年收入中央文献出版社出版的《十八大以来重要文献选编》（上）。《决定》共十六部分：一、全面深化改革的重大意义和指导思想；二、坚持和完善基本经济制度；三、加快完善现代市场体系；四、加快转变政府职能；五、深化财税体制改革；六、健全城乡发展一体化体制机制；七、构建开放型经济新体制；八、加强社会主义民主政治制度建设；九、推进法治中国建设；十、强化权力运行制约和监督体系；十一、推进文化体制机制创新；十二、推进社会事业改革创新；十三、创新社会治理体制；十四、加快生态文明制度建设；十五、深化国防和军队改革；十六、加强和改善党对全面深化改革的领导。共六十条。《决定》指出，全面建成小康社会，进而建成富强民主文明和谐的社会主义现代化国家、实现中华民族伟大复兴的中国梦，必须在新的历史起点上全面深化改革，不断增强中国特色社会主义道路自信、理论自信、制度自信。《决定》号召全党同志要紧密团结在以习近平同志为总书记的党中央周围，锐意进取，攻坚克难，为全面建成小康社会、不断夺取中国特色社会主义新胜利、实现中华民族伟大复兴的中国梦而奋斗。

【切实把思想统一到党的十八届三中全会精神上来】（2013年11月12日） 习近平2013年11月12日在十八届三中全会第二次全体会议上讲话的一部分。发表于2014年1月1日《人民日报》。2014年收入中央文献出版社出版的《十八大以来重要文献选编》（上）。讲话围绕党的十八届三中全会提出的指导思想、总体思路、目标任务，就如何贯彻落实全会精神提出六点要求：第一，坚持把完善和发展中国特色社会主义制度，推进国家治理体系和治理能力现代化作为全面深化改革的总目标。第二，进一步解放思想、进一步解放和发展社会生产力、进一步解放和增强社会活力。第三，以经济体制改革为重点，发挥经济体制改革牵引作用。第四，坚持社会主义市场经济改革方向。第五，以促进社会公平正义、增进人民福祉为出发点和落脚点。第六，紧紧依靠人民推动改革。

【中共中央、国务院关于印发《党政机关厉行节约反对浪费条例》的通知】（2013年11月18日） 中共中央、国务院2013年11月18日发出。发表于2013年11月26日《人民日报》。2014年收入中央文献出版社出版的《十八大以来重要文献选编》（上）。《通知》指出，艰苦奋斗、勤俭节约是中华民族的传统美德，是我们党的优良作风，是党政机关清廉形象的重要体现。《通知》还指出，近年来一些党政机关存在的问题，严重损害了党风政风，严重损害了党和政府的形象和威信，广大干部群众对此反映强烈。党的十八届三中全会围绕反对形式主义、官僚主义、享乐主义和奢靡之风，提出了加快有关体制机制改革的新要求。为此中央制定出台《党政机关厉行节约反对浪费条例》。《条例》共十二章六十五条，对党政机关经费管理、国内差旅、因公临时出国（境）、公务接待、公务用车、会议活动、办公用房、资源节约等作出全面规范，对宣传教育、监督检查、责任追究等工作提出明确要求。要求各地区各部门从关系党的执政基础和执政地位的高度，从关系党的人民事业兴衰成败的高度，充分认识厉行节约反对浪费的极端重要性和现实紧迫性，把这项工作抓紧抓好。后附《党政机关厉行节约反对浪费条例》。

【中共中央办公厅印发《关于培育和践行社会主义核心价值观的意见》的通知】（2013年12月11日）　中共中央办公厅2013年12月11日发出。发表于2013年12月24日《人民日报》。2014年收入中央文献出版社出版的《十八大以来重要文献选编》（上）。《通知》指出，《意见》已经中央同意，请结合实际认真贯彻执行。《意见》共六部分：一、培育和践行社会主义核心价值观的重要意义和指导思想。二、把培育和践行社会主义核心价值观融入国民教育全过程。三、把培育和践行社会主义核心价值观落实到经济发展实践和社会治理中。四、加强社会主义核心价值观宣传教育。五、开展涵养社会主义核心价值观的实践活动。六、加强对培育和践行社会主义核心价值观的组织领导。共二十三条。《意见》指出，社会主义核心价值观是社会主义核心价值体系的内核，体现社会主义核心价值体系的根本性质和基本特征，反映社会主义核心价值体系的丰富内涵和实践要求，是社会主义核心价值体系的高度凝练和集中表达。《意见》要求各级党委和政府要充分认识培育和践行社会主义核心价值观的重要性，把这项任务摆上重要位置，把握方向，制定政策，营造环境，切实负起政治责任和领导责任。

【在中央城镇化工作会议上的讲话】（2013年12月12日）　习近平2013年12月12日在中央城镇化工作会议上的讲话。2014年收入中央文献出版社出版的《十八大以来重要文献选编》（上）。《讲话》分两部分：一、全面把握推进城镇化的重大意义和目标原则。二、扎实落实推进城镇化的主要任务。《讲话》指出，我国城镇化发展已经站在新的起点上，必须从促进中国特色新型工业化、信息化、城镇化、农业现代化同步发展的高度，从战略和全局上作出部署。《讲话》指出城镇化是现代化的必由之路。分析了改革开放以来我国城镇化的进程，肯定了成绩，指出了存在的问题。认为正确地开展城镇化，要把握住指导思想、把握住发展质量、把握住基本原则。还要注意市场和政府、中央和地方的关系。《讲话》对涉及城镇化的主要任务谈了六点意见：第一，推进农业转移人口市民化。第二，提高城镇建设用地利用效率。第三，建立多元可持续的资金保障机制。第四，优化城镇化布局和形态。第五，提高城镇建设水平。第六，加强对城镇化的管理。

【中共中央关于印发《建立健全惩治和预防腐败体系二〇一三——二〇一七年工作规划》的通知】（2013年12月20日） 中共中央2013年12月20日发出。发表于2013年12月26日《人民日报》。2014年收入中央文献出版社出版的《十八大以来重要文献选编》（上）。《通知》指出，《工作规划》是指导今后五年党风廉政建设和反腐败斗争的重要依据。各地区各部门要结合实际制定贯彻落实《工作规划》的实施办法，严肃认真地抓好任务落实。《工作规划》共分五部分：一、总体要求。二、坚持不懈抓好党的作风建设。三、坚决有力惩治腐败。四、科学有效预防腐败。五、加强党对党风廉政建设和反腐败工作的统一领导。《工作规划》指出，推进国家治理体系和治理能力现代化，实现“两个一百年”奋斗目标和中华民族伟大复兴的中国梦，确保党始终成为中国特色社会主义事业的坚强领导核心，必须坚持党要管党、从严治党，深入开展党风廉政建设和反腐败斗争。《工作规划》提出从严抓党风，落实中央八项规定，建立健全作风建设长效机制，严明党的纪律。提出要加大查办违纪违法案件力度，查处用人腐败，着力解决群众反映强烈的问题。《工作规划》指出要深化党风廉政教育，加强反腐倡廉法律法规制度建设，强化权力运行制约和监督，不断消除滋生腐败的体制弊端。《工作规划》最后指出，深入推进党风廉政建设和反腐败斗争，必须在党中央坚强领导下，全党全社会一起抓。

【中共中央、国务院关于调整完善生育政策的意见】（2013年12月21日） 中共中央、国务院2013年12月21日发出。2014年收入中央文献出版社出版的《十八大以来重要文献选编》（上）。《意见》指出，在坚持计划生育的基本国策下，启动实施一方是独生子女的夫妇可生育两个孩子的政策。并提出三点意见：一、充分认识调整完善生育政策的重要意义。二、正确把握完善生育政策的总体思路。三、坚持计划生育基本国策，稳妥扎实有序推进各项工作。《意见》指出，人口问题始终是关系我国全面协调可持续发展的重大问题，是影响经济社会发展的重要因素。而在全面建成小康社会进程中，根据人口形势发展变化，调整完善生育政策，具有十分重要的意义。《意见》要求，在调整完善生育政策过程中，必须坚持党政一把手亲自抓、负总责，必须坚持巩固和加强计划生育基层基础工作，必须坚持行之有效的工作思路和方法。

【在中央农村工作会议上的讲话】（2013年12月23日） 习近平2013年12月23日在中央农村工作会议上讲话。2014年收入中央文献出版社出版的《十八大以来重要文献选编》（上）。《讲话》共讲了五个问题：一、关于确保我国粮食安全。二、关于坚持和完善农村基本经营制度。三、关于农产品质量和食品安全。四、关于“谁来种地”。五、关于加强农村社会管理。《讲话》指出，我国改革是从农村起步的，农村改革发展的伟大实践，为实现人民生活从温饱不足到总体小康的历史性跨越、推进社会主义现代化作出了重大贡献，为战胜各种困难和风险、保持社会大局稳定奠定了坚实基础。要坚持把解决好“三农”问题作为全党工作重中之重。

【在纪念毛泽东同志诞辰一百二十周年座谈会上的讲话】（2013年12月26日） 习近平2013年12月26日在纪念毛泽东同志诞辰一百二十周年座谈会上讲话。发表于2013年12月27日《人民日报》。2014年收入中央文献出版社出版的《十八大以来重要文献选编》（上）。《讲话》首先指出，毛泽东同志是伟大的马克思主义者，伟大的无产阶级革命家、战略家、理论家，是马克思主义中国化的伟大开拓者，是近代以来中国伟大的爱国者和民族英雄，是党的第一代中央领导集体的核心，是领导中国人民彻底改变自己命运和国家面貌的一代伟人。《讲话》回顾了毛泽东同志的成长经历和革命生涯，以及新中国成立以后，毛泽东同志的功绩和贡献。进一步分析了毛泽东同志在社会主义建设道路的探索中走过的弯路，所犯过的错误，指出应该全面、历史、辩证地看待和分析。《讲话》再次指出要坚持和运用好毛泽东思想活的灵魂，把我们党建设好，要坚持实事求是，坚持群众路线，坚持独立自主。最后号召全党全国各族人民要更加紧密地团结起来，勿忘昨天的苦难辉煌，无愧今天的使命担当，不负明天的伟大梦想，在中国特色社会主义伟大道路上，为实现中华民族伟大复兴的中国梦前进。

【中共中央、国务院关于全面深化农村改革加快推进农业现代化的若干意见】（2014年1月2日） 中共中央、国务院2014年1月2日发出。发表于2014年1月20日《人民日报》。2014年收入中央文献出版社出版的《十八大以来重要文献选编》（上）。《若干意见》指出，2014年及今后一个时期，农业农村工作要以邓小平理论、“三个代表”重要思想、科学发展观为指导，按照稳定政策、改革创新、持续发展的总要求，力争在体制机制创新上取得新突破，在现代农业发展上取得新成就，在社会主义新农村建设上取得新进展，为保持经济社会持续健康发展提供有力支撑。《若干意见》共八部分：一、完善国家粮食安全保障体系。二、强化农业支持保护制度。三、建立农业可持续发展长效机制。四、深化农村土地制度改革。五、构建新型农业经营体系。六、加快农村金融制度创新。七、健全城乡发展一体化体制机制。八、改善乡村治理机制。《若干意见》要求各级党委和政府要切实加强对“三农”工作的领导，把握好农村改革的方向和节奏，谋划好农业农村发展的思路和方法，落实好党在农村的各项方针和政策。

【中共中央关于印发《党政领导干部选拔任用工作条例》的通知】（2014年1月14日） 中共中央2014年1月14日发出。发表于2014年1月16日《人民日报》。2014年收入中央文献出版社出版的《十八大以来重要文献选编》（上）。《通知》指出，2002年中央颁布的《干部任用条例》，在规范干部选拔任用工作，建立健全科学的选拔任用机制，防止和纠正选人用人上不正之风等方面，发挥了十分重要的作用。但随着干部工作形势任务和队伍状况的变化，已经不适用了，为此决定修改。指出，修订后的《干部任用条例》是做好党政领导干部选拔任用工作的基本遵循，也是从源头上预防和治理选人用人不正之风的有力武器。要求各级党委（党组）和组织（人事）部门一定要认真学习、大力宣传、严格执行修订后的《干部任用条例》，用以统一思想、规范工作、解决问题。后附《党政领导干部选拔任用工作条例》。

【严明党的组织纪律，增强组织纪律性】（2014年1月14日） 习近平2014年1月14日在十八届中央纪委三次全会上讲话的一部分。2014年收入中央文献出版社出版的《十八大以来重要文献选编》（上）。讲话首先指出，党要管党、从严治党，靠什么管，凭什么治？就要靠严明纪律。干部出问题，都是因为纪律的突破。对如何加强组织纪律，提出四点：第一，切实增强党性。第二，切实遵守组织制度。第三，切实加强组织管理。第四，切实执行组织纪律。最后强调要全面落实党组织的责任。指出，各地区各部门党委（党组）要加强向党中央报告工作，这也是一个规矩。

【共圆中华民族伟大复兴的中国梦】（2014年2月18日） 习近平2014年2月18日在会见中国国民党荣誉主席连战及随访的台湾各界人士时的讲话。发表于2014年2月19日《人民日报》。2014年收入中央文献出版社出版的《十八大以来重要文献选编》（上）。讲话首先对连战一行表示欢迎，并对连战长期积极推进两岸关系、追求民族振兴的做法给予高度评价。讲话中谈了四点想法：第一，两岸同胞一家亲，谁也不能割断我们的血脉。第二，两岸同胞命运与共，彼此没有解不开的心结。第三，两岸同胞要齐心协力，持续推动两岸关系和平发展。第四，两岸同胞要携手同心，共圆中华民族伟大复兴的中国梦。

【关于深化经济体制改革的若干问题】（2014年2月18日） 李克强2014年2月18日在省部级主要领导干部学习贯彻十八届三中全会精神全面深化改革专题研讨班上报告。2014年收入中央文献出版社出版的《十八大以来重要文献选编》（上）。报告强调，2014年经济体制改革要有新的进展。讲了八个问题：一、发展要紧紧依靠改革。二、改革要有勇气和智慧。三、改革要让人民群众受益。四、加快转变政府职能。五、深化财税体制改革。六、完善金融市场体系。七、构建开放型经济新体制。八、注重依靠改革推进结构调整。

【全国人大常委会关于确定中国人民抗日战争胜利纪念日的决定】（2014年2月27日） 第十二届全国人民代表大会常务委员会第七次会议2014年2月27日通过。2014年收入中央文献出版社出版的《十八大以来重要文献选编》（上）。《决定》指出，中国人民抗日战争是中国人民抵抗日本帝国主义侵略的正义战争，是世界反法西斯战争的重要组成部分，是近代以来中国反抗外敌入侵第一次取得完全胜利的民族解放战争。《决定》将9月3日确定为中国人民抗日战争胜利纪念日，每年9月3日国家举行纪念活动。

【全国人大常委会关于设立南京大屠杀死难者国家公祭日的决定】（2014年2月27日）　第十二届全国人民代表大会常务委员会第七次会议2014年2月27日通过。2014年收入中央文献出版社出版的《十八大以来重要文献选编》（上）。《决定》指出，1937年12月13日，侵华日军在中国南京对我国同胞实施了长达40多天的惨绝人寰的大屠杀，制造了震惊中外的南京大屠杀惨案，30多万人惨遭杀戮。为揭露日本侵略者的战争罪行，牢记战争带给中国人民的深重灾难，决定将12月13日设立为南京大屠杀死难者国家公祭日，每年12月13日国家举行公祭活动。

【国家新型城镇化规划（二〇一四——二〇二〇年）】（2014年3月12日）　中共中央、国务院2014年3月12日作出。全文发表于2014年3月17日《人民日报》。该《规划》的第一篇、第二篇，2014年收入中央文献出版社出版的《十八大以来重要文献选编》（上）。《规划》是根据党的十八大报告、《中共中央关于全面深化改革若干重大问题的决定》、中央城镇化工作会议精神等编制，是指导全国城镇化健康发展的宏观性、战略性、基础性规划。第一篇为规划背景，明确了重大意义、发展现状、发展态势。第二篇为指导思想和发展目标，进一步明确了工作的基本原则和对城镇化的要求。

【青年要自觉践行社会主义核心价值观】（2014年5月4日）　习近平2014年5月4日在北京大学师生座谈会上的讲话。发表于2014年5月5日《人民日报》。2016年收入中央文献出版社出版的《十八大以来重要文献选编》（中）。讲话首先向大家祝贺五四青年节，回顾了五四运动对中国革命的影响，指出对五四运动的最好纪念，就是在党的领导下，做走在时代前列的奋进者、开拓者、奉献者。进一步分析指出五四精神与社会主义核心价值观的联系，进而提出了几点要求：一是要勤学，下得苦功夫，求得真学问。二是要修德，加强道德修养，注重道德实践。三是要明辨，善于明辨是非，善于决断选择。四是要笃实，扎扎实实干事，踏踏实实做人。讲话最后对教师也提出了希望。并要求各级党委和政府要高度重视高校工作，始终关心和爱护学生成长。

【在纪念邓小平同志诞辰一百一十周年座谈会上的讲话】（2014年8月20日）　习近平2014年8月20日在纪念邓小平同志诞辰一百一十周年座谈会上讲话。发表于2014年8月21日《人民日报》。2016年收入中央文献出版社出版的《十八大以来重要文献选编》（中）。《讲话》首先指出邓小平同志是全党全军全国各族人民公认的享有崇高威望的卓越领导人，伟大的马克思主义者，伟大的无产阶级革命家、政治家、军事家、外交家，久经考验的共产主义战士，中国社会主义改革开放和现代化建设的总设计师，中国特色社会主义道路的开创者，邓小平理论的主要创立者。《讲话》回顾了邓小平同志革命的一生，以及在各个历史时期的重大贡献。号召要学习邓小平同志对共产主义远大理想和中国特色社会主义信念无比坚定的崇高品格、对人民无比热爱的伟大情怀、坚持实事求是的理论品质、不断开拓创新的政治勇气、高瞻远瞩的战略思维、坦荡无私的博大胸襟。指出邓小平理论是邓小平同志留给我们最重要的思想和政治遗产。全党一定要紧密团结起来，敢于担当、埋头苦干、团结带领全国各族人民夺取新胜利，作出新贡献。

【在庆祝全国人民代表大会成立六十周年大会上的讲话】（2014年9月5日） 习近平2014年9月5日在庆祝全国人民代表大会成立六十周年大会上的讲话。发表于2014年9月6日《人民日报》。2016年收入中央文献出版社出版的《十八大以来重要文献选编》（中）。《讲话》指出，人民代表大会制度在中国政治发展史乃至世界政治发展史上都是具有划时代意义的。回顾了人民代表大会制度建立和发展的历程。对如何坚持和完善人民代表大会制度，提出了“四个必须”，即必须毫不动摇坚持中国共产党的领导、必须保证和发展人民当家作主、必须全面推进依法治国、必须坚持民主集中制。对今后工作，提出了五项具体要求。对如何借鉴国外有益成果也提出了意见，对如何评价国家政治制度是否民主、有效，对中国政治制度是否完美无缺，提出了自己的看法。最后号召当代中国共产党人和中国人民要不断发展具有强大生命力的社会主义民主政治，共同创造中国人民和中华民族更加幸福美好的未来。

【在庆祝中国人民政治协商会议成立六十五周年大会上的讲话】（2014年9月21日） 习近平2014年9月21日在庆祝中国人民政治协商会议成立六十五周年大会上讲话。发表于2014年9月22日《人民日报》。2016年收入中央文献出版社出版的《十八大以来重要文献选编》（中）。《讲话》首先对中国人民政治协商会议成立65周年表示祝贺。回顾了人民政协成立和发展的历史。进一步明确指出人民政协65年实践积累的宝贵经验，对如何进一步做好人民政协工作，提出了五点要求。对如何全面认识社会主义协商民主提出了意见。号召高举中国特色社会主义伟大旗帜，团结奋进、开拓创新，不断谱写人民政协事业新篇章。

【在庆祝中华人民共和国成立六十五周年招待会上的讲话】（2014年9月30日） 习近平2014年9月30日在庆祝中华人民共和国成立六十五周年招待会上讲话。发表于2014年10月1日《人民日报》。2016年收入中央文献出版社出版的《十八大以来重要文献选编》（中）。《讲话》回顾了65年前新中国的诞生和65年来取得的成绩，指出一个充满生机的中国，一个充满希望的中国，已经巍然屹立在世界的东方。表达了对近代以来为民族独立和人民解放作出贡献的无数革命先烈，老一辈革命家们的深切怀念。对面向未来，提出了八个“必须坚持”。进一步阐述了“一国两制”思想。号召全党全国各族人民、海内外中华儿女，手拉手、肩并肩，继续破浪前进。

【在党的群众路线教育实践活动总结大会上的讲话】（2014年10月8日）　习近平2014年10月8日在党的群众路线教育实践活动总结大会上讲话。发表于2014年10月9日《人民日报》。2016年收入中央文献出版社出版的《十八大以来重要文献选编》（中）。《讲话》首先指出，全党开展以为民务实清廉为主要内容的党的群众路线教育实践活动，是党的十八大作出的战略决策。《讲话》回顾了从2013年6月以来活动开展的基本情况和取得的五个方面的成绩，以及通过活动，对新形势下如何开展党内集中教育六个方面的认识，进一步肯定了教育活动取得的成果。《讲话》中也指出了一些存在的问题，对如何坚持从严治党提出了八点要求。指出，党的群众路线教育实践活动基本结束，但贯彻党的群众路线，保持党同人民群众血肉联系的历史进程永远不会结束，要继续打好党风建设这场硬仗。

【中共中央、国务院关于加强和改进新形势下民族工作的意见】（2014年10月12日）　中共中央、国务院2014年10月12日发出。发表于2014年12月23日《人民日报》。2016年收入中央文献出版社出版的《十八大以来重要文献选编》（中）。《意见》共分六个方面：一、坚定不移走中国特色解决民族问题的正确道路；二、围绕改善民生推进民族地区经济社会发展；三、促进各民族交往交流交融；四、构筑各民族共有精神家园；五、提高依法管理民族事务能力；六、加强党对民族工作的领导。《意见》共二十五条，强调指出，为全面贯彻党的十八大、十八届三中全会精神和习近平总书记系列重要讲话精神，切实加强和改进新形势下民族工作，团结带领全国各族人民共同推进全面建成小康社会、努力实现中华民族伟大复兴的中国梦。各地区各部门要从党和国家大局出发，认真落实党中央决策部署。共同做好新形势下民族工作。

【在文艺工作座谈会上的讲话】（2014年10月15日）　习近平2014年10月15日在文艺工作座谈会上的讲话。发表于2015年10月15日《人民日报》。2016年收入中央文献出版社出版的《十八大以来重要文献选编》（中）。《讲话》指出，文艺事业是党和人民的重要事业，文艺战线是党和人民的重要战线。《讲话》共讲了五个问题。第一个问题：实现中华民族伟大复兴需要中华文化繁荣兴盛。第二个问题：创作无愧于时代的优秀作品。第三个问题：坚持以人民为中心的创作导向。第四个问题：中国精神是社会主义文艺的灵魂。第五个问题：加强和改进党对文艺工作的领导。《讲话》通过中外文化的历史与现实说明高度重视文艺和文艺工作的重要性。指出没有中华文化繁荣兴盛，就没有中华民族伟大复兴。推动文艺繁荣发展，最根本的是要创作生产出无愧于我们伟大民族、伟大时代的优秀作品。进一步阐述了文艺与人民的关系，指出人民需要文艺、文艺需要人民、文艺要热爱人民。指出文艺是铸造灵魂的工程，文艺工作者是灵魂的工程师。要加强和改进党对文艺工作者的领导，要紧紧依靠广大文艺工作者，要尊重和遵循文艺规律。《讲话》对文艺工作者提出了希望。

【关于《中共中央关于全面推进依法治国若干重大问题的决定》的说明】（2014年10月20日） 习近平2014年10月20日受中央政治局委托在中国共产党第十八届中央委员会第四次全体会议上所作。发表于2014年10月29日《人民日报》。2016年收入中央文献出版社出版的《十八大以来重要文献选编》（中）。《说明》讲了三个问题：一、关于全会决定起草背景和过程。二、关于全会决定的总体框架和主要内容。三、关于需要说明的几个问题。明确了十个问题：第一，党的领导和依法治国的关系；第二，全面推进依法治国的总目标；第三，健全宪法实施和监督制度；第四，完善立法体制；第五，加快建设法治政府；第六，提高司法公信力；第七，最高人民法院设立巡回法庭；第八，探索设立跨行政区划的人民法院和人民检察院；第九，探索建立检察机关提起公益诉讼制度；第十，推进以审判为中心的诉讼制度改革。《说明》指出，全面推进依法治国是一个系统工程，是国家治理领域一场广泛而深刻的革命。制定好这次全会决定具有十分重要的意义。要深刻领会中央精神，全面理解和正确对待全会决定提出的重大改革举措，自觉支持改革，拥护改革。

【中共中央关于全面推进依法治国若干重大问题的决定】（2014年10月23日） 中国共产党第十八届中央委员会第四次全体会议2014年10月23日通过。发表于2014年10月29日《人民日报》。2016年收入中央文献出版社出版的《十八大以来重要文献选编》（中）。《决定》共分七部分：一、坚持走中国特色社会主义法治道路，建设中国特色社会主义法治体系；二、完善以宪法为核心的中国特色社会主义法律体系，加强宪法实施；三、深入推进依法行政，加快建设法治政府；四、保证公正司法，提高司法公信力；五、增强全民法治观念，推进法治社会建设；六、加强法治工作队伍建设；七、加强和改进党对全面推进依法治国的领导。《决定》要求各级党委要全面准确贯彻本决定精神，健全党委统一领导和各方分工负责、齐抓共管的责任落实机制，确保各项部署落到实处。

【加快建设社会主义法治国家】（2014年10月23日） 习近平2014年10月23日在中国共产党第十八届四中全会第二次全体会议上讲话的一部分。发表于2015年1月1日《求是》杂志2015年第一期。2016年收入中央文献出版社出版的《一八大以来重要文献选编》（中）。文章分两大部分。第一部分，坚定不移走中国特色社会主义法治道路。提出五个必须坚持，即：必须坚持中国共产党的领导、必须坚持人民主体地位、必须坚持法律面前人人平等、必须坚持依法治国和以德治国相结合、必须坚持从中国实际出发。第二部分，扎扎实实把全会提出的各项任务落到实处。提出五方面要求，即：紧紧围绕全面推进依法治国总目标，加快建设中国特色社会主义法治体系；准确把握全面推进依法治国工作布局，坚持依法治国、依法执政、依法行政共同推进，坚持法治国家、法治政府、法治社会一体建设；准确把握全面推进依法治国重点任务，着力推进科学立法、严格执法、公正司法、全民守法；着力加强法治工作队伍建设；坚定不移推进法治领域改革，坚决破除束缚全面推进依法治国的体制机制障碍。最后指出，必须加强党对法治工作的组织领导。

【切实加强和改进新形势下我军政治工作】（2014年10月31日） 习近平2014年10月31日在全军政治工作会议上讲话的一部分。2016年收入中央文献出版社出版的《十八大以来重要文献选编》（中）。讲话指出，当前，国内外形势发生深刻复杂变化，面对意识形态领域尖锐复杂的斗争特别是“颜色革命”的现实危险，面对艰巨繁重的军事斗争准备任务，面对深化国防和军队改革这场考试，我军政治工作只能加强不能削弱，只能前进不能停滞，只能积极作为不能被动应对。指出党的方向就是我军政治工作的方向，党和军队新形势下的中心任务决定我军政治工作的任务。最紧要的是把四个带根本性的东西立起来：一是要把理想信念在全军牢固立起来。二是把党性原则在全军牢固立起来。三是把战斗力标准在全军牢固立起来。四是把政治工作威信在全军牢固立起来。讲话指出要重点抓好五个方面的工作。讲话指出政治机关和政治干部是政治工作的主体力量。各级党委特别是正副书记要履行抓政治工作的职责。政治工作是群众性工作，要组织广大党员、干部一起来做。

【深入开展宪法宣传教育，牢固树立宪法法律权威】（2014年12月3日） 张德江2014年12月3日在深入开展宪法宣传教育大力弘扬宪法精神座谈会上的讲话。2016年收入中央文献出版社出版的《十八大以来重要文献选编》（中）。讲话指出，十二届全国人大常委会第十一次会议通过了关于设立国家宪法日的决定，以立法形式将12月4日设立为国家宪法日，并规定国家通过多种形式开展宪法宣传教育活动。讲话指出开展宪法宣传教育，是全面贯彻实施宪法的重要基础性工作。新形势新任务迫切要求我们加强宪法宣传教育，推动宪法宣传教育常态化、长效化。讲话对如何深入开展宪法宣传教育，提出四点要求：第一，要紧密结合中国近现代历史特别是中国共产党领导人民长期奋斗的光辉历程。第二，要紧密结合我国改革开放和社会主义现代化建设取得的辉煌成就。第三，要紧密结合我国全面推进依法治国的实践成果。第四，要紧密结合实现中华民族伟大复兴中国梦。讲话对如何全面贯彻实施宪法，提出四点意见。

【经济工作要适应经济发展新常态】（2014年12月9日） 习近平2014年12月9日在中央经济工作会议上讲话的一部分。2016年收入中央文献出版社出版的《十八大以来重要文献选编》（中）。讲话指出，科学认识当前形势，准确研判未来走势，是做好经济工作的基本前提。用对比的方法，从消费需求、投资需求、出口和国际收支、生产能力和产业组织方式、生产要素相对优势、市场竞争特点、资源环境约束、经济风险积累和化解、资源配置模式和宏观调控方式九个方面，指出我国经济发展新常态带来的趋势性变化。讲话指出，对我国经济发展新常态，要坚持发展、主动作为。对发展条件的变化，必须准确认识、深入认识、全面认识，顺势而为、乘势而上。必须勇于推进改革创新，加快转变经济发展方式，切实转换经济发展动力，在新的历史起点上努力开创经济社会发展新局面。

【协调推进“四个全面”战略布局】（2014年12月—2015年9月） 习近平2014年12月至2015年9月期间在调研和有关会议中涉及协调推进“四个全面”战略布局内容的讲话节录。2016年收入中央文献出版社出版的《十八大以来重要文献选编》（中）。讲话节录共八段，分别是在江苏调研时、在十八届中央政治局第二十次集体学习时、在省部级主要领导干部学习贯彻党的十八届四中全会精神全面推进依法治国专题研讨班上、在同党外人士共迎新春时、在会见博鳌亚洲论坛理事会成员时、在庆祝五一国际劳动节暨表彰全国劳动模范和先进工作者大会上、在俄罗斯乌法举行的金砖国家领导人第七次会晤上、在美国西雅图出席侨界举行的欢迎招待会时的讲话节录。讲话指出，中共十八大以来，为了实现“两个一百年”奋斗目标、实现中华民族伟大复兴的中国梦，我们从中国发展实际出发，明确提出全面建成小康社会、全面深化改革、全面依法治国、全面从严治党的“四个全面”战略布局。

【以改革创新为动力，加快推进农业现代化】（2014年12月22日） 李克强2014年12月22日在中央农村工作会议上讲话摘要。发表于《求是》杂志2015年第四期。2016年收入中央文献出版社出版的《十八大以来重要文献选编》（中）。讲话共三部分：一、加快推进农业现代化是现实与历史的重大任务。二、因地制宜，突出重点，依靠改革加快推进农业现代化。三、发挥好新型城镇化对农业现代化的辐射带动作用。讲话从现代化建设一般规律、稳定经济增长和促进农业长期持续发展三方面作了阐述，指出，目前迫切需要加快推进农业现代化。要大力发展农业产业化，积极发展多种形式适度规模经营，促进农业可持续发展，加大农业政策支持和资金投入力度，用好两个市场两种资源。解决好“三个一亿人”问题，积极推动以城带乡、以工促农，多渠道促进农民增收，深入推进新农村建设，加快推进农村扶贫开发。讲话指出，做好新时期的“三农”工作，加快推进农业现代化和新型城镇化，关系着国家现代化建设战略全局，承载着亿万农民的光荣与梦想。

【中共中央、国务院关于加大改革创新力度加快农业现代化建设的若干意见】（2015年1月1日） 中共中央、国务院2015年1月1日发出。发表于2015年2月2日《人民日报》。2016年收入中央文献出版社出版的《十八大以来重要文献选编》（中）。《若干意见》共分五部分：一、围绕建设现代农业，加快转变农业发展方式；二、围绕促进农民增收，加大惠农政策力度；三、围绕城乡发展一体化，深入推进新农村建设；四、围绕增添农村发展活力，全面深化农村改革；五、围绕做好“三农”工作，加强农村法治建设。《若干意见》对过去一年的农村工作给予了肯定，明确了2015年全国农业农村工作的指导思想和五方面的工作。《若干意见》具体有三十二条。要求各级党委和政府进一步加强和改善对“三农”工作的领导，切实防止出现放松农业的倾向，勇于直面挑战，敢于攻坚克难。要加强督促检查，改进工作作风。

【中共中央关于加强社会主义协商民主建设的意见】（2015年1月5日） 中共中央政治局会议2014年12月29日通过。中共中央2015年1月5日发出。发表于2015年2月10日《人民日报》。2016年收入中央文献出版社出版的《十八大以来重要文献选编》（中）。《意见》对如何加强社会主义协商民主建设提出九个方面意见：一、加强协商民主建设的重要意义；二、加强协商民主建设的指导思想、基本原则和渠道程序；三、继续加强政党协商；四、积极开展人大协商；五、扎实推进政府协商；六、进一步完善政协协商；七、认真做好人民团体协商；八、稳步推进基层协商；九、加强和完善党对协商民主建设的领导。《意见》指出，社会主义协商民主是中国社会主义民主政治的特有形式和独特优势，是党的群众路线在政治领域的重要体现，是深化政治体制改革的重要内容。该《意见》共有二十七条。

【牢牢掌握意识形态工作的领导权和主动权】（2015年1月5日） 刘云山2015年1月5日在全国宣传部长会议上讲话的一部分。2016年收入中央文献出版社出版的《十八大以来重要文献选编》（中）。讲话指出，意识形态关乎旗帜、关乎道路、关乎国家政治安全。掌握意识形态工作领导权和主动权，说到底是个责任问题。党要管党，理所当然要管宣传、管意识形态，这是党委（党组）必须抓好的本职工作，也是我们党长期以来一直强调的。掌握意识形态工作领导权和主动权，很重要的是加强对宣传文化阵地的有效管理。掌握意识形态工作领导权和主动权，必须使宣传思想工作队伍强起来。讲话指出，2015年宣传思想工作的目标任务已经确定，要以钉钉子的精神抓落实。

【中共中央关于加强和改进党的群团工作的意见】（2015年1月8日） 中共中央政治局会议2014年12月29日通过。中共中央2015年1月8日发出。发表于2015年2月4日《人民日报》。2016年收入中央文献出版社出版的《十八大以来重要文献选编》（中）。《意见》共十一部分：一、新形势下加强和改进党的群团工作的重要性和紧迫性。二、坚定不移走中国特色社会主义群团发展道路。三、加强党委对群团工作的组织领导。四、推动群团组织团结动员群众围绕中心任务建功立业。五、推动群团组织引导群众自觉培育和践行社会主义核心价值观。六、支持群团组织加强服务群众和维护群众合法权益工作。七、支持群团组织在社会主义民主中发挥作用。八、支持群团组织参与创新社会治理和维护社会稳定。九、推动群团组织改革创新、增强活力。十、加大对群团工作的支持保障力度。十一、加强群团组织领导班子和干部队伍建设。《意见》指出，群团事业是党的事业的重要组成部分，党的群团工作是党治国理政的一项经常性、基础性工作，是党组织动员广大人民群众为完成党的中心任务而奋斗的法宝。各中央管理的群团组织，要根据本意见要求制定实施方案。

【做焦裕禄式的县委书记】（2015年1月12日） 习近平2015年1月12日在中央党校县委书记研修班学员座谈会上的讲话。收入中央文献出版社2016年6月出版的《十八大以来重要文献选编》（中）。讲话就怎样才能当好县委书记问题，谈了四点意见：一、当好县委书记，必须始终做到心中有党。二、当好县委书记，必须始终做到心中有民。三、当好县委书记，必须始终做到心中有责。四、当好县委书记，必须始终做到心中有戒。讲话指出，现在，县级政权所承担的责任越来越大，需要办的事情越来越多，尤其是在全面建成小康社会、全面深化改革、全面依法治国、全面从严治党进程中起着重要作用。希望学以致用、用有所成，努力把本地区的工作做得更好。

【加强纪律建设，把守纪律讲规矩摆在更加重要的位置】（2015年1月13日） 习近平2015年1月13日在十八届中央纪委五次全会上讲话的一部分。2016年收入中央文献出版社出版的《十八大以来重要文献选编》（中）。讲话指出，党的团结统一靠什么来保证？要靠共同的理想信念，靠严密的组织体系，靠全党同志的高度自觉，还要靠严明的纪律和规矩。讲话认为，党内规矩是党的各级组织和全体党员必须遵守的行为规范和规则。党的规矩的内涵：其一，党章是全党必须遵循的总章程，也是总规矩。其二，党的纪律是刚性约束，政治纪律更是全党在政治方向、政治立场、政治言论、政治行动方面必须遵守的刚性约束。其三，国家法律是党员、干部必须遵守的规矩，法律是党领导人民制定的，全党必须模范执行。其四，党在长期实践中形成的优良传统和工作惯例。讲话指出，各级党组织要把严守纪律、严明规矩放到重要位置来抓，努力在全党营造守纪律、讲规矩的氛围。

【中共中央、国务院关于深化体制机制改革加快实施创新驱动发展战略的若干意见】（2015年3月13日） 中共中央、国务院2015年3月13日发出。发表于2015年3月24日《人民日报》。2016年收入中央文献出版社出版的《十八大以来重要文献选编》（中）。《若干意见》共分九部分：一、总体思路和主要目标；二、营造激励创新的公平竞争环境；三、建立技术创新市场导向机制；四、强化金融创新的功能；五、完善成果转化激励政策；六、构建更加高效的科研体系；七、创新培养、用好和吸引人才机制；八、推动形成深度融合的开放创新局面；九、加强创新政策统筹协调。《若干意见》指出，创新是推动一个国家和民族向前发展的重要力量，也是推动整个人类社会向前发展的重要力量。面对全球新一轮科技革命与产业变革的重大机遇和挑战，面对经济发展新常态下的趋势变化和特点，面对实现“两个一百年”奋斗目标的历史任务和要求，必须深化体制机制改革，加快实施创新驱动发展战略。要求各级党委和政府要高度重视，加强领导，认真抓好落实。

【引领新常态，开创新局面】（2015年3月22日）　张高丽2015年3月22日在第十六届中国发展高层论坛上的讲话。2016年收入中央文献出版社出版的《十八大以来重要文献选编》（中）。讲话指出，新常态下的中国经济，呈现速度变化、结构优化、动力转换三大特点。认识新常态，适应新常态，引领新常态，是当前和今后一个时期中国经济发展的大逻辑。讲话指出，要紧紧围绕“四个全面”战略部署，与时俱进做好各项工作。一是全面深化改革，最大限度激发全社会创业创新创造的新活力。二是强化创新驱动，加快形成经济保持中高速增长和迈向中高端水平的新动力。三是优化空间格局，着力培育新的经济增长极和增长带。四是坚持以人为本，满足人民群众不断提高生活水平的新期待。五是建设生态文明，推动形成人与自然和谐发展的现代化建设新格局。讲话指出，新常态下的中国，将坚持对外开放基本国策，全面提高开放型经济水平，以开放促改革促发展。

【中共中央办公厅印发《关于在县处级以上领导干部中开展“三严三实”专题教育方案》的通知】（2015年4月10日）　中共中央办公厅2015年4月10日发出。发表于2015年4月20日《人民日报》。2016年收入中央文献出版社出版的《十八大以来重要文献选编》（中）。《通知》指出，在县处级以上领导干部中开展“三严三实”专题教育，是党的群众路线教育实践活动的延展深化，是持续深入推进党的思想政治建设和作风建设的重要举措，是严肃党内政治生活、严明党的政治纪律和政治规矩的重要抓手，对于进一步增强党的创造力凝聚力战斗力，推动全面建成小康社会、全面深化改革、全面依法治国、全面从严治党，具有十分重要的意义。《通知》要求，各地区各部门各单位党委（党组）要把开展“三严三实”专题教育作为重大政治任务，认真安排，精心组织。后附《关于在县处级以上领导干部中开展“三严三实”专题教育方案》。

【中共中央、国务院关于加快推进生态文明建设的意见】（2015年4月25日）　中共中央、国务院2015年4月25日发出。2016年收入中央文献出版社出版的《十八大以来重要文献选编》（中）。《意见》共九部分：一、总体要求。二、强化主体功能定位，优化国土空间开发格局。三、推动技术创新和结构调整，提高发展质量和效益。四、全面促进资源节约循环高效使用，推动利用方式根本转变。五、加大自然生态系统和环境保护力度，切实改善生态环境质量。六、健全生态文明制度体系。七、加强生态文明建设统计监测和执法监督。八、加快形成推进生态文明建设的良好社会风尚。九、切实加强组织领导。《意见》指出，生态文明建设是中国特色社会主义事业的重要内容，关系人民福祉，关乎民族未来，事关“两个一百年”奋斗目标和中华民族伟大复兴中国梦的实现。该《意见》共三十五条。

【中共中央、国务院关于构建开放型经济新体制的若干意见】（2015年5月5日） 中共中央、国务院2015年5月5日发出。发表于2015年9月18日《人民日报》。2016年收入中央文献出版社出版的《十八大以来重要文献选编》（中）。《若干意见》共十一部分：一、构建开放型经济新体制的总体要求；二、创新外商投资管理体制；三、建立促进走出去战略的新体制；四、构建外贸可持续发展新体制；五、优化对外开放区域布局；六、加快实施“一带一路”战略；七、拓展国际经济合作新空间；八、构建开放安全的金融体系；九、建设稳定、公平、透明、可预期的营商环境；十、加强支持保障机制建设；十一、建立健全开放型经济安全保障体系。《若干意见》指出，对外开放是我国的基本国策。我国改革开放正站在新的起点上，经济结构深度调整，各项改革全面推进，经济发展进入新常态。面对新形势新挑战新任务，要统筹开放型经济顶层设计，加快构建开放型经济新体制，进一步破除体制机制障碍，使对内对外开放相互促进，引进来和走出去更好结合，以对外开放的主动赢得经济发展和国际竞争的主动，以开放促改革、促发展、促创新，建设开放型经济强国，为实现“两个一百年”奋斗目标和中华民族伟大复兴的中国梦打下坚实基础。《若干意见》共五十条。

【中国共产党统一战线工作条例（试行）】（2015年5月18日） 中共中央政治局2015年4月30日通过。中共中央5月18日发出。发表于2015年5月26日《人民日报》。2016年收入中央文献出版社出版的《十八大以来重要文献选编》（中）。《条例（试行）》共十章：第一章，总则；第二章，组织领导与职责；第三章，民主党派和无党派人士工作；第四章，党外知识分子工作；第五章，民族工作；第六章，宗教工作；第七章，非公有制经济领域统一战线工作；第八章，港澳台海外统一战线工作；第九章，党外代表人士队伍建设；第十章，附则。《条例（试行）》指出，统一战线是中国共产党凝聚人心、汇聚力量的政治优势和战略方针，是夺取革命、建设、改革事业胜利的重要法宝，是增强党的阶级基础、扩大党的群众基础、巩固党的执政地位的重要法宝，是全面建成小康社会、加快推进社会主义现代化、实现中华民族伟大复兴中国梦的重要法宝。《条例（试行）》对各级党委做好统一战线工作提出具体要求。《条例（试行）》共四十六条。

【深刻认识做好新形势下统战工作的重大意义】（2015年5月18日） 习近平2015年5月18日在中央统战工作会议上讲话的一部分。2016年收入中央文献出版社出版的《十八大以来重要文献选编》（中）。讲话指出，在革命、建设、改革各个历史时期，我们党始终把统一战线和统战工作摆在全党工作的重要位置，努力团结一切可以团结的力量、调动一切可以调动的积极因素，为党和人民事业不断发展营造了十分有利的条件。讲话有针对性地指出了目前存在的问题，第一个问题，不重视统一战线。第二个问题，不会做统战工作。分析了存在的问题的原因。讲话对做好新形势下统战工作提出了三个必须：必须掌握规律、坚持原则、讲究方法，最根本的是要坚持党的领导。必须正确处理一致性和多样性关系。必须善于联谊交友。

【中共中央转发《中共全国人大常委会党组关于加强县乡人大工作和建设的若干意见》的通知】（2015年6月22日） 中共中央2015年6月22日发出。2016年收入中央文献出版社出版的《十八大以来重要文献选编》（中）。《通知》指出，人民代表大会制度是中国特色社会主义制度的重要组成部分，是坚持党的领导、人民当家作主、依法治国有机统一的根本制度安排，是支撑我国国家治理体系和治理能力的根本政治制度。县级人民代表大会及其常务委员会和乡镇人民代表大会是基层国家权力机关，是我国地方国家政权的重要基础。加强县乡人大工作和建设，充分发挥基层国家权力机关和人大代表作用，巩固党的执政基础，加强基层国家政权建设，是坚持和完善人民代表大会制度、做好新形势下人大工作的重要任务。后附《中共全国人大常委会党组关于加强县乡人大工作和建设的若干意见》。

【中共中央办公厅关于印发《推进领导干部能上能下若干规定（试行）》的通知】（2015年7月19日） 中共中央政治局会议2015年6月26日通过。中共中央办公厅2015年7月19日发出。发表于2015年7月29日《人民日报》。2016年收入中央文献出版社出版的《十八大以来重要文献选编》（中）。《通知》指出，《规定（试行）》按照全面从严治党、从严管理干部要求，对解决干部能上不能下问题作出具体规定，规范了工作程序，建立了工作责任制，是做好新时期干部工作的重要遵循。各级党委（党组）要将推进领导干部能上能下纳入全面从严治党、从严管理干部的重要内容，坚持原则、敢于负责，做到真管真严、敢管敢严、长管长严。要正确把握界限，注意保护干部干事创业、改革创新的积极性，要加强督促检查，对贯彻落实《规定（试行）》不力的，严肃追究责任。后附《推进领导干部能上能下若干规定（试行）》。

【中共中央关于印发《中国共产党巡视工作条例》的通知】（2015年8月3日） 中共中央2015年8月3日发出。2016年收入中央文献出版社出版的《十八大以来重要文献选编》（中）。《通知》指出，《巡视工作条例》是规范巡视工作、强化党内监督的重要基础性法规，对于落实全面从严治党、依规治党要求，贯彻中央巡视工作方针，深入推进党风廉政建设和反腐败斗争，加强党组织领导班子和干部队伍建设，推进党的先进性和纯洁性建设，具有十分重要的意义。《通知》要求各级党组织要从全面从严治党的战略高度，切实学习好、宣传好、贯彻好《巡视工作条例》。派出巡视组的党组织及巡视机构要严格依照《巡视工作条例》开展工作，认真履行职责，充分发挥巡视利剑作用。被巡视党组织领导班子及其成员要自觉接受巡视监督，积极配合巡视工作，认真抓好整改落实。中央巡视工作领导小组要抓好《巡视工作条例》的贯彻落实，适时对实施情况进行专项检查，确保各项规定要求落到实处。后附《中国共产党巡视工作条例》。

【中共中央、国务院关于深化国有企业改革的指导意见】（2015年8月24日） 中共中央、国务院2015年8月24日发出。发表于2015年9月14日《人民日报》。2016年收入中央文献出版社出版的《十八大以来重要文献选编》（中）。《指导意见》共分八部分：一、总体要求；二、分类推进国有企业改革；三、完善现代企业制度；四、完善国有资产管理体制；五、发展混合所有制经济；六、强化监督防止国有资产流失；七、加强和改进党对国有企业的领导；八、为国有企业改革创造良好环境条件。《指导意见》指出，国有企业属于全民所有，是推进国家现代化、保障人民共同利益的重要力量，是我们党和国家事业发展的重要物质基础和政治基础。《指导意见》肯定了国有企业在改革开放发展中取得的成绩，也指出还存在一些突出矛盾和问题。要求国有企业要认真贯彻落实党中央、国务院战略决策，按照“四个全面”战略布局的要求，以经济建设为中心，坚持问题导向，继续推进国有企业改革，切实破除体制机制障碍，坚定不移做强做优做大国有企业。

【在纪念中国人民抗日战争暨世界反法西斯战争胜利七十周年大会上的讲话】（2015年9月3日） 习近平2015年9月3日在纪念中国人民抗日战争暨世界反法西斯战争胜利七十周年大会上的讲话。发表于2015年9月4日《人民日报》。2016年收入中央文献出版社出版的《十八大以来重要文献选编》（中）。《讲话》指出，9月3日是一个值得世界人民永远纪念的日子。向参加过抗日战争的老战士、老同志、爱国人士和抗日将领以及海外中华儿女表示敬意。《讲话》高度评价中国抗日战争是捍卫中华民族文明成果，捍卫人类和平事业的壮举，开辟了中华民族伟大复兴的光明前景和新征程。为世界反法西斯战争胜利作出了重大贡献。号召要铭记历史、缅怀先烈、珍爱和平、开创未来。《讲话》表达了中国政府的和平意愿，宣布裁军30万。

【党员、干部都要按照“三严三实”要求鞭策自己】（2015年9月11日） 习近平2015年9月11日在十八届中央政治局第二十六次集体学习时的讲话。2016年收入中央文献出版社出版的《十八大以来重要文献选编》（中）。讲话指出，在县处级以上领导干部中开展“三严三实”专题教育，是推进党的思想政治建设和作风建设的重要举措，是严肃党内政治生活、严明党的政治纪律和政治规矩的重要举措。抓好这项专题教育，是今年党的建设的一个工作重点。讲话回顾了“三严三实”专题教育开展以来的情况，并就领导干部践行“三严三实”讲了四点意见：第一，要立根固本，挺起精神脊梁。第二，要落细落小，注重细节小事。第三，要修枝剪叶，自党改造提高。第四，要从谏如流，自觉接受监督。讲话针对“三严三实”专题教育中存在的问题，指出党委（党组）要强化主体责任，党委（党组）书记要敢抓敢管。要深化学习研讨。要坚持正反典型为镜子。要开好专题民主生活会和组织生活会。

【携手构建合作共赢新伙伴，同心打造人类命运共同体】（2015年9月28日） 习近平在纽约联合国总部举行的第七十届联合国大会一般性辩论时的讲话。2016年收入中央文献出版社出版的《十八大以来重要文献选编》（中）。讲话高度评价了70年前联合国前辈们的功绩。对中国人民在抗日战争暨世界反法西斯战争中的作用给予充分肯定，指出要以史为鉴，铭记历史。讲话对如何继承和弘扬联合国宪章的宗旨和原则，构建以合作共赢为核心的新型国际关系，打造人类命运共同体，提出要作五方面的努力：要建立平等相待、互商互谅的伙伴关系；要营造公道正义、共建共享的安全格局；要谋求开放创新、包容互惠的发展前景；要促进和而不同、兼收并蓄的文明交流；要构筑尊崇自然、绿色发展的生态体系。讲话指出，实现中国梦，离不开和平的国际环境和稳定的国际秩序，离不开各国人民的理解、支持、帮助。中国将始终做世界和平的建设者、全球发展的贡献者、国际秩序的维护者。让铸剑为犁、永不再战的理念深植人心，让发展繁荣、公平正义的理念践行人间。

【在新疆维吾尔自治区成立六十周年庆祝大会上的讲话】（2015年10月1日） 俞正声2015年10月1日在新疆维吾尔自治区成立六十周年庆祝大会上的讲话。2016年收入中央文献出版社出版的《十八大以来重要文献选编》（中）。《讲话》回顾了60年来新疆走过的道路和取得的成绩。对如何紧紧围绕“四个全面”战略布局，扭住推动新疆社会稳定和长治久安这个着眼点和着力点，坚持依法治疆、团结稳疆、长期建疆，努力建设团结和谐、繁荣富裕、文明进步、安居乐业的社会主义新疆，提出五点要求：第一，要牢牢把握新疆工作的着眼点和着力点。第二，要切实巩固和加强民族团结。第三，要坚定不移推动经济更好更快发展。第四，要更加重视保障和改善民生。第五，要扎实做好维护稳定各项工作。《讲话》指出，做好新疆各项工作关键在党。新疆广大党员干部要牢记政治责任，严守政治纪律和政治规矩，明辨大是大非，锤炼过硬作风，扎实开展“三严三实”专题教育，切实做到忠诚、干净、担当。要夯实基层基础。要关心新疆干部和人才队伍建设。

【中共中央关于印发《中国共产党廉洁自律准则》的通知】（2015年10月18日） 中共中央2015年10月18日发出。2016年收入中央文献出版社出版的《十八大以来重要文献选编》（中）。《通知》指出，《准则》贯彻党的十八大和十八届三中、四中全会精神，坚持依规治党与以德治党相结合，紧扣廉洁自律主题，重申党的理想信念宗旨、优良传统作风，重在立德，是党执政以来第一部坚持正面倡导、面向全体党员的规范全党廉洁自律工作的重要基础性法规，是对党章规定的具体化，体现了全面从严治党实践成果，为党员和党员领导干部树立了一个看得见、够得着的高标准，展现了共产党人的高尚道德追求，对于深入推进党风廉政建设和反腐败斗争，加强党内监督，永葆党的先进性和纯洁性，具有十分重要的现实意义。《通知》要求各级党组织要切实担当和落实好全面从严治党的主体责任，抓好《准则》的学习宣传、贯彻落实，把各项要求刻印在全体党员特别是党员领导干部心上。后附《中国共产党廉洁自律准则》。

【中共中央关于印发《中国共产党纪律处分条例》的通知】（2015年10月18日） 中共中央2015年10月18日发出。2016年收入中央文献出版社出版的《十八大以来重要文献选编》（中）。《通知》指出，《条例》贯彻党的十八大和十八届三中、四中全会精神，坚持依规治党与以德治党相结合，围绕党纪戒尺要求，开列负面清单，重在立规，是对党章规定的具体化，划出了党组织和党员不可触碰的底线，对于贯彻全面从严治党要求，把纪律和规矩挺在前面，切实维护党章和其他党内法规的权威性、严肃性，保证党的路线、方针、政策、决议和国家法律法规的贯彻执行，深入推进党风廉政建设和反腐败斗争具有十分重要的意义。《通知》要求各级党委（党组）要担当和落实好全面从严治党的主体责任，以对党的事业和党员、干部高度负责的精神，切实抓好《条例》的学习宣传、贯彻落实，使党的纪律刻印在全体党员特别是党员领导干部的心上。要把严守政治纪律和政治规矩永远排在首要位置，通过严肃政治纪律和政治规矩带动其他纪律严起来。后附《中国共产党纪律处分条例》。

【关于《中共中央关于制定国民经济和社会发展第十三个五年规划的建议》的说明】（2015年10月26日） 习近平2015年10月26日受中央政治局委托在中国共产党第十八届中央委员会第五次全体会议上所作。发表于2015年11月4日《人民日报》。2016年收入中央文献出版社出版的《十八大以来重要文献选编》（中）。该《说明》包括三部分：一、建议稿起草的过程。二、建议稿的主要考虑和基本框架。三、需要重点说明的几个问题。《说明》介绍了建议稿起草形成的过程及基本框架内容。特别对关于经济保持中高速增长；关于户籍人口城镇化率加快提高；关于我国现行标准下农村贫困人口实现脱贫、贫困县全部摘帽、解决区域性整体贫困；关于实施一批国家重大科技项目和在重大创新领域组建一批国家实验室；关于加强统筹协调，改革并完善适应现代金融市场发展的金融监管框架；关于实行能源和水资源消耗、建设用地等总量和强度双控行动；关于探索实行耕地轮作休耕制度试点；关于实行省以下环保机构监测监察执法垂直管理制度；关于全面实施一对夫妇可生育两个孩子政策等九个问题进行了说明。

【中共中央关于制定国民经济和社会发展第十三个五年规划的建议】（2015年10月29日） 中国共产党第十八届中央委员会第五次全体会议2015年10月29日通过。发表于2015年11月4日《人民日报》。2016年收入中央文献出版社出版的《十八大以来重要文献选编》(中)。《建议》共分八部分：一、全面建成小康社会决胜阶段的形势和指导思想；二、“十三五”时期经济社会发展的主要目标和基本理念；三、坚持创新发展，着力提高发展质量和效益；四、坚持协调发展，着力形成平衡发展结构；五、坚持绿色发展，着力改善生态环境；六、坚持开放发展，着力实现合作共赢；七、坚持共享发展，着力增进人民福祉；八、加强和改善党的领导，为实现“十三五”规划提供坚强保证。《建议》指出，到2020年全面建成小康社会，是我们党确定的“两个一百年”奋斗目标的第一个奋斗目标。“十三五”时期是全面建成小康社会决胜阶段，“十三五”规划必须紧紧围绕实现这个奋斗目标来制定。实现“十三五”时期发展目标，前景光明，任务繁重，要万众一心，艰苦奋斗，共同夺取全面建成小康社会决胜阶段的伟大胜利。

【以新的发展理念引领发展，夺取全面建成小康社会决胜阶段的伟大胜利】（2015年10月29日） 习近平2015年10月29日在中共十八届五中全会第二次全体会议上讲话的主要部分。原载《求是》杂志2016年第一期，标题为《在党的十八届五中全会第二次全体会议上的讲话（节选）》。2016年收入中央文献出版社出版的《十八大以来重要文献选编》(中)。讲话共分四部分：第一部分，深刻分析了全面建成小康社会决胜阶段的形势。第二部分，着重阐明以新的发展理念引领发展。第三部分，着重阐明需要下大力气破解制约如期全面建成小康社会的重点难点问题。第四部分，着重阐明提高党领导经济社会发展能力。讲话对于提高党领导经济社会发展的能力和水平，切实贯彻落实创新、协调、绿色、开放、共享五大发展理念，制定和实施“十三五”规划纲要，夺取全面建成小康社会决胜阶段的伟大胜利，具有重要指导作用。

【在纪念胡耀邦同志诞辰一百周年座谈会上的讲话】（2015年11月20日） 习近平2015年11月20日在纪念胡耀邦同志诞辰一百周年座谈会上的讲话。发表于2015年11月21日《人民日报》。《讲话》指出，胡耀邦同志是久经考验的忠诚的共产主义战士，伟大的无产阶级革命家、政治家，我军杰出的政治工作者，长期担任党的重要领导职务的卓越领导人。《讲话》回顾了胡耀邦同志革命的一生以及所建立的不朽功勋。指出要学习胡耀邦同志坚守信仰、献身理想的高尚品格；心在人民、利归天下的为民情怀；实事求是、勇于开拓的探索精神；求真务实、敢于担当的优秀品质；公道正派、廉洁自律的崇高风范。号召全党要团结一心、锐意进取，努力创造无愧于时代、无愧于人民、无愧于先辈的新业绩。

【中共中央、国务院《关于打赢脱贫攻坚战的决定》】（2015年11月29日） 中共中央、国务院2015年11月29日发出。发表于2015年12月8日《人民日报》。《决定》共分八部分：一、增强打赢脱贫攻坚战的使命感紧迫感；二、打赢脱贫攻坚战的总体要求；

三、实施精准扶贫方略，加快贫困人口精准脱贫；四、加强贫困地区基础设施建设，加快破除发展瓶颈制约；五、强化政策保障，健全脱贫攻坚支撑体系；六、广泛动员全社会力量，合力推进脱贫攻坚；七、大力营造良好氛围，为脱贫攻坚提供强大精神动力；八、切实加强党的领导，为脱贫攻坚提供坚强政治保障。《决定》指出确保到2020年农村贫困人口实现脱贫，是全面建成小康社会最艰巨的任务。号召全党凝心聚力，精准发力，苦干实干，坚决打赢脱贫攻坚战，为全面建成小康社会、实现中华民族伟大复兴的中国梦而努力奋斗。《决定》共三十三条。

【中共中央关于加强和改进新形势下党校工作的意见】（2015年12月9日） 中共中央2015年12月9日发出。发表于2015年12月14日《人民日报》。《意见》共分七部分：一、加强和改进党校工作的重要意义；二、坚持党校姓党根本原则；三、把党的理论教育和党性教育作为党校教学首要任务；四、提升党校科研水平和影响力；五、加强党校师资队伍和干部队伍建设；六、充分发挥党校系统整体优势；七、加强和改善党委对党校工作的领导。《意见》指出，党校事业是党的事业的重要组成部分。重视发挥党校作用是党的优良传统和政治优势，是提高党的执政能力、执政水平的重要保证。《意见》共二十六条。

【在全国党校工作会议上的讲话】（2015年12月11日） 习近平2015年12月11日在全国党校工作会议上的讲话。发表于《求是》杂志2016年第九期。《讲话》共分六部分：一、关于做好新形势下党校工作的重大意义；二、关于坚持把党校姓党全面贯彻党校工作始终；三、关于加强党的理论教育和党性教育；四、关于提高党校科研能力和水平；五、关于抓好党校师资队伍建设；六、加强和改善党委对党校工作的领导。《讲话》指出，这次全国党校工作会议，是党中央召开的一次十分重要的会议。党校事业是党的事业的重要组成部分，党校是我们党教育培训党员领导干部的主渠道。这就决定党校必须姓党。《讲话》指出党校不姓党，就没有存在的必要，党校工作必须认识到，高扬党的理想信念旗帜是根本，自觉同党中央保持高度一致是关键。进一步明确了党校工作是加强党的理论教育和党性教育，指出了党校工作中存在的误区。《讲话》还对党校工作提出了三点希望。为了进一步做好党校工作，就要抓好党校师资队伍建设，同时要加强和改善党委对党校的领导，并对全国各级党校的建设提出了具体要求。

【中共中央办公厅、国务院办公厅印发《关于加大脱贫攻坚力度支持革命老区开发建设的指导意见》】（2015年12月23日） 中共中央办公厅、国务院办公厅2015年12月23日发出。发表于2016年2月2日《人民日报》。《指导意见》共分五部分：一、总体要求；二、工作重点；三、主要任务；四、支持政策；五、组织领导。《指导意见》指出，革命老区是党和人民军队的根，老区和老区人民为中国革命胜利和社会主义建设作出了重大牺牲和重要贡献。但由于自然、历史等多重因素影响，一些老区发展相对滞后，基础设施薄弱，人民生活水平不高，脱贫攻坚任务相当艰巨。各级党委和政府要认真抓好意见的贯彻落实。

【中共中央、国务院关于深入推进城市执法体制改革 改进城市管理工作的指导意见】（2015年12月24日） 中共中央、国务院2015年12月24日发出。发表于2015年12月31日《人民日报》。《指导意见》共八部分：一、总体要求；二、理顺管理体制；三、强化队伍建设；四、提高执法水平；五、完善城市管理；六、创新治理方式；七、完善保障机制；八、加强组织领导。《指导意见》指出改革开放以来，我国城镇化快速发展，城市规模不断扩大，建设水平逐步提高，保障城市健康运行的任务日益繁重，加强和改善城市管理的需求日益迫切，城市管理工作的地位和作用日益突出。在肯定成绩的同时指出了存在的问题。《指导意见》指出深入推进城市管理执法体制改革，改进城市管理工作，是落实“四个全面”战略布局的内在要求，是提高政府治理能力的重要举措，是增进民生福祉的现实需要，是促进城市发展转型的必然选择。有关部门要及时总结经验，切实强化推进城市管理执法体制改革，提高城市管理水平。《指导意见》共三十六条。

【中共中央、国务院印发《法治政府建设实施纲要（2015—2020年）》】（2015年12月27日） 中共中央、国务院2015年12月27日发出。发表于2015年12月28日《人民日报》。《纲要》共分三部分：一、总体要求。明确了建设法治政府的指导思想、总体目标、基本原则、衡量标准。二、主要任务和具体措施。提出了七项任务四十条具体措施。三、组织保障和落实机制。进一步明确了党的领导是全面推进依法治国、加快建设法治政府最根本的保证。要求要加强组织领导，层层抓落实。

【中共中央、国务院《关于实施全面两孩政策 改革完善计划生育服务管理的决定》】（2015年12月31日） 中共中央、国务院2015年12月31日作出。发表于2016年1月6日《人民日报》。《决定》共分六部分：一、充分认识实施全面两孩政策、改革完善计划生育服务管理的重大意义。二、指导思想、基本原则和主要目标。三、稳妥扎实有序实施全面两孩政策。四、大力提升计划生育服务管理水平。五、构建有利于计划生育的家庭发展支持体系。六、切实加强组织领导。《决定》指出，实行计划生育是我国一项基本国策，事关亿万家庭的幸福安康，事关全面建成小康社会和“两个一百年”奋斗目标的实现。

【中共中央、国务院《关于落实发展新理念加快农业现代化实现全面小康目标的若干意见》】（2015年12月31日） 中共中央、国务院2015年12月31日发出。发表于2016年1月28日《人民日报》。《若干意见》共分六部分：一、持续夯实现代农业基础，提高农业质量效益和竞争力。二、加强资源保护和生态修复，推动农业绿色发展。三、推进农村产业融合，促进农民收入持续较快增长。四、推动城乡协调发展，提高新农村建设水平。五、深入推进农村改革，增强农村发展内生动力。六、加强和改善党对“三农”工作领导。《若干意见》指出，当前我国农业农村发展环境发生重大变化，即面临诸多有利条件，又必须加快破解各种难题。农业是全面建成小康社会、实现现代化的基础。一定要切实增强做好“三农”工作的责任感、使命感、紧迫感，任何时候都不能忽视农业、忘记农民、淡漠农村，在认识的高度、重视的程度、投入的力度上保持好势头，把解决好“三农”问题作为全党工作的重中之重。

【中国共产党地方委员会工作条例】（2015年12月） 中共中央2015年12月发出。发表于2016年1月5日《人民日报》。《条例》共分七章：第一章，总则；第二章，组织和成员；第三章，职责；第四章，组织原则；第五章，议事和决策；第六章，监督与追责；第七章，附则。《条例》指出，地方党委制度是我们党执政治国的重要组织制度，完善这项制度是推进国家治理体系和治理能力现代化的重要方面。协调推进“四个全面”战略布局，必须始终坚持和加强党的领导，更好发挥党总揽全局、协调各方的领导核心作用。省市县三级地方党委作为本地区的领导核心，在贯彻落实中央决策部署、推动党的奋斗目标实现上居于关键位置、负有重大责任。地方党委工作必须进一步加强，地方党委领导能力必须进一步提高。《条例》的制定和实施，对进一步加强和改进地方党委工作，提高党的执政能力和领导水平，具有十分重要的意义。

【在第十八届中央纪律检查委员会第六次全体会议上的讲话】（2016年1月12日） 习近平2016年1月12日在第十八届中央纪委六次全会上讲话。发表于2016年5月3日《人民日报》。《讲话》共讲了四个问题。一、党风廉政建设和反腐败斗争取得新的重大成效。主要表现在五个方面：第一，严明党的政治纪律，夯实管党治党责任；第二，创新体制机制，扎牢制度笼子；第三，持之以恒纠正“四风”，党风民风向善向上；第四，强化党内监督，发挥巡视利剑作用；第五，严惩腐败分子，加强追逃追赃工作。二、坚定不移推进党风廉政建设和反腐败斗争。提出了2016年党风廉政建设和反腐败工作的总体要求，重点做好五项工作。三、坚定不移推进全面从严治党。对各级党组织和领导干部提出了四点具体要求。四、积极探索强化党内监督的有效途径。《讲话》指出“坚持民主集中制是强化党内监督的核心”，并对如何加强监督，提出了五点具体要求。

【在省部级主要领导干部学习贯彻党的十八届五中全会精神专题研讨班上的讲话】（2016年1月18日） 习近平2016年1月18日在省部级主要领导干部学习贯彻党的十八届五中全会精神专题研讨班上讲话。发表于2016年5月10日《人民日报》。《讲话》讲了四个问题：一、关于深入认识经济发展新常态。二、关于深入理解新发展理念。三、关于供给侧结构性改革。四、关于把新发展理念落到实处。《讲话》指出这次专题研讨班的主要任务是：深入学习领会党的十八届五中全会精神，特别是深入学习领会创新、协调、绿色、开放、共享的发展理念。《讲话》从历史和现实的角度分析了如何认识经济发展新常态，如何理解新发展理念。进一步讲解了供给侧结构性改革问题。对如何使新发展理念落地生根，变成普遍实践，《讲话》提出四点要求：第一，深学笃用，通过示范引领让干部群众感受到新发展理念的真理力量。第二，用好辩证法，对贯彻落实新发展理念进行科学设计和施工。第三，创新手段，善于通过改革和法治推动贯彻新发展理念。第四，守住底线，在贯彻落实新发展理念中及时化解矛盾风险。

【中共中央、国务院关于进一步加强城市规划建设管理工作的若干意见】（2016年2月6日）　中共中央、国务院2016年2月6日发出。发表于2016年2月22日《人民日报》。《若干意见》共分九部分：一、总体要求；二、强化城市规划工作；三、塑造城市特色风貌；四、提升城市建筑水平；五、推进节能城市建设；六、完善城市公共服务；七、营造城市宜居环境；八、创新城市治理方式；九、切实加强组织领导。《若干意见》在肯定新中国成立以来，我国城市规划建设管理工作成绩的同时，指出了存在的突出问题。《若干意见》指出，创新城市治理方式，推进依法治理城市，改革城市管理体制，完善城市治理机制，落实市、区、街道、社区的管理服务责任，健全城市基层治理机制，推进城市智慧管理，到2020年，要建成一批特色鲜明的智慧城市。《若干意见》指出，中央将就贯彻落实情况适时组织开展监督检查。

【关于在全体党员中开展“学党章党规、学系列讲话，做合格党员”学习教育方案】（2016年2月24日）　中共中央办公厅2016年2月24日发出。发表于2016年2月29日《人民日报》。《方案》分四个方面：一、总体要求；二、学习教育内容；三、主要措施；四、组织领导。《方案》指出，为进一步解决党员队伍在思想、组织、作风、纪律等方面存在的问题，保持发展党的先进性和纯洁性，党中央决定开展“两学一做”学习教育。“两学一做”学习教育是面向全体党员深化党内教育的重要实践，是推动党内教育从“关键少数”向广大党员拓展、从集中性教育向经常性教育延伸的重要举措。各地区各部门各党委要充分认识开展这项学习教育对推动全面从严治党向基层延伸、保持发展党的先进性和纯洁性的重大意义，作为一项重大政治任务，尽好责、抓到位、见实效。

【毫不动摇坚持我国基本经济制度　推动各种所有制经济健康发展】（2016年3月4日）　习近平2016年3月4日在全国政协十二届四次全体会议与全国政协民建、工商联界委员座谈时讲话。发表于2016年3月9日《人民日报》。讲话主要讲了三点意见：一、坚持和完善社会主义基本经济制度；二、贯彻落实促进非公有制经济健康发展的政策措施；三、推动广大非公有制经济人士做合格的中国特色社会主义事业建设者。讲话回顾肯定了2015年的改革工作，同时肯定了民建中央和工商联的工作。讲话指出，实行公有制为主体、多种所有制经济共同发展的基本经济制度，是中国共产党确立的一项大政方针，是中国特色社会主义制度的重要组成部分，也是完善社会主义市场经济体制的必然要求。讲话对非公有制经济给予了充分肯定，指出非公有制经济是稳定经济的重要基础，是国家税收的重要来源，是技术创新的重要主体，是金融发展的重要依托，是经济持续健康发展的重要力量。讲话对非公有制企业经营者也提出了要求和希望。

【关于深化人才发展体制机制改革的意见】（2016年3月） 中共中央2016年3月发出。发表于2016年3月22日《人民日报》。《意见》共分九部分：一、指导思想、基本原则和主要目标；二、推进人才管理体制改革；三、改进人才培养支持机制；四、创新人才评价机制；五、健全人才顺畅流动机制；六、强化人才创新创业激励机制；七、构建具有国际竞争力的引才用才机制；八、建立人才优先发展保障机制；九、加强对人才工作的领导。《意见》指出，人才是经济社会发展的第一资源。人才发展体制机制改革是全面深化改革的重要组成部分，是党的建设制度改革的重要内容。要加快建设人才强国，最大限度激发人才创新创业创造活力，把各方面优秀人才集聚到党和国家的事业中来，为实现“两个一百年”奋斗目标提供有力人才支撑，具有十分重要的战略意义和现实意义。《意见》要求各级党委和政府要切实增强责任感、使命感，统一思想、加强领导，部门协同、上下联动，推动各项改革任务落实。

【中央宣传部、司法部关于在公民中开展法治宣传教育的第七个五年规划（2016—2020年）】（2016年4月） 中共中央、国务院2016年4月转发。发表于2016年4月18日《人民日报》。《规划》共分五部分：一、指导思想、主要目标和工作原则；二、主要任务；三、对象和要求；四、工作措施；五、组织领导。《规划》指出，全民普法和守法是依法治国的长期基础性工作。深入开展法治宣传教育是贯彻落实党的十八大和十八届三中、四中、五中全会精神的重要任务，是实施“十三五”规划，全面建成小康社会的重要保障。党的十八大以来，以习近平为总书记的党中央对全面依法治国作出了重要部署，对法治宣传教育提出了更高要求，明确了法治宣传教育的基本定位、重大任务和重要措施。要求各级党委和政府将法治宣传教育纳入当地经济社会发展规划，进一步健全完善党委领导、人大监督、政府实施的法治宣传教育工作领导体制，确保“七五”普法规划各项目标任务落到实处。

【在网络安全和信息化工作座谈会上的讲话】（2016年4月19日） 习近平2016年4月19日在网络安全和信息化工作座谈会上的讲话。发表于2016年4月26日《人民日报》。《讲话》涉及六个问题：第一个问题，推动我国网信事业发展，让互联网更好造福人民。第二个问题，建设网络良好生态，发挥网络引导舆论、反映民意的作用。第三个问题，尽快在核心技术上取得突破。第四个问题，正确处理安全和发展的关系。第五个问题，增强互联网企业使命感、责任感，共同促进互联网持续健康发展。第六个问题，聚天下英才而用之，为网信事业发展提供有力人才支撑。《讲话》指出党的十八大以来，我国互联网事业快速发展，网络安全和信息化工作扎实推进，取得显著进步和成绩，同时也存在不少短板和问题。《讲话》指出，网络安全和信息化工作是“十三五”时期的重头戏，希望积极投身网络强国建设，为实现中华民族伟大复兴的中国梦作出更大贡献。

【在知识分子、劳动模范、青年代表座谈会上的讲话】（2016年4月26日） 习近平2016年4月26日在知识分子、劳动模范、青年代表座谈会上的讲话。发表于2016年4月30日《人民日报》。《讲话》中，习近平代表党中央，向全国广大知识分子、广大劳动群众和广大青年致以诚挚的问候和节日的祝贺。《讲话》指出，我国是工人阶级领导的、以工农联盟为基础的人民民主专政的社会主义国家。知识分子是工人阶级的一部分，劳动人民是国家的主人，青年是中国特色社会主义事业的接班人、是国家的未来和民族的希望。我们要全面建成小康社会，进而建成富强民主文明和谐的社会主义现代化国家，实现中华民族伟大复兴，必须依靠知识，必须依靠劳动，必须依靠广大青年。这是我们国家和民族发展的力量所在，也是我们事业成功的力量所在。《讲话》就新形势下进一步发挥广大知识分子、广大劳动群众、广大青年的作用提出希望和要求。并要求各级党委和政府要充分认识知识分子、广大劳动群众、广大青年的作用，并积极发挥好他们的作用。

【中共中央、国务院关于全面振兴东北地区等老工业基地的若干意见】（2016年4月） 中共中央、国务院2016年4月公布。发表于2016年4月27日《人民日报》。《若干意见》共分六部分：一、重大意义和总体要求。二、着力完善体制机制。三、着力推进结构调整。四、着力鼓励创新创业。五、着力保障和改善民生。六、切实抓好组织落实。《若干意见》指出，实施东北地区等老工业基地振兴战略，是党中央、国务院在新世纪作出的重大决策。当前和今后一个时期是推进老工业基地全面振兴的关键时期。《若干意见》最后指出，全面振兴东北地区等老工业基地是一项伟大而艰巨的任务，事关我国区域发展总体战略的实现，事关我国新型工业化、信息化、城镇化、农业现代化的协调发展，事关我国周边和东北亚地区的安全稳定，意义重大，影响深远。各地区各部门要凝神聚力、开拓创新、敢于担当、扎实工作，要像抓“三大战略”一样，持续用力，抓好新一轮东北地区等老工业基地振兴战略的实施，加快实现全面振兴，为全面建成小康社会、不断夺取中国特色社会主义新胜利、实现中华民族伟大复兴的中国梦作出新的更大贡献。

【在哲学社会科学工作座谈会上的讲话】（2016年5月17日） 习近平2016年5月17日在哲学社会科学工作座谈会上的讲话。发表于2016年5月19日《人民日报》。《讲话》谈了四个问题。第一个问题：坚持和发展中国特色社会主义必须高度重视哲学社会科学。第二个问题：坚持马克思主义在我国哲学社会科学领域的指导地位。第三个问题：加快构建中国特色哲学社会科学。第四个问题：加强和改善党对哲学社会科学工作的领导。《讲话》指出，哲学社会科学是人们认识世界、改造世界的重要工具，是推动历史发展和社会进步的重要力量，其发展水平反映了一个民族的思维能力、精神品格、文明素质，体现了一个国家的综合国力和国际竞争力。一个国家的发展水平，既取决于自然科学发展水平，也取决于哲学社会科学发展水平。坚持和发展中国特色社会主义，需要不断在实践和理论上进行探索、用发展着的理论指导发展着的实践。在这个过程中，哲学社会科学具有不可替代的重要地位，哲学社会科学工作者具有不可替代的重要作用。各级党委和政府要发挥哲学社会科学在治国理政中的重要作用。

【为建设世界科技强国而奋斗】（2016年5月30日） 习近平2016年5月30日在全国科技创新大会、两院院士大会、中国科协第九次全国代表大会上的讲话。发表于2016年6月1日《人民日报》。讲话谈了五个问题：第一，夯实科技基础，在重要科技领域跻身世界领先行列。第二，强化战略导向，破解创新发展科技难题。第三，加强科技供给，服务经济社会发展主战场。第四，深化改革创新，形成充满活力的科技管理和运行机制。第五，弘扬创新精神，培育符合创新发展要求的人才队伍。讲话指出这次大会是共和国历史上一次科技盛会。回顾了新中国成立后特别是改革开放以来党中央对科技工作的高度关注，指出此次大会是要吹响建设世界科技强国的号角。讲话回顾了世界和中华民族科技发展历史，指出科技是国之利器，国家赖之以强，企业赖之以赢，人民生活赖之以好。中国要强，中国人民生活要好，必须有强大科技。新时期、新形势、新任务，要求我们在科技创新方面有新理念、新设计、新战略。讲话最后对两院院士、中国科协各级组织以及各级党委和政府提出了要求，希望广大科技工作者要“勇担重任，勇攀高峰”，让中国这艘航船，向着世界科技强国不断前进。

【在庆祝中国共产党成立95周年大会上的讲话】（2016年7月1日） 习近平2016年7月1日在庆祝中国共产党成立95周年大会上的讲话。发表于2016年7月2日《人民日报》。《讲话》共分三大部分：一是回顾了中国共产党团结带领中国人民不懈奋斗的光辉历程，强调指出历史和人民选择中国共产党领导中华民族伟大复兴的事业是正确的，必须长期坚持，永不动摇。二是在总结历史经验的基础上，要求全党同志要不忘初心、继续前进，并就不忘初心、继续前进提出八个方面的要求。三是指出要办好中国的事情，关键在党。要加强党的建设，要从严管党治党。指出要努力向历史、向人民交出新的更加优异的答卷。《讲话》就不忘初心、继续前进所提出八个方面的要求是：一要坚持马克思主义的指导地位，坚持把马克思主义基本原理同当代中国实际和时代特点紧密结合起来，推进理论创新、实践创新，不断把马克思主义中国化推向前进。二要牢记我们党从成立起就把为共产主义、社会主义而奋斗确定为自己的纲领，坚定共产主义远大理想和中国特色社会主义共同理想，不断把为崇高理想奋斗的伟大实践推向前进。三要坚持中国特色社会主义道路自信、理论自信、制度自信、文化自信，坚持党的基本路线不动摇，不断把中国特色社会主义伟大事业推向前进。四要统筹推进“五位一体”总体布局，协调推进“四个全面”战略布局，全力推进全面建成小康社会进程，不断把实现“两个一百年”奋斗目标推向前进。五要坚定不移高举改革开放旗帜，勇于全面深化改革，进一步解放思想、解放和发展社会生产力、解放和增强社会活力，不断把改革开放推向前进。六要坚信党的根基在人民、党的力量在人民，坚持一切为了人民、一切依靠人民，充分发挥广大人民群众积极性、主动性、创造性，不断把为人民造福事业推向前进。七要始终不渝走和平发展道路，始终不渝奉行互利共赢的开放战略，加强同各国的友好往来，同各国人民一道，不断把人类和平与发展的崇高事业推向前进。八要保持党的先进性和纯洁性，着力提高执政能力和领导水平，着力增强抵御风险和拒腐防变能力，不断把党的建设新的伟大工程推向前进。《讲话》要求全党同志一定要不忘初心、继续前进，永远保持谦虚、谨慎、不骄、不躁的作风，永远保持艰苦奋斗的作风，勇于变革、勇于创新，永不僵化、永不停滞，继续在这场历史性考试中经受考验，努力向历史、向人民交出新的更加优异的答卷。

索　引

汉语拼音音序索引

dang

dao

di

diu

dong

du

dui

F

fa

fan

fen

G

gai

gao

ge

gong

guan

jian

jiang

jiao

jie

jin

M

ma

mao

mu

N

nong

nu

S

san

shan

she

shen

shi

shu

si

su

sui

T

ti

zen

zhuan

zong

zui

zun

zuo

笔画索引

一画

〔一〕

二画

〔一〕

〔丿〕

三画

〔一〕

〔丶〕

〔乛〕

四画

〔一〕

〔丨〕

〔丿〕

〔丶〕

五画

六画

〔一〕

〔丨〕

〔丿〕

〔丶〕

〔乛〕

七画

〔一〕

〔丨〕

八画

〔一〕

〔丿〕

〔丶〕

〔乛〕

九画

〔一〕

〔乛〕

十一画

〔一〕

〔丿〕

〔丶〕

〔乛〕

十二画

〔一〕

〔丨〕

〔丿〕

〔丶〕

后 记

《中国共产党历史重要文献辞典》是中国中共党史学会组织编写的《中国共产党历史系列辞典》的一卷专题辞典。

本辞典编写工作于2011年启动。六年来，按照《中国共产党历史系列辞典》总编委会历次会议提出的要求，本辞典编委会不断调整条目、充实内容、规范条文、精心编写，先后五易其稿。全部书稿于2017年7月完成编写、审改任务。

本辞典的编写工作始终得到原中央党史研究室室务会、中央党史和文献研究院院务会的高度重视和关心指导。2011年11月，中央党史研究室主任欧阳淞主持召开室务会，作出编写《中国共产党历史系列辞典》的决定。之后，又对编写工作的指导思想、基本原则、辞条体例、学术规范等提出明确要求，全面启动了辞典的编写工作。2014年1月后，中央党史研究室主任曲青山对辞典编写工作提出了重要指导意见，并从人力、财力等各方面给予了大力支持。原中央党史研究室副主任张树军、高永中、冯俊先后分管辞典编写工作，原中央党史研究室副主任李忠杰、吕世光、吴德刚也指导了辞典的编写工作。2018年3月后，中央党史和文献研究院院务会特别是冷溶同志对辞典的编写工作给予了关心指导和大力支持。

本辞典的编写工作是在《中国共产党历史系列辞典》总编委会的直接领导下进行的。中国中共党史学会会长、《中国共产党历史系列辞典》总主编欧阳淞对本辞典编写工作给予有力指导，并组织审阅了其中的若干重要辞条。《中国共产党历史系列辞典》常务副总主编龙新民，副总主编冯俊、李忠杰、谷安林、张启华、张树军、高永中、章百家参加了本辞典书稿的研究讨论，提出了修改意见。

本辞典编写工作得到中共山西省委党史办公室和中共天津市委党史研究室的大力支持。中共山西省委党史办公室原副巡视员杨玉堂主持有关人员承担了新民主主义革命时期辞条的编写。中共天津市委党史研究室原副主任刘晓津、于建先后主持有关人员承担了社会主义革命和建设时期、改革开放和社会主义现代化建设新时期辞条的编写工作。

参加新民主主义革命时期有关条目撰写的有（按姓氏笔画排序）：王宇新、尹君、杨东海、闵睿。

参加社会主义革命和建设时期有关条目撰写的有（按姓氏笔画排序）：于安龙、马兆亭、马明冲、石学峰、任淑艳、刘世超、安雅琴、杨肖、杨颖、杨静美、李卫永、李凤琴、李俐、张立杰、张新华、林琳、周亮亮、周巍、贾凯、曹冬梅、彭定和。

参加改革开放和社会主义现代化建设新时期有关条目撰写的有（按姓氏笔画排序）：王永立、朱漓江、刘云光、刘世超、刘孝阳、刘芳、刘素新、刘晓津、杨丽雯、杨颖、李开明、李俐、林琳、周巍、彭定和。两个单位有关人员撰写的辞条分别由于建、刘晓津、杨玉堂进行了审阅。分卷编委会对全部辞条又进行了审读、核校，最后，黄小同、彭咏梅对本辞典全部辞条进行了统稿。

按照《中国共产党历史系列辞典》总编委会的安排，李颖、王英利、汪晓军、黄如军、张琦、张兆宪、陈弘君、李艳杰、王丹石、刘怀望、姚金果、庞松、文道贵、乔君、朱昌裕、朱玲、姚建萍、谢涛、邢恒超、李宁、石慧、王文军、赵撑、季利清等参加了本辞典书稿讨论并提出修改意见。

本辞典在编写过程中参考了多种相关文献书籍，主要有中共中央党校出版社出版的《中共中央文件选集（1921—1949）》；人民出版社出版的《中共中央文件选集（1949年10月—1966年5月）》《三中全会以来重要文献选编》《十二大以来重要文献选编》《十三大以来重要文献选编》《十四大以来重要文献选编》《十五大以来重要文献选编》；中央文献出版社出版的《建党以来重要文献选编（1921—1949）》《建国以来重要文献选编》《改革开放三十年重要文献选编》《十六大以来重要文献选编》《十七大以来重要文献选编》《十八大以来重要文献选编（上、中）》以及党和国家领导人的文选等。还参考了中共中央党史研究室编写的《中国共产党历史》第一卷、第二卷，《中国共产党的七十年》《中国共产党的九十年》《中国共产党历史大事记（1921年7月—2011年6月）》《中国共产党新时期历史大事记（1978.12—2002.5）》《中华人民共和国大事记（1949—2009）》，以及《人民日报》《求是》杂志等。在此谨向编写和出版上述文献书籍的单位和出版部门表示感谢。

因编者水平有限，本辞典还会有一些不足之处，希望读者提出宝贵意见，以便再版时进一步修订完善。

《中国共产党历史重要文献辞典》编委会

2018年5月